常德市检察志

(1988—2015)

常德市地方志编纂委员会
常 德 市 人 民 检 察 院 编

方志出版社
Publishing House of Local Records

图书在版编目（CIP）数据

常德市检察志：1988—2015 / 常德市地方志编纂委员会，常德市人民检察院编．—北京：方志出版社，2018.2

ISBN 978-7-5144-2999-2

Ⅰ．①常… Ⅱ．①常… ②常… Ⅲ．①检察机关－工作概况－常德－1988-2015 Ⅳ．①D926.32

中国版本图书馆 CIP 数据核字（2018）第 043465 号

常德市检察志（1988—2015）

编　　者： 常德市地方志编纂委员会　常德市人民检察院
责任编辑： 朱　姝

出 版 人： 冀祥德
出 版 者： 方志出版社
地址　北京市朝阳区潘家园东里 9 号（国家方志馆 4 层）
邮编　100021
网址　http://www.fzph.org
发　　行： 方志出版社发行中心
电话（010）67110500
经　　销： 各地新华书店
印　　刷： 武陵区宏垣彩色印刷厂

开　　本： 787×1092　1/16
印　　张： 43
字　　数： 963 千字
版　　次： 2018 年 2 月第 1 版　2018 年 2 月第 1 次印刷
印　　数： 0001~1000 册

ISBN 978-7-5144-2999-2　**定价：538.00 元**

常德市地方志编纂委员会

《常德市检察志（1988—2015)》编纂委员会

（2013.6—2018.6）

主　任　刘清生（2013.6—2014.12）
　　　　　余湘文（2015.1—2018.6）

副主任　杨建波　胡新建

委　员　周奔红　郑朝兵　卜学宏　欧阳志恒　王忠银
　　　　　张治民　何本凡　郭建国　陈　辉　曹琮伟

《常德市检察志（1988—2015)》编纂办公室

（2013.6—2018.6）

主　任　王忠银（2013.6—2016.6）
　　　　　陈　辉（2016.6—2018.6）

副主任　蒋　天　熊湘涛　李仁莲

成　员　陈小利　金明政　王国庆　徐　树　徐文辉

总　纂　余昭绪（2014.9—2018.6）

编　辑　余昭绪　杨长巨　张瑞祥　周国权　王尽忠

《常德市检察志（1988—2015)》审稿人员

市检察院内审人员：

院　领　导	佘湘文	杨建波	胡新建	周奔红	郑朝兵
	卜学宏	欧阳志恒	王忠银	何本凡	郭建国
	陈　辉	曹琮伟			
中层骨干	蒋　天	李仁莲	熊湘涛	张　为	刘克贤
	朱艳哲	李　宏	熊建军	佘建中	何明惠
	魏峥嵘	柳立武	刘朝明	朱立爱	伍谦慎
	向际万	杨　仲	施立清	王华锋	鲁　斌
	李宽庆				
离退休人员	陈彰福	王尽忠	张道华	许建国	刘文科
	胡光炎	覃事育	冯献民	钟吾山	劳新国
	尹述革				

审查验收人员

刘李波	周　波	齐绍正	邢　祁	向满华
高　节	孟　韵	王　静		

序

常德市人民检察院党组书记、检察长　余湘文

历时四载，《常德市检察志（1988—2015）》编纂完成，可喜可贺。这是常德市检察机关发展史上的一件大事，也是检察系统文化建设的一件喜事，对于我市检察工作具有承前启后、继往开来的重要意义。

盛世修志。这本检察志全面系统地记述了1988—2015年28年间，常德市检察机关围绕党委工作部署，紧扣检察工作主题，全面履行法律监督职责，为维护经济社会发展所做的工作与贡献。

二十八年来，全市检察机关认真履职，服务当地经济社会发展大局。全市检察机关不断找准检察工作切入点和着力点，增强服务大局针对性和实效性，先后出台《检察机关为经济建设保驾护航的十二条措施》《服务全市经济社会又好又快发展的八条措施》《常德市检察机关关于充分发挥检察职能，服务‘1115’工程，‘三改四化’工作的意见》等规定。在执法办案中坚持“三个考虑”和“五个不轻易”（案前考虑运用何种方式避免影响经济发展环境，案中考虑使用何种手段保障经济建设良好运行，案后考虑采用何种措施促进经济持续增长；不轻易开警车着警服到企业调查，不轻易传唤企业工作人员，不轻易查封企业账册，不轻易冻结企业银行账户，不轻易对企业涉案人员运用强制措施），综合运用职务犯罪侦查与预防、侦查监督、公诉、民事行政检察、控告申诉、刑事执行检察职能，服务当地经济社会发展大局。先后办理了以张某为首的

特大抢劫、故意杀人案，杨某等27人特大跨境走私贩卖毒品案，陈某等37人组织、领导、参加黑社会性质组织案，发生在常德市一中、鼎城区牛鼻滩中学两起特大投毒案件。立案查办省交通运输厅原副厅长邹某等18人受贿系列案，怀化市政协原副主席杨某等11人滥用职权、受贿、巨额财产来源不明系列案，湖南高速广信投资有限公司原董事长兼总经理谢某等6人受贿系列案，市环卫处原主任高某受贿、贪污案，桃花源管理处原工委书记余某受贿案，澧县政协原主席严某受贿、巨额财产来源不明案等一大批在全省、全市有重大影响的案件。

二十八年来，全市检察机关锐意进取，在全国、全省都有一席之地。市人民检察院先后被最高人民检察院（以下简称高检院）授予“全国科技强检示范院”荣誉称号、“全国装备工作先进单位”“全国检察系统服装管理工作先进单位”“全国检察机关检务保障工作先进集体”“全国检察机关文明接待示范窗口”“全省文明标兵单位”“全省先进市州检察院”等称号。2008—2015年，连续保持全省执法质量考评优秀等次；鼎城区人民检察院党组被中央政法委评为全国政法机关“先进基层党组织”，被高检院评为“第二届全国先进基层检察院”；武陵区人民检察院被高检院评为“第六届全国先进基层院”；桃源县人民检察院被高检院评为“第四届全国先进基层检察院”，被省检察院评为“全省检察机关基层建设示范检察院”；安乡县人民检察院2014年高检院授予“全国检察机关先进集体”称号，并记集体一等功；白洋堤人民检察院被评为“全国监所检察系统派出检察先进集体”；澧县人民检察院被评为“全省先进基层检察院”“‘十二五’时期全省检察机关检务保障先进单位”和“信息化建设先进单位”等。高检院召开的全国检察系统第一次民事行政检察工作会议，市人民检察院主管副检察长作为全省民行检察先进单位唯一代表出席会议，并表彰我市民事行政检察工作。市人民检察院侦查监督科被评为“全国检察机关打击制假售假、侵犯知识产权犯罪专项立案监督活动先进集体”。1997年、2004年、2007年，市人民检察院检察技术科先后被高检院记“集体一等功”、被评为“全国检察机关信息化工作先进单位”“全国检察机关检察技术工作先进集体”；市人民检察院公诉一科被评为湖南省“维护妇女儿童权益先进集体”，1991—2000年，全市民行检察工作连续10年被省人民检察院评为先进。1998年7月13日，省人民检察院为市人民检察院监所检察科记集体一等功，表彰该科连续10年在全省监所检察业务年度考核中获“先进集体”荣誉称号。预防职务犯罪工作2008—2015年排名全省前列。全市有“全国检察业务专家”1人，“全国优秀公诉人”1人，2名干警入选全国检察理论研究人才库，多名干警分别获得全省检察机关“十佳公诉人”“十佳侦查监督办案能手”“优秀公诉人”等称号。

二十八年来，全市检察机关开拓创新，为检察工作科学发展贡献常德经验。市人民检察院制定的1993年度机关政治教育方案及考评打分办法等资料，被编入高检院出版的《检察思想政治工作概论》一书，成为全国检察机关政治教育的范例与参考。2000年，市人民检察院与武陵区院联合举行的武陵区农业银行不服不捕决定申诉案件听证会，开全省刑事申诉案件听证会之先河。2001年，市人民检察院抓刑事申诉和刑事赔偿案件公开审查制度的做法被高检院作为经验向全国检察机关推介。2012年起，市、县两级人民检察院有9项检察技术工作被高检院推介，2件典型案例被编入《全国检察技术典型案例》一书。2013年，市人民检察院撰写的《精心抓好预防调查，促进检察专业预防与社会预防的协调发展》，被高检院向全国检察机关推介。安乡县人民检察院和县国土资源局联合探索的土地综合治理预防职务犯罪工作经验，被高检院、湖南省委和省人民检察院主要领导肯定与批示，并被人民日报内参、省委办公厅内参推介。市人民检察院与市国土资源局组织实施环洞庭湖土地综合治理预防职务犯罪项目，得到国土资源部、省人民检察院、省预防腐败局等上级单位的充分肯定。组织编写《常德市检察机关检察工作指引》《常德市检察机关执法办案工作指南丛书》（一套六册），规范执法行为，受到省人民检察院主要领导肯定，批示在全省检察机关推广。2015 年 6 月，省人民检察院在市人民检察院召开全省检察机关科技强检示范院建设推进会，市人民检察院在会上做典型发言，《法制日报》《检察日报》报道市人民检察院推进科技强检的做法。

回顾过去，我们激情豪迈；展望未来，我们阔步向前。当前和今后一个时期，全市检察机关将紧紧围绕“五位一体”总体布局和“四个全面”战略布局，牢牢把握维护社会大局稳定、促进社会公平正义、保障人民安居乐业的总任务，积极融入和服务开放强市、产业立市的发展战略，以“确保案件质量，争创一流业绩”为目标，保持改革定力，加强法律监督，不断谱写检察事业新篇章！

在《常德市检察志（1988—2015）》的编纂过程中，全院干警发扬团结协作的精神，积极主动参与资料收集、甄别工作；很多离退休老领导、老检察工作者十分关注检察志的编修工作，提供了宝贵的资料和建议；特别是编辑部的几位老同志，认真负责的工作态度、精益求精的工作作风和任劳任怨的工作精神令人敬佩。在此，我对所有在志书编纂工作中付出辛劳、做出贡献的同志们表示由衷地感谢！

2017 年 12 月

凡 例

一、《常德市检察志（1988—2015）》根据国务院《地方志工作条例》《常德市部门志书编修工作方案》和《常德市第二轮部门志书出版格式规范》的要求编纂出版。

《常德市检察志（1988—2015）》以马克思列宁主义、毛泽东思想、邓小平理论、“三个代表”重要思想、科学发展观、习近平新时代中国特色社会主义思想为指导，坚持辩证唯物主义和历史唯物主义的立场、观点和方法，全面、客观、真实、系统地记载和反映常德市近30年检察工作的主要情况。

二、本志体例和行文，参照中国地方志指导小组制定的《地方志书质量规定》《湖南省志质量标准》和《常德市志书编纂工作细则》，最后以方志出版社修改意见为准。

三、以1988—2015年为本志书记述时间的上下断限时间，上承1995年出版的《常德地区志·检察志》的下限1987年。少数内容视其需要适当上溯或下延。

四、本志包括概述、大事记、专志、人物及附录等部分，并在卷首配有彩色插页与序言及凡例，全书序、述、记、志、传、图、表、录等诸体完备。概述总揽全书，专志以时为序，横分门类，纵叙史事。专志设篇、章、节、目，共分8篇。

五、书中地名、组织机构名称、领导职务等均采用记述年份当时的称谓。从1988年起均采用地改市后的名称，如常德检察分院称常德市人民检察院。对“常德市武陵区”“常德市鼎城区”1988

年前的记述均分别称“原常德市”“常德县”。机构名称在书中第一次出现时用全称，并在其后括注以下所用简称：如“最高人民检察院”简称“高检院”“湖南省人民检察院”“常德市人民检察院”分别简称“省人民检察院”“市人民检察院”，各区县市人民检察院简称为区县市院，如“常德市武陵区人民检察院”“石门县人民检察院”分别简称为“武陵区院”“石门县院”等；其他党政机构名称亦照此办理。

六、该志记述内容均来自常德市人民检察院的总结和向市人大常委会的报告及相关科室（单位）的总结等本院的各种资料。少数由区县市人民检察院提供。所用资料均已核实，不一一交代出处。

七、书中所有涉案金额均为人民币币值。

市人民检察院于2011年11月落成的办公大楼

2017年12月4日，市人民检察院全体干警合影

1996年，市委副书记李少甫（前排左四）、彭孟芝（前排左三）、市人大常委会副主任张先春（前排左二）与市人民检察院领导班子成员合影

2008年7月，市人民检察院领导班子成员与白洋堤检察院、各基层检察院检察长合影

2012年8月13日，省委常委、政法委书记孙建国（前排中）一行与市人民检察院领导班子成员合影

2016年1月，市人民检察院领导班子成员合影

1998年12月，最高人民检察院检察长韩杼滨（前排中）一行与市人民检察院干警合影

1998年9月，最高人民检察院副检察长赵虹到市人民检察院考察

2005年9月21日，最高人民检察院副检察长王振川与市人民检察院领导班子及中层骨干合影

1998年9月6日，湖南省委副书记郑培民（左二）到市人民检察院考察

省委常委、省委政法委书记李江到市人民检察院考察

副省长刘力伟（左二）到市人民检察院考察侦技大楼建设情况

省人民检察院检察长何素斌（右一）到市人民检察院考察

省人民检察院检察长龚佳禾（左一）到市人民检察院考察

省人民检察院检察长游劝荣（右三）到市人民检察院考察

市委书记武吉海（前排右四）与市人民检察院领导班子合影

市委书记卿渐伟（左三）到市人民检察院考察

市委书记王群（右排四）到市人民检察院考察

2016年1月13日，检察长余湘文在市第六届人民代表大会第五次会议上报告检察工作

全市检察长会议

市人民检察院召开职务犯罪侦查工作调度会

市人民检察院开展“百千万”案件评查活动

市人民检察院召开查办职务犯罪工作情况新闻发布会

市人民检察院召开检察官履职评议大会

余湘文（右前）带领市人民检察院干警举行检察官宣誓仪式

市人民检察院召开省级文明单位授牌仪式暨“发扬传统 坚定信念 执法为民”主题教育活动动员大会

全市检察官文联成立大会

2013年10月，市人民检察院女检察官协会主要成员合影

市人民检察院开展素质拓展训练活动

市人民检察院参加“书香满院”读书心得交流会的人员合影

市人民检察院退休人员开展“我们的节日·重阳”活动

市人民检察院女检察官协会赴林柏渠故居开展革命传统教育活动

市人民检察院参加第四届市直机关运动会的运动员合影

市人民检察院检察长余湘文与全体编纂人员合影

前排左起：徐文辉、胡蓉、蒋天、李仁莲、余海瑛、陈小利

后排左起：王国庆、熊湘涛、王忠银、周国权、王尽忠、余湘文、余昭绪、张瑞祥、陈辉、徐树、杨长巨

2018年1月10日，《常德市检察志（1988—2015）》稿专家评审会现场

市人民检察院所获部分荣誉奖牌

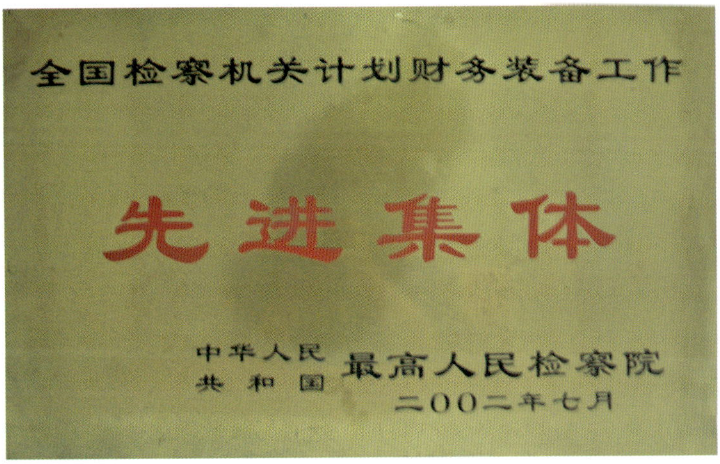

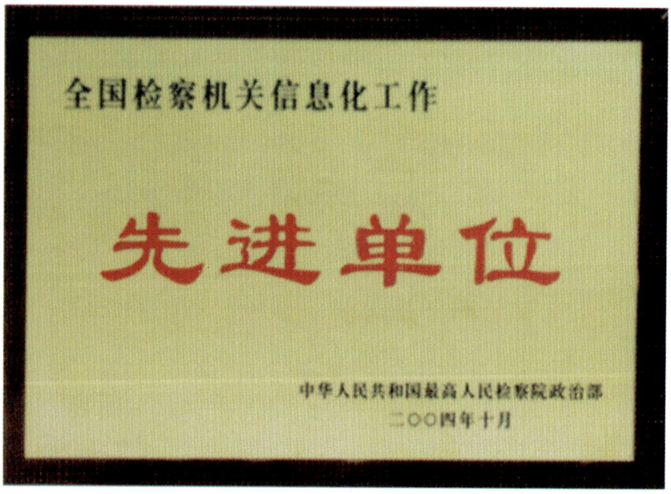
全国检察机关信息化工作
先进单位
中华人民共和国最高人民检察院政治部
二〇〇四年十月

第四届全国检察机关精神文明建设
金鼎奖

全国检察机关优秀法警队
最高人民检察院政治部
二〇〇七年六月

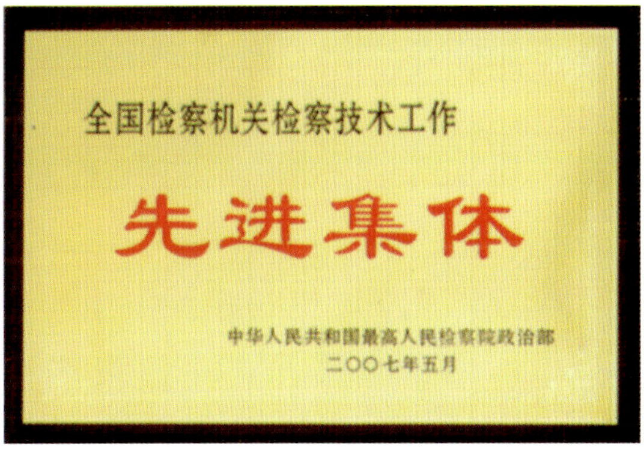
全国检察机关检察技术工作
先进集体
中华人民共和国最高人民检察院政治部
二〇〇七年五月

科技强检示范院
二〇一五年十月

获奖证书
由蒋天等同志创作的常德丝弦《姑娘爱得不一样》，在第四届全国检察机关精神文明建设“金鼎奖”评选活动中荣获一等奖。
最高人民检察院
二〇〇六年十二月

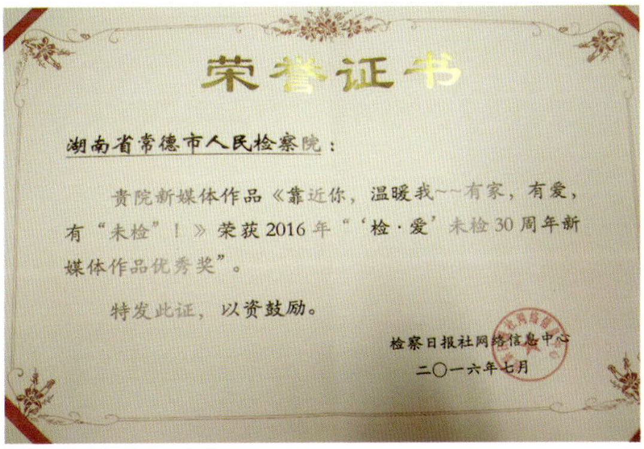
荣誉证书
湖南省常德市人民检察院：
贵院新媒体作品《靠近你，温暖我~~有家，有爱，有“未检”！》荣获2016年“‘检·爱’未检30周年新媒体作品优秀奖”。
特发此证，以资鼓励。
检察日报社网络信息中心
二〇一六年七月

盲区

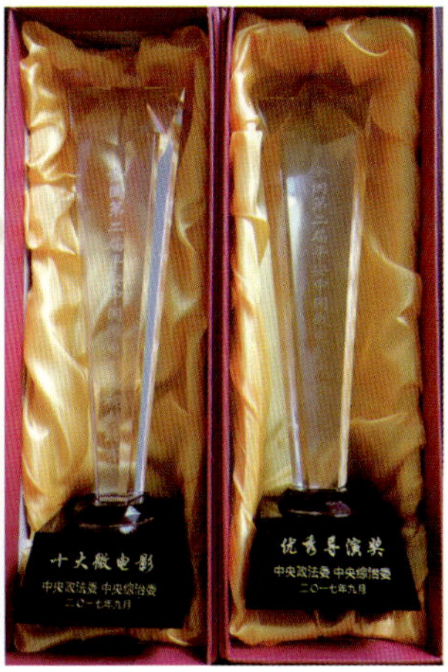
十大微电影
优秀导演奖

文明卫生单位
湖南省爱国卫生运动委员会

2012—2013年度
全省先进市州检察院
湖南省人民检察院
二〇一四年四月

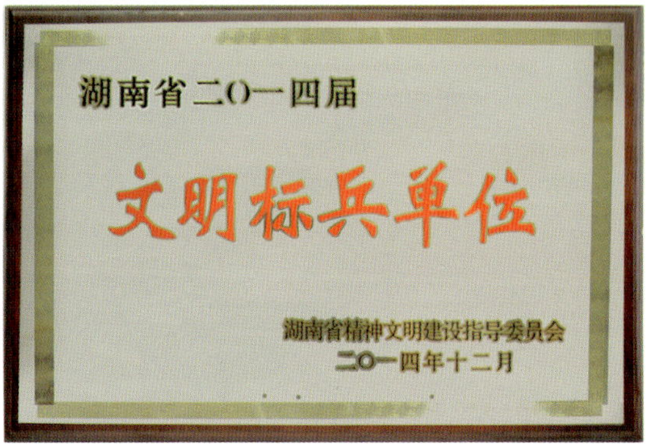
湖南省二○一四届
文明标兵单位
湖南省精神文明建设指导委员会
二○一四年十二月

文明单位
中共常德市委
常德市人民政府
二○○七年元月

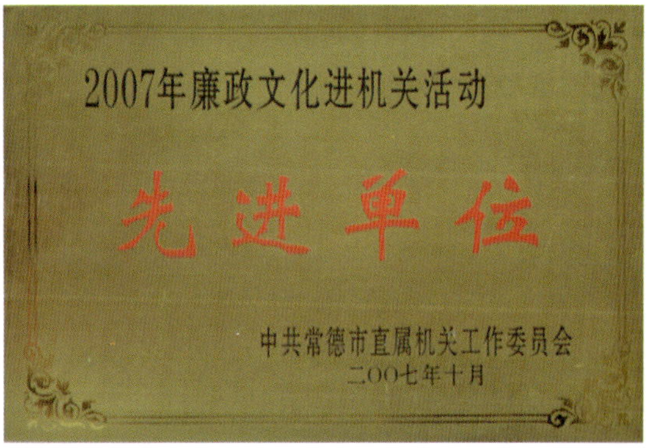
2007年廉政文化进机关活动
先进单位
中共常德市直属机关工作委员会
二○○七年十月

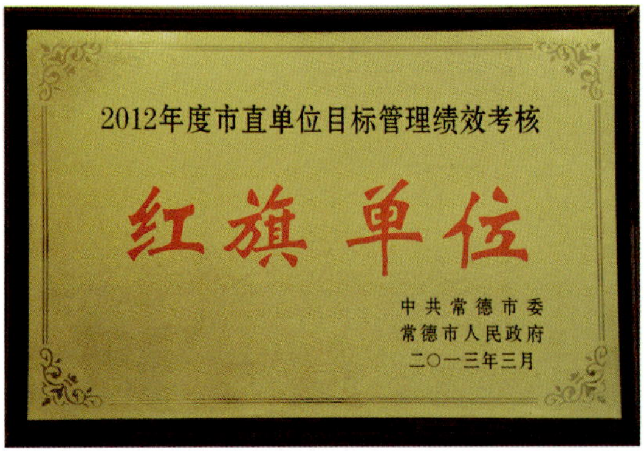
2012年度市直单位目标管理绩效考核
红旗单位
中共常德市委
常德市人民政府
二○一三年三月

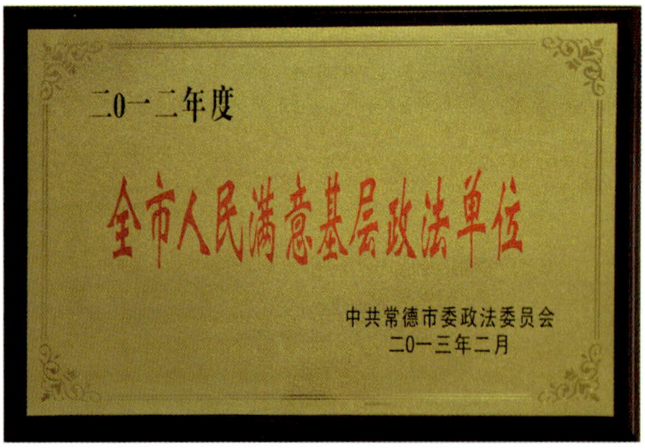
二○一二年度
全市人民满意基层政法单位
中共常德市委政法委员会
二○一三年二月

目 录

第五篇 控告申诉检察

第六篇 民事行政检察与林业检察

第七篇 检察技术

第八篇　其他检察工作

人　物

CONTENTS

Part 3 Duty crime investigation and prevention

Part 4 Prison supervision

Part 5 Accusation and appealing prosecution

Part 6 Civil administration supervision and forestry supervision

Part 7 Prosecutorial technology

Part 8 Other prosecutorial works

Figure

概 述

常德市位于湖南省西北部，地处长江中游南侧洞庭湖西沿，属洞庭湖水系沅江下游和澧水中下游及武陵山脉、雪峰山脉东北端。常德古称武陵，素有“西楚唇齿”“川黔咽喉，云贵门户”之称。其历史文化悠久，是湘楚文化的重要发祥地。常德是湘西北重要的交通枢纽、能源基地和政治文化中心，也是三峡——洞庭湖、南岳衡山——张家界黄金旅游走廊的纽带与中枢。

1988 年 1 月，国务院批准撤销常德地区，建立省辖常德市，实行市领导县体制。原省人民检察院派出的常德检察分院，改名为常德市人民检察院，下辖武陵、鼎城、汉寿、桃源、石门、澧县、临澧、津市、安乡 9 个区县市人民检察院，代管省人民检察院派出的白洋堤地区人民检察院。

1988—2015 年，市人民检察院在中共常德市委和湖南省人民检察院的领导下，在市人大常委会监督和常德市人民政府、市政协与社会各界的支持下，围绕党的工作重点，紧扣检察工作主题，依法全面履行检察机关法律监督职责，不断加强检察队伍、检察业务和装备院落“三大建设”，切实推进全市检察事业向前发展，为维护常德社会稳定、促进改革开放和经济快速增长，做出了积极的贡献。

依法履行批捕起诉等职能，切实维护地区安全和社会稳定，保障民生及人民群众安居乐业 按照各级党委、政府及上级检察机关的各项部署、要求，依法惩治犯罪，推动源头治理。1988—2015 年，全市检察机关批准逮捕各类刑事犯罪嫌疑人 66796 人，提起公诉 75364 人。

依法惩治严重刑事犯罪。刑事检察工作按照市人民检察院党组确定的“坚持重点，提前介入，快审快结，防止梗塞”16 字方针，自 1988 年以来，在全国集中统一开展的第二次、第三次“严打”整治斗争及地方党委、政府统一部署的打黑除恶、治理整顿等专项行动中，全市检察机关与公安、法院紧密配合，依法快捕快诉，在检察环节始终保持了对严重刑事犯罪的高压态势，重点惩治黑恶势力等重特大刑事犯罪，清除了一批车匪路霸、江贼水霸、乡痞地霸、街匪巷霸。仅在 2003 年 12 月 22 日至 2004 年 3 月 21 日开展的“四打一建”百日会战（严厉打击黑恶势力、严厉打击暴力犯罪、严厉打击盗抢犯罪、严厉打击毒品犯罪，建立健全社会治安防控体制）中，全市检察机关及时受理、审结暴力犯罪案件321件、533人、盗抢案件468件、512人，无一积压。28年间，全市检察机关采取“特案特办，专案专办”措施，批捕、起诉了一批有重大社会影响的特大刑事犯罪案件。2000年9月1日，常德市区发生以张某为首犯的特大抢劫、故意杀人案（以下简称“9·1”专案）。案件侦破后，市人民检察院提前介入，及时批捕、起诉了该案7名主犯，中央4家新闻媒体现场采访、直播了庭审实况，省人民检察院组织全省各分、市州院公诉科科长现场观摩了庭审公诉情况。省人民检察院为“9·1”专案组记集体一等功。2001年7月23日，市委、市人民政府召开“9·1”大案总结表彰大会，市人民检察院“9·1”大案专案组被授予“先进集体”称号，参与专案组办案的13名检察人员分获一、二、三等功和嘉奖奖励。由安乡县人民检察院审查批捕、市人民检察院审查起诉的杨某某等27人特大跨境走私贩卖毒品案，2001年6月25日，市中级人民法院一审判处杨某某等13人死刑、5人无期徒刑、9人10年以上有期徒刑，创常德刑案史上一案判死刑最多的纪录。该案被省人民检察院评为“优秀公诉案件”，并给予该案专案组中1人记一等功、2人记二等功的奖励。在1996年全国集中统一开展的第二次“严打”斗争及全省第二次农村社会治安与城镇治安整顿中，全市检察机关积极投入，成绩突出，市人民检察院被评为全省检察机关“严打”工作先进集体，全市10名检察干警评为“先进个人”。在2001年开展以“打黑除恶”为重点的全国第三次“严打”整治斗争中，全市检察机关组织举措有力，人员精力集中，消化处理畅通，深挖犯罪彻底。对有组织团伙犯罪、严重暴力犯罪及多发性犯罪的三类重点打击案件，要求各基层检察院及时向市人民检察院汇报并报备案材料，凡案件请示或汇报，市人民检察院必须在24小时内作出明确答复。特别是对最高人民检察院（以下简称高检院）挂牌督办的林某、甘某满、王某、廖某智4件黑社会性质组织团伙犯罪案，按照“三个彻底”的要求逐案督办，逐案建立台账，全程跟踪监督，市人民检察院和相关基层院明确责任人，签订办案责任状。此后，相继批捕、起诉鼎城区陈某军等37人、临澧县王某军等24人的典型黑社会性质组织案件，使一批批严重危害社会治安的刑事犯罪分子及带黑社会性质的犯罪团伙成员受到惩治，有力地维护了治安秩序稳定与社会安宁。

依法惩治制售假冒伪劣商品犯罪及危害食品药品安全犯罪。2004年，为贯彻高检院、全国整顿和规范市场经济秩序领导小组办公室、公安部《关于加强行政执法机关与公安机关人民检察院工作联系的意见》，推动惩治制售假冒伪劣商品、危害食品药品安全犯罪和专项立案监督行动深入开展，市政府成立了市行政执法与刑事司法相衔接工作领导小组，联署下发两份贯彻文件。是年7月1日，召开市直42家行政事业单位主管领导参加的行政执法与刑事司法衔接工作会议，市委常委、副市长陈文浩到会讲话，明确行政执法与刑事司法相衔接的工作办法，建立信息共享、线索通报、案件移送等机制，形成全市惩治制假售假、危害食品药品安全犯罪的合力。2012年，市人民检察院介入吴某松等23人生产、销售“地沟油”案的侦查活动。是年8月，以生产、销售有毒有害食品罪依法批捕起诉其中16名犯罪嫌疑人，震慑了犯罪，产生了良好的法律效果和社会效果。2006年，市人民检察院侦查监督科被评为“全国检察机关打击制假售假、侵犯知识产权犯罪专项立案监督活动先进集体”。

严格执行宽严相济的刑事政策，服务于构建和谐社会。依法从宽处理轻微刑事案件，切实保障未成年人、妇女、残疾人权益。按照高检院《关于在检察工作中贯彻宽严相济刑事司法政策的若干意见》《关于快速办理轻微刑事案件的意见》《办理未成年人刑事案件的规定》等文件精神，对初犯、偶犯、过失犯以及未成年犯罪嫌疑人落实从宽处理措施。仅2008—2012年的5年间，全市检察机关对涉嫌犯罪但无逮捕必要的不批准逮捕1197人，对犯罪情节轻微依法不需要判处刑罚或者免除刑罚的不起诉1156人，运用刑事和解机制办理轻微刑事案件775件、933人。尤其是围绕未成年人犯罪教育挽救工作，全市检察机关公诉部门成立青少年犯罪案件专案组，设立青少年维权岗、维权咨询电话，公布维权阳光信箱，为青少年提供及时的法律援助。并在检察内网开辟《公诉视角》栏目，登载未成年人维权信息及未成年人罪案分析等。2012年年初，市人民检察院公诉一科开展全市未成年人犯罪刑事检察情况调研，所写调查报告被省人民检察院内网采用。同年，市人民检察院在常德师范学校开展“送法进校园活动”，举办法制讲座、开展法律咨询等，增强青年学生法制观念。办案中切实保护妇女儿童的合法权益，严惩性侵、虐待、拐卖妇女儿童等暴力犯罪。1990年1月，市人民检察院与石门县人民检察院一道及时起诉了文某桥等拐卖妇女38人、非法获利8万多元的特大拐卖人口团伙案，配合公安、妇联等部门，前往山东、河南、河北、甘肃、浙江五省八县解救受害妇女43人。积极开展“三八妇女维权义务法律、心理咨询”“关怀残障儿童、慰问特教学校”“妈妈禁毒志愿者联盟”等活动。2013年5月，市人民检察院公诉一科被评为湖南省“维护妇女儿童权益先进集体”。

结合办案参与社会综合治理，积极推进社会治安防控体系建设。1997年年初，市人民检察院在社情复杂、治安恶化，地处城乡接合部的德山开发区樟木桥村建立预防犯罪法治宣传联系点，检民共建共创，该村面貌发生了质的变化：1997年起，连续3年被市、区评为“综合治理先进单位”，1998年，被省司法厅评为“防止民间纠纷激化先进村”；1998年、1999年，连续两年获市委、市政府“农村小康建设百村大联赛”金牌村称号；总结的《检民联手抓预防，综合治理谱新章》经验，先后被高检院批捕厅和省人民检察院转发推广。2002年11月11日上午7时，常德市一中、鼎城区牛鼻滩中学相继发生2起特大投毒案件，市人民检察院刑检部门及时介入，以最快速度批捕、起诉了两案中5名投毒犯罪嫌疑人，并就食堂管理，师生员工教育等向校方提出检察建议，预防类案再度发生。1991年，汉寿县人民检察院在办理刘某东破坏通讯设备案时，发现该县微波站安全防范设施简陋，存在安全漏洞，遂向其上级主管单位提出4条安全建议，引起省微波总站和省邮电管理局高度重视，派专人现场查看后下拨3.5万元专款给微波站设立安全警示牌、购置防盗器材，修建一条高2米、长210米的围墙。并配合公安、县经委召开微波站附近三乡四村的乡村领导联席会议，加强对村民的安全和法治教育，消除了安全隐患。

坚持以经济建设为中心，保障经济平稳健康发展 1988年10月，中共十三届三中全会，作出“治理经济环境，整顿经济秩序和全面深化改革”的重大决策。全市检察机关自觉服务党和国家工作大局，坚持“两打”（打击严重刑事犯罪，打击严重经济犯罪）重点，努力为经济发展营造良好的法治环境。1991年3月4日，市人民检察院召开全市检察机关党组书记座谈会，研究如何发挥检察职能为经济建设服务的问题。会后，全市检察机关共召开厂长、经理座谈会68次，深入240多个企业走访调查，建立140个服务联系点，发出检察建议100余份。通过办案，为企业清除了一批“蛀虫”，使全市50多家大中型企业扭亏为盈，15个濒临倒闭的企业走出困境。是年12月17日，在全市检察机关为经济建设服务经验交流会上，有10名大中型企业代表介绍依靠检察机关振兴企业的体会。嗣后，省人民检察院在常德召开全省“两反”斗争经验交流现场会，推广常德市检察机关为经济建设服务的经验。1992年，邓小平视察南方重要讲话发表后，市人民检察院两次召开全市检察长座谈会，探讨在新形势下如何进一步解放思想，加快改革开放步伐提高为经济建设服务水平的问题，形成《全市检察长座谈会议纪要》，制定《检察机关为经济建设保驾护航的十二条措施》。是年，在严惩严重经济犯罪的同时，积极建议企业和经济部门重新启用、留用曾被检察机关依法查处，但有一定生产经营技能且问题不太严重的骨干153人，其中重新担任厂长、经理的45人；依法缓诉、免诉，允许戴罪立功的15人。该举得到党委和政府与上级检察机关肯定，受到社会各界的好评。1996年，全市检察机关把打击企业特别是特困企业、破产企业经济犯罪作为为经济建设服务的重要举措，挖出一批“富方丈”和企业“蛀虫”。全年立案查处正副厂长（经理）30人，为企业挽回经济损失472万元。是年3月，市人民检察院针对德山大曲酒厂部分职工中存在严重拖欠公款、挪资、侵占等违法违规现象，派调查组深入该厂立案查处了销售员袁某某侵占26万元一案。该案震慑了犯罪，教育了职工，使厂内32名业务员主动交出拖欠的公款200多万元。是年6月，查处常德电机总厂原厂长蒋某某受贿5万元案，1997年1月31日，该厂工人自发组织给市人民检察院送“利剑斩魔，功在千秋”的牌匾。1999年3月30日，为贯彻落实市委、市政府《关于进一步治理经济发展环境的决定》，市人民检察院研究提出了10条贯彻意见。2001年，市人民检察院被湖南省人民政府评为“党政机关联系特困企业、党政干部联系特困职工”的“‘双联’先进单位”。2002年，为使各项检察工作自觉服务于优化经济发展环境，市人民检察院党组制定《关于开展优化经济环境综合执法检查实施方案》，重点检查和解决全市检察机关在服务优化经济环境方面是否存在执法不严、执法不公、执法不廉、监管不力的问题，通过5项专项清理检查（清理老上访户反映的问题、清理积压的举报线索、清理交办案件、清理扣押追缴赃款赃物及非法所得、清理不起诉案件），走访57家办案单位和112名案件当事人，开门纳谏，自查自纠，顺利通过省人民检察院、市人大常委会组织的优化经济发展环境综合执法检查。2006年4月25日，市人民检察院公诉科被评为全省“卷烟打假先进集体”。2009年，按照市委、市政府帮助扶持企业发展、帮助推进项目建设的“两帮两促”活动部署，市人民检察院制定《服务全市经济社会又好又快发展的八条措施》，延伸检察职能，改进办案方式方法，坚持服务全市经济发展大局，帮扶企业解决生产经营中存在的问题和困难。2011年，全市检察机关、不断调整、完善和落实为经济发展服务的措施，坚持“三个考虑”和“五个不轻易”（案前考虑运用何种方式避免影响经济发展环境，案中考虑使用何种手段保障经济建设良好运行，案后考虑采用何种措施促进经济持续增长；不轻易开警车着警服到企业调查，不轻易传唤企业工作人员，不轻易查封企业账册，不轻易冻结企业银行账户，不轻易对企业涉案人员运用强制措施）。2013年，结合省委、市委部署的“发展环境优化年”活动，出台《常德市检察机关关于充分发挥检察职能，服务‘1115’工程，‘三改四化’工作的意见》，进一步规范执法行为，严格执行各项办案纪律和工作制度。开展服务经济发展专项调研，建立两级院班子成员联系服务企业制度，增强服务针对性；建立检察长约谈制度，办理涉企职务犯罪案件的，由检察长约谈企业负责人，听取意见、建议，化解企业忧虑，维护企业正常运行；健全回访制度，涉企职务犯罪案件办结后，及时安排专人回访，通过以案说法，帮助查找漏洞，加强管理，促进发展。汉寿县人民检察院设立“检察服务站”，每周一、周三送法入企。是年，全市检察机关依法惩治诈骗、非法经营、金融诈骗、合同诈骗、网络传销、侵犯知识产权等妨害经济发展的刑事犯罪，共批准逮捕上述犯罪嫌疑人94人，审查起诉143人。查处利用职权破坏市场公平、侵害市场主体合法利益等职务犯罪，共立案查处工程建设、专项资金管理、项目审批、税费征管等领域职务犯罪51人。2014年，市人民检察院走访灌溪工业园，石门县人民检察院走访纳税大户企业，临澧县人民检察院开展“企业服务年”活动。桃源县人民检察院向全县1600多家非公有制企业发放《护航非公企业，发展非公经济》手册，出台9条服务承诺意见。全市检察机关始终围绕全市经济社会发展大局，不断找准检察工作切入点和着力点，增强服务大局针对性和实效性，为深入推进“新常德新创业”提供了有力司法保障。

坚定不移反对腐败，加大查处和预防职务犯罪力度 重点惩治贪污贿赂等经济犯罪，努力维护市场经济秩序，促进社会风气好转和机关廉政建设。1988年以来，全市检察机关惩治经济犯罪工作，以“两反”（反贪污、反贿赂）为龙头，以查办大要案件为重点，不断调整工作思路、部署和策略。1989年8月15日，最高人民法院、最高人民检察院《关于贪污、受贿、投机倒把等犯罪分子必须在限期内自首坦白的通告》发布后，市人民检察院检察长发表电视讲话，全市共印发《通告》等宣传资料28000余份，举行新闻发布会42次，撰写新闻稿件1200余篇，自《通告》发布至是年10月31日，全市共有342名涉嫌贪污、受贿、投机倒把等经济犯罪人员到检察机关投案自首，交代违法犯罪金额211万元，退回赃款赃物151万元；有222名在押犯坦白交代罪行，退出赃款赃物142万元。

1990年，惩治经济犯罪主要放在四个方面，即对经营单位出现严重不正常亏损的重点查、对不正之风严重的行业重点查、对群众反映强烈的单位重点查、对长期未被触动的死角死面重点查。1992年，在深入调查研究基础上，市人民检察院制定《严格区分罪与非罪6条》和《严格区分罪与非罪13条》，强调在办理经济案件中做到“7个分清”，即分清经济活动中不合理开支与中饱私囊、私分公款的界限；分清经济交往中的正当应酬与贿赂犯罪的界限；分清经营活动中企业之间相互借用与挪用公款的界限；分清承包中“超前预支”与以承包为名私分、侵吞国家和集体财产的界限；分清超限额发放奖金与私分公款的界限；分清有偿服务所得合理报酬与利用职务之便索贿受贿的界限；分清因大胆改革缺乏经验造成工作失误与玩忽职守犯罪的界限。在处理上，对介于罪与非罪的“踩线”或“边缘”案件，从缓不从快、从宽不从严，该惩治的坚决依法惩治，该保护的坚决保护。1993年，市人民检察院正、副检察长带队分组调研，总结澧县人民检察院坚持以办案为重点，正确处理“四个关系”（打击与服务、大案与小案、数量与质量、治标与治本）的经验，召开全市检察机关办案经验交流现场会。强调坚持检察工作服务经济建设的指导思想不动摇；坚持惩治犯罪是为经济建设最重要、最直接服务的观念不动摇；坚持实事求是，有案必办的原则不动摇；坚持严格执法，争创一流工作的信念不动摇。明确提出“放开初查，慎重立案，主攻大要，讲究效果”的惩治经济犯罪的16字工作方针。1994年，市人民检察院提出查办大要案件与交付法院审判的效果应作为严惩经济犯罪的重要标志，防止立案数量和移送起诉与法院审判数量反差过大的反常情况，强化立案、起诉、判决“三位一体”，协调发展，把惩治经济犯罪力度体现在立案成案率、结案率和法院判决率的“三率”上。并围绕“三机关一部门”（党政机关、司法机关、行政执法机关，经济管理部门）及经济热点领域与重点行业查办大要案件。1993年起的三年中，共在这些部门或领域查办大要案件585件，占全市检察机关立办经济犯罪案件的63.2%。1997年，将惩治经济犯罪办案指标及立案数、大要案数、起诉数、判决数量化，规定大要案数要占立案数的95%以上，移送起诉数占立案数的90%以上，起诉数占移送起诉数的85%以上，判决数占起诉数的80%以上，较好地理顺了质与量的关系，保证了惩治经济犯罪中立案、起诉、判决的协调与全面开展。2000年1月，在原经济、法纪案件举报中心基础上，市人民检察院成立侦查指挥中心，有效组合了检察资源，完善了线索管理区域联动协作等机制，对全市职务犯罪大要案查办工作进行统一组织、指挥和协调，实行办案一盘棋，形成“一体化”的“大侦查”格局。此后不断加大侦查装备现代化、信息化的“两化”建设投入，适应了新形势下惩治职务犯罪的侦查需要。2012年，市人民检察院党组进一步提出实现惩治职务犯罪可持续发展工作思路，制定下发《加强和改进全市反贪工作的意见》，把查处职务犯罪作为“一把手”工程，推行检察长目标责任制，每年层层递交责任状，检察长指挥和带头办案成为工作常态。1988—2015年，全市检察机关共受理各类经济案件线索8848件，立案侦查贪污贿赂等经济犯罪案件5420件、6434人，其中大案2805件，占立案件数的

52%，县处级以上的要案 144 人，占立案人数的 2.2%。如市人民检察院立案侦查的华南光电仪器厂原厂长肖某某（副厅级）特大受贿案，鼎城区原区委书记李某某等 11 人受贿、巨额财产来源不明窝案、串案，武陵区原区长黄某某受贿案等；受省人民检察院交办，先后查处了省交通厅原副厅长邹某某、湘西自治州人大常委会原副主任游某某、怀化市市委原常委、秘书长谌某某、怀化市政协原副主席杨某某、常德市政府原副巡视员唐某某等多名厅级国家工作人员贪污、受贿、巨额财产来源不明等窝案串案。全市检察机关既打“老虎”，又拍“苍蝇”，全方位惩腐肃贪。在乡镇站所和基层干部中查处了一批小官大贪，清除“雁过拔毛”式的腐败。仅 2004 年，就立查村支部书记、会计或乡镇站所人员中的经济犯罪案件 16 件、26 人，群众拍手称快。

突出查办侵权渎职等犯罪，切实保障人权。1988—2015 年，全市共受理各类侵权渎职案件线索 3556 件，经初查后立案侦查 1594 件，其中立查重特大案件 729 件，占立查案件数的 44%。查处非法拘禁案件 287 件、刑讯逼供犯罪案件 51 件。20 世纪末，因债务纠纷等引起的“人质型”非法拘禁案居高不下，仅 1995 年，全市检察机关法纪检察部门立“人质型”非法拘禁案 22 件、25 人，占是年立侵权渎职案数的 80%，初查后不立案 10 件，作调解或其他处理 38 件；解救被扣押“人质”71 人，其中协助外地解救 38 人，去外地解救 19 人；“人质”中有妇女 6 人，儿童 5 人，老年人 4 人，企业厂长、经理 8 人。通过查办非法拘禁案件，不仅惩治了侵权犯罪，保护了公民人身权利，而且维护了涉案企业法人及公民的合法权益，维护了正常生产、生活秩序与社会稳定。是年，还查处了桃源县八字路派出所原所长高某某及该所 3 名治安联防人员非法拘禁 7 人、致 2 人死亡的特大非法拘禁、刑讯逼供案，湖南电视台对该案分 3 期进行连续报道，该案引发全市公安系统对治安联防队伍的清理整顿，解散所有联防队员。查处玩忽职守犯罪案件 451 件。坚决依法查处国家机关工作人员严重不负责任、不履行或者不认真履行职责，致使公共财产，国家和人民利益遭受重大损失的行为。1989 年 5 月 29 日，汉寿县发生特大沉船事故，致 55 人死亡。事发后，汉寿县人民检察院当即组成 29 人的办案组，赶赴现场侦查，5 天内调查走访 200 余人，取证 200 余份，查清了全案基本事实和证据，是年 6 月 23 日向汉寿县法院提起公诉，经法院审判追究该县周文庙乡副乡长马某某玩忽职守及沉船的 2 名驾驶员交通肇事的刑事责任。2004 年 12 月 21 日，市城区桥南市场电子通讯城门面因电视机故障引发火灾，投资 2000 余万元的桥南宾馆及裙楼被烧毁，火灾蔓延至整个桥南市场，造成固定资产损失 7754.18 万元、直接财产损失 18758 万元及死亡 1 人的严重后果。后经市、区两级人民检察院侦查，桥南市场管委会主任曾某、市场开发总公司副总经理曾某某，对市场管理和安全防范负有领导责任，尤其是对超权限项目任其动工违法兴建，未达消防要求的设施任其投入使用，与“12·21”火灾的火势蔓延及损失扩大有一定的因果关系，涉嫌玩忽职守犯罪，两人分别被判处 3 年有期徒刑、缓期 3 年执行，判处 2 年有期徒刑、缓期 2 年执行的刑罚。查处徇私舞弊犯罪案件 109 件、滥用职权犯罪案件 218 件。重点查办司法人员徇私舞弊、滥用职权犯罪案件及充当黑恶势力“保护伞”的犯罪案件。1999年，安乡县公安局法制办原教导员杨某某（甲）、大湖口刑侦中队原中队长杨某某（乙），将犯罪嫌疑人陈某清违法取保候审，致使陈某清逃脱法律惩处后于2000年伙同他人犯下重庆“6·19”、常德“9·1”等系列特大抢劫杀人案。两杨涉嫌徇私枉法，经市、县人民检察院侦结起诉后，法院以滥用职权罪判处杨某某（甲）有期徒刑3年，缓刑3年，以徇私枉法罪判处杨某某（乙）拘役6个月。2001年，全市检察机关立案查处国家机关工作人员充当黑恶势力犯罪“保护伞”的渎职犯罪案件4件、7人，其中公安司法人员5人。高检院和公安部挂牌督办的桃源林某黑社会性质组织团伙案的“保护伞”，县公安局原副政委钟某某，一审被判处有期徒刑2年、缓期2年执行。

坚持“标本兼治、综合治理、惩防并举、注重预防”的方针，积极预防职务犯罪。通过开展职务犯罪预防调查和研讨，撰写职务犯罪分析报告和年度综合报告，与检察自侦部门建立侦防一体化机制，向相关单位提出检察建议，组织警示教育，进行预防宣传、预防咨询、预防理论研究和廉政文化建设及预防工作法制化建设，受理行贿档案查询等，重点抓好在职务犯罪发案单位的个案预防、在易发领域的系统预防、在公共投资及重点建设项目中的专项预防。至2015年，全市检察机关与区内行政执法部门、经济管理部门、国有企业、股份制公司等建立预防职务犯罪工作领导小组，形成比较完善的检察预防和社会预防相配合的工作体系。2000年，常德卷烟厂开工建设联合工房等4个省重点工程项目，市人民检察院预防部门与该厂有关职能部门共同制定预防方案，落实工作责任，做到权力运行公开透明，自觉接受监督制约，防止暗箱操作。不仅保证了建设进度，而且节约工程资金1.5亿元，实现了工程建设创一流业绩，廉政建设创一流形象的目标。2002年，市人民检察院被高检院确定为预防职务犯罪“百家联系点”之一。2003年12月，全省检察机关预防职务犯罪工作现场会在常德召开，市人民检察院介绍了预防职务犯罪工作的经验。在2012年全省检察机关预防职务犯罪工作会议上，市人民检察院介绍《推进“八个转变”，努力构建预防职务犯罪社会化大格局》的经验。是年，市人民检察院撰写的《精心抓好预防调查，促进检察专业预防与社会预防的协调发展》，被高检院向全国检察机关推介。仅2008—2012年的5年间，全市共开展预防调查183项，形成职务犯罪分析报告204份，发出检察建议305份，组织开展警示教育活动520次，接受行贿档案查询和预防咨询2249次。与国土、城建、税务等部门建立预防联席会议制度，对常德烟机公司技改工程等68个重点建设项目实施备案监督370余次。推广安乡县人民检察院和县国土资源局联合探索的土地综合治理预防职务犯罪工作经验，被高检院、湖南省委和省人民检察院主要领导肯定与批示，并被人民日报内参、省委办公厅内参推介；市人民检察院与市国土资源局组织实施环洞庭湖土地综合治理预防职务犯罪项目，得到国土资源部、省人民检察院、省预防腐败局等上级单位的充分肯定。市人民检察院《2008至2010年我市职务犯罪发生情况、发展趋势和预防对策综合报告》，获市委、市政府好评，被省人民检察院评为优秀综合分析报告，市人民检察院《关于鼎城区委书记李某葆受贿案的犯罪分析报告》被省人民检察院评为优秀预防调查报告。白洋堤人民检察院提出的《减刑、假释、保外就医工作中职务犯罪预防》检察建议、桃源县人民检察院对该县林业系统渎职犯罪预防的检察建议分别被省人民检察院评为十佳检察建议和优秀检察建议。鼎城区人民检察院开展的新农合基金管理预防项目、临澧县人民检察院重点预防实施的“烟花爆竹的生产及管理”项目、市人民检察院和临澧县人民检察院实施重点预防的“救灾物资发放及管理”项目等全市 15 个重点预防项目先后被省人民检察院评为优秀预防项目。2008—2015 年，全市检察机关预防职务犯罪工作，一直排名全省同行前列，受到中央政法委、高检院、省委领导和省人民检察院领导的高度评价。

努力增强对司法活动监督的针对性和有效性，做公平正义的守护者 全市检察机关深入践行高检院“强化法律监督，维护公平正义”的检察工作主题，认真贯彻市人大常委会《关于加强人民检察院在诉讼活动中法律监督工作的决议》，准确把握检察机关的宪法定位，依法履行法律监督职责，着力解决执法不严、司法不公等突出问题。

强化对刑事诉讼活动的监督，坚守防止冤假错案底线，坚持罪刑法定和疑罪从无的原则。1988—2015 年，对不构成犯罪或证据不足的，全市不批准逮捕 11847 人，不起诉免予起诉 7225 人。以立案监督为重点强化侦查活动监督。1988—2015 年，除提出纠正侦查活动违法意见外，全市对应当立案而未立案的监督立案 753 件，对不应当立案而立案了的，监督撤案 257 件，对应当逮捕而未提请逮捕的追加逮捕 1859 人；对应当移送审查起诉而未移送的，追加起诉 1672 人。以抗诉为重点强化审判活动监督，1988—2015 年，除提出纠正刑事审判活动违法意见外，对审判不公或适用法律不当、量刑畸轻畸重的，全市共提请提出刑事抗诉案件 263 件。有效地维护了司法公正，保证了法律的统一与正确实施，保障了当事人的合法权益。

强化对刑事执行活动的监督。努力做好对津市监狱、德山监狱、武陵监狱及市、县各看守所的劳改检察与监外、所外执行检察，依法对刑罚执行和监管活动实行有效监督，做到刑罚执行和监管活动的公平正义，维护监管秩序稳定和被监管人员的合法权益。1988—2015 年，检察发现刑罚执行和监管活动违法 4901 起，书面和口头提出纠正意见 4664 件，纠正 4401 件；检察发现首次超期羁押 776 人，书面和口头提出纠正意见 680 件，纠正 592 件；检察执行机关提请、法院裁定、主管机关批准决定罪犯减刑、假释、保外就医 63065 人，检察发现不当 2664 人，经书面和口头提出纠正意见，纠正 2371 人；办理被监管人员犯罪案件 1385 件，其中审查批捕案件 219 件，审查起诉案件 1166 件；办理监管改造场所职务犯罪案件 119 件、136 人。监所检察工作通过贯彻执行高检院颁发的《看守所检察工作细则》《劳改检察工作细则》和《劳教检察工作办法》三个文件，全面实现“三化”（经常化、制度化、规范化）建设达标要求。2007 年，经全国第二届规范化检察室考核评定，临澧县院、澧县院驻县看守所检察室和白洋堤院驻武陵监狱检察室被高检院评定为一级规范化检察室；市人民检察院驻第一看守所检察室，白洋堤院驻津市监狱、德山监狱检察室，汉寿县院、鼎城区院、桃源县院驻看守所检察室被高检院评定为二级规范化检察室；石门县院、安乡县院、津市市院驻看守所检察室被评为三级规范化检察室。1994年6月，白洋堤人民检察院被高检院定为派出人民检察院中监所检察工作联系点，1996年10月被评为“全国监所检察系统派出检察先进集体”。1998年7月13日，省人民检察院为市人民检察院监所检察科记集体一等功，表彰该科连续10年在全省监检业务年度考核中获“先进集体”荣誉称号。

强化民事、经济、行政诉讼监督。1988—2015年，全市检察机关民事行政检察部门共受理当事人不服人民法院已生效的民事、经济、行政判决和裁定申诉5040件，立案审查2120件，市人民检察院向市中级人民法院提出抗诉844件，提请和建议提请省人民检察院抗诉302件，向法院发出再审检察建议134份，检察机关办理执行和解和息诉案件459件，法院共改判或部分改判（含调解）567件。办理督促起诉、支持起诉等公益诉讼案件314件，办理“44·3”案件（《中华人民共和国民事诉讼法》第44条第3款规定的案件）12件。2010—2015年，办理行政执法检察监督督促履行职责案件307件，采纳284件；审判、执行活动监督案件108件，采纳87件。全市民事行政检察工作根据《民事诉讼法》《行政诉讼法》及有关法律规定，对民事诉讼和行政诉讼及部分行政执法行为进行法律监督，有效地维护了司法公正，促进依法行政，化解社会矛盾，保障了国家法律的统一正确实施。1991—2000年，全市民事行政检察工作连续10年被省人民检察院评为先进。2001年8月20日，高检院召开全国检察系统第一次民事行政检察工作会议，市人民检察院主管副检察长作为全省民行检察先进单位唯一代表出席了会议，高检院领导在会上点名表彰了常德等全国7个单位的民事行政检察工作。

强化“二重”监督，全面做好控告申诉检察工作。仅1990—2005年，共受理各种控告1145件、申诉1118件。控申部门立案复查354件，结案354件，其中维持原决定158件，改变原决定60件，部分改变原决定32件，作其他处理104件；共受理各类举报线索15696件，经审查转反贪局5534件、渎侦局1505件，举报中心初查5003件。初查后移送反贪部门立案766件，渎侦部门立案79件，转其他部门处理4158件。共受理赔偿请求66件，立案53件，决定赔偿23件，赔偿金额397986元；不予赔偿11件。法院判决赔偿11件，赔偿金额1414831.1元。全市检察机关控告申诉检察部门的干警依法从业，恪尽职守，所做的各项工作受到上级领导机关和人民群众赞扬。2000年，市人民检察院与武陵区院联合举行的武陵区农业银行不服不捕决定申诉案件听证会，开全省刑事申诉案件听证会之先河。2001年，抓刑事申诉和刑事赔偿案件公开审查制的推广，市人民检察院年内先后召开听证会7次、质证会4次，均受社会各界好评，其做法被高检院作为经验向全国检察机关推介。在开展争创文明接待室、举报宣传周、检察长接待日等活动中，2014年，市人民检察院第4次被授予“全国检察机关文明接待示范窗口”称号，临澧县院、鼎城区院、武陵区院继续保留“全国检察机关文明接待室”称号，津市市院被评为“全国检察机关文明接待室”，其余6个基层院接待室均达到高检院或省人民检察院“文明接待室”标准。控告申诉检察工作全面开展，改善了党群关系，密切了同人民群众的联系；息诉止访，维护了社会稳定；扩大了案源，惩治了犯罪；强化了监督，维护了司法公正。

自觉接受监督，促进司法公正，确保检察权在法治轨道上运行　牢固树立监督者更要自觉接受监督的理念，不断完善内部监督制约机制，促进公正廉洁执法，提升检察执法公信力。

始终坚持党对检察工作的绝对领导。认真学习贯彻中国共产党历届中央全会精神，紧紧围绕市委工作部署，谋划和推进检察工作，坚持向党委报告工作和重大事项请示制度，及时回复、妥善处理党委交办、督办事项，确保党的路线方针政策在检察工作中得到正确执行。

自觉接受人大常委会的监督。全市检察机关自觉接受人大常委会和人民代表的监督。仅2006年，常德市两级检察机关向同级人大及其常委会报告全面工作11次，报告专项工作或执法情况20次；走访各级人大代表1200多人次，召开人大代表座谈会21次。2008—2012年，邀请人大代表视察检察工作523人次，呈送检察工作简报等6300余份，认真办理代表建议和人大交办、转办案件136件。主动接受人大工作评议和执法检查。1995年6月至1996年5月，市人大常委会对“两院”（市中级人民法院、市人民检察院）工作评议，针对人大代表对市人民检察院工作中存在的6类问题（其中涉及34件案件和14条意见建议），进行认真调查、处理、整改和回复，修订完善和建立全院性规章制度36项，科室规章制度等62项。在2015年开展的“检察官履职评议”活动中，邀请市、县两级人大常委会组成人员、部分人大代表对全市42名检察官履职情况进行了评议。2014年，市人大常委会开展刑事诉讼执法大检查，根据市人大常委会对执法检查报告作出的审议意见，市、县人民检察院制定整改措施，将整改事项分解到责任单位与部门，狠抓落实。2008年，积极参与市人大常委会组织开展的人大代表“百案听审”活动；2011年，市人大常委会统一部署、组织开展“司法公正常德行”活动以来，全市检察机关高度重视，认真部署，围绕“加强司法监督、提升司法水平”制定工作措施，严格按方案要求全面开展各项活动。市人民检察院被评为“活动优秀单位”。

主动接受政协民主监督和社会监督。1999年，普遍开展“十百千”活动（走访联系10名市人大常委会委员，走访百名人大代表、政协委员，走访千名人民群众征求意见和建议），广泛倾听社会各界意见，改善改进检察工作。2009年，邀请人大代表、政协委员、人民监督员等社会各界代表对市人民检察院工作进行两次集中评议，帮助查找在执法理念、执法作风、执法行为等方面的问题，共收到各类意见和建议330余条，择要整理归纳出30个问题，经剖析提出具体整改措施并予落实。从2004年起，先后聘任149名人民监督员，主要对不服批捕决定、拟不起诉、拟撤销案件等“三类案件”进行评议，邀请参加审讯现场监督、列席检察长会议等。2012—2015年，人民监督员参加案件评议169次，对其中27件案件不同意评议案件的原结论（处理）意见。深化检务公开。相继开展“公平正义在侦监”“介绍检察职能，展现公诉风采”“查办和预防职务犯罪，推进反腐倡廉建设”等主题的检察开放日活动。通过检务电子信息屏、门户网站、官方微信，及时在案件信息系统依法公开执法及案件相关情况。仅2015年，公开6618件案件程序性信息和2064份法律文书，召开新闻发布会2次，增强了执法透明度和人民群众对检察工作的参与度，确保了当事人、辩护人的知情权、监督权。全市检察机关推进检务公开的经验被省人民检察院总结推介。

规范执法管理，加强内部监督。改革执法管理模式，成立案件管理中心，推行执法办案管、办分离。运用检察机关统一业务应用系统，对执法办案工作进行实时、动态监控。先后组织编写《常德市检察机关检察工作指引》《常德市检察机关执法办案工作指南丛书》（一套六册），规范执法行为，受到省人民检察院主要领导肯定，批示在全省检察机关推广。建立错案责任终身追究制，落实执法过错追责机制；推进网上办案和网上监督管理，全市检察机关依托信息化平台加强案件管理的经验，被省委政法委在全省推广。2012—2015年，开展办案流程监管792次，发出流程监管通知书40份。开展执法状况考评、不规范司法行为专项整治，评查案件3842件，评查不捕、不诉案件647件，剖析典型案件35件；对191件撤案、不起诉的职务犯罪案件逐案评查，清理出不规范问题503处，对发现的执法质量问题进行认真剖析，全面整改。2006年，在省人民检察院组织的执法质量考评中，市人民检察院及全市10个基层院均达优秀等次，尤其是鼎城区院在全省122个基层院中考评成绩名列第二；2008—2015年，在省人民检察院组织的每年度执法质量考评中，市人民检察院连续保持优秀等次；2014年，市人民检察院被省人民检察院评为“全省先进市州检察院”。

加强检察技术装备和机关院落建设，保障检察业务全面开展 科技强检工作一直是常德检察工作的一个品牌。1997年12月，在全国检察机关第四次“双先会”上，市人民检察院技术科被高检院荣记“集体一等功”；2004年10月，被高检院评为“全国检察机关信息化工作先进单位”；2007年5月，被高检院评为“全国检察机关检察技术工作先进集体”。2012年以来，根据高检院《“十二五”时期科技强检规划纲要》和省人民检察院检察技术与信息化工作要点要求，不断提升检察技术和信息化应用水平，检察技术和信息化工作有质的飞跃。市县两级院9项检察技术工作经验被高检院推介，2件典型案例入编《全国检察技术典型案例》。2件技术案件被评为“全省检察机关十优案件”，7件技术案件被评为“全省检察技术十优案件”。2013年、2014年，连续两年在省人民检察院技术和信息化工作考核中名列前茅。2015年，《法制日报》《检察日报》报道市人民检察院推进科技强检的做法；是年6月，省人民检察院在市人民检察院召开全省检察机关科技强检示范院建设推进会，市人民检察院检察长余湘文在会上作典型发言；是年9月，市人民检察院被高检院授予全省市级检察院唯一的“全国科技强检示范院”荣誉称号。市人民检察院在省人民检察院和市委、市政府的大力支持下，立足“服务执法办案、服务机关管理”的理念，不断夯实科技强检基础，完成现代化司法鉴定、复合型侦查指挥中心、信息化案件管理、便捷化信访接待、集约化后勤保障“5个”信息技术平台建设，于2014年年底前全部投入使用。为检察工作整体推进、全面发展提供了有力的科技支撑。

院落建设及检务保障工作是市人民检察院“三大建设”任务之一。1988—2015年，全市检察机关院落建设有长足进步，院容院貌发生根本改变，干警工作生活条件有很大改善。全市检察机关中，市人民检察院及武陵区院、津市市院和临澧、澧县、安乡县院的院落已第二次整体搬迁，基本完成“两房”（办案用房、专业技术用房）建设任务；鼎城区院、桃源县院、石门县院实行第二次整体搬迁的院落正在施工建设中；汉寿县院对首度整体搬迁后的侦技楼改扩建工程已经竣工；白洋堤院由于业务范围扩大，由津市监狱迁入常德市城区办公，侦技楼于2015年12月基本竣工。市人民检察院办公大楼在功能设计上，从办公办案的实际需要出发，重点在节能、环保、安全、保密和信息化等方面加大投入，建有高标准的会议视频系统、远程监控指挥系统、多媒体数字演示侦查指挥系统、案件管理系统和办案工作区，接入光纤16条，并着眼发展，充分预留出办公自动化、技术网络化和诉讼设备智能化等空间，全面奠定了检察发展的基础。同时，加大文娱、体育活动设施投入，室外建有高标准灯光球场，绿树丛中安装有健身器材；室内设有健身房、棋牌室、乒乓球室、书报阅览室、电子阅览室、干部活动中心等，极大地丰富了干警及离退休人员的业余和晚年生活。市人民检察院机关后勤工作，按照“新定位、新机制、新面貌”的行政管理思路，引入市场化竞争机制，将机关安全保卫、卫生保洁、园林绿化、设备维修、干警食堂等服务外包，实行物业管理为主，行政装备部门监管和协管，减轻了行装部门的行管事务，便于集中精力围绕检察业务抓好检务保障。28年来，全市检察机关的院落建设和检务保障工作取得了有目共睹的成绩。1994年8月，市人民检察院被高检院授予“装备工作先进单位”称号；是年11月20日，省人民检察院在常德召开“全省检察机关第三次计划财务装备工作经验交流会”，市人民检察院主管副检察长介绍检务保障工作经验；2005年1月，高检院授予市人民检察院“全国检察系统服装管理工作先进单位”称号；2015年2月，市人民检察院被中共湖南省委、省人民政府授予“全省文明标兵单位”称号；2015年11月，市人民检察院被高检院评为“全国检察机关检务保障工作先进集体”。

坚持从严治检，深入推进检察队伍建设　1988年以来，市人民检察院党组始终把队伍建设作为“三大建设”首要任务，列入党组工作的重要议事日程，通力合作，常抓不懈，深入扎实地开展思想政治工作，做到年年有举措，次次有新招，极大地调动了全市检察干警的政治热忱和工作积极性，有效地提高了全市检察人员的思想政治和检察业务素质，锻造出一支政治强、业务精、作风硬的检察队伍。

抓教育，坚定理想信念。坚持把理论学习和政治教育作为队伍建设中政治工作的根本任务，组织干警认真学习建设有中国特色的社会主义理论，认真学习马克思列宁主义基本理论、毛泽东思想、历届中共中央全会精神以及上级的系列指示决定等，先后开展了坚持四项基本原则，反对资产阶级自由化，自觉服从党的领导，在思想上、行动上与中共中央保持一致的教育；进行“三讲”教育和“三个代表”、科学发展观等学习活动；开展“立党为公、执法为民”“艰苦奋斗、廉洁从检”“强化法律监督、维护公平正义”等一系列的专题教育学习，开展了“三严三实”主题教育活动，聚焦对党忠诚、个人干净、敢于担当，深入查摆“不严不实”问题，提出和落实整改措施。除完成上级规定的教育、学习内容外，还结合检察业务实际，根据不同时期人员思想状况、环境任务变化等有的放矢地部署教育活动。不断强化检察文化建设，千方百计浓厚政治气氛和文化氛围，设立“道德讲堂”定期开讲，通过训育、讲座、恳谈、笔会，传统文化学习，检察礼仪养成，检察官宣誓、演讲以及体育竞赛等多种文体活动，提高了广大干警的文化修养。通过理论灌输、教育实践、文化熏陶、文明创建，为检察工作发展奠定了坚实的思想政治基础。实施教育中，做到年度有计划、月月有安排，每次学习教育有登记和考勤。市人民检察院制订的1993年度机关政治教育方案及考评打分办法等资料，被编入高检院出版的《检察思想政治工作概论》一书中，成为全国检察机关政治教育的范例与参考。

抓培训，提高职业素养。全市检察队伍教育培训的重点经历了由法律学历教育到高端业务培训的转变。1988—1998年，依托广播电视大学教育平台，市人民检察院以检察官培训中心为基地，自1985级法律专科班116名学员于1988年毕业后，相继办1988级、1994级、1995级三届法律专科班，毕业学员101人；办法律（检察）专业证书（检察系统内视为大专学历）班三届二批337人结业；办法律本科班一届，毕业学员48人。1998年后，除继续支持干警参加在职学历教育，鼓励未取得检察官资格人员参加司法考试外，重点搞好高端业务培训与开展技能短训。出台《常德市检察机关拔尖人才选拔与培养工作方案》，全市确定51名检察业务类和检察综合类拔尖人才培养对象，采取多种方式重点培养。推动检校合作，与西南政法大学等院校共建教学科研试验基地。市人民检察院设立“法治常德·检察讲坛”，先后6次邀请全国知名学者和省内实务专家为干警培训授课；组织全市100名业务骨干赴北京师范大学刑事科学研究院参加“新刑事诉讼法实施与检察官执法能力提升高端培训”。实施全员在职培训规划，采取专题业务培训、专项技能训练、跟班培训、以案带训等方式，开展以“三听（听庭、听讯、听询）六评（评笔录、评方案、评文书、评技能、评优案、评标兵）”为主要内容的岗位练兵活动，推进了检察队伍的专业化建设。全市有“全国检察业务专家”1人，“全国优秀公诉人”1人，2名干警入选全国检察理论研究人才库，63名干警获得全省检察机关“十佳公诉人”“十佳侦查办案能手”“业务标兵”等称号。28年间，全市检察干警的学历有大幅提高。1988年，全市643名检察人员中，只有200人具有大专以上文化水平（本科7人、专科193人，法律专业101人），仅占总人数的31%；2015年，全市761名检察人员中，本科以上文化水平的有654人（博士1人、研究生60人、本科593人），占总人数的85.94%。

抓典型，开展争先创优活动。队伍建设中，十分注重先进典型的引领和激励作用。通过专项评比表彰、一案一事奖励，给那些依法办案、严格执法成绩突出或完成急、难、险、重任务出色的单位和个人报功评奖；开展年度年终基层院与各业务系统评比表彰，评出先进基层检察院及先进科（股、室），形成竞争向上态势。尤其是大力培植和宣扬先进典型。1994年1月，市人大常委会在全市检察系统评选表彰首届“十佳检察官”，市人民检察院作出开展向“十佳”学习活动的决定；1997年5月，联合市政法委、市人大法工委、团市委，评选表彰了第一届“十优青年检察官”，并在各检察院巡回报告其先进事迹；此后分别于2001年6月、2006年5月，与市人大、市政法委、市人事局、市总工会联合，表彰了第二届10名优秀检察官和第三届12名“模范检察官”。由于典型的引领，全市检察系统不断掀起比、学、赶、超热潮，涌现出一大批先进模范人物。

抓党建，发挥党员的先锋模范作用和党支部的战斗堡垒作用。1988年，全市检察系统有中共党员495人，占总人数的77%，2015年，有中共党员642人，占总人数的84.4%。针对检察队伍中中共党员所占比重大的实际，认真开展党务工作，注重抓好党员这支队伍。1993年10月，在全市组织工作会议上，市人民检察院作为机关党组的唯一代表，介绍《狠抓党员教育管理，切实保证秉公执法》的经验。抓机关党建中，精心配好班子，将政治责任感强、模范作用好、会做思想工作的骨干充实进机关基层党组织班子，成为党组织联系群众的纽带和桥梁。1994年5月，在全市政法系统思想政治工作经验交流会上，市人民检察院介绍《注意把握三个环节，抓好日常思想工作》的经验。坚持“三会一课”，加强中共党员的教育管理，严格党内各项制度规定，经常进行作风纪律检查与整顿，做到警钟长鸣。丰富党内生活，开展形式多样的活动。先后进行党员先进性教育，立党为公、执法为民专题学习教育；开展“党建先锋工程”“共产党员形象工程”“党在我心中，我为检察添光彩”等活动。组织《检察官之歌》歌咏比赛、树检察官良好形象演讲比赛等，激发党员斗志，在工作中当模范，办案中打头阵，最大限度地发挥先锋模范作用。

抓基层，夯实基层基础。建立市人民检察院领导班子成员联系基层检察院制度，实施业务领导，并通过基层调研，指导基层工作，加强与当地党委、人大常委会、政府、政协的联系，为基层检察院建设排忧解难。2012—2015年，共开展联系指导工作72次，帮助各基层检察院解决工作中的问题52个；派出2个巡视组对10个基层院巡视，发现问题85个，及时指导相关院整改。发挥“协管”作用，抓好基层检察院的领导班子建设。市人民检察院在协助地方党委抓好基层院班子建设中，除坚持正常的班子考察和建议补充、调整外，先后推广安乡县、石门县等院班子建设经验，安乡县院于1995年4月被评为“全国检察系统先进集体”，被记集体一等功，并参加了全省检察机关党建座谈会；重点解决了个别基层院班子不团结和受利益驱动出现的执法不严等问题。1995 年 6 月，市人民检察院《加强协管力度，认真抓好班子》的经验，在全省检察机关第二次政工会上作介绍。推动争创先进基层检察院活动持久深入开展。鼎城区人民检察院党组被中央政法委评为全国政法机关“先进基层党组织”、被高检院评为“全国先进基层检察院”；武陵区人民检察院被高检院评为第六届“全国先进基层院”；2015 年，安乡县人民检察院被高检院记集体一等功；桃源县人民检察院被高检院评为“全国先进基层检察院”、被省人民检察院评为“全省检察机关基层建设示范检察院”；澧县人民检察院被省人民检察院评为“全省先进基层检察院”“‘十二五’时期全省检察机关检务保障先进单位和信息化建设先进单位”。

大事记

1988年

1月 常德检察分院在汉寿县人民检察院进行调整批捕案件备案审查范围的试点工作。将原来全部案件均报分院备案审查调整为只报5种案件，即反革命案件、不批准逮捕的案件、疑难和意见分歧案件、重（特）大案件、认为需要报分院备案审查的其他案件。汉寿县人民检察院备案审查改革的试点经验得到省人民检察院的肯定。

3月初 常德检察分院开展对全区10个县市检察院1987年末号不批准逮捕决定书的评选工作。桃源县人民检察院〔1987〕14号（末号）不捕决定书和石门县人民检察院〔1987〕20号（末号）不捕决定书，被评为“最佳不捕决定书”。桃源县检察院〔1987〕14号不捕决定书被省人民检察院评为“全省检察系统优秀不捕决定书”，受到省人民检察院通报表扬和奖励。

4月上旬 常德检察分院配合高检院和省人民检察院在桃源、慈利、临澧、汉寿和分院拍摄《备案审查电视教学片》。

是月 进行全区检察系统工作人员工资制度改革。常德分院90名干部职工，确定为副科级的18人、正科级的7人、副处级的7人、正处级的3人。10个县市检察院的527名干部，确定副科级的120人、正科级的47人。从此，省以下检察机关的检察员可以高配至厅、处、科级。

6月24日 在常德市第一届人民代表大会上，李少甫当选为市人民检察院检察长。8月30日，省人大常委会任命李少甫为市人民检察院检察长。

是月25日 省人民检察院的派出机构津市白洋堤地区检察院，改为市人民检察院的派出机构，其检察长、副检察长、检察委员会委员和检察员，均由市人民检察院检察长提请常德市人大常委会（以下简称市人大常委会）任免。

是月 湖南省人民检察院常德分院更名为常德市人民检察院（以下简称市人民检察院）。

8月18日 中共常德市委员会（以下简称市委）决定成立中共常德市人民检察院党组（以下简称市人民检察院党组），由李少甫、吴斌、树兵、刘湘滨、王尽忠5人组成，李少甫任书记，吴斌任副书记，王尽忠任纪检组长。

9 月 14 日　市人民检察院成立经济、法纪犯罪案件举报中心。

是月 22 日　市人民检察院党组制定《中共常德市人民检察院党组关于保持自身廉洁的决定》。

11 月 8 日　市人民检察院第一次检察委员会（以下简称检委会）讨论通过《常德市人民检察院检察委员会议事规则（试行）》《常德市人民检察院案件请示汇报制度（试行）》。

1989 年

1 月 1 日　市人民检察院所辖慈利县人民检察院划归大庸市（后更名为张家界市）人民检察院管辖。

5 月 10 日　市人民检察院成立机关工会。

6 月 24 日　省人民检察院检察长齐振瑛到常德检查指导工作。听取市人民检察院关于反贪污贿赂、刑事检察工作等情况汇报，并由市人民检察院检察长李少甫陪同，前往桃源、石门、澧县人民检察院考察调研。齐振瑛对常德市的检察工作特别是“两打”（严厉打击刑事犯罪、严厉打击经济犯罪）工作给予充分肯定。

8 月 15 日　最高人民法院和高检院联合发布《关于贪污、受贿、投机倒把等犯罪公子必须在限期内自首坦白的通告》后，至 10 月 31 日，常德市共有 342 名贪污、受贿、投机倒把等经济犯罪人员向检察机关和有关部门投案自首，交代违法犯罪金额 211 万余元，退回赃款赃物 151 万余元。

12 月 5 日　市人民检察院召开全市反贪污贿赂侦查工作会议。市委副书记庞道沐、市人大常委会副主任吴愈俊、市政法委书记韩林安、市人民检察院检察长李少甫、市人大常委会法工委主任杜辉才等到会并讲话。会后，市委副书记庞道沐为市人民检察院反贪污贿赂工作局授牌（该局于 1990 年 7 月 10 日由市编办行文批准成立，同时撤销市人民检察院经济检察科）。

是年　市人民检察院控申科被评为“全省检察系统先进单位”。

1990 年

2 月 17 日　市人民检察院人事科更名为政治工作处。

3 月 22—25 日　高检院技术局局长陈佩彰一行在省人民检察院技术处处长肖景佳陪同下，到市人民检察院、桃源县人民检察院考察检察技术工作，陈佩彰听取市人民检察院、桃源县院检察技术工作汇报后，对常德的检察技术工作给予肯定。

4 月 15 日　省人民检察院为武陵区人民检察院副检察长孔庆祥记一等功。6 月 20 日，高检院为其记二等功。

是月　省人民检察院在汉寿县院召开现场会，推广该院加强“专业化、制度化、规范化”建设的经验。

5月10日 省人民检察院税务检察室在鼎城区召开全省税务检察室工作现场会。参加会议的有全省分、市、州院税务检察室主任。鼎城区人民检察院税务检察室作典型发言。

是月15日 市人民检察院制定《关于集中开展严厉打击严重刑事犯罪活动斗争的方案》。院党组成立领导小组，组长吴斌，副组长树兵、王尽忠，成员叶发科、陈彰福、陈乐生、余俊元、李先忠、李金泉。

7月 省人民检察院授予陈丰林“优秀公诉人”称号。

11月15日 市人民检察院制定《关于审查免予起诉的若干规定（试行)》。

是月29—31日 市人民检察院召开全市检察机关政治工作会议，传达全国、全省检察系统政治工作会议精神，总结交流中共十三届四中全会以来全市检察机关政治工作情况和开展学雷锋、学焦裕禄、学王进喜 “三学”活动经验。市人民检察院副检察长吴斌在会上作《发扬党的政治工作传统，开创检察机关政治工作新局面》的讲话。

是月30日 市人民检察院发出《关于迅速组织“严打”第三仗的紧急通知》，要求全市检察机关在各级党委、政府的统一领导下，开展“打现行、破大案、挖团伙、追逃犯、反内盗、除‘六害’”的集中打击整治行动。重点打击对象是杀人、抢劫、流氓、重大盗窃、拐卖人口、制贩传播淫秽物品等严重刑事犯罪分子，特别是团伙犯罪的首犯、主犯。

1991年

2月8日 设立常德市人民检察院监察室，与中共常德市人民检察院纪律检查组合署办公。

3月11日 市人民检察院技术科科长芦山应邀出席高检院在北京市召开的全国检察系统技术工作会议。会议印发市人民检察院《我们是怎样把检察技术部门的组织建设抓上去的》的经验材料。

4月15日 设立常德市人民检察院民事行政检察科。

是日 全省检察技术工作会议在常德市召开。省人民检察院副检察长于龙、高检院技术局主任余仁俊及各分、市、州院的主管副检察长和技术科科长参加会议。省人民检察院检察长齐振瑛和市政法委书记韩林安出席会议并讲话。会议评选市人民检察院技术科等3个单位为“全省检察技术工作先进单位”。市委副书记吴定宪、市纪委书记熊奇生看望了与会代表。

9月 高检院授予市人民检察院刑事检察二科“全国刑事检察系统先进集体”称号。

10月 高检院授予澧县人民检察院“抗洪救灾先进集体”称号。

11月13日 市人民检察院在汉寿县人民检察院召开全市检察机关思想政治工作现场会议，讨论研究如何加强和改进检察机关思想政治工作等问题。检察长李少甫在会上讲话。

12 月 16 日 市人民检察院编辑出版《法律为你保驾护航》专辑，省人民检察院检察长齐振瑛为专辑题词。

是月 17 日 市人民检察院召开全市检察院机关为经济建设服务经验交流会。省人民检察院检察长齐振瑛、副检察长何素斌，市委副书记吴定宪、市人大常委会副主任吴愈俊、市政法委书记韩林安等参加会议并讲话。长沙、益阳、株洲、湘潭、大庸等市、县院检察长和企业主管部门负责人参加会议。

是年 高检院副检察长冯锦汶等一行到常德市考察检察工作。

1992 年

3 月 10 日 市人民检察院党组书记、检察长李少甫当选为中国共产党第十四次全国代表大会代表。

4 月 27—28 日 市人民检察院召开全市检察长座谈会。学习中共中央〔1992〕2 号文件精神，确立联系实际、解放思想、进一步提高为经济建设服务质量和水平的工作思路。

5 月 高检院授予市人民检察院“先进集体”称号，并发奖金 3000 元。

8 月 1 日 市委任命李文耀为市人民检察院党组书记。

9 月 30 日 市委免去李少甫市人民检察院党组书记职务，调中共常德市纪律检查委员会工作。

10 月 27 日—11 月 5 日 省人民检察院在市人民检察院举办全省检察机关纪检、监察干部培训班，各分、州、市院纪检、监察干部共 30 多人参加。省人民检察院纪检组长钟时霞参加并为学员授课。省人民检察院检察长齐振瑛到会讲话。

是月 高检院监所检察厅把常德市人民检察院监所检察科列为工作联系点。

是年 市人民检察院控申科被评为“全省控申检察工作先进单位”。

1993 年

2 月 5 日 省人大常委会任命李文耀为常德市人民检察院检察长、检察委员会委员。

3 月 7 日 为表彰长期在检察战线工作的老同志，高检院为王东海、吴斌、李体通、陈竹林、胡光炎、芦山、敖运来、熊震春、赵启湘、童从福、卜宗斌、覃德运颁发检察机关荣誉证书和证章。

是月 省人民检察院为龚道隆、潘爱民、刘恒清、周序海、尹述革分别记一等功。

4 月 6—8 日 云南省人民检察院检察长一行 10 人，在湖南省人民检察院检察长齐振瑛的陪同下到常德、桃源等地考察和参观访问。

是月 9—10 日 市人民检察院在澧县人民检察院召开办案工作现场经验交流会。

是月 10—11 日 广西壮族自治区人民检察院邱检察长在湖南省人民检察院检察长齐振瑛的陪同下到市人民检察院和桃源县院考察指导工作。

5 月 4 日 市人民检察院党组在临澧县人民检察院召开全市检察机关思想政治工作现场经验交流会。临澧县、安乡县人民检察院等 6 个单位介绍加强领导班子建设和检察队伍建设的经验。会议对新形势下检察机关政治思想教育、干部人事制度改革等进行研究。

是月 27 日 省人民检察院检察长张树海一行在市委常委、市政法委书记龚玉琨的陪同下到市人民检察院考察，市人民检察院检察长李文耀陪同到武陵监狱、市劳教所考察。

是月 高检院民行检察厅厅长王开洞和省人民检察院民行检察处处长姜峰等一行 4 人到市人民检察院考察常德民行检察工作。考察人员认为常德市检察机关民行监督工作办案数量和办案质量均居全国前列。

6 月 7 日 中央政法委调查团一行到常德市调查，听取市人民检察院关于惩治刑事犯罪的情况汇报后，给予了充分肯定和高度赞扬。

是月 21 日 湖南省第一例由检察机关提起的民事抗诉案件在常德市胜诉。中国建设银行鼎城支行与鼎城区官桥坪乡财政所借款纠纷案，市人民检察院于 5 月 12 日向市中级人民法院提出抗诉。市中级人民法院指令鼎城区人民法院再审。鼎城区人民法院对该案进行审理，撤销了鼎城区人民法院原民事裁定书。

7 月 15 日 市人民检察院举办“运用检察职能依法为经济建设服务先进事迹演讲”预赛，澧县、汉寿、安乡、石门、武陵、鼎城、津市、白洋堤人民检察院派选手参加。

12 月 26—28 日 全市检察长会议在安乡县人民检察院召开，总结推广安乡县院抓院落建设的经验。省人民检察院副检察长李志辉参加会议并讲话，对常德市检察机关抓院落建设的做法给予充分肯定。

是月 28 日 省人民检察院授予安乡县人民检察院“反腐败查办大要案件先进集体”称号；为市人民检察院尹述革记一等功。

1994 年

1 月 28 日 市人民检察院召开常德市第一届“十佳检察官”命名暨 1993 年度先进单位、先进个人表彰大会。授予陈丰林、王永发、彭友谊、戴春望、莫仁贵、董德宏、匡业镜、周序海、肖本忠、罗海林“十佳检察官”称号。省、市电视台作专题报道，《常德日报》专栏登载“十佳检察官”事迹。市人民检察院党组发出《关于开展向全市“十佳检察官”学习的决定》，号召全市检察干警大力开展以“反特权、拒腐败、讲团结、争贡献、树形象”为主要内容的争先创优活动。

3 月 8 日 市人民检察院成立法医检验鉴定中心。

是月 14 日 市人民检察院印发《常德市人民检察院机关岗位责任制考评实施细则》。

是月 24—26 日 全市检察机关检察技术工作现场经验交流会在石门县院召开。市人民检察院副检察长王尽忠主持会议，检察长李文耀作会议总结。湘潭市人民检察院副检察长王清林率该院所辖各区县院技术科长、股长共 13 人观摩这次会议。

6 月 16 日 市人民检察院印发《错案责任追究暂行规定》。

7 月 27 日 市人民检察院驻常德市第一看守所检察室挂牌办公。

8 月 24—27 日 省人民检察院原检察长齐振瑛一行 4 人先后到市人民检察院，桃源、临澧等县检察院调研执行《中华人民共和国国家赔偿法》（以下简称《国家赔偿法》）的准备情况和需要解决的问题。

是月 高检院授予市人民检察院行政装备科“装备工作先进单位”称号。

10 月 30 日 全省各地州市院检察长到常德市检察机关检查指导工作。

11 月 20 日 湖南省检察机关第三次计划财务装备工作经验交流会在常德市桃林宾馆召开，市人民检察院检察长李文耀参加会议，副检察长刘湘滨在会上发言，介绍常德市检察机关抓计财装备工作的做法。

是月 24—26 日 湘潭市人民检察院副检察长王晓琴率所辖各区县检察院控告申诉检察科科（股）长共 14 人到常德市人民检察院和临澧县人民检察院参观交流。对常德市检察机关的控告申诉检察工作给予较高评价。

12 月 市人民检察院内设的 13 个科室均被省人民检察院评为“1994 年度先进单位”。

12 月 高检院、最高人民法院、公安部、国家税务总局授予市人民检察院税务检察室“先进集体”称号。

是年 武陵区院提前介入公安机关侦查的长沙市黄泥街“国晓书社”贩卖销售淫秽书刊案，办案人员连续奋战 7 昼夜，审定固定证据，提讯被告，7 名被告人逮捕后在全国引起较大反响，中央及省级 10 多家媒体先后报道。

是年 临澧县人民检察院举报中心在全省率先实行举报线索微机管理。

1995 年

1 月 11—14 日 全省检察机关举报初查现场会在临澧县人民检察院召开。临澧县人民检察院检察长黄生昌在会上介绍经验，市人民检察院检察长李文耀在会上讲话。与会代表参观临澧县新安镇检察室。

2 月 8 日 市人民检察院设立刑事赔偿工作办公室。

3 月 2—25 日 根据高检院《关于集中一段时间进行检察队伍教育整顿的通知》和省人民检察院的统一部署，市人民检察院对全市检察干警进行集中教育整顿，加强检察队伍的思想建设和制度建设。按照整顿的要求，对少数干警的违纪问题进行处理，其中留党察看一年处分 1 人、行政记过处分 1 人、行政警告处分 2 人、行政降级处分 1 人、呈报纪委立案查处 1 人、清调不适合做检察工作 1 人。

3 月 15 日 市人民检察院发出通知，要求全市各区县市检察院在党政机关、行政执法部门设立的检察室和其他不发挥作用的行业检察室在5月1日前撤销，并将其工作人员的检察工作证、执法证全部收回。至4月底，共撤销55个检察室。

3月29日—4月2日 高检院技术局局长刘长春一行6人在省人民检察院技术处领导的陪同下到市人民检察院和石门、临澧、桃源、武陵、鼎城等基层院检查工作。

4月8日 市人民检察院在石门县人民检察院召开全市检察机关查办徇私舞弊案件现场会。会议要求各区县市检察院迅速采取措施，尽快扭转查办徇私舞弊案件被动局面，掀起查办徇私舞弊案件的高潮。

是月 高检院授予安乡县人民检察院“先进集体”称号，颁发铜牌1块，发奖金4000元。

6月11—13日 高检院监所检察厅厅长陈大豪、劳改检察处处长王建明，在省人民检察院副检察长陈祖吉陪同下到白洋堤院检查工作，并到津市监狱进行执法检察。

是月15日 高检院技术局局长陈柯军一行在省人民检察院技术处处长张子明的陪同下到常德市人民检察院检查指导工作。

是月28日 市人民检察院在临澧县人民检察院召开全市检察机关思想政治工作暨检察室建设现场会。市人大常委会副主任何星浦、市政法委副书记张树民、市人民检察院检察长李文耀到会并讲话。会议传达贯彻全国、全省检察机关第二次政工会议精神，参观临澧县人民检察院新安镇检察室，9个基层检察院介绍思想政治工作和检察室建设的经验。

7月24日 成立市人民检察院检察官考评委员会，李文耀、杨长巨、覃事育、赵春先、饶宏全、朱国祥、许建国为考评委员会成员，李文耀任主任，杨长巨任副主任。

9月13—14日 江西省宜春市人民检察院姚检察长一行5人到市人民检察院和桃源县院考察。

10月14日 全国检察系统信息调研交流会在石门夹山寺召开，高检院办公厅主任孙谦及各省、自治区、直辖市人民检察院办公室主任参加会议，省人民检察院检察长张树海及市委、市政府和市人民检察院主要负责人出席会议。市人民检察院、临澧县人民检察院在会上介绍调研成果与经验。

11月23—24日 岳阳市人民检察院副检察长寻金声一行13人到市人民检察院和桃源县人民检察院对检察技术工作进行考察。

12月20日 市人民检察院向全市检察机关发出通知，要求各基层院将未撤销的行业检察室（组）全部撤销，只保留乡镇检察室（组）和税务检察室。

是年 高检院为市人民检察院技术科记集体一等功。至此，市人民检察院连续10年被评为“全省检察技术工作先进单位”。

是年 市人民检察院实施“造就威震一方公诉人计划”，广泛开展岗位培训工作，全年共举办公诉人培训班13期，参加培训的有1000余人次。市、县两级人民检察院正副检察长带头出庭840人次，刑检干警撰写各类论文125篇，发表公诉词1230篇。

是年 临澧县、桃源县院接待室被评为“全国检察机关文明接待室”。

1996 年

1 月 23—30 日 全省反贪成果巡回展在常德博物馆展出。常德市参观的单位有 410 多个，共 4 万余人。市委书记吴定宪、市长张昌平及全体市级领导参观展览并为展览题词。

5 月 9 日 省人民检察院检察长张树海一行到市人民检察院督导“严打”工作，市人民检察院检察长李文耀汇报全市检察机关参与“严打”工作的情况。张树海在市人民检察院副科长以上干部会上讲话，要求检察机关要结合本单位的实际开展五项活动：一是开展大唱《检察官之歌》的活动；二是开展维护检察机关良好形象的演讲活动；三是检察干警要扎扎实实为人民群众办几件实事、好事，并坚持下去；四是在常德电视台开辟《检察官与企业家》栏目、在《常德日报》开辟《检察官风采》专栏，大力宣传检察机关开展法律监督、惩治犯罪、服务经济建设的事迹，树立检察官的良好形象；五是年内公开处理几件违法违纪的人和事。

5 月 22 日 从 1995 年 6 月 20 日开始，市人大常委会 60 名机关工作人员和部分人大代表对市人民检察院的执法情况进行为期一年的评议。是日，经市人大常委会评议验收小组验收合格。参评代表认为：市人民检察院在整个迎评工作中，发动有深度、措施有硬度、认识有高度、整顿有力度，收到了明显效果。

6 月 29—30 日 高检院技术局局长陈柯军等 2 人，在省人民检察院技术处处长张子明陪同下考察市人民检察院的检察技术工作。

是月 市人民检察院在桃源县人民检察院举行全市树立检察官良好形象演讲比赛。

7 月上旬 常德市发生特大洪灾，全市检察干警把抗洪抢险作为压倒一切的任务。市人民检察院检察长李文耀在澧县防洪第一线坐镇指挥；副检察长杜辉才频繁往返于市区防洪大堤、市防汛指挥部，为抗洪一线组织运送物资。桃源县木塘垸溃垸后，市人民检察院迅速组织应急队伍，由副检察长杨长巨带队，前往救助群众，维护秩序。区县市人民检察院的 40 余名正副检察长均奔赴抗洪一线；全市近 600 名检察干警坚守在防洪大堤。

是月 市人民检察院培训中心老师李宽庆被高检院评为“教育培训优秀教师”。

是月 高检院检察长到市人民检察院及部分区县市人民检察院视察。

9 月 16—18 日 高检院控告申诉检察厅厅长何晔华等 2 人，考察市人民检察院和津市院、桃源县院的控告申诉检察工作。

10 月 白洋堤人民检察院被评为“全国监所检察系统派出检察先进集体”，在全国第三次监所检察工作会议上受到表彰。

12 月 28 日 市人民检察院新办公楼落成，干警搬进新办公楼办公。

是月 汉寿县人民检察院被高检院评为“抗洪救灾先进集体”；该院检察长刘则新、

桃源县人民检察院副检察长廖德智被高检院评为“抗洪救灾先进个人”。

是月 市人民检察院、安乡县人民检察院民事行政检察科被省人民检察院评为“先进集体”。

是年 石门县人民检察院建成全省第一家县级检察院局域网。

是年 市人民检察院法医伍显林出席全省第三次政治工作会议和第四次纪检工作会议并在大会上作典型发言，被省人民检察院记二等功一次。

1997年

1月7日 市人民检察院发出《关于经济案件线索归口管理、初查和经济案件归口立案侦查的通知》，对检察机关内部有关职能部门受理、初查、立案侦查经济案件的范围作出规定。

是月10日 市人民检察院被高检院评为1996年度“全国检察机关保密、密码工作先进集体”。

是月20日 市人民检察院被省人民检察院评为“严打”工作先进集体；10名干警被评为“严打”工作先进个人。

是月31日 常德市电机总厂的工人为感谢市人民检察院为其挖出了“蛀虫”，挽救了企业，给市人民检察院赠送上书“利剑斩魔，功在千秋”八个大字的金匾。

3月11—12日 益阳市人民检察院副检察长姚浦初率所辖区、县、市院行政装备科科（股）长共10人到市人民检察院考察行政装备工作。

是月17日 市人民检察院发出《关于开展“文明执法年”活动的实施意见》。

4月15—16日 市人民检察院在石门县人民检察院召开全市检察技术工作现场经验交流会议。石门县人民检察院介绍开展检察技术工作的经验。省人民检察院技术处处长张子明、市人民检察院检察长李文耀、副检察长王尽忠到会并讲话。

是月 澧县院刑二股撰写的《当前案件移送过程中存在的两个问题》一文，报到省政法委后，省委常委、省政法委书记李贻衡作出批示，要求常德市政法委对该文提出的问题进行专题调研，并拿出解决方案。

是月 在高检院召开的九省一市刑诉法理论研讨会上，市人民检察院有5篇论文被采用。

5月4日 市委政法委、市人大常委会法制工作委员会、共青团常德市委员会、常德市人民检察院决定，授予雷光醒、李龙、李林平、吉平、田小阳、何柏林、林楠、曹静、唐西清、邓开泉10人常德市第一届“十优青年检察官”称号，并组织“十优青年检察官”巡回报告团到各区县市检察院巡回报告。

是月 市人民检察院举办《刑法》《刑事诉讼法》知识竞赛。

6月7日 市人民检察院发出《关于开展香港回归祖国专项活动的通知》，要求对全体检察干警进行爱国主义教育，开展丰富多彩的群众性活动。

7月7日 成立市人民检察院渎职犯罪侦查局，撤销市人民检察院法纪检察科。至8月28日，全市9个区县市人民检察院全部设立渎职犯罪侦查局。

8月16—20日 高检院监所检察厅副厅级检察员李振华、正处级检察员吴德昌及省人民检察院有关领导到常德市检查指导工作，先后到安乡县、武陵区、鼎城区、桃源县人民检察院检查，并进行座谈讨论。检查组对常德市监所检察工作给予充分肯定。

是月21日 《检察日报》以《大墙内的护法者》为题，图文并茂报道白洋堤院的工作。

9月11日 市人民检察院组织全市检察机关开展《刑法》《刑事诉讼法》知识竞赛复赛，11个代表队共33名选手参赛。团体奖第一名为鼎城区人民检察院、第二名为汉寿县人民检察院、第三名为津市市人民检察院；邹永忠获一等奖，徐刚获二等奖，郭春芳、邓雪松、刘贵纯、刘彤获三等奖。

10月5日 根据新的《刑事诉讼法》规定，从10月1日起，涉税案件划归公安机关管辖，检察机关不再行使涉税案件的侦查职能。市人民检察院决定撤销全市检察机关的税务检察室，要求全市涉税案件移交工作10月25日前完成。

是月 白洋堤地区人民检察院被评为“全国先进派出院”；安乡县人民检察院驻看守所检察室被评为全省先进检察室；津市市人民检察院驻看守所检察员周序海、汉寿县人民检察院驻看守所检察员曾六妹受到省人民检察院表彰。

12月26日 市委任命杜辉才为市人民检察院党组书记。

是年 共青团湖南省委等13家省直单位联合授予雷光醒为首届“湖南省优秀青年卫士”称号。

是年 省人民检察院授予市人民检察院办公室、政治处、行政装备科、检察技术科、控告申诉检察科、刑事检察一科、刑事检察二科、监所检察科、民事行政检察科、检察官培训中心为1999年度“先进集体”。

是年 临澧县、桃源县院接待室被评为“全国检察机关文明接待室”。

1998年

1月3日 省人大常委会任命杜辉才为市人民检察院检察长。

是月8日 高检院为市人民检察院检察技术科记集体一等功，为市人民检察院检察员雷光醒记一等功。

是月15—17日 全省检察机关技术工作会议在桃源县人民检察院召开，各市州院技术科科长出席会议。市人民检察院副检察长王尽忠在会上介绍市人民检察院党组抓检察技术工作的做法。省人民检察院副检察长何素斌到会看望与会代表。

2月18日 省人民检察院分别授予市人民检察院刑事检察二科、石门县人民检察院

“文明执法先进集体”称号；伍宏、戴泽民、陈春保、李学清被省人民检察院评为“文明执法先进个人”；李菊初、张啸洋被省人民检察院评为“优秀公诉人”。

3月2日 市人民检察院调整检察官考评委员会。调整后的组成人员：主任杜辉才，副主任陈彰福，成员杨长巨、王尽忠、彭世理、舒玉柏、覃事育、赵春先、高云祥。

是月10日 市人民检察院印发《常德市人民检察院机关工作人员奖励实施细则（试行)》。

5月5日 市人民检察院成立渎职犯罪特别侦查支队。市人民检察院渎职犯罪侦查局局长、副局长分别兼任该支队支队长、副支队长。该支队主要承办全市范围内有重大影响的渎职犯罪案件。

7月13日 市人民检察院监所检察科被省人民检察院记集体一等功。至此，该科连续10年被省人民检察院评为先进单位。

是月26日 省人民检察院党组成员、政治部主任王焕成、宣教处处长薛献斌在市人民检察院副检察长陈彰福的陪同下到安乡、澧县，将省人民检察院干警捐献的1.5万元人民币和100件矿泉水、50件方便面送给抗洪抢险的检察干警。

是月 抗洪抢险期间，全市检察机关共出动车辆210台次、警力2000多人次，免费为灾民运送矿泉水、食品、雨衣、雨布等物资。全市700多名检察干警共向灾区捐款20余万元、捐献衣被6000多件（床）。

9月6日 中共湖南省委（以下简湖南省委）副书记郑培民在市委书记吴定宪、副书记李少甫、市委政法委书记戴军勇的陪同下到市人民检察院考察。

是月8日 市人民检察院印发《关于在全市检察机关开展执法思想大讨论的决定》。

是月28日 高检院副检察长赵虹等一行3人在省人民检察院副检察长陈祖吉陪同下到市人民检察院考察。

是月 高检院为安乡县人民检察院记集体一等功。安乡县人民检察院、澧县人民检察院、汉寿县人民检察院被高检院评为“抗洪救灾”先进单位。李雪荣、文继元、周杏初、李子年被高检院评为“抗洪救灾”先进个人。省人民检察院为安乡县人民检察院、澧县人民检察院记“抗洪救灾”集体一等功，为汉寿县人民检察院、津市市人民检察院记“抗洪救灾”集体二等功。

11月30日 市人民检察院举行纪念检察机关恢复重建20周年庆祝大会。参加大会的有市委、市人大常委会、市政府、市政协领导李少甫、彭孟芝、张先春、张新民和市人民检察院检察长杜辉才、前任检察长王东海、李文耀，各区县市院原任检察长、市人民检察院离退休老干部、市人民检察院机关干警。

12月3日 高检院检察长韩杼滨一行5人，在省委常委、省委政法委书记李贻衡，省人民检察院检察长李志辉的陪同下到市人民检察院、安乡县人民检察院考察。韩杼滨走访安乡县人民检察院的困难户、看望老干部，并代表高检院向安乡县人民检察院捐款10

万元。

是月 14—15 日 市人民检察院召开全院干警大会。学习中共中央组织部、人事部组通字〔1998〕33 号文件《关于党政机关推行竞争上岗的意见》、高检院〔1998〕70 号文件及市人民检察院竞争上岗、双向选择实施方案。

12 月 市人民检察院政治处更名为常德市人民检察院政治部，辖组织人事科、宣传教育科。市人民检察院增设法律政策研究室、法警支队等内设机构。上述部门于 1999 年 1 月 18 日挂牌办公。

1999 年

1 月 19—21 日 在省人民检察院召开的全省检察长工作会议上，鼎城区人民检察院被评为全省 10 个“先进基层检察院”之一。

是月 省人民检察院副检察长唐正其为常德市检察机关干警上反贪谋略辅导课。

2 月 1—3 日 全省检察机关控申举报工作会议在常德市宏达宾馆召开。各分州市院的控申科科长出席会议。省人民检察院控申处处长潘文富主持会议，省人民检察院副检察长唐正其到会并讲话。市人民检察院控申科科长卜学宏在会上介绍经验。

3 月 4—5 日 全省检察机关民事行政检察工作会议在常德市召开。省人民检察院副检察长王亲生、市委政法委书记戴军勇到会并讲话。

4 月 25 日 高检院法纪检察厅副厅长孙佩生、办公厅处长马丽莉一行 4 人在省人民检察院政治部副主任曾新善的陪同下到市人民检察院检查工作，听取市人民检察院落实高检院关于加强基层检察院建设有关精神情况的汇报，并到鼎城区、石门县人民检察院巡视检查。检查组对市人民检察院和各区县院的工作给予充分肯定和高度评价。

7 月 22 日 市人民检察院召开揭批、打击“法轮功”邪教组织动员大会。

8 月 13 日 市人民检察院召开干警大会，会上 14 个科室代表发言，揭批“法轮功”邪教组织的本质和罪行。

10 月 11 日 全市检察干警开展“业务大比武”等练兵活动。

是月 27—28 日 全省检察机关公诉人辩论赛半决赛在常德市举行，市人民检察院代表队获第 2 名。

是月 14 日 市人民检察院、市国家保密局印发《常德市检察院工作中国家秘密及其密级具体事项的规定》，要求各级检察机关在检察工作中形成的国家秘密必须按所定的密级进行管理。

11 月 1 日 市人民检察院援建的石门县磨市镇打葛村希望小学落成。检察长杜辉才、副检察长陈彰福、纪检组长舒玉柏、办公室主任高云祥为小学落成剪彩。

是月 3 日 中共中央纪律检查委员会、中央组织部的有关领导在市委副书记李少甫、曹儒国的陪同下视察市人民检察院党员电教设施建设和电教情况。市人民检察院党组书记、检察长杜辉才向领导汇报。

是月8日 市人民检察院举办全市检察机关公诉人法庭辩论赛。

2000年

1月24日 省人民检察院授予鼎城区人民检察院、石门县人民检察院、安乡县人民检察院、澧县人民检察院“五好检察院”称号；授予鼎城区检察院检察长贺泽亚“优秀检察长”称号。

2月23日 高检院授予李经伟“人民满意的检察干警”称号。省人民检察院授予市人民检察院办公室、审查批捕科、审查起诉科、控告申诉检察科、民事行政检察科、检察技术科、法律政策研究室、行政装备科、法警支队、监所检察办案工作、检察学会“1999年度先进集体”称号。

2月28日 市人民检察院召开党组会议，研究关于开展“三讲”（讲学习、讲政治、讲正气）教育准备工作和具体组织实施工作。成立市人民检察院“三讲”教育领导小组：党组书记、检察长杜辉才任组长，党组副书记、副检察长陈彰福任副组长，其他党组成员为领导小组成员。

3月1日 召开“三讲”教育工作动员大会，检察长杜辉才作动员报告。市委常委、市委政法委书记戴军勇，市委政法委副书记王建国，市委“三讲”巡视组组长肖家族到会并讲话。

7月中旬 市人民检察院在武陵区人民检察院组织全省检察系统首次刑事案件公开听证会，全市科（股）长等相关人员参加，全面推行刑事申诉案件公开审查程序。

8月12日 市人民检察院与农工民主党常德市委联合组成服务队到桃源县桃花源镇联岩村开展为村民看病、帮工等活动。

是月 市委政法委、市人大常委会内务司法委员会、市人大常委会联络工作委员会、市人事局、市人民检察院联合发出《关于在全市检察机关开展“人民满意的检察官”评选、表彰活动的意见》，并成立“人民满意的检察官”评选表彰工作领导小组。组长杜辉才，副组长卢子成、杨明清、李友元、宋叔尧、陈彰福，成员杨长巨、王尽忠、彭世理。

11月11—12日 高检院监所检察厅厅长陈振东，在省人民检察院副检察长吴立明等陪同下到市人民检察院和白洋堤院检查工作，并到津市监狱与监狱领导和有关科室人员进行座谈。

12月 全市检察机关87名干警通过由省、市人民检察院组织的主诉检察官资格考试，43名检察官被任命为主诉检察官。

是年 市人民检察院和武陵区、桃源县院被评为全国检察机关“文明接待室”，临澧县院被授予全国检察机关“文明接待示范窗口”称号。

2001 年

1 月 9 日 省人民检察院授予常德市鼎城区人民检察院反贪工作“‘三无一好’先进单位”称号，并为其记集体二等功。

2 月 20 日 高检院授予鼎城区人民检察院“人民满意的检察院”称号。

是月 26 日 高检院授予市人民检察院控告申诉检察科举报接待室“文明接待室”称号。省人民检察院授予市人民检察院审查批捕科、审查起诉科、渎职犯罪侦查局、监所检察科、控告申诉检察科、民事行政检察科、检察技术科、法律政策研究室、行政装备科、法警支队“2000 年度先进单位”称号。

3 月 8 日 武陵区人民检察院审查批捕科被高检院审查批捕厅确定为侦查监督工作联系点。

是月 28 日 市委书记吴定宪、市委政法委书记戴军勇到市人民检察院考察，听取检察长杜辉才的工作汇报。

4 月 10 日 省人民检察院在鼎城区朗州宾馆举行“全国检察机关人民满意的检察院”授牌大会。省人民检察院副检察长吴立明代表高检院为鼎城区人民检察院授牌。市人民检察院发出《关于在全市检察机关开展向鼎城区人民检察院学习的决定》。

是月 11 日 市委书记吴定宪，市委常委、政法委书记戴军勇到市人民检察院考察，就加强全市检察工作作出指示：检察机关要狠抓队伍建设，提高干警的政治素质和业务水平；抓住工作重点，切实履行检察职能。

是月 19 日 市人民检察院制定《常德市检察机关“严打”整治集中统一行动方案》。4 月 22 日，市人民检察院召开“严打”整顿誓师大会，全面部署检察机关参与“严打”整治行动工作。

5 月 16 日 市人民检察院试行刑事申诉案件公开审查程序，采取多种措施保证公开审查制度的贯彻落实，积极探索除“听证会”之外的其他公开审查方式，《湖南省常德市人民检察院推行刑事申诉案件公开审查程序的措施》被高检院转发推广。

6 月 27—29 日 省人民检察院检察长李志辉一行 4 人到常德市检查指导工作，听取市人民检察院全面工作情况汇报后，李志辉在杜辉才、陈彰福的陪同下，到鼎城区、武陵区、汉寿县院检查工作。

是月 28 日 市人大常委会授予陈忠、冯献民、罗军、李平、卢鹏飞、邓开泉、朱传立、陈再伯、赵庸福、胡后满等 10 人为“优秀检察官”，并报常德市委批准，10 名优秀检察官享受市级劳动模范待遇。全市检察系统开展向“十优”检察官学习活动。

7 月 23 日 市委、市政府召开常德审理“9·1”抢劫、杀人大案总结表彰大会。市人民检察院检察长杜辉才向大会介绍检察机关在审理“9·1”抢劫、杀人案中所做的工作。市委副书记、代市长陈君文宣读市委、市政府对市人民检察院“9·1”大案专案组授予

“先进集体”荣誉称号和对陈彰福、伍宏、尹革述等13名检察人员分别记一等功、二等功、三等功和嘉奖的决定，号召全市政法干警向他们学习。

是月 省政府、最高人民检察院各为陈彰福记一等功一次。

8月14日 市人民检察院在临澧县人民检察院召开“严打”整治工作现场会。会议听取临澧县院和武陵区院“严打”斗争的经验介绍，总结分析“严打”斗争中存在的问题和薄弱环节，讨论研究今后“严打”斗争的重点。

是月20日 高检院在北京召开全国检察系统第一次民事行政检察工作会议，市人民检察院副检察长杨长巨作为全省检察机关民事行政检察工作先进单位的唯一代表出席会议。

是月 高检院授予李经伟“人民满意检察官”称号。

12月30日 市人民检察院发出《关于开展向“优秀检察官”学习的决定》。

是月 市人民检察院被湖南省人民政府评为“党政机关联系特困企业、党政干部联系特困职工（简称‘双联’）工作先进单位”。

1988—2001年 市人民检察院侦查监督科连续14年被省人民检察院侦查监督处评为“先进单位”（2002年起，省人民检察院取消业务工作年终评比排名）。

2002年

1月8日 省人民检察院授予临澧县人民检察院“五好人民检察院”称号。

2月 高检院授予石门县人民检察院“人民满意检察院”称号。

3月4日 省人民检察院授予石门县人民检察院2001年度“反贪工作‘三无一好’先进单位”称号。

是月7—10日 省人民检察院副检察长龚佳禾率优化经济发展环境调查组到常德调研。龚佳禾一行在杜辉才陪同下，就检察机关履行检察职能、优化经济发展环境等工作，广泛征求意见。龚佳禾还对常德市、县两级检察院的工作提出意见和要求。

是月12日 市人民检察院政治部增设综合科，至此，政治部辖组织人事、宣传教育、综合3个科（均为正科级）。同时，刑事检察一科更名为侦查监督科；刑事检察二科更名为公诉科；增设职务犯罪预防科。

是月14日 市人民检察院召开全院干警大会，检察长杜辉才作关于机构改革的动员报告。

是月29日 市人民检察院制定《常德市检察机关开展带警创优活动实施方案》。

是月 湖南省津市市白洋堤地区人民检察院更名为湖南省常德市白洋堤地区人民人民检察院（以下简称白洋堤院）。

4月26日 全省检察机关基层基础设施建设现场会在常德市召开，市人民检察院就基层基础设施建设在会上介绍经验。

5 月 24 日 撤销中共常德市人民检察院机关总支部委员会，选举产生中共常德市人民检察院机关委员会。

8 月 14 日 市人民检察院举办全市检察机关优秀公诉人选拔赛。

是月 29 日 市人民检察院法警支队组织全市检察机关 36 名司法警察在万金障武警射击场进行手枪实弹射击赛。安乡县人民检察院法警大队获第一名，澧县人民检察院法警大队获第二名，武陵区人民检察院、鼎城区人民检察院法警大队获并列第三名；蔡敬斌获个人第一名、赵复平获第二名、沈国治和熊文明并列第三名、伍晗获第四名。

9 月 8 日 市人民检察院机关开展“助教日”捐款活动，全院 103 名干警为常德市第一个“助教日”捐款 15600 元。

是月 市人民检察院召开干警大会，全省“十佳公诉人”蒋天、戴文武作先进事迹报告。

10 月 18 日 市人民检察院与市金融系统组织全市金融系统 240 名副科级以上干部到德山监狱听服刑人员现身说法，进行预防犯罪教育。

是月 参加全省“十佳公诉人”“十佳诉讼文书”“十佳公诉案件”评选活动，市人民检察院蒋天、澧县院戴文武被评为全省“十佳公诉人”；市人民检察院制作的甘某满等 12 人犯罪集团的公诉意见书被评为全省“十佳公诉文书”之首；市人民检察院起诉的杨某秀等特大走私贩卖毒品案被评为全省“十佳公诉案件”。

11 月 3 日 市政法系统举行“迎十六大”强警展演暨 2002 年度业务技术大比武开幕式，市检察机关方队受到市领导及群众好评。

12 月 高检院授予市人民检察院全国检察机关“文明接待示范窗口”称号；授予安乡县人民检察院、临澧县人民检察院、汉寿县人民检察院、鼎城区人民检察院、武陵区人民检察院全国检察机关“文明接待室”称号。

是月 省人民检察院授予桃源县人民检察院、津市市人民检察院、石门县人民检察院全省检察机关“文明接待室”称号。

是年 市人民检察院建成局域网，成为当年全省建成局域网的两个市级院之一（年初省人民检察院要求当年有 7 个市、州院建成局域网），受到省人民检察院表彰。

2003 年

1 月 18 日 市人民检察院在武陵区青年路的刑事申诉案件听证室、信访接待室、电视电话会议中心落成并交付使用。

是月 21 日 高检院副检察长梁国庆在省人民检察院副检察长龚佳禾的陪同下到常德检查工作。

2 月 17 日 省人民检察院授予鼎城区人民检察院、澧县人民检察院、临澧县人民检察院 2002 年度“四先四优”先进基层检察院称号；授予桃源县人民检察院、汉寿县人民检察院2002年度反贪工作“三无一好”先进单位称号。

是月 由市人民检察院等7个单位组成市委驻桃源县枫树乡袁家巷村工作组，开展农村“两项教育”，加强农村基层党组织建设。

是月 省人民检察院为常德市人民检察院法警支队记集体二等功。

4月7日 市人大常委会在市人民检察院举行颁发任命书暨任职人员宣誓大会。大会由市委常委、市委组织部部长欧运崇主持，市人大常委会主任莫道宏为检察官颁发任职书，市委副书记戴军勇到会并讲话。

4月18日 调整常德市预防职务犯罪领导小组成员，由市委常委、市委副书记戴军勇任组长，市委常委、市委政法委书记胡宗清和市人民检察院检察长杜辉才任副组长。

是月24日 全省检察系统信访工作现场会在常德市召开，市人民检察院在会上作《改革激活力，工作创一流》的典型发言。

5月28日 市人民检察院举办全市检察机关学习贯彻中共十六大精神、实践“三个代表”重要思想演讲比赛。白洋堤院徐谦获一等奖。

6月16日 市人民检察院印发《全市检察机关开展“强化法律监督，维护公平正义”和“艰苦奋斗、廉洁从检”教育活动方案》。

是月27日 为庆祝建党82周年，省人民检察院举行“强化法律监督，维护公平正义”演讲比赛，白洋堤院徐谦获三等奖。

7月26日 省人民检察院副检察长周世雄，市委常委、市委政法委书记胡宗清出席常德市职务犯罪侦查指挥中心挂牌成立仪式并讲话。

是月29日 市人民检察院印发《关于创建学习型检察院，争当学习型检察官的实施意见》。

是月 常德普降暴雨和特大暴雨，沅、澧二水水位猛涨。市、县两级检察机关把防洪抢险作为压倒一切的工作，两级检察长率领全体干警奋战在抗洪抢险前线。市人民检察院检察长杜辉才7月9日赶往澧县指挥、督查防汛抢险工作。至7月中旬，全市两级检察院40多名正副检察长赴防洪抢险一线现场指挥，500多名检察干警奋战在防洪前沿阵地。

8月14—19日 省人民检察院白贵泉任组长的执法质量考评小组到汉寿县人民检察院进行执法质量考评试点工作。

9月1日 省人民检察院副检察长吴立明、法警总队总队长张子明、书记张付科在市人民检察院检察长杜辉才陪同下，观看常德市检察机关司法警察培训班学员的队列、擒敌拳、警具使用等科目汇报演练，对培训工作给予充分肯定。

是月8日 市预防职务犯罪领导小组召开第一次全体会议。省人民检察院副检察长周世雄、市委副书记戴军勇、市委政法委书记胡宗清、市人民检察院检察长杜辉才到会并讲话。28个成员单位讨论通过《预防职务犯罪工作规划及工作意见》。

是月28—29日 省人民检察院在常德召开全省检察机关司法警察工作规范化建设现

场会。市人民检察院检察长杜辉才及鼎城区、澧县、临澧县人民检察院负责人分别介绍经验。高检院警务负责人雷凤鸣，省人民检察院检察长何素斌、副检察长吴立明到会并讲话。与会人员参观市人民检察院法警支队和澧县、临澧县、鼎城区人民检察院的警务工作区，观摩市人民检察院司法警察机动大队的警务技能表演。

是月 省人民检察院授予周尚红全省“优秀公诉人”称号。

11 月 27 日 共青团湖南省委、省人民检察院授予白洋堤院干部徐谦“湖南省杰出(优秀) 青年卫士”称号。

是月 全省检察机关预防职务犯罪研讨会在常德市召开，常德市有两篇优秀论文在大会交流。

是年 全国人大常委会信访工作经验交流会在常德市召开，市人民检察院制作的《沅水河畔亮丽的窗口》的展牌受到与会者的一致好评。

是年 汉寿县院被高检院评为“全国检察机关办案用房和专业技术用房建设先进单位”。

是年 鼎城区院投资 100 多万元进行局域网建设，成为全省检察系统县级院信息化建设的示范单位和全市政法系统的样板。

2004 年

2 月 16 日 省人民检察院授予市人民检察院 2003 年反贪工作“三无一好”先进单位称号；授予桃源县人民检察院“2003 年反贪工作先进基层院”称号；授予安乡县人民检察院“2003 年渎侦工作先进基层院”称号。授予李拥军、许文毅“优秀侦查员”称号；授予周尚红“优秀公诉人”称号；授予陈剑锋、刘德华、周献刚、杨仲、张渊文“优秀办案能手”称号。

3 月 22—24 日 全市检察机关渎侦工作会议在石门县壶瓶山召开。省人民检察院副检察长石时态，市人民检察院检察长杜辉才、副检察长杨建波到会并讲话。

是月 桃源县人民检察院检察员钟颖撰写的文章获高检院举办的第三届全国检察机关“金鼎奖”征文竞赛三等奖。

同月 湖南省人民政府授予桃源县人民检察院政工室副主任张红卫全省“三八红旗手”、全省“巾帼建功标兵”称号。

4 月 23 日 成立常德市检察机关检察技术指挥中心。

是月 29 日—5 月 25 日 市政协组织视察组对全市预防和纠正超期羁押情况进行考察调研。视察组先后考察市第一看守所和石门、澧县看守所驻所检察室。视察组对检察机关预防和纠正超期羁押工作给予高度评价。

5 月 27 日 省人民检察院给常德市检察系统办理大要案件做出突出贡献的宋仁辉、刘德华、夏阳分别记一等功；给李明初、沈成章、向卫平分别记二等功。

6月中旬 省人民检察院财务装备处一行3人到常德调查检察机关“两房”建设情况。市人民检察院有关领导向调查组作汇报。市委、市政府相关领导向省人民检察院检查组表示支持检察机关“两房”建设。

是月 高检院授予市人民检察院法警支队队长曾祥国“优秀司法警察”称号。

7月1日 成立常德市行政执法与刑事执法衔接工作领导小组，市委常委、常务副市长陈文浩任组长，副市长龚建民、市人民检察院检察长杜辉才、市公安局局长傅少祥任副组长，各行政执法单位“一把手”为成员，市人民检察院副检察长万革新任领导小组办公室主任。

9月30日 省人民检察院举办全省检察系统“优秀公诉人”选拔赛。常德市廖修文、赵洞庭、张璇、邓雪松被评为湖南省检察系统“优秀公诉人”。

10月13日 湖南省“三湘检察之光”文艺调演在省广电中心结束。市人民检察院代表队表演的常德丝弦《姑娘爱的不一样》获一等奖。后该节目又被高检院评为“金鼎奖”文艺类一等奖。

11月1—2日 全省检察机关渎侦工作经验交流会在常德市召开，省人民检察院检察长何素斌到会并讲话。

是月上旬 桃源县院钟颖、鼎城区院李光明被评为“全省检察机关侦查监督办案能手”。在全省获此殊荣的10名选手中，钟颖所获总分位列第一。

12月24日 桃源县人民检察院反贪局局长刘泽宪被省人民检察院评为全省检察机关“十佳反贪局长”。

是月30日 汉寿县人民检察院控申科副科长邱少萍被高检院评为全国检察机关“优秀接待员”。

是年 市人民检察院被高检院评为全国检察机关“文明接待示范窗口”；武陵区人民检察院、鼎城区人民检察院、安乡县人民检察院、汉寿县人民检察院举报接待室被高检院评为全国检察机关“文明接待室”；市人民检察院被高检院评为全国检察机关“信息化工作先进单位”。

是年 常德检察系统有7个人民检察院被高检院评为“规范化检察室”。

是年 澧县人民检察院、津市市人民检察院、石门县人民检察院、桃源县人民检察院被省人民检察院评为2004年度全省检察机关“文明接待室”；石门县人民检察院卢克文获2004年度全省检察机关“优秀接待员”称号。

是年 市人民检察院张璇，澧县院廖修文、赵润庭，汉寿县院邓雪松被评为“湖南省检察系统优秀公诉人”。

2005年

1月13日 市人民检察院行政装备科被高检院评为2004年度全国检察系统“行装管

理工作先进单位”。

2月5日 市人民检察院党组制定《常德市人民检察院保持共产党先进性教育活动实施意见》。

是月23日 市人民检察院被评为全省检察机关2004年度渎侦工作“三无一好”先进单位；澧县人民检察院荣获全省检察机关2004年度“三无一好”先进基层人民检察院称号；石门县人民检察院渎侦局局长王友生荣获全省检察机关2004年度“十佳渎侦局长”称号。

4月29日 白洋堤院分别在津市监狱、德山监狱、武陵监狱设置检察室，统一管辖常德市行政区域内的3个监狱检察工作。

6月22—23日 省人民检察院副检察长石时态到市人民检察院检查指导工作，听取市人民检察院领导的工作汇报，并到鼎城、武陵区人民检察院考察，就如何开拓渎侦工作新局面作《要认清一个形势，提高两个认识，抓好三件工作》的讲话。

是月27—28日 全市检察机关基层院建设暨思想政治工作经验交流会在鼎城区人民检察院召开。省人民检察院党组副书记、副检察长龚佳禾，市委政法委副书记彭德树到会并讲话。

9月中旬 全省检察机关信息化建设现场会在市人民检察院召开，市人民检察院介绍了信息化建设的经验。全市检察机关三级专线网建设试点工作和局域网扩容工作圆满完成。

是月21日 高检院副检察长王振川一行5人到常德市检查指导工作，听取市人民检察院的工作汇报，并到桃源县人民检察院就职务犯罪预防等问题进行考察。

10月22—29日 市人民检察院法警支队参加全省检察机关首届司法警察岗位练兵技能比赛，获理论知识竞赛团体第一名、擒敌拳和队列比赛团体第二名，桃源县人民检察院司法警察郭红获手枪射击比赛个人第二名。

12月5日 市人民检察院渎职犯罪侦查局更名为反渎职侵权侦查局。

是月 共青团湖南省委、省高级法院、省人民检察院、省公安厅、省司法厅、省财政厅等十四家单位联合下文授予市人民检察院检察员荣明“第四届湖南省优秀青年卫士”称号。

是年 白洋堤院刘德华、李明初被省人民检察院分别记一等功、二等功，徐谦被授予“全省优秀青年卫士”称号。

2006年

2月8日 市人民检察院成立林业检察科。

是月22日 市委常委、市政法委书记胡宗清到市人民检察院检查工作，对全市检察干警提出必须具备四项基本功，做到“四个落实”的要求，即建立新习惯、借题开悟、用智谋智、创新定型；要落实观念更新、落实检察四大主体权利、落实检察工作目标、落实工作措施。

3月28日 市人民检察院侦查监督科被高检院评为全国检察机关“打击制假售假、侵犯知识产权犯罪专项立案监督活动先进集体”。

4月7日 市人民检察院党组对市人民检察院机关“一中心五网络”办公室成员进行调整，杜辉才任主任。

是月18日 市人民检察院成立信息化建设和应用领导小组，检察长杜辉才任组长。

是月25日 市人民检察院公诉科被省工商局行政管理局等单位评为全省“卷烟打假先进集体”。

6月6日 省人民检察院对市人民检察院开展为期3个月的巡视工作。

10月27日 市人大常委会授予邓雪松、龙力军、刘美云、成来彪、吴代锋、李明初、欧阳志恒、钟建平、夏阳、郭春芳、龚平、傅义慧共12人第三届“模范检察官”荣誉称号。

11月21日 市委、市人大常委会、市政府、市人民政协在芷园宾馆召开常德市“模范检察官”命名大会，省人民检察院检察长何素斌及市委、市人大常委会、市政府、市政协主要领导出席会议。市政府为“模范检察官”记二等功。会上，市人民检察院党组向全市检察干警发出《关于向“模范检察官”学习的倡议》。

11月 全市人民检察院机关选派6人参加第三届鄂豫皖湘赣五省物证技术交流会，10篇论文被大会采用，其中，2篇被评为优秀论文。

12月 由市人民检察院查办的湖南省某厂原厂长肖某某（副厅级）受贿、贪污案被评为全省检察机关反贪部门2006年度“十大精品案件”。

是月 市人民检察院侦查监督科被高检院评为2006年度“立案监督工作先进集体”。

是月 市人民检察院民行科办理的劳务合同纠纷一案，通过抗诉，为当事人挽回经济损失380余万元，被省人民检察院评为2006年度民行检察“十优案件” 之一。

是月 市人民检察院民行科办理的某财产保险公司常德分公司朗州服务部与3名投保者人身损害赔偿纠纷一案的抗诉书，被省人民检察院评为“优秀法律文书”。

是月 市人民检察院被市文明委授予“文明单位”称号。

2007年

1月30日 澧县人民法院完全采信澧县人民检察院再审建议书的意见和澧县人民检察院办理该案调取的主要证据，以澧刑再审字第1号对黄某某申诉案件进行再审判决。该案实现了常德市检察机关办理不服法院生效判决建议再审改判零的突破。

5月 市人民检察院公诉科分设为公诉一科、公诉二科；政治工作部增设离退休人员管理科。至此，政治部辖组织人事科、宣传教育科、综合科和离退休人员管理科4个正科级单位。

7月6日 市人民检察院发出通知，在全市检察机关开展优秀军队转业、退伍人员评选表彰活动。

是月 石门县人民检察院、汉寿县人民检察院代表全市检察系统参加全省检察系统预防调查知识竞赛活动，汉寿县院获第4名。

8月20日 市人民检察院发出通知，在全市检察机关开展向陈泽友学习的活动。

是年 市人民检察院技术科被评为“全国检察技术工作先进集体”。

是年 临澧县院、澧县院驻县看守所检察室和白洋堤院驻武陵监狱检察室被高检院评为“一级规范化检察室”。

是年 在年底举行的全省侦查监督系统优秀办案能手竞赛中，常德市检察机关选派的4名参赛选手中，有2人获得“湖南省检察机关侦查监督十佳办案能手”称号。

2008年

1月 陈海波任市人民检察院党组书记、检察长。

4月 全市检察机关反渎部门开展查办危害能源、资源和生态环境的渎职犯罪活动，桃源县人民检察院、澧县人民检察院的查案经验被省人民检察院向全省检察系统推广。

8月6日 召开全市预防职务犯罪领导小组会议，总结前5年全市预防工作成果，制定领导小组53个成员单位预防工作职责和工作制度。

是月18日 中共中央候补委员、市委书记武吉海，市委常委、市政法委书记胡宗清，市委常委、市委组织部部长李平到市人民检察院考察，听取市人民检察院党组书记、检察长陈海波的汇报。

9月 市人民检察院增设检务督察室；政治部的组织人事科更名为干部科、宣传教育科更名为宣传综合科、综合科更名为干部教育科。

是年 市人民检察院《稳定队伍，整合资源，服务重点，在办案中体现检察技术人员的价值》的经验材料在全国检察技术工作会议上印发。

是年 从2003年开始，市人民检察院连续6年获“常德市保密工作先进单位”称号。

2009年

1月20日 市人民检察院在市邮政局大楼会议室举办全院干警及家属参加的春节联欢晚会。

3月6日 市委书记卿渐伟在市人民检察院《关于全国、全省检察长会议精神及贯彻意见的汇报》材料上作出批示，肯定全市检察系统在过去的一年为常德的经济社会事业发展和社会和谐稳定所做的积极贡献。“希望在新的一年里，通过学习实践科学发展观，在提高干部队伍素质和履职能力的基础上，进一步做好惩治各类犯罪行为，化解社会矛盾，维护社会公平正义，促进社会和谐的工作；进一步做好促进经济社会事业又好又快发展的工作。”

是月 市委常委、副市长宋冬春在安乡县主持召开全市国土综合整治预防职务犯罪工作会议，推广安乡县人民检察院和县国土局开展职务犯罪工作的经验。

5月 市人民检察院住宅小区锦晖佳苑3栋宿舍楼竣工交付使用。3栋商品住宅共204套，建筑面积37327平方米。

6月18日 召开市人民检察院工会会员大会，换届选举院工会负责人。

是年 鼎城区院林检科与花岩溪管委会联手编制并实施的“湖南省花岩溪省级自然保护区调整工程预防项目”，被省人民检察院林检处评为优秀“精品项目”。

是年 汉寿县人民检察院反贪局副局长杨新辉被评为常德市“十佳青年政法干警”。

是年 市人民检察院对涉检信访案件的化解率位居全省前列。

是年 桃源县院林检科开展的“规范林政行为，预防渎职犯罪”为主题的职务犯罪预防项目，被省人民检察院林检处评为优秀“精品项目”。

2010年

1月27日上午 市人民检察院检察长陈海波、副检察长郑朝兵率市院监所科干警到市第一看守所、武陵监狱指导安全检察工作，慰问驻所（狱）检察干警。

2月7日 市人民检察院在共和酒店举办全院干警及其家属共同参与的春节团拜暨联欢晚会。

6月18日 举办全市检察机关文明礼仪知识竞赛。

11月17日 市人民检察院100名检察官集体宣誓——“以高尚的职业道德、良好的工作作风、公正的执法形象，做一名让党放心、让人民满意的检察官”。

是月30日 市人民检察院、市司法局和市律师协会联合举办公诉人辩论赛。汉寿县院代表队夺得团体冠军；市人民检察院女检察官张璇获得“最佳辩手”奖。

12月9日 在全省检察系统预防腐败调研座谈会上，市人民检察院介绍《实行“四转变四结合”，大力推进预防职务犯罪工作的开展》的经验。

是年 省人民检察院从市人民检察院和全市6个基层院共抽调70多人组成专案组，查处怀化市委常委、市委秘书长谌某某（副厅级）滥用职权、受贿、巨额财产来源不明案（又称“7·21”案）。省委常委、省纪委书记许云昭，省纪委副书记胡奇，省人民检察院检察长龚佳禾、副检察长常智余等对办案工作给予充分肯定。

是年 《检察风云》第15期刊登《公平正义的护法使者》《人民利益的忠诚卫士》2篇文章，介绍常德市检察机关预防职务犯罪工作的经验。

是年 截至2010年，市人民检察院技术科连续20年被评为全省检察系统“先进集体”，3次受到高检院表彰。

是年 市人民检察院信访接待室被评为“全国检察机关文明接待示范窗口”。

是年 首次组织基层人民检察院检察长到市人民检察院述职述廉。

是年 市人民检察院女检察官钟颖被评为“湖南检察职业道德标兵”。

是年 市人民检察院技术部门办理的唐治案被省人民检察院评为优案。

是年 鼎城区人民检察院被评为全省“十佳基层政法单位”，被省政府和高检院分别记集体一等功。

是年 市人民检察院设驻市看守所检察室（正科级）。

2011 年

1 月 27 日 市人民检察院举办全院干警及家属参加的春节团拜会。

4 月 26 日 市委常委、市委宣传部部长覃清香代表省文明办，为市人民检察院颁发省委、省政府授予的“省级文明单位”牌匾。

是月 省人民检察院党组成员、副检察长来献明带领控告申诉部门负责人到市人民检察院对 6 件案情复杂、化解难度大的涉检信访积案进行督办。

5 月 26 日 市纪委、市人民检察院联合组织常德市 35 家政府机关及金融财税等部门负责人共 80 人，到长沙市参观“惩治和预防职务侵权犯罪巡展”。

6 月 鼎城区人民检察院党组被中央政法委授予“全国先进基层党组织”称号。

11 月 市人民检察院位于常德市武陵区柳叶大道的新侦技大楼竣工交付使用。该大楼长 83.1 米、宽 17.1 米、高 60.5 米，共 13 层，建筑面积 23075.61 平方米（地上 19205.8 平方米、地下 3869.81 平方米），总投资 1.1932 亿元。

是年 安乡县一起时隔 14 年因非法拘禁导致下身瘫痪的反复上访案，先后经安乡县委、县人大常委会、县人民检察院、市人民检察院和省人民检察院控告处等单位参与协调、督办并落实对被害人作出赔偿和司法救助，最终使上访人签订息诉协议。上访人向省、市人民检察院赠送锦旗表示感谢。是年，安乡县院化解多起非正常上访事件。受到高检院检察长曹建明、省人民检察院检察长龚佳禾的充分肯定。

2012 年

1 月 16 日 举行全市检察机关首届“检察官之歌”文艺调演。

3 月 14 日 市委书记卿渐伟和市委常委、市政法委书记何英平等到市人民检察院调研，参观市人民检察院举报中心、案件管理中心、办案工作区、信息化技术中心，观摩审讯现场。在听取市人民检察院工作汇报后，卿渐伟对市人民检察院的工作给予充分肯定，并对以后的检察工作提出 4 点意见：一要紧紧围绕市委工作中心，主动服务经济社会发展大局；二要努力做法治常德建设带头人；三要严肃查办和积极预防职务犯罪，将反腐败工作向纵深推进；四要加强队伍建设，全面提升检察队伍的政治素质和业务素质。

是月 16 日 下午，市人大常委会主任曹儒国带领市人大常委会委员及各区县市人大常委会主任视察市人民检察院。

3月26日 市人民检察院“法治常德检察讲坛”首场讲座开讲。年底，共举办“法治常德检察讲坛”讲座8次，开展“法治常德检察巡讲”57次。同时，还开设“道德讲堂”，全年开讲3次。

是月27日 在全省检察机关预防职务犯罪工作会议上，市人民检察院介绍《推进“八个转变”，努力构建预防职务犯罪社会大格局》的经验。

4月 由刘清生撰写前言的《常德市人民检察院廉政风险防控机制建设操作手册》发给全市检察干警。该举得到省人民检察院和市纪委肯定。5月4日，《常德日报》以《给检察权力装上GPS》为题予以报道。

是月 安乡县院办理的卜某某诈骗银行贷款、刑事诉讼附带民事诉讼案中的文件检验鉴定案，被评为当年全省检察技术系统10个优秀案件之一。

5月8日 下午，市政协主席刘春林率市政协驻会副主席到市人民检察院视察。

是月10日 省委政法委正厅级巡视员贾瑞林率督察组到市人民检察院检查工作。

是月17日 市人民检察院驻市看守所检察室挂牌成立。

是月29日 市委副书记、市长陈文浩到市人民检察院调研并指导工作。

是月29日 市人民检察院设案件管理中心（正科级）。

7月18日 市人民检察院设侦查指挥中心（正科级）。

8月11日 常德市检察机关举行首届书法诗词摄影作品展。

是月13—14日 全省检察长座谈会在常德市召开。13日，省委常委、省政法委书记孙建国在省人民检察院检察长龚佳禾陪同下到市人民检察院考察并与相关人员合影留念。

是月20日 市人民检察院钟颖获“湖南省检察职业道德标兵”称号，被省人民检察院记一等功。

是月31日 市人民检察院党组书记、检察长刘清生给全院干警讲《认清反腐倡廉形势，加强干警廉洁修养》的党课。该课在市委党政主要负责人讲党课评比活动中评为一等奖。

是月 在全国检察机关预防工作座谈会上，市人民检察院介绍《精心抓好预防调查，促进检察专业预防协调发展》的经验。

是月 在全省检察长座谈会上，市人民检察院检察长刘清生就市人民检察院案件管理工作作典型发言。

9月28—29日 全省检察机关司法警察工作规范化建设现场会在常德市召开。高检院警务部领导雷凤鸣、省人民检察院检察长何素斌及副检察长吴立明出席会议并讲话。

11月26—27日 省人民检察院党组成员、副检察长白贵泉到市人民检察院调研。

是月 市人民检察院与北京师范大学联合举办“新刑诉法实施与检察官执法能力提升”培训班，全市选拔100名中青年检察官参加学习。

是年 市人民检察院被省人民检察院评为“人民监督员工作先进单位”“案件管理工

作先进单位”“行政装备工作先进单位”。

是年 安乡县人民检察院的“重点建设项目预防职务犯罪信息系统”、桃源县人民检察院的“检察执法办案网上监督平台”、津市市人民检察院的“基层院内设机构整合试点”分别被省人民检察院评为“全省十大优秀创新项目”。

是年 武陵区人民检察院、桃源县人民检察院分别被省委、省政府授予“省级文明单位”称号。

是年 安乡县人民检察院被高检院评为“全国检察机关‘两房’建设工作先进单位”。

是年 澧县人民检察院被高检院授予“全国检察机关一级规范化检察室”称号。

是年 鼎城区院被省人民检察院授予“全省检察机关编队管理示范院”和“全省检察文化建设示范院”称号。

是年 市人民检察院熊湘涛被评为“全国检察机关计财装备工作先进个人”、杨仲被高检院民行厅评为“‘民事行政检察优秀案件’承办人”。

是年 刘芸被省人民检察院授予“全省侦查监督优秀检察官”称号。

是年 市人民检察院退休人员熊忠民参加全省政法系统书画大赛，其书画作品获三等奖。

是年 鼎城区院司法警察被评为“全省检察机关法警部门集中编队管理示范单位”。

是年 市人民检察院投资620万元，按照“先进、实用、适当超前”的要求，建成侦查指挥中心。该中心成为是年8月份在市人民检察院召开的全省检察长会议的突出亮点，受到国家发改委、高检院、湖南省委和省人民检察院的好评。

2013年

2月 市人民检察院民行检察科杨仲承办的“常德市中级人民法院执行裁判违法检察建议案”在全国检察机关首届“民事行政检察优秀案件”评选活动中被评为“优秀案件”。

是月 市人民检察院关于桃源县“朱某某与董某某、桃源县兴源汽车运输有限公司道路交通事故人身损害赔偿案件纠纷”抗诉书，被高检院评为“优秀抗诉书”。

3月 市人民检察院下发《常德市检察机关拔尖人才选拔与培养工作方案》。首届全市检察机关拔尖人才培养对象共51名（市人民检察院13名、区县市院38名）。

4月7日 省委常委、省政法委书记孙建国，在省人民检察院呈报的《预防职务犯罪出生产力的十年见证——安乡县院对土地整治建设实施重点预防的实践与启示》一文上作出批示——“安乡县人民检察院的做法很好，值得借鉴推广。全省各级检察机关都应积极创新检察监督方法，主动服务经济社会发民兵，前移监督和预防关口，不断提升检察监督能水平。”

是月13日 省委书记徐守盛对此作出批示——“劲荣检察长，安乡县人民检察院在不以机构升格和人员增编的基础上，形成了在检察长统一领导下，以预防科为主导，整合资源，各职能部门密切配合的预防工作格局的经验值得认真总结推广，以推动我省预防职务犯罪工作取得新成效。”

7月27日 徐守盛又再次就安乡经验作出批示——“请黄建国、葛洪元（省纪委副书记、省监察厅厅长）同志审示，好的经验值得推广。”8月7日，省纪委、省人民检察院、省监察厅、省预防腐败局、省国土资源厅召开联席会议，共同研究落实徐守盛的批示精神，达成动员媒体推广、综合督促推广、重点项目防控、严肃查处违法犯罪四条推广措施。

4月 市人民检察院、安乡县人民检察院与国土资源部门联合对土地整治建设实施重点专项预防的经验被省人民检察院向全省推广。高检院检察长曹建明、省委书记徐守盛、省委政法委书记孙建国、省人民检察院检察长游劝荣对该项工作经验作出批示。人民日报内参、省委办公厅内参予以转发，《检察日报》《湖南日报》等媒体进行报道。

5月 在全省检察机关预防职务犯罪工作座谈会上，安乡县人民检察院介绍《坚持“四个结合”，促进专业预防与社会预防健康发展》的经验。

6月26日 市人民检察院蒋迅获“全国优秀公诉人”称号。

是月27日 市人民检察院组织首次“检察开放日”活动，邀请人大代表、学生代表共30人到市人民检察院机关参观办案场所，召开座谈会，充分听取社会各界对检察工作的意见和建议。

7月23日 省人民检察院检察长游劝荣到市人民检察院检察指导工作。

是月 津市市人民检察院与津市市人民政府联合制定全省第一份《检察机关开展行政执法检察监督暂行规定》，高检院、省人民检察院对此给予高度评价。高检院民行检察厅将其编入《民事行政检察工作情况行政检察专刊》第5期、总第438期。

是月 市人民检察院出台《常德市检察机关检察技术改革与发展三年规划（2013—2015年）》。

8月22日 市委书记王群和市长周德睿到市人民检察院检查工作。

10月15—16日 省人民检察院专职检委曾新善等一行到常德市调研涉法涉诉信访改革试点工作（是年年初，常德市被确定为全省涉法涉诉信访改革试点的4个市、州院之一），对常德市检察系统的改革试点工作给予高度评价。

是月 成立常德市检察机关第一届女检察官协会。12月，该协会编辑出版反映女检察官工作与生活感悟的《我的工作我的家》一书。

11月8日 最高人民检察院检察长曹建明对《人民日报内参》《湖南检察机关标本兼治查办预防职务犯罪》一文作出批示——“湖南检察机关立足检察职能，关注民生领域热点问题，坚持标本兼治原则，加大查办和预防职务犯罪力度，很好地发挥了促进经济社会科学发展的职能作用。其经验与做法值得肯定。

是月 省人民检察院副检察长朱国祥等一行7人到津市市人民检察院，专题调研行政执法检察监督工作。

12 月 25 日 市人民检察院制定《服务市城区交通秩序整治工作方案》，服务“新常德·新创业”建设，优化市城区道路交通环境，提升文明城市创建水平。

是年 高检院反贪总局在《反贪污贿赂工作情况》上刊登《湖南省常德市检察机关查办医疗卫生系统商业贿赂案件的做法》一文，向全国反贪部门推介常德市检察机关预防惩治商业贿赂犯罪的经验。

是年 市人民检察院深入开展廉政文化进班子、进岗位、进家庭的“三进”廉洁从检宣传教育活动。

是年 常德市检察机关与中国政法大学、吉林大学、武汉大学合作，继续加强司法文明创新中心实践基地建设；市人民检察院与西南政法大学共建教学科研试验基地；武陵区院与中南大学启动“检力提升暨卓越法律人才培训”项目。

是年 市人民检察院民行科的《朱某雄与董某文道路交通事故人身损害赔偿纠纷案抗诉书》被高检院民行厅评为“全国检察机关民事行政检察优秀法律文书”。

是年 汉寿县院狠抓队伍专业化建设的经验被高检院和省人民检察院推广。

是年 《湖南省桃源县检察院“四个坚持，推进信息化建设与运用》一文，被高检院和省人民检察院同时采用。

是年 市人民检察院技术科承办的杨某农受贿、贪污、挪用公款案被省人民检察院评为“2013 年度全省检察机关优秀案件”。

是年 雷晓敏被省人民检察院评为“湖南省检察机关侦查监督优秀检察官示范岗”。

2014 年

1 月 5 日 市人民检察院机关反贪局党支部驱车几百公里，到“湖南屋脊”石门县壶瓶山镇完全小学开展爱心助学活动。

是月 8 日 省人民检察院专职检委吕赵龙到常德，就省人民检察院工作报告征求在常德的省人大代表的意见和建议。市人大常委会主任刘明等 8 名在常德的省人大代表应邀参加座谈会。

是月 23 日 石门县院林检部门办理的“董某聪非法猎捕，杀害、收购珍贵、濒危野生动物团伙窝案”获全省共 10 件且林检类仅此一例的优案。3 月，湖南电视台廉政频道以《绿色家园保卫战》为题专题报道林业检察人员办案全过程。中央电视台法制频道《天网》栏目对该案作报道。

是月 市人民检察院行装科完成对全市检察机关 712 名检察人员和 67 名司法警察服装的发放工作。

是月 经省、市、津市三级检察机关控申部门共同努力，长达 10 余年的信访人许某才签署息访协议，并领取 10 万元信访救助金。

3 月 4 日 市人民检察院控申科在鼎城区院听证室，就刘某福等不服鼎城区院决定不起诉康某南一案，邀请人大代表、政协委员、人民监督员和社区代表参加，开展公开答复活动。

是月6日 市人民检察院举办全市检察机关“争当最美女检察官”演讲比赛，澧县院周萃获一等奖，鼎城区院、石门县院获组织奖。

是月10日 下午，市人民检察院召开机关开展党的群众路线教育实践活动动员大会。整个活动经过学习教育，听取意见；查摆问题，开展批评；整改落实，建章立制等三个阶段，10月22日召开党的群众路线教育实践活动总结大会。

是月28—29日 市人民检察院法律政策研究室牵头承办由司法文明协同创新中心主办的“新《刑事诉讼法》贯彻实施中的问题与对策”研讨会。与会代表包括中央政法委政法研究所所长黄太云、高检院法律政策研究室主任陈国庆和检察理论研究所所长王守安、中国政法大学诉讼法学研究院院长卞建林及名誉院长樊崇义、省人民检察院专职检委丁维群以及中国政法大学等院校专家、学者和北京市人民检察院第二分院等8个实践基地代表等共10余人。

是月 市人民检察院司法鉴定中心（实验室）建成投入使用。

是月 组织全市检察系统离退休人员参加省人民检察院开展的全省检察机关原创作品征集评选活动，选送的市人民检察院许建国、胡光炎的3件诗词作品和县院的2件诗词作品获得省人民检察院的优秀作品奖。

4月14日 市人民检察院被评为“2012—2013年度全省先进市州检察院”，武陵区院、澧县院被评为“全省先进基层检察院”。

是月23日 安乡县院被授予“全国检察机关先进集体”荣誉称号，并被记集体一等功。

5月22日 市委常委、市政法委书记何英平到安乡县人民检察院，为其所获荣誉授牌。

是月30日 为规范办公、办文、办会、办事，市人民检察院印发《常德市人民检察院工作规则》《常德市人民检察院公文审核办法》《常德市人民检察院公文格式细则》《常德市人民检察院会议活动管理办法》《常德市人民检察院督查督办工作办法》。

是月 市人民检察院杨新辉荣获“全省检察机关反贪侦查办案能手”称号。

4—6月 市人民检察院机关党委在群众路线实践教育活动中组织机关各党支部分别开展“三进四服务”活动。

6月18—20日 迎接省人民检察院考评组到市人民检察院进行全省优秀公诉人竞赛选手办案侦查考核。

是月19日 省人民检察院党组成员、反渎局局长魏启敏一行到常德调研反渎工作，市人民检察院反渎局及10个基层院反渎局局长到会汇报。市人民检察院副检察长卜学宏主持，检察长刘清生出席。

3月4日—7月15日 开展常德市第四届派驻监管场所检察室规范化等级考核评定工作。

7月 《检察日报》头版头条对安乡县人民检察院的事迹进行报道。安乡县人民检察院杨善平当选“2013年度湖南法治十大人物”、曹静被全国妇联评为“全国维护妇女儿童权益先进个人”。

8月24—29日 参加全省检察机关民事行政检察业务竞赛暨第二届民事行政检察优秀办案能手竞赛活动。经过法律文书制作、业务理论笔试、审查意见汇报与答辩3个环节共6天拼搏，市人民检察院朱峥嵘获“全省检察机关民事行政检察十佳办案能手”称号，汉寿县院胡红获“全省检察机关民事行政检察优秀办案能手”称号。

9月24日 省人民检察院党组确定市人民检察院为试点单位，开展检察技术资源整合工作。

是月29日 市人民检察院开展“慈善一日捐”活动，全院干警共捐出善款24960元。

10月9日 安乡县院对该县深柳动物检疫站胡某华、孔某云及周某涉嫌动植物检疫徇私舞弊罪立案侦查。这是常德市立案的首起适用“动植物检疫徇私舞弊罪”的案件。

是月17日 市人民检察院印发修订后的《常德市人民检察院财务管理制度》《常德市人民检察院公用经费预算使用管理制度》《常德市人民检察院接待管理制度》

11月11日 市人民检察院党组书记、检察长刘清生在省人民检察院召开的检察改革推进会上作典型发言，介绍常德检察机关整合技术资源，推进检察技术办案一体化工作的经验。

是月 省委巡视组到市人民检察院检查“三公”经费开支情况。

12月4日 在首个国家宪法日到来之际，全市检察机关本着弘扬宪法精神、树立宪法权威，举行隆重的检察官宣誓仪式。

12月9日 为规范涉林刑事案件的鉴定工作，市中级人民法院、市人民检察院、市司法局、市林业局、市森林公安局联合印发《涉林刑事案件技术鉴定的意见》。该举措被中国网、华声在线、省人民检察院内外网、省林业厅内外网、微博等多家媒体报道。

是月16日 市人民检察院举行2014年全员政治理论考试，138人参加考试，平均得分97.5分。

是月22日 桃源县院侦查起诉的桃源县吴某松等人生产、销售“地沟油”案背后的渎职犯罪案获判决。这是全省第一例适用“食品监督渎职罪”判决的案件。

是月22日 下午，省文明办副主任熊科文、综合调研处处长雷艳林到市人民检察院检查验收省级文明标兵单位创建工作。

是月26日 由市人民检察院控申科、技术科、行装科、办公室共同研发的新型网上举报平台和检察长信箱，在市人民检察院门户网站开通。

是年 市人民检察院连续第4次被授予“全国检察机关文明接待示范窗口”称号；武

陵区院、鼎城区院、临澧县院保持、津市市院获得“全国检察机关文明接待室”称号。

是年 市人民检察院、市公安局联合印发《惩治和预防公安民警职务犯罪协作办法》；市人民检察院与市委组织部、市委党校共同印发《关于推进预防职务犯罪警示教育进党校课堂等几项工作的实施意见》。

是年 全市检察机关申报干部招录计划33名，实际招录18名。

是年 安乡县人民检察院被高检院授予“全国检察机关先进集体”称号，并记集体一等功。

2015年

1月 余湘文任市人民检察院党组书记、检察长。

2月 市人民检察院被省委、省政府授予“全省文明标兵单位”称号。

4月1日 在“全市党委（党组）中心组学习秘书暨理论骨干培训班”上，市人民检察院党组成员、工会主席何本凡作《坚持“三个注重”，努力提升中心组学习质量》的经验发言。

5月29日 市人民检察院检察长余湘文结合“三严三实”主题教育活动，给全院干警上专题党课。

是月30日 《法制日报》以《探访湖南常德“科技强检”魅力与活力所在——检察技术遇上“互联网+”后产生了什么》为题，介绍市人民检察院开展科技强检工作的经验。

6月19日 《检察日报》刊登《湖南常德：建立六个信息平台保障办案》一文，报道市人民检察院推进科技强检的做法。

是月 省人民检察院在市人民检察院召开全省检察机关科技强检示范院建设推进会。市人民检察院检察长余湘文在会上作《明确“三个立足”，着力“三项推进”，稳步打造科技强检示范院》的典型发言。

7月 市人民检察院徐文辉参加湖南检察机关第一届刑事执行检察业务竞赛，荣获“全省刑事执行检察业务标兵”称号。

8月24日 全市检察机关申报的39名检察工作人员招录计划，由省委组织部公务员审批处下达批复，招录工作结束，实际招录34名。

9月 市人民检察院被高检院授予全省市级检察院唯一的“全国科技强检示范院”荣誉称号。

11月 市人民检察院被高检院评为“全国检察机关检务保障工作先进集体”。

是月 参加第五届全省“十佳公诉人”业务竞赛暨公诉团体论辩赛，常德代表队获团体第二名；鼎城区院雷蕾获“湖南省十佳公诉人”称号，武陵区院刘潇潇获“湖南省优秀公诉人”称号。

12月11日 常德市检察机关2015年度查办职务犯罪工作情况新闻发布会在市政府

新闻发布厅举行，14 家省、市新闻媒体派记者参加。

是年 安乡县检察院被高检院记集体一等功。

是年 市人民检察院“文化陈列室”完成土建工程。

是年 市人民检察院举办“书香满院”读书征文比赛及全市检察机关第一届“正义杯”羽毛球赛；举办四期“道德讲堂”开讲活动。

是年 市人民检察院黄誉洁被省人民检察院评为 2015 年度“全省检察信息工作先进个人”。

是年 参加省人民检察院组织的全国未成年人检察业务竞赛参赛选手选拔赛，市人民检察院邱馨仪获论文成绩第二名，安乡县院严幸获论文第三名、综合业务成绩第四名，均被省人民检察院通报表扬。

是年 常德市检察系统男子篮球代表队参加全省检察机关“湘检杯”男子篮球赛，获“体育道德风尚奖”。

第一篇　机构与队伍

第一章　机　构

第一节　市级机构及内设机构

一、常德市人民检察院

1988年，随常德撤区建市，湖南省人民检察院常德分院（以下简称常德检察分院）更名为常德市人民检察院（以下简称市人民检察院）。

1978年，常德检察分院设常德地区公安处院内，1983年12月迁往常德市青年东路199号。2011年11月，市人民检察院迁至武陵区柳叶大道2989号。

1988—2015年常德市人民检察院历任领导成员

表1-1

职务	姓　名	出生年月	籍贯	任职时间
检察长	王东海	1929.11	河北枣强	1978.8—1988.8
	李少甫	1943.9	湖南桃源	1988.8—1992.9
	李文耀	1940.11	湖南澧县	1992.9—1997.12
	杜辉才	1949.1	湖南石门	1998.1—2008.1
	陈海波	1956.11	湖南新田	2008.1—2011.12
	刘清生	1966.8	湖南耒阳	2011.12—2015.1
	佘湘文	1968.12	湖南华容	2015.1—
副检察长	吴　斌	1933.1	江西丰城	1982.3—1992.4
	刘湘滨	1950.1	河北隆尧	1988.9—1996.8
	树　兵	1947.3	河北故城	1984.3—1991.5

续表 1-1

职务	姓名	出生年月	籍贯	任职时间
副检察长	陈彰福	1948.11	湖南津市	1991.5—2005.1
	王尽忠	1944.11	湖南安化	1993.2—2000.12
	杨长巨	1948.2	湖南汉寿	1993.2—2003.5
	彭世理	1962.12	湖南澧县	1994.12—2000.12
	杜辉才	1949.1	湖南石门	1996.4—1997.12
	王建国	1950.11	湖南安乡	1996.4—1997.5
	杨建波	1960.5	湖南湘阴	2003.3—
	万革新	1960.6	湖南长沙	2003.12—2005.8
	周奔红	1959.3	常德市鼎城区	2003.3—
	郑朝兵	1966.12	常德市武陵区	2003.3—
	熊文辉	1968.4	湖南汉寿	2005.1—2008.4
	胡新建	1957.5	湖南桃源	2005.8—
	卜学宏	1964.10	湖南安乡	2008.4—
	欧阳志恒	1960.3	常德市鼎城区	2008.4—
	王忠银	1962.9	湖南澧县	2011.6—
政治部主任	李爱群	1954.10	常德市鼎城区	2001.9—2005.8
	张治民	1957.12	湖南桃源	2005.8—
纪检组长	王尽忠	1944.11	湖南安化	1986.5—1996.7
	舒玉柏	1951.1	湖南桃源	1996.8—2000.9
	许建国	1954.1	河北清河	1999.10—2010.2
	曹琮伟	1963.2	常德市武陵区	2015.11—
工会主席	陈　忠	1958.11	湖南汉寿	2002.6—2004.12
	高云祥	1960.1	湖南临澧	2005.8—2008.3
	何本凡	1964.9	湖南石门	2008.3—
专职检委	陈　辉	1962.7	湖南汉寿	2008.4—
	郭建国	1966.5	常德市鼎城区	2008.4—

二、市人民检察院检察委员会

常德市各级人民检察院依照法律法规和法定程序建立检察委员会。1988 年 8 月以前，由正副检察长、纪检组长和主要业务科室负责人组成，市人民检察院检察委员会的人选由省人大常委会任命。1988 年 8 月起，由常德市人民代表大会常务委员会（以下简称市人大常委会）任命。1988 年 9 月—2003 年 2 月，市人民检察院检委会成员由市人民检察院正副检察长、纪检组长和院全部内设机构负责人组成。2003 年 3 月—2007 年 5 月，检委会成员由正副检察长、纪检组长和侦查监督科、公诉科、反贪污贿赂局、反渎职侵权侦查局负责人组成。2007 年 6 月起，由正副检察长、纪检组长、工会主席、政治部主任和侦查监督科、反贪污贿赂局、反渎职侵权侦查局负责人组成。2010 年 10 月，监察室负责人成为检委会组成人员。2008 年 9 月，经市委编委会批复，市人民检察院增设检察委员会专职委员（副处级）职数 2 名。

1998 年 7 月 2 日，市人民检察院第三届检察委员会第一次会议通过并开始执行《常德市人民检察院检察委员会议事规则》（以下简称“议事规则”）。“议事规则”共 15 条，主要内容包括：检察委员会会议的召开由检察长决定并主持，检察长因故不能参加时由党组副书记、副检察长主持，检察委员会会议需有半数以上委员出席方可召开。检察委员会会议召开时，根据议题由检察长决定列席会议的有关人员。检察委员会会议讨论决定全市重大案件和其他重大事项：（1）讨论决定在全市检察工作中如何贯彻执行国家有关法律、政策方面的重大问题；（2）讨论市人民检察院直接办理的和各区县市检察院请示的重大案件、疑难案件、抗诉案件、复核案件、存疑不诉案件、赔偿案件及法律规定应由检察委员会讨论的其他案件，并作出相应决定；（3）讨论向市人民代表大会及常委会所作的工作报告和汇报；（4）讨论检察长认为有必要提交检察委员会讨论的其他重大事项。检察委员会讨论的议题均送研究室报各主管副检察长同意后，报检察长确定，并自检察长确定之日起，一般在 10 天内召开会议进行讨论。检察委员会实行民主集中制，检察委员会组成人员半数意见一致，即应作出决定。如果检察长在重大问题上不同意多数人的意见，依法可以报请市人大常委会或上一级人民检察院检察委员会讨论决定。检察长因故不能主持会议，主持会议的党组副书记、副检察长不同意多数人的意见，应在会后向检察长报告，由检察长作出决定，如其他委员不同意会议决定，允许保留个人意见并记录在案，必须在先执行的情况下，由检察委员会下一次会议予以修改。检察委员会讨论和决定的内容，凡涉及国家机密和工作秘密的，均须保密，不准泄露。2008 年 2 月 2 日，市人民检察院制定的《人民检察院检察委员会组织条例》中规定：如果检察长在讨论重大案件时不同意多数委员的意见，可以报请上一级检察院或本级人大常委会决定。在报请本级人大常委会决定的同时，抄报上一级检察院。

三、市人民检察院内设（二级）机构

1988年，市人民检察院设刑事检察一科、刑事检察二科、经济检察科、法纪检察科、监所检察科、控告申诉科、刑事技术科、人事科、装备行政科、办公室共10个科室。10月，在经济检察科设立举报中心。

1990年2月，人事科更名为政治工作处。7月，经济检察科更名为反贪污贿赂工作局。

1991年2月，设立监察室。4月，设立民事行政检察科。举报中心从经济检察科析出，与控告申诉科合署办公。

1997年5月，法纪检察科更名为渎职犯罪侦查局。

1998年，政治工作处更名为政治部，辖组织人事科、宣传教育科。增设法律政策研究室、法警支队。上述部、科、室均于1999年1月18日正式挂牌办公。

2002年3月，政治部增设综合科。刑事检察一科更名为侦查监督科，刑事检察二科更名为公诉科。增设职务犯罪预防科。

2005年12月，渎职犯罪侦查局更名为反渎职侵权局。

2006年2月，成立林业检察科。

2007年5月，公诉科分设为公诉一科、公诉二科。政治部增设离退休人员管理科，至此，政治部内设组织人事科、宣传教育科、综合科和离退休人员管理科共4个正科级机构。

2008年9月，增设检务督察室。政治部的组织人事科更名为干部科，宣传教育科更名为宣传综合科，综合科更名为干部教育科。

2010年10月，设市人民检察院驻市看守所检察室（正科级）。

2012年5月，设案件管理中心（正科级）。7月，设侦查指挥协调中心（正科级）。

2013年年底，市人民检察院共有内设（二级）机构21个，即办公室、政治部、侦查监督科、公诉一科、公诉二科、反贪污贿赂局、反渎职侵权局、侦查指挥协调中心、监所检察科、驻市看守所检察室、民事行政检察科、控告申诉检察科、职务犯罪预防科、检察技术科、林业检察科、法律政策研究室、检务督察室、案件管理中心、警务科（法警支队）、行政装备科、监察室。

二级（内设）机构历任负责人名单

办公室

主　任：陈彰福、佘俊元、高云祥、欧阳志恒、靳湘辉、向际万、鲁　斌、蒋　天

副主任：杨长巨、林泽华、欧阳志恒、陈　辉、向际万、袁春霞、佘建忠、施立清、谭军辉、陈小利、金明政

人事科（1990年2月止）

科　长：陈焕年

政治部（1990年2月设，1998年更名为政治部）

科　长：饶宏全、周国权

主　任：叶法科、覃事育、李爱群、张治民

副主任：周国权、蔡运枝、赵春先、刘少坤、汪建保、熊湘涛、李仁莲

组织人事科（1998年设，2008年9月更名为干部科）

科　长：熊湘涛、李仁莲、汤明华、张为

宣传教育科（1998年设，2008年9月更名为宣传综合科）

科　长：赵春先、李振华、佘建中、朱艳哲

综合科（2002年3月设，2008年9月更名为干部教育科）

科　长：伍　宏、张春枝、李振华、李宽庆

离退休人员管理科（2007年5月设）

科　长：陈丹玲、刘昌超

职务犯罪预防科（以下简称预防科）

科　长：魏峥嵘、靳湘辉、卜兴炎、李宏、朱立爱

刑事检察一科（2002年3月，更名为侦查监督科）

科　长：陈乐生、张道华、尹述革

副科长：廖忠义、曾凡荣、张春枝

侦查监督科

科　长：尹述革、冯献民、何明惠

副科长：张春枝、熊建军、郭伯福、雷晓敏

刑事检察二科（2002年3月，更名为公诉科）（以下简称刑二科）

科　长：许建国、周奔红

副科长：赵福元、刘则新、潘爱民、周奔红、伍宏、陈辉

公诉科（2007年5月，分设公诉一科、公诉二科）

科　长：伍　宏、何明惠

副科长：何明惠、许服膺、夏　阳、周尚红

公诉一科

科　长：何明惠、夏　阳、王朝阳、魏峥嵘

副科长：熊建军、朱艳哲、钟　颖、吴祖胜

公诉二科

科　长：魏峥嵘、王朝阳

副科长：王朝阳、蒋　天、张　璇、冷志刚

经济检察科（1990年7月，改称反贪污贿赂局）

科　长：陈彰福、张道华、刘湘滨

副科长：朱国祥、陈乐生、杨长巨

反贪污贿赂工作局（以下简称反贪局）

局　长：陈乐生、朱国祥、许建国、周奔红、卜学宏、成来彪

政　委：龚德村

副局长：钟吾山、曾祥国、卜学宏、尹述革、雷光松、欧阳志恒、刘昌超、魏峥嵘
李宽庆、袁春霞、李金泉、阙兴中、郭伯福、郭　健、荣　明、廖宏俊
陈忠林、龚德村、左建军、刘朝阳、易长辉

法纪检察科（1997 年 5 月，更名为渎职犯罪侦查局）

科　长：周其华、许建国、尹述革、万革新、冯献民

副科长：张道华、雷光醒、郭伯福

渎职犯罪侦查局（2005 年 12 月，更名为反渎职侵权侦查局）

局　长：冯献民、谢正平

政　委：汤明华

副局长：谢正平、宋英杰、何明惠、卜兴炎、成来彪、李　宏、龚德村

反渎职侵权侦查局（以下简称反渎局）

局　长：欧阳志恒、阙兴中

副局长：李　宏、龚德村、李拥军、陈忠林、王华锋、许文毅、汤明华、
刘朝明、伍谦慎、

监所检察科

科　长：李先忠、朱国祥、钟吾山、雷光松、龚德村、廖宏俊

副科长：卜学宏、曾凡荣、周献刚、汪建保、余忠国、邱业建、郭伯福、熊建军
李光辉

控告申诉检察科（以下简称控申科）

科　长：彭世理、陈乐生、卜学宏、毛国保、魏峥嵘、成来彪、荣　明、汤明华
熊建军

副科长：毛国保、卜学宏、张为、鲁斌、周献刚、施立清、刘昌超、蒋迅、李　鑫

检察技术科

科　长：熊震春、芦　山、劳新国、张渊文、佘建中

副科长：宋英杰、劳新国、李仁莲、夏　阳、张渊文、王宪辉、黄向前、
丁仕安、吴祖胜

行政装备科

科　长：芦　山、毛国保、黄云庭、郭道华、熊湘涛

副科长：李金泉、童丛福、傅绍宏、廖忠义、邱业建、樊政平、宋仁辉、刘克贤
丁仕安、雷　辉

监察室（1991 年 2 月设）

主　任：周其华、赵春先、彭建国、龚秀敏、李　宏

副主任：文承嘉、杨其芳、龚秀敏、张　为、丁仕安、陈忠林

民事行政检察科（1991 年 4 月设）（以下简称民行科）

科　长：饶宏全、廖忠义、郭建国、汪建保、朱立爱、杨仲

副科长：高云祥、郭建国、张　为、朱立爱、杨　仲、宋婕

法律政策研究室（1998 年设）（以下简称政研室）

主　任：陈　辉、雷光松、李宽庆、杨　仲、王华锋

法警支队（1998 年设）

支队长：彭建国、覃事育、曾祥国、郭道华、李振华

政　委：高云祥、谢正平、尹述革、成来彪、刘少坤、李拥军、王华锋、刘克贤
张春枝

副支队长：曾祥国、邱业建、曾凡荣、樊政平

林业检察科（2006 年 2 月设）

科　长：荣明、郭健、刘昌超（负责人）、王朝阳、施立清

副科长：江从波

驻市看守所检察室（2010 年设）

主　任：熊建军、王海龙

检务督察室（2008 年 9 月设）

主　任：蒋　天、王华锋、张渊文

案件管理中心（2012 年 5 月设）

主　任：蒋　天、鲁　斌

副主任：金明政、钟　涛

侦查指挥协调中心（2012 年 7 月设）

主　任：刘朝明、龚秀敏

副主任：高　波

第二节　市人民检察院派出、派驻机构

一、派出人民检察院

1988 年 6 月，经省人大常委会批准，将湖南省津市白洋堤地区人民检察院由湖南省人民检察院（以下简称省人民检察院）派出机构改为市人民检察院的派出机构，隶属于市人民检察院领导。2002 年 3 月，经最高人民检察院（以下简称高检院）批准，湖南省津

市白洋堤地区人民检察院更名为常德市白洋堤地区人民检察院（以下简称白洋堤人民检察院）。2005 年 4 月，经市人大常委会批准，白洋堤人民检察院分别在津市监狱、德山监狱、武陵监狱设置派驻检察室，管辖常德市行政区划范围内 3 个监狱的检察工作。

2009 年 7 月，市人大常委会决定，白洋堤人民检察院增加对常德市劳教所的管辖（武陵区人民检察院不再承担对常德市劳教所派驻检察任务）。

2002 年 3 月，白洋堤人民检察院政法专项编制 25 名。

2008 年 12 月，白洋堤人民检察院由正科级机构升格为正处级机构。2009 年 6 月，经市编委核准，该院内设机构 7 个：办公室（政工室与其合署办公）、刑事检察科、职务犯罪侦查局、驻津市监狱检察室、驻德山监狱检察室、驻武陵监狱检察室、驻市劳动教养管理所检察室。2013 年 2 月，该院政法专项编制 27 名。2015 年年底，该院政法专项编制 28 名。

1988—2015 年白洋堤人民检察院历任领导成员

表 1-2

职务	姓名	任职时间	说明
检察长	李祖金	1988.09—1992.9	党组书记
	张瑞祥	1992.9—2002.6	党组书记
	柳立武	2002.6—2004.2	党组书记
	靳湘辉	2004.2—2005.8	党组书记
	汪建保	2005.8—	党组书记
副检察长	王同福	1987.3—1992.8	党组成员
	毛先渭	1991.2—2002.6	党组成员
	李明初	1996.4—2009.7	党组成员，2005 年 4 月 13 日任党组副书记
	黄大源	2003.4—2009.7	党组成员
	向际万	2009.7—	党组副书记
	杨昌文	2009.7—	党组成员
	冷明辉	2010.10—	党组成员
其他	粟福国	1988.4—1990.12	党组成员、办公室主任
	武海荣	1994.7—2009.7	党组成员、纪检组长
		2009.7—2010.10	党组成员、政工室主任
		2010.10—2015.7	党组成员、纪检组组长、政工室主任
	李明初	2009.7—2010.10	党组成员、纪检组组长
	罗　琳	2003.12—2009.7	党组成员、政工室主任
	杨文武	2011.11—	党组副书记

二、派驻检察组（室）

1988年，全市检察机关在厂（场）、矿、税务、粮食、供销、商业、银行等机关事业及企业单位设置派驻检察组（室）57个，配备干部185名，其中检察员15名、助理检察员（以下简称助检员）105名、书记员65名。检察组（室）设组长（主任）1名，副组长（副主任）1~2名。配检察员、助检员各1名，并按照《中华人民共和国人民检察院组织法》的规定予以任免。检察组（室）人员的行政职务按干部管理权限，由所在单位报请上一级组织批准任命。检察组（室）实行双重领导，检察业务由人民检察院领导；人员配备、干部管理、经费开支和福利待遇等由所在单位负责并实行领导。上级检察机关的检察组（室）对下级检察机关的检察组室的工作进行指导和协调。

1997年5月9日，根据《中华人民共和国刑事诉讼法》和《中华人民共和国刑法》的有关规定，市人民检察院撤销设在农业银行常德中心支行、工商银行常德中心支行、市技术标准局、市粮食局、市财政局、市安全生产委员会、市冶煤矿山管理局、常德电业局、市盐业公司、湘北工贸总公司、德海集团公司、市自来水公司、德山大曲酒厂、武陵酒厂共14个单位的检察室。5月底，全部撤销设置在行政机关、企（事）业单位的检察室（联络处、站）。8月底，撤销设在乡（镇）的检察组（室）。10月5日，根据新修改的《刑事诉讼法》关于从10月1日起检察机关不再行使涉税案件侦查职能的规定，市人民检察院决定撤销全市检察机关的税务检察室。

市人民检察院检察长余湘文（右一）为津市市人民检察院驻毛里湖检察室揭牌

1998年7月3日，全市尚存乡镇检察室（含西湖人民检察院）17个，检察室工作人员69人（其中检察机关派出16人、在所在乡镇聘用53人），在聘用人员中任命检察员10人（含西湖人民检察院8人）、助检员24人、书记员12人。除西湖人民检察院聘用的8名检察员外，其余聘用人员及所有检察室（含西湖人民检察院）机构均在1998年8月底以前被解聘和被撤销。

第三节　区县市检察机构

1988年，常德地区地改市后，原常德市更名为常德市武陵区（以下简称武陵区）、原常德县更名为常德市鼎城区（以下简称鼎城区）。市人民检察院辖武陵区、鼎城区、桃源县、汉寿县、临澧县、石门县、澧县、安乡县、慈利县、津市市共10个区县市人民检察院。1989年1月，慈利县从常德市析至大庸市（后更名为张家界市），慈利县人民检察院一同划归大庸市人民检察院管辖。

1988—2015年武陵区人民检察院历任领导成员名录

表1-3

职务	姓名	任职时间	说明
检察长	唐仁杰	1979.12—1990.2	党组书记
	严兴华	1990.3—1992.6	党组书记
	贾云庆	1992.7—1996.4	党组书记
	龚道隆	1997.12—2001.1	党组书记
	廖忠义	2001.4—2003.10	党组书记
	田建中	2003.12—2012.9	党组书记
	柳立武	2012.9—	党组书记
副检察长	艾神保	1987.3—1998.1	党组成员
	孔庆祥	1984.1—1998.1	党组成员
	丁志才	1987.8—2001.2	党组成员
	肖浩文	1993.11—2001.2	党组成员
	张传金	1993.11—1999.1	党组成员
	屈锦林	1995.1—1996.4	党组副书记
	田应安	1997.11—2003.1	党组成员
	瞿新翔	1999.1—2003.1	党组成员
	冷明辉	1998—2000	党组副书记
	刘爱忠	1999.10—	党组副书记
	陈进山	2001.2—2006.1	党组成员
	刘晓斌	2003.1—	党组副书记
	严立文	2003.1—	党组副书记
	李仁俊	2004.3—	党组成员
	刘文焱	2006.1—	—
	殷　勇	2009.12—	党组副书记

续表 1-3

职务	姓名	任职时间	说明
其他成员	毛泉初	1995.1—1996.7	党组成员
	郑鲁平	1996.12—2001.2	党组成员
	邹桂芬	2002.1—2004.3	党组成员、工会主席
	罗从容	2002.1—	党组成员、工会主席（2011.7）
	龙力军	2010.2—	党组成员、纪检组组长（2011.7）
	钟常平	2010.1—	党组成员、反贪局局长（2011.7）
	潘　勇	2010.1—	党组成员、反渎局局长（2005.5）
	陈文彪	2011.7—	党组成员、政工科科长（2010.1）

1988—2015 年鼎城区人民检察院历任领导成员名录

表 1-4

职务	姓名	任职时间	说明
检察长	谢正樵	1980.3—1990.3	党组书记
	彭子荣	1990.0—1998.3	党组书记
	贺泽亚	1999.3—2002.3	党组书记
	冷明辉	2002.3—2003.11	党组书记
	汪泽云	2004.10—2011.6	党组书记
	雷光宇	2011.6—	党组书记
副检察长	陈　健	1984.4—1990.3	党组副书记
	肖有满	1980.9—1991.10	党组成员
	李典孟	1993.4—1998.10	党组成员
	张汇全	1993.2—1995.1	党组副书记
	代友舟	1988.3—1994.4	党组副书记
	刘长城	1986.3—1992.2	党组成员
	王月华	1990.5—2007.12	党组成员
	伍育钧	1995.12—2000.12	党组副书记
	宋友才	1995.1—1999.2	党组成员
	丁大勋	1999.2—2002.6	党组副书记
	魏正祥	2007.10—2010.2	党组副书记

续表 1-4

职务	姓名	任职时间	说明
副检察长	朱碧慧	1999.2—2007.12	党组成员
	梅其伟	2007.12—	党组副书记
	顾成仁	2007.12—	党组成员
	李林平	2007.12—	党组成员
	邹永忠	2007.12—	党组成员
	黄　琳	2012.4—	非党组成员（班子成员）
其他	张富荣（女）	1993—	党组成员、纪检组组长
	陈　建	1991—1992	党组成员、纪检组组长
	张汇全	1997—1998	党组成员、纪检组组长
	董道准	1999—2000	党组成员、纪检组组长
	毛家国	2002—2011	党组成员、纪检组组长
	范东方	2008.4—	党组成员、反贪局局长
	曾频德	2008.4—2012.3	党组成员、反渎局局长
	吴代锋	2012.4—	党组成员、反渎局局长
	高　杰	2012.4—	党组成员、纪检组组长
	丁建英	2012.4—	党组成员、政工室主任
	陈志新	2012.4—	专职检委、公诉科科长，2015 年 7 月兼工会主席

1988—2015 年汉寿县人民检察院历任领导成员名录

表 1-5

职务	姓名	任职时间	说明
检察长	聂再甫	1978.11—1992.8	党组书记
	谢贵爱	1992.8—1996.4	党组书记
	刘则新	1996.4—2000.2	党组书记
	高云祥	2000.2—2005.8	党组书记
	靳湘辉	2005.8—2012.9	党组书记
	苏基云	2012.9—	党组书记

续表 1-5

职务	姓名	任职时间	说明
副检察长	孙冬林	1978.10—1984.3	党组副书记
	艾田园	1979.11—1981.12	党组成员
	李　文	1982.2—1992.2	党组成员
副检察长	张志成	1984.1—1996.5	党组成员
	施云山	1987.1—2001.3	1987.1—1999.3，党组副书记
	高　峰	1990.12—1994.10	党组成员
	蔡天宝	1992.12—1998.3	党组成员
	陈　忠	1992.12—1996.5	党组成员
	陈敬国	1995.4—2001.3	党组成员
	郭敬安	1996.3—2001.3	党组成员
	张美权	1998.3—2006.3	党组成员;2005.3—2006.3,党组副书记
	王文波	1998.3—2016.4	党组成员;2006.3—2016.4,党组副书记
	曾荣华	2003.3—	党组成员
	卢鹏飞	2002.4—	—
	曾　亮	2006.3—	党组成员
	林　楠	2006.3—2012.6	党组成员
其他成员	施云山	2001.3—2005.3	党组副书记
	杨开连	1990.3—2006.3	党组成员；1993.6—2006.3，纪检组长
	郭松柏	1993.4—2001.3	党组成员、政工室主任
	孙晓初	1999.3—2001.2	党组副书记、工会主席
	曾　亮	2001.2—2006.3	党组成员、工会主席
	郭淑美	2001.3—	党组成员，2007 年 12 月起，纪检组长
	任正军	2006.3—2008.3	党组成员、工会主席
	华　丽	2006.3—	党组成员、政工室主任；2008 年 3 月起，工会主席
	邓雪松	2008.1—	党组成员
	刘　乐	2008.1—	党组成员
	周　臻	2010.6	党组成员

1988—2015 年桃源县人民检察院历任领导成员一览表

表 1-6

职务	姓名	任职时间	说明
检察长	朱长松	1978.10—1979.12 1984.1—1990.2	1984.1—1987.3，党组书记 1987.4—1990.2，党组副书记
	何守仁	1979.12—1984.1	党组书记
	胡新建	1990.2—1996.4	党组副书记
	刘长城	1997.4—2004.1	党组书记（1997.5—2004.3）
	柳立武	2004.2—2012.10	党组书记（2004.3—2012.9）
	张美权	2012.12—	党组书记（2012.9— ）
副检察长	何珍福	1978.10—1985.12	党组成员
	胡新建	1986.1—1990.1	党组成员
	管如平	1987.3—1992.12	党组书记
	邹白琼	1988.7—1990.3	党组成员
	颜昌杰	1990.3—1991.4	党组成员
	陈银林	1991.4—1991.7	党组成员
	廖文汉	1991.4—1999.5	党组成员
	宋道谦	1993.12—1998.6	党组成员（1993.12—1997.10）
	刘长城	1996.4—1997.3	党组副书记、代检察长
	阙兴中	1997.1—2004.1	党组成员
	赵德志	1997.1—2006.1	党组成员
	覃　英	1998.8—2007.1	党组副书记
	柳立武	2004.1—	代检察长
	许光辉	2007.4—2011.4	党组副书记（2007.1—2009.8）
	雷毓林	1999.6—	党组成员，2012 年 1 月任党组副书记
	吴亚明	2003.1—2007.12 2011.4—	党组成员，2012 年 1 月任党组副书记
	刘泽宪	2006.4—	2001.10—2005.2，反贪局局长、 党组成员
	倪建平	2008.1—	党组成员
	谭中胜	2010.2—	2006 年 3 月起，党组成员

续表 1-6

职务	姓名	任职时间	说明
副检察长	佘建军	2010.2—	—
	张美权	2012.10—11	代检察长
其他成员	何珍福	1986.1—1990.6	纪检组组长;1986.1—1986.12,党组副书记
	刘恒清	1986.3—1990.6 1990.7—1993.1	党组成员、政工室主任、纪检组组长
	张继琼	1993.1—2006.1,纪检组长 1993.1—1996.10，兼工会主席	党组成员； 1999.6—2002.4，党组副书记
	廖德智	1996.2 —1997.5	党组书记
	陈建国	1996.10—1999.6	党组成员、工会主席、政工室主任
	马安莉	2001.5—2002.5 2002.6—2005.12 2006.1—2008.1	党组成员、工会主席、政工室主任、纪检组组长
	罗忠源	1999.10—2001.5 2002.6—2015.12	党组副书记、工会主席
	朱绍华	2006.12—2007.12 2008.1—2015.12	党组成员、政工室主任、纪检组组长
	周志刚	2008.1—2009.10 2009.11	党组成员、政工室主任、反贪局局长
	朱方勇	2009.11—	党组成员、政工科科长
	向海林	2012.1—	党组成员林检科科长（2012.1— ）

1988—2015 年临澧县人民检察院历任领导成员一览表

表 1-7

职务	姓名	任职时间	说明
检察长	徐超强	1984.5—1992.7	党组书记
	黄生昌	1992.12—1997.9	党组书记
	廖忠义	1997.9—2001.3	党组书记
	欧阳志恒	2001.11—2007.3	党组书记
	卜兴炎	2007.9—2012.9	党组书记
	谢正平	2012.11—	党组书记
副检察长	简世新	1982.8—1991.3	党组副书记

续表 1-7

职务	姓 名	任职时间	说 明
副检察长	聂景枝	1984.12—1998.12	党组副书记
	蒋宗海	1991.2—1993.3	党组副书记
	靳湘辉	1991.2—2001.9	党组副书记
	熊志华	1993.4—2001.9	党组成员
	姚定国	1997.12—2001.9	党组成员
	苏基云	2001.9—2007.9	党组副书记
	熊宣安	2003.9—2009.12	党组成员
	颜惠国	2003.3—2010.10	—
	戴朝林	1998.12—	党组副书记
	陈明勇	2000.10—	党外人士
	赵　灵	2009.10-	党组成员
其他成员	肖　斌	1993.2—1997.9	党组副书记
	何柏林	2005.11—2008.5	工会主席
	傅绍喜	2009.8—2012.1	工会主席
	辛继宁	1987.9—2002.3	纪检组长
	赵　灵	2005.10—2009.8	纪检组长
	沙永银	2009.10—	纪检组长
	周　济	2003.9—	政工室主任
	于胜权	2015.2—	党组成员、反渎局局长
	朱传立	2007.6—	专职检委
	林德松	2007.6—2015.2	专职检委
	申绍珍	2015.2—	专职检委

1988-2015 年石门县人民检察院历任领导成员一览表

表 1-8

职务	姓名	任职时间	说明
检察长	龚道隆	1986.7—1996.6	党组书记
	万革新	1996.6—2001.11	党组书记

续表 1-8

职务	姓名	任职时间	说明
检察长	黄道宜	2001.12—2009.8	党组书记
	荣　明	2009.8—2011.9	党组书记
	夏　阳	2012.12—	党组书记
副检察长	曾明礼	1988.6—1992.12，副检察长	副检察长、党组副书记
		1995.1—2002.1，副检察长	党组副书记、副检察长
	王明英	1984.5—1998.1	1992.11—1997 党组副书记 1995 年 1 月免除副检察长职务 1998 年 1 月免除党组副书记职务
	王永泽	1985.8—1992.12	1982—1995，党组成员 1992—1995，工会主席
	邓元友	1992.12—1996.3	党组成员
	张传柏	1995.1—1999.2	党组成员
	覃业珍	1996.3—2002.1	党组成员
	唐纯型	1992.12—1995.1	党组成员
	覃业伟	1996.3—2002.7	党组成员
	杨昌文	1997.10—2004	党组成员
	罗　军	2001.2—	1997—2000，反贪局局长 2002.1—　　，党组副书记
	董德宏	2002.8—	2002 年 7 月，党组成员
	文绍华	2005.8—	2002—2004，反贪局局长 2003.8—　　，党组成员
	肖功员	2003.5—2004.5	党组成员
	陈文华	2007.3—	2004—　　，党组成员
其他	罗启义	1986.6—1992	党组成员、纪检组长
	闫明安	1995.1—2009.1	党组成员、1995—2001，纪检组组长， 1998 年，任工会主席， 2002—2008 年，工会主席
	李禹保	1993.1—1998.1	1993.1—1994，纪检组长 1995—1998.1，工会主席
	邱表模	1998.1—	1998.2—2002.7，党组成员
		1998.2—2002.7	反渎局局长

续表 1-8

职务	姓名	任职时间	说明
其他	廖　勇	1999.1—2009.1	1999.1—2000.12，工会主席 2001.1—2009.1，党组副书记、纪检组组长
	杨先璋	2002.11—2016.2	党组成员；2009—2016.2，纪检组组长
	唐汇木	2009.3—	党组成员、反贪局局长
	张云华	2009.3—	党组成员、工会主席
	聂仁香	2005.1—	党组成员、政工室主任

表 1-9　**1988—2015 年澧县人民检察院历任领导成员一览表**

职务	姓　名	任职时间	说明
检察长	张儒俊	1978.10—1990.2	党组书记
	黄秋武	1990.1—2002.5	党组书记
	丁大勋	2002.6—2007.10	党组书记
	苏基云	2007.10—2012.9	党组书记
	卜兴炎	2012.9—	党组书记
副检察长	李溪治	1979.12—1989.1	党组成员
	陈青轩	1982.2—1989.1	党组成员
	李经纬	1987.8—2002.4	党组成员
	黄秋武	1990.1—2002.5	党组成员
	杜修山	1989.1—1989.12	党组成员
	柳宏发	1990.3—2002.5	党组成员
	曹哲忠	1991.2—1996.8	党组成员
	谭　辉	1995.2—2002.10	党组成员
	王初芝	1998.1—2009.12	党组成员
	李　平	2001.8—2010.12	党组成员
	黄敦庆	2002.10—2009.12	党组副书记
	高春平	2006.11—	党组成员，2006.11—2009.3 兼反贪局局长 2011.3—　　，党组副书记
	刘登殿	2005.2—	

续表 1-9

职务	姓名	任职时间	说明
副检察长	唐西清	2009.4—	党组成员；2009.4—2010.12，兼工会主席
	赵　辉	2011.1—	党组成员
	周　红	2011.1—	党组成员，反贪局长
其他成员	刘学斌	1991.1—1998.2	党组成员;1991.1—1997.3,政工股股长 1997.3—1998.2,工会主席
	鲁成升	1991.9—2002.4	党组成员；1991.9—1998.2,纪检组组长 1998.1—2002.4,工会主席
	向礼平	1997.3—1998.01	党组成员、政工股长
	杜修军	1998.2—2004.12	党组成员、纪检组长
	周杏初	2002.4—2004.12	党组副书记、工会主席
	卢宗林	2005.2—	党组成员、纪检组长
	郭春芳	2005.2—	2005.2—2010.12 党组成员、政工室主任 2011.1—　　,党组成员、工会主席
	卢　忠	2011.1—	党组成员、政工室主任

1988-2015 年安乡县人民检察院历任领导成员一览表

表 1-10

职务	姓名	任职时间	说明
检察长	周厚久	1989.1—1991.2	1989.1—1990.12，党组书记、检察长 1991.2—1992.12，党组书记
	王建国	1991.2—1996.5	1990.12—1991.2,党组书记、副检察长 1993.1—1996.5，党组书记
	陈　忠	1996.5—2002.7	党组书记
	郭建国	2002.7—2007.10	党组书记
	张美权	2007.10—2012.9	党组书记
	李拥军	2012.9—	党组书记
副检察长	叶　忠	1989.1—1990.12	党组成员
	李先进	1989.1—1992.12	党组成员
	郭克云（女）	1991.3—2002.4	1990.12—2001.3，党组成员

续表 1-10

职务	姓名	任职时间	说明
副检察长	盛学清	1992.1—2001.1	党组成员
	雷志森	1993.10—2001.1	党组成员
	廖春舫	1997.3—2008.5	2001.3—2008.5，党组副书记
	李文湘	1997.10—2007.5	党组成员
	涂　敏	2000.1—2011.9	党组成员
	雷文彬	2003.3—	—
	程明德	2005.4—	2001.3—2005.4，党组副书记
	叶云海	2005.4—2010.8	党组成员
	汪业平	2007.5—	2001.3—2005.4，党组副书记
	陶安清	2010.8—	党组成员
	曾　荣	2012.4—	2007.4—　，党组成员
	康　波	2012.4—	2004.4—　，党组成员
其他成员	曾宪荣	1989.5—2001.3	党组成员
	郭才华	1993.3—1995.11	党组成员、纪检组组长
	李正兴	1993.9—2002.1	党组副书记
	徐中希	1995.11—2002.2	党组成员、纪检组组长
	曾昭福	2001.3—2003.1	党组成员
	叶云海	2002.2—2003.2 2003.2—2005.4	党组成员、纪检组组长、党组成员、工会主席
	曾　荣	2007.4—2010.4 2010.4—2012.4	纪检组组长、党组副书记
	汪业平	2003.1—2005.1 2005.1—2007.4	工会主席、纪检组组长
	曹　静	2005.3— 2012.9—	工会主席、党组副书记
	刘　春	2007.4—2012.8 2010.4—2012.8 2012.4—	党组成员、纪检组组长、党组副书记
	彭晋刚	2009.4—	党组成员；2012 年 8 月，纪检组组长

1988–2015年津市市人民检察院历任领导成员一览表

表1-11

职务	姓名	任职时间	说明
检察长	唐常安	1987.3—1993.3	党组书记
	谢圣美	1993.3—1997.12	党组书记
	熊忠民	1997.12—2005.8	党组书记
	谢正平	2005.11—2012.10	党组书记
	荣 明	2012.11—	党组书记
副检察长	李祖金	1985.9—1988.4	党组副书记
	黄道宜	1989.4—2001.2	党组副书记
	胡佑昌	1990.3—1992.7	党组成员
	吴家松	1992.8—1994.2	党组成员；1994—1996年，任纪检组长
	赵德武	1994.4—2002.3	党组成员、纪检组组长
	杨耀敬	1993.1—2002.3	党组成员
	蹇学文	2001.2—	1998—2001年，兼任纪检组长 2004年，兼任党组副书记
	王正清	2001.2—2002.10	2001年1月，任副书记
	朱方初	2002.4—2010.4	党组成员，1996—1998年，兼任纪检组长 1998年12月起，任党组副书记、党组成员 2001—2002年，兼任纪检组长
	彭家明	2002.12—2003.12	党组副书记
	成燕平	2004.2—	—
	徐成华	2004.4—	2002—2004年，党组副书记、纪检组组长
	李 敬	2010.4—	2006年11月，党组成员
其他成员	易祥华	2003.1—2016.1	2003年1月，党组成员、办公室主任 2004年3月，党组副书记、纪检组组长
	鲁秉松	1996.1—2008.4	党组成员、工会主席
	龚 平	2008.4—2012.6	党组成员、工会主席
	曾贤炯	2009.6—	2012年6月，反贪局局长、工会主席
	辛 桓	2003.2—	政工室主任； 其中，2006年11月至今，为党组成员
	龚 平	2016.1—	党组成员、纪检组组长
	周 炜	2004.3—2009.8	党组成员、反贪局局长

第二章　队伍

第一节　人员

一、人员编制

从1978年恢复重建检察机关至2015年，市人民检察院政法专项编制由12名增加到153名，2015年是1978年的12.75倍。全市检察机关政法专项编制由1978年的100名（不含慈利县11名）增加到2015年的817名。其中2003年，按照市委和省人民检察院的要求，市人民检察院和各区县市人民检察院分别于3月底和9月底前全面完成机构改革任务，并根据上级有关政法专项编制精简10%的规定，全市检察编制由2002年的726名减少到657名。

1988—2015年常德市检察机关政法专项编制数统计表

表1-12

单位／年份	鼎城区	武陵区	桃源县	石门县	临澧县	澧县	安乡县	汉寿县	津市市	白洋堤院	市院
1988	57	70	57	52	42	56	47	54	45	22	90
1989	58	71	59	54	43	57	48	56	46	23	99
1990	58	71	59	54	43	57	48	56	46	23	99
1991	58	71	59	54	43	57	48	56	46	23	98
1992	58	71	59	54	43	57	48	56	46	23	98
1993	58	71	59	54	43	57	48	56	46	23	98
1994	69	73	70	64	52	67	56	65	53	25	108
1995	69	73	70	64	52	67	56	65	53	25	108
1996	71	74	71	65	54	70	57	68	54	25	117
1997	71	74	71	65	54	70	57	68	54	25	117
1998	71	74	71	65	54	70	57	68	54	25	117
1999	71	74	71	65	54	70	57	68	54	25	117

续表 1-12

年份＼单位	鼎城区	武陵区	桃源县	石门县	临澧县	澧县	安乡县	汉寿县	津市市	白洋堤院	市院
2000	71	74	71	65	54	70	57	68	54	25	117
2001	71	74	71	65	54	70	57	68	54	25	117
2002	71	74	71	65	54	70	57	68	54	25	117
2003	64	67	64	59	49	63	51	61	49	25	105
2004	67	67	64	59	49	63	51	61	49	22	110
2005	67	69	67	61	51	66	53	63	50	25	123
2006	67	72	77	60	51	66	57	63	50	23	125
2007	67	75	71	61	52	66	57	65	51	24	142
2008	75	75	71	61	53	73	57	66	52	24	142
2009	75	75	71	61	53	73	57	66	52	24	142
2010	80	82	72	63	53	73	57	66	52	26	144
2011	80	82	72	63	53	73	57	66	52	26	144
2012	80	82	72	63	53	73	57	71	52	26	144
2013	81	90	74	64	54	74	58	71	53	27	148
2014	83	90	76	68	54	74	58	71	53	27	151
2015	84	91	77	69	55	75	59	72	54	28	153

说明：2013 年 2 月，市编委办常编办发〔2013〕4 号文件分配给各院编制时，给武陵区人民检察院分配的 8 个编制中，注明“含常德经开区人民检察院工作预留编制 6 名。”至 2015 年年底，预留的 6 个编制未使用

二、人员构成

性别与政治面貌 1988 年，全市检察机关总人数为 643 人，其中女性 77 人，接近占总人数的 12%；有少数民族 10 人；有中共党员 495 人、共青团员 102 人，共产党员占总人数的 77%。2015 年，全市检察机关共有 761 人，其中，共产党员 642 人，共产党员人数始终在总人数中占绝对优势。女性工作人员的比例逐步增长，1992 年为 13.6%、1997 年为 15.5%、2005 年为 19.1%、2009 年为 20.8%。2013 年，有女性工作人员 191 人，占总人数 759 人的 25.2%以上；2015 年，有女性工作人员 197 人，占总人数 761 人的 25.9%。

文化结构 1988年，在全市检察机关643名工作人员中，具有大专以上文化程度的有200人（其中法律专业101人），占总人数的31%，具有高中（含中专）文化程度的有313人（其中法律专业12人），初中以下文化程度的130人，占总人数的20.2%。1992年，全市检察机关632名干警中，具有大学本科文化程度的有36人、大学专科文化程度的226人、中专文化程度的112人、高中文化程度的93人、初中以下文化程度的68人。大专以上文化程度人员占总人数的41%以上，比1988年上升10%；初中以下文化程度人员占总人数的10.8%，比1988年下降9.4%。1997年，在全市检察机关的754名工作人员中，有大学本科文化程度的82人、大学专科文化程度的462人、中专文化程度的78人、高中文化程度的86人、初中以下文化程度的41人。大学专科以上文化程度人数占总人数的72%，比1992年上升31%；初中以下文化程度人数占总人数的5.4%，比1992年下降5.4%。2005年，在全市检察机关的675名工作人员中，具有研究生学历的有10人、有大学本科学历的410人、有大学专科学历的190人、具有中专文化的23人、高中文化的15人、初中以下文化的仅2人。大学专科以上学历者占总人数的89%，比1997年上升17%；初中以下文化程度人数占总人数的0.3%，比1997年下降5.1%。2009年，全市744名检察人员中，具有研究生文化程度的有18人、大学本科文化的有548人、大学专科文化的有150人、高中文化的有18人、初中以下文化的有2人。大学专科以上文化程度的占总人数的96%以上，比2005年上升7%以上；初中以下文化程度人数占总人数的0.27%。2013年，全市检察机关的在职人员中，没有初中以下文化程度的人员，有博士2人、研究生50人、本科生570人。本科以上文化程度者占总人数759人的82%，具有高中、中专文化程度的仅占总人数的2.5%。2015年，全市检察机关在职人员中，博士1人，研究生60人，本科593人，大专98人，高中、中专9人。本科以上文化程度占总人数761人的85.94%，高中、中专文化程度仅占总人数的1.18%。

年龄构成 1988年，全市检察机关共有工作人员643人，其中56~60周岁的有32人，占总人数5%；46~55周岁的有100人，占15.6%；36~45周岁的有309人，占48%；26~35周岁的有189人，占29.4%；25周岁以下的113人，占17.6%。35周岁以下的占总人数的47%，46周岁以上的占总人数的20.5%。2013年，全市检察机关工作人员的平均年龄比1988年有所增加。具体结构是56~60周岁的有103人、46~55周岁的有282人、36~45周岁的有178人、26~35周岁的有161人、25周岁以下的有35人。35周岁以下的占总人数的25.8%，46周岁以上的占50.7%。2015年，全市检察机关工作人员年龄结构是：56~60周岁122人、46~55周岁295人、36~45周岁165人、26~35周岁168人、25周岁以下11人。35周岁以下占总人数的23.52%，46周岁以上占总人数的54.80%。

法律职务 检察干部队伍的法律职务包括检察长、副检察长、检察委员会委员、检察员、助理检察员、书记员、司法警察共7种。1988年，市、县两级检察院有检察长12人、副检察长33人、检察员250人、助理检察员181人、书记员57人、司法警察13人；

1992年与1988年比，检察长11人（减少1人，慈利县人民检察院析出），副检察长34人（增加1人），新增检察委员会委员（以下简称检委委员）70人，检察员247人（减少3人），助理检察员134人（减少47人）、书记员40人（减少17人）、法警11人（减少2人）；1997年，检察长依然是11人、副检察长有42人、检委委员86人、检察员426人、助理检察员75人、书记员81人、法警17人；2005年，全市检察机关有检察长11人、副检察长44人、检委委员83人、检察员368人、助理检察员12人、书记员81人、法警63人；2009年，全市检察机关有检察长11人、副检察长48人、检委委员85人、检察员402人、助理检察员45人、书记员81人、法警66人；2013年，全市检察机关有检察长11人、副检察长53人、检委委员78人、检察员330人、助理检察员73人、书记员68人、法警78人，另有其他干部58人、工勤人员10人。2015年，全市检察机关有检察长11人、副检察长53人、检委委员79人、检察员346人、助理检察员65人、书记员56人、司法警察79人、其他干部61人、工勤人员11人。

2015年12月常德市人民检察院干部结构

一、副厅级（1人） 余湘文

二、处级（29人）
- 正处级员（9人） 杨建波 胡新建 周奔红 欧阳志恒 张治民 郑朝兵 卜学宏 田建中 靳湘辉
- 正团（2人） 刘少坤 李振华
- 副处级员（16人） 王忠银 何本凡 郭建国 陈 辉 郭道华 熊湘涛 李仁莲 阙兴中 何明惠 成来彪 魏峥嵘 张春枝 李宽庆 朱立爱 汤明华 龚德村
- 副团（2人） 蔡敬斌 王国庆

三、科级干部（78人）
- 正科级（44人）
  - 正科长（19人） 佘建中 李 宏 龚秀敏 张渊文 张 为 鲁 斌 王朝阳 杨 仲 蒋 天 廖宏俊 左建军 刘朝明 许文毅 王华锋 熊建军 易长辉 施立清 刘克贤 朱艳哲 刘昌超
  - 正科级员（20人） 陈 忠 周双全 沈林华 张宏政 陈兵役 任熙炜 李永全 郭伯福 李友明 周献刚 陈忠林 王宪辉 邱业建 宋仁辉 傅绍宏 曾凡荣 裴文泽 刘德华 伍谦慎 江从波
  - 正营（2人） 黄宏贵 周 平
  - 技术9级（2人） 胡定清 蔡隆喜 尹飞
- 副科级（34人）
  - 副科长（19人） 雷晓敏 黄向前 樊政平 冷志刚 张 璇 高 波 伍建平 李光辉 宋 婕 金明政 丁仕安 钟 颖 王海龙 蒋 迅 雷 辉 杨新辉 吴祖胜 李 鑫 钟 涛
  - 副科级员（14人） 徐 华 肖 巍 刘 林 朱玲子 何 强 张 敏 梅其红 张浪鸥 周 琼 李翊宇 胡 静 刘前羽 刘兴子 徐文辉
  - 副科级（1人） 刘 芸

四、科员（31人） 邢 燕 李 伍 胡洋舟 徐 勇 雷 芳 黄誉洁 徐 树 周 蓉 卞 凯 肖宏波 张 佳 伍中文 雷 蕾 周培元 樊田恬 吴 琳 冷 静 储 杨 黄文彬 彭小龙 朱峥嵘 黄 海 邱馨仪 潘 鹏 李 路 周 毅 鲁 靖 伍映雪 马富彬 吴 亮 李斐然

五、工人（2人） 余海瑛 方 陵

1988年常德市检察机关人员基本情况统计表

表 1-13 单位：人

人员类别	年末总人数	其中				文化程度					年龄				
		共产党员	共青团员	女性工作人员	少数民族	大专		高中、中专		初中以下	25周岁以下	26~35周岁	36~45周岁	46~55周岁	56~60周岁
						小计	其中，法律专业	小计	其中，法律专业						
合计	643	495	102	77	10	200	101	313	12	130	113	189	309	100	32
检察长	12	12	—	—	—	3	—	5	—	4	—	—	4	7	1
副检察长	33	33	—	2	—	12	5	18	4	3	—	2	11	18	2
科长	76	76	—	2	3	15	9	42	—	19	—	7	42	23	4
副科长	90	90	—	3	—	18	11	43	1	19	—	16	57	17	—
检察员	86	83	3	6	1	22	11	19	4	45	1	16	26	22	21
助理检察员	181	122	42	35	5	70	57	81	1	20	48	72	38	20	3
书记员	57	30	19	11	—	17	6	38	1	2	20	31	6	—	—
法警	13	9	3	—	—	2	—	9	1	2	3	8	2	—	—
刑事技术人员	4	2	2	—	—	3	1	1	—	—	2	1	1	—	—
其他干部	51	27	26	11	—	13	6	25	—	3	26	17	5	2	1
工勤人员	40	11	12	7	1	5	5	22	—	13	13	19	7	1	—

2015 年常德市检察机关人员基本情况

表 1-14　　单位：人

人员分组	年末总人数	其中				文化程度											年龄				
		共产党员	共青团员	女性	少数民族	博士		研究生		本科		大专		高中、中专		初中以下	25周岁以下	26~35周岁	36~45周岁	46~55周岁	56~60周岁
						小计	其中法律专业	小计	其中法律专业	小计	其中法律专业	小计	其中法律专业	小计	其中法律专业						
合　计	761	642	19	198	44	1	1	60	56	593	516	98	73	9	9	—	11	168	165	295	122
检察长	11	11	—	—	—	—	—	2	2	8	8	1	1	—	—	—	—	—	—	10	1
副检察长	53	44	—	2	1	—	—	3	3	45	44	3	3	2	2	—	—	—	3	40	10
检委会委员	79	77	—	16	4	—	—	1	1	69	67	9	8	—	—	—	—	—	9	61	9
检察员	346	306	2	99	20	—	—	31	30	257	234	53	42	5	5	—	—	58	85	124	79
助理检察员	65	47	6	30	8	1	1	19	18	44	32	1	—	—	—	—	2	54	8	1	—
书记员	56	46	4	17	2	—	—	1	—	47	34	8	6	—	—	—	—	18	21	13	4
法　警	79	76	—	13	2	—	—	—	—	63	54	15	10	1	1	—	—	1	24	36	18
其他干部	61	28	7	20	5	—	—	3	2	55	38	3	1	—	—	—	9	37	12	3	—
工勤人员	11	7	—	1	2	—	—	—	—	5	5	5	2	1	1	—	—	—	3	7	1

1988 年常德市检察机构设置和人员配备

表 1-15　　　　单位：人

人员类别		合计	市检察院	区县市检察院					内部机构										
				小计	区院	县院	市院	派出检察院	合计	刑事检察	法纪检察	经济检察	监所检察	控申检察	办公室	人事政工	刑事技术	装备	行政管理
机构（个）		12	1	11	2	7	1	1	97	23	12	11	11	12	12	11	1	3	1
按法律职务分	合计	643	87	556	123	373	43	17	594	163	53	114	42	39	114	25	3	24	17
	检察长	12	1	11	2	7	1	1	—	—	—	—	—	—	—	—	—	—	—
	副检察长	33	3	30	7	20	2	1	—	—	—	—	—	—	—	—	—	—	—
	检察员	250	31	219	52	141	21	5	248	68	27	47	21	20	37	17	—	4	7
	助理检察员	181	34	147	30	105	8	4	181	68	24	42	8	10	26	4	2	6	1
	书记员	57	—	57	14	36	6	1	57	10	8	11	9	4	12	—	—	1	2
	法警	13	—	13	1	12	—	—	13	5	1	—	—	—	5	—	—	2	—
	无法律职务人员	97	18	79	17	52	5	5	95	12	3	14	4	5	34	4	1	11	7
按行政职务分	合计	643	87	556	123	373	43	17	594	163	53	114	42	39	114	25	3	24	17
	检察长	12	1	11	2	7	1	1	—	—	—	—	—	—	—	—	—	24	—
	副检察长	33	3	30	7	20	2	1	—	—	—	—	—	—	—	—	—	—	—
	科长(主任科员)	76	7	69	14	45	8	2	76	19	9	10	8	5	11	9	—	2	3
	副科长(副主任科员)	90	14	76	14	53	7	2	90	21	12	21	5	10	14	4	—	3	—
	科员	83	—	83	—	63	20	—	83	26	7	23	5	5	12	—	—	3	2
	办事员	18	55	18	—	18	—	—	18	4	2	3	2	1	3	1	—	—	2
	其他干部	291	—	236	81	142	3	10	287	90	23	55	22	18	53	11	3	6	6
	工勤人员	40	7	33	5	25	2	1	40	3	—	2	—	—	21	—	—	10	4

2015 年常德市检察机构设置和人员配备一览表

表 1-16　　　　单位：人

人员类别		总计	市检察院	区县(市)检察院			综合、业务部门类别																
				小计	区县(市)院	派出院	合计	院领导	办公室	政治部	法警	侦查监督	公诉	贪污贿赂检察	渎职侵权检察	监所检察	民事行政检察	控申检察	职务犯罪预防	法律政策研究	纪检监察	检察技术	行政装备	其他
合计		761	141	620	594	26	761	106	50	29	35	44	84	109	73	45	24	37	23	8	22	27	16	29
干部		750	141	609	583	26	750	106	48	29	34	44	84	106	72	45	24	37	22	8	22	26	15	28
按法律职务分	检察长	11	1	10	9	1	11	11	—	—	—	—	—	—	—	—	—	—	—	—	—	—	—	—
	副检察长	53	7	46	43	3	53	53	—	—	—	—	—	—	—	—	—	—	—	—	—	—	—	—
	检委会委员	79	11	68	63	5	79	31	4	4		7	6	4	8	2		2	3	2	3	1		2
	检察员	346	85	261	249	12	346	8	17	12	1	25	45	59	38	35	20	25	10	1	14	14	7	15
	助理检察员	65	11	54	54	—	65	—	5	2	—	5	19	13	6	1	1	2	2	3	1	4	—	1
	书记员	56	9	47	46	1	56	—	8	3	—	3	3	8	6	3	1	3	2	—	3	3	4	6
	法警	79	17	62	59	3	79	2	6	4	32	3	—	9	5	4	1	2	3	1	—	1	4	2
	无法律职务人员	61	—	61	60	1	61	1	8	4	1	1	11	13	9	—	1	3	2	1	1	3	—	2
按行政级别分	省部级以上	—	—	—	—	—	—	—	—	—	—	—	—	—	—	—	—	—	—	—	—	—	—	—
	正厅局级	—	—	—	—	—	—	—	—	—	—	—	—	—	—	—	—	—	—	—	—	—	—	—
	副厅局级	1	1	—	—	—	1	—	—	—	—	—	—	—	—	—	—	—	—	—	—	—	—	—
	正县处级	16	11	5	1	4	16	11	—	2	2	—	—	—	—	—	—	—	—	—	1	—	—	—
	副县处级	38	20	12	9	3	38	19	2	4	1	1	1	3	2	—	1	2	—	—	1	—	1	—
	正科级	158	41	108	99	9	158	57	6	6	9	5	5	15	11	12	3	9	4	1	4	3	2	6
	副科级	195	31	64	161	3	195	18	11	1	13	11	14	25	24	10	13	12	9	3	8	11	5	7
	科员级	289	32	257	250	7	289	—	22	13	9	25	35	49	27	23	7	13	6	3	7	12	6	12
	办事员级	3	—	3	3	—	3	—	—	1	—	—	—	—	—	—	—	—	—	—	—	—	1	—
	未定级	50	5	45	45	—	50	7	2	—	—	2	9	14	7	—	1	2	1	1	1	—	—	3
工勤人员		11	—	11	11	—	11	2	—	—	1	—	—	3	1	—	—	—	1	—	—	1	1	1

1988 年常德市检察机关干警情况统计表

表 1-17　　　　单位：人

单位	编制数	实有数	性别		政治面貌			职务					业务职称						
			男	女	党员	团员	群众	正、副检察长党组书记协理员	顾问	纪检组长	正科股长	副科股长	检察员				助助检察员	书记员	法警
													处级	正科级	副科级	股级			
武陵区	70	66	55	11	56	7	3	5	—	—	9	7	1	9	13	—	11	11	1
鼎城区	57	57	49	8	40	13	4	5	—	—	7	4	1	7	10	—	17	2	—
桃源县	57	57	48	9	43	9	5	4	—	1	4	8	2	9	15	—	15	7	1
石门县	52	52	44	8	37	10	5	4	—	1	5	8	1	7	9	—	11	4	1
临澧县	42	43	39	4	33	9	1	3	—	—	5	6	1	3	7	—	12	4	4
澧　县	56	56	50	6	46	8	2	4	—	—	7	8	1	3	14	3	21	5	1
安乡县	47	46	42	4	37	9	—	4	—	—	7	8	1	6	11	—	21	—	1
汉寿县	54	53	49	4	40	13	—	4	—	—	7	7	1	5	11	—	13	8	1
津市市	45	43	37	6	34	6	3	3	—	—	7	7	7	7	5	—	8	6	1
慈　利	66	66	60	6	49	5	12	5	—	1	9	10	1	9	14	—	15	7	2
白洋堤	22	17	15	2	9	6	2	2	—	—	2	3	1	—	2	—	4	1	—
市　院	90	87	75	12	71	7	9	4	1	1	7	12	14	11	6	—	34	—	—
合　计	658	643	563	80	495	102	46	47	1	4	76	88	32	76	117	3	182	55	13

2015 年常德市检察机关干警情况统计表

表 1-18　　单位：人

单位	编制数	实有数	性别		文化程度				职级					法律职务						
			男	女	研究生	大学本科	大学专科	专业证书、中专及高中以下	副厅级	正处级	副处级	正科级	副科级	检察长	副检察长	检委委员	检察员	助理检察员	书记员	法警
武陵区	91	82	57	25	10	51	20	1	—	—	2	16	25	1	6	5	46	8	1	5
鼎城区	84	80	59	21	11	54	14	1	—	—	2	12	24	1	5	8	36	7	9	7
桃源县	77	71	52	19	4	62	3	2	—	—	2	16	25	1	6	11	21	11	4	8
石门县	69	67	50	17	1	59	6	1	—	—	3	9	20	1	4	7	28	2	6	9
临澧县	55	51	34	17	4	32	13	2	—	1	1	4	15	1	3	7	13	5	5	6
澧　县	75	73	58	15	—	69	4	—	—	—	1	15	17	1	5	9	32	9	5	7
安乡县	59	56	44	12	3	45	7	1	—	—	2	10	17	1	6	5	16	7	6	6
汉寿县	72	67	50	17	5	58	4	—	—	—	1	12	9	1	4	6	35	3	5	7
津市市	54	47	37	10	2	35	10	—	—	—	1	14	9	1	4	5	22	2	5	4
白洋堤	28	26	19	7	1	20	5	—	—	4	3	9	3	1	3	5	12	—	1	3
市　院	156	141	103	38	20	108	13	—	1	11	20	41	31	1	7	11	85	11	9	17
合　计	820	761	563	198	61	593	98	9	1	16	38	158	195	11	53	79	346	65	56	79

第二节　管理

一、干部选拔、录用

全市检察机关坚持党管干部的原则，按照法律、法规、政策和各级组织、人事部门规定的标准、办法、制度和程序选拔任用干部。市、县两级检察院检察长由同级人民代表大会选举产生、报上一级人大常委会批准任命，副检察长、检察委员会委员、检察员由检察长提请同级人大常委会任命。两级检察院的检察长均分别高配为同级副职级别，即市人民检察院检察长为副厅级、区县市院检察长为副处级。

检察机关内设（二级）机构的负责人由各人民检察院党组按照德才兼备和“四化”（革命化、知识化、专业化、年轻化）的要求进行选拔，报市委（区县市委）政法委、组织部及有关机关批准任命。

1993—1997 年，市、县两级检察院依照法定程序推荐、选任 68 名中青年干部为市人民检察院及各区县市院检察长、副检察长，将 186 名青年干部充实为中层骨干。

1998 年，市人民检察院党组决定，在市人民检察院机关实施以“竞争上岗、双向选择”为主要内容的用人机制改革。主要是通过竞争上岗，选拔中层骨干；通过双向选择，达到优化组合的目的。12 月下旬，市人民检察院开始首次“竞争上岗、双向选择”工作。该项工作以《中华人民共和国检察官法》《国家公务员暂行条例》及上级有关政策规定为依据，坚持“公开、平等、竞争、择优”和坚持自荐、民主推荐、竞争相结合，党组决定等原则。市人民检察院中层骨干，经过个人自荐、竞争演讲、民主推荐、组织考察等程序，最后由院党组根据民主推荐、组织考察和竞争者的德才表现等进行研究，并报市委政法委和市委组织部批准任命。该次有伍宏、宋英杰、谢正平、张为、李仁莲、向际万 6 人竞争上原职；有曾凡荣、魏峥嵘、汪建保 3 人岗位轮换；有 10 人分别为副处级（杨其芳）、正科级（陈辉、李金泉、曾祥国）、副科级（张春枝、周献刚、刘昌超、何明惠、卜兴炎、陈丹玲）人员竞争上副科长职位；2 名科员邱业建、成来彪竞争上副科长职位。

2001 年，全市检察机关改革干部人事制度，两级检察院对 125 个部、局、科、室、队正副职岗位实行竞争上岗，干警实行双向选择。对个别优秀的青年干警破格提拔，对落岗人员只发基本工资，停发一切津贴，进行培训。市人民检察院对 2 个科级正职岗位、3 个科级副职岗位进行缺位竞争，2 名 30 周岁以下的干警破格竞争上科级副职岗位。

2004 年 4 月，市人民检察院在编制内，从全市范围内采取有限竞争的方式选拔会计人员 1 名。选拔工作坚持“公开、平等、竞争、择优”的原则。对被选拔者的要求：德才兼备，综合素质好；具有公务员身份；年龄在 30 周岁以下；具有本科以上文化程度或助理会计师以上专业技术职称；身体健康。经过笔试和实际操作考试，从高分到低分按 1:2

的比例确定2名候选对象，再经过体检、面试、综合考察，最后确定拟选人员报市委组织部审批。最后，肖巍被选录为市人民检察院会计工作人员。2004年3月，经报市委政法委、市委组织部批复同意，在组织考察后，从基层检察院选调工作人员6名到市人民检察院工作，即佘建中、廖宏俊、刘朝明、左建军、王朝阳、张璇。

2006年，经过全院动员、个人申报、资格审查、素质考试、竞争演讲、答辩、民主推荐、党组研究等程序，市人民检察院荣明、朱立爱2人竞争上科级领导职务正职职位；3月5日，市人民检察院向市编委办、市委组织部报告，请求增加科级干部职数7人，其中科长1人、副科长1人、正科级员1人、副科级员4人。增加后全院科级干部总数为79人，其中科级领导干部职数46人、科级非领导职务职数33人。4月4日，市人民检察院科级非领导职务竞争结束：张洪、张洪政任主任科员，雷晓敏、鲁斌、宋婕任副科级助理检察员；肖巍任副主任科员。4月，经同样程序，佘建中、周尚红、廖宏俊、杨仲、宋仁辉5人成功竞争副科级领导职位。7月、8月，通过笔试、面试、体检、考察、党组集体研究等程序，公开招录蒋迅等33人为常德市检察机关工作人员。11月，按照中共中央、国务院《关于印发〈中华人民共和国公务员法〉实施方案的通知》和中共湖南省委、湖南省人民政府《关于印发湖南省实施〈中华人民共和国公务员法〉工作方案的通知》精神，市人民检察院125名政法专项编制工作人员中123人（另有2名工勤人员）、白洋堤人民检察院23名政法专项编制工作人员中22人（另有1名工勤人员）全部进行公务员登记，确定职务、级别，并按照公务员工资制度改革实施办法进行工资套改。市人民检察院建立和完善《院机关公务员轮岗交流办法》《院机关公务员竞争上岗办法》《院机关公务员考核细则》等机关工作人员管理制度。

2007年4月，市人民检察院机关工作人员空缺职位面向社会公开招考10名工作人员（其中检察业务职位9名、计算机职位1名），面向基层检察院或法院等遴选5名具有公务员身份、且符合检察官任职资格的人员（其中检察业务工作人员3名、综合文秘人员2名）。公开招考人员由省人民检察院和省委组织部组织招考，遴选人员由市人民检察院、市委政法委、市委组织部组织招考。

2008年2月，市人民检察院对机关中层骨干进行轮岗、调整。任正科长职务的男性满52周岁、女性满50周岁均改任非领导职务；任副科长职务者，男性满50周岁、女性满49周岁的改任非领导职务；正、副科长在同一工作岗位任职满5年以上的进行轮换；个别虽任职不满5年，但不适应本岗位的中层骨干也可以进行轮换。对不愿意接受调整、轮换的人员免去现职。经过科级领导职务改任非领导职务、调整、轮岗空缺出来的职位进行竞争上岗。2月19日，市人民检察院党组向市委组织部呈报干部竞争上岗过程中放宽有关条件的请示，对符合下列条件之一者放宽任职年限一年或参加工作年限一年：（1）2005—2007年，三年年度考核连续被评定为优秀等次的；（2）2005—2007年，获荣立二等功以上奖励的；（3）2005—2007年，参加省级以上部门组织的岗位技能比武获奖的；

(4) 具有硕士以上学位（以学位证书为准）的。以此增强干部队伍活力，鼓励优秀青年人才脱颖而出。到3月3日，汤明华、佘建中、夏阳、龚德村、郭健、李宏6人成功竞争上相关科室科长职务。全年，通过竞争上岗产生科长8名、副科长12名；晋升正科级非领导职务7名、晋升副科级非领导职务7名；民主推荐报市委批准任正处级非领导职务1名、副处级非领导职务3名。2008年，全市检察机关公开招录检察工作人员18名。

2009年10月，为解决部分业务骨干的职级待遇问题，市人民检察院党组决定在全院推荐选拔3名正科级非领导职务人员。选拔的条件：2008年度，被评为“五星级政法干警”、任副科级非领导职务8周年以上和任副科级领导职务3周年以上。全年，市、县两级检察院通过竞争上岗，提拔任用中层骨干27人，解决职级待遇23人。其中，市人民检察院任正处级非领导职务2人、副处级领导职务4人、副处级非领导职务2人、正科级非领导职务4人。2009年8月，全市检察机关公开招录检察工作人员20名。

2010年1月，市人民检察院对6个正科级领导职位（政治部干部科科长、办公室主任、林业检察科科长、研究室主任、检务督察室主任、法警支队政委）和10个副科级领导职位实行缺位竞争上岗。全年，市人民检察院提拔任用中层骨干16人，解决职级待遇5人。通过民主测评、民主推荐，向市委组织部推荐补充县处级后备干部4名。年底，全市检察机关有后备干部29人（市院5人、白洋堤院2人、区县市院22人）。3月，从全市政法系统遴选10人到市人民检察院工作。2010年，按照公务员的招考程序，全市检察机关公开招录检察工作人员30人。

2011年，全市检察机关通过竞争上岗，调整充实中层骨干22人。通过公开招考，录用检察工作人员33人（其中全日制法学硕士12人）。

2012年3月，市人民检察院按照科级领导职位竞争的程序，对空缺的2个副科级领导职位（办公室副主任、公诉一科副科长）进行缺位竞争。报名竞岗的基本条件：政治素质好，符合《党政领导干部选拔任用工作条例》《中华人民共和国公务员法》（以下简称《公务员法》）规定的基本条件；2009—2011年，三年考核为称职以上；2011年度，被评为“五星级政法干警”；具有国家教育行政部门或组织部门承认的本科以上学历；身体健康（能坚持正常工作）。陈小利、钟颖分别竞争上办公室副主任、公诉一科副科长职位。

2012年，全市检察机关公招录用检察工作人员22人。

2013年，市人民检察院开展科级领导职务缺位竞争、科级非领导职务民主推荐各一次，选拔科长3人、副科长5人；选拔正科级非领导职务1人、副科级非领导职务5人。年内，全市检察机关公招录用检察工作人员29人，其中，市人民检察院4人，武陵区院5人，鼎城区院4人，安乡县院1人，临澧县院2人，澧县院5人，桃源县院2人，石门县院2人，津市市院4人。

2014年，按照新修订的《党政领导干部选拔任用工作条例》，经广泛征求干警意见、党组研究制定方案，将选拔方案在检察内网进行公布，做到对干部的选拔任用程序、资格条件公开透明。市人民检察院运用该办法开展科级领导职务缺位竞争、中层骨干轮岗交流，民主推荐选拔科长3人、副科长2人；中层骨干轮岗交流19人（其中科长13人、副科长6人）。提请市人大常委会任命检察员8人、免检察员9人；任命助理检察员7人。2014年，全市检察机关申报公招计划33人，实际招录18人，其中，市人民检察院4人、武陵区院2人、鼎城区院2人、安乡县院3人、汉寿县院4人、澧县院2人、石门县院1人。4月，对全市10名林检过渡人员办理从林业系统工作人员到检察系统工作人员的身份转换工作。3月底，按照省人民检察院《关于2014年湖南检察系统与西藏山南检察系统互派干部挂职工作的通知》，选派鼎城区人民检察院党组成员、副检察长邹永忠赴西藏隆子县人民检察院挂职任党组副书记、副检察长并主持全面工作；选派市人民检察院侦查指挥中心副主任高波赴山南检察分院挂任案件管理处副处长。5月下旬，隆子县人民检察院党组书记、检察长索朗次仁到常德市鼎城区人民检察院挂职任党组副书记、副检察长。9月底，以上人员结束挂职，各回原单位工作。

2015年，市人民检察院依法任命助理检察员4人，提请市人大常委会任命检察员1名、免除检察员4人；将离队（在非法警部门工作）的3人法警调整归队；对科级及以下干部的人事档案进行全面清理。2015年，全市检察机关申报招录计划39人。实际录用34人（武陵区院2人、鼎城区院5人、汉寿县院3人、桃源县院5人、临澧县院9人、石门县院1人、澧县院3人、安乡县院2人、津市市院4人），其中研究生2人、本科生32人；有女性11人；有中共党员13人（含2人中共预备党员）、共青团员17人。录用人员的职位分别是：检察业务24人（其中侦查19人）、综合文秘5人、财会4人、计算机1人。市人民检察院和白洋堤院从全市基层检察院等政法机关的公务员中公开遴选工作人员8人（市人民检察院7人，白洋堤院1人）。4—10月，选派武陵区院干警蔡清明赴西藏山南检察分院协助查办职务犯罪案件。2015年，做好检察官职务套改、人员分类管理等改革前期的准备工作，组织全市检察机关政工部门对各院人员基本信息开展校核和分类统计。

二、教育培训

根据1984年司法部、最高人民法院和最高人民检察院《关于认真组织司法干部参加电大法律专业学习有关问题的通知》和湖南省广播电视大学、省人民检察院〔1985〕湘检发人字9号文件精神，1985年8月，常德检察分院和10个县、市检察院各开办1个电大法律专业（业余）教学班。电大法律教学班的学制为2年（业余学习3年，1985年9月—1988年7月）。为加强对电大教学班的领导，配合常德电大分校和各县、市电大工作站抓好常德地区检察机关电大教学班的教学质量，常德检察分院成立常德检察机关电大教学分部（临时机构）。电大教学分部由常德检察分院检察长王东海兼任主任，副检察长树兵（后改为纪检组组长王尽忠）兼任副主任，并明确3名干部具体负责电大工作。电大教学分部的主要任务是负责常德地区检察机关 11 个电大法律专业（业余）教学班的组织管理，根据湖南省广播电视大学教学计划，拟定本系统电大教学班的教学安排，对全体电大学员实施集中辅导，沟通上下联系等工作。常德地区检察系统电大教学分部在教学过程中，坚持“工作为主、业余为主、自学为主”的办学方针和“自学、集中辅导、总复习”三个阶段的学习方法，缓解工学矛盾，提高教学质量。1988 年 7 月，常德地区检察机关 1985 级电大法律专业 120 名学员，经过 3 年业余学习，经统一考试有 116 名学员毕业，毕业人数占学员总数的 96.7%，其中 16 名学员被湖南省广播电视大学授予“优秀毕业生”称号。第 2—6 学期学员一次性考试及格率分别为 94.4%、94.7%、96.8%、98.5%、99.6%，受到上级领导机关的赞扬，先后在常德电大分校和省人民检察院电大工作会议上介绍经验。9 月，市人民检察院电大办组织第二批（1988 级）法律大专班，有 52 名学员参加法律专业学习。根据上级院统一部署，组织全市 95 名检察干警参加首届法律（检察）专业合格证书培训，学制一年半。常德地区检察系统电大教学分部 3 次被常德电大分校、2 次被省人民检察院电大教学总部评为“先进单位”；1988 年春，被常德地区行署、常德地区教委授予“电大教育先进单位”称号，1988 年，被评为“湖南省成人教育先进单位”。

1989 年，市人民检察院电大办集中精力抓好 1988 级法律大专班第二期、第三期教学任务的完成和首批法律（检察）专业证书班的结业工作。

1990 年，市人民检察院电大办在检察专业证书班学习的 82 名干警顺利通过考试取得结业证书。继续组织 1988 级法律大专班的第四期、第五期教学。同时，举办第二届法律（检察）专业证书班，有 59 名干警参加学习。电大办协助政工部门选送 80 名干警参加系统内的政治业务短期培训。

1991—1995 年，是完成高检院“八五”期间检察干警培训规划任务的 5 年。在此期间，市人民检察院电大办重点抓了以下工作：一是摸清底子。1991 年年底，全市检察机关具有大专以上学历的人数为 207 人，占干警总数的 36.76%；具有专业证书人数为 68 人，占干警总数的 12.07%。二是建立培训机构。为完成“八五”规划任务，1993 年年初，市人民检察院在电大办的基础上建立湖南省常德市检察官培训中心，配备 4 名有大专以上文凭和检察工作经验、能够胜任教学工作的干部担任管理和教学工作，并决定培训中心在行政管理上与政治处分开，成为独立的二级机构；在财务管理上与行政科分开，独立核算。从组织和管理上保证教育培训工作的正常开展。三是逐年完成教育培训任务。1991 年上半年，1988 级法律大专班完成第六学期教学和毕业论文，44 名学员按期毕业。第二届检察专业证书班完成刑法学、法学基础理论、宪法学 3 门课程的学习。59 名学员及格率为 98.3%。年底，法律大专班被常德电大分校评为全市先进教学班，授课的 3 名老师被评为优秀教师。1992 年，电大办完成第二届专业证书班的 6 门课辅导任务。组织统考 2 次，及格率为 100%。指导审查结业作业 59 份，并着手筹建第三届专业证书班工作。11 月，市人民检察院举办为期一周的短期培训，受到省人民检察院政治部的肯定。1993 年 1

月—1994 年 7 月，开展第三届法律（检察）专业证书班的教学工作。全班 84 名学员全部一次性通过期末考试，平均分数在 70 分以上。1995 年，市人民检察院检察官培训中心根据《检察官法》的规定，先后开办新干部上岗前培训班 1 个、法律（检察）专业证书班 1 个、电大法律专科班 2 个，共有 226 人参加学习。至 1995 年年底，全市检察干警具有大专以上学历的有 384 人（其中法律专业 220 人、非法律专业 164 人），占干部总数的 55.57%，比 1990 年增加 18.8%。

1996 年，着重抓法律专业证书班和 1994 级、1995 级电大法律专科班共 169 名学员和 12 门课程的教学以及修正的《中华人民共和国刑事诉讼法》的专项培训工作。1994 级电大班全部学员按时毕业，1995 届专业证书班的学员也通过结业鉴定并毕业。全市 700 余名检察人员普遍受到一次新《刑事诉讼法》基本知识教育。7 月，市人民检察院培训中心老师李宽庆被高检院评为“全国检察系统教育培训工作优秀教师”。

1997 年，市人民检察院检察官培训中心继续完成 1995 级电大法律专业的教学任务，同时深入各区县市检察院动员 45 周岁以下高中文化程度的检察人员报考 1997 级电大专科班，动员非法律专业大专以上文化程度的检察人员报名参加 1997 级电大法律专科班的第二学历教育。9 月，招收 49 名学员，组建 1997 级电大法律专科班；组织 45 周岁以下、中专（高中）文化以下的 42 名检察人员参加成人高考，被省电大录取 22 名进行学历教育；对 1995 年以后调进检察机关的干部进行为期一个月的短期培训，受训人数 53 人；选送 35 名业务骨干分三期参加省人民检察院组织的修订后的《中华人民共和国刑法》的学习培训；组织全市检察机关刑检、渎侦、监所、控申检察系统的负责人和主要业务骨干共 84 人，分 2 期进行《刑法》基本知识培训。

1998 年，市检察官培训中心抓 1995 级法律专科班 22 名学员的毕业教育和论文评审，使学员在国庆节前拿到法律大专文凭；抓 1997 级 49 名学员的第一学年和第二学年的学科教育，期末考试及格率为 100%；深入基层发动 127 名干警报考高检院与中央党校联合开办的政法本科班，通过考试 65 名学员被录取正式就读该班。年底，政治处更名为政治部以后，干警的培训工作由政治部宣传教育科管理，检察官培训中心自然消失。

1999 年，教育培训工作主要抓 1997 级学员的学科教育和其他干警的短期训练。

2000—2005 年，是完成高检院“十五”检察干警培训规划任务的 5 年。市人民检察院采取动员干警参加自学考试，组织干警去北京大学、湘潭大学及其他院校法律本科和研究生函授班学习等，发动干警自觉接受学历教育、本科教育、高学历教育。2002 年，各业务部门开展形式多样的比武练兵活动，全面提升干警的业务素质和综合素质。8 月、9 月，相继开展“全市公诉人大比武”和“司法警察射击比赛”等活动。2005 年，结合各自工作岗位，以撰写工作经验、创新建议的方式参加非业务部门论文测试的有 666 人。全市检察机关共有 11 个考点、19 个考场，设主考官 11 名、巡考人员 43 人、监考人员 46 人。省人民检察院巡考组对常德市检察机关该次考试活动的组织等工作给予很高的评价。

全市先后有55人参加省人民检察院的新闻宣传、公诉业务、侦查监督业务的培训和主管刑检、林业检察的副检察长培训。市人民检察院和各基层院采取“走出去”“请进来”的方式对干警进行电子检务培训。是年，全市检察机关取得法律硕士学位的共10人、在读研究生共11人、在读本科学历的74人。2005年年底，全市检察机关具有大专以上文化程度的人数占全市检察干警总数的89.03%，超过高检院“十五”规划规定的指标。

2006年，全市检察机关有11名检察长参加信息化建设和社会主义法治理念研讨班培训，有宣传骨干10人、民行11人、监所检察2人、检察技术14人参加省人民检察院培训，28人参加司法考试培训，34人参加检察官续职资格培训。全市检察机关结合岗位业务特点组织各类业务培训93场次，参训人数3300余人次。全市检察机关有在读研究生16人、在读本科生3人。具有本科以上学历的有644人，占干警总人数的92.79%。

2007年，全市150多人次参加省人民检察院的岗位技能培训。各单位广泛开展岗位训练、业务竞赛活动，组织全市检察机关侦查监督岗位业务比武等活动。为解决部分干警的任职资格问题，组织32人参加省人民检察院的司法考试考前培训，其中24人通过司法考试。

2008年，全市检察机关有19名干警参加省人民检察院司法培训，41名干警参加司法考试，其中22人通过，通过率53.7%，比全省平均通过率高13.4%。选送42名干警参加省人民检察院晋“四高”培训，55名干警参加省人民检察院录音录像、网管技术、司法警察、公诉与侦查监督业务骨干培训；有4名新任检察长参加高检院、省人民检察院的新任检察长培训。

2009年，全市检察机关有23人参加省人民检察院任职资格培训，24名班子成员参加高检院、省人民检察院领导素能培训，34名干警参加省人民检察院“职务犯罪案件审查逮捕上提一级”培训，20人参加省人民检察院网监和新闻写作培训，40人参加省人民检察院司法考试培训。市人民检察院举办新进检察机关人员和初任检察官岗前培训。为加强教育培训的基础工作，在全市检察干警中确立8名兼职教师，并对他们进行培训。

2010年，有3名基层院检察长、6名市人民检察院领导和3名中层骨干参加国家检察官学院举办的全国基层院检察长轮训班学习和高级检察官研修班学习。有19名基层院领导班子成员分别参加全省检察机关第三期、第四期领导素能培训班学习。全年分两批共组织72名检察官参加晋升高级检察官的网络培训。有200多名干警分别参加市人民检察院举办的骨干培训班、职务犯罪案件审查逮捕程序改革培训班、司法警察骨干培训班和档案规范化建设业务培训班。有19人参加司法考试培训、39人参加司法考试，8人通过，通过率为20.5%。市人民检察院机关蒋迅、钟颖、刘前羽、胡静、雷芳5人分别在湖南大学等高校攻读在职法律硕士学位。10月中旬，组织13人参加全省检察机关第一期初任检察官资格培训。

2011年，市人民检察院检察长陈海波参加全国分市州检察长轮训班的学习，2名基层院检察长参加全国基层院检察长轮训班的学习， 6名市人民检察院中层骨干到国家检察官学院参加高级检察官研修，12名基层院领导班子成员参加省人民检察院举办的领导素能培训。全市84名检察干警分别参加高检院、省人民检察院组织的不同门类的业务培训。选送11名干警参加高检院举办的第三期晋升高级检察官资格网络培训。选送13名干警参加省人民检察院举办的第二期初任检察官资格培训。

2012年，有1名基层检察院检察长到国家检察官学院参加领导素能培训；市人民检察院8名中层骨干到国家检察学院参加领导素能培训或专题研修；3名基层院业务骨干参加高检院举办的基层检察人员轮训（实验示范班）培训。25名检察官参加全省检察机关第三期、第四期初任检察官资格培训班。组织全市58名司法警察参加为期15天的集训。全市检察机关有44人参加司法考试，其中11人通过（有3人为C证），通过率为20%。11月，市人民检察院与北京师范大学联合举办“新刑诉法实施与检察官执法能力提升”培训班，全市共选送100名中青年检察官参加培训。

2013年，有4名市、县两级检察院班子成员和8名业务骨干参加高检院组织的业务专题研修班，1名新任基层检察长参加省人民检察院新任检察长培训。5名基层院业务骨干参加高检院举办的基层检察人员轮训。组织两期共28名拟任检察官人员参加任职资格培训。1月，政治部干部教育科举办全市检察机关职务犯罪侦查培训班，180人参训，邀请全国检察业务专家吴克利到培训班授课。3月，市人民检察院下发《常德市检察机关拔尖人才选拔与培养工作方案》，明确拔尖人才选拔与培养的工作原则，拔尖人才培养对象的分类、条件、评审、管理、使用以及培养方法。首届全市检察系统拔尖人才培养对象有51人（其中市人民检察院13人、基层检察院38人），对他们采取多种方式重点培养。与中国政法大学、吉林大学、武汉大学合作，继续加强司法文明创新中心实践基地建设。市人民检察院与西南政法大学共建教学科研试验基地；武陵区人民检察院与中南大学启动“检察力提升暨卓越法律人才培训”项目。汉寿县人民检察院狠抓队伍专业化建设的经验被高检院和省人民检察院推介。市、县两级人民检察院的11名党组副书记、副检察长参加全省检察机关领导素能培训。全市选派129名业务骨干参加全省检察机关统一业务应用系统培训。全市检察机关共 40人参加司法考试，通过12人，通过率30%。

2014年，完成高检院和省人民检察院下达的领导素能培养，调训任务。选送4名基层院检察长参加专题研修；组织11名两级院的党组副书记、副检察长参加全省检察机关领导素能培训班；选派11名高级检察官、业务骨干参加高级检察官研修、专题研修。选派16名拟初任检察官人员参加任职资格培训。19名检察技术人员参加在厦门举办的检察机关电子数据技术人员培训班，并获人力资源和社会保障部《电子数据调查分析师》认证；在绍兴举办司法理念与办案技能提升培训班，21人参加培训；在太原举办司法理念更新与办案技能提升培训班，22人参加培训。此外，还邀请中国政法大学诉讼法学研究院院长卞建林，名誉院长樊崇义，西南政法大学教授、博士生导师陈伟与刑侦学院院长、教授任惠华到市人民检察院讲座。3月28—29日，由“2011计划”司法文明协同创新中心、中国政法大学诉讼法学研究院主办，市人民检察院协办的“新《刑事诉讼法》贯彻实施中的问题与对策”研讨会在常德召开。公诉部门组织优秀公诉人业务竞赛、听庭和案件评查活动；反贪部门开展全市“反贪侦查岗位练兵”活动和“反贪侦查实战培训”。全市检察系统录取攻读在职硕士18人；36人读研究生；3人获法律硕士学位；报考在职攻读硕士学位的有16人。鼎城区院和中南财经政法大学签订检察力提升暨卓越法律人才培养战略合作协议，建立该校研究生创新教育基地，双方就业务培训、理论研究等方面开展合作。澧县、桃源等院出台学习培训费用报销、司法考试通过给奖等政策。石门县院出资组织司法考试人员参加网络培训。全市检察机关有29人参加全国司法考试统考，13人通过。

2015年，选送3名基层人民检察院检察长和12名业务骨干参加高检院的专题研修班；市人民检察院12名班子成员和10名基层院检察长参加省人民检察院组织的“党的十八届四中全会精神培训”。组织全市29名拟任检察官参加全省的第八期、第九期初任检察官资格培训。1月，汉寿县人民检察院举办“弘扬法治精神，推进依法治国”知识抢答赛，并邀请县委政法委、县人大常委会联工委相关领导现场指导。市人民检察院请进高等院校教授和检察实务专家授课，办班5期，共培训718人次；2月，举办基层院领导班子成员培训班，参训81人；年初，市人民检察院举办全员学习中共十八届四中全会精神培训，参训人员140人；4月，举办全市刑检业务培训，参训人员187人；5月，举办侦查业务培训，有150人参加培训；11月，举办新进人员培训，共80人参加，其中张家界市人民检察院有20人参加。桃源县人民检察院开展岗位练兵和业务竞赛，组织青年干警、业务骨干到黑龙江、海南等地参加高检院举办的培训班。配合省人民检察院“基层院巡讲”活动，举办全市刑检业务和侦查业务培训班，对全市检察干警进行强化专业培训；4月，在民行、公诉、自侦等业务线上，推出跟班学习的岗位培训模式，分批选调37名基层检察院年轻干警到市人民检察院对口业务部门跟班学习。公诉部门组织优秀公诉人业务竞赛、听庭和案件评查活动。鼎城区院继续执行和中南财经政法大学法学院签订的检察力提升暨卓越法律人才培养战略合作协议，5月中旬，该院组织10名检察官赴中南财经政法大学法学院参加为期一周的《司法体制改革下的检察官》培训，并派出1人到该校讲课。是年，全市检察机关有26人参加全国

2013年10月9日，市人民检察院召开业务工作分析会

司法考试统考，其中9人通过司法考试。

三、奖励与惩罚

依据《国务院关于国家行政机关工作人员的奖惩暂行规定》《中华人民共和国检察院组织法》《中华人民共和国检察官法》《中华人民共和国公务员法》以及市委、市政府和有关部门的规定、制度，市人民检察院制订并经常修订完善《常德市人民检察机关工作人员奖励实施细则》和《常德市人民检察院机关工作人员奖励办法》，对全市检察机关中符合要求和条件的工作人员进行奖励。全市检察机关实行内部奖励，目的在于表彰先进，鞭策后进，增强干警的政治荣誉感，推动检察队伍建设和检察业务工作的开展。检察机关的内部奖励坚持精神奖励与物质奖励相结合，以精神奖励为主的原则。市人民检察院对全市检察机关的内部奖励，每年年终通过对岗位责任制落实情况的检查评比，评选出全年各项工作成绩突出的“先进单位”和“先进个人”；对于办案有功、完成某项任务或在某项重大事件中，做出突出成绩或有特殊贡献的单位和个人，也在年终或及时给予表彰奖励。市人民检察院党组审查批准区县市检察院呈报的个人记三等功奖励、“先进单位”称号和记集体三等功的集体荣誉。市人民检察院机关的各项奖励由所在部、局、科、室、队填写《常德市人民检察院奖励申报表》，经主管副检察长同意、政治部审查、报院党组或考评委员会审定，并通知装备行政科兑现奖金；优秀党员、先进个人、嘉奖、三等功、二等功，由所在单位提名、政治部审查、院党组审批；一等功和荣誉称号的奖励由所在单位负责人提名、政治部审查、院党组研究，报市委、市政府或省人民检察院以上机关审批；各类比赛的名次由比赛主办单位或组委会按有关规定和程序决定。奖励和评选工作实行领导和群众相结合的原则，可由领导或群众提名推荐，通过群众评议（获得全体干警多数人同意）。经批准后发给受奖单位奖状、给立功个人颁发证书。奖励经费由呈报奖励单位向当地财政部门申请，按各级政府有关文件精神解决。

1988年，汉寿县人民检察院受到高检院通令嘉奖，津市市院黄道宜被高检院授予“全国检察系统优秀公诉人”称号。市人民检察院评选出全市检察系统“先进单位”39个、“先进个人”175人、立功28人、“优秀共产党员”10人。1989年，全市检察机关评出先进集体52个、先进工作者194人、优秀共产党员46人，其中立功32人，受省、市表彰的人民检察院4个。1月7日，市人民检察院作出《关于在全市检察系统学习汉寿县人民检察院先进事迹的决定》。1990年，全市检察系统评选出1个单位、6名个人出席全省“反贪污贿赂斗争”表彰大会；评选出一个单位、9名个人出席全省“严打”斗争表彰大会；津市市院被省委、省政府授予“勤政廉政先进单位”称号，全市各区县市院共表彰“先进集体”74个、“先进个人”260多名，树立各类典型48个。1991年，全市检察机关评出“先进单位”51个、“先进个人”和“优秀共产党员”212人，有32人立功；市人民检察院刑检部门及在抗洪抢险救灾中做出重大贡献的澧县人民检察院、安乡县院代检察长王建国、津市院检察长唐常安分别被评为全国检察系统先进集体和先进个人，受到高检院通报表彰。1992 年，全市检察机关评选出为改革开放与经济建设“保驾护航”做出显著成绩的“先进集体”2 个、“先进个人”17 人，出席全省第九次检察工作会议，受到表彰。1993 年，市人民检察院副检察长刘湘滨受到市政府晋升一级工资奖励，另有 4 人被市政府批准记功，有 17 人被评为全市先进工作者；武陵区院王永发、石门县院龚道隆出席全省政法系统先进表彰会，被省人民检察院分别记一等功；表彰严格执法的有功人员 59 人，其中 38 人立功。1993 年 12 月，市人民检察院法纪检察科科长尹述革被省人民检察院记一等功。桃源县院莫仁贵“一身正气，两袖清风，秉公办案，刚正不阿”，被当地群众誉为“清官”。市人民检察院党组总结推广她的先进事迹，树为全市检察机关学习的榜样。她的事迹受到上级检察机关的肯定和好评。1994 年，市人民检察院陈丰林、武陵区院王永发、鼎城区院彭友谊、汉寿县院戴望春、桃源县院莫仁贵、石门县院董德宏、澧县县院匡业镜、津市市院周序海、临澧县院肖本忠、安乡县院罗海林 10 人被评为全市首届“十佳检察官”，各记大功一次、晋升一级工资。1 月，市委、市人民政府召开大会，对“十佳检察官”进行表彰。是年，市人民检察院各个工作部门都进入全省先进行列，受到省人民检察院表彰。1995 年，对澧县、临澧、安乡、桃源、汉寿 5 个县人民检察院和 36 个科室进行表彰，有 41 人因办案工作突出记三等功，其中 2 人报省人民检察院记二等功，有 10 个科室受到高检院或省人民检察院通报嘉奖和表彰。1996 年，市人民检察院被评为全国检察机关保密、密码工作先进单位，白洋堤人民检察院被高检院表彰为先进派驻检察院。市人民检察院刑事检察一科、刑事检察二科、民事行政经济检察科、检察技术科、纪检监察室、控告申诉科、办公室、政治处、税务检察室被省人民检察院评为“先进单位”。谢建树、靳湘辉、周奔红、胡南玉、邓碧松、周桂成、董德宏、肖本贵、李经伟、邓庆云等被省人民检察院评为“严打”斗争先进个人；市人民检察院法医伍显林被省人民检察院记二等功。1997 年，市委政法委、市人大常委会法制工作委员会、共青团常德市委员会、市人民检察院共同授予雷光醒、辛龙、李林平、吉平、田小阳、何柏林、林楠、唐西清、邓开泉等 10 人“常德市‘十优’青年检察官”称号。市人民检察院检察技术科被高检院记集体一等功，办公室、政治处、检察官培训中心等 10 个科（室）单位被省人民检察院评为“先进集体”。因抗洪抢险受到上级表彰的人民检察院有汉寿县、鼎城区和桃源县 3 个人民检察院，

1997 年 6 月，全市 10 名检察干警被市委政法委、市人民检察院等机关评为“十优”青年检察官

受省、市、县各级表彰的干警有217人。1998年，澧县、安乡、汉寿3个县人民检察院被高检院授予“抗洪抢险先进集体”称号，安乡县院文继元、李雪荣，澧县院周杏初、李子牛被高检院评为“抗洪抢险先进个人”；澧县院、安乡县院分别被记集体一等功，汉寿县院、津市市院被省人民检察院分别记集体二等功，有14名检察干警受到省人民检察院表彰。市人民检察院刑事检察一科、监所检察科、控告申诉检察科、检察技术科、民事行政检察科、法律政策研究室、法警支队、行政装备科等单位分别受到省院相关部门表彰。1999年，市人民检察院办公室、审查批捕科、审查起诉科、控告申诉科、民事行政检察科、检察技术科、监所检察科、行政装备科、法警支队、法律政策研究室、检察学会工作受到省人民检察院表彰。2月3日，市人民检察院作出《关于全市检察机关开展向鼎城区人民检察院学习的决定》。2000年，市人民检察院及桃源县、武陵区、临澧县人民检察院被高检院评为“全国文明接待室”和“文明接待示范窗口”，安乡县、鼎城区、澧县、津市市、石门县、汉寿县人民检察院被省人民检察院评为“全省文明接待室”。2001年，市人民检察院与市政法委及市人大常委会内司委、联工委和市人事局等单位联合，在全市检察机关评选出陈忠、冯献民、罗军、李平、卢鹏飞、邓开泉、朱传立、陈再伯、赵庸福、胡后满等10名“优秀检察官”，分别被市政府记二等功，另有8名被提名为“优秀检察官”的干警分别被市政府记三等功。市人民检察院“9·1”大案专案组和13名办案人员分别受到高检院、省政府、省人民检察院、市委、市政府记集体一等功和个人一、二、三等功和嘉奖等奖励。2002年，在年底的“执规带创”考评中，市人民检察院有6个科室被评为五星级科室、2个科室被评为“人民满意的政法单位”，9名干警被评为“人民满意的政法干警”。蒋天、戴斌被省人民检察院授予全省“十佳公诉人”称号。2004年，有20个单位和个人受到省部级以上领导机关的表彰奖励，有56个单位和个人受到市级表彰，有31人次受到记三等功以上奖励、54人受到嘉奖，有2名干警被评选为全省“10名侦查监督优秀办案能手”、有4名检察干警被选拔为全省共15名的“优秀公诉人”；在全省首届“三湘检察之光”文艺调演中，市人民检察院选送的常德丝弦《姑娘爱得不一样》获全省唯一的一等奖。2005年，组队参加全省检察机关首届司法警察岗位练兵技能比赛，在总共5个项目的角逐中，取得一金三银的成绩；市人民检察院信访接待室被评为“全国检察机关文明接待示范窗口”，9个区县市人民检察院信访接待室，有5个被评为“全国检察机关文明接待室”、4个被评为“全省检察机关文明接待室”，有2人分别被评为全国、全省“优秀接待员”。2006年，全市检察机关有60人次分别获得“人民满意政法干警”“优秀侦查员”“优秀公诉人”　“优秀办案能手”“优秀检察干警”等荣誉称号、79人分别获得嘉奖、记三等功以上奖励，12人获得市委、市人大常委会、市政府授予的“模范检察官”称号。2007年，市人民检察院检察技术科被评为全国检察技术工作先进集体。鼎城区、桃源县2个人民检察院评为全省检察系统先进基层院，鼎城区院执法质量全省排名第三。2008年，在省委政法委全省政法队伍形象测评中，市人民检察院测评总分排名市州人民检察院第二位；在省人民检察院、省司法厅、省律师协会组织的全省公诉人与律师论辩对抗赛中，市人民检察院代表队选手获最佳专业知识奖；在市委政法委评定的10名第六届常德市全能政法干警中，有5名检察干警获此殊荣。市人民检察院陈敏参加全市树“组工形象”演讲比赛，获市直政法单位一等奖；临澧县院卞锴代表市人民检察院参加全省女检察官风采演讲赛，获一等奖；在省人民检察院组织的纪念检察机关恢复重建30周年《三湘故事会》比赛中，市人民检察院获组织奖，检察故事《正义的拷问》获二等奖。2009年，在全省检察机关执法状况考评中，市人民检察院和各基层人民检察院均为优秀等次；在省政法委全省政法队伍形象测评中，市人民检察院位列全省市州人民检察院第二名；鼎城区人民检察院被评为全省“十佳基层政法单位”，受到省委、省人民政府表彰。澧县院公诉科副科长田兴发等14人分别获得“全省优秀检察干部”“十佳检察官”“优秀青年政法干警”等荣誉称号。2010年，在全省政法队伍形象测评中，市人民检察院总分排市州人民检察院前列；鼎城区院被高检院和省政府分别记集体一等功；市人民检察院检察技术部门连续20年被评为“全省检察系统先进单位”，3次受到高检院表彰；市人民检察院信访接待室被评为“全国检察机关文明接待示范窗口”；2名干警获第六届“湖南省优秀青年卫士”称号；全市检察系统开展向澧县人民检察院反渎局副局长田兴发学习的活动，树立公正廉洁执法形象。全市9个人民检察院被评为省、市“文明单位”或“文明标兵单位”，其中市人民检察院被评为“省级文明单位”，武陵区院被评为“市级文明标兵单位”，鼎城、石门、临澧、澧县、津市、安乡等区县市人民检察院被评为市级文明单位。2011年，市人民检察院钟颖、澧县人民检察院田兴发、桃源县人民检察院张卫红、石门县人民检察院李晶晶受到市委、市人大常委会表彰。市人民检察院钟颖、临澧县院刘科被授予“全省十佳公诉人”称号，市人民检察院蒋迅、汉寿县院储阳获“全省优秀公诉人”称号。市人民检察院被评为省级“文明单位”。2012年，市人民检察院获“全省执法状况考评工作先进单位”“全市目标管理绩效考核红旗单位”称号，有1件案件被评为“全国优秀民事行政检察优秀案件”，全市有4件案件被评为全省优秀案件。澧县人民检察院获“全国一级规范检察室”称号。市人民检察院熊湘涛等2人获高检院表彰，钟颖被评为“全省检察职业道德标兵”，被记一等功。市人民检察院徐文辉、白洋堤院伍薇获首届全省监所检察“业务能手“称号。2013年，全市检察机关有17个集体和33名个人受到省级以上表彰。其中安乡县人民检察院被省人民检察院向高检院、人力资源和社会保障部推荐记集体一等功，市人民检察院公诉一科被评为全省维护妇女儿童权益先进集体，市人民检察院蒋迅被评为“全国检察机关优秀公诉人”、检察长刘清生获全国检察机关文联征文一等奖，澧县人民检察院一名干警入选最高人民检察院监所检察厅一级人才库，汉寿县人民检察院有1人荣获全省检察机关“预防素能比武优秀标兵”称号。武陵区人民检察院被评为“全省检察文化示范院”、桃源县人民检察院获“省级文明单位”称号。2014年，市人民检察院被授予省级“文明标兵单位”称号，并评为“全省先进市州院”。周平被评为常德市“优秀志愿者”。津市、临澧、澧县3个基层人民检察院成为省级“文明单位”，安乡、汉寿、石门县人民检察院成功创建市级文明标兵单位。安乡县人民检察院杨善平当选“2013年湖南法治十大人物”、曹静被全国妇联评为“全国维护妇女儿童权益先进个人”。市人民检察院被高检院评为全省唯一的“科技强检示范院”，市人民检察院被评为“全国检察机关检务保障工作先进集体”。武陵区院被高检院评为“全国先进基层检察院”、省人民检察院“湘检杯”篮球赛“体育道德风尚奖”。市人民检察院魏峥嵘获全省检察机关民事行政检察“十佳办案能手”称号，汉寿县院胡红获“优秀办案能手”称号。2015年，市人民检察院选派的徐文辉获“全省刑事执行检察业务标兵”称号。在第五届全省“十佳公诉人”业务竞赛暨公诉团体辩论赛中，常德代表队获团体第二名，鼎城区人民检察院雷蕾获“湖南省十佳公诉人”称号，武陵区人民检察院刘潇潇获“湖南省优秀公诉人”称号。

市、县两级检察机关均设立党的纪律检查组（属市、县委纪律检查委员会的派出机构），协助各人民检察院党组对党员进行党性、党风和政治思想教育，处理党员违法违规事项。同时，设立监察室，负责检察机关内部政纪的监督工作。纪检组、监察室对全市检察干警的违纪违规行为进行调查了解，核实甄别，然后按干部管理权限，上报有关部门、机关作出处理。1988—2015年，全市检察机关检察干警违纪违规及受惩罚的情况在第一篇第四章第三节“案件查处”中记述。

四、离退休人员管理

2015年10月20日，市人民检察院组织退休人员开展“我们的节日·重阳”活动

2007年以前，市人民检察院离退休干部的管理工作由政治处（人事科）负责。2007年5月，市人民检察院政治部增设离退休人员管理科（以下简称老干科），专门负责市人民检察院离退休人员的管理工作。

2009年，市人民检察院的《离退休人员管理办法》对老干部的政治学习、健康检查、娱乐休闲、车辆使用等进行规范。是年，为老干添置专用车辆1台，组织外出参观考察3次、组织体检1次、开展政治学习5次，院领导向离退休老干通报工作情况2次。2010年，老干科在广泛征求离退休人员意见的基础上，制定《市人民检察院2010年离退休人员活动方案》，全年组织离退人员外出参观考察2次，组织副厅级离退休干部参加市老干局组织的考察活动1次，召开老干支部大会3次，老干部开展政治学习5次，副处级以上离退休人员参加市老干局报告会4次，市人民检察院党组向离退休人员通报工作情况3次。

市人民检察院经常组织离退休人员进行政治理论学习，传达上级有关文件精神，通报本院工作情况。为离退休人员订阅10几种报纸杂志，供其在阅览室阅读。给每人订阅1份《老年人》《中老年自我保健》杂志，为离休干部增订1份《检察日报》，供他们学习。组织离退休人员参加市老干局组织的各种报告会。帮助老干及时了解时事政治及国内外大事。成立离退休党员组成的老干党支部，按时对党支部组成人员进行改选。2011年改选时，将支部委员由3人增加到5人。老干支部定期举行活动，开展政治学习和其他有益身心健康的活动。每逢离退休人员70周岁和80周岁以上年龄的生日，老干科及院领导登门进行祝贺。定期为离退休进行健康检查。离退休人员生病住院，院党组都要派员到医院慰问。市人民检察院每年及时将健康补贴和物价补贴以及其他经济待遇送到离退休人员手中。每年向每位老干部发放400元钓鱼票。每2年组织他们外出旅游一次。2012年上半年，市人民检察院17名离退休人员自愿组合去台湾旅游，市人民检察院派专人为他们做好后勤服务保障工作，使他们尽情感受宝岛台湾的美丽景色，增加对祖国大好河山的热爱。通过这种陶冶情操的旅游观光活动，增进了离退休人员的身心健康。2012年，还先后组织离退休老干部参观澧县城头山遗址、澧县人民检察院新办公大楼、新修建的市中心看守所，使他们亲身感受改革开放带来的巨大变化和常德市的发展。每年重阳节都要给老干部发慰问金，并组织大家聚会，开展各种文体活动。市人民检察院在办公大楼一楼设有离退休人员活动中心，包括阅览室、电脑室、棋牌室、乒乓球室、健身房及书画摄影室等。活动室内空调、饮水机等设备一应俱全。市人民检察院经常组织离退休人员开展和参加市老干局举办的诗词书画、摄影、钓鱼等活动。2011年，市人民检察院选送的书画作品参加市老干局举办的展览均获得好评。2012年，市人民检察院举办老干部诗书画影作品展，有4名老干部的20幅作品参展，受到大家的一致好评。其中，熊忠民的一幅书画作品在全省政法系统书画大赛中获得三等奖。市人民检察院的离退休人员还积极争取发挥余热，做到老有所为。2008年，为汶川地震灾区人民献爱心，缴纳特殊党费7300元。2009年，在深入学习实践科学发展观期间，市人民检察院机关离退休人员自始至终参加学习讨论，对检察机关、检察队伍的建设提出很多宝贵的建议。市人民检察院党组重视他们的意见，很多被采纳作为整改落实方案。2011年7月1日，市人民检察院机关党委组织庆祝建党90周年活动，退休干部、原副检察长吴斌以自己的亲身经历给在职干警上传统教育课。2012年，老干支部副书记、原副检察长王尽忠主动报名参加市老干部法制宣讲团，到机关和企事业单位、学校等地宣传普及法律知识。市人民检察院的市老科协检察分会的成员积极参与市老科协组织的活动，为“法治常德”建设做出贡献。

2014年8月，离退休人员管理科科长配备到位。该科全面落实离退休人员的各项待遇，组织他们开展有意义的文体活动。全年，对生病住院的离退休人员进行探望7人次，对13名年满80岁以上过生日的离退休老干部登门祝寿。帮助老干部和老干部遗孀解决生活等方面的问题10余次。9月，组织全体离退休人员进行身体健康检查。重阳节前夕，组织全体离退休人员到常德烟草机械责任有限公司参观，开展联谊活动。分3批组织老干部到桃源县竹山村调查走访贫困农户13户。此外，还组织老干部开展棋牌项目比赛、钓鱼等活动。

市人民检察院检察长余湘文（中）走访本院退休人员

2015年，市人民检察院分管领导和老干科负责人年初召开全院离退休人员座谈会，听取他们对老干部管理工作的意见和建议。会后，市人民检察院党组召开会议，对老干活动室进行扩建，增加活动室面积120平方米；更换健身器材8台。上半年，慰问老干部13人。组织全体老干部参观新农村建设2次，组织“七夕”活动1次。9月，组织退休老干部到扶贫点村——竹山村开展诗词、书画、摄影采风活动，老干部的部分作品在市扶贫办举办的诗词书画摄影展中获奖。针对离退休人员健康体检情况，邀请医学专家为老干部举行健康知识讲座。全年组织老干党支部开展政治理论学习4次，开展棋牌项目比赛、钓鱼活动等。

2015年年底，市人民检察院有离退休人员62人，其中离休5人（正处级3人、副处级2人）；退休57人（副厅级2人、正处级14人、副处级19人、正科级17人、副科级2人、科员2人、职工1人）。

常德市人民检察院离退休人员统计（2015年12月）

表1-19

姓名	出生年月	籍贯	行政职级	备注
李文耀	1940年11月	湖南省澧县	副厅	退休
杜辉才	1949年1月	湖南省石门县	副厅	退休
吴　斌	1933年1月	江西省丰城县	正处	离休
李体通	1930年12月	河北省枣强县	正处	离休
陈竹林	1929年10月	湖南省沅江市	正处	离休
周其华	1942年3月	常德市武陵区	正处	退休
胡光炎	1933年6月	湖南省安乡县	副处	离休

续表 1-19

姓名	出生年月	籍贯	行政职级	备注
芦　山	1935 年 12 月	湖南省攸县	副处	离休
敖荣来	1929 年 2 月	江西省	副处	退休
熊振春	1932 年 2 月	常德市鼎城区	副处	退休
贾殿平	1937 年 11 月	河北省南宫县	副处	退休
李先忠	1938 年 6 月	湖南省永顺县	副处	退休
刘文科	1938 年 12 月	湖南省桃源县	副处	退休
卜宗斌	1933 年 11 月	湖南省安乡县	正科	退休
童从福	1936 年 11 月	湖南省桃源县	正科	退休
李友全	1940 年 10 月	湖南省桃源县	正科	退休
覃德运（女）	1937 年 1 月	常德市武陵区	正科	退休
许大维（女）	1944 年 7 月	常德市鼎城区	正科	退休
李华春	1942 年 2 月	湖南省桃源县	正科	退休
文承嘉	1942 年 2 月	常德市鼎城区	正科	退休
王道泉	1947 年 8 月	常德市鼎城区	副科	退休
高　翔	1957 年 5 月	常德市鼎城区	副科	退休
马先菊（女）	1947 年 8 月	常德市武陵区	正科	退休
尹新成	1943 年 5 月	常德市鼎城区	正科	退休
余忠国	1944 年 2 月	常德市武陵区	正科	退休
王秋阶	1944 年 1 月	湖南省汉寿县	正科	退休
王尽忠	1944 年 11 月	湖南省安化县	正处	退休
毛国保	1944 年 11 月	湖南省安乡县	副处	退休
罗朝珍	1945 年 12 月	湖南省桃源县	正科	退休
张道华	1946 年 9 月	湖南省安乡县	正处	退休
陈乐生	1947 年 12 月	湖南省安乡县	正处	退休
黄云庭	1948 年 1 月	湖南省桃源县	副处	退休
覃事育	1949 年 2 月	湖南省石门县	正处	退休
张瑞祥	1947 年 11 月	湖北省武汉市	正处	退休

续表 1-19

姓名	出生年月	籍贯	行政职级	备注
熊忠民	1949 年 10 月	湖南省澧县	正处	退休
赵春先	1949 年 12 月	常德市鼎城区	正处	退休
杨长巨	1948 年 2 月	湖南省汉寿县	正处	退休
陈彰福	1948 年 11 月	湖南省津市市	正处	退休
舒玉柏	1951 年 1 月	湖南省桃源县	正处	退休
钟吾山	1950 年 11 月	常德市鼎城区	副处	退休
杨其芳（女）	1951 年 1 月	湖南省安乡县	副处	退休
周国权	1949 年 9 月	湖南省桃源县	副处	退休
宋英杰	1949 年 10 月	常德市鼎城区	副处	退休
李金泉	1949 年 4 月	河北省	正科	退休
谈腊秀（女）	1953 年 12 月	常德市鼎城区	正科	退休
尹述革	1951 年 12 月	湖南省澧县	副处	退休
胡传国	1952 年 3 月	湖南省汉寿县	正处	退休
顾炳义	1952 年 7 月	山东省	科员	退休
黄道宜	1953 年 3 月	湖南省澧县	副处	退休
危兆海	1953 年 12 月	湖南省湘乡市	副处	退休
许建国	1954 年 1 月	河北省清河	正处	退休
陈丹玲（女）	1959 年 3 月	湖南省澧县	正科	退休
宫立平	1954 年 3 月	湖南省桃源县	科员	退休
雷光松	1954 年 6 月	湖南省安乡县	副处	退休
劳新国	1954 年 7 月	湖南省桃源县	副处	退休
张　洪	1954 年 10 月	吉林省双辽市	正科	退休
曾祥国	1954 年 9 月	湖南省桃源县	副处	退休
胡松国	1954 年 12 月	湖南省汉寿县	正科	退休
冯献民	1954 年 11 月	湖南省安乡县	副处	退休
范连春	1955 年 3 月	湖南省津市市		退休
李明初	1956 年 10 月	湖南省桃源县	副处	退休
彭建国	1955 年 7 月	常德市鼎城区	正处	退休

第三章　党组织机构与群团机构

第一节　党组织机构

一、中共常德市人民检察院党组

1980年5月16日，中共常德地委批准成立中共常德检察分院党组，由王东海、康小林、李体通3人组成，王东海任党组书记。

1988年8月18日，市委决定成立中共常德市人民检察院党组（以下简称市人民检察院党组），由李少甫、吴斌、树兵、刘湘滨、王尽忠5人组成，李少甫任书记、吴斌任副书记、王尽忠任纪检组长。至2015年，市人民检察院党组书记相继由李文耀、杜辉才、陈海波、刘清生、余湘文担任。

1988—2015年中共常德市人民检察院党组历届成员名单

表1-20

职务	姓名	出生年月	籍贯	任职时间
书记	李少甫	1943年9月	湖南省桃源	1986.4—1992.9
	李文耀	1940年11月	湖南省澧县	1992.9—1997.2
	杜辉才	1949年1月	湖南省石门	1998.1—2008.1
	陈海波	1956年11月	湖南省新田	2008.1—2011.12
	刘清生	1966年8月	湖南省耒阳	2011.12—2015.1
	余湘文	1968年12月	湖南省华容	2015.1—
副书记	王东海	1929年11月	河北省枣强	1986.4—1988.8
	吴　斌	1933年1月	江西省丰城	1988.8—1992.4
	刘湘滨	1950年1月	河北省隆尧	1992.8—1996.8
	杜辉才	1949年1月	湖南省石门	1996.4—1997.12
	陈彰福	1948年11月	湖南省津市	1997.5—2005.1
	杨建波	1960年5月	湖南省湘阴	2005.12—
	胡新建	1957年5月	湖南省桃源	2008.3—

续表 1-20

职务	姓名	出生年月	籍贯	任职时间
党组成员	吴　斌	1933 年 1 月	江西省丰城	1982.3—1988.8
	树　兵	1947 年 3 月	河北省故城	1984.3—1991.5
	刘湘滨	1950 年 1 月	河北省隆尧	1988.9—1992.8
	陈彰福	1948 年 11 月	湖南省津市	1991.5—1997.5
	王尽忠	1944 年 11 月	湖南省安化	1986.5—2000.12
	杨长巨	1948 年 2 月	湖南省汉寿	1993—2003.5
	彭世礼	1962 年 12 月	湖南省澧县	1994.12—2000.12
	王建国	1950 年 11 月	湖南省安乡	1996.4—1997.5
	舒玉柏	1951 年 1 月	湖南省桃源	1996.8—2000.9
	许建国	1954 年 1 月	河北省清河	2000.9—
	周奔红	1959 年 3 月	常德市鼎城区	2009.9—
	李爱群	1954 年 10 月	常德市鼎城区	2001.9—2005.8
	陈　忠	1958 年 11 月	湖南省汉寿	2002.6—2004.12
	杨建波	1960 年 5 月	湖南省湘阴	2003.3—2005.12
	万革新	1960 年 6 月	湖南省长沙市	2003.12—2005.12
	熊文辉	1968 年 4 月	湖南省汉寿	2005.1—2008.4
	胡新建	1957 年 5 月	湖南省桃源县	2005.8—2008.3
	卜学宏	1964 年 10 月	湖南省安乡	2005.8—
	张治民	1957 年 12 月	湖南省桃源	2005.8—
	何本凡	1964 年 10 月	湖南省石门	2008.3—
	欧阳志恒	1960 年 3 月	常德市鼎城区	2008.4—
	陈　辉	1962 年 7 月	湖南省汉寿	2008.4—
	郭建国	1966 年 5 月	常德市鼎城区	2008.4—
	王忠银	1962 年 9 月	湖南省澧县	2011.6—
	曹琮伟	1963 年 2 月	常德市武陵区	2015.11—

二、中共常德市人民检察院机关委员会

1980 年 7 月 2 日，中共常德地直机关党委批准成立中共常德检察分院机关支部委员

会，陈焕年任书记。1986年3月1日，成立中共常德检察分院机关总支部委员会，王尽忠任书记，陈焕年任副书记。

1998年2月26日，中共常德市人民检察院机关总支部委员会召开党员大会进行换届选举。应到中共党员118人（包括预备党员4人），实际参加74人，缺席44人（因外出学习、开会、调查案件、出庭等缺席），采取无记名投票选举。到会的74名正式党员一致同意陈彰福、胡传国、彭建国、宋英杰、欧阳志恒、伍宏、王东海7人组成常德检察分院机关总支部委员。总支委员的分工：书记陈彰福、副书记胡传国、组织委员彭建国、宣传委员欧阳志恒、青年委员伍宏、保卫委员宋英杰、委员王东海。

2002年5月24日，选举产生中共常德市人民检察院机关委员会（以下简称机关党委）。机关党委的组成人员：专职副书记刘少坤；委员胡传国、伍宏、卜兴炎、谢正平、龚秀敏、吴斌等7人。

2008年6月，市人民检察院机关党委举行换届选举，选举杨建波为机关党委书记，何本凡为常务副书记，张春枝为专职副书记，蒋天为宣传委员、汤明华为组织委员、龚秀敏为纪检委员、陈丹玲为青年委员、刘少坤为保卫委员、胡传国为群众委员。

2013年10月8日，市人民检察院机关党委举行换届选举，选举结果：党委书记杨建波，副书记何本凡，专职副书记张春枝（任职至2014年1月）、刘克贤（2014年1月任），委员有汤明华、张为、龚秀敏、龚德村、蒋天、雷晓敏，后补选委员杨文武、杜辉才。

三、中共常德市人民检察院基层支部

1986年3月20日，常德地直机关党委批准常德检察分院成立第一党支部、第二党支部、第三党支部，陈乐生、周其华、蔡运芝（后为芦山）分别任第一党支部、第二党支部、第三党支部书记。

1988年，市人民检察院依旧为3个党支部，共有72名中共党员。

1998年，市人民检察院设6个党支部：第一党支部委员伍宏、曾凡荣、卜兴炎，伍宏为支部书记；第二党支部委员欧阳志恒、龚德村，欧阳志恒为支部书记；第三党支部委员彭建国、李友明、伍显林，彭建国为支部书记；第四党支部委员宋英杰、汪建保、张维，宋英杰为支部书记；第五党支部委员胡传国、徐华、邱建业，胡传国为支部书记；第六党支部委员吴斌、敖荣来、胡光炎，吴斌为支部书记。

2010年，市人民检察院机关设11个党支部。5月30日，各党支部换届选举。

2010年市人民检察院机关各党支部负责人一览表

表1-21

序号	党支部组成单位	支部书记	组织委员	宣传委员
1	办公室、研究室、检务督察室	金明政	谭军辉	陈小利
2	政治部、机关党委	张　为	蔡隆喜	陈　敏

续表 1-21

序号	党支部组成单位	支部书记	组织委员	宣传委员
3	侦监科、民行科	雷晓敏	王海龙	徐　勇
4	公诉科	熊建军	张　璇	朱艳哲
5	反贪局	廖宏俊	胡传国	刘昌超
6	反渎局	王华锋	高　波	伍建平
7	监所科、林检科	邱建业	徐文辉	王朝阳
8	控申科	施立清	沈林华	傅绍宏
9	技术科、预防科	黄向前	胡洋舟	李　伍
10	行装科、监察室	刘克贤	丁仕安	张　敏
11	法警支队	樊政平	刘少坤	李永全

2013 年 3 月，市人民检察院机关各党支部举行换届选举。

2013 年市人民检察院机关各党支部负责人一览表

表 1-22

序号	党支部组成单位	党员人数	支部书记	组织委员	宣传委员
1	办公室、检务督察室研究室、案管中心	13	金明政	—	钟　涛
2	政治部	9	张　为	—	雷　蕾
3	侦监科、民行科	10	伍中文	宋　婕	—
4	公诉科	13	张　璇	—	—
5	反贪局	21	龚德村	张　佳	刘德华
6	反渎局	14	刘朝明	李　鑫	徐　树
7	监所科、驻所科林检科	9	邱建业	徐文辉	—
8	控申科、行装科	15	丁仕安	张　敏	肖　巍
9	技术科、预防科	13	王宪辉	胡洋舟	李　伍
10	机关党委、监察室侦查指挥中心	10	—	—	—
11	法警支队	8	樊政平	李永全	周　平
12	白洋堤院支部	25	杨文武	罗　琳	龚　浩
			支部副书记：武海荣、纪检委员：谌雁鸣		
13	老干支部	51	杜辉才	赵春先	覃事育
			支部副书记：王尽忠、纪检委员：张道华		

第二节　群团机构

一、常德市人民检察院机关工会

1989 年 5 月 10 日，成立市人民检察院机关工会。

1998 年 3 月 16 日，市人民检察院机关工会召开会员大会进行改选，88 名到会会员一致选举胡传国为工会主席、李金泉为工会副主席。

2002 年 8 月，市人民检察院成立机关工会机构升格（工会主席为同级副职级别）后的第一届工会委员会（市总工会“常工组复函〔2002〕29 号），陈忠、刘少坤、曾国祥、彭建国、郭道华、李仁莲、许服膺、袁春霞、刘克贤 9 人为委员，陈忠为主席，刘少坤、曾国祥为副主席；郭道华、张渊文、李宽庆 3 人为经费审查委员会委员，郭道华为主任；李仁莲、沈林华、龚秀敏 3 人为女职工委员会委员，李仁莲为主任。此后，有高云祥、何本凡相继担任市人民检察院机关工会主席。

1988—2008 年市人民检察院机关工会历届组成人员一览表

表 1-23

时间	主席	副主席	委员	经审委员会		女职工委员会	
				主任	委员	主任	委员
1988 年 3 月	胡传国	李金泉	—	—	—	—	—
2002 年 8 月	陈　忠	刘少坤 曾国祥	李仁莲、许服鹰 袁春霞、刘克贤	郭道华	张渊文 李宽庆	李仁莲	沈林华 龚秀敏
2005 年 8 月	高云祥	—	—	—	—	—	—
2008 年 3 月	何本凡	张春枝 李振华	熊湘涛、李仁莲 荣　明、雷晓敏 王朝阳、王华锋	熊湘涛	王华锋 梅其红	李仁莲	刘克贤 雷晓敏

二、常德市检察学会

1998 年 4 月，常德市检察学会成立。选举产生第一届委员会组成人员，会长杜辉才，副会长陈彰福、彭世理、杨长巨、王尽忠，秘书长陈辉。邀请市工商局、市邮电局、市财

2008 年度常德市检察学会年会留影

产保险公司、常德卷烟厂、华都大酒店等5单位为特邀理事单位。

三、常德市女检察官协会

1996年9月5日，市人民检察院政治处和常德市女检察官协会筹备委员会以常检政发〔1996〕17号向市民政局作出《关于成立常德市女检察官协会的申请报告》。报告称：常德市检察系统现有女检察官118名，为进一步团结全市女检察官，为加强社会主义民主法制建设，促进经济发展和社会进步贡献力量；组织全市女检察官开展理论研究，探索执法经验，提高自身素质；促进全市女检察官与市内其他行业妇女组织的联系和交流，根据高检院、省人民检察院关于要求地、市、州检察院成立女检察官协会的精神，经市人民检察院办公会议研究同意，拟成立常德市女检察官协会。

2015年6月18日，市人民检察院女检察官赴桃源县竹山村扶贫

女检察官协会接受市人民检察院等有关业务部门的指导。以建设有中国特色社会主义理论为指导，坚持四项基本原则，坚持改革开放，为完善检察制度、加强社会主义民主法制建设、促进经济和社会进步贡献力量。女检察官协会主要是组织全市女检察官开展检察理论与实践的研究，结合工作实际进行调查研究，加强业务学习，交流执法经验，为检察工作适应社会主义市场经济献计献策；组织女检察官的业务培训，开展学习研讨、交流等活动，提高执法水平；以维护妇女儿童合法权益为重点，开展法律咨询和法制宣传活动；推动、支持女检察官依法履行职务，反映女检察官的意见和呼声，关心女检察官的生活；大力宣传、表彰女检察官的先进事迹，总结、推广女检察官的工作经验，推荐优秀的女检察官；与各级妇女组织、其他行业妇女组织建立广泛联系，开展各种适合妇女特点的联谊活动，对搞好工作提出建议。

2013年10月，成立常德市检察机关第一届女检察官协会（以下简称女检察官协会）。选举产生第一届女检察官协会会长1名、副会长1名、秘书长1名、理事12名（其中市人民检察院2名，各基层人民检察院和白洋堤院各1名）、市人民检察院联络员3名。选举李仁莲为名誉会长。

任职人员及分工：蒋天任会长，负责女检察官协会全面工作；雷晓敏任副会长，协助会长负责女检察官协会全面工作，具体负责各项活动安排和联系协调；朱艳哲任秘书长，负责制定女检察官协会年度计划；理事李宽庆（市人民检察院），协助承办各项活动，负责联系临澧、澧县、石门、安乡和津市5个基层检察院；理事宋婕（市人民检察院），协助承办各项活动，负责联系白洋堤人民检察院和武陵区、鼎城区、汉寿县、桃源县4个基层检察院；还有9名理事分别是：罗从容（武陵区院）、丁建英（鼎城区院）、华丽（汉寿县院）、倪建平（桃源县院）、刘映芬（临澧县院）、郭春芳（澧县县院）、聂仁香（石门县院）、曹静（安乡县院）、向阳葵（津市市院），分别负责所在单位女检察官的组织、联络工作和市女检察官协会相关工作和活动的上传下达、联系落实等工作。市人民检察院的卞凯、周蓉、朱峥嵘3人为联络员，职责是协助市人民检察院理事承办各项活动。

女检察官协会自成立后，先后开展演讲比赛、公益讲座等活动。2013年12月，印刷出版32开全彩印书籍《我的工作我的家〈常德市人民检察院女检察官工作与生活感悟〉》，收录李仁莲、张春枝、陈丹玲、蒋天、沈林华、傅绍宏、雷晓敏、朱艳哲、张浪鸥、徐华、周琼、肖巍、刘前羽、胡静、朱玲子、刘芸、黄誉洁、周蓉、冷静、雷蕾、樊田恬等25位女检察官撰写的文章；书中还刊登了展示女检察官风采的工作和生活照片。

四、常德市人民检察院青年工作委员会

2013年9月22日，市人民检察院政治部召开市人民检察院40周岁以下的青年干警大会，选举产生市人民检察院第一届青年工作委员会（以下简称青工委）。选出的委员及其分工是：委员会主任施立清，负责青工委全面工作。副主任（兼任组织委员）雷晓敏，协助主任工作，负责联系组织、宣传、文娱工作，负责日常活动的组织工作；副主任王海龙（兼任体育委员），协助主任工作，负责联系体育、学习、少工工作，负责体育活动的策划、组织和开展。少工委员钟颖，负责志愿服务、生活等工作。学习委员蒋迅，负责读书、学习、教育等工作。宣传委员胡静，负责日常宣传工作。文娱委员卞凯，负责文娱活动的策划、组织和开展，负责青工委经费管理工作。

市人民检察院青年干警开展清扫街道活动

2016年5月，青工委举行换届选举，选举产生以下组成人员：主任雷晓敏；副主任钟颖、徐树；组织委员徐文辉、冷静；宣传委员雷蕾、周培元；学习委员钟涛、伍映雪；文娱委员卞凯、肖宏波；体育委员彭小龙、鲁靖；少年工作委员蒋迅、柳回军；生活委员

宋婕、雷辉。

五、常德市老科协检察分会

2012年3月，成立常德市老科协检察分会，共有会员48人，投票选举产生市老科协检察分会第一届理事会成员10人。会长杜辉才，副会长王尽忠、张道华，秘书长李先忠。

第四章 纪检、监察工作

1991年2月，市人民检察院设立监察室，与党的纪律检查组（以下简称纪检组）合署办公。在市纪委、市监察部门和市人民检察院党组的领导下，根据纪检、监察工作的三大任务和“保护、惩处、监督、教育”四项职能，坚持从严治检的方针，紧密结合全市检察队伍建设的实际情况，配合院党组进行党纪党风教育、查处违纪案件，促进检察队伍的党风和廉政建设，为检察事业的发展做出应有的贡献。

第一节 党纪党风教育

1988年，开展廉政教育。全市检察干警拒礼不收的达350人次，折合人民币1.3万多元；说情不允的有440人次；请吃不到的有380人次。结合学习贯彻中共十三届三中全会精神，对干部进行坚持党的基本路线和纪律教育，要求全市检察干部严格遵守政治纪律、工作纪律和组织纪律，坚持党在社会主义初级阶段的基本路线，坚持四项基本原则，自觉维护中共中央的权威，维护各级党委和政府的威信，做到令行禁止，在政治上、思想上、行动上与中共中央保持高度一致。全市检察机关没有发生违纪案件与违纪行为。

1989年，按照中共中央办公厅、国务院办公厅的统一部署，开展“做人民公仆、办改革实事、创廉洁机关”的活动，深入进行形势教育、纪律教育、职业道德教育、优良传统和作风教育。院党组成员制定廉政建设十项规定，各科室也有廉政建设具体措施。开展向桃源县人民法院院长陈占保学习的活动，把学习模范人物与学习本单位的好人好事相结合，全院好人好事增多。1—10月，市人民检察院有拒礼不收的17人次、请客不到的27人次、拾金不昧的9人次，公物还家折款近万元。从6月起，杜绝用公款请客的现象。来人来客均在机关食堂按标准接待，并收取基本伙食费。私人因特殊情况需用公车一律按规定缴纳车款或油料费。

1990年，市人民检察院针对1989年春夏之交的政治风波，把思想政治工作列入党组的重要议事日程，认真贯彻高检院《关于加强检察机关思想政治工作的决定》，进一步加强对政治工作的引导，全年开展党的方针政策和形势教育、社会主义若干问题的教育、纠正行业不正之风的专题教育、作风纪律教育、党的宗旨和优良传统教育。院党组制定《常德市检察院关于切实加强同人民群众联系的决定》，改善机关作风，密切检民关系。市人民检察院开展“五查五看”（一查党性观念，看是否服从领导，听从指挥，能否与中共中央保持高度一致。二查党纪党风，看有无赌博嫖宿；有无利用工作关系白吃白喝白拿乱摊派问题和利用公款、公车钓鱼的问题；有无接受案件当事人请吃送礼问题；有无侵犯群众合法权益，耍特权或接待群众不热情的问题；有无违反机关工作制度、迟到早退、擅离职守的问题。三查执法纪律，看有无徇私枉法，透漏案情，办人情案和利用案件当事人办私事，谋私利的问题。四查财经纪律，看有无挪用、拖欠公款或截留赃款赃物的问题。五查案件质量，看案件的基本事实是否清楚，基本证据是否扎实，适用法律是否恰当的问题)。年底，对党员进行评议，涌现出一批廉洁奉公、秉公执法的先进典型。市人民检察院副检察长刘湘滨两次拒收千元以上贿金。全市检察干警拒绝说情的有1648人次，请吃不到的有505人次，拒礼不收的有438人次（折款28665元）。

2011年11月29日，市人民检察院举行检察官宣誓仪式

1991年，把《党章》《准则》、纪律处分条规、《检察人员纪律》作为教育的内容，把增强党的纪律观念作为教育的目的，把防“和平演变”作为教育的中心环节，把领导干部和青年干警作为教育的重点。临澧、桃源、汉寿、津市、石门、鼎城区人民检察院采取上党课、请老红军讲传统、参观党史展览、看电影电视等对党员进行共产主义理想、党的优良传统教育。市人民检察院纪检组、监察室把中纪委颁布的《关于共产党员在经济方面违法违纪党纪处分的若干规定》《共产党员违反社会主义道德党纪处分的若干规定》《关于妨碍违纪案件查处的党组织和党员党纪处分的规定》等条规，印发到各党小组，组织党员逐条学习讨论。全市检察机关普遍开展自清、自查、自纠活动，把《检察人员纪律》印发到科（股）室，张贴在醒目的地方，使其照着去做。各单位针对执行纪律中存在的问题，进行《依法办案、遵纪守法》《廉洁奉公、勤政为民》的专题教育，引导大家开展“查思想，看为人民服务的思想树得牢不牢；查纪律，看有无违反党纪、政纪和不廉洁的表现；查执行，看有无徇私枉法，以权谋私的情况；查作风，看是否有先入为主，想当然的行为”的“四查四看”活动。仅汉寿、桃源两个县的人民检察院统计，干警在办案中拒收礼物达351人次，折款达3.9万余元。桃源县人民检察院5名党组成员拒绝说情达47人次，拒收礼物折款达400余元。

1992年，在全市检察机关开展“强化专政意识、强化服务意识、强化自我约束意识”的专题教育。市人民检察院由6人分两个小组到9个区县市和白洋堤院开展调查，共与129名干警谈话，了解干警学习中央2号文件的情况和思想状况。全市检察机关把廉政教育与党风党纪教育相结合、与法规法纪教育相结合、与培养艰苦奋斗精神相结合。先后开展了“牢记党的宗旨”“廉洁是检察干警的本色”等专题教育和讲座，各单位设立廉政监督员和廉政监督簿。2月，桃源县某厂为感谢桃源县人民检察院为其挽回7万元的经济损失，给正副检察长和法检股办案人员送来价值800余元的礼品，在当时退回不了的情况下，第二天将全部礼品退回了该厂。全市检察系统600多名干警拒请吃达740人次、拒说情达933人次、拒礼拒贿折合人民币达5.7万多元。

1993年，学习贯彻中共十四大精神，讲改革开放的形势、讲社会主义市场经济与检察工作的关系，让检察干警看清形势，了解大局，提高党员、干警的思想觉悟和政治素质，增强自我约束力。2月，市人民检察院开展为期3天的纪律作风整顿，院领导率先垂范，反思自己存在的问题。全院干警自我教育，互相帮助，解决纪律作风上存在的问题。高检院监察局《检察人员纪律教育提纲》下发后，纪检监察部门会同政治处向各区县市院下发《关于组织全市检察干警学习〈检察人员纪律教育提纲〉的意见》，各单位制定学习规划以及加强廉政建设的制度、措施和办案纪律。全市635名检察干警拒贿拒礼814人次，现金78698元，实物955件（折款56855元），拒说情1090人次。学习时进行“五查五看”，一查为人民服务的思想，看为人民服务的思想树得牢不牢；二查秉公执法，看办案作风好不好；三查廉洁奉公，看执行纪律严不严；四查忠于职守，看拒腐防变能力强不强；五查接受监督，看文过饰非有没有。全市检察机关把清查整顿公司作为反腐败的一项重要内容来抓。全市11个检察院，共抽调17名检察人员创办各类公司5个，到10月底全部停办、撤销。10月上旬、中旬，市人民检察院和各区县市检察院，按照中纪委二次全会提出的五项要求，召开党组（党小组）民主生活会，进行自查自纠。重点是各级院领导特别是副处级以上检察干部。年底，全市除白洋堤人民检察院按要求不设纪检组外，其余10个检察院均设立纪检组，全部配齐纪检组组长，全市检察机关有纪检、监察干部15名。

1994年3月，对照中纪委、高检院的会议精神，分析前段反腐败工作的状况。4月下旬，组织全院干警学习会议文件，分科进行讨论。4月27—29日，市人民检察院在桃源县人民检察院召开全市纪检监察工作会议，传达上级精神，部署工作。会上，检察长李文耀提出5点具体要求。各区、县市检察院都在5月11日前将会议精神传达到全体干警。全市检察机关纪检监察部门根据不同时期带倾向性的问题，进行针对性的教育。如春节期间，人们正是探亲访友、朋友相聚的时候，很容易借节假日文娱活动的机会打牌赌博，以拜年之名收受礼物、讲排场、搞铺张浪费。因此在春节放假前专门集中干警进行纪律教育，讲清移风易俗、遵纪守法的道理、启发大家过欢乐、祥和、廉洁的春节。是年，集中时间开展两次较大的队伍整顿。第一次是春节后上班的第一天开始，集中三天时间，采取正面教育的方法，进行执法秩序的整顿。党组书记、检察长李文耀联系检察机关的工作和思想实际，就整顿的重要性、必要性和整顿的做法及要求作了动员。4名副检察长和13个科室处局的主要负责人在大会上发言。市人民检察院除留1名领导在院主持工作外，其余领导分别带领纪检、监察、政工部门的人员，到各区县市院，指导整顿工作。另一次是全省布置的政法队伍的整顿。为了开展好这次集中教育整顿，市人民检察院下发搞好整顿的调查摸底和为整顿做好准备的通知。市人民检察院纪检组、监察室与政治处、办公室派出 7 名干部，深入鼎城、汉寿 2 个检察院，找 73 名干警谈话，还走访当地人大、纪委、政法委、组织部等部门，对这两个院的领导班子和队伍建设情况进行全面了解，并形成调查报告。

1995 年，市人民检察院党组从抓班子自身勤政廉政建设入手，加强检察队伍的作风纪律整顿。2 月 7 日，市人民检察院党组根据中纪委、市委组织部的要求，召开党组民主生活会。会前，收集各职能部门及干警对党组的意见和建议，印发对班子建设和工作上存在的薄弱环节以及应着重抓好工作的措施，通报整顿意见，受到干警的好评。7 月，各区县市检察院均召开第二次民主生活会。市、县两级检察院 62 名党组成员无一缺席地参加了民主生活会。2 月、5 月和 7 月，市人民检察院和部分区县市检察院分 3 次，进行机关作风纪律的集中整顿，参加整顿的人数二层骨干达到 100%，干警达到 95%以上。整顿中，围绕“严格执法，狠抓办案”工作的贯彻执行，对照检察长李文耀提出的是否受利益驱动越权办案、违法办案；是否用公款请吃请跳等 11 个“是否”采取查思想，看工作的指导思想是否正确；查工作，看执法是否公正严明；查纪律，看是否令行禁止；查作风，看是否廉洁勤政的“四查四看”的方法，把整顿内容突出放在严格执法、职业道德和纪律作风上，把整顿对象重点放在领导班子和中层骨干上。从 6 月起，市人民检察院干警按照市人大常委会评议实施方案中提出的“三个重点”“六个方面”以及人大常委会评议指出的检察院存在的问题，对照“三个绝对禁止”“八个不准”的要求，开展自查自纠，人人填写《机关作风整顿自我鉴定》，上交个人自查自纠小结材料。全市检察机关干警共拒收现金 91900 元，拒收礼物 697 人次，折款 97780 元。

1996 年，机关围绕领导干部廉洁自律“18 条”（即 35 个不准），按照省人民检察院强调的重点清查的 3 个方面的要求，全市检察机关有 322 名副科级以上干部参加专题民主生活会，占应参加人数的 96.99%。市人民检察院突出抓了高检院的“两条补充规定”的落实。武陵区人民检察院制定禁酒规定。津市市人民检察院制定的禁酒规定和个人收入申报制度，通过电视台向社会公布，主动接受广大市民的监督。鼎城区院修订办案“四公开”等六项制度。安乡县院检察长王建国多次拒收礼金、礼品，仅第一季度就上交和退回当事人礼品价值达 5600 余元，现金达 800 元。汉寿县人民检察院在思想政治上抓“三讲”（讲党性、讲政治、讲纪律）；在理论教育上抓“三学”（学中共十四届五中全会精神、邓小平理论和毛泽东《为人民服务》等 3 篇文章，学高检院《人民检察院监察工作条例》，学正反两方面的典型）；在执法上抓“三不”（不以钱代法、不以权代法、不以情代法）；在文明礼貌上抓“三反”（反特权、反刑讯逼供、反大吃大喝）；在勤政廉政上抓“三禁”（严禁干警打牌赌博、严禁干警用公款进营业性舞厅、严禁干警用公车和公款钓鱼）。白洋堤、津市、澧县、汉寿等检察院坚持在院内接待制度。石门县院由干警集资办起自己的小酒家，由专人管理，负责接待上下来客；临澧县院规定，凡不到本院规定的宾馆按规定标准接待来客的，费用一律不予报销，由请客者本人负担。全市检察机关干警拒请吃达 315 人次，拒请跳达 138 人次，拒请钓达 97 人次。

1997 年，市人民检察院党组中心组于 6 月下旬用两天时间，系统学习中共中央、国务院和中纪委颁布的《中国共产党纪律处分条例（试行）》等 6 部条规。11 月 18 日，对全院干警进行条规测试，人均得分为 95 分。对市人民检察院机关及财务管理存在的薄弱环节，不良倾向，在干警大会上通报批评，就队伍建设等方面提出要求，警醒干警。石门县人民检察院针对个别人执行“收支两条线”制度不严等问题，在干警大会上公开宣布亮“黄牌”。汉寿县人民检察院针对干警中少数人纪律松弛、工作消极、作风懒散，甚至违反禁令打牌赌博等现象，组织干警学习有关法律、法规和纪律条规，并专门举办有关人员参加的纪律培训班。全市检察机关建立健全人事、行政、财务、装备等方面的制度，防止滥用职权，以权谋私。完善外部监督制度，主动接受人民代表大会及其常委会的监督和其他形式的社会监督。

1998 年，抓纪律教育，增强干警廉洁自律意识和纪律观念，坚持将每季度的第一个月作为纪律教育月，坚持运用正面典型与反面教材相结合进行教育。向全市检察机关通报市人民检察院刑二科干警雷光醒、技术科法医伍显林等人的先进事迹，大力宣传、弘扬正气；组织全市检察机关观看《警钟》《红与黑》《黄昏歧路》等录像片。通报 1997 年度 4 名开展“走出去、请进来”宣讲、现场参观、演唱演讲等寓教于乐的活动，增强了教育效果。为防止各种违法违纪行为发生，做到“四抓”。即，一抓制度。市人民检察院除先后建立 10 多项制度外，还建立“二卡”制度（办案作风纪律监督卡和线索批准初查卡），加强对干警执法行为的管理。二抓督促检查。全年进行四项检查：（1）对本院贯彻制止奢侈浪费八条规定情况进行检查；（2）办理六类案件进行复查；（3）对赃款赃物管理情况检查；（4）枪支管理情况的检查。三抓薄弱环节。针对重大节假日和其他活动情况以及容易出问题的薄弱环节，及时给干警打“预防针”。如：春节假期比较长，下发关于过一个廉洁、文明、安全、祥和春节的八项规定的文件。四抓违纪苗头。院党组、纪监部门对反映出来的问题和违纪苗头，在院务会、骨干会和干警会上分别进行预防性教育。全市检察机关用 9 个月的时间进行机关作风纪律的集中整顿，参加整顿的人数达 100%。整顿中，采取查思想，看工作的指导思想是否端正；查工作，看执法是否公正严明；查纪律，看是否令行禁止；查作风，看是否廉洁勤政的“四查四看”方法，把整顿内容重点放在严格执法、职业道德和纪律作风上，把整顿对象重点放在领导班子、中层骨干及主要业务科室上。

1999 年，重点推行党风廉政建设责任制。年初，市人民检察院检察长杜辉才向省人民检察院检察长李志辉签订党风廉政责任状后，又与全市 10 个基层检察院的检察长、市人民检察院各内设机构负责人签订了党风廉政建设责任状。随后，区县市检察院由检察长和所属单位、所属部门的负责人签订相应的责任状。党风廉政建设的工作实现“一把手”负总责，副职各负其责的责任制，增强党组一班人和部门负责人抓党风廉政建设的责任意识，促进责任制的落实。市人民检察院纪检组、监察室先后检查武陵、鼎城、澧县、汉寿、桃源、石门6个检察院，并召集全市检察机关纪监人员就党风廉政建设责任制实施中所遇到的问题及对策进行研讨。把党风廉政建设责任制的要求列入领导班子专题民主生活会的重要内容。市、县两级检察院均按照要求召开民主生活会，重点对照检查贯彻落实中央《规定》《实施办法》及《责任状》情况，认真开展批评和自我批评，并对班子建设和工作中存在的薄弱环节以及今后应着重抓好的措施达成共识，出台整改意见。市人民检察院派纪检监察人员参加鼎城、澧县、津市等检察院的党组民主生活会。全市检察机关纪监部门对部门副职以领导上干部建立廉政档案。至11月底，全市建立领导干部廉政档案400余个。全市检察机关贯彻预防为主，教育为主的原则，以“一本书”，即省院汇编的《检察官纪律手册》；“一部片”，即中纪委与监察部拍摄的《中国共产党纪律处分条例(试行)》系列电视教学片；“一批案”，即各种不同类型的典型案例为教材，帮助广大干警树立正确的世界观、人生观、价值观，提高检察队伍整体素质，增强拒腐防变能力。

2000年，建立以党组书记、检察长为组长，党组副书记、常务副检察长和纪检组长为副组长，纪监、政工等部门和机关党组织负责人为成员的党风廉政建设领导小组；制定《关于贯彻落实党风廉政建设责任制的意见》和市人民检察院机关各内设机构《党风廉政建设工作责任目标管理要求》等。对领导班子、党组成员执行党风廉政建设责任制的情况进行考核，向省人民检察院、市委提交《常德市人民检察院党组执行党风廉政建设责任制的情况报告》，市人民检察院7名党组成员均撰写《关于个人党风廉政建设的情况报告》。根据《廉政准则》和制止奢侈浪费八条规定，对领导干部的住房、公款购置移动电话、安装住宅电话、电脑、从事经商办企业、兼职兼酬等营利性及有偿服务性活动等情况进行检查。市人民检察院党组成员不仅没有发现超标准报销的问题，而且还节约话费4500多元；车辆由职能部门严格管理，规定私人用车的范围、条件及收费标准。临澧县人民检察院公开拍卖36台公车，一年节约开支20多万元。汉寿县人民检察院加强对招待和车辆油修费用管理，同比节约11.8万元。根据省委“六个严禁”的规定，从严治理红包礼金问题，实行礼品登记。汉寿县院领导和干警全年拒礼145人次，礼物折款3.65万元。鼎城区人民检察院检察长贺泽亚上交礼金6000多元，澧县人民检察院检察长黄秋武上交烟酒价值2800多元。3月1日—4月30日，在市人民检察院领导班子及非领导职务处级干部中开展“三讲”教育。

2001年，按照责任制规定追究领导责任6人，其中党组成员5人、部门负责人1人，给予纪律处分2人。建立廉政建设、遵章守纪保证金制度，每个干警交保证金500元，发生一起违法违纪案件，除给予相应处分外，还须扣去全部保证金。每月双周的周五下午为纪律教育日，由纪检监察室集中组织法纪条规学习教育。各检察院都将《检察官纪律手册》及“九条卡死”等规定编印成小册子或小卡片，让干警随身携带，随时学习。武陵、石门、安乡、桃源、白洋堤等检察院对全体人员进行纪律条规考试。开展“怎样做一个合格检察官”的演讲赛、全国优秀公诉人王东辉事迹报告会。组织干警观看《厦门特大走私案》《宠妻纵子谋家财的悲剧》等警示录像片。及时传达上及通报的违纪案例，经常开展以身边案例、典型案例为主要内容的教育讨论，做到警钟长鸣。

2002 年，结合学习中共十六大精神和“三个代表”的学教活动，围绕“人生为什么、当官干什么、身后留什么”等问题，开展《走出心里误区，筑牢拒腐防线》《恪守职业道德，树立良好形象》《正确行使权力，确保公正执法》的专题辅导。组织干警观看《党旗飘飘》图片展，开展“我为检察添光彩”演讲比赛等活动，反复进行社会主义人生观、价值观教育，增强干警抵制外来腐朽思想和各种诱惑的自觉性和抗拒力。组织干警收看江洋湖的先进事迹、检察官的楷模方工的优秀事迹、《奉献之歌》等电视电教片，每人写心得体会，自我对照，制定整改措施。“两节”期间，市人民检察院纪检组、监察室在门卫设立监督岗、来客登记表，向全院干警下发《礼品登记表》，要求干警如实填写。澧县人民检察院纪检组、监察室通过走访调查，列出 12 种带苗头性的问题，组织干警对照自查，对有苗头的人和事开展警示性谈话，亮红灯、打招呼，使之消灭在萌芽阶段。全市检察机关建立党组成员和市院后备干部的廉政档案，并实行微机管理。常德市检察机关抓党风廉政教育的经验，得到省人民检察院的肯定和推广。11 月，全省部分市、州检察院党风廉政教育经验座谈会在石门县召开。市人民检察院的《构建强机制，把准切入点，强化感染力，确保党风廉政教育落到实处》和汉寿县院的《我们在争创活动中强化班子廉政教育的几点做法》、石门县院的《狠抓两个“经常”，构筑拒腐防线》3 篇文章作为经验交流材料，得到省人民检察院纪检组和其他市、州人民检察院纪检组长的一致好评。

2003 年，市人民检察院开展“学习年”“教育年”活动，集中学习中共十六大精神、“三个代表”重要思想和胡锦涛在西柏坡的重要讲话，结合开展“强化法律监督，维护公平正义”的教育活动，增强了全体干警特别是领导干部的三种意识，即为人民正确行使检察权的使命意识、遵章守纪的责任意识、廉洁从检的自律意识。市人民检察院纪检监察部门根据调查收集的情况，对苗头性和倾向性问题，组织全院干警进行对照检查。修定了《常德市人民检察院领导班子成员 2003 年党风廉政建设职责》，坚持“一岗双责”制度，廉政建设与业务工作一同部署、一同检查、一同考核。党组成员及中层骨干既抓好分管的业务工作，也抓好分管范围的党风廉政建设，做到管好自己，管好自己的配偶和子女，管好身边的工作人员。全面贯彻执行市政法委颁发的守则、禁令、制度，学习省人民检察院制定的《领导干部重大事项报告制度》《关于进一步加强全省各级检察院领导班子内部监督制约机制的规定》等。市人民检察院纪检监察部门制定《检察工作人员行为准则》《干警八小时以外管理规定》等八项制度。市人民检察院拒礼品、礼金达 20 余人次，拒请吃达 30 多人次。9 名班子成员，均未发现其配偶和子女违规从事经营活动的情况。全年，给干警上警示教育课 24 场次。

2004 年，全市检察机关根据年初班子成员分工调整的情况，制定 2004 年领导班子成员党风廉政建设职责，将权力、责任明确到人，任务指标落实到位。成立党风廉政建设领导小组，开展党风廉政建设教育日活动，严格党风廉政建设责任考核报告制度。按照“下管一级履行职责，上连一级追究责任”的要求，市人民检察院党组成员、基层院检察长和市人民检察院各部门负责人年初均签要责任状。各基层检察院的党组成员和部门负责人也签订责任状。年底，对基层检察院年度综合考核验收时，各检察院执行情况良好，没有违反党风廉政建设规定而受到追究的情况。下发《关于认真做好 2004 年元旦、春节期间有关工作的通知》，对治理红包礼金作出明确规定，设立举报箱、公布举报电话。春节一上班，向每位干警发出《红包礼金登记表》达 104 份，收回达 104 份，没有发现收受红包礼金的问题。对领导干部经费使用情况进行监督，全市检察机关纪检监察部门对 18 项 120 多万元的政府采购实行监督。对 1 名处级领导干部任期经济责任实行审计。对领导干部任前廉政谈话 23 人次，其中县处级 4 人次、科级 19 人次，诫勉谈话 4 人次，领导干部述职述廉的 88 人。全年有 28 人次向纪检监察部门报告个人重大事项。

2006 年，按照《实施纲要》的要求，明确相关职能部门在教育、制度、监督体系中应履行的职责和应发挥的作用，完善惩治和预防腐败体系。成立以党组书记、检察长为组长，纪检组长为副组长，纪检、政工、机关党组织、办公室、行政装备等相关职能部门主要负责人参加的落实《实施纲要》工作领导小组和办公室。并对惩防体系的工作任务进行细化和分解，建立健全 60 余项制度。抓纪律和规章制度教育，让大家对照纪律规定找差距；抓奉献教育，组织干警观看郑培民、任长霞等先进人物的电影电视教育片；抓警示教育，组织干警到警示教育基地听服刑人员现身说法。围绕增强党性、党纪观念组织学习党章。市人民检察院机关 125 名党员全部参加中纪委组织的“红船杯”党章知识测试，平均得分为 98.5 分。针对执法中存在的问题，为树立正确的执法观，组织对社会主义法治理念的教育。认真查摆在思想认识和检察工作中存在的与社会主义法治理念不相符合的突出问题，如理想信念淡薄，道德意识缺失，以权谋私，办关系案、人情案、金钱案，徇私舞弊，贪赃枉法等问题，每人撰写 3000 字左右的剖析材料和整改措施。为帮助大家理解“八荣八耻”的科学内涵，请专家教授进行专题辅导，要求大家做一个道德高尚的人。针对省人民检察院巡视组对市人民检察院领导班子、队伍建设和检察业务工作巡视考察后提出的 5 个方面问题，制定详细的整改措施。全年进行了解谈话 17 人次、领导干部任前谈话 10 人次、诫勉谈话 2 人次、领导干部述职述廉 31 人次。有 10 名领导向有关部门报告个人重大事项。

2007 年，各人民检察院纪检监察部门按照“大宣传”的要求，会同政工部门和机关党组织开展职业道德、法纪条规和党的优良传统教育。各人民检察院均制定《“加强纪律建设、规范执法行为”专项整治实施方案》和《人民检察院领导干部思想作风建设工作方案》。采取集中学习和个人自学、专题辅导和座谈相结合等形式，开展自查、互查、上下帮查、面向社会开门查等，多方面、全方位发现问题，针对排查出的问题和差距制定整改措施。市人民检察院全体干警学习中纪委《关于严格禁止利用职务上的便利谋取不正当利益的若干规定》，结合自身深刻反思，自查自纠。全市检察机关领导干部学习《关于湖南省检察机关领导干部述职述廉的暂行规定》和《关于湖南省检察机关党员领导干部报告个人有关事项的实施办法（试行）》等；组织党员干部学习《关于进一步规范党员干部及国家工作人员办理婚丧喜庆事宜的若干规定》，督促干警按照规定报告审批，有2名领导干部按程序对子女的婚嫁进行报告。各单位组织干警学习中央和高检院有关厉行节约、反对铺张浪费的规定和财经纪律，倡导艰苦奋斗精神，强化勤俭节约意识。组织模范检察官到全市检察机关作先进典型事迹介绍，使大家学有榜样；组织干警观看《居安思危》《雷渊利》等宣教片，结合社会主义法治理念教育开展以案析理活动，使干警警醒有借鉴。

2008年，市人民检察院检察长陈海波要求在检察机关大力倡导检察文化，浓厚廉政文化氛围。市人民检察院的廉政文化建设通过各种形式人人参与、处处默化、时时警醒。向全院干警征集廉政警言警句，一周内就收到警言醒句70余条，并公布在内网上进行评选，对好的句子给予奖励。把省人民检察院领导的励志警句做成牌匾竖在办公楼大厅，如“检察长忠告：任何不严格执法的行为都将成为人民向我们索要公平正义的旗帜”。让干警在每天上班的第一时间直接面对。全年编发简报6期，把富有教育和启迪意义的文章、最新的反腐精神和查处的反面典型事例进行摘录，编成简报发给干警，起到教育和警示作用。围绕落实政治纪律、工作纪律、办案纪律和生活纪律，完善各项管理制度，坚持用制度管人、管事、管案，从源头遏制腐败的发生。按照“一岗双责”的要求，对基层检察院的检察长和市人民检察院内设机构负责人的党风廉政建设作出规定和要求，实行分级管理，严格责任追究。对案件易发问题的重点环节制定备案审查等规定。如制定《常德市人民检察院扣押类法律文书管理规定》，规定扣押类法律文书均由新成立的院检务督察室集中管理，各业务科室需使用扣押文书时，须凭立案决定书到检务督察室领取。

2009年，全市检察机关开展学习实践科学发展观活动，加强对领导干部工作圈、生活圈、社交圈以及8小时以外的监督管理。各院都制定《加强纪律建设、规范执法行为》《专项整治实施方案》和《人民检察院领导干部思想作风建设工作方案》。8月25日，市人民检察院检察长陈海波在机关干部大会上亲自讲纪律作风建设课，纪检组组长许建国到安乡、澧县、桃源等县检察院给干警上纪律作风课，受教育干警300多人次。市人民检察院组织干警学习《检察人员纪律处分条例（试行）》高检院“十个严禁”“禁酒令”，市政法委“六个严禁”等纪律规定和省人民检察院的相关规定，全年没有发现违规赈酒请客的现象。采取发廉政小卡片、用手机发廉政短信、送廉政漫画，利用局域网、宣传栏、电子显示屏等开展廉政文化进机关活动。组织干警学习《湖南省检察机关贯彻落实〈建立健全惩治和预防腐败体系 2008—2012 的工作规划〉职责分工方案》，制定贯彻执行的《实施意见》。对全市检察机关领导干部进行了解谈话 60 余人次，领导干部任前谈话 4 人次，述职述廉 50 人次，报告个人事项 12 人次。

2010 年，组织学习新颁布的《中国共产党党员领导干部廉洁从政若干准则》（以下简称《廉政准则》），市人民检察院领导成员均撰写学习《廉政准则》的心得体会。市人民检察院 30 名在职处级干部参加《廉政准则》知识测试，成绩都在 95 分以上。在局域网上转发郴州市人民检察院原副检察长徐某因受贿罪被判刑后的忏悔录；重庆市公安局副局长、司法局原党组书记、局长文某在“双规”期间所写的检讨书；邵阳市人民检察院反渎局原局长李勇的忏悔录以及省人民检察院通报的湘潭市人民检察院、邵阳市人民检察院的有关案件和事件。桃源县院监察室专干欧阳荣华撰写的《春节将至话“清廉”》《春节拜年别“败廉”》等文章，被划载于中国检察网。《春节拜年别“败廉”》一文在《常德日报》头版刊登。市人民检察院监察室建立领导干部廉政电子档案，录入 150 余名副科长以上人员的廉政情况，实行专人、专用电脑管理。市人民检察院修订党组会、院务会、检委会和检察长办公会议事规则，出台了院领导班子加强自身建设的意见，坚持集体领导和个人分工负责相结合，工作部署、干部人事调整、基本建设项目、大额款项使用等，坚持集体研究，必要时实行票决，杜绝个人专断和“一言堂”。

2011 年，市人民检察院中心组集中学习《廉政准则》，领导干部和中层骨干模范遵守准则规定，认真执行关于领导干部报告个人有关事项的规定。全市检察机关把反腐倡廉教育与廉政文化创建活动紧密结合，提高教育的整体实效。各人民检察院都组织观看《蜕变的权力》等反腐宣教片，并结合“发扬传统、坚定信念、执法为民”主题教育开展“看片思廉”大讨论。津市人民检察院针对不廉洁行为多发生在工作之余的特点，组织干警在 8 小时以外开展四项健康有益的活动，即读书活动、检察沙龙、调研活动、文体活动，受到市人民检察院和省人民检察院的充分肯定。桃源县人民检察院利用局域网、电子显示屏、宣传栏等，通过廉政漫画、廉政警语、廉政短信等多种形式抓教育落实。9 月下旬，全市检察机关 757 名检察人员参加学习《廉政准则》和《廉洁从检若干规定》知识考试，平均分在 95 分以上。高检院关于《严禁检察机关在内部公务活动用公款请客送礼的规定》下发后，市人民检察院进行自查自纠，行装部门对接待和财务等五项制度进行重新修改，并制定《常德市人民检察院厉行节约活动实施方案》；监察部门加大对五项制度落实情况的督导和检查。6 月中旬，制作检察机关治理“小金库”清理统计表，对市人民检察院机关 19 个内设机构进行全面清理，没有发现一例私设“小金库”的情况。是年，市人民检察院机关会议费、公务接待费、车辆运行费等“四费”支出均有不同程度的减少，出国出境费用为零。市人民检察院成立廉政风险防控机制建设领导小组，排查出廉政风险点 696 个，填制《单位（部门）廉政风险识别要素及防控措施一览表》《个人廉政风险识别要素及防控措施一览表》174 张，建立健全防控措施及相关制度 678 项。

2012年，按照“教育崇廉、典型引廉、警示促廉、文化育廉”的思路，坚持经常性教育、强化集中性教育、丰富多样性教育。深入开展政法干警“忠诚、为民、公正、廉洁”核心价值观主题教育实践活动，引导党员干部坚定理想信念，加强党性修养，保持思想纯洁、队伍纯洁、作风纯洁和清正廉洁，全面加强反腐倡廉建设。采取领导上党课、观看电教片、邀请专家讲课、开展红色教育、廉政谈话等形式，强化教育效果。

7月，市人民检察院组织干警，到帮扶点村，拜群众为师，问计于民，问需于民。8月31日，市人民检察院党组书记、检察长刘清生亲自撰写讲课稿，给全院干警上《认清反腐倡廉形势，加强干警廉洁修养》的廉政党课。该党课在全市党政主要负责人讲党课评比活动中被评为一等奖。11月29日，邀请省人民检察院纪检组副组长曹志刚给全院干警上《坚守职业道德，尽享人生三味》的廉政课。市人民检察院“道德讲堂”邀请第二届、第三届全国敬业奉献道德模范提名奖获得者、湖南省道德模范沈国初，市人民检察院公诉一科副科长钟颖，2010年常德市“身边好人”澧县人民检察院反渎局副局长田兴发等讲述他们的故事。市人民检察院先后在《常德日报》等媒体推出钟颖、左建军、蒋天、康波、周欠鹏、吴祖胜等一批身边的典型，其中钟颖被评为“湖南检察职业道德标兵”。4月，检察长刘清生撰写前言的《常德市人民检察院廉政风险防控机制建设操作手册》发给全市检察干警，此举得到省人民检察院和市纪委肯定。5月4日，《常德日报》以《给检察权力装上GPS》为题作了报道。

2013年，开展“廉洁常德”建设及“新形象、新业绩”等活动，完善政治业务学习、理论中心组学习、干部教育培训、学习考核评价等制度，推动检察干警学习组和教育经常化、制度化和规范化，保证法纪的约束力入耳、入脑、入心。10月，省纪委、省监察厅《关于党和国家工作人员操办婚丧喜庆事宜的暂行规定》发布后，市人民检察院及时召集各内设机构主要负责人进行传达，并由各科室主要负责人组织本科室人员学习讨论。全市检察机关分别在5月和10月开展两次集中教育整顿。市人民检察院为副科级以上干部每人订阅《清风手机报》1份，为中层骨干正职以上领导干部购买和配发《警示与镜戒》一书，为院领导和班子成员购买和配发《失德之害——领导干部从政道德警示录》电教片。院监察部门利用检察内网，将《失德之害——领导干部从政道德警示录》以及报刊上登载的如四川省广安市《4名检察干部擅自离岗休闲娱乐被查处》等违纪典型案例放在网上，供全市检察干警观看，警醒和教育大家时刻绷紧作风建设这根弦，该遵守的严格遵守，不该做的坚决不做，不踩“红线”，不越“雷池”。市人民检察院在加强文化阵地建设的基础上，注重构建文艺活动、体育活动、学术交流三大平台，在局域网开辟《青年干警论坛》《学习天地》《文学专栏》《绘画摄影》《建言献策》等栏目，发表检察人员撰写的各类文章及诗歌、书法、摄影等作品。

2014年，全市检察机关为全体检察干警发放《检察人员纪律手册》847册，并在检察内网播放《你是我的兄弟》等2部党风廉政教育影片；邀请省人民检察院、市委党校专家、教授到市人民检察院向干警进行廉政教育专题讲座3场；组织干警学习高检院、省人民检察院以及省、市纪委关于违法违纪典型案例的通报，做到警钟长鸣。全市检察机关结合群众路线教育实践活动，开展专题学习教育66次，从干警中征求意见、建议2867条，查摆问题3013个，制订整改措施2345条，制订和修改各项制度105项。开展为期一个月的干部队伍建设集中教育整顿活动，通过内部查摆和外部征求意见，共查找出干部各方面存在的具体问题196个，一一剖析根源，整改落实。“道德讲堂”全年开讲3次，先后邀请全国道德模范、全国青年励志典型、全省检察机关职业道德标兵等宣传典型事迹。在检察内网开辟《交流论坛》《学习天地》《文学专栏》《绘画摄影》等栏目，为干警提供学习、交流、展示平台。全市检察机关教育干警从小事做起，从“我”做起，做到不越思想“防线”、不踩制度“红线”、不触各项禁令“高压线”，守住党员干部“标志线”。市人民检察院政治部、监察室、办公室、行政装备科等部门修订完善廉政建设和作风建设相配套的规章制度，从正文风、改会风、转作风、树新风方面提出具体要求，从体制和机制上解决影响作风建设的深层次问题。是年，市人民检察院有13名干警或为其子女举办婚庆事宜，均按照重大事项报告制度的要求，履行事前申请、事后报告手续。通过严抓办公纪律，杜绝上班时间串岗聊天、玩电脑游戏、炒股等现象；杜绝公车私用行为；严格执行《党政机关国内公务接待管理规定》和《党政机关厉行节约反对浪费条例》的规定，“四费”开支大幅度下降。全市检察机关开展了整治“五个突出问题”（超标配备公车及公车私用、招商引资奢侈浪费、公款大吃大喝等问题）、治理“三难”（门难进、脸难看、事难办）、反对司法不公、司法腐败和清理拖欠群众欠款等9个专项治理活动。

2015年，全市检察机关紧密结合“三严三实”（严以修身、严以用权、严以律己；谋事要实、创业要实、做人要实）教育活动，以“严纪律、转作风、建制度、作表率、强执行、见成效”为目标，落实党风廉政建设责任制，将党风廉政建设工作与检察业务工作同部署、同落实、同检察、同考核。市人民检察院党组共研究党风廉政建设和自身反腐败工作7次，出台《常德市人民检察院党风廉政建设和反腐败工作要点》，明确2015年党风廉政建设的工作目标和措施。在全市检察长会议上，传达高检院、省人民检察院的相关精神，提出党风廉政建设和反腐败工作的具体要求。市人民检察院党组书记、检察长余湘文在会议上强调：“要加强领导班子建设，坚持讲政治、讲纪律、讲规矩。凡是重大工作决策、重大人事任免、重大案件都必须集体研究决定。”“要加强纪律作风建设，坚决落实党风廉政建设‘两个责任’，查处违纪违法决不手软。”他多次对党风廉政建设和纪检监察工作提出要求：坚决落实中央八项、省委九项、市委十项规定，巩固和深化党的群众路线教育实践活动和“三严三实”专题教育及巡视工作成果。坚持开展明察暗访、专项检查和巡视工作，以零容忍的态度惩治队伍中的违法违纪行为。各院党组尤其是“一把手”要守好党风廉政建设的主体责任，纪检监察部门要守好执纪的监督责任。对履责不力的，要严肃问责追责。全市两级检察机关共召开党风廉政建设联席会议40次。两级院的党组书记、班子成员坚持做到“四个带头”：带头依法办事；带头抵制“四风”（形式主义、官僚主义、享乐主义、奢靡之风）；带头管好配偶、子女、亲属和身边工作人员；带头开展批评和自我批评。市人民检察院监察室起草并经院党组通过《常德市检察机关党风廉政建设责任制实施细则》《常德市人民检察院党风廉政建设责任领导小组工作制度》《常德市人民检察院党风廉政建设联席会议制度》。全市检察机关在检察内网开设《党纪条规专栏》，为检察干警订发《中国共产党廉洁自律准则》和《中国共产党纪律处分条例》单行本，组织全体干警观看党风廉政教育影片《破局》《人生不能重来》等，组织干警学习高检院、省人民检察院及省、市纪委关于违法违纪案件的通报，邀请专家进行党纪党风专题讲座等。市、县两级检察机关结合“三严三实”教育活动，由领导上党课25次。5月29日，市人民检察院检察长余湘文结合“三严三实”主题教育活动，给全院干警上专题党课。“道德讲堂”邀请“道德模范”“职业道德标兵”等先进人物到市人民检察院开讲3次；开展各类廉洁从检宣传文化活动，把廉政文化教育渗透到干警的工作和生活的方方面面，增强全体干警严守纪律的自觉性。全市检察机关共有63名检察干警向监察部门报告婚丧喜庆事宜，没有发生违纪违规现象。

第二节　检查监督

1991年，全市检察机关纪检、监察部门改变坐等办案的现象，深入实际，走向社会，适时进行专项检查：一是对1990—1991年全市赃款赃物的管理情况进行检查。二是对武陵区人民检察院执行办案制度的情况进行检查。对于两个专项检查，市人民检察院党组事前进行认真研究，及时批转纪检组、监察室的意见。事后，专门召开党组会，听取检查情况的汇报，研究处理意见，并批转监察室《关于赃款赃物检查情况及其建议的报告》。

1992年，将省人民检察院《关于严肃查处越权办案、违法办案的通知》转发给各区县市院检察干警学习。通过学习，全体检察干警认识到越权办案、违法办案，严重损害了检察机关的声誉，使其增强了遵守规定，依法办案的自觉性；3月，对9个区县市院内部创收情况进行检查，市人民检察院党组听取检查情况的汇报，制止在检察活动中利用职权搞违法创收和乱收费的现象；为加强对武器弹药的管理，上半年，市人民检察院对武陵区、鼎城区、临澧县、石门县院和市院的武器管理使用情况进行全面检查。通过检查，总结交流经验，落实加强武器管理的措施。4月，制定《关于市院机关内部接待问题的几项规定》，加强内部监督，做到有章可循。全年市人民检察院各科（处）节省招待费1万多元。全市共设立检风举报箱76个，走访发案单位103个275次，聘请检风监督员158名。他们及时向纪检、监察部门反映情况，违纪苗头得到及时抑制和解决。

1993年4月—1994年3月，对乱收费、乱罚款（以下简称“两乱”）等行业不正之风进行清理，开展4次较大的监督检查和重点抽查，落实清退工作，使“两乱”得到遏制。

5 月，省人民检察院纪检组下发《关于清理赃款赃物的通知》，常德市在 6 月 7 日举办的全市检察长会议上进行传达、部署。津市、石门、澧县、临澧、安乡、桃源等县人民检察院分别成立由检察长或副检察长挂帅，政工、纪检、装备行政部门负责人参加的清理领导小组。采取逐案清理、反复核对、边清边改、发现问题及时纠正的方法，对 1993 年 1 月—1994 年 6 月收缴的赃款赃物全部进行清理。其中石门县人民检察院赃款赃物的清理、保管工作经高检院、省人民检察院纪检监察部门实地检查受到好评。对购买小汽车，无偿占用企业通讯、交通工具及赞助的钱物，按照市纪委的要求进行清理。对不符合规定购买的、乘坐的车辆作处理。

1994 年，进行 6 项检查：一是对市人民检察院贯彻制止奢侈浪费八条规定情况进行检查；二是对执行“收支两条线”规定的检查；三是对市人民检察院保留和特批的 18 部手机 1999 年 1—9 月的话费开支情况进行清理；四是对执行住房政策和纪律情况进行检查；五是对赃款赃物管理情况进行检查；六是对枪支管理情况进行检查。为贯彻“从严治检”的方针，巩固发展集中教育整顿成果，争创“人民满意的检察机关”，争当“人民满意的检察干警”，市人民检察院党组针对干警队伍中存在的带倾向性的问题，作出禁止用公款大吃大喝、禁止酗酒、禁止打牌赌博等规定，纪监部门加强检查监督。对全市检察机关队伍建设进行摸底调查，针对调查出的问题和违纪苗头，在院务会、骨干会和干警大会上进行教育，找有违纪苗头的干警进行诫勉性谈话，把违纪苗头遏止在萌芽状态。

1995 年，对执行房改政策情况、赃款赃物管理情况、枪支管理情况及公款吃喝玩乐情况分别进行专项检查。贯彻中纪委、高检院 1995 年两条补充规定，狠刹用公款“吃喝玩乐”的不正之风从教育入手，提高对“刹风”的认识。澄清“吃喝玩乐是小事，不影响大局”等模糊认识，提高干警“管住自己”“洁身自好”的自觉性。全市检察机关都作出规定：清理、取缔小钱柜，明确“收支两条线”，所有收入（包括赞助费）一概交财务部门统一建账，统一管理。严格收费票据，办案收入统一使用财政收据；收缴赃款赃物统一使用法定的扣押清单和正式的收款收据；赞助费等统一使用财政非经营性发票。实行主管副检察长“一支笔”审批制度，严把支出关。并规定来客一律在指定的餐馆就餐，否则，概不报销；陪客人数原则上为 3:1。7 月、8 月，市人民检察院 2 次带领纪检监察人员到市区各大娱乐场所、酒店、宾馆调查，均未发现检察干警参与请跳、请吃活动。市人民检察院于 5 月向社会各界公布举报电话，加强社会对检察机关的监督。安乡县人民检察院老检察官涂新运在县种子公司办案 10 多天，不仅不吃招待餐，就连工作餐也拒绝吃，受到该公司干部职工好评。全年，全市检察机关共拒请吃达 1302 人次，拒请跳达 788 人次，拒请钓达 283 人次。市人民检察院接待费用比 1994 年下降 22.65%。

1997 年，市人民检察院组织全体干警认真学习中共中央、国务院印发的《关于党政机关厉行节约制止奢侈浪费行为的若干规定》，进行艰苦奋斗教育。6 月中旬，制定严格控制会议次数、标准，严格控制办公、侦技楼装修，严禁用公款大吃大喝、挥霍浪费，严禁用公款安装住宅电话和购买移动电话，严格按规定购买和更换小汽车，严格控制各种庆典活动，严肃查处违纪行为的若干规定，下发给各人民检察院执行。6—8月，对市人民检察院干警的住宅电话和移动电话进行全面调查、登记、清理和规范。根据常德市清理公费移动电话领导小组关于特殊岗位配备移动电话的数额（18部），另有13部由市纪委廉政办作价给了个人，2部上交市纪委廉政办，11部购机者交出购机发票由主管部门验查。贯彻上级指示精神，撤销反贪局工作点。

1998年，市、县两级人民检察院的纪检监察部门配合市、县清理办共清理登记公款配置的移动电话136台，作价处理120台，上交当地纪委16台，收回处理价款12.395万元，全部上缴财政。对上级1997年8月为市人民检察院保留和特批的17部移动电话的话费开支按单据逐一进行了清理，没有发现话费开支超标准和超范围等问题。市、县两级人民检察院压缩或缓建办公大楼计划2个，市人民检察院取消各类会议5次。建立健全接待费管理制度，控制公款吃喝问题。各人民检察院党组召开廉政勤政专题民主生活会，落实“领导干部收入申报”“登记上交红包礼金”“个人重大事项报告”等制度。对“收支两条线”执行情况进行检查。市人民检察院成立以检察长杜辉才任组长，常务副检察长陈彰福、纪检组长舒玉柏任副组长，监察室、政治处、办公室、装行科、工会主要负责人参加的财务活动监督小组。财务活动监督小组除组织专门力量对市人民检察院1997年度财务账目进行认真审查、对有关问题及时作出纠正外，还每月听取一次院财务和各科、局、处、室“收支两条线”执行情况汇报，然后由监察室逐部门一一核对，发现问题及时纠正。每季度进行一次抽查，对有问题的单位或有疑点的个案以及赞助、罚没款重点组织抽查。

2000年，对市人民检察院财务进行审计，对赃款赃物扣押物品管理、“收支两条线”规定的执行和拉赞助等情况进行重点检查；对1998—2000年公款报销手机话费情况，按市纪委规定的标准进行检查；对市人民检察院车辆配置、使用情况进行检查，对车辆管理、使用重新作严格的规定；对检察干警收受礼品红包、兼职兼酬、公款安装住宅电脑及上网情况进行清查登记；对枪支管理情况进行检查；对全市检察机关预防司法腐败、确保公正执法情况进行检查；开展反特权思想和霸道作风的检查；八是对执行湘检发〔2000〕3号文件情况进行检查，纠正一些不严格按程序办案、在不符合安全防范要求场所办案的问题，促进安全设施的完善，消除一些办案中不安全的苗头和隐患。全市检察机关纪检监察部门坚持把监督的关口移到办案第一线，做到检察人员的权力行使到哪里，监督制约工作就延伸到哪里，把违纪问题解决在萌芽状态。通过执法监督，发现和纠正一些收缴赃款办理正规手续不及时、解除强制措施超时限、初查线索久拖不结、暂扣账目等物品长期不还等问题，清退部分多收的现金。市人民检察院在个案跟踪考核中，对2名干警在办案中存在的责任心不强，工作草率、马虎的问题作出责令写出检查、院主要领导进行诫勉谈话、全院干警大会点名批评、取消当年评先资格的处理。还对2起案件中违规收缴的60

多万元作出退款决定。

2001年，继续实行《检察机关自侦案件跟踪监督情况备查表》《办案作风纪律监督卡》，采取发征求意见函、到发案单位座谈、走访、找案件当事人及亲友调查等方法，对有反映的案件，及时进行回访；对发现的违法违纪苗头和线索，进行详细调查，及时发现和纠正违法违纪行为；收集社会各界对检察工作的意见和建议，及时采取措施改进工作。对20多件自侦案件进行跟踪考察。汉寿县人民检察院建立 “四个一”，即一卡、一书、一函、一箱。“一卡”，即《办案责任监督卡》；“一书”，即《受害人或犯罪嫌疑人权益和义务告知书》；“一函”，即《检察工作征求意见函》；“一箱”，即《检察工作群众意见举报箱》。全市检察机关都公布了违纪举报电话，设立了违纪举报箱；向人大代表、政协委员、区县市院监督员、人民群众及社会各界发征求意见函；召开执法执纪监督员座谈会，征求意见和建议，总结教训，纠正错误。在内设机构聘请兼职纪监员，每月向他们收集一次情况，要求他们发现违纪问题及时反馈。从内到外完善监督体系。聘请院领导及反贪、渎侦、控申、刑一、刑二等主要业务部门负责人的家属为检风监督员。在干警家属中开展争当“廉政内助”“贤内助”竞赛活动。

2002年，执法监督主要开展抓“收支两条线”和清理扣押款物，追缴赃款赃物、非法所得的专题检查，并将这两项检查与“检察机关为优化经济发展环境服务”活动相结合，端正检察机关为经济建设服务的执法指导思想，纠正利益驱动，办油水案、金钱案的错误思想。制定《常德市人民检察院关于防止利益驱动引起的乱收费、乱罚款行为的监督实施办法》。抓办案安全与枪支管理专项检查。结合湘检发纪字〔2002〕3号通知精神以及洪江市人民检察院发生的办案安全事故，围绕“敲警钟、查隐患、补漏洞、强措施、保安全”的目的，对全体干警进行一次安全办案观念的再教育，开展安全办案规定、知识再学习，逐案进行安全意识、安全措施大检查。全市检察机关对枪支的管理均做到“三卡”“三专”“三铁”“三不”“一器”，全年没有发生一起涉枪事故。从8月起，开展执法作风大检查。市人民检察院监察室制定《关于全市检察机关开展执法作风大检查的实施方案》。抓案件跟踪回访制度的落实。市人民检察院纪检、监察部门向社会各界发征求意见函300多份，跟踪考察案件150多件，走访调查单位22个，收到意见建议20多条，发现问题2起。对发现的问题即时通知有关办案单位进行整改。抓对案件质量的公开评议和案件质量大检查。推广汉寿县院案件公开评议的做法。市人民检察院先后于7月、8月、12月3次参加省、市两级政法委组织的案件质量大检查。抓监督网络的拓展。向社会各界聘请形象监督员，向他们发出征求意见函。实行检务公开，向社会公布举报电话，设立违纪举报箱。经常深入发案单位了解、掌握情况。通过各种途径，掌握干警的生活圈、社交圈，监督工作较好地落实到全员、全时、全方位。

2003年，省人民检察院“4·30”专案开始到常德调查后，市人民检察院抽调多名干警协助办理这一案件。该案控制的嫌疑人多、办案地点分散，安全责任重大。为确保办案安全，市人民检察院纪检监察人员对办案人员进行办案安全意识教育，签定办案安全责任状；经常下到办案点，检查办案地点、场所是否符合安全办案的要求，在办案“非常时期”坚持跟班作业，实施全程监督。通过检查监督，现场纠正问题11个，排除安全隐患16起。结合常德市政法系统的联带包创星级管理的有关规定，将案件的跟踪、回访考察纳入星级管理的考评办法。全市检察机关对100余件案件进行跟踪回访，收到回复意见18条，均进行了答复和整改。4月，对近几年全市检察机关在执法中存在的问题进行专题调查，并在全市检察系统纪检监察工作会议上进行座谈讨论。在全市进行的“两项”教育活动中，抓思想建设，端正执法指导思想；抓制度建设，规范执法行为；抓检查监督，提高执法水平。

2004年，对2001年以来常德市检察机关“三类”自侦案件扣押、冻结款物的情况进行专项检查。检查中，发现一些不容忽视的问题，如扣押款物的法律手续不齐全、该上缴财政或返还当事人的钱不及时、利益驱动等问题，对此提出纠正和整改建议。存在问题的单位和部门进行认真整改，完成自纠工作。全年共回访考察重点个案100余件，收到回复意见或建议80余条，一一进行答复或整改，没有发现干警在执法办案中违法违规的问题。按照“经常、及时、到位、严格”的要求，反贪、渎侦等办案部门每立一起案件和控制犯罪嫌疑人时，所聘请的办案安全监督员必须进行安全检查，提醒办案人员注意办案安全，增强责任心，签订责任状；纪检监察人员经常到办案点，检查办案场所、措施是否符合办案要求，是否存在漏洞和隐患。全年共发现安全隐患16起，均提出整改意见。对全市检察机关是否插手经济纠纷的问题进行专题检查，没有发现插手经济纠纷的问题。

2006年，在元旦、春节到来之前，对加强“两节”期间党风廉政建设工作作出八项规定，特别是对红包礼金问题作出明确规定，要求领导干部带头遵守，违者从严处理。春节过后，将《红包礼金登记表》发给每个干警，市人民检察院机关126名干警全部进行登记，没有发现收受红包礼金的问题。市人民检察院有4名领导主动把红包礼金、烟酒等物上交或委托纪检监察部门退回当事人。全面实行“一案四卡”执法办案监督制度。年中和年末对“四卡”的落实情况进行检查，各人民检察院都按照要求落实到位。全年共回访案件83件，对检察机关和办案人员在办案执法中的行为评价良好，没有发现违纪违法的问题。在省人民检察院提出实行“一案三卡”的基础上，全市检察系统仍然保留“安全监督卡”，继续坚持“一案四卡”制度。全市检察机关全年无办案安全事故。纪检监察部门派员对检察机关竞争上岗和公开招录工作进行全程监督，确保选人、用人的公正、公平。全市检察机关实行政府采购的项目24个，金额176万多元，都进行检查监督。

2007年，监督政府采购和招投标项目30个，金额374.28万元；对3名基层院领导干部实行离任经济责任审计。没有发现违纪违规问题。全市检察机关共招录工作人员38名，均派员全程进行监督。全市检察机关开展为检不廉，办关系案、人情案等专项治理工作。春节前，开展对省人民检察院提出的“八不准”落实情况的检查，纠正部分干警存在的特权思想和少数检察人员违规驾车、警车乱停乱放的问题。对全市检察机关领导干部进行了解谈话43人次、领导干部任前谈话13人次、领导干部述职述廉104人次、领导干部报告个人有关事项25人次。对全市检察机关县处级以上领导干部配偶、子女从业情况进行申报登记，并在规定时间和一定范围内进行公示。7—9月，市、县两级检察院及各院内设机构的“小金库”进行全面清理检查，没有发现私设“小金库”的情况。还加大对检察干警的社会形象、执法作风和办案水平的监督评价。探索网上监督和流程监督，创新监督工作新机制，把对执法办案活动的监督逐步从事后监督扩展到事前监督和事中监督，从源头上治理执法腐败。对全市检察机关在执法办案中扣押款物、以案谋私、徇私枉法，滥用检察权、刑讯逼供、不保护当事人合法权利，耍特权、作风粗暴、态度蛮横等问题进行了专项检查。

2008年，召集相关业务部门的人员学习省人民检察院下发的《关于实行“一案三卡”执法办案监督制度的暂行规定》，对“一案三卡”的适用范围、填法、监督等内容重新学习。年中对落实情况进行检查、讲评。全市检察机关对67起案件进行回访考察，对回访中发现的问题，原原本本地反馈到办案部门并督促及时纠正或予以说明。各检察机关对“三员”岗位发生变化或不适合在该岗位的人员进行调整，重申兼职“三员”的职责、任务。在外部监督上，及时与党委、人大常委会、政府、政协等部门联系接受监督，进一步完善聘请形象监督员和人民监督员制度。全年，走访人大代表、政协委员以及形象监督员60余人次，收集意见建议20余条。

2009年，以容易发生问题的执法岗位、执法环节和执法人员为重点，开展检查。继续督促落实“一案三卡”执法办案监督制度。对78起案件进行回访考察，发现办案单位问题1个，办案人员问题1个，提出检察建议4条，对1名办案人员进行批评教育。继续推行聘用兼职“三员”制度。各院对“三员”岗位发生变化或不适合在该岗位的人员进行调整。部分县院对“三员”重新进行聘任，把工作责任心强和工作能力强、敢说真话的人员聘请为“三员”，真正发挥“三员”的监督作用。开展三项专项检查：开展清理规范评比达标表彰活动的检查；开展对办案安全防范工作的检查；开展对扣押（冻结、处理）涉案款物的专项检查。

2010年，市人民检察院党组成员、纪检组组长许建国带领监察室人员3次下到各基层院，组织协调各专项活动的落实，监督检查执行禁酒令、车辆管理、案件初查等方面的工作。每到一个单位都进行面对面的点评，指出存在的问题，并要求采取切实可行的措施，认真进行整改。

2011年，市人民检察院监察室派1名副主任对装修、院落绿化美化及办公设备等物资的采购，进行全程监督。在3次招投标时，监察室主要负责人都到现场实行监督。为确保元旦、春节、国庆等重大节日的安全稳定，监察部门采取听、看、问和拍照等形式，对警车的使用管理、遵守“六个严禁”“禁酒令”的情况开展专项督查。4月，对全市9个区县市检察院的办案场所和安全机制进行检查。8 月，市人民检察院指派纪检监察、检务督察和政治部门的人员组成督查组，对桃源、汉寿和津市 3 个检察院开展贯彻实施《廉政准则》和《廉洁从检若干规定》的情况进行检查。开展“维护人民群众合法权益，解决反映强烈突出问题”的专项检查。对撤案、不捕、不诉、判无罪等案件进行监督。全市检察机关纪检监察部门共跟踪回访案件 63 件做到件件有回访。

2012 年，按照 2011 年年底《最高人民检察院关于加强检察机关内部监督工作的意见》的要求，加强对上及院重大决策部署、决议决定、规章制度执行情况的监督，确保检令畅通、令行禁止；开展检容风纪、耍特权、逞威风和违规扣押处理涉案款物等纠风督查活动；开展“走访群众听民声，深入基层解难题”和政法干警下基层作风建设主题活动。市人民检察院开展的“下基层、解难题、改作风”专题实践活动，为边远地区和困难群众，为各方面提供资助 40 万元，得到当地群众的好评，在全省政法系统 10 个单位公众评价得分有较大幅度增长。监察员对干部选拔任用和竞争上岗工作进行全程监督，配合省人民检察院暗访组对常德市个别基层院进行督查，抽查部分基层院举报电话的接听情况，加强办案安全责任落实情况督查。按照省纪委、省委组织部等五部门《关于进一步严明工作纪律，改进机关作风的暂行规定》的要求，市人民检察院监察室对市区县两级检察院的作风纪律进行多次暗访、对警车和公务车辆的管理和使用进行 2 次暗访，对发现的问题及时提出整改建议。全市检察机关共有 738 名检察人员（两级院班子成员 109 人、副科级以上干部 435 人、科员 194 人），自 2011 年 1 月 1 日以来，没有一例违反关于访止利益冲突规定的现象。

2013 年，开展对“中央改进工作作风、密切联系群众”的八项规定落实情况的监督检查。对《常德市检察机关“诉讼监督促进年”活动工作方案》落实情况的监督检查。市人民检察院监察部门会同相关部门组成督察组于 5 月上旬对全市检察机关“两法一规则”（《中华人民共和国刑事诉讼法》《中华人民共和国民事诉讼法》《人民检察院刑事诉讼规则（试行）》）的学习、规范执法等情况进行暗访督察。市人民检察院利用信息技术手段加强案件管理，执法办案网上监督平台的点击量超过 2 万人次，接受并处理群众评价 63 条。对干警遵守纪律、规定、禁令情况监督检查。每次暗访督察都做到“三不”，即不提前通知被检单位；不使用警牌车辆；不要被检单位接待。对暗访督察情况实行一次一通报，一事一通报，全年共进行 6 次暗访督察。

2014 年，市人民检察院监察室在开展机关作风、执法办案、外在形象等情况督察的同时，通过调查走访、暗访等各种途径，主动收集社会对检察工作、检察队伍的反映。在全市检察机关党风廉政建设和纪律作风建设的工作中，加大抽查、暗访力度，每次暗访都做到“三不”。即全年对 10 个基层院干警在职在岗情况、领导班子履职情况进行专项检查。在检查中两级院干警坚守岗位、工作状态均为良好，没有发现违纪现象。市人民检察院监察室不定期地对公车归库情况进行监督，公用车辆因为办案或者出差不能归库，用车单位要说明去向，对私自动用公车的人员严肃处理。在清明节、五一劳动节、端午节期间，对市人民检察院、武陵区院、鼎城区院公务用车封存情况进行专项检查，未发现公车私用现象。市人民检察院监察室和行政装备科对办公用房进行清理，并按照规定对超面积的办公室进行调整。市人民检察院监察室还对白洋堤、武陵、鼎城、临澧、安乡、汉寿、石门 7 个基层院的办公用房清理和调整情况进行检查，各院办公用房都按规定进行调整，达到上级规定的使用面积。

2015 年，全市检察机关纪检监察部门强化对检察机关领导干部的监督。监督检察长、班子成员对党的路线、方针、政策是否执行得坚决、到位，民主集中制是否贯彻落实，是否存在违纪违法的问题；为院党组及班子成员建立贯彻党风廉政建设责任制和遵守廉洁从政规定的廉政档案。加强对重点岗位的监督，主要是加强对掌握执法办案权、掌握人财物等重点岗位检察人员的监督。及时掌握他们的收入、支出、社交、8 小时以外的活动等情况，对异常行为进行监督、提醒，责令说明情况，发现违纪违法问题即依规依法进行查处。对执法办案活动进行监督。全市检察机关共进行案件回访 89 件，还对开展办案安全监督检查 7 次。对纪律作风进行监督检查。市人民检察院暗访组对 9 个基层院各进行全面暗访督查一次，对白洋堤院进行暗访督查 2 次；各基层院纪检监察部门共开展纪律作风检查 315 次。市人民检察院监察室在法定节日期间在全市检察系统开展公务用车专项检查 8 次，各基层院纪检监察部门开展公务用车检查 210 次。为加强对全市派出检察院和基层检察院纪检监察工作的领导，市人民检察院成立巡视工作领导小组，领导小组下设 2 个巡视组，4—12 月对 10 个基层院进行巡视。市人民检察院监察室制定《常德市人民检察院关于对全市派出院和基层检察院开展巡视工作的实施方案》，明确巡视的目的、巡视的主要任务。市人民检察院党组按照省人民检察院巡视组反馈的意见认真进行整改，将整改落实情况报告省人民检察院巡视工作办公室。

第三节　案件查处

全市检察机关纪检、监察部门集中力量查处违法违纪苗头和案件，澄清和查办一些违纪问题，保持队伍的纯洁性。

1991 年，共受理违法违纪案件线索 16 人，其中立案查处 3 人。按案件性质分：徇私舞弊 1 人、赌博 1 人、奸淫妇女 1 人。结案 6 人［含上年积存 3 人］，其中党内警告处分 2 人、严重警告 1 人、开除党籍 2 人，行政警告处分 1 人。全市检察机关纪检、监察部门共接待来访 5 人次，接收来信 51 件次，收集有价值的线索 16 件。市人民检察院自办 6 件，转各区县市院查办 10 件；以发案单位和当事人为联系对象，定期或不定期地请他们举报检察机关办案人员的违法违纪行为，发现线索，及时查处。某县人民检察院 1 名干部在办案中收受当事人礼物，泄露案情。某人民检察院 2 名干警在办案单位借用现金未及时返还的问题就是在跟踪考察中发现的。与纪委、监察、公安和司法部门建立联系制度，互通情报，提供线索。某县人民检察院1名干警奸淫妇女案，就是与县公安局联系后，及时立案查处的。在查办案件中做到抓苗头，把违法违纪案件遏制在萌芽状态。各单位对收集到的线索认真进行清理，逐件分析研究，对干警在检察业务活动中出现的违纪苗头，坚持做到及时发现、确实弄清、正确处理。某人民检察院1名干警在兼管该院基建期间，收受施工人员行贿的现金及物资折款共1000多元。案发前，他主动向组织交代了大部分受贿错误和退出了大部分赃款，有悔改表现。根据他的认错态度，只给予党内警告处分。处理后，他放下包袱，积极工作，受到群众的好评。在查处案件时做到善辨真伪，及时为干警洗刷不白之冤。10月，有人举报桃源县院技术股干部刘某在该县三阳镇二砖厂办案期间，收受被告人的亲友现金200元、芙蓉烟1条、香蕉35公斤后徇私枉法，包庇犯罪。对此，该院及时派出人员查明，芙蓉烟、香蕉是被告人的岳父、舅父趁刘某不在家时送到其妻子手里的，刘某知道后当即将此物交给了院领导。现金200元系举报人因要求刘对被告人从宽处理不成，而捏造事实的诬告。事实查清后，桃源县人民检察院党组对刘某秉公执法、依法办事、不为物质引诱的行为进行了表扬，并将举报人诬告的事实转告其所在单位进行严肃处理。

1993年，全市检察机关纪检、监察部门贯彻从严治检的方针，把查处检察人员违纪违法案件作为搞好廉政建设、纯洁检察队伍的中心环节来抓，至年底，共受理违纪案件线索23件，其中立案查处4件、4人，结案2件、2人，受政纪处分2件、2人。检察机关纪检、监察部门在查办违纪案件中，解决群众反映强烈的违法办案和枪支管理问题，共受理此类举报案件线索13件，全部办结。同时，对2起违反武器管理的案件进行了查处。在办案中，坚持以事实为依据，以法律法规为准绳的原则，对每一件违纪案件做到妥善处理。4月，某区人民检察院收到群众举报有名干警受贿1000余元的问题后，院党组立即派人调查。经查：受贿1000元的问题不成立，在会上宣告他没有违反纪律，还了该干部的清白，使其更加大胆工作。加强办案中的指导和请示汇报。是年，全市纪检、监察部门受理的违纪案件线索较多，遇到的疑难问题也较多。对各区县市检察院请示汇报的案件，除派人下去协助办案，加强业务指导外，还坚持及时讨论研究，解决问题。对某些证据不足、定性处理无把握的案件，则呈报市人民检察院党组或检察长研究决定，一时拿不准的，及时请示上级检察机关。各区县市检察院到市人民检察院纪检、监察室汇报的6起案件，都得到圆满答复。

1994年，市人民检察院纪检监察部门受理群众来信来访29件（次），其中20件当年进行了初查。通过初查，立案2件4人。对于不构成违纪或举报失实的，分别向有关单位写出调查报告或向举报人作说明，全年共写调查报告11份。对已构成违纪的案件，在查清事实，分清责任的基础上，依法作出处理。1993年立案1994年处理的有2件。对于虽不构成立案，但确有违纪行为的人，在弄清事实的前提下，进行批评教育，并责令其写出检查，该赔礼道歉的赔礼道歉，该退赔的退赔。8 月 27 日，某区人民检察院 1 名股长在办案途中将装有 64 式手枪及 10 发子弹和 1400 元现金的手提包挂在自行车上丢失，被人拾到送交公安局。虽然没有造成严重后果，但说明该股长警惕性不高，违反枪支携带的有关规定。区人民检察院除责令他写出书面检查，并在干警大会上作检讨外，还扣除他一年的奖金，并由他给拾枪人支付 200 元奖金。

1995 年，对来自各方面的举报和来信来访，纪检监察人员在耐心听取投诉的基础上，认真取证，抓紧查处，做到件件有着落，并按如下 3 种情况分别作处理：一是对确有违法违纪事实的干警坚决立案，一查到底。如某区人民检察院一名干部在案件诉讼期间，接受罪犯父亲请吃请钓各一次，共花费 1000 余元，并收受罪犯家属白沙烟 4 条，还涉嫌接受罪犯父亲的现金，为罪犯逃避法律惩处提供方便。事情暴露后，该院及时对其立了案。二是对虽有违纪行为，但性质并不严重的干警及时批评教育，责令限期改正，把违法违纪苗头遏制在萌芽状态。三是对举报失实或纯属诬告的，及时为干警正名。1 月，收到举报某院检察长用公款超面积建私房、装修私房的信件后，市人民检察院派专人进行核实，发现事实真相与举报内容有出入，及时作澄清。是年，通过群众举报、个别走访、内查外调，全市检察机关共受理检察干警违法违纪举报线索 48 件（含上级交办 6 件）。到年底，初查 45 件，结案 40 件，其中立案 1 件、1 人。经查属实，但不构成违纪的 17 件、失实的 22 件。

1996 年，全市检察机关纪检监察部门共受理举报线索 61 件、63 人，其中市人民检察院受理 36 件、36 人。经调查，属举报失实的 29 件 30 人、属一般违纪给予批评教育的 21 件 21 人，立案 9 件、10 人（含 1996 年遗留 1 件、1 人），结案 7 件、8 人。给予行政警告处分的 3 人、记过 3 人、记大过 1 人、留党察看 1 人，另外 2 件、2 人在审理中。澧县人民检察院纪检组做到既主动又及时地投入查案工作。是年，该院立案 4 件、4 人，至 11 月底，全部办结。桃源县人民检察院“两反局”1995 年第四季度办理王某贪污案，由于看守人擅自离岗参加法律专业本科自觉考试，致使犯罪嫌疑人乘机跳楼自杀。事发后，市人民检察院纪检监察部门及时派员赶赴现场调查，掌握了第一手材料，及时督促县人民检察院监察部门立案调查，给予有关责任人纪律处分。

1997 年，市人民检察院对群众举报检察机关和检察干警违纪的 34 件线索进行初查。经查，其中虽有缺点或错误，但不构成违纪的有 14 件；立案 3 件、3 人，结案 4 件、4 人（含上年度遗留 1 件、1 人），均作出违纪处理。在查处违纪案件中，重视检举控告的信访工作，对来访者，做到接待既认真又热情，而且优先调查处理。领导对查处违纪案件十分重视，不护短、不手软。6 月，接到反映某检察干部有关问题的举报后，市人民检察院副检察长王尽忠、纪检组组长舒玉柏等先后 5 次赴有关单位调查取证，经过近 3 个月的内查外调，查实相关情况，证实其行为违反《检察官纪律处分暂行规定》等有关规定，构成违纪，该员受到行政记过处分。

1998 年，全市检察系统纪检监察部门共接待处理来信来访 128 件次，完成上级交办案件的调查处理工作，基本上做到件件有着落、事事有回音。市、县两级检察院纪检监察部门共受理交办案件 62 件，办理 58 件，共立案 7 件、9 人。市人民检察院党组把对检察人员违法违纪案件的查处，作为加强检察队伍建设的一项重要内容。分管纪检监察工作的党组副书记、副检察长陈彰福多次强调，对检察人员中发生的违法违纪案件，要发现一起，严肃查处一起，决不手软。对涉及检察人员的举报，凡呈送他阅示的他不光作批示，而且与办案人员一道调查研究，亲自坐阵督办。对市人民检察院直接立案查处的案件，检察长杜辉才、副检察长陈彰福等院领导都亲自找被调查人谈话，要求他们端正态度，接受调查。同时，对调查工作在力量上、经费上、车辆上给予保证。市人民检察院加强对区县市人民检察院查办违纪案件的指导督办，全年市人民检察院纪检组转批各地的举报信件，要求报告查处结果的有 25 件，指导、督办和参与办理的举报信件和案件有 12 件。全市检察机关对违纪案件，杜绝了有案不办和冤假错案的发生。

1999 年，全市检察机关纪检监察部门受理举报线索 56 件。经查，其中失实 33 件；虽有缺点或错误，但不构成违法违纪案件的 20 件，对有关人员进行诫勉性谈话及批评教育；立案 3 件、4 人，结案 5 件、5 人（含上年遗留 2 件、2 人，其中移送县纪检部门处理 1 件、3 人），当事人分别受到行政记过、行政记大过、开除党籍、行政辞退及判处有期徒刑处分。市人民检察院纪检组全年批转各地的举报信件，要求报告查处结果的 18 件，指导督办和参与办理的举报信件 10 件。

2000 年，全市检察机关纪检监察部门对群众举报检察机关和检察干警的 69 件线索进行初查，其中失实 31 件；虽有缺点或错误，但不构成违纪的 33 件，转办 3 件；立案 2 件 2 人，结案 2 件、2 人，均受到违纪处理。市人民检察院党组书记、检察长杜辉才，要求对检察人员发生的违纪案件，发现一起，严肃查处一起，决不手软。市人民检察院直接查处的案件，相关领导都亲自找被调查人谈话。对调查工作在力量上、经费上、车辆上给予保障。纪检监察部门对群众举报的失实问题，该保护的理直气壮、旗帜鲜明的保护，为其撑腰壮胆。年初，在查明对鼎城区人民检察院副检察长伍某违纪举报失实后，市人民检察院纪检监察人员专程到鼎城区人民检察院，先后召开党组会和副科级以上干警大会，当场宣布市人民检察院的调查结论，当场出示证明材料并向与会人员介绍调查取证的工作情况，消除大家的疑虑和猜测，使伍某放下思想包袱。

2001 年，全市检察机关纪检监察部门受理举报线索 33 件。经查其中立案 2 件、7 人，查结 1 件、5 人，给予行政纪律处分 5 人。虽有缺点或错误，但不构成违纪的案件 10 件，对有关人员进行了诫勉性谈话及批评教育；失实 15 件；转办 2 件。

2002 年，共收到举报线索 12 件，查结 8 件，6 件举报失实，2 件举报通过调查纠正。对被举报的 7 名干警进行提醒谈话和批评教育。6 月，接到反映汉寿县院渎侦局 2001 年查处该县二医院经济问题时有受贿问题的举报，立即组织力量对该举报进行调查，没有发现干警有接受贿赂的行为。但在办案过程中，办案人员在办案单位用餐，没有严格控制标准，造成了不良影响。市人民检察院纪检组、监察室责成汉寿县院纪检组对办案人员进行批评教育，对超过标准的用餐费补交给办案单位。

2003 年，全市检察机关共收到检察干警违纪违法的举报 13 件，初查 11 件。通过初查，有 7 件举报失实，2 件通过调查纠正，作出处理 2 件，有 2 件配合市、县纪委调查处理。通过调查，对 2 起被举报人分别作出相应的处理。市人民检察院纪检监察部门配合和协助市纪委，对某县纪委对该县人民检察院一名中层骨干的经济违纪问题立案调查，对该员采取“两规”措施。开始，该员对纪委对他实行“两规”措施极不配合，纪委请求市人民检察院纪检监察部门帮助做该员的说服教育工作。市人民检察院党组书记、检察长杜辉才多次给该县人民检察院主要领导做工作，要求积极配合纪检部门工作。市人民检察院党组副书记、副检察长陈彰福，纪检组组长许建国多次前往给该员做说服教育工作，要求他说清自己的问题，他的态度发生了很大变化，纪委的调查工作得以顺利进行。全年共接待上访人员 20 余人次，通过耐心做解释说服工作，收到较好的息诉效果。有位老上访人员在上访时提出一系列的要求，对于他的合理请求，进行认真调查并给他一个正确的答复；对于不合理的要求，在依法办事的前提下予以解释，做到有理有利有节。

2004 年，全市检察机关共受理检察干警违法违纪线索 10 件（其中，2 件属重复举报）。市人民检察院初核 3 件，转办 7 件，无立案案件。信访举报工作做到事事有着落、件件有回信，及时答复举报人或申诉人，保护被举报人的合法权益。是年，市人民检察院直接初核 3 件，转办 7 件，均在规定期限内办结。有个县人民检察院纪检监察部门先后收到群众反映该院干警办案私自收费和耍特权等方面的问题后，及时组织人员进行调查核实，对信访者进行认真回复，对相关责任人进行严肃批评，消除不良影响。

2006 年，针对苗头性问题，找相关部门负责人及当事人进行提醒式或警示性谈话。就发现的问题，给党组提出加强班子和队伍建设的意见和建议，得到肯定和采纳。全年共受理信访举报 6 件，经初核，没有发现明显的违纪问题。

2007 年，全市检察机关共收到检察干警违纪违法的信访举报 8 件，全部进行初核调查。根据高检院的要求和省人民检察院的部署，查办的重点是检察机关领导干部违反“六个严肃”的案件；检察人员利用侦查权、公诉权、诉讼监督权等以权谋私的案件；徇私枉法为黑恶势力充当“保护伞”的案件；违法违纪办案侵犯人民群众利益的案件；顶风作案、严重违反党纪检纪的案件。全年没有发现上述问题。

2008 年，全市检察机关共收到检察干警违纪违法的信访举报 9 件。市人民检察院党组书记、检察长陈海波多次在会上强调，各级检察院党组要支持纪检监察部门查办检察人员的违纪违法案件，不能搞有案不查、大事化小、小事化了。并对线索登记、初核报告等提出具体要求，规定凡涉及对检察人员的举报，除纪检监察部门进行登记，提出承办意见外，还必须交党组秘书进行登记、报告检察长；陈海波对每起初核报告都进行认真的审核并签署具体的处理意见和建议，重点听取常德欣运集团等几起举报初核情况的汇报。全市检察机关受理的对检察人员的举报比上年同期多，初核任务增加，在人少事多的情况下，通过整合力量，采取灵活多样的方法保证初核工作的进度。市人民检察院自行核实线索 8 件，督导基层检察院核实线索 1 件；发放《责令作出说明通知书》18 份、《廉洁自律监督通知书》2 份。所有举报线索都在规定期限内进行初核。

2009 年，全市检察机关共收到检察干警违纪违法的信访举报 7 件，均进行初核调查(立案 1 件)。上半年，市人民检察院立案查处某某县人民检察院一名干警在办案过程中违反办案纪律的行为，对其给予记过的纪律处分。对某某区人民检察院干警独自驾驶警车到长沙发生重大交通事故的事件进行调查，并责成该院进行处理。对市人民检察院一辆警车送新生到外地上学的事件进行调查核实，并对当事人给予了批评教育，将情况在内网上公布。对于举报的初核结果，及时向有关部门进行了答复，也向署名举报的当事人进行回复。

2010 年，受理信访举报 2 件，在核实新的举报的同时，对 2009 年发生的 2 起案件进行处理和督导。

2011 年，全市检察机关共受理检察人员违纪违法案件线索 6 件，初核 6 件，立案 2 件，给予政纪处分 1 人。市县两级检察院纪检监察部门把依法依纪办案的要求贯穿到立案、调查、审理、处分、执行等各个环节，做到惩治与保护并重。4 月 11 日，市人民检察院监察室收到省人民检察院《关于陈某等人举报市人民检察院干警违法扣押案》的交办函后。市人民检察院成立以党组副书记、副检察长杨建波为组长的专案组，组织专门力量开展调查。专案组放弃节假日休息，加班加点前往广州、成都、怀化等地向案件当事人、相关证人及单位调查取证 100 余份，到涉案单位原湘北工贸公司所属的 10 余家公司及汉寿西港信用社、市档案馆查阅相关账册 50 余天，依法查明这起时间长达 17 年，涉案人员有 4 人已病故的案件的基本事实，形成对案件的处理意见。

2012 年，对 66 件“五类”案件开展回访考察，回访发案单位 13 个，案件当事人 31 人，证人 19 人，提出检察建议 17 条。市人民检察院在外网建立执法办案网上监督平台，设立查询人（举报人）对检察人员办理案件情况的意见反映，方便群众诉求，开辟与群众的沟通渠道。市人民检察院监察室受理检察人员违纪违法举报 4 件，初核 4 件，均作出回复和报告。解除 2 人的处分决定。

2013 年，市人民检察院监察室共受理举报线索 7 件，调查核实 7 件。5 月，津市市法院为追诉兰某某的挪用罪，向津市市人民检察院发出司法建议函。市人民检察院检察长刘清生得知情况后，责成监察室介入调查。分管副检察长王忠银 3 次带领监察室的人员到津市市人民检察院了解情况，并进行调卷审查，提出兰某某已构成挪用罪，应予起诉的意见，指出津市市人民检察院在处理该案中程序上存在的问题，对办案人员给予警示和诫勉性谈话。纪检监察部门密切关注媒体动态，对涉及检察人员违反纪律条规行为的报道，第一时间作出反应，及时调查处理。案件相关人员在市人民检察院外网的执法监督平台获取信息后向市人民检察院监察室反映对案件的处理不服、案件上网不及时等问题的电话投诉3起，都及时作出解释和处理，消除涉检非正常上访的隐患。对顶风违纪行为做到发现一起，查处一起。如某县检察院2名干警上班时上网看电视、电影被市作风建设督察组暗访时发现，该院党组对他们进行严厉的批评，并给予了相应的处理。

2014年，全市检察机关纪检监察部门对群众反映检察人员司法不公的举报线索开展调查，单位诫勉谈话3件、3人，移送纪委1件、1人。有位基层院的纪检组长在参加中心工作时不认真履行职责，受到党内警告处分。

2015年，市人民检察院监察室共受理举报线索7件、7人，完成初核7件、7人（含2014年积案2件、2人），其中，举报失实5件、5人，立案调查2件、2人。市人民检察院监察室立案调查的梅某某案，调查终结移送鼎城区人民检察院立案侦查。纪检监察部门查办案件，做到反腐败无禁区，有多少查处多少，坚决清除队伍中的害群之马，不护短、不手软、不留情、不迁就，不怕家丑外扬，不怕别人说没人情味。是年，市人民检察院重点抓省人民检察院交办的2件线索的调查工作。市人民检察院党组书记、检察长余湘文和党组副书记、副检察长杨建波亲自指挥，通过组织专案力量、协调外部关系、参加方案制定、审查重要证据等工作，确保案件调查工作的顺利进行；市人民检察院检察长办公会对省人民检察院交办的2件案件进行专题研究，并由监察室将调查情况上报省人民检察院纪检组、监察处。市人民检察院监察室配合省人民检察院监察处对1件线索进行调查，并根据省人民检察院纪检组、监察处的安排对1名中层骨干进行诫勉谈话。

第二篇　刑事检察

检察机关依照法律规定，行使审查批捕、审查起诉、提起公诉、出庭公诉、侦查活动监督、审判活动监督和对错误的判决裁定提起抗诉等职能，这些工作统称刑事检察。

第一章　侦查监督

侦查监督通过监督刑事立案活动、规范侦查行为、审查批准逮捕和自行决定逮捕等方式予以实现。

2000 年 4 月，市人民检察院刑事检察一科更名为审查批捕科；2002 年 3 月 12 日，审查批捕科更名为侦查监督科。1988—2001 年，市人民检察院侦查监督科连续 14 年被省人民检察院侦查监督处评为“先进单位”；2006 年 3 月 28 日，被高检院表彰为全国检察机关“打击制假售假、侵犯知识产权犯罪专项立案监督活动”先进集体。2015 年，被省人民检察院侦查监督一处、二处考核评定为“侦查监督全面工作先进单位”。

第一节　审查批捕

1987 年 7 月 1 日，省人民检察院决定对全省检察机关自侦案件犯罪嫌疑人的审查批捕统一归口由刑事检察部门负责。1988 年 1 月，市人民检察院配合省人民检察院刑一处在汉寿县院开展调整批捕案件备案审查范围的改革试点工作。经过近一年的改革摸索，将原来全部案件均报上一级人民检察院备案审查的规定，调整为只报反革命案件、本级不批准逮捕的案件、疑难分歧案件、重（特）大案件以及认为需上报备案审查的其他案件。仅汉寿县院当年减少上报案件 51.9%，缓解基层人民检察院力量与任务的矛盾，增强基层人民检察院批捕干警的责任感和质量意识。1989 年 3 月下旬，召开全省审查批捕工作会议，重点介绍和推广汉寿县院试点改革的经验。并贯彻落实 1988 年 4 月初在华容县召开的全省刑事检察工作现场会精神，将省人民检察院统一制发的审查批捕工作的 17 种法律文书制作范本下发基层人民检察院“刑一”部门执行，统一和规范审查批捕法律文书的制作。同时，建立与完善审查批捕案件实地核查、不批准逮捕案件复核复议等制度措施。

1990 年，根据中央提出的“稳定压倒一切”的指导思想，全市检察机关“刑一”部门开展严厉打击严重刑事犯罪活动（以下简称“严打”）的斗争，按照市委提出的“抓大的、打恶的、解决群众意见最多的”要求，结合常德的实际情况，突出打击“三个团伙一个现行”（抢劫团伙、盗窃团伙、流氓团伙和重特大现行犯罪），相继组织开展“严打”中的第二仗、第三仗。全市检察机关“刑一”部门在“严打”中，共批准逮捕各类犯罪分子 2302 名，其中属于“七类”严重刑事犯罪的犯罪分子 1283 名，占 55.73%；属于重特大案犯 941 名，占 40.88%；属于团伙犯罪分子 801 名，占 27.2%。共摧毁各类犯罪团伙 202 个，其中流氓团伙 37 个，抢劫团伙 6 个。

1991 年，与公安部门密切配合，开展专项斗争 18 次，共受理报捕犯罪嫌疑人 1648 人，审结 1584 人，其中批捕 1415 人，占结案数的 89.38%。1992 年，配合公安机关开展专项打击行动 19 次，批捕 1522 人。1993 年，全市“刑一”部门配合反盗专项斗争，开展“三打、两整、一查禁”等专项斗争和集中打击行动 40 次。专项活动中批准逮捕各类案犯 1391 名。1994 年，除参加“整顿农村社会治安”“城镇社会治安夏季攻势”“扫黄”“反盗”四次大的全市性的专项斗争外，各刑一科（股）从本地实际出发，对治安混乱、问题较多的重点部位进行重点整治，把专项打击与重点治乱结合起来。专项斗争与重点整治期间，共受理公安报捕案犯 1296 人，审结 1257 人，批捕 1161 人，惩治一批地痞地霸、街痞街霸和车匪路霸。澧县院刑一股在专项斗争中按照县委、县政府的统一部署，批捕杀人、强奸、抢劫等重特大案犯和坑农害农案犯以及故意伤害、流氓滋事等容易引起矛盾激化的犯罪嫌疑人共 207 人，其中重特大犯罪嫌疑人 95 人，团伙犯罪嫌疑人 72 人，其做法得到省人民检察院业务部门的肯定。1995 年，在总结历年“严打”斗争经验的基础上，积极参加专项斗争，重点分析社会治安形势现状，从中发现新的犯罪动向。2 月初，根据群众反映开展对常德市城区青少年吸毒问题的调查，并发动群众举报，在此基础上形成翔实的调查报告，引起省、市委领导的高度重视，省委主要领导迅即批转常德市有关领导，揭开了全市缉毒、禁毒专项惩治的序幕，突破了无报捕毒品犯罪案件的惩治盲区，取得了专项惩治的新成果。至 11 月底，全市共受理毒品犯罪案件 13 件、28 人，批捕 11 件、15 人。全市“刑一”部门还积极配合开展对绑架勒索、贩运或伪造国家货币、制造与销售伪劣产品、法人偷税等《刑法》修改后新罪名犯罪的惩治行动，至 11 月底，全市共受理报捕上述新罪名犯罪 17 件、34 人，比上年同期受理 8 件、21 人，分别上升 112.5%和 61.9%，批准逮捕 9 件 17 人，比上年同期的 5 件、8 人分别上升 55.6%和 112.5%。

全市检察机关“刑一”部门在“严打”刑事犯罪和严重经济犯罪的专项斗争中，普遍提前介入公安机关的侦查、预审活动，保证快审快捕和案件质量。1991 年，全市提前介入 449 案 778 人，占批捕重特大案犯的 66.16%。全市检察机关“刑一”部门在开展专项斗争的同时，把依法严惩贪污、贿赂犯罪，服务经济建设放在重要位置。武陵区院提前介入公安机关侦查的长沙市黄泥街 68 号某“书社”贩卖销售淫秽书刊案。1992 年 9 月至 1994 年 1 月万某庚、彭某安等 7 人非法印刷、出版淫秽书刊 84800 册，销往全国 20 多个省市的有关书社，经营额51万多元。办案人员介入侦查后迅速审查固定证据，对万某庚等7人依法批捕。该案7名被告人逮捕后在全国引起较大反响，国家及湖南省等10几家新闻媒体先后报道。市人民检察院提前介入的全省首例特大制贩冰毒团伙案，配合公安机关抓获罪犯4人，捣毁地下制毒窝点3个，缴获冰毒40公斤及大量半成品，引导取证扎实有效，为快捕快诉夯实了基础。1994年，全市共受理检察自侦部门移送审查逮捕的贪污、贿赂等经济犯罪案犯72人，决定逮捕65人，其中大要案件案犯8人。在审查经济案件中，始终贯彻"一要坚决，二要慎重，务必搞准"和"主攻大要案"的办案原则，根据经济犯罪活动的特征，积极探索经济犯罪规律，采取"抓主体、查主观，抓客体、查客观，抓证据、查关联"的审查方法，保证经济犯罪案件的批捕质量。在专项惩治行动中，坚持把"三个是否有利于"贯穿批捕工作始终，为经济建设创造稳定的治安环境。汉寿县院为突出保护生产秩序，审查批捕中做到"四个优先"，即对破坏农业生产、残害农村劳动力的案件优先审批；对盗窃、抢劫工厂、矿山原材料，破坏电力设备的案件优先审批；对打击报复厂长、经理、基层干部的案件优先审批；对破坏开发区经济建设的案件优先办理。武陵区院为服务经济，经常深入工厂、企业调查研究，及时发现和解决改革中出现的新情况。

1996年，全国集中统一开展第二次"严打"斗争，同时开展全省第二次农村社会治安及城镇治安整治。在"严打"整治中，先后开展5次全市性的打击行动、45次区县范围的集中打击行动。为确保"严打"和整治效果，市县两级检察院均成立专门班子，调整充实刑检办案人员，广泛宣传，深入督促检查，保证"严打"案件在批捕环节不梗阻。"严打"整治期间，全市共受理公安机关报捕刑事案犯2159人，批捕1935人。其中批捕车匪路霸、村痞村霸、江贼水霸以及杀人、伤害、强奸等暴力恶性犯罪，制贩毒品、枪支、淫秽物品，拐卖人口，组织、引诱、容留他人卖淫等严重危害社会治安秩序的重特大案犯940人，捣毁盗窃、流氓、抢劫、诈骗等犯罪团伙188个、762人。

1997年是《中华人民共和国刑法》和《中华人民共和国刑事诉讼法》（以下简称"两法"）修改后正式实施的第一年。为保证"两法"的正确实施，从1996年下半年起，全市先后举办11次"刑一"干警培训班，并结合办案，采取工作之中互学、办公之余自学、遇到问题研讨学等形式进行学习。同时，举办2次全市"刑一"内勤培训班，对文书制作及各种表、卡、簿册的填报等进行统一与规范，各刑一科（股）还普遍对过去制定的工作制度等进行回头看，将其中不适应新的《刑事诉讼法》要求的内容或条文进行修改、补充。如《错案追究制度》《立案监督实施办法》《办案质量考核评分标准》等。针对实施修改后《刑事诉讼法》起步阶段出现的批捕率下降、不批捕案件上升幅度过大的问题进行深入调查研究。在查明对案件处理上固守原来的批捕标准掌握条件过严、处理失当等原因后，一方面从转变批捕干警的执法观念上予以解决，另一方面采取措施掌控不捕率。召开经验交流会，推广澧县、鼎城两个院控制不捕案件的成功经验。每月通报批捕工作情况，进行讲评。加强对不捕案件的备案审查，发现问题及时纠正。8月以后，全市案件不捕率基本控制在10%左右；此外，主动与公安部门联系、沟通，形成统一认识，解决好公安机关报捕案件的质量。通过这些工作，使修改后的“两法”实施中的审查批捕工作平稳交替，走入正常。加快办案节奏，审查刑拘转捕案件基本上平均审限为2.5天，其他案件平均审限为3天；提高批捕质量，全年全市共纠正漏捕45人，防止错捕67人。严格执行逮捕条件，保障无罪公民免受错误追究，做到不枉不纵。8月，汉寿县院受理一起提捕刘某建、胡某科、李某军等8名犯罪嫌疑人的抢劫、盗窃案件，审查中发现诸多疑点。通过深入实地走访调查，广泛收集证据，认定该案除刘某建、李某军2人的行为构成抢劫、盗窃罪外，胡某科等6人的行为仅属一般滋事、盗窃行为，不构成犯罪未予批捕。而该案中未提捕的另一名同案人刘某勇参与盗窃的数额达到8万余元，仅被广东警方送劳教，于是，依法追捕了犯罪嫌疑人刘某勇。

1998年，全省检察机关开展“办案质量年”活动。按照《湖南省检察机关批捕部门开展“办案质量年”活动实施方案》，年初与政工部门配合在全市批捕干警中，开展岗位达标测试，测试达标率为98%，其中优秀的有40人，占被测试总数的75%。选送部分科（股）长参加“全省刑检骨干培训班”。上半年，举办一期全市批捕干部“新罪名培训班”。在全市批捕干警中开展“三个一”（一笔一画、一条一款、一案一书）活动，即从一笔一画开始练好一笔字；从一条一款开始熟记熟背“两法”条款及相关司法解释；每办一案写好“审查报告”法律文书。同时采取4条措施完善办案制度，用制度保证办案质量：一是要求对报捕案件的复核率达80%以上、对报捕犯罪嫌疑人的提审率达到100%。二是坚持重特大案件的提前介入制度。三是对重特大案件和疑难复杂案件坚持集体研究与请示汇报。四是完善案件质量的查验，案件承办人对所办案件每月一次自查，科室内承办人之间每季度一次交换检查。市人民检察院刑一科半年进行一次抽查，年终组织各基层“刑一”部门开展交叉检查。12月上旬，对全市当年批捕的1377件、2012人进行检查，没有捕后撤案、捕后不诉、捕后判无罪的案件。全市共追捕38人，防止错捕74人，监督公安机关立案32件、48人。

1999年，全省检察机关开展“执法效果年”活动，全市“刑一”部门坚持公正执法，狠抓办案质量和执法效果。首先，针对工作难点，开展专项调查，解决报捕案件质量滑坡等问题。1997年年底，常德市公安机关在内部改革中将预审职能与侦查职能合并，逐步撤销预审工作机构。公安机关这一侦审合一制度的施行，客观上虽精简了机构，减少了环节，提高了效率，但经过一年多的实践，给检察机关的审查批捕工作带来了难度与负面影响。为客观真实地反映侦审合一对批捕工作的影响，研究解决有效办法，理顺公安报捕与检察批捕之间的工作关系，保障严格执法和严肃执法，3—4月，市人民检察院主管副检察长彭世理带领刑一科科长，先后深入全市9个区县市检察院及公安机关的部分刑侦大队办案中队与派出所调查走访，形成《公安侦审合一制度实施后对全市检察机关审查批捕工作影响》的专题调查报告。报告得到市政法委、市公安局的重视与关注，较好地纠正了侦审合一后出现的许多弊端，基本理顺了侦、捕间的工作关系，增强了惩治合力。其次，围绕社会热点，依法正确处理群体性事件中的各种违法犯罪案件，使批捕工作有利于大局稳定，促进社会发展。7 月，中央明令取缔“法轮功”邪教组织后，全市“刑一”部门认真学习全国人大常委会的《决定》和“两高”的解释，严格把握政策法律界限，明确专人办理此类案件，并坚持按程序请示汇报，对受理的 4 件报捕案件及时作出审结决定。在处理群体性事件中的违法犯罪问题时，严格区分罪与非罪以及罪行轻重的界限，本着慎之又慎的态度依法办案，既依法惩治犯罪，又避免伤及无辜，防止因检察环节处理失当而激化矛盾，造成更严重的事件。要求各区县市院在作出批捕决定前向市人民检察院汇报，在批捕决定后三日内向市人民检察院和省人民检察院备案。7 月 15 日，市人民检察院发文，再次调整备案审查范围：继续上报批准逮捕的危害国家安全的案件、批准逮捕的涉外案件、检察机关直接立案侦查的案件，不再上报刑事不捕案件。其他特殊案件的备案仍按原要求上报。

2000 年，全市审查批捕部门严格依法办案，稳、准、狠地惩治各类严重犯罪。主要措施是坚持高效率、快节奏办案，保证刑事案件在批捕环节和法定期限内迅速、准确地做出是否批捕决定，没有出现梗阻。常德“9·1”特大抢劫、故意杀人案发生后，市人民检察院主管副检察长带领 6 名批捕骨干及时介入公安机关的侦查活动，与公安机关召开联席会议 5 次，提出各种侦查建议 15 条，补充完善证据 23 份。公安机关对“9·1”案中的张某、李某军、陈某清、赵某洪共 4 名主犯以涉嫌抢劫枪支弹药罪、故意杀人罪、抢劫罪于 9 月 29 日下午提请逮捕，30 日上午便作出了批准逮捕的决定。安乡县公安局在侦破以杨某秀为首的特大走私、贩卖、运输毒品案后，4 月 24 日报捕该团伙杨某湘等 42 名犯罪嫌疑人。县人民检察院受理后，批捕股全员加班，仅 5 天就对报捕的 42 名犯罪嫌疑人全部批准逮捕。全市“刑一”部门牢固树立以质量为本的思想，注重总结提高批捕质量的经验。鼎城区院批捕股针对公安办案中鉴定结论不依法告知、案卷中书证来源不明确等，引起犯罪嫌疑人对价格鉴定、法医学鉴定、交通事故责任认定等不服，造成报捕案件质量低下和犯罪嫌疑人超期羁押，影响批捕期限等情况，特别注意侦查、取证程序方面的审查，保证了批捕案件质量。该股《重视对检验鉴定结论的审查和运用，防止错捕效果好》的经验材料，先后被省人民检察院和高检院审查批捕厅转发推广。澧县院审查批捕股改变以往坐堂等案的工作方式，保持与公安侦查部门的密切联系，将审查关口前移，协助做好提捕工作，既保证批捕案件质量，又为起诉工作打下了基础，受到公安部门的欢迎。该股总结的《在审查批捕工作中引导侦查工作的四条途径》经验材料，被省人民检察院和高检院采用。全市“刑一”干警充分运用审查批捕职能，坚持打防并举、标本兼治的原则，积极参与社会治安综合治理，集中精力保稳定、促发展。1997 年年初，市人民检察院刑事检察一科在社情复杂、治安恶化，地处城乡接合部的德山开发区樟木桥村建立联系点，开展法治宣传活动，帮助搞好城乡社会治安综合治理，该村面貌发生了深刻变化。1998 年，该村被省司法厅评为“防止民间纠纷激化先进村”；1997年起，连续3年被市、区评为综合治理先进单位，1998年、1999年，均获市委、市人民政府开展的“农村小康建设百村大联赛”“金牌村”光荣称号。市人民检察院“刑一”科总结的《检民联手抓预防，综合治理谱新章》经验，先后被最高人民检察院批捕厅和省人民检察院批捕处转发推广。4月，津市市院批捕股在办理湖南机电学校3名学生非法买卖、持有枪支一案中，针对该校对学生法治教育不够，导致学生法治观念淡薄等管理方面的漏洞，提出检察建议，引起学校高度重视，明确一名副校长具体抓学生法治教育。该股除帮助学校堵塞管理漏洞、落实整改措施外，还不定期组织学生开展普法系列活动，受到学校领导、员工和学生的普遍欢迎。该股《预防在校学生犯罪，构筑“四道防线”》和《依法打击，尽力挽救，注重保护》的两篇经验总结，先后被省人民检察院转发、被有关刊物采用。

2001年，全国集中开展以“打黑除恶”为重点的第三次“严打”整治斗争。全市检察机关审查批捕部门按照省人民检察院和市委的统一部署与要求，实行特案特办、专案专办、提前介入、超前审查等工作制度。要求各基层人民检察院批捕部门对有组织犯罪、严重暴力犯罪以及多发性侵财犯罪三类重点案件，及时向市人民检察院汇报并报备案材料。对基层人民检察院的案件请示汇报，市人民检察院在24小时内予以答复。其间，突出对挂牌督办案件的督办及其“保护伞”的查处。高检院挂牌督办的林某、甘某满、王某、廖某智四件黑社会性质组织团伙犯罪案（后两件原为省人民检察院挂牌督办），市人民检察院和承办基层检察院逐案明确责任人，建立台账，按照“三个彻底”的要求逐案督办，全程跟踪监督。高检院挂牌督办的林某涉黑案，桃源县院特案特办、快审快结，及时批捕以林某为首的33名犯罪嫌疑人，并深挖追捕3名漏犯。对该案中黑恶势力坐大成势的“后台”和“保护伞”，市人民检察院渎职犯罪侦查局立案查处了县城漳江镇派出所原所长钟某和县公安机动大队警察黄某臻，建议桃源县委、县政府对涉案的县委原政法委书记和县公安局局长给予开除党籍、行政降级的处分。武陵区院重点审查批捕各类团伙犯罪、带黑社会性质的犯罪案件69件261人，追捕漏犯7人，尤其是在受理高检院挂牌督办的王某涉黑案报捕后，认真审查，依法追捕了4名同案犯。此外，全市检察机关批捕部门加强同公安等有关部门的配合协作，积极参加整顿和规范市场经济秩序等专项斗争，全市依法按程序受理利用邪教组织破坏法律实施的邪教“法轮功”案件5件、18人，经省政法委研究平衡，同意批捕5件、11人。在“严打”整治斗争中，为加大打击力度，使审查批捕工作做到准确及时，不枉不纵，着力调控不捕率，重点解决全市不捕率偏高的问题。针对2000年全市不捕率为21%，超出全省14.5%的平均线的问题，4月召开全市刑检工作会议，研究从两个方面解决问题：一是推广桃源县院控制不捕率的4条经验（近几年不捕率一直保持在8%左右），引导各批捕部门经常从不捕率的升降变化中进行分析，注意发现和解决报捕、批捕等环节存在的问题。二是重点解剖和帮助石门县院解决不捕率过高的问题。石门县院2000年的不捕率高达37.7%，市人民检察院主管副检察长带领批捕科长先后两次深入该院，逐案分析，查找问题原因，帮助解决个别案件把关过严、部分案件重复统计以及报捕案件质量不高的问题，该院2001年的不捕率下降到11.8%。通过大力调控，全市不捕率由2000年的21%降至9%，下降12%，达到省人民检察院、省公安厅《关于在刑事执法中加强配合协调、形成合力的联席会议纪要》中规定的不捕率不超过10%的要求。3月8日，高检院审查批捕厅确定常德市武陵区院审查批捕科为侦查监督工作联系点。

2002年，全市检察机关侦查监督部门充分发挥审查批捕职能作用，保持批捕环节的畅通。11月11日上午7时，常德市一中发生127名师生员工及家属中毒事件，同日早晨，鼎城区牛鼻滩中学也发生119名学生中毒事件。这两起事件发生后，市人民检察院侦查监督科及时介入，引导侦查，最终查明这两起事件并非有组织、有预谋的破坏社会秩序案件，而是普通刑事案件，经认真审查，仅5天时间即依法批捕5名涉案犯罪嫌疑人。全市检察机关侦查监督部门还从三个方面深化业务改革：一是推行审查逮捕方式改革。2000年9月，推行以《审查逮捕案件意见书》为载体的审查逮捕方式改革。改革的主要内容是全部取消阅卷笔录，将逮捕案件审查报告和逮捕案件审批表合二为一，改为《审查逮捕案件意见书》，达到"意见书在手如同卷宗在手"的目的，既减少了重复劳动，又简化了内部工作程序和文书，同时还强调对证据的分析和说明，增强《审查逮捕案件意见书》的说理性，促进检察人员审查证据能力的提高。常德市检察机关侦查监督部门从2001年5月1日起正式执行审查逮捕工作方式改革。经过一年的改革实践，基本上适应了改革要求，并出现一批制作好的法律文书。在高检院2002年8月开展的全国检察机关优秀《审查逮捕案件意见书》评选活动中，安乡县院侦查监督股股长曹静制作的《犯罪嫌疑人杨安等4人涉嫌故意伤害案审查逮捕意见书》获二等奖。二是强化引导侦查取证。为贯彻高检院《人民人民检察院引导侦查取证试行办法》，7月，在桃源县院进行引导侦查取证工作试点，经过近两个月的摸索总结，该院制定《引导侦查取证实施办法》，继而在全市检察机关侦监部门推广。安乡县院侦监股通过引导侦查取证，成功办理杨安等故意伤害案件，总结的《介入侦查活动，提高办案质量》的经验，先后被高检院侦监厅和省人民检察院侦监处转发。三是加强案件案卷质量、法律文书等规范化建设和部分罪案逮捕证据参考标准研究。在内勤内务建设上，鼎城区院侦监股被省人民检察院侦监处评为"最佳案卷单位"。高检院侦监厅为提高审查逮捕案件的质量和效率，制定《常见刑事案件罪名证据规格》。市人民检察院侦监科年内完成了对强迫妇女卖淫罪、赌博罪、虚报注册资本罪、集资诈骗罪四个罪名逮捕证据参考标准的制定工作。

2003年9月，常德市委、市政府在"严打"整治斗争的总结表彰中，市人民检察院侦监科与安乡、临澧、石门县院侦监股四个单位被表彰为"先进集体"，全市有6名侦监干警被表彰为"先进个人"。年底，鼎城区院侦监科科长周亚萍被评为全省检察机关"优秀检察干警"。市人民检察院主管副检察长和侦监部门负责人经常深入各基层检察院侦监科（股），帮助拓宽思路，理顺关系，培养典型，推广经验。桃源县院坚持指导侦查而不代替的原则，采取捕前提前介入，捕中引导取证，捕后跟踪监督的工作模式，有重点、分层次开展引导侦查取证工作，介入引导侦查取证案件33件，列出补充侦查意见100余条，跟踪监督的9件案件无一退补。该院引导侦查取证的经验被高检院《引导侦查取证专辑》（第4期）转发，总结的《严把三关，确保侦查监督出成效》经验材料被省人民检察院侦监处肯定与采用。鼎城区院在实施引导侦查取证中，将审查关口前移，在案件正式报捕前进行审查和协商，达到够捕条件的在报捕后顺利批捕，不够捕的进行补查或建议作其他处理，全年先后对不符合逮捕条件的23件、38人分别提出书面审查意见，其中，对认为不应受刑事追究的8件13人在审查意见中说明理由并提出处理建议，有10件建议改变定性修改侦查方向重新取证后再报捕，有5件补充证据70余份报捕后予以批捕。这一做法受到省人民检察院检察长何素斌的充分肯定；总结的《创新三项措施，降低不捕率有实效》一文被省人民检察院《检察简报》转发。石门县院建立侦捕联系机制，依靠县政法委协调侦、捕两家关系，年内达到百分之百的批捕率，总结的《紧密联系，强化督导，协助公安机关提高报捕案件质量》和《强化侦查监督，维护司法公正》两篇材料，分别被省人民检察院侦监处转发推广和《湖南政法综治动态》刊用。

2004年，根据省人民检察院、省公安厅《关于联合开展“刑事执法质量年”活动的通知》，市人民检察院牵头与市公安局联合制订活动方案下发执行，市、县两级检察院、公安局均成立活动领导班子，明确责任人与联络人。为拓展活动内容，使之出特色、见成效，建立健全联席会议、信息交换、疑难案件会商、联合调研等6项制度，规范了执法行为，保障了提请逮捕与批准逮捕案件的质量。全市全年共受理各类报捕案件1485件、2367人，其中批捕1440件、2272人，不捕45件、95人，批捕率为96.7%，不捕率仅为3.3%，未出现捕后绝对不诉和无罪判决案件。在年底召开的全省刑事检察工作会议上，市人民检察院侦监科作典型发言，介绍《加强侦捕配合联系，确保批捕案件质量》的经验。同时，建立和完善了行政执法与刑事执法相衔接的工作机制。为贯彻高检院和全国整顿和规范市场经济秩序领导小组办公室、公安部《关于加强行政执法机关与公安机关、人民检察院工作联系的意见》，5月18日，由市人民检察院起草、市政府整规办、市公安局联合下发《关于贯彻最高人民检察院、全国整顿和规范市场经济秩序领导小组办公室、公安部〈关于加强行政执法机关与公安机关、人民检察院工作联系的意见〉的通知》、市人民检察院和市公安局等14家市直单位联合发出《关于建立和完善行政执法与刑事执法相衔接工作机制的意见》。7月1日，副市长龚建民主持召开，市委常委、副市长陈文浩出席并讲话，市直42家行政事业单位主管领导参加的行政执法与刑事执法相衔接工作座谈会，成立陈文浩为组长，龚建民、市人民检察院检察长杜辉才、市公安局局长汤向荣为副组长以及12家文件会签单位分管领导为成员的常德市行政执法与刑事执法衔接工作领导小组，市人民检察院主管副检察长万革新兼任领导小组办公室主任，并明确各成员单位的联络员。衔接工作机制启动运行后，经常走访、解答行政执法中遇到的疑难问题，给予办案指导，帮助市质监局等单位搞好执法业务培训。并对各行政执法机关查处、移送经济违法犯罪线索及案件情况进行全面摸底统计，建立移送案件个案台账。11月上旬，桃源县院侦监股检察员钟颖、鼎城区院侦监股检察员李光明被评为“全省检察机关侦查监督办案能手”，钟颖在全省获此殊荣的10名选手中取得总分第一的好成绩。

2005年，全市检察机关侦查监督部门紧扣“强化法律监督，维护公平正义”的检察工作主题，全力投入“两禁两打”“天剑行动”等集中打击和专项整治行动，共受理各类报捕案件2030件、3309人，比2004年报捕案件数上升40.8%，报捕犯罪嫌疑人数上升43%。在案件多、时限短、要求严的情况下，广大侦监干警依然保证案件在法定时限内百分之百的审结率。武陵区院侦监科承担着武陵、德山和柳叶湖开发区、西洞庭、西湖与林业6个公安分局提请批捕的437件案子785名犯罪嫌疑人的审查批捕任务，克服人少任务重的矛盾，确保案件不在批捕环节堵塞，依法快审快结，共批捕暴力犯罪案124件302人、毒品犯罪案69件116人、团伙犯罪案90件301人。全市以表彰推广优秀《审查逮捕案件意见书》为措施，增强侦监干警的业务技能，促进办案质量与效率的提高。2004年年初，发文部署评选优秀《审查逮捕案件意见书》活动，是年年底收到各人民检察院推荐的参选意见书58份，经组织评选、审定，评出一等奖、二等奖、三等奖共13份。2005年年初，对获奖意见书进行通报表彰，并将其编辑成《优秀〈审查逮捕案件意见书〉选编》发给全市侦监干警，作为办案参考教材使用。

2006年，在“全省侦查监督规范化建设年”活动中，全市检察机关侦监部门，认真落实上级要求，健全办案制度，自觉规范执法行为，严格按照法定程序办案，克服重实体、轻程序倾向，坚持介入侦查、引导取证、跟踪监督，确保案件在法定期限内审结，杜绝超期羁押；坚持每案提审、双人提审，对讯问签名、文书编号、存根填写、案件研究、捕与不捕告知、执行回执收集、卷宗装订、案件备查等方面有明确规定与要求；同时配合执法监管，每案必须填写办案告知卡、执法监督管理流程卡、办案廉洁自律卡等“一案四卡”，规范依法办案，公正文明执法。8月14日，高检院与公安部联合召开全国逮捕工作专项检查电视电话会议，省人民检察院和省公安厅联合下发《逮捕工作专项检查实施方案》，市人民检察院和市公安局召开专项检查协调会议，成立全市专项检查领导小组，9月13日印发全市逮捕工作专项检查方案，启动为期3个月的全市逮捕专项检查活动。根据高检院和省人民检察院提出的检察机关专项检查的7个重点问题，对2004年12月26日—2005年12月25日受理的案件及批捕与不捕案件，逐件、逐人对照检查。其间，全市共受理公安机关提请批准逮捕3245人，其中批准逮捕2917人，不批准逮捕328人；批捕的犯罪嫌疑人中，未执行逮捕151人，变更强制措施119人，撤案9人，不起诉28人；不批准逮捕的犯罪嫌疑人中，提请复议复核17人，经复核改变原决定2人。全市共受理职务犯罪案件犯罪嫌疑人63人，其中决定逮捕58人，决定不捕5人，捕后撤案3人，捕后决定不起诉3人。针对存在的捕后撤案、捕后不起诉以及复核改变原决定的问题，逐案分析原因，查明责任，进行整改。

2007年3月，召开全市侦查监督工作会议，对高检院《关于在检察工作中贯彻宽严相济刑事司法政策的若干意见》、《关于依法快速办理轻微刑事案件的意见》、《办理未成年人刑事案件的规定》3个文件，进行专题学习和贯彻落实。会后，市、县两级侦查监督部门在审查批捕工作中，坚持宽严相济，突出打击重点，依法从严从快，全力投入“打黑除恶”、治理自行车盗窃和打击盗窃破坏“三电一铁”等专项斗争，该捕的果断批捕，及时、准确、有力地打击犯罪分子；依法从宽、慎用逮捕强制措施。鼎城区院侦监科从有利于减少社会对立、促进社会和谐的角度出发，认真探索“无逮捕必要”这一不捕条件的个案适用情况。除对患有严重疾病或正在怀孕、哺乳自己婴儿的妇女等法定情形予以适用外，还对四类情形的案件在综合分析的基础上予以适用：对情节轻微的因亲友、邻里纠纷或同学之间纠纷引发的轻微刑事案件，案发后犯罪嫌疑人认罪悔过、赔礼道歉、积极赔偿损失并得到被害人谅解或者双方达成和解并切实履行，社会危害性不大的，一般适用“无逮捕必要”；对未成年人及在校学生的犯罪案件，始终坚持“教育、感化、挽救”的方针和“教育为主，惩罚为辅”的原则，根据案件具体情况，符合“无逮捕必要”的，一律不予批捕；对主观恶性小、犯罪情节轻微的初犯、偶犯和过失犯，盗窃公私财物虽然达到“数额较大”的起点，但案发后全部退赃、退赔并主动投案或被胁迫参加盗窃活动，没有分赃或分赃较少的盗窃案件，依法不予批捕；对共同犯罪中起次要和协助作用，悔罪态度好且有揭发行为或立功表现的犯罪嫌疑人适用“无逮捕必要”。至10月底，该科共不批准逮捕犯罪嫌疑人93人，充分体现了司法中的人文关怀，既节约诉讼资源，也化解了矛盾、减少了社会对立面，取得良好的社会效果与法律效果。全市侦监部门贯彻落实高检院十届第59次检委会审议通过的《人民检察院审查逮捕质量标准（试行)》。2007年4月12日，市人民检察院组织全市各院主管副检察长及侦监干警共46人进行学习培训。在执行“审查逮捕质量标准”中，突出两项工作：一是全面开展不批捕说理工作，息诉息访。对不批捕的案件，向公安机关说明不捕理由，减少不必要的复议复核；对可能引起被害人不服容易引发上访的不捕案件，及时与有关部门配合，向被害人说明不捕理由，消除被害人对逮捕工作的误解，减少涉检上访，促进社会安定和谐。全年全市共办理不批准逮捕案件350件、633人，每件都向侦查机关发出《不批准逮捕案件说明书》。二是进一步规范办案文书和办案流程，确保案件质量。2008年，通过对上半年的案件质量检查和备案审查，发现各基层单位文书格式不统一、办案流程不规范的问题较突出。根据省人民检察院侦监处2003年印发的《侦查监督工作文书格式》和《执法状况考评规则》的要求，结合实际制定《检察机关侦查监督工作常用文书格式（试行)》和简明的办案流程图，印发各基层检察院，并于9月上旬在鼎城区院召开全市侦查监督规范执法现场会。2007年，为配合省人民检察院政治部、侦查监督处在全省侦查监督系统开展的岗位练兵活动及优秀办案能手评选活动。3月下旬，召开全市刑检工作会议进行动员部署，下发岗位练兵方案。在年底举行的全省侦查监督系统优秀办案能手竞赛活动中，常德4名参赛选手，市人民检察院侦监科雷晓敏、王海龙荣获“湖南省检察机关侦查监督十佳办案能手”称号。

2009年5月，市人民检察院在汉寿县举办市、县两级院班子成员及市人民检察院中层以上骨干参加的中央司法体制和工作机制改革培训班，学习检察机关查办职务犯罪案件的审查逮捕上提一级改革工作精神，就实施过程中可能遇到的问题进行分析探讨，如何积极采取应对措施等达成共识。接着，市人民检察院侦监科对各基层检察院进行摸底调查、召开座谈会收集意见，并在6月上旬到上海浦东、杭州萧山、安徽安庆等地检察院考察学习网上办案的经验，撰写《积极应对改革，完善职务犯罪侦查监督机制》的调研文章。上提一级后职权分配和办案格局发生变化，牵涉到人、财、物等方方面面，市人民检察院审查逮捕工作量将大幅增加，介入侦查、报送及审查案件材料、讯问犯罪嫌疑人、送达法律文书等大都要异地进行。为解决这些问题，领导从经费和装备上实行倾斜，给予支持。为保障审查逮捕上提一级的顺利启动和有序推进，对立案、提前介入、报捕、审查、执行等多个环节进行规范。6月23日，市人民检察院举办自侦案件审查逮捕工作机制改革培训班，组织全市检察机关主管副检察长及反贪局局长、渎侦局局长、侦监科科长、林检科科长、监所科科长与白洋堤院相关人员参加培训。培训班由市人民检察院检察长、主管副检察长、侦监科科长讲课，并印发高检院《关于为顺利实施职务犯罪案件审查逮捕程序改革做好相关准备工作的通知》和高检院办公厅《关于通过机要通道系统传输职务犯罪案件审查逮捕案件材料的通知》，学习领会省人民检察院《湖南省检察机关办理职务犯罪案件审查逮捕工作流程规定（征求意见稿）》和《湖南省检察机关适用附条件逮捕的暂行规定（征求意见稿）》。9月，全市正式启动职务犯罪案件审查逮捕程序改革，至年底，从市人民检察院办理的10件职务犯罪案件情况看，上、下级院及部门间的配合协调较好，案件逮捕率达83%。2010年，市人民检察院共受理审查各基层检察院报捕的职务犯罪案件43件、55人，其中决定逮捕37件、43人，逮捕率为78.2%；市人民检察院经审查向省人民检察院报请逮捕8件、9人，批捕8件、9人，批捕率100%。市人民检察院侦监科总结改革过程中办案的经验，撰写的《严把四关，提升职务犯罪案件侦查监督工作水平》的经验材料，被省人民检察院《检察简报》采用推广。针对改革后一度出现的报捕率和逮捕率偏低等问题，11月中旬开展专题调查，形成《关于捕权改革后对职务犯罪案件审查逮捕质量的调查分析》，并召开全市检察侦查部门和侦查监督部门负责人会议，通报调查情况，提出改进意见，遏制下滑趋势。2010年，市人民检察院侦监科郭芳琼、石门县院刘芸、桃源县院高洪3人在全省检察机关第五届侦监部门业务竞赛中，荣获“全省检察机关侦查监督优秀办案能手”称号。

2011—2013年，全市共批捕故意杀人、故意伤害等严重暴力犯罪，涉赌、涉毒、涉枪以及“两抢一盗”等多发性侵财犯罪案件2427件3219人，逮捕犯罪嫌疑人数占3年批捕刑事犯罪人数的49.5%。全市检察机关侦查监督部门积极参与整顿和规范市场经济秩，序依法严厉打击严重经济犯罪，审查批捕了一批涉案金额大、严重破坏社会经济秩序、影响稳定的重大经济犯罪嫌疑人。

2011 年受理的“欣彩国际”和“康强国际”网络传销系列案，在严格审查的基础上迅速批捕了传销核心的 8 名犯罪嫌疑人。2012 年，加大对侵犯知识产权和制售假冒伪劣商品犯罪的打击力度，全年共批捕该类案件 11 件、33 人。3 月，与市公安局配合，查办一起非法生产销售伪劣“地条钢”案，批捕 2 名犯罪嫌疑人，同时配合公安机关与相关行政执法部门查处关闭一批加工销售地条钢的小作坊，有力惩治加工销售劣质钢材的现象。同年 8 月，办理常德市首例特大地沟油案，以生产、销售有毒有害食品罪依法批捕了吴某松等 16 名犯罪嫌疑人。2013 年 2 月，与市公安局配合，依法查办了一起非法生产销售伪劣烟草制品案，批捕 4 名犯罪嫌疑人，并配合查处关闭 3 个非法生产卷烟的黑窝点。在坚持依法惩治严重刑事犯罪和严重经济犯罪的同时，注重贯彻宽严相济的刑事司法政策，认真落实中央“两减少、两扩大”的方针，积极推进刑事和解。对轻微犯罪特别是初犯、偶犯、过失犯及老年人、未成年犯罪嫌疑人，坚持依法从宽处理，加强对弱势群体的特别司法保护，对符合刑事和解条件的案件尽力促成和解，挽回损失，修复破损的社会、人际关系。2011—2013 年，全市侦查监督部门在批捕环节共办理刑事和解案件 139 件、147 人。均因犯罪情节轻微，取得被害方谅解后达成和解协议，依法及时作构罪不捕决定，并向侦查机关和当事人发出《不批准逮捕案件说明书》说明不捕理由。同时，加强对逮捕必要性和捕后羁押必要性的审查。对犯罪情节轻微，主观恶性不大的，依法扩大非罪处理和非监禁处理，尤其是对未成年人犯罪案件，坚持教育为主、惩罚为辅的原则，防止因羁押再次受到不良因素的感染。2013 年，全市共办理羁押必要性审查案件 33 件，提出建议 33 件，被侦查机关采纳 31 件。

2012 年 3 月 14 日，十一届全国人大五次会议审议通过《全国人民代表大会关于修改〈中华人民共和国刑事诉讼法〉的决定》。为了加强对新刑事诉讼法的理解和学习，积极应对新刑事诉讼法给侦查监督工作带来的新挑战，全市检察机关侦查监督部门加强对侦监队伍的业务学习和岗位培训。及时组织全市各院侦监部门内勤人员进行侦查监督实务培训，熟悉侦监工作流程，提高法律文书制作、统计数据填报等侦监实务技能。9 月，组织全市侦监系统开展业务竞赛活动，从考试成绩优秀者中选拔 4 人经集训后参加湖南省检察机关第六届侦查监督“十佳检察官”及“优秀检察官”的评选活动，市人民检察院侦监科助理检察员刘芸获得“全省侦查监督优秀检察官”称号及《优秀审查逮捕意见书》单项奖，市人民检察院获得“活动组织奖”。12 月，从全市侦监系统选派 14 名骨干赴北京参加由市人民检察院和北京师范大学联合举办的关于新刑诉法与检察实务的高端培训班的学习。2013 年 1 月，组织全市侦监部门科长及骨干进行集中培训，重点学习新刑事诉讼法与侦监工作流程等内容；4 月，组织全市侦监干警“两法一规则”业务知识考试，参考率达 95%，合格率达 100%。市人民检察院侦监科在认真调研、广泛征求意见的基础上形成的

《审查逮捕中认定五种社会危险性情形的参考意见》，经市人民检察院检委会讨论后印发全市检察机关，为办案提供参考。市人民检察院侦监科注重新刑事诉讼法实施后的基层调研和理论的探讨，市人民检察院主管侦监科的副检察长周奔红与侦监科干警彭小龙联合撰写的《关于贿赂犯罪指定居所监视居住决定的监督探索》一文发表在《人民检察》（湖南版）上，《浅议现行逮捕制度出现的新问题及其应对措施》一文发表在高检院侦监厅主编的《侦查监督指南》上。

2014年，严格执行第二次修正后的《刑事诉讼法》及刑诉规则有关逮捕条件和审查逮捕程序等新的规定，突出依法惩治严重刑事犯罪。全市共批捕“两抢一盗”多发性侵财犯罪、故意杀人、故意伤害等严重暴力犯罪，涉赌、涉毒、涉枪犯罪案件857件1070人，占批捕总人数的62.9%。不断深化刑事诉讼法强调的保障人权的执法理念。1—10月，全市共对85名不涉嫌犯罪的犯罪嫌疑人作出绝对不捕决定，对487名犯罪事实不清、证据不足的犯罪嫌疑人作出存疑不捕决定，占不捕总人数的63.8%。贯彻落实宽严相济的刑事政策，积极推进刑事和解、未成年人犯罪案件特殊程序工作机制。全市共对268名犯罪嫌疑人作出没有社会危险性不捕的决定，在审查逮捕阶段通过促成双方达成刑事和解不捕42件、42人。在办案过程中，努力建立和完善社会危险性证明机制。临澧县院侦监科加强与本院案管中心协作，受案时坚持对证据材料初审，对于公安机关未提供社会危险性理由及证明材料的轻微刑事案件，及时要求说明或补充。该科办理的高某某放火一案，通过调查走访，群众反映犯罪嫌疑人具有社会危险性而依法作出批准逮捕决定，就办理该案总结的《临澧县院注重社会危险性调查分析提升审查逮捕案件质量》一文被省人民检察院检察工作简报采用。在工作流程上，建立健全捕后羁押必要性审查机制。武陵区院是市人民检察院确定的羁押必要性审查机制试点单位，通过明确捕后羁押必要性审查的责任人和启动条件、方式、程序等，重点对故意伤害、交通肇事等轻微刑事案件及附条件逮捕案件主动跟踪，该院年内共主动跟踪49件、63人，发出羁押必要性审查建议书9份。通过开展捕后羁押必要性审查，全市共建议侦查机关对64名犯罪嫌疑人变更强制措施。全市侦监部门注重建立健全案件质量监控机制，多环节严格把控批捕案件质量关。3月下旬，召开全市侦监工作会议，着重剖析2013年案件质量问题，提出加强和改进案件质量措施。5月，市人民检察院侦监科印发《常德市检察机关侦查监督部门关于建立审查逮捕质量监督机制的若干意见》，建立错案分析评查、检讨说明、责任倒查制度，审查逮捕案件定期巡查制度，重点案件备案审查制度，案件质量和业务数据定期分析通报制度，典型案件侦、捕、诉衔接制度等7项工作制度，省人民检察院《侦查监督工作情况》第四期转发推介这些制度、做法。市人民检察院侦监科借助检察机关统一业务应用系统，对各基层检察院所办批捕案件进行抽查，年内网上抽查案件93件，并于每季度末对审查逮捕案件质量进行分析评查，通报主要业务数据，发现和纠正一些程序及文书不规范的问题。根据省人民检察院开展的“公平正义在侦监”活动安排， 5月初，市人民检察院侦监科印发《“公平正义在侦监”活动实施方案》，明确组织机构，将各项业务工作细化分解到各基层检察院；6月初，印发开展“侦查监督开放日”活动方案，明确活动目标、活动主体、内容及活动方式，提出活动具体要求。7月上旬，分赴各基层检察院具体指导。7月25—31日，全市9个基层检察院分别开展以侦查监督为主题的检察开放日活动，组织多家媒体及全体人民监督员分别参加各基层检察院的开放日活动，对活动情况进行集中宣传报道，尤其是在“检察开放日”中探索对审查逮捕案件、捕后羁押必要性审查案件的公开听审活动，令受邀嘉宾耳目一新，取得较好的社会效果。

2015年，以“优化经济发展环境专项侦查监督活动”为契机，积极参与整顿和规范市场经济秩序，依法惩治破坏金融管理秩序、扰乱市场秩序犯罪。全市共受理审查逮捕各类破坏市场经济秩序犯罪案件99件、198人，批捕57件、130人；批准逮捕制假售假、金融诈骗、合同诈骗、非法经营、侵犯知识产权、传销等犯罪140人，同比上升84.2%。4月，市人民检察院侦监科与市公安局配合，办理常德市首例串通投标案，即中烟集团常德烟厂“十二五异地技改项目”串通投标系列案。该案所涉技改项目系省内重点工程，投标金额大、涉案人员多、社会影响大，且涉及常德烟厂职务犯罪案件的查处，省委书记、省人大常委会主任徐守盛高度关注并作出批示。为依法迅速查办该案，市人民检察院成立专案组，选派业务骨干提前介入，引导侦查，帮助梳理证据并对涉案人员提出分流处理建议，依法以串通投标罪批捕11人，以非国家工作人员受贿罪批捕2人。通过深挖串通投标背后的职务犯罪，市人民检察院分别以涉嫌行贿罪、受贿罪立案侦查11人，至年底批捕3人。自5月开始，配合公安机关开展打击网络传销犯罪专项行动，全市共查办网络传销案件19件87人，其中涉案金额上亿的特大案件5起，共批捕73人。为保障重点民生工程建设，服务生态文明建设，参与处理发生在“黔张常”铁路桃源泥窝潭乡路段工地的群体性阻工事件，依法批捕2人，追捕1人；先后2次派出侦监、公诉部门负责人到秦皇岛、益阳等市学习考察当地对违法采砂行为适用法律及采取强制措施的经验，结合各基层检察院以往处理此类案件的做法，向市委政法委、市砂管办提交在处理河道等违法采砂行为过程中调查取证及法律适用的书面意见。全市侦监活动为积极参与创建平安常德、维护和谐稳定的社会秩序服务。1—11月，全市共批捕“两抢一盗”多发性侵财犯罪、故意杀人、故意伤害等严重暴力犯罪、涉赌、涉毒、涉枪犯罪案件841件、1016人，占审查逮捕总数的41.6%。在打击中，突出贯彻宽严相济的刑事司法政策，全市共依法对342名构罪的犯罪嫌疑人以没有社会危险性不批捕，通过促进双方当事人达成刑事和解，依法不批捕58人。津市市院侦监科受理一张姓少年涉嫌盗窃案后，鉴于犯罪嫌疑人犯罪情节轻微且认罪态度好，承办人多次登门做其家庭及社区工作，唤起亲友关爱，社区也愿意帮教，遂作出不捕决定。该科这一温情执法举措被国家级网站及省、市人民检察院微信平台予以登载。全年共依法对782件不捕的案件向公安机关说明不捕理由，对构成犯罪不批捕案件依法上网公开了不批捕理由法律文书。围绕规范司法行为、提升执法水平，扎实开展专项整治活动。为落实上级部署的规范司法行为专项整治活动，市委成立了以市委政法委书记为组长，市人大、市人民检察院、市公安局主要领导为副组长的领导机构，抽调公、检、法、司四家业务骨干组成联合检查组，采取市级指导、各区县市交叉、法律专业人员评查和社会民意评价相结合方式，于5—7月，对2014年全市检察机关“不捕不诉”案件开展为期3个月的专项执法检查，共评查2014年度不捕不诉案件658件，其中不捕案件376件。评查认为90%以上案件不捕不诉结论正确，但有10件案件系检察机关对证据标准把关过严，占评查案件总数的1.5%；另有17件案件系办案人员在法律适用、定性把握上存在偏差，占评查总数的2.6%；还有33件在办案程序或文书规范方面存在瑕疵，占评查总数的5%。另对29件在实体处理上存在争议的案件经逐件复查后提交了申诉意见，经领导小组办公室复评认可异议成立15件。对评查发现的问题进行逐项整改与专门通报。积极开展岗位练兵，加强执法能力建设。市人民检察院侦监科将岗位练兵与业务工作相结合，开展业务骨干跟班办案、以案代训活动，年内先后从武陵、鼎城、桃源、汉寿、石门等检察院相继抽调8名侦监骨干到市人民检察院参与办理重大疑难案件。9月下旬，为备战第七届全省侦查监督业务竞赛，在推荐、考察基础上，从全市选派4名侦监骨干，经28天封闭集训后参加竞赛，于10月29日起经4天激烈竞争，鼎城区院侦监科副科长蔡毓麟在全省55名选手中成功晋级决赛，荣获“全省优秀办案能手”称号。

第二节　刑事立案监督

1994年3月，省人民检察院刑事检察一处下发《湖南省检察机关立案监督暂行规定》，全市检察机关刑一部门正式启动立案监督工作。直接立案查处公安机关有案不立、有罪不究、以罚代刑、以劳教代刑的刑事犯罪案件，把立案监督作为侦查监督的主要内容和解决不严格执法的重要途径。是年全市自行立案侦查9件、11人，年底前侦查终结6件、6人。

1995年，全市自行立案13件、14人，起诉8、件9人，法院判决7件、8人。1996年，全市检察机关刑一部门自行立案查处公安机关有罪不究、有案不立的案件5件、7人，其中起诉4件、5人。桃源县院自行立案的李某球、郭某如组织他人卖淫案起诉后，法院判处李有期徒刑13年、郭有期徒刑5年。

1997年，修正后的《刑事诉讼法》对人民检察院实行立案监督作出规定，使立案监督工作有法可依。为了规范检察机关的立案监督工作，相继下发高检院《人民检察院刑事诉讼规则》和省人民检察院《湖南省人民检察院刑事立案监督工作暂行办法》。7月，在澧县召开全市检察长会议，市人民检察院检察长李文耀、主管副检察长彭世理在讲话中要求把立案监督作为“刑一”的特色工作来抓，明确把立案监督列为年终工作考核评比的一项“硬指标”，对这项工作没有开展的单位实行“一票否决”。会后，石门县院检察长万革新为解决该院“刑一”立案监督“无米下锅”的状况，几次同刑一股干警座谈，想办法、出主意，并要求法纪检察、控告申诉等部门协同配合，帮助提供立案监督的案源线索，仅2个月时间就办理2件立案监督案件。

1998年，全市检察机关制定立案监督工作向党委、人大常委会和政府的报告制度。并通过印发立案监督宣传资料、发表电视讲话、设立宣传橱窗、开通立案监督热线电话等，得到了党委、人大常委会、政府等机关的重视、支持，人民群众对立案监督工作有了认识和了解。桃源县院制定《立案监督实施办法》向县人大常委会汇报后，县人大常委会领导亲自组织召开县政法各部门的协调会议，专题学习讨论《立案监督实施办法》，为立案监督工作顺利开展创造良好的外部环境和条件。全市共办理立案监督案件32件、48人，比1997年的22件、35人分别上升45.4%和37.1%。

1999年，全市检察机关“刑一”部门共收集立案监督线索并要求公安机关说明不立案理由108件、133人，其中，公安机关直接立案26件、38人，通知公安机关立案82件95人。公安机关接立案通知后立案82件、95人，立案后批捕52件、74人，移送起诉38件、43人，当年判决28件、31人。为全面开展 “全省执法效果年”活动，市人民检察院加大对各基层检察院立案监督及追捕工作力度的考核评比，修订完善“刑一”工作考核评先的记分办法，并推广汉寿、澧县等检察院搞好立案监督的经验。市人民检察院主管副检察长带领“刑一”正、副科长深入各基层检察院进行调研指导，就立案监督和追捕线索一件件听汇报，帮助把握质量标准，明确工作步骤方法，与相关部门联系协调，为“刑一”部门出谋划策，排忧解难。同时坚持定期请示汇报，取得领导的重视与支持。广泛开展法治宣传，使社会各界及人民群众了解检察机关立案监督职责。处理好监督与制约的关系，不以监督者自居。石门县院经常召开与公安刑侦大队和各派出所的联系会，交换意见，融通感情，争取公安的理解与支持。为了广辟立案监督案源线索，既注重从公安受案及案件处置等情况中发现蛛丝马迹，也注意搞好内部检察职能部门的配合反映线索，还注意经常深入群众调查走访，广泛收集掌握线索。对各种案源线索进行认真审核，搞好初查，保证立案监督的准确性和权威性。对通知立案案件建立跟踪监督卡，防止立而不侦、侦而不究等问题。澧县院6月3日立案监督的任某民利用合同诈骗70万元一案，通知公安立案查处后，不仅向公安机关提供抓捕线索，而且派出警力配合公安从长沙将任押解回澧县受审，后又督促有关部门快诉快审，终使任某民在12月3日被判有期徒刑11年，剥夺政治权利3年，并处罚金2万元。该案在通知立案及判决后，在当地反响强烈，法律效果非常好，较好地扭转了以前对此类案件因利益驱动而打击不力、有罪不究的状况。县公安局相继办理诈骗案件13件21人，对维护经济环境和经济秩序，保障经济发展起到促进作用。该县人民检察院总结的《采取五条措施加大立案监督力度》，被高检院审查批捕厅编发的《审查逮捕工作情况》采用。

2000年，针对立案监督案源线索减少，工作中存在重监督立案数量，轻结案判决的倾向等实际，年初在制定年度工作方案和考核评先办法时作出相应调整，把立案监督和追捕的重点放在体现惩治的力度和效果上，要求全市全年立案监督案件和追捕犯罪嫌疑人的法院判决数均不得少于50件（人），判决率必须达到80%以上，并将目标分解到各单位。各批捕科（股）将立案监督工作任务量化落实到人，作为岗位责任制考评的一项重要内容，形成人人身上有担子，层层抓立案监督的责任体系，办理一批有影响的立案监督案件。石门县院主管副检察长带领批捕干警经常深入山区摸线索、挖案源，从一起容留卖淫案线索中监督立案的酉某庆、覃某赐2名强奸幼女犯罪嫌疑人，分别被判处有期徒刑12年、10年。桃源县院广泛开展法治宣传，使人民群众知道如何运用法律武器保护自己、打击犯罪，从一起举报线索中了解到村民熊某清用板凳将其母亲打死，经初查确认后通知公安机关立案，法院以故意杀人罪判处熊某清死刑。此外，狠抓对公安机关不应该立案而立案的监督，全市共监督公安机关撤销不该立而立案件29件、39人。是年，全市审查批捕部门共办理立案监督案件83件、94人（其中通知公安机关立案82件、93人，建议检察机关自侦部门报请立案1件、1人）。所办立案监督案件中，逮捕76件、87人，起诉75件、86人，判决73件、83人，当年判决率为88%，比上年增加62%，超出省人民检察院规定数的28%。11月，省人民检察院检察长李志辉到常德检查工作听取汇报后，给予高度评价，当即命题指示总结《立案监督要体现质量和效果》的经验，作为参加全国检察长会议的材料。

2001年，针对立案监督工作起点高、案源线索少、再进难度大的实际，及时调整工作思路、完善工作措施，采取抓“大”放“小”的策略，纠正往年立案监督中重视数量，忽视质量的倾向，突出抓影响大、危害大、反映强烈的大案，追求高质量、好效果，对有伤和气、有损关系、易于扯皮或费时费力、劳而无功，可能判处3年以下刑期或作其他处理的轻微刑事案件，一般不列入立案监督范围；修改考评办法，不下达数量指标，加大科以重刑、社会效果好的立案监督案件计分比重，对那些处3年以下刑期的不予计分。各侦监部门注重抓震慑力度大、法律效果的好线索监督立案，全市立案监督当年判决的78名罪犯中，判处3年以下刑期的17人，判处3~5年刑期的41人，判处5~10年刑期的17人，判处10年以上刑期的3人；判处3年以上刑期的占当年判决数的78.2%，与上年比上升43.7%。

2002年，市人民检察院下发《关于开展“打黑除恶”立案监督专项行动的通知》，在全市检察机关部署开展打黑除恶立案监督专项行动。全市立案监督的59件案件中，有31件是在专项行动中监督立案的。津市市院监督立案的胡某抢劫案，胡某被依法判处12年有期徒刑，该案被省人民检察院评为当年最佳立案监督案件。

2003年3月，在全省检察机关刑事检察工作会议上，常德市人民检察院侦查监督科介绍《认真开展立案监督，努力维护司法公正》的经验。4月初，高检院《关于开展经济犯罪立案监督专项行动的通知》下发后，全市检察机关侦查监督部门按照上级要求，积极开展经济犯罪立案监督专项行动。6月，市人民检察院主管副检察长万革新带领侦监科负责人先后走访市直工商、税务、药监、技监等8个行政执法部门，制发《经济违法犯罪案件（线索）调查摸底表》120余份，收集并筛选出立案监督线索3条，均通知立案。全市侦监部门在专项行动中召开联席会议27次，走访有关单位、部门86个，发放调查摸底表625份，立案监督11件。武陵区院侦监科在调查中发现，武陵区东郊乡农科站农资经营部法人杨某全，于2001年12月—2002年1月，从湖南郴州隆平高科种业有限公司购进培杂茂选、培杂茂三种子17000余公斤，杨撕毁上述品种名称标签，改换培优288标签，以次充好销往鼎城、汉寿、武陵等地，违法所得20余万元，给农户造成损失100万元以上，而市农业局对其只给予罚款5万元的行政处罚。该院及时展开调查，于5月20日通知市公安局立案侦查，报捕后仅用1天时间就以销售伪劣种子罪批捕杨某全。杨于9月16日被判处有期徒刑1年。

2004年3月至2005年，全国检察机关开展惩治制假售假、侵犯知识产权犯罪专项立案监督活动。按照高检院和省人民检察院的部署，全市检察机关迅即成立专项行动领导小组，由主管副检察长挂帅，侦查监督部门具体负责，明确联络员，制订专项行动实施方案。2004年5—7月，成立市行政执法与刑事执法相衔接的领导小组，召开市直行政执法单位参加的行政执法与刑事执法衔接工作机制座谈会，下发关于建立和完善行政执法与刑事执法相衔接工作的意见及案件移送与工作联系等文件。通过调查专访、召开联席会议、建立移送案件台账、查阅行政执法案卷等，发现立案监督线索，督促移送涉嫌犯罪案件，疏通和拓展专项立案监督行动的案源渠道。2005年8月24日、9月7日，高检院、省人民检察院相继召开全国、全省检察机关电视电话会议，进一步部署惩治制假售假，侵犯知识产权犯罪专项立案监督活动和以纠正刑讯逼供为重点的专项侦查监督活动。市人民检察院下发《关于加强打击制假售假、侵犯知识产权犯罪专项立案监督活动和以纠正刑讯逼供为重点的专项侦查监督活动的意见》，全市打击制售假冒伪劣商品、侵犯织识产权犯罪立案监督专项行动深入开展。在专项行动中，全市检察机关侦查监督部门共召开联席会议23次，走访行政执法机关105次，重点查询行政处罚案件578件，查阅案件卷宗134件、137卷，建议移送涉假犯罪案件8件，监督立案2件。提前介入及时批捕了一批有影响的涉假案件，有力惩治制假售假犯罪分子的嚣张气焰。市人民检察院侦监科共受理提请批准逮捕的非法经营犯罪案件7件，批准逮捕7件；受理提请批准逮捕的生产销售伪劣商品犯罪案件17件，批准逮捕17件。2004年12月3日，市公安局提请批捕陈某华等7人生产销售伪劣烟机案，该案是公安部、国家烟草总局挂牌督办的重大案件。受案后，侦监科正、副科长连夜赶往犯罪嫌疑人羁押地长沙市，阅卷提审连轴转，废寝忘食6昼夜，于12月9日将提捕的7名犯罪嫌疑人全部批捕。由于该案涉案犯罪人员多、犯罪地域广，进一步侦查取证难等情况，在省人民检察院侦监处的指导下，多次与省公安厅治安总队、省烟草局、常德市公安局的办案人员一起研究，提出补充侦查意见，又通过采取介入侦查，配合调查取证、协同缉捕嫌犯、督促了解案情等跟踪监督措施，加速全案的破获，分别于2005年1月、4月、8月又批捕涉案的另外4名犯罪嫌疑人。至此，该起涉案犯罪金额542.5万元，生产销售YJ14—23型33台（套）伪劣烟机特大案的11名犯罪嫌疑人全部批捕到案。2006年3月28日，市人民检察院侦查监督科被高检院表彰为“全国检察机关‘打击制假售假、侵犯知识产权犯罪专项立案监督活动’先进集体”。

2007—2010年，全市检察机关侦查监督部门践行“强化法律监督，维护公平正义”的检察工作主题，继续把立案监督工作作为加强法律监督能力建设的重要内容抓紧抓好。在开展立案监督工作中，既注重依法监督纠正有案不立、有罪不究、以罚代刑等问题，又注重监督纠正不该立案而立案的问题，特别是运用刑事手段违法插手经济、民事纠纷等问题；同时，还重视把加大立案监督工作力度与贯彻宽严相济刑事政策有机结合起来，启动立案监督程序时，充分考虑案件的社会危害性、侦查终结的可能性以及是否有利于化解社会矛盾、节约司法成本等因素，达到立案监督数量、质量和法律效果的统一。鼎城区院在立案监督工作中，争取当地领导支持，与公安机关和法院搞好协调配合，和有关行政执法职能部门做好行政执法与刑事司法有效衔接、信息共享、案件移送等，该院在2009年就这项工作向省人民检察院申报为对基层检察院分类综合考核的精品项目。该院在2010年通过详审细查公安报捕的杨某锋销售伪劣种子案，发现该案举报人熊某喜也有非法购入大量没有合法来源的种子包装后予以销售的行为，涉嫌销售伪劣种子罪，同时发现区农业局执法大队长李某国有玩忽职守嫌疑，遂分别监督公安机关和本院反渎局立案查办，两名犯罪嫌疑人批捕起诉后均获有罪判决。该案被省人民检察院侦监处推荐为立案监督的优案。

2011—2012年，全市立案监督工作，既注重纠正超越管辖范围，动用刑事手段插手经济、民事纠纷等不该立案而立案的案件，维护当事人合法权益，又注意把重心放在经济、金融等领域，监督查处经济犯罪，保护国家和集体财产安全，维护社会经济秩序。2010年11月，湖南天洁纸业有限公司与周某银签订《芦苇购销合同》一份，天洁公司支付定金20万元。后因双方对合同中规定的勘测、付款、调运时间先后等问题的理解产生分歧意见，致合同未履行。天洁公司以骗取定金20万元为由状告周某银，安乡县公安局于2011年4月26日以涉嫌合同诈骗罪立案侦查并对周某银上网追逃，后将其取保候审。安乡县院于5月底受理周某银申诉后，经调阅案卷、审查证据、听取当事人的申诉以及侦查人员和法制部门意见，认为周的行为不具备犯罪的主、客观要件，不涉嫌犯罪，本案属于合同纠纷。县人民检察院于6月26日向县公安局发出《要求说明立案理由通知书》，县公安局于6月29日撤销该案。2012年3月，澧县院侦监股在办理提捕的黄某涉嫌骗贷一案中，发现黄某贷款均系信用社主任张某伟在明知黄某不符合贷款资格条件下违法发放，决定对张以涉嫌违法发放贷款罪立案监督。并向县信用联社发出检察建议，要求信用联社开展清查整改，移送犯罪线索，同时监督和引导县公安局经侦大队对该案的立案侦查。以此为契机，公安机关先后立案侦查此类案件6件、10人，检察机关又监督立案此类案件2

件、2 人。

2013 年 5 月，启动对危害民生刑事犯罪专项立案监督活动，下发《常德市检察机关开展危害民生刑事犯罪专项立案监督活动工作方案》，各基层检察院按照方案要求，认真开展工作，共监督立案 26 件、42 人。安乡县院在专项活动中，通过行政执法与刑事执法衔接工作机制，推进行政执法机关移送涉嫌犯罪线索（案件）工作，共监督县卫生局向公安机关移送涉嫌非法行医案件线索 49 件，公安机关立案 39 件，移送检察机关审查起诉 20 件，人民法院判决 5 件。安乡县院还延伸监督职能，参与该县城市、农村医疗市场集中整治行动 2 次，有效地惩治非法行医，维护了医疗秩序。

2014—2015 年，全市共监督立案 111 件，监督撤案 77 件（2014 年，监督立案 38 件，监督撤案 16 件；2015 年，监督立案 73 件，监督撤案 61 件）。全市侦查监督部门积极拓展监督立案、撤案的案源线索。2014 年，临澧县院重点对该县卫生局卫生执法工作集中清查，发现行政执法机关已向公安机关移送的蔡某等 3 人涉嫌非法行医案未予立案侦查，遂要求公安机关书面说明不立案理由，公安机关接到通知书后即对 3 名犯罪嫌疑人立案侦查。2015 年，武陵区院在审查德山公安分局报捕的刘某抢劫案中，经对该局台账摸排及调阅案卷，认定刘某行为系抢夺而非抢劫且未达立案追诉标准，于是发出要求说明立案理由通知书，德山公安分局及时撤销该案。澧县院针对该县运政管理部门在的士车管理改革过程中引发的的士车司机及家属群体维权上访事件，及时介入调查，依法监督公安机关撤销一批不应当立案而立案案件，促进了息访罢诉和当地社会秩序稳定。全市检察机关还着力推进“两法衔接”长效机制建设，以形成行政执法与刑事司法打击合力为目标，以“两法衔接”工作信息共享平台建设为抓手，坚持执法与服务并举，监督与配合并重，有效打击了一批破坏社会主义市场经济秩序等违法犯罪。2014 年年初，津市市地税局办理该市某燃气公司在股权转让中偷逃税收的案件时，税务稽查部门认为该案时间跨度长、涉案人员多、取证难度大，准备简单调查令其缴纳 18 万元税款后结案。津市市院侦监科掌握该情况后经调查，该燃气公司相关人员在当初的股权交易中存在隐瞒交易价格、偷逃巨额税收的重大嫌疑。建议税务部门重新全方位深入调查，对案件办理中的法律适用和把握提出意见，帮助税务稽查部门制定详细的调查计划和证据收集目录，派出有经验的检察办案人员配合税务人员对财务账目上的疑点共同分析，最终在涉案单位的财务账目中找出涉税数额上千万元的问题，使该案取得了重大突破。是年 7 月 25 日，监督津市地税局将涉嫌逃税的 3 名涉案人员移送公安机关立案侦查，为国家追缴税款 577 万余元。2015 年 1—11 月，全市检察机关共监督行政执法机关向公安机关移送涉嫌犯罪案件 36 件、40 人，公安机关立案 28 人。如石门县院通过刑事司法与行政执法“两法衔接”机制，强化了县域内矿山安全生产事故的监控，对违反国家安全生产法规，擅自采矿导致重大责任事故的龚某等 3 人监督移送公安机关立案侦查，3 人均以重大责任事故罪被判处有期徒刑。县人民检察院以办理此案为契机，延伸监督职能，与县安监局建立了安全事故信息通报和备案工作机制，帮助提升行政执法水平。此外，还围绕高检院、省人民检察院部署的“破坏环境资源和危害食品药品安全犯罪专项立案监督活动”和“优化经济发展环境专项侦查监督活动”开展工作。2015 年，全市检察机关共受理上述线索 11 件，监督公安机关立案侦查违法阻工、扰乱金融秩序等犯罪案件 9 件、12 人，监督撤销不应当立案而立案的案件 9 件、9 人，发现和及时移送相关公职人员索贿、受贿等违纪违法线索 3 件、3 人，如汉寿县院立案监督的县财源办主任郭某、罗某利用职务之便向企业索贿案；武陵区院立案监督的区农机局副局长周某玩忽职守造成国家资金损失案。

第三节　侦查活动监督

1987 年 7 月 1 日，省人民检察院决定检察机关自行侦查案件的审查批捕、审查起诉、出庭公诉等工作统一归口刑事检察部门负责，加强对检察机关自行侦查案件的侦查监督。

1988—1990 年，全市检察机关“刑一”部门提前介入 1788 件案件的侦查活动，防止错捕 65 人，建议追捕 80 人，发现公安机关在侦查活动中的违法行为 309 起，提出口头纠正意见 305 次，提出书面纠正意见 4 次。1991 年，全市对公安机关在侦查活动中的违法行为提出纠正意见 62 次，其中书面纠正 2 次；共建议报捕和追捕 80 人，防止错捕 51 人。1992 年，全市提前介入 342 件重特大案件的侦查，防止错捕 72 人，追捕漏犯 18 人，对侦查活动中的违法行为提出纠正意见 78 次，其中书面纠正 5 次。鼎城区院对公安部门个别办案民警擅改供词、犯罪嫌疑人超期羁押等违法行为先后提出口头纠正 18 次，书面纠正违法 2 次。

1993 年，全市检察机关“刑一”部门不断强化侦查活动监督措施，坚持把防止错捕漏捕和纠正侦查活动中的违法行为作为“刑一”工作的重要内容来抓。主要做法是摸清防错防漏的规律，搞好“三个结合”防止漏捕，即结合团伙犯罪，查清有无漏犯；结合犯罪次数查明各次犯罪中有无其他共同作案参与人；结合查清作案工具、赃款赃物来源去向或犯罪嫌疑人潜逃等情况，深挖涉案教唆、包庇、窝藏、销赃等罪犯。通过这些途径，共纠正漏犯 51 名。同时，加强调查研究，有针对性地开展侦查活动监督。先后开展捕后犯罪嫌疑犯实际执行情况的调查和公安立案、破案及报捕情况的调查以及公安机关侦查活动中违法情况的专题调查等，均写出专题报告，供领导机关决策参考。如通过对 1—9 月公安立、破案情况调查，发现全市发案呈“三上升”（抢劫案件上升、盗窃案件上升、伤害案件上升）、“二下降”（杀人、强奸案件下降）趋势，对照上述几类案件的报捕情况分析，发现盗窃案件报捕率仅为 10.97%，同比下降近 6 个百分点。对此，及时与公安机关交换意见，并采取措施，强化惩治盗窃犯罪的力度。10 月起，盗窃案件报捕率明显上升。

1994 年，在履行侦查监督中，注重抓好个案审查，防止错捕漏捕。除严格坚持逮捕标准、条件外，还注意从六个方面查清是否符合法律与规范，即查清办案程序、调查取证、讯问被告人、案件中各种鉴定材料、赃款赃物去向以及案件中对当事人、另案处理、治安处罚和送劳动教养是否合法。通过“六查清”，使有罪者逃不脱法律制裁，无辜的人免受法律追究，保障国家法律正确实施，维护法律权威与尊严。1994 年，全市共防止错捕 83 人，追捕 31 人。桃源县院在办理报捕的敬某忠奸淫幼女案中，运用“六查清”方法认真审查证据，实地调查复核，发现敬某忠语无伦次，神志不清，后经常德市精神病鉴定委员会鉴定，敬患有癫癔性人格障碍，于是县检察院作出不捕决定，防止了一起错捕。此外，建立疑难案件和复核案件的跟踪考察制度，对下级院请示后已经给予肯定答复和对公安机关提请复核已经作出逮捕决定的案件，对其执行情况均进行纵向监督和横向监督，发现问题及时纠正，使严格执法落到实处。同时，还对公安机关及检察自侦部门对批捕的执行情况进行跟踪监督。犯罪嫌疑人批捕后未逮捕羁押，长期逍遥法外，既是社会治安的隐患，又挫伤了群众协助惩治犯罪的积极性，在全面调查摸底、澄清底数基础上，主动协助公安机关和检察自侦部门执行。安乡县院刑一股主动派员配合公安机关年内进行三次搜捕行动，批捕后未执行的 12 名犯罪嫌疑人中，除 4 人逃出省外暂难执行外，其余 8 人全都抓捕到位。

1995 年，全市共提前介入重特大案件侦查 499 件，对公安机关侦查活动中的违法行为提出口头纠正意见 54 次，发出书面纠正意见书 36 份，防止错捕 54 人。在 1994 年开展的捕后执行情况跟踪监督基础上，将监督延伸，扩展到对逮捕后犯罪嫌疑人免诉、不诉、撤案等处理环节的监督。全市共纠正免诉不当 7 人，防止错误不起诉 3 人，防止错误撤诉 1 件。津市市院办理的一绑架勒索案中，被告人余某炳由免诉改起诉后被判处有期徒刑 10 年。

1996—1998 年，加强与公安看守所、驻看守所检察室等部门的联系，进一步搞好批捕、不捕执行监督以及捕后变更强制措施的监督。同公安机关看守所、预审、刑侦等部门建立联系制度，要求他们对检察院作出批准逮捕或不批准逮捕决定后的执行情况 3 日内反馈刑一部门；同时，加强检察院内部与监所检察科、驻看守所检察室、起诉等部门的配合协作，及时掌握、交流审查批捕与执行落实信息，解决超期羁押、不捕后不放人或捕后随意变更强制措施等问题。1996—1998 年，全市刑一部门共介入重特大案件侦查 1498 件，防止错捕 222 人，直接追捕和建议追捕 103 人。对公安机关超期办案、自行延长羁押期限、对不捕犯罪嫌疑人作劳教处理后又提请复核等行为提出书面纠正意见 39 份。

1999 年，全市共追捕犯罪嫌疑人 207 名，比 1998 年的 41 名上升了 5 倍。津市市院追捕涉嫌抢劫、寻衅滋事罪的被告人李某，是年被判处有期徒刑 16 年。10 月中旬，高检院刑一厅、省人民检察院刑一处领导到津市市院调研时对该院追捕成绩给予了充分肯定。该院总结的《张开第二道法网，坚持追捕漏犯》的经验，先后被高检院刑一厅和省人民检察院刑一处转发推广。在 2000 年 3 月初召开的全省检察机关审查批捕工作会议上，市人民检察院刑一科介绍《努力加大追捕力度，不断强化监督效果》的经验。

2000 年，全市检察机关审查批捕部门继续把追捕漏犯作为侦查监督的重点，当作与审查批捕案件、立案监督三足鼎立的重头戏来唱，追捕漏犯工作做到认识、职责、任务、奖惩“四到位”，并通过全面督导、分类指导、典型引导不断强化追捕工作的领导力度，全市追捕工作出现激烈竞争和平衡发展的势头，达到整体推进的目的。全市共追捕犯罪嫌疑人 115 名，其中执行逮捕 107 人，已起诉 102 人，判决 94 人（判处 10 年以上刑期 6 人，最高刑期为 13 年），当年判决率为 82%，比 1999 年增加 61 个百分点。12 月上旬，在全省检察机关审查批捕工作会议上，市人民检察院批捕科介绍《积极开展侦查监督，切实做好追捕工作》的经验。

2001—2004 年，全市检察机关审查批捕部门与公安刑侦、经侦部门建立联系制度，统一执法思想，研究解决侦查与侦查监督工作中的重大问题。在 2004 年省人民检察院、省公安厅联合开展的“刑事执法质量年”活动中，审查批捕部门干警适时介入公安机关的侦查活动，通过参与现场勘察、参加重大案件的讨论等方式，提出建设性意见和建议，协助侦查部门做好证据的收集和保全工作，把证据隐患和缺陷解决在报捕前，提高报捕案件的质量。2004 年，全市不捕率仅为 3.3%。

2005 年，加强以保护案件当事人合法权益为重点的侦查活动监督。高检院为贯彻中央政法委召开的 “规范执法行为，促进执法公正”专项整改活动电视电话会议精神，从 5 月中旬至是年年底，在全国检察机关开展以纠正刑讯逼供为重点的专项侦查监督活动。市人民检察院侦查监督科下发《开展以纠正刑讯逼供为重点的专项侦查监督活动工作方案》，与公诉、反渎职侵权、监所、控告申诉等部门密切配合，复核中注意通过讯问犯罪嫌疑人、审查案卷材料、接受控告举报等，发现刑讯逼供线索，并做好线索的核查工作；对经查证确实存在刑讯逼供的，向侦查机关（部门）提出纠正意见，对提出的纠正意见拒不改正的，报请上级检察院通过同级侦查机关进行督促纠正；对因刑讯逼供涉嫌犯罪的，及时将线索移送有关职能部门依法立案查处；在审查批捕中，严格审查报捕案卷中证据材料的合法性，注意甄别和排除非法证据，防止作为批捕的依据。在专项侦查监督活动中，全市共向侦查机关对侦查活动中的违法行为提出书面纠正意见 35 份，排除违法取证材料 17 份，追捕漏犯 69 人。安乡县院追捕的涉嫌抢劫杀人犯罪嫌疑人王某伟，4 月 20 日一审被判处死刑，该案被推荐参加全省侦查监督“十大优案”评选。

2006 年，开展以维护社会经济秩序为重点的侦查活动监督。6 月初，对 2005 年以来全市公安侦查机关报批的涉及经济犯罪的案件进行认真清查，尤其是对检察机关自侦部门办理的案件逐案清查，均未发现以利益驱动为目的违法办案插手经济纠纷的情况。

2007 年，在侦查活动的监督过程中，既依法监督纠正漏罪漏犯，又依法监督纠正各种违反诉讼程序、侵犯人权的违法行为，保障无罪的人不受刑事追究，保障诉讼参与人的诉讼权利不受侵犯。全年共向公安机关提出纠正违法口头建议 33 次，发出纠正违法书面通知 17 份，公安机关均按要求予以纠正。

2008 年 3 月，对全市批捕在逃情况进行全面调查摸底，经清理核实，全市共有批捕在逃犯罪嫌疑人520人，其中2004年及以前批捕在逃67人、2005年96人、2006年176人、2007年161人、2008年20人，在逃人员中，有团伙犯罪成员323人。撰写了《关于常德市近年批捕在逃情况专题调研报告》，通过对批捕在逃人员难以归案原因的分析，采取针对性措施，补充和完善批捕在逃人员台账，定期向侦查机关了解抓捕情况，督促配合公安机关追逃，遏制了批捕在逃人员增长的态势。同时，加强对检察机关自侦案件的监督和制约。根据高检院、省人民检察院深化检察工作改革、创新监督工作机制的要求，从上半年开始，市人民检察院侦查监督科着手研究加强对自侦案件监督的问题，在认真调研，广泛征求意见和充分讨论的基础上，制定《常德市人民检察院对自侦案件侦查活动监督的若干规定》（以下简称《规定》），印发全市检察机关执行。10月下旬，市人民检察院主管副检察长周奔红带队，到各基层检察院对该《规定》的执行落实情况进行调研和督导。鼎城区院侦监科按《规定》严格执行，监督本院自侦部门撤销一件超管辖范围的利益驱动案。

2009—2010年，加大纠正侦查案件中违法行为的力度。市人民检察院制定《常德市人民检察院侦查活动监督实施细则》，对侦查活动监督的内容、要求等作出详细的规定。加强对逮捕执行情况、捕后变更强制措施的监督。重点针对捕后执行回复不及时或者拖延执行等问题，进行经常性的检查监督。严格申请延长侦查羁押期限的审批把关。对要求延长侦查羁押期限的申请，坚持实体审查和程序审查，坚持承办人、科长、主管副检察长三把关，防止以押代侦，依法维护犯罪嫌疑人的合法权益。凡不符合延长或重新计算侦查羁押期限条件的，要求侦查机关撤回或作出不批准的决定，凡不按时报送或报送材料不符合要求的，必须在规定时间内重新报送，否则不予受理。两年间，共办理提请批准延长侦查羁押期限案件174人，其中，不批准4人，申请延押单位主动撤回2人。

2011年，把对基层公安派出所的检察监督工作纳入年度重点创新事项，由检察长亲自出面，就监督方式、范围等问题与公安机关主要领导进行沟通协商。市人民检察院在石门县院开展试点工作，指导制定《石门县人民检察院、石门县公安局关于加强公安派出所法律监督的实施意见》，该实施意见对基层派出所的监督范围、监督原则、监督措施、注意事项等作出详细规定，成为检察机关对基层公安派出所实施法律监督的指导性文件。

2012年4—10月，开展“另案处理”专项检查活动。活动中，与市公安局联合成立领导小组，制订实施方案，对2011年全市各级公安机关和检察机关自侦部门提（报）请审查逮捕、移送审查起诉的案件中，因故未将相关涉案人员一并提（报）请审查逮捕、移送审查起诉，而在提请批准逮捕书、报请逮捕书、起诉意见书中注明或未注明“另案处理”“在逃”的案件，检查适用“另案处理”是否合法适当，“另案处理”人员是否得到依法处理，对“另案处理”案件的法律监督是否到位。通过对专项检查范围内的案件进行自查、核实、统计，逐案建立台账和逐级填报与检查监督，没有发现“另案处理”违法不当的情况。在对2012年“另案处理”专项检查进行规范总结的基础上，针对司法实践中少数案件适用“另案处理”，由于法律规定不明确，缺乏统一标准和规范，存在一定随意性，容易发生执法不严、执法不公等问题，2013 年继续与公安局法制办配合，深入研究，着力探索建立执法监督和侦查活动监督相衔接的长效工作机制，提升侦查水平和监督能力，规范“另案处理”的适用范围，对“另案处理”案件实现常态化监督的目的。

2014 年，全市共追捕漏犯 65 人，其中，纠正漏捕后起诉 39 人，判决 53 人（含跨年追捕数）；共向侦查机关书面提出纠正违法 87 件次，纠正 83 件次；通过开展捕后羁押必要性审查，建议侦查机关对 64 名犯罪嫌疑人变更强制措施；办理批准延长侦查羁押期限 25 人。临澧县院在对作出不捕决定后公安机关变更强制措施情况的清理中，发现普遍存在直接对犯罪嫌疑人变更强制措施为监视居住的情况，与修正后的《刑事诉讼法》第 72 条监视居住条件的规定相悖，遂对该类情况选取了熊某贩卖毒品案、刘某盗窃案、杨某波拒不支付劳动报酬案三案作为典型案例，向临澧县公安局发出纠正违法通知书，纠正公安机关捕后随意变更强制措施的情况。武陵区院侦监科办理的郑某健故意伤害案和徐某红破坏电力设备案，该两案均由德山公安分局侦结且对两名犯罪嫌疑人刑事拘留期限到期后才提请审查批捕，造成郑、徐两犯罪嫌疑人被超期羁押一天。为规范侦查行为，保障犯罪嫌疑人人权，武陵区院及时向德山公安分局发出纠正违法通知书。此外，还延伸办案职能，参与社会管理创新。全市侦监部门共发出检察建议书 11 份，被采纳 6 份。如市人民检察院在办理胡某华动植物检疫徇私舞弊案中，发现当地动植物检疫工作存在重大漏洞，动植物检疫人员滥用职权，导致大批未经检疫的动物流入市场，走上餐桌，遂向市畜牧水产局和安乡县政府发出检察建议书，建议及时整顿，严格履职，加强管理，维护食品安全。

2015 年，全市侦监部门共纠正漏捕 65 件、104 人；针对侦查中违法情形提出书面纠违 135 次，纠正 119 次；对 33 名犯罪嫌疑人提出羁押必要性审查建议，采纳并变更强制措施 33 人；办理延长侦查羁押期限案件 29 件、54 人。汉寿县院在侦查监督中加强对非法证据的审查排除工作，在审查报捕的薛某国贩卖毒品案中，提审时犯罪嫌疑人反映办案警察有刑讯逼供行为，县检察院侦监科迅即与反渎部门开展调查，经调取犯罪嫌疑人入所体检表和公安讯问时的录音录像资料，及时收集核实公安干警提审中有刑讯逼供的事实，立即发出纠正违法通知书，县公安局对涉事干警作出严肃处理。该案被省人民检察院评为 2015 年侦查活动监督优秀案件。此外，深化对基层派出所的监督机制。市人民检察院侦监科在 2011 年指导石门县院对基层派出所开展监督试点工作后，经过不断总结摸索，该院建立健全了案件提前介入、巡回站点监督、信息通报共享、共同接访宣传、公检联席会议五项制度，形成监督全覆盖格局。通过对县内 23 家派出所受理的刑事与治安案件全面分析，对部分重点案件个案追踪，采取发出纠正违法通知书、应当逮捕犯罪嫌疑人建议书、羁押必要性审查建议书等监督方式，促进派出所规范执法，取得良好的法律效果。该院这一做法在全市推广后，产生了良好效应。津市市院在 2015 年上半年选取三洲驿派出所、汪家桥派出所、公安局治安大队 3 个案源较多单位，从受案、立案及撤案等方面强化监督力度，年内成功监督立案 3 件，监督撤案 2 件。

1988—2015 年常德市检察机关审查批捕统计

表 2-1

年度	审查批捕										立案监督				侦查监督				
	受理批捕		审查结果						公安撤回		监督立案		监督撤案		介入侦查	追捕逃犯		纠正违法	
			批捕		不捕		退补											书面	口头
	件	人	件	人	件	人	件	人	件	人	件	人	件	人	次	件	人	件	次
1988	—	2532	—	2129	—	277	—	208	—	7	—	—	—	—	—	—	8	9	134
1989	—	3209	—	2776	—	269	—	197	—	16	—	—	—	—	—	—	49	—	—
1990	1899	3377	1718	2959	78	232	119	243	23	33	—	—	—	—	—	10	23	4	305
1991	1730	2917	1489	2406	84	231	120	222	17	23	—	—	—	—	449	—	80	2	62
1992	1391	2441	1219	2028	94	239	118	244	11	18	—	—	—	—	342	—	18	5	78
1993	1549	2925	1387	2495	88	225	96	248	16	30	—	—	—	—	—	—	51	—	68
1994	1406	2350	1253	2013	76	180	104	202	12	23	9	11	—	—	—	—	31	—	—
1995	1441	2504	1212	1981	93	197	124	302	8	19	13	14	—	—	499	—	—	36	54
1996	1665	2821	1476	2408	112	242	110	271	8	11	5	7	—	—	537	—	20	—	—
1997	1415	2263	1290	1977	123	281	—	—	3	3	22	35	—	—	659	—	45	18	—
1998	1533	2384	1377	2012	149	283	—	—	7	9	32	48	—	—	302	—	38	21	—
1999	1950	3226	1688	2662	253	550	—	—	9	14	108	133	—	—	458	—	207	32	—
2000	1984	3123	1627	2463	340	635	—	—	17	25	83	94	29	39	167	—	115	—	—
2001	1992	3097	1811	2802	170	283	—	—	11	12	67	102	40	57	—	—	104	—	—
2002	1450	2222	1429	2175	19	49	—	—	2	2	59	68	16	17	—	—	55	—	—

续表 2-1

年度	审查批捕										立案监督				侦查监督				
	受理批捕		审查结果						公安撤回		监督立案		监督撤案		介入侦查	追捕逃犯		纠正违法	
			批捕		不捕		退补											书面	口头
	件	人	件	人	件	人	件	人	件	人	件	人	件	人	次	件	人	件	次
2003	1427	2181	1407	2150	20	31	—	—	—	—	44	50	1	1	—	45	79	—	—
2004	1485	2367	1440	2272	45	95	—	—	—	—	21	22	—	—	—	37	53	—	—
2005	2030	3309	1847	2972	183	337	—	—	—	—	22	33	—	—	—	36	49	—	—
2006	2312	3886	2020	3345	291	539	—	—	—	—	15	19	5	5	—	40	51	—	—
2007	2184	3569	1832	2934	352	636	—	—	—	—	8	10	2	—	—	34	38	—	—
2008	1970	3242	1605	2547	365	695	—	—	—	—	19	26	2	—	—	40	50	—	—
2009	1862	2972	1569	2431	294	542	—	—	—	—	19	21	8	—	—	58	71	—	—
2010	1853	2736	1523	2175	328	556	—	—	—	—	20	23	3	—	—	49	85	45	—
2011	1797	2585	1470	2066	326	520	—	—	—	—	14	15	9	—	—	73	103	45	—
2012	2189	3212	1767	2476	422	736	—	—	—	—	33	39	4	—	—	111	149	52	—
2013	2112	2870	1562	2025	547	842	—	—	—	—	29	45	61	—	—	99	118	91	—
2014	2410	3139	1624	2048	768	1072	—	—	1	1	38	45	16	—	—	62	65	130	—
2015	2386	3178	1580	2066	782	1073	—	—	6	9	73	96	61	—	—	65	104	156	—
合计	47422	80637	40222	66796	6402	11847	—	—	—	—	753	956	257	—	—	—	1859	—	—

说明：1.1988 年、1989 年的统计中未统计办案件数，只统计案件中犯罪嫌疑人数；

2.表中部分统计项目年度数字不全的未合计

第二章　公　诉

2000 年 4 月，市人民检察院刑事检察二科（以下简称刑二）更名为审查起诉科。2002 年 3 月 12 日，更名为公诉科。2007 年 8 月 29 日，与市中级人民法院刑事审判一庭、二庭对应分设为公诉一科、公诉二科。

1997 年修订的《刑事诉讼法》取消了检察机关的免诉权，将检察机关的不起诉分为法定不起诉、相对不起诉、存疑不起诉。2013 年修订的《刑事诉讼法》赋予公诉部门当事人和解、未成年人刑事案件、没收违法所得和强制医疗之诉等新职能。

第一节　审查起诉

一、普通刑事案件审查起诉

1988 年，全市刑二部门受理各类案件 1525 件、2491 人，审结 1422 件、2303 人。其中，起诉 1182 件、1716 人，免予起诉 61 件、193 人，不起诉 3 件、14 人，退回补充侦查 124 件、283 人，移送单位撤回 20 件、50 人，转办 32 件、47 人。5 月 14 日，全市检察机关审查起诉工作会议在临澧县院召开，研究部署“严打”工作和审查起诉规范化、制度化、科学化“三化”建设。10 月下旬，市人民检察院刑二科围绕打击严重刑事犯罪和打击严重经济犯罪组成两个工作组分别到沅水、澧水流域各基层检察院督导“打抢劫、反盗窃、治流氓”专项斗争。

1989 年，全市刑二部门共受理各类案件 2192 件、4179 人，审结 2059 件、3921 人。其中：起诉 1771 件 2997 人，免予起诉 30 件 206 人，不起诉 2 件 6 人，退回补充侦查 184 件 519 人，移送单位撤回 23 件 64 人，转办 50 件 131 人。一季度，全市刑二部门受理公安机关移送案件 567 件 1036 人，比上年同期受理 373 件、634 人分别上升 52.01%和 63.41%；同期还受理检察自侦部门移送案件 98 件 138 人；3 月底，全市各看守所共关押的 1593 名在押犯中，未决犯 757 名，其中在检察环节待处理的有 264 人，占未决人犯数的 34.9%。为确保“严打”顺利进行，减少案件在检察环节的积压，全市公诉干警加班加点，消化了积案。3 月，组织各基层院对 1988 年、1989 年免予起诉的案件进行交叉检查，对检查发现的 14 起免予起诉不当的案件予以纠正，并建立免诉案件备案审查等制度。7 月，汉寿县院在审查龙某青流氓一案中，认真阅卷查疑点，突破口供挖余罪，并案调查揪团伙，从这起一般刑事案件中挖出一个有 11 名成员的重大犯罪团伙，其中除 2 名作其他处理外，追捕 8 人，追诉 7 人。在办理这起案件中，还协助公安破获与本案相关的抢劫、盗窃团伙 3 个，挖出参与抢劫、盗窃的嫌疑人 14 名。

1990 年，全市刑二部门继续坚持依法从重从快打击严重刑事犯罪和依法从重从严打击严重经济犯罪，全年受理各类案件 2543 件、4690 人，起诉 1655 件、2866 人，免予起诉 253 件、472 人，不起诉 3 件、14 人，退回补充侦查 303 件、646 人。年初，全市刑二科（股）长会议提出“抓住重点，突出难点，解决薄弱点，确保生命线，争取主动权”的工作要求，惩治以贪污、贿赂为重点的严重经济犯罪，以制造动乱和暴乱为重点的反革命犯罪，以杀人、抢劫、强奸、贩毒、重大盗窃、行凶报复、拐卖人口、聚众赌博、流氓集团、强迫、引诱、容留妇女卖淫为重点的其他严重刑事犯罪。5 月，全国开展以集中打击团伙犯罪为重点的严重刑事犯罪的斗争。市人民检察院刑二科紧密联系常德市实际，把抢劫团伙、盗窃团伙、流氓团伙以及其他严重危害社会治安秩序的犯罪团伙作为打击重点。市人民检察院下发《关于切实做好严打期间审查起诉工作的意见》，对全市刑二工作提出坚持“三个优先的原则”：即重特大案件和一般案件，重特大案件优先；死刑案件和非死刑案件，死刑案件优先；团伙犯罪案件和其他形式的犯罪案件，团伙案件优先，并由各院业务能力较强的干警优先办理重点案件，市人民检察院刑二科除全力以赴办理“一号案件”（即死刑案件）外，还在各基层院任命 19 名业务骨干作为市人民检察院助理检察员，协助办理由市人民检察院受理的案件，市人民检察院编发《刑二新风——“严打”第一仗好人好事录》。第二仗结束后，为进一步调动全体干警的积极性，继续完成“严打”第三仗的任务，市人民检察院转发武陵区院开展思想政治工作，用思想政治工作鼓干劲、促“严打”的经验。各单位结合实际，通过科（股）务会、党小组会和经常性的交心谈心活动，对全体干警进行职业责任、职业道德、职业纪律教育，收到较好的效果。全市共审结无期以上徒刑的重特大案件 117 件、340 人（其中，起诉 97 件、259 人），比 1989 年的 67 件、222 人分别上升 74.63% 和 53.15%。在起诉的案件中，有团伙犯罪 37 件、192 人。其中盗窃团伙 12 件、56 人，抢劫团伙 9 件、49 人，流氓团伙 8 件、51 人。起诉后，72 人被判死刑、6 人被判死缓、35 人被判无期徒刑，判处死刑的人数与 1989 年同期的 23 人相比上升了 2.1 倍。鼎城区院在“严打”第一仗中，全力以赴配合市人民检察院办理“一号”案件，一次性处决罪大恶极的犯罪分子 9 名，受到市、区两级政法委的好评。武陵区院在“严打”第二仗中，为迎接“两会”、1990 年第十一届亚洲运动会和国庆节，全院上下一盘棋，在市人民检察院指导

市人民检察院公诉部门讨论案件

下突击办理重点案件，几天之内起诉大案要案 8 件、35 人，其中有 9 名犯罪分子被判处死刑，该院出席全省“严打”表彰会并评为全省先进集体。

1991—1995 年，全市刑二部门继续开展惩治严重刑事犯罪的斗争。1991 年，完成市委政法委组织的 6 次集中惩治任务。参加打抢劫、反盗窃、扫黄、禁赌、惩治车匪路霸、惩治破坏抢险救灾等刑事犯罪的专项斗争，共起诉重特大恶性案件 78 件、165 人。在部分地区遭受严重洪涝灾害后，全市刑二部门办理严重破坏抗洪救灾的刑事犯罪案件 246 件、332 人。澧县院利用抗洪救灾待命间隙，审结案件 15 件、28 人，其中属于趁灾作案的 8 件、14 人，对稳定灾区社会治安起到积极作用，其做法受到高检院的肯定。9 月，市人民检察院刑二科被高检院授予“全国刑事检察系统先进集体”荣誉称号。1992 年，重点惩治七类犯罪，开展“除六害”等专项斗争。1993 年，参加全省统一开展的“整治农村社会治安”“整治城镇社会治安”“夏季攻势”等“三打、两整、一查禁”专项惩治行动 6 次。5 月，配合全省开展的“321 行动”，与公安、法院密切配合，积极参与每一次专项打击行动。如在“金剑行动”中，全市刑二部门受理车匪路霸等性质的抢劫、盗窃、敲诈勒索、拐卖妇女儿童等严重刑事犯罪案件 193 件、371 人，其中团伙案件 49 件、167 人，向法院起诉 142 件、301 人，其中被依法判处死刑 20 人。1994 年，参加“打抢劫、反盗窃、治流氓、剿车匪、除地霸、扫黄祸、禁赌博”等专项斗争，共起诉盗窃案犯 965 人、抢劫案犯 534 人、流氓案犯 119 人、故意杀人案犯 51 人、故意伤害案犯 141 人、拐卖妇女儿童案犯 15 人。1995 年，全市刑二部门把打击锋芒指向杀人、抢劫、强奸、重大盗窃等严重危害社会治安的犯罪分子以及其中的累犯、惯犯、流窜犯、团伙犯罪或带有黑社会性质的犯罪。全市起诉公安机关移送审查的重特大案犯 395 人，对 50 名罪犯执行死刑临场监督。此外，还积极投入上级党委组织的“春季攻势”“秋风行动”和“农整行动”等，密切配合公安、法院等机关集中优势兵力参与以打击“车匪路霸、江贼水霸、乡痞地霸、街匪巷霸”为主要内容的专项斗争。全年全市起诉故意杀人案犯 51 人、强奸案犯 99 人、抢劫案犯 466 人、盗窃案犯 1089 人、流氓案犯 82 人。1991—1995 年，采取如下措施保证“严打”工作的顺利进行：一是建立以各院分管领导为成员的“指挥协调中心”，进一步加强对“严打”工作的领导；二是各院领导率先垂范，积极参与办案，1993 年，全市正、副检察长亲自办理起诉案件 31 件；三是正确处理惩治与服务的关系，针对少数基层院在市场经济条件下，不能正确处理惩治与服务的关系，一度出现工作滑坡、办案进展缓慢的被动状况，市人民检察院检察长李文耀与副检察长带队分片深入各基层院调研。通过调查，总结澧县院坚持以办案为中心，正确处理惩治刑事犯罪与服务经济建设关系的经验。4 月上旬，在澧县召开“全市检察机关办案经验交流现场会”。会后，连续奋战 2 个月，全市刑二消化积案 645 件、831 人。四是坚持四项制度（提前介入制度、双向联系制度、审结期限奖惩制度、节假日加班登记制度），加快办案节奏，保持“严打”案件在检察环节消化畅通。1991—1995 年，在惩治严重刑事犯罪的同时，注重惩治严重经济犯罪。1993 年，市人民检察院刑二科受理吴某义诈骗案，吴利用经济合同诈骗 100 万元，吴始终未作有罪供述。为证明吴的诈骗故意行为，主管副检察长陈彰福带领业务骨干赴南宁、深圳、海口等地调查取证，吴最终被判处无期徒刑后未上诉。1995 年，市人民检察院刑二科受理盛某鑫非法倒卖增值税发票案，这是增值税发票改革以后湖南省第一例增值税发票犯罪案件，市人民检察院刑二科认真研究法律适用，审慎对待新型犯罪，该案起诉后盛某鑫被法院判处无期徒刑。在办理经济犯罪案件中，坚持一手抓严惩，一手抓服务。澧县院刑二股在审查经济案件时，严格区别罪与非罪的界限，正确区分经济纠纷与经济犯罪的关系、企业经营活动中的正当应酬与行贿受贿的关系、企业能人改革冒险的失误造成损失与个人罪错的关系。如在审查该县怡香楼综合商行经理高某生涉嫌诈骗案时，认为高作为单位经理，在与石家庄丹青美术学校、宜万交易所两家单位进行石蜡交易的经营活动时，签订经济合同，虽在签订合同和执行合同中，有夸大和隐瞒购销能力的行为，但没有诈骗的主观故意，属于经济纠纷，不构成诈骗罪，遂建议侦查部门作撤案处理。

1996 年 4 月，全市刑二部门在"严打"斗争中，起诉故意杀人案犯 75 人、抢劫案犯 519 人、流氓案犯 151 人、盗窃案犯 1090 人，对 103 名案犯进行死刑临场监督。在起诉的重特大案犯中有：杀死 9 人、杀伤 6 人、抢劫财物 1 万余元，轰动全国的韩某营故意杀人、抢劫、抢夺、盗窃、脱逃案；横行乡里、殴打港商的蒯某安等 3 人流氓案；聂某文等人流氓案；残害亲生父母的刘某、韩某友故意杀人案；罗某伟、罗某清等 6 人盗窃 30 余万元特大盗窃案；违章停车、不听劝阻、开车撞死执勤交管干部的彭某军杀人案。由于力量少、案件多、时间短、任务重，刑二部门打破办案常规，从"快"字着眼，竭力缩短案件消化进程，为"严打"整体战役赢取时间；树立"政法一盘棋"的观念，主动加强与公安、法院等单位配合，在三次"严打"战役的搜捕阶段，市人民检察院副检察长彭世理带领正、副科长深入第一线了解案件情况，主动与公安部门一道摸底，确定"严打"重点对象，协调案件处理等；案件起诉到法院后，积极与承办法官联系，遇有分歧尽量争取协调解决，减少法院案件退补。是年，全市起诉的案件法院退补率仅为 6.6%。市人民检察院和各基层院还对"严打"中的案件规定了办案时限，津市市公安局移送的被告人文某红、李某波故意杀人案，从被告人抓获归案直至一审判处死刑，仅用时仅 8 天；澧县院在"严打"第一战役中，一个月时间就起诉案件 61 件、91 人。注重办案速度与办案效果并重。以被告人聂某文为首的一伙犯罪分子在安乡县城关镇等地结伙生事、殴打无辜，城关镇居民无不谈"聂"色变。案发后，在安乡县委政法委协调下成立联合办案组，市人民检察院检察员雷光醒任专案组副组长，负责指导侦查工作，指导公安机关从该案"危害一方"的特点入手收集证据，走村串巷，宣传法治，消除群众畏惧心理，发动群众积极检举揭发。公安机关根据群众提供的线索，抓获犯罪嫌疑人 23 人，调取各类证据材料千余份。

1997 年，全市刑二部门结合全省开展的"春夏严打整治行动""秋季攻势"以及市人民检察院组织的"自侦案件百日大会战"等专项斗争，起诉一批有影响的重特大刑事犯罪案件。如全省最大涉毒案件——台湾人周某荣等5人制贩“冰毒”案（该案共查获“冰毒”成品和半成品1000余公斤）；震惊全国、酗酒开枪的桃源县公安局预审股原股长杨某一枪杀检察干警案；津市市卜某英毒死7人案；桃源曹某主毒死10人案。1997年1月1日，修订后的《中华人民共和国刑法》《中华人民共和国刑事诉讼法》施行，审查起诉工作带来了新的变化，主要表现为：起诉时只向人民法院移送主要证据复印件和证据目录及证人名单，防止法院先判后审；改变过去由法官出示证据为公诉人举证；在审查起诉阶段可以委托辩护人，辩护人可以查阅卷宗和会见犯罪嫌疑人等。此外，还有诸如案犯起诉前称犯罪嫌疑人、起诉后称被告人、要履行告知义务等，无论是在程序上还是在实体上均给审查起诉工作带来了挑战。为保障修改后的“两法”正确实施，重点开展以下工作：从办案力量、规范办案、提升素质等方面开展三次专题调研活动，撰写的调研文章被省级以上单位采用50余篇。4月，高检院召开九省十市刑诉法理论研讨会，市人民检察院刑二科报送的论文有5篇被采用。澧县院刑二撰写的《当前案件移送过程中存在的两个问题》一文引起省委常委、省政法委书记李贻衡的高度重视，批示要求常德市委政法委对该文提出的问题进行专题调查，拿出解决方案。5月，市人民检察院组织全市刑二业务骨干参加中国政法大学在西安开办的“两法”培训班。各单位还组织形式多样的学习、培训、比赛活动，以提高对“两法”的理解与适用。以刑二干警为骨干的市人民检察院代表队在全省检察系统“两法”知识竞赛中取得好成绩；鼎城区院刑二参加该区的青年论辩赛夺得冠军，桃源县院刑二在该院组织的“两法”知识对抗辩论赛中折桂。市人民检察院刑二科修订和制定《审查起诉、出庭支持公诉办法》《不起诉若干问题的规定》《案件请示汇报制度》《呈报案件规定》《物证管理制度》等。修改后的《刑事诉讼法》取消检察机关的免予起诉权，重新设置法定不起诉、相对不起诉、存疑不起诉，为避免在不起诉环节出现新的执法不严现象，市人民检察院在全省率先建立不起诉案件的逐级审批制度，规定各基层院的相对不起诉和存疑不起诉案件报市人民检察院审批，实行两级把关，还规定各单位全年的不起诉率不得超过3%（其中，自侦案件不起诉率不得超过15%）。是年，市人民检察院刑二科审批不起诉案件48人，批准38人，不起诉率仅为1.8%，退回基层院补查后重新呈报审批4人，改不诉为起诉10人，改变不起诉种类2人。

1998年，全省检察机关开展“办案质量年”活动。市人民检察院刑二科把全市不起诉案件质量作为“办案质量年”活动的重点，严格执行不起诉审批制度，全年共审批拟不起诉案件54人，其中批准37人（含绝对不起诉），占68.5%，要求基层院起诉12人，建议侦查部门撤案5人，全年不起诉率仅为1.68%，其中自侦案件不起诉6件、10人，不起诉率仅为7.04%。严格把握不起诉标准，在审查事实、证据、情节是否符合不起诉法定条件之外，还着重研判不起诉的社会效果，并规定四条原则，即可起诉可不起诉的原则上起诉、可不起诉可撤案的原则上建议侦查部门撤案、自侦案件原则上不作不起诉、民愤较大或有附带民事诉讼的原则上一律起诉。如，石门县院呈报的刘某刚（作案时16岁）抢劫一案，刘与同案人王某云（作案时18岁）在石门县二都中学学生宿舍内玩耍时，采取揪头发、脚踢、打耳光等手段从该校学生付某某手中强索现金10元。市人民检察院审批认为二人虽然采取暴力强索他人现金，但只能认定是一种目无法纪、蔑视社会公德的寻衅滋事行为，且情节并不严重，对刘、王二人不宜作犯罪处理，要求石门县院撤回对王某云的起诉，并建议公安机关撤销了案件，既保证了不起诉案件质量，又避免了一起无罪判决案件的产生。是年，常德多地发生特大洪灾，针对涉灾犯罪案件频发，适时调整惩治重点。如安乡县院办理的叶某华趁灾盗窃案，县法院在县城闹市区现场审理该案，叶当庭被判处有期徒刑两年六个月。又如澧县院办理的向某挪用公款案，向某担任澧南信用社南坪分站会计期间，采取揽储不入账、少记账等手段挪用储户存款3万多元，致使10多户灾民在澧南垸溃垸后不能及时支取存款，澧县院刑二及时审结的同时，与该县信用社协商及时兑付了灾民的存款。1998年2月18日，省人民检察院授予市人民检察院刑二科“文明执法先进集体”称号。1998年4月17日，市人民检察院受理张某琦等4人特大集资诈骗案，该案涉案金额4.337亿元，受骗单位遍及全国十多个省市，社会各界十分关注。为确保准确、公正办理，市人民检察院党组明确主管副检察长彭世理挂帅，从桃源、澧县、汉寿3个县院抽调3名业务骨干组成7人专案小组。为了解金融专业知识，专案组进行短期培训，走访专家、广阅书籍，通过严审细查提出补查意见200余条，经过补充侦查，证据材料由47册增至72册，并制作20多万字的审结报告，历时一年，起诉后市中级人民法院以金融诈骗、非法吸收公众存款罪判处张某琦无期徒刑、剥夺政治权利终身，并处罚金40万元。

1999年，全省检察机关开展“执法效果年”活动。市人民检察院刑二科推广澧县县院的做法，建立案件退补或延长审查期限的严格审批制，防止承办人滥用退补或任意延长审查期限；建立案件审查期限预警制，对承办人受案后审结期满7天前发出预警、3天前限时办结；建立案件定时汇报制，规定每周一、周五为固定的案件汇报研究日，防止承办人与主管检察长间因时间冲突而影响案件审结。坚持提前介入，全市刑二部门提前介入重特大刑事案件36件次。全年全市刑二部门受理各类案件2478件、3849人，审结2478件、3849人，审结率为100%，其中起诉1712件、2525人，受理数与起诉数分别比1998年上升18.6%和23%。根据修改后《刑事诉讼法》的新规定、高检院的《实施细则》以及省人民检察院的“22个规程”，修订受理、追诉、撤案、建议撤案、提前介入等与审查起诉工作相关的各环节、程序的工作制度，并制定印发审查起诉工作流程图，选定在鼎城、澧县两院进行规范化建设试点，并于4月底和6月中旬分别召开试点单位规范化建设座谈会，总结经验后在全市公诉部门推广。落实主诉检察官办案责任制，这是高检院提出的六项改革措施之一，市人民检察院被省人民检察院确定为试点单位。市人民检察院根据高检院《关于主诉检察官制度实施意见》的要求，制定《常德市检察机关主诉检察官办案责任制改革试点工作方案》，并确定石门县、鼎城区两院为试点单位，提出“提高案件质量，增强办案效率，明确个案责任，培养世纪人才”的试点目标，要求试点单位冲破束缚，大胆试验，“不拘一格选将才”。市人民检察院还制定《常德市主诉检察官办案责任制暂行规定》，对主诉检察官的法律地位、任职条件、任免程序、权责范围、考核奖惩等方面作出规定。9月7—15日，市人民检察院从全市选派11名已任和拟任主诉检察官参加省人民检察院举办的“全省主诉检察官培训班”。

2000—2001年，全国集中统一开展“打黑除恶”严打斗争，重点惩治带黑社会性质的团伙犯罪和流氓恶势力犯罪、爆炸、杀人、抢劫、绑架等严重暴力犯罪、盗窃等严重影响人民群众生命财产安全的高发性犯罪。全市审查起诉部门充分发挥审查起诉、出庭公诉和法律监督职能，加大对各类刑事犯罪惩治力度，取得明显成效。两年共受理涉黑涉恶案件133件、280人（2000年，受理34件、47人；2001年，受理99件、233人）。其中最有影响的是“9·1”特大抢劫、故意杀人案。2000年9月1日，常德市发生以张某为首犯的特大抢劫、故意杀人案。10月13日，“9·1”特大抢劫、杀人案的最后一名主犯陈某清被抓获，这起震惊全国的渝湘鄂系列抢劫、杀人重大案件全面告破。10月23日，省人民检察院发出《关于做好‘9·1’特大抢劫、故意杀人系列案出庭公诉工作的通知》，指示常德市人民检察院组织专案组，介入侦查，做好庭前准备和公诉工作。市人民检察院从武陵区、澧县、津市市检察院抽调3名公诉骨干，成立以主管副检察长陈彰福为首的7人专案组，于10月18日介入公安机关侦查。2001年2月26日，公安机关将该案移送审查起诉，经过一个月的审查，于3月30日将7名主犯（首犯张某在重庆市审理）起诉到市中级人民法院。4月14日，李某军、陈某清、赵某洪、严某明、李某生、许某6人被判处死刑立即执行，王某被判处无期徒刑。这起系列抢劫杀人大案，涉及地域广、作案时间长、被害人多、被告人多、所涉罪名多、审理情况特殊（重庆市、常德市两地审理），社会各界高度关注，且上级要求审理时限短、证据要求严、庭审难度高，审查起诉和出庭公诉任务艰巨繁重。在高检院、省人民检察院以及市委政法委的关注与指导下，专案组倾注全力做好案件的审理和公诉工作。专案组两赴重庆，多次前往湖北省武汉市、公安县和湖南省长沙市、安乡县等地，察看作案现场20余场次，走访10余家受害单位、20余名被害人及其家属。经过近一个月的提前介入，公安机关的侦查卷宗由介入时的28本增至47本，涉案的诸多不清事实得以厘清，证据体系存在的遗漏之处绝大多数得到了解决。公安机关移送审查起诉后，为保证快速审结起诉，专案组制订周密、详尽的工作计划，合理安排时间，科学分工，顺利完成了复核工作。为保障出庭效果，配合中央电视台对常德和重庆的同步审理进行直播，市人民检察院花20余万元购进一套多媒体示证系统，将全案47本卷宗、3000多份证据录入、配音，增强了证据出示的直观性，提高了举证质证速度与指控力度。经过30余天艰苦奋斗案件顺利审结，形成了152页审查终结报告、1.5万余字的起诉书。此外，2001年还依法审结了高检院挂牌督办的桃源县林某等故意伤害、聚众斗殴、寻衅滋事、敲诈勒索、诈骗案；武陵区王某等寻衅滋事案；廖某智等故意伤害、非法持有枪支案；临澧县甘某满贩卖毒品、寻衅滋事、敲诈勒索、非法持有枪支、盗窃案等四件涉黑涉恶团伙犯罪案件。两年共受理涉毒案件305件、455人（2000年，受理122件、200人；2001年，受理183件、255人），起诉285件、395人（2000年，起诉111件，146人；2001年，起诉174件、249人），市人民检察院办理的3件毒品犯罪案的38名被告中，一审判处死刑18人（含死缓6人）、判处无期徒刑6人。其中最有影响的案件是杨某秀特大跨境走私和贩卖毒品案。2001年5月8日，由安乡县公安局侦查终结的杨某秀等28人走私毒品、包庇案移送市人民检察院审查起诉，该案涉案人数共74人，除33人在逃、13人另案处理外，公安机关移送审查起诉28人。犯罪地涉及湖南、云南、广东、贵州等省及境外缅甸等，作案次数共计23次，全案走私毒品共计19480克，其中现场缴获2202.2克。2001年6月25日，市中级人民法院作出一审判决，判处杨某秀、李某等13名被告人死刑（其中，死刑立即执行10人、死刑缓期执行3人），殷某香等5名被告人无期徒刑，其他9名被告人10年以上有期徒刑。为确保该案的顺利办理，市人民检察院成立专案组对该案进行审查，在全面熟悉案情及证据体系基础上，加强对每份证据的客观真实性、合法性、关联性审查，确定了证据采信的四个基本原则：被告人与同案人、同案人与同案人间供述互为印证的原则；重证据、重调查研究、不轻信口供的原则；坚持物证、书证优先的原则；结合证据，就低认定的原则。此外，专案组审查发现公安机关以包庇罪移送的李某有走私毒品共犯的嫌疑，于是加大审讯力度，广泛收集和深挖其走私毒品犯罪证据，最终以走私毒品罪且系主犯向法院提起公诉，法院完全采纳检察机关指控，一审以走私毒品罪判处李某死刑。省人民检察院为表彰该案办理，给专案组成员夏阳记一等功，给专案组成员沈成章、向卫平记二等功。此外，还妥善、慎重处理了一批因群体性事件引发的案件以及“法轮功”等邪教组织犯罪案件。在办理群体性事件引发的案件中，严格依法，认真查明事件的起因、经过、后果及其危害，注意区分罪与非罪的界限，在揭露指控犯罪的同时，以案释法教育群众，争取好的社会效果。如桃源县院办理的该县芦花潭乡特大暴力抗税案，针对该案被告人一伙利用以前的纳税标准煽动上万村民拒缴税款，围攻执法人员的犯罪事实，公诉人在法庭上面对数千情绪激动的群众，以案说法向群众解释屠宰税的沿革，有理有据驳斥了被告人一伙的谎言，指出被告人等在税务人员宣传税法之后仍然一意孤行，煽动群众暴力抗税，已严重触犯刑法，取得了群众的理解，被告人最后也当庭认罪服判。针对“法轮功”等邪教组织犯罪活动猖獗的情况，按照党委的统一部署，认真依照全国人大常委会决定和最高法、高检院司法解释，严格执行中共中央确定的惩治、教育双管齐下的方针，与有关部门配合，积极履行法定职能，依法起诉极少数组织和利用邪教组织破坏法律实施的犯罪分子，帮教挽回一批受蛊惑、蒙蔽的群众，为维护社会政治稳定发挥积极作用。两年间，共起诉“法轮功”邪教组织犯罪案件7件14人（2000年，起诉2件、3人；2001年，起诉5件、11人）。

2002—2003年，全市公诉部门积极参与“严打”斗争，狠抓办案的社会效果和法律效果。注重化解社会矛盾，消除不安定因素，维护地方稳定。如武陵区公安分局侦查的罗某枝、徐某华集资诈骗案，该案案情复杂，社会影响大，公安机关移送的卷宗、材料500多本，涉案犯罪笔数400多起，涉案金额1900多万元，造成经济损失800多万元，集资诈骗及非法吸收存款被害人500多名，且多为下岗工人、离退休职工。2001年3月—2002年4月，该案经过几次补充侦查后起诉到武陵区法院。被害人对该案由区院办理极为不满，多次组织群体性上访。后经市委政法委协调，2003年5月27日该案转至市人民检察院审查起诉。市人民检察院公诉科成立专案组对该案进行审查，办案人员认真审阅案卷，核实、补充、完善了大量证据，同时，对涉案受骗的上访群众热情接待，寓理于法，以理服人，不厌其烦地进行说服解释，平息和稳定了上访群众的情绪。专案组提出的被骗人员按身份分流工作方案及赃款退赔原则，被市委、市政府有关部门采纳。2004年7月，罗、徐2犯分别被判无期徒刑和有期徒刑。对严重危害人民生命和财产安全的重大恶性案件从重从快办理，消除群众危机感。2002年11月11日，常德市一中127名师生员工家属及鼎城区牛鼻滩中学119名学生发生中毒，这两起投毒案件侦破后，市人民检察院公诉科派员提前介入，快速审结起诉，使得两案5名被告人在市两会召开前顺利开庭宣判，市一中投毒案首犯何某海一审被判处死刑，牛鼻滩中学投毒案未成年犯史某祥一审被判处有期徒刑15年。为防范该类案件的发生，市人民检察院公诉科对教育主管部门发出了检察建议，要求教育主管部门对学生的就餐安全加强监管，确保人民群众生命财产安全。通过办案加强犯罪预防。2003年1月18日，临澧县合口镇凯丽烟花厂发生死伤49人的特大爆炸事故。惨案发生后，检察机关迅速提前介入，以公诉引导侦查，夯实证据基础，加快办案节奏，在较短时间内将石某权、刘某军以危险物品肇事罪起诉，两人分别被判处5年有期徒刑和判处3年有期徒刑缓刑4年的刑罚。随后趁热打铁，以案论法，通过检察建议带动全县范围内烟花爆竹行业的大整顿。又如鼎城区院公诉科办理的潘某前接受不合格兵员案，市、区两级公诉部门对这一新型案件高度重视，认真会商、反复研讨，准备了详细的审查起诉和出庭支持公诉方案，2003年8月28日，潘某前被判处1年有期徒刑、缓刑1年。案后，与相关部门一道建立了新兵政审联合审查机制。

2004年，省人民检察院、省公安厅联合开展“刑事执法质量年”活动。市人民检察院与市公安局联合制订活动方案，建立联席会议、重特大案件介入侦查、案件退补协商、联合调研“四项制度”，侦、诉联手共同把好刑事执法质量关。2月，公安机关破获胡某洋故意杀人案，胡将被害人母女杀死后，将尸体吊在被害人猪栏屋里，毁灭有关罪证后逃跑。市公安局按照重特大案件介入侦查制度，邀请市人民检察院公诉科派员参与现场勘查和现场搜证。一季度，全市公诉部门参加市委政法委组织开展的“四打、一建、百日会战”（严厉打击黑恶势力、严厉打击暴力犯罪、严厉打击盗抢犯罪、严厉打击毒品犯罪、建立健全社会治安防控体系），共受理、审结暴力犯罪案件321件、533人，受理、审结盗抢犯罪案件468件、512人，受理、审结毒品犯罪案件86件、123人。

2005—2006年，全市公诉部门以“服务大局、维护稳定”为根本任务，进一步实践和深化“强化法律监督、维护公平正义”的检察工作主题，突出重点，及时审结、起诉一批影响大、涉及面广、社会广泛关注的案件。2005年，市人民检察院公诉科受理的何某珍集资诈骗案，涉案金额615万元，受害人40余人，为确保案件公正处理，承办人严审细查，认真复核，对受害群众答疑说理，依法交付审判，平息了群众上访。鼎城区桥南市场失火案，造成上千商户近2亿元经济损失，死亡1人，其负面影响波及全国，犯罪嫌疑人胡某群一直拒绝承认其离开经营门面时未关闭电源而导致失火，案件移送鼎城区院审查起诉，该院通过补充侦查夯实证据，通过审讯复核突破了口供，使该案顺利审判。2006年1—8月，根据中央统一部署，全面落实省委、省政府惩治“两抢一盗”犯罪的精神，全市公诉部门共受理“两抢一盗”犯罪案件601件、1053人，审结561件、983人，其中起诉561件、969人，不起诉14人，法院判决521件、899人。

2007年，全市公诉部门在“打黑除恶”等专项斗争中，依法惩治严重暴力犯罪、有组织犯罪、毒品犯罪等严重刑事犯罪。市人民检察院公诉一科办理杨某学等人特大走私贩卖毒品案、彭某兵抢劫杀人案；桃源县院办理龚某亚等14人涉黑涉恶案等。省人民检察院为落实高检院出台的《关于在检察工作中贯彻宽严相济刑事司法政策的若干意见》《办理未成年人刑事案件的规定》等文件精神，在全省推行刑事和解工作。全市办理刑事和解案件28件、28人，其中澧县院办理刑事和解案件11件、11人。该院办理的彭某寻衅滋事一案，彭某系在校学生，为教育和挽救彭某，该院主持促进双方和解，依法对彭某不起诉，彭某痛改前非，表现良好，后考上了大学。

2008年，市人民检察院公诉一科制定办案流程管理制度，将办案流程分为案件受理、案件分配、案件审查、案件审批、法庭庭审、审判监督、案卷归档7个环节，并对每一个环节具体内容进行细化和明确，从受案到结案归档设立多重关口，构建层控体系。公诉二科汇编公诉部门常用法律文书格式样本，统一规范了公诉文书格式。公诉一科、公诉二科联合下发《关于规范公诉部门报送材料工作的通知》，规定拟不起诉、拟撤回起诉、拟退回侦查机关（部门）撤案、拟抗诉以及法院宣告无罪5类案件报市人民检察院公诉部门备案审查。认真贯彻宽严相济的刑事政策，加大推进刑事和解工作的力度，全市刑事和解案件113件、136人，分别占受理数的5%和3.8%。澧县院探索“人民调解进检察”工作，完善刑事和解工作机制。市人民检察院公诉二科办理汤某军等4人虚开增值税发票3700余万元案，犯罪嫌疑人为掩盖虚开增值税发票和普通发票的事实，虚构贸易逃避打击，承办公诉人阅读了大量税务书籍，向有关部门征询税收政策，并前往浙江涉案企业复核证人，调取证据，固定了案件事实，汤某被法院判处有期徒刑12年，并处罚金40万元。

2009年，全市公诉部门受理移送审查起诉案件2209件、3703人，起诉1890件、3026人，不起诉127件、186人。公诉一科积极参加“打黑除恶”等专项斗争，先后受理、审查起诉了郝某等9人非法制造、买卖、持有枪支案，朱某利等5人抢劫出租车司机案等重特大恶性案件。公诉二科按照省人民检察院要求抽调公诉骨干参与办理湘西非法集资系列案中的湘西自治州人民政府原巡视员黄某兰、湘西自治州新世纪锰业有限责任公司原总经理徐某吉等9人涉嫌集资诈骗、非法吸收公众存款案。针对“三高一低”（撤诉率高、自侦案件不起诉率高、自侦案件缓免刑率高，自侦案件判决率低）问题进行专题调研，狠抓案件质量，较好地解决“三高一低”问题。全年撤回起诉7件、11人，撤回起诉率为0.46%，自侦案件不起诉5件6人，不起诉率为9.23%，撤回起诉率与自侦案件不起诉率控制在上级院规定的0.5%、10%之内。完善刑事和解工作程序，市人民检察院制定《常德市刑事和解实施细则》。全市办理刑事和解案件78件、92人，刑事和解呈现出补偿方式多元化、调解主体多重性、刑事和解适用范围扩大等新特点。探索开展量刑建议工作，与市中级人民法院联合在全市对故意伤害、抢劫、盗窃、交通肇事、毒品犯罪等5类案件实行量刑建议试点，共提出量刑建议案件150件、241人，采纳量刑建议138件、229人，量刑建议采纳率占92%。公诉部门还参与编写《常德市人民检察院检察工作指引》中的“公诉工作指引”部分，推进执法质量的提高。此外，还按照高检院开展的“全国检察机关刑事审判法律监督专项检查活动”要求，对全市2008年法院判决的1859件刑事案件进行专项检查，对改变起诉罪名、职务犯罪缓免刑、经济犯罪缓免刑、涉黑涉恶犯罪等九类案件逐案复查97件，形成分析报告，决定抗诉2件，提请省人民检察院抗诉2件，建议法院再审1件。

2010年，全市公诉部门受理移送审查起诉案件2186件、3303人，起诉1756件、2703人，不起诉175件、257人。“打黑除恶”专项斗争进入集中审判期，公诉一科受理公安部挂牌督办的陈某军等52人组织参加黑社会性质组织案后，成立专案组办理，赴省内9个看守所提审犯罪嫌疑人52人，复核证人33人，形成30万字的审结报告，坚持证据标准，最终起诉37人。公诉一科指导武陵区院办理刘某德等17人组织参加黑社会性质组织案、指导临澧县院办理了王某军等24人组织参加黑社会性质组织案。两案提起公诉后，均顺利判决。此外，公诉一科还办理毛某友等25人走私、运输毒品案，吴某华等14人运输毒品案等特大毒品犯罪案件。在惩治犯罪的同时注意保障犯罪嫌疑人诉讼权利，公诉一科办理的魏某某运输毒品案，17岁的魏某某出生在甘肃边远山区，母亲难产死亡，从小被父亲抛弃，由外公抚养长大，受人蒙骗走上涉毒犯罪，公诉一科为其聘请援助律师。公诉一科办理尼日利亚籍人齐某走私毒品案时，为齐某聘请翻译和援助律师。公诉二科成立专案组办理市公安局侦查的张某华、吕某兵等7人非法经营系列案，该系列案犯罪嫌疑人未经国家有关部门批准和银监部门的许可，大肆发放高利贷，从事非法金融业务活动，使多家房地产公司濒临倒闭，并引发群体性上访事件，严重扰乱了金融市场秩序，危害社会稳定。专案组认真研究法律规定，依法认定案件性质，认为在无相关司法解释情况下，不宜按照《刑法》第225条第四项以非法经营罪处理，经请示得到了上级的肯定，省委政法委要求公安机关依法办案，防止类似错案发生。2010年5月30日，最高人民法院、最高人民检察院、公安部、国家安全部、司法部出台《关于办理死刑案件审查判断证据若干问题的规定》《关于办理刑事案件排除非法证据若干问题的规定》，全市公诉部门认真学习“两个证据规定”，不断提高证据的审查、判断和运用，应对刑事诉讼的新变化、新要求。

2011 年，全市公诉部门针对利益诉求多元多样、信息开放透明快捷、社会矛盾复杂高发等执法环境的新变化，深入推进社会矛盾化解、社会管理创新、公正廉洁执法三项重点工作，注重发挥公诉部门在建设和谐社会中的作用：认真接待涉案当事人及其亲属的来信来访，开展释法说理、心理疏导，理顺情绪、化解积怨，做到案结事了；建立公诉案件风险评估机制，加强对敏感案件的办理和指导，提前做好防范工作，防止因执法不当激化或引发新的矛盾；结合执法办案工作，对具有一定普遍性和特殊性的犯罪形态深入开展调查研究，向党委、政府和有关职能部门提出消除隐患、强化管理的对策建议；联合有关职能部门开展专项活动，参与社会治安整治和管理。其中，开展量刑建议活动促进量刑公开，以公开促公正，提出量刑建议 1279 件、1973 人；运用刑事和解办理案件 152 件、189 人；开展刑事被害人救助，落实救助资金 20 万元；强化内部监督，规范律师接待，防止影响司法公正行为的发生；为保证公诉权的正确运行，严格执行《湖南省检察机关案件质量考评细则》和《湖南省检察机关执法状况考评办法》，开展每月“四查一评”活动，全面构建权责明确、行为规范、监督有效的执法工作机制。加强与公安、法院等政法机关的沟通协调，正确处理履行法律监督职能与接受监督的关系，防止滥用监督权，主动接受人大常委会及其人大代表、政协及其政协委员对公诉执法的监督，配合法院开展人大代表百案听审活动。公诉二科指导临澧县院办理市公安局移送审查起诉的赵某等 13 人涉嫌组织、领导传销活动案，该案涉案金额巨大、人员众多、区域广泛，且为新型网络犯罪，市、县两级院公诉部门指派专人联合办理了该案。

2012 年，全市公诉部门积极配合、应对公安机关“清网行动”，“清网”案件大多案发年代久远，证据难以补充到位，审查难度较大，全市公诉部门采取减少退补次数、推行告知性讯问、繁简分流等措施，在保证办案质量的同时提高办案效率，在受理案件数和人数同比分别上升 21.75%和 14.08%情况下，审结案件数和起诉案件数同比还分别上升了 19.25%和 19.85%。关注民生领域案件办理，净化发展经济环境，公诉二科交办桃源县院的“地沟油”系列案，涉案人员多，犯罪情节恶劣，市人民检察院加强交办案件指导和协调，在确保案件顺利交付审判的同时，发出检察建议，开展行业整治。对 20 多家违法使用“地沟油”的单位和个人进行了行政处罚，移送侦查部门对 3 名渎职失职人员进行立案查处。公诉一科围绕未成年人检察工作主题，成立青少年犯罪案件专案组，设立青少年维权岗、公布维权阳光信箱、设立维权咨询电话，为青少年提供及时的法律援助。在常德师范开展“送法进校园”活动，公诉一科撰写的《常德市检察机关开展未成年人刑事检察工作情况的调研报告》一文，被省人民检察院内网采用。继续推进公诉改革，引领公诉工作创新发展。不断完善量刑建议工作，建立量刑建议台账，规范量刑建议书，开展量刑监督。全年提出量刑建议1752件、2462人，法院判决采纳1623件、2211人，量刑建议采纳率为92.9%；继续办理刑事和解案件，全年办理刑事和解案件205件、246人，刑事和解案件占全市刑事案件办理数的9.59%；探索“侦、诉一体化”办案模式，加强侦诉协作配合，提前介入引导侦查，公诉二科提前介入市公安局立案侦查的刘某康等6人涉嫌组织、领导传销活动案，提出区分刘某康单位行为合法性和个人行为非法性的意见，为上海警方处置涉案资产提供依据；为应对刑事诉讼法的修订和实施，大胆开展新职能的探索试点，桃源县院出台《桃源县人民检察院办理当事人和解公诉案件实施办法》，探索当事人和解新要求。临澧县院出台《办理未成年人附条件不起诉案件实施细则（试行）》探索未成年人附条件不起诉案件的适用条件、办理程序、考验程序、程序终结等。11月，公诉一科副科长钟颖获得“湖南检察职业道德标兵”称号，被省人民检察院记一等功。

2013年，修改后的《刑事诉讼法》实施，把“尊重和保障人权”入法，对证据的合法性要求更加严格，给公诉部门新增了许多职能。全市公诉部门开展学习“两法一规则”活动，为落实高检院《关于切实履行检察职能防止和纠正冤假错案的若干意见》精神参加全省检察机关转变执法理念专题教育活动，转变执法理念，适应新的《刑事诉讼法》实施。全年受理移送审查起诉案件3212件、4756人，审结2930件、4274人，结案率89.87%。起诉2440件、3496人，其中严格按照新的证明标准办理龚某明故意杀人碎尸等恶性案件17件、18人，判处死刑13件、13人；办理生产销售伪劣产品案及危害食品安全等类型的经济犯罪案件14件、39人，公安部挂牌督办的吴某松等20人生产销售有毒有害食品案起诉、判决。在确保案件质量的同时，积极履行公诉新职能，全市办理当事人和解案件313件、360人，参加庭前会议17次，启动非法证据排除调查程序案件9件（排除非法证据45份），组织关键证人、鉴定人、侦查人员出庭34次，开展羁押必要性审查1341次，适用简易程序案件1114件、1397人，受理未成年人案件93件、208人（起诉72件、157人，不起诉13件、32人，附条件不起诉11人，附条件不起诉期考验期限届满后不起诉2人），办理强制医疗案件数7件7人，发表量刑建议2399人（法院采纳2297人），列席审委会议7次，发出检察建议72分（其中收到整改回复71份）。公诉一科办理的张某贩卖毒品案，张某敏贩卖、运输毒品案被省人民检察院评为“优秀案件”，公诉一科被评为“湖南省维护妇女儿童权益先进集体”。

2014年，全市公诉部门坚持以问题为导向，加强对修订后《刑事诉讼法》实施中暴露问题的调查研究，采取有力措施，确保公诉权的正确运行。严格控制案件审结率，确保公正与效率的统一。全市受理移送审查起诉案件3257件、4771人，审结2972件、4311人，审结率达91%，高于全省平均水平；严格控制撤回起诉率，全年起诉2508件、3558人，撤回起诉3件、5人，撤回起诉率0.14%，比上年0.54%的撤回起诉率下降0.3个百分点；严格控制经济犯罪案件不起诉率，规定经济犯罪案件报市人民检察院公诉二科审批，全年经济犯罪案件相对不起诉率2.86%，比上年14.63%下降11个百分点，低于全省7%的预警值。继续开展公诉新增职能工作，提出量刑建议3102人，采纳2936人，采纳率为94.64%；办理当事人和解案件359件、370人；办理未成年人犯罪案件87件、170人，起诉56件、109人，不起诉8件、14人，附条件不起诉25人，附条件不起诉考验期满后不起诉14人，附条件不起诉考验期满后起诉1人。积极开展未成年人检察工作机构建设，石门县院在全市率先设立未成年人案件办公室。确保市人民检察院一审死刑案件办案质量，杜绝冤假错案，公诉一科办理了向某故意杀人等严重侵犯人身权利案件共20件、41人，其中判处死刑6人；办理赵某勇贩卖毒品等案件32件、69人，其中判处死刑8人。加强二审案件办理，以二审案件促基层院一审案件办案质量的提高，全年办理二审开庭案件74件、153人，公诉二科对发现的二审案件中自首情节认定混乱的现象，要求基层院全面审查被告人的所有量刑情节，并建议中级人民法院对基层法院进行指导；公诉一科针对交通肇事类二审案件发现的诸多问题开展调研，解决交通肇事类案件审查难点和法律障碍。

2015年，全市公诉部门按照省人民检察院统一部署，开展规范司法行为专项整治活动，查出6个方面的不规范司法行为11种，涉及案件158件、192人，建立不规范司法行为案件台账供查询；全市清理并消化2003年至2014年度积存的1113件刑事积案，清理并审结1107件；参与市委政法委与市人大内司委组织的不捕不诉案件专项评查活动，对全市2014年度作出的不起诉案件逐案评查，共评查出51条问题，涉及案件48件，各院对涉及案件及问题形成专项报告并进行整改；全面实行网上办案，加强网上执法流程监管，规范司法行为，全年网上办案率达97%。以惩治犯罪、保障民生为目标，惩治严重暴力犯罪355件、484人，侵财性犯罪709件、968人，毒品犯罪551件、593人。其中，判处死刑24人，无期徒刑12人。市人民检察院公诉一科办理的罗某海故意杀人案，罗杀死3人后潜逃19年，由于案件材料不全，经与已经退休多年的法医联系、回忆，找出法医作为个人办案资料保存的材料复制件，才使案件证据得以固定；公诉二科办理的张某等4人合同诈骗、招摇撞骗、诈骗案，张以工程招标为名骗取施工队伍保证金上亿元，因罪与非罪界限难以把握，经复核、补充证据，最终将张某等人绳之以法。探索轻微刑事案件办理机制，由市政法委牵头，市人民检察院、市中级人民法院、市公安局联合制定《关于轻微刑事案件快速办理机制的实施意见》，使轻案快办，缓解办案压力；开展未成年人犯罪办案和指导工作，全市受理未成年人刑事案件70件、132人，起诉39件、87人，不起诉12件、19人，附条件不起诉24人，附条件不起诉考验期满后不起诉16人。4月，市人民检察院被市禁毒委授予“2014年度全市禁毒工作先进单位”称号。

二、检察机关自侦案件审查起诉

1979年《刑事诉讼法》规定，“贪污罪、侵犯公民民主权利罪、渎职罪及人民检察院认为需要自己直接受理的其他案件，由人民检察院立案侦查和决定是否提起公诉”。1997

版和2013年版《刑事诉讼法》均规定，“贪污贿赂犯罪、国家工作人员的渎职犯罪，国家机关工作人员利用职权实施的非法拘禁、刑讯逼供、报复陷害、非法搜查的侵犯公民人身权利的犯罪以及侵犯公民民主权利的犯罪，由人民检察院立案侦查。对于国家机关工作人员利用职权实施的其他重大的犯罪案件，需要有人民检察院直接受理的时候，经省级人民检察院决定，可以由人民检察院立案侦查。”检察机关直接立案侦查案件在1987年7月前由侦查部门立案侦查和起诉，此后按照上级检察院要求，检察机关自行侦查案件的审查批捕、审查起诉工作改由刑事检察部门办理，实行侦查、批捕、起诉分离。

1988—1989年，全市刑二部门开展检察机关自侦案件侦、捕、诉分开办理的改革。市人民检察院刑二科为确保自侦案件办案质量，强化调研和培训指导，初步摸索积累一些经验。1988年4月，市人民检察院刑二科转发慈利县院《办理自侦案件的几点做法和体会》、桃源县院《理顺内部关系，在配合中搞好制约》、津市市院《坚持提前介入，从快审结自侦案件》等经验材料。市人民检察院制定《常德市检察机关自侦案件侦查、审查批捕、审查起诉、免诉工作试行细则》，对收案审查、退补等办案程序作出较为详尽的规定。1989年4月15日，召开全市检察机关自侦案件审查批捕、出庭公诉经验交流会。5月下旬，市人民检察院刑二科总结的《强化内部制约机制，注重面上业务指导》的经验，在全省自侦案件审查起诉、出庭公诉经验交流会上转发。

1990年，全市刑二部门受理移送审查起诉自侦案件633件，审结403件、514人。其中，起诉174件、218人（贪污贿赂案件占153件、193人），免诉227件、289人。10月23—25日，召开全市检察机关审查免诉工作会议，传达省人民检察院审查免诉会议精神，对当年全市自侦案件免诉率达58.3%的问题，查原因、析危害，统一思想认识，要求依法、慎重、严格行使免诉权，最大限度地降低和控制免诉率，坚决不免人情案、不免“台阶”案、不免“糊涂”案、慎免“两可”案，努力提高自侦免诉案件质量，完善免诉案件的内、外部制约监督机制。坚持“个人阅卷，集体讨论，检察长决定，对重大、有影响、疑难、有分歧的案件须经检察委员会讨论决定”的办案制度，坚持自侦免诉案件的备案审查、定期核查和请示汇报制度，增加自侦免诉案件的“透明度”，自觉接受党委、人大常委会和社会各界群众的监督。制定并经市人民检察院检察委员会讨论通过下发《关于审查免予起诉工作的若干规定》。是年，津市市院刑二股副股长肖本珍被评为全省“两反”工作先进工作者。

1991年，全市刑二部门受理移送审查起诉自侦案件758件、888人，审结398件、464人。其中起诉231件、275人（贪污贿赂案件131件、151人，属于重特大案犯的31人）。全市自侦案件免诉率为35.24%，比1990年10月全市免诉会议前，降了23个百分点。全市刑二部门为降低、控制免诉率，进一步强化内部制约机制。严格审查把关，共审结自侦案件398件、464人，对不构成犯罪的案件依法不予起诉10件、10人，对事实不清的案件退回自侦部门补充侦查178件、206人，建议自侦部门撤案或撤回补查的46件、

61人。临澧县院刑二股撰写的《坚持“三不一慎”的原则，确保自侦免诉案件质量》一文被高检院采用。全市各单位对所办自侦案件进行2次检查，9个单位共检查案件1293件、2003人，写出自查报告16份。检查发现自侦案件审查起诉中的问题，促进案件质量的提高。完善备案审查制度，逐步扭转过去备案审查流于形式的倾向，共审查备案文书612份，其中自侦案件起诉书217份、免诉书373份、不起诉书13份、抗诉书9份。通过审查，发现各类问题107个，纠正101个。

市人民检察院公诉科人员听取情况

1992—1994年，坚持服务经济、服务改革，充分履行审查起诉职能，积极投入反腐败斗争，严肃办理贪污贿赂等大要案件。1992年2月24日，将贪污公款21万余元的原国营吉春堂药店出纳刘某平提起公诉，法院以贪污罪判处其死刑。1994年，在提起公诉的案件中，贪污贿赂等大要案犯有31人，占起诉贪污贿赂等案犯的34.4%。市人民检察院提起公诉被判处无期以上徒刑的贪污贿赂案犯有4人。如石门县化肥厂出纳员陈某军贪污公款17万余元案、安乡县供销社业务员刘某喜贪污17万余元案、安乡县农业银行下渔口营业所会计马某平贪污53万余元案、常德卷烟厂成品仓库保管员李某华贪污15万余元案；还起诉了一批有影响的案件，如石门县公安局部分负责人贪污贿赂等系列案、津市党政机关事务办副主任李某慧贪污案等。在惩治贪污贿赂等职务犯罪过程中，为达到最佳政治、社会和经济效果，坚持一手抓严惩，对那些真正的贪污腐败分子给予严厉打击，绝不手软；一手抓服务，在严格执法的前提下，客观分析新形势下被告人行为的社会危害性，稳妥地处理好对经济建设有影响的案件。如常德棉纺厂计量室主任、高级工程师毛某卿，1992年因贪污公款6948元被查处。在查办案件的过程中，毛能真诚悔过，愿意戴罪立功，特别是在常德棉纺厂改造一万纱锭工程中，攻克电气技术难关，为该厂扭亏增盈、打翻身仗做出较大贡献。根据企业的要求，武陵区院经请示市人民检察院和省人民检察院后，对毛某卿作出免予起诉的决定。在坚持打击与保护并重的同时，继续抓好自侦案件免诉率的调控。1993年5月，市人民检察院制定《关于对贪污、贿赂案件免诉实行逐级呈报审查程序规定》和《关于免诉案件备案审查工作的暂行规定》，进一步规范全市检察机关自侦案件的免诉工作。1994年，把庭审模式引入公开宣布免诉工作中。年初，开始试行贪污贿赂案件免诉听证申辩制度，使免诉案件质量得到保障，这一做法得到省人民检察院和高检院的肯定。全市自侦案件免诉率1992年为46.8%，1993年为

32.6%，1994 年为 8.2%。

1995 年，起诉贪污、贿赂等大要案犯 44 人，占自侦案件起诉人数的 41.5%。市人民检察院起诉一批大案，如鼎城区农业银行清交员刘某明贪污、挪用公款 80 余万元案，市绳网厂厂长周某南贪污外商巨额赔款 10 万元案，澧县公安局户政股原股长万某成贪污 70 万元案等。基层院也起诉了一批有影响的案件，如桃源县院办理的桃源县邮电局局长姚某华受贿案、计生局局长姚某受贿案，民政局局长郭某溪受贿案；澧县院办理的县委宣传部副部长郑某轩受贿案，赤峰煤矿矿长向某明，副矿长王某兵、陈某森等贪污受贿窝案等。这些案件的办理，为推动反腐败斗争深入开展，体现惩治效果，改变单纯强调立案率的做法，起到很好的作用。全市刑二部门在完成“严打”专项斗争任务的同时，采取有效措施，加大自侦案件办理力度，取得较好效果。全市共起诉自侦经济案件 92 件、106 人，同比分别上升 19.5%和 17.8%，起诉率为 45%，同比上升 15%；法院作出有罪判决 68 件 84 人，同比分别上升 19.3%和 31.3%，判决率为 79.2%，同比上升 8.1%。

1996 年，全市刑二部门受理移送审查起诉自侦经济案件 231 件、290 人，审结 158 件、191 人，审结率为 68.4%。其中起诉 85 件、98 人，免诉 54 件、69 人，撤案 19 件、92 人，法院判决 50 件、57 人，判决率为 58.8%。这一时期，国家经济领域的立法频繁，经济领域里的犯罪界限、法律适用难以把握，全市刑二部门认真学习研究法律政策，审慎对待疑难案件，严把自侦案件的“最后关口”。市人民检察院刑二科受理的被告人姚某华贪污 60 余万元、挪用 10 万元案，姚的主体身份及犯罪情节在《公司法》颁布之前完全符合贪污、挪用公款罪的特征。但在全国人大常委会《关于惩治违反公司法的犯罪的决定》以及两高相关司法解释中，对贪污和挪用公款罪的主体作了重新界定。通过调查复核，发现其虽属国有企业职工，但不具有“决定”中所要求的“国家工作人员”身份。因此，果断改变了原定性意见，对姚某华以侵占罪和挪用公司资金罪提起公诉，最后法院亦按同罪作出判决（姚某华因还犯故意杀人罪、抢劫罪、赌博罪被处决）。

1997 年，全市刑二部门参加市人民检察院组织的“自侦案件百日大会战”，起诉贪污案犯 16 人、贿赂案犯 16 人、徇私舞弊案犯 8 人。其中典型案件有：中国银行常德分行长城卡部原经理杨某高侵占、商业受贿、挪用资金案；中国建设银行常德市分行原副行长袁某安受贿案；常德市第二人民医院原院长祝某国受贿案；汉寿县公安局坡头派出所原所长杨某徇私舞弊案；鼎城区公安局尧天坪派出所原所长王某贵徇私舞弊案等。

1998 年，全市刑二部门受理移送审查起诉自侦案件 178 件、213 人，起诉 95 件、109 人，法院判决 82 件、91 人。自侦案件判决多的基层院是：鼎城判 26 人、澧县判 14 人、桃源判 11 人。1999 年，全市共受理移送审查起诉自侦案件 200 件、256 人，起诉 114 件、147 人，判决 96 件、122 人。其中典型案件有：武陵区院起诉的《常德日报》社原社长许某明受贿案、鼎城区院起诉的常德市电业局原副局长华某超挪用公款案、市人民检察院办理的德山建行原行长程某传受贿、玩忽职守案及该行会计部主任朱某波挪用公款案等。

2000—2002年，全市刑二部门受理移送审查起诉自侦案件364件、495人，起诉269件、361人，法院判决224件、286人。在办理自侦案件中，加强与自侦部门和审判机关的配合与制约，形成反腐工作合力。刑二部门将审查起诉工作主动向前延伸，适时提前介入，既加快审查起诉速度，又保证案件质量与自侦成果。2000年，市人民检察院反贪局侦办的工商银行汉寿县支行徐某安特大贪污案、桃源县支行李某武贪污案，刑二科派员提前介入，指导侦查部门收集、完善证据，既保证办案质量，又缩短办案时间，徐、李二人均被判处无期徒刑。2002年，市人民检察院反贪局侦查安乡县国土局局长、地税局局长、财政局局长等"三长"的贪贿案件，市人民检察院公诉科安排一名副科长提前介入，与侦查人员一道研究侦查取证方案、审查证据，使案件得到顺利判决。通过加强与法院的沟通联系，加快起诉案件的审判进度。2001年10月，市人民检察院刑二科组织武陵区院刑二科、武陵区法院刑一庭参加的自侦案件意见交流会，武陵区院起诉的自侦案件很快得到判决。是年重点办理房地产、土地批租流转、建筑工程领域的贪贿案件。2000年，组织精干力量起诉澧县国土局原局长刘某武受贿案。

2003—2004年，全市审查起诉部门受理移送审查起诉自侦案件160件、250人，起诉109件、167人，不起诉18件、24人。典型案件有：武陵区原区委书记吴某见贪污、受贿案，武陵区原区长黄某清及其妻受贿案，常德市国土资源储备中心原主任龚某临受贿案等。针对自侦案件判决率低、实刑率低和改判率高等情况，市人民检察院公诉科和鼎城区院公诉科等单位均进行调研分析。1999—2004年，鼎城区院起诉判决后经二审、再审改判的自侦案件共计10件、11人，占起诉自侦案件人数的10.3%，其中有罪改无罪6件、7人，发回重审后要求检察机关撤回起诉1件、1人，减轻处罚3件、3人。其中法院按审判监督程序再审的6件、6人，除1件是在一审判决生效一年内改判的外，其余5件、5人均在一审判决生效3年后才开庭再审，最长的达6年之久。鼎城区院调研认为，法院启动再审程序极不严肃，提请市人民检察院监督。市人民检察院及时向党委、人大常委会汇报，并向市中级人民法院提出纠正意见。

2005年，全市审查起诉部门受理移送审查起诉自侦案件69件、113人，审结53件、79人，起诉34件、55人，不起诉19件、24人。如：建设银行安乡县支行营业部原主任朱某等4人挪用公款、贪污案，该案涉嫌金额巨大、涉案存款笔数多、时间跨度长、社会影响大，且案中3个犯罪嫌疑人有逃跑、拒不供认情节，又面临建行企业改制等问题，使该案案情尤为疑难复杂，仅案卷就有近70本。2005年11月3日，该案移送市人民检察院审查起诉。市人民检察院公诉科组织专案组审查，专案组秉着实事求是、公平公正的态度，对4个嫌疑人的定性、犯罪数额、身份问题均作重点内容进行审查，一笔笔核实，一项项查证，并多次到工商部门、建行等专业部门学习相关业务知识。公诉部门多次集体研究后，最终对犯罪嫌疑人黄某桂以国有公司人员滥用职权、对犯罪嫌疑人段某燕以国有公司人员失职罪向法院提起公诉，改变了本案移送的共同挪用公款的案由。同时，针对朱某拒不供述赃款去向的情况，在本院技术部门的配合下，专案组从安乡县建行的一睡眠账户中审查出2000年朱某以“安供”的化名转存的19.6万元公款，将朱某贪污数额由6.16万元增加为25.76万元。法院对起诉的罪名和金额全部认定，对4人均作出有罪判决，其中朱某被判处无期徒刑。

2006年，全市审查起诉部门受理移送审查起诉自侦案件95件、95人，起诉70件、70人，不起诉11件、11人，法院判决57件102人（含上年积存）。典型案件有：安乡县公安局原局长李某和贪污案，湖南华南光电厂原厂长肖某瑜贪污、受贿案，常德市第一人民医院原院长易某文受贿、巨额财产来源不明案等大要案件。为改革和完善对职务犯罪侦查的监督制约机制，高检院于2005年9月29日颁布《关于省级以下人民检察院对直接受理侦查案件作撤销案件、不起诉决定报上一级人民检察院批准的规定（试行）》，从2006年开始执行，是年市人民检察院批准不起诉11件、11人。

2007年，全市审查起诉部门受理移送审查起诉自侦案件101件、160人，起诉57件、87人，不起诉28人。典型案件有：常德卷烟厂审计处原处长余某平受贿案及安乡县邮政局孙某迪贪污、挪用公款案。市人民检察院公诉科受理余某平受贿案后，认真审查和复核证据，沉着应对翻供翻证，法院一审认定起诉的全部事实。安乡县院起诉的孙某迪贪污、挪用公款案，法院一审判处孙某迪有期徒刑19年。

2008年，全市公诉部门受理移送审查起诉的自侦案件120件、176人，审结106件、158人，起诉69件、108人，不起诉37件50人。典型案件有：省人民检察院交办给市人民检察院公诉科办理的凤凰沱江大桥特大垮塌事件涉及的原凤大公路（湖南省凤凰县至贵州省铜仁大兴机场）建设指挥部原指挥长游某高（副厅级）玩忽职守、受贿、贪污、巨额财产来源不明案，游某高被判处有期徒刑18年，并处没收财产人民币20万元；鼎城区院办理的湖南德力电力公司原副经理李某福等13人贪污受贿窝案；临澧县院办理的该县国土资源局原局长龚某初等6人贪污受贿窝案等。

2009年，全市公诉部门共受理移送审查起诉自侦案件94件、134人，起诉58件、82人，不起诉9件、10人。市人民检察院办理的常德市人民政府原副巡视员、穿紫河工程建设指挥部原指挥长唐某清（副厅级）受贿案，常德市经济建设投资公司原经理、穿紫河工程建设指挥部原副指挥长曾某坤（副厅级）受贿案等大要案以及市人民检察院交办鼎城区院办理的桃源纺织印染厂改制工作组贪污受贿窝案（“8·07”专案）等。为确保市人民检察院反贪局侦查的“8·07”专案顺利交付审判，市人民检察院与鼎城区院组成联合办案组，在认真审查、复核案件证据的同时，采取有效措施，应对翻供翻证以及部分犯罪嫌疑人家属纠集的群体性上访、闹访，案件起诉后，经过3天庭审，全面展示证据，确保了该案的公正审判。

2010年，全市公诉部门受理移送审查起诉的自侦案件96件、129人，起诉58件、79人。市人民检察院办理的常德市水利局原局长周某民涉嫌受贿案、湖南兴禹水利水电建设有限公司原经理杨某彦涉嫌受贿案、市中级人民法院执行局法官腐败窝案等大要案。周因受贿人民币153万元被判处有期徒刑11年6个月；杨因受贿人民币239万元、美金7万元被判处有期徒刑12年6个月；市中级人民法院执行局原局长文某平被判处有期徒刑7年。

2011年，全市公诉部门受理移送审查起诉自侦案件54件、80人，起诉33件、54人，不起诉14件、16人。典型案件有：市人民检察院办理的常德市商务局原党组书记、招商局原局长郑某文受贿案，常德市德源公司原总经理、德山建设投资有限公司原董事长牟某民受贿案，常德市公安局西洞庭分局原局长刘某滥用职权、受贿案以及省人民检察院交办的国家民航总局空中交通管理局运控中心原处长张某国受贿案，怀化市市委原常委、市委秘书长谌某章涉嫌滥用职权、受贿、巨额财产来源不明案等大要案。省人民检察院交办市人民检察院侦查的谌某章涉嫌滥用职权、受贿、巨额财产来源不明案，涉案金额大，牵扯人员多，案情复杂，社会影响大，公诉部门提前介入，与侦查同步进行审查，并引导侦查取证，探索自侦案件侦、诉一体化工作机制，缩短办案周期，做到速侦、速审、速判。

2012—2013年，全市公诉部门受理移送审查起诉自侦案件120件、138人，起诉68件、81人，不起诉30件、38人。典型案件有：市人民检察院办理的鼎城区原区委书记李某葆受贿案，市公路局原局长牟某德受贿、巨额财产来源不明案以及交临澧县院办理的鼎城区原副区长王某华受贿案、澧县院办理的鼎城区原区委副书记詹某兵受贿案、安乡县院办理的鼎城区原区委副书记蔡某国受贿案等大要案。检察机关指控李某葆受贿500万元，指控牟某德受贿299万元、290万元财产来源不明，通过庭下与翻供翻证的较量、庭上的有力指控，所有指控均得到法院判决的认定。市人民检察院公诉部门还按照侦诉一体化办案模式提前介入省人民检察院交办市人民检察院反贪局侦查的省交通厅系列案，同步审查并引导侦查取证。2013年，还开展2次职务犯罪案件积案专项清理工作。3月，对全市审判积压职务犯罪案件办案进度进行全面统计，对办案进度逐案跟踪、监督，督促基层院发出一批审判纠违通知。10月，与两级法院对接、沟通、协调、促判，使一批长期积压未判案件得到判决。

2014年，全市公诉部门受理移送审查起诉自侦案件103件、123人，起诉69件、85人，不起诉12件、12人。典型案件有市人民检察院办理的湖南省交通厅原副厅长邹某平受贿案，湖南省高速广信投资有限公司原董事长、总经理谢某敏贪污、受贿案，怀化市住房和城乡建设局原局长杨某仁滥用职权、受贿案等大要案。在审查邹某平受贿案中发现大量部分受贿事实，邹某平利用职权为他人（单位）谋取利益的行为已经完成，约定的行贿资金也已经到了中间人手中，邹某平为逃避打击，安排中间人保管而未实际支配和使用。公诉部门认真研究该类行为的性质，依法认定邹某平受贿（未遂），得到法院判决认定，对这种逃避打击的受贿方式予以惩戒。

2015年，全市公诉部门受理移送审查起诉的自侦案件135件、174人，起诉97件、137人，不起诉17件、17人。典型案件有市人民检察院办理的常德市环境卫生管理处原主任高某忠贪污、受贿案，澧县政协原党组书记、主席严某波贪污、受贿、巨额财产来源不明案，桃花源管理区管委会原工委书记余某俊受贿案等大要案。针对职务犯罪案件处理周期长、侦查批捕起诉未形成合力等问题，2015 年，市人民检察院出台《常德市检察机关职务犯罪案件侦捕诉衔接机制的指导意见》（以下简称《意见》），缩短了职务犯罪案件在检察环节的处理时间，形成了反腐败的合力。武陵区院、鼎城区院认真落实市人民检察院《意见》，提出职务犯罪案件原则上不退补、20 个工作日审结的要求。是年，公诉部门受理的职务犯罪案件全部审结，起诉率分别为 85.18%和 71.42%。

第二节 出席法庭

一、出席一审法庭

1986 年 8 月，高检院下发《人民检察院出庭工作试行规定》，对出庭公诉的任务、程序，特别是公诉人员的素质提出明确要求。为提升公诉人员的出庭水平，1988—1992 年，全市刑二部门组织开展学好、用好《刑法》《刑事诉讼法》、评选优秀公诉词、“四庭”（观摩庭、示范庭、考核庭、样板庭）等活动。1988 年，推广桃源县院刑二股《制作未成年人犯罪案件公诉词的几点体会》的经验；1989 年，开展优秀公诉词评选，选出 30 余篇优秀公诉词汇编成《公诉词荟萃》，作为学习、应用的教材；选派公诉骨干参加省人民检察院组织的培训，5 年间，全市共选送 47 人参加省级以上业务学习或短期培训；市人民检察院刑二科采取以会代训的形式培养提高公诉干警出庭公诉的能力和水平，共计 210 余人次参加；每年开展大要案、疑难案件观摩庭，检察长、科股长出示范庭，办案人员出考核庭、优秀公诉人出样板庭“四庭”活动，开展庭后讲评，提高举证、示证、质证的专业技巧和抗辩能力。1990 年 7 月，市人民检察院刑二科检察员陈丰林被省人民检察院评为“优秀公诉人”；1991 年，澧县院刑二股的《有效预测法庭辩论重点的六条办法》一文，被省人民检察院刑检会议采用；1992 年，推广武陵区院总结的《我们是怎样出庭公诉未成年人罪犯的》经验；安乡等院刑二部门制作出庭样板录像带，供公诉干警学习；鼎城区院刑二科组织 200 多名机动车驾驶员参加司机马某轩故意杀人案庭审旁听，开展法治宣传和教育。

1993 年，全市刑二部门开展“四庭”活动 27 次，为保障活动效果，坚持做到领导挂帅，骨干带头。石门县院检察长龚道隆带头示范，以该院起诉的一起公安干警刑讯逼供案作为自己的“示范庭”，龚道隆亲自参与办案，认真准备公诉词和答辩提纲，在法庭上以大量的证据材料、丰富的法理知识和雄辩的口才征服了被告人，为观摩干警上了一堂公诉演示课。1994 年，市人民检察院检察长李文耀先后两次对 2 起特大抢劫案出庭支持公诉。在各基层院公诉部门开展论辩对手赛基础上，市人民检察院刑二科组织首届全市公诉人团体论辩赛，让年轻干警在激烈的团体对抗论辩中得到锻炼，公诉论辩水平明显提高。1993年10月，以年轻公诉人为主的常德市代表队，在全省公诉人团体对抗论辩赛中取得第二名。全市公诉部门提倡能者为师，通过传、帮、带、促，一批新手较快进入角色，庭审支持公诉水平逐年提高。

市人民检察院公诉人员出席庭审

1995年，市人民检察院刑二科制定《造就威震一方公诉人工程的三年规划》，把对公诉人的培养制度化，针对公诉人培养周期长的特点，要求各院公诉骨干力量必须稳定在3年以上。同时，加强队伍的装备建设，提高干警的政治待遇，切实解决干警的实际困难，落实各项办案补贴，使刑二干警真正做到安心刑二、热爱刑二。年内各审查起诉部门配备办案用车、通信工具，大部分科（股）长配备了手提电话。5月，市人民检察院副检察长刘湘滨带队，组织全市刑二科（股）长到省内6个市人民检察院参观考察，要求科（股）长根据本单位实际，提交公诉队伍建设的方案和规划。6月中旬，市人民检察院刑二科组织为期一周的全市公诉人“司法会计知识培训班”，请专家、教授给干警讲述会计基础知识、经济犯罪的手段、司法会计文书审查、新税制与发票等内容，丰富了干警审查自侦案件的知识。8—11月，市人民检察院刑二科成立出庭公诉考评小组，对全市9个刑二科（股）开展一次出庭考核活动，通过对庭前准备、出庭表现和庭后调查三项内容现场打分，评选出本年度“优秀庭”和“优秀公诉人”。全市刑二部门注重出庭公诉的宣传，利用新闻宣传媒介，强化出庭公诉的社会效果，扩大检察机关及公诉的影响。上半年，市人民检察院起诉的聂某文等24人流氓案在安乡开庭，当地电视台现场直播审判实况，出庭公诉人面对被告人及10余名省、市知名辩护律师毫无惧色，利用法律痛陈犯罪，取得了极好宣传效果，安乡县委、县人大常委会为此给市人民检察院公诉人请功，并赠“除霸扫黑，誉满澧陵”“执法如山，为民除害”的匾额。11月，全国5大涉黄案件之一的长沙“国晓书社”制造、贩卖黄色出版物案开庭，市人民检察院刑二科组成5人公诉团队出庭支持公诉，面对10名被告人以及15名辩护律师，经过3天，第一次展现了市人民检察院公诉人的整体形象。12月，全省政法系统内部最大的贪污案件——澧县公安局户政股原股长万某成特大贪污案在澧县翊武影剧院公开审理，市、县两级检察院公诉部门组织3000余名群众旁听，并将公诉活动摄制成专题片，在电视台黄金时段播出，展现公诉人的风采、形象。

1996年3月17日，修正后的《刑事诉讼法》给出席一审法庭带来了许多变化：改过去由法官出示证据为公诉方当庭举证，增强控辩双方对抗性及法官居中裁判，简易程序案件人民检察院可以不派员出席法庭等。为实现新旧庭审方式顺利过渡，8月下旬，市人民检察院刑二科组织全市刑二骨干进行为期10天的集中培训。在观摩省人民检察院在衡阳市开展的试点庭后，市人民检察院刑二科成立庭审试点小组，选取杨剑平等4人流氓、杀人案作为试点案件组织全市刑二干警观摩学习。本次庭审试点，由于认识统一，庭前准备充分，程序清晰，举证指控及抗辩有力，公诉人在试点庭审中游刃有余，增强了出席观摩的全市公诉人的直观感受与信心。此后，各基层院纷纷开展试点庭审尝试，市人民检察院刑二科逐一现场指导、考核，并针对试点庭中出现的具体问题组织研讨。鼎城区院撰写《如何在庭审活动中使用反对规则》，汉寿县院撰写《庭审调查活动中所遇具体问题及对策》，桃源县院针对刑事诉讼法取消检察机关免诉权后制定《关于不起诉决定书公开宣布的实施办法（试行）》（该实施办法被省人民检察院刑二处全文转发）。

1997年，修正后的刑事诉讼法正式实施，为适应新的庭审方式，市人民检察院刑二科对举证质证方式进行调研和探索，在全市刑二部门推行“单一案件一证一质”“复杂案件打包质证”，取得较好效果。市人民检察院组织“全市十佳青年检察官”评选，刑二部门5人获得提名、3人当选；湖南省组队参加全国公诉人辩论赛，市人民检察院刑二科检察员雷光醒作为教练对队员进行培训，湖南省代表队最终取得优异成绩，雷光醒被高检院记一等功，同时被市委政法委授予“全市十佳政法干警”称号。

1998年，市人民检察院刑二科推出《造就威震一方公诉人群体工程的三年规划》，各基层院制定执行规划和培养制度。石门县院制定主诉公诉人制度和公诉人年检制度，在培养方式上打破常规，采取评选“最差办案形象”和“最差公诉庭”等逆向措施，收到良好的培养效果；桃源县院制定培养“专门型”公诉人规划和公布公诉人热线监督电话；汉寿县院建立公诉人档案库和优秀公诉庭录像资料库等。按照市人民检察院“三年规划”的第一年工作要求，全市刑二部门在业务素质建设中，从“一笔一画、一腔一调、一案一书、一条一款”抓起，注重对公诉人基础技能的训练。10月中旬，市人民检察院举办98常德公诉人基础技能大赛”，竞赛内容有硬笔书法、速记、文书制作、两法测试以及团体辩论5个部分，每单位选派4名选手参赛，经过两天激烈角逐，澧县院、鼎城区院、桃源县院分别夺得团体总分前三名，桃源县院陈凤武、澧县院戴文武、陈剑锋分别夺得个人全能前三名，临澧县院卞森林等13人分别获得各单项优胜。竞赛活动邀请市人大常委会、市委政法委、市中级人民法院、市公安局的领导担任评委，市委政法委对该项比赛给予高度评价，并在全市政法系统推广。是年2月，桃源县院李菊初、武陵区院张啸洋被省人民检察院评为“优秀公诉人”。

1999年，市人民检察院被省人民检察院确定为开展主诉检察官办案责任制试点单位，市人民检察院指定在石门县院和鼎城区院进行试点。是年，张某琦集资诈骗案开庭审理，由市人民检察院主管副检察长彭世理带领6人公诉团队出庭支持公诉，市人民检察院刑二科组织全市 60 多名公诉人听庭，并组织庭后评议。10 月，市人民检察院组队参加全省公诉人法庭辩论赛，获得团体第二名。

2000 年，高检院在全国各级检察机关审查起诉部门全面实行主诉检察官办案责任制。市人民检察院刑二科对试点制度进行修订完善，制定《常德市检察机关推行主诉检察官办案责任制实施方案》。是年，全市有 87 名公诉干警通过由省、市人民检察院组织的主诉、主办检察官资格考试，其中 43 人被任命为主诉检察官。

2001 年，市人民检察院刑二科组织两次大型听庭评议活动。“9·1”特大抢劫杀人案起诉后，主管副检察长陈彰福带领专案组做好充分的庭前准备，进行封闭式的普通话强化训练及庭前预演，对庭审全过程模拟演练，拟出 18 万余字的出庭预案，针对庭审的全过程和有可能出现的变化，提出应对方案和措施，收集整理法律法规、司法解释，规范法庭用语等。审理期间，省人民检察院组织全省市州院审查起诉部门负责人到市人民检察院出庭现场开展听庭评议工作，市人民检察院组织基层院公诉人参与听庭学习。在历时 3 天半的审理中，公诉人面对 7 名被告、11 名辩护律师，展现了公诉人的优良素质与形象。该犯罪集团成员在常德、重庆两地同时受审，中央电视台、中央人民广播电台对庭审现场进行同步直播。杨某秀特大走私贩卖毒品案起诉后，专案组为保证出庭效果，从事实、证据、法律三方面做好充分准备，制订出庭计划、出庭规范用语，形成 10 多万字的出庭预案。在连续 5 天的开庭审理中，针对 27 名被告人的狡辩及 25 名律师的辩护意见，公诉人依据法律和事实，针锋相对、以据论理、以法论理，逻辑严谨，答辩有力，最终使被告人认罪服法，收到非常好的法律效果和社会效果。

2002 年，市人民检察院为提升公诉人素质，提高出庭公诉水平，组织全市公诉人开展基础技能比武活动，组织参加全省“十佳公诉人”“十佳诉讼文书”“十佳公诉案件”评选活动。澧县院戴文武、市人民检察院蒋天被评为全省“十佳公诉人”，市人民检察院制作的甘某满等 12 人组织、领导、参加黑社会性质组织、贩卖毒品、寻衅滋事、敲诈勒索、非法持有枪支、盗窃案公诉意见书被评为全省“十佳诉讼文书”之首，市人民检察院起诉的杨某秀等特大走私贩卖毒品案被评为全省“十佳公诉案件”。

2003 年，最高法、高检院、公安部出台《关于适用简易程序审理公诉案件若干意见》《关于适用普通程序审理“被告人认罪案件”的若干意见》（以下简称“两简审”），按照高检院和省人民检察院指示，全市公诉部门尝试开展“两简审”工作。全市适用“两简审”的案件占开庭案件的 57%，案件数量和办案力量矛盾冲突较大的鼎城区院受益明显，有 104 件案件适用“两简审”，占起诉案件的 67%。市人民检察院受理的被告人认罪的一审案件中有 3 件适用了简化审。与简化审相关的配套制度如证据开示逐步完善，澧县院针对 9 件有辩护律师的案件，在证据开示方面进行了有益探索，控辩双方开庭前公开展示各自所掌握的证据并交换意见，庭审时双方对无异议的证据不再一一举证质证，既保证了案件质量，提高了效率，又突出了庭审焦点。是年，市人民检察院公诉科开展优秀公诉人和优秀法律文书评选活动。9 月，市人民检察院公诉科组队参加全省优秀公诉人选拔赛，市人民检察院公诉科周尚红获全省“优秀公诉人”称号。

2004 年，为落实“刑事执法年”活动要求，全市公诉部门邀请公安机关侦查员参加听庭，以此提高侦查人员的证据意识以及收集证据的能力，市人民检察院公诉科还组织技术人员观摩了胡某洋故意杀人案的鉴定人员出庭作证。全市公诉部门继续开展岗位练兵，开展全市公诉人大比武活动，选拔 4 名公诉人参加全省优秀公诉人选拔赛，经电脑操作、文书制作、撰写案例评析、现场业务答辩等程序，澧县县院廖修文、赵洞庭，市人民检察院张璇，汉寿县院邓雪松被评为“湖南省检察系统优秀公诉人”。

2005—2006 年，全市公诉部门重点做好敏感案件的出庭支持公诉工作，通过庭审公开示证、释法说理化解矛盾，取得较好的效果。市人民检察院支持公诉的何某珍集资诈骗案，组织受害人代表听庭，通过公开示证、释法说理，让受害群众感受到了司法公正；鼎城区院支持公诉的胡某群失火案，组织桥南市场部分受灾商户代表听庭，通过揭示起火原因以正视听，有效制止了损害政府形象的谣言蔓延。继续开展岗位练兵，提升公诉人的出庭能力和水平，全市公诉部门按照市人民检察院要求每季度开展一次考核庭和示范庭活动，各院主管领导和公诉部门负责人率先垂范，带头出示范庭，认真开展听庭评议，对公诉人在庭上的一举一动、一言一行都进行严格考核，做到一案一评议，一案一提高。

2007 年，全市公诉部门探索“被告人认罪”案件简化审出庭方式。武陵区院格式化简化审案件公诉意见，采取填充方式撰写公诉意见，提高了出庭效率。全市公诉部门继续开展岗位练兵活动，鼎城区院开展“三听六评”（听庭、听讯、听询，评笔录、评方案、评优案、评文书、评技能、评标兵）活动，提高了检察干警的实际操作能力和实战水平。

2008 年，市人民检察院公诉一科、二科加大分类案件出庭指导工作。公诉一科把侵犯人身权利的案件作为出庭指导重点，组织刘某云故意杀人案的公开庭，邀请市人大代表听庭评议；公诉二科把职务犯罪案件作为出庭指导的重点，组织游某高玩忽职守、受贿、贪污、巨额财产来源不明案的公开庭，邀请该案侦查员听庭评议。继续加大岗位练兵力度，在全市开展“三听六评”活动。公诉二科依据《最高人民检察院公诉人出庭行为规范》制定了《公诉案件出庭考核标准》，组织开展考核庭活动。在考核评议中，市、县两级公诉部门共同总结经验，推进全市公诉出庭水平的整体提高。选拔 6 名公诉干警进行为期 3 个月的强化训练，通过分组比赛选派 3 名公诉人参加省人民检察院举办的湖南省首届公诉人与律师论辩赛，取得团体第四名的成绩，参赛队员临澧县院公诉干警肖宏波获“最优法律知识奖”。

2009 年，市人大常委会明确“司法公正常德行”主题内容为组织人大代表开展“百案听审”活动。为落实活动要求，市人民检察院下发《关于认真组织人大代表“百案听审”活动接受人大监督的通知》，要求全市公诉部门认真组织。市人民检察院公诉部门细化出庭规范，将检察礼仪、庭前预案、法庭调查举证、法庭辩论、应辩技巧、语言能力等

5个大项和相应9个小项作为出庭规范主要内容，指导全市出好人大代表听庭案件，全年组织人大代表听庭42次，圆满完成人大交办的任务。澧县县院公诉干警田兴发的优秀事迹被《常德日报》、常德电视台、《检察日报》等媒体宣传，市人民检察院作出向田兴发学习的决定，田兴发被市政府记二等功、被省委政法委评为“全省优秀政法干警”。

2010年，市人民检察院公诉部门下发“执法技能专训”活动方案， 5—10月开展为期半年的全员执法技能培训。采取集中培训、干警自学、听庭评议、网络授课、模拟辩论赛等方式，提高全市公诉人执法技能。5月18日，对全市内勤进行1天集中培训；6月，市人民检察院组织2次听庭评议；7月14—18日，选派20名公诉人参加全省公诉人培训；8月，市人民检察院转发高检院《关于加强公诉人建设的决定》，要求各基层院认真研究执行，同时，组织全市公诉人参加高检院公诉业务电视网络培训；11月，组织全市公诉人辩论赛，除基层院组队参加比赛外，市人民检察院组队与市律协组队进行表演赛。比赛邀请人大常委会、政协、市直政法各单位主要领导担任评委现场打分，省人民检察院专职委员苏勤惠莅临现场进行讲评。通过组织开展全员执法技能专训，全市公诉人执法水平得到显著提高。

2011年，市人民检察院公诉部门为贯彻落实高检院《关于加强公诉人建设的决定》，要求各基层院建立公诉人学习机制，营造学业务、讲业务、比业务的环境，创建学习型部门。继续开展以听庭、听询、听讯和评笔录、评方案、评优案、评文书、评技能、评标兵为内容的“三听六评”活动，采取以赛带训、以案带训的方式，发现和储备优秀人才，挑选7名公诉人集中培训2个月，参加湖南省第四届全省十佳公诉人业务竞赛暨公诉团体论辩赛。市人民检察院公诉一科钟颖、临澧县院公诉科刘科获全省“十佳公诉人”称号，市人民检察院公诉二科蒋迅、汉寿县院公诉科储杨获全省“优秀公诉人”称号。

2012年，修订后的《刑事诉讼法》颁布对一审程序再次带来变化，即简易程序审理的案件由1997年以来的不出庭重新改为必须出庭，把简易程序审理案件范围扩大到所有基层人民法院管辖的事实清楚、证据充分的“被告人认罪”案件。派员出席简易程序审理案件的庭审增加办案工作量，“案多人少”的矛盾更加突出。为适应新法的要求，市人民检察院公诉部门在武陵区院进行试点，指导武陵区院制定《简易程序出庭规则（试行）》，尝试简易程序案件集中收案、集中审查、集中公诉、集中出庭。8月，市人民检察院组织对该院简易程序公诉案件的庭审观摩活动，庭后对新法规定的简易程序出庭的工作机制进行了研讨。市人民检察院公诉二科与市中级人民法院相关部门出台《庭前会议程序的操作规则（试行）》，探索新法规定的庭前会议程序。公诉二科办理的牟某德受贿、巨额财产来源不明案，通过庭前会议解决证人出庭、非法证据排除等问题，达到了提高庭审效率的目的。

2013年，市人民检察院组织全市公诉人进行两天培训学习，修改后的刑事诉讼法和刑事诉讼规则。各院组织人员到公安机关宣讲证据规则，提高侦查员的取证能力和水平，从源头上堵塞证据漏洞并防止出现非法证据。年内两次组织25名公诉人参加全省检察机关公诉业务培训。公诉二科起诉的赵某抢劫案，组织湖南文理学院200余名学生听庭，邀请10余名市人大代表听庭并进行庭后评议。11月21日，全市公诉部门组织以“阳光公诉”为主题的“检察开放日”活动，邀请部分人大代表、政协委员和人民监督员视察公诉工作。运用内网平台探索岗位练兵新途径，开展每名公诉人年内通过内网平台上报一篇公诉美文、一篇办案心得或者调研文章、一份审查报告、一份起诉书、一份出庭预案的“五个一”活动，在内网平台交流展示，并以此为依据评选优秀公诉人。组织全市公诉部门对口交叉开展听庭评议，通过听庭评议发现问题、相互提高。公诉二科蒋迅代表省人民检察院参加全国检察机关第五届公诉人业务竞赛，获得“全国检察机关优秀公诉人”称号。

2014年，市人民检察院公诉一、二科继续开展分类案件出庭指导。公诉一科重点对当事人和解案件进行出庭指导，要求各院运用量刑建议开展法制宣传；公诉二科重点对职务犯罪案件审理中如何应对翻供翻证进行指导，要求各院大胆运用庭前证据采信规则。继续开展“五个一”活动、听庭评议活动，推动全市公诉部门岗位练兵常态化、经常化。下半年，市人民检察院组织全市公诉人在市中级人民法院观摩了全国优秀公诉人、省人民检察院检察员唐翔宇出席二审案件的庭审。

2015年，市人民检察院公诉部门针对公诉队伍年轻化的趋势，在继续开展“五个一”活动和听庭评议活动的基础上，开展“以案带训”活动，分期抽调6名基层年轻公诉人到市人民检察院公诉一科办理1件市人民检察院受理的一审案件，明确带训人，手把手地带基层年轻干警走完整个办案流程，用市人民检察院办理一审案件的方法、理念带训基层公诉人，让基层公诉人得到了提升。此外，还选派优秀公诉人参加国家检察官学院主办的出庭公诉实务技巧培训班等高端培训。开展“以赛促训”，提升公诉队伍素能。市人民检察院组队参加全省优秀公诉人业务竞赛暨团体论辩赛，市人民检察院代表队获得团体第二名，参赛的鼎城区院雷蕾获得“湖南省十佳公诉人”称号、武陵区院刘潇潇获得“湖南省优秀公诉人”称号。市人民检察院还选派公诉人参加全国未成年人检察业务竞赛参赛选手选拔赛，市人民检察院公诉一科邱馨仪和安乡县院严幸受到省人民检察院表彰。

二、出席二审法庭

1988—2000年，全市共出席二审法庭67案次，占应出席二审法庭90案次的74%。1988年9月24日，市中级人民法院在长沙监狱公开审理市人民检察院依据审判监督程序抗诉的被告人杨某故意杀人一案，市人民检察院主管副检察长树兵带领刑事检察二科检察员出席法庭支持抗诉。这是市人民检察院自1978年恢复重建以来第一次出席二审法庭。经过3个多小时的法庭调查和法庭辩论，法院采纳抗诉意见，撤销原判，将原判5年有期徒刑改判为10年有期徒刑。被告人杨某于1988年3月10日凌晨1时许，乘其丈夫覃某熟睡之机，用砍柴刀朝覃某头部猛砍，将覃杀死。石门县人民法院〔1988〕石法刑一初字第038号刑事判决书认定被告人杨某基于义愤杀人可以减轻处罚，从轻判处其有期徒刑5年。市人民检察院认为一审判决对被告人的犯罪情节、量刑、适用法律等方面存在诸多疑问，经调卷审查发现杨某先后2次对被害人头部、面部、胸部等处猛砍40余刀，作案手段残忍，虽然被害人有过错，但一审判决明显适用法律不当，量刑畸轻。在一审判决已生效的情况下，市人民检察院按审判监督程序向市中级人民法院提出了抗诉。此案是一起激愤引起的杀人案件，由于被害人有过错，社会舆论同情被告人。为准确惩治犯罪，维护法律的正确实施，出庭检察人员在情、理、法上与辩护人展开激烈交锋。辩护人从被害人有过错、被告人断指劝夫以及迫不得已而杀人等方面入手为被告人进行辩护。出庭检察人员则从被告人用杀人手段解决家庭矛盾为法律不容，纵然是激愤杀人也不能离开事实和法律而无原则的从轻，指出原审判决的错误。二审法院最终采纳抗诉意见，依法作出改判。

2001—2012年，随着刑事检察工作制度化、规范化深入以及刑事审判制度改革，二审出庭案件数量明显增加。全市出席二审法庭118件，其中出席抗诉庭53件，出席上诉庭65件。

2013年，市人民检察院共受理二审刑事案件43件、67人，出席二审庭48件次。其中公诉一科受理二审案件38件、61人，同比分别增加5.7倍和7.4倍。二审案件办案和出庭任务增多，尤其是部分职务犯罪案件的被告人在一审判决后不认罪服判，造成定案反复及矛盾突出。为促使被告人认罪服判，严格证明标准，市人民检察院与市中级人民法院围绕案件审理做好协调与意见交换，有针对性的向被告人答疑释法，协助组织证人出庭作证等，在促被告人认罪服判上取得了较好效果。为防范二审无罪风险，一方面规范办案程序，对每起案件集体研究把关，另一方面积极补充证据，完善一审办案不足，防范无罪案件发生。公诉一科在办理二审案件中，全年复核证人、鉴定人43人次，形成证据材料80余份，通知证人、鉴定人、侦查人员出庭7人次，咨询专家证人8人次，与公安机关交换意见16次。如办理的文某高交通肇事案，该案经过一审、上诉、再审、上诉程序，诉讼经过十分复杂。被害人家属反映强烈，被告人的辩护人系在职交警，专业知识较为丰富，一直提出无罪的辩护意见。经审查发现，该案在一审期间存在被害人酒驾嫌疑未排除、事故责任认定存在瑕疵等诸多问题，有较大的无罪风险。为了查清案件事实，承办人多次复核侦查人员、鉴定人员，补充调取证据10余份，并就事故责任认定等专业问题咨询专家5次，夯实了案件的证据基础。案件开庭时，又申请了侦查人员、鉴定人员出庭，就被害人无酒驾、无超速、事故责任认定依据等问题向法庭进行清晰的说明，有力驳斥了被告人的无理上诉。最终法院不仅维持了一审判决的刑事部分，还对民事部分予以改判，将一审判决的12万元改判为31万元。

2014年，办理二审案件85件、164人。2015年，办理二审案件107件、213人（其中二审上诉案件94件、187人，二审抗诉案件13件、26人）。在二审案件数量持续上升，办案风险逐步增加的情况下，采取三条措施确保二审案件审查质量，防范执法风险。一是加强流程监管，创新工作方法。改变以往等案上门的传统做法，主动与法院联系，合理控制二审案件开庭数量和流程；同时就二审开庭案件的办案流程、审判监督等进行沟通，保证二审案件办案的规范性。并要求二审案件承办人阅卷后提出出庭预案提请科室讨论研究，确保二审出庭意见的准确性。二是加强联系，及时了解情况。二审案件承办人受案后及时与一审公诉方保持沟通联系，全面深入了解案情；同时，畅通诉辩交流平台，认真听取法院、律师意见，重点弄清案中分歧情节，使二审案件审查更有针对性和全面性。三是加强补充侦查力度，打牢二审案件证据链。二审案件中的证据缺陷必须排除，尤其是上诉点集中的关键证据必须补充核实，增强庭审中的预见性和前瞻性。如2014年，市人民检察院办理的陈某红贩运毒品上诉案，一审认定被告人贩卖毒品的证据为陈本人供述及两名吸毒人员的证言。在一审阶段被告人当庭翻供，其辩护律师在二审阶段提供两名证人均否认自己有买毒行为的证据并申请证人出庭作证，致使认定陈贩卖毒品证据存疑，案件陷入僵局。公诉一科在集体研究后采取措施对案件主要争议点排查，全面核实案件情况。仔细审阅案卷材料，找出被告人供述与证人证言的内在联系，用证据推翻陈某红的上诉理由；对公安办案人员核实了解取证情况，排除有刑讯逼供等其他违法行为的可能性，并要求其出具书面说明材料；对两名证人复核，了解其翻供缘由，为庭审应对做好充分准备。二审庭审中，公诉人对认定陈某红贩卖毒品的证据详细说理并当庭递交了新的证据材料，对被告人的上诉及辩解理由予以驳斥。最终，二审法院对该案作出维持原判的裁定。此外，以办理二审案件促进对基层院的业务指导，通过二审案件掌握基层院的办案质量以及公诉人员的业务素质，增强市人民检察院与各基层院的业务培训、办案指导的针对性与实效性，达到全市公诉队伍素质整体提高的目的。

第三节　侦查监督与审判监督

一、侦查活动监督

1988—1990年，全市刑二部门把介入案件侦查与开展侦查监督结合起来，依法纠正侦查活动中的违法现象。3年共书面通知纠正违法22次，口头提出纠违442次。1990年，全市提前介入公安机关侦查的重特大案件181次。5月，市人民检察院二科提前介入鼎城区戴某山故意杀人案，发现戴作案过程反常，及时建议公安机关作精神病司法鉴定，依据鉴定结论查明戴无刑事责任能力，避免了一起错案发生。

1991年，全市刑二部门提前介入重特大案件侦查130件、244人。通过阅卷审查，共追诉漏犯26人，追究免诉罪犯58人，深挖漏罪144条，新增罪名37个，改变案由48件，否定罪名50个；依法不予起诉14人，建议移送单位撤回案件76件、162人。同时，就侦查活动中的违法行为依法提出纠正意见120件、203人，其中书面提出纠正意见7件、9

人。

1992—1993 年，坚持两项原则，强化检察机关侦查监督职能中：一是坚持有错必纠的原则。1993 年 4 月，鼎城区院刑二股在办理张某政、李某华流氓、敲诈勒索案中，经审查证据、实地复核、询问当事人等，发现案卷中有 12 份证据材料系该区洞庭乡原治安队队长、案件承办人曾某某编造。针对这些违法问题，鼎城区院及时发出书面纠正违法通知书，公安机关不仅对案件进行补充侦查，而且免除曾的治安队队长职务。二是坚持实事求是的原则。1993 年，全市刑二部门抵制说情及其他人为干扰 172 次，做到不枉不纵。

1994 年，全市刑二部门强化对侦查工作中不同环节和阶段的监督措施：一是防错。全年防止错诉 11 件，作出不起诉决定 1 件。二是防漏。全年追捕漏犯 23 名，追诉漏犯 10 人，发现漏罪 7 条。7 月，汉寿县公安局移送起诉的何某等人流氓案，公安移送起诉中全案只认定被告人作案 13 起。县检察院刑二股受案后，通过认真复核、深挖细查，查实被遗漏的其他 23 起流氓犯罪事实。起诉后，法院认定何某等被告人流氓犯罪作案 36 次，与检察院指控一致，何被判处死刑。三是强化执法监督。全年对侦查机关执法中出现的各种违法行为提出纠正意见 142 次，提出书面检察建议 46 条。

1995 年，全市刑二部门在履行法律监督职责中，针对以往检察机关开展监督工作手段弱、权威小、效果差的问题，通过向党委、政府及有关主管部门汇报协商，将检察机关发现的纠正违法通知书或检察建议纳入年终考核“一票否决”的内容。汉寿县院在审查伍某学等 3 人流氓案时，发现证人的前后证词出入很大，复核中，该证人反映公安办案人员只向其询问一次，以后再未找其调查。经反复核实，发现以后的一份证言系派出所办案人员自制的。同时，还发现有近 10 份询问材料未交证人核对签字。对此，汉寿县院及时发出纠正违法通知书，引起县公安局党委重视，对违法干警做出严肃处理，并在年终取消该派出所的评先资格。是年，全市刑二部门纠正以罚代刑现象 25 起，纠正办案人员徇私舞弊现象 1 起。石门县院刑二股在办理张某杰等 5 名被告人盗窃案时，发现同案人龚某清在 1993 年 9 月已向石门县燕子山乡联防队原队长印某清投案自首，但卷内无材料反映，后经反复核查证实：龚某清向印投案自首后，印向龚提出交 350 元现金，龚照办后，印即将其释放，还指使其外逃藏匿，将所收现金据为己有。对于这一严重违法行为，石门县院刑二股及时向法检股通报，法检股初查后，对印某清的徇私舞弊行为立案侦查。是年，全市审查起诉部门改变侦查机关移送罪名 32 件，追诉漏犯 29 人，追诉漏罪 52 条。桃源县院在审查被告人李某球盗窃案时，承办人仔细审阅案卷，发现被告人除公安机关认定的盗窃犯罪事实外，还以营利为目的，采取欺诈、强迫等手段，多次组织多名妇女长时间从事卖淫活动，其行为构成了组织他人卖淫罪。公安机关遗漏了这一重大罪行，后经认真调查取证，巩固了漏罪部分的证据，追诉了漏罪。

1996 年，全市刑二部门向公安机关发出书面纠正违法通知 85 份、检察建议 46 份，追诉漏犯 36 名，漏罪 74 条。市人民检察院刑二科审查的被告人唐某斌等 7 人盗窃案，由于原办案机关利益驱动，对同案人胡某乾仅作治安处罚，且卷宗材料中也无明显涉及其犯罪的口供和证言。承办人通过巧审详侦，发现并认定了同案人胡某乾为主盗窃2台进口摩托车（折款3万余元）的特大犯罪事实，遂先后向市公安局发出追捕、追诉函。最后，市中级人民法院判处胡有期徒刑13年。桃源县院在以市人民检察院名义独立承办的被告人张某、朱某林盗窃巨额黄金案中，由于侦查部门赃物保管不善，致使黄金短少30余克，遂向桃源县公安局发出书面检察建议，并抄送有关部门。引起桃源县公安局高度重视，立即回函纠正，并责成该局刑侦队退赔短少部分的黄金折款。汉寿县院在办理被告人邹某华、李某红抢劫案过程中，通过审查发现某派出所治安联防队队员李某华指使和资助重大抢劫犯逃跑，有重大包庇犯罪嫌疑。该院核实证据材料后，立即将李以包庇罪并案追诉，县法院亦作有罪判决。

1997年，侦查监督的重点放在公安机关违法不究、徇私枉法问题上。市人民检察院刑二科审查的武陵区徐某章故意伤害一案，是一起由行为人以“丢眼镜”为手段诈骗钱财不成而演变为以暴力抢劫财物（致被害人死亡）的案件。最初公安机关只以故意伤害罪对直接致死人命的徐某章移送起诉，而对另一主犯马某则以流氓滋事对其决定劳动教养。市人民检察院刑二科审查案件后，认为该案是一起抢劫案件，同案人马某在其中还为主对被害人实施过暴力殴打。经报请主管副检察长彭世理批准，决定将马某以抢劫罪逮捕，进而对其予以追诉，市中级人民法院亦以同罪判处其有期徒刑10年。汉寿县院在审查郭某兵、张某顺恶性轮奸案时，通过详查细察，发现并证实某派出所所长杨某、预审干警曾某忠徇私舞弊，企图通过伪造假自首和假年龄材料达到为犯罪嫌疑人减轻处罚目的之犯罪事实，挖出一起徇私舞弊、伪证、包庇窝案。是年，全市刑二部门向公安、法院发出书面纠正违法通知书117份、检察建议45条，追诉漏犯34名，漏罪180条。

1998年，全市刑二部门追诉漏犯26人，追诉漏罪105条，书面纠正侦查、审判活动违法96件次。武陵区院刑二科从群众来访中了解到，武陵公安分局对奸淫幼女犯罪嫌疑人郑某春以猥亵儿童行为作出劳教2年的决定。该科经调查核实，并收集部分证据，认为郑奸淫幼女罪成立，便将线索及部分证据转刑一科进行立案监督，后郑一审被判处7年有期徒刑。

1999年，全市刑二部门追诉漏犯61人，其中有3人被判处10年以上有期徒刑。汉寿县院刑二股在审查聂某国等7人聚众斗殴案时，发现注明在逃的另一名犯罪嫌疑人彭某平并未外逃，即要求公安机关追诉。在公安置之不理的情况下，又向县人大常委会与县政法委汇报。在省、市、县三级人大常委会的监督下，抓获主犯彭某平，起诉后法院判处彭有期徒刑10年。澧县院在审查一起普通的敲诈勒索案时，从中发现主犯徐某另有21笔的犯罪事实，而且大部分已构成抢劫犯罪，遂将案件呈送市人民检察院提起公诉。是年，全市刑二部门发出纠正违法通知20件次，发出检察建议30份。

2000年，全市审查起诉部门追诉漏罪68条，其中1人被判死刑、1人被判无期徒刑、

66人获有罪判处；追诉漏犯57人，其中6人被判10年以上有期徒刑、4人被判5年以上有期徒刑。市人民检察院与澧县院共同办理的徐某等4人抢劫、敲诈勒索、寻衅滋事一案，公安机关将该案作为一起基层院审理的普遍刑事案移送起诉。澧县院承办人经初步审查，从中发现遗漏抢劫犯罪多起，及时上报市人民检察院，市人民检察院刑二科派员与县院一道查微析疑、审讯案犯、补充证据，将这起普通刑事案件办成重大系列抢劫案。该案起诉至中级人民法院后，主犯徐某被判处死刑，其余3人分别被判处死缓、无期和有期徒刑6年。石门县院刑二股承办的舒某华等2人容留、介绍妇女卖淫一案，通过复核证据发现其中卖淫女汪某13岁时先后被酉某庆、覃某赐2人奸淫后才走上违法道路，便依法以奸淫幼女罪追诉酉、覃2人，后分别被判处有期徒刑12年、10年。安乡县院办理刘某抢劫案中，追诉漏犯梁某被以抢劫罪判处有期徒刑13年。

2001—2005年，全市公诉部门追诉漏犯310人（其中，2001年116人、2002年44人、2003年112人、2004年26人、2005年12人）。追诉的漏犯中，有7人被判无期徒刑，41人被判10年以上有期徒刑；追诉漏罪195条（其中，2001年43条、2002年95条、2003年11条、2004年19条、2005年27条），追诉的漏罪被判刑罚中，死刑立即执行2人、死刑缓期2年执行1人、无期徒刑1人。在开展侦查监督活动中，对追诉后可能判处免刑或缓刑的案件、检察机关可作相对不诉的案件以及与法院认识有分歧的案件，一般不提倡追诉，对于犯罪情节严重、主观恶性深、社会危害大的案件或者徇私枉法、滥用职权、司法腐败的案件，坚决追诉。2002年，鼎城区院办理王某新抢劫一案时，发现王在外逃两年期间，极有可能参与了深圳一起利用色相抢劫3名外籍男子6万美金案。通过退补与自行侦查，收集、完善了王在深圳参与抢劫外籍男子的犯罪证据，挖出此笔漏罪后王被判处死刑。2003年，澧县县院公诉股在办理龚某波故意伤害案中，发现民警龚某武对3起案件中的犯罪嫌疑人以罚代刑、滥用职权的职务犯罪线索，即转本院渎侦局立案侦查，并派员引导侦查取证，使追诉的这起渎职案顺利侦结起诉，一审作出有罪判决。2004年，全面自清和督促公安机关清理了历年积压的超期羁押案件，基本上消除了久拖不决、久拖难决的“扯皮”案件，杜绝了公诉环节超期羁押现象。

2006年，全市公诉部门加大防错防漏、追捕追诉、依法纠正有罪不究、以罚代刑等环节的工作力度。一方面详审细查案件证据，从中找出案件的疏漏，对以罚代刑、另案处理、退回补充侦查、自行消化处理等可能导致漏罪漏犯问题全面监督，另一方面认真复核案卷中的“说明”材料，防止说明情况有误，对刑讯逼供、暴力取证等严重侦查违法行为可能导致非法证据的问题实施监督。是年，全市公诉部门追诉漏犯89人、追诉漏罪13条，均作出有罪判处，其中有4人被判处10年以上有期徒刑；向公安机关发出纠正违法通知书14份，发出检察建议35份；公安机关移送起诉案件中，作绝对不诉10人，建议撤回56件、104人。如市人民检察院在审查莫某杰运输毒品案时，发现另一犯罪嫌疑人候某智与莫某杰系共同犯罪，公安机关未移诉。市人民检察院公诉科立即要求公安机关将侯某智移诉，后侯某智被法院判处有期徒刑6年。桃源县院在审查李某勇等人抢劫案时，发现注明在逃的另一犯罪嫌疑人刘某阳并未外逃，要求公安机关追诉。刘某阳归案后拒不认罪，公诉部门认真审查，完善证据后依法起诉，刘被判处有期徒刑10年6个月。

2007年，全市公诉部门追诉漏犯118人、追诉漏罪17条，发出书面纠正违法通知书和检察建议书102份。在依法开展刑事诉讼法律监督中，还根据案件变化反映出的社会治安的突出问题开展检察建议。桃源县院针对县域内频发的破坏电力设备案件，对电力部门提出检察建议，要求加大安全投入和保护电力设备力度，并配合电力部门开展法治宣传，以案释法，提高人民群众的法制观念，减少此类案件发生。

2008—2013年，全市公诉部门在侦查监督活动中追诉漏罪326条（其中，2008年46条、2010年122条、2011年24条、2012年90条、2013年44条），追诉漏犯550人（其中，2008年73人、2009年74人、2010年99人、2011年114人、2012年114人、2013年76人），发出书面纠正违法通知书362份（其中，2008年37份、2009年50份、2010年52份、2012年102份、2013年121份），提出检察建议172份（其中，2008年45份、2009年55份、2013年72份）。2008年，桃源县院公诉科在审查起诉一起聚众斗殴案时，发现该案主要犯罪嫌疑人宋某、谢某等均未到案一并移诉，便多次与公安机关协商，最终追诉了以宋某为首的10名犯罪嫌疑人，涉案的15名犯罪嫌疑人全部作出有罪判决。这是该院恢复重建以来一案追诉人数量最多的一起重大案件。2012年，市人民检察院公诉一科在办理周某勇、邵某国贩运毒品案中，追诉漏犯1人、漏罪1条。通过对漏罪漏犯的补充侦查，该案贩卖毒品数量从公安移送认定的24.84克增加到364.55克，追诉的漏犯张某敏以贩卖毒品罪被一审法院判处无期徒刑。在开展侦查监督活动中，公诉干警创新监督方式，拓宽监督途径，通过给侦查人员授课培训，增强侦查中的证据意识，规范取证程序。2012年，市人民检察院公诉二科科长魏峥嵘先后给全市公安干警授课11次，讲解刑诉法修订后的证据规则问题；临澧县院公诉科科长裴宜美给全县公安干警讲授“新刑事诉讼法下的证据收集与运用”一课。市人民检察院公诉一科对该科2012年1—4月办理的命案进行调研，形成《命案质量调查报告》，归纳出公安机关在办案过程中普遍存在的问题，并将调研情况及时与公安机关沟通，为提高案件质量起到促进作用。

2014年，全市公诉部门加大对侦查机关的监督力度，提出书面纠正侦查活动违法156次，纠正154次，同比上升35.23%。汉寿县院办理的黎某华寻衅滋事案，黎为聋哑人，审查中发现公安机关在讯问黎某华时未为其聘请通晓聋哑手语的人，违反刑诉法有关规定，遂向公安机关发出纠正违法通知书，得到回复并整改。针对公安机关个别干警违法办案问题向反渎职侵权部门移送违法线索4条，涉及人员7名，其中6人被立案侦查。石门县院在办理傅某明盗窃案中发现，该案是傅父为让其子逃避强制戒毒而请新关镇居民梁某帮忙找皂市派出所干警谢某勇做的一个假案，遂对傅某明绝对不起诉并交付继续强制戒毒。同时，将谢某勇、梁某徇私舞弊线索移送反渎部门立案侦查，2人均被法院一审判处有期徒刑，该案后被评为省级优案。市人民检察院反渎部门和监所部门以此为契机，开展对强制戒毒人员转刑事处理案件的专项检查，并提出了刑罚执行完毕后继续执行强制戒毒的检察建议。同期，武陵区院在办理万某款、顾某盗窃案中亦发现顾某涉案情况系办案干警伪造，其目的也是为了逃避强制戒毒，该院决定对顾不起诉并将渎职线索移送渎侦部门立案侦查。全年全市公诉部门纠正遗漏罪行 48 件、59 人，纠正遗漏同案犯 86 件、127 人，比上年分别增加 11.66%和 24%。

2015 年，全市公诉部门追诉漏犯 69 件、95 人，追诉漏罪 57 件、76 人，对侦查活动中的违法问题提出书面纠正意见 126 件次，纠正 103 件次。安乡县院在审查县公安局移送审查起诉的何某青故意伤害一案时发现，侦查人员对该案物证的提取、保管和送鉴失当，送鉴物品与勘验检查笔录记载被损毁物品不一致，据此对侦查机关的程序违法及涉案物品违法提出纠正违法建议。

二、审判活动监督

1988—1990 年，全市刑二部门在审判监督活动中，针对法院判决、裁定中存在的问题，提出抗诉 28 件（其中，撤回抗诉 1 件、改判 12 件），书面纠正审判活动中的违法现象 3 次、口头提出纠正意见 113 次。1989 年 4 月，石门县院刑二股派员出席按照审判监督程序决定再审的周某进强奸、流氓案再审庭，省人民检察院《湖南省检察简报》转发该院“行使监督职能，认真出席再审庭”的做法与体会。1990 年，市人民检察院刑二科在对胡某华等 15 名被告人盗窃案出庭支持公诉时，针对法庭对同案人毛某云的窝藏罪未进行庭审调查的问题，及时提出纠正意见，法庭予以采纳。后对毛庭审调查时，公诉人积极配合，适时发问，将毛当庭制服。石门县院刑二股在出庭支持公诉时，发现法院未为不满 18 周岁的被告人陈某某指定辩护人，及时提出纠正意见，法庭采纳后休庭，后为被告人指定辩护人，维护被告人的合法权利。桃源县院采取“四针对”形式，搞好审判监督。澧县县院从被告人犯罪的“量”“质”“果”三个方面，对照刑法条文的规定及标准，考量法院的判决或裁定定性是否准确，适用法律是否恰当，先后抗诉纠正 3 起重罪轻判的案件。

1991—1996 年，全市刑二部门抗诉 53 件（其中，1991 年 15 件、1992 年 10 件、1993 年 6 件、1994 年 6 件、1995 年 8 件、1996 年 8 件），共执行死刑临场监督 262 人（其中，1991 年 41 人、1993 年 62 人、1994 年 46 人、1995 年 38 人、1996 件 75 人）。1991 年，临澧县院办理的徐某平流氓案，经过一诉两抗三判，历时 3 年，由无罪改判有罪。1993 年 3 月，市人民检察院审查贾某化、陈某武故意伤害（致死）案的判决时发现法院判决贾死刑缓期 2 年执行不当，即提请省人民检察院向省高级法院抗诉，省高级法院采纳抗诉意见，改判贾某化死刑立即执行。1995 年 4 月，武陵区院收到区法院对被告人韩某英故意伤害案的判决书后，认为韩某英故意伤害致人重伤，且伤害多人，法院判其有期徒刑 3 年、缓刑 3 年不当，依法抗诉后，市中级人民法院撤销原判量刑部分，改为 3 年实刑。

1997年，全市刑二部门抗诉11件（其中，按上诉程序提起抗诉8件、按审判监督程序抗诉3件），书面和口头纠正审判活动中违法23次。石门县院起诉的唐某玉侵占一案，因赃款赃物扯皮，县法院多次以《不受理决定书》形式将案件退回。石门县院依法力争，检察长万革新亲自起草纠正违法通知，最终，在市人民检察院支持下，通过县委、县政法委协调，县法院受理此案后判处唐有期徒刑7年。市人民检察院起诉的被告人柳某利等3人麻醉抢劫案，该案是一起在公共交通工具上有预谋、手段狡诈的特大抢劫案，抢劫金额高达7万余元。该案开庭时，法院未为被告人聘请有法律援助义务的律师为其辩护，且仅对柳判处有期徒刑15年，市人民检察院即以审判程序违法、量刑畸轻为由向省高级法院提起抗诉。

1998年，全市刑二部门克服以往过分强调抗诉成功率而不敢大胆抗诉的倾向，拓宽审判监督渠道。年初，市人民检察院重新制定备案审查制度，扩大备案审查范围，规定各基层院对自侦案件、适用简易程序的案件、法院判处缓刑以及免刑、管制、拘役、单处罚金案件的法律文书一律呈报市人民检察院备案。4月、5月，市人民检察院通过备案审查，分别发现鼎城区法院判决的被告人张某、梁某清刑讯逼供案和武陵区人民法院判决的杨某洪抢劫案属定性错误、量刑不当的案件。遂对两案按审判监督程序向市中级人民法院提起抗诉，杨某洪抢劫案经中级人民法院开庭审理，当庭将原审所判抢劫罪改为赌博罪，将刑期由6年改为3年，使一起定罪错误、量型畸重的案件得到纠正。是年，全市刑二部门抗诉9件、15人，其中改判3人。

1999—2001年，全市公诉部门抗诉23件、36人（其中，1999年抗诉6件、9人，2000年抗诉9件、14人，2001年抗诉8件、13人）。1999年5月，市人民检察院以量刑畸轻为由提请抗诉、省人民检察院出庭支持公诉的安乡县被告人席某平故意杀人一案，省高级法院二审改判席死缓为死刑立即执行。

2002年，全市公诉部门共依法抗诉8件、19人，提请上级检察机关抗诉1件、1人。在审判监督中，做到排除干扰、抵制诱惑、严正执法。如汉寿县院办理嵇某全贪污案时，嵇提出只要不将本案向法院起诉，就给公诉部门60万元现金，遭到严词拒绝。一审审理中对嵇贪污的一笔用于他个人承包工程的10万元，因合同书上嵇私盖单位公章，法庭据此认定该工程系公司承包而对此款不以贪污认定，最终只以嵇犯贪污罪判处3年有期徒刑、缓刑3年。一审判决后嵇又提出只要检察院不抗诉，就给10万元酬谢，市人民检察院刑二科不为利益所诱，认为一审判决认定事实、适用法律均有严重错误，依法提出抗诉。

2003—2007年，全市公诉部门抗诉28件、51人（其中，2003年抗诉5件2005年抗诉6件、13人，2006年抗诉8件、17人，2007年抗诉9件、21人）。2003年，由桃源县院反贪污贿赂局侦查的该县教育局下属校办企业公司郑某清、向某忠、陈某贪污案起诉后，县人民法院一审以郑某清犯贪污罪判处其有期徒刑3年、缓刑4年，以向某忠犯贪污罪判处其有期徒刑3年、缓刑4年，以陈某犯贪污罪判处其有期徒刑1年、缓刑1年，三被告人上诉后市中级人民法院撤销桃源县人民法院一审判决，并宣告郑某清、向某忠、陈某无罪。市人民检察院审查认为，郑某清等3人的行为明显构成贪污罪，二审法院以3名上诉人系分流人员主体不符、按公司章程规定有权支配部分利润为由改判无罪，显属认定性质不准、适用法律错误。于是，市人民检察院抽调公诉人员组成工作组，在主管副检察长万革新带领下就案中焦点问题补充完善证据，按审判监督程序提请省人民检察院抗诉。省人民检察院抗诉后，省高级法院作出〔2004〕湘高法刑再字第17号刑事判决，撤销市中级人民法院二审判决，维持县人民法院一审判决。2006年，石门县法院判无罪的王某文运输毒品案，经市人民检察院抗诉后发回石门县法院重审，市人民检察院派员指导石门县院深挖犯罪、补充证据，除一审时指控的王某文犯罪外，还查明其指使他人运输毒品620克的犯罪事实，于是指示石门县院撤回起诉改由市人民检察院起诉。2007年5月，该案王某文被判死刑，缓期2年执行。市人民检察院起诉的苏某革涉嫌走私毒品案，市人民中级法院一审判处苏某革无期徒刑。市人民检察院审查认为，一审判决没有认定被告人苏某革为共同犯罪的主犯，量刑畸轻，对其从轻处罚的理由不能成立，遂请示省人民检察院后提出抗诉，省高级人民法院二审直接改判苏某革死刑、缓期两年执行。该抗诉案件被省人民检察院评为“全省检察机关2006年度十优刑事抗诉案件”。

2008—2009年，全市公诉部门抗诉19件、31人（其中，提请省人民检察院抗诉2件、3人，按审判监督程序提出抗诉2件、3人，发回重审2件、2人）。2008年5月，市人民检察院公诉二科组织全市公诉部门开展刑事审判监督法律监督专项检查活动，对全市2008年一审判决改变起诉罪名的案件，职务犯罪判处缓刑、免刑案件，破坏市场经济秩序判处缓刑、免刑案件，涉黑涉恶势力犯罪案件等9类案件共97件、157人逐案复查，并分类写出分析报告。是年，全市一审判决改变起诉罪名38人，职务犯罪案件判处缓刑26人、判处免刑57人，破坏社会主义市场经济秩序犯罪案件判处缓刑25人、判免刑2人。审判机关存在对职务犯罪案件量刑总体偏轻，判处缓刑、免刑的比例过大，适用罚金刑的比例高等问题，及时与中级法院有关庭室交换意见，引起法院高度重视。市中级人民法院先后出台职务犯罪案件审判指导意见和职务犯罪缓、免刑案件内审平衡制度等，全市职务犯罪案件判决缓刑、免刑比率得到控制。同时，针对检察机关自身存在的刑事审判法律监督意识不强、部分起诉案件质量不高，导致监督底气不足等问题，也进行相应整改，建立并完善案件请示汇报制度、抗诉前两级会审制度、自侦案件备案制度等，进一步规范刑事审判法律监督工作流程和措施，提高刑事审判法律监督能力。

2010年，全市公诉部门抗诉10件、10人，其中支持基层院抗诉4件、4人，提出二审抗诉6件、6人。市人民检察院公诉部门在年初制定工作计划时，将刑事抗诉案件网络审查平台机制建设及其试点工作摆到重要位置，作为刑事抗诉工作的重点来抓。3月，市人民检察院按照省人民检察院相关要求制定实施方案，主动加强与检察技术部门的沟通协调。4月初，按省人民检察院技术处的要求，为公诉部门设立专网邮箱；5月，集中组织公诉专干进行专网邮箱的使用培训指导，为刑事抗诉案件网络审查的全面推行打好基础。上半年，确定桃源县和临澧县两个院为基层试点单位，与市人民检察院同步开展抗诉案件网络审查试点工作。下半年，在全市范围全面推行并建立机制。

2011—2013年，全市公诉部门抗诉41件、62人（2011年抗诉7件、17人，其中提请省人民检察院抗诉1件、1人，支持基层院抗诉2件、7人；2012年抗诉25件、36人，其中提请省人民检察院抗诉2件、4人，支持基层院抗诉6件、15人；2013年抗诉9件、9人，其中支持基层院抗诉4件、4人）。在加强审判监督中，重点做好四个方面工作：一是利用2010年建立的抗诉网络平台，除省人民检察院规定的职务犯罪案件、量刑畸轻畸重案件、二审及再审改变原判量刑幅度较大的案件等6类案件确定为网络审查的案件范围外，2012年扩大对全市所有未上审级的故意伤害（致人重伤、死亡）、抢劫类案件的一审判决进行同步审查监督，利用网络审查平台强化对这些类型案件的诉讼监督。二是加大对人民法院判决的审查力度，及时、准确地对裁判不公案件提出抗诉。规定承办人收到判决书后2日内必须对判决结果进行审查，就判决认定的事实是否清楚、证据是否确实充分、适用法律是否准确、量刑是否恰当提出意见，由科室集体讨论后向主管副检察长汇报，必要时提请院检委会研究或向省人民检察院公诉部门请示。市人民检察院起诉的陈某故意伤害（致人死亡）案，市中级人民法院一审以陈具有自首情节、积极赔偿被害方经济损失为由仅判处陈某有期徒刑6年。判决后，该案社会反响极大，被害人家属收到判决书后强烈要求检察机关抗诉，表示宁可不要赔偿，也要对陈严惩。市人民检察院审查后认为陈虽有自首情节，但其具有犯罪前科，携带凶器作案、逞强斗狠的主观心态是导致被害人死亡的直接原因，遂提请省人民检察院抗诉，后省高级法院二审改判陈某为有期徒刑10年。对于基层院提请的抗诉案件，秉持审慎态度，在弄清犯罪事实、紧扣法律依据、找准抗点的基础上，积极支持抗诉。临澧县院起诉的胡某用等6人聚众斗殴案，一审判决其中4人缓刑、2人1年以下有期徒刑，县、市人民检察院公诉部门审查后认为一审判决在适用法律时没有注意到被告人有持械斗殴情节，量刑时没有考虑到被告人有前科劣迹的情节，且判决时量刑不均衡，市人民检察院支持抗诉后，二审法院判决撤销2人缓刑改为实刑，加重了3人的刑期。三是创新、拓宽审判监督方式、途径。2012年，市人民检察院公诉二科在对职务犯罪案件办案周期进行调研时，发现法院审理职务犯罪案件存在久拖不决现象，对此与中级人民法院专题沟通，要求督办并予纠正。如武陵区院2010年8月10日起诉的被告人陈某秋、陈某发受贿案，区法院收到市中级人民法院内审平衡意见一年多，竟以未收到市中级人民法院批复而不宣判，市人民检察院向市中级人民法院和武陵区人民法院提出口头纠正意见后，该案才于2012年6月下达一审判决。同年，市人民检察院公诉二科对市中级法院实行的职务犯罪案件内审平衡制度进行专题调研，对自2009年8月内审平衡制度实行以来职务犯罪案件办案效果调查分析，并就调研发现的问题与法院交换意见，建议市中级法院对内审平衡制度改进完善，转变内审内容方式、简化审批程序，以加快案件审理进度。四是办案中融入监督理念，着力提升审判监督活动效果。在开展审判监督中，对于涉及的有罪判无罪、无罪判有罪、量刑畸轻畸重、不正确适用死刑、因徇私舞弊而再审裁判不公等原则性问题，该抗诉的坚决抗诉；对于有些因认识分歧、证据采信等引起的罪名变更、主从犯变更等，但程序合法、量刑适当的案件，不采取抗诉手段，而是加强与法院的沟通与协调，达到原则性与灵活性相统一；对于审判过程中玩忽职守、滥用职权，严重违反诉讼法律构成犯罪的，及时移送犯罪线索由有关部门查处；对于审判环节出现的违法现象等，书面、口头纠正违法或提出检察建议。2013 年，全市公诉部门发出书面纠正审理违法 39 件次，纠正 29 件次。纠正法院不当判决 1 件 1 人。2013 年 4 月，市人民检察院公诉一科在审查澧县院呈报的杨某等 5 人涉嫌贩卖毒品案时，发现与杨某同时被抓的被告人谭某发被津市市法院以非法持有毒品罪判处缓刑不当。为纠正不当缓刑，与津市市院公诉部门一道，对谭某发突击尿检，在获取其在缓刑考验期内吸毒的证据后，及时向谭所在社区矫正部门移送撤销谭某发缓刑的意见和材料，督促社区矫正部门将相关材料移交津市市法院。后来津市市法院撤销了对谭的缓刑，执行了刑罚。

2014—2015 年，全市公诉部门抗诉 27 件、49 人（2014 年 14 件、23 人，2015 年 12 件、25 人，提请省人民检察院按审判监督程序抗诉 1 件、1 人），发出纠正审判违法通知书 65 件次，纠正 57 件次（其中 2014 年 49 件次，纠正 43 件次；2015 年 16 件次，纠正 14 件次），主要表现在违反法定审理期限、违反法定送达期限、侵犯诉讼权利等方面。在开展审判监督过程中，正确处理好坚决与慎重、数量与质量、监督与被监督的关系，保证了刑事审判监督的及时性、准确性和实效性。

1988–2015年常德市检察机关审查起诉情况

表 2–2

年度	审查起诉										撤回起诉		侦查监督				审判监督		
	受理审查起诉		审查结果										介入侦查	纠正违法	纠正漏起诉		提请提出抗诉		纠正违法
			起诉		免予起诉		不起诉		退回补充侦查										
	件	人	件	人	件	人	件	人	件	人	件	人	次	件(次)	件	人	件	人	件(次)
1988	1525	2491	1182	1716	63	196	4	15	124	283	20	50	—	136	1	19		—	48
1989	2192	4179	1771	2997	30	209	2	6	184	519	23	64	—	103	1	51	28	—	33
1990	2543	4690	1655	2866	253	472	3	14	303	646	45	113	181	225	—	—		—	35
1991	2105	3465	1663	2641	201	378	8	12	374	644	77	164	130	120	4	26	15	—	23
1992	1824	2999	1319	2090	252	450	3	5	307	477	92	175	136	132	—	14	10	—	33
1993	2039	3634	1336	2262	125	257	2	3	269	538	56	90	—	132	—	20	6	—	24
1994	2120	3565	—	2235	101	196	1	—	—	—	—	—	—	142	—	10	6	6	—
1995	2002	3295	1406	2230	74	125	—	—	—	—	—	—	115	—	—	29	8	—	—
1996	2148	3537	1557	2457	129	209	—	—	—	—	—	—	—	85	—	36	8	—	—
1997	1738	3134	1234	1811	—	—	25	38	—	—	—	—	—	117	—	34	11	—	23
1998	2014	3161	1408	2071	—	—	26	37	—	—	—	—	—	96	—	26	9	15	—
1999	2478	3849	1712	2525	—	—	—	30	—	—	—	—	36	20	—	61	6	9	—
2000	2401	3726	1634	2393	—	—	26	36	—	—	—	—	—	35	—	57	9	14	—
2001	2813	4468	1339	2894	—	—	29	43	—	—	—	—	—	85	—	116	8	13	—
2002	1771	2665	1687	2511	—	—	20	31	—	—	—	—	—	—	—	44	9	20	—

续表 2-2

年度	审查起诉										撤回起诉		侦查监督				审判监督		
	受理审查起诉		审查结果										介入侦查	纠正违法	纠正漏起诉		提请提出抗诉		纠正违法
			起诉		免予起诉		不起诉		退回补充侦查										
	件	人	件	人	件	人	件	人	件	人	件	人	次	件(次)	件	人	件	人	件(次)
2003	1559	2432	1407	2126	—	—	31	42	74	150	5	11	—	—	—	112	5	—	1
2004	1771	2662	1581	2352	—	—	31	41	140	296	4	12	—	—	—	26	6	—	—
2005	2111	3382	1833	2898	—	—	60	91	253	536	9	23	—	—	—	12	6	13	—
2006	2501	4101	2231	3580	—	—	47	93	291	635	11	26	—	14	—	89	8	17	—
2007	2584	4400	2151	3532	—	—	163	262	392	877	12	25	—	102	—	118	9	21	—
2008	2267	3587	1962	3134	—	—	171	272	561	1126	18	43	—	37	—	73	19	31	—
2009	2209	3703	1890	3026	—	—	127	186	523	1172	8	12	—	50	—	74			13
2010	2186	3303	1756	2703	—	—	175	257	671	1303	10	12	—	52	—	99	10	10	44
2011	2336	3621	1814	2749	—	—	217	314	722	1319	0	1	—	78	—	114	7	17	16
2012	2844	4131	2174	3037	—	—	248	362	1074	1808	1	1	—	102	—	114	25	36	19
2013	3212	4756	2440	3494	—	—	481	764	1279	2370	2	2	—	121	—	76	9	9	29
2014	3257	4771	2508	3558	—	—	464	753	1184	2138	10	14	—	156	86	127	14	23	49
2015	3246	4662	2524	3474	—	—	623	1026	1323	2248	12	23	—	126	69	95	12	25	16
合计	63793	102369	47174	75364	1228	2492	2987	4733	10048	19085	415	861	—	—	—	1672	263	—	—

说明：1.1996 年之前（含 1996 年）称为移送免予起诉，1997 年之后检察机关免予起诉权取消；

2.表中部分统计项目年度数字不全的未合计。

第三篇　职务犯罪侦查与预防

1989年12月5日，市人民检察院召开全市检察机关反贪污贿赂侦查工作会议，传达贯彻高检院、省人民检察院第一次侦查工作会议精神。市委副书记庞道沐、市人大常委会副主任吴愈俊、市委政法委书记韩林安等到会并讲话，市委副书记庞道沐为市人民检察院反贪污贿赂工作局授牌。1990年7月10日，撤销1979年3月设立的市人民检察院经济检察科，设立市人民检察院反贪污贿赂工作局（后根据上级规定，统称反贪污贿赂局，以下简称反贪局）。1997年7月7日，成立市人民检察院渎职犯罪侦查局，撤销市人民检察院法纪检察科。各区县市院相继完成渎职犯罪侦查局的更名工作。2005年12月5日，市人民检察院渎职犯罪侦查局更名为反渎职侵权局（以下简称反渎局）。

1994年，市人民检察院检察长李文耀提出“放开初查，慎重立案，主攻大要，讲究效果”的十六字工作思路，对正确处理办案数量和质量的关系，防止初查不细，立案不慎，对起诉、判决数反差过大的倾向性问题起到指导作用。2000年1月，在全市检察长会议上，检察长杜辉才提出“三量”综合看办案效果，即把办案的数量、质量和办理大要案件的分量综合起来，看办案的社会效果、法律效果和政治效果。2012年，市人民检察院党组提出实现职务犯罪侦查工作可持续发展的工作思路，制定下发《加强和改进全市反贪工作的意见》，把查处职务犯罪工作作为“一把手”工程，推行检察长目标责任制，每年层层递交责任状，检察长指挥和带头办案成为工作常态。2015年，市人民检察院检察长余湘文多次听取反贪部门重大案件的汇报以及参与案件侦查方案的制定，为案件顺利办理提供指导。

2003年6月，市人民检察院召开全市检察机关侦查“一体化”工作会议，在开展“反贪百日大会战”中充分运用侦查“一体化”机制。2006年，按照高检院“人民检察院侦查重大贪污贿赂、渎职侵权等职务犯罪案件，应当发挥检察机关的整体优势，统一管理案件线索、统一组织侦查活动、统一调度侦查力量和侦查装备，强化检察机关相互之间的侦查协作，形成纵向指挥有力、横向协作紧密、运转高效有序的侦查工作一体化机制，提高侦查职务犯罪案件的整体能力”的精神和省人民检察院的有关规定，市人民检察院针对某类犯罪或者某行业领域犯罪易发、多发的情况组织专项侦查活动；对全市范围内的重大复杂案件，调集侦查力量，统一侦查指挥；市人民检察院带动下级人民检察院办案或督办、交办、提办案件及办理省人民检察院交办案件，组织大兵团作战等，发挥侦查合力优势，提升办案能力和水平，提高办案效率。全市检察机关注重侦查人才的选调培养和人才库机制建设。2006年年底，反贪人才库共39人、反渎人才库共15人。

2012年，市人民检察院检察长刘清生提出，为了实现职务犯罪侦查工作的可持续发展，必须从侦查设备现代化和侦查信息化建设（以下简称“两化建设”），推动职务犯罪侦查工作创新发展和侦查模式深刻变革。市人民检察院党组提出，年内要在“两化建设”上实现争创全国科技强侦示范院的目标。2012年7月18日，市委机构编制委员会办公室批复，同意市人民检察院增设侦查指挥协调中心（以下简称协调中心），为正科级，市人民检察院反贪污贿赂局综合指导室不再加挂侦查指挥中心办公牌子，不再承担相应工作职责。协调中心主要职责是：负责职务犯罪线索的收集、整理和分派；负责职务犯罪案件侦查信息平台的建设、使用；负责侦查技术设备的使用、管理；负责职务犯罪大案要案的指挥、协调和督办。市人民检察院协调中心与案件举报中心、反贪污、反渎职等部门及各基层人民检察院密切配合，发挥侦查装备优势，提高侦查信息利用率，加大线索分析研判和流转速度，积极为侦查办案服务。2013年，受理各类职务犯罪线索27件，受理各类信息查询107批次，为侦查部门提供技术支持75批次。在桃源县人民检察院办理该县移动公司系列案、澧县人民检察院办理该县人社局系列案中，通过对电脑硬盘的数据恢复，迅速瓦解了犯罪嫌疑人的心理防线，缩短了审讯周期。在市人民检察院反贪局初查安乡县政协原副主席、县住建局副局长郭某元涉嫌受贿线索中，充分利用信息数据平台，取得大量扎实的基础信息，为该案侦破提供有力的技术支撑。尤其是参与办理湖南高速广信投资有限公司原董事长、总经理谢某敏涉嫌受贿案及怀化市政协原副主席杨某英涉嫌滥用职权、受贿案中，协调中心的侦查设备和技术手段为迅速抓获犯罪嫌疑人及有关涉案对象发挥了极大作用，节约了办案成本。2014年，受理各类信息查询1593批次，如受理通信查询90批、话单查询90批、话单查询200人次、开户资料查询240人次、房产查询70人次、人口信息查询420人次、车辆查询120人次、人大代表和政协委员查询48人次；机构代码、工商信息查询110人次。所有查询，无一泄密事故，无一违法查询。情报信息库收集信息1000余条。利用技术手段协助办案部门抓获嫌疑人52人，为侦查部门提供技术支持233批次。2015年，管理各类信息查询1250批次，协助抓获犯罪嫌疑人41人，提供技侦支持60批次，为主初查案件1件，立案5人。受理申请办案支持面辐射到全市纪检监察部门和全省其他市州人民检察院及省人民检察院办案部门。2005年，按照高检院规定，将职务犯罪大案要案、在当地有较大社会影响的敏感案件和新闻媒体关注的案件、经过有关部门协调与检察机关意见不一致或者参与协调的司法机关意见分歧较大的案件、其他需要特别备案审查的案件以及直接受理立案侦查的案件决定立案侦查或者作出逮捕决定的，报上一级人民检察院备案；对直接受理立案侦查的案件作出撤销案件、不起诉决定的，报上一级检察院批准。全市检察机关在办案中按照全程同步录音录像制度的要求，在实践中逐步做到 “五个无缝对接”，即讯问全程同步录音录像与领导指挥无缝对接，提高侦查指挥的及时性；与讯问工作无缝对接，增强办案行为的规范性；与调查取证无缝对接，防止翻供翻证的发生；与证人证言无缝对接，确保证据的真实性和稳定性；与权利和义务无缝对接，保障双方的合法权益。落实看审分离，审录分离措施，确保办案依法规范有序。

全市检察机关把安全防范工作的责任和措施落实到办案各个环节，严格要求立案前制定安全工作预案和个案安全防范措施，严格安全督查制度，落实安全责任制和安全预警制度，预防各类事故的发生。市人民检察院与市第一人民医院、市中医院建立办案医疗保障协作机制，开通“办案安全绿色通道”。严格按照高检院、省人民检察院的规定，对临时指定居所监视居住点办理申请使用手续，对指定居所监视居住点进行改造，确保指定居所监视居住点完全达标。牢固树立质量为本的观念，建立比较完善的诸如线索初查、立案管理、立案报备、撤案报批、涉案款物、保障嫌疑人合法权益、干警执法档案、案件质量考评、办案责任、错案追究等案件质量考评体系。严格执行网上办案流程，实行“五个一”办案工作制度（一案一谋划、一案一预审、一案一沟通、一案一跟踪、一案一考评），使成案率、重特大案比率、起诉率、有罪判决率得到有效保证，用证据说话，让每一件案件经得起历史检验。

全市检察机关做到“三个考虑”和“五个不轻易”，即案前考虑运用何种方式避免影响经济发展环境、案中考虑使用何种手段保障经济建设良好运行、案后考虑采用何种措施促进经济持续增长；不轻易开警车着警服到企业调查、不轻易传唤企业工作人员、不轻易查封企业账册、不轻易冻结企业银行账户、不轻易对企业涉案人员运用强制措施。全市检察机关职务犯罪侦查和预防工作得到上级业务部门和地方党委、政府的表彰和赞扬。

第一章　贪污贿赂犯罪侦查

1980 年，根据最高法、高检院、公安部《关于执行刑事诉讼法规定的案件管辖范围的通知》，属于检察机关经济检察部门立案侦查的案件范围为 8 种案件：贪污案，贿赂案，偷税抗税案，假冒商标案，挪用国家救灾、抢险等款物案，盗伐、滥伐森林案。1985 年 5 月 13 日，公安部、高检院、最高法联合发文，将盗伐、滥伐森林案件改由公安部门管辖。1988 年 10 月 22 日，高检院、最高法、公安部《关于全国人大常委会两个补充规定》中有关几类案件管辖范围的通知，将挪用公款案、巨额财产来源不明案和隐瞒境外存款案划归检察院管辖。按照修正后的《刑法》《刑事诉讼法》，高检院于 1998 年 5 月 11 日下发《关于人民检察院直接受理、立案侦查案件范围的规定》，反贪污贿赂部门立案侦查的案件范围为《刑法》分则第八章规定的贪污贿赂犯罪及其他章中明确规定依照第八章相关条文定罪处罚的增加到 12 种犯罪案件，即贪污案、挪用公款案、受贿案、单位受贿案、行贿案，对单位行贿案、介绍贿赂案、单位行贿案、巨额财产来源不明案、隐瞒境外存款案、私分国有资产案、私分罚没财物案。1988—2015 年，全市检察机关共受理案件线索 8848

件，立案侦查贪污贿赂等犯罪案件 5420 件、6434 人，其中大案 2805 件，占立案件数的 52%。县处级以上的要案 144 人，占立案人数的 2.2%；侦查终结 4803 件、5800 人，终止侦查 617 件、634 人，移送审查起诉 3925 人，移送审查不起诉（免诉）1467 人，撤案 454 人，提起公诉 2595 人，不起诉（免诉）1355 人，人民法院有罪判决 2096 人，为国家和集体挽回经济损失 3.6 亿余元。

第一节 查处贪污犯罪

1988 年，全市检察机关共受理各类经济犯罪线索 414 件，立案侦查 266 件、321 人，其中万元以上大案 38 件，要案 1 件 1 人，贪污案件 158 件。侦查终结 241 件、318 人，移送审查起诉 96 件、130 人，移送审查免诉 124 件、167 人，起诉 96 件、116 人，免诉 124 件、152 人，撤案 21 件、21 人，人民法院有罪判决 48 人，通过办案为国家和集体挽回经济损失 203.73 万元。汉寿县人民检察院查处该县城关粮站包括党支部书记、正副站长在内的 10 人贪污受贿案件。该粮站共计倒卖粮食 429.5 万公斤，牟利 411.58 万元。全市检察机关先后帮助 37 家企业扭亏为盈，使 12 家濒临倒闭的企业恢复生机。

1989 年，全市检察机关共受理各类经济犯罪线索 1198 件，立案侦查 469 件、588 人，其中大案 138 件，要案 16 件、16 人，贪污案件 236 件。侦查终结 430 件、554 人，移送审查起诉 156 件、259 人，移送审查不诉 215 件、281 人，起诉 117 件、142 人，免诉 214 件、283 人，撤案 13 件、19 人，人民法院有罪判决 85 人，为国家集体挽回经济损失 468.4 万元。全市检察机关认真贯彻最高法、高检院《关于贪污、受贿、投机倒把等犯罪分子必须在限期内自首坦白的通告》（以下简称《通告》），集中开展反贪污贿赂斗争工作。市人民检察院检察长李少甫发表电视讲话，全市共印发《通告》等宣传资料 28000 多份，举行新闻发布会 42 次，撰写新闻稿件 1200 余篇。全市共有 342 名经济违法犯罪人员到检察机关投案自首，交出违法犯罪金额 211 万元，退回赃款赃物 151 万元，有 222 名在押犯坦白交代罪行，退出赃款赃物 142 万元。20 世纪 80 年代末至 90 年代初，掀起反贪污贿赂斗争的高潮。1988 年 9 月 16 日、17 日，汉寿县鸭子港乡信用社储蓄专柜会计饶某某，利用代班之机，采取伪造储户定期存单、股金及活期存折的手段，让他人代为取现金作案 7 次，偷支库款和储户存款本金及利息共计 1.9 万余元携款潜逃。先后窜至广州、上海、济南、乌鲁木齐，所带账款被挥霍殆尽。在司法机关强势宣传舆论震慑下，1989 年 4 月 7 日，饶某某到县检察院投案自首。常德市湘北工贸总公司基建办公室干部何某林，利用工作之便，1988 年 11 月—1989 年 3 月，先后 5 次模仿该总公司党支部书记雷某新、工会主席李某秋等人的笔迹签字到财务科报账，共计贪污 6 万余元，被武陵区院查处。

1990 年，全市检察机关对经营单位出现严重不正常亏损的重点查；对不正之风严重的行业重点查；对群众反映强烈的单位重点查；对长期未被触动的死角死面重点查。全年共受理经济犯罪线索1155件，立案585件、659人，其中大要案197件（要案16件、16人）、贪污案件316件。侦查终结476件、575人，移送审查起诉238件、281人，移送审查免诉219件、265人，起诉164件、197人，免诉159件、254人，撤案19件、29人，人民法院有罪判决122人，挽回经济损失712.99万元。市人民检察院与武陵区院查处常德纺织机械厂劳动服务公司经理陈某秀等人利用职务之便，贪污公款32万元案。该厂抽调专干8人、车辆一台，与办案人员一道前往山东、湖北、上海等地调查取证，在较短时间内将案件办结。陈某秀被武陵区法院作出有罪判决。

1991年，全市检察机关共受理经济犯罪线索1019件，立案605件、664人，其中大案291件，贪污案件315件。侦查终结543件、592人。移送审查起诉371件、386人，移送审查免诉142件、152人，起诉131件、151人，免诉106件、118人，撤案54人，人民法院有罪判决115件、140人，挽回经济损失400余万元。市人民检察院和武陵区院查处市医药公司吉春堂药店会计刘某平（女）贪污案。刘从1987年11月至1990年11月，利用职务之便，采取撕毁现金解款单或存款单，重填现金解款单，部分营业收入不存入银行等手段，贪污公款21.76万元。其间，刘又伙同市医药公司西药批发部会计占某共同挪用该批发部公款6万元，供他人使用，致6万元损失无法追回。全案共贪污公款27.76万元。刘畏罪潜逃，在外逃53天之后被检察机关从四川省成都市抓获归案。1992年3月24日，市中级人民法院以贪污罪判处刘某平死刑，经最高人民法院核准后被执行死刑。1991年，市人民检察院和石门县院查处湖南雄磺矿石门转运站业务员杨某政勾结河南省鹿邑县马铺乡供销社业务员高某山利用工作之便，贪污磷肥货款2.6万元案。为逃避追查，他们嫁祸于雄磺矿化工分厂厂长宋某文，合谋诬陷宋某文贪污该笔货款，并四处串联有关人员，统一口径，致使检察机关对宋某文立案侦查。后来，检察机关发现疑点，市人民检察院反贪局朱国祥、周奔红等人三上河南，终于找到了被高某山隐藏的关键证据，并运用谋略侦破了该起诬告陷害案，为宋某文洗清了不白之冤。杨某政犯贪污罪被石门县法院判处有期徒刑7年，剥夺政治权利3年；犯诬告陷害罪，被判处有期徒刑4年；数罪并罚被判处有期徒刑10年，剥夺政治权利3年。市人民检察院与津市市院查处津市市供销社贸易公司业务员彭某祥利用职务之便，贪污8万余元案。彭某祥被津市市法院判处有期徒刑14年，剥夺政治权利4年。1991年3月4日，市人民检察院召开全市检察机关党组书记座谈会，贯彻中共十三届七中全会精神，研究如何进一步发挥检察职能为经济建设服务等问题。会后，全市检察机关共召开厂长、经理座谈会68次，深入240多个企业走访调查，建立140个服务联系点，发出检察建议100余份。通过办案，使全市50多个企业的经济得到发展，出现了湖南雄磺矿、石门县二都乡等一批检察机关服务经济建设效果好的单位。12月16日，市人民检察院编辑的《法律为你保驾护航》典型经验由省人民检察院检察长齐振瑛题词。12月17日，市人民检察院召开全市检察机关为经济建设服务经验交流会。市委、市人大常委会、市政府、市政协等领导和省人民检察院检察长齐振瑛以及高检院有关部门领导出席会议并讲话。全市检察机关评选出为改革开放与经济建设“保驾护航”作出显著成绩的19个先进典型集体，出席全省第九次检察工作会议，受到表彰。全市党委、人大常委会、政府、政协负责人听取检察机关反贪情况汇报72次。市委在年初召开的全市三级干部会上对反贪污贿赂工作进行认真部署，纳入党委工作的重要内容。

1992年，全市检察机关受理案件线索678件，立案473件、496人，其中大案239件，要案2件、2人，贪污案件269件。侦查终结450件、473人，移送审查起诉237件、242人，移送审查免诉172件、182人，起诉135件、142人，免诉124件、138人，撤案41件、49人，人民法院有罪判决74件、89人，挽回经济损失704.15万元。石门县院查处的石门县化工厂出纳员陈某军利用职务之便，贪污公款20余万元案。法院终审判处陈某军有期徒刑10年。为贯彻中共中央《关于加强政法工作，更好地为改革开放和经济建设服务的意见》及高检院、省人民检察院的指示精神，市人民检察院制定《检察机关为经济建设保驾护航的十二条措施》。全市检察机关在严惩严重经济职务犯罪的同时，建议企业和经济部门重新启用、留用曾被检察机关依法查处，但有一定生产经营技能的骨干153人（其中，重新担任厂长、经理等骨干的45人，依法被从轻、减轻处理，允许戴罪立功的15人）。石门水泥厂副厂长朱某林，懂技术善管理，该厂生产效益一直很好。但检察机关发现他在安乡罐头食品厂任厂长期间有经济问题。经办案部门反复研究，并请示领导决定，让其戴罪立功。朱得到从轻处理后，工作更加积极主动，该厂生产的水泥为五强溪电站建设发挥重要作用。常德棉纺厂计量室主任、高级工程师毛某卿，1992年因贪污公款6948元被依法查处。在查办案件过程中毛真诚悔过，愿意戴罪立功，在该厂改造一万吨纱锭工程中，攻克电气技术难关，为该厂扭亏为盈做出较大贡献。根据企业要求，武陵区院在请示市人民检察院和省人民检察院同意后，对毛某卿作出免予起诉的处理决定。

1993年，全市检察机关反贪部门共受理案件线索463件，立案298件、312人，其中大案195件，贪污案件140件，侦查终结260件、299人，移送审查起诉146件、168人，移送审查免诉67件、79人，起诉55件、67人，免诉41件、55人，撤案47件、52人，人民法院有罪判决38件44人，挽回经济损失3000余万元。安乡县院查处的该县安凝乡供销社调拨员刘某喜利用职务之便，贪污16.5万元大案，其中部分用于赌博输掉。刘某喜贪污且潜逃两年之久，安乡县院在汉寿县院的配合下，密访、跟踪、守候半个月，将其抓获归案。刘某喜被市中级人民法院一审判处死刑。武陵区院查处的常德烟厂成品仓库保管员李某华等3人利用职务之便，贪污22万元案。其中李某华贪污16万元，被市中级人民法院判处无期徒刑。澧县院查处的金罗冷冻厂丁某财利用职务之便，贪污金罗冷库人民币2.2万元。丁被县人民法院判处有期徒刑6年。临澧县院查处的该县农业银行太浮信用社副主任佘某忠利用职务之便，贪污3.58万余元案。佘被县人民法院判处有期徒刑6年。

1994年，全市检察机关反贪部门突出查处“三机关一部门”（党政机关、司法机关、行政执法机关，经济管理部门）发生的职务犯罪经济案件98件，占立案数的41%。全年共受理线索417件，立案269件、416人，其中大要案198件（要案6件6人），贪污案件110件。侦查终结219件、350人，移送审查起诉131件、247人，移送审查免诉43件、50人，起诉77件、95人，免诉27件、34人，人民法院有罪判决60件、71人，挽回经济损失930.4万元。澧县公安局户政股股长万某成重大贪污案。1994年8月，澧县纪委将群众对万某成的举报线索移送给澧县院。在县检察院对万监视居住时，万乘人不备，跳楼潜逃。经检察机关20多天追捕，万某成再落法网。经侦查，万于1993年5月—1994年6月，利用职务之便，采取隐瞒收入，虚报支出，销毁单据等手段，单独以及伙同徐某海（户政股干警）、颜某伍（澧县财政局综合计划股预算外资金管理员）（二人均被判刑）等人，先后作案15起，侵吞、骗取户口增容费人民币787047.3元。其中万单独贪污240950元，为主共同贪污546097.3元，实得赃款622430元。万将所得赃款40余万元用于情妇购房和进行营利性活动。办案中追缴赃款及赃物价值人民币571120.25元，尚有51309.75元未追回。万某成被市中级人民法院判处死刑，剥夺政治权利终身。万让成案是新中国成立以来，湖南省公安系统发生的最大贪污案。津市市院查处的该市党政机关事务办副主任李某惠贪污公款12万元案，李某惠被津市市法院判处有期徒刑14年。

1995年，全市检察机关反贪部门突出查处金融部门、亏损企业、乡镇七站八所等部门的职务犯罪案件，共受理案件线索443件，立案264件、293人，其中大要案215件（要案4件4人）、贪污案件89件，侦查终结234件、254人，移送审查起诉168件、177人，移送审查免诉58件、66人，起诉90件、106人，免诉23件、34人，人民法院有罪判决82件、88人，挽回经济损失1319万元。市人民检察院与澧县院组成20多人的专案组深入赤峰煤矿，历时3个多月，挖出矿长向某民、副矿长王某兵、陈某森等13人利用职务之便，贪污、受贿、挪用公款窝案，全案涉及金额15万多元。澧县法院判处向某民有期徒刑5年6个月，王某兵有期徒刑3年，缓刑3年。常德市农业银行国际业务部出纳员刘某强、市建设银行信用部业务员孙某科与社会女青年孙某等人勾结，携款80万元潜逃。案发后，市人民检察院与武陵区院组成侦破小组，仅用7天，就将全案5人抓获归案，追缴全部赃款。刘某强、孙某、孙某科分别被武陵区法院判处有期徒刑13年、6年、4年。石门县农业银行磨市储蓄所记账员陈某东，监守自盗，携款10万元潜逃，15天后被石门县院抓获归案，挽回全部经济损失。陈被县人民法院判处有期徒刑11年，剥夺政治权利3年。常德市百货公司驻长沙办事处出纳员肖某虹，利用职务之便，侵吞公款12万元潜逃。市人民检察院与武陵区院联手组织大追捕，迫使肖某虹携带赃款12万元到检察机关投案自首。

1996年年初，全体市委、市人大常委会、市政府、市政协领导到“全省反贪污贿赂成果展常德巡展”参观，市委书记吴定宪，市委副书记、市长张昌平，市委副书记李少甫，市委政法委书记刘万清等对反贪工作作出指示。全市检察机关反贪部门在党政机关、司法机关和金融、粮食、邮电、交通、乡镇站所及“穷庙富方丈”的亏损企业查处一批大要案件。共受理案件线索 433 件，立案 229 件、256 人，其中大案 194 件、要案 6 件 6 人，贪污案件 51 件。侦查终结 169 件、189 人，移送审查起诉 98 件、109 人，移送审查免诉 62 件、71 人，起诉 60 件、65 人，免诉 49 件、54 人，人民法院有罪判决 49 件、54 人，挽回直接经济损失 2653.63 万元，间接经济损失 1657.43 万元。查处“穷庙富方丈”的案件 59 件。市人民检察院和武陵区院查处的常德市中国银行武陵支行信用卡部经理杨某高和业务员贺某虹利用职务之便，挪用 330 万元公款私人炒股等合伙侵占 41 万余元、商业受贿 8 万元大案。杨某高、贺某虹二人被市中级人民法院分别判处无期徒刑、有期徒刑 3 年。针对德山大曲酒厂部分职工存在严重拖欠公款、挪资、侵占等违法现象，市人民检察院深入该厂查处了销售员袁某君侵占 26 万余元案，对其他有关人员产生了震慑作用。该厂从 32 名业务员中收回拖欠款 200 多万元。安乡县院查处该县丁堤村党支部书记蹇某荣利用职务之便，贪污公款案。蹇被县法院判处有期徒刑 3 年，缓刑 3 年。通过查处该案，刹住了村干部的吃喝风，该村经济扭亏为盈，紧张的干群关系得到缓解。

1997 年，是执行新的“两法”（修改后的《刑事诉讼法》和修订后的《刑法》）实施的第一年。全市检察机关反贪部门共受理案件线索 419 件，立案 185 件、206 人，其中大要案 182 件（要案 4 件 4 人），贪污案件 43 件。侦查终结 154 件、164 人，移送审查起诉 115 件、122 人，移送审查免诉 14 件、14 人，起诉 69 件、75 人，免诉 7 件、8 人，人民法院有罪判决 78 件、80 人，为国家挽回经济损失 966.17 万元。澧县院查处的该县澧南乡丰坪信用社会计吴某春利用职务之便，侵占 11.48 万元，挪用资金 11.96 万元案，吴某春被县法院判处有期徒刑 10 年。石门县院查处的该县东湾信用社唐某玉利用职务之便，侵占 14 万元大案。唐被县人民法院判处有期徒刑 7 年。临澧县院查处的县政府驻北京办事处主任彭某安利用职务之便，贪污 1.87 万元案，彭被县法院判处有期徒刑 3 年，缓刑 3 年。

1998 年，全市检察机关反贪部门共受理案件线索 184 件，立案 148 件、172 人，其中大案 47 件，要案 5 件、5 人，贪污案件 70 件。侦查终结 127 件、152 人，移送审查起诉 114 件、139 人，移送审查不诉 1 件、1 人，起诉 90 件、100 人，不起诉 7 件、7 人，撤案 12 件、12 人，人民法院有罪判决 80 件、86 人，挽回经济损失 1555 余万元。市人民检察院在澧县院的配合下，查处澧县交警大队刘某湘、王某华等人利用职务之便，涉嫌贪污案，刘某湘被县法院作出有罪判决。石门县院查处该县壶瓶山粮站主任、会计、出纳等 4 人利用职务之便，涉嫌贪污、挪用公款案，其主任黄某厚因挪用公款 15 万元被县法院判处有期徒刑 3 年，缓刑 4 年。在执行缓刑期间，检察机关又发现黄某厚与该粮站职工高某生、张某明有利用职务之便，共同贪污 6 万元的犯罪嫌疑。在查清全案起诉到法院后，石门县法院一审判处黄某厚有期徒刑 6 年 6 个月；判处高某生有期徒刑 3 年，缓刑 4 年；张某明有期徒刑 2 年，缓刑 3 年。通过查案，为企业挽回经济损失 40 多万元。农业银行鼎城区石门桥营业所外勤张某新涉嫌利用代班之机携公款 18 万元潜逃，市人民检察院与鼎城区院立即组织追逃，从云南将其抓获归案，追回赃款 12 万元，张某新被区人民法院判处有期徒刑 11 年。汉寿县院查处县水电安装公司经理稽某全利用职务之便，以送“回扣”为由，套取公款据为己有，涉嫌贪污案。稽被县法院判处有期徒刑 3 年，缓刑 5 年。

1999 年，全市检察机关反贪部门开展“执法效果年”活动，以程序合法促实体公正；以开展“百日会战破大案、百日会战结好案”专门行动为着力点；加大查处反贪案件的力度和办案效果。全年共受理线索 280 件，立案 174 件、208 人。其中立案侦查贪污受贿 5 万元以上、挪用公款 10 万元以上和副处级以上干部犯罪的大要案件 62 件（要案 5 件 5 人），贪污案件 75 件。侦查终结 165 件、182 人，移送审查起诉 138 件、175 人，移送审查不起诉 7 件、7 人，起诉 106 件、136 人，不起诉 7 人，法院有罪判决 112 件、134 人，挽回经济损失 1300 多万元。在教育系统，鼎城区院查处该区教育局局长石某林为首的 7 人利用职务之便，涉嫌贪污案。其中 5 人被法院作出有罪判决。在扶贫领域，澧县院查处澧县官垸乡渔场场长马某锐等利用职务之便，涉嫌贪污移民救灾款 11 万余元案，其中马某锐贪污 7 万元，被县法院判处有期徒刑 5 年。石门县院查处县扶贫办主任叶某明等利用职务之便，涉嫌贪污扶贫款 4 万元案，县法院判处叶某明有期徒刑 4 年。全市检察机关共查处涉嫌贪污私分扶贫款物的犯罪案件 4 件、8 人，向法院起诉 5 人，均被法院判处有期徒刑。在国有企业，武陵区院查处常德卷烟厂金芙蓉运输公司汽车调度员邱某德和该厂仓储科二库主任高某魁涉嫌合伙监守自盗烟叶，价值 58 万余元案。1998 年 8 月，两人共同策划，于 1999 年 8 月 27 日，邱某德从常德烟厂储运科领取 184 件云南烟叶调拨单，交司机从 670 仓库运至常德存放他处。次日，邱某德将调拨回单交给高某魁，高对仓库保管员谎称自己已代收，骗得收料员在回单上签字。又以烟叶已投入生产为由，骗得计码员签字，将仓库保管账冲平。同年 10 月 10 日，二人又采取同样方式盗窃云南烟叶 184 件。二次共盗窃烟叶 368 件，价值 58 万余元。12 月 20 日，邱某德将两车烟叶低价销赃给郴州个体烟贩，获赃款 23 万元。武陵区院从缅甸将犯罪嫌疑人邱某德抓获归案，区法院判处邱某德、高某魁有期徒刑各 12 年。

2000 年，市人民检察院在省人民检察院召开的全省第五次侦查工作会议上，介绍《准确把握犯罪心理，充分运用审讯谋略制服嫌犯》的经验。全市检察机关通过对 1997—1999 年查处案件的分析发现，贪污、挪用公款案件呈上升趋势，共查处 134 件，占同期立案总数的 67.39%，1999 年上升 66.69%。全市检察机关强化侦查意识，提高侦查谋略水平，增强打击力度和打击效果，全年共受理案件线索 193 件，立案 152 件 190 人。其中贪污受贿 5 万元以上，挪用公款 40 万元以上，副处级以上干部犯罪大要案件 73 件（要案 3 件 3 人），大要案占立案总数的 48%，贪污案件 82 件、111 人。侦查终结 142 件、182 人，移送审查起诉 131 件、167 人，移送审查不诉 7 件、10 人，起诉 108 件、131 人，人民法院有罪判决 105 件、114 人，挽回经济损失 1200 余万元。中国工商银行汉寿县支行储蓄股原副股长徐某安利用职务之便，采取重复列支、大头小尾的手段套取现金，并私刻本行工作人员印章，通过内部某转账科目平账，涉嫌贪污公款 66 万余元用于打牌和还赌债，并携款潜逃，被市人民检察院查处并将其抓获。徐某安被市中级人民法院一审判决无期徒刑，剥夺政治权利终身。该案被市人民检察院评为优案。桃源县院查处该县龙潭粮管站谭某武、李某武等4人利用职务之便，涉嫌贪污49万余元，挪用公款6.7万元案。谭某武、李某武二人被市中级人民法院一审判处无期徒刑、剥夺政治权利终身。石门县院在查处利用公司改制之机发生的贪污犯罪窝案、串案上取得成效。该县饮食公司在改制过程中利用给职工退风险金、集资款之机，公司原经理马某东、原党支部书记杜某鸣等7人，利用职务之便，采取虚开假集资收据及劳务发票等手段，涉嫌共同贪污公款30余万元案。马某东、杜某鸣、彭某红、施某环、侯某华、林某平、黄某香等7人均被县法院判处有期徒刑。安乡县院查处该县官垱镇修防会原主任唐某富利用职务之便，涉嫌贪污水利建设款11.3万元案，唐某富被县法院判处有期徒刑6年6个月。

2001年，全市检察机关共受理各类案件线索140件，立案侦查123件、158人，其中大要案件54件（要案2件、2人）、贪污案件80件、115人。侦查终结104件、135人，移送审查起诉135人，起诉102件、124人，人民法院有罪判决93件、112人，挽回经济损失1100万元。汉寿县院查处该县烟草公司太子庙批发部主任邱某勇涉嫌贪污公款34.6万元案，批发部会计黄某荣贪污公款14.4万元案。邱某勇被县法院一审判处有期徒刑10年，黄某荣被法院一审判处有期徒刑6年。临澧县院查处的新安镇教育办原出纳员杨某元涉嫌贪污案。杨于2000年9月潜逃，2001年5月，临澧县院从深圳将其抓获归案。杨被县法院判处有期徒刑11年。安乡县院查处的该县安福乡杨树潭村原党支部书记王某宇（县十三届人大代表）涉嫌贪污公款6.6万元、挪用公款2万元案。王被县法院判处有期徒刑5年6个月。石门县院查处的该县百纺公司原经理梁某伟等9人在公司改制和破产清算中，利用职务之便，涉嫌贪污公款35万元案。县法院对梁某伟等9人均作出有罪判决。全市检察机关按照高检院关于开展职务犯罪追逃专项行动的部署，制定周密方案，成立专案追逃小组，展开追逃工作，全年共抓获逃犯12名。全市检察机关认真查找查处职务犯罪案件存在的差距，主要是查处有影响、有震动的大要案还不多，特别是“三机关一部门”的大要案件少，与人民群众的期望和反贪斗争形势要求有差距；在办案指导思想上存在经济效益高于法律效果的不良倾向；线索侦查不按规定归口，浪费一部分线索资源；侦查水平还不够高，不善于运用侦查谋略和技侦手段收集证据，突破案件能力较弱等。

2002年，全市检察机关反贪部门改变过去依靠“传唤、突审、强制措施”三部曲的简单办案方式，提出将侦查重心前移至初查阶段的基本方略，把初查工作做细、做扎实，一级抓一级，一级帮一级，层层抓办案，件件抓落实，实行“内合外联”，加强协作，形成惩治腐败的合力，加快办案节奏，体现打击效果。全年共受理案件线索117件，立案100件、112人，其中大案44件、52人，要案3件、3人，贪污案件59件。侦查终结97件105人，移送审查起诉86件、94人，移送审查不诉4件、4人，起诉56件、65人，不起诉4件、4人，人民法院有罪判决48件、60人，挽回经济损失903余万元。市人民检察院查处的安乡县原国税局局长兼常德国税局驻常德纺织机械厂专管员熊某秋（副处级、安乡县人大代表）利用职务之便，涉嫌贪污案，熊被安乡县法院判处有期徒刑。安乡县政府助理调研员、县财政局局长姚某庭（副处级、常德市第三届人大代表），利用职务之便，涉嫌贪污案，姚被县法院判处有期徒刑。鼎城区院查处的西洞庭糖厂党委书记胡某山、会计徐某云利用职务之便，涉嫌贪污200余万元，徐某云单独贪污37万元、挪用公款41万元案。该案成功运用侦查谋略，从初查入手、立案、传唤、突审稳步推进，最终办出该院建院以来最大的一起贪污案。胡被区法院判处有期徒刑14年6个月，徐被区法院判处有期徒刑14年。汉寿县院年初对反贪工作进行专题研究，不再片面追求办案数量，把查办有影响、有震动的大要案件作为工作重点；在侦查模式上不再追求“短、平、快”的简单办案模式，办案取得显著成效。全年共查办贪污挪用10万元以上的案件5件、6人，其中被判处10年以上有期徒刑的2人，大要案件占侦查终结比例的66.6%，为国家挽回经济损失200余万元，反贪工作名列全市前茅。该县检察院查处的常德市西湖管理区教委主任夏某纬（正科级）利用职务之便，涉嫌贪污10万余元案，夏被县法院判处有期徒刑10年。2002年，全市检察机关追逃工作取得成效，仅武陵区院成功抓获3名在逃犯罪嫌疑人，其成果及经验相继被《检察日报》和省人民检察院内刊报道。

2003年，全市检察机关反贪部门共受理案件线索107件，立案91件、123人，其中大案48件、75人，要案4件、4人，贪污案件52件。侦查终结84件、111人，移送审查起诉64件、91人，移送审查不诉4件、4人，起诉60件、88人，不起诉17人，法院有罪判决41件、69人，挽回经济损失1400余万元。桃源县院查处的该县粮食局鄢家溪粮店主任高某平和该县粮食局龙潭粮站会计李某清涉嫌贪污案。高某平在担任粮店主任期间以“出大款”（给合同诈骗人员提供首付款收取高额利息）的方式将公款30万元借出反被人骗走，然后潜逃外地数年且结婚生子，行踪不定。办案人员多年密访调查和技侦配合，将其抓获归案。在办理高某平案件过程中，发现龙潭粮站会计李某清财务疑点众多却有条理，所经办的财务资料混而不乱。早些年国家对粮食系统进行整顿，采取双方互查的方式由益阳市粮食局专业人员查账，只得出有疑问而查不出问题的结论。面对难题，办案人员强化速成财务知识，发现了问题症结。原来是李某清为作案精心设计，虚设其他应收款明细科目“龙潭点”，将本应分开记账的多人收购粮食资金及自己经手所借公款混记在此科目账中，却利用出纳不懂业务亲手经办从下属单位收取上缴款不记收入，也混记入“龙潭点”，冲抵自己多次挥霍公款的漏洞，彻底查清李某清在担任粮站会计期间涉嫌贪污70万元的事实。高某平被县法院判处有期徒刑12年，李某清被市中级人民法院判处无期徒刑。该案被省人民检察院通报表彰。2003年，市人民检察院办理一起提请省人民检察院抗诉改判为有罪的贪污案件。2000年至2002年5月，犯罪嫌疑人郑某清、向某忠、陈某利用担任桃源县教育局校办企业公司经理、分管公司的教育局副局长、公司副经理的职务之便，采取虚列开支、收入不入账等手段，先后共同作案4次，贪污公款15.5万元。

郑某清实得 39000 元；向某忠实得 33979 元；陈某实得 26500 元。桃源县院对 3 人立案查处，案件起诉至人民法院后，桃源县人民法院一审判处郑某清有期徒刑 3 年，缓刑 4 年；判处向某忠有期徒刑 3 年，缓刑 4 年；判处陈某有期徒刑 1 年，缓刑 1 年。3 人不服提出上诉，市中级人民法院改判 3 人无罪。2005 年 7 月 11 日，省高级人民法院审判委员会讨论决定，对市人民检察院提起抗诉，省人民检察院抗诉的郑某清、向某忠、陈某贪污一案作出判决，撤销市中级人民法院的无罪判决，维持桃源县人民法院的有罪判决。该案为湖南省诸多一审判决有罪、二审改判无罪的职务犯罪案件中，首例抗诉成功的案件。2003 年，全市检察机关抓获一批负案在逃的重特大涉嫌贪污犯罪人员，并将他们交付审判。市人民检察院副检察长陈彰福、周奔红，反渎局局长谢正平，积极组织追逃工作，在南京市将涉嫌贪污 100 万元潜逃近 6 年的市交通局原出纳员李某明抓获。李被市中级人民法院判处无期徒刑，剥夺政治权利终身。武陵区院在广东肇庆和常德市将涉嫌贪污 60 万元携款外逃的原建行武陵支行出纳员姜某岁和涉嫌贪污近 14 万元外逃并改名换姓隐居的原石油公司内保专干兼总工会会计曲某杰抓获归案。

2004 年，根据年初全省反贪工作会议提出的努力实现立案数、起诉判决数有新的增长；撤案、不诉案件减少；无错案、无干警严重违法违纪，无重大办案安全责事故的“两增、两减、三无”的工作目标，全市检察机关反贪部门立案查处了一批有影响的职务犯罪大要案件、窝案、串案。全年受理案件线索 101 件，立案 81 件、117 人，其中大案 54 件，要案 4 件、4 人，贪污案件 43 件。侦查终结 72 件、108 人，移送审查起诉 103 人，移送审查不诉 1 件、2 人，提起公诉 48 件、82 人，不起诉 13 人，人民法院有罪判决 41 件、60 人，挽回经济损失 1815.93 万余元。在金融系统，市人民检察院查处的常德市地税局总会计师冯某民（副处级）、税政科科长王某双、副科长丁某涉嫌贪污 109 万元，挪用公款 20.5 万元系列案，为国家挽回经济损失 100 多万元，3 人均获武陵区法院有罪判决。市人民检察院查处的建行常德市分行干部、助理经济师罗某利用职务之便，涉嫌贪污 241 万余元案，追回赃款 153 万余元。1999 年 4 月 5 日至 2003 年 12 月 31 日，罗某利用管理全市建行系统养老统筹金的职务之便，采取收入不入账、虚记、重记支出等手段，将养老统筹基金专用账户中的 2411543.43 元公款，分 29 次转入自己控制和支配的“劳保”“十大形”“人教处”3 个储蓄户后支取现金或再转入个人信用卡账户后支取现金，将其全部贪污，用于个人炒股、投资，以自己女儿、母亲的名义存入银行和挥霍。罗被武陵区法院判处有期徒刑 15 年。该案被市人民检察院评为优案通报表彰。安乡县院查处的中国建设银行安乡县支行客户部经理夏某辉利用职务之便，涉嫌贪污案，夏被县法院判处有期徒刑 10 年。在国有企业，澧县院查处的该县粮食局湘北油脂化工厂厂长侯某霞、副厂长钟某山等 8 人利用职务之便，涉嫌贪污、挪用公款 327 万余元案，侯被县法院判处有期徒刑 8 年，钟被县法院判处有期徒刑 3 年。鼎城区院查处的西洞庭供销社财务科科长杨某华等 4 人利用职务之便，采取收入不入账，虚列开支等手段，涉嫌合伙贪污公款 145 万余元案，杨某华、罗某元、文某常、张某娥 4 人分别被鼎城区法院判处有期徒刑 12 年、11 年、8 年和 3 年。市人民检察院组织全市反贪干警开展“百日炼兵”活动，锻炼反贪侦查队伍，提高实际侦查技能和办案业务水平，开展了评选优秀初查方案、侦查方案、审讯方案和优秀卷宗活动。

2005 年，全市检察机关反贪部门采取“抓系统、系统抓”的措施，集中力量查处一批有影响、有震动的大要案。全年共受理线索 90 件、121 人，立案 77 件、110 人，其中大案 44 件，要案 6 件、6 人，占立案总数的 57.69%，贪污案件 49 件。市人民检察院立案 16 人（要案 6 人），大案案值均在 20 万元以上，大要案比例 100%。共侦查终结 69 件、93 人，移送审查起诉 57 件、81 人，移送审查不诉 3 件、3 人，提起公诉 29 件、47 人，不起诉 16 件、21 人，人民法院有罪判决 35 件、57 人，通过办案挽回经济损失 2027.8 万余元。市人民检察院查处的市交通局规费征稽处稽查科科长周某、征管科副科长徐某、市国税局车购办干部曹某喜利用职务之便，采取收入不入账，票据大头小尾等手段涉嫌共同贪污 59 万元案。武陵区法院判处周某、徐某、曹某喜有期徒刑各 5 年。安乡县院查处的该县安全乡财政所所长唐某利用职务之便，涉嫌贪污 5 万元案，后又查处该县县委党校副校长、副书记熊某成、会计胡某生、出纳章某平 3 人利用职务之便，涉嫌共同贪污 20 余万元案。二人均被县法院判处有期徒刑。鼎城区院查处的刘某华在担任区供电所收费员时，涉嫌贪污公款 9.2 万元。刘被区法院判处有期徒刑 10 年。市人民检察院和安乡县院运用侦查“一体化”模式办案，由市人民检察院反贪局副局长荣明带队将安乡建行特大贪污、挪用公款系列案中携公款潜逃的犯罪嫌疑人朱某、傅某斌、黄某桂全部抓获归案。另有段某燕等 4 人于 1999 年 12 月至 2004 年 10 月，单独或共同利用银行工作人员的身份，采取存款不入账，伪造支票等手段偷支转支客户存款金额 800 多万元，用于炒股、买期货、购买彩票、赌博等活动。市中级人民法院以贪污罪分别判处朱某无期徒刑，傅某斌 10 年有期徒刑，黄某桂、段某燕均被判处有期徒刑。

2006 年，全市检察机关反贪部门运用侦查“一体化”机制办案，侦查终结率、移送起诉率、审查起诉率均有提高，人民法院有罪判决人数增多，办案效果好。全年共受理线索 96 件、134 人，立案 90 件、127 人，其中大案 54 件，要案 3 人，贪污案件 28 件。侦查终结 67 件、106 人，移送审查起诉 63 件、100 人，移送审查不诉 2 件、3 人，起诉 57 件、102 人，不起诉 5 件、9 人，人民法院有罪判决 57 件、81 人，挽回经济损失 1248.93 万余元。7 月 18 日至 11 月 28 日，全市检察机关开展反贪“利剑”专项行动，共立案 48 人，占全年立案总数的 43.6%，其中大要案件 25 件，占全年大要案总数的 52%，起诉 56 人，占全年起诉大案数的 67.5%，有罪判决 55 人，占全年有罪判决数的 67.9%。市人民检察院带头并带动安乡县院在金融系统、党政机关和国有企业查处多起有影响的案件。农行安乡支行营业所出纳、营业部大堂经理刘某军利用职务之便，采取多种手段于 2001 年至 2006 年 7 月共计挪用储户存款 240 余万元，至案发时止，刘某军归还储户存款 16 万元，余款228万元被个人使用或者进行营利性活动，县法院以贪污罪判处其有期徒刑10年。安乡县官垱乡电信分局支局局长孙某迪利用职务之便，于2005年5月18—21日以向县邮政局缴款为由，要其所在支局工作人员分3次将25万元公款汇入自己私人的银行账户，后将款取出外逃，赃款被全部挥霍。2004年9月至2005年5月21日，孙某迪以向县邮政局缴款为由，挪用国有资金76万余元，被其挥霍。县法院以贪污罪判处孙某迪有期徒刑19年。该案被市人民检察院推荐到省人民检察院参加10大精品案件评选。武陵区院查处的区财政局郭某华、郑某、黎某利用职务之便，涉嫌贪污案。市中级人民法院终审判处郭某华有期徒刑8年，郑某有期徒刑7年，黎某有期徒刑5年。这一案件在全市党政机关具有一定影响。桃源县院查处的该县黄石水库管理处灌区管理所所长张某干、副所长陈某初等10人利用职务之便，涉嫌贪污窝案。张某干、陈某初均被县法院判处有期徒刑5年。当年，全市检察机关共抓捕在逃犯罪嫌疑人9人，追回赃款339.7万余元。鼎城区院将涉嫌贪污、挪用公款313.9万余元的在逃嫌疑人张某某及同案人侯某源、李某载抓获归案。武陵区院将涉嫌贪污25.8万元，立案在逃的常德烟草机械有限公司财务部稽核会计谭某强抓获归案。

石门县院"查办与预防职务犯罪"检察开放日活动

2007年，全市检察机关反贪部门认真分析常德市经济发展以及案件发生的特点，建立责任目标制度，立案人数在连续3年稳步上升的基础上，继续保持上升态势。办案重点突出，查办大要案、窝案、串案人数增加；办案涉及面广，反腐触角涉及医疗卫生、教育、电力、国土、金融、财政、电信、林业、乡镇等国有单位及农村基层组织等与群众生活紧密相关的领域，全面服务于社会主义新农村建设。全年共受理线索83件、112人，立案查处77件、106人（其中市人民检察院立案20人），立大案54件，要案4人，贪污案件29件。全年抓获在逃人员2人。侦查终结82件、110人，移送审查起诉57件、81人，移送审查不诉14件、18人，起诉37件、54人，不起诉8件、17人，人民法院有罪判决30件、43人，挽回经济损失2024万元。桃源县院查处的该县枫树乡财政所所长黄某利用职务之便，在2001—2006年采取收入不入账的手段，分3次贪污公款14万余元的涉嫌贪污案。黄某被县法院判处有期徒刑7年。市人民检察院和石门县院查处的该县经济开发区管委会经理王某军利用职务之便，涉嫌贪污34万元、挪用公款70万元案，王某军被县法院判处有期徒刑10年。安乡县院查处的县邮政局金库守库员邱某武利用单人守库的工作之便，盗取未入库保险柜人民币16万元涉嫌贪污案。邱被人民法院判处有期徒刑 10 年。临澧县院查处的周某财，伙同他人在龙溪村房产开发销售中，私分利润 11.3 万元涉嫌贪污案。周被县法院判处有期徒刑 6 年。石门县院查处的该县易家渡镇田家坪村村委会叶某军等 5 人利用职务之便涉嫌贪污的窝案，叶某军等被人民法院作出有罪判决。

2008 年，全市检察机关反贪部门根据新形势下职务犯罪仍处于高发期，大要案总体呈易发、多发的态势，且作案手段隐蔽，作案方式翻新的特点，以及自身办案工作“慢热型”问题，强化侦查“一体化”机制办案。全年共受理案件线索 117 件、133 人，立案 108 件、124 人，其中大案 35 件，要案 5 件、5 人，贪污案件 33 件。侦查终结 91 件、104 人，移送审查起诉 75 件、86 人，移送审查不诉 12 件、13 人，起诉 55 件、75 人，不起诉 32 件、37 人，人民法院有罪判决 57 件、79 人，挽回经济损失 925 万元。鼎城区院查处的原区种子公司出纳员杨某星（女）利用职务之便，涉嫌贪污 40 余万元、挪用公款 50 余万元案，杨某星被县法院判处有期徒刑 15 年。桃源县院查处的县疾控中心副主任康某敏和邓某君等 4 人利用职务之便，虚开疫苗退库凭证涉嫌贪污案和受贿案。康、邓被县法院判处有期徒刑各 5 年。市人民检察院总结全市反贪工作的基本经验是“五必须”：必须坚持党组高度重视，“一把手”亲自抓反贪工作；必须坚持反贪工作例会、线索评估会、疑难案件集体会诊会的会议制度；必须坚持科学决策、整体联动的工作大格局；必须坚持相互联系，相互沟通交流、信息共享；必须坚持发扬吃苦耐劳，连续作战，乐于奉献的工作精神。市人民检察院认真分析总结行业发案破案的规律和经验，进一步加强对全市反贪工作的指导和督促。全年编辑《反贪动态》11 期，其中有 9 篇侦查经验、情况调查报告等材料被最高人民检察院、省人民检察院采用。举办业务培训参训者 500 多人次；请专家授课，请行家传经。始终把“抓系统、系统抓”作为推动查处案件的重要措施。全市反贪部门运用这一方法，在电力、金融、税务、城镇建设等行业系统办案 14 件、37 人。

2009 年，全市检察机关反贪部门查办大要案成绩突出。全年共受理案件线索 90 件 121 人，立案的 72 件、97 人案件中，有大案 51 件、68 人，要案 11 件、11 人，大要案比例占立案数的 76.12%；查办危害严重的重点案件成效明显，如执法部门、涉农犯罪案件；查办窝案串案取得明显成效，共立案查办窝案串案 43 件、68 人，分别占立案数的 64.18%、73.91%。侦查终结 73 件、98 人，移送审查起诉 49 件、67 人，移送审查不诉 7 件、10 人，起诉 41 件、58 人，不起诉 7 件、8 人，人民法院有罪判决 25 件、32 人，挽回经济损失 2431.58 万元。立贪污案件 25 件，比较典型的案件有：市人民检察院查处的常德市中级人民法院行装科副科长刘某、鼎城区法院民事审判庭第一庭副庭长刘某东伙同广济律师事务所律师兰某奇伪造公函、凭证、单据涉嫌共同贪污执行款 30 万元窝案。人民法院判处刘某有期徒刑 8 年，刘某某有期徒刑 6 年，兰某奇有期徒刑 10 年。石门县院查处的该县新铺乡社会和劳动保障服务站站长王某华利用职务之便，涉嫌贪污 22 万余元，挪用公款 3.5 万元案。王某华被县法院判处有期徒刑 10 年 6 个月。澧县院查处的常德市羊耳山煤矿金泉区主任尹某茨、副主任兼会计游某福利用职务之便，采取隐瞒收入、虚报支出手段，二人共同或伙同另外 3 人作案 15 次，涉嫌贪污公款 89 万余元窝案，其中尹某某分得 48 万余元，游某某分得 24 万余元，尹还涉嫌受贿 1 万元。尹、游分别被县法院判处有期徒刑 8 年、5 年。桃源县院查处的县林业局副局长李某满和县林业基金站站长陈某顺及基金站财务人员等 5 人，利用职务之便，涉嫌共同贪污 42 万余元窝案。李、陈被县法院分别判处有期徒刑 8 年、7 年，其余 3 人均被法院作出有罪判决。津市市院查处的该市李家铺乡财政所所长汤某明、津市市乡镇财政管理局涉农补贴打卡发放工作系统管理员付某，利用职务之便，通过虚报农户种植面积，套取国家粮食补贴资金，涉嫌共同贪污 41.53 万元案。汤某明、付某被津市市法院分别判处有期徒刑 5 年 8 个月、5 年。

2010 年，全市检察机关反贪部门大力查处引发群体性事件和危害社会稳定的案件，化解社会矛盾，遏制重点领域职务犯罪。全年共受理案件线索 79 件、104 人，立案 75 件、100 人，其中大案 56 件，要案 5 件、5 人，贪污案件 25 件。侦查终结 67 件、87 人，移送审查起诉 57 件、74 人，移送审查不诉 7 件、10 人，提起公诉 40 件、47 人，不起诉 11 件、19 人，人民法院有罪判决 42 件、59 人，挽回经济损失 2857.2 万元。市欣运集团股份有限公司常南汽车站副站长熊某利用职务之便，多次不开票据收受客运车辆站外上客补单款，并刁难、威胁运营车辆，群众对此反映强烈。鼎城区院查处后，熊被区法院作出有罪判决。市人民检察院派员帮助石门县院查处该县农机站站长、出纳及县农机分局分管副局长等人涉嫌共同贪污农机销售款等案。查办这些引发群体事件和危害社会稳定的贪污案件，化解社会矛盾，维护社会稳定。

2011 年，全市检察机关反贪部门共受理案件线索 56 件、75 人，立案 50 件、68 人，其中大案 37 件，要案 6 件、7 人，贪污案件 12 件。侦查终结 48 件、74 人，移送审查起诉 38 件、62 人，移送审查不诉 4 件、4 人，起诉 26 件、45 人，不起诉 6 件、10 人，人民法院有罪判决 32 件、42 人，通过办案挽回经济损失 1162.72 万元。反贪部门认真查处涉农领域贪污等职务犯罪案件，为新农村建设提供司法保障，并撰写《农网改造中贪贿情况分析》《工程建设领域职务犯罪情况分析》等调查报告，起到向上级机关建议和参考办案的指导作用。全市共立案查处涉农案件 6 件 17 人，如澧县院查处的县农业局总农艺师杨某发等 6 人利用职务之便，涉嫌贪污粮棉补贴款案。杨被县法院判处有期徒刑。汉寿县院查处龙阳镇卫生院院长张某川等 4 人涉嫌共同贪污 8.8 万元，单独 4 次共受贿 5.6 万元案等。市人民检察院和安乡县院在协作省人民检察院查处湖南省公安厅原副厅长杨某某涉嫌受贿案时，根据省人民检察院交办立案查处湖南省公安厅调研员熊某莲（正处级）、龚某平（正处级）利用职务之便，涉嫌共同贪污案。熊某莲、龚某平被县法院分别判处有期徒刑 6 年、4 年。市人民检察院和鼎城区院查处湖南省公安厅刑侦总队基础支队干警王某平（三级警督、正处级）、王某蓓涉嫌共同贪污案。二人于 1995 年 12 月至 2010 年 10 月，涉嫌采取收入不入账的方式共同贪污 100 余万元。王某平（正处级）被鼎城区法院判处有期徒刑 12 年 6 个月，王某蓓被人民法院判处有期徒刑 6 年。

2012年，全市检察机关反贪部门共受理线索97件、107人，立案89件、99人，其中大案65件，要案7件、7人，贪污案件13件。侦查终结91件、103人，移送审查起诉69件、77人，移送审查不诉12件、14人，起诉55件、64人，不起诉18件、22人，人民法院有罪判决28件、34人，挽回经济损失740.78万元。查处乡镇医疗卫生领域涉嫌贪污、贿赂等职务犯罪案件成绩突出，仅1—7月，就立案38人，其中院长17人，副院长3人，占立案总数的52.7%。临澧县院查处该县人民医院院长张某明、原院长毕某兰利用职务之便，在新农合医疗设备采购、医药品购买过程中涉嫌贪污医疗资金、收受医疗设备（药品）采购回扣等窝案串案。张某明、毕某兰均被县法院作出有罪判决。桃源县院查处该县茶庵铺中心医院院长唐某民、原院长黄某平，利用职务之便，涉嫌贪污受贿案。唐某民涉案金额15万余元、黄某平涉案金额19万余元。唐、黄二人被县法院分别判处有期徒刑6年、7年6个月。另外，还查处了一批征地拆迁领域的贪污犯罪案件。武陵区院查处征地拆迁所彭某及其他人员彭某国、杨某树、杨某付等人利用职务之便，涉嫌贪污受贿案。2010—2011年，4人在常德市龙港北路、丁玲公园拆迁项目中，利用职务之便，为他人谋取利益，收受他人贿赂20.5万元，共同贪污作案2起，共贪污17.329万元，被检察机关立案查处。彭某被区法院判处有期徒刑11年，彭某国等3人均被区法院判处有期徒刑。

2013年，全市检察机关反贪部门强化反贪工作措施，突出办案重点，转变侦查方式，调整办案结构，提高对反贪职务犯罪的查处率和遏制力，保持对重点行业的深度打击。全年共受理案件线索84件、95人，立案85件、97人，其中大案64件、71人，要案5件、5人，贪污案件26件。侦查终结66件、79人，移送审查起诉58件、71人，移送审查不诉4人，提起公诉41件、55人，不起诉9件、9人，人民法院作出有罪判决42件、52人，挽回经济损失2175.64万元。全市检察机关反贪部门针对民政和征地拆迁两个领域的涉嫌贪污贿赂犯罪现象开展专项行动，共查处发生在群众身边，损害群众利益的职务犯罪涉案人员21人，占立案总数的21%。2008年1月—2013年1月，鼎城区院查处该区大龙站镇民政所所长郭某彪利用职务之便，采取截留、冒领等手段，非法占有民政资金16万余元，用于购房、装修和打牌等个人开支，涉嫌贪污案，郭被区法院作出有罪判决。鼎城区院以该案为切入点，查处了民政领域贪污贿赂窝案7件、7人，对全区民政领域的违规违法现象起到警示作用。桃源县院查处该县桃花源镇政府刘某仙利用职务之便，采取虚列支出的手段，侵吞民政部门发放的“五保”、低保补助款和桃花源敬老院慰问金共计人民币9.9万余元归已；采取虚报冒领手段骗取民政部门“五保”、低保补助共计人民币23万余元据为己有，涉嫌贪污罪。刘被县法院判处有期徒刑5年6个月。这类案件涉案主体多为乡镇站所、村（居委会）主要领导，作案次数多，时间长，侵害群体广，性质恶劣。涉案人大肆贪占弱势群体的医疗救助款、大病医疗救助款、孤残儿童救助款、80~90周岁高龄老人长寿保证金、复员军人“双定”补助金、伤残抚恤资金、“五保”户和低保户春节慰问款、“五保”户体检费、“三属”补助资金、复员军人医疗救助款、农村危房改造资金等。犯罪手段为虚报、冒领等。查处此类案件在群众中产生了良好的社会反响。武陵区院查处常德市国土资源局柳叶湖旅游度假区分局有关人员在征地拆迁环节的涉嫌贪污贿赂案件，共立案6件、6人，对群众反映强烈的征地拆迁中的违法犯罪问题作出积极回应。该分局局长杜某学利用职务之便，为多人拆迁补偿提供关照，先后多次收受拆迁户给予的贿赂款及物资折款共计人民币63万余元，杜某学被武陵区法院判处有期徒刑10年6个月。

2014年，全市检察机关反贪部门共受理案件线索76件、91人，立案75件、90人，其中大案53件、63人，要案3件、3人，贪污案件21件、34人，侦查终结69件、80人，移送审查起诉61件、72人，移送审查不诉4件、4人，提起公诉51件、63人，不起诉10件、10人，法院作出有罪判决48件、59人，挽回经济损失3130余万元。市人民检察院查处的澧县政协主席严某波（正处级）涉嫌贪污案。严被澧县法院判处有期徒刑6年6个月。石门县院查处的盛某亮2009年3月至2013年2月，利用职务之便涉嫌贪污17.5万元案。盛被县法院判处有期徒刑6年。武陵区院以突破该区白鹤山乡罗湾村党支部书记李某华涉嫌贪污10万余元为切入点，查处了征地拆迁补偿领域窝案串案2件、4人。鼎城区院查处该区唐家铺乡财政所家电下乡环节贪贿窝案1件、3人。临澧县院查处贪污征地补偿款窝案2件4人。白洋堤院查处工程建设领域的贪贿案件5件、5人。澧县院查处该县闸口乡花园湾居委会原党支部书记、原会计、妇女主任、治安主任等涉嫌贪污粮油补贴窝案串案。全市反贪部门在办案中，强化对证据的自我审查、强化与侦查监督、公诉部门联合进行证据审查、证据补正制度建设，及时排除非法证据、补正瑕疵证据、确保案件诉得出，判得下。

2015年，市人民检察院出台《常德市检察机关关于建立职务犯罪案件侦捕诉衔接工作机制的指导意见（试行）》，促进职务犯罪案件侦捕诉的高质高效流转。全年共受理案件线索198件、221人，立案110件、125人，其中大案83件、97人，要案7件、7人，贪污案件29件、38人，侦查终结103件、118人，移送审查起诉94件、109人，移送审查不诉3件、3人，提起公诉71件、103人，不起诉9件、9人，人民法院作出有罪判决52件、75人，挽回经济损失1690万元。市人民检察院查处武陵区农林局原党组书记、局长罗某春（副处级）涉嫌贪污案。鼎城区院在市人民检察院侦查指挥协调中心的技术支持下，抓获彭某、郭某、姚某3名潜逃十余年的犯罪嫌疑人。全市检察机关对发生在民生领域、涉农领域的职务犯罪案件，不论案件大小均及时查处。全年共查处发生在村党支部和村委会的案件22人、乡镇站所案件5人，查处涉农领域案件57人。

第二节 查处贿赂犯罪

1988年，深入贯彻高检院、最高法院的联合《通告》，查处一批受贿的大要案件。如市人民检察院查处的市财政局原局长刘某祥（正处级）利用职权先后7次索取、收受黄金

110.44 克和彩电、现金等折款共计人民币 1.7 万余元。刘畏罪潜逃，被检察机关抓获归案。市中级人民法院判处其有期徒刑 10 年，剥夺政治权利 2 年。该案在全省产生很大影响。市委抓住这一典型案例，召开市直机关干部大会，在全市引起强烈反响。全年查处贿赂案件 19 件。

1989 年，共查处贿赂案件 111 件。3 月 7 日，桃源县委书记曾庆炎到该县三阳区检查工作，群众向他举报，三阳建筑公司在承建县财政局宿舍楼工程中，给县财政局局长行贿 1 万元现金。3 月 9 日，曾会同县长刘友恒、县纪委书记刘汉成集体找县财政局局长周某春谈话，周交代了受贿犯罪事实。县委立即召开常委会、决定由县委书记挂帅，从县纪委、县检察院、县监察局抽调人员组成联合办案小组。经过 20 余天的紧张工作，相继查处涉及 16 个单位、24 人不同程度的受贿问题，其中周某春等 4 人交检察机关立案侦查。检察机关查明，周某春受贿现金 1 万元和价值 2953.65 元的金戒指 3 枚、熔金 1 块（周仅付 1023.5 元），共计 11930.15 元。周某春犯受贿罪被县法院判处有期徒刑 6 年。市人民检察院与武陵区院查处常德市化工厂原厂长谢某利用职务之便，12 次收受贿赂 1.8 万余元的受贿案。谢某被武陵区法院判处有期徒刑 7 年。

1990 年，全市检察机关共查处贿赂案件 133 件。澧县院查处澧县工商局干部肖某生在处理被扣押的河南省某单位走私“蓝鸟”小轿车时，利用职务之便，收受被扣押方现金 10500 元，肖某生犯受贿罪被县法院判处有期徒刑 2 年，缓刑 2 年。津市市院查处津市电子管厂厂长陈某民利用职务之便，14 次收受经销商行贿款 6.9 万余元，为他人谋取利益，陈某民被津市市法院判处有期徒刑 9 年；行贿人陈某文犯行贿罪和窝赃罪被法院判处有期徒刑 4 年，周某民犯行贿罪被检察机关免诉。受贿人陈某民之妻陈某英犯窝赃罪被人民法院判处有期徒刑 2 年，缓刑 2 年。

1991 年，全市检察机关反贪部门共立案查处贿赂案件 85 件。鼎城区院对多个单位主管基建或与基建有关人员的受贿问题进行查处，立案 18 人，8 名违纪人员被移送纪检部门处理。

1992 年，全市检察机关反贪部门查处贿赂案件 80 件。重点对建筑领域受贿案件进行查处，石门、津市、桃源、汉寿等基层人民检察院均查处该类案件。

1993—1997 年，全市检察机关组织全体反贪干警学习兵法“三十六计”，力争做到“魔高一尺，道高一丈”。1993 年，市人民检察院建立反贪污贿赂侦查据点，为查处案件提供环境支持和工作方便。1993—1997 年，通过侦查据点办案 70 余件。1993 年，全市检察机关反贪部门共立案查处贿赂案件 18 件。桃源县院查处县建行行长郭某德、副行长郑某红利用职务之便，在贷款业务中为他人谋取利益，郭受贿 3.5 万元、郑受贿 1.5 万元案。郭某德、郑某红分别被县法院判处有期徒刑 9 年、4 年。

1994 年，全市检察机关反贪部门共立案查处贿赂案件 46 件。市人民检察院和石门县院、石门县公安局共同查处福建商人戴某奎行贿、诈骗案及有关单位人员职务犯罪案。戴某奎被县法院判处有期徒刑22年（执行20年），相关涉案人都依法作出处理。当地群众赞扬检察机关给石门县人民交了一份合格答卷。

1995年，全市检察机关反贪部门共立案查处贿赂案件57件。桃源县院连续查处该县邮电局局长等受贿案。该县邮电局局长姚某华利用职务之便，为他人谋取利益，4次受贿4万余元，姚被县法院判处有期徒刑6年。

1996年，全市检察机关反贪部门共立案查处贿赂案件54件。市人民检察院查处常德电机总厂厂长蒋某吾利用职务之便，1992年2月—1996年4月，先后数十次于住处或办公室收受本厂中层骨干、有关业务人员财物折款共计5.6万余元，为他人谋取利益的受贿案。蒋被武陵区法院判处有期徒刑10年，剥夺政治权利3年。该厂工人为感谢市人民检察院特意赠送"利剑斩魔、功在千秋"的金色牌匾。石门县院查处该县国土局局长唐某新利用职务之便，为他人谋取利益，受贿4万余元案。唐被县法院判处有期徒刑3年、缓刑4年。

1997年，全市检察机关反贪部门共立案查处贿赂案件32件。市人民检察院查处常德市第二人民医院院长祝某国利用职务之便，为他人谋取利益，受贿5.4万余元案。祝被武陵区法院判处有期徒刑10年。市人民检察院查处中国银行常德分行德山支行行长程某传利用职务之便，为他人谋取利益，受贿10万元案。程被武陵区法院判处有期徒刑16年。通过该案，还挖出程某传等人与常德万琦物业集团总裁张某琦、周某民等人受贿、挪用、诈骗特大案件。全案涉及金额4.3亿余元，经过市人民检察院反贪局全体干警4个多月奋战，依法逮捕5人。市人民检察院反贪局选派6名干警联合公安机关办案将全案侦破交付审判。1999年12月1日，市中级人民法院以金融凭证诈骗罪、非法吸收公众存款罪判处张某琦、周某民无期徒刑。

1998—2002年，全市检察机关加强对贪污贿赂犯罪案件特点的研究，发现贿赂方式名目繁多，不仅有传统的如所谓辛苦费、感谢费、应酬费、回扣、好处费等，而且利用管理、审批、发包工程或在购买产品、服务的招投标中，帮助或伙同他人进行操纵获得中标，以共同获利或接受他人贿赂；采取在服务对象处入干股或给予少量投资，之后利用权力给服务对象予以"关照"，再从服务对象处获取高额回报或超常分红等，其中利用基建工程收受贿赂案的犯罪案件比较突出。1997—1999年，查处国有企业贿赂案件48件，其中利用基建工程受贿20件。1998年，全市检察机关反贪部门共立案查处贿赂案件30件，在国有企业、政府部门查处了一批涉嫌受贿案件。市人民检察院查处湘澧盐矿生产处副处长王某国（副处级）利用职务之便，为他人谋取利益，涉嫌受贿案。津市市法院对王作出有罪判决。津市市院查处津市粮食局党委委员尹某泉利用职务之便，为他人谋取利益，涉嫌受贿1.3万元案。尹被人民法院判处有期徒刑1年，缓刑1年。桃源县院查处该县茶庵铺镇副镇长陈某鹏利用职务之便，为他人谋取利益，涉嫌受贿案。陈被人民法院判处有期徒刑3年，缓刑4年。

1999 年，市人民检察院查处建设领域职务犯罪案件的经验，在全省建设领域违纪违法案件查处工作会议上作了介绍。全市检察机关当年共立贿赂案件 57 件。查处建设领域职务犯罪案件 38 件，其中大要案 11 件、窝案串案 6 件，挽回经济损失 302.5 万元，判决 24 人，受到党委、人大、政府、纪检监察机关和社会各界的好评。市人民检察院查处桃源师范学校原校长兼党委书记方某杰（正处级）利用职务之便，为他人谋取利益，涉嫌受贿 3.7 万元案。查案时，方认为收受贿赂只有天知、地知、你知、我知，只要行贿人不说，自己不交代，办案人员拿他没办法。办案人员对方开展政策攻心，方震动很大，害怕问题暴露，趁看守人员不注意，给校办公室王某某打电话，要基建科科长肖某某借 3 万元钱给他，把钱还给包头。办案人员通过调查发现方给包头退钱的事，迅速找包头郑某某和办公室主任王某某、基建科科长肖某某调查，查清了方某杰收受包头郑某某 3 万元的涉嫌犯罪事实，使"一对一"证据变成"多对一"，方某杰在铁的事实面前交代了涉嫌犯罪事实，桃源县法院判处方某某有期徒刑 3 年，缓刑 4 年。3 月，鼎城区院查处该区经委主任石某韬任新源印刷厂厂长期间，在基建工程中为承包人谋取利益，收受基建包头杨某的 8.5 万元涉嫌贿赂。当办案人员将石某韬传讯到案后，石某韬开始故作镇定，一言不发，进而自恃是市人大代表，对办案人员暴跳如雷，指责办案人员违反程序。审讯正式开始后，区检察院检察长、主管副检察长向其宣布市人大的意见和区委主要领导的意见，并对其进行法律、政策教育，打消了石某韬的幻想。石坐立不安，抱头痛哭，自言自语地说："我在新源印刷厂做了一件蠢事。"审讯人员反复追问做了什么蠢事，石某韬终于全盘托出在新源印刷厂任厂长期间收受包头杨某现金 8.5 万元的涉嫌犯罪事实。市中级人民法院以受贿罪终审判决石某韬有期徒刑 5 年。

2000 年，全市检察机关反贪部门共立案查处涉嫌贿赂案件 32 人。市人民检察院查处石门县宝峰开发区原党委副书记丁某明（正处级），在任常德青峰煤矿矿长期间涉嫌利用职务之便，为他人谋取利益，采取虚列走访费、利用工程建设之机，赊销抵债棉纱等手段，收受贿赂近 3.5 万元，侵占公款近 2 万元案。丁某明被石门县法院判处有期徒刑 3 年，缓刑 4 年。市人民检察院在查处澧县国土局原局长刘某武利用基建工程发包谋取私利，涉嫌受贿案过程中，从其家中搜出近 100 万元现金和存单等（其妻正准备将这些财物转移），固定了该案证据。通过深挖又侦破了澧县新华书店原经理孙某国涉嫌受贿案；澧县农村信用联社原主任蔡某金涉嫌受贿案。孙某国、蔡某金、均被澧县法院一审作出有罪判决，刘某武收受贿赂 13 次，折抵现金 13 万余元，被澧县法院判处有期徒刑 3 年，缓刑 5 年。

2001 年，全市检察机关反贪部门在查处贿赂案件时，注重在侦查谋略上狠下功夫。针对行贿人翻供、拒供的现象，办案人员认真调查原因，获取新的证据，把"一对一"证据变成"多对一"证据。全年共立案查处贿赂案件 21 件、21 人。市人民检察院查处市汇沅经济开发总公司原法人代表、副总经理解某先（副处级）涉嫌受贿 14.6 万元案。

1996—2000 年，解利用职务之便，在常德火车站公房工程、站前附属工程及常德市汇沅经济开发总公司办公楼等基建工程招标、工程款支付中为他人谋取利益，收受贿赂。案件一审开庭时，行贿人邓某某、肖某某和受贿人解某先当庭翻供，拒不承认行贿受贿的犯罪事实。市人民检察院反贪局建议刑检部门把案件撤回，重新进行侦查。最终查清是解某某的爱人史某某安排行贿人翻供的事实。案件重新起诉到武陵区人民法院，解某某被判处有期徒刑 10 年。

2002 年，全市检察机关反贪部门在查处贿赂案件时，对于初查未达到标准的，原则上不立案侦查，宁可少办案，也不滥上案。虽然一度减少了立案数量，但在大要案的查处上取得了较好的成效，共立案查处贿赂案件 26 件。市人民检察院查处市交警支队副处级侦查员袁某前利用担任基建办成员、财务科科长、车管科科长、办公室主任的职务之便，为他人谋取利益，涉嫌受贿 4.7 万余元案。在 2001 年办理市交警支队系列案时，就做好了完备的初查工作，为 2002 年 3 月联合纪委对袁案进行调查突破该案打下基础。袁被人民法院判处有期徒刑 3 年，缓刑 5 年。市人民检察院和武陵区院查办的该区德山乡五一村党支部书记郭某桂利用职务之便，为他人谋取利益，涉嫌受贿 2.2 万余元案，代村长姚某德利用职务之便，挪用公款 3.9 万元、职务侵占 1.2 万元案，二人均被区法院判处有期徒刑。该案案值虽小，但事关老百姓的切身利益，在社会上引起了强烈反响。中央电视台《焦点访谈》栏目对该案进行了专题报道，肯定反贪部门的工作对维护社会稳定的积极作用。临澧县院在办理省人民检察院交办的苏某凡、王某农涉嫌行贿、受贿系列案时，举全院之力，与犯罪嫌疑人斗智斗勇，最终将案件交付审判，苏某凡被县法院判处有期徒刑 2 年。办案人员多次去深圳取证和处理涉案款物，为国家挽回直接经济损失 1300 多万元。该案被市人民检察院评为优案通报表彰。

2003 年，全市检察机关反贪部门共立案查处贿赂案件 27 件，其中大要案件所占比例较大。市人民检察院立案查处武陵区政府原区长黄某清（正处级）涉嫌受贿案。1997—2003 年，黄某清利用担任武陵区委组织部部长、常务副区长、区长的便利，为蔡某立、董某明在承揽武陵区供电局宿舍、常德火车站大市场、芙蓉家园等工程及筹集建设资金、减免相关费用过程中给予关照，为其谋取利益。1999 年 3 月—2002 年 12 月，颜某武（女，常德市武陵区公安局副政委，黄某清之妻）明知丈夫利用职务之便为蔡夫妇谋取利益的情况下，以购买火车站大市场门面和送儿子出国留学为由，先后 6 次索取和收受董某明贿赂人民币 40 万元、美元 5000 元，并于事后告诉黄某清。该案由市人民检察院交由澧县院侦查终结，2004 年 3 月 5 日向澧县法院提起公诉。2004 年 8 月 12 日，澧县法院一审以受贿罪判处黄某清有期徒刑 11 年，判处颜某武有期徒刑 10 年，二审维持原判。该案被市人民检察院评为优案通报表彰，并被省人民检察院评为精品案件。在对黄某清的审讯中，发现汉光科技董事长刘某生，有其他行贿的嫌疑。市人民检察院仔细研究调查方案，并进行大量的摸底调查。随后的侦查审讯都取得了突破。市人民检察院查处常德市国土储备中心原主任龚某临和华某林涉嫌利用职务之便，共同贪污受贿案。2002年10月—2003年4月，龚、华二人共同侵吞国家土地收购款92万元，各分得赃款46万元。龚某临为他人谋取利益，收受贿赂47万余元，美元1000元。办案人员在审讯龚某临时，只掌握龚2万元的受贿证据，在审讯过程中，通过外围调查掌握的情况和观察其始终有很重的思想负担，经过一天多时间的审讯，龚又交代20余万元的受贿问题并一度封口。办案人员策略性的调换审讯，领导也适时参加，经过一天交锋，龚又交代30余万元的受贿问题，再次封口。办案组抓住时机，由领导亲自出场审讯，经过一晚上的法律政策攻心，龚终于交代他最大的一笔伙同他人收受92万元的贿赂问题。龚某临、华某林分别被武陵区法院判处有期徒刑12年、6年。全市检察机关抽调近50名干警，协助省人民检察院查处市政协原主席彭某镛利用职务之便，为他人谋取利益，涉嫌受贿案。彭某镛被人民法院判处有期徒刑16年。

2004年，全市检察机关反贪部门共立案查处贿赂案件20件。市人民检察院实现由自身办案为主向办案与指导并重转变，由带头办案向带动办案转变，在办大办好上有新突破。市人民检察院查处市劳动和社会保障局副局长江某炎利用职务之便，为他人谋取利益，涉嫌受贿11.6万元案；市劳动和社会保障局副局长兼社保处主任朱某辉利用职务之便，为他人谋取利益，涉嫌受贿49.5万元案，挽回损失100多万元。江某炎、朱某辉均被武陵区法院作出有罪判决。武陵区院查处常德市社保中心主任杨某平利用职务之便，为他人谋取利益，涉嫌受贿案。杨被武陵区法院判处有期徒刑5年。

2005年，全市检察机关反贪部门共立案查处贿赂案件15件，其中影响大的是市人民检察院查处的华南光电仪器厂原厂长肖某瑜（副厅级）涉嫌贪污、受贿案。2002—2005年，肖利用担任厂长的职务之便，先后多次收受与华南厂有业务来往的北京龙泽威尔科技有限公司、常德市科工贸有限公司谭某华、杨某平、陈某、陈某勋、张某英等单位和个人财物折合人民币共计108.0138万元、美元2万元，为他人谋取利益。肖还利用职务便利，采取与其他单位签订虚假投资协议的手段骗取华南厂公款20万元据为已有。肖犯受贿罪被市中级人民法院判处有期徒刑13年，并处没收个人财产人民币15万元，犯贪污罪判处有期徒刑7年，并处没收个人财产人民币20万元，非法所得人民币144.5574万元予以追缴，上缴国库。该案被评为全省检察机关反贪部门年度“十大精品案件”。

2006年，全市检察机关反贪部门共立贿赂案件38件。市人民检察院查处常德卷烟厂审计监督处原处长余某平涉嫌受贿近200万元案。2002年年底至2006年6月，余某平利用担任厂审计监督处处长、重点工程技改办公室副主任、招投标办公室主任等职务之便，通过对工程招投标入围审查、对工程进度拨款的审核及对工程项目的决算审计等，收受工程项目经理敖某平、邓某宜等11人贿赂19笔，共计人民币186万元，美金1万元。市中级人民法院一审判处余某平有期徒刑14年，并处没收人民币30万元。判决生效后，余某平不服，向省高级人民法院提出申诉，省高级人民法院指定市中级人民法院再审。再审判处余某平有期徒刑10年。该案被推荐参加全国“十大精品案件”评选活动。

2007年，市人民检察院制定下发《查处城镇建设领域商业贿赂犯罪案件工作方案》，部署开展查处贿赂犯罪专项行动，推动治理商业贿赂专项工作，将查处发生在医疗机构、教育行业、工程建设、金融系统、农村基层组织等与群众生活密切相关领域的贿赂案件作为切入点。7月20日—10月28日，集中优势兵力，开展“亮剑”百日会战专项行动。控申、侦监、公诉、监所、纪检、法警、行装等部门大力支持，形成全市一盘棋查处商业贿赂犯罪的大格局。全年贿赂案件共立案43件，同比上升45.45%。市人民检察院查处湖南文理学院规划建设处原处长李某国利用职务之便，为他人谋取利益，涉嫌受贿案。李被武陵区法院判处有期徒刑。市人民检察院带动或协助桃源、石门、汉寿县院查处桃源县一中副校长陈某胜等人涉嫌受贿案。陈被桃源县法院判处有期徒刑。查处石门县楚江镇纪委书记贺某松涉嫌受贿案，贺被石门县法院判处有期徒刑6年。鼎城区院查处的大唐石门发电有限责任公司副厂长刘某红利用职务之便，为他人谋取利益，涉嫌受贿16万元案，刘被鼎城区法院判处有期徒刑10年。

2008年，贿赂案件共立案63件。由市人民检察院牵头，鼎城、临澧、津市、安乡、桃源等基层人民检察院参加，查处市政府副巡视员、穿紫河工程指挥部指挥长唐某清（副厅级），在协助管理全市工业及常德市街景整治、常德市穿紫河综合治理工程中，利用职务之便，为他人谋取利益，先后5次收受桃源纺织印染厂职工安置工作组蒋某某、陈某某，常德市穿紫河建设有限公司等单位和个人共计人民币112万余元及其他人员涉嫌受贿窝案、串案。市委对该案高度重视，要求纪检监察部门，公安、武警部门合力配合。上述部门共抽调25人配合检察机关办案。全案共查处职务犯罪嫌疑人10人，其中处级2人、科级3人、其他5人。唐某清涉嫌受贿案件起诉到法院后，市中级人民法院全额认定唐某清犯罪数额，判处唐有期徒刑11年，剥夺政治权利2年，并处没收财产人民币30万元，对受贿所得112万元和违法所得86.21万元予以追缴上缴国库。唐某清提出上诉，省高级人民法院二审裁定驳回上诉，维持原判。系列案中如市城建投资开发有限责任公司总经理刘某志（正处级）涉嫌受贿案；市经济建设投资公司经理、市穿紫河综合治理协调领导小组办公室主任曾某坤（副处级）涉嫌挪用公款、收受单位和个人贿赂13万元案；市排水处主任李某吉利用职务之便，涉嫌受贿44万元案。李被人民法院判处有期徒刑7年，刘被人民法院判处有期徒刑，曾被人民法院判处有期徒刑3年6个月。

2009年，全市检察机关反贪部门查案的整体能力有较大提升，市人民检察院与6个基层人民检察院开展侦查“一体化”办案，一批有影响的大要案、窝案、串案被相继侦破。全年共立案查处贿赂犯罪案件39件，其中处级干部8人。市人民检察院主管副检察长卜学宏带领办案人员协助省人民检察院查处省农业厅原厅长程某波涉嫌受贿案。程于1997—2009年担任岳阳市委副书记和常德市委副书记、市长、市委书记期间，利用职务之便频频插手工程建设等，为他人谋取利益，搞权钱交易。程被人民法院判处无期徒刑。

市人民检察院反贪局局长成来彪带队查处市水利局原局长周某民（正处级）等涉嫌受贿系列案。1998年至2009年2月，周某民担任市水利局副局长、局长、正处级调研员期间，利用职务之便，为他人谋取利益，多次收受贿赂，共计涉嫌受贿153万元。人民法院判处其有期徒刑11年6个月。市人民检察院查处原湖南兴禹水利水电建设有限公司经理杨某彦利用职务之便，为他人谋取利益，涉嫌受贿人民币256万元，美金7万元案。杨被人民法院判处有期徒刑12年6个月。该案被市人民检察院评为优案通报表彰。检察机关还在法院系统查处了一批涉嫌受贿大要案件。如市人民检察院、鼎城区院联合查处的市中级人民法院执行局局长文某平（副处级），2007年4月至2009年7月利用职务之便，在执行案中为他人谋取利益，先后多次收受他人贿赂32.8万元，涉嫌受贿案。文某平被鼎城区法院判处有期徒刑6年。鼎城区院立案查处的市中级人民法院执行局科长蒋某南，2006—2007年利用职务之便，为他人谋取利益，收受他人贿赂16.2万元，涉嫌受贿案。蒋某南被区法院判处有期徒刑10年；市中级人民法院毛某东2004年2月至2009年8月，利用担任执行局综合科长的职务之便，先后多次收受他人贿赂37.39万元，为他人谋取利益。毛某东被鼎城区法院判处有期徒刑8年。11月，省人民检察院将湖南金健米业股份有限公司董事长梁某模涉嫌受贿案的部分工作交由市人民检察院查处。市人民检察院组成专案组，经过缜密侦查，完成省人民检察院交办的任务。

2010年，全市检察机关反贪部门共立案查处贿赂案件42件。市人民检察院查处常德市商务局原党组书记、招商局原局长郑某文（正处级）利用职务之便，为他人谋取利益，涉嫌受贿案。办案中通过全面剖析犯罪嫌疑人工作职责中可能产生的权钱交易，分析其任职公司上市发行新股和增资扩股进程与证券法规的冲突，利用科学严谨的审讯方式，剥茧抽丝，最终把立案时80万元的涉案金额扩大为侦查终结时的380余万元。案件起诉到人民法院后，市中级人民法院以〔2012〕常刑二初字第2号判决书判决，郑某文收受贿赂80万元，犯受贿罪，判处有期徒刑10年6个月，剥夺政治权利2年，并处没收财产人民币30万元，受贿所得80万元予以追缴，上缴国库。郑某文涉嫌受贿300万元人民法院未予认定，市人民检察院提出抗诉，省高级人民法院维持原判。2015年3月16日，郑某文被市人民检察院再立案侦查，并以常检刑二刑诉〔2015〕4号起诉书指控郑某文犯受贿罪。市中级人民法院认定，郑某文两次收受彭某某贿赂共300万元，其行为已构成受贿罪，依法判处郑某文有期徒刑11年，并处没收财产人民币20万元，对受贿所得人民币300万元予以追缴。与原判合并，决定执行有期徒刑12年，剥夺政治权利2年，并处没收财产人民币50万元，对受罪所得380万元予以追缴，上缴国库。市人民检察院查处常德市德源公司原总经理、德山建设投资有限公司原董事长牟某民（副处级）涉嫌受贿案。牟被武陵区法院判处有期徒刑5年。省人民检察院交办，市人民检察院查处国家民航总局空中交通管理局运控中心原处长张某国（正处级）涉嫌受贿案。2004—2008年，张某国在担任国家民航局交通管理局运控中心监控室副主任、飞行流量管理室副主任、主任期间，利用职务之便，收受湛江经济开发区日美航空旅游包机有限公司总经理庞某章等4人所送现金82万元、美元3万元，并为庞某章等人谋取利益。张某国被人民法院判处10年有期徒刑。

2011年，全市检察机关反贪部门共立贿赂案件34件。查处党政“一把手”受贿案件取得新的成果。典型案例如：市人民检察院组织汉寿、鼎城、桃源、石门、澧县、安乡6个基层人民检察院查处鼎城区委原书记李某葆及其妻子高某年涉嫌受贿案。2008年6月—2011年7月，李某葆利用担任常德市鼎城区区长、区委书记的职务之便，为常德泰华建设工程有限公司等谋取利益，先后17次收受刘某华等人贿赂人民币500万元。李某葆被人民法院判处有期徒刑13年，并处没收财产人民币50万元。李某葆案是一起在职县委书记犯罪案件，在社会上产生很大的影响。李某葆受贿案立案侦查之初，正是《刑事诉讼法》修订时。侦查人员意识到，案件侦查终结之时将是新《刑事诉讼法》实施之时。因此，侦查人员以新《刑事诉讼法》的要求把握侦查细节：理清线索来源，客观反映供证关系；巧用讯问谋略，深度挖掘犯罪心理；多途巩固证据，强化证据来源合法；更新执法观念，客观反映证据矛盾。公诉部门运用新《刑事诉讼法》指控犯罪，把握适当。市中级人民法院对检察机关指控的李某葆受贿500万元的犯罪事实全额认定。市人民检察院查处市财政局原副局长、市住房公积金管理办公室党组原书记牟某德（正处级）涉嫌受贿案。2001年至2010年10月，牟某德利用担任市公路管理局党组书记、局长的职务之便，在道路工程承揽、人事调动等方面为他人谋取利益，非法收受刘某华、张某新、蔡某军等10名行贿人贿赂共计299万元。牟某德不能说明来源的财产有290余万元。2008年5月，牟某德擅自决定将S360线王家桥地段K266—K273路段的大中修工程交给不具备资质的泰华公司承建，后经鉴定工程不合格，给国家造成经济损失310余万元。2012年12月12日，市中级人民法院以牟某德受贿299万元，判处其有期徒刑11年6个月；有264万元财产来源不明，判处其有期徒刑1年6个月，合并执行有期徒刑12年。牟某德不服一审判决，上诉至省高级人民法院。2013年12月18日，省高院终审判决：牟某德犯受贿罪判处有期徒刑11年，并处没收财产人民币30万元，犯巨额财产来源不明罪，判处有期徒刑1年，决定执行有期徒刑11年6个月，并没收财产人民币30万元。牟某德犯罪所得241万元人民币、巨额财产来源不明人民币89.72万多元人民币、违法所得173万元人民币予以没收，上缴国库。该案被市人民检察院评为优案通报表彰。

2012年，全市检察机关反贪部门共立贿赂案件73件。全市检察机关在党委、政府机关、执规执法部门共查处贿赂犯罪案件12件、12人，其中处级以上领导干部8人。市人民检察院与安乡县院联合查处鼎城区政府常务副区长蔡某国（副处级）利用职务之便，在干部提拔以及承接工程、工程款拨付等环节多次为他人谋取利益，非法收受他人贿赂31万元案。蔡某国被鼎城区法院一审判处有期徒刑10年，并没收财产10万元。蔡不服提出上诉，二审维持原判。市人民检察院查处津市市人大常委会副主任杨某雄（正处级），利用担任津市市经委主任、副市长、人大常委会副主任的职务之便，伙同黄某祥非法收受他人财物计人民币160余万元，为他人谋取利益，涉嫌受贿案。杨某雄被人民法院判处有期徒刑10年6个月，没收财产30万元。黄某祥利用其姐夫杨某雄职权形成的便利条件，通过其他国家工作人员职务上的行为，为他人谋取不正当利益，多次收受他人财物计人民币50万元，其行为构成利用影响力受贿罪，被津市市法院判处有期徒刑4年，处罚金10万元。在查案期间，津市市委书记王学武亲自召开纪委、城建、招商引资办、工业区等部门负责人会议，要求相关部门全力支持检察机关办案。2006年10月至2012年，市人民检察院和津市市院查处的津市市教育局原局长沈某波（副处级），原副局长黄某康、万某兴，利用职务之便，在修建校舍、校舍维修改造过程中，收受贿赂，为他人谋取利益，涉嫌受贿窝案。沈某波先后收受贿赂170余万元，被津市市法院判处有期徒刑10年。万某兴收受贿赂8.5万余元，还涉嫌利用职务之便贪污公款20余万元。万某兴被人民法院判处有期徒刑10年。黄某康犯受贿罪，被人民法院判处有期徒刑10年。石门县院查处该县住房和城乡建设局张某龙利用职务之便，为他人谋取利益，2005—2012年，多次收受贿赂，共计46万余元，张被县人民法院判处有期徒刑10年6个月。全市检察机关反贪部门贯彻高检院关于工程建设领域突出问题整治决定，深入建设领域，查处权钱交易案件20件、20人。检察机关针对违反工程程序发包工程、财务管理制度不落实、领导干部权力监督不力等问题向发案单位提出检察建议，督促整改，帮助整章建制，收到好的效果。全市检察机关继续巩固查处涉农惠农领域侵害民生民利的案件44件、46人，涉案金额1500万元。

2013年，全市检察机关共立贿赂案件53件，重点查处国家工作人员特别是领导干部在工程招投标、规划管理、土地拆迁、款项拨付等重点环节发生的贪贿案件。市人民检察院2012年立案查处的省交通厅原副厅长邹某平涉嫌受贿系列案于2013年6月侦查终结，查明犯罪嫌疑人邹某平利用担任交通厅副厅长的职务之便，单独或伙同其子在省内高速公路工程项目等方面为17个单位和个人谋取利益52次，收受贿赂，涉案金额高达1100多万元，整个系列案共查处贪贿案件18人，为国家挽回巨额经济损失。根据省人民检察院的部署，启动查处湖南高速广信投资有限公司谢某敏涉嫌受贿系列案，立案查处涉贪贿案件8人，共抽调90名干警参与办案。市人民检察院反贪部门在工程建设领域和医疗领域，查办一批有影响的大要案件，共立案47人。市人民检察院反贪局组织武陵区院、安乡县院查处安乡县政协副主席、安乡县住建局副局长郭某元和安乡县住房和城乡建设局原局长许某文利用职务之便，为他人谋取利益，涉嫌受贿案。许利用职务之便，为开发商、建筑商等8个单位和个人谋取利益，收受贿赂130万元，全案仅用9个月时间就交付审判，安乡县法院认定侦查机关查处的全部事实和证据，判处许有期徒刑8年，没收财产20万元。郭某元被县法院判处有期徒刑6年6个月。澧县国土资源局监察大队大队长兼地环储量股股长、赤峰煤矿矿山地质灾害环境治理二期工程领导小组办公室主任徐某，利用职务之便，收受承包商贿赂人民币20万元，被澧县院查处。徐某被县法院判处有期徒刑5年。

市人民检察院反贪局《湖南常德市检察机关查办医疗卫生系统商业贿赂案件的做法》一文在高检院反贪总局拟写《反贪污贿赂工作情况》刊登。

2014 年，全市检察机关反贪部门坚持“打虎”“拍蝇”并重，共立贿赂案件 46 件、48 人。市环卫处原主任高某忠利用职务之便，在设备采购、基建工程、维修等环节多次收受贿赂，为他人谋取利益，涉嫌受贿 370 余万元，另涉嫌贪污 6 万余元，被市人民检察院查处。高被石门县法院判处有期徒刑 12 年。市人民检察院查处了澧县水利局原局长陆某贵（副处级）涉嫌受贿案。市人民检察院反贪局开展查处民政和征地两个领域贪贿犯罪专项行动，查处涉案嫌疑人 33 人，查处工程领域职务犯罪案件 13 件、13 人。查处行贿犯罪案件有突破，白洋堤检察院查处汉寿县金玉米有限公司周某勇涉嫌行贿案，行贿金额达 125 万元。

2015 年，全市检察机关反贪部门共立案查处贿赂案件 75 件 81 人（其中行贿人员 36 人），起诉 18 人。市人民检察院查处常德卷烟厂技改项目建设中的串通投标系列案，涉嫌行贿受贿人员 11 人，涉案金额 400 余万元。该厂工程技术人员袁某化、吴某云、宋某等人被检察机关决定逮捕。市人民检察院查处桃花源旅游管理区区委原书记余某俊（正处级）涉嫌受贿案；常德市经济技术开发区副调研员李某华（副处级）涉嫌受贿案，李被武陵区法院判处有期徒刑 4 年，不上诉。省人民检察院交办的常德职业技术学院党委原副书记、院长杨某明（副厅级）涉嫌受贿案。武陵区院查处市第一医院受贿窝案串案 7 人，该院大内科主任黄某，心血管内科副主任、心内科一病区主任鲁某建在采购医疗器械过程中涉嫌受贿案件被立案侦查。石门县院在办理吴某某受贿案中，通过审讯深挖犯罪，从受贿 10 万元的单一线索查出涉嫌行贿人员 6 人。

第三节 查处挪用公款犯罪

1988 年 4 月 12 日，全国人大常委会颁发的《关于惩治贪污罪贿赂罪的补充规定》中规定了挪用公款罪。新《刑法》第 384 条对该罪名又进行修改完善。

1988—1992 年，全市检察机关反贪污贿赂部门（经检科）共立案查处挪用公款犯罪案件 245 件（1988 年和 1989 年不详、1990 年 85 件、1991 年 108 件、1992 年 52 件）。

1990 年，鼎城区院查处的该区农业银行营业所工商信贷员兼会计王某杰、梁某等挪用公款、受贿案。王某杰于 1987 年 2 月至 1988 年 1 月，假借集体单位名义私自挪用公款 42.3 万元，分别借给几个个体户进行营利活动，收受贿赂 2 万余元。王某杰犯挪用公款罪被区法院判处有期徒刑 10 年，剥夺政治权利 3 年，犯受贿罪被区法院判处有期徒刑 5 年，决定执行有期徒刑 14 年。梁某被法院两罪并罚判处有期徒刑 3 年，缓刑 4 年。

1991 年，市人民检察院和武陵区院在查处常德市吉春堂药店会计刘某平贪污案时，就一并查处了刘某平与占某挪用西药批发部公款 6 万元给他人办纸厂不能退还，其行为应以贪污论处的挪用公款犯罪案件。澧县院查处张某俊等人挪用公款 3.8 万元案。张被县法院作出有罪判决。

1992 年，鼎城区院针对所辖西洞庭农场有些人员挪用公款犯罪突出的情况，组织一次打击挪用公款犯罪专项活动，查获挪用公款在 10 万元以上的案件 5 件。该农场大曲酒厂推销员王某中利用职务之便，1985 年 6 月至 1989 年 10 月挪用销售款 12.7 万元归己挥霍和做生意，被区检察院免诉。

1993—1997 年，全市检察机关反贪部门共立案查处挪用公款案件 227 件（1993 年 70 件、1994 年 48 件、1995 年 34 件、1996 年 28 件、1997 年 47 件）。1993 年，市人民检察院立案查处代某忠利用职务之便挪用公款 30 万元案。该案从受理线索立案侦查、逮捕、追回全部损失，到侦查终结移送审查起诉仅用 23 天时间。代被检察机关免诉。

1994 年，石门县院查处县化工二厂内保干部涂某生利用职务之便，挪用公款 58 万元案。1993 年 1 月 13 日，涂受厂委派携款 58 万元汇票前往广州购钢材未果。17 日，临澧县茶叶土产公司工业品站李某清做彩电生意缺钱找涂借款。涂某生未经请示厂领导擅自作主将这笔专款借给李某清使用，并以个人名义与李某清签订借款协议，李某清用该款购买 360 台“高士达”彩电。涂被县法院判处有期徒刑 10 年，剥夺政治权利 3 年。

1995 年，汉寿县院查处县造纸厂原料科科长曾某舫挪用公款案。5 月，曾某舫以购买原材料和付芦苇款为由，向厂财务科借款 3.2 万元用于打牌赌博和购买私房。曾怕厂里追究，于 10 月 4 日假冒芦苇贩子汤某某的名字自行填写借支单一张，金额为 3.2 万元，冲减个人在财务上的 3.2 万元借款。曾被县检察院免诉。

1996 年，鼎城区院查处区粮食局牛鼻滩粮库谢某汉利用职务之便，挪用公款 4 万元案。谢被区法院判处有期徒刑 3 年。桃源县院查处该县交通局剪市交管站站长伍某华利用职务之便，挪用公款 5 万元案。伍被县检察院免诉。

1997 年 1 月 17 日，安乡县水电物资公司副经理罗某斌，未经公司经理同意，以公司名义从县财政局贷款 8 万元，取回现金后不交公司，归个人使用，长期不还，被安乡县院查处。罗被县法院判处有期徒刑 3 年。鼎城区院查处该区尧天坪信用社邓某初利用职务之便，挪用资金 73 万余元案。邓被区法院判处有期徒刑 4 年。武陵区院查处常德市医药二分公司业务员阎某阳利用职务之便，在为公司收款时，将收取的 12.7 万余元货款不上交公司，用于挥霍和打牌赌博。阎犯挪用资金罪被区法院判处有期徒刑 6 年。桃源县院查处该县黄甲铺乡小苏村村主任莫某运和该村储金会会计谢某某利用职务之便，挪用公款 14 万元案。莫、谢被县法院分别判处有期徒刑 3 年、5 年。

1998—2002 年，全市检察机关反贪部门共立案查处涉嫌挪用公款案件 157 件（1998 年 44 件、1999 年 41 件、2000 年 36 件、2001 年 22 件、2002 年 14 件）。1998 年，市人民检察院查处鼎城区农业发展银行副行长胡某贤利用职务之便，涉嫌挪用公款 50 万元，为其女婿开办电脑学校。胡某贤被鼎城区法院判处有期徒刑 5 年。汉寿县院查处该县毛家滩信用社主任毛某阶利用职务之便，涉嫌挪用资金 57.7 万余元和该县太子庙信用社主任龚某佑利用职务之便，涉嫌挪用资金 37.8 万元大案二人均被县法院判处有期徒刑。武陵区院查处农业银行武陵支行紫桥储蓄所所长史某、职工陈某利用职务之便，采用电脑作案，涉嫌挪用公款 44.8 万元并潜逃，二人被抓获归案后，区法院判处史某有期徒刑 10 年，陈某有期徒刑 18 年。

1999 年，全市检察机关在金融系统查处一批挪用公款大案。如武陵区院查处农业银行武陵支行汉寿街储蓄所原所长刘某利用职务之便，涉嫌挪用公款 71.6 万元案。刘认为自己是利用电脑作案，手段高明，对同监犯罪嫌疑人说，“我的问题，他们（指办案人员）没得法。我就是不承认，最多判几年，到监狱用钱买出来。”武陵区院聘请电脑专家和银行稽核人员对刘某经手的账目全面审查，并聘请会计师进行司法鉴定，对刘某伪造客户存款的签名进行文字鉴定。在掌握大量确凿证据后，继续对刘某进行审讯，并邀请上述专业人员参与。刘某在铁的事实面前交代从 1996—1998 年挪用公款 71.6 万元、贪污利息 12 万元的涉嫌犯罪事实。刘被武陵区法院判处有期徒刑 20 年。

2000 年，汉寿县院查处西湖砖瓦厂原副厂长杨某斌，利用职务之便，涉嫌挪用公款 5.3 万元案。3 月 17 日，杨某斌被立案侦查，5 月 18 日提起公诉，6 月 22 日汉寿县法院判处杨某斌有期徒刑 5 年。石门县院查处石门建设银行程某涉嫌挪用公款 5 万元案，程被县法院判处有期徒刑 3 年，缓刑 4 年。

2001 年，武陵区院查处常德市洞庭药业股份有限公司业务销售经理青某福利用职务之便，从 1996 年 11 月至 2000 年 4 月涉嫌挪用公款 58 万余元案。武陵区院渎侦局接到举报后，迅速制定方案，历经 20 多天时间，行程万里，到湘西、怀化两个地区 20 多个县取证收集书证及证人证言 700 多份，查清全案。青某福被区法院判处有期徒刑 15 年，该案被市人民检察院评为优案。临澧县院查处该县地税局第四分局原税收专管员史某扬利用职务之便，涉嫌挪用公款 16 万元案。史某扬被县法院判处有期徒刑 10 年。安乡县院查处郑某华利用职务之便，1997—2001 年涉嫌挪用公款 55.3 万元案。办案过程中，办案人员注意证据的完整性，将大量书证、人证及鉴定材料形成锁链，保证案件顺利侦查、起诉和判决。郑某华被县法院判处有期徒刑 11 年。该案被市人民检察院评为优案。

2002 年，鼎城区院查处西洞庭糖厂会计徐某云利用职务之便，涉嫌贪污公款 37 万元、挪用公款 41.6 万元案。徐某云被区法院判处有期徒刑 14 年。武陵区院经过缜密侦查，将常德市公路局涉嫌贪污、挪用公款 13 万元后潜逃的出纳彭某林抓获。彭被区法院判处有期徒刑 7 年。

2003—2007 年，全市检察机关反贪部门共立挪用公款案件 62 件（2003 年 7 件、2004 年 17 件、2005 年 12 件、2006 年 21 件、2007 年 5 件）。2003 年，津市市院查处该市邮政局储汇股出纳员廖某祥利用职务之便，多次将储蓄资金共 15 万元借给朋友黄某做生意挪用公款案。2003 年 1 月，廖因调整工作岗位不再担任出纳员，黄无法偿还廖所挪用公款。

廖某祥与后任出纳员李某交接时将 15 万元的公款去向实情相告，并与其密谋隐瞒不报，且授意李某采取推迟记账的手段，继续挪用。同年 3—4 月，廖某又与李某勾结，先后两次将储蓄款 5 万元借给黄某做生意。廖某祥被津市市法院判处有期徒刑。

2004 年，汉寿县院立案查处县粮食局聂家桥粮站会计侯某国涉嫌挪用公款案。1999 年 8 月—2004 年 10 月，侯在担任该粮站会计期间，利用职务之便，挪用公款 116 万余元，归个人使用或进行营利性活动。侯被县法院判处有期徒刑 7 年。该案被市人民检察院评为优案。鼎城区院立案查处区民政局募捐办主任袁某涉嫌挪用公款 40 余万元借给他人和归自己挥霍案。袁被区法院判处有期徒刑 12 年。桃源县院查处该县棉麻蚕茧总公司经理艾某斌，副经理黎某科、鲁某汉，科长陈某初等 7 人，利用职务之便涉嫌共同贪污 88 万余元、挪用公款 100 万元窝案。县法院判处艾某斌有期徒刑 3 年、黎某科有期徒刑 3 年 6 个月、鲁某汉有期徒刑 2 年 6 个月。

2005 年，市人民检察院查处湖南亚华股份有限公司原经理袁某兴（副处级）、副经理马某英（副处级）涉嫌共同挪用公款、贪污 30 万元案。袁某兴被武陵区法院判处有期徒刑 3 年、缓刑 4 年，马某英被判处有期徒刑 1 年，缓刑 1 年。桃源县院查处县电业局吴某文涉嫌挪用公款案。2004 年 6 月起，吴利用担任县电力局陬市供电所电费座收员、出纳员的便利条件，采取收入不入账的手段，多次挪用电费共计人民币 97.2 万余元，案发后退回单位 3.6 万元，其余全部用于自己购买地下“六合彩”。吴某文被法院判处有期徒刑 12 年。安乡县院查处该县棉麻公司贺某辉利用职务之便，涉嫌挪用公款 67 万元案。其中 2001—2003 年，贺某辉分 5 次以安乡县棉麻总公司驻重庆办事处（后更名为重庆分公司）的名义，收取重庆华诚第一棉纺厂付安乡县棉麻总公司贷款 16 万元未交公司，用于自己购买、装修房屋和挥霍。贺被县法院判处有期徒刑 10 年。

2006 年，武陵区院查处农业银行常德中心支行沈某桂利用职务之便，涉嫌挪用公款 84 万元案。沈某桂被区法院判处有期徒刑 11 年。汉寿县邮政速递公司营业中心主任万某勇利用职务之便，将代收货款、营业款 47.9 万余元，除上缴公务开支外，余款 37.3 万元用于赌博涉嫌挪用公款罪，被汉寿县院查处。万某勇被县法院判处有期徒刑 11 年。

2007 年，汉寿县院查处该县粮油购销公司新兴分公司工作人员肖某军涉嫌挪用公款案。2004 年 6—9 月，肖某军两次挪用公款 32.4 万元。肖被县法院判处有期徒刑 3 年。

2008—2012 年，全市检察机关反贪部门共立案查处涉嫌挪用公款案件 28 件（2008 年 9 件、2009 年 6 件、2010 年 7 件、2011 年 3 件、2012 年 3 件）。2008 年，市人民检察院与安乡县院查处常德市经济建设投资公司财务部部长吴某华涉嫌挪用公款案。鼎城区院查处原区种子公司出纳员杨某星（女）伙同其夫李某明利用职务之便，涉嫌贪污 40 余万元、挪用公款 50 余万元用于炒股案，二人携款潜逃被抓获归案。杨某星被区法院判处有期徒刑 15 年，李某明被区法院作出有罪判决。汉寿县院查处该县劳动局就业管理处原副股长杨某稳利用职务之便，先后作案 45 次，共挪用惠农资金 14.7 万元案。杨某稳被县人民法院判处有期徒刑。

2009年，安乡县院查处该县财政局经建股股长孙某荣利用职务之便，采取收款不上缴的手段，于2006年6—9月涉嫌挪用公款41万余元。孙被县法院判处有期徒刑6年。澧县院查处县进修学校徐某云利用职务之便，涉嫌挪用公款67万余元，用于炒股或赌博，徐某云被县法院判处有期徒刑9年。桃源县院查处县黄石水库管理处原出纳员徐某玲利用保管单位现金的职务便利，多次以付现和转账的方式，涉嫌挪用公款46万余元，用于购买地下"六合彩"。徐某玲被县法院判处有期徒刑7年。

2010年，石门县院查处该县自来水公司副经理宋某翔（女）和财务股股长唐某玲（女）涉嫌挪用公款案。2007—2009年，宋某翔在担任自来水公司副经理兼管雄磺矿供水复建工程专账期间，单独挪用移民资金71.51余万元，另外与唐某玲共同挪用公款200万元，宋某翔占用其中140万元，宋某翔合计占用公款211.51余万元；唐某玲占有其中60万元；另外唐某玲单独挪用移民资金人民币近13.5万元，唐某玲个人合计占用公款73.5万元。宋某翔被县法院判处有期徒刑10年6个月，唐某玲被县法院判处有期徒刑3年，缓刑4年。该案被市人民检察院评为优案通报表彰。

2011年，石门县院查处该县城乡创建工程指挥部办公室报账员项某英涉嫌挪用公款案。2009年1月至2010年4月，项某英在创建办任报账员期间，采取打收条的方式，获取创建办在相关业务经营户费用开支发票予以报账，但不支付给相关业务经营户换回发票收条的手段，共挪用本单位公款人民币5.78万元。项某英被县法院判处有期徒刑1年6个月，缓刑2年。

2012年，石门县院查处该县人力资源和社会保障局劳动监察大队大队长林某涉嫌挪用公款案。2013年，石门县院立案查处该县楚江镇好望角商住楼项目开发商李某清涉嫌挪用公款案。此案与林某一案相联，石门县院于2013年一并提起公诉。2008年9月至2012年10月，林某利用收取和管理农民工工资保障金的职务之便，以"退保证金"的名义，采取开具转账支票和现金支票等手段，多次将掌管的保障金人民币747万元挪用，其中自己使用30万元，给他人使用717万元，单独挪用432万元，与李某清共同挪用315万元。石门县法院一审判处林某有期徒刑12年，二审维持原判。一审判处李某清有期徒刑10年6个月，二审判处其有期徒刑8年。

2013—2015年，全市检察机关反贪部门共立案查处涉嫌挪用公款案件20件（2013年6件、2014年8件、2015年6件）。2013年，汉寿县院查处该县财政局会计股副股长李某涉嫌挪用公款案。2008年5月至2010年12月，李某利用管理转账支票、预算拨款凭证、印鉴章（综合规划股财务章、服务私章、经办人私章）的职务之便，采取不经审批，私自开具转账支票、预算拨款凭证的方式，挪用财政资金共计1018.4万元（包括挪用财政移民专户资金368.4万元，挪用财政国土出让金账户资金650万元）。李某被县法院判处有期徒刑。津市市院查处的津市市商务局办公室主任兼会计王某（女）利用职务之便，从商务局收取的加油站经营保管金中转账20万元给颜某，用于二人合伙经营餐馆生意，涉嫌挪用公款案。王某被津市市法院作出有罪判决。

2014年，全市检察机关共查处挪用公款案件8件、8人。澧县院查处该县澹州水电实业有限公司陈某等1件3人涉嫌挪用公款388.7万余元窝案。汉寿县院查处该县酉港镇计生办专干成某利用职务之便，收取26户计生对象缴纳的社会扶养费及保证金不入账，涉嫌挪用公款案。成被县法院判处有期徒刑5年。武陵区院查处该区粮油管理站员工聂某美涉嫌挪用资金44万元案。

2015年，鼎城区院查处该区蒿子港镇烟草批发部郭某利用职务之便，涉嫌贪污挪用公款40余万元案。郭被区人民法院判处有期徒刑10年。

第四节　查处偷税抗税犯罪和其他经济犯罪

一、查处偷税抗税犯罪

1988—1997年，全市检察机关税务检察室坚持高检院“严格执法、狠抓办案”的工作方针，把惩治偷税、抗税、骗税、虚开增值税专用发票等涉税犯罪作为主要任务，共立案查处涉税犯罪案件554件、579人，其中偷税案件347件，占立案总数的62.6%；抗税案件67件，占立案总数的12%；虚开增值税专用发票案件87件，占立案总数的15.7%；骗税案件18件，其他涉税案件35件，共占立案数的9.6%。所办案件的结案率为93.3%，作出有罪处理的占83.9%，起诉到法院被判处有期徒刑的45人，判决率为8.5%。查办个人偷税5万元和单位偷税10万元以上、虚开增值税专用发票1000万元以上的重特大案件223件，占立案总数的40%，通过办案共为中央和地方追缴、查补税款2575万元，全部入库。1997年10月1日起，新修正的《刑事诉讼法》规定，涉税案件划归公安机关管辖，检察机关不再行使涉税案件的检察职能。

1988年，全市税务检察室共立偷税案件22件。石门县院税务检室相继立案查处4起偷税案。如石门县官渡桥镇青玄湾个体联营煤矿矿长欧阳某球伙同该矿赵某金、吴某林，赵某志、谢某堂4人采取隐瞒利润不入账等手段共计偷税30万余元案。县法院判处欧阳某球有期徒刑2年，赵某金有期徒刑1年6个月，吴某林有期徒刑1年6个月，赵某志有期徒刑1年，谢某堂有期徒刑6个月。

1989年，全市检察机关税务检察室共立涉税案35件、49人。桃源县院税务检室立案查处该县造纸厂退休职工张某之，在无营业执照，不履行税务登记的情况下，先后11次从常德市外贸粮油食品出口公司等地购进进口白板纸45吨，然后销售给桃源县美术印刷厂，偷税1.1万余元案。

1990年，全市检察机关税务检室共立案查处涉税案件45件、50人。临澧县委、县人大常委会、县政府共同召开全县公开处理偷税抗税案件宽严大会，为检察机关开展打击偷税抗税专项斗争创造条件。该县城关镇米厂从1988年起采取弄虚作假、收入不入账等手段，偷漏税14.3万元。从该厂向个体户销售毛菜油经营活动中揭露出邓某成、陈某本等5户偷税8万多元。上述涉案人员均被立案查处。在专项斗争中，临澧县有13人携款到检察机关投案自首，追缴税收80多万元。5月，省人民检察院在鼎城区院召开全省税务检察工作现场会，鼎城区税务检察室作典型发言。

1991年，全市检察机关税务检察室共立涉税案件90件、100人。其中桃源县院税检室就立案19件。

1992年，全市检察机关税务检察室共立涉税案件48件、51人。

1993年，办理涉税案件60件、71人。

1994年，办理涉税案件58件、67人。市人民检察院税务检室和石门县院税务检察室办理的该县鑫新贸易公司经理盛某鑫涉嫌虚开增值税专用发票20400万元案。4月，盛某鑫与陈某南（已处决）等人勾结，以石门县湘北物资公司名义为江西省寻乌县、广东省潮阳市的8家企业虚开增值税专用发票21份，虚开税款2046.6万元，盛某鑫从中非法获利2.7万元。该案由市人民检察院提起公诉，市中级人民法院以虚开增值税专用发票罪判处盛某鑫无期徒刑。该案的成功办理防止国家税款流失827万元。借鉴该案，在全市范围内开展一场以税检、征管为主体，公安、法院紧密配合，惩治伪造、盗窃、倒卖专用发票犯罪的专项斗争，共受理线索30起，立案侦查8件、9人，票面金额价税合计10855万元。对全市98个重点印刷厂的业务进行专项检查，清查非法印刷发票23户，收缴非法印刷车船票300本、零售发票1000本、批发发票150本、其他收款收据2100本及印刷工具30多件（台）。通过办案为国家挽回经济损失1400万元，其中防止税收流失930万元。津市市人民检察院税务检察室查处汪某甲倒卖、虚开增值税专用发票案，价税合计590多万元。武陵区院税务检室查处市东方服装厂法人偷税犯罪案件。市人民检察院税务检察室查处某经销商李某销售进口小汽车，取得应税收入180万元不申报，采取发票大头小尾，使用他人发票等手段，偷税6万余元案等。临澧县院税务检察室查处刘某、龚某偷税10万元案。安乡县院税务检察室查处个体工商户卜某华偷税案，税务代征员施某清贪污案等。

1995年，全市检察机关税务检察室突出查处税制改革中出现的伪造、倒卖、虚开、代开增值税发票偷税骗税犯罪案件，共立涉税案件66件、69人。鼎城区院税务检察室查处该区工商联汽车配件公司会计胡某生虚开增值税专用发票案。1994年12月—1995年5月，胡某生利用保管、使用增值税专用发票的条件，先后4次伙同刘某辉、刘某新为海南省、湖北省的企业虚开湖南省增值税专用发票4份，共计商品金额847万余元，税额144.1万余元，价税991.7万余元。所虚开税款全部抵销税款，流失国家税款143.9万余元。胡被鼎城区法院判处有期徒刑10年，剥夺政治权利3年。查处该区精锑厂厂长段某清非法从他人手中购买专用发票8份，采取大头小尾手段，隐瞒销售收入600余万元，偷税 110 万元案。临澧县院税务检室查处该县进出口公司肉联厂几年累计亏损 3000 多万元，厂长金某桥等人采取大头小尾、虚开增值税专用发票偷税的手段 ，共计偷税 45 万余元案。市人民检察院税务检室查处市湘北纺织总公司法人代表张某庆等人采取专用发票大头小尾，隐瞒销售收入 90 多万元，偷税 17 万元案。检察机关与人民法院紧密配合，加大对涉税案件的审判力度。如鼎城区法院对非法出售和盗窃专用发票的黄某某、崔某集中公判。8—10 月，开展惩治虚开增值税专用发票和非法出售车船票涉嫌违法犯罪的专项斗争，查处非法印刷和出售车船票涉案人员 11 人，捣毁地下印刷厂 2 家。武陵区院税务检察室破获武陵实业印刷厂卜某春等人非法印制车船票案，收缴税务监制章 4 枚，制板 1 块，未出售的车票 1000 本，没收非法所得 2 万元。市人民检察院税务检室组织武陵区院税务检室和汉寿县院税务检室对西湖汽车运输公司大量非法出售车船票案进行查处，在市区和汉寿县境内收缴非法印制的车船票 4000 多本。桃源县个体工商户刘某富，抗拒缴税，并打伤税务干部，致使当地 40 多户纳税户不缴税。为正税风，惩治犯罪，县院对其立案侦查，并召开有 2000 多人参加的现身说法及警示大会，会后，30 多个纳税户主动上门缴税。

1996 年，全市税检室共立涉税案件 83 件、98 人。石门县院税务检察室办理该县八达贸易公司经理杨某福、副经理张某兴、业务员喻某冬虚开增值税专用发票 10310 万元特大案（后随案移送公安机关）。市人民检察院税务检察室协助市人民检察院反贪局查处市粮食局金海大厦莫某英等人偷税案，查补税款 210 万元。津市市院税务检察室查处该市再生资源公司法人代表雷某明偷增值税 11 万元案。临澧县院税务检察室查处该县陈二乡人造板厂厂长章某胜等 3 人偷个人所得税 22 万元案。市人民检察院税务检察室分别于 1993 年 4—5 月、1994 年 10 月、1995 年 8 月、1996 年 3—4 月，在全市范围内开展“查偷税、打抗税、治欠税”以及惩治增值税专用发票犯罪的专项斗争，收到良好的社会效果。

1997 年，全市检察机关税务检察室共立案查处涉税案 47 件、52 人。1994 年 11 月至 1995 年 12 月，汉寿县南方摩托车特约经销店罗某初经销南方摩托车及其他摩托车共 590 余台，销售收入 300 余万元。罗既不办理税务登记，又不主动向税务机关申报纳税，偷税 16 万余元，被汉寿县院税务检察室立案查处。

1997 年 10 月 5 日，市人民检察院根据新修改的《刑事诉讼法》关于涉税案件划归公安机关管辖，检察机关不再行使涉税案件侦查职能的规定，撤销全市检察机关的税务检察室。全市检察机关涉税案件的移交工作于 10 月 25 日完成，未初查的线索和在 10 月 25 日之前不能办结的案件，全部移交当地公安机关办理，从事税务检察工作的干部一律回在编单位工作，诉讼文书和诉讼案卷，由人民检察院清理后，交检察机关档案室保存。

1988—1997 年，全市检察机关税务检察工作创造过一流的业绩，赢得荣誉。1993—1996 年，全市税务检察工作连续四年被省人民检察院、省国税局、省地税局评为先进单位；1994 年 12 月，高检院、最高法、公安部、国家税务总局授予市人民检察院“税务检察室先进集体”称号。市人民检察院税务检察室主任雷光松被省人民检察院记二等功。安乡县院、汉寿县院、鼎城区院、澧县院、津市市院、桃源县院等院税务检察室，先后多次被评为“全省税务检察工作先进单位”；1996年，汉寿县院、临澧县院、石门县院、桃源县院、武陵区院等院税务检察室被评为“全市检察系统先进集体”；共有58人次被省人民检察院、市人民检察院评为“先进个人”“优秀办案能手”“侦查标兵”；1997年上半年，临澧县院税务检察局何柏林被市委政法委、团市委、市直工委、市人民检察院树为全市检察系统“十佳青年检察官”。

二、查处假冒商标犯罪

1988—1997年，全市检察机关共查处假冒商标犯罪案76件（1988年4件、1989年3件、1990年4件、1991年13件、1992年21件、1993年21件、1994年2件、1995年5件、1996年2件、1997年1件）。1992年，市人民检察院下发《关于开展集中打击假冒商标伪劣商品犯罪活动的通知》，要求“从保卫改革和经济建设的高度，充分认识制造、销售假冒名优伪劣商品，是人类社会一种消极腐败现象，是破坏当前改革和社会主义商品经济秩序，严重损害党和国家形象与危害人民生命健康的犯罪行为”。是年，全市检察机关共受理假冒商标案件线索36件，立案21件。被查处的范围分为三类：一是假冒名优产品商标案件，共收缴假冒“武陵酒”、假冒“德山大曲”等名优酒1000余件、假冒凤凰自行车3000余辆以及其他一些假名牌商品总价值200余万元。安乡县院针对县城关镇销售假冒名牌自行车、洗衣粉的现象突出，和有关部门一起组织专门力量查处，仅3天时间就在城关镇查获假冒商标违法人员4人，收缴一批假冒“凤凰”自行车、假冒“活力28”洗衣粉。二是直接危害群众身体健康的假冒商标案件，共查获各类假酒、假罐头、假饮料、假酱油、假醋等价值100万余元，查处23人。三是假冒商品生产基地和贩卖窝点中的首要人员，共查处11人。安乡县城关镇保堤庙五组个体户张某成，1991—1992年，邀集一些人在自家内以酒精、香精、糖精和水为原料勾兑白酒，假冒“德山大曲”等商标，经营额超50万元，安乡县院将其依法逮捕。全市检察机关在堵塞“假源”上共捣毁假冒商标生产基地13个，收缴和敦促有关当事人自行销毁生产、加工工具72套（件），销毁各类假冒商标标识12万余套。全市检察系统由45人组成17个 “查假”小组，截获贩假车辆5辆，收缴假酒、假化肥等价值40余万元的伪劣产品，在有关集散地收缴假冒产品价值20余万元。石门县院接到举报，2名河南开封人到石门县兜售假尿素，他们组织力量迅速追堵，终于将数量多达120吨，价值21.5万元的假尿素查获。全市检察机关与工商、质监、防疫等部门配合，对市场进行全面检查，查制假贩假窝点，收缴一批价值100多万元准备出售的假冒商品。仅桃源县院一次就将各销售点收缴的近10万元假酒、假饮料、假罐头当众销毁。全市检察机关在抓查处打击的同时，还强化假冒商标犯罪的预防工作。主要是抓守法教育、抓危害教育、抓自我保护教育，共发表电视讲话7次，印发各种通告、宣传品 2 万余份。通过宣传教育，收到一定成效。鼎城区河洑乡白合村村民罗某新等 2 人分别向该区检察院交代各自假冒商标的违法事实，并交出假冒“董公酒”860 瓶，假冒“凤牌酱油”4000 瓶。鼎城区百货公司通过“自清、自查、自报”活动，交出价值 24 万余元的假冒“茅台酒”。

1993 年，全市检察机关反贪部门针对假冒伪劣商品充斥市场，老百姓怨声载道的情况，组织全市打假专项斗争，共立案查处假冒案件 21 件，并捣毁一批制造、销售假冒产品的黑窝点。市人民检察院反贪局立案查处武陵区德山酒厂周德某、周友某兄弟二人假冒商标、非法制造、销售名优酒的犯罪案件，全案金额 154 万元，非法牟利 21 万元。

三、查处投机倒把犯罪

1988—1997 年，全市检察机关共立投机倒把案件 23 件。1989 年，汉寿县院灵活运用各种侦查手段，侦破了一起以周某为首倒卖大米 120 万公斤，牟取暴利 40 多万元的投机倒把团伙案。7 月 10 日，汉寿县院接到群众举报，国营西湖农场驻深圳华湘企业公司副总经理周某挪用本公司公款 8 万元后到深圳、湛江等地做粮食生意。汉寿县院初查证实，周有挪用公款的基本犯罪事实，决定立案侦查。但周某一直去向不明，县人民检察院立即成立侦破小组，制定侦查方案，建立“耳目”，查找犯罪嫌疑人。7 月 14 日，侦破小组守株待兔，将周某抓获，8 月 18 日，周某被依法逮捕。摄于法律威严，他坦白交代与江某发、周某星投机倒把的犯罪事实。检察机关先后在广州、湖南怀化将江某发和周某星抓获归案。至此，周某和汉寿县粮食局职工江某发、周某星等人倒卖大米的投机倒把案真相大白，一一落入法网。随着改革开放的逐步深入，市场经济的全面发展，投机倒把犯罪罪名不复存在。

此外，全市检察机关还查处诈骗案件 35 件。

表 3-1

1988–2015 年常德市检察机关反贪污贿赂工作统计表

年度	受案	立案									侦查终结					审查起诉		法院判决		
		合计		大案	要案	贪污	贿赂	挪用公款	偷税抗税	其他	合计		移送起诉	移送不诉	撤案	起诉	不起诉	合计		无罪判决
	件	件	人	件	人	件	件	件	件	件	件	人	人	人	人	人	人	件	人	人
1988	414	266	321	38	1	158	19	—	22	67	241	318	130	167	21	116	152	—	48	—
1989	1198	469	588	138	16	236	111	—	35	87	430	559	259	281	19	142	283	—	85	—
1990	1155	585	659	181	16	316	133	85	45	6	476	575	281	265	29	197	254	103	122	—
1991	1019	605	664	291	0	315	85	108	90	7	543	592	386	152	54	151	118	115	140	1
1992	678	473	496	239	2	269	80	52	48	24	450	473	242	182	49	142	138	74	89	—
1993	463	298	312	195	0	140	18	70	60	10	260	299	168	79	52	67	50	38	44	—
1994	417	269	416	192	6	110	46	48	58	7	219	350	247	50	53	95	34	60	71	—
1995	443	264	293	211	4	89	57	34	66	18	234	254	177	66	11	106	34	82	88	—
1996	433	229	256	194	6	51	54	28	83	13	169	189	109	71	9	65	54	49	54	—
1997	419	185	206	178	4	43	32	47	47	16	154	164	122	4	28	75	8	78	80	—
1998	184	148	172	47	5	70	30	44	—	4	127	152	139	1	12	100	7	80	86	—
1999	280	174	208	57	5	75	57	41	—	1	165	182	175	7	0	136	7	112	134	—
2000	193	152	190	70	3	82	32	36	—	2	142	182	167	10	5	131	5	105	114	—
2001	140	123	158	52	2	80	21	22	—	2	104	135	135	0	0	124	0	93	112	—
2002	117	100	112	44	3	59	26	14	—	1	97	105	94	4	7	65	4	48	60	—
2003	107	91	123	48	4	52	27	7	—	5	84	111	91	4	16	88	17	41	69	1

续表 3-1

年度	受案	立案									侦查终结					审查起诉		法院判决		
		合计		大案	要案	贪污	贿赂	挪用公款	偷税抗税	其他	合计		移送起诉	移送不诉	撤案	起诉	不起诉	合计		无罪判决
	件	件	人	件	人	件	件	件	件	件	件	人	人	人	人	人	人	件	人	人
2004	101	81	117	54	4	43	20	17	/	1	72	108	103	2	3	82	13	41	60	—
2005	90	77	110	44	6	49	15	12	/	1	69	93	81	3	9	47	21	35	57	1
2006	96	90	127	54	3	28	38	21	/	3	67	106	100	3	3	102	9	57	108	1
2007	83	77	106	54	4	29	43	5	/	0	82	110	81	18	11	54	17	30	43	—
2008	119	108	124	35	5	33	63	9	/	3	91	104	86	13	5	75	37	57	79	—
2009	90	72	97	51	11	25	39	6	/	2	73	98	67	10	21	58	8	25	32	—
2010	79	75	100	56	5	25	42	7	/	1	67	87	74	10	3	47	19	42	59	—
2011	56	50	68	37	7	12	34	3	/	1	48	74	62	4	8	45	10	32	42	—
2012	97	89	99	65	7	13	73	3	/	0	91	103	77	14	12	64	22	28	34	—
2013	84	85	97	64	5	26	53	6	/	0	66	79	71	4	4	55	9	42	52	—
2014	76	75	90	53	3	21	46	8	/	0	69	80	72	4	4	63	10	48	59	1
2015	221	110	125	83	7	29	75	6	/	0	103	118	109	3	6	103	9	52	75	—
合计	8848	5420	6434	2805	144	2478	1369	739	554	279	4803	5800	3925	1467	454	2595	1350	1571	2096	5

说明：“□”表示无数据，“/”表示无管辖。

第二章　反渎职侵权

1988 年 12 月 3 日，高检院将体罚虐待人犯案件和私放罪犯案件划归监所检察部门直接受理立案侦查。1989 年 12 月 8 日，高检院将重婚案件划归控告申诉检察部门直接受理立案侦查。1998 年 5 月 11 日，高检院下发《关于人民检察院直接受理立案侦查案件范围的规定》，渎职侵权检察部门立案侦查案件的范围是《刑法》分则第九章规定的 33 种渎职犯罪案件和国家机关工作人员利用职权实施的侵犯公民人身权利、民主权利的 7 种犯罪案件。

1988—1992 年，全市检察机关法纪检察部门认真贯彻高检院、省人民检察院“全面承担、有案必办”“多办案、办大案，办好案”“查处大要案是加强法纪检察工作的主要内容和标志”的办案指导方针和要求，按照 1988 年市人民检察院党组提出的三年发展规划要求，全面开展法纪检察工作，出现“全面发展、稳步提高”的良好局面。1993 年 6 月，在全省法纪检察工作会议上，市人民检察院介绍“五年狠抓办案、严格执法”的经验。

1993 年，高检院提出把查处徇私舞弊案放在“五类”（刑讯逼供、非法拘禁、玩忽职守、徇私舞弊、重大责任事故）重点案件之首。市人民检察院将这一精神专题向市委政法委汇报后，市委政法委书记龚玉昆表示，“检察机关法纪检察部门查办徇私舞弊犯罪案件，是贯彻中共中央反腐败斗争指示的具体行动，市委坚决支持”。市委书记吴定宪在《查办徇私舞弊案件专刊》第 6 期上批示：“凡是与此案有关的说情人要视情节给予批评处分及追究刑事责任，以树正气。”在查处徇私舞弊案件中，全市检察机关遵照省人民检察院韶山会议精神，采取检察长、主管副检察长、法检科（股）长“三长合一”的工作态势，1994 年，共立案查处“五类”重点案件 72 件，占立案总数的 81.81%。查处徇私舞弊案件 6 件。查处徇私舞弊犯罪案件和司法人员侵权渎职犯罪案件 11 人，是前 3 年的总和，立案侦查的结案率及判决率超历史。1995 年，共查处“五类”重点案件 74 件，占立案总数的 88.1%，查处徇私舞弊案件 9 件 10 人，其中查处行政执法人员徇私舞弊案件实现了“零”的突破。1996 年，共查处“五类”重点案件 58 件，占立案总数的 86.5%，查处徇私舞弊案件 8 件。1997 年，立案查处“五类”重点案件 61 件，占立案总数的 88.2%，立案查处徇私舞弊案件 12 件。5 年时间，共受理各类法纪案件线索 1091 件，立案侦查 431 件、571 人，侦查终结 391 件、513 人，移送审查起诉 256 件、335 人，移送起诉审查不起诉 105 件、140 人，终止侦查 40 件、58 人，起诉 87 件、119 人，免诉 57 件、67 人，撤案 34 件、38 人，人民法院有罪判决 80 件、106 人。

1998 年，全市检察机关渎侦部门重点查处司法工作人员利用职权实施的枉法追诉、裁判，民事行政枉法裁判和刑讯逼供案件；重点查处国家机关工作人员滥用职权、玩忽职守、徇私舞弊致使国家和人民利益遭受重大损失的案件和非法拘禁案件；重点查处行政执法人员实施的危害社会主义市场经济体制的徇私舞弊不征少征税款、徇私舞弊发售发票、抵扣税款、出口退税案件及非法批准征用、占用土地、非法低价出让国有土地使用权案件以及徇私舞弊不移交刑事案件帮助犯罪分子逃避处罚案件。1999 年，执行高检院关于“检务公开”和省人民检察院提出的“提高执法效果”精神，所办案件不仅事实清楚、证据确凿、定性准确、程序合法，而且做到人民群众满意、党政领导满意、发案单位满意。严把立案关，做到证据不到位不立；案件性质分歧较大，定性有难度不立；时机尚不成熟不立，杜绝以事立案的现象。2000 年，全市检察机关建立健全和强化“三长合力”“三位一体”“横向支持”的整体联动办案机制。即检察长、主管渎侦的副检察长、主管刑检的副检察长协调一致，形成领导层面的“三长合力”；检察长、主管渎侦的副检察长、渎侦局局长，一级支持一级，形成侦查中的“三长合力”；主管刑检的副检察长、批捕科(股长)、起诉科（股长)，适时介入，形成“三位一体”，共同把案件办成铁案；把开拓查处新领域、新罪名案件作为工作新的增长点，收到良好效果。全年查处新罪名案件 20 件、27 人，涉及林业、商检、税务、保密、人事、金融、乡镇等 10 多个单位。2001 年，根据全国、全省“严打”整治和规范市场经济秩序的会议精神，重点查处充当黑恶势力犯罪“保护伞”和破坏市场经济秩序违法犯罪背后的渎职犯罪。5 月，开展专题为《责任重于泰山，依法惩处渎职犯罪》的举报宣传周活动。全年共立案 31 件、39 人，其中徇私舞弊和滥用职权案件各 10 件。2002 年，全市检察机关落实高检院关于加强渎职侵权工作的 30 条决定，把有关渎职侵权检察工作的重点、重要举措和查办的大要案件及时向党委汇报，对办案中遇到的阻力和干扰及时向党委反映，争取支持。全市检察机关开展打黑除恶、百日会战、执法检查等三项大的专项行动，查处国家行政执法、行政管理人员滥用职权案件立案 11 件，占立案总数的 44.4%。1998—2002 年，共查处国家机关人员滥用职权案件 38 件、60 人，查处司法人员徇私枉法案件 29 件、69 人、充当黑恶势力“保护伞”案件 4 件、7 人；受理各类渎职侵权案件线索 398 件，立案侦查 130 件 165 人，其中重特大案件 68 件，侦查终结 117 件、136 人，移送审查起诉 81 件、104 人，移送审查不起诉 16 件、19 人，终止侦查 13 件、29 人，起诉 57 件、68 人，不起诉 8 件、8 人，撤案 10 件、13 人，人民法院有罪判决 49 件、71 人。

2003 年 7 月 26 日，常德市职务犯罪侦查指挥中心成立，渎侦部门以侦查指挥中心为平台，依托侦查人才库，充分运用侦查一体化机制加大办案力度。2004 年 7 月 1 日，在市委、市人民政府召开的会议上，市人民检察院与市直 12 家行政执法单位联合印发《关于建立完善行政执法与刑事执法相衔接工作机制的意见》。10 月，在全省检察机关查办渎职侵权犯罪经验交流会上，市人民检察院介绍《善用侦查谋略，突出办案重点，不断推进全市渎侦工作纵深发展》的经验。2005 年，全市检察机关把查办大要案件，提升办案能力作为工作重点；开展惩治破坏社会主义市场经济秩序专项活动；严查玩忽职守案件，为国家挽回经济损失。2006 年，运用侦查一体化机制查办一批有影响的案件。2007 年，全市检察机关抓办案规模的扩大，以规模促发展；抓办案重点，拓展办案领域；抓专项活动，以活动为载体促发展。完成交办、提办、共同办、分解办等形式办理的案件 17 件、20 人。5 年共受理各类渎职侵权案件线索 205 件，立案侦查 147 件、190 人，其中重特大案件 75 件，侦查终结 128 件、161 人，移送审查起诉 93 件、117 人，移送审查不起诉 13 件、19 人，终止侦查 19 件、29 人，起诉 52 件、85 人，不起诉 17 件、23 人，撤案 22 件、25 人，人民法院有罪判决 53 件 80 人。

2008 年，全市检察机关反渎职侵权工作的立案数位居全省第一，重特大案件占立案数的 59%，大要案比例达 63%。全年有罪判决率 100%，不诉率为 8%，无一撤案、无超期羁押、无安全责任事故、无涉检上访、无刑事赔偿案件，收到较好的办案法律效果、社会效果和政治效果。2009 年，全市检察机关反渎部门重点查处给国家造成重大经济损失的涉土渎职犯罪案件，强化立案质量和办案效果，强化市人民检察院办案的龙头作用和对基层的指导工作。在全市所立 47 件案件中，重特大案件 33 件，占立案数的 70%，涉案金额上百万元的案件 18 件，刑事原案只有 7 件 8 人，占立案总数的 15%，远低于全省平均 25%的比例和个别 80%的比例。2010 年，查处司法、国土、规划、城建领域渎职侵权案件和破坏生态资源的渎职案件共 19 人，占立案人数的 35.19%。案件起诉率和判决率同比分别上升 15%、59%，判决实刑率超过三分之一。重特大案件占立案数的 56%。全省被省人民检察院通报的不规范执法案件没有 1 件涉及常德。2011 年，开展配合公安机关“打四黑除四害”以及严肃查办危害民生民利渎职侵权犯罪专项工作。从群众“最关心、最直接、最现实”的问题出发，开展“维护人民群众合法权益，解决反映强烈突出问题”的专项活动。重点查办发生在群众身边，严重损害群众利益，社会影响恶劣、与民争利的案件。市人民检察院反渎局与有关部门召开新闻发布会，邀请 10 余家中央、省、市新闻单位参加，向社会各界通报 2008—2011 年的反渎工作情况，2012 年，全市反渎办案工作规模有新突破，立案、起诉、判决等主要办案考核指标创近 5 年最高，在全省 14 个市、州反渎局中位列前三名，同比分别增长 48%、60%、280%，增幅居全省前列。在查办房产、国土、规划、城建等领域渎职案件的同时，围绕三项重点工作，查处与群众生活息息相关的渎职案件。如查处危害居民身体健康、饮用水领域的渎职犯罪案件，查处公路系统的渎职犯罪案件，填补查处渎职犯罪案件的空白领域。是年案件的侦结率为 89%、移送起诉率为 83%。市人民检察院“分片指导、现场督导、定时催办、逐月通报”的工作措施，被省人民检察院向全省推介。5 年时间，共受理各类渎职侵权案件线索 267 件，立案 203 件、241 人，其中重特大案件 112 件，侦查终结 195 件、231 人，移送审查起诉 156 件、189 人，移送审查不起诉 12 件、12 人，终止侦查 8 件、10 人，起诉 77 件、124 人，不起诉 29 件、46 人，撤案 27 件、30 人，人民法院有罪判决 60 件、96 人。

2013—2015 年，全市检察机关共受理各类渎职侵权案件线索 154 件、192 人，立案

110 件、136 人，其中重特大案件 55 件，侦查终结 93 件、113 人，移送审查起诉 78 件、94 人，移送审查不起诉 7 件、8 人，终止侦查 17 件、23 人，起诉 62 件、76 人，不起诉 12 件、16 人，撤案 8 件、11 人，人民法院有罪判决 39 件、53 人。2013 年，全市检察机关围绕优化经济发展环境工作重点，共受理各类渎职侵权案件线索 44 件，立案侦查 42 件、49 人，其中重特大案件 24 件，起诉 17 人，人民法院有罪判决 18 人。2014 年，共立案 38 件、44 人，其中重特大案件 9 件、10 人，要案 2 人，侦查终结 33 件、36 人，移送审查起诉 26 件、29 人，移送审查不起诉 2 件、2 人，撤案 5 件、5 人，起诉 21 件、26 人，不起诉 1 件、1 人，有罪判决 11 件、13 人。2015 年，针对职务犯罪呈现出贪渎犯罪交织的变化趋势，确立查渎职、挖贪贿、保民生的办案理念，以深挖渎职背后的贪贿犯罪为补充，为反渎工作找准角色定位，不断深化反渎工作的查案效果，各种办案阻力、处理难、轻刑化等问题得到有效化解。在对历年未成功办理案件总结的基础上，协调侦查、起诉、审判工作，推动建立常德市检察机关职务犯罪案件侦捕诉衔接工作机制。全年共受理各类渎职侵权案件线索 76 件，立案 35 件、48 人，其中重特大案件 22 件、25 人，要案 3 人，侦查终结 34 件、47 人，移送审查起诉 28 件、39 人，移送审查不诉 3 件、3 人，撤案 3 件、5 人，起诉 25 件、33 人，不起诉 6 件、6 人，人民法院有罪判决 16 件、23 人。

1988—2015 年，常德市检察机关反渎职侵权部门共受理各类渎职侵权案件线索 3556 件，经初查后立案 1612 件、2044 人，其中重特大案件 729 件，占立案数的 44%，侦查终结 1453 件、1816 人，终止侦查 154 件、228 人，移送审查起诉 976 件、1223 人，移送审查不诉（免诉）361 件、449 人，检察机关提起公诉 496 件、652 人，不起诉（免诉）303 件、383 人，人民法院有罪判决 350 件（不含 1988 年、1989 年）571 人，无罪判决 3 人，撤案 121 件 、144 人。

第一节　查处非法拘禁犯罪

1988—2015 年，全市检察机关反渎部门共立案查处非法拘禁案件 287 件。

1988—1992 年，全市检察机关法纪检察部门共立案侦查非法拘禁案 147 件（其中 1988 年 16 件、1989 年 18 件、1990 年 21 件、1991 年 43 件、1992 年 49 件）。1988 年，因债务纠纷引起的“人质型”非法拘禁案件居高不下，严重侵犯公民的人身权利，影响社会的生产生活秩序和社会稳定。检察机关突出“人权”保护，加强对“人质型”非法拘禁案的查处，采取查处案件、解救人质与调解经济纠纷或债务纠纷同步的方法，既保护被害人的人身权利、追究涉案人的法律责任，又注意保护涉案人的合法经济利益，理顺债权债务关系，以此化解矛盾，维护社会稳定，促进市场经济秩序的建立，收到良好的效果。桃源县院查处的刘某美私造枪支扣押“人质”特大非法拘禁案，刘某美被桃源县法院以数罪判处有期徒刑 3 年。这一案件被高检院以查处侵权渎职犯罪特大案件专刊予以登载。临澧县院在查处“人质型”案件中坚持三条原则，即克服地方保护主义的影响，维护公民人身权利；克服就案办案的倾向，维护双方经济利益；克服办案随意性倾向，维护法律的严肃性。该类做法受到省人民检察院领导的肯定。澧县、安乡、鼎城、津市等人民检察院集中力量，从速查办扣押企业厂长、经理的“人质型”案件，先后解救因债务纠纷被绑架、扣押的10余名厂长、经理，保护企业法人的合法权益，受到企业赞扬，被颂为“企业的保护神”。1989年，全市检察机关法纪检察部门立案查处少数民警粗暴执法的非法拘禁案件。7月的一天，津市市某厂工人童某因被人指控偷单车（实际未偷）被扭进该市汪家桥治安队，班长雷某不由分说，首先对童某拳打脚踢，踢断童某肋骨两根，雷某因非法拘禁罪被津市市院查处。此案查处工作遇到阻力时，市人民检察院法检部门一面向市委政法委、市人大常委会汇报“雷案”的全部真相，一面前往津市与有关部门交换意见，支持津市市院查处“雷案”。几经周折，终于查清该案的全部事实，并对雷某作出相应处理。群众赞扬“检察机关执法如山”。1990年，全市检察机关法纪检察部门立案查处少数基层干部非法拘禁案件。该类案件都是由院领导亲自带队，深入发案地进行调查，疏导教育，较好地解决矛盾冲突，为稳定社会秩序做出贡献，受到各级党委和人大常委会领导的好评。1991年，石门县院查处公安干警梅某平非法拘禁案受阻后，市人民检察院向市委政法委先后2次书面请示，要求依法立案，市委政法委支持检察机关依法行使检察权。案件得到依法查处，梅被作出免诉处理。1992年，津市市院亦查处了该类案件。

1993—1997年，全市检察机关法纪检察部门共立案查处非法拘禁案124件（其中1993年43件，1994年31件，1995年28件，1996年12件，1997年10件）。1993年，全市共受理“人质型”非法拘禁案件线索105件，立案侦查29件，占立案侦查非法拘禁案件（43件）的67.44%，依法作出不立案决定41件，依法调解处理35件。解救“人质”95人，其中有14周岁以下儿童8人、妇女8人、60周岁以上的老人5人、企业厂长（经理）13人。协助外地解救“人质”28人。澧县院立案查处该县道河乡计划生育办主任胡某喜非法拘禁致死人命的特大案件，胡被县人民法院判处有期徒刑3年，缓刑3年。桃源县院查处该县涌泉乡政府干部敬某国非法拘禁案，县法院对其作出有罪判决。石门县院针对全县治安联防队违法乱纪现象严重的情况，年初向全县各乡镇治安队员发出公开信，既肯定他们在维护社会治安中的积极作用，又指出他们违法乱纪的危害，对他们提出依法办事、遵纪守法的要求。公开信起到了很好的预防作用。全市检察机关法检部门，针对办案中发现的问题和漏洞，向相关单位发出检察建议34份。1994年，全市检察机关法纪检察部门依法解救“人质”125名，其中14岁以下儿童10人、60岁以上老人4人，妇女14人，企业厂长、经理24人。汉寿县院依法解救的41名人质中，有儿童6名，60岁以上的老人2人，妇女2人，厂长、经理8人，协助外地解救人质10名、去外省市解救6人。1994年1月4日，湖北省沙市联合针织厂业务员刘某品因与桃源县宏辉商贸公司田某才债务纠纷，将其10岁的女儿田某非法绑架。桃源县院先后3次前往沙市解救“人质”未果，后呼吁党政机关、新闻单位，先后向中央政法委、高检院、湖北省委、省政府、法制日报、中国检察报反映情况，投寄函件20多封，人质于6月才被解救出来。1995年，全市检察机关法纪检察部门立“人质型”非法拘禁案22件25人，占立案数的80%，不立案10件，作调解或其他处理38件。解救被扣押“人质”71人，其中协助外地解救38人、去外地解救19人。“人质”中有妇女6人，儿童5人，60周岁以上老人4人，企业厂长、经理8人，年龄最小的2名儿童只有6周岁。此外，还查处了一些有影响的非法拘禁案件，如市人民检察院和桃源县院共同查处的桃源县八字路派出所所长高某民等4人非法拘禁、刑讯逼供特大案件。1995年1月1日，高某民与该所治安联防队副队长谢某武、队长唐某民、队员姚某秋3人，在未办理任何法律手续的情况下，先后将在县城关镇务工的女青年刘某君（未婚）、王某英、刘某、王某花及饭店老板刘某贤、屠夫罗某英、村民罗某林共7人，分别以嫖娼、卖淫、容留妇女卖淫、盗窃等罪名抓到派出所，予以长时间关押和肉刑。其中刘某君被关押148小时，刘某被关押168小时，刘某贤被关押250小时。在关押期间为逼取口供，分别以捆绑吊椅、罚站、罚跪、皮带、竹棍抽打和拳打脚踢等肉刑。刘某群在遭到高某民等人毒打后，仍不交代卖淫问题，跪地向他们求饶，高某民等人又将刘反绑，按倒后又紧索，用脚向其臀部乱踢，踢后又提起，刘这才被迫做了卖淫问题供述。后经法医鉴定刘为轻伤，导致其诱发肾炎，为尿毒症后期。1月7日晚，高某民等人在审讯村民罗某林时，将罗双手反绑，按倒在地，罗不肯交待，又将罗的衣服脱得只剩一条短裤，令其跪下，长时间拳打脚踢，用皮带、竹片抽打。次日，又继续对罗进行审讯，并对其罚跪、脚踢、毒打、将其踢翻在地，呻吟不止，罗于当天下午6时自缢身亡。1995年10月4日，桃源县院以非法拘禁罪、刑讯逼供罪将高某民、谢某武、唐某民、姚某秋向桃源县法院提起公诉。10月13日，桃源县法院对高某民以非法拘禁罪、刑讯逼供罪判处有期徒刑8年；谢某武犯刑讯逼供罪被判处有期徒刑1年，缓刑2年；唐某民犯刑讯逼供罪被判处有期徒刑6个月，缓刑1年；姚某秋犯刑讯逼供罪，被判处有期徒刑6个月，缓刑1年。湖南电视台对该案进行三期连续报道，常德市公安系统解散了所有联防队员。1996年，全市检察机关法纪检察部门依法解救“人质”35人。为保证“人质型”非法拘禁案得到及时有效查处，检察机关确定“专人接待、专人办案、限期结案汇报”的工作制度，对其他非法拘禁案亦做到及时依法查处。1995年10月中旬，常德市万琦大酒店霓虹灯上的变压器连续被盗，保安队长黄某新为防止再次被盗，采取日夜值班的措施。10月30日晚上，黄某新安排欧阳某华、陈某伟进行守候。次日凌晨4时许，常德市煤炭公司职工何某新盗窃霓虹灯变压器被当场抓获。欧阳某华用对讲机通知黄某新、王某平、陈某元等人前来，将何某新押到酒店办公室走廊上，施以罚跪、殴打后又将何带至酒店仓库内，脱下何的上衣，先后施以警棍打、皮带抽、罚跪、泼冷水、吹电风扇等肉刑。尔后又挂牌示众进行侮辱。后经法医鉴定，何某新软组织损伤占体表总面积的30%以上，结论为重伤。1996年6月24日，武陵区院对涉案人员立案查处，并依法作出免诉处理。1997 年，全市共立非法拘禁案 10 件。

1998—2002 年，新的“两法”实施后，检察机关管辖的非法拘禁等侵权案件的主体限定在“国家机关工作人员”，因此，检察机关查处侵权案件的数量大幅减少。其间，全市检察机关渎侦部门共立案查处国家机关工作人员非法拘禁案 12 件，分别是 1998 年 4 件、2000 年 4 件、2001 年 2 件、2002 年 2 件。1998—2001 年，全市检察机关渎侦部门立足职能，参加和配合党委、政府化解影响社会稳定的群体事件 30 多起，受到领导的充分肯定和群众的好评。2002 年，临澧县院立案查处该县公安局林业派出所所长唐某林涉嫌非法拘禁案，对举报唐利用职权非法拘禁他人的线索进行认真分析，围绕 2 份真实性较强的控诉材料收集证据，很快查清了案情。案件起诉到县法院后，县法院认定唐犯交通肇事罪，判处有期徒刑 2 年，犯非法拘禁罪，判处有期徒刑 1 年 6 个月，决定执行有期徒刑 3 年，缓刑 3 年。

2003—2007 年，全市检察机关反渎职侵权部门共立案查处国家机关工作人员非法拘禁案 2 件，分别是 2004 年 1 件、2005 年 1 件。2005 年，武陵区院立案查处马某华涉嫌非法拘禁案。在起诉阶段公诉部门发现另有 1 人涉嫌非法拘禁，经集体研究后，决定追诉另一名犯罪嫌疑人周某刚，最终法院判处周有期徒刑 2 年。马某华亦获有罪判决。

2008—2012 年，全市检察机关反渎职侵权部门共立案查处国家机关工作人员非法拘禁案件 2 件。

2013—2015 年，全市检察机关反渎职侵权部门没有查处国家机关工作人员非法拘禁案件的记录。

第二节 查处刑讯逼供犯罪

1988—2015 年，全市检察机关反渎部门共立案查处刑讯逼供案件 44 件。

1988—1992 年，全市检察机关法纪检察部门共立刑讯逼供案 13 件（分别是 1988 年 2 件、1989 年 3 件、1990 年 6 件、1992 年 2 件）。1992 年，石门县院立案查处该县燕子山乡公安助理陈某华和乡联防队员刘某华刑讯逼供案。4 月 14 日上午 8 时，陈某华接到燕子山乡圈门铺村村民黄某华耕牛被盗的报案后，便邀乡政府经管干部潘某某到乡信用社将被怀疑的盗牛人黄某学传唤到乡政府。黄态度不好，陈某华便将黄用手铐铐在其房间的理发椅上，陈某华去参加乡政府学习未接着讯问。当天，陈给黄端了中饭、晚饭，黄均拒绝进食。4 月 15 日上午 9 时许，陈某华安排刘某华一同讯问黄某学。讯问中，黄不承认偷牛。陈、刘二人认为黄不老实，先后采用多种手段刑讯逼供。当天下午和晚上未继续讯问黄，用手铐将黄铐在理发椅下让黄睡在地上。晚饭后，陈、刘二人即到乡政府打麻将。晚 11 时许，二人打麻将散场后回房，发现黄某学已经死亡，当即向乡党委领导、派出所和县公安局报了案。经法医鉴定，结论为“黄某学系外界暴力作用导致创伤性休克、水电解质平衡失调，循环、呼吸衰竭而死亡”。石门县法院刑事附带民事判决减轻判处陈某华有期徒刑 5 年；减轻判处刘某华有期徒刑 3 年，缓刑 3 年；陈某华、刘某华给付附带民事诉讼原告人黄某宣（被害人之父）、孙某书（被害人之母）赔偿经济损失共 5456.7 元。

1993—1997 年，全市检察机关法纪检察部门共立刑讯逼供案 17 件（1993 年 3 件、1994 年 1 件、1995 年 5 件、1996 年 3 件、1997 年 5 件）。1993 年，市人民检察院和石门县院查处该县磨岗隘镇公安助理员覃某念、陈某满刑讯逼供案。4 月 9 日下午 4 点多钟，覃某念、陈某满将石门县磨岗隘镇清泥溪村盗窃牲猪的怀疑对象黎某权（被害人）传唤到磨岗隘镇政府。晚上 8 时 30 分，二人到镇综治办对黎进行讯问，至晚上 10 时 30 分，黎某权一直否认偷过牲猪，二人认为黎态度不好。覃某念从自己住房拿来一根白尼龙绳，要黎跪下。二人将黎双手反捆住后，用橡皮警棍轮番抽打黎的臀部和大腿，约 30 分钟后松绳，改用铐子铐在木制沙发扶手上。黎仍否认偷猪，陈某满又从自己房间拿来一根皮带，换下身上的军用皮带。二人先后用橡皮警棍和军用皮带继续抽打黎的臀部及大腿 30 多分钟，仍未获结果。二人又将黎双手轮换铐吊在窗户上格钢筋上，仅让其脚尖着地，继续逼黎口供。30 分钟后，黎喊肚子痛、口渴，二人才将黎放下喂水喝。此时，黎坐不稳且脉搏跳动微弱，二人见状即由陈某满去喊医生。医生赶来抢救时发现黎已死亡。二人随即喊醒镇领导，如实汇报了情况。经法医鉴定，黎某权系外界暴力作用双上肢、双臀部、双下肢等处致创伤性休克，导致循环呼吸衰竭而死亡。石门县法院刑事附带民事判决，判处覃某念、陈某满有期徒刑各 10 年、剥夺政治权利 3 年；覃某念、陈某满赔偿被害人黎某权（已死亡）亲属经济损失 15935 元。1996 年，汉寿县院查处县公安局太子庙派出所干警曾某、治安员李某杰、李某国、戴某刑讯逼供致人重伤案。曾某被县法院判处有期徒刑 3 年，缓刑 3 年。其他人亦受到相应追究。

1998—2002 年，全市检察机关渎侦部门共立刑讯逼供案 10 件（1998 年 2 件、1999 年 5 件、2000 年 2 件、2001 年 1 件）。1999 年，澧县院查处该县码头铺派出所所长何某华、干警钱某飞涉嫌刑讯逼供致 2 名受害人轻伤案。何某华、钱某飞均被法院作出有罪判决。同年，鼎城区贺家山派出所副所长程某华涉嫌刑讯逼供案，鼎城区院仅用 8 天时间就将案件侦结移送起诉。程某华被区法院判处有期徒刑 1 年，缓刑 1 年。2000 年，市人民检察院和鼎城区院共同查处鼎城区公安干警邓某宇、周某涉嫌刑讯逼供案。两级人民检察院顶住来自多方面的压力，“上下联动”终于办成该案。邓、周二人被鼎城区法院作出有罪判决。

2003—2007 年，全市检察机关反渎职侵权部门仅立刑讯逼供案 2 件。2003 年和 2004 年各 1 件。2004 年 7 月，市人民检察院和桃源县院立案查处该县公安局马宗岭派出所所长高某喜等 4 人涉嫌刑讯逼供案。高某喜等 4 人在审讯犯罪嫌疑人张某等人的过程中，为逼取口供，对嫌疑人采取罚跪、打耳光、拳打脚踢、捆绑等肉刑，在社会上造成了极为恶劣的影响。检察机关在办案时没有运用 4 人“一锅端”的方案，而是采取先“抓三放一”

将基本证据固定到位，然后“抓一放三”，将高某喜涉嫌刑讯逼供的犯罪事实彻底查清。高某喜被县法院作出有罪判决。桃源县公安机关在对队伍教育整顿中，将该案作为反面典型进行剖析，收到较好的警示效果。

2008—2012 年，全市检察机关反渎部门立刑讯逼供案 2 件。石门县院立案查处县公安局刑侦队原副队长唐某治涉嫌刑讯逼供致人重伤案。市人民检察院接到群众对唐某治的举报后，将案件交石门县院查处。石门县院于 2008 年 6 月 11 日立案侦查。2009 年 8 月 14 日，石门县院以故意伤害罪对唐某治提起公诉。石门县法院于同年 12 月 30 日判处唐某治无罪。宣判后，石门县院向常德市中级人民法院提出抗诉，市人民检察院支持抗诉。2010 年 8 月 20 日，市中级人民法院作出终审判决：撤销石门县法院石刑初字第 115 号刑事判决；唐某治犯故意伤害罪，判处有期徒刑 3 年，缓刑 5 年。

2013 年，武陵区院通过西洞庭公安分局留置室内嫌疑人王某某非正常死亡事件，成功侦破该局刑侦大队易某、熊某光、刘某涛、田某忠、张某等 7 人涉嫌刑讯逼供、玩忽职守案。易某等人对留置人员采取罚跪、用木棍压腿等刑讯逼供行为，致王某某在留置室内死亡。该案侦查终结后，移送审查起诉 5 人，移送审查不起诉 2 人。公诉部门起诉 5 人，武陵区法院有罪判决 5 人。

2014—2015 年，全市检察机关反渎部门没有查处司法工作人员刑讯逼供案件。

第三节　查处玩忽职守犯罪

1988—1992 年，全市检察机关法纪检察部门共立玩忽职守案 190 件（1988 年 13 件、1989 年 32 件、1990 年 48 件、1991 年 41 件、1992 年 56 件）。该时期，玩忽职守案件主要集中在商贸流通领域中的购销活动和信贷活动及重大责任事故背后的法律责任追究。1989 年 5 月，汉寿县院立案查处该县周文庙乡副乡长马某琦玩忽职守案。5 月 25 日，马某琦接受县防汛防旱指挥部下达的洪道芦苇扫障任务。5 月 27 日，马向该乡乡长袁某汇报后，于是日下午召开各村村主任会议布置任务。5 月 28 日，马又召集担任扫障任务的 7 个村村主任及乡水电站党支部书记周某政和芦苇场职工马某信、蒋某义开会，强调扫障任务要在 5 月 29 日完成，由“汉纸公务号”船运送 4 个村的 400 多名民工。当时有的村主任提出，民工太多，要求再租一艘机动船。马某琦问芦苇场职工马某信、蒋某义，每船一次能载多少人，往返需多长时间。马某信回答，一船能装七八十人，往返一趟约半个小时。马某琦没有采纳增加船只的建议，只到宝塔河渡口察看了一下渡运情况后，便擅离岗位，搭便车到县城出差去了。5 月 29 日上午 10 时许，马某信、蒋某义驾驶的“汉纸公务号”渡运第七船民工时，运回部分已完成任务回家的民工。在码头候渡的几百名民工，急于过河完成任务，未等船靠稳，便争先恐后上船，限乘 10 人的机动船却装了 132 人，除 2 人进舱外，其余都拥挤在船头、船尾和左右甲板及顶棚上。因船严重超载，重心失衡，面临翻沉的危险。但马某信、蒋某义未采取任何安全措施而冒险开航。当船行驶到航道二号白浮标时，马某信操舵绕白浮标外侧向上游行驶。由于船体重心升高，受水流冲力，左右摇晃加剧。船驶过白浮标 15 米时，由于操舵力和舵压力，船体向左倾斜。马某信又改用左舵，致使船体在左舵效力和水流冲力的作用下，从左摆向右，横倾力增大，向右倾斜，右甲板进水。站在右甲板上的部分民工相继跳水，船体失去平衡，急速向左倾覆，包括马某信、蒋某义在内的船上 134 人全部落水，除 79 人幸存外，淹死民工 55 人，造成直接经济损失 20 余万元。这起特大翻船事故发生后，汉寿县院当即组成 29 人的办案组，赶赴现场侦查，仅用 5 天时间，调查走访 200 余人，取证 200 余份，查清了全案基本事实和基本证据。县检察院于 1989 年 6 月 23 日向汉寿县法院提起公诉，县法院于 1989 年 7 月 26 日对马某琦以玩忽职守罪判处有期徒刑 3 年；对船只驾驶员马某信、蒋某义以交通肇事罪各判处有期徒刑 4 年。1990—1991 年，全市检察机关法纪检察部门，结合办案中发现的问题，帮助企业整章建制，参与整改，预防和查处玩忽职守案件取得了好的效果。桃源县院根据县氮肥厂玩忽职守问题突出，损失严重，事故隐患多的情况，从查处玩忽职守案件入手，在该厂建立联系点，通过办案和办点服务，该厂生产出现新面貌，经济效益明显提高。全市法纪检察部门共发出检察建议 182 条，做到件件有督促，有反馈。澧县院总结的《检察建议跟踪考察信息反馈》的经验材料被《法制日报》《湖南检察》等报刊采用。1992 年，全市检察机关法纪检察部门立案查处玩忽职守案件 51 件，其中在经贸活动领域查处这类案件 34 件，占玩忽职守案件的 66.7%。检察机关在办案中，既依法追究涉案人员的法律责任，又努力为发案单位挽回损失。如武陵区院先后在湘北工贸进出口公司、市金属公司等单位查处玩忽职守案，追回犯罪造成的损失 74 万余元。石门县院在县物资系统查办玩忽职守案件，为企业追回经济损失 40 余万元。

1993—1997 年，全市检察机关法纪检察部门正确处理打击与保护、办案与服务的关系，为经济建设保驾护航。全市共立玩忽职守案 111 件（1993 年 31 件、1994 年 20 件、1995 年 21 件、1996 年 16 件、1997 年 23 件）。1993 年，市人民检察院查处市棉麻公司驻广州经营部经理朱某喜特大玩忽职守案，案值 1000 余万元，涉及长沙、岳阳、娄底、常德和广东省多地。经过近半年的艰苦努力，查清了案情，将案件起诉到人民法院，挽回经济损失 500 余万元。全年共为国家和集体挽回经济损失 1063 万元。1994 年，全市检察机关法纪检察部门通过查处玩忽职守案件，为国家和集体挽回经济损失 518.5 万元。临澧县院发现该县供销社永盛实业公司某副经理将 55 万元货款错误记入湖北松滋县某综合经营部张某勇个人账户。县检察院仅用 4 天时间，就将全部货款追回，避免了该公司的损失。临澧县委、县政府对法检股集体通报表彰、记功。1995 年，全市检察机关法纪检察部门注重查处重大责任事故案件背后和商贸流通领域的玩忽职守案件。石门县院全年共受理这两类案件各 10 件，经初查后立案 4 件，为国家和集体挽回了损失。鼎城区院在该区粮油公司查处玩忽职守案件，挽回经济损失 130 多万元。全市检察机关共挽回经济损失 460 余万元。1996 年，全市检察机关法纪检察部门查处重大责任事故案件背后的玩忽职守案件 16 件。如鼎城区院立案查处的西洞庭造纸厂有关人员严重违反现金管理规定，将巨额现金存放在厂财务科过夜，致巨额现金被盗的玩忽职守案。该厂财务科科长黄某军、出纳员王某犯玩忽职守罪，被鼎城区院作出免诉处理。是年，全市检察机关平息纠纷和处理突发事件 42 起，为政府排忧解难，为人民群众办实事，维护了社会稳定。市人民检察院和澧县、安乡、津市、临澧、石门、鼎城等基层检察院在处理群众上访，因行政执法引起的上诉等事件、纠纷方面都做出了成绩，受到党政部门和社会的好评。1997 年，全市检察机关渎侦部门注意深挖其他犯罪后面国家工作人员的玩忽职守案件。如市人民检察院和武陵区院从一起民事案件中查处了华电技贸综合开发公司法人代表方某诈骗案，又从该诈骗案件中查处了华南光电仪器厂销售公司经理刘某权（副处级）玩忽职守致使 88 万元国有资产流失的涉嫌犯罪案件。

1998—2002 年，检察机关查处玩忽职守罪的主体限定为国家机关工作人员，全市检察机关渎侦部门共立玩忽职守案 28 件（1998 年 10 件、1999 年 6 件、2000 年 4 件、2001 年 7 件、2002 年 1 件）。1998 年，围绕服务党的工作大局和维护社会稳定查处玩忽职守案件。如石门县院主动配合县委、县政府，对农民群众反映强烈的该县农村合作基金会进行清理整顿，发现县经管局局长朱某初、副科长张某海有严重玩忽职守、滥用职权行为，及时报请县委后对二人以涉嫌玩忽职守罪立案侦查，受到县委领导的充分肯定。1999 年，针对全市农村合作基金会管理人员玩忽职守、滥用职权致使借贷出的股金无法收回的情况，组织人员深入全市有关部门，进行专题调查，了解现状，分析原因，研究对策，供党委和政府部门参考。并对农经管理局的工作人员（即基金会负责人），是否为国家机关工作人员、是否为玩忽职守罪的主体，从不同角度进行论证和探讨，在办案中探索，在探索中办案，积累了实践经验。2000 年，查处玩忽职守案 4 件，占立案数的 12.5%，立案查处滥用职权案 14 件，占立案数的 43.75%。从是年开始，滥用职权案件所占比例幅度增大，玩忽职守案件比例幅度减少。2001 年，市人民检察院和武陵区院共同查处常德市德山经济开发区管委会保密员吕某芳涉嫌过失泄露国家秘密案（系全省首例新领域、新罪名案件）。吕在工作中保密观念淡薄，工作严重失职，致使丢失中央、省级文件 75 份，其中绝密 1 份、机密 5 份、秘密 29 份。吕被武陵区法院一审判处有期徒刑 1 年，缓刑 1 年。

2003—2007 年，全市检察机关渎侦（反渎）部门共立玩忽职守案 40 件（2003 年 3 件、2004 年 11 件、2005 年 6 件、2006 年 10 件、2007 年 10 件）。临澧县合口镇烟花爆竹爆炸致 49 人伤亡特大事故背后的渎职犯罪案件。县公安局危暴大队大队长王某林涉嫌玩忽职守罪，县检察院起诉后，被县法院一审判处有期徒刑 1 年，缓刑 2 年。常德市国税局一分局税收征管员李某珍、征管科科长刘某庆、副科长郭某等 5 人在对所辖企业常德市对外贸易潇湘实业总公司的税收征管工作中，严重不负责任，致使潇湘公司虚开电脑版增值税专用发票 95 份，价税合计 8500 余万元，税款 1200 余万元，并接受虚假的 803 份增值税专用发票进行抵扣，价税合计 8411 万余元，销项和进项价税合计近 1.7 亿元，至案发尚有税收损失 495 万元无法追回。2004 年 4 月，5 人相继被市人民检察院以涉嫌滥用职权罪、玩忽职守罪立案侦查，移送审查起诉 4 人，公诉部门起诉 1 人。澧县院立案查处该县闸口乡企业管理站站长唐某国、干部向某林涉嫌玩忽职守案，二人均系闸口乡安全领导小组成员。2003 年 4 月，闸口乡政府决定对全乡的矿山企业停产进行全面清理整顿。二灰矿在整顿后向乡政府提出复工申请，唐某国在未组织安全检查验收的情况下，即同意该矿复工。且和向某林在对二灰矿的安全停业检查中，发现该矿存在重大安全隐患，未采取有效措施，仅仅下达了安全监察指令书。由于二人对工作严重不负责任，使安全检查流于形式，以致该矿冒顶塌方，造成 3 人死亡的重大责任事故。二人均被法院判处有期徒刑。武陵区院查处了常德市市政建设总公司市政设施维护部“110”联动服务工作人员廖某涉嫌玩忽职守案。2004 年 3 月 2 日 10 时 50 分和 11 时 50 分，廖某先后两次接到本公司经理电话，获悉常德市滨湖东路紫桥风采超市门前一井盖丢失，要其尽快去现场处理。廖接电话后，自认为是雨水花板坏了，不是丢失的井盖，打算修好“110”维护车后再去。13 时 30 分，武陵区北正街小学五年级学生张某雪上学途经滨湖东路紫桥风采超市时，不慎掉入无盖流泥井中，溺水身亡。廖某身为“110”联动服务工作人员，负有履行市政公用排水管道井盖管理维护职责，但接电话后，不按规定及时履行职责，导致 1 人死亡的严重后果，其行为已构成玩忽职守罪，区法院判处廖某有期徒刑 1 年，缓刑 1 年。2004 年 12 月 21 日 7 时许，常德市桥南市场电子通讯城门面因电视机内部故障引发火灾，投资 2000 余万元的桥南宾馆及裙楼被烧毁，火灾蔓延至整个桥南市场，造成固定资产损失 7754.18 万元、直接财产损失 18758 万元、死亡 1 人的严重后果。桥南市场管委会原主任、中共常德市桥南市场工委副书记、桥南市场开发总公司经理曾某，中共常德市桥南市场工委原委员、桥南市场开发总公司副总经理曾某春，两人受鼎城区委、区政府委派到桥南市场开发总公司从事公务，在桥南市场东大门改造工程中，不认真履行职责，明知桥南市场东大门改造工程超过规划部门的审批权限，既不提出反对意见，也不制止，任其动工违法建设；明知桥南市场东大门改造工程新建的桥南宾馆及其裙楼，不符合消防要求，未经有关部门验收合格，也不提出异议，任其投入使用。桥南宾馆及其裙楼的违法建筑，与桥南市场“12·21”特大火灾的火势蔓延及损失扩大有一定的因果关系，二人的行为涉嫌玩忽职守罪，被常德市、鼎城区两级人民检察院查处。鼎城区法院依法以玩忽职守罪判处曾某有期徒刑 3 年，缓刑 3 年，判处曾某春有期徒刑 2 年，缓刑 2 年。该案被市人民检察院评为优案通报表彰。2005 年，市人民检察院立案查处湖南三江电力有限公司财务部原部长唐某初在企业改制期间涉嫌玩忽职守，造成国有资产流失 600 余万元案。通过该案，又一并查处湖南三江电力建设实业有限公司原总经理刘某平、财务科原科长喻某辉、原会计喻某平、原出纳文某 4 人涉嫌贪污窝案，为国家挽回经济损失 80 多万元。4 人均被人民法院判处有期徒刑。澧县院查处该县甘溪滩镇林业管理站皮某建、雷某严重不负责任，导致滥伐林木80立方米的涉嫌玩忽职守案。二人均被人民法院作出有罪判决。2006年，全市检察机关查处重大责任事故背后的玩忽职守案件。年初，市人民检察院和石门县院共同查处石门县壶瓶山钟凯煤矿重大责任事故案背后的玩忽职守案，并将两案并案查处。构成重大责任事故罪的4名被告人和涉嫌玩忽职守罪的被告人壶瓶山安监站站长叶某华均被石门县法院作出有罪判决。该案的查处引起石门县委、县政府对矿业安全工作的高度重视，得到社会一致好评。市人民检察院参与桃源县木塘垸乡杉木塘村"6·8"烟花爆炸死亡3人、重伤1人案的调查工作；参与石门县蒙泉镇天德石膏矿坍塌事故案（死亡9人、重伤3人）的调查处理工作；参与桃源县二中80余名学生群体性食物中毒事件调查工作，发现一批涉案线索。严肃查处司法机关工作人员涉嫌玩忽职守案件。4月24日，临澧县看守所副所长颜某勇、干警金某州，在押解2名"法轮功"邪教犯罪嫌疑人出所治病返回看守所途中，违反规定，擅离职守，致使两名犯罪嫌疑人脱逃，造成恶劣社会影响。市人民检察院会同临澧县院迅速介入此案，对颜某勇以涉嫌失职致使在押人员脱逃罪立案查处。9月18日，县法院对颜某勇作出有罪判决。严查重大经济犯罪案件背后的玩忽职守案件，确保国家和人民财产安全。鼎城区院查处区交通局计财股股长兼主管会计丁某萍、计财股副股长赵某宏涉嫌玩忽职守罪致该局出纳员张某翎先后多次共挪用公款360多万元并携款潜逃案。鼎城区法院对丁某萍、赵某宏以玩忽职守罪分别作出有罪判决。2007年，全市检察机关立案查处了一批破坏土地、森林资源的玩忽职守案件。如桃源县院立案查处该县林业局理公港镇林业站工作人员李某雄违法发放林木采伐许可证涉嫌玩忽职守案。李某雄违法给他人办理林木采伐许可证致国家二级保护植物香樟被违法采伐73株、14.96立方米，7月13日，检察人员赶到现场时才被制止。李被县法院作出有罪判决。鼎城区院查处花岩溪管理处林业站站长杨某富涉嫌玩忽职守案。杨在花岩溪管理处西冲分场采伐林木时不履行监管职责，致使分场超强度、超指标采伐，造成2654.5立方米森林蓄积被破坏的严重后果，杨被区法院作出有罪判决。澧县院查处该县如东乡安全生产管理办公室主任龚某柏、县交通运输局安全科技股股长朱某军、澧县地方海事处负责人兼澧县船舶检查处负责人雷某杰涉嫌玩忽职守案。因他们3人玩忽职守，致如东乡牌北村村民王某某私自请人打造渡船，在未经有关部门批准验收的情况下，下水试航并非法运营，造成2人死亡的重大事故。3人均被县法院作出有罪判决。

2008—2012年，全市检察机关反渎部门共立玩忽职守案48件（2008年10件、2009年2件、2010年9件、2011年10件、2012年17件）。2008年，市人民检察院带头查办大案要案。在查处常吉高速系列案时，为办好湘西自治州人大常委会副主任游某某（副厅级）涉嫌玩忽职守、受贿、贪污、巨额财产来源不明案及系列案，市人民检察院反渎局副局长李拥军和侦查室主任许文毅、伍建平等，长期奔波于长沙、吉首、武汉、北京等地，有时长达两个多月不能回家也毫无怨言。市人民检察院在办案中起到以点带面，推动全市反渎工作持续发展的作用。是年，由市人民检察院直接督导、指导下级人民检察院办案

27 件，交办、督办、转办案件 31 件。武陵区院、汉寿县院查处农机监理人员的涉嫌玩忽职守等案件。2009 年，全市检察机关反渎部门在办案中因地制宜，选准方向，形成品牌，做成本地特色。如桃源县院另辟蹊径，查处城建、规划等部门工作人员在审批房产开发商容积率申报上的玩忽职守等渎职案件。2010 年，查处司法领域和国土、林业部门的玩忽职守案件。市人民检察院查处德山监狱五监区监区长段某文、分监区长黄某涉嫌失职致使在押人员脱逃案，二人均被武陵区法院作出有罪判决。2011 年，市人民检察院运用侦查“一体化”机制查处常德市医保处副主任许某强涉嫌玩忽职守案、受贿案。为查处该案，抽调武陵、临澧、白洋堤等检察院的干警参与办案，促进了该案的快速侦结。许某强被武陵区法院作出有罪判决。2012 年，市人民检察院反渎局发挥示范作用，带头办案，为基层检察院排除干扰，化解阻力，在突破案件上发挥积极作用。汉寿县院在查处常德市首例因公安干警玩忽职守导致 4 名在押人员感染艾滋病毒案时，市人民检察院迅速与侦监部门衔接，及时发现、解决证据上存在的问题，确保案件的顺利进展。石门县房地产管理局国有土地征收管理办公室主任易某海，对工作严重不负责任，致 200 万元安置房资金造成损失，被石门县院查处。县法院对易某海作出有罪判决。

2013 年，全市检察机关反渎部门共立玩忽职守案 18 件，重点查处一批事关人民群众身体健康的玩忽职守案件。2012 年 7 月，常德特大“地沟油”案在桃源县陬市镇侦破后，桃源县院及时查处吴某松等 15 人生产销售地沟油案背后的渎职犯罪案件，分别对县质量技术监督局法制监督股股长龙某、县工商局舒某宇以涉嫌玩忽职守罪立案侦查。龙某、舒某宇均被法院作出有罪判决。临澧县院围绕医疗监管部门对“黑诊所”监督缺位，以罚代刑，致使“黑诊所”长期经营，并致人死亡，查处卫生医疗领域涉嫌玩忽职守犯罪 1 件、1 人。嫌疑人舒某庆被县法院作出有罪判决。并案侦查涉嫌非法行医案件 3 件、3 人。

2014 年，全市检察机关反渎部门共立玩忽职守案件 8 件。津市市院查处该市工业和信息化局副局长江某华在淘汰落后产能专项资金的审批过程中，致使国家专项资金被违法骗取 294 万元，涉嫌玩忽职守案。桃源县院立案查处该县国税局稽查局局长杜某伟在资源综合利用中，弄虚作假，纵容企业骗取税款，导致国家税款流失 2000 余万元，涉嫌玩忽职守案。安乡县院查处该县竹林鞭炮厂重大责任事故案背后的玩忽职守案，下渔口镇安监站站长刘某来被法院以玩忽职守罪作出有罪判决。

2015 年，全市检察机关反渎部门共立玩忽职守案 8 件。重点查处危害农村经济建设发展和农民利益的玩忽职守案件。武陵区院从农机领域国家专项补贴入手，查处 3 名国家机关工作人员涉嫌玩忽职守，造成国家农机购置补贴资金损失案件。鼎城区院查处淘汰落后产能申报工作过程中和林权流转登记工作中涉嫌玩忽职守案件 3 人。桃源县院查处在国家牲猪标准化规模养殖场项目建设过程中，涉嫌玩忽职守案件 5 件、6 人。市人民检察院交临澧县院立案查处桃源县住房保障办主任傅某国（副处级）涉嫌玩忽职守案。市人民检察院和安乡县院介入众鑫纸业“8·28”中毒事故调查，立案查处 2 名国家机关工作人员涉嫌玩忽职守案。临澧县院查处该县房产局游某舫涉嫌玩忽职守致使多名购房者被骗案。

第四节　查处徇私舞弊犯罪

1990年，市人民检察院立案查处1件徇私舞弊案件。

1993—1997年，全市检察机关法纪检察（渎侦）部门共立徇私舞弊案35件。针对徇私舞弊案件的涉案人在作案时就作了精心安排，用假相掩盖真相，进行反侦查活动，犯罪行为不易暴露的特点，广辟案源，多方发现线索：从审查批捕、审查起诉和人民法院的审判活动中发现线索；从群众举报中发现线索；从公安、法院、司法、纪检监察机关处理的违法违纪案件中发现线索；从人大代表对司法机关和行政执法机关的评议中，从市委、市人大常委会领导的批示交办中寻找线索。如武陵区院查处的该区公安局预审科预审员周某松涉嫌徇私舞弊案，就是从区法院的刑事诉讼过程中发现的。通过调卷，查明周某松违反诉讼程序，作弊放纵盗窃案犯。周某松被武陵区院免予起诉。是年，全市共立徇私舞弊案6件，全部侦查终结，有5件、8人移送审查起诉，1件、1人移送免诉，人民法院有罪判决1件、2人。1995年，全市检察机关法纪检察部门查处徇私舞弊案件的件数和人数比1994年分别增长35.3%和40%，查处对象的范围有所扩大，共立徇私舞弊案8件、10人。1996年，全市检察机关法纪检察部门共立徇私舞弊案8件。汉寿县院查处该县太子庙派出所李某华徇私舞弊放纵犯罪案，从立案侦查到起诉、判决只用了20天的时间，县法院对李某华作出有罪判决。市人民检察院和澧县院查处澧县澧澹派出所所长朱某军徇私舞弊案时，从查朱的涉嫌贪污行为入手，很快查清了朱某军徇私舞弊案件。朱某军被人民法院判处有期徒刑3年、缓刑3年。全市检察机关通过查办徇私舞弊等案件，共追诉17名逃避法律追究的重大犯罪分子。如桃源县院在查处苏某中非法拘禁一案时，发现苏系一名批捕在逃5年的流氓案主犯，属“严打”对象，故对其以两罪移送审查起诉。石门县院初查5件徇私舞弊案线索，并配合“严打”对原案7名案犯进行追诉。1997年，以查办徇私舞弊案件，带动查处国家工作人员侵权、渎职犯罪案件，总结出“上下联手、左右配合；主动出击、隐蔽密取；多谋善断、证据领先；抓住战机、撕开缺口；集中全力、一举突破；认真研究、快速结案”的48字办案要领。全市检察机关以是年5月省人民检察院法检工作座谈会和8月全市检察机关办案“百日会战”为契机，在较短时间内立徇私舞弊案12件。汉寿县武警战士潘某辉策划帮助特大制贩冰毒案主犯周某荣脱逃（未遂）的涉嫌徇私舞弊案，由市人民检察院侦办，移交军事法院处理。鼎城区尧天坪派出所所长王某贵涉嫌徇私舞弊案。王被鼎城区院查处，区法院判处其有期徒刑1年6个月，缓刑2年。汉寿县院查处该县坡头派出所原所长杨某、预审干警曾某忠包庇重大轮奸犯的涉嫌徇私舞弊案。杨被县法院判处有期徒刑1年，缓刑1年。石门县院查处该县雁池派出所原所长覃某平、副所长覃某翔共同包庇重大强奸、盗窃犯的涉嫌徇私舞弊案，2人均被县法院作出有罪判决。

1998—2002 年，全市检察机关渎侦部门共立徇私舞弊案 29 件。1998 年，共立徇私舞弊案件 8 件。鼎城区院查处的区公安局石板滩派出所所长皮某保涉嫌徇私舞弊案。皮被区法院判处有期徒刑 2 年，缓刑 2 年。1999—2000 年，共立徇私舞弊案 7 件。2001 年，全市检察机关共立徇私舞弊案件 10 件。贯彻高检院、省人民检察院的指示精神，突出查处国家机关工作人员充当黑恶势力“保护伞”的犯罪案件 7 人，其中公安机关执法人员 5 人。市人民检察院和安乡县院查处安乡县公安局法制办原教导员杨某安、大湖口刑侦中队中队长杨某湘涉嫌徇私枉法案。1999 年，两杨将震惊全国的“9·1”特大持枪抢劫杀人主犯之一的陈某清违法取保候审，故意中断案件侦查、移送起诉工作，使案件失去监督，致使陈某清逃脱法律惩处后又伙同他人犯下重庆“6·19”、常德“9·1”等系列特大抢劫杀人案，共杀死 13 人、伤 7 人，抢得现金 56 万余元，抢得“七九”式冲锋枪 2 支。安乡县法院以滥用职权罪判处杨某安有期徒刑 3 年，缓刑 3 年，以徇私枉法罪判处杨某湘拘役 6 个月。市人民检察院和津市市院查处津市公安局第一派出所副所长张某某涉嫌徇私枉法案，津市市法院一审以合同诈骗罪判处其有期徒刑 3 年。2002 年，共立徇私舞弊案 4 件，着重查处“打黑除恶”案件中的国家机关工作人员徇私枉法案件。临澧县院查处县公安局佘市刑侦中队中队长张某涉嫌为该县甘某满恶势力犯罪案通风报信，充当“保护伞”的徇私舞弊案。当年 3 月，张某闻风潜逃，检察机关于是年 12 月 3 日将其抓获归案。张某被人民法院判处有期徒刑。2002 年，全市检察机关渎侦部门为主处理和查处影响社会稳定的事件和案件 10 余件，涉及鼎城区、桃源县、西湖农场等地。两级检察机关的院领导和渎侦部门负责人均及时赶赴现场，妥善处置，很快恢复了社会秩序。

2003-2007 年，全市检察机关反渎（渎侦）部门重点查办司法人员涉嫌徇私舞弊案件，共立徇私舞弊案 18 件（2003 年 6 件、2004 年 6 件、2005 年 3 件、2006 年 3 件）。2003 年 3 月 14 日，肖某涛因涉嫌为潘某销售赃车被临澧县公安局责令停职检查。由于证据不充分，未能及时定性处理。同年 7 月起，肖某涛在明知潘某系临澧县公安局正在侦控的批捕在逃的犯罪嫌疑人的情况下，为了掩盖自己帮助潘某销售赃车的事实，多次用手机与潘某联系，向其泄露公安机关正在对其实施抓捕的信息。2004 年 2 月 13 日下午 4 时许，肖某涛利用担任临澧县公安局看守所管教民警的工作之便，在看守所监房内从潘某盗窃案同案人辛某军（已被判刑）案中查阅到临澧县院指控的辛某某伙同潘某等人盗窃价值 40 余万元汽车犯罪事实的起诉书副本，主动用手机与潘某联系，告知对辛某军起诉书中认定的全部犯罪事实，包括涉及潘某的具体犯罪事实以及案件的定性处理等内容，并交代潘多加注意，不要被公安机关抓获，若被抓获，也不要认账，致使潘某未能及时归案。后经公安机关多方布控才将潘某抓获。检察机关从摸清潘某的基本情况着手，扩大调查视野，在掌握一定证据后，以肖某涛涉嫌帮助犯罪分子逃避处罚罪立案侦查，一并查出肖涉嫌销赃的犯罪事实。县法院以肖某涛犯帮助犯罪分子逃避处罚罪，判处有期徒刑 1 年，犯销售赃物罪，判处其有期徒刑 1 年，决定执行有期徒刑 1 年 6 个月，缓刑 2 年。澧县公安局治安大队副大队长龚某武涉嫌徇私枉法为小集体谋取利益，对 3 名刑事案件犯罪嫌疑人以罚代刑，被市人民检察院立案侦查。人民法院对其作出有罪判决。

2008-2012 年，全市检察机关反渎部门共立徇私舞弊案件 16 件，主要集中在司法和行政执法部门。 2008 年，立徇私舞弊案件 4 件 8 人。2009 年，立徇私舞弊案件 1 件。2010 年，立徇私舞弊案件 3 件。市人民检察院查处市中级人民法院法官王某荣利用职务之便，于 2003 年 3 月—2009 年 4 月，为他人谋取利益，非法收受张某华、唐某军现金 16.1 万元；担任该院经济审判庭、民事审判庭审判员期间，在主审民事案件过程中，利用职务便利为他人谋取利益或违背事实和法律作出枉法裁判，多次收受他人财物折款共计 15.1 万元。王某荣犯民事枉法裁判罪、受贿罪，被澧县法院判处有期徒刑 5 年。市公安局德山分局国保大队教导员张某玉、干警宋某强涉嫌徇私枉法案。2009 年 11 月，张家界市覃某委托宋某强为其涉案的学生潘某办理撤销网上追逃的信息，宋某强又委托张某玉办理。是年 12 月—2010 年 2 月，张某玉和宋某强先后两次以办案民警的身份拿着伪造的材料骗取珠海警方的信任，为潘某办理了撤销网上追逃的记录，致使潘某逃避惩罚。张某玉被武陵区法院判处有期徒刑，宋某强被武陵区法院作出有罪判决。2011 年，立徇私舞弊案件 5 件。安乡县院在查处该县唐家铺派出所原所长常某初涉嫌徇私枉法案时，市人民检察院领导深入办案第一线，协调关系，排除办案阻力，顺利查清该案，常某初被县法院作出有罪判决。2012 年，立徇私舞弊案件 3 件。市人民检察院与安乡县院一道，查处市公安局禁毒支队情报大队大队长尹某涉嫌徇私枉法、受贿案。2007—2011 年，尹某在市公安局税侦支队、经侦支队工作期间，利用负责侦办刑事犯罪案件的便利，先后 4 次非法收受涉案人员周某新、熊某球、徐某国、莫某所送现金共计 32.5 万元。临澧县法院以尹某犯受贿罪，判处其有期徒刑 6 年，并处没收财产 20 万元；尹某的违法所得 30 万元予以收缴。

2013—2015 年，全市检察机关反渎部门共立徇私舞弊案 10 件。2013 年，立徇私舞弊案件 1 件。临澧县院查处邵某军涉嫌徇私舞弊不移交刑事案件。2006—2013 年，邵身为临澧县卫生监督所工作人员或负责人，先后为主办理多起非法行医案件，对应当移送司法机关追究刑事责任的张某刚、罗某珍、蔡某非法行医犯罪案件不移交。邵被县法院作出有罪判决。该案被市人民检察院评为优案通报表彰。2014 年，全市共立徇私舞弊案件 7 件。市人民检察院指导石门县院查处该县公安局皂市派出所教导员谢某勇及同案人梁某涉嫌共同徇私枉法案，2 人均被石门县法院作出有罪判决。安乡县院查处的胡某华、孔某云、周某动植物检疫徇私舞弊案，被市人民检察院评为优案。胡某某身为安乡县畜牧水局食品安全办主任、县饲料管理站副站长、县兽药管理站副站长，徇私舞弊、滥用职权，多次冒用本单位官方兽医之名，伪造《动植物检疫合格证明》，且多次安排、授意该单位检疫人员伪造《动植物检疫合格证明》，致未经检疫的毒狗肉 1000 余公斤流入市场，引发食品安全隐患，造成恶劣影响。县法院以滥用职权罪判处其有期徒刑 6 个月。孔某云、周某身为检疫机构检疫人员，徇私舞弊，伪造检疫结果。人民法院以动植物检疫徇私舞弊罪对 2 人作出有罪判决。办案中，检察机关克服案外干扰，严格执行《领导干部干预司法活动、插手具体案件处理记录、通报和责任追究规定》，得到地方党委、政府的理解与支持。2015 年，全市检察机关反渎部门共立徇私舞弊案件 2 件。津市市院经过缜密初查，查处 1 名公安干警涉嫌帮助犯罪分子逃避处罚的案件。

第五节　查处滥用职权犯罪

1998—2002 年，全市检察机关渎侦部门共立滥用职权犯罪案 38 件（1998 年 3 件、2000 年 14 件、2001 年 10 件、2002 年 11 件）。1998—2000 年，全市检察机关相继在人事、经济管理等行政部门查处涉嫌滥用职权案。如汉寿县院立案查处的该县人事局原党组成员、纪检组长黄某轩滥用职权案。1998 年上半年至 1999 年上半年，黄某轩伪造国家机关印章擅自违规为 19 人办理录干审批手续，将他们非法录用为国家干部。县法院判处黄某轩有期徒刑 3 年，缓刑 5 年。2000 年，桃源县院查处该县陬市镇经管站站长钟某华涉嫌滥用职权案。钟为他人提供担保，借贷人无力偿还，被银行追偿本金 17 万元和利息 8 万元。案件起诉后，县法院对钟作出有罪判决。2001—2002 年，全市检察机关查处一批涉林滥用职权案。2002 年，桃源县院查处该县漆河镇林业站林政组组长徐某军擅自批准超伐人工林木 299 立方米的滥用职权案。徐被县法院判处有期徒刑 1 年 6 个月，缓刑 2 年。

2003—2007 年，全市检察机关反渎（渎侦）部门共立滥用职权案 53 件（2003 年 7 件、2004 年 9 件、2005 年 12 件、2006 年 9 件、2007 年 16 件）。2003 年，安乡县院查处劳动局人才交流中心主任宋某春、县人事局干部考试录用调配股股长罗某湘涉嫌滥用职权案。二人在明知呈报录用名单未获常德市人事局批准的情况下，仍用伪造的印章为他人办理录用干部审批表，先后将 37 人录用为国家工作人员。案件起诉后，二人均被县法院判处有期徒刑。市人民检察院和鼎城区院查处该区石公桥镇夹口村民兵营长潘某前涉嫌滥用职权接送不合格兵员案，是新《刑法》实施以来检察机关查办的第一起涉及征兵工作的新罪名案件。2002 年，冬季征兵时，潘某前明知兵员汪某犯抢劫罪在缓刑考验期内，却在政审时隐瞒事实，让其混入部队，造成恶劣社会影响。潘某前被鼎城区法院判处有期徒刑 1 年，缓刑 1 年。该案 18 名涉案人员均受到党纪、政纪处分。2003 年冬季征兵中，各征兵单位都将该案作为反面教材开展警示教育。2005 年，全市检察机关把目标放在掌握一定职权的行政执法机关、经济管理部门及关系人民群众切身利益、群众反映较多的热点部门摸排线索，相继在国土部门、医疗系统查处滥用职权案件。2005 年 8 月 30 日，市人民检察院对市第一人民医院党委书记、院长易某文（正处级）以涉嫌滥用职权罪，受贿罪立案查处。易某文在 2003 年上半年至 2005 年 8 月，利用职务之便，在工程招标、医疗器械采购、药品采购活动中大肆收受贿赂，数额巨大，涉嫌数罪。2006 年 11 月 24 日，市中级人民法院以受贿罪判处易某文有期徒刑 12 年，并处没收财产人民币 15 万元；以巨额财产来源不明罪判处易某某有期徒刑 2 年，决定合并执行有期徒刑 13 年，并处没收财产人民币 15 万元。其非法所得人民币 398.27861 万元，予以追缴，上交国库。该案是常德市检察机关成功办理的第一起巨额财产来源不明案件。该案案情错综复杂，社会影响大，市人民检察院成立专案组，主管副检察长任组长，并从侦查人才库中抽调 4 名骨干及 1 名电脑高手，对案件全程录音录像，专案组下设审讯、调查、追赃、综合协调等组，办案人员实行“贴身监护”，由法警执行押解任务，确保办案工作顺利进行。2005 年，津市市院查处津市烟草公司彭某元滥用职权犯罪案件。彭于 2003 年 3 月 10 日将 3 月 8 日晚收取的两客户的购烟货款 64 万元，从仓库提出后，携款潜逃，挥霍一空，彭被津市市法院判处 10 年有期徒刑。2007 年，市人民检察院查处的中央储备粮常德直属库主任吴某勋涉嫌滥用职权、受贿案。吴某勋利用职务之便，多次单独非法收受他人现金 1.9 万元，在收购托市点上报方面为他人谋取利益；伙同其情妇周某峥共同收受他人现金及物资折款共计 27.5 万余元。吴某勋滥用职权，在中央储备粮轮换过程中，违法擅自决定以早稻充作晚稻，骗取国家粮食轮换费用补贴款 486 万余元。鼎城区法院以吴某勋犯受贿罪，被判处其有期徒刑 10 年；犯国有企业人员滥用职权罪，判处有期徒刑 3 年，决定执行有期徒刑 12 年。周某峥犯受贿罪，判处有期徒刑 10 年。该案是湖南省检察机关查处的第一例利用特定关系受贿案。检察机关还通过该案查处了该库副主任严某某等 4 人涉嫌受贿系列窝案、串案。通过深挖，又查处了鼎城区粮食局周家店购销站主任周某华、牛鼻滩粮食储备库主任石某平利用职务之便，分别涉嫌挪用公款案 82 万元、97 万元案，2 人被鼎城区法院分别判处有期徒刑 9 年、10 年。

2008—2012 年，全市检察机关反渎部门查处能源资源和生态环境等领域滥用职权等渎职犯罪，共立滥用职权案件 79 件（2008 年 23 件、2009 年 25 件、2010 年 15 件、2011 年 9 件、2012 年 7 件）。针对全市破坏森林资源犯罪屡禁不绝的情况，全市检察机关反渎部门开展重点惩治破坏森林资源的渎职犯罪专项活动。2008 年，检察机关在查处桃源县郝坪林业站工作人员王某夫、王某勇、王某华滥用职权案时，王某夫拒不供认犯罪事实，其儿子在“尚一网”上发帖，污蔑检察机关超期羁押和收取保证金。办案干警一方面及时回帖，澄清事实，取得广大网友的理解和支持；一方面广泛收集外围证据。王某夫在“零口供”的情况下，被桃源县法院判处有期徒刑 2 年。桃源县院查处危害森林资源，涉嫌滥用职权等渎职犯罪案件 11 件、15 人。澧县院重点查处危害土地资源的涉嫌滥用职权等渎职犯罪案 10 件、13 人。省人民检察院推广桃源县院、澧县院开展专项活动的经验。同年，根据省人民检察院指定，由市人民检察院副检察长欧阳志恒带队，抽调市人民检察院和津市、桃源、临澧等人民检察院反渎部门 20 余名办案人员组成专案组，参与办理湘西凤凰县堤溪沱江大桥“8·13”坍塌特别重大事故背后的滥用职权等系列渎职犯罪案件。专案组冒着罕见的冰冻灾害，长驻外地办案达两个多月，圆满完成高检院、省人民检察院交办的任务。2009年，全市检察机关查处滥用职权案件，占立案数的53%，创历年来之最。查处给国家造成重大经济损失的涉土地滥用职权、受贿等案件共33件、35人。市人民检察院从一个村党支部书记受贿案入手，在主管常务副检察长杨建波的带领下，运用侦查"一体化"机制，与从鼎城、桃源、石门、临澧4个基层人民检察院抽调的精兵强将共20余人，组成专案组，连续7个多月，加班加点，共立案查处征地拆迁领域窝案、串案23件、24人（其中副处级1人），涉案资金上千万元。市国土资源局征地拆迁管理处副主任邓某军，在2004年2月—2007年7月，利用职务之便，为他人谋取利益涉嫌多次受贿共计33万元；2000—2002年，利用职务之便，涉嫌贪污89万元。邓被石门县法院判处有期徒刑7年。市征地拆迁管理处总工程师陈某新，在2002—2006年，利用职务之便，为他人谋取利益，涉嫌受贿6.5万元；2000—2006年，利用职务之便，涉嫌贪污42万元和价值10万元的住房两套。陈被石门县法院判处有期徒刑7年。市征地拆迁管理处科长谢某，2001—2009年，利用职务之便，涉嫌贪污40.8万元，为他人谋取利益，涉嫌受贿26万元。谢某被石门县法院判处有期徒刑5年。市征地拆迁管理处副主任吴某雄违反职责规定，马虎草率，不履行监督审查职责，致使陈某伟、许某贵骗取大量国有财产，使国家损失140多万元；利用职务之便，多次收受他人贿赂21.3万元，涉嫌受贿罪。吴被临澧县法院判处有期徒刑5年。武陵区人大常委会副主任、护城乡党委书记吴某华，利用职务之便为他人谋取利益，先后3次收受他人贿赂共计25万元，涉嫌受贿罪。吴被临澧县法院判处有期徒刑5年。市财政局投资评审中心李某，2008年1月—2009年1月，利用职务之便，在土地拆迁补偿预决算费用过程中，为他人谋取利益，先后4次收受贿赂共计10万元，涉嫌滥用职权罪、受贿罪。李被临澧县法院判处有期徒刑10年。2010—2011年，侦查"一体化"机制在全市反渎办案中得到进一步发挥。为办好省纪委牵头的"7·21"专案（怀化市委常委、市委秘书长谌某章涉嫌滥用职权、受贿、巨额财产来源不明案），市人民检察院反渎局在省纪委、省人民检察院领导下，从9个部门和6个基层院抽调侦查骨干，组成70余人的专案组，连续6个多月奔波于长沙、怀化、北京、广州、深圳等地。在专案组全体干警的共同努力下，"7·21"专案取得了良好的办案效果，得到省委常委、省纪委书记许云昭和省人民检察院检察长龚佳禾、副检察长常智余等的充分肯定。许云昭和省纪委三室姚英杰主任分别批示："该案办理有力、有序、有效"，"该案的办理体现了常德检察干警高度的政治素质和良好的业务水平"。2006年11月，谌某章带队为怀化市鹤城区苗圃企业改制引进资金过程中，将鹤城区部分土地以低价转让给唐某某，造成国家经济损失829.47万元。谌某章收受他人贿赂400余万元，犯受贿罪，常德市中级人民法院判处其有期徒刑12年，并处没收财产50万元；谌某章有600多万元财产来源不明，犯巨额财产来源不明罪，判处其有期徒刑2年，合并执行有期徒刑13年。市人民检察院查处的市财政局评审中心主任方某军（副处级），伙同评审专家库存员毕某辉，为某开发公司谋取利益，涉嫌滥用职权、受贿案。方某军受贿60.3万元，被武陵区法院判处有期徒刑6年；毕某辉受贿81.7万元，被武陵区法院判处有期徒刑5年。市人民检察院查处的市公安局西洞庭分局局长刘某（副处级）涉嫌滥用职权、受贿案。2009年8月，刘某在办理一起刑事案件时，刑案当事人董某为得到刘的帮助，趁其到山西太原和自己见面的机会送给刘现金10万元（赃款被刘挥霍）。公安机关解除对董的取保候审，刑案不了了之。刘某被武陵区法院判处有期徒刑5年。津市市检察院查处刘某在担任该市医疗保险处领导时，涉嫌滥用职权、贪污案。刘被津市市法院判处有期徒刑7年。澧县院查处的县规划局副局长杨某国、刘某涉嫌滥用职权、受贿案。杨某国、刘某均被县法院判处有期徒刑。桃源县院查处该县双溪口派出所谢某迅涉嫌滥用职权案。谢某迅在陈某未出具任何有效手续的情况下，先后8次超越户籍员的职权，擅自为陈某出具李某桂等15户配偶属于个人隐私的户籍证明21份，致使陈某利用谢某迅违规出具的户籍证明，伪造贷款资料，自批自贷，先后从双溪口农村信用社发放冒名贷款15笔，共计人民币71万元归已使用。谢被县法院作出有罪判决。2012年，市人民检察院查处的鼎城区公路局副局长黄某等3人在工程监管中涉嫌滥用职权案。黄等3人在负责区内公路工程管理、监理的过程中，对自己单位违规将工程转包的行为不提出异议，对施工队的建设等级资质不进行审查，导致工程质量得不到保证，给国家造成313万元的经济损失。黄某等被鼎城区法院作出有罪判决。

2013—2015年，全市检察机关共立滥用职权案件48件。2013年，立滥用职权案件11件、11人，其中要案1人。市人民检察院从白洋堤、桃源县、汉寿县、安乡县、澧县等基层人民检察院抽调40多名侦查骨干，冒着酷暑，在湖南省怀化市及广东、福建等省内查外调，配合省纪委、省人民检察院反渎局查处原怀化市政协副主席杨某英涉嫌滥用职权、受贿案，共立案11件、11人。其中市人民检察院立案4件、4人，要案1人（怀化市城建局局长杨某仁涉嫌滥用职权、受贿案）。1998—2013年，杨某英利用担任怀化市鹤城区区长、区委书记、怀化市人民政府副市长的职务便利，在征地拆迁、规划调整、规费减免、工程款支付、人事任免等事项中为他人谋取利益，先后收受曾某某、向某某、郑某某、吴某某、谢某某、何某某、杨某等7人贿赂款共计478.633万元及价值8万元尼桑颐达汽车1台，涉嫌受贿罪，还涉嫌巨额财产来源不明罪和非法倒卖土地使用权罪。检察机关对上述案件已提起公诉。2014年，全市检察机关反渎部门查处滥用职权案件15件。市人民检察院与汉寿县院查处中央储备粮汉寿直属库许某伟（正处级）涉嫌滥用职权、受贿案，中央储备粮澧县直属库彭某某（副处级）涉嫌滥用职权、贪污案等8件、8人。市人民检察院整合桃源、石门两基层检察院办案力量，配合市纪委对市政府治沙办进行调查，并立案查处常德市海事局副局长金某银涉嫌滥用职权、受贿案6件、6人。鼎城区院查处该区法院杨某勇利用虚假诉讼涉嫌滥用职权、受贿案和该区大龙站人大副主任白某坤套取粮食补贴和高速公路专项补贴涉嫌滥用职权案等。2015年，全市检察机关反渎部门共立案查处滥用职权案22件。对危害土地资源渎职犯罪案件进行查处。安乡县院以全县土地出让金清查活动为线索，从重点项目、重大资金缺口中发现该县规划局副局长罗某秋等人涉嫌犯罪事实。市人民检察院牵头，整合石门、汉寿等基层人民检察院办案力量，查处原安乡县副县长曾某波（正处级）涉嫌滥用职权、受贿系列案，共立案6件、6人。市人民检察院立案查处桃源县委原副书记唐某勇（正处级）涉嫌滥用职权、受贿案等。桃源、汉寿、石门、津市等基层人民检察院分别查处国土部门工作人员滥用职权等渎职犯罪案件5件、6人。

第六节　查处其他渎职侵权犯罪

1988—1997年，全市检察机关反渎（渎侦、法检）部门查处其他渎职侵权犯罪案件，主要有两类，一是重大责任事故犯罪，共立案查处202件。其中1988年至1992年124件（1988年21件、1989年13件、1990年22件、1991年29件、1992年38件）。1993—1997年79件（1993年21件、1994年16件、1995年12件、1996年17件、1997年13件）。二是查处涉嫌非法侵入他人住宅案件，共立案查处101件（1988年13件、1989年16件、1991年22件、1992年14件、1993年16件、1994年13件、1995年2件、1996年5件）。

查处重大责任事故案件，是一个时期法律赋予检察机关的重要职责。仅1992年，全市因重大责任事故死亡人数达65人，直接经济损失数百万元。1992年，全市检察机关共立涉嫌重大责任事故案38件，占立案总数的21.3%。4月15日，临澧县牛头山石膏矿井塌方，当场压死2名工人。临澧县院依法对颜某祥立案侦查，同时，从促进企业安全生产的目的出发，允许颜某祥戴罪立功，检察机关在查清事故原因和责任的基础上，对颜某祥作出暂缓免诉的决定，并规定考验期，使矿区安全生产出现好的局面。1992年，澧县院认真总结办理矿山重大责任事故案件的经验，分析案件发生的原因和规律，开展专项治理和超前预防措施。全年对200多名乡镇矿长、安全员进行一遍轮训，分片包干深入矿山企业，讲法制课50余次，听众2000余人次。是年，事故发案率比上年降低105%，立案率下降210%。全市检察机关加大对矿山、建筑工地等重大事故多发点的查处和预防工作力度。1993年，桃源县院从访问入手，侦破“8·8”穿水淹井重大责任事故案，由此总结的《坚持三个结合，办理重大责任事故案件》的经验，被省人民检察院转发。1995年，石门县龙池河乡煤矿发生一起重大责任事故。石门县院一边认真查处案件，一边协助县矿管部门组织全县40多个小煤矿主到事故现场召开现场会，以案释法，预防犯罪。石门县院还针对县建筑部门玩忽职守造成人员伤亡的案件，与县安委、建筑部门一道举办厂长、经理和安全员参加的“百人安全培训班”，结合案件讲法制课，取得好的效果。1996年，全市检察机关开展专项治理和现场法制教育，查处和预防安全责任事故。5月，石门县院与县矿管办联合组织矿山企业负责人到县法院旁听对胡某成重大责任事故案件的审理；11月，又在县工业品公司基建工地对该公司全体职工进行安全知识教育。澧县、临澧、石门等基层检察院针对小煤矿事故频发的状况，与县安委、矿产资源等部门，联手开展专项治理整顿活动。澧县院法纪检察部门把查处和预防矿山责任事故当作大事来抓，开展矿山生产安全综合治理，先后在方石坪、球山、易家、六峰、中武等事故多发点建立法制服务联系点，大大减少了事故的发生。1997年，市人民检察院和基层人民检察院先后在安委系统建立检察室8个，加强同劳动生产安全部门的联系，积极参加安全生产活动月宣传活动，宣传贯彻《中华人民共和国矿山安全法》，抓好重大责任事故的预防工作。

查处非法侵入他人住宅的案件。1990年，查处“汉寿洋淘湖农场阳某某非法侵入他人住宅案”等。此外，还查处9件伪证案、8件重婚案、2件诬告陷害案、2件侵犯通讯自由案。如1992年，安乡县院办理的张某炎侵犯公民通讯自由案。对办案中发现的安乡汽车站在接交邮件环节上的漏洞和乘务员潘某的失职行为，发出检察建议，提出4条整改意见，车站方进行整改。

表 3-2

1988—2015 年常德市检察机关办理渎职侵权案件统计表

年度	受案	立案										侦查终结					审查起诉		法院判决		
		合计		刑讯逼供	非法拘禁	玩忽职守	徇私舞弊	滥用职权	重大责任事故	其他	重特大案	合计		移送起诉	移送不诉	撤案	起诉	不起诉	合计		无罪判决
	件	件	人	件	件	件	件	件	件	件	件	件	人	人	人	人	人	人	件	人	人
1988	289	75	89	2	16	13	0	—	21	23	10	73	85	29	47	9	27	45	—	26	1
1989	306	96	127	3	18	32	0	—	13	30	27	80	107	60	43	4	38	37	—	29	—
1990	294	113	159	6	21	48	1	—	22	14	37	100	138	78	60	0	51	49	18	26	—
1991	296	143	171	0	43	41	0	—	29	30	38	131	154	108	39	7	43	41	34	47	—
1992	296	163	195	2	49	56	0	—	38	18	52	155	178	109	62	7	29	48	20	28	—
1993	253	120	160	3	43	31	1	—	21	21	60	99	139	79	50	10	15	31	15	20	—
1994	232	88	122	1	31	20	6	—	16	14	42	85	119	86	24	9	21	19	16	21	—
1995	185	87	104	5	28	21	8	—	12	13	49	81	94	61	28	5	12	7	13	19	—
1996	217	67	96	3	12	16	8	—	17	11	46	62	79	55	21	3	33	6	15	17	—
1997	204	69	89	5	10	23	12	—	13	6	54	64	82	54	17	11	27	4	21	29	—
1998	137	27	33	2	4	10	8	3	/	0	16	25	31	29	0	2	16	3	13	17	—
1999	90	13	18	5	0	6	1	0	/	1	4	13	18	13	3	2	11	1	8	12	—
2000	48	32	42	2	4	4	6	14	/	2	23	25	34	27	5	2	16	3	15	21	—
2001	65	31	39	1	2	7	10	10	/	1	17	23	27	20	4	3	12	1	7	12	—
2002	58	27	33	0	2	1	4	11	/	9	8	21	26	15	7	4	13	0	6	9	1
2003	20	18	23	1	0	3	6	7	/	1	6	23	31	16	6	9	13	0	5	9	1

续表 3-2

年度	受案	立案										侦查终结					审查起诉		法院判决		
		合计		刑讯逼供	非法拘禁	玩忽职守	徇私舞弊	滥用职权	重大责任事故	其他	重特大案	合计		移送起诉	移送不诉	撤案	起诉	不起诉	合计		无罪判决
	件	件	人	件	件	件	件	件	件	件	件	件	人	人	人	人	人	人	件	人	人
2004	45	34	43	1	1	11	6	9	/	6	15	23	29	23	1	5	15	3	12	18	—
2005	46	26	36	0	1	6	3	12	/	4	8	22	28	22	0	6	8	3	6	7	—
2006	44	33	45	0	0	10	3	9	/	11	25	25	32	22	6	4	21	6	13	21	—
2007	44	36	43	0	0	10	0	16	/	10	21	35	41	34	6	1	28	11	17	26	—
2008	61	57	74	2	0	10	4	23	/	18	35	45	59	58	1	0	36	14	15	33	—
2009	58	51	56	0	2	2	1	25	/	21	34	49	55	45	2	8	24	2	8	10	—
2010	46	39	44	0	0	9	3	15	/	12	26	35	40	30	2	8	34	8	20	32	—
2011	29	26	30	0	0	10	5	9	/	2	10	21	24	16	2	6	12	6	5	6	—
2012	38	30	37	0	0	17	3	7	/	3	7	45	53	40	5	8	18	16	12	20	—
2013	41	42	49	7	0	18	1	11	/	5	29	26	32	27	3	2	20	9	12	17	—
2014	41	35	41	0	0	8	7	15	/	5	12	32	35	29	2	4	23	1	11	13	—
2015	72	33	46	0	0	8	2	22	/	3	22	35	46	38	3	5	33	6	16	23	—
合计	3556	1612	2044	51	287	451	109	218	202	294	729	1453	1816	1223	449	144	652	383	350	571	3

说明：“□”表示无数据，“/”表示无管辖

第三章　职务犯罪预防

2002年以前，检察机关的职务犯罪预防工作，由各业务部门根据职能结合办案一并进行，主要由反贪部门负责。遵照“打防并举”的基本原则，在查办各类经济职务犯罪案件的同时，开展个案预防，提出检察建议，进行法制宣传和预防对策研究等多项工作。1997年9月，省人民检察院在衡阳市召开自检察机关恢复重建以来的第一次预防职务犯罪工作会议。1998年，高检院召开检察机关预防职务犯罪工作座谈会，1999年发布《关于加强预防职务犯罪工作的意见》。2000年10月，召开首次全国检察机关预防职务犯罪工作会议。年底，高检院下发《关于进一步加强预防职务犯罪工作的决定》，提出积极探索建立专门预防和系统预防、检察机关预防和社会预防相结合的预防职务犯罪工作机制。为贯彻全省预防职务犯罪郴州会议精神，2001年6月，市人民检察院向市委写出《关于开展预防职务犯罪工作的情况报告》，7月，全市检察机关分别调整以检察长为组长的市、县两级预防职务犯罪领导小组，形成“党委、政府统一领导，领导小组组织协调，各部门齐抓共管，全社会参与支持，检察机关发挥职能作用”的预防职务犯罪工作格局。市人民检察院设立职务犯罪预防科，各基层人民检察院也设立机构或明确专干。2003年4月8日，调整常德市预防职务犯罪工作领导小组成员，由市委副书记戴军勇任组长，市委常委、市委政法委书记胡宗清、市人民检察院检察长杜辉才任副组长，领导小组下设办公室，副检察长周奔红任办公室主任。职务犯罪预防工作重点抓好“三个预防”：在职务犯罪发案单位进行个案预防，在易发领域进行系统预防，在公共投资、重点建设项目中进行全程专项预防。预防途径和载体主要是进行职务犯罪预防调查和研讨，撰写职务犯罪分析报告和年度综合报告，与自侦部门建立侦防一体化机制，向相关部门提出检察建议，组织警示教育，开展预防宣传、预防咨询、预防理论研究和廉政文化建设及预防工作法治化建设，受理行贿档案查询等。全市检察机关预防职务犯罪工作由“重打轻防”向打防并举、预防在先转变；预防体系由检察机关单打独斗向专业化与社会化相结合转变；预防程序由随意性向规范化转变；预防对象由注重普及面向点面相结合转变；预防环节由末端性向源头性转变；预防方式由个案式向个案式与类案式相结合转变；预防力量由分散性向一体型转变；预防考核由专业性向专业性与综合性相结合转变。全市检察机关与70余个行政执法部门、经济管理部门、国有企业、股份制公司等建立预防职务犯罪工作领导小组，形成比较完善的检察预防和社会预防相配合的工作体系。2008—2015年，常德市检察机关预防职务犯罪的工作一直排名全省前列，受到中央政法委领导、高检院领导、省委领导和省人民检察院领导的高度评价。

第一节　个案预防

1997—2001 年，检察机关的预防职务犯罪工作被纳入全市综合治理的范畴，其任务主要由反贪部门承担。全市共成立预防工作专门机构 8 个，建立社会化预防工作联系点 148 个，开展个案预防 244 个，上法制课 300 余场，受教育人数 2 万余人次，建立预防警示教育基地 16 个，发出检察建议 268 条，为减少和遏制职务犯罪起到较好作用。1997 年，全市检察机关坚持打防并举，结合办案开展法制宣传，上法制课 79 场，开展个案预防 69 个，同步预防 64 次，行业预防 57 次，撰写预防调研文章 18 篇。市人民检察院根据对个别案件的调查结果及时进行个案预防，先后到常德师专、市烟草公司上法制课，进行预防宣传，得到发案单位的一致好评。1998 年，全市检察机关采取个案预防与行业预防并举的措施，将重点放在发案率居高不下的金融单位和亏损企业，进行个案预防 47 个，同步预防 37 个，行业预防 36 个，建立预防联系点 39 个，签订预防犯罪协议 40 份，发放预防犯罪检察建议 35 份。大部分预防联系点都写了调查报告、工作总结，所发放预防建议收到大部分回复，预防效果较为明显。澧县院在县汽车运输公司查处该公司经理帅某文涉嫌贪污案时，发现该公司在短短几年时间由一家盈利企业成为亏损达三四百万元的亏损大户，公司干部职工思想情绪不稳定，影响了该公司的生产。县检察院结合办案帮助公司做好职工的思想工作，并督促公司成立清收清欠领导小组，规范公司澧县至虎门路线承包制度，帮助建立停车场等，使公司的生产经营迅速恢复发展。该公司 30 余名干部职工代表给县检察院赠送题有“宋时包拯执法严，寇准背靴谱新篇，枯树新藤盘根绞，法网恢恢百姓赞”的明镜匾牌，表达他们的感激之情。1999 年，全市检察机关以个案预防带动一般预防，点面结合开展行业预防，实施同步预防，收到明显效果。如武陵区院查处农行武陵支行汉寿街储蓄所所长刘某挪用公款大案，刘被判刑 20 年。市人民检察院与武陵区院向农行发出检察建议，在储蓄、借贷、结算、稽核、审计等方面帮助农行整章建制，加强管理，严格执行制度，不给犯罪分子以可乘之机，并以此为契机在整个金融系统开展预防。1999 年，全市金融系统只发生贪污贿赂和挪用公款案件 15 件，比 1998 年的 26 件下降 42.3%。全年发出检察建议 119 条，上法制课 53 堂，受教育者一万余人次。2000 年，全市检察机关将预防职务犯罪工作纳入综合治理范畴，积极参与全市建设领域专项治理工作，从源头遏制腐败。同时深入非正常亏损国有企业调查研究、帮助整章建制，共提出检察建议 123 份。全市检察机关共建立行业预防和重点预防联席点 33 个、个案预防 51 人，召开联席会议 61 次。市人民检察院在市农资总公司结合办案给该公司干部职工上法制课，帮助企业整章建制堵塞漏洞，规范公司的经营管理行为，公司业绩显著增长。市人民检察院在津市造纸厂结合办案，提出检察建议。是年，该厂节约生产成本 100 多万元，出现产、销两旺好势头。石门县院在企事业单位举办 8 次反腐倡廉图片展览，给企业行管人员和营销人员上了 12 堂法制教育课，分发 1.1 万份宣传资料，现场为 100 多名企业干部职工提供有关法律政策咨询。2 月，县检察院在查办湖南霸道水泥有限公司部门经理刘某祝等人涉嫌贪污案后，县检察院检察长亲自带队给公司二层骨干上法制教育课，共同探讨预防犯罪的对策，帮助整章建制，规范公司的经营管理行为。2000 年第二季度，公司水泥生产量同比上升 32%，生产成本消耗反而下降 4%，销售资金回笼和完成利税同比上升 32%和 8%。2001 年，全市检察机关预防工作共建立职务犯罪工作预防联系点 27 个，召开职务犯罪预防工作协调会 50 余次，开展个案预防 43 个，并推行“五个一”的工作责任制：每办一案一立项；与发案单位开一次座谈会，共同分析发案原因；查找管理上的漏洞，提一份检察建议；上一堂法制教育课，扩大教育效果；进行一次回访考察，督促发案单位制定整改措施，督促检察建议的落实。力争达到查办一案，教育一方，预防一片的社会效果。是年 3 月，市委举办全市主要领导干部培训班，市人民检察院检察长杜辉才结合检察机关查处和预防职务犯罪的情况，给培训班 200 余人上了一堂反腐倡廉的法制课，反响强烈。市人民检察院结合办理市工商银行汉寿县支行徐某安特大贪污案，给市工行的 400 余人上法制教育课，起到很好的预防作用。澧县院在查办县税务局第四分局干部黄某某挪用公款案后，进行“五个一”个案预防，县税务局认真整改，完善各种制度，做到有章可循、责任分明。

2002—2007 年，全市检察机关实施对职务犯罪的“四项预防”：通过在全社会进行预防职务犯罪宣传教育，促进社会预防；结合办案发出检察建议等进行个案预防；深入分析职务犯罪规律和特点，推动系统预防；深入犯罪多发行业、部门和单位，协助其增强防范和控制能力，实施重点行业预防。2002 年，共建立预防工作联系点 33 个，召开联席会议 34 次，提出检察建议 29 条，开展个案预防 27 个。白洋堤院通过查办监狱警察欧阳某辉受贿案，发现该监狱在办理服刑人员减刑、假释和保外就医过程中存在暗箱操作、权钱交易的严重问题。该院有针对性地开展个案预防，提出检察建议，帮助监狱完善各种制度，与监狱联合下发《关于加强联系与配合，共同开展预防职务犯罪工作的通知》，制定《关于加强监狱预防职务犯罪工作的若干规定》，在全省监狱系统率先建立预防监狱司法人员职务犯罪网络，收到预防职务犯罪的效果。白洋堤院在湖南省津市监狱开展个案预防的检察建议被省人民检察院选送到高检院参加全国优秀检察建议的评选。石门县院针对国有企业改制中出现的职务犯罪、临澧县院针对该县地税部门出现的职务犯罪案例开展的个案预防，都收到较好的效果。2002 年，市人民检察院被高检院确定为预防职务犯罪“百家联系点”之一。2003 年，以检察机关为主体，以相关职能部门为依托，覆盖全市重点领域、重点部门，上下相连、左右贯通的预防职务犯罪体系开始形成。4 月，市人民检察院在德山监狱建立预防职务犯罪警示教育基地，先后组织金融系统 208 名副科级以上干部前往基地，观看劳动改造过程，听在押职务犯罪服刑人员现身说法，联系实际组织讨论，举行廉政宣誓，让大家接受廉政文化洗礼。11 月，市人民检察院协助市委，组织全市近 800 名处级干部及家属观看预防职务犯罪题材的大型花鼓戏《但愿人长久》。12月，全省预防职务犯罪工作现场会在常德召开，市人民检察院介绍预防职务犯罪的工作经验。2004年，共开展个案预防45件，占侦查终结案件数的72.7%，均符合个案预防“五个一”的要求。如市人民检察院对中国建设银行常德市分行助理经济师罗某贪污案进行个案预防，科学归纳致罪因素，深刻剖析发案原因，提出有内容、有分析、有措施的检察建议，帮助整章建制，做到办理一件案件，完善一套制度，教育一批干部，治理一方环境。中国建设银行湖南省分行以此为鉴，向全省建行系统下发关于开展员工不良行为排查活动的通知。2005年，全市检察机关坚持惩治与预防并重，注重预防的方针，共召开预防联席会47次，提供预防咨询31次，上法制课28场，进行警示教育20次，实施重点预防项目20个，个案预防44件。津市市房地产管理局地产交易管理所所长滥用职权，违规办理房屋所有权证等，致使公共财产遭受重大损失。津市市院在该单位进行个案预防，让大家接受教训，正确行使权力，进一步规范交易秩序。澧县文化局稽查队队长黄某友利用管理和查处网吧违法经营活动的便利，采取直接收受和强索硬要的手段受贿12000元，被人民法院判刑1年，缓刑1年。澧县院结合该案进行个案预防，帮助净化文化市场环境，受到群众欢迎。石门县院立案查处医疗、卫生系统人员的涉嫌职务犯罪案件后，撰写《透视医疗卫生系统工作人员职务犯罪》一文，以此在该系统进行个案预防，发出检察建议，起到了警示作用。2006年，全市检察机关每查办一起案件都发出检察建议，督促整改落实，防止案件再度发生。个案预防60件，个案预防率达到100%。如市人民检察院在查处中央储备粮常德直属库窝案串案后，针对涉案人员无视法律，把党纪国法抛之脑后，以身试法，因而付出惨痛的代价；有的涉案人员不学法、不懂法，认为“只要为公，自然无过”“集体决策，法不责众”而滑入了犯罪泥潭的情况，进行法治教育，起到警示作用。同时，帮助发案单位在财务制度、工作规章等方面建立和完善管理制度，使企业的内外环境得到改善。是年，全市检察机关建立了行贿档案查询系统。2007年，全市检察机关预防部门按照高检院《人民检察院预防职务犯罪工作规则》中规定的专业化预防工作方法和手段，把预防调查作为实现预防工作专业化、职能化的一项重点工作来抓。全年完成个案预防66件，发出检察建议82份。完成职务犯罪预防信息库的建库工作，全市共录入2000—2007年的职务犯罪案件545件，个案预防案件284件，共受理社会各界查询行贿档案268次；召开预防联席会23次，进行预防职务犯罪专题法制讲座37次。其中市人民检察院授课17次，听课人数3100余人次。组织警示教育4次，进行宣传活动8次，开展预防咨询13次。全市检察机关对16个重点预防项目开展预防调查，撰写预防调查报告16份，提出了有针对性的检察建议。撰写职务犯罪综合分析20份、信息材料4篇，被省、市采用3篇。汉寿县院代表全市检察机关参加全省预防调查技能竞赛，取得全省第4名的成绩。全市检察机关把个案预防的重点放在要案、大案、窝案、串案上，并开始进行侦防一体化的职务犯罪预防工作。如临澧县院在查处该县林业局田某玩忽职守一案时，预防部门与侦查部门密切配合，使预防工作与案件侦查同步进行。在利用侦查手段获取职务犯罪证据的同时，注意发现机制和管理上的漏洞，利用查办案件的力度，促进检察建议的落实，较好地实现自侦工作由“特殊预防”向“一般预防”的转变，确保办案工作向预防工作的有效延伸、有机结合。汉寿县院通过对查处职务犯罪的分析研究，提出构成检察特色职务犯罪预防体系的“五个立足于”：立足于惩处，擎好打击这面旗；立足于思想教育，绷紧“内因预防”这根弦；立足于管理机制，堵塞制度不健全这个漏洞；立足于职能，搭好“超前防范”这个平台；立足于制约机制，谋好“全方位监督”这盘棋。

2008—2012年，全市检察机关预防职务犯罪工作坚持“标本兼治、综合治理、惩防并举、注重预防”的方针，围绕“深入推进社会矛盾化解，社会管理创新，公正廉洁执法”三项重点工作，把破坏经济建设和侵害民生民利的职务犯罪作为预防重点。2008年，全市检察机关预防部门配合自侦部门完成个案预防55件。个案预防严格执行省人民检察院制定的《个案预防工作流程》，加强与侦查部门协调配合。如市人民检察院在市财政局办公室查处接待工作的职务犯罪案件时，发现该局在监督制约、制度落实、财务操守等方面存在严重漏洞，侦防部门便按照“五个一”的要求同步进行个案预防。市人民检察院印发《常德市检察机关预防调查工作制度》《常德市预防职务犯罪工作职责》等。全市检察机关撰写预防调查报告42份、法制教育讲课稿35篇，其中市人民检察院撰写预防材料15篇、预防论文1篇、信息材料9篇；共撰写职务犯罪综合分析报告10份，相当于前5年的总和。进行预防职务犯罪专题法制讲座57次，听课人数5000余人次；开展预防咨询20余次，开展预防宣传10次，组织警示教育10次，1200多名副科级以上干部受到教育。市人民检察院检察长陈海波给国土、药监、财政及桃源县正科级以上干部上预防教育课，受到社会一致好评。加强和完善职务犯罪信息库的录入工作，认真管理行贿犯罪档案查询系统，全年共受理查询行贿档案170次。全市检察机关加强对预防干警的管理和监督，坚决禁止以预防为名搞利益驱动；坚决禁止以预防为名干预有关单位的正常工作；坚决禁止以预防为名为职务犯罪分子提供关系网、保护伞。2009年，为更好落实高检院关于《人民检察院预防职务犯罪工作规则》，促进预防职务犯罪规范化，市人民检察院编印发8万字的《常德市检察机关预防职务犯罪工作规范》，内容涵盖个案预防、专项预防、系统预防、预防调查、行贿犯罪档案查询、预防宣读、预防咨询、各类预防文书（报表）的统一格式以及内务管理等预防职务犯罪工作的方方面面。全年完成个案预防41件、召开预防联席会26次、发出检察建议59份、举办法制讲座110次、组织警示教育15次、进行预防咨询33次、受理行贿档案查询230次、撰写相关调研报告和宣传信息材料62篇（其中有16篇被市级以上报刊采用）。检察机关预防职务犯罪工作的 “亮点”在社会上形成“品牌”效应，领导指定、部门邀请检察机关帮助搞预防的越来越多。市人民检察院和安乡、桃源、汉寿3个县人民检察院，每周都有人找上门来共商预防工作。桃源县委专门安排县检察院检察长柳立武为全县县级领导、科局、乡镇党政“一把手”和行政执法部门中层骨干集中进行预防职务犯罪的法制讲座，参加听课的有600多人。石门县院在县棉麻蚕茧公司等12家单位建立职务犯罪预防联系点，每个联系点安排1名院领导和2名检察干部负责联系，每个月参加一次该单位的工作例会，每季度听一次综合情况汇报，半年检查一次单位账目、上一堂法制教育课、提一条检察建议，帮助落实整改，这一活动受到干部职工的欢迎和县委、县政府的肯定。市人民检察院在市水利局查处贪污、受贿系列案时发现，该局虽然有一系列管理制度，但却形同虚设。常德市的水利工程都是由市水利局进行立项、审批，由其下属公司施工，什么事情都是局领导决定，根本就没有监督。针对这种情况，市人民检察院预防部门向相关单位提出了建议。是年，省人民检察院在常德市检察机关开展侦防一体化工作试点，市人民检察院下发《常德市人民检察院关于侦查预防职务犯罪一体化工作的实施意见》和《常德市人民检察院关于侦查预防职务犯罪一体化工作的实施细则》。鼎城区院通过对文化系统的预防调查，发现职务犯罪线索3件；桃源县院在对林业系统的预防调查中，发现一名副局长和财务股长共同贪污世行贷款30万元的重大嫌疑。这些案件线索均移送侦查部门立案侦查。2010年，全市检察机关坚持预防也是法律监督的工作理念，深刻认识到“预防也是生产力、抓预防就是抓发展、抓预防就是爱护干部、抓预防就是促和谐、抓预防就是维护人民群众的根本利益”，共完成个案预防37件、撰写犯罪分析报告84份、发出预防检察建议105份、举办法制讲座106次、组织警示教育15次、进行预防咨询244次、受理行贿档案查询383次、撰写预防宣传、信息调研材料61篇（其中有26篇被市级以上报刊采用）。市人民检察院《2008至2010年度我市职务犯罪发生情况、发展趋势和预防对策综合报告》认为，全市职务犯罪发案率高，大要案件呈多发趋势；涉案金额越来越大，危害程度呈加深趋势；领导干部犯罪越来越多，腐败呈向高层发展趋势；“窝案”“串案”越来越多，职务犯罪成群体化趋势；发案行业集中，建设领域呈易发、高发趋势；执法不公问题突出，司法工作人员职务犯罪呈上升趋势；作案方式多样化，犯罪手段呈智能化趋势；滥用职权、玩忽职守成突出问题，渎职犯罪呈上升趋势；涉及部门越来越多，职务犯罪主体呈逐步扩展的趋势。在分析职务犯罪主客观原因的基础上，提出加强对权力的监督制约；加强对干部的教育管理；完善对干部的选拔任用；发挥检察机关的预防职能；加强预防体系建设等预防对策。该综合分析报告获得市委、市政府好评，被省人民检察院评为优秀综合分析报告。安乡县院在全省率先建立行政执法机关预防职务犯罪动态预警系统，得到省人民检察院和省预防腐败局的关注和肯定。该系统共有“行政审批管理、招投标管理、人员信息管理、项目执法管理”四大版块，集行政执法“同步监督、数据采集、评估分析、信息公开、跟踪反馈、预防决策”六大功能于一体。12月，省预防腐败局在安乡县召开预防腐败调研会，充分肯定安乡县预防职务犯罪的成功经验。市人民检察院撰写的《公平正义的护法使者，人民利益的忠诚卫士》《及早预防永远胜过亡羊补牢》《预防是生产力》在高检院的《检察风云》上发表。全市检察机关预防部门加强协作配合，个案预防的合力逐步加大，确保个案预防的质量和效果。如石门县院、安乡县院在查办县交通系统职务犯罪案件的同时，预防部门通过开展预防调查和犯罪分析，针对交通系统公路养护资金管理和行政经费管理中存在的漏洞，提出针对性的检察建议。两地交通局根据检察建议，从加强教育、健全制度、强化监督等方面加强预防措施，防止类似案件的再发生。2011 年，全市检察机关预防部门按照“找出病灶要准、预防对策要实、社会效果要好”的标准，召开预防联席会议 25 次、发出检察建议 51 份。市人民检察院向市国土资源局及市征地拆迁管理处的检察建议被省人民检察院评为优秀检察建议。建议指出：由于行政透明度不够，在一些行政环节不公开、不民主，搞暗箱操作，加之监督机制不够健全，反腐教育严重缺失，为征地拆迁领域职务犯罪提供了土壤。该局一个事务所共 11 人就有 9 人涉嫌犯罪。涉案的 9 名人员在实施每一个项目时，首先计划的是如何搞钱，且互相攀比。检察建议指出，“这确实是值得我们特别是各单位领导必须认真反思和吸取的深刻教训”。全年完成犯罪分析 60 份、组织警示教育 96 次、进行预防咨询 75 次、受理行贿档案查询 639 次、撰写调查报告及宣传教育讲稿与信息材料等共 116 篇。市委、市政府召开“常德市预防职务犯罪工作领导小组工作会议暨常德市职务犯罪状况分析报告会”，推动全市预防职务犯罪工作的健康深入发展，逐步形成“预防巩固侦查成果、侦查推动预防发展”的良性互动格局。在全市检察系统预防部门全面推广 “双查双建”的侦查和预防工作模式，即坚持在查办职务犯罪案件的同时，两个部门共同查找机制、体制和管理上的漏洞；向发案单位提出检察建议的同时，由检察长向党委、政府提出决策建言。建立侦查和预防职务犯罪信息系统，实现案件信息共享。安乡县院预防行政执法职务犯罪动态预警系统进一步完善，初步实现了电脑联网对行政执法活动实现同步监督、同步预防。市人民检察院和常德电业局纪委共同编印近 9 万字的教育手册《珍惜美好生活，自觉廉洁从业》1000 余册发给每个员工，对从业人员起到了教育警示作用。2012 年，全市检察机关严格执行高检院《关于发挥预防职务犯罪职能，参与加强和创新社会管理的十条措施》，全面加强和改进预防职务犯罪工作，既深入查办各种职务犯罪，直接消除诱发社会矛盾的根源性因素，又深入剖析重大典型案例，分析职务犯罪的发案原因，查找现有制度的缺陷和不足，及时提出堵塞制度漏洞的各种对策建议，为促进社会管理创新做出积极贡献。在全省检察机关预防职务犯罪工作会议上，市人民检察院介绍《推进“八个转变”，努力构建预防职务犯罪社会化大格局》的经验。全年预防部门共完成预防调查 53 件，完成个案预防 21 件，撰写职务犯罪分析报告 55 份，撰写年度综合报告 10 份，向相关单位发出检察建议 35 份，开展预防教育 143 次，开展预防咨询 156 次，受理行贿犯罪档案查询 656 次，撰写相关调查报告、宣传讲稿、信息材料共 71 篇。市人民检察院撰写的《精心抓好预防调查，促进检察专业预防与社会预防的协调发展》被高检院向全国推介。全市预防职务犯罪工作加大对社会保障、教育医疗、扶贫资金、救灾款物、农业生产直接补贴和农田水利基础设施建设等涉及民生民利等领域的职务犯罪预防工作力度，在上述单位查处一批职务犯罪案件，结合办案，在发案单位有针对性地进行个案预防，取得了一定成效。如市人民检察院预防科联合反贪局、反渎局在市公路局召开该局原局长牟某德受贿案等案件剖析会。所有涉嫌职务犯罪的人员在反省时都承认放松学习，放松思想改造，世界观、人生观、价值观扭曲是自己走上犯罪道路的根本原因，把手中的权力当作捞取金钱和满足物欲邪念的工具，在“权力关、人情关、金钱关”面前打了败仗。通过剖析，引导党员干部提高拒腐防变的免疫力，在“管好权”“管好事”“管好钱”“管好人”上下功夫，不仅要加强八小时内的管理，更要加强八小时之外的监督。在查处助理巡视员唐某清受贿案时，市人民检察院预防科与反贪局针对市穿紫河工程招标不规范、工程款管理混乱的问题发出检察建议，剖析案件，上法制教育课，听课人数 500 多人。全市检察机关实行预防职务犯罪调查报告公开发布制度、检察建议内网公示制度，在工程建设、物资采购领域大力推行廉洁准入制度等。是年，检察机关处置有行贿记录的人员 5 人，发挥了行贿犯罪档案查询工作作为推进诚信市场建设的重要作用。如在常德市环洞庭湖土地综合治理二期工程的招投标过程中，对法人代表因重大行贿问题正在接受司法调查的常德市泰华公司实行了一票否决。全市检察机关把“普及法律知识、提高预防意识，营造廉政氛围”作为促进廉政文化建设的基础性工作来抓。市人民检察院预防科在常德公安警校的法制演讲受到广大师生的好评。根据学员要求，警校把市人民检察院预防科法制报告作为每期学员的必修课，使廉洁教育在公安警校常态化。安乡县院制作的廉政宣传片《莲》参加全国评比获得优秀奖。11 月上旬，市人大常委会内司委调研组对全市检察机关预防职务犯罪工作进行深入调研，全面了解全市检察机关预防职务犯罪工作。11 月 27 日，常德市第五届人大常委会主任会议专题听取并审议《常德市人民检察院预防职务犯罪工作报告》，刘清生检察长向主任会议作了专题工作汇报；主任会议对全市检察机关预防职务犯罪工作给予充分肯定，认为检察机关坚持“标本兼治、综合治理、惩防并举、注重预防”的方针和大力推行教育、制度、监督“三位一体”的惩防体系建设，以检察专业预防推动社会预防的深入发展，取得了良好的法律效果和社会效果。各基层人民检察院也专题向同级人大常委会汇报了近 5 年的预防职务犯罪工作情况，均得到一致好评。2008—2012 年，共开展预防调查 183 项，形成职务犯罪分析报告 204 份，发出检察建议 305 份，开展警示教育活动 520 次，预防咨询 197 次，接受有关部门、企业和组织查询行贿档案 2052 次，预防职务犯罪连续 5 年居全省前列。

2013—2015 年，全市检察机关预防部门以“推动惩防体系建设、推动社会管理创新，促进深化改革、促进依法治国”为目标，以“开展专项工作，创新机制方法，提高能力水平”为着力点，积极推进专业预防和社会预防有机结合，全面提升预防职务犯罪工作质量和效果。2013 年，全市检察机关预防部门共撰写犯罪分析报告 37 份，年度综合报告 10 份，开展预防宣传教育活动 74 次。进行预防咨询 79 次，受理行贿档案查询 821 次，向相关单位发出检察建议书 38 份，撰写相关调研报告、经验材料 25 篇，省级以上采用 6 篇。廉政宣传海报《迷宫》和《金船》分获全国二等奖和三等奖。全市检察机关及时总结个案特点和类案规律，不断增强个案预防效果。如市人民检察院《关于鼎城区委书记李某葆受贿案的犯罪分析报告》，深刻剖析李某葆的犯罪轨迹，得到市人大常委会和市委政法委领导的肯定。该《分析报告》被省人民检察院评为优秀预防调查报告。全市检察机关在查办职务犯罪案件的同时，侦查和预防部门共同开展个案预防，帮助发案单位查找机制、体制和管理上的漏洞，完善预防措施。全年，两个部门共同开展个案预防 19 件，召开犯罪分析会 11 次。市人民检察院预防科联合反渎局在市城市建设投资集团公司召开罗某某受贿案剖析会，与会人员分析发案原因并提出预防对策和建议，收到良好的社会效果。津市市院侦查与预防部门密切配合，通过对病死猪无害化处理专项资金开展预防调查，发现津市市商务局及屠宰办负责人的职务犯罪案件线索，为侦查部门提供了信息支持。全市检察机关在专业预防和社会预防相结合上积累了经验。2013 年 5 月，在全省检察机关预防职务犯罪工作座谈会上，安乡县院介绍了《坚持“四个结合”，促进专业预防与社会预防的健康发展》的经验。市人民检察院就建设“常德市预防职务犯罪警示教育基地”事项向市委、市政府领导作专题汇报，得到党委、政府主要领导的高度重视和支持。鼎城区院向该区人大常委会提请审议的《关于进一步加强预防职务犯罪工作的决议》获得通过。汉寿县院向该县人大常委会提交预防职务犯罪的决议案，获得通过。2014 年，全市检察机关预防部门与相关部门建立协调工作制度，探索与完善预防职务犯罪专业化和社会化的有机统一，增强预防工作的社会效应。全年共开展法治宣传教育活动 79 次、受理行贿档案查询 1880 次、开展预防调查活动 37 次、完成犯罪分析报告 26 份、发出检察建议 35 份、推动相关部门建立预防犯罪工作制度 7 项、完成职务犯罪年度分析报告 9 份，撰写调研报告、经验材料 55 篇（省级以上报刊及网站采用 42 篇）。安乡县院职务犯罪预防科科长杨善平被评为湖南“最具影响力的十大法治人物”。市人民检察院检察长刘清生到市国税局进行预防职务犯罪法制讲座，市人民检察院副检察长周奔红到市委党校为县干班学员作《我党反腐倡廉历史、现状及未来展望》的专题讲座。安乡县院检察长李拥军、桃源县院检察长张美权、石门县院检察长夏阳等都到当地党校、电力、税务等部门进行预防职务犯罪法制讲座。市人民检察院预防科负责人经常应邀到外单位进行法制宣传。津市市院组织人员向津市市委常委、法院工作人员进行廉政建设讲座。汉寿县院采取播放视频、上门宣讲等方式向县委常委、县公安局工作人员进行讲座。全市检察机关到党校授课 10 次，石门县院、县委组织部、县委党校联合发出《关于开展预防职务犯罪警示教育工作进党校课堂的实施意见》。汉寿县院与县委组织部、县委党校协调出台相关文件。市人民检察院与市委组织部、市委党校共同印发《关于推进预防职务犯罪警示教育进党校课堂等几项工作的实施意见》。市人民检察院与市公安局联合印发《惩治和预防公安民警职务犯罪协作办法》，要求全市两家机关建立联席会议机制，开展专项调研工作，选择典型案件联合评查，将民警职务犯罪预防教育纳入常态化机制，减少职务犯罪的发生。安乡县院撰写的《湖南安乡县代表委员共话惩防职务犯罪》等文章被《检察日报》等国家级报刊采用，《四位一体预防职务犯罪》被《湖南日报》等媒体刊登。全市检察机关按照省人民检察院统一部署，围绕农村危害补贴政策落实情况、党政机关“一把手”贿赂犯罪情况以及司法机关干部贪污贿赂犯罪情况等开展专项调查，形成3份书面调查报告。针对农村危房改造补贴政策落实中存在的问题和漏洞分别提出了建议。全市检察机关完成了3年来惩治和预防职务犯罪案件年度报告的收集筛选和上报工作。津市市院上报的年度分析报告被省人民检察院评为优秀。市人民检察院与桃源县院、常德求实网络科技公司联合研制开发具有自主知识产权的“常德市检察机关预防职务犯罪信息职能管理系统”，推进研究职务犯罪的个案特点和类案规律，预测职务犯罪的发展趋势等。全市检察机关参加以“关心您、保护您、帮助您”为主题的预防职务犯罪2014年平遥国际摄影大赛，鼎城、武陵、临澧等区县院报送的10余幅作品，有7幅被省人民检察院选中推荐参展。武陵区院对市国土资源局柳叶湖分局肖某昊等贪污系列案，提出“六公开一监督”，（政策公开、实物量公开、征拆迁人员公开、补偿价格公开、承诺公开、电话公开、接受群众监督）的个案预防建议维护被拆迁户的合法权益。该预防案被省人民检察院评为优案。临澧县院通过查处县公共卫生监督所主任邵某军徇私舞弊案，发现该县一些地方非法行医现象突出，而县卫生局对此监督不力。县检察院向县卫生局和县政府提出检察建议。县政府领导高度重视，督促职能部门，立案查处了6名非法行医的犯罪嫌疑人，推动了医疗卫生市场的行政监管执法工作。2015年，全市检察机关预防部门按照围绕查办职务犯罪开展预防职务犯罪工作。从犯罪因果关系入手，针对职务犯罪行为和涉及公共权力分配、运行以及监督中的问题，运用犯罪学理论，剖析犯罪原因、揭示犯罪规律、提出防范对策，达到控制和降低职务犯罪发案率的目标。全年共开展法治宣传教育活动85次、受理行贿档案查询2069次、开展预防调查活动21次、完成犯罪分析报告22份、发出检察建议42份、推动相关部门建立预防工作制度8项、完成预防职务犯罪年度分析报告9份、撰写各类信息调研材料40多篇（其中被省级以上报刊及网站采用29篇）。市人民检察院与市林业局联合下发《关于对2011—2015年涉林惠农重点项目补贴政策落实情况开展专项整治调查活动的方案》，全市检察机关在林业部门的配合下，完成调查工作。武陵区院的预防调查报告被省人民检察院预防处转发。鼎城区院针对区公安机关取保候审保证金管理情况开展专项预防调查，发现7个方面的问题，形成调查报告，提出整改建议和预防对策，构筑公安民警预防职务犯罪的“防火墙”。鼎城区委常委、政法委书记彭勇对调查报告作出批示，省人民检察院预防处全文转发该报告。安乡县院对该县下渔口镇、陈家嘴镇土地综合整治重点项目预防调查，探索“互联网十检察预防”在重大建设项目中的作用，提升了预防工作效率和效果。鼎城区院和安乡县院的预防调查项目被省人民检察院预防处评为优秀预防调查项目。市人民检察院检察长余湘文两次到市委党校进行预防职务犯罪专题法律讲座，并带头调研，撰写的《浅谈用“把纪律挺在前面”的工作思路开展预防职务犯罪工作》一文在《人民检察》（湖南版）上发表。各区县市院领导、市人民检察院预防科负责人均到相关单位进行专题讲座和法制宣传。10

月 16 日，市人民检察院举行题为“查办与预防职务犯罪，推进反腐倡廉”的检察开放日活动，邀请社会各界代表“零距离”感受检察工作与预防职务犯罪工作，受到广泛好评。次年 3 月 31 日，在全省预防职务犯罪工作会议上，省人民检察院对市人民检察院这一创新工作给予点赞。市人民检察院检察长余湘文提出进一步改进意见并要求扩大推广应用范围。

第二节　专项预防

1997—1998 年，全市检察机关共进行专项预防 57 次。市人民检察院针对建筑行业招投标市场存在的贿赂犯罪问题，与市建设局联合进行预防职务犯罪理论研讨，分析形势，找准病因，制定对策，并共同参加在湘潭市召开的全省建筑行业经济犯罪预防理论研讨会议，推动了全市建筑行业经济犯罪预防工作。津市市院对津市城市信用联社建新办公楼工程的公开招投标过程实施全面监督，避免公开招投标流于形式。

1999—2001 年，全市检察机关围绕服务国有企业改革和发展，认真开展“挖蛀虫、帮整改、促发展”的专项预防活动，开展专项预防项目 10 个，查办国有企业中的职务犯罪案件 39 件，提出检察建议 39 份，帮助企业完善各种经营管理和监督制约制度 13 项。1999 年，石门县院对投资 50 万元以上的工程项目全部介入，同步预防，避免“工程上马、干部下马”和“豆腐渣”工程等问题的发生。该县重点企业东风水泥公司投资 2000 多万元的第三期扩改工程开工后，县检察院派出一名副检察长兼任扩改工程副指挥长，并安排反贪局局长和渎侦局局长参与工程财务管理工作。建议对工程发包、招标、验收、物资采购、财务管理全面实行公开，定期公布资金使用情况和工程进度，提高透明度，使别有用心的人找不到可乘之机，保证了工程质量、工程进度，也保护了干部队伍。石门电信、电力等部门通过检察预防和单位预防相结合，1988—1999 年，经营状况良好，在全市同行业中成为唯一没有发生职务犯罪的单位。石门县院在全县 30 多家单位优化经济环境竞赛活动中，每次都排名第一。2000—2001 年，相继纳入检察机关专项预防工作的项目有常德市船码头机埠工程建设、常德市污水处理工程、常德市农资总公司及津市市造纸厂等工程建设项目。检察机关派人参加招投标会议，帮助制定招投标纪律和勤政廉政规定，通过严格的检查监督，保证了招投标的公开公正，降低了工程成本，杜绝了职务犯罪的发生。2000 年，常德卷烟厂开始建设“联合工房”“石板滩烟叶仓库”“技术中心大楼”“三区锅炉房及干煤棚”四个项目，均系省重点工程项目。市人民检察院预防部门与卷烟厂有关职能部门，共同制定预防方案、落实工作责任，做到权力运行公开透明，自觉接受监督和制约，防止暗箱操作。几项工程不仅保证了建设进度，而且节约工程资金 1.5 亿元，实现了工程建设创一流业绩，廉政建设创一流形象的目标。

2003—2005 年，共实施专项预防项目 20 多个，涉及银行不良资产的经营管理、石门皂市水库移民资金管理使用、常张高速公路常德段工程监督管理等重点项目。市人民检察院对中国农业银行常德市分行开展的“不良资产经营管理”的专项预防被评为全省检察系统的优秀预防项目。津市窑坡收费站，建站3年，采取不正当手段截留国家收费款60余万元，私设账外账，有贪污、挪用、私分行为。该站站长李某斗个人贪污34560元，被判处有期徒刑3年。为促进该站收费业务正常健康发展，2005年，津市市院对该站进行重点项目专项预防，帮助制定完善30多项的管理制度，规范收费行为。2006年，市人民检察院、汉寿县院关于汉寿县国土资源局围堤湖工地整理二期工程专项预防项目被省人民检察院评为优秀预防项目。鼎城区院对区交通局张某翎等系列特大职务犯罪的专项预防，提出的检察建议被省人民检察院评为优秀检察建议。2007年，全市检察机关预防部门共写专项预防调查报告16篇、职务犯罪综合分析20篇。

2008—2012年，全市检察机关预防部门进一步加大扶贫资金、救灾款物、粮食生产直补、农产品储备和农机补贴、农业水利基础设施建设、农村合作医疗、社会主义新农村建设、重点工程项目等领域的预防职务犯罪工作力度，推动有关部门完善预防措施。如对全市环洞庭湖土地整理、常德烟机公司技改工程、临澧县合口澧水大桥等投资总额超百亿元的68个重点工程项目开展了重点专项预防职务犯罪工作。实施备案监督370多次，提供预防咨询197件次，发放《预防工作指南》和《温馨提示》1500余份。2008年，全市检察机关预防部门，实施重点预防项目16个，开展专题调查预防18次。安乡县院针对县国土资源局正在进行的土地整理项目易引发职务犯罪的情况，主动报请市人民检察院会同市、县两级国土部门召开土地整理项目预防职务犯罪联席会议，实地调查情况，进行土地平整资金管理重点预防。针对鼎城区新型农村合作医疗费用报销中存在虚报冒领、套取专项资金的问题，市人民检察院和该区院及该区农村新型合作医疗管理办公室联合开展预防调查，提出管理系统全面升级和实行农民看病、医药、报销“一卡通”的预防对策，收到明显效果。这两个重点预防项目被评为省级优秀预防项目。2009年，全市检察机关预防部门完成重点预防项目18个，开展专项调查16次，专项预防工作取得新成效。安乡县院与县国土资源局开展的土地整理资金使用管理重点预防项目，在省人民检察院和市人民检察院的指导下，制度更加健全，程序更加严密，工作更加规范，得到国土资源部和省国土资源厅的好评，该项目被列入国资投入重点，国投资金大幅增加。该项目更是被县委、县政府树为重点项目预防品牌，要求全县所有重点项目都以此为范，搞好预防。市委常委、副市长宋冬春在安乡县主持召开全市土地综合整治预防职务犯罪工作会议，推广安乡县院和安乡县国土资源局联合开展预防职务犯罪工作的经验。汉寿县院抓社会预防的做法在市、县电视台宣传推开。2010年，全市检察机关预防部门开展专项预防调查57次。汉寿县院对县民政局综合大楼工程招标进行预防调查时，发现县民政局和常德工程招标代理有限公司汉寿分公司在工程招标资格预审抽签中的作弊问题后，及时向县政府提交调查报告。县政府根据检察建议叫停该工程招标资格预审，对作弊抽签结果宣布无效。在县纪委、县检察院的监督下再次开标的结果得到社会认可。2011年，全市检察机关预防部门共完成专项预防35次。主要对国家投资100亿元的常德卷烟厂整体搬迁工程和常德烟机公司4.5亿元的技改工程、投资总额为25亿元的73333.3公顷洞庭湖土地综合治理工程以及城市建设工程、征地拆迁工程和交通建设工程等重点工程进行职务犯罪预防工作。市人民检察院与市国土部门、城市建设部门联合制定《常德市土地开发整理建设项目预防职务犯罪工作实施办法》《常德市城市建设重大工程项目预防职务犯罪工作实施细则》。特别是“环洞庭湖土地综合治理工程”专项预防工作，从安乡县试点到全市全面铺开，形成了较为严密的预防职务犯罪体制、机制、制度、措施，取得了良好的预防效果。该预防项目被省人民检察院评为优秀预防项目，得到国土资源部的肯定，其经验被广泛报道。2011年8月，中共湖南省纪委、省人民检察院等5家领导机关下发的《关于加快土地开发整理项目预防腐败机制建设的意见》中全面介绍了安乡县的做法和经验。汉寿县院对《国有建设用地权出让情况的预防调查》、安乡县院对《土地整理工程中容易诱发职务犯罪和社会矛盾新情况新问题的预防调查》，都得到各自县委领导的重视，受到预防单位的欢迎和好评。这两份预防调查报告被评为“2011年度全省优秀预防调查”。2012年，全市检察机关预防部门开展专项预防调查32次，为深化改革，促进发展，保障民生服务，得到社会各界肯定。汉寿县院《关于汉寿县劳动就业管理处职务犯罪状况的预防调查报告》和安乡县院《关于安乡县农田水利工程的预防调查报告》，都为相关单位完善工作制度、预防职务犯罪提供了指导。安乡县院对县一中体育馆空调设备招投标中违规违法问题进行预防调查后，发出检察建议，推进了安乡县政务中心招投标程序的进一步规范。

2013—2015年，全市检察机关共完成专项预防调查34件，先后对全市国土、城建、交通等重点行业的重点工程建设项目开展以“工程设计、招投标、施工管理、设计变更、资金拨付、工程验收等环节为监督重点的专项预防。市人民检察院和市国土资源部门对土地整理建设项目实施的专项预防项目，步入规范化、制度化良性发展的轨道。安乡县院与县国土资源部门联合对土地整治建设实施重点和专项预防项目，成为全省、全国预防职务犯罪的品牌项目。2013年4月3日、4月7日，省委书记徐守盛，省委常委、省委政法委书记孙建国分别对安乡县人民检察院这一品牌项目作出批示，要求“认真总结推广，以推动我省预防职务犯罪工作取得新的成效”，该工作也得到省人民检察院和高检院主要领导的充分肯定。检察机关关注经济发展和民生民利、不断提升专项预防的社会效果。鼎城区院对灌溪工业园区的专项预防调查和鼎城区院关于计划生育问题的专项预防调查；桃源县院对主题公园和五星级酒店等招商项目的专项预防调查及桃源县院关于水利专项资金管理的专项预防调查；安乡县院关于低保救助资金管理与发放情况的专项预防调查；汉寿县院关于国有土地使用权证颁发情况的专项预防调查；石门县院关于皂市水库移民资金的专项预防调查；澧县县院总结的《乡镇牵头、项目对接、群众监督、检察引导》新农村建设项目预防职务犯罪的工作经验；桃源县院和汉寿县院对行贿犯罪的研究思考等，都受到党委、政府和上级领导机关的高度重视。省人民检察院预防处以《常德市鼎城区院开展预防调查，为产业园把脉问诊》一文推介鼎城区的工作经验。2014 年，全市检察机关在专项预防工作中既巩固成果又拓展新领域。鼎城区院对该区高新技术产业园区工业用地和入园审批情况专项预防的经验被省人民检察院推广。石门县院预防科与林检科联手开展预防工作，撰写的《石门县矽砂矿业开采对十九峰生态环境影响的调查报告》，引起县委、县政府高度重视，作出关闭 6 家煤矿、整顿合并 2 家煤矿的决定，赢得了群众的一致赞誉。该报告被省人民检察院评为年度优秀预防调查报告。2015 年，桃源县院预防部门与林检、民行部门开展油茶建设项目专项预防，将职务犯罪线索摸查、预防调查、行政检察监督进行糅合，创新工作模式。该县院针对调查发现问题发出的检察建议，被省人民检察院预防处评为优秀检察建议。市人民检察院继续与市土地整理中心开展对全市土地综合治理项目招投标监督工作，遏制职务犯罪。市人民检察院指导汉寿县院、鼎城区院、桃源县院对 2011—2015 年涉林惠农重点项目补贴开展专项预防等，都收到好的预防效果。

第三节　系统预防

1997—1998 年，全市检察机关共进行系统预防 36 个，且是同步预防。1997 年，全市检察机关开展行业预防 57 次，在金融系统办案 27 件，同步开展职务犯罪预防工作。1998 年，继续将系统预防的重点放在发案较多的金融系统、建筑系统的国有企业、单位上。市人民检察院针对全市金融系统经济犯罪案件居高不下的态势，召开全市金融单位纪检监察部门负责人参加的预防经济犯罪工作会议。会议一致同意采取联合预防的新路子，即在各大银行、保险公司加强内部管理，完善管理制度的同时，设立一名检察联络员，互通信息，一旦发现犯罪蛛丝马迹，即联合开展调查，尽量将犯罪消除在萌芽状态。1998 年 5—11 月，仅发生 2 起金融系统经济犯罪案件，不及当年 1—4 月的五分之一。

1999—2001 年，全市检察机关在建筑、金融、教育、税务、电力、粮食、医药、国企等 30 多个行业（系统）持续开展行业（系统）预防。2000 年，全市检察机关深入非正常亏损国有企业调查研究，写出《金融领域经济犯罪案件的特点、原因及对策》《国有企业职务犯罪的特点、原因及预防对策》，分析出贪污、受贿、挪用公款等职务犯罪作案的 30 多种手段，有针对性地帮助非正常亏损国有企业整章建制，共提出检察建议 123 份，为国有企业营造良好的生产环境和法制环境，推动全市预防职务犯罪工作的进行。1997—2001 年，汉寿县院在全县金融单位查办 10 万元以上的贪污、挪用公款等经济犯罪大案 10 件、13 人。县检察院及时向人民银行汉寿县支行提出关于加强内部监督机制和全系统人员的思想政治工作，提高全体人员的法律意识，增强法治观念等内容的检察建议。该支行采纳检察建议，成立了县金融系统预防经济犯罪工作领导小组，在全县金融系统开展法制教育活动，对违规违章行为进行查处、通报。

2002 年，全市检察机关与全市金融系统监察室联合开展预防职务犯罪警示教育活动，上警示教育课 6 次，听课人数 1100 余人。10 月 18 日，全市金融系统 240 名副科级以上干部到警示教育基地，接受警示教育。市人民检察院与常德卷烟厂将预防职务犯罪警示教育纳入该厂中层骨干培训，并与该厂联合清理员工债权债务，推动了常德卷烟厂预防职务犯罪工作向纵深发展。2003—2005 年，共召开预防联席会议 74 次，提供预防咨询 62 次，上法制课 78 场，进行警示教育 20 次。全市检察机关在抓行业、系统预防时，大力开展预防调研活动，深入分析职务犯罪的规律和特点，推动系统预防，取得了丰硕的调研成果，如市人民检察院预防科《透视金融系统工作人员的职务犯罪工作》、石门县院《医药购销领域职务犯罪现状及预防对策》，桃源县院《让阳光考察荡涤买官卖官》、安乡县院《滥用职权成因与预防》等。鼎城区院撰写的《采取有力对策，强化职务犯罪预防》、白洋堤院撰写的《完善预防职务犯罪法律制度的思考》，均被评为全省检察机关优秀预防调研文章。白洋堤院提出的《减刑、假释、保外就医工作中职务犯罪预防》检察建议，被省人民检察院评为十佳检察建议。2004 年，临澧县院重点预防实施的“烟花爆竹的生产及管理”项目和鼎城区院实施的“区电信分局话费三代合一委托职务”项目被省人民检察院评为优秀重点预防项目。2005 年，市人民检察院和临澧县院实施重点预防的“救灾物资发放及管理”项目被省人民检察院评为优秀重点预防项目，省、市财政下拨的救灾资金 460 万元全部到位，未发生违纪违法和犯罪案件，受到民政部赞赏。2006—2007 年，全市检察机关预防部门把预防调查作为实现预防工作专业化、职能化的重点工作来抓，努力提高预防工作水平。如鼎城区院预防部门针对该区桥南市场特大火灾后，经营户情绪不稳，与政府矛盾多，对重建市场后区国税部门重新开征税款抵制闹事的问题进行调查，及时掌握其中存在的“人情税”“关系税”等问题，与区国税局在税务系统共同实施“深化税务公开，加强税收征管”的重点预防项目。通过实行税务公开，化解了矛盾，提升税务干部形象，使税收稳步增长。汉寿县院通过预防调查，剖析该县卫生系统职务犯罪案件频发的原因、条件和规律，提出有针对性的预防建议，被县政府采纳。市人民检察院预防部门与市电业系统农电工作部开展常德市农电资金管理重点预防。两家共筑“教育、制度、监督、管理”四道防线。2006 年 1—10 月中旬，市电业局纪检监察仅收到信访举报 8 件，比 2004—2005 年同期减少 48.4%。在医药系统，市人民检察院与市第一人民医院召开预防职务犯罪联席会议，共同探讨严禁采购药品回扣和采购医疗器械回扣问题，医院 5 名领导参加，表示一定要抓好预防职务犯罪工作，维护医院和医药系统的良好形象。

2008—2012 年，全市检察机关预防部门先后在国土、林业、银行、电力、消防、规划、教育、劳动等系统和部门开展预防宣传教育活动 500 余次，6 万余人受到教育；编写廉政教育手册 3000 余册，发放预防警示教育片《国家工作人员职务犯罪认识上的 20 个误区》200 余套。2008 年，市人民检察院先后在林业、卫生、工商、电力、交通、国土、建设、国资委、信用社、移动公司等单位和系统召开预防职务犯罪联席会议，进行法制教育讲座，撰写相关行业职务犯罪分析材料 12 份，并组织移动公司、电力系统、汉寿县、鼎城区各科局等单位副科级以上干部到德山监狱和武陵监狱开展警示教育，增强了国家公职人员遵纪守法、廉洁奉公的意识。安乡县院撰写的《教育系统预防职务犯罪综合分析报告》引起安乡县委和教育部门的高度重视。2009 年，全市检察机关进一步加大对民生领域职务犯罪的预防工作。如市人民检察院预防科关于全市牲猪补贴情况的预防调查，对促进畜牧水产系统的规范管理起到促进作用。桃源县院与县林业系统开展的预防渎职犯罪专项工作，受到县委和省人民检察院好评。2010 年，市人民检察院预防科通过对常德电力系统职务犯罪状况的深入调查、分析，撰写的《常德市电力系统职务犯罪的现状及预防对策的思考》，对电力系统预防职务犯罪帮助很大。电力系统在全市农网改造时，根据检察机关的建议，针对"招投标、物资采购、施工管理、工程验收"等重点岗位，制定了严密的预防措施。该篇预防调查分析被省人民检察院评为优秀调研文章。市人民检察院与市国土资源局联合制定《关于加强国土资源系统预防职务犯罪工作的意见》，促进了社会预防工作的开展。安乡县院与县地税局通过调查分析，形成了《关于地税系统税收风险点的调查报告》，联合下发《"四员一户"税收廉政风险防范活动实施办法》（四员一户，即税收管理员、行政管理员、征收员、检查员、纳税户），在地税干部和纳税人中推行"四员一户"税收廉政风险防范机制，有效地防范了税收征管过程中违法犯罪的发生。2011 年，全市检察机关预防部门在国土、银行、电力、消防、规划、教育、劳动等系统和部门开展预防宣传教育活动 96 次。市人民检察院组织市职务犯罪领导小组成员单位领导 80 多人，到长沙市省展览馆全国惩治和预防渎职侵权犯罪湖南省巡展活动参观。市人民检察院、武陵区院、石门县院、桃源县院等针对医疗、粮食、城建、烟草等系统有关单位发生的职务犯罪案件，提出了检察建议。汉寿县院对国有建设用地使用权出让情况的预防调查、安乡县院对土地整理工程中容易诱发职务犯罪和社会矛盾的新情况新问题的预防调查，都为进一步做好职务犯罪预防工作提供了很好的指导和帮助，得到了县委领导的重视和肯定。2012 年，全市检察机关预防部门针对国土、医疗、教育、交通、城建、卫生等有关单位发生的职务犯罪案件，查找漏洞，分析原因，从财务管理、人员配备、技术监控等方面提出检察建议，对这些系统和单位创新管理、堵塞职务犯罪漏洞起到了积极作用，增强了检察建议促进社会管理制度创新的社会效果。如鼎城区院、澧县县院、汉寿县院针对医疗卫生系统发生的职务犯罪案件，深入开展犯罪分析，促进规范管理，防止了类似案件发生。

2013—2015 年，全市检察机关按照高检院和省人民检察院的工作部署，把重点建设项目和职务犯罪多发领域作为预防重点，把重点项目预防职务犯罪的经验推介到整个系统和其他领域。2013—2014 年，市人民检察院预防科与市移动通信公司多次协商，成立市人民检察院与市移动通信公司共同开展预防职务犯罪工作领导小组，进行系统预防，联合下发《关于在全市移动通信系统共同开展预防职务犯罪工作的通知》。2014 年 6 月 24 日，召开共同开展预防职务犯罪工作电视动员会，开展法治宣传与警示教育工作，编写了该系统内部人员所需的预防职务犯罪宣传手册。全市检察机关与公安机关联合下发预防职务犯罪的文件，着力提高民警预防职务犯罪意识和自律能力，减少职务犯罪的发生。2015 年，全市检察机关继续巩固系统预防职务犯罪工作成果，完善相关制度，拓展新的工作思路。全市检察机关加强对公安机关取保候审保证金管理等犯罪易发薄弱环节的专项预防工作，完善相关制度。

（一）国有企业职务犯罪预防项目

从 2000 年开始，全市检察机关认真贯彻高检院关于为国有企业改革和发展服务的意见，深入非正常亏损国有企业和金融、建筑等重点单位和行业，积极探索国有企业预防职务犯罪工作。先后到西洞庭农场及其造纸厂、津市造纸厂、青峰煤矿、市农资总公司、常德卷烟厂等、企业进行调查，对查处的 152 件、190 人职务犯罪案件特点进行全面分析，撰写《关于国有企业职务犯罪综合分析报告》。针对国有企业职务犯罪的特点、手段、原因等提出了预防对策。《报告》认为，只要找准着力点，加大预防工作力度，坚持打防并举、标本兼治的工作方针，从源头上抓预防，建立行业预防、重点预防的工作体系，形成党委和各部门齐抓共管的反腐总体格局，就能有效地遏制国有企业职务犯罪的高发态势，减少犯罪。全市检察机关通过调查研究，提出检察建议 123 份，为国有企业营造良好的生产环境和法治环境。市人民检察院《关于检察机关为国有企业改革服务应注意的几个问题》等文章，得到市委政法委的高度重视，《常德政法》全文刊登，并加编者按："如何在不断变化的形势下更好地为国有企业改革和发展服务，是政法部门各级领导和全体干警必须认真研究、深刻思考的问题。现将常德市人民检察院的 3 篇文章予以编发，以为各地各部门所借鉴和讨论。"

（二）桃源县林业系统职务犯罪预防项目

桃源县林业资源丰富，且是个旅游大县。林业健康稳健的发展，对旅游业发展产生推动作用，是县域经济发展的强大后盾。但是，21 世纪初，林业系统却成了桃源县职务犯罪的高发区，仅 2002—2008 年，就发生涉林职务犯罪案件 12 件、17 人。检察机关在该县林业局查处包括 1 名原副局长等 4 人合伙贪污案件后，深入实际，联合开展预防调查，剖析案件发生的原因和症结，发出了有针对性和可操作性的检察建议。县检察院还帮助林业部门建起了检林共防机制、内部监督机制、权力制约机制和经常性教育机制，帮助林业系统领导干部和工作人员提高预防职务犯罪的责任意识、自律意识，提高依法行政的自觉性。从主观上肃清了职务犯罪的源头，遏制了职务犯罪的多发势头，国家的林业资源和林农的退耕还林资金等切身利益得到了保护。在检林共防模式的指导下，该县林业系统预防职务犯罪工作的运作模式被县委、县政府在县直机关全面推广。县检察院撰写的《对桃源县林业系统渎职犯罪现状及遏制对策的思考》被《湖南依法治省》刊物采用，对林业系统的《预防调查报告》和《检察建议》被省人民检察院评为优秀。

第四篇　监所检察

监所检察工作机构　1979 年 3 月 21 日，经常德地区编委批准，常德分院设立劳改检察科，配备干警 3 人。各县市检察机关相继设立监所检察股，各配备干警 2~3 人，依照法律有关规定开展监所检察工作。1980 年 1 月，常德检察分院劳改检察科改为监所检察科（以下简称监检科）。为全面履行监所检察职责，全市检察机关对监管改造场所实施派驻（出）检察措施。到 1983 年年底，全市基层检察机关均向所在地公安局看守所派出驻所检察组（室），负责对看守所执法工作的检察监督。1984 年 12 月 6 日，经津市市编委批准，津市市院在涔澹农场（湖南省第一劳动改造管教支队，以下简称省一劳。1995 年，更名为津市监狱）设立“津市市人民检察院驻涔澹农场检察组”，核定编制 10 名，负责对该农场的劳改检察工作。1985 年 10 月，原常德市人民检察院（现武陵区院）在湖南省柴油机厂（湖南省第四劳动改造管教支队，以下简称省四劳。1995 年，更名为德山监狱）设立“常德市人民检察院驻湖南省柴油机厂检察组”；在常德劳动改造管教队（以下简称常德劳改队，即万金障农场，1995 年，更名为武陵监狱）设立“常德市人民检察院驻常德地区劳改队检察组”；在常德地区劳动教养管理所（1988 年常德地区撤地建市后，更名为常德市劳动教养管理所）设立“常德市人民检察院驻常德市劳动教养管理所检察组”，共配备干警 9 人，负责对上述单位的劳改、劳教检察工作。其他县市检察机关也陆续开始向县市公安局看守所派出驻所检察组（室），负责对看守所执法工作的检察监督。1986 年 12 月，经湖南省人大常委会批准，省人民检察院在涔澹农场设立“湖南省津市白洋堤地区人民检察院”，核定编制 12 名，进一步加强对该地区的执法检察工作。后由于常德地区撤地建市以及检察机关业务工作需要，监所检察组织机构、业务分工也几经变化，到 2015 年年底，市人民检察院除设立监检科外，还设立派出检察院 1 个、派驻检察室 1 个。白洋堤院和各区县市检察院设立派驻检察室 12 个，全市监所检察工作人员达 55 人。

监所检察工作经常化、制度化、规范化（以下简称“三化”）　1988 年，高检院检察长刘复之在全国检察长工作会议上提出，要进一步总结劳改、劳教检察派出机构和看守所检察工作的经验，逐步实现监所检察工作的规范化。省人民检察院也对监所检察实现“三化”作出具体部署。为落实上述工作任务，常德分院积极探索和实践，制订实现规范化的“三部曲”（试点—推广—完善）方案，并将看守所检察工作做得较好，具备一定条件的汉寿县、临澧县检察院确定为常德地区实行看守所检察工作规范化的试点单位。3 月 24 日—4 月 4 日，常德分院举办监所检察骨干培训班。参加培训的有各县市检察院监所检察干部 15 人。培训结束时，对参加培训的人员进行考评，发放专业培训结业证。4 月 12 日，常德分院在常德县人民检察院召开看守所检察规范化建设研讨会，传达高检院、省人民检察院领导关于看守所检察工作规范化建设的讲话精神，并结合常德地区实际，研究加强看守所检察工作规范化问题。4 月 28 日，常德分院转发临澧县院和汉寿县院关于看守所检察规范化作法的材料。6 月 10—12 日，常德分院在临澧县院召开看守所检察工作规范化现场会议，临澧县院介绍自 1987 年下半年开始实行日周月检察工作程序，探索看守所检察工作规范化的经验。

1989 年 3 月，市人民检察院在临澧县院召开实行日周月检察工作程序经验交流会，进一步推广临澧县院的经验，促使看守所检察规范化工作在全市平衡发展。5 月中旬，市人民检察院召开派出检察院和派驻检察组“两劳检察”（劳改检察、劳教检察）工作座谈会，就如何实现“两劳检察”经常化、制度化进行研讨，有关检察院和派驻检察室（组）介绍了经验和做法。7 月，市人民检察院 印发《湖南省常德市人民检察院看守所检察规范化实施办法（试行）》。到 1989 年年底， 全市 9 个区县市检察院驻看守所检察组（室）全部实行了日周月检察工作程序， 看守所检察规范化工作收到明显效果，为监所检察工作全面实现“三化”打下了良好基础。

1993 年，根据第九次全国检察工作会议关于 1995 年监所检察工作全面实现“三化”的要求，省人民检察院要求常德市检察机关三年达标任务一年完成，为全省 1994 年实现达标摸索经验，“三化”达标工作就此成为全市监所检察工作的一件大事。为做好达标工作，市人民检察院下发《关于加强监所检察工作规范化、经常化、制度化建设的通知》，并引进竞争机制，制订《目标管理评比竞赛办法》《优秀驻所（队、狱）检察员评比细则》等制度，在全市范围内创造一个为全面实现“三化”争先创优的氛围。至年底，全市派出（驻）检察单位和机构均建立健全工作岗位责任制、检察登记制、请示汇报制、工作联系制以及相关的办案工作制度，派驻检察工作逐步实现派驻措施、工作制度、执法检察、领导工作“四个落实”。经组织验收，全市“三化”建设基本上达到省人民检察院和高检院的要求。

1996 年，根据“三化”建设发展需要，市人民检察院制定《常德市人民检察院监狱检察工作规范（试行）》《常德市人民检察院驻监狱大队检察室暂行办法》《常德市人民检察院、常德市劳动教养管理所关于劳动教养人员所外就医、所外执行，变更期限工作联系制度实施办法》，推动全市监所检察“三化”建设向纵深发展。同年，省人民检察院按照高检院《人民检察院看守所检察规范（试行）》《关于劳改、劳教检察工作经常化、制度化的意见》组织检查验收，常德市检察机关监所检察“三化”建设均达到要求。

2000 年，常德市检察机关根据省人民检察院决定，开展创建规范化检察室活动，派驻检察室力争三年全部达到三级以上规范化标准的要求。

2001 年上半年，省人民检察院对常德市检察机关派驻检察室进行“2000 年规范化建设等级评定验收”，有6个派驻检察室被评定为二级检察室、7个被评定为三级检察室，位居全省前列。

2003年，高检院部署在全国开展派驻检察室规范化建设工作，对监所检察规范化建设提出了更高要求，监所检察工作网络化为其重要内容，省人民检察院决定常德市为全省监所检察工作网络化建设的试点单位。市人民检察院以此为契机，加大资金投入，把派驻检察室硬件建设与“两房”建设、“信息化”建设同步规划、同步设计、同步施工。到2005年9月，全市13个驻所、驻狱检察室，有9个进行了升级改造，新设置职务犯罪嫌疑人专门审讯室7个，安装专用监视监控系统5套。白洋堤检察院与津市监狱、德山监狱、武陵监狱开通了计算机联网，实现了监狱、检察机关信息资源共享。桃源县、临澧县、澧县检察院驻所检察室与公安看守所实现了信息对接。提高了刑罚执行监督工作的科技含量和规范化水平 。

2004年，全国开展第一届规范化检察室考核评定，常德市检察系统有7个检察室被高检院评定为规范化检察室。

2007年，经全国第二届规范化检察室考核评定，常德市有12个检察室被评定为规范化检察室，其中临澧县、澧县检察院驻县看守所检察室和白洋堤院驻武陵监狱检察室被高检院评定为一级规范化检察室，规范化建设居全省之首。

2008年2月，高检院新出台4个检察办法，即《人民检察院监外执行检察办法》《人民检察院监狱检察办法》《人民检察院看守所检察办法》和《人民检察院劳教检察办法》（以下简称“四个办法”），进一步规范监所检察工作。6月中旬，市人民检察院选派经验较为丰富的驻所人员参加省人民检察院举办的学习“四个办法”培训班，为在全市贯彻“四个办法”夯实基础；7月下旬，在全市监所检察工作会议上，针对实践中的具体问题，市人民检察院监检科为基层检察院监检部门负责人和驻所检察室主任结合实际进行了难点讲解；9月上旬，白洋堤检察院举办贯彻执行“四个办法”培训班，市人民检察院派员指导。

2012年，市人民检察院根据省人民检察院《湖南省检察机关派驻监管场所检察室规范化等级动态管理办法》，结合全市实际情况，特别是针对全市有2个派驻检察室没有评上规范化等级，以及个别基层检察院驻所检察室暴露出来的执法不严、监督存在漏洞、看守所出现重大事故，被省人民检察院撤销规范化检察室等级称号等问题，总结经验教训，采取派专人指导、督促整改，定期听取工作汇报，加强巡视检察，调整充实监所检察人员，走出去向先进单位学习等措施，强化对全市派驻检察室规范化建设的管理和指导力度。

2015年，市人民检察院检察长余湘文、主管副检察长卜学宏多次听取市人民检察院监检科关于白洋堤院工作情况汇报，并深入到白洋堤院及驻津市监狱、德山监狱、武陵监狱检察室实地调研。市人民检察院党组召开会议专题研究如何加强和改进监所检察工作，重点就白洋堤检察院工作提出要求：一是刑罚执行监督工作责任重大，白洋堤检察院要有所作为，认真履职，从源头上开展监督工作。二是按照驻狱检察有关规定，规范执法，该监督的要监督，但是不能越位。三是严格按照高检院“小机关、大派驻”的要求，充实驻所检察室力量，各分管领导及非驻所干警每周至少有一天时间必须在检察室工作。四是分管领导及派驻检察室主任必须按照高检院规定进行调整或轮岗。五是市人民检察院监检科对白洋堤院各项业务工作负责指导和管理，并出台白洋堤院业务工作考核办法，将考核任务具体细化到该院每一个科室。

28年来，常德市检察机关的监所检察工作多次受到上级的表彰。1988年1月，高检院三厅（即监检厅）转发原常德市（现武陵区）人民检察院《结合办案认真做好重新犯罪分子的帮教转化工作》的经验材料。1988年10月和1989年11月，省人民检察院先后两次在全省监所检察工作座谈会上总结推广市人民检察院推广临澧县院日周月检察工作程序的经验，并将日周月检察工作程序的主要内容写进《湖南省看守所检察工作规范化若干规定（试行）》。1990年2月12日，省人民检察院监检处将武陵区检察院评为全省监所检察工作先进单位，并在表扬通报中附发《一个全面履行监所检察职能的基层检察院》一文，推介武陵区院监所检察工作的经验。10月，武陵区院在全省监所检察工作会议上介绍《适应改造工作需要，认真办好在押罪犯重新犯罪案件》的经验。1993年，津市市院驻看守所检察室主任周序海被省人民检察院记一等功。1994年6月，高检院将白洋堤院确定为高检院全国唯一的监所检察工作联系点。1996年10月，在全国第三次监所检察工作会议上，白洋堤院被评为“全国监所检察系统派出检察先进集体”。1997年8月21日，检察日报以《大墙内的护法者》为题，大版面图文报道白洋堤院的工作。1998年7月13日，省人民检察院为市人民检察院监检科记集体一等功。该科自1987起连续10年被评为全省监所检察系统先进集体。2004年4月，市人民检察院监检科在全省监所检察工作会议上作《积极进取，创新发展，强化对基层监所检察工作的指导 》的经验介绍。9月，又在全省减假保工作会议上介绍《切实履行监所检察职能，强力搞好减假保工作》的经验。2005年1月，桃源县院监检科在全省监所检察工作会议上作《以两双创建活动为动力，不断提高监管监督水平》的经验介绍。9月，市人民检察院检察长杜辉才在全省规范执法行为经验交流会上作典型发言。白洋堤院干警刘德华、李明初因主办津市监狱服刑罪犯康某志故意伤害他人致死案（康被法院撤销减刑裁定，判处无期徒刑），分别被省人民检察院记一等功、二等功。白洋堤院干警徐谦被评为全省“优秀青年卫士”。2012年，津市市院诉讼监督科被省人民检察院表彰为“全省社区矫正工作先进集体”、武陵区院监检科科长喻光勋被表彰为“全省社区矫正工作先进个人”；常德市监所检察部门派出4名干警参加全省首届监所检察业务竞赛，有3人获得“全省监所检察业务能手”称号。

2015年，省人民检察院组织全省监所检察系统“优秀办案能手”竞赛，市人民检察院周献刚、白洋堤院向延东在评出的10名优胜者中，独占两席；市人民检察院徐文辉参加湖南省检察机关第一届刑事执行检察业务竞赛，获“全省刑事执行检察业务标兵”称号。

常德市社区矫正工作在全省“零扣分”；市人民检察院监所检察科科长廖宏俊被市委评为“平安建设功臣”，并记二等功。

第一章　执法检察

第一节　羁押期限检察

1987上半年，常德地区各县市收捕人数激增，加之公、检、法办案力量不足，致使许多看守所超期羁押问题突出。全年全市超期羁押人犯（1998年以后，称犯罪嫌疑人、被告人）99人次（1990年开始改为统计“首次超期羁押”人数）。不仅给监管工作带来困难，而且明显违反刑诉法的有关规定，影响诉讼活动顺利进行。1987年下半年，临澧县院在总结看守所检察经常化、制度化经验的基础上，积极探索规范化路子，将《看守所检察工作细则（试行）》（以下简称《细则》），规定的各项任务进行分解，实行日周月检察工作程序，对看守所执法检察，特别是防止超期羁押方面收到明显效果。

1988年，市人民检察院在总结临澧县院经验的基础上，在全市各区县市院驻看守所检察组推行日周月检察程序，坚持每周对在押人犯的羁押法定时限进行一次检察，发现快到期的，提前一星期通知看守所，请他们向有关办案单位催办，要求办案单位补办延期手续或组织力量尽快结案。与看守所、公安、法院建立联系制度，每月将各办案单位超法定羁押期限人员情况进行通报，引起公、检、法各家领导的重视，从而推动在押人犯超期羁押问题的解决。全年超期羁押53人次，比1987年下降46.46%。汉寿、桃源、临澧等县全年没有一件案件超法定期限。

1989—1990年，全市看守所在押人犯数量大幅增加，人满为患。超期羁押、混关混押、以收代审、以押代惩等问题十分突出。如澧县看守所监房设计容纳144人，关押人员多时达290余人。1989年，常德市9个区县市看守所超期羁押人员达91人次，其中超侦查期公安66人次，检察1人次；超审判期24人次。1990年，市人民检察院认真贯彻“两院两部”（最高法、高检院、公安部、司法部）《关于抓紧清理看守所在押人犯的紧急通知》精神，开展专题检察，提出专题报告。并按照上级检察院关于省市县三级管理制度的要求，对看守所在押人犯羁押期限是否合法，分级负责实施监督。市人民检察院和区县市检察院都建立在押人员羁押期限监督表，完善监督、移交、通报、催办制度，大多数区县市公、检、法机关建立了换押票制度，加快办案速度，减少超期羁押现象，全市9个区县市，有7个消灭超期羁押现象，占77.8%。

1991年，常德市监所检察部门对看守所在押人犯羁押期限的检察，做到了检察与监督催办相结合，全市公、检、法机关均建立了换押票制度，从而加快了办案进度，减少了超期羁押的现象。武陵、临澧、安乡、津市、桃源等区县市杜绝了超期羁押；鼎城、澧县、石门等区县发现13名在押人员超期羁押及汉寿县发现2名外地寄押的人犯超期羁押，均及时向有关办案单位提出了检察建议。

1992年3月底4月初，市人民检察院对全市9个看守所久押未决案犯的情况进行专题检察，除桃源县、临澧县、津市市外，其他6个看守所共有久押未决案犯32人，占未决案犯总数916人的3.5%。其中羁押12~18个月的18人，占56%；19~24个月的14人，占44%。属公安办理的17人、检察办理的11人、法院办理的4人。为解决久押未决问题，各区县市检察院及时向党委、人大常委会汇报，争取领导的重视和支持；向有关办案单位提出纠正意见，督促尽快结案；牵头召开联席会议，共同协商解决办法。通过努力，三季度再未出现超期羁押的现象，久押未决案件也大为减少。4月29日，省人民检察院第21期简报根据临澧县看守所3年共羁押未决在押人员660名，连续三年无羁押1年以上的久押未决案犯的情况，以《临澧县院驻所检察严把三关，看守所三年无久押未决人犯》为题，对临澧县院监检部门在驻看守所检察中，把好时限关、催办关、制约关，积极监督、配合看守所采取有效措施，解决在押人员久押未决问题的经验进行了介绍。

1993年，全市检察机关把纠正 押人员超期羁押和人犯久押不决的问题作为执法监督的重点工作来抓。年初，市人民检察院监检科根据石门县院的汇报和调查，发现石门县看守所久押未决在押人员多达38名，问题十分突出，及时向市人民检察院党组汇报，引起了市县两级检察院领导的高度重视。市人民检察院检察长李文耀、主管副检察长陈彰福到石门县看守所了解情况，督促办案。市县两级公安、检察、法院联合行动，对38名人犯久押未决的案件集中人员，集中精力，快审快结，及时消化了这些长达二三年押而不决的案件。桃源、汉寿、临澧等县实现了连续5年无久押未决在押人犯。

1994年，全市监所检察部门对久押未决的案件强化催办制度，督促办案单位快侦快审快结，对办案单位因各种原因一时难以结案，但羁押时间较长的案件，则建议采取多种途径消化处理，杜绝了久押不决的现象。津市市、汉寿县、临澧县、石门县检察院监所检察部门把纠正超期羁押作为驻所检察的一项重要内容落实到人，实现了连续多年无超期羁押人犯的目标。是年，全市共检察纠正首次超期羁押15人。

1995—1996年，全市共发现首次超期羁押在押人犯39人，纠正31人，纠正率为79.5%。其中，1996年，全市仅发现首次超期羁押5人，纠正5人，纠正率为100%。比较典型的案例如：1995年，市人民检察院驻市第一看守所检察室在检察中发现，在押人犯高某国超拘留期60余天，在向市公安局发出纠正违法通知书后，市公安局予以了纠正。津市市、临澧县、石门县看守所继续实现了无超期羁押人犯的目标。

1997年，《刑诉法》修改实施后，全市超期羁押出现反弹。特别是1999年发生首次超期羁押289人，其中超拘留期195人、超侦查期36人（其中，检察9人）、超起诉期

21 人、超审判期 28 人。为此，检察机关向有关办案单位发出书面纠正违法通知书 279 份。经过公安、检察、法院的共同努力，289 件超期羁押案件全部得到纠正。

2000 年，常德市监所检察部门针对超期羁押问题纠正难，易反弹的特点，集中力量，把工作重点放在解决那些久押不决的老大难问题上。在做好各方面协调工作的同时，市人民检察院对久押不决的超期羁押案件专题向市委政法委和市人大常委会汇报，引起领导机关的重视，专门召开有公、检、法几家主管领导及有关部门负责人参加的联席会议，协调解决超期羁押问题，并将任务落实到案、落实到人、落实到纠正期限。市委政法委书记戴军勇还亲临看守所，现场督办纠正超期羁押工作。由于领导重视，措施得力，一批久押不决的老大难问题得以顺利解决。为保持监督成效，防止超期羁押现象反弹，常德市监所检察部门认真学习株州市人民检察院的经验，转变思维，逐步把工作重心从通知纠正转移到预防超期上来，在预防超期上狠下功夫。一方面坚决落实换押制度，严格把关；另一方面针对有可能出现超期苗头的案件，及时向办案单位发出提示函。全年共发出提示函 100 余份，有效遏制了超期羁押，收到了较好的监督效果。全市除 1—5 月发生首次超期羁押 23 人并全部纠正外，没有再发生一起超期羁押案件。

2001 年，“严打”整治期间，常德市监所检察部门认真贯彻高检院《关于进一步清理和纠正案件超期羁押问题的通知》精神，把积极预防、及时纠正超期羁押作为加快办案进度，增强“严打”效果的一项重要举措。一方面通过开展专题检察，澄清底子，及时清理、纠正超期羁押。对于在清理中发现的可能出现超期的疑难复杂案件和苗头，做到及时发函，提示催办。全市监所检察部门先后向有关单位发出提示函 200 余份，集中纠正处理超期羁押问题 14 件、27 人。一方面，加强与办案单位的联系、沟通，健全预防工作机制。上半年，市人民检察院监检科在市委政法委、“严打”办的支持下，在武陵区院与公、检、法、司几家有关领导和主要办案部门负责人一道召开联席会议，落实换押制度，羁押期限提示和催办制度，办案超期责任追究制度等各项预防制度。各单位全力配合和支持，至 11 月底，全市各看守所均保持了月末无超期羁押的良好局面。汉寿县院在“严打”整治斗争中加大驻所检察力度，采取“五勤”（勤登记、勤检查、勤催办、勤发函、勤联系）的做法。突出预防超期羁押，积极监督和配合办案部门加快办案节奏。4—6 月，该县看守所收押的 293 人无一人超期羁押，平均办案时限同比缩短了一半。

2002 年，全市发现首次超期羁押 11 人，提出纠正 11 人，有关部门纠正 11 人。如汉寿县看守所羁押的涉嫌敲诈勒索罪的犯罪嫌疑人刘某某，2002 年 3 月 20 日刑拘，4 月 18 日移送审查起诉，因证据问题先后退回补充侦查 2 次，仍无法查证落实，在期限届满前 5 日，汉寿县院及时向办案单位发出提示函，次日刘某某被变更了强制措施。

2003 年，常德市检察机关组织对超期羁押案件进行专门清理，加大纠正和预防超期羁押工作力度，有如下三个特点：一是争取各有关单位领导高度重视，把清理纠正超期羁押工作摆在议事日程上。特别是下半年，市委政法委每月研究一次清理纠正超期羁押工作，各区县市委政法委实行超期羁押工作月报制。市人民检察院成立“纠超工作”领导小组，实行超期羁押工作周报制，并形成了“一把手纠超”的工作态势，纠超工作得到明显进展。二是清理纠正超期羁押工作方式多样，效果明显。常德市监所检察部门主要采取周报月结，即一周上报一次清理或纠正超期羁押工作情况，一月小结一次；集中清理，即分别在6月上旬和8月上旬，根据全市纠超的实际情况，开展2次集中清理，澄清底子，有关单位瞒报缓报情况得到抑制，到11月底，全市共清理、纠正超期羁押19人，其中纠正3年以上1人、3年以下18人，同时纠正违法关押3人；分级负责，即市县两级检察机关严格按照省人民检察院业务处“分级负责的原则”办事，边清理，边纠正；重点纠正，即对于有些“老大难”的超期羁押或违法关押案件下大力气加以解决。津市市看守所和汉寿县看守所违法关押了3名不负刑事责任的精神病案犯，通过市人民检察院分管领导、市人民检察院监检科出面协调，两地党委政法委、政府领导出面督导，最终解决了这三个老大难问题。三是巩固清理成果，强化预警机制。全市监检部门加大监督力度，及时催办，加强协调，下半年共发出《案件即将到期通知书》76份，电话催办近300 人次，较好地预防了超期羁押现象的发生。全年共发现首次超期羁押64人（含通过清理发现的19人），发出纠正违法通知书64份，有关部门纠正了62人。

2004年，全市监所检察部门对超期羁押案件继续开展清理工作。1—11月，全市共清理出首次超期羁押案件10件、18人，纠正10件、18人。巩固了上年清理纠正超期羁押取得的成果。是年，纠正超期羁押工作落实和完善在押人员合法权益告知制度，并增强预防超期羁押监督工作的透明度，自觉接受社会各界监督。市人民检察院采取走出去，请进来的办法自觉接受社会各界的监督，先后到市公安局、市中级人民法院征求意见，并主动邀请人大代表、政协委员视察驻所检察室工作。4月29日—5月25日，市政协组织视察组对全市预防和纠正超期羁押工作进行近一个月的视察、调研。期间，市人民检察院党组书记、检察长杜辉才亲自征求各位委员的意见和看法；主管副检察长万革新就全市纠防超期羁押工作向市政协常委会作了专题汇报；委员们先后调研了市第一看守所和石门、澧县看守所驻所检察室的工作，对检察机关预防和纠正超期羁押所做的工作给予了肯定。至是年年底，全市发现首次超期羁押29人（含通过清理发现的18人），经书面提出纠正通知后纠正了31人（含上年未能纠正的2人）。

2005年，为坚持和落实纠防超期羁押的长效机制，巩固纠防超期羁押的成果，全市监所检察部门认真执行高检院《关于加强预防纠正超期羁押工作若干规定》，把纠防超期羁押当作监所检察重要工作来抓。驻所检察人员严格执法，强化责任，大胆执法，敢于监督，把预防超期羁押工作落到实处。对羁押在看守所的在押人员，全市驻所检察室全部实行《诉讼期限》一人一卡台账、提示和告知制度，先后30多次对44件即将到期的案件向办案单位电话催办。市人民检察院主管领导和监检科人员先后4 次到市中级人民法院对孙某付等9起即将超审限期的案件上门催办；市人民检察院监检科向本院办理的即将到期的案件发出提示函32份。安乡县院对县公安局办理的涉嫌故意杀人罪的周某超侦查期一案，及时发纠正违法通知书予以纠正。全市通过采取掌控收押时限、巡监了解情况、告知、换押、催办、通报、责任追究等措施，全年仅发生2起超期羁押案件，并得到纠正。

2006年，全市监所检察部门先后60多次对53件即将到期的案件，用电话或登门到办案单位催办监督，发现并纠正首次超期羁押3件、3人，年底实现零超期羁押。如4月上旬，汉寿县院向市人民检察院监检科报告，黄某胜、肖某高、肖某春上诉案件二审法院出现首次超期羁押。监检科立即向主管副检察长汇报，4月14日，市人民检察院就黄某胜、肖某高、肖某春超期羁押案件，向市中级人民法院发出纠正违法通知书，市中级法院迅速纠正，及时作出裁定。

2007年，全市监所检察部门继续认真执行高检院《关于加强预防纠正超期羁押工作若干规定》，对87件即将到期的案件用电话或登门到办案单位催办监督。7月中旬，临澧县院向市人民检察院监检科报告李某等4起案件二审法院出现首次超期羁押，监检科立即向主管检察长汇报。7月16日，市人民检察院对李某等4起超期羁押案件，向市中级人民法院发出纠正违法通知书，市中级人民法院迅速纠正，及时作出了裁定。澧县院发现该县公安机关立案侦查的犯罪嫌疑人毕某涉嫌故意杀人一案首次超期后，及时向公安机关发出纠正违法通知书予以纠正。全年共发现首次超期羁押17人，经检察机关提出，全部得到纠正。

2008年上半年，安乡县院在驻所检察中发现蒋某涉嫌故意伤害案，孔某、唐某涉嫌故意杀人案，吴某等人涉嫌故意伤害致死案等一审案件以及高某等抢劫案二审上诉案件，市中级人民法院超期羁押，市人民检察院监检科得知情况后即向主管检察长汇报。在市人民检察院的督促下，这4件案件的判决和裁定得以很快下达，确保了在押人员的合法权益。9—10月，按照高检院和省人民检察院的部署，市人民检察院在全市范围内开展清理久拖不决案件专项检察。澧县院通过查阅在押人员逮捕证手续，逐一核对在押人员情况，清理出羿某等4名在2005年逮捕至本次清理时未结案的案件，查明了不能结案的原因及当时所处的环节，并写出专题检察报告。

2009—2011年，全市共发现首次超期羁押17人，发出纠正违法通知书17份，纠正17人。针对审判环节超期羁押问题突出的实际，全市监所检察部门加强了对审判机关诉讼期限的检察监督。2010年，市人民检察院针对审判机关审理期限超期的案件发出纠正违法通知书4份。如被告人熊某云因犯诈骗罪，2009年9月16日，由武陵区院起诉至武陵区法院，但审判机关直到2010年10月14日仍未宣判，违反了《刑事诉讼法》审理期限的规定，属于对熊某超期羁押。市人民检察院于10月14日对办案单位发出了纠正违法通知书，并将纠正违法通知书抄报市委政法委、市人大常委会内司委。依靠党委、人大的支持破解超期羁押难题，维护了司法公正和法制权威。

2012年，全市监所检察部门在完善刑事羁押期限监督机制方面做了大量工作，摸索出一些好的经验。鼎城区院驻看守所检察室采取三项措施防止超期羁押：一是严格遵循“程序公正”理念，在纠防超期羁押工作中实现从“纠正为主”到“重在预防”的转变。采取入出所登记、分诉讼阶段提示、释放督促、劳教人员及时送劳教等方法，遏制超期羁押。二是健全相关制度。对办案期限的监督，坚持实行责任到人、“三卡”（入所登记卡，办案期限登记卡，在押人员诉讼权利、义务登记卡）、换押证、提示、超期羁押责任追究等制度，还建立了与办案单位、看守所定期联系制度，做到信息及时交流反馈，共防超期羁押。三是坚持及时预警通报。发现有即将超期羁押的及时向办案单位通报，提出检察建议，形成纠防合力，全年共开展超期羁押预警提示 21 次。实现了全年无超期羁押案件。汉寿县院驻看守所检察室始终把预防超期羁押问题作为驻所检察的工作重点，将监督的关口前移，建立超期羁押预警机制，设专人管理预警环节，做到诉讼时限底子清，情况明，对即将到期的案件，件件提前告知催办。全年未出现超期羁押案件，维护了在押人员的合法权益。市人民检察院驻市看守所检察室对久押未决案件的监督取得好的成效，如关押在市看守所的张某华、吕某兵涉嫌非法经营案，2011 年 4 月移送法院审理，但一直未宣判。驻所检察室将问题了解清楚，通过市人民检察院向市人大常委会汇报。经过多方面努力，武陵区法院于 2012 年 11 月 22 日变更强制措施。

2013 年，全市发生首次超期羁押 2 人，检察机关发出纠正违法通知书 2 份，办案机关均予纠正。随着修改后的《刑事诉讼法》《人民检察院刑事诉讼规则（试行）》的全面实施，常德市监所检察部门办理羁押必要性审查案件 32 件、32 人，依法提出羁押必要性审查建议书 32 份，有关机关或部门均予采纳，采纳率 100%。春节后不久，市人民检察院驻市看守所检察室办理了全市第一起羁押必要性审查案件：在押人员汤某入所前就患有严重疾病，入所后病情加重，且具有传染性，不适宜继续羁押，市人民检察院依法向办案单位发出羁押必要性审查建议书，建议对汤某变更强制措施。办案机关收到建议书后，当天就对汤某变更了强制措施，并将有关情况及时回复。该案的办理为全市开展羁押必要性审查工作提供了经验。

2014 年 1—10 月，常德市监所检察部门对 45 名在押犯罪嫌疑人、被告人开展羁押必要性审查。经审查，向办案部门提出将 45 人变更强制措施建议，较上年同期的 27 人上升 66.7%；办案部门采纳建议变更强制措施共 40 人，采纳率 88.9%。6 月，羁押在桃源县看守所的犯罪嫌疑人李某患有严重心脏病需要治疗，桃源县院监检科及时对犯罪嫌疑人李某羁押必要性进行审查，认为医院的诊断书明确表明李某心脏病严重，需要住院治疗，加之李某涉嫌的犯罪社会危害不大，遂向桃源县公安局发出羁押必要性审查建议书，建议对犯罪嫌疑人李某变更强制措施。县公安局采纳建议，对李某改为监视居住。

2015 年 1—9 月，全市检察机关监所检察部门共对 32 名在押犯罪嫌疑人、被告人开展羁押必要性审查。经审查，向办案部门发出羁押必要性审查建议书，建议对其中 31 人变更强制措施，办案部门采纳建议变更强制措施共 30 人，采纳率 93.8%。市人民检察院驻市看守所检察室加强羁押期限检察，对所有在押犯罪嫌疑人、被告人均检察了看守所执行换押制度是否严格，是否督促办案机关及时换押。同时，通过联网系统强化对羁押期限的动态监督，提示看守所及时履行羁押期限预警职责.防止对犯罪嫌疑人超期羁押。到9月底，市看守所在押的457名在押人员无一人超期羁押。

第二节 刑罚变更执行及劳教变更执行检察

1988年，全市监所检察部门认真贯彻高检院1987年第二次全国监所检察工作会议精神，把执法监督摆在监所检察工作首位，强化对刑罚变更执行和劳教变更执行的监督。省一劳全年共有1147人罪犯获减刑、假释，30人罪犯获保外就医。白洋堤院充分履行监督职责，先后重点考察了500余名减刑假释罪犯，对不符合减刑假释条件的提出纠正建议，对符合条件而未予呈报的建议减刑假释。如在三大队考察时，发现三大队罪犯肖某为了减刑，诬陷同监罪犯徐某全打牌赌博，骗取减刑一年半的奖励。但积极改造，曾13次获记功的徐某全却因被检举有赌博行为而未予减刑。查清情况后，向有关方面提出纠正建议，市中级人民法院中止了对罪犯肖某减刑裁定的宣布；裁定给予罪犯徐某全减刑一年半的奖励。全年共发现省一劳有7人罪犯减刑不当，建议中止减刑裁定公布，避免因减刑不当造成不良影响。

1989年，白洋堤院对大队呈报支队减刑假释罪犯中的565人进行摸底调查，发现不符合条件的有26人，占调查总数的4.6%。在配合狱政部门研究、审查呈报材料时发现不符合条件的有17人，均提出了纠正建议。在重点考察7个大队、96人拟宣布减刑假释裁定的犯人后，经市人民检察院向市中级人民法院建议中止3人不符合条件罪犯减刑假释裁定的宣布，市中级人民法院采纳了建议。如一大队被裁定减刑的罪犯朱某和，经考察发现其多次在监内喝酒、打架闹事，后被中止了减刑裁定的宣布。白洋堤院还对4人罪犯已具备条件而未予呈报减刑假释的问题向支队提出呈报减刑假释建议。如一大队罪犯张某云检举了外宿犯鲍某纯、李某国在外宿期间盗窃2000多元的犯罪事实，鲍、李二人被法院加处有期徒刑。根据张犯的立功行为，检察人员提出应予减刑奖励，支队接受建议，向市中级人民法院呈报减刑，保证奖励政策的正确实施。

1990年，根据市人大常委会法工委副主任熊锡礼的电话要求，市人民检察院、武陵区院监检部门组成专门班子，对8月3日被武陵区人民法院判处有期徒刑5年的黄某轩为何保外就医出狱，进行认真调查。11月5日，市人民检察院向市人大常委会提交《关于已决罪犯黄某轩保外就医的情况报告》。认为：黄某轩保外就医条件和程序不符合有关法律规定，市公安局应撤销对黄某轩保外就医的决定，收监执行。是年，白洋堤院和武陵区院通过参与执行机关研究减刑、假释材料，发现问题建议不予呈报材料的7人；通过下队考察发现问题建议撤回呈报材料的1人；通过办案发现原裁定减刑、假释不当，建议撤销的4人，市中级人民法院撤销了3人；通过监外执行检察和办案，发现确有悔改表现的罪犯30人，建议执行机关呈报材料予以减刑。7月，武陵区院驻省四劳检察组对该单位12个保外就医罪犯开展专项检察，发现管教干部刘某某为罪犯李某平弄虚作假保外就医提供方便，从中收受贿赂，致使李犯假病保外，逃避改造，遂向支队提出复查建议。通过复查，证实李犯Ⅲ期肺结核为假。李犯被撤销保外，收监执行。武陵区院以贿赂罪追究了刘某某的刑事责任。

1991年，市人民检察院组织各区县市检察院主管监所检察工作的副检察长参加刑罚和劳教变更执行专题检察4次，即对1990年罪犯减刑、假释，劳教人员减教期情况的专题检察；对假释罪犯执行情况的专题检察；对经济罪犯保外就医审批和执行情况的专题检察；对罪犯保外就医审批和执行情况的专题检察，并提出了有数据、有典型、有情况、有建议的专题检察报告，为领导机关正确决策提供依据，引起高检院、省人民检察院和省、市领导机关的重视。白洋堤院参与省一劳召开的罪犯减刑假释研究会议13次，审查对象1607个，发现有30个不符合条件，建议不予呈报，意见均被采纳；在假释裁定宣布执行后的回访考察中发现，上年年底，省一劳三大队假释的罪犯张某军服刑期间曾盗卖大队牲猪，不符合假释条件，遂报告市人民检察院建议市中级人民法院撤销假释裁定，张犯被重新收监执行。

1992年，全市监所检察部门贯彻落实全省缓刑、减刑、假释和监管工作会议精神，开展对执行湘高法发〔1992〕14号文件的检查。在1—3季度的检查中，发现劳改单位呈报的845个减刑、假释的犯人中有21个不符合条件，建议不予呈报；发现3名具备条件而未予呈报的建议补报。对335个老弱病残罪犯进行检查鉴定，不符合条件的60个建议不予呈报。上述问题均被有关单位采纳并纠正。11月6日，市人民检察院副检察长刘湘滨在第一届市人大常委会主任会议上就全市减刑、假释、保外就医检察监督情况作汇报。

1993年，白洋堤院和武陵区院参与监管改造机关减刑、假释、保外就医研究，审查了1357个减刑、假释对象的呈报审批材料，建议暂缓呈报或不予呈报的29个；对保外就医的278个对象审批材料进行审查，发现不符合保外就医条件，建议劳改机关不予呈报的8个。武陵区院驻市劳教所检察室严把减教、所外就医关，认真审查材料，先后发现手续不合法、不齐全的5人，向市劳教所提出检察建议，全部得到纠正。

1994年，白洋堤院在参与省一劳对549个减刑、假释呈报对象研究时，对32个不符合条件的罪犯提出了不予呈报或暂缓呈报的建议，均被支队采纳。如罪犯舒某金在监内充当劳头狱霸，逞凶作恶，白洋堤院提出不予呈报的建议，被支队采纳。罪犯辛某才协助检察机关破获一起案件，白洋堤院向支队发出呈报减刑假释的书面检察建议，被支队采纳，市中级人民法院裁定对其予以假释。

1995年，白洋堤院和武陵区院共参与津市监狱、德山监狱、武陵监狱减刑假释研究17次，对1660名拟呈报对象的材料进行了审查，建议暂缓呈报和不予呈报39名；参与保外就医研究 4 次，对 25 名保外就医罪犯进行了审查，发现不符合保外就医条件 1 名，建议不予呈报。均被监狱采纳。8 月，武陵区院驻德山监狱检察室在参加监狱减刑假释研究时，发现罪犯肖某国虽其他方面均符合假释条件，但在检察机关办理田某某索贿一案时为田通风报信，干扰办案，建议对该犯暂缓呈报假释，监狱当即采纳。武陵区院在减刑假释检察中发现，武陵监狱罪犯罗某华，服刑期未过半被裁定假释，随即报告市人民检察院向市中级人民法院提出了撤销假释裁定的纠正意见 。

1996 年，常德市检察机关审查监狱、看守所呈报的减刑对象 1439 人，假释对象 442 人，保外就医对象 30 人，审查劳教人员减教 68 人。经检察，建议暂缓呈报减刑 13 人，撤销呈报 4 人，均得到执行机关采纳。白洋堤院按照《监狱法》的要求和上级业务部门的规定，在对罪犯减刑、假释和保外就医的监督过程中严格把好“三关”（审查资格，把握基本条件关；参与研究，把住呈报关；跟踪监督，把好裁定执行关）的做法得到省人民检察院业务部门肯定。

1997 年，白洋堤院针对监狱贿赂案件一般集中发生在罪犯减刑、假释、保外就医等环节的实际情况，与监狱商议制定了罪犯减刑、假释和保外就医工作程序和监督程序，要求各监区实行“三公开”，即罪犯每月改造减刑分的进档情况公开，罪犯减刑、假释材料的呈报公开和罪犯保外就医的身体检查情况公开，将各个环节都纳入监督视野，增强执法透明度。为解决减刑、假释占比大的“犯人组长”等重点罪犯（含各类勤杂犯人）减刑、假释监督不力问题，有针对性地建立“犯人组长”等重点罪犯违规档案，完善了对这类人员减刑、假释活动的监督。省人民检察院监检处在全省推介这一经验。

1998 年，全市监所检察部门根据省高级法院、省人民检察院、省公安厅、省司法厅《关于印发〈关于进一步做好罪犯减刑、假释、保外就医呈报、审批工作的会议纪要〉的通知》精神，加大对罪犯减刑、假释的检察力度。武陵区院全年共审查监狱提请减刑、假释的罪犯 920 个、保外就医罪犯 77 个、审查劳教所呈报的减教人员 78 个。对不符合条件，建议不予呈报或者暂缓办理减刑、假释的罪犯 138 人，撤销呈报保外就医罪犯 30 个。白洋堤院深入各押犯单位，对拟定呈报对象认真考察。全年共参与研究呈报减刑、假释对象 879 个，检察发现不符合呈报减刑条件的有 12 个，及时向监狱提出不予呈报或暂缓呈报的检察建议，得到监狱采纳。白洋堤院还对监狱拟定呈报的 92 个保外就医对象中的 30 多个进行了严格考察。

1999 年，武陵区院建议暂缓呈报减刑、假释、办理保外就医的罪犯有 20 多人，均得到监狱部门采纳。如驻武陵监狱检察人员在对呈报假释对象的有关材料进行检察时发现，罪犯高某付（奸淫幼女，被判处有期徒刑 8 年）执行通知书上填写的日期将刑期少算了一年，立即建议对其暂缓呈报假释，监狱采纳了建议。他们又及时将情况汇报给市人民检察院，市人民检察院向原判法院提出纠正意见并得到纠正。在对劳教学员所外执行的呈报、审批检察时，发现存在条件掌握不严、市劳教委直接决定所外执行而劳教所不知情，检察室无法监督等问题。及时与市劳教委和市劳教所联系，共同商定整改措施。白洋堤院坚持把减刑、假释、保外就医检察作为执法监督的重点，全年共检察减刑、假释对象874名，保外就医对象84名。对9名不符合减刑、假释条件，51名不符合保外就医条件的提出纠正意见。

2000年，根据省人民检察院业务处的要求，市人民检察院组织武陵区院、白洋堤院对德山监狱、武陵监狱、津市监狱开展罪犯保外就医执法活动专题检察。通过检察，就监管单位在办理罪犯保外就医执法活动中存在的保外手续不完善、以保代放、保外条件消失不及时收监、保外罪犯管理失控等问题，向监狱发出检察建议，提出整改意见。监管单位采纳建议，认真进行了整改。

2001年，常德市监所检察部门认真贯彻省人民检察院《关于加强监所检察工作的决定》，加大对减刑、假释、保外就医的执法监督力度：一方面规范公开听证审理。市人民检察院与市中级人民法院、监狱商定，把有影响、有争议和劳动改造表现较好，刑期较长，老弱病残等几类减刑、假释案件列为公开听证审理的范围。另方面开展专题检察，切实纠正违法。通过专题检察，共发现减刑假释不当160人，提出的纠正建议均被监狱采纳；发现保外就医审批或执行不当119人，提出纠正119人，纠正了32人。

2002年，全市监所检察部门更新执法观念，将减刑、假释、保外就医监督工作位置前移，做到事前监督、同步监督、事后监督有机结合。通过开展一系列活动，把检察机关执法监督理念贯彻到各个监管单位，争取广大监管干警理解和支持。并结合以往办案中发现的监狱在减刑、假释、保外就医工作中存在呈报审批制度不完善、呈报审批程序不规范、缺乏有效监督机制等问题，与有关监狱共同制定《减刑、假释、保外就医呈报审批工作制度》，在呈报环节、研究环节、交付执行环节上都制定详细的操作程序和内容。为增强罪犯减刑、假释，劳教学员延期、减期、提前解教工作的透明度，确保其公正性，10月，市人民检察院、白洋堤院与市中级人民法院以及津市监狱共同开展了一次减刑、假释听证审理活动，收到了较好的法律效果和社会效果。11月，市司法局组织在市劳教所召开延期、减期、提前解教劳教学员公开听证，武陵区院发表了听证监督意见。通过公开举证、质证、审听监督，当场由听证委员会研究决定，对4个延期、5个减期、2个提前解教的劳教学员进行了公开宣布，在劳教学员中引起了强烈反响。

2003年，呈报减刑、假释罪犯的检察监督，发现呈报不当的有33个，提出检察建议后均得以纠正。根据省人民检察院业务处的部署，市人民检察院与有关单位一道组织了两次听证审理活动。11月19日，市人民检察院和市司法局在市劳教所召开有检察院、劳教委、司法局等单位参加的对延期、减期、提前解教劳教学员公开听证、决定大会，并聘请人大代表、政协委员为监督员，通过公开举证、质证、审听监督，当场由听证决定委员会研究决定，对5个延期、11个减期劳教学员进行公开宣布。11月25日，市人民检察院与市中级人民法院在武陵监狱召开罪犯减刑、假释公开听证审理大会。市人大常委会、市政协、市人民检察院、市中级人民法院、市司法局有关领导参加，武陵区院就罪犯减刑、假释发表听证监督意见。

2004 年 5 月，根据高检院、公安部、司法部《关于开展减刑、假释、保外就医专项检查活动的通知》和省人民检察院《关于检察机关贯彻落实高检院、公安部、司法部〈关于开展减刑、假释、保外就医专项检查活动的通知〉的具体实施方案》，市人民检察院制定了《常德市检察机关贯彻落实减刑、假释、保外就医专项检查活动的具体意见》，决定5—11 月全市检察机关开展专项检查活动，对全市 2002 年以来减刑、假释案件和 2002 年以来保外就医以及 2002 年以前批准保外就医至 2004 年 5 月底刑期未满的案件进行专项检查。市人民检察院成立了减刑、假释、保外就医专项检查活动领导小组，检察长杜辉才任组长，主管副检察长万革新任副组长，并制定《常德市检察机关贯彻落实减刑、假释、保外就医专项检查具体方案》，对外公布了举报电话。各区县市检察院和白洋堤院也建立相应的专门工作班子。为使专项检查工作得到党委、政府的重视与支持，市人民检察院专门向市委政法委、市人大常委会、市政协做了专题汇报。市政协主席刘春林听了汇报后明确表示，全力支持检察机关搞好专项检查工作。市政协副主席万成贞带领 12 名政协常委、委员对市人民检察院、石门县院、澧县院专项检查开展情况进行专题考察。市政法委副书记王建国带领工作组，先后 3 次深入基层检察院、监狱、看守所对专项活动进行督促指导，帮助解决工作中遇到的问题和困难。由于各方面的努力，专项检查取得了好的成效。

2005 年 6 月 17 日，省委政法委召开关于在全省开展减刑、假释、保外就医专项检查电视电话会议。按照省人民检察院的统一部署，市人民检察院决定，6 月 20 日—9 月 20 日，全市检察机关开展为期 3 个月的减刑、假释、保外就医专项检查活动。7 月上旬，市检察院将专项检察中发现的问题写成专题报告，报送市委政法委和市人大内司委，引起了党委、人大、政协领导的高度重视。7 月 8 日，市委政法委在津市监狱召开全市规范刑罚执行工作联席会议，会上，市委政法委对市人民检察院报请的 14 起严重违法的减刑、假释、保外就医（暂予监外执行）案件实行挂牌督办，限期一个月纠正，其中 4 个罪犯被依法收回监狱执行刑罚。活动期间，市委常委、政法委书记胡宗清，政法委副书记王建国先后 3 次专题听取市人民检察院领导和监所检察部门专项检查情况汇报。市人大常委会先后 2 次听取市人民检察院关于开展专项检查情况汇报。市人大常委会内司委先后 2 次听取白洋堤院关于刑罚执行检察情况汇报，并组织人大代表对驻狱检察室进行视察，对监管场所规范执法行为，提高执法质量，防止违法减刑、假释、保外就医，提出意见和建议。2004 年、2005 年连续两年的专项检查，共检查津市监狱、德山监狱、武陵监狱 2002 年至 2005 年 9 月底减刑、假释案件 5730 件，保外就医案件 236 件。发现刑罚变更执行不当 130 件，纠正 68 件。

2006 年，全市监所检察部门继续抓紧减刑、假释、保外就医执法监督检察，巩固专项检查工作成果。全年共审查执行机关呈报减刑、假释罪犯 2517 名。其中，白洋堤院对不符合呈报条件的15名对象提出了纠正意见，监狱撤销了14人的呈报材料，变更了1人的呈报建议。白洋堤院在保外就医检察中考察拟呈报对象33人（其中初次保外就医11人，继续保外就医22人），发现4名对象不符合保外就医条件，1名对象在考察期间擅自外出，向监狱提出不予呈报和收监执行的检察意见后，监狱撤销了3名对象的保外就医呈报材料，收监执行1人，对1名擅自外出的保外就医罪犯实行网上追逃。全市监所检察部门对保外就医期限即将到期的22名罪犯向监狱发检察提示函22份，监狱收监执行9人。武陵区院对呈报劳教学员期限奖励中22名不符合奖励条件的，建议不予呈报减教。

2007年，全市监所检察部门认真贯彻执行省高级法院、省人民检察院、省公安厅、省司法厅《关于进一步规范减刑、假释、暂予监外执行工作有关问题的规定》，共审查执行机关提请减刑、假释罪犯2359人，对不符合条件的23名对象提出了纠正意见。对呈报初次保外就医的11个罪犯，严格按高检院、省人民检察院和市人民检察院有关文件规定，全部实行保外前考察、疾病审查和市人民检察院技术部门法医审查的制度，杜绝和防止保外就医执法活动中的徇私舞弊行为；对13个符合继续保外条件的罪犯依法进行审查，并提出了审查意见。对42个劳教学员不符合奖励期限条件，建议不予呈报，相关单位予以采纳。

2008年，全市监所检察部门推行罪犯减刑、假释、保外就医检察意见书制度，即通过考察和参加执行机关提请减刑、假释或保外就医呈报评审会议后，在规定时间内，针对评审对象逐一向执行机关送达是否同意减刑、假释、保外就医的书面审查意见。执行机关将检察意见书连同提请减刑、假释材料或保外就医材料，移送裁定或决定机关审查，对没有出具检察意见书的案件，有关机关一律不予受理。白洋堤院在全省派出检察院中率先推行这一制度，全年共向监狱发出同意减刑假释检察意见书2391份；不同意减刑假释检察意见书15份，监狱及时撤销了减刑假释呈报材料。除监狱外，全市其他监管场所罪犯的减刑、假释、保外就医案件均由市人民检察院监检科审查，并统一出具检察意见书。同年，武陵区院共审查呈报延期、减教劳教学员178个，提出检察建议2份，纠正了32个不符合减教期限的劳教学员的减教问题。

2009年，全市监所检察部门审查监狱、看守所呈报减刑、假释、保外就医5489人，对提请减刑、假释案件参与开庭、听证20人次，纠正违法违规问题39人，对49个减刑、假释不当人员提出了书面纠正意见，相关单位均予纠正。是年，为预防、减少监狱服刑罪犯死亡事件发生，白洋堤院组织各驻狱检察室对监狱患有严重疾病以及70岁以上老残罪犯进行调查摸底并登记造册。对急需治疗、丧失危害社会能力、基本符合保外就医条件的罪犯，监狱未及时呈报保外就医的，积极建议监狱对其依法予以假释或保外就医。

2010年，市人民检察院进一步加强对刑罚变更执行的监督力度，实行同级同步监督，即对监狱提请的部分减刑案件和全部假释案件与市中级人民法院办理案件同步开展监督。坚持做到听证会前7日必须阅卷，了解相关案件情况，把好入口关；参加市中级人民法院举行的减刑、假释案件听证会时认真履行检察监督职责，对于阅卷发现的问题和听证会上发现的不符合相关法律规定的问题，及时提出纠正。为了贯彻宽严相济的刑事政策，体现对老病残犯的人文关怀，缓解监狱改造压力和由此引发的一系列问题，白洋堤院配合监狱积极探索如何在法律允许的范围内拓宽老病残犯减刑、假释、保外就医出口。如针对德山监狱老病残犯多，监狱医疗条件较差，罪犯死亡率较高的情况，该院与德山监狱、市中级人民法院审监庭进行沟通，三家多方协商，在法律允许的范围内拓宽老病残犯人的出口，体现了政府人文关怀，让老病残犯看到了积极改造重获新生的希望。

2011 年，全市监所检察部门检察罪犯减刑、假释 4570 人，发现减刑呈报不当 29 人、假释呈报不当 8 人，均及时向监狱提出纠正意见并得到采纳。对所有减刑、假释对象的裁定书均一人一表进行审查，共审查减刑、假释裁定书 1931 份，未发现违法情况。检察罪犯保外就医对象 41 人，其中初保 17 人，续保 24 人（含死亡 1 人），发现并纠正保外就医不当 1 人，予以收监执行。白洋堤院就规范劳动教养人员所外就医办理程序与市劳教所召开了专题联席会议。白洋堤院介绍了劳动教养人员所外就医检察监督的具体操作方法，并征求劳教所的意见和建议。双方就劳动教养人员所外就医呈报审查程序、交付执行、所外就医考察等问题达成了共识，并联合印发《关于规范劳动教养人员所外就医办理程序的规定（试行）》。

2012 年，随着最高人民法院关于减刑假释新的司法解释出台，市人民检察院及时调整减刑假释监督力度，在坚持与市中级人民法院办案同级同步监督的基础上，又积极探索市人民检察院与基层检察院同步监督机制。在派员出席减刑案件和假释案件庭审的基础上，致力延伸监督链条，将监督提前至呈报阶段。6 月 27—28 日，市人民检察院监检科对津市监狱提请的第二批减刑假释案件情况开展庭前调查。为确保庭前调查的效果和质量，该科精心组织，制定了调查方案，开展业务培训。实际操作中采取书面审查和实地考察相结合的方法，做到全面掌握情况，并将调查发现的问题及时与监狱方交换意见。

2013 年，常德市监所检察部门为确保刑罚变更执行监督的实效性和准确性，将减刑假释监督关口重点放在评审前的考察环节，重点了解考核分较高的罪犯未能提请减刑假释的原因，针对性地提出检察意见。同时对假释、涉黑、邪教类减刑提请对象，实行“三必”原则（必阅卷、必考察、必出庭），发现问题立即给予纠正。鉴于津市监狱 2012 年在老病残罪犯减刑问题上发生徇私舞弊案件，白洋堤院和监狱在健全老病残犯认证制度上多次召开联席会议统一思想，监狱制定《老病残罪犯提请减刑假释规定》，对老病残罪犯提请减刑假释的实体条件更加细化，程序更加完善规范，避免随意性，堵塞暗箱操作等漏洞。针对武陵监狱提请假释无量化标准、考核量化方面尺度不一致的问题，白洋堤院向监狱提出书面检察建议，建议对提请假释规定具体的量化考核标准，监狱党委接受建议，着手出台提请假释量化考核规定。

2014 年，中央政法委下发《关于严格规范减刑、假释、暂予监外执行切实防止司法腐败的意见》，对三类罪犯（职务犯罪、金融犯罪和黑社会性质组织犯罪罪犯）的减刑、假释和暂予监外执行作出严格规定。全市监所检察部门根据该意见，强化对服刑罪犯刑罚变更执行的同步监督，形成派驻检察室初步审查，市人民检察院监检科最后把关的工作格局。1—10 月，全市监所检察部门共受理监管场所和社区矫正机构移送减刑、假释、暂予监外执行案件 2829 件，经审查，提出书面不同意减刑、假释、暂予监外执行检察意见 26 件，监管单位采纳 26 件，采纳率 100%。派员出席法院庭审减刑、假释案件 208 件。武陵监狱罪犯傅某某，犯非法吸收公众存款罪，属于“三类罪犯”中破坏金融管理秩序犯罪，监狱拟呈报减刑幅度不当，违反了中央政法委有关此类犯罪减刑幅度的规定，检察机关提出不同意对其提请减余刑，建议提请减刑 1 年的检察意见，得到监狱采纳。

2015 年，全市监所检察部门共审查减刑、假释、暂予监外执行案件 3154 件。检察发现减刑、假释、暂予监外执行不当 218 人次，书面提出纠正 218 件，纠正 218 件，较上年同期的 23 件上升 848%，其中市人民检察院发现不当 8 人次，书面提出纠正 8 件，纠正 8 件。对市中级人民法院决定开庭审理的 173 件减刑、假释案件，市人民检察院均依法派员出席履行监督职责。是年，全市检察机关按照《全国人民代表大会常务委员会关于特赦部分服刑罪犯的决定》，在全市范围内开展部分服刑人员特赦专项检察活动，对监管单位呈报的特赦罪犯信息、案件材料按照特赦法定情形进行严格审查，调取并认真甄别证明特赦条件的各种书证、物证和证人证言等证据，并依法出具检察意见书，坚持备案审查程序，将特赦案件层报上级主管部门，确保特赦工作的及时性和准确性。至是年年底，全市完成符合条件拟提请特赦人员的摸底和呈报工作，共有 59 名监外执行人员和 7 名监狱服刑人员符合特赦条件。上半年，市人民检察院驻市看守所检察室受理看守所拟呈报减刑材料 17 份。通过认真审查案卷材料，向有关人员了解被呈报减刑罪犯的表现情况，列席看守所审核拟提请罪犯减刑会议，结合日常检察监督所掌握的情况，依法出具了 17 份减刑提请检察意见书，其中同意看守所提请减刑意见的 2 份，不同意的 15 份，法院均予采纳。

第三节　监外执行检察

1988 年，为了促进常德地区监外五种人检察工作经常化.制度化，并使之逐步规范化，市人民检察院根据法律和有关规定，在总结汉寿县、桃源县检察院及其他有关单位监外执行检察经验的基础上，制定《常德地区检察机关监外“五种人”检察监督实施暂行办法》及《监外“五种人”检察工作簿记档案制度》。10 月 22 日，省人民检察院召开全省监所检察工作座谈会，市人民检察院监检科从提高认识、勇于实践、落实制度三个方面介绍了怎样对监外“五种人”执行情况开展检察的经验和做法。

1989 年，高检院发布《认真履行法律监督职能，加强对监外执行刑事判决裁定情况的检察工作》和《关于依法加强对管制、剥夺政治权利、缓刑、假释和暂予监外执行罪犯监督考察工作的通知》两个文件，市人民检察院组织全市监所检察部门认真学习，贯彻执行。并采取普遍检察、重点检察和专项检察相结合的办法，探索监外执行检察工作逐步实现经常化、制度化、规范化的路子。

1990年，全市共有监外执行罪犯696人。全市监所检察部门按规定对这些罪犯的执行情况进行普遍考察，对其中的251人进行了2次以上重点考察，重点考察面达36%，超过了省人民检察院要求重点考察面达三分之一的规定。通过检察，发现各种问题224个。其中交付执行的法律文书、手续不完备的27人，公安机关未交当地基层组织予以监管考察的72人，监管组织不健全、措施不落实的47人，脱管漏管的62人，违法犯罪未查处的16人。提出书面建议4份，口头建议77次，帮助落实监改组织和措施的158人，脱管漏管的已管起来的56人，查处违法的5人，追究刑事责任的6人。4—6月，市人民检察院组织全市监所部门对缓刑罪犯执行情况进行专题检察，发现缓刑罪犯交付执行和监督考察工作存在的一些问题：一是审判机关、公安机关和基层执行单位之间在交接上出现脱节，致使24名缓刑罪犯脱管、漏管。二是个别单位对缓刑罪犯不仅不进行监督考察，反而违背政策法律为之升官晋级。如桃源县基隆乡麒麟村治保主任孙某明，1989年12月因非法拘禁罪被判处缓刑一年。在缓刑考验期间，乡里和村里不仅未对他实行监督考察，反而明目张胆地违背政策和法律规定，让其担任村委会副主任兼民兵营长、治保主任、调解主任，集财务、武装和治安大权于一身。三是对在缓刑考验期间又违法犯罪的人惩治不力。全市共有违法犯罪行为的缓刑罪犯30人，其中构成新的犯罪的6人。而检察发现，查处有违法行为的仅5人，追究刑事责任的只1人。对于检察中发现的问题，检察机关向有关单位书面通知纠正1件，口头通知纠正68件，有关单位纠正55件。如，发现对47名缓刑罪犯没有建立监督考察组织，检察人员积极配合公安人员指导当地基层执行单位建立45个监督考察小组，并制定监督考察制度，使这些罪犯的监督考察工作得到落实。7月10日，市人民检察院以常检发（监）字第5号文向市人大常委会报送《关于对缓刑罪犯执行情况专题检察的报告》。

1991年，全市检察机关积极参与社会治安综合治理，加强对罪犯监外执行的法律监督。至11月底，全市共有监外执行罪犯791名。对监外执行罪犯，全市检察机关按照“两院两部”规定普遍检察达100%，重点检察面33%以上，有5个单位达到45%以上。

1992年，全市检察机关认真开展对监外执行罪犯的常规检察（包括普遍检察、重点检察）和专题检察，积极参与社会治安综合治理。到10月底，全市检察机关对正在执行的1107名监外罪犯中的873名进行普遍检察，并对其中的282人进行了两次以上的重点检察。全市检察机关提请党委、政法委和人大常委会法工委牵头，组织公、检、法、司4家的主管领导和业务部门人员75人，对859名监外执行罪犯的交付、执行、检察监督情况进行联合检查。5月，市人民检察院监所检察部门在办理暂予监外执行罪犯向某军私藏枪支弹药、故意杀人案件的过程中，发现澧县法院、公安机关、检察机关在交付执行、管理改造、检察监督等方面存在一些问题，致使向某军漏管失控，流窜云南，购买刀枪，故意杀人，后果严重，教训深刻。遂对该案进行专题调查，认定向某军漏管失控、重新犯罪的教训主要是：法院没有严格按照规定交付执行，交接脱节，无人监管；有关派出所和单位对暂予监外执行罪犯向某军未依法监管，形成漏管；有关派出所警惕性不高，接到云南方面电报后未采取得力措施，致使向某军有机会携带非法购买的枪支、匕首窜回澧县行凶杀人；驻所检察人员审查刑事判决（裁定）书不细，未能及时发现问题和报告情况。市委政法委书记韩林安对该案作出批示："监外执行罪犯向某军漏管失控造成的恶果严重，我们政法机关与综合治理工作上的教训深刻，此典型抓得好，有关环节上的领导和工作人员要认真总结教训，深刻进行反思，以利今后的工作。"

1993年，监外执行检察工作主要是从理顺公安、检察、法院、司法的关系入手，明确各自职责，扭转过去检察机关包揽过多，直接监督监外罪犯的做法。突出执法检察，充分发挥法律监督职能作用，把检察的重点放在对交付机关的交付情况和执行机关的执行情况的监督上。4月，市委政法委主持召开公、检、法、司四家领导参加的对监外罪犯检察监督的职责分工会议。会议再次明确，对监外罪犯的监管以公安机关为主，检察机关主要负责对交付机关和执行机关的检察监督。截至10月月底，全市共有监外罪犯1416名，其中缓刑犯448名、假释犯677名、管制犯2名、剥夺政治权利犯14名、暂予监外执行犯275名。通过检察监督共发现法律文书不全的80名、监改组织措施不落实的113名、未按规定收监的8名、未按规定宣布刑满释放的36名、脱管漏管60名、重新违法犯罪的29名。提出书面纠正13份，口头纠正97次。

1994年，全市检察机关把监外执行检察工作作为参与社会治安综合治理，预防和减少监外罪犯重新犯罪的一项重要工作来抓。全年各区县市检察院党组主持研究监外执行检察工作37次，并协调解决了监外执行检察中公安、检察、法院、司法各家的职责问题，理顺了关系。帮助解决监外执行检察中的重大疑难问题13个。

1995年，市人民检察院在全市监所检察部门推行临澧县院《监外执行检察月、季、年规范》，促进了监外执行检察工作向"三化"发展，省人民检察院监所检察部门向全省推介了这一做法。是年，市人民检察院牵头制定了公、检、法、司联合考察办法，进一步理顺了交付、执行、检察关系。各区县市检察院明确一名干警负责监外执行检察工作，建立了监外罪犯档案、花名册，制定了监外罪犯一览表和分布图。石门县院为了加强对山区监外罪犯的考察监督，在西北山区9个乡镇设立了监外执行检察室。截至10月底，全市共有监外罪犯1103人，通过检察发现手续不合法、不完善的86人，未列入"重点人口"管理的13人，脱管、漏管51人，监督考察组织不落实不健全的70人，对上述问题均提出纠正意见。

1996年，全市共有监外罪犯1314人，其中缓刑534人、假释446人、剥夺政治权利25人、暂予监外执行304人，通过检察，发现法律文书不全的74人，监管组织不落实的

153 人，脱管、漏管 51 人，未按规定收监的 15 人，未按规定解除的 32 人，检察机关均提出了纠正意见。检察机关还立案查处了 18 名监外罪犯的重新犯罪案件。

1997 年，全市监所检察部门对保外就医罪犯进行专题检察发现，全市 257 名保外就医罪犯的监管执行工作存在五个方面的问题，即超保外就医期限；管理失控，以保代放；交付手续不齐全；保外条件偏宽；条件消失不及时收监等。均提出了相应的检察建议。

1998 年，全市共有监外罪犯 1371 名，其中脱管、漏管 21 人，通过检察建议，收监 16 名。市人民检察院与临澧县院通过联合调查研究，修改了原来制定的《监外罪犯执行检察月、季、年工作规范》的有关内容，监外执行检察更加规范。

1999 年，根据省人民检察院业务处安排，监所检察部门开展暂予监外执行罪犯（含保外就医）交付情况的专题检察。通过检察，发现这类罪犯在交付执行过程中存在只送材料不送人或既不送材料又不送人等不按照法律规定办理的问题，导致执行机关无法跟踪考察，形成脱管、漏管，多次向有关部门提出整改建议。检察中发现脱管、漏管监外罪犯 26 名，通过检察建议，收监执行 18 名。

2000 年，全市监检部门注重在监外执行检察中发现和办理监外罪犯重新犯罪案件，遏制监外罪犯重新犯罪有所增长的势头。临澧县院在监外执行检察中发现缓刑犯瞿某银缓刑期间涉嫌犯罪，即向公安机关提出检察建议，该县公安机关提请县法院撤销了对该罪犯的缓刑裁定，收监执行原判有期徒刑 1 年 6 个月。

2001 年，市人民检察院监检科下发《关于加强对裁定假释、批准保外就医罪犯交付执行监督工作的通知》，要求派驻检察人员增强责任心，详细掌握第一手资料，切实落实送达手续，做到有的放矢，依法监督。武陵区院联合公安机关对武陵区籍的 150 个监外执行罪犯进行专项检察，并针对脱管现象进行调查研究。情况上报后，引起市委、市委政法委领导的高度重视，组织公、检、法、司联合调查组，于 5 月下旬对武陵区监外执行罪犯的现状进行“三查”。查监外执行决定是否合法；查监外罪犯是否脱管；查脱管原因。通过“三查”，摸清了底子，并进行了重点整治，全区 131 个监外罪犯无一脱管。

2002 年，全市发现监外执行罪犯条件消失，发出收监建议 36 人次，收监 27 人。全市监检部门在探索监外执行检察新路子方面取得一些好的经验。石门县院在检察监督的具体做法上实现“三个转变”，即由考察式监督向指导性监督转变、由监督执行对象向监督执行主体转变、由单一监督向综合性监督转变，其做法受到了省人民检察院监检处的肯定。

2003 年，全市针对监外执行条件消失罪犯发出收监建议 11 人次，收监执行 7 人。4 月，鼎城区院监所检察部门根据市人民检察院的统一部署，对罪犯假释、暂予监外执行开展检察，发现该区石公桥镇夹堤口村 8 组的监外执行罪犯汪某晶（男，21 岁，因抢劫罪被武陵区人民法院判刑 2 年，缓期 2 年执行），在缓刑考验期内被送往某部队服兵役。对此，市、区两级检察院领导高度重视，市人民检察院成立了以检察长杜辉才为组长的“5·30”专案组，抽调 13 名办案骨干，分成 3 组，全力以赴调查取证，通过两个多月的奋战，这一省人民检察院指定管辖的案件得以顺利办结。夹堤口村民兵营长潘某前涉嫌接送不合格兵员罪被鼎城区法院判处有期徒刑 1 年，缓刑 1 年；石公桥镇武装部部长邱某伟等 18 名涉案人员分别受到开除党籍、留党察看、记大过、降级、撤职与撤销审判员职务等处理。该案惊动了中央军委，得到了省人民检察院及市级领导大力支持。这起案件也是全省办理的首例该种罪名案件。11 月下旬，高检院《中国检察影视中心》记者就该案专程实地采访了 3 天，中央电视台法制在线栏目播出了采访实况。

2004—2005 年，全市监所检察部门贯彻执行高检院、公安部、司法部《关于开展减刑、假释、保外就医专项检查活动的通知》和省人民检察院《关于检察机关贯彻落实高检院、公安部、司法部〈关于开展减刑、假释、保外就医专项检查活动的通知〉的具体实施方案》，认真开展监外罪犯执行检察。对保外就医（暂予监外执行）条件已经消失的罪犯，强力督促执行机关将其收监执行。

2007 年，根据中央综治委、高检院、最高法、公安部、司法部的统一部署，全市开展核查、纠正监外罪犯脱管、漏管专项行动。“7·19”全省电视电话会议后，常德市迅速成立了专项行动领导小组，市政法委副书记姚景平任组长，公检法司主管领导为副组长，市直政法各部门为成员单位。领导小组下设办公室，办公室设在市人民检察院监检科，负责专项行动的日常工作。市人民检察院于 7 月 30 日 下发《关于印发〈常德市检察机关关于在全市开展核查、纠正监外执行罪犯脱管、漏管专项行动的实施方案〉的通知》，并成立了由市人民检察院检察长杜辉才任组长，副检察长熊文辉、胡新建、纪检组组长许建国任副组长的专项行动领导小组。专项行动中，全市检察机关共开展监督考察 212 次，考察罪犯 2713 人。向法院、公安机关、监狱发出纠正意见 167 件，纠正了 153 件。配合执行机关对张某琦等 5 名严重超期保外就医对象开展网上追逃。对易某文等 26 名保外就医即将到期的罪犯向执行机关发检察提示函 26 份，其中监狱收监执行 4 人。

2009 年 7 月，中央综治办、高检院、最高法、公安部、司法部联合下发《关于加强和规范监外执行工作的意见》，全市监所检察部门认真组织学习并贯彻落实。7—8 月，武陵区院对辖区内包括武陵区、德山开发区、柳叶湖度假区、西湖管理区、西洞庭管理区的监外“五种人”执行情况进行检察。共检察监外执行人员 336 人，发现脱管、漏管 26 人，重新犯罪 1 人。检察后，撰写关于监外执行人员检察的调查报告，区委政法委及时召开公、检、法三家工作联系会议，针对检察机关提出的问题及意见和建议进行协调。26 名脱管、漏管人员有 20 人落实监管。省人民检察院监检处对此给予了高度评价。

2010 年，全市检察机关监检部门建立监外执行罪犯台账，摸清全市监外执行罪犯的底数，并将新增监外执行罪犯加入台账，到期监外执行罪犯从台账中剔除，实现动态监督。全市检察机关监所部门上下联动，及时互通信息，合力纠正监外执行罪犯脱管 、漏管问题 8 起。

2011 年，全市共有监外执行罪犯 1867 人，其中脱管、漏管 16 人，1 人脱管后重新犯罪，检察机关均发出了纠正违法通知书，全部得到纠正。武陵区院监检科科长喻光勋与城东派出所张艳警务室结对开展监外“五种人”帮教工作，取得了较好的矫治效果，得到省委领导的肯定，张艳警务室也成为全省唯一以警察名字命名的社区警务室。

2012 年，“两高两部”联合印发《社区矫正实施办法》，规定人民检察院对社区矫正各执法环节依法实行法律监督，全市监所检察部门认真贯彻落实。省人民检察院监检处到常德市检查社区矫正检察监督工作，没有发现社区矫正对象脱管、漏管情况。10 月，全省召开社区矫正工作会议，武陵区院监检科科长喻光勋被评为“全省社区矫正工作先进个人”，津市市院诉讼监督科被评为“全省社区矫正工作先进集体”。

2013 年，全市共有社区矫正对象 1994 人，其中缓刑犯 1215 人、假释犯 261 人、管制犯 319 人、剥夺政治权利犯 113 人、暂予监外执行犯 86 人。检察机关建议收监执行 3 人；发现脱管 31 人，漏管 10 人，均得到纠正。5 月 13 日，市人民检察院监检科与市司法局社区矫正科在市司法局召开联席会议，共商如何搞好社区矫正工作。会上，社区矫正部门介绍了全市社区矫正的基本状况，同时提出了请求检察机关解决的有关问题。监检部门负责人介绍了检察机关监所部门执法监督有关情况，并从法律监督的角度就如何做好社区矫正工作提出了意见和建议。

2014 年，全市监所检察部门积极开展监外执行罪犯社区矫正检察监督，针对发现的问题及时提出纠正意见，内容涵盖交付执行、日常管理、解除矫正等方面，发出各项检察建议和纠正违法通知书共 89 件，纠正 83 件，纠正率 93.3%。是年，根据省人民检察院的安排部署，市人民检察院在全市范围内开展减刑、假释、暂予监外执行专项检察活动。摸清了“三类罪犯”减刑、假释和暂予监外执行的底数，并于 10 月 18 日配合有关单位组织全市 16 名暂予监外执行对象集中体检。

2015 年，全市各基层院监所检察部门严格按照高检院规定，对辖区内社区矫正工作情况完成了 2 次考察，共发现脱管 5 人，漏管 7 人，虚管 8 人，均在发现后一个月内全部得到纠正。全年对监外执行不当情形书面提出纠正 53 件，纠正 53 件，纠正率 100%。根据高检院、省人民检察院关于开展社区服刑人员脱管漏管专项检察活动部署和安排，全市监所检察部门采取学习文件，领会精神；掌握方法，专人负责；加强沟通，搞好协调；认真清理，摸清底数；大胆监督，注重实效等措施，积极开展专项检察活动。6 月中旬，市人民检察院对全市各基层检察院开展社区服刑人员脱管漏管专项检察活动进行督促检查。经检察监督，撤销缓刑收监执行 1 人、暂予监外执行条件消失决定收监执行 1 人。

第四节　其他执法活动检察

1988 年，白洋堤院在执法检察中发现，省一劳部分大队在监管改造工作中存在以经济罚款代替对在押人员管理教育的现象，被罚在押人员面广、罚款名目繁多、罚款数目较大，有的在押人员为了交罚款在监内偷摸盗窃，向亲属索要钱款，不仅影响监管改造秩序，而且影响劳改机关声誉，在社会上造成不良影响。白洋堤院将调查的情况向省一劳进行通报，在监管机关领导支持下，通过干警大会宣讲以罚代教的违法性、危害性，与监管机关共同研究制定5条整改措施，监管机关以文件形式下发各大队执行；组织力量深入重点押犯大队帮助整改，这一现象较好地得到纠正。

1989年，武陵区院驻看守所检察人员，在3月份的一次执法检察中发现，有的在押人员在监内赌博、有的人犯随意打骂新进来的在押人员，但有的管教干部却不问不管，便进行深入细致的调查。发现看守所所长龙某某不仅与监内的牢头狱霸打得火热，而且还有收受在押人员物资、低价购买人犯彩电、调戏人犯家属、让留所服刑犯外出租借禁止放映的录相带、指使留所服刑犯晚上到农民鱼塘偷鱼等严重违法乱纪行为。武陵区院及时向区公安局通报，并向区委政法委和市人民检察院作汇报。武陵区公安局对看守所进行整顿，所长龙某某被停职检查，看守所领导班子被调整，不称职的管教干警被撤换。

1990年，全市监所检察部门通过审查法律文书，建立花名册和劳改罪犯（劳教人员）刑期（教期）执行情况登记卡，发现无证收押的2人；不按规定交付执行的11人，其中少年犯5人；不按规定释放的18人，其中提前释放的11人，提前最多的55天，延期释放的5人，延期最长的90天，无生效法律文书释放的2人，均向有关单位提出纠正意见。白洋堤院在收押检察中发现投劳罪犯中刑期计算有误的20人，发纠正函20封，回函纠正的8人。3月21日，市中级人民法院到桃源县看守所对杜太白等5名死刑犯人宣布高级法院刑事裁定书和执行死刑命令时，桃源县院驻所检察员发现有4份法律文书未盖省高级法院印章，当即建议停止宣布。市中级人民法院即刻派人赴长沙补盖印章，保证了执法的合法性和严肃性。全市监所检察部门在对监管机关干警和执勤武警管教活动是否合法的监督中，共发现违法行为104起，其中，公安（看守所）干警36起，劳改、劳教干警17起，武警51起；体罚虐待被监管人29起，武器装备肇事1起，致被监管人员轻伤2人、重伤1人、死亡2人。发纠正违法通知书10份，提口头纠正意见100余次，立案查处职务犯罪案件5件5人，主管单位作党纪政纪处理的11人。全市监所检察部门开展对劳改单位罪犯医药费使用情况，劳改单位执行改造工作方针、政策、法律情况等专题检察。市人民检察院监检科对监管场所执勤武警违法情况比较突出的问题进行了专题检察，并向市人大常委会写出了专题报告。

1991年3月初，安乡县院监检部门在执法检察中发现，1990年8月因盗窃罪被判刑5年6个月的罪犯黄某文未收监执行，遂报告院领导，依法向县公安局发出《收监执行建议书》，3月12日，黄犯被收监执行。白洋堤院对罪犯释放情况检察24次，发现省一劳以批假形式提前释放罪犯213个，提前时间最长的达73天，以强留方式延期释放罪犯1名，先后13次向支队提出口头纠正意见，并写出专题检察报告，引起了上级有关部门的重视，使问题得到较好解决。武陵区院通过驻市劳教所检察组发现劳教人员刘某建的劳教决定书与执行通知书教期不一，依法向市劳教委提出纠正意见，市劳教委接受意见并作出更正，保证了教期的正确执行。

1992年，根据省人民检察院、省公安厅联合下发的〔1992〕第3号通知精神，市人民检察院和市公安局、武警常德市支队联合开展了对全市驻看守所武警中队执勤情况的专题检查。在市委政法委、市人大常委会法工委的重视和支持下，成立了联合检查领导小组。通过检查监督，武警接受看守所业务指导和驻所检察室法律监督的自觉性有了很大提高。检查结束后，市人民检察院、市公安局、武警常德市支队向省联合检查领导小组写出《关于对驻看守所武警中队执勤情况联合检察的报告》。4—6月，市人民检察院对全市公、检、法机关贯彻执行《看守所条例》中关于“办案人员坚持二人着装凭证提讯”规定的情况进行专题检察，对全市公、检、法机关相关办案单位没有落实这项规定的，提出了纠正建议。市人民检察院还要求，先从检察机关自身做起，杜绝1人提审或解决不着检察装提审的问题。11月6日，市人民检察院副检察长刘湘滨在常德市第一届人大常委会主任会议上就1991—1992年全市监所检察部门执法检察的情况进行专题汇报。

1993年，全市监所检察部门在执法检察中发现各类违法问题145起，提出书面纠正7次，口头纠正153次，纠正115起。市人民检察院组织开展6次专题检察，如对全市看守所、劳教场所1992年以来收押、收教的269名未成年在押人员和13名未成年劳教学员收押、收教状况进行专题检察。为贯彻中央关于制止“三乱”的通知精神，对看守所、劳改劳教机关乱收费的情况进行专题检察等。在开展乱收费专题检察时发现，全市看守所共乱收费60926元，主要用于补贴在押人员生活、维修监舍、添置办公设施等。两劳单位共乱收费249904.52元，其中减刑、假释、保外就医收费达139154.42元，占55.7%。提出纠正意见后，全市监管改造场所乱收费的问题得到了一定程度的遏制。市人民检察院监检科针对看守所留所服刑罪犯刑期长、审批把关不严等长期难以解决的问题，向院领导写出了专题检察报告。检察长李文耀阅后感到问题严重，亲自组织市人民检察院办公室、监检科有关人员深入全市看守所进行调查，并针对存在的带倾向性问题，指示监检科拟定看守所留所服刑罪犯审批办法。4月20日，市人民检察院以常检发〔1993〕08号文印发《关于留所服刑罪犯范围和审批权限、审批程序规定》的通知，要求各区县市人民检察院商请有关单位，贯彻执行，较好地解决了这一长期未能解决的问题。

1994年，全市监所检察部门按照省人民检察院“突出执法监督”的要求，把强化执法检察，讲究监督效果，增强监督力度摆在监所检察工作首位，取得了较好的成效。1—11月，共检察发现监管场所各类违法109起，其中一般（轻微）违法问题87起，严重违法22起，书面提出纠正7次，口头提出纠正102次，纠正101起，纠正率为92.7%。白洋堤院在对829名罪犯释放检察时，发现延期释放罪犯32人、提前释放罪犯3人。8月，市中级人民法院对省一劳某大队30名罪犯宣布减余刑、假释裁定，但该大队见“双抢”任务重，以进行“出监教育”为名，将其中26个释放人员留下参加“双抢”。发现问题后，白洋堤院提出了口头纠正违法建议，这一严重违法行为得到及时制止。在对罪犯死亡进行检察时，该院特别注意发现违法犯罪线索。如省一劳三大队干警谢某忠、胡某涔体罚虐待被监管人一案，就是在罪犯卜某华死亡检察时发现的。是年，全市监所检察部门还开展了3次专题检察：一是根据省人民检察院部署对看守所留所服刑罪犯的情况进行专题检察，通过检察，与审判机关达成共识，凡留看守所服刑的罪犯，未经检察机关同意的，在办理减刑、假释时审判机关不予办理。二是对关押的经济案犯监管和已决经济案罪犯执行情况进行专题检察，发现存在“四多一少”现象，即取保候审的多，撤案的多，监外执行的多，留所服刑的多，投劳改场所的少，为上级机关决策提供了可靠依据。三是对市第二看守所违法办理减刑、假释、保外就医的问题进行专题检察。发现该所为了小团体利益，以收取保证金的名义随意私放罪犯数十个，指使罪犯伪造已私放出监罪犯减刑分，给私放罪犯违法办理减刑、假释等，针对检察中发现的问题，检察机关进行了立案查处。

1995年，全市监所检察部门认真履行法律监督职责，把执法检察与办案结合起来，在检察效果上下功夫，真正做到“监督要到位，配合不越位”，执法检察工作取得新的进展。全年共检察发现监管场所的各类违法活动240起，提出口头纠正231次，发书面纠正意见书9份，纠正率为100%。在对监管单位的收押、释放检察中。全市监检部门严把进出关，做到不错收、不错放、不错投。全年进行收押检察1814人次，发现执行场所不符合规定的4人，其中未满18周岁的3人，超范围收押的1人，法律文书不齐的60名，刑期计算有误的6人；进行释放检察1161人次，发现提前释放5人，延期释放4人，延期解教1人，均提出纠正意见。市劳教所劳教学员张某明1995年8月17日劳教期满，因欠所里的医药费而未按时解教。8月21日，驻所检察室发现该问题，向劳教所提出纠正意见，张某明当日予以解教。针对监内罪犯反映吃不饱的问题，武陵区院对口粮供应进行专题检察，发现粮食部门未按规定给罪犯每人每月供应22.5公斤口粮。经建议，粮食部门予以纠正，保证了口粮足额供应，维护了罪犯的合法权益。是年，白洋堤院根据《监狱法》有关规定，就罪犯的死亡问题与监狱多次会商，建立了罪犯死亡档案和检察监督程序，得到了省人民检察院业务部门的充分肯定。

1996年，通过对监管场所的收押、释放、解教、投劳等执行情况检察，发现不依法收押2人、执行场所不当的3人（未满18岁）、法律文书不全的3人、以教代刑的8人、提前释放的25人、延期释放的6人、刑期计算有误的12人，均提出了纠正意见。白洋堤院进行收押检察时发现，津市监狱罪犯王某中的判决书上多算刑期10年，及时向原判法院提出纠正意见，法院予以了纠正。在对留所服刑犯的清理检察中，市人民检察院根据省人民检察院监检处转发的关于对看守所留所服刑犯进行清理的四家会议《纪要》精神，要求各区县市检察院对看守所的留所服刑犯从数量上予以控制、从质量上严格把关。特别要求关押留所服刑犯较多的澧县看守所和市第二看守所，按照四家会议《纪要》要求，严格把握留所服刑犯的审批条件。到年底，全市清理工作取得阶段性成果。

1997 年，全市通过执法检察发现各类违法问题 74 起，其中严重违法 4 起。提出纠正 74 次， 纠正 63 起。市人民检察院针对市劳教所以准假形式允许 68 个戒毒学员回家康复治疗的问题，发出《纠正违法通知书》，市劳教所非常重视，将整改情况两次书面回复检察院，有 11 名学员被收回，余下一时难以收回的，与当地公安机关及其家庭联系，加强监控措施，一经发现，立即收回。

1998 年，常德市监所检察部门有重点、有针对性地进行 4 次专题检察。在对全市看守所乱收费进行专题检察时，市人民检察院专门下发《关于加强对看守所乱收费检察监督的意见》，要求各区县市检察院驻看守所检察室加强对看守所违法收费的检察监督，发现违法收费，要坚决予以纠正。在对劳教所收教“先行劳教”学员的专题检察时，发现市劳教所共收教“先行劳教”学员 11 名。遂发出检察建议书，建议有关部门加强侦查力量，保障办案经费。对于因案件复杂，证据一时难以到位的建议改变强制措施，以维护公民的合法权益。4 月，常德市某政法单位一位负责人，带人到市第二看守所找所领导，要求会见检察院立案侦查，禁止会见的某犯罪嫌疑人。驻所检察室干警发现后，当即向看守所和某政法单位负责人员口头提出纠正意见，违法会见被制止。

1999 年，白洋堤院有重点地进行生活、卫生、劳动检察 37 次，教育检察 41 次；进行禁闭室、戒具使用情况检察 128 次；进行死亡检察 10 次，其中正常死亡 6 人、非正常死亡 4 人。检察中发现的问题、隐患均提出了检察建议和整改意见。他们针对监狱在押人数不断减少，农忙季节劳动力与劳动任务矛盾突出，监管改造出现诸多问题等情况，及时进行专题检察，并写出《押犯减少给监狱带来的负面影响》的调查报告，引起上级有关单位的重视。武陵区院加强监管场所收押（收教）、释放（解教）等环节的执行检察。驻武陵监狱检察人员在对新收押罪犯蔡某峰的有关材料审查时，发现蔡犯被收押之时还未满 18 周岁，系少年犯。检察人员当即提出纠正意见，监狱采纳意见，并将蔡犯退回原看守所。

2000 年，常德市监所检察部门认真开展纠正违法劳教和先行劳教情况专题检察，看守所专项治理专题检察，违法会见、通信情况专题检察，监狱保外就医罪犯专题检察，监外执行情况专题检察，已决犯交付执行情况专题检察，职务犯罪刑罚交付执行情况专题检察，安全防范专题检察，罪犯减刑、假释、留所服刑收费情况专题检察，监狱罪犯死亡情况专题检察及劳教人员所外执行情况专题检察等 15 项专题检察，从不同侧面、不同角度发现监管单位在执法活动中存在的问题，及时提出检察建议，协助整顿治理，既规范了监管单位的执法工作，又维护了监管秩序的稳定。在开展纠正违法会见、通信，严防在押人员串供堵口专题检察时，一方面健全监督制度，搞好监督预防。市人民检察院监检科制定《关于加强会见检察工作若干规定》，规范会见检察工作，重申因违法会见而导致串供翻供等问题发生而驻所检察干警没有提出纠正意见的，要追究驻所检察干警的责任。另一方面，加大监督力度，及时纠正违法会见。强调驻所检察室与看守所、武警中队每月的联席会必须将检察违法会见的情况列入通报内容，发现问题随时纠正，不留隐患。如市人民检察院监检科针对某些看守所搞利益驱动，利用电视会见收取一定费用的问题，及时与公安局分管领导交换意见，提出纠正建议。公安机关采纳建议，取消了电视会见。针对罪犯家属和社会各界反映强烈的，办理罪犯减刑、假释、留所服刑乱收费的问题，市人民检察院组织全市监检部门对全市法院、看守所、监狱自 1998 年以来办理罪犯减刑、假释、留所服刑的收费情况进行专题检察。白洋堤院在检察中发现，津市监狱对罪犯减刑、假释均收取一定的费用：一是代法院向减余刑、假释的罪犯收取“办案费”；二是津市监狱狱政科向减刑、假释的罪犯收取“资料打印费”及业务经费。仅 1999 年，津市监狱就向减刑、假释罪犯共收取费用 114650 元。市人民检察院、白洋堤院和各区县市检察院就检察中发现的问题与法院、公安、监狱、看守所等相关单位交换意见，共同研究整改措施，并督促落实。同时，市人民检察院还将检察情况专题向省人民检察院业务处和市委政法委、市人大常委会报告，引起各级领导机关高度关注，一定程度上遏制了监管单位乱收费现象，维护了罪犯的合法权益。

2001 年，全市监所检察部门认真贯彻高检院《关于进一步加强刑罚执行监督工作的通知》精神，通过执法检察发现监管改造场所监管活动违法 67 起，提出纠正 67 次，均得到纠正。为确保“严打”斗争顺利进行，监所检察部门加强执法监督，严把“三关”：一是严把会见、通信关。在三季度“严打”斗争的攻坚阶段，为防止在押人员串通案情，跑风漏气，各地监所检察部门进一步加强对会见、通信的检察监督力度。根据省人民检察院和省公安厅《关于加强对看守所在押人员会见、通信监督工作的意见》，制定了常德市《关于在押人员会见、通信的规定》，完善了会见制度；坚持实行驻所人员跟班检察，重特大案犯、未决犯一律不予会见，并配合看守所利用监控设备对会见情况进行监督，保障“严打”期间诉讼活动的正常进行。二是严把在押人员羁押时限关，积极预防、及时纠正超期羁押。三是严把刑罚执行监督关，切实防止“前门进，后门出”。在对已决犯呈报留所服刑的监督检察，发现不符合留所条件 15 人，向看守所提出建议后，均投劳。同时，加强对监狱呈报减刑、假释、暂予监外执行的监督，对不符合条件的及时提出检察建议。

截止 2002 年 11 月底，全市监所检察部门共发现监管改造场所违法通信（讯）、会见 18 起，提出纠正 18 次，均获纠正。发现其他监管活动违法 56 起，提出纠正 56 次，纠正 43 起。白洋堤院在执法监督中，改进工作方式，在津市监狱分南、北区成立两个检察室，实行分片包干负责制。保证了检察干警深入监狱开展执法检察的时间，避免了浮于表面的形式主义，对服刑罪犯的情况和监管活动情况均做到了底子清、情况明，检察监督更具实效性。两个检察室全面开展竞赛活动，探索了一些好的经验做法，促进了执法检察工作。是年，全市监所检察部门网络化管理工作开始启动，各驻所（狱）检察室均配备了电脑和相应的管理工作软件，培训了部分网络管理人员。

2003 年，全市监所检察部门发现监管改造部门各类违法现象 109 起，发出纠正违法通知书13份，发出书面检察建议38份，口头纠正和口头建议58次。8月和10月，市人民检察院驻市第二看守所检察室在日常检察中先后发现女监室郑某（女，19岁，涉嫌盗窃被捕）、庄某（女，38岁，涉嫌地下六合彩赌博被捕）有怀孕迹象。经查，二人均已怀孕2~3个月。遂书面建议桃源县公安局和武陵区法院对二人变更了强制措施。临澧县看守所以打突击搞劳动缺人手为由，将未决的犯罪嫌疑人薛某提出监房劳动，被驻所检察人员发现，当即向看守所所长提出将薛某收监的口头建议，看守所接受建议并予纠正。白洋堤院在津市监狱某监区进行跟班检察时，发现罪犯李某刚行动不正常，经询问，得知系干警乔某和李某棍棒抽打、拳打脚踢虐待所致，立即和监区取得联系，督促监区将李犯送往医院诊治，随后在监内开展调查。鉴于没有导致严重后果，遂向监狱纪委通报了情况。监狱纪委对干警乔某、李某在全狱通报批评，责成承担有关医疗、鉴定费用，并予经济处罚。

2004年，根据公安部、高检院的要求和省公安厅、省人民检察院的统一部署，市公安局和市人民检察院自3月起在全市看守所、驻所检察室开展“加强监管执法、加强法律监督、保障刑事诉讼顺利进行，保障在押人员合法权益示范单位”创建活动（简称“双加强、双保障”创建活动），成立以市公安局主管副局长为组长，市人民检察院主管副检察长为副组长的活动领导小组，确定市第一看守所、桃源县看守所分别为市公安局和市人民检察院分管领导以及市公安局监管支队、市人民检察院监检科示范窗口单位，并制定了实施方案。各区县市检察院也成立了相应的活动领导小组，制订了相应的实施方案。“双加强、双保障”创建活动推动了全市监管场所严格执法，文明执法。全市通过执法检察发现监管场所违法113起，监所检察部门提出纠正110次，均获纠正。

2005年，针对监管场所违法会见、违法通信、跑风漏气，牢头狱霸扰乱监管秩序，在押人员换押脱节，办案人员工作不规范、执法违法问题以及全市看守所留所服刑人员情况等，开展了5次专题检察。通过执法检察共发现监管场所违法行为53起，监所检察部门提出纠正46次，纠正45起。同时，针对检察发现的问题，建立健全了相关制度和规定。为纠正司法干警在办案提审犯罪嫌疑人、被告人时不着装和一人提审等问题，8月18日，市人民检察院、市公安局下发了《关于严格规范司法干警办案提审的有关规定》，以严格办案纪律，规范执法行为，确保办案安全，树立司法干警的良好形象。为加大监督力度，合理使用司法资源，增强监督效果，市人民检察院积极谋划调整白洋堤院管辖范围。5月，在省人民检察院、市委、市人大常委会、市政府的支持下，白洋堤院正式接管德山、武陵两个监狱刑罚执行监督工作，分别派驻3名驻狱检察干警。驻狱检察力量的加强，执法专业化水平的提高，对两个监狱刑罚执行监督力度明显加大，各项检察业务开展更加全面，得到执行机关的肯定。

2006年，常德市监所检察部门加大对市、县两级看守所留所服刑对象的监督力度。除刑法规定余刑1年以下由公安机关的看守所代为执行，或凡被判刑1年以上3年以下，作耳目使用的对象外，判刑超过3年以上的，一律不予留所服刑，送监狱执行刑罚。通过检察，全市看守所173个留所服刑罪犯，全部符合规定。市人民检察院监检部门加大对在押人员劳教决定下达后，1个月内未将劳教人员及时交付劳教所而被羁押在看守所违法行为的监督力度。在上半年的执法检察中，发现李某明等14个在押人员劳教决定下达已超过1个月，仍未送劳教所执行。7月26日，市人民检察院向市劳教委发出《纠正违法通知书》，敦促限期纠正。截至8 月3日，被违法关押在看守所的14个劳教学员全部交付劳教场所执行教期。

2007年，市人民检察院决定，在全市检察机关开展“劳教学员交付执行情况”专项检查活动。并成立以主管副检察长为组长的活动领导小组，印发了《关于在全市检察机关开展劳教学员交付情况专项检查活动的实施方案的通知》，加大对劳动教养决定下达后1个月内，未将劳动教养人员及时交付劳教所执行而继续羁押在看守所违法行为的监督力度。上半年，在交付执行检察中，市人民检察院监检部门发现8个已下达劳动教养决定而超过1个月尚未将劳教人员送劳教部门执行的，市人民检察院立即向市劳教委发出《纠正违法通知书》，敦促限期纠正。武陵区院对辖区市公安局强制性戒毒所人员进行检查，发现该所强制人员中有39人已由市劳教委作出了劳教决定，除1人因病出所，1人转捕，1人未满1个月，另外36个劳教人员已超期未交付劳教场所执行。其中超期6个月1人、超期3个月2人、超期1个月33人。针对该情况，该院及时向市人民检察院监所检察部门反映，市人民检察院向市劳教委发出《纠正违法通知书》38份，使问题得到较好解决。

2008年，全市监管场所共死亡罪犯12人，驻监管场所检察人员均及时赶赴现场勘验检察，按规定报告上级业务部门，建立罪犯死亡档案，并充分运用检察职能向罪犯亲属客观地介绍情况，督促监狱按规定解决罪犯亲属实际问题，保障了罪犯合法权利，维护了监管改造秩序稳定。是年，根据高检院和省人民检察院有关文件精神，原由武陵区院负责派驻检察的常德市劳教所移交白洋堤院负责派驻检察。为确保平稳安全过渡，武陵区院按照市人民检察院决定，整个移送过程中继续履行市劳教所的执法监督工作，在对218个劳教学员收容检察中，经审查发现“以教代刑”劳教学员10名，及时发出检察建议书10份，3 名劳教学员违法收容得以纠正。

2009年，全市监所检察部门纠正监管活动中的各类违法行为为330起，依法处置罪犯非正常死亡事件2起。根据省人民检察院、省公安厅《关于印发〈全省公安看守所监管执法专项检查活动方案〉的通知》部署，市人民检察院、市公安局自2009年4月20日—9月30日，在全市看守所开展监管执法专项检查活动，并印发了《全市看守所监管执法专项检查活动方案》。通过专项检查，收到了好的效果：“牢头狱霸”得到有效惩治；看守所在押人员劳动管理切实加强；解决了乱收费、高价加餐、高价销售日用品等突出问题；进一步完善、落实了保障在押人员合法权益的工作机制；完善了检察监督机制；落实了重大责任追究制度。6月30日，市人大常委会批准白洋堤院接管市劳教所执法监督工作。7月，武陵区院与白洋堤院顺利进行了工作交接。至此，白洋堤院实现了对全市大型监管改造场所检察监督的统一管辖。

2010 年，全市监检部门在看守所共进行收押检察 1436 人，出所检察 1321 人， 禁闭、戒具检察 75 人次。在津市、德山、武陵三大监狱收押服刑人员检察 3406 人，对罪犯的“三书一表”进行了严格审查，发现并及时纠正法律文书不全 2 人、刑期计算有误 3 人。检察罪犯释放 1657 人，开展释放谈话 220 人。开展罪犯死亡检察 19 人，其中正常死亡 17 人，非正常死亡 2 人。进行戒具使用检察 48 次、59 人，发现违法使用戒具 2 人，及时向监狱提出纠正意见后得到纠正。进行禁闭检察 146 次、204 人，对禁闭审批手续、禁闭期限等进行严格审查，发现超期禁闭 3 人，及时向监狱提出纠正意见后得到纠正。开展罪犯亲属接见检察 95 次，罪犯通信（讯）情况检察 48 次，开展跟班检察 41 次。全市共发出纠正违法通知书 54 份，口头纠正 87 次，发出书面检察建议 65 份。如市人民检察院监检科检察发现，被劳动教养人员谈某富 8 月 17 日被决定劳动教养，但办案单位以节省司法成本为理由，与看守所协商，以劳代侦，一直将谈非法羁押在看守所。针对这一严重违法情况，市人民检察院于 9 月 26 日对办案单位发出《纠正违法通知书》，办案单位于 9 月 27 日将谈送往劳教所执行劳教。

2011 年，截至 10 月底，全市监所检察部门在看守所检察中共进行收押检察 3119 人、出所检察 2973 人罪犯死亡检察 1 人。 在监狱、劳教检察中共进行收监（入所）检察 2445 人，均符合收监（入所）条件。 检察罪犯释放和劳教人员出所 1712 人，开展释放谈话 121 人。 进行罪犯死亡检察 6 人，其中正常死亡 5 人、非正常死亡 1 人。全市共发出《纠正违法通知书》48 件，监管单位纠正 44 件。发书面检察建议 18 件，监管单位采纳 14 件。5 月下旬，为规范执法行为，促进执法公正，全国开展看守所械具和禁闭使用情况专项检察活动，市人民检察院成立以分管监所检察工作的领导为组长的专项活动领导小组，组织开展专项检察工作。通过这次专项检察，强化对全市看守所械具和禁闭使用的管理和监督，促进看守所严格执法、文明管理。

2012 年，为了减少或杜绝在押人员合法权益被侵害的问题，市人民检察院监所检察部门通过多种措施加大维护在押人员合法权益的力度，对 2011 年看守所戒具禁闭专项检察中发现的非制式戒具，督促看守所予以销毁；对看守所戒具、禁闭使用情况加强日常检察监督，发现违规使用戒具、禁闭措施的，及时提出纠正意见；加大对被监管人员生活、卫生、医疗保障的检察监督；对“牢头狱霸”监内违法犯罪活动的打击保持高压态势；畅通被监管人权利救济渠道等。市人民检察院监检科根据高检院制定的《关于上级人民检察院监所检察部门开展巡视检察工作的意见》，先后开展 8 次巡视检察，其中，对各区县市看守所及驻所检察室巡视检察 3 次，对津市监狱、武陵监狱、德山监狱、市劳教所及驻狱（所）检察室巡视检察 5 次。在对安乡县看守所进行巡视检察时，发现看守所干警史某为关押在该所的犯罪嫌疑人提供通信工具，致使犯罪嫌疑人串供堵口。对此，市人民检察院向市公安局发出纠正违法通知书，市公安局责成安乡县公安局对史某进行党纪处理。

2013 年，为确保修改后的刑事诉讼法和监狱法顺利施行，解决看守所将罪犯交付执行、留所服刑、监狱收监等执法活动中存在的问题，常德市监所检察部门积极开展专项检察活动。市人民检察院驻市看守所检察室在专项检察活动中加强与市看守所的联系和沟通，督促看守所在 2013 年 1 月 1 日以后收到人民法院交付执行的法律文书，1 个月内将判处有期徒刑余刑 3 个月以上的罪犯交付监狱执行刑罚。全年督促市看守所依法交付执行 197 人次。同时，还加强对人民法院交付执行活动的监督，督促人民法院在判决生效后 10 日以内，将执行通知书等有关法律文书送达看守所。省委政法委对常德市该项工作给予充分肯定。为认真履行对指定居所监视居住执行实施检察监督的职责，市人民检察院制定了《常德市人民检察院关于开展指定居所监视居住执行检察监督暂行规定》，市人民检察院监检科按规定对全市指定居所监视居住点某某宾馆进行了现场检察监督，初步了解和掌握了指定居所监视居住执行情况。依法履行死刑执行临场监督职责也是监所检察部门一项新的检察业务。10 月 11 日，市人民检察院监检科顺利完成了新刑事诉讼规则赋予监所检察部门死刑执行临场监督职责以来，临场监督的第一例死刑执行案件。

2014 年，全市针对刑罚执行和监管活动中的存在的问题，共提出书面纠正意见 77 件，纠正了 75 件，纠正率 97.4%。为确保刑事诉讼法的实施，解决罪犯交付执行、留所服刑等执法活动中存在的问题，市人民检察院驻市看守所检察室认真核查市看守所在押人员的有关数据，主动监督，督促看守所在收到人民法院交付执行的法律文书后，一个月内将判处有期徒刑余刑 3 个月以上的罪犯送交监狱执行刑罚，全年共督促市看守所依法交付执行 274 人次。市人民检察院监检科加强巡视检察工作力度，除定期对全市监管场所进行巡视检察，重大节假日随时检察外，还对社区矫正执行检察进行巡视检察。全年共开展巡视检察 30 次，发现问题 52 处。是年，市人民检察院监检科加强对新增业务调研力度，向院党组提交了《全市检察机关监所检察部门开展指定居所监视居住检察监督意见》。指导全市监所检察部门开展羁押必要性审查、指定居所监视居住执行监督、财产刑执行监督及强制医疗执行监督等工作。全市针对财产刑执行不当共发出书面纠正意见 5 份，纠正率 100%，该项工作位居全省第二。对指定居所监视居住点开展检察共 25 次。市人民检察院监检科配合案管中心对澧县、桃源县、石门县检察院的指定居所监视居住点进行巡视检察，对存在的办案隐患问题，向有关单位或部门发出检察建议 2 份。开展强制医疗执行检察监督 5 人次。

2015 年 1—9 月，全市检察机关监所检察部门共发现刑罚执行和监管活动违法 130 人次，书面提出纠正 130 件，纠正率为 100%；派员临场监督死刑执行案件 4 次 10 人；开展指定居所监视居住执行监督检察 20 余次；对强制医疗执行监督检察发现的违法问题提出并纠正 2 件 2 人，相关经验材料先后被《湖南监所检察工作情况》第 3 期和《湖南检察工作简报》第 6 期采用。是年，市人大代表鲁祖方提出《关于解决全市法院刑事案件判决交付执行中罪犯被拒绝收押问题的建议》，市人民检察院监检科依据检察机关职能和监所检察部门的具体职责，结合调查研究掌握的情况和有关数据形成回复初稿，在当面听取市人大代表对该回复初稿的建议后，由市人民检察院予以正式回复，得到了人大代表的认可。

第二章　办理监所检察管辖案件

第一节　办理监管干警职务犯罪案件

1988—1989 年，全市监所检察部门立案查处监管场所经济案件 1 件 1 人、法纪案件 2 件 2 人。白洋堤院 1989 年查处省一劳一大队带班干部孟某龙挟私报复、体罚虐待罪犯宋某某一案，根据其悔罪表现，依法对其免于起诉。系该院建院后立案查处的第一起职务犯罪案件。

1990 年，全市监所检察部门积极慎重地查处经济案件和法纪案件，立案并侦查终结经济案件 5 件 6 人、法纪案件 5 件 5 人，立案数量较上年成倍增长，办案效果十分显著。如白洋堤院在省、市人民检察院监检部门的支持下，排除阻力，相继立案查处了七大队管教干部张某良、五大队管教干部曾某体罚虐待被监管人案。提起公诉后，张某良、曾某分别被法院判处 5 年、2 年有期徒刑。张、曾二案的办理引起了省劳改局、省一劳领导的高度重视，派工作组深入各大队组织干警以案学法，分析原因，总结教训，认真进行整顿。5 月 10 日，省人民检察院监所处以〔1990〕湘检监处字 24 号文，向全省监所检察部门转发市人民检察院监检科和白洋堤院总结的《张某良体罚虐待被监管人案是如何查处的》经验材料。

1991 年，全市监所检察部门共办理自侦案件 11 件 11 人，其中，贪污贿赂案件 4 件 4 人（大案 2 件 2 人）、侵权渎职案件 7 件 7 人。侦查终结 9 件 9 人，其中，向法院起诉 3 件 3 人，免诉 4 件 4 人。市人民检察院直接参与或指导办案 9 件 9 人。如市人民检察院和桃源县院在市人大常委会和桃源县人大常委会的支持下，对桃源县看守所原指导员陈某升利用工作之便，调戏、猥亵女在押人员 5 人 11 次的违法犯罪行为立案侦查；市人民检察院和武陵区院集中优势兵力侦查常德劳改支队一大队原副大队长吴某来贪污案，由立案时的 2000 多元，深挖出 4 万余元的犯罪事实；省一劳发生执勤武警大队战士鲁某佳武器装备肇事，非法击毙犯人案，白洋堤院和市人民检察院监检科及时向市人民检察院领导汇报案情，检察长李少甫、主管副检察长刘湘滨和监检科科长李先忠先后多次与武警支队领导交换意见，取得了武警支队领导的支持和协助，案件得以认真查处。

1992 年，白洋堤院在办理经济案件过程中，坚持检察工作为经济工作服务大方向，在立案查处省一劳三大队某干部贪污一案时，考虑其所负责的基建工程牵涉到全大队的经济效益，权衡整个案情，遂依法让其边悔罪边工作，后又根据他的表现，依法作出了免于起诉的决定，并利用召开会议公开宣布的机会，向单位提检察建议，向与会人员宣传法制，做到既坚持惩治违法犯罪活动，又为经济建设保驾护航，扩大了办案效果。

1993 年，全市检察机关共初查监管改造场所干警体罚虐待被监管人案件线索 3 件 3 人，其中立案侦查 1 件 1 人，交由劳改、劳教机关纪检、监察部门查处 2 件 2 人。

1994 年，全市监所检察部门根据高检院“严格执法、狠抓办案”检察工作方针和高检院监检厅“以办案为龙头，带动执法监督全面开展”的业务工作思路，积极查处监管场所贪污贿赂、徇私舞弊、私放罪犯和体罚虐待被监管人等犯罪案件。全市共立案查处自侦案件 12 件 14 人，立案查处的数量和质量，都取得了检察机关恢复重建后的最好成绩。鉴于基层院监所检察部门办案力量相对薄弱，市人民检察院监检科全年深入基层院指导工作 300 多人次，其中指导和参与基层院办理监管场所贪污受贿等案件 7 件 8 人，参与办案达 140 多人次，为推动全市监所检察工作全面开展起到了促进作用。

1995 年，常德市监所检察部门办理自侦案件取得了四个突破：一是办理自侦案件的单位有突破。市人民检察院所辖 10 个基层院，办有自侦案件的单位 8 个，其中“两无”（当地无监狱、无劳教检察任务）基层院 6 个，如汉寿县、澧县、安乡县、鼎城区等区县院监检科（股）实现了检察机关恢复重建后监所检察部门自侦案件零的突破。多年来存在的只有白洋堤院和武陵区院才有自侦案件的老观念被突破。二是案件数量上有突破。全市共立案查处各类案件 19 件，较上年的 12 件，增长了 41%。三是案件质量上有突破。监所检察部门所管辖的各类案件基本涉及，其中监管干部利用给罪犯呈报减刑、假释、保外就医收受贿赂 2 件 2 人、在业务活动中利用职权收受贿赂 2 件 2 人、贪污案件 2 件 2 人、玩忽职守案件 1 件 2 人、徇私舞弊案件 3 件 3 人、其他案件 9 件 14 人。所立案件中有大案 3 件，把监管场所的反腐败斗争推向了新的高度。四是结案有突破。改变了过去重立案，轻结案的现象，当年结案率达 94.7%。为了提高监所检察人员的办案水平，市人民检察院于 10 月举办了为期一周的办案培训班，全市各区县市检察院监检部门的主要负责人、驻所（狱）检察室业务骨干及白洋堤院的有关干警共 20 人参加。

1996—1997 年，常德市监所检察部门坚持以办案为龙头，把消灭自侦案件空白作为重点来抓。共办理自侦案件 54 件 60 人 。全市 9 个区县市检察院及白洋堤院，都连续 2 年立案查处了 1 件以上的自侦案件，成为全省首先消灭基层检察院监所检察部门自侦案件空白的单位。1996 年，武陵区院驻武陵监狱检察室接到群众举报，是年 6 月 23 日在广东省中山市抓获的武陵监狱脱逃罪犯张某明系内外勾结脱逃。该院立即介入此案，查明监狱四大队管教股股长丁某军利用司法干警身份，欺骗监房门卫，私放罪犯张某明的犯罪事实，该案侦查终结后移送审查起诉，系常德市监所检察部门办理的首起私放罪犯案件。同年，津市监狱服刑罪犯泮某全死亡，白洋堤院在死亡检察中发现系非正常死亡。通过认真调查和法医检验，遂对监狱干警曾某初、周某良以体罚虐待被监管人员罪立案查处，并追究刑事责任。

1998 年，常德市监所检察部门遵照高检院集中教育整顿的部署和要求，端正执法指导思想，正确处理办案与执法监督的关系，在办案中严格执行高检院《重新明确监所检察部门办案范围的通知》规定，纠正超范围办案和片面追求办案数量的行为。认真落实省人民检察院关于开展“办案质量年”活动的要求，把抓案件质量作为办案工作的重点。市人民检察院决定，从6月起，对自侦案件实行“规范侦查、归口承办”，对不属于监所检察管辖范围的案件不再办理。取消了年初关于“无自侦案件，年终评先一票否决”的规定，坚持有案必办的原则。津市市院立案查办的“聂某、李某军失职致使被监管人脱逃案”，是新刑法实施后的一起新罪名案件，津市市院监检科顶住说情风，在办案中讲究策略，查微析疑，注重质量，案件提起公诉后，两被告均被判处刑罚。白洋堤院立案查办的津市监狱二监区干警全某体罚虐待被监管人案，在开庭审理过程中，被告人当庭翻供，证人当庭翻证。在建议法庭延期审理后，市人民检察院、白洋堤院及时向省人民检察院监检处汇报，省人民检察院及时与省监狱管理局协调，将犯人调动监号，省人民检察院派一名副处长、市人民检察院派一名副科长和白洋堤院干警一道调查取证达11天，重新固定证据，将案件办成了铁案。

1999年，全市监所检察部门积极投入省人民检察院部署的“执法效果年”活动，把抓案件效果作为抓办案工作的重点，在办案效果上下功夫。同时，严格按照高检院关于案件管辖的规定，把查处监管改造场所干警犯罪的四类案件摆在监所检察工作的重要位置，做到发现一件、查处一件，决不姑息。全年立案查处4件4人，做到了当年立案，当年侦结，百分之百提起公诉、百分之百有罪判决。3月12日，鼎城区公安局看守所干警后某松因失职致使在押人员脱逃罪及市劳教所三大队大队长姜某、副教导员郭某某因体罚虐待被监管人罪均被判处有期徒刑1年，缓刑1年。

2000—2002年，全市共立案侦查自侦案件8件10人。监所检察部门在办案工作中坚持做到“三个准确”，即调查事实准确、核实证据准确、认定性质准确，既与监管单位搞好协调，又坚持原则，做到不枉不纵。为了确保案件质量，市人民检察院监检科加强对办案工作的指导。2001年3月，津市监狱在押罪犯杨某文被监管干警殴打致高位截瘫（重伤）。案件初查时，由于极少数监管干警指使关键证人（服刑人员）作伪证，造成罪犯自己摔伤假象，白洋堤院的办案工作一时遇到很大阻力。关键时刻，省人民检察院商省监狱管理局，将该案12名关键证人调押至德山监狱，省人民检察院监检处副处长王桂芝和市人民检察院监检科科长钟吾山亲自带人到津市监狱督办并参与初查，最终查清了基本犯罪事实。2002年，涉嫌犯罪的监管干警刘某健被法院以故意伤害罪判处有期徒刑3年。在依法查处职务犯罪案件的同时，全市监所检察系统还将职务犯罪预防工作当作重要工作来抓，坚持“一手抓打击，一手抓预防”。2002年，白洋堤院与津市监狱联合下发了《关于加强联系与配合，共同开展预防职务犯罪工作的通知》，在监狱构建预防职务犯罪网络，推行检务公开和狱务公开，从源头上预防和治理监狱司法工作人员的职务犯罪。同年11月初，市人民检察院在白洋堤院召开常德市检察机关预防职务犯罪现场会。白洋堤院和津市监狱构建的“领导包防、制度保防、狱检联防”的预防职务犯罪模式得到省人民检察院的充分肯定。

2003 年，全市监所检察部门办理了 2 件有影响的自侦案件。一是市人民检察院监检科配合白洋堤院成功查办了康某志故意伤害案（详见本篇第二章第二节）。二是石公桥镇夹堤口村民兵营营长潘某前涉嫌接送不合格兵员罪（详见本篇第一章第三节）。

2005 年，全市监所检察部门共受理涉及刑罚执行活动违法犯罪线索 6 件，通过初查，立案侦查 1 件。8 月，市人民检察院监检科收到省人民检察院交办德山监狱保外就医罪犯符某案件后，迅速向市人民检察院检察长和主管副检察长汇报，市人民检察院领导高度重视，决定由市人民检察院监检科组织，白洋堤院为主，共同抽调 21 名干警组成专案组联合办案。通过初查，白洋堤院于 9 月中旬立案查处了德山监狱法医吴某等 3 人涉嫌徇私舞弊暂予监外执行案，在监管场所引起强烈反响。

2006 年，根据省人民检察院要求，市人民检察院从白洋堤院选定 3 名、各区县市院各选定 1 名、市人民检察院选定 3 名共 15 名骨干，建立全市查办职务犯罪“三级侦查人才库”。同时，还建立了以市人民检察院主管副检察长为组长，市人民检察院监检科科长为副组长的侦查领导机构，统一指挥、协调全市监所部门的办案工作。为了提高查办职务犯罪能力，市人民检察院除组织全市监所检察部门侦查骨干到省人民检察院参加培训外，还结合上半年工作小结，在汉寿县清水湖举办有区县市院分管副检察长、监检科科长、检察室主任共 30 人参加的侦查骨干培训，学习如何发现收集线索、固定证据、预审、防止翻供等方面的业务知识。是年，全市共立案侦查职务犯罪案件 3 件 4 人，其中虐待被监管人案 1 件 1 人、失职致使在押人员脱逃案 1 件 2 人、滥用职权案 1 件 1 人。起诉的 2 件 2 人法院均作出有罪判决，即临澧县看守所副所长颜某勇因失职致使在押人员脱逃罪被判处有期徒刑一年；武陵监狱干警罗某因虐待被监管人员罪被作有罪判决。

2007 年，全市监所检察部门查办监管场所自侦案件 1 件 2 人，即白洋堤院查处的武陵监狱干警李某、姚某失职致使在押人员脱逃案。11 月 18 日晚 19 点 30 分左右，武陵监狱三监区三分监区 3 个罪犯先后翻墙脱逃。其中，1 个罪犯被当场抓获，另 2 个罪犯逃离监管场所后分别于 11 月 26 日、27 日被抓获归案。白洋堤院对事故中涉嫌渎职犯罪的 2 名司法警察李某和姚某立案侦查，并移送审查起诉。

2008 年，全市监所检察部门初查职务犯罪线索 3 件，其中移送市纪委 1 件 1 人，法院判决 1 件 1 人，不诉 1 件 2 人。

2009 年，德山监狱发生服刑人员刘某脱逃事故。白洋堤院调查发现，确实存在司法工作人员严重不负责任，不认真履行职责，致使在押服刑人员脱逃，造成严重后果的问题。并于 11 月 29 日向市人民检察院、省人民检察院领导汇报了案情。12 月 2 日，白洋堤院以刘某脱逃一事立案侦查。

2010 年，全市监所检察部门共立案查办监管场所职务犯罪 3 件、4 人，分别为武陵监狱汤某凡虐待被监管人员案、武陵监狱孟某宙虐待被监管人员案、德山监狱段某文和黄某失职致使在押人员脱逃案。案件查办过程中，贯彻和落实监所检察侦查“一体化”工作机制，省人民检察院、市人民检察院和白洋堤院三级检察机关联动，形成了以白洋堤院为办案主体，市人民检察院积极参与指导，省人民检察院适时督导的办案模式，减少办案风险，提高了办案效率。

2011 年，白洋堤院于 2010 年 5 月 20 日提起公诉的德山监狱段某文、黄某失职致使在押人员脱逃案被法院作出有罪判决，市人民检察院将该案作为 2011 年度全市检察机关优秀案件予以通报表彰。是年，监管场所预防职务犯罪工作有了新的举措，如白洋堤院职务犯罪侦查局专设一名职务犯罪预防专干，并与德山监狱共同下发了《关于加强预防职务犯罪工作的实施意见》，成立了预防职务犯罪工作领导小组，明确了工作职责，建立了联席会议制度、信息共享制度、预防调查制度、法治宣传制度、专项预防制度、查案协调制度六项主要工作制度。

2012—2014 年，全市监察检察部门共立案查办职务犯罪案件 2 件、4 人，全部由白洋堤院立案侦查。其中查处的津市监狱李某炜、孙某、高某涉嫌徇私舞弊减刑案在津市监狱引起了强烈反响。该案于 2014 年侦查终结，经审查，白洋堤院决定对孙某、李某炜移送起诉，对高某移送不起诉，并就该案结合群众路线教育活动深入监管场所开展职务犯罪预防工作，向监管单位提出检察建议、帮助其堵塞漏洞。

2015 年，全市监所检察部门坚持把查办刑罚执行和监管活动中职务犯罪作为促进监管部门和监管干警公正廉洁执法的重要抓手，增强“以办案促监督、以办案促规范、以办案确保监管活动和刑罚执行依法有序进行”的工作理念，加大办案工作力度。市人民检察院监检科充分发挥办案主导作用，通过参办、交办、督办等方式，加强办案工作统筹安排，深化“市级院为主体、县级院为基础”的办案“一体化”工作机制。全市监所检察部门共立案侦查职务犯罪案件 2 件、2 人。法院判决 2 件、3 人，即津市监狱干警李某炜、孙某犯徇私舞弊减刑罪被作出有罪判决；由白洋堤院当年立案的津市监狱干警杨某华涉嫌徇私舞弊减刑案，于当年起诉，当年被作出有罪判决。市人民检察院监检科还组织查办了石门县看守所副所长李某华涉嫌受贿案。

第二节　办理被监管人员刑事犯罪案件

1988 年 1 月 13 日，常德劳动改造管教队（以下简称常德劳改队）罪犯张某明，将同监犯人朱某臣杀成重伤。案发后，武陵区院驻队检察室主动提前介入，参与现场勘查、伤情鉴定、审讯被告、复核证据，及时提出补充侦查意见。常德劳改队移送起诉后，武陵区院仅用一天时间就呈送市人民检察院审查起诉，市中级人民法院判处张犯无期徒刑。2 月 24 日，省一劳十大队犯人莫某华手持斧头连续砍伤 3 名同监犯人。案发后，白洋堤院立即派员赶往案发地，勘查现场，参与审讯被告人、询问证人，补充证据11份。仅用7天时间就将此案呈报市人民检察院审查起诉，莫犯被市中级人民法院判处死刑，剥夺政治权利终身。根据“两劳”改造秩序不够稳定的实际情况，4—6月，各驻场（厂）检察院（组）及巡回检察人员贯彻“从重从快”的方针，配合劳改单位，惩治罪犯又犯罪活动，维护监管改造秩序稳定。期间，共受理移送起诉案件36件，审结29件，占上半年受理案件的80.56 %，同比上升36.12 %。

1989年，监管改造单位开展专项斗争，惩治罪犯反改造气焰，有时案件成批向监所检察部门移送，并希望尽快审结。为配合监管改造单位专项斗争，全市监所检察部门集中力量、集中时间，快审快结。6月，常德劳改队根据监内盗窃严重的情况，开展反盗窃专项斗争，半个月内移送盗窃案件4件7人。武陵区院从两个派出检察组抽调4人全力以赴办案，仅用4天时间就审结了这批案件，法院及时作出判决，很快刹住了监内盗窃风。“1989年春夏之交的政治风波”期间，白洋堤院会同省一劳破获了一起以在押犯人为主体的反革命集团案，该集团从发起、组建到覆灭都与“政治风波”的升级和平息密切相关。首犯杜某宁在获悉“政治风波”被平息，其美梦破灭，迫于监内强大政治攻势和身陷严密监控的压力，主动向检察机关交代了其反革命罪行，7名首要分子被查处。

1990年，全市监所检察部门认真贯彻执行高检院《关于积极参加“严打”斗争的通知》和《关于“严打”斗争中切实加强监所检察工作的通知》精神，积极办理服刑罪犯的审查起诉案件，全年共起诉又犯罪案件75件89人、免诉9人、不诉3人。其中，市人民检察院监检科审查起诉和免诉的反革命案件和严重刑事犯罪案件3件、11人，判处死刑并执行2件、2人。对于重大案件，监所检察部门都提前介入，加班加点，快审快结，及时交付审判。如省一劳罪犯刘某吾故意杀人案，案发当晚，市人民检察院监检科和技术科就派员赶赴现场进行尸检，提供业务指导和技术帮助。白洋堤院干警提前介入侦查和预审活动，掌握案情，核实证据。市人民检察院主管副检察长刘湘滨带领干警提前熟悉案情。受理此案后仅5天就起诉到市中级人民法院，为法院及时开庭审理、核准死刑创造了条件。8月10日和11月20日，省公检法司和劳教委两次发布联合通告，要求在被监管人员中开展政治攻势，深挖犯罪。市人民检察院发出认真贯彻联合通告的通知，主管副检察长和监检部门全力以赴投入工作，配合监管单位对被监管人员进行广泛、深入的法制宣传教育，敦促在押人员坦白交代余罪，检举揭发他人犯罪，争取立功赎罪、从宽处理。全市监所检察部门全年共上法制课311次，宣讲两个通告39 次，受教育的达64710人次。贯彻通告期间，全市看守所、拘留所、收容所的驻所检察干警共提讯教育在押人员334人次，有120名在押人员坦白交代余罪154条，案值5.7万元；有576名在押人员检举揭发868人的犯罪线索共1659条，案值179.6万元，其中重大案件线索126条，特大案件线索3条。“两劳”单位贯彻通告期间，有60名罪犯和劳教人员坦白交代余罪78条；有300多名罪犯和劳教人员检举揭发400余人的犯罪线索634条，其中重大案件线索100余条。

检察机关紧密配合公安、劳改、审判机关，转办线索材料，查证落实，兑现政策。仅到9月底就召开宽严大会12次、宣布免诉18人、从轻减轻判处14人、免刑14人、缓刑1人、减刑和假释19人、逮捕46人。

1991年，全市监所检察部门坚持依法"从重从快"的方针，依法惩治监内外罪犯的重新犯罪活动，共受理重新犯罪案件90件、124人，其中批捕7件、7人，起诉76件、109人，免诉6件、6人。1月20日，省四劳型铸车间发生在押人员巫某友特大抢劫杀人焚尸案。武陵区院办案人员立即赶赴现场，参与勘查，旁听预审，收集证据，7天之内便将案件依法呈报市人民检察院审查起诉，法院开庭审理后判处巫犯死刑。是年，在省人民检察院监检部门协调下，市人民检察院监检部门与岳阳市、益阳市人民检察院监检部门密切配合、协同作战，成功办理了保外就医罪犯罗某平流窜犯罪案件，岳阳市人民检察院依法提起公诉，经法院审理，罗犯被判处死刑。市人民检察院还组织全市检察机关对以盗窃罪错送劳教的情况进行专题检察。及时提请劳教审批机关重视并解决以教代刑的问题，查办或纠正以教代刑案件13件、13人。

1992年4月，市人民检察院与省一劳、省四劳、常德劳改支队联合举办劳改单位办案人员学习班，学习办理服刑人员又犯罪案件的业务知识，交流办案经验，提高业务水平和办案质量。全市监检部门共办理又犯罪案件57件、68人。其中起诉52件、57人，免诉3件、3人，不诉1件、1人。通过审查，发现劳改机关和公安机关遗漏罪犯予以追诉的6人。

1993年，白洋堤院与省一劳密切配合，开展一系列打击牢头狱霸的活动。仅2个月时间，审查决定依法起诉牢头狱霸犯罪案件20件、26人，法院均作出有罪判决，其中判处死刑1人。3月下旬，市公安局在德山监狱破获一起反革命集团案，市人民检察院监检科立即提前介入，指导侦查。9月底案件审结，除市人民检察院作出免诉2人、不起诉1人决定外，其余9名被告人均依法向市中级人民法院提起公诉。

1994年，全市监所检察部门被监管人员依法惩治恶性犯罪活动。德山监狱在办理罪犯冷某发、陈某山故意杀人、脱逃一案时，距案发4个多月，刚开始审讯时，两案犯对故意杀人的关键情节互相推诿，拒不交代犯罪事实。市人民检察院监检科提前介入，寻找提审中罪犯暴露的蛛丝马迹，运用所掌握的证据，采取政策攻心的办法，突破了此案，案件很快侦结。市人民检察院受理后仅用1周时间就起诉到市中级人民法院。6月12日，省一劳六大队发生罪犯陈某学报复凶杀管教干警恶性案件，发案当日下午，白洋堤院就提前介入，分别参与讯问被告人、询问证人，及时提出案件中的问题，侦查工作得以顺利进行。移送审查起诉后，及时审结，提起公诉，陈犯被判处有期徒刑10年，剥夺政治权利3年。白洋堤院在对省一劳移送起诉的罪犯陈某贵案审查中，认为定放火罪不能成立，只能认定失火，且失火罪造成的经济损失定罪标准不清，经向市人民检察院汇报，依法作出不起诉决定。

1995年，全市监所检察部门共受理罪犯又犯罪案件74件、90人，其中审查批捕3件、3人；提起公诉54件、58人，法院全都作出有罪判决；免诉3件、5人；追诉1人；退回补充侦查6件、10人。津市监狱罪犯张某锡多次寻衅滋事，殴打同监罪犯，敲诈财物，造成极恶劣影响，白洋堤院及时提前介入该案。提起公诉后，张犯被以流氓罪从重判处有期徒刑5年。

1996年，全市监所检察部门与公安、法院相关部门紧密配合，将全市看守所开展打击牢头狱霸的专项斗争。市委政法委召开公、检、法三家联席会议，统一部署。整个斗争分为宣传发动、调查摸底、打击处理、整改四个阶段。全市9个看守所有牢头狱霸行为的176人，确定打击重点48人，起诉7人，作其他处理42人。石门县看守所唐某洋、文某贵等7个牢头狱霸打死同监人犯杨某炎案，看守所一度不想作刑事案件办理，仅仅只对几名主要责任人作劳教处理。市人民检察院听取情况汇报后，认为该案是一起恶性案件，不能作劳教处理了事，责成石门县院对县公安局发出检察建议书，建议对该案重新立案侦查。市人民检察院多次到市委政法委汇报案情，争取对该案进行协调、督办。最终，罪犯受到应有惩罚，第一被告唐某洋一审被判处死刑。

1997年，全市监所检察部门依照修改后的《刑法》《刑事诉讼法》，办理服刑罪犯犯罪案件。8月19日接案到9月8日，仅用20天时间就起诉到市中级人民法院，杜犯被判处无期徒刑。白洋堤院在配合监狱开展“一打一反”（打击牢头狱霸、反脱逃）专项斗争中，克服警力不足，经费短缺等困难，对监狱集中移送的一批脱逃、伤害案件坚持依法快审快诉，10天之内审结案件8件、8人，平均结案时间仅1天多，起诉后有罪判决率为100%。

1998年，白洋堤院办理津市监狱首例破坏监管秩序案。2月26日，津市监狱四监区服刑罪犯张某林不服管教，并殴打管教干警唐某，致其左眼睑软组织挫伤，鼻骨线形骨折，属轻微伤甲级。此外，1997年11月—1998年5月，张犯殴打同监罪犯6次7人，情节严重。白洋堤院受理此案后，进行了认真复核，以破坏监管秩序罪对张犯提起公诉。9月23日，德山监狱发生一起破坏监管秩序案，服刑罪犯帅某炳无视国家法律和监管法规，无故殴打另一罪犯，不仅不服从值班干警处理，竟然还在100多名罪犯在场的情况下，公开顶撞、辱骂、殴打值班干警，影响极坏，严重扰乱了监管秩序。驻狱检察室得知情况后，建议监狱对帅犯以破坏监管秩序罪立案查处，监狱采纳建议。是年，全市监检部门狠抓立案监督，全年共发《立案通知书》9件。到年底，公安机关、监狱立案7件。临澧县缓刑罪犯朱某清将人打成轻伤，临澧县院依法通知公安机关立案，朱被法院判刑6个月，撤销缓刑，与余刑合并执行刑罚3年。

1999年，全市监所检察部门加强对监内外罪犯又犯罪和以教代刑案件立案监督力度，全年共向公安机关、监狱发出立案通知书23份，公安机关、监狱收到通知书后全部立案。澧县看守所在押犯罪嫌疑人李某，向澧县院驻所检察室检举已决犯邹某军伙同易某林、王某东（当时均在逃），在津市新洲镇持刀抢劫1次，抢得现金3000元，未被公安局立案查处。经提讯邹某军，邹亦有相同供述。澧县院依照立案监督程序向澧县公安局发出立案通知书，澧县公安局立案侦查后将易某林抓获归案。2月8日，津市监狱二监区罪犯张某国死亡。白洋堤院成立专案组展开调查，查明同监罪犯王某书、印某山曾对张某国实行了伤害。7月19日，白洋堤院向监狱发出要求说明不立案理由通知书。监狱高度重视，责成职能部门迅速查处。7月23日，监狱以故意伤害罪对王某书、印某山立案侦查。

2000年，全市监所检察部门共受理审查起诉案件57件、62人，提起公诉50件、52人，法院判决49件51人，有罪判决率100%。桃源县院监检科在县公安局进行报批劳教人员情况检察时，发现缓刑犯张某彪在缓刑期间不思悔改，伙同他人重新犯罪的案件后，提前介入该案。公安机关将案件移送审查起诉后，他们快审快结，张某彪被法院撤销缓刑，从重判处有期徒刑，与余刑合并执行3年6个月，其同伙龚某兵也以累犯从重判处，数罪并罚执行有期徒刑2年。全市办案数和立案数较1999年有明显增长。全年共办理立案监督案件50件、58人，公安机关、监狱立案侦查40件。办理劳教立案监督案件成效显著。对常德市劳教所办理劳教案件的情况开展检察监督，发现有价值的以教代刑案件线索19件，经审查，通知公安机关立案8件、8人，公安机关均予立案。桃源县留所服刑犯陈某国被同监犯周某打伤，县公安局认为陈的伤情不重，不予立案。桃源县院深入调查，发现陈被打后脾脏破裂，属重伤，向县公安局发出立案通知书。县公安局立案侦结后，周某被县法院以故意伤害罪判处有期徒刑6年。白洋堤院在检察中发现，津市监狱罪犯向某保1998年脱逃后被押回，一直未被追究，便向监狱发出要求说明不立案理由通知书。监狱管理方认为向犯脱逃后隐姓埋名又犯盗窃罪，当地法院已判有期徒刑15年，剥夺政治权利3年，因此对脱逃罪不再立案。白洋堤院认为不立案理由不成立，便发出立案通知书。该案侦结起诉后，法院又对向犯所犯脱逃罪判处有期徒刑3年，合并执行有期徒刑20年，剥夺政治权利3年。

2001年，监所检察部门共办理审查批捕案件27件、44人，办理审查起诉案件43件、54人，提起公诉43件、53人，法院判决34件、42人，均为有罪判决。如李某、杨某抢劫、故意杀人案，石门县院监所检察部门提前介入侦查，3日内即批准逮捕并呈报市人民检察院审查起诉，市人民检察院向市中级人民法院提起公诉，李某、杨某被判处死刑。

2002年，全市监所检察部门配合监管单位在监内广泛开展政治攻势和法制宣传，鼓励罪犯和犯罪嫌疑人检举立功，交代余罪，扩大线索来源。同时，加强监外执行检察和劳教检察，收集、摸排线索，纠正有案不立、以教代刑、以罚代刑等问题。全年共办理立案监督案件29件、36人，监狱和公安机关立案21件、28人，法院判决20人。石门县院监检科办理的周某刚涉嫌抢劫、强奸、诈骗、敲诈勒索、寻衅滋事犯罪，被法院判处有期徒刑20年的立案监督案件，被市人大常委会评为优秀案件，并入选全省监检部门“十佳案件”。白洋堤院办理的津市监狱服刑罪犯康某志故意伤害致人死亡案，既是省人民检察院指定管辖的自侦案件，也是省人民检察院督办的立案监督案件。白洋堤院立案侦查后，康犯拒不交代和承认有关犯罪事实。在省、市两级检察院支持下，白洋堤院察微析疑，巧妙侦查，最终锁定一系列证据，将这一“零口供”案件侦查终结后移送市人民检察院审查起诉。

2003 年 3 月，市中级人民法院对市人民检察院起诉的康某志故意伤害（致人死亡）案作出一审判决，康犯被撤销减刑裁定，判处无期徒刑，剥夺政治权利终身。康犯不服，提出上诉，省高级法院驳回上诉，维持原判。这一案件成为全省监管场所罪犯又犯罪“零口供”起诉并判刑的第一案。市人民检察院检察长杜辉才向人大报告 2003 年工作时引用了该案例，人大代表反响强烈。10 月 20 日，市人民检察院对假释罪犯彭某林以涉嫌故意伤害罪向市中级人民法院提起公诉，经审理，法院判决，撤销对彭某林的假释裁定；被告人彭某林犯故意杀人罪，判处死刑，剥夺政治权利终身，与前罪尚未执行完毕的刑期 1 年 4 个月 8 天合并，决定执行死刑，剥夺政治权利终身。安乡县院驻所检察人员检察发现，留所服刑罪犯李某兵在留所服刑期间实施贩毒犯罪，情节严重，向公安机关发出立案通知书。公安机关对李以涉嫌贩卖毒品罪立案侦查。案件起诉到法院，李被判处有期徒刑 3 年。

2004 年，被鼎城区法院以抢劫罪判处有期徒刑四年的罪犯彭某明，在看守所羁押期间，故意殴打涉嫌犯抢劫罪的犯罪嫌疑人邓某文致死，其行为构成故意伤害罪，8 月 16 日被市公安局立案侦查。市人民检察院提起公诉后，市中级人民法院以被告人彭某明刑满释放后 5 年内又犯罪，系累犯，应从重处罚。被告人彭某明属判决宣告以后，刑罚执行完毕以前发现漏罪，应数罪并罚，判处其死刑，剥夺政治权利终身。武陵区院监检科在受理审查德山监狱服刑罪犯谢某故意伤害案时，建议法院在监狱内公开开庭审理，庭审时有 1000 余名在押服刑人员参加旁听，接受教育，既惩治了犯罪，又扩大了教育面。

2005 年，全市监所检察部门加大办理监外罪犯重新犯罪案件力度。澧县、鼎城区检察院监检科针对监外“五种人”重新犯罪案件的特点，充分发挥监所检察职能，把惩治重新犯罪与注重办案质量相结合，把讲求办案效果和维护社会稳定相结合，取得好的成效。澧县共受理监外“五种人”重新犯罪案件 9 件、21 人，其中批准逮捕案件 4 件、10 人，审查起诉案件 5 件、11 人；鼎城区院共受理监外“五种人”重新犯罪案件 10 件、23 人，其中批准逮捕案件 5 件、12 人，审查起诉案件 5 件、11 人。

2006 年，白洋堤院与监狱、法院密切配合，在监内开展打黑除恶专项斗争，打击破坏监管秩序的违法犯罪活动。共受理审查起诉又犯罪案件 19 件 21 人，其中故意伤害 9 件 11 人，破坏监管秩序 3 件、3 人。对监内牢头狱霸以及长期消极怠工、抗拒改造的顽危分子起到了威慑作用。

2007 年，全市监所检察部门在办理又犯罪案件时，坚持把是否有利于监管秩序稳定作为刑事检察工作的一项标准，严格把握法律尺度，认真落实宽严相济的刑事政策，妥善处理狱内刑事案件。武陵监狱罪犯何某龙破坏监管秩序一案，监狱仅以何犯殴打 1 名警察的犯罪事实移送白洋堤院审查起诉。经审查发现，被殴打的警察没有造成较严重的后果，其情节达不到起诉标准。该院办案人员介入调查，在监内收集到何犯曾因经常抗工不出、辱骂警察被禁闭反省 2 次，还有殴打同监罪犯的行为。提起公诉后，何犯被以破坏监管秩序罪判处有期徒刑 6 个月。津市监狱九监区罪犯向某洋，服刑期间 2 次殴打警察。经审查发现，每次都是警察违反监管规定先动手，如对向犯起诉，不仅不会收到好的法律效果，反而会在监内造成负面影响。据此作出退回补充侦查决定，监狱撤销了案件。

2008—2010 年，全市监所检察部门共办理审查起诉又犯罪案件 35 件、52 人。提起公诉 23 件、40 人。2008 年，白洋堤院办理的武陵监狱 2007 年发生的服刑罪犯杨某乾等 3 人脱逃案系比较复杂的脱逃案件，他们多次与侦查机关研究案情，指导侦查取证，侦查机关快速办结了此案。白洋堤院以 3 人犯组织越狱罪向法院提起公诉，杨某乾、杨某果、何某鹏分别被判处有期徒刑 6 年、5 年、4 年。2009 年，白洋堤院受理德山监狱左某亮破坏监管秩序案。起初，监狱仅就其殴打一名警察的事实简单取证即移送审查起诉。白洋堤院介入侦查取证，搜集到左犯其他犯罪证据，提起公诉后，左犯被以破坏监管秩序罪判刑 1 年。

2012 年，全市监所检察部门在办理罪犯又犯罪案件时，加强与侦查部门沟通协作，确保公诉案件办理质量。2011 年 5 月 14 日，德山监狱发现服刑人员陈某非法持有并吸食毒品，遂当场对其身上毒品予以搜缴。后经立案侦查发现，2011 年 4 月至 5 月期间，德山监狱服刑人员邓某军与同监服刑人员井欢某滨，委托监狱从事劳务服务的工作人员，违法将少量毒品运进监内，并多次在监内贩卖给同监服刑人员陈某，换取一定的现金及烟、酒等物资。由于监狱侦查部门是第一次办理监内的毒品犯罪案件，对证据的收集以及据以定罪量刑证据的把握都缺乏经验。白洋堤院积极配合，提前介入指导侦查工作，对于案件证据的提取与收集和侦查重点方向的把握均提出指导性意见。最终服刑人员邓某军和井欢某滨被武陵区法院以贩卖毒品罪分别判处有期徒刑 8 个月和有期徒刑 6 个月。

2013 年，白洋堤院受理津市监狱移送审查起诉的徐某高脱逃案，其脱逃时间在 1979 年新中国第一部刑法颁布实施之前。该院查阅了很多资料，没有找到当时对此种脱逃行为作犯罪处理的法律依据。通过重点审查抓获的是否是徐某高本人、其行为是不是脱逃、其脱逃时间是不是 1979 年刑法实施以前等主要事实证据。最后对其以法无明文规定不为罪作出不起诉决定，并发出了继续执行尚未执行完毕的刑罚的检察意见，保障了国家法律的统一正确实施。

2014 年，全市监所检察部门共受理审查起诉案件 9 件、9 人。提起公诉 4 件、6 人，判决 4 件、4 人，均为有罪判决；不起诉 4 件、4 人。白洋堤院依法惩治严重犯罪的同时，针对监管场所偶发性的，因琐事纠纷引发的轻伤害案件落实依法从宽处理的政策，对危害性不大、被告方和受害方达成和解，受害方请求司法机关不追究被告人刑事责任的案件，严格依照《刑事诉讼法》关于刑事和解的实质要件与程序要求对被告人作出不起诉决定，既节约了司法资源，又维护了监管场所的和谐稳定。武陵监狱罪犯曾某与被害人屈某某因琐事而争执、扭打，致使屈某某腿部右髌骨粉碎性骨折。被害人系主动攻击方，事后也谅解了曾某。双方主动要求并在白洋堤院主持下于2014年6月19日达成和解协议，由曾某向被害人屈某某赔礼道歉并一次性给付人民币27000元作为补偿，当日即履行了协议。

2015年，全市监所检察部门将维护监管场所秩序稳定作为工作重点，协同监管单位依法打击罪犯在监内的牢头狱霸行为。白洋堤院在办理津市监狱罪犯尹某晖破坏监管秩序一案时，发现尹犯在案发前还有顶撞、辱骂警察，殴打其他被监管人的行为，遂要求侦查部门对相关证据收集在案，对同类犯罪情节全案全清，提起公诉后，法院以破坏监管秩序罪对尹某晖判处有期徒刑1年，在同监服刑罪犯中起到震慑作用。在办理又犯罪案件时，监所检察部门坚持办案质量，对案件事实不清，证据不足，不符合起诉条件的案件，坚决不予起诉，让所办案件经得起历史检验。津市监狱移送审查起诉的服刑罪犯吴某赌博案、廖某荣非法经营案，白洋堤院在审查时发现案件事实不清，证据不足，退回侦查机关补充侦查。后补充收集的证据仍不能认定上述犯罪行为，侦查机关作出撤销案件的决定。是年，全市提起公诉的又犯罪案件9件、10人，法院判决8件、9人，均为有罪判决。在坚持案件质量的同时，全市监所检察部门在又犯罪案件办理中全面推行量刑建议工作，不断完善量刑要素收集和量刑建议审查把关机制，努力提升量刑建议的准确率，全年所有提起公诉的案件均提出了量刑建议，量刑建议法院采纳率达到100%。

第三节　办理被监管人员及其家属控告申诉案件

1988年，常德市检察机关驻监管改造场所检察院（组、室）加强法律监督，认真做好控告申诉检察工作，仅4—6月就受理控告申诉案件42件，结案41件。其中自办18件，转办24件，基本做到了事事有回音，件件有着落。省一劳园林场罪犯阳某荣，与同监犯人发生口角被殴打后，认为干部处理不公正。白洋堤院受理后，派员5次到该单位调查取证11份，查清了事实真相，认定杨犯控告属实，建议监管单位对殴打阳犯的两名罪犯重新作出处理，对干部吴某某庇护有关犯人的行为给予了公开批评，阳犯服气息诉。

1989年3月6日，市人民检察院接到常德市人大常委会法工委转来常德市劳教所某劳教人员控告该所“管教科科长刑讯逼供将劳教人员打成重伤”的控告信1件。当日派员与武陵区院干警开展调查工作，查明常德市劳教所领导和少数中层干部违法体罚学员的问题。武陵区院就此专门发出纠正违法通知书.提出对违法干部根据情节轻重给予党政纪律处理。市劳教所专门进行纪律整顿，总结经验教训。5月15日，市人民检察院以《关于对市劳教所体罚学员左某云致伤情况的调查报告》向市人大常委会作请示汇报。省一劳园林场犯人朱某林（诈骗罪，判刑10年），投入改造后一直不认罪服判，以定性不准为由，先后申诉17次。8月，白洋堤院从原判法院调卷审查，认为朱犯纯属无理申诉，先后两次提讯朱犯，对其耐心开导、教育，使其交代心怀侥幸，逃避惩罚的思想，表示一定认罪服法，积极改造，并主动撤回申诉。

1990 年，市人民检察院通过办理劳教人员申诉案件和执法检查，就劳教工作中存在的问题向市人大常委会写出专题检察报告，市人大常委会法工委予以支持和肯定。白洋堤院针对犯人中存在的无理申诉和盲目申诉情况，开展法制宣传 17 场次，受教育的达 5100 人次。进行法律咨询 81 次，解答各种问题 1340 余个。有 3 名久诉不息罪犯自动息诉，全年申诉比 1989 年下降 69.2%。

1991 年，鼎城区院监检股受理张某平不服劳教申诉案后，通过立案复查，查清了公安机关原认定的 3 条错误事实有 2 条不成立，应作部分纠正。市人民检察院监检科多次向市劳教办提出纠正建议，后在市委政法委领导的干预下，终于得到纠正。张某平全家非常感激，分别向市、区两院监所检察部门赠送“实事求是，秉公执法”金字红匾。

1992—1996 年，全市监所检察部门共受理控告申诉案件 241 件，其中转办 120 件；初查 39 件；立案复查 40 件，经复查维持原判（决定），驳回申诉 33 件，建议法院、劳教委改判或改变决定 6 件，法院、劳教委改判或改变决定 4 件；直接答复或作其他处理 38 件。

1997 年，鼎城区院监检科立案复查的周某南申诉案，通过调查，周犯罪时系非国家干部，应以侵占罪判处，而一审法院认定周为国家工作人员身份，以贪污罪判处周犯有期徒刑 10 年，显系定性有误，量刑畸重。鼎城区院依法提出检察建议，法院接受了建议，重新组成合议庭再审，以侵占罪判处周犯有期徒刑 3 年。2 月，津市监狱三监区犯人揭光春在一次犯人群殴中被打伤，造成脾脏破裂。事故发生后，监狱有关部门未能及时处理，揭犯便向白洋堤院提出控告。白洋堤院通过周密细致的调查，查明了全部事实。对该事故中负有直接责任的监管干警喻某某，移交监狱纪委作出行政记大过的处分决定。揭犯也得到妥善安排。

1998 年，鼎城区公安局看守所留所服刑罪犯铁某坤，以劳教期未折抵刑期为由，向鼎城区院监检科申诉。经审查发现，法院原判决对王某初、铁某坤与王某伍共同扒窃 4300 元犯罪事实，以公安机关决定各劳教 3 年为由，未予定罪量刑，因而铁某坤已经执行劳教的 8 个月未折抵刑期。鼎城区院监检科认为，法院以公安机关已决定劳教为由不予判决是变相肯定“以教代刑”的做法。于是，向法院提出复查改判建议，法院接受建议，对未判决的犯罪事实依法作出判决，并将铁某坤的劳教期折抵刑期。

1999 年 3 月 3 日，鼎城区公安局看守所留所服刑罪犯梅某院以当日刑满未被释放为由，向鼎城区院监检科提出申诉，要求该院复查。鼎城区院监检科当即受理并立即复查，确认法院判决书认定其刑事拘留时间有误，梅的申诉理由成立，即向法院提出改判建议，法院采纳建议，当日予以纠正，梅被依法释放。4 月，津市监狱七监区罪犯朱某提出申诉，反映其刑期计算有误。白洋堤院初步调查核实后，将此情况转给了原判法院。为了及时得到答复，他们没有一转了之，又去函与原判法院联系，督促办理。原判法院很快纠正了多计算的 8 个多月刑期，维护了申诉人的合法权益。武陵区院采取多种形式，对辖区内近 5000 名在押人员和劳教学员进行检务公开宣传，向他们公开监所检察部门的职责，检察人员办案纪律，受理举报、控告、申诉的范围、程序和方法以及被监管人的权利和义务等。驻狱（所）检察人员还分头到各监管场所蹲点，发送宣传资料，与罪犯、学员座谈，逐条进行宣传和讲解，认真广泛地听取意见。并在各监区设立申诉举报箱，公布举报电话。该活动的开展，不仅维护了被监管人员的合法权益，亦促进了监管部门依法、文明、科学管理。

2000—2003 年，白洋堤院和武陵区院共受理控告、申诉案件 60 件，其中控告 38 件。申诉 22 件。所有案件线索均认真按规定登记，并及时分流。其中自行初查 19 件，转其他有关部门处理 40 件，直接答复 1 件。

2004 年 4 月，白洋堤院受理津市监狱五监区刑满释放人员江某明控告，1995 年 9 月 2 日服刑期间被同监罪犯王某东伤害，造成脾脏破裂，监狱一直未作处理，要求依法查处。7 月，津市监狱保外就医罪犯刘某标之母控告，2000 年 7 月在监狱服刑期间，刘犯被同监罪犯何某华和彭某阳殴打致伤，并成为植物人，要求依法处理。上述控告经查证属实，白洋堤院向津市监狱发出通知立案书，监狱亦立案侦查。

2005 年 9 月，武陵区院先后受理市劳教所龙继昌等两名学员因扒窃数额少而不服劳教决定的申诉复议事项，转市劳教委后，复议请求被市劳教委受理。

2008 年 10 月 8 日，省人民检察院检察长龚佳禾电话交办谢某武等人在新浪论坛发帖《关于谢某清在湖南省津市看守所羁押期间非正常死亡事件的申诉》一案，要求市人民检察院检察长陈海波亲自督责，核明情况，依法果断处理。同日，省人民检察院发函交办。陈海波主持召开检察长办公会进行研究，亲自带领相关部门人员赴津市开展调查。10 月 15 日，向省人民检察院提交《关于谢某清在津市看守所死亡的初步调查报告》。犯罪嫌疑人谢某清在看守所死亡虽不属于看守所重大事故，但公安机关及看守所在收押、监管过程中存在的失职渎职行为，建议交公安机关纪检监察处理。要以此为戒，在全市监管场所进行一次清理整顿，各区县市院驻看守所检察室要加强监督，严格执法，切实杜绝类似情况发生。该事件调查情况亦向中共常德市委汇报。

2010 年 4 月 14 日，市人民检察院驻市第二看守所检察人员受理了留所服刑罪犯张某柳的申诉，反映法院判决书计算折抵刑期错误，少折抵了 5 天。通过调查取证及与公安机关、法院多次沟通，最终督促法院依法纠正了这一错误。

2011 年，白洋堤院处理一起重复控告申诉案件：津市监狱刑满释放人员韩某胜，2004 年出狱以后，7 年间多次向市人民检察院、白洋堤院控告津市监狱干警对其有体罚虐待行为。相关部门经多次处理，韩仍坚持上访、申诉。白洋堤院立案复查此案，经过走访调查，作出维持原决定的结论。在复查办案过程中，该院积极推动津市监狱与控告申诉人韩某胜双方协商，最终达成了监狱给予韩一定经济补偿，并协助为其解决当地低保待遇的调解协议，韩表示息诉罢访。

2012 年 3 月 12 日，市人民检察院按照“属地管辖原则”，向白洋堤院交办津市监狱警察张某平不服白洋堤院不起诉决定申诉上访一案。市人民检察院与白洋堤院通过加强与津市监狱党委和纪委的联系与沟通，共同全力做好上访人的息诉罢访工作。通过用心、用情、依法、依理解决其具体诉求，上访人签订息访协议，保证不再越级上访。该案办理得到市委政法委和省人民检察院充分肯定。

2013 年 8 月，武陵监狱服刑人员郭某反映，在与同监舍服刑人员李某扭打过程中致右额受伤，要求进行伤情鉴定，对监区作出的“李某赔偿精神损失费、营养费 300 元”处理结果不服，请求检察官介入。白洋堤院向监狱建议对郭的伤情进行鉴定，郭某被评定为轻伤。监狱以李某涉嫌故意伤害罪立案侦查，白洋堤院依法提起公诉后，李某因故意伤害罪被判处拘役 4 个月。

2014 年，白洋堤院在监内开展法制宣传教育和法律咨询服务活动，向服刑人员讲解相关法律知识并及时解答服刑人员的咨询，现场解答服刑人员提问 20 余人次，为服刑人员提供法律帮助 10 人，受理服刑人员申诉 4 件。津市监狱罪犯王某反映，2014 年 4 月初，监区向监狱呈报对其减刑 1 年。4 月 16 日，监区罪犯罗某某对其进行辱骂和殴打，王某进行本能反抗。4 月 21 日，监狱对王某做出扣考核分 2 分的处理决定（影响其减刑）。王某对监狱扣分决定不服，请求检察机关予以监督。白洋堤院经调查，王某行为系合法自卫，不应受到惩处，提出检察意见得到监狱采纳，王某被依法裁定减刑 1 年。

2015 年，德山监狱罪犯周某良（故意伤害罪判处死刑缓期两年执行）一直不服原判，多次提出申诉。白洋堤院均及时按程序进行办理，并予回复，明确告知周犯，其原判事实清楚，证据充分，申诉理由不充分。但周犯仍深陷申诉泥潭，神情恍惚，言语偏激，甚至不服管教。发现这一异常情况后，白洋堤院一方面督促监狱对周犯采取严格管理措施，防止事故发生。另一方面采取标本兼治措施，维护其申诉权利，矫正其不健康心理。5 月 6 日，该院将周犯的哥哥和弟弟请到监狱，在监狱心理健康咨询中心召开一次特殊的亲人见面帮教会。周犯向亲人表达自己对原判决的质疑和继续申诉的想法，亲属表示努力协助代为申诉。检察人员声明依法维护周犯申诉的权利，同时劝诫周犯坚持“两条腿走路”，既要通过合法途径申诉维权，又要以良好的心态投入改造。周犯解开了缠绕心头多年的申诉结。

第三章　安全防范检察

第一节　看守所、劳教所安全防范检察

1988 年 1 月 11 日，石门县院驻县看守所检察人员提讯在押人员时，接到“耳目”报告,诈骗犯陈某举态度反常，有越狱逃跑企图。即会同看守所、武警中队制定侦破方案和防逃措施。24 日早晨 6 时 50 分，陈某举等 7 名在押人员乘放风之机实施越狱脱逃被一举抓获。常德地区劳教所劳教人员宿舍、伙房系危房，随时有倒塌危险，常德分院曾多次建议劳教所拆除，以防万一。但劳教所财力有限.无力拆除重建。为维护劳教场所正常管理秩序，确保劳教人员生命安全，常德分院于 5 月 26 日向常德行署办公室提出《关于常德地区劳动教养管理所危房的情况报告》，促请尽快研究解决这一问题。

1989 年元旦、春节期间，常德市监所检察部门配合各区县市看守所对在押人员进行全面清理，将判决已发生法律效力的犯人及时送交劳改队；已批准送劳教的人员全部送往劳教所，改变看守所超负荷关押人员状况，保证各项安全防范措施在监内落实，防止事故发生。石门县院住所干警配合看守所开展“两封信”活动，即鼓励在押人员向亲人写汇报信，汇报自己的认罪态度和监内表现；以看守所名义给在押人员亲属写信，介绍在押人员表现，要求亲属配合政府做好在押人员教育工作。元旦、春节期间，在押人员和看守所共发出信件 98 封。不少亲属接到信件后，积极配合看守所做在押人员规劝工作，对促其认罪交罪，稳定思想情绪起了积极作用。

1990 年，市人民检察院贯彻落实中共中央“稳定压倒一切”的方针，把对监管改造场所的安全防范检察作为一项十分重要的工作来抓。市人民检察院监检科就做好监所安全防范检察工作多次下发通知并实地督查，全年两级监所检察部门共参加监管单位安全防范检查 410 次，清监 126 次，查获各种违禁物品 4844 件。发现安全隐患、漏洞 108 个，提出口头和书面建议 215 件，得到采纳整改的 105 件。预防各种不安全事故 68 起。

1991 年 3 月 8 日凌晨，关押于临澧县看守所的特大盗窃案犯任某，在提审结束押回监房时，乘提审干警不备，强行脱逃。事发后，市委、市委政法委、市人大常委会有关领导高度重视，赴现场查问情况，并指示检察机关迅速查明事件原委。市人民检察院经过调查，于 3 月 15 日提出《关于特大盗窃案犯任辉脱逃事件的调查报告》，建议由检察机关对该事件直接责任人依照《中华人民共和国刑法》第 187 条，以玩忽职守罪立案侦查；对其他有关责任人根据其失职程度和过错大小，按党纪或政纪处理。3 月下旬，全市监所检察部门针对临澧县看守所发生重大脱逃事件开展以查隐患、堵漏洞、收缴禁品、严格制度为

主要内容的安全防范检察。津市市院驻所检察室在看守所搬迁期间加强安全防范检察，与看守所一道，及时发现和制止一起 7 名在押人员集体脱逃重大事故。

1993 年，全市看守所防脱逃工作出现多处纰漏。3 月，澧县收容所发生 12 名收审人员集体脱逃事件，市人民检察院检察长李文耀、副检察长陈彰福获悉，先后率监检部门负责人赶赴澧县，听取有关负责人汇报，深入现场了解情况，针对性地提出整改建议。7 月 26 日和 11 月 18 日，市人民检察院分别就津市市看守所违反规定，造成留所服刑罪犯刘某平脱逃以及澧县看守所在几天之内，连续发生留所服刑犯皮某军、温某喜脱逃事件向全市检察机关发出通报，要求监所检察部门深刻吸取教训，加强监督，强化监所安全防范检察工作。

1994 年，全市监所检察部门共主持召开安全防范联席会 47 次，参加联席会 93 次，给被监管人上法制教育课 77 次，受教育的被监管人达 10183 人次，个别提讯教育被监管人 2256 人次，协助监管单位转化反改造尖子 106 人。参加安全防范检查 191 次，参与监督监管部门清监 73 次，查出各种违禁物品 349 件，清除名种事故隐患 27 起，向看守所、劳改、劳教机关提出检察建议 125 条，被监管机关采纳 122 条，采纳率达 97.6%。

1995 年 7 月，常德市遭受历史上罕见的洪涝灾害，沅水流域的武陵、桃源、汉寿、鼎城等区县汛情危急。为保证监管场所的绝对安全，监所检察部门全体人员，坚持 24 小时在看守所轮流值班，并与看守所一道制订在押人员转移具体方案，确保看守所在洪涝灾害期间绝对安全。

1996 年，“严打”期间，全市看守所在押人员较多。为确保安全，市人民检察院监检科发出通知，要求各驻所检察室配合看守所采取措施，做好安全防范工作，特别是做好高温期间防暑降温工作，防止在押人员闹监、冲监、暴狱、脱逃及瘟疫发生。由于安全防范工作成绩突出，在全市“严打”斗争表彰大会上，市人民检察院监检科被市委、市政府授予“严打”先进单位荣誉称号。6 月 22 日，武陵区院驻市第一看守所检察室配合看守所，成功制止一起 4 名死刑犯企图集体冲监越狱重大恶性事件。

1997 年，市人民检察院监检科与渎侦局联合，采取措施，粉碎汉寿县看守所羁押的特大制毒贩毒犯罪嫌疑人周某荣内外勾结越狱脱逃图谋。

1998 年 7—8 月，常德市普降大暴雨，沅澧两水水位迅速上涨，特别是澧水汛情十分危急。全市 15 个监管场所，有 8 个处于危险境地，安全防范形势相当严峻。全市监所检察部门配合监狱、看守所，一方面做好在押人员思想稳定工作，一方面与监狱、看守所一道制定周密的转移方案。7 月 23 日、24 日凌晨，市人民检察院监检科科长钟吾山带领监检科干警先后赶往澧县、安乡县看守所，与公安局干警一道将 395 名在押人员相继转移到武陵监狱与市第二看守所，由于组织领导得力，转移途中未发生安全事故。

1999 年 7 月，羁押在汉寿县看守所的犯罪嫌疑人别某，为首邀集同监犯罪嫌疑人刘某、陈某、金某，企图脱逃，并制定逃跑方案，画出逃跑路线图。汉寿县院驻所检察室发现该情况后，立即与看守所一道采取亲友规劝、对别某控制、安排同监人员监督等措施，随时掌握别某等4人动向，分别情况做分化瓦解工作和思想转化工作，迫使别某等放弃脱逃念头。这一酝酿已久，策划成熟，且一触即发的集体越狱事件宣告流产。

2000—2001年，随着“严打”斗争步步深入，各看守所关押的重大案犯日益增多，特别是震惊全国的“9·1”张军系列抢劫杀人大案部分涉案人员，以及杨某秀特大走私贩卖毒品案重要案犯，就关押在常德市第一、第二看守所和临澧县、安乡县看守所。为确保重特大刑事案件诉讼活动顺利进行，维护监管秩序的安全与稳定，常德市监所检察部门根据高检院、省人民检察院的指示，把配合看守所加强对重特大刑案案犯的监管工作作为一项重要任务来抓。按照省、市领导提出的“三不”（不逃跑一人，不死亡一人，不伤、残一人）要求，配合看守所切实落实各项安全措施，加强防范力度，自始至终保证监管秩序安全稳定。2001年8月，武陵区院查办的职务犯罪嫌疑人熊某关押在临澧县看守所，其妻郭某给熊送来《成功启示录》一书，临澧县院驻所检察干警与看守所干警一道检查，发现书的第1页至第18页之内，用铅笔在相关文字下标有记号，串联起来形成一封完整的串供堵口信件。9月13日，郭又如法炮制，以送书为名带给熊信件，同样被截获。成功制止了一起办理职务犯罪案件中，利用书籍传递信件，串供堵口的安全事故。

2002年，根据省人民检察院指示精神，市人民检察院把在看守所防止“跑风漏气”（指通风报信、串供堵口）作为监所检察的重点工作来抓。9月24日，省人民检察院渎侦局办理的行贿案件犯罪嫌疑人苏某凡，得知与其关押在临澧县看守所同一监房的张某军（犯寻衅滋事罪被判刑1年）很快就要释放出所，便写了21页纸的串供堵口信件，缝进张的西装上衣背面内衬里。张出所时，驻所检察室认真检查张的物品，发现这21页信件，防止了一起串供堵口安全事故的发生。市人民检察院监检科帮助临澧县院总结牢牢把住“五关”（提讯要犯关，犯罪嫌疑人开餐关、放风关、出所关、亲友送物关），严防“跑风漏气”的经验，并向各区县市检察院监检部门推介。临澧县院的经验在全省监所检察部门产生好的反响。

2003年，全市10个驻所检察室继续推广临澧县院的工作经验，违法会见、通信和其他方式的“跑风漏气”现象得到预防和遏制。

2004年4月，市人民检察院监检科和市公安局监管支队召开联席会议，决定对全市10个看守所191名留所服刑人员进行安全防范专项突击检查。检查时，发现少数留所服刑罪犯不穿识别服，个别在押人员身上存有大量钱物以及管理上存在不安全隐患等问题。检察机关及时提出口头检察建议23件，书面检察建议7件。市县公安机关采纳并及时采取措施进行整改，收到好的效果。

2005—2006年，市人民检察院驻市第一、第二看守所检察室在日常驻所检察中发现，两个看守所的提审室设施陈旧、老化，且没有设置安全防护栏，随时可能发生安全事故，多次向市公安局发出对提审室进行改造的检察建议，引起市公安局领导重视，拨专款对两个提审室进行改造。2006年，武陵区院对市劳教所劳教学员宿舍生活区、生产作业场区、学习场区多次进行安全防范检察，发现劳教学员私藏生产刃具的现象比较普遍，存在严重安全隐患，及时向有关职能科室负责人和大队管教干警提出口头建议，要求建章立制，切实加强生产工具管理，得到采纳。

2008年，奥运会和残奥会在中国举行，监管场所安全防范工作成为监所检察的重头戏。市人民检察院检察长陈海波、副检察长熊文辉、主管副检察长郑朝兵多次率市人民检察院办公室、监检科等部门负责人，到市第一、第二看守所，各区县市看守所，各监狱检查驻所（狱）检察工作，慰问驻所（狱）检察干警。深入罪犯学习、生活、劳动等场所进行安全防范检察和业务督导，针对发现的安全隐患提出纠正意见。

2011年，桃源县院为解决看守所监管民警1次提讯多名在押人员且屡禁不止的问题，由分管副检察长和监检科科长出面，专程到看守所与所长、教导员交换意见并达成共识，由驻所检察室主任牵头，看守所领导参加，不定期进行检查，每月对违规情况进行一次书面通报，看守所根据检察室的书面通报对相关责任人依规进行处罚，较好地消除提讯中存在的安全隐患。为做好高温季节防暑降温，防病保安全工作，津市市院驻所检察室督促并配合看守所采取疏散关押，保证每间监室关押不超过10人；每周对监室内外进行一次药物消毒，并保证监室空气通畅；给各监室分发十滴水、人丹等防暑药品；酷暑时每天熬制绿豆汤发至监室等措施，既维护在押人员的合法权益，又确保监管场所安全无事故。临澧县看守所在押人员谭某因涉嫌故意杀人罪被羁押后，认定自己必死无疑，在监内思想消极、情绪急躁，驻所检察人员在约见中了解这一情况后，多次与谭某谈心，并将最高法院“因婚姻家庭纠纷引发的杀人案件慎用死刑立即执行”的座谈会纪要精神向他阐述，让他放下包袱，配合办案机关将问题查清楚。通过谈话和提供法律服务，谭某燃起生的希望，在监房内安分守己，事故隐患得以消除。10月，市中级法院宣告判决后，谭某给驻所检察人员写长信表示感谢。

2013年，市人民检察院驻市看守所检察室共参加狱情分析会24次，督促并配合清监20次。针对重大安全隐患及时提出检察建议4份，涉及设备维护、干警及工作人员管理、暑期安全、死刑犯管理等方面。3月，市人民检察院驻所检察人员发现看守所的监控视频运行极不稳定，给看守所的场所监管安全带来隐患，遂向看守所发出检察建议，要求对出现问题的监控设备及时维修或更换。看守所联系厂家维修，设备恢复正常运行。7—9月，常德市遭遇百年罕见的高温天气，给监管场所带来很大的安全隐患。桃源县院先后2次向看守所发出检察建议，建议看守所全体动员、全员参与，从饮食卫生、环境卫生、防暑降温等七个方面采取安全防范措施。并配合看守所参与实际工作，确保不发生中暑、伤人、死人事故。10月，全市女犯全部集中关押至市看守所；11月，临澧县看守所重修，全部在押人员暂时转移至市看守所关押。对看守所的这些重大活动，市人民检察院驻所检察人员认真履行法律监督职责，主动与看守所联系沟通，对看守所的活动方案提出合理建议，并全程临场监督，确保安全无事故。为了杜绝违法违规会见和违法泄露案件信息，确保在押人员信息安全。市人民检察院驻市看守所检察室联合看守所采取措施，依法加大对违法传递信息人员的惩处力度。如对律师会见中违规给犯罪嫌疑人提供手机、传递纸条等行为，发现后立即停止会见，暂扣其证件，并通报其所在的律师事务所或司法行政机关给予处理；对违法传递信息的在押人员，由驻所检察室和看守所共同出具书面材料，将其表现情况及时反馈给相应办案机关；对看守所监管干警的渎职行为，依法及时展开调查并处理。全年开展违法行为调查1件1人，发出纠正违法通知书1份，发出书面检察建议2份。

2015年，市人民检察院驻市看守所检察室坚持联合安全检查制度，督促和配合市看守所、驻所武警中队对监区和监室进行安全检查20次；参加看守所召开的狱情分析会议8次；针对重大安全隐患发出书面检察建议9件，涉及违禁物品流入监室、信息安全、收押不规范等多方面的问题。看守所收到建议后积极整改，如为防止违禁物品流入监室，看守所在每个提讯室和律师会见室都加装了隔离网。4月12日，汉寿县看守所重修完工，129名在押人员从市看守所押回汉寿县看守所； 9月25日，临澧县看守所重修完工，86名在押人员从市看守所押回临澧县看守所。为确保这些重大押解活动安全顺利进行，驻所检察人员主动与市看守所、驻所武警中队联系沟通，提出合理化建议，参与制定应急预案。转押当天，驻所检察人员全程监督，押解任务顺利完成。

第二节　监狱安全防范检察

1989年4月，省第四劳改队连续发生两起脱逃案件，罪犯都是从值班室大门旁翻越围墙逃跑的。武陵区院勘查脱逃现场后，发现围墙太矮，值班室管理不严，为防止脱逃事故再次发生，武陵区院向支队提出加高围墙和整顿值班室的建议。支队采纳意见，加高围墙长达580多米，安装电网2400多米，并建立健全值班制度，防范罪犯翻越围墙脱逃。

1992年，春节过后，省一劳在押罪犯中连续发生多起肺结核病病例。对监管改造工作十分不利。白洋堤院通过调查，向支队提出严把罪犯入监关，对患肺结核病罪犯优先依法保外就医，尽快增加劳改机关的医疗防治费用。努力改善改造场所的生活、卫生环境，预防和减少疾病的发生。支队医院、狱政、卫生、防疫等部门组成联合工作组，在监内进行全面摸底清查，有计划、分步骤地对患病罪犯进行治疗等检察建议，引起支队及其上级主管单位的重视和关注。

1996年，在抓好“严打”期间，各驻狱（所）检察单位坚持每月有重点地开展专项安全防范检察。白洋堤院对监狱用电、防火等问题进行专项检察，发现各大队在监舍内存放大量棉花，火灾隐患较多，及时向监狱提出搞好防火安全的检察建议并被采纳，防止了火灾事故发生。

1997 年 4 月，津市监狱从广东坪石、北江等监狱一次性调入罪犯 998 名。为保证沿途车辆押运安全，白洋堤院积极参与安全预案制定，并派出检察干警履行安全防范监督职责，配合监狱确保调犯行动万无一失。

1998 年 6 月 24 日，因长期暴雨冲刷，德山监狱有近 70 米围墙发生垮塌。武陵区院检察长龚道隆立即率人赶往事发现场，会同监狱领导和驻所检察干警研究抢险方案，连夜加固围墙、围建铁丝网，落实各项应急措施，防止意外事件发生。7 月 22 日，津市监狱防洪大堤多处滑坡，情况十分危急，白洋堤院检察长张瑞祥率领干警赶赴现场，督导罪犯转移。经过数小时奋战，6200 余名罪犯全部安全转移到防洪大堤安全地段。

2002 年，监狱的安全防范检察工作有所创新，白洋堤院配合监狱做好新收押罪犯的思想稳定工作，在省监狱管理局第二收押调遣中心（设津市监狱）设立法律咨询中心，为维护罪犯合法权益，稳定监管改造秩序创建了一个新的平台。这一做法深受监狱欢迎，省人民检察院监检处向全省进行推介。

2004 年春节期间，德山监狱电网短路，监区电网停电达 1 小时之久。驻狱检察室立即协助监狱与电业部门联系，请求支援。由于事关重大，电力部门立即派出力量对监区线路进行抢修，在最短的时间内排除故障，恢复正常供电。

2008 年，“5.12”汶川特大地震发生后，白洋堤院密切关注 3 个监狱防震工作及 92 个灾区籍罪犯思想动态，组织干警深入监管场所，检察防震措施落实情况。督促各监区加强安全防范检查，确保监管设施安全。配合监狱开展防震常识宣传；组织罪犯收看电视、收听广播、阅览报刊，了解灾区抗震救灾的真实情况；通过寻亲热线电话、网络、电视、电台等多种方式，帮助灾区籍罪犯与家人取得联系；召开受灾较为严重地区的服刑罪犯召开座谈会，从心理上抚慰罪犯；聘请专业心理咨询师，重点对灾区籍罪犯的各种心理问题进行个别疏导，确保灾区籍罪犯情绪稳定。

2009 年 11 月 15 日上午 8 时许，德山监狱服刑人员刘某翻越围墙脱逃。事故发生后，省、市人民检察院领导高度重视。市人民检察院检察长、主管副检察长以及监检科科长均及时赶到监狱，查看脱逃现场，要求对事故进行彻查。省人民检察院监检处领导专程到常德对刘某脱逃事件进行督查。白洋堤院及时介入事故调查，协助监狱开展追逃工作。是年，根据省人民检察院、省司法厅《全省监狱清理事故隐患促进安全监管专项活动方案》的要求，白洋堤院加强与监狱的联系沟通，共同进行研究部署，专项活动顺利开展。

2010 年，白洋堤院就德山监狱罪犯刘某脱逃事件立案查处监管干警失职致使在押人员脱逃案 1 件 2 人，在监狱引起强烈反响。监狱对监管安全防范工作进行整改，争取资金近 2000 万元，对监狱围墙进行重建，并加强监管带班力量。

2012 年 1 月 26 日，德山监狱六监区罪犯段某东在医院直属分监区留观室非正常死亡。白洋堤院立即介入调查，并就调查中发现的有关问题向监狱发出常白检监建〔2012〕1 号检察建议书。监狱按照检察建议要求，制定扎实开展安全防范专项教育活动，强化首位意识，提升工作执行力；认真组织监管安全竞赛活动，严格落实制度，确保监管安全；加强犯情调研工作，全面掌握犯情动态；切实改善监管警戒设施，增强安全防范能力等四项整改措施，并书面回复白洋堤院。3 月 31 日，德山监狱对事故相关责任人作出处分决定。

2014 年，全国部分地区发生暴力恐怖事件，严重影响国家安全和社会稳定。全市监所检察部门坚持深入监管场所，督促排查治理各种安全隐患。特别在重大节假日、反恐等重要时间节点，均开展安全防范专项检察，督促和配合监管单位开展工作。春节期间，白洋堤院配合德山监狱在清监活动中搜出罪犯杨某某图谋报复伤害某监狱警察而准备的剪刀与绳索，避免了一起恶性案件发生。

2015 年，白洋堤院通过安全防范检察，发现监狱监管方面存在安全隐患 31 处，提出书面检察建议 24 件，口头检察建议 9 件，监管单位均采纳整改。如武陵监狱罪犯刘某脱逃（未遂）案，因检察机关加强安全防范检察力度，监狱监管措施落实到位，刘犯逃离监舍被及时发现，4 个小时后在距监舍区约 20 米处化粪池中被抓获。

1988—2015 年常德市检察机关纠正刑罚执行和监管活动违法情况统计表

表 4-1

年度	违法情况（起）	书面提出纠正（件）	口头提出纠正（件）	纠正
1988	274	19	299	274
1989	129	9	120	129
1990	625	6	619	625
1991	329	8	288	329
1992	504	—	506	499
1993	145	7	153	115
1994	109	7	102	101
1995	240	9	231	240
1996	95	12	83	95
1997	74	1	73	63
1998	179	124	—	86
1999	110	63	—	41
2000	97	97	—	96
2001	67	67	—	67
2002	74	56	18	61
2003	109	23	86	109
2004	113	4	106	110
2005	53	4	42	45
2006	185	43	142	178
2007	167	43	124	153
2008	166	122	—	56
2009	89	73	—	67
2010	197	198	—	198
2011	94	67	—	63
2012	101	59	—	53
2013	167	163	—	162
2014	139	129	—	127
2015	270	259	—	259
合计	4901	1672	2992	4401

说明：此表系综合市人民检察院及其该院监检科历年工作总结以及市人民检察院统计报表有关内容而制作

1988—2015 年常德市检察机关羁押期限检察情况统计表

表 4-2

年度	超期羁押情况（人）									纠正情况（件）			备注
	首次超期羁押人数	超拘留期			超侦查期			超起诉期	超审判期	口头提出纠正	书面提出纠正	纠正	
		公安	国安	检察	公安	国安	检察						
1988	53	—	—	—	20	—	11	5	17	49	10	—	
1989	91	—	—	—	66	—	1	—	24	62	9	—	
1990	3	—	—	—	1	—	—	—	2	—	—	—	
1991	26	1	—	—	20	—	1	1	3	—	—	16	
1992	24	—	—	—	3	—	—	—	21	3	1	—	
1993	9	4	—	—	2	—	—	—	3	5	—	9	
1994	15	—	—	—	—	—	—	—	—	15	9	15	
1995	34	3	—	1	21	2	2	2	3	38	2	26	
1996	5	—	—	—	—	—	1	—	4	5	1	5	
1997	16	5	—	4	6	—	—	—	1	12	4	17	
1998	27	20	—	—	4	—	—	1	2	—	31	30	
1999	289	195	—	—	36	—	9	21	28	—	279	290	
2000	23	14	—	—	8	—	—	—	1	—	24	23	
2001	27	—	—	—	—	—	—	—	—	—	—	27	
2002	11	—	—	—	—	—	—	—	—	—	—	11	
2003	64	14	—	—	14	—	—	—	36	—	64	62	
2004	11	2	—	—	—	—	—	—	—	—	11	13	
2005	2	—	—	—	—	—	—	—	—	—	2	2	
2006	3	—	—	—	—	—	—	—	3	—	3	3	
2007	17	—	—	—	—	—	—	—	—	—	17	17	
2008	7	—	—	—	—	—	—	—	—	—	—	—	
2009	12	5	—	—	—	—	—	—	7	—	12	12	
2010	4	—	—	—	—	—	—	—	4	—	4	4	
2011	1	—	—	—	—	—	—	—	1	—	1	1	
2012	—	—	—	—	—	—	—	—	—	—	—	—	
2013	2	2	—	—	—	—	—	—	—	—	—	2	
2014	—	—	—	—	—	—	—	—	—	—	—	—	
2015	—	—	—	—	—	—	—	—	—	—	—	—	

说明：①此表系综合市人民检察院及本院监检科历年工作总结以及市人民检察院统计报表有关内容而制作。
②1988 年、1989 年超期羁押统计单位为“人次”，1990 年开始改为统计“首次超期羁押人数”。
③鉴于部分项目资料不完整，故未做合计

1988—2015 年常德市刑罚变更执行检察情况统计表

表 4-3

年度	减刑		假释		保外就医		检察发现不当	书面提出纠正	口头提出纠正	纠正	备注
	执行机关呈报	法院裁定	执行机关呈报	法院裁定	执行机关呈报	法院裁定					
1988	1147	—	—	—	30	—	8	—	8	8	为白洋堤院统计数
1989	1147	—	—	—	—	—	50	4	46	50	为白洋堤院统计数
1990	572	—	88		13	—	13	—	—	13	为武陵区院统计数
1991	1917	—	—	—	—	—	31	—	—	31	为白洋堤院和武陵区统计数
1992	1781	—	—	—	130	—	26	—	26	26	为白洋堤院统计数
1993	1357	—	—	—	278	—	37	—	37	37	为白洋堤院和武陵区统计数
1994	549	—	—	—	16	—	33	1	32	33	为白洋堤院统计数
1995	1660	—	—	—	22	—	40	—	40	40	为白洋堤院和武陵区统计数
1996	1439	—	442	—	30	—	17	—	17	17	
1997	1816	—	365	—	49	—	33	—	33	33	为白洋堤院和武陵区统计数
1998	1799	—	—	—	169	—	180	—	180	180	为白洋堤院和武陵区统计数
1999	874	—	—	—	84	—	60	—	60	60	为白洋堤院统计数
2000	—	—	—	—	—	—		—	—		
2001	—	—	—	—	—	—	279	—	—	192	

续表 4-3

年度	减刑		假释		保外就医		检察发现不当	书面提出纠正	口头提出纠正	纠正	备注
	执行机关呈报	法院裁定	执行机关呈报	法院裁定	执行机关呈报	法院裁定					
2002	5730	—	—	—	236	—	380	—	—	308	减刑假释、保外就医数字中，看守所分别为 257 人、80 人；监狱统计时间段为 2002 年至 2005 年 9 月底；数字均为裁定、批准决定数。检察发现不当和纠正数均包括审查提请发现和纠正数
2003	—	—	—	—	—	—	62	—	—	62	
2004	—	—	—	—	—	—	137	—	—	87	
2005	—	—	—	—	—	—	130	—	—	68	
2006	2517	—	—	—	33	—	22	—	—	20	
2007	2359	—	—	—	—	—	28	—	—	28	
2008	2667	—	—	—	—	—	44	15	—	44	
2009	5251	4977	171	171	67	62	51	49	—	39	
2010	4103	3249	260	108	60	66	280	279	—	279	
2011	4383	4256	187	156	89	69	60	60	—	59	
2012	5320	3816	425	302	105	76	68	68	—	68	
2013	3087	—	328	—	67	18	98	90	—	90	
2014	3569	—	177	—	73	—	30	30	—	30	
2015	3710	—	235	—	74	—	467	469	—	469	

说明：①此表系综合市人民检察院及本院监检科历年工作总结以及市人民检察院统计报表有关内容而制作。
②刑罚变更执行检察包括执行机关提请、法院裁定、主管机关批准决定的检察，人数未做重复统计。
③因白洋堤院、武陵区院监所检察工作量大，虽资料欠缺年份仍列出了两院合计数或独自统计数。
④鉴于部分项目资料不完整，故未做合计

1988—2015 年常德市检察机关监察检察办案工作统计表

表 4-4

年度	办理监管改造场所职务犯罪案件		办理被监管人员犯罪案件		办理审查批捕案件				办理审查起诉案件						
					受理		批捕		受理		起诉		不起诉	免诉	追诉
	件	人	件	人	件	人	件	人	件	人	件	人	人	人	人
1988	—	—	85	—	2	2	2	2	83	—	65	75	1	4	3
1989	3	3	82	—	4	4	2	2	82	—	83	104	2	2	—
1990	10	11	106	—	13	14	13	14	97	—	75	89	3	9	—
1991	11	11	82	116	7	7	7	7	83	117	76	109	—	6	—
1992	2	2	76	—	1	1	—	—	76	—	52	57	1	3	6
1993	4	4	68	—	—	—	—	—	68	93	63	73	1	4	4
1994	12	14	44	—	1	1	—	1	48	60	44	55	2	3	5
1995	10	11	68	83	3	3	—	—	71	87	54	58	—	5	1
1996	4	5	82	100	3	3	—	—	83	103	74	92	—	4	7
1997	29	29	59	67	2	2	—	2	59	67	53	58	—	—	—
1998	5	8	38	53	1	1	1	1	39	54	33	46	—	—	—
1999	7	7	39	51	—	—	—	—	39	51	—	—	—	—	—
2000	5	5	74	85	19	26	—	24	57	62	50	52	—	—	—
2001	2	4	69	95	27	44	23	33	43	54	43	53	—	—	—
2002	1	1	73	88	29	33	—	—	46	59	30	43	—	—	2

续表 4-4

年度	办理监管改造场所职务犯罪案件		办理被监管人员犯罪案件		办理审查批捕案件				办理审查起诉案件						
					受理		批捕		受理		起诉		不起诉	免诉	追诉
	件	人	件	人	件	人	件	人	件	人	件	人	人	人	人
2003	1	1	40	40	19	19			22	22	22	22	1		
2004	1	1	17	22	8	10	7	9	11	14	11	13			
2005	1	3	27	54	12	28	11	27	16	29	15	29			
2006	3	4	126	126	61	61	56	56	65	65	62	62			
2007	1	2	27	29					28	31	27	27			
2008			43	71	18	29			25	42	21	38			
2009			9	9	1	1	1	1	8	8	4	4			
2010	3	4	2	2	1	1	1	1	5	6	1	2			
2011			10	11	1	1	1	1	9	10	9	10			
2012	1	3	17	18	2	2	1	1	15	16	9	10			
2013	1	1	8	10	1	1	1	1	7	9	3	3	3		
2014			7	7					9	9	4	6	4		
2015	2	2	11	13	2	4	2	4	9	9	9	10	3		

说明：①此表系综合市人民检察院及本院监检科历年工作总结，白洋堤院、武陵区院历年工作总结以及市人民检察院统计报表有关内容而制作。

②1994 年、1995 年、1997 年办理监管干警职务犯罪案件数包括了部分监所检察管辖范围外的自侦案件数。

③鉴于部分项目资料不完整，故未做合计

第五篇 控告申诉检察

1986年6月以前，人民群众来信来访工作由常德检察分院秘书科受理或接待。1986年6月11日，常德检察分院设立控告申诉检察科，各县市人民检察院亦先后设立控告申诉检察股，统一受理群众控告申诉，承办和查处最高人民检察院关于《人民检察院控告申诉检察工作细则（试行）》第14条规定的“六类”控告、申诉案件。1991年年初，市人民检察院将1988年9月11日设立的“经济、法纪犯罪案件举报中心”从经济检察科分离出来，与控告申诉检察科合署办公。从此，全市检察机关控告申诉部门担负起办案工作、举报工作、信访工作、信息工作四大项业务工作任务。1994年5月，《国家赔偿法》公布后，市人民检察院于1995年2月8日设立“常德市人民检察院刑事赔偿工作办公室”，与控告申诉检察科合署办公。从此，控告申诉检察科、举报中心、刑事赔偿办公室三位一体，共同担负起各项控申检察、举报和赔偿工作的任务。1988—2015年，控告申诉检察的职能不断扩大，工作逐步加强，“专业化、制度化、规范化”（以下简称“三化”）建设进一步落实，文明接待和检务公开化建设的水平越来越高。1989年，市人民检察院控申科被省院评为“全省检察系统先进单位”。1990年4月，省人民检察院在汉寿县院召开现场会，推广汉寿县院加强“三化”建设的经验。1992年，全市控申检察部门把办理控申案件，特别是复查不服免诉决定等申诉案件，作为履行“第二重监督制约”职能的主要手段和控申检察部门的主要任务来完成。全市控申检察四大项业务工作和组织、业务建设工作在全省检查评比中总分居第一，市人民检察院控申检察科被评为“全省控申检察工作先进单位”。1994年，根据高检院“严格执法，狠抓办案”的指示精神，结合常德市申诉案件大幅度下降的情况，确立以初查带动其他办案工作的指导方针。1995年，以创建文明接待室为龙头，全面开展控申举报工作。1996年，加强举报工作，促进反腐败斗争不断深入；以创文明接待室为契机，提高信访工作水平；认真贯彻《国家赔偿法》，妥善处理刑事赔偿案件；依法办案，有错必纠。1997年，严格执行新的《刑事诉讼法》和《刑法》，以开展争创文明接待室、加强举报工作和刑事申诉案件复查工作为重点，全面开展各项控申检察业务。1998年，以全省检察系统“办案质量年”活动为契机，狠抓文明接待、举报和刑事申诉复查、赔偿工作。1999年，贯彻高检院“二十字”（公正执法、加强监督、依法办案、从严治检、服务大局）工作方针，狠抓信访接待、举报初查、刑事申诉复查和刑事赔偿工作，做到“四快四不”（受理快、调查快、处理快、反馈快，不推、不拖、不压、不误）。2000年，把握“稳定、公正、效果”这一主线，大胆探索控申检察改革新途径，形成新的工作特色。2002 年，全面落实“首办责任制”，运用控申检察职能搞好“五项清理”（清理上访老户反映的问题，清理积压的举报线索，清理交办的案件，清理扣押追缴赃款赃物、非法所得，清理不起诉案件）。2004 年，集中处理涉法上访和开展不起诉案件的专项复查，落实“两刑”（刑事申诉、刑事赔偿）案件的请示汇报制度，狠抓线索归口管理。2006 年，狠抓涉检上访工作，集中清理排查职务犯罪举报线索和排查处理反映检察机关违法查封、扣押、冻结款物以及插手经济纠纷的信访问题，清理落实未执行赔偿决定的问题。2007 年，突出“抓规范、抓质量、抓效果”，开展下访巡访、联合接访工作，及时排查和化解涉检信访问题，全面履行控申检察职能，充分发挥内部监督制约作用。2008 年，围绕“平安奥运”工作大局，以实现进京“零上访”为目标，创新工作机制，确保“两刑”案件处理到位，实现办案效率、息诉效果和法律监督效能同步提高。2009 年，开展涉检信访积案化解专项工作，促进案结事了；规范举报线索管理；强化监督职能，加大“两刑”案件办理力度。2010 年，推进社会矛盾化解、社会管理创新、公正廉洁执法三项重点工作，树立“理性、平和、文明、规范”的执法理念，维护人民群众的根本利益和社会的和谐稳定，千方百计解决群众反映的实际问题。2011 年，以集中化解进京重复访和排查化解涉检信访积案为重点，坚持用群众工作总揽控申检察工作。2012 年，以化解息诉省人民检察院交办的自行排查的涉检信访案件为重点，以维护人民群众合法权益为落脚点，全面履行控告申诉检察职能，为构建“和谐常德、法治常德”做出贡献。2013 年，全面履行修改后的两大诉讼法《刑事诉讼法》《民事诉讼法》赋予控告申诉检察部门的职责任务，着力解决涉检信访问题。2014 年，落实检察改革工作措施，改进和完善控申检察工作机制，加强规范化建设及对内对外制约，规范权力运行，进一步提升控申工作水平，提高控申案件办理质量和效果。2015 年，深入推进涉法涉诉信访改革。4 月 30 日，在全市控告申诉检察工作会议上，检察长余湘文提出要解决改革中遇到的入口不顺、程序空转、出口不畅等难点问题。全市控申检察部门认真贯彻《常德市检察机关规范司法行为专项整治工作方案》《全省检察机关控申检察部门规范司法行为专项整治方案》的精神与要求，并出台具体措施，制定整改计划，定期书面汇报整改情况，不断规范自身执法行为，严格规范公正文明办案；不断强化控申部门对内制约、对外监督的职能，强化自身监督，强化法律监督，促进规范司法行为常态化、长效化。

第一章　控告检察与举报工作

第一节　受理来信来访

一、检察长接待日制度

1985年，检察机关信访工作改为控告申诉检察工作。依据高检院关于履行控申检察工作职责，领导带头坚持接待制度的要求，全市检察机关建立并逐步健全和完善检察长接待日工作制度，实行挂牌接待来访并阅批来信。

1990年，市、县两级检察院检察长共接待来访166人次，批阅来信448件。3月，桃源县院检察长胡新建接待一受害人来访控告：其前妻不满他与另一女子结婚，用500克高强度硫酸泼至该员面部致使毁容并双目失明，强烈要求检察机关严肃处理。胡新建除用政策法律对其耐心说服外，并将该案移送公安机关立案侦查，指派办案人员提前介入。该案经县检察院提起诉讼，县法院以故意伤害罪判处其前妻李某玉有期徒刑15年。

1991年，全市检察长接待来访315人次、批阅来信905件。

1992年，全市检察长每月分别有2~3天接待群众来访，并将接访时间提前对外公布。正副检察长共接待来访232次、阅批来信804件。

1993年，全市检察长共接待群众来访234次、批阅群众来信769件。武陵区院检察长贾云庆接待市酒精厂一退休人员反映厂领导有贪污行为，要求派人查该厂账目。贾云庆即派员前去调查了解，未发现违法线索，信访人所反映的情况均属正常业务活动往来。那名退休人员再次来院上访时，贾云庆耐心向他解释，说明改革开放后的有关新政策，使其满意而归。

1994年，全市检察长共接待群众上访371人次、批阅群众来信636件。市人民检察院检察长李文耀批阅群众重要来信34件。全市检察长还深入基层巡回接待群众267人次。津市市等地出现了举报人32人次约见正、副检察长到检察院以外的地方进行举报的新形式。

1995年，全市检察长共接待群众上访313人次、批阅群众来信524件。仅3月15日一天，石门县院检察长龚道隆就接待群众来访10余人次、批阅来信6封、记录接待笔记10多页。

1996年，全市检察长共接群众来访593人次、批阅群众来信505件。3月，澧县小渡口镇中垸村百名群众到该县检察院举报该村某村干部有经济问题。检察长黄秋武和分管控申的副检察长柳宏发接待来访群众代表，认真听取他们的呼声，并向来访者表明检察机关惩治腐败的决心，表示立即派员调查处理。来访群众高兴返回，事态得到平息。

1997 年，检察长接待来访 922 人次、批阅来信 1305 件。

1998 年，全市检察长接待来访 982 人次、批阅来信 1270 件。直接处理群众集体告急访 83 件，为群众解决疑难问题 92 件。市人民检察院检察长杜辉才接待鼎城区周家店镇白合寺村 3 名上访群众，反映该村 3 名村民与鼎城区种子公司有关人员相勾结，准备将 5 万公斤不合格的杂交水稻种子卖给汉寿县、桃源县、武陵区的有关单位，要求检察机关查处。杜辉才当即打电话给市农委主任孙维忠，要求他们对此事进行调查，同时安排举报中心将线索转给市技术监督局。在市农委和市技术监督局的干涉下，制止了该起坑农事件。3 月，市人民检察院副检察长陈彰福在接待日接待一起群众告急上访，举报澧县公安局交警大队有关人员有重大经济问题，请市人民检察院派人调查，否则将越级上访。陈彰福当即指示举报中心登记后，迅速转市人民检察院反贪局查处。侦破了澧县交警大队贪污窝案，立案 6 件、9 人。津市市院检察长熊忠民、石门县院检察长万革新等均在接待日帮助群众解决了诉求。

1999 年，全市检察系统进一步规范《检察长接待日书面通知制度》，制定检察长接待日安排表。桃源县院在《检察长接待日通知书》上增设回执联，请值班检察长值班前一天亲自填写后交举报中心统一管理。全市检察长接待来访 812 人次、批阅来信 921 件，处理群众集体告急访 51 件，为群众办实事 90 件。3 月 10 日，临澧县院副检察长姚定国值班时，接待该县四新岗镇百草村 10 名上访群众，反映该村王某和贺某有重大经济问题。姚定国带领调查组进驻该村对账目进行清查，发现确有经济问题，于是，向镇政府提出检察建议，镇政府对王、贺二人作出处理。

2000 年，全市检察机关将每周星期三定为检察长接待日，并于周二向当班检察长送达书面通知。该做法被市政法委在全系统推广，实行周三院长（局长）接待日制度。全市检察系统统一制作检察长接待日牌匾悬挂于接待室门口，并向社会公布接待日时间。武陵区院抓制度、人员、效果“三落实”搞好检察长接待工作。津市市院检察长接待坚持“预约接待”“指定约见”“流动接待”“接待回避”和“接待反馈”等五项制度。石门县院分管控申的副检察长曾明礼接待该县国土局 16 名下岗职工集体上访后，带领控申部门的工作人员进行调查处理，为上访群众解决了困难，受到他们的称赞。全市检察长接待来访 792 人次、批阅来信 817 件、处理群众告急上访 35 件、为群众办实事 56 件。

2001 年，全市检察长接待上访 459 人次、批阅来信 558 件。8 月 22 日，市人民检察院副检察长万革新值班时，河南省方城县半树乡马库庄村 13 组村民魏某青到市人民检察院接待室反映其岳父江某新于 1983 年被澧县道河乡派出所刑讯逼供至双目失明，生活不能自理，要求补偿医疗费和解决生活费。万革新热情接待来访人员，详细询问有关情况，当即打电话与澧县县委杨书记联系。9 月 12 日，澧县县委办公室撰写《中共澧县县委办公室关于江某新有关问题的核查报告》，来访者的合理要求得到解决。

2002 年，坚持“深化认识、加强领导；落实制度、规范运作；明确责任、为民解难；强化措施、落实交办”的原则，全市检察长接待来访 490 人次、批阅信件 465 件、为群众办实事 57 件。鼎城区院检察长接待日制度做到五到位：检察长接待日程安排发放到位、挂牌上岗日前通知落实到位、告急访与群体访及时处理到位、息诉与息访工作及信访处理及时到位、帮助人民群众解决实际问题到位。该院正副检察长全年接待来访群众 50人次、批阅信件 27 件、为群众排忧解难 21 件。

2003 年，全市检察机关推行检察长接待日制度“四个到位”：挂牌公布的检察长接待日上岗到位、检察长下基层处理信访案件到位、研究信访案件的处理情况到位、解决工作中的难点问题到位；落实“三个转变”：接访方式由单一化向多样化转变、由重接访向重落实转变、从程序型答复向解决问题的息诉型答复转变。汉寿县院在院大门边挂牌公布全年检察接待日轮流值班表。全市检察长接待日共接待来访 239 人次、批阅信件 440 件。

2004 年，检察长接待来访 185 人次、批阅来信 400 件。

2005 年，建立检察长接待日情况通报制度。在临澧县政法委组织的几次不定期检查中，该县检察院是唯一坚持做到有值班安排表、有值班领导、有值班电话且值班领导在岗的单位。全市检察长接待来访 113 人次、批阅信件 438 件。

2006 年，全市检察长接待来访 83 人、批阅来信 238 件。市人民检察院领导在接待日接待上访群众 41 人、落实处理群众信访 47 件。

2007 年，市、县两级检察长接待群众来访 137 人次、受理群众来信 516 件。

2009 年，实行检察长接访“一包三定五挂钩”信访工作责任制，全年共接待来访 147 人次，批阅来信 73 件。

2010 年，全市共组织 630 人次检察长接待，接待上访群众 1028 人次，检察长批办案件 147 件。6 月 23 日，市县 10 个检察机关集中开展检察长接待日活动，市人民检察院检察长陈海波接待上访群众 10 多人。

2011 年，全市两级检察院正副检察长和其他领导班子成员接待群众来访 321 人次，批办案件 247 件。

2012 年，按照市委和省人民检察院的部署，开展“领导干部大接访活动”。市人民检察院检察长刘清生要求从 3 月起到中共十八大结束，要确保每个工作日有一名院领导到接待室接访。接待领导的姓名、职务、联系方式、接访时间通过多种途径向社会公布，方便和保证信访人随时反映诉求。其间，全市共安排院领导 300 人次、接待来访 489 人次、批办案件 38 件。

2013 年，全市检察机关继续坚持每周三检察长接待日制度。值班接待的检察长或副检察长，对来访群众做到有诉求答复在当时、有问题解决在当场。通过与来访群众谈心、释法、交流并交底，得到来访群众的信任、理解与支持，最大限度地保护来访群众的利益。市人民检察院组织检察长接待 51 人次。

2014 年，全市两级检察机关的检察长接待来访 480 次，批办案件 178 件，当年全部办结。坚持“检察长一站式接待”（接访、处访、化访一体的“一站式”服务）制度，组织开展检察长接待日活动 41 次。参加接访的检察长均耐心引导群众理性表达诉求，积极主动化解涉检信访，努力把信访接待室打造成为民排忧解难的“服务站”和“连心桥”。

2015 年 6 月 24 日，检察长余湘文接待来访群众

2015 年，继续推行检察长“一站式”接待制度。每周一次参加接访的检察长，直接与信访问题涉及部门的负责人共同对信访事项进行现场研究和处理，做到工作平台前移，提高了工作效率，方便了人民群众，将矛盾化解在“门前”“门口”，促进了社会的和谐稳定。是年，全市检察长接待来访 186 人（次），批办案件 35 件。6 月 10 日上午，市人民检察院检察长余湘文接待上访人杨某皓，杨称市人民检察院在办理杨某霞、裴某乐申请民事监督案件过程中，分管副检察长郑朝兵指使下属弄虚作假，侵犯其权利。经了解，上访人杨某皓在网上大肆渲染此事，捏造相关情节，影响极坏，并对郑朝兵及家人进行电话、短信骚扰。余湘文对上访人首先指出检察机关办理民事监督案件一定会依法公正处理，其反映的郑朝兵指使下属弄虚作假侵犯其权利的情况属于捏造。对杨上访中的过激行为给予严厉批评，并指出上访要依法依规，不能捏造事实肆意扩散，用舆论攻击检察人员，更不能对检察人员的家人进行骚扰。余湘文用法律法规指出杨某皓上访中的违法行为，就如何通过法律程序维护上访人的合法权利给上访人上了一堂生动的法制教育课。

二、处理重点信访

全市检察机关控申检察部门认真处理集体上访、告急上访、老上访户上访等三类重点信访（以下简称“三类访”），及时化解矛盾，维护社会稳定。控申检察部门与有关部门密切配合，对“三类访”来访者进行耐心疏导和法治教育，提出解决矛盾的正确途径，消除犯罪心理，把可能发生的恶性案件消灭在萌芽阶段。

1990 年，受理群众来信来访 2311 件次（来信 1633 次、来访 678 人次），首次信访 2278 件次，占来信来访总数的 98.57%；比 1989 年的 4138 件次下降 44.9%。其中受理“三类访”75 件。通过疏导，使矛盾缓解 17 件，与有关部门配合调查处理 14 件，检察机关调查处理 30 件，搭桥引线协助解决 14 件。安乡县院对 12 起集体上访和告急信访及时处理，消除了不安定因素。汉寿县检察院检察长聂再甫带领 5 名干警深入全县 18 个乡镇，会同当地党委和有关部门，制止 13 起、45 人拟赴省甚至赴京非正常上访的事件。

1991 年，全市受理群众信访 2447 件（来信 1653 件、来访 794 人次；控告 2018 件、申诉 429 件），其中接待处理集体上访 74 件，告急信访 91 件。对“三类访”做到不分管辖内外，先受理做疏导工作，然后按照“归口办理”的原则及时处理。澧县县院在灾后一个多月时间接待灾民 300 多人次，平息严重事态 12 起、处理告急信访 3 件、收集犯罪线索 15 条，受到高检院、省人民检察院、市人民检察院和澧县县委、县政府的表扬。

1992 年，全市控申检察部门处理告急信访 43 件、集体上访 57 件，息诉上访老户 40 件。参加其他社会治安综合治理活动 25 次。澧县、桃源、石门、鼎城、临澧等区县检察院创新在交通不便的偏远山区等地开展定期巡回接待处理信访，变上访为“下访”。全市共巡回定点接待群众 72 场、226 人次，既方便群众控告申诉，又密切了检察机关与人民群众的关系。全市共受理群众来信来访 1866 件（来信 1394 件、来访 472 件），其中控告 1461 件、申诉 405 件。

1993 年，受理群众来信来访 1741 件（来信 1173 件、来访 568 件）。其中处理集体上访 74 件、告急信访 60 件、息诉上访老户 38 户。

1994 年，处理集体上访 98 件、告急信访 83 件，化解、防止闹事苗头和民转刑事案件发生 33 件。受理群众来信来访 1628 件，其中来信 1100 件、来访 528 人次，1624 件次为首次信访。

1995 年，为确保联合国第四次世界妇女大会在中国北京顺利召开，市人民检察院控申科向各区县市人民检察院发出紧急通知，要求认真做好信访接待工作，减少越级上访，杜绝赴省进京上访。各区县市检察院坚持“全天候”接待群众来访，及时查处辖区内的告急信访和集体上访；优先查处侵犯妇女儿童利益的信访案件。全市共受理群众信访 1619 件（来信 966 件、来访 653 人次）。处理告急信访 92 件、集体上访 83 件、息诉上访老户 32 户。

1996 年，处理告急信访 89 件、集体上访 89 件、息诉上访老户 29 户。3 月，武陵区芦山乡关庙村 10 多名村民到该区检察院反映本村党支部书记等人有严重经济问题，强烈要求查处，声称“一天不搞清楚村里的问题，全村村民就一天不下地搞春耕、不上堤搞维修、不交欠税款和提留”。武陵区院控申科热情接待、认真倾听、耐心释解，进行疏导。第二天控申科全体干警日夜调查取证，仅用 6 天时间就查明：该村村干部在经济上有严重违纪问题，但不构成犯罪，建议有关部门进行处理。将调查结果向群众公布，群众的怨气消了，高兴地投入春耕生产。石门县院采取“提高认识，加强领导；整章建制，强化管理；领导挂帅，率先垂范”等方法办理县人大常委会交办的案件，做到“事事有着落，件件有回音”。石门县人大常委会交办的 23 件案件全部办结并及时回复。9 月 15 日，省、市、县人大常委会领导到该院视察，对这项工作给予充分肯定。全市受理群众来信 1468 件、来访 429 人次。

1997 年，全市受理群众来信来访 2123 件，其中控告 249 件、举报 1799 件、申诉 75 件。坚持“涉及稳定的火速查、领导和上级交办的及时查、告状无门的与有关部门联合查”的原则，处理告急信访 175 件、集体上访 173 件、息诉上访老户 34 户。石门县院采用“听要耐心、分要及时、办要彻底”的处理办法，共处理集体上访 17 件、告急信访 53 件、息诉上访老户 1 户。临澧县院注重农村基层稳定，共处理突发事件 15 起，平息可能引发不安定因素的苗头 11 个。津市市院认真分析集体上访的特点及原因，妥善处理破产企业上百人的集体举报 3 起。

1998 年，全市受理群众来信来访 2311 件（来信 1578 件、来访 733 件），其中首次信访 2204 件、重要信访 107 件，处理告急信访 139 件、集体上访 175 件、息诉上访老户 20 户。在处理“三类访”时，做到集体访集中力量处理、告急访紧急处理、上访老户耐心细致说服教育，把不安定因素消除在萌芽状态。同时，争取地方党委、政府及有关部门的支持，形成合力，全力做好越级上访及进京上访的劝阻工作。2 月，澧县院控申股的干部在上班途中获悉县亏损大户泡花板厂百多名职工准备到县政府找县长状告该厂厂长有经济问题的信息后，感到此事比较严重，立即报告主管副检察长批准后，迅速派出调查组赶到该厂进行调查，给职工做仔细的思想工作，职工们放弃了到县政府游行示威的打算，纷纷向检察干警举报厂长的问题。经调查证实，该厂厂长虽有经济问题但不构成犯罪，将此案移送县纪委处理，职工们对此十分满意。

1999 年，全市受理来信来访 2448 件（来信 1660 件、来访 788 件），其中首次信访 2404 件、重复访 44 件。处理告急信访 83 件、集体上访 139 件、息诉上访老户 10 户。其中市人民检察院控申科处理告急访 14 件、集体访 16 件、息诉上访老户 2 户。经检察机关接待处理的信访，无一例越级上访、无一例矛盾激化。3 月 1 日，一位年近七旬的老人到桃源县检察院接待室，未语先流泪。接待员、控申股刘股长热情扶他坐稳后递上一杯开水。经仔细询问，知道他是位“五保”户，同组人强占了他的房屋，使他有屋不能归。他多处告状，无人受理，又无钱找人提供法律服务，他听说检察院是为老百姓说话的，就到这里来了。刘股长听完老人的诉说后向他解释，这是一起财产纠纷案，应由法院管理，并详细告诉他下一步该如何做。刘股长给他指明去法院的路，并给他 10 元钱作为回家的车费。老人泪流满面地说：“我到过好多地方告状，从没遇到这样关心我的人!”

2000 年，全市受理群众来信来访 1805 件（来信 1416 件、来访 389 人次），其中首次信访 1779 件、重复信访 26 件。把处理“三类访”作为信访工作的重中之重，坚持“谁主管，谁负责到底”的责任制度，全市处理告急访 130 件、集体访 167 件、息诉上访老户 13 户。其中市人民检察院控申科处理告急访 10 件、集体访 14 件、息诉上访老户 5 户。武陵区院坚持“首次信访息诉制度”，对所有首次信访在 3 天内答复。澧县院在处理“三类访”案件时坚持“以法制人，处理集体访；以理服人，处理告急访；以情感人，处理老上访”，及时化解矛盾，收到了“三没有”的效果——没有造成严重后果、没有越级上访、没有久诉不息的老上访。汉寿县院对“三类访”实行优先接待、优先处理。

2001年，全市受理群众来信来访1636件（来信1029件、来访607人次），其中首次信访1569件、重复信访67件。处理告急访75件、集体访87件、息诉上访老户7户。其中市人民检察院控申科处理告急访10件、集体访10件、息诉上访老户3户。市人民检察院制定《常德市检察机关信访工作“首访责任制”规定》，落实“首访责任制”，提高信访处理水平，做到“接待热心、倾听细心、解释耐心、办事诚心”，全心全意为稳定服务、为办案服务、为群众服务。临澧县院在处理“三类访”时坚持“分外事不推、芝麻事不放、分内事不拖”的原则，处理集体、告急访13件，均未产生再上访。

2002年，全市受理群众来信来访1461件（来信862件、来访599人次）。其中处理告急访58件、集体访50件、息诉上访老户15户。市人民检察院控申科处理告急访13件、集体访14件、息诉上访老户6户。汉寿县院在接待工作中坚持“有理无理均接待、分内分外都答复”，做到“不冷、不躲、不推、不拖、不哄”，贴心为民服务。安乡县院正确处理和细心化解社会矛盾，避免越级上访。该县建筑公司是个有近百名退休工人的困难企业，退休职工的工资和医药费不能按时到位，多次向有关部门反映未被引起重视。6月，该单位职工向县检察院反映，声言如再不作处理将举行集体游行示威和到省城上访。安乡县院立即派干警进行调查，查清了原因，作出妥善处理，将工资和医药费如数发放，避免了一起集体越级上访事件的发生。

2003年，全市受理群众来信来访1092件（来信723件、来访369人次），其中处理告急访33件、集体访38件、息诉上访老户11户。市人民检察院控申科处理告急访17件、集体访9件、息诉上访老户4户。9月，石门县罗坪乡某村74名村民联名给县检察院写信，反映该村在2002年集资办电中村干部有侵占集体资财的嫌疑。该院立即派人进行调查，会同乡纪检干部清查该村集资办电账目，询问相关人员。证实集资办电账目收入基本相符，支出较为合理，村干部没有侵占挪用集资款的违法事实。造成群众不满的主要原因是村财务未及时做账和详细公布账目。调查人员向村民代表通报情况后，给了群众一个明白、村干部一个清白，息诉了一起集体信访案件。

2004年，全市受理来信来访1008件（来信699件、来访309人次），办理各类交办件53件。市人民检察院控申科受理来信275件，来访104人次。全市处理告急访7件、集体访18件、息诉上访老户7户。其中市人民检察院控申科处理告急访1件、集体访3件、息诉上访老户2户。2月，分别召开全国、全省集中处理涉法上访问题电视电话会议后，全市检察机关认真贯彻落实会议精神，成立检察长杜辉才任组长、副检察长周奔红为副组长、各内设机构主要负责人为成员的解决涉法上访问题专项工作领导小组，各区县市检察院均成立相应机构。市、县两级检察院的检察长亲自接待、亲自办案、亲自化解矛盾，将一批集体访、告急访、重复访等老、大、难问题解决在当地、消化在基层。全市检察机关摸排出的30名涉法上访对象，息诉27名。其中市人民检察院在册的3件涉法上访案全部结案和息诉。如高检院 2003 年 10 月起，多次通报的临澧县胡某英异常上访案，在不知道上访人具体住址、上访原因的情况下，市人民检察院控申科和临澧县院通过查户口、下乡镇查找等方法，最后查明上访人系临澧县新安镇卫生院退休职工，因 10 多年前与丈夫离婚导致精神异常而上访。查清情况后及时向临澧县政法委汇报，由该县信访部门将上访人从北京接回。在市人民检察院副检察长周奔红和津市市院检察长熊忠民的直接关心下，妥善处理了省人民检察院交办的长达 8 年的被列为全省 14 件重点案件之一的郭某玲涉法上访案。澧县院《采取四项有效措施预防减少涉法上访》的经验材料被高检院控告检察厅转发。

2005 年，全市检察机关贯彻落实新的信访条例，继续推行“首办责任制”和“一站式”服务，制订处理涉检上访案件工作方案及应急预案，对全市 2004 年办结的 32 起涉法涉检上访案件进行回访，做好息诉工作。市人民检察院控申科由一名副科长专门负责涉检上访工作，统管所有交办案和涉检上访案。8 月 3 日，省人民检察院交市人民检察院办理张某尧申诉案，承办人通过近两个月内查外调，仔细审查原卷，根据有关规定，撤销了〔1985〕桃源免字第 12 号免予起诉决定和〔1986〕湘常检申复字第 1 号复查决定。申诉人张某尧接到复查决定书时感动得热泪盈眶，连声感谢检察机关为他卸掉了背在身上 20 年的“黑锅”。鼎城区院涉检上访领导小组做到“七个带头”（带头提高认识、带头了解案情、带头查办案件、带头化解矛盾、带头办理实事、带头落实善后、带头做好息诉），认真处理涉检上访案。检察长汪泽云对重大、疑难事项和案件亲自督促、检查和抓办理进度。全市共受理群众来信来访 794 件次（来访 240 人次、来信 554 件）。市人民检察院控申科受理来信 181 件、来访 67 人次，处理集体访 12 件、告急访 5 件、息诉上访老户 4 户，办理各类交办件 26 件。

2006 年，全市控申干警认真学习高检院颁布的《人民检察院信访案件终结办法》。鼎城区院采取“四变”（变部门工作为全院工作、变单一工作为上下联动、变上访为下访、变就案办案为延伸服务）措施处理涉检信访。全市控申检察部门坚持“立检心系百姓、稳定压倒一切、群众满意为上”的宗旨，热情接待每一位来访者，办好每一件信访案，积极开展涉检“零上访”院的创建活动，没有发生一起进京涉检上访。鼎城区某破产企业职工对区检察院不批不捕该企业原承包人有意见，集体上访到市人民检察院，并说如市人民检察院不管将逐级上访。市人民检察院控申科接待后，首先稳定来访者的情绪，立即与市人民检察院侦查监督科联系，共同耐心细致地给上访职工做法律解释工作，遏制了一起集体越级访的发生。全市受理群众来信来访 699 件，其中受理涉检信访 141 件、非涉检信访 538 人。将 2004 年以来的涉检信访案件，整理 4 件典型案例上报省人民检察院，其中两件被省人民检察院控告处向全省转发。

2007 年，市人民检察院制定《常德市检察机关开展下访、联合接访工作方案》，坚持每月开展 1~2 次“带案下访、无案宣传、化解矛盾、维护稳定”为基本要求的下访巡访活动。落实“四包”措施，即包案领导、包案部门、包案承办人、包息诉息访；采取“三定”办法，即定方案、定措施、定办结期限。全市排查出的10件重点涉检信访案均彻底息诉。全市共受理群众来信来访714件，其中涉检来信23件、涉检上访24人次。市人民检察院控申科受理来信来访293件，其中涉检来信9件、涉检来访10人次，办理上级院交办件4件，全部办结。

2008年，全市受理来信来访545件，其中受理涉检来信75件，接待涉检上访30人次。市人民检察院控申科受理群众来信来访176件，其中涉检来信58件、涉检来访19人。围绕“平安奥运”，开展涉检重信重访排查化解专项工作，市县两级检察院均制定《处置突发性涉检信访事件工作方案》，成立应急分队，做到对各种信访突发事件及时发现、及时解决。市人民检察院控申科到9个基层院和一个派出院进行滚动式排查，对可能影响“平安奥运”的各种问题，做到知人、知事、知地、知关联、知后果，提高发现能力。市人民检察院主管副检察长杨建波带领控申科科长多次深入到基层院进行督导。要求基层院每日报送一次排查发现涉检信访案件的情况，重大案件必须当日发现、当日呈报。市人民检察院每月对排查出的问题建好“三本账”：矛盾纠纷台账、诉求事项台账、重点人员台账，对全市涉检信访人员人数清、底子明。在涉检信访矛盾调处化解过程中坚持“四个到位”（对排查出的案件包保到位、对合理诉求解决到位、对“法度之外、情理之中”的信访诉求的救助到位、对无理信访人员帮教防范到位），促成当事人息诉罢访。鼎城区院办理的由中联办、中央政法委交办的长期滞留北京的雷某龙信访案、临澧县院办理的肖某香历时3年的涉检缠访案，均得到圆满解决。

2009年，市人民检察院制定《深入开展涉检信访积案化解专项活动方案》，明确检察长为第一责任人，分管控申工作的副检察长负直接领导责任，其他党组成员按分工负直接责任，形成“统一领导、协调配合，齐抓共管、协同作战”的工作格局。对漏查失控、劝返不力、激化矛盾、处置不当，造成涉检进京上访或恶劣影响的，依法依规追究包案领导和相关责任人的责任。对复查复核纠正的错案、瑕疵案，实行责任倒查，追究原办案人员的执法过错责任。落实省人民检察院“对涉检信访案件再次进行全面拉网式清仓见底大排查，彻底摸清涉检信访案件底数，不留死角，确保全部积案心中有数”的要求，全市在受理的603件来信来访（来信477件、来访126人次）中，排查出可能引发涉检信访问题的矛盾纠纷和苗头隐患15件，并逐案落实包案领导办案部门、具体办案承办人和办案期限以及稳控责任。全市处理集体访5件、告急访3件、息诉上访老户4件，办理各类交办件64件。是年，市人民检察院依法妥善处理重点涉检信访案件18件，化解率在全省位居前列，连续三年实现涉检进京“零上访”。

2010年，受理群众来信来访585件次。围绕“事要解决”的工作目标，完善工作机制，增强工作效果。对有进京上访、扬言越级、告急信访的信访人加强日常关注和节点稳控工作，将矛盾控制并缓解在辖区。在全国“两会”（全国人民代表大会和全国政协委员会议）和在常德市举行的湘商大会以及国庆假日等重大活动、节点期间，对信访环节的重大问题、重点对象及敏感事件的处置工作明确分工，落实责任，并实行“日排查、零报告”的值班备案和信息报送制度，做到早发现、早控制、早处理，共排查出涉检信访积案13件13人，是年办结8件、息诉4件。全市检察机关控申部门参加全国政法机关“百万案件评查”活动和涉法涉诉信访信息采集工作，共采录涉检信访案件5件5人，报送“百万案件评查”5件。

2011年，为完成中央政法委和高检院“6月底以前基本办结息诉信访积案”的目标任务，全市检察机关集中化解进京重复访和排查化解涉检信访积案工作。全市受理群众来信240件，其中涉检来信171件；受理群众来访310人次，其中涉检来访219人次；排查涉检信访积案13件，全部办结息诉。中央政法委和省人民检察院交办的8件，6月底以前全部办结息诉。4月，省人民检察院党组成员、副检察长来献明带领控告申诉部门负责人到市人民检察院，对6件案情复杂、化解难度大的涉检信访积案进行督办。市人民检察院成立以党组书记、检察长陈海波为组长的涉检信访积案排查化解工作领导小组。市人民检察院分管领导党组成员、专职检委委员陈辉和控申科负责人多次前往安乡、石门、汉寿县等积案化解任务重、难度大的基层院，与当地政法委协调沟通，指导督办案件。对息诉难度大的难案、骨头案，采取多项措施并举、多个单位联动的办法，集中攻坚克难。安乡县一起时隔14年的因非法拘禁导致下肢截瘫的反复上访案，就是先后经安乡县委、县人大常委会、县检察院、市人民检察院、省人民检察院控告处等单位参与进行协调、督办，与信访人面对面交流，通过对非法拘禁人提起公诉、判刑，通过对被非法拘禁人、对被害人作出赔偿、落实司法救助，最终使上访人签订息诉协议，并向省、市人民检察院赠送锦旗表示感谢。安乡县院成功化解了多起集访县委、县政府事件。高检院检察长曹建明、省人民检察院检察长龚佳和对该院的做法给予充分肯定。7月1日，汉寿县西港镇居民陈某红等不服市人民检察院1994年扣押，采取组织多人服毒集体“自杀”方式极端上访。市人民检察院在上级检察院和常德市委的领导下，成功化解此次告急访，受到上级院好评。该案被评为当年全省检察机关控告信访类优案。

2012年，全市受理群众来信247件、涉检来信55件；接待群众来访177人次，其中涉检信访42人次。市人民检察院受理来信53件、来访38人次，其中涉检来信40件、涉检来访29人次。以化解息诉省人民检察院交办的和自行排查的涉检信访案件为重点，全年共排查出涉检信访案件18件，办结16件，息诉13件。其中省人民检察院2011年年底交办的8件涉检信访案件，全部办结息诉。其中两件涉检信访案件被省院评为优案。为保证6月底前全面化解积案，市人民检察院党组书记、检察长刘清生3次主持召开积案化解调度会，统一安排部署。市人民检察院分管该项工作的党组成员，专职检委委员陈辉带领控申部门全体人员到全市基层院进行调研，形成《当前我市涉检信访工作的形势》一文，对全市涉检信访工作起到指导作用。市、县两级检察院党组从工作经费、车辆、人员等方面全力保障涉检信访案件化解工作，先后抽调 100 多人次专门办理信访积案。除落实领导包案制度外，还加强了督办和指导工作。省人民检察院副检察长朱国祥、来献明先后到常德对化解信访积案进行督办。4 月下旬，刘清生用一周时间先后到石门、桃源、津市、汉寿等县检察院对省人民检察院交办的案件进行督办。市人民检察院涉检信访工作领导小组下发 4 期《关于涉检信访交办案化解工作的通报》。各基层院检察长向市人民检察院检察长递交责任状，承诺如因工作不力，或因执法违法、执法不当发生赴省进京非正常上访的，自愿接受依照中纪委《关于信访中追究违纪行为领导责任适用中国共产党纪律处分条例若干问题的解释》和《信访工作中追究违纪行为领导责任政纪处分暂行规定》对领导和责任人予以责任追究。

2013 年，常德市被确定为全省涉法涉诉试点改革的 4 个市、州检察院之一。5 月初，市人民检察院党组听取控申科汇报后，专门讨论涉法涉诉信访改革试点工作，成立以检察长刘清生为组长的常德市检察机关涉检信访改革领导小组，制定涉法涉诉信访改革对接方案。经过半年多的改革试点工作，初步形成“诉访分离，依法办理”的涉检信访工作新机制，达到了法律效果与社会效果相统一的目的。同时，搞好依法分流，做到案案有处理、件件有回复，坚持“依法受理、负责到底”“谁主办、谁负责”，构建“大首办”网络。市人民检察院控申科受理省院交办案件 9 件、市委政法委交办案件 3 件、市人大常委会交办案件 3 件，全部办理完毕并进行书面回复。其次，强化源头化访，建立涉检信访评估机制，尽可能对“三不”（不立案、不逮捕、不起诉）案件“提前介入”，强化内部监督，促进办案单位规范办公办案。市人民检察院控申科加大对赴省、进京信访案件的办理、督办力度。对部分疑难复杂老信访案件，派出督查组，带案下访，共同研究息诉措施，形成息访合力，促进“钉子案”“骨头案”的有效化解。如：在办理省人民检察院交办的刘某松、伍某珍不服石门县人民检察院不起诉决定的申诉案件中，市人民检察院控申部门先后组织、动员、协调石门县院、石门县政法委、石门县新关镇派出所、当地人民调解委员会、当事人所在村的村委会、引发该案的工程项目部等单位、人员参与纠纷化解、劝和促谈，最终说服双方当事人互相谅解，以调解形式结案，申诉人伍某珍签订了息访承诺书。通过协调相关各方，不仅达成了息诉结案的法律目的，还修复了受损的邻里关系、社区关系。对经依法处理，解释疏通符合终结条件，信访人仍缠访缠诉的涉检信访案件，依法启动终结程序，推进司法终结制度。全年受理群众来信 204 件，接待群众来访 253 人次。其中 16 件涉检信访案件，是年办结 15 件，息访息诉 11 件。妥善处置告急信访、缠访闹访等过激信访事件 5 起。10 月 15—16 日，省人民检察院专职检委曾新善一行到常德市调研涉法涉诉信访改革试点工作，对市涉法涉诉联合受理中心及汉寿县院、桃源县院考察后，对常德市检察机关的改革试点工作给予充分肯定和高度评价。

2014 年，全市控告申诉检察部门共受理群众来信来访 1035 件次，其中来信 342 件，来访 692 次。控申检察部门认真做好初信初访工作，及时化解矛盾。对群众的来信来访和上级转办的各类线索及时分流、依法办理、加强督办。继续坚持“首办责任制”，对集体访、告急访和上访老户的处置能力有所提升。继续开展涉检信访矛盾排查化解工作。开展“学习枫桥经验，切实把矛盾化解在基层”的活动，抓好信访矛盾的初级稳控。按照“谁主管、谁负责，依法及时就地解决问题与疏导教育相结合”的原则，强化属地责任，延伸排查化解矛盾纠纷的触角，最大限度地将矛盾化解在基层，减少矛盾积累、信访上行。全市控申系统涉检信访共立案复查 11 件，其中改变原决定 3 件，比 2013 年增长 113%。保持常德市涉检信访越级到中央单位访为“零”的记录。控申检察部门主动与各相关业务部门建立联动机制，提前介入诉讼环节，对诉讼环节中当事人依法提出的诉讼请求，通过检察机关统一业务应用系统及时转往相关业务部门。同时，对不立案、不逮捕、不起诉案件在作出决定前提前介入，协助评估案件信息风险，制定稳控化解方案，共同做好当事人的息诉罢访工作，都收到了很好的效果。按照为民、便民、利民的要求，加强和规范信访接待工作，畅通信、访、网、电“四位一体”的信访渠道。为深化检务接待工作机制，着手建立控告、申诉、举报、投诉、咨询、查询等于一体的“阳光检务”综合受理平台，及时高效回复告知民行申诉案件受理情况及来信处理流转情况。坚持诉访分离，准确界定“诉”与“访”的概念，实现检察机关管辖内和管辖外信访的有效分离，依法审查、甄别、分流信访事项，对检察机关管辖内的案件，及时导入司法程序依法办理；对管辖外的信访案件，及时转送主管机关或向主管机关反映。认真学习中央涉法涉诉信访工作改革要求和高检院《关于进一步加强新形势下涉法涉诉信访工作的意见》，市人民检察院党组选派专人配合市委政法委做好涉法涉诉联合接待中心的接访工作。在信访工作中，坚持“五必访”（集体上访必下访、联合举报必下访、重大案情必下访、敏感区域必下访、关键时机必下访），强化释法说理和法治宣传教育，坚持以案说法，视案件性质进行口头、书面说理，将执法办案、法制宣传和信访接待工作紧密结合起来。继续推进涉法涉诉信访改革，3 月，市人民检察院检察长刘清生、副检察长郑朝兵及控申科科长应邀参加了在常德举行的全省涉法涉诉信访改革座谈会。5 月，在省人民检察院举办的全省检察机关涉法涉诉信访改革培训班上，市人民检察院控申科撰写的《落实诉访分离，加强依法处置》一文，作为经验材料转发。申诉 13 年的许某才信访案经省人民检察院、市人民检察院、津市市检察院共同化解，上访人许某才签订息访协议。该案被评为“2014 年度全省检察机关控告部门优秀案件”。

2015 年，市人民检察院汇编《检察系统涉法涉诉信访事项处理基本制度》一书，其内容包括诉讼分离、导入程序、依法办理、终结退出、多元化解、司法救助、调度处理、程序维护、责任追究、运行保障共 10 个方面。市人民检察院控申科整理了高检院、省人民检察院涉法涉诉信访改革相关法律文件 16 件；市人民检察院出台涉法涉诉信访改革文件 2 件，新制定了常德市涉法涉诉事项处理对接制度 15 项。落实了畅通诉求渠道和主体责任等改革要求，从以下四个方面畅通和规范了群众诉求平台：一是全市两级控申部门通过继续整合信、访、网、电等诉求渠道，建立健全聚多项功能于一体的综合受理接待平台，为群众提供高效便捷的服务。二是加强本地区远程视频接访系统建设，稳步推进网上信访，积极开展网上预约接访、网上受理、网上答复等服务，更好更快地服务群众。三是坚持诉访分离原则，依法及时公正处理群众信访，依法保障群众控告申诉举报权利。完善审查受理工作，守好检察机关办理涉法涉诉信访的大门，守好“接待、诉访、质量”“三道关”。四是严格信访案件终结标准程序，加强协调，明确稳控主体，协助做好教育帮扶和稳控息诉工作。搞好信访接待，多途径化解社会矛盾的主要做法还有领导“带案下访”和“包案化解”等制度；充分发挥基层检察院的作用，提高基层化解能力。为了搞好“特护期”的信访接待工作，市人民检察院制定《常德市人民检察院、市人大常委会、市政协“两会”期间信访安保维稳方案》和《常德市人民检察院抗战胜利70周年纪念活动“特护期”信访维稳工作方案》，通过严密排查、风险预警、启动每日“零报告”制度等，实现“特护期”赴省进京涉检“零上访”的工作目标。全市共受理群众来信来访929件，其中来信239件，来访690人次。

三、创建文明接待室

1992年，全市检察机关根据高检院提出的控申检察工作要实现文明接待的要求，把开展创建文明接待室活动（以下简称“创建活动”）列入检察机关的重要议事日程，作为控申检察工作系统工程的首要环节抓紧抓好，常抓不懈。检察机关设立信访接待室，并对接待室的办公、通讯、接待等条件进行改善。除坚持执行检察长接待日制度外，还建立健全来信来访登记、转办、催办等一系列规章制度。接待人员的服务态度不断改善，服务质量不断提高。

1993年，着重抓接待员的形象训练。年初，市人民检察院控申科为各单位统一制作接待员胸牌，要求接待员在接待时彬彬有礼、态度和蔼、认真登记、及时分流、妥善处理，让每个上访人员忧心而来、放心而去。各单位根据高检院和省、市人民检察院创文明接待室的指示认真开展创建工作，涌现出很多好人好事，受到当地领导和上级检察院的好评。石门县院接待员林辉与控申股副股长傅菊秀等2名女工作人员，穿着雨鞋在崎岖的山路上奔波，行程300多华里，终于使一起告急访得到圆满处理。临澧县院接待员余世勇接待工作出色，得到县委领导的好评，受到记三等功奖励。安乡县院接待员李德明及时妥善处理群众告急信访，为县委、县政府领导排忧解难，受到通报表彰并立功嘉奖。桃源县院接待员莫仁贵被市人民检察院评为优秀接待员，被市委、市政府命名为全市检察系统“十佳检察官”之一。

1994年，全市检察机关把接待室的基础建设作为“创建活动”的重要措施，统一规定接待室要做到“四专五有”，“四专”即专门接待室、专职接待员、举报线索专用柜、举报专门电话；“五有”即接待室有各项制度、接待员有胸牌和桌牌、接待室有供来访者使用的桌椅和文具、接待室有茶水、接待室常年有法律书刊和报纸供来访者阅读。临澧县院举报中心在全省率先实行举报线索微机管理。10月上旬，市人民检察院控申科组织区县市人民检察院控申举报部门负责人对举报接待室进行检查验收，评出临澧、桃源、安乡县院为文明接待室先进单位。11月21日下午6时许，石门县商溪乡农科站负责人王某全到该县院控申股，控诉本县无业游民陈某无故对他拳打脚踢，强行搜身，勒索公款2000元，要求检察机关保护他的人身安全，追回损失。石门县院正准备下班回家的该股副股长傅菊秀热情接待老王，听罢控诉后感到情况紧急，顾不得下班回家。她一面安慰老王，一面与公安、法院联系。在公安巡警的支持配合下，当晚将陈某等人传唤到检察机关进行处理，追回了全部损失。王某全感激地拉着傅股长的手说："关键时刻还是检察干部信得过，您真是群众的贴心人啊！"第二天他在石门县电视台为傅股长点歌一首，表示感谢。

1995年，为迎接全国、全省文明接待室检察评比，全市检察机关党组、院领导对"创建"活动极为重视，亲自过问，要人给人、要钱给线。石门县院检察长龚道隆、临澧县院检察长黄生昌、桃源县院检察长胡新建等都为接待室的建设办实事，解决具体问题。各区县市检察院都有投诉指南图悬挂于接待室墙上，全市7个单位有办案专用小汽车。桃源县院举报中心购买1台微机，对举报进行管理。全市检察机关的接待均达到了省人民检察院规定的"文明接待室考评条件"。桃源、临澧、安乡、津市4个县市检察院的接待室被省人民检察院授予"全省先进接待室"称号匾牌，临澧、桃源两县检察院接待室被评为"全国检察机关文明接待室"。

1996年，为了实现控申举报工作管理微机化，市人民检察院控申科派员从长沙将高检院控申厅田主任和省人民检察院控申处徐科长接到常德为全市检察院控申部门举办为期一个星期的电脑培训班，有10人参加培训，并有7个院为控申部门购买了微机。为了提高控申举报部门的快速反应能力，全市10个控申举报部门都有专门办案汽车，其中市人民检察院、临澧县院各配备了2台办案专车。有8个检察院的控申部门负责人配有大哥大移动电话，每名干警配有BB机、家里安装了有线电话。

1997年，是全国、全省第三次文明接待室检查评比年。全市控申举报部门将省人民检察院下发的30条接待文明用语制成匾牌悬挂于接待室墙上，并运用于接待工作之中。在接待中做到"四个一样"：认识的与不认识的一个样、首次来访与多次来访一个样、上访者态度好与不好的一个样、领导打招呼与没有打招呼的一个样。市人民检察院控申科对9个基层院进行检查验收，各院开展迎检评比的"创建活动"有着不同特点与做法：桃源县院检察长刘长城、分管副检察长廖文汉带领控申骨干到临澧县院、武陵区院参观学习后，重新为举报中心装修了一间高标准的接待室；石门县院检察长万革新提出"抓阵地建设、队伍建设、业务建设"的要求，花1.5万元在临街面腾出一间房子按上级要求建成接待室；澧县院的硬件、软件都有很大突破，特别是在人员配置上，由原来的3人平均50周岁以上变为7人平均40周岁以下。全市10个举报接待室都购买了微机和高检院统一制作的软盘，重新制作了举报文明用语牌，添置4台举报专用车。11月26日，鼎城区院代表市、区接受省政府办公厅组织的全省信访大检查，受到省、市领导的肯定与赞扬。武陵、临澧、桃源、安乡、澧县、石门、汉寿、津市等8个区县市检察院的接待室评为全省检察机关“文明接待室”，被省人民检察院授牌；临澧、桃源两县检察院的接待室评为全国检察机关“文明接待室”，被高检院授牌。

1998年，为指导全市检察系统的“创建活动”，主管控告申诉检察工作的市人民检察院副检察长王尽忠，在《创建文明接待室之我见》一文中，要求“创建活动”要升华“五种思想境界”（要通过换位思考，具有把自己置于来访者位置来思考、处理问题的思想境界；要具有实事求是的思想境界、要有热心为人民服务的思想境界；要有全力维护检察机关整体形象的思想境界；要有严格依据法律、政策办事的思想境界）、强化“三种素质”（政治素质、法律素质、信访业务素质）、对来访者做到“五认真”（认真搞好接待的迎来送往；认真听取来访者的意见；认真为来访者办实事；认真教育和疏导来访者；认真接受来访者及社会的监督）、追求三种接待效果（要注意时效，把问题解决在萌芽状态；要通过接待来访向社会展示检察机关的良好形象，真正做到与人民群众心连心；要通过接待来访掌握经济罪案线索，严惩经济犯罪，为国家、集体挽回经济损失）。全市检察机关控申举报部门再次完善各种接待制度。澧县院在接待中做到“四要”（环境要整洁、仪表要端庄、精神要饱满、语言要文明）。石门县院对来访者“一杯茶、一副笑脸、一口文明语”，做到“听要耐心、分要及时、办要彻底”；临澧县院在处理“三类”访时做到“法”“情”结合，将矛盾化解在萌芽状态；津市市院把接待工作当成“形象工程”来抓；鼎城区院、安乡县院树立全心全意为人民服务的思想和宗旨，热情接待来访群众，注重为群众办实事。

1999年，全市检察系统在经费紧张的情况下，挤出资金加强硬件建设。武陵区院花2000元按省人民检察院要求重新制作接待室壁挂牌，省人民检察院领导和市人大常委会领导看后给予很高的评价。其他基层院都按要求重新制作壁挂牌。经过年初的“双向选择、竞争上岗”，全市检察机关控申部门64名工作人员的平均年龄不到40岁。桃源县院规定在接待中做到“四声”，即来了有迎声、问话有答声、临走有送声、结案有回声。石门县院进一步改进工作态度，实行微笑服务。鼎城区院树立“窗口”意识，搞好接待工作，为社会稳定服务、为办案服务、为群众服务，做到人员到位、制度完善到位，杜绝了“门难进、脸难看、事难办”的现象。市人民检察院信访工作受到市委信访办、市人大常委会信访办的肯定，多次被评为全市信访工作先进单位。4月，市人大常委会秘书长和信访科科长视察市人民检察院的信访接待室，看了信访接待的档案后，对市人民检察院的信访工作给予高度评价。6月，市人大常委会信访办在市人民检察院召开“一府两院”信访工作联系会，控申科在会上介绍了《充分履行检察职能，切实做好信访工作》的经验。

2000年，全市控申部门以“科技建室、科技兴室”为宗旨，引进最新科技成果装备接待室的“硬件”，使接待室的建设适应社会的发展，适应人民群众的需要。武陵区院党组提出建全省一流接待室的目标，投入10万余元安装举报自动化系统。市人民检察院及临澧县、津市市、鼎城区、桃源县等检察院均相继安装了该系统。全市检察系统10个接待室均实现了“四化”（交通、通信设备现代化，举报受理自动化，控申举报工作管理微机化，办公设施现代化）。各单位按照高检院的评比标准进行自查自纠，对近3年的档案进行全面整理。鼎城区院将控申举报的各种表、卡、薄进行规范化、科学化整理。5月，省人民检察院在常德市召开全省控申科长、内勤片会时，组织参会人员到鼎城区院参观控申部门的规范化建设，给予了一致好评。全市10个接待室均达到高检院、省人民检察院“文明接待室”标准。市人民检察院和武陵、临澧、桃源3个区县检察院被评为“全国文明接待室”，其中临澧县检察院被授予全国检察机关“文明接待室示范窗口”。鼎城区、石门、安乡、澧县、汉寿、津市6个区县市检察院的接待室被评为“全省文明接待室”。

2001—2003年，全市检察机关继续以创建文明接待室为动力，发挥信访接待的“纽带”“窗口”作用，正确处理和细心化解深化体制改革和调整经济结构中出现的各种社会矛盾，最大限度地维护人民群众的根本利益。在接待中坚持做到“接待热心、倾听细心、解释耐心、办事诚心”。2003年是全国、全省检察系统第五次“文明接待室”检查评比达标验收年。市、县两级院党组把“文明接待室”建设当作“一把手”工程，实行“设备倾斜、人员倾斜、经费倾斜”，确保文明接待室建设步入信息化管理轨道。春节刚过，市人民检察院分管副检察长万革新带领控申科科长、内勤等人员用一周时间对9个区县市检察院进行检查督导，落实迎接“文明接待室”评比的准备工作。武陵区院自筹20多万元建立网站，实行举报线索网络化管理。鼎城区院投入10万元，接待室由1间增加到5间，开通了宽带网，实行网上举报。汉寿县院投资5万元扩建面积230平方米的候接室、接待室、检察长接待室，开通举报电话自动受理系统、网上举报和密码举报系统。3月，株洲市人民检察院控申部门20多人参观市人民检察院、临澧县院的迎检准备工作后，给予一致好评。4月24日，全省信访工作现场会在常德市召开，市人民检察院在会上作《改革激活力，工作创一流》的典型发言，介绍信访接待工作的经验。是年，全国人大常委会信访工作经验交流会在常德市召开，市人民检察院制作的《沅水河畔亮丽的窗口》的展牌受到与会者的一致好评。2005年1月，全国、全省检察系统“文明接待室”检查评比揭晓：市人民检察院被评为“全国文明接待示范窗口”，5个区县市检察院被评为“全国文明接待室”，4个区县市检察院评为“全省文明接待室”；1人被评为“全国优秀接待员”，1人被评为“全省优秀接待员”。

2007年，全市检察机关控申部门按照“文明接待示范窗口”的标准开展“创建”工作。3月中旬，市人民检察院控申科将《文明接待室评比标准》印发基层控申部门。4月中旬，市人民检察院控申科将各基层检察院内勤集中到市人民检察院培训2天。5月中旬，市人民检察院分管副检察长带队，对各基层院的迎检准备工作进行检查督促，查遗补缺。鼎城区院组织干警反复学习《文明接待室标准》，2次调整充实控申工作警力。石门县院重新装修检察长接待室和候谈室，添置1台办案警车和微机、打印机及录音电话等设备，设立检务公开栏、举报宣传灯箱及举报箱等。临澧县院拨专款启动各项准备工作，控申干警放弃节假日休息，加班加点抓紧接待室建设。武陵区院开通电脑局域网，实行办公自动化，并在院大门两侧设置举报宣传窗。安乡县、桃源县等院先后派人到鼎城区院参观学习内务管理工作经验。5月，张家界市人民检察院控申部门10多人到市人民检察院和鼎城区院参观迎检准备工作。6月底，经省人民检察院检查验收，全市检察机关10个参评单位均达到“文明接待室”评比标准。11月中旬，高检院检查组一行8人到常德市验收，对全市控申部门的“创建”工作给予高度评价。市人民检察院被为“全国文明接待示范窗口”，5个区县市检察院被评为“全国文明接待室”，3个区县市检察院被评为“全省文明接待室”。

2008年，常德市检察系统控申部门继续按照《检查评比标准》全面加强接待室的硬件、软件建设，以群众满意作为最终标准；进一步抓好首办责任制，提高接待质量，讲求接待效果；进一步提高文明接待室的素质和品位。

2010年，按照“文明、规范、高效、安全”的目标，全市共投入“文明接待室”创建资金20余万元，按照高检院的评比标准，添置视频接访等设施。

2012年，市人民检察院投入20多万元对信访举报接待室加强硬件建设。

2013年，新建视频接访会议室。信访接待室有电子显视频。检务公开触摸屏、视频接访、举报箱、沙发、饮水机、便民服务资料架、便民药箱等。法警支队派出法警维持信访秩序，添置了安全门、防爆箱、金属探测器等，确保信访秩序。对极个别缠访者耐心宣传法律和政策；对严重干扰和破坏信访秩序的，联合公安机关进行教育处理。是年，与院机关所在地三岔路派出所联系出警2次，成功处置兰某华、马某珍、贵某志等3起严重妨碍信访秩序的事件。

2014年，按照省人民检察院控告处到市人民检察院信访接待室检查后提出的整改要求，市人民检察院控申科制定详细整改措施，对信访接待室进行认真改造。在全国检察机关文明接待室评比活动中，市人民检察院连续第4次被授予“全国检察机关文明接待示范窗口”称号；临澧县院、鼎城区院、武陵区院继续保留“全国检察机关文明接待室”称号，津市市检察院首次评为“全国检察机关文明接待室”。

2015年，市人民检察院投入10万元安装覆盖信访接待室和听证室周边的视频监控设备。按照省人民检察院2014年《信访场所安全大检查情况通报》中提出的整改建议和措施，按时更新信访接待室的常备药品和灭火器材，每周三的检察长接待日安排有法警值班，做到定员定岗、落实责任。根据高检院最新修改的《人民检察院文明接待室评比标准》和《人民检察院文明接待室评比办法》的要求，市人民检察院控申科制订措施与方案，报院党组研究批准，拟对信访接待场所进行扩建，加强保安措施，进一步规范信访接待场所。汉寿县院按照高检院新发布的文明接待室建设标准重建的信访接待室投入使用，市人民检察院组织辖区内其他基层院前往参观学习、交流经验，在全市迅速推开建设新型接待室的工作。6月，经省人民检察院控告处推荐，张家界市人民检察院一行4人，到市人民检察院及汉寿县院参观学习文明接待室规范化建设情况。

第二节　控告检察

1988年，全市检察机关依据1979年颁布的《刑事诉讼法》和高检院的指示精神，办理控告检举案件的范围，主要是属于检察机关自侦范围的贪污、渎职、侵犯公民民主权利、破坏社会主义经济秩序、重大责任事故等案件。1997年，《刑事诉讼法》修改实施后，办案范围作了调整，主要是贪污贿赂犯罪、国家工作人员渎职犯罪、国家机关工作人员侵犯公民人身权利及公民民主权利犯罪。对不属于检察机关管辖的案件转公安机关或其他有关部门查处。常德市的控告检察工作在"三化"建设中，特别是通过加强文明接待室建设、落实"检察长接待日制度"和"首办责任制"工作，突出地把办理"三类重点信访"中的刑事控告案件作为重点，做到定人、定时、定任务；及时向领导机关汇报或与有关单位协调，按期办结并妥善处理善后工作。

1990年，全市控申检察部门办结控告案件13件，其中依法起诉9件、免诉2件、作其他处理2件。4月，桃源县院连续收到公民因土地纠纷导致伤害的控告11件。县检察院派员深入到龙潭区3个乡进行专题调查，查明1—4月，这3个乡发生土地纠纷44起，造成伤残31人、死亡1人，直接经济损失2万多元。调查组随即写出专题信息报县委。县委、县政府及区委采取有力措施，先后为群众解决问题274个，纠正54起滥占耕地的违法事件，调处43起因争夺土地引发的纠纷，对12名违法人员给予经济处罚。

1991年，全市受理来信来访控告2018件，办理控告案件33件，其中非自诉重婚案件23件，免诉2件，作其他处理2件。

1992年，在群众来信来访中受理控告1461件，办理控告案件23件，其中非自诉重婚案件12件，其他控告案件11件。汉寿县院根据1991年以来办理35起控告农村基层干部的信访，发现有部分群众借机无理取闹或无中生有，败坏基层干部名声。该院针对性开展法制宣传教育工作，使这些基层干部摆脱了困境。

1994年1月，市人民检察院举报中心在控告举报的基础上，运用初查职能破获两起县处级干部经济犯罪案件。湖南省机械设备成套局常德分局局长（正处级）毛某华，1992年11月伙同他人采取做假账的手段一次贪污公款19266元，毛某华分得赃款9633元。1994年2月4日，市人民检察院对毛某华以贪污罪立案，2月5日将其逮捕，此案由市检察院举报中心侦查终结，移送起诉。常德市委政策研究室原副处级研究员李某于1992年7月停薪留职后，经营个体艺华汽车配件经营部，1992年10月至12月，非法购销小汽车从中偷税 44529.55 元，市人民检察院举报中心将其移送本院税务检查室立案，并侦查终结，移送起诉。这两个案件的告破，实现了 1993 年反腐败斗争以来常德市要案（查处处级以上人员）零的突破。

1995 年，全市检察机关举报中心通过初查，转两反、法检部门立案 85 件。临澧县院举报中心初查线索 42 件，初查后转两反、法检部门立案查处 21 件，占初查总数的一半。7 月，汉寿县院举报中心在初查该县株木山乡邮递员曾某生贪污一案时，正值该县遭受特大洪灾，干警们不顾日夜防汛的辛劳，通过两天两夜调查，查清了被告人曾某生贪污邮政汇款 3 万余元的犯罪事实，然后移送该院两反局，经过两反局侦查终结，起诉到法院，判处被告人曾某生有期徒刑 3 年。4 月，临澧县院举报中心与县国税稽查局在调查该县进出口公司肉联厂税款问题时，发现该厂厂长（法人代表）金某桥采取大头小尾的手段套开增值税发票 16 张，总金额 857 万多元，偷税 130 多万元。5 月 1 日，该县院对金某桥以偷税罪立案侦查。在调查该案过程中，相继查出该厂副厂长欧某敏贪污 1.3 万元、受贿 3000 元；该厂业务员田某元行贿 1 万元、挪用公款 1 万元；该厂长沙销售部负责人蒋某望、田某涛、李某银私分公款 7.68 万元的犯罪事实。在 10 多天的秘密调查中，该举报中心干警在县肉联厂突破了 12 起经济犯罪案件。

1996 年，全市检察机关举报中心通过初查转自侦部门立案 66 件，其中立大案 54 件。临澧县院初查线索 63 件，初查后转自侦部门立案 35 件，成案率 55.6%。武陵区院采取“多条线布点，多方位出击，多走访协调”的方法，初查线索 68 件，初查后移送自侦部门立案 23 件。3 月，他们接到群众举报建筑包头陈某在承建中国银行常德分行办公楼中有严重行贿行为的举报后，立即进行初查，经过一个月的调查，查出有 4 人受贿、金额 17 万余元的案件。

1997—2001 年，全市检察机关共受理公民控告案件 9374 件，初查 2878 件，移送立案 437 件。其中，1997 年，通过初查“要害”部门的线索，举报中心突破能力和快速反应能力进一步增强。鼎城区院用 3 天时间就挖出该区邮电局财会股股长雷某兰、物资供应管理股股长黄某等 10 多人的窝案。石门县院举报中心与该院渎侦部门协同作战，通过初查，突破了一起石门县院建院以来首例公安干警徇私舞弊案。临澧县院查出了该县中国银行行长李某清利用职务之便为他人虚开头大尾小存款单，以此存单作担保，骗取国家巨额贷款案。1998 年，受理被害人不服公安机关不立案的控告 10 件，向公安机关发出说明不立案理由通知书 10 份。1999 年，受理各类控告 491 件。全市两级检察机关控申部门与批捕部门密切配合，加大立案监督力度，共受理不服公安机关不立案案件控告 18 件，通过调查核实，通知公安机关立案 14 件。8 月 2 日，澧县院控申股收到澧阳镇关心村八组居民胡元香控告：4 月 18 日下午 3 时许，澧县车溪乡政府副乡长陈某、澧阳镇第六完小教师蔡某美等 10 人手持铁棒闯入胡家将其打成重伤。受害人多次向公安机关报案，但公安机关一直不予立案。接到控告后，该股干警调查走访 20 多名现场目击者，控告事实成立。

立即与批捕部门联系，于8月9日督促公安机关立案，成功监督了一起副乡长故意伤害他人案。2000年，全市举报中心进一步强化举报工作为查处职务犯罪工作服务的意识，为查处职务犯罪提供高质量的案源。各举报中心在初查工作中注意把握初查范围，严格初查程序，注重初查质量，一改往年强调初查数量的做法。全市举报中心初查432件线索，初查后转自侦部门立案70件，初查成案率16.2%。鼎城区院对紧急举报迅速出击，善于抓机遇获取关键证据。4月，该院根据一电话举报，连续奋战7天7夜，查获了西洞庭农行行长谢某秋受贿108000元的关键证据，该案起诉到法院后，谢被判处有期徒刑3年。安乡县院对举报线索不仅认真初查，而且还分门别类地做好初查后的延伸工作。他们在调查县城关镇大米厂的经济案件时，发现副厂长黄某隐瞒收入、财务管理混乱等问题，立即组织召开粮食局骨干会议，将调查结果公开曝光，向该厂发出检察建议，督促整改，找正副厂长谈话，协助其制定整改方案。经过整改，该厂经济效益迅速回升，职工感激地说："检察院帮俺抓整改，促效益，真是我们的贴心人！"汉寿县院举报中心初查案件速度快，质量高，只有3天3夜，就突破了该县教育局一起作案时间跨度大、涉案4人、涉案金额大的集体贪污窝案。2001年，市、县两级检察院控申举报部门利用检察职权妥善处理性质不明、金额不大、不构成犯罪案件的控告举报线索，加大初查力度，澄清案件事实；加强与举报人的沟通，取得群众的理解与支持；与有关职能部门一道严肃处理违纪违法人员；帮助整章建制，消除违法违纪产生的土壤。如安乡县院初查的该县运输公司职工控告举报案。县检察院在查清原经理杨某某损公肥私、收受贿赂等违法违纪事实后，协助该单位整章建制，把职工反映强烈的社会保险金无着落、生活无保障的问题当作自己的事，向县委、县政府有关领导反映，分析矛盾隐患，引起党政领导的关注，将解决公司的困难纳入县委、县政府的议事日程。

2006年，全市检察机关认真贯彻高检院《关于加强人民检察院直接受理案件侦查分工的通知》的规定，进一步规范对控告举报的初查工作。武陵区院在初查控告线索时突出一个"深"字，他们在接到举报常德市市场建设中心职工高某南利用职务之便，以欺骗手段，将处置市场建设中心的一宗资产占为已有的线索后，立即初查，在弄清基本事实后，移送反贪局立案侦查。鼎城区院在初查质量和效果上做文章，全年共初查7件控告线索，转反贪局立案侦查2件，为国家和集体挽回损失50余万元。澧县院在初查嘉山原种场的举报线索时，从外围入手调取相关资料，从发现疑点开始，稳定推进，查清了该场两任场长及基建办会计贪污移民款的事实，移送反贪局立案侦查。汉寿县院初查控告线索7件，移送反贪局立案侦查2件。

2007年，全市检察机关举报中心共初查控告线索64件。武陵区院在初查中国建设银行常德市分行金丹分理处主任易某富受贿一案时，分管检察长带领控申科全体人员加班加点，在一周时间内掌握了易某富涉嫌受贿的证据，及时移送该院反贪局立案侦查。

2008年，全市检察机关举报中心初查控告举报线索44件，移送自侦部门立案30件。

2012年，在举报宣传现场受理群众控告98件。

2013年，随着“两法一规则”的修订实施，控告检察部门新增对控告妨害行使辩护权利和控告本院侦查违法两类新型控告案件的办理。是年，全市检察机关控告部门共受理首次控告136件，其中涉检信访11件，审查处理130件，控告部门办理9件，分送本院其他部门办理49件，移送其他检察院31件，移送其他机关16件，直接答复23件。

2014年，全市检察机关控告部门受理首次控告122件，其中涉检信访7件，审查处理110件，控告部门办理7件，分送本院其他部门办理49件，移送其他检察院16件，移送其他机关20件，直接答复16件。

2015年，全市检察机关控告部门受理首次控告112件，其中涉检信访14件，审查处理109件，控告部门办理16件，分送本院其他部门办理40件，移送其他检察院10件，移送其他机关13件，直接答复26件。7月17日，湖南万和联合律师事务所律师王某通过网络向市人民检察院控告常德市公安局阻碍其会见当事人。市人民检察院控申部门启动调查程序，认为公安机关拒绝会见没有法定依据，应当安排律师会见当事人。公安机关在当月底安排律师王某会见了当事人。

第三节　举报工作

一、举报受理及初核

1988年6月，全市检察机关根据惩治严重经济犯罪的发展形势，依照中共中央指示精神和高检院的部署开展举报工作。7月1日，津市市检察院在全省率先成立经济法纪举报中心。

1991年，全市控申检察部门加强宣传发动，抓紧健全制度，举报工作较快步入正轨。汉寿、石门、桃源、澧县等县检察院宣传发动工作做得深入扎实，桃源县、澧县、汉寿县等县检察院在乡镇设立联系点和接待站。全市52个乡镇有举报联络员213名。各单位贯彻落实高检院《关于举报工作的若干规定》《关于进一步加强举报工作的通知》《关于公民举报权利的规定》和省人民检察院《关于举报工作10项制度》，结合实际制定工作方案与制度。高检院举报处和省人民检察院控申处领导12月中旬到常德市检查举报工作时给予高度评价，并指定市人民检察院和汉寿县院各写一份开展举报工作的经验材料，作为1992年高检院召开第二次全国检察机关举报工作会议材料。全市检察机关举报中心共受理举报线索966件，比1990年的1331件下降27.4%。其中贪污案件线索396件、贿赂案件线索127件、其他经济案件线索184件、法纪案件线索259件。移送自侦部门调查后立案506件，占受理数的52.4%。其中贪污案件255件、贿赂案件54件、其他经济案件105件、法纪案件92件、大要案件205件。分别占自侦部门立案总数748件的67.6%、立贪污案件 336 件的 75.9%、立贿赂案件 87 件的 62%、立其他经济案件 182 件的 58%、立法纪案件 143 件的 64%、立大要案件 329 件的 62.3%。1988—1991 年，全市控申检察部门共受理各类举报线索 4862 件，检察机关初查 3393 件，转其他机关处理 1447 件，积存 22 件。检察机关初查后，立案 1949 件，占初查数的 57.5%，其中经济案件 1664 件、法纪案件 285 件；受理打击举报人案件 21 件，立案查处 5 件，其中免诉 1 件、判刑 3 件，作其他处理 1 件，协同有关部门查处 16 件。津市、汉寿、桃源、澧县、武陵和安乡等 6 个区县市检察院设立举报奖励基金，共奖励举报人 144 人，奖金 8890 元。

1992 年，全市控申检察部门共受理各类举报犯罪线索 773 件，其中贪污线索 331 件、贿赂线索 74 件、其他经济犯罪线索 115 件、法纪线索 253 件。移送自侦部门后立案 237 件，其中贪污 167 件、贿赂 16 件，其他经济犯罪案件 37 件，法纪案件 65 件；挽回经济损失 18 万元。举报工作做到在保护举报人的同时，又注意保护被举报人的合法权益。4 月，桃源县柴油机厂个别受到行政处分的工人，捏造事实诬告厂长刘某有重大贪污受贿行为，县检察院控申检察部门接待后进行调查证实：近 5 年，刘厂长带领全厂 500 多名干部工人艰苦创业，把一个濒临倒闭的小机械厂办成了产品畅销海内外、每年盈利 100 多万元的省级优秀企业，刘不但没有贪污受贿问题，而且还是一位刚正不阿、有胆有识的企业家。桃源县院控申部门会同有关部门召开全厂职工大会，公布调查结果，公开为刘正名撑腰，并严肃批评教育了诬告者。

1993 年 1—3 月，全市举报线索只有 93 件，仅为 1992 年同期的三分之一。全市控申检查部门进行调查研究，找出举报线索下降的主要原因是人们普遍存在“四不心理”，即不愿举报，怕赃款赃物上缴国库，办案经费由单位负担；不懂举报，罪与犯罪的界限不清，不知道哪些该举报，哪些不该举报；不敢举报，怕得罪领导，端掉饭碗；不屑举报，认为执法机关有时以罚代刑，对犯罪惩处偏轻，举报人的愿望不能实现。全市控申检察部门狠抓举报工作的宣传发动。市人民检察院举报中心通报全市举报工作情况，要求各单位认真抓好举报工作。4 月，在澧县召开全市办案现场会，推广汉寿县院抓举报工作的经验。5 月，市人民检察院党组集体听取全省举报工作会议精神。6 月 21—23 日，市人民检察院在临澧县院召开全市举报控申工作现场经验交流会。从第二季度开始，全市举报中心初查举报线索成倍增加，全年共初查举报线索 262 件，占受理数的 25.4%，比上年同期的 101 件增加 1.6 倍。市人民检察院举报中心受理举报线索 184 件，初查举报线索 25 件，占受理数的 13.6%。通过初查后移送“两反”、法检部门的线索 128 件，立案 63 件，立案率为 49.2%。安乡县院举报中心根据群众反映，在正、副检察长带领下，深入到亏损企业大户安丰供销社进行调查，破获了刘某才、邹某中等 8 人经济犯罪案，全部移送“两反”部门立案侦查，其中大案 2 件。控申检察部门通过初查，侦破了一批贪污、贿赂、玩忽职守案件，其中有的还是大要案。7 月，津市市院通过初查，破获一起津市市工商银行下属公司经理胡某鑫给国家造成损失 255 万元的特大玩忽职守案。7—9 月，全市举报中心开展

“夏季初查会战”（以下简称“会战”），各举报中心采取“领导带头亲自查、抽调力量集中查、注意方法秘密查”等措施，为惩腐反贪提供了大批案件线索。“会战”期间共初查贪污贿赂等经济案件线索99件（其中，大要案件线索40件）；初查后移送“两反”部门立案47件，其中立大案22件，为国家和集体挽回经济损失320.8万元。全市共受理各类举报线索1032件，其中贪污线索357件、贿赂线索101件。

1994年，按照高检院“严格执法，狠抓办案”的指示精神，根据常德市申诉案件大幅度下降的情况，确立以初查带动其他办案工作的方针。年初，市人民检察院举报中心下发《常德市控申检察部门举报工作程序规范化建设实施要点》，全市共初查各类举报线索352件。在打假治劣的战斗中，举报中心的突破能力和快速反应能力进一步增强。7月5日，市人民检察院举报中心接到知情人举报后，讯速查获一起假冒伪劣商品案，捣毁一个生产假烟的窝点。11月5日，根据举报，市人民检察院举报中心会同有关单位，在鼎城区武陵镇捣毁个体户赵某栋生产销售假冒邵阳合成洗涤剂总厂产品的窝点，当场截获待运的伪劣产品，并从赵的家中收缴假洗衣粉164件（箱）。邵阳洗涤剂总厂为市人民检察院举报中心鸣炮赠送上书“保驾护航，工厂卫士”八个大字的红匾。全市举报中心通过初查，转“两反”、法检部门立案62件，其中立大要案39件。在“两反局”立案的215件案件中，有41件是举报中心通过初查后移送的，占“两反局”立案总数的19.1%。桃源县院举报中心初查举报线索53件，初查后转“两反”、法检部门立案的线索17件，立案17件，立案率100%。6月28日，临澧县院举报中心根据群众举报，深入该县青山管理局开展举报初查，连续突破4起重大案件，移送反贪部门立案查处4件7人，依法逮捕4人，监视居住3人。通过初查，全市为国家、集体挽回经济损失1000多万元。10个举报中心都设有举报奖励基金和举报奖励制度。临澧县院一次奖励举报有功人员5000元。鼎城、石门、汉寿等区县院采取给举报人发误工补贴和补助食宿等办法鼓励群众举报。

1995年，全市检察机关在银行开设奖励基金专门账户，共有举报奖励基金45万元，全年奖励举报有功人员42人次，奖金42800元。采取“领导挂帅亲自查、性质不明秘密查、集中力量联合查、敏感部门慎重查”等方法加强初查。全市共受理各类举报线索1135件，其中贪污案件线索378件、贿赂案件线索191件、挪用公款案件线索87件、其他经济案件线索195件、法纪案件线索194件。省人民检察院在临澧县院召开举报初查现场会，推广该县院初查工作制度化、规范化的经验。

1996年，市人民检察院领导把举报工作作为反贪污贿赂斗争的组成部分，列入院党组的重要议事日程。6月份，市人民检察院举报中心在初查石门保险公司一案中受到一些干扰，分管副检察长王尽忠一面给办案人员打气鼓劲，一面赶赴石门进行协调，使初查工作顺利进行。当年，全市检察机关有控申举报干警56名，比1995年增加11名。在区县市人民检察院控申部门中配备最多的武陵区院有10人，占该院在职干警总数的15%。3月，市人民检察院控申科在鼎城区院召开全市检察机关控申举报规范化建设现场会。全市检察机关共受理各类举报线索 1526 件，其中经济线索 1279 件、法纪线索 247 件，举报中心初查线索 587 件。初查后转自侦部门立案 66 件，其中立大案 54 件。通过初查，为国家、集体挽回经济损失 1000 多万元，仅武陵区院就挽回经济损失 350 余万元。汉寿县院深入亏损企业进行初查，挖出蛀虫 7 人，查出有经济问题的 16 人，为该企业挽回经济损失 10 多万元。桃源县院举报中心经过一个月的日夜奋战，在该县亏损大户观音寺乡水泥厂先后侦破了以厂长为首的有经济犯罪嫌疑的 30 多人一案。全市举报奖励基金增加到 50 万元，修订了举报奖励制度，全年奖励举报有功人员 58 人次，奖励全额 32300 元。

1997 年，全市检察机关举报中心共受理各类举报线索 1799 件，其中，属于检察机关管辖的 1657 件。从举报的性质看，经济案件线索显著上升，共受理 1518 件，与 1996 年同期的 1279 件比上升 18.7%。受理的经济案件线索中贪污线索 588 件、贿赂线索 227 件、挪用公款线索 164 件、法纪线索 281 件。从被举报人情况看，举报要案线索有所增加，举报县处级干部犯罪线索 11 件，与上年同期的 6 件比上升 83.3%。特别是举报行政执法部门、司法部门、经济管理部门人员犯罪线索多，分别是 41 件、122 件、156 件，与上年同期比分别上升 57.7%、15.1%、2.9 倍。举报中心初查线索 766 件，初查后转自侦部门立案 102 件，自动立案 8 件。通过初查为国家、集体挽回经济损失 100 余万元。全市检察机关举报中心抓好线索归口管理，加强基础业务建设，举报工作制度日趋完善。全市 10 个举报部门共奖励举报有功人员 324 人次，奖励金额 64520 元。在查处农村经济线索时，采取"集体举报由领导带头查、告急举报及时查、违纪问题的重复举报联合查、纪检部门已作处理而群众不服处理结果的举报慎重查、纪检部门正在对被举报人进行'两规 '的举报主动介入查"的方法，共初查农村经济线索 121 件，初查后转自侦部门立案 15 件，不构成犯罪的交纪检部门处理 61 件，查后被否定的 45 件。

1998 年，全市检察机关举报中心以全国检察机关举报中心成立 10 周年为契机，强化举报线索的收集，为便于举报线索归口管理，大多数检察机关的反贪局和举报中心都由同一副检察长主管。11 月，市人民检察院分管副检察长王尽忠带领举报中心人员到石门县院、鼎城区院开展举报线索审查评估工作试点，得到省人民检察院领导肯定。全市举报中心进一步完善保护举报人和被举报人合法权益工作制度和奖励举报有功人员工作制度。全市受理打击报复举报人案件 10 件，共奖励举报有功人员 280 人次，奖励金额近 5 万元；受理各类举报线索 2052 件。举报中心初查 729 件，初查后移送反贪部门立案 89 件 101 人、渎侦部门立案 16 件 19 人、转公安机关处理 23 件、转纪检监察部门处理 174 件、转其他行政执法机关处理 78 件，举报失实 187 件，其他处理 162 件。

1999 年，全市举报工作围绕"收集、管理、消化"3 个环节进行，在"广""统""稳"3 个字上做文章。"广"，即广泛开展宣传工作，发动广大群众参与举报；"统"即在举报线索归口管理上突出一个"统"字。石门县院在全市控申科长会议上介绍举报线索审查协调的经验后，一个月之内各基层院都成立了由举报、反贪、渎侦等部门组成的举报线索审查协调小组，制定了线索审查协调有关制度，较好地解决了部门之间争线索及多头重复查案、瞒案不报、线索久压不查、无人问津等问题；“稳”，即提高初查案件质量，给每件举报一个满意的答复。澧县院举报中心接到“1998 年，洪涝重灾区澧县官垸乡有干部贪污救灾款物”的群众举报线索后，立即成立以分管副检察长任组长、控申股股长任副组长的办案组，赶赴官垸乡进行调查取证。仅一个月时间就挖出一批贪污贿赂案件。12 月初，市人民检察院举报中心对 9 个区县市检察院举报中心的 45 本初查案卷按初查范围，对法律程序、法律文书的使用、案卷整理情况等进行审查评比，评出鼎城区院和临澧县院为并列第一，将评比情况进行通报，促进了初查案件质量的提高。全市检察机关举报中心受理各类举报线索 1816 件，其中，属检察机关管辖的 1275 件，审查协调小组审查协调线索 1274 件。其中转反贪局 398 件、转渎侦局 96 件，举报中心初查 694 件，缓查 86 件。举报中心初查的 694 件线索中，初查后移反贪部门立案 112 件、渎侦部门立案 6 件，转有关单位处理 134 件，举报失实 214 件，其他处理 155 件，待查 73 件。为国家、集体挽回经济损失 1000 余万元。市人民检察院举报中心初查线索 73 件，初查结案 65 件。

2000 年，全市检察机关举报部门严格遵循举报工作“统一管理、归口办理、分级负责”的原则，加强线索的审查协调与监督制度。全市共受理各类举报线索 1526 件，其中属于检察机关管辖的 1310 件。第二次分流 974 件线索，其中转举报中心 452 件、反贪部门 357 件、渎侦部门 119 件、缓查 46 件，举报中心初查 432 件，待查 41 件。初查后，移送反贪部门立案 63 件，移送渎侦部门立案 7 件，举报失实 71 件，转其他有关部门处理 90 件，为国家挽回经济损失 340.3 万元。市人民检察院举报中心认真执行催办督办制度，由专职接待员定期向反贪、渎侦部门查询举报线索处理结果。全市对举报线索实行专人接收、专人拆阅、严格保密，没有出现举报线索失泄密现象。全市共奖励举报有功人员 142 人次，奖励全额 31050 元。

2001 年，全市检察机关举报中心共受理各类举报线索 1213 件，其中属检察机关管辖的 746 件。二次分流转举报中心 288 件、转反贪部门 286 件、转渎侦部门 93 件、缓查 79 件。举报中心初查 257 件，初查后移送反贪部门立案 28 件、移送渎侦部门立案 7 件，举报失实 39 件，转其他有关部门处理 34 件，其他处理 59 件，为国家、集体挽回经济损失 476.2 万元。市人民检察院举报中心初查 21 件、结案 21 件。初查后，移送反贪部门立案 10 件，转其他部门处理 4 件，结案 4 件，其他处理 3 件，待查 4 件。3 月，石门县原百纺公司 23 名下岗职工联名向县检察院举报中心举报原公司领导趁公司破产清算和改制之机，有隐瞒公司资产共同贪污的嫌疑。接到举报后，经多方调查证明举报属实，遂将调查材料移送反贪立案。破获了该公司党支部书记、经理、财会股长等 10 人共同贪污资金 50 多万元的经济大案。

2002 年，市人民检察院举报中心在全市率先建立举报线索库，举报中心真正成为反腐败的情报中心，更好地为自侦工作服务。澧县检察院举报中心坚持举报线索由举报中心备案、审查、分流制度，加强举报线索的跟踪和反馈。该举报中心全年受理线索 66 件，属本院管辖的 58 件，审查分流线索 58 件，没有出现一件线索丢失、泄密现象。全市各举报中心严格初查范围和审批程序，办案质量不断提高。武陵区院初查时做到讲时效、讲方法、讲政治。全年初查线索 19 件，移送立案 5 件，为国家挽回经济损失 41 万元。7 月，市人民检察院举报中心将近几年多次上访一直没有解决的桃源县运输公司有关经济问题的举报线索交桃源县院举报中心办理。举报内容涉及时间跨度 10 年，被举报人有的已调往省城长沙市，初查难度相当大。被誉为“拼命三郎”的桃源县院控申科科长倪志明不顾酷暑炎热，带领干警经 3 个月内外调查，查实该公司原财务股股长沙某某、出纳梁某某贪污公款数万元的违法行为，移送该县院反贪局立案侦查，为国家、集体挽回经济损失 30 万元。该案在桃源县引起较大震动，群众拍手称快。全市检察机关举报中心共受理各类举报线索 1033 件，其中属检察机关管辖的 628 件。第二次分流，转举报中心 251 件、转反贪部门 262 件、转渎侦部门 85 件、缓查 30 件。举报中心初查 220 件，初查后移送反贪部门立案 36 件、移送渎侦部门立案 3 件。市人民检察院举报中心受理线索 389 件，初查 16 件，初查后移送反贪部门立案 7 件。

2003 年，全市检察机关举报中心共受理各类举报线索 745 件，其中属检察机关管辖的 547 件。第二次分流转反贪部门 24 件、转渎侦部门 67 件、转其他部门 43 件、转举报中心初查 146 件，初查后移送自侦部门立案 14 件，为国家和集体挽回经济损失近千万元。市人民检察院控申科初查线索 9 件，结案 6 件，移送自侦部门立案 3 件。各举报中心把线索管理作为举报工作的重点，实行举报中心一个部门管理、“一支笔”把关的原则。

2004 年，全市控申检察部门发挥举报工作在反腐败斗争中的“窗口”和“龙头”作用，为反腐败查办职务犯罪服务。年初，市人民检察院向各区县市检察院下发《常德市检察机关案件线索初查备案审查制度》（以下简称《制度》）。6 月底，市人民检察院控申科到各区县市检察院检查《制度》执行情况，没有发现一例超范围或越权初查的现象，做到了“严格初查范围、严格审批手续、严格初查纪律”（以下简称“三个严格”）。石门、临澧两县院控申部门坚持每月与自侦部门核对一次线索登记台账。澧县县院对所受理的线索管理规范。桃源县院对线索管理做到责任明、去向明、情况明。全市共受理各类举报线索 620 件，属检察机关管辖的 466 件。第二次分流转反贪部门 205 件、转渎侦部门 93 件、转其他部门 29 件、存查 8 件。全市举报中心初查线索 112 件，结案 110 件，初查后移送自侦部门立案 7 件。市人民检察院控申科初查线索 3 件，结案 1 件。

2005 年，市人民检察院规定各基层院举报中心初查的线索结案后 7 日内向市人民检察院报送初查呈批表、结案呈批表和初查结案报告，移送立案的报送立案决定书。全市检察机关认真贯彻高检院《关于加强人民检察院直接受理案件侦查分工的通知》的规定，建立跨部门管辖线索会商制度，进一步规范初查工作，加大初查力度，加强分工协作，加快线索消化，共初查线索 65 件，初查后移送自侦部门立案 21 件。5 月，澧县院控申部门在初查该县棉麻公司经济问题的线索时，副检察长王初芝带领举报中心干警前往长沙市某省属单位调查取证，发现并查证该公司一副经理挪用巨额公款的事实。武陵区院对管辖内的“两类”线索进行初查时，注意唱好“三字经”，即体现一个“快”字，快审快结；突出一个“活”字，深挖细查；侧重一个“细”字，认真细致，为举报中心输送了一批有价值的线索。鼎城区院努力提高初查成案率，全年初查9件，移送立案7件、7人。全市检察机关举报中心共受理各类举报线索507件，属检察机关管辖的403件，转反贪部门173件、转渎侦部门85件、转举报中心89件、其他处理56件。

2006年，全市共受理各类举报线索425件，属检察机关管辖的349件，转反贪部门176件、转渎侦部门73件、转举报中心67件、其他处理33件。初查线索48件，初查后移送自侦部门立案10件。4月，全市检察机关举报中心对2003年以来的职务犯罪举报线索明确到人进行清理排查，对举报线索积压情况进行分析，提出加快消化处理的对策与建议。开展对前3年举报情况的清理。2003—2005年，全市两级举报中心共受理举报线索1788件，属检察机关管辖的线索1396件，存查113件，缓查231件。将清理结果写出情况分析、原因剖析、处理对策和建议报告上报省人民检察院控告处。

2007年，全市共受理各类举报线索411件，属检察部门管辖的320件，转反贪部门149件、转渎侦部门68件、转举报中心64件、其他处理39件。共初查线索64件，移送反贪部门立案16件。其中市人民检察院举报中心受理各类举报线索169件，在属该院管辖的99件中，转反贪部门59件、反渎部门22件、举报中心13件、其他5件，初查线索10件。

2008年，强化对职务犯罪侦察工作的内部监督机制和对下级院的监督管理，强化自侦部门在实施法律监督工作中发现线索的管理，落实对举报工作初查结案后的分级备案审查制度。7月，对区县市检察院执行《制度》的情况进行检查，没有发现一起超范围或越权初查的，均做到了“三个严格”，共初查线索44件，移送自侦部门立案30件。全市共受理各类举报线索468件，属检察机关管辖的409件，其中转反贪部门236件、反渎部门78件、举报中心38件，其他处理116件。奖励举报有功人员21人次，奖励金额6500元。

2009年，全市控申举报部门加强与反贪、反渎、监所检察等部门的联系与协调，及时、准确地将举报线索按性质分类并移送相关部门查办。举报中心在履行催办、督办职责的同时，还与侦查部门通力合作确保举报线索及时准确消化，避免线索积压。3月的某日，市人民检察院举报中心接到一匿名举报信称：市国土部门有关工作人员滥用职权，收受贿赂。经检察长批准，市人民检察院控申和渎侦部门联合对该举报进行初核。从一个村党支部书记受贿案入手，立案查办征地拆迁领域职务犯罪案件10件、10人（其中副处级1人），涉案金额上千万元。全市共受理各类举报线索348件，属检察机关管辖的有256件，转反贪部门117件，渎侦部门75件。举报中心初查39件，移送立案24件，其他处理34件。全市奖励举报有功人员16人次，奖励金额8000余元。

2010年，全市共受理各类举报线索363件，属检察机关管辖的286件。转反贪部门187件、渎侦部门99件，举报中心初核59件，移送立案6件，其他处理53件。如桃源县院举报中心初核的县水库管理所贪污案，移送反贪部门后被立案侦查的有3人。

2011年，按照高检院《关于开展举报线索保密和举报人保护检查工作的通知》精神，全市检察机关举报中心围绕举报工作制度建设和工作机制完善、举报保密设施配备、举报保护范围与措施等方面进行全面自查。市人民检察院对基层院进行抽查，写出总结报告。全年受理自侦案件举报线索301件，举报中心初查30件，转自侦部门151件。

2013年，市人民检察院受理各类举报线索105件，均分流侦查部门或基层院。市人民检察院举报中心初核举报线索2件，其中1件移送反贪部门立案侦查。对于移送侦查部门的举报线索及逾期未回复的交办案件进行跟踪催办、督办、反馈，向本院侦查部门发出催办函或派员催办共7次，到下级院现场催办、督办6次。开展初核工作时，突出初核重点，优先初核发生在群众身边、直接侵害群众利益、人民群众反应强烈的职务犯罪案件线索。对群众多次举报未查处的，进行催办函催办或现场催促督办，并按相关工作程序进行跟踪，询问侦查部门办案进度。

2014年，市人民检察院举报中心共受理各类举报线索252件，分别送本院其他部门142件，移送其他检察机关41件，转其他机关5件，直接答复21件，初核14件，存查9件。在举报工作中，严格坚持举报线索归口管理的规定，实行举报线索报备、审批手续，防范泄密事件发生，检察长和其他业务部门收到的举报线索，一律移送举报中心统一管理；完善举报线索的登记、移送、备查等制度，杜绝“登记不齐、移送不及时、分流出去就了事”的现象；对移送审查部门的举报线索进行跟踪催办、督办、反馈，及时清理举报线索，防止有案不办、压案不查。控申检察部门严格按照高检院规定的范围对举报线索进行认真分析和评估，选准初核方向，制定详细的初核方案。对需要立案侦查的案件移送到自侦部门，绝不“一竿子”插到底。全市共初核举报线索14件，其中移送立案2件。年初，临澧县院接待两名携款10万元前来投案自首的来访者，接待人员按要求接待并了解相关情况后，当即展开初核，在查清基本事实后，迅速将该案移送反贪局。后该院决定对包括两名投案自首者在内的4名犯罪嫌疑人以涉嫌贪污立案侦查。是年，开通了门户网站的举报平台，完成检察长信箱的改造建设，进一步完善“四位一体”的举报体系。

2015年，重点抓举报工作各项制度的落实，主要是举报线索集中统一管理，健全受理、分流、查办、信息反馈等制度，对实名举报做到件件答复。上半年，对举报工作制度的落实情况进行专项督查。市人民检察院控申科与侦监、公诉、自侦等业务部门建立内部对接机制，依照有关法律规定办理举报工作，做到实体与程序并重、公正与效率并重、严格执法与尊重人权并重。市人民检察院举报中心共受理各类举报线索155件，分送本院其他部门87件，移送其他检察机关36件，转其他机关11件，直接答复9件，初核8件，存查4件。

二、举报宣传

1992 年，发行 5 集电视片《大地的回声》64 部，放映后，全市上半年受理各类举报犯罪线索 319 件，比 1991 年同期 265 件上升 20.3%。

1993 年，市人民检察院举报中心 8 月下旬在《常德日报》、常德广播电台发布举报公告，检察长李文耀在市电视台发表电视讲话， 10 天时间收到举报线索 30 余件。全市各检察机关开展不同形式的举报宣传活动，激发了群众的举报积极性，举报线索大幅度增加。第三季度全市受理举报线索 397 件，比上年同期的 186 件增加 1.13 倍。

1994 年，全市检察机关分别采取召开新闻发布会、电视讲话、印发宣传品等方法开展宣传，还深入到重点单位、企业，特别是亏损企业和发案单位，有针对性地进行宣传发动。汉寿县院采取街头宣传、召开座谈会、走访知情者等相结合的方法，召开各种会议 12 次、与企业人员座谈 95 人次、走访知情者 24 人，受理各类线索 72 件，比上年同期上升 31.4%。

1995 年，全市检察机关开展各种形式的举报宣传活动 42 场次。津市市院举报中心在宣传中向群众讲明应注意重点举报“三机关一部门”（党政机关、行政执法机关、司法机关和经济管理部门）、乡镇“七站八所”中贪污贿赂、徇私舞弊线索；要注意保密，避免被举报人做手脚；注意收集被举报人犯罪的证据与事实；注意举报方法。该院举报中心共受理举报线索 106 件，比上年同期的 73 件上升 45.2%。

1996 年，全市检察机关分别于 3 月、8 月先后两次开展举报宣传活动，10 个院的检察长分别在市、县电视台发表电视讲话；全市共出动宣传车 38 台次；印刷各种宣传资料 1 万多份；市人民检察院举报中心负责人接受常德电视台记者采访的实况在常德电视台周末黄金时间播出，市人民检察院 10 天内收到举报线索 23 件。澧县院举报中心精心设计举报宣传图片，将检察机关的地址、举报中心电话号码、检察机关受理案件的范围以及“为您保密、举报有奖”等印在名片上，发到有关单位和市民手中。该院全年收到举报线索 201 件，比上年的 104 件上升 93%。

常德市人民检察院举报宣传活动现场

1997 年，全市检察机关开展各种形式的举报宣传 62 场次。3 月，市人民检察院控申科举办法律咨询活动受理群众咨询 103 人次，之后 15 天内收到有价值的举报线索 10 多条。桃源县院开展宣传后收到举报线索 183 件，比上年同期的 156 件上升 17.3%。鼎城区院印发宣传资料 3000 份，院领导发表电视讲话 3 次，出动宣传车 7 台次，设立举报、法律咨询点 3 个，接待举报咨询人员 130 人次，获得有价值的线索 15 条。石门县院在《石门晚报》上开辟举报宣传专栏，全面介绍举报知识。临澧县院采取下乡巡回宣传、电视讲座、扩大巩固秘密举报联络员队伍等方法扩大线索来源，全年收到举报线索 114 件。

1998 年，为纪念全国检察机关举报中心成立 10 周年，高检院部署统一开展全国检察机关举报宣传活动。全市检察机关举报中心分别在 4 月、7 月、11 月统一开展较大规模的举报宣传活动，共印发宣传资料 10 多万份，各院检察长发表电视讲话 20 多场次，电视台采访检察长及举报中心、反贪、渎侦部门负责人 38 人次，制作宣传牌匾 300 多块，上街设点宣传 41 次，出动宣传车 53 台次，召开纪检、监察等部门参加的联系会 10 多次，聘请举报联络员 64 名，在报纸上开辟宣传专栏 10 个，采用图文并茂的形式介绍 10 年举报工作的成果。市人民检察院在《常德日报》和常德电视台分别开办举报宣传专栏和专题节目，连续 6 天介绍举报工作成果、公布举报电话号码。检察长杜辉才接受电视记者专访，就检察机关的性质、受案范围发表讲话。以上活动在全市造成很大影响，10 天内各检察机关共受理举报线索 198 件。4 月 13 日，市人民检察院就受理举报 11 件。津市市检察院在宣传中抓住宣传发动、组织落实和信息反馈三个环节，全年受理举报线索 135 件，比上年的 120 件增加 12.5%。临澧县院在下乡巡回宣传的当天就受理群众举报 21 人次。石门县院在 4 月开展的举报宣传活动中受理举报线索 37 件，比上年同期上升27%。

1999 年，全市控申检察部门抓住一个“广”字加大举报宣传力度，做到覆盖面广。上街设点宣传 49 次，将高检院印制的举报宣传挂图制作成宣传匾牌 200 多块。下乡巡回宣传 23 次，出动宣传车 62 台次，印发宣传资料 4 万余份，为群众提供法律咨询 463人次，现场接待群众信访 83 件次。各检察院检察长发表电视讲话 40 多场次，电视台及广播电台采访检察长及相关负责人 51 人次，在报纸上开辟宣传栏 10 个。全市聘请举报联络员 58 名。宣传内容广泛，除进行举报宣传，表明党和政府反腐败的决心外，还向群众宣传“检务公开”的内容。全市受理的 1816 件举报线索中，处级干部线索有 37 件，比上年同期的 23 件上升 60.9%。市人民检察院与武陵、鼎城两区检察院联合于 6 月 21—23 日在市城区繁华地段设点宣传，出动宣传车 3 台。之后 10 天内接到举报线索 50 余件。

2000 年，全市各举报中心在 6 月份统一开展“举报宣传周”活动，市、县 10 个检察机关分别成立以检察长为组长的“举报宣传周”活动领导小组。市人民检察院分管副检察长王尽忠除参加市人民检察院的宣传活动外，还带领市人民检察院举报中心的工作人员对武陵、鼎城、桃源等区县检察院的宣传活动进行检查。宣传周活动共有 36 名正、副检察长和 248 名干警直接参加。全市设立举报宣传点 23 个、印发宣传资料 26300 份、制作宣传展牌 114 块、出动宣传车 31 台次、下乡镇及企业巡回宣传 20 次；检察长发表电视讲话、接受电视台记者采访 33 场次；直接接待群众咨询 4800 余人次。宣传周受理举报线索 100 余件。

2001 年，全市检察机关分别在 3 月和 6 月集中开展两次举报宣传活动。宣传活动期间，市人民检察院在常德电视台点播电视连续剧《红色康乃馨》，在《常德日报》连续 7 天设专栏进行宣传。全市 40 多名正、副检察长和 800 多人次干警上街参加宣传活动。设立举报宣传点 50 多个、印发宣传资料 10 万余份、制作宣传展牌 100 余块、出动宣传车 30 多台次。下乡镇、企业巡回宣传 20 多次。检察长发表电视讲话、接受电视台记者采访 30 余场次。接待群众咨询 5000 余人次。

2002 年 6 月 24 日，市人民检察院组织武陵区、鼎城区两检察院在市城区步行街举行举报宣传周开幕式，市政法委领导及市、区两级检察院检察长、有关企业负责人和市、区两级院干警共 200 多人参加。宣传周活动持续到 28 日结束。

2003 年，按照高检院和省人民检察院的统一部署，于 10 月开展举报宣传活动。该次活动除采用以前的方法外，还利用高科技传播手段，采用发手机短信的方法进行宣传；同时制作电视专题节目，宣传反腐败的成果。津市市检察院开通网上举报，每周在本地电视台滚动播出预防职务犯罪的公益广告，在繁华街道设立举报点和广告牌。全市检察机关在宣传期间接受群众咨询 280 人次，受理举报 53 件次，受理控告申诉 5 件。

2004 年，分别在 3 月、6 月举行举报宣传活动。市人民检察院通过市移动公司，将“依靠群众，反腐倡廉，署名举报有功者奖”的短信及检察机关举报电话号码发送给全市移动手机用户；武陵区院通过邮政给凡订阅《常德日报》的单位和个人投递一份“依靠群众，反腐倡廉”的宣传资料和一份法制宣传有奖竞赛试题共各一万份；市人民检察院在常德电视台播出大型纪实专题片《职责与犯罪》，并向市直机关发出通知，要求组织观看；石门县院检察长在县电视台发表电视讲话，临澧县院制作电视专题节目和公益广告在县电视台滚动播出；安乡县院控申部门与本院两反、渎侦等自侦部门多次深入本县电力局、自来水公司等国有企业进行法律宣传和讲座。宣传活动期间，全市共接受群众咨询 400 多人次，受理举报 22 件，受理控告 7 件。

2005 年，举报宣传活动期间，市、县两级检察院都在机关大门前张贴标语、摆放宣传盾牌，并利用检察长接待日接受群众咨询、发放宣传资料。市人民检察院和临澧县院继续利用手机短信进行宣传；市人民检察院和石门县院将宣传主题和在全国检察机关开展查办扰乱和破坏社会主义市场经济秩序的渎职犯罪专项工作查办案件的范围制作成网页分别在市、县政府网进行宣传，点击浏览者上万人次；且将相同内容分别刊登在《常德日报》和《石门晚报》上。汉寿县院制作的“惩防并举，反腐倡廉”专题片在县电视台连续 8 个晚上在黄金时段播出，在当地引起强烈反响。石门、鼎城、武陵等县区检察院深入边远山区、重点部门、重点行业进行法制宣传，并认真听取意见与建议。宣传期间，全市检察机关接受群众咨询 400 多人次，受理举报 20 多人次，受理控告申诉 10 余件。

2006 年，市人民检察院和武陵区院于 6 月 18 日在市城区步行街联合开展举报宣传活动，设点接受群众咨询，摆放宣传盾牌、张贴宣传挂图、散发宣传资料，启动连续 7 天的举报宣传活动。宣传活动期间，市人民检察院检察长杜辉才及澧县、津市、石门、鼎城、武陵等区县市检察院领导在当地电视台发表电视讲话，在《常德日报》开辟举报宣传专栏。市人民检察院利用“移动绿色通道”发送“惩治职务犯罪、维护公平正义需要您的参与，欢迎举报和咨询。举报电话：0736—7792000”的短信给 2 万多人。市人民检察院预防科负责人给常德电业局上“检察电力联手，预防职务犯罪”的法制课。全市检察机关把举报宣传贯穿于查办案件的全过程，做到办案一件，宣传一片。

2007 年，举报宣传活动的主题是“反腐倡廉，请您参与，欢迎举报”。6 月 11—15 日，市人民检察院与武陵区院在市城区步行街开展宣传活动。同时，鼎城 、临澧、汉寿等区县检察院到乡镇法律咨询联系点接受群众咨询和举报。市、县两级检察院领导分别在当地电视台发表讲话，通报检察机关查办职务犯罪工作的情况。同时将举报宣传的主要内容制成网页发布到政府网站。市人民检察院举报中心与预防科联合组织专家连续给全市建行系统上“检察建行联手，预防职务犯罪”的法制课 8 次。石门县院制作“惩治职务犯罪、构建和谐社会”“惩治职务犯罪、维护公平正义”的大型广告牌悬挂于县城大剧院和大桥上面。

临澧县院开展举报宣传活动

2008 年，是检察机关举报中心成立 20 周年，也是全国检察机关集中开展“举报宣传周”活动 10 周年。市、县两级检察院从 6 月 23 日起连续 7 天开展举报宣传活动。6 月 23 日，市人民检察院检察长陈海波、副检察长杨建波参加市人民检察院和武陵区院在市城区步行街启动的举报宣传活动，接受群众咨询和举报。在现场摆放宣传牌 26 块、张贴宣传挂图 4 幅、标语 2 块，两台大屏幕彩色电视机播放反腐倡廉电教片，现场散发宣传资料 3000 份，接受群众举报和法律咨询 40 余人次，宣传车在城区主要街道巡回宣传。常德电视台、《常德日报》记者应邀参加并进行报道。杨建波关于《坚持群专结合、惩防并举，全力推进党风廉政建设和反腐败斗争》的答记者专访刊登在《常德日报》显著位置，该报为此还赠发了 15000 份。市人民检察院定制印有“依靠群众、惩防并举”宣传词和市人民检察院举报电话号码的一次性饮水杯 3 万个分别送给重点预防单位和部门。6 月 26 日，陈海波给湖南电信常德分公司全体员工讲授法制课。27 日，市人民检察院预防科给常德电力部门上法制课。7 天时间，市、县两级检察院接受群众咨询 310 人次，受理举报 15 件、受理控告 3 件、受理民事案件 4 件。

2009 年 6 月 22—26 日，开展全国检察机关第 11 个“举报宣传周”活动，宣传活动的主题词是“反腐倡廉，我们共同的责任”。市、县两级院分别在市城区和各自的县城闹市区设点进行宣传。常德电视台在政法专栏滚动播出市人民检察院党组副书记、副检察长杨建波以《拓宽线索渠道，共同关注举报宣传》为题的记者访谈。向 3 万多手机用户群发包括举报宣传主题和全国检察机关统一举报电话号码等内容的短信。6 月 22 日，市人民检察院 3 名干警深入行政事业和企业单位，向群众发放宣传资料 6000 多份。鼎城、武陵、石门、临澧等区县检察院将举报宣传与开展下访、巡访、联合接访相结合，深入乡镇集市和国有大中型企业及社区进行宣传。期间，全市共接受群众咨询230 人次，受理举报 8 件、控告 3 件、民事申诉 5 件。

2010 年 6 月 21 日，津市市院启动“举报宣传周”活动

2010 年 6 月 21—25 日，开展以“依靠群众，反腐倡廉，服务大局”为主题的“举报宣传周”活动。6 月 23 日，各院开展检察长接待日活动，市人民检察院检察长陈海波接待上访群众 10 多人。“举报宣传周”期间，全市有 11 名正副检察长、103 名干警参加接待，设立宣传点 7 个，接受群众咨询 2000 余人次。

2011 年，全国检察机关“举报宣传周”的主题是“加强渎职侵权检察工作，促进依法行政和公正司法”，宣传活动的时间是 6 月 20—24 日。全市检察机关分别成立活动领导小组，制定活动方案。各单位通过召开新闻发布会、发表电视讲话、制作专题节目、播放公益广告等，宣传检察机关在查办职务犯罪工作中取得的成效，拓宽举报宣传的覆盖面。5 天时间，全市设立举报宣传点 9 个、出动宣传车 13 台次、印发宣传挂图 213 套、制作宣传展板 137 块、发放宣传资料 5000 余份，接受并答复 110 多名群众的法律咨询。全市有正副检察长 21 人、干警 268 人直接参加活动。给有关单位上法制课 15 次，现场受理举报 9 件。市级各新闻媒体 5 次对活动进行报道。

2012 年，“举报宣传周”活动 6 月 25—29 日进行，宣传活动的主题是“惩防并举，保障民生”。活动期间，全市设立宣传点 18 个，出动宣传车 42 台次，制作宣传展牌 172 块，发放宣传资料 7.3 万余份，接受 1020 名群众的法律咨询。正副检察长 48 人、检察干警 176 人直接参与。现场受理举报 130 件、控告 98 件。市人民检察院召开“举报宣传周”活动新闻发布会，与武陵区院在市城区步行街联合设点宣传。市人民检察院党组成员、专职检委委员陈辉在市电视台发表电视讲话。

2013年，“举报宣传周”的主题是“完善举报制度，加强举报人的保护”。6月下旬，市人民检察院控申科牵头，其他科室配合，联合武陵区院在步行街开展法律咨询及预防职务犯罪的举报宣传活动。宣传的主要内容：党和国家关于惩治和预防腐败的法律法规和方针政策；检察机关查处、预防职务犯罪的工作重点；举报的方法途径和保护、奖励举报人的法律规定等。市人民检察院出动干警20余人，接受群众法律咨询100余人次，展出宣传挂图12幅，张贴宣传标语100多张，散发宣传资料近万份。

2014年，举报宣传的主题是“依靠群众惩治职务犯罪，公开检务强化自身监督”。全市控申部门在“举报宣传周”活动中，开展设点宣传、带案下访、接受记者采访、发表电视电话、邀请人大代表和政协委员参与检察长接待日活动等，向人民群众广泛开展举报宣传。宣传活动期间，注重帮助群众解决实际问题。如临澧县院对辖区两个镇、255户申报农村危房改造补助的农户，对补贴资金的申报、发放、验收等方便进行调查了解，清查出私自截留、挪用、贪污补贴款等问题，受到当地党委和群众的好评。桃源县院以发表电视讲话等形式开展举报宣传，得到省人民检察院的充分肯定。

2015年，举报宣传的主题是“落实举报规定，推进反腐倡廉和规范司法”。全市检察机关紧紧围绕宣传主题，采用各种宣传形式，坚持日常宣传与集中宣传相结合，拓宽举报宣传渠道，努力提高宣传的深度和广度，确保宣传活动取得实效。市人民检察院和武陵区院在市城区步行街设置充气拱门、条幅和宣传展板15个，悬挂宣传挂图6套，摆放10米长的咨询台，有25名干警上街宣传、接访。现场散发宣传资料和宣传画册5000余份，接受群众咨询、解答法律政策问题50多人次，受理举报5件。

2013年6月24日，市人民检察院控申科负责人接待举报群众

第二章　刑事申诉检察与刑事赔偿

第一节　刑事申诉检察

1990 年，控申检察工作的重点由过去的信访接待处理转移到办理控告申诉案件上。全市检察机关共立案查处各类控申案件 95 件，比上年的 46 件增长 1.06 倍。按案件类别分，立案查处不服检察机关处理决定的申诉案件 64 件，占立案数的 66.7%。其中不服免诉 49 件，占立案数的 51%，不服不诉 2 件、不服不捕 3 件、不服不立案 5 件、不服收缴赃款赃物 4 件；立案查处不服法院判决的再申诉案件 12 件，非自诉重婚案件 7 件，经济犯罪案 8 件，其他案件 4 件。全市控申检察部门依法纠正案件 21 件，占已结申诉案件总数 75 件的 28%。临澧县停弦渡镇电管站原站长祁某树因不服检察院 1987 年以贪污罪作出的免予起诉的决定，多次向县检察院提出申诉。1989 年 6 月，县检察院经检股复查后，维持原免诉决定，驳回申诉，祁仍不服，多次向市、县检察院申诉。1990 年 4 月，县检察院控申检察股立案复查，原认定贪污和挪用公款不实，经县院检委会讨论决定，撤销原免诉决定。全市共驳回申诉案件 54 件，占已结申诉案件总数的 72%。鼎城区院 1989 年 7 月 21 日以受贿罪给胡某某作出免予起诉决定，胡不服，多次向区检察院申诉。鼎城区院控申检察股经复查，认为事实清楚，证据确凿，定性准确，对其申诉予以驳回。控申检察部门遇到一时掌握不准的疑难问题就向院领导请示汇报并提请检察委员会研究或向上级检察机关报告。全年区县市检察院向市人民检察院控申检察科汇报的疑难案件有 7 件。如汉寿县院 5 月立案查处的李某某不服免诉申诉案，因县院讨论意见不一致而向市人民检察院控申检察科报告，经报请市人民检察院检察长李少甫批准，认为原免诉认定不准，决定撤销原免诉决定。

1991 年，立案查处各类控申案件 94 件，结案 87 件，占立案总数的 92.6%。其中全案纠正 14 件、部分纠正 6 件。市人民检察院控申科复查申诉案件 12 件，全部结案，其中全案纠正 5 件、部分纠正 3 件。全市控申检察部门立案案件中，不服检察机关处理决定的申诉案件 45 件，其中不服免诉申诉案件 31 件、不服撤案申诉案件 5 件、不服追缴赃款和没收非法所得申诉案件 6 件、不服不诉和不立案及不捕申诉案件各 1 件；不服公安机关对构成犯罪作无罪处理申诉案件 4 件，刑满释放人员不服法院判决裁定申诉案件 9 件，其他申诉案件 3 件。为促进多办案、办好案，对办案数量和质量实行量化计分目标管理。规定每年人均办案 3 件，年结案率 90%以上，还规定了每立案一件申诉案件、重婚案件和其他控告案件的分数。在办案质量上，确定复查的案件被市人民检察院再复查纠正的，不执行市人民检察院复查决定，法律文书不正确、不齐全，备案不及时、不齐全的应扣分数。全年市人民检察院控申科到7个基层院听取案件汇报19次，办理不服区县市检察院复查驳回再申诉案件4件，其中部分纠正1件。各单位对所办申诉案件，在结案时公开宣布复查决定。市人民检察院控申科在结案时还听取原办案单位的意见，共同总结经验教训，制定进一步提高办案质量的措施。

1992年，立案查处各类申诉案件96件，占立案总数的80.7%。申诉案件中，不服免诉申诉案件49件，占申诉案件总数的51%。市人民检察院控申检察科立案19件，均为不服免诉申诉案件。全市经过复查改变原处理决定25件，其中撤销原免诉决定20件（市人民检察院撤销11件）。为了使控申检察工作收到良好的社会效果，全市控申检察部门对办结的每件申诉案件都从四个方面做了案后工作，即对被纠正的申诉人做好正确对待查处的工作、对驳回的申诉人做好息诉工作、向申诉人所在单位做好检察建议工作、做好与原办案单位和人员研究进一步提高办案质量措施的工作。

1993年，立案查处申诉案件49件，其中不服免诉的申诉案件19件。在结案案件中改变原决定8件、部分改变原决定4件、驳回22件。市人民检察院控申科办理申诉案件16件，结案16件。其中撤销原处理决定6件、部分改变原决定3件、驳回4件、其他处理3件。控申检察部门坚持有案必办、有错必纠的原则，在查处中坚持“四个优先”的原则，即厂长经理的申诉案件优先、科技人员的申诉案件优先、群众反映强烈的申诉案件优先、上级交办的申诉案件优先。对每一起申诉案件，承办人认真阅卷、复核，科（股）集体讨论研究，然后向主管副检察长汇报，由检察长或检察委员会决定处理。办案注重扩大社会效果，保证法律的正确实施，为人民群众解决实际问题。如桃源县院控申股受理该县城关镇二里岗联运组张某成不服贪污罪免诉申诉一案。通过复查证实，原认定贪污证据不足，依法撤销了原决定。撤案后，控申股及时与申诉人原单位交换意见，妥善解决了申诉人与单位为被免诉引起的福利待遇纷争等问题。申诉人感动地说：“检察机关有错必纠，维护法律尊严名副其实。”

1995年，按照“严格执法，狠抓办案”的工作方针，通过积极受理各类控申案件，认真复查刑事申诉案件，较好地发挥了“二次监督制约”职能。全市共受理各类申诉案件128件，控申部门立案复查25件，结案25件。在办案中着重不服检察机关处理决定的申诉案件，尤其是不服免诉的申诉案件。全市共立案复查不服免诉的申诉案16件，占立案复查数的64%，其中市人民检察院控申科复查4件，立案复查不服法院判决裁定的申诉案件3件，其中1件经复查认为申诉有理，市人民检察院决定提请省人民检察院向高级法院抗诉，此案由常德为全省填补了抗诉空白。办案中坚持实事求是，不办关系案、人情案，不搞地方保护主义。4月，市人民检察院控申科受理四川省万县市王某不服澧县院没收财产决定的申诉。经过20多天内查外调，认为澧县院认定万县市王某构成走私罪证据不足，没收电器不妥，决定责成澧县检察院退回全部电器货款。

1996 年，受理各类申诉案件 80 件，控申部门立案复查 18 件，结案 18 件。全市检察机关立案复查不服免诉的申诉 8 件，占立案复查数的 44.4%，其中津市市院复查 4 件，占全市复查不服免诉的 50%。澧县院控申部门 4 天纠正了一起派出所以罚代刑案件，群众为其送匾表示感谢。

1997 年，受理各类申诉案件 75 件，控申部门立案复查 23 件，结案 23 件。立案复查不服检察机关处理决定的申诉 18 件（不服免诉 4 件、不服立案 8 件、不服撤案 6 件），其中维持原决定 9 件，纠正 4 件，部分纠正 5 件。按照新《刑事诉讼法》的规定，办理被害人不服公安机关不立案的申诉 5 件，立案 5 件，办结 5 件。全市检察机关控申举报部门共办理各类交办案件 67 件。市人民检察院向各区县市检察院交办案件 54 件，办结 54 件。

1998 年，根据高检院关于复查刑事案件的通知精神，对 1997 年以来办理的自侦案件进行全面复查，共复查贪污贿赂案件 45 件、渎职案件 17 件。受理不服检察机关处理决定的申诉案件 59 件，其中控申部门立案复查 26 件，改变原决定 5 件、部分改变 3 件、维持 14 件、其他处理 4 件。履行对外监督职能，对不服人民法院已生效的判决、裁定的申诉案件的复查持慎重态度。全市受理该类案件 37 件，控申部门立案复查 10 件，驳回申诉 9 件，提起抗诉 1 件。

1999 年，受理各类申诉案件 128 件，控申部门立案复查 30 件，结案 29 件。其中维持原决定 23 件、改变原决定 2 件、部分改变原决定 2 件、其他处理 2 件。市人民检察院控申科办理申诉案件 16 件，结案 16 件。其中维持原判 12 件、改变原决定 2 件、部分改变原决定 1 件、提起抗诉 1 件。全年办理交办案件 76 件。市人民检察院控申科办理交办案件 9 件，其中省人民检察院交办 8 件、省信访局交办 1 件。全市办理不服检察机关处理申诉案 30 件，办理这类案件时坚持忠于事实、忠于法律、忠于人民的原则。如市人民检察院办理的田某江申诉案。该案历经多年，且经省、市、区三级多次处理，但申诉人一直不服，反复上访，成为老大难。5 月，市人民检察院对该案进行重新复查，多次到西洞庭农场了解情况，将了解的情况向省人民检察院汇报，与鼎城区院进行协调，最后达成共识，对田反映的问题作出全面处理。在田继续无理取闹的情况下，市人民检察院又与鼎城区院一道反复做田的思想工作，且找田正在读大学的儿子，让他做其父亲的工作，终于使田改变态度，服从处理，领走了放在检察院账上几年的补偿款 2000 元，化解了一起准备国庆节期间进京非正常上访事件的发生。

2000 年，受理各类申诉案件 145 件（其中首次申诉 138 件、重复申诉 7 件）。控申部门立案复查 42 件，办结 42 件，其中维持原决定 19 件，改变原决定 13 件，部分改变原决定 9 件，其他处理 1 件。市人民检察院控申科立案复查 14 件，结案 14 件，其中维持原决定 6 件、改变原决定 5 件、部分改变原决定 2 件、其他处理 1 件。在复查的 42 件案件中，不服原免诉 2 件、不服没收 24 件、不服不诉 2 件、不服不立案 1 件、不服法院判决裁定 6 件、其他 1 件、不服不捕 3 件、提出抗诉 1 件、不服撤销案 1 件、不服判刑 1 件。7 月中旬，召开全市控申科（股）长及刑事申诉案件听证观摩会，全面推行刑事申诉案件公开审查程序。观摩现场为武陵区院组织的全省首次刑事案件公开听证会。省人民检察院控申处领导及长沙、益阳等市人民检察院的有关领导、全市控申检察科（股）长，市人民检察院、武陵区院部分干警参加。省人民检察院办公室、市人民检察院技术科、常德电视台进行现场采访；省电视台、省教育电视台、省经济电视台、市电视台分别报道。10月中旬，市人民检察院在临澧县院召开刑事申诉案件公开审查听证会，在全市检察机关普遍推行刑事申诉案件公开审查程序，把长期不服检察机关处理决定的案件，市委、市人大常委会、市政府交办的案件，上级检察机关督办的案件，复杂疑难案件等4类案件列入听证的重点；对案件简单、影响不大、申诉人要求公开审查的申诉案件，召开质证会。

2001年，全市检察机关刑事申诉部门共受理各类申诉案件45件，立案复查22件，其中维持原决定10件、改变原决定1件、部分改变原决定4件、其他处理6件、提请抗诉1件。市人民检察院立案复查8件，结案8件，其中维持原决定4件、部分改变原决定1件、其他处理2件、提请抗诉1件。市人民检察院下发《常德市检察机关刑事申诉案件首办责任制度（试行）》。全市检察机关采取“深化认识、缜密筹谋、勇于实践”的措施，全面推行“两刑”（刑事申诉、刑事赔偿）案件公开审查制度，共召开听证会7次、质证会4次，收到了“三满意”（当事人满意，党委、人大常委会、政府及有关部门满意，检察机关自身满意）的效果，受到高检院、省人民检察院领导的肯定和好评，高检院申诉厅将市人民检察院推行公开审查制度的经验向全国推广。市人民检察院办理的汉寿县交通局干部殷某刚不服汉寿县院扣押收缴申诉案。该案1998年汉寿县院复查后，作出维持原处理的决定。申诉人不服，到市人民检察院上访，市人民检察院受理后决定立案复查，承办人会同原复查承办人和原办案人员，对该案重新调查，补充20余份证据。3月，市人民检察院聘请3名市人大代表为听证员召开听证会对此案进行公开听证。听证会上原案承办人、原复查承办人充分展示原案证据及补充的证据，申诉人也向听证会提交了部分证据。根据听证会上展示的证据及听证员的意见，对证据确实充分的部分予以维持，对证据不足的部分予以纠正，决定退给申诉人现金19400元。该案经公开听证，收到了当事人和原承办单位满意的效果，受到社会各界好评。

2002年，受理各类申诉33件。申诉部门立案复查28件，结案28件，其中维持原决定15件、改变原决定2件、部分改变原决定2件、抗诉1件、其他处理8件。市人民检察院立案复查9件，结案9件，其中维持原决定5件、改变原决定1件、抗诉1件、其他处理2件。在办理“两刑”案件中，把“首办责任制”与“四项清理”有机结合；维护当事人的合法权益；把“息诉”作为检验“两刑”案件办理效果的标准之一。

2003年，受理各类刑事申诉89件，控申部门审查处理49件，立案复查20件，结案14件，其中维持原决定10件、部分改变原决定3件、其他处理1件。在办案中，树立“质量意识”，严把事实关、证据关和适用法律关。7月23日，申诉人张某华委托湖南博瑞律师事务所律师黄昌祥向市人民检察院提出申诉，不服汉寿县院的复查决定。市人民检察院控申科受理此案后及时组织人员进行调卷复查，三次到汉寿县找原承办人、当事人以及知情人调查核实，查阅有关资料，通过近两个月的内查外调，弄清了事实真相。市人民检察院决定部分撤销汉寿县院作出的汉检刑复决〔1999〕04号决定，返还张现金51465.98元。申诉人接到决定书后，连声称赞："还是检察机关过得硬，敢于纠正自身的问题，了不起，我万分感谢！"

2004年，受理各类刑事申诉案件49件，审查处理49件。控申部门立案复查25件，结案20件，其中维持原决定12件、改变原决定4件、部分改变原决定3件、其他处理1件。决定返还财产557379.5元。根据高检院决定，开展不起诉案件专项复查和自侦案件扣押、冻结款物"两个专项"检查工作，对2003年度不起诉案件进行复查。市人民检察院控申检察科会同公诉部门对自侦部门移送作不起诉的和当事人不服不起诉的申诉案件进行再审查，共清理34件、45人。7月12—14日，省人民检察院检察组一行3人到市人民检察院对2003年度办理的34件、45人不起诉案件进行专项检查，对自查工作给予充分肯定，并对不足之处提出建议。市人民检察院研究后将情况通报全市，并于9月底对基层检察院进行检查督导。年底，全市检察机关复查的2003年度的不起诉案件无一件当事人提出再申诉，无一件公安机关提请复议复核；2004年度不起诉案件也没有当事人提出申诉和公安机关提请复议复核的。通过对自侦案件扣押、冻结款物的专项检查，查清了检察机关自侦案件扣押、冻结款物的真实情况，查清了涉案人员和发案单位长期申诉而没有得到解决的问题。对15件自侦案件中请求返还扣押、冻结款物的申诉案件进行了复查办理。

2005年，开展对不服检察机关处理决定的申诉案件办理质量的检查活动和"规范执法行为，促进执法公正"专项整改活动。5月份起，对2004年立案复查并已办结的不服检察机关处理决定的自侦案件清理自查14件，通过全市进行集中讲评，评出优案和差案各1件。省人民检察院申诉案件质量检查组对常德市办理的申诉案件的质量给予充分肯定。全市检察机关控申部门对不服检察机关处理决定的申诉案件做到"三个及时、一个处理"，即及时受理、及时立案、及时办理和妥善处理善后工作，做好息诉工作。鼎城区院克服"三怕"（怕揭短、怕丢面子、怕影响声誉）思想，立案"两刑"案件7件。澧县院坚持"两见面"（立案时与申诉人见面、作出决定后送达决定书时与申诉人见面）制度，当面做好息诉工作，办理刑事申诉案件4件，全部办结息诉。全市共办理刑事申诉案件41件，其中审查处理20件、存查9件。控申部门立案复查12件，结案10件，维持原决定5件，撤销原决定5件。

2006年，受理各类刑事申诉31件，其中审查处理7件，立案复查13件、结案19件（含2005年立案6件）。其中改变原决定9件、维持原决定8件、建议法院再审1件、其他处理1件。通过"两个专项"清理，排查处理反映检察机关违法查封、扣押、冻结款物以及经济纠纷的问题3件，均明确责任领导和承办人，明确工作方案及办理期限，全部处理到位。

2007 年，受理各类刑事申诉 20 件，控申部门立案复查 9 件，结案 9 件，其中维持原决定 4 件、改变原决定 1 件、部分改变原决定 4 件，返还财产 64390 元，建议法院再审、改判 2 件。市人民检察院控申科办理申诉案件 5 件，结案 2 件，改变原决定 1 件，维持原决定 1 件。1 月 30 日，澧县人民法院〔2006〕澧刑再字第 1 号审判决定书对黄某泽申诉案进行再审判决，完全采信澧县检察院再审建议书的意见及澧县检察院办理该案调取的主要证据。该案为常德市检察机关办理不服法院生效判决建议再审改判的零突破。

2008 年，在办理“两刑”案件中落实 “息诉止访”三项机制的要求，杜绝打法律“白条”，市人民检察院控申部门办理的 10 件“两刑”案件均做到“四个 100%”，坚持高质量办案，减少涉检信访。同时，运用刑事和解办理“两刑”案件，采取释法说理、教育疏导、协调和解的方式，办理多起刑事申诉案件，如马某珍不服石门县院不立案决定的申诉案。市人民检察院经过对原案的审查，会同两名法医对其夫死亡原因进行复核，找原案承办人调查原案办理经过后确认：（1）其夫死亡原因确系自缢身亡；（2）石门县院不立案决定及维持原不立案决定的复查决定正确；（3）石门县公安局原负责办理此案的公安助理员易某办案中有失职行为，建议石门县委、县政府按照干部管理权限，对其给予党纪政纪处分。办案人员在处理过程中通过打比方、讲案例向其宣传法律。市人民检察院党组书记、检察长陈海波 3 次赴石门与县委书记熊大顺协商，为马落实了 8 万元困难救助，并想办法为其落实了低保，马表示息诉罢访，这起长达 15 年的上访申诉案终于办结息诉。通过对案件质量检查，向省人民检察院推荐两件优案。全市共受理各类刑事申诉 25 件，控申部门立案复查 13 件，结案 16 件（含 2007 年立案 3 件），其中维持原决定 7 件、建议法院再审 1 件、当事人撤回申诉 3 件、其他处理 5 件，返还财产 6.9 万元。

2009 年，按照“受理一件，办理一件，息诉一件”的要求，把息诉贯穿到申诉案件办理的全过程，做到“案结事了”。不服法院生效刑事判决、裁定的申诉案件，此前仅澧县院和桃源县院办理，是年，市人民检察院办理一例。2008 年 8 月，申诉人姚某及其法定代理人陈腊桂认为：鼎城区人民法院〔2007〕常鼎刑初字第 30 号《刑事附带民事判决书》对原审被告人黄某量刑畸轻，民事赔偿过低，要求市人民检察院重新审定并提出抗诉，市人民检察院于 2008 年 8 月 28 日立案复查。承办人荣明、鲁斌在认真阅卷，深入调查的同时，依法委托权威法医精神病司法鉴定所和刑事科学研究所对姚的伤情进行重新鉴定。两份鉴定表明被告黄某的行为已造成受害人姚某四级伤残，而非原判决认定的八级伤残。承办人将本案移送本院公诉一科审查后报市人民检察院检委会讨论决定向市中级人民法院提出抗诉。市中级人民法院 2009 年 4 月 20 日以〔2009〕常刑监字第 01 号再审决定书，指令鼎城区人民法院另行组成合议庭对本案进行再审，该案最终画上圆满句号。事后，法定代理人陈腊桂接受采访时说：“我对检察院高度重视我儿子的案子十分感谢，感谢他们主持公道，维护法律公正！”全市共受理各类刑事申诉 21 件，审查处理 10 件，存查1件。控申部门立案复查10件，结案10件，其中维持原决定3件、部分改变原决定5件、提出抗诉1件、建议法院再审1件。

2010年，全市受理刑事申诉案件17件，立案9件，其中维持原决定8件。不服法院生效、裁判申诉的案件6件，立案复查3件。针对基层院不服法院生效刑事裁判申诉案件立案少、抗诉空白的现状，市人民检察院提出各基层院控申部门全年至少完成抗诉1件的要求。各基层检察院按照市人民检察院要求，调整工作部署和办案力量，加大办理不服法院生效刑事裁判申诉案件的工作力度。

2011年，以“案结事了人和”为目标办理刑事申诉案件，促进止诉息诉。全市受理刑事申诉案件41件，其中不服检察机关处理决定6件，立案复查2件。受理不服法院生效刑事裁判的申诉5件，立案复查1件，作不立案审查4件。在办理刑事申诉案件时，做到实事求是、有错必纠。市人民检察院办理省人民检察院交办的吴某见不服追缴财产申诉案，吴对市人民检察院以非法所得追缴的53.05万元不服，要求返还。在对该案复查后，市人民检察院检委会认为追缴存在一定错误，决定部分返还。另外，落实“加大办案力度，提高执法水平和办案质量”的要求，把确有错误的人民法院生效刑事裁判案件作为监督重点。

2012年，按照高检院年初下发的《最高人民检察院关于办理不服人民法院生效刑事裁判申诉案件若干问题的规定》和《人民检察院刑事申诉案件公开审查程序规定》（以下简称“两个《规定》”）。全市控申部门调整工作部署和工作重心。市人民检察院召开全市控申工作会议，学习“两个《规定》”，要求加强领导，认真贯彻落实。全市检察机关共受理刑事申诉案件22件，立案复查10件。其中受理不服检察机关处理决定的申诉10件、立案复查6件、维持原处理决定1件、改变5件；受理不服法院生效刑事裁判的申诉12件，立案复查4件，提请抗诉1件。市人民检察院控申科发挥示范作用，带动全市办案工作的开展。如市人民检察院控申科办理的杨某花、张某文（两人系母子关系）不服法院判决刑事申诉案。杨某花以法院对致死其丈夫的黄某某量刑畸轻为由，向市人民检察院提出申诉。市人民检察院控申科受理该案后，承办人对全案事实、法律适用等进行全面、细致的审查，并驱车200多公里前往案发地复核。后经市人民检察院检委会讨论，依法向省人民检察院提请抗诉，给了申诉人满意的答复。

2013年，由于《刑事诉讼法》《民事诉讼法》和《最高人民检察院刑事诉讼规则》（简称“两法一规则”）的修改，控申检察系统办案的类型、范围得到拓展。市人民检察院控申科受理申诉案件11件，立案复查7件，办结3件，通过审查结案3件，按审判监督程序向市中级人民法院提出抗诉1件；办理交办案件9件。全市控申部门加强民事申诉案件的审查受理，仅市人民检察院控申科就审查民事监督申请46件，受理29件，不予受理17件。在审查受理时重点放在修改后民诉法第209条的三种情形上，原则是“两个在先”（法院纠错在先，检察监督在后；下级检察院审查在先，上级检察院抗诉在后），明确受理范围，严把受理质量关。落实高检院关于受理审查的级别管辖规定，贯彻执行省人民检察院关于《民事监督案件审查受理的暂行办法》，确保审查受理工作规范有序。修改后的《刑事诉讼法》赋予控申部门提起抗诉的监督职能。市人民检察院控申科办理了唐某虎不服法院生效裁决申诉案，依法向市中级人民法院提出抗诉，市中级人民法院审查后下达〔2013〕常刑监字第11号《指令再审决定书》，指令石门县人民法院另行组成合议庭，对唐某虎敲诈勒索案进行再审。市人民检察院控申科注重督促、指导各基层院依法办案，一经发现违反法律规定的程序与形式的现象，要求严肃整改，并要求办案单位举一反三，加深认识，吸取教训。如在办理伍某珍不服石门县检察院不起诉决定申诉一案中，市人民检察院控申科经全面审查并到案发现场调查后，认为该院作出不起诉决定是正确的，但在办理该案过程中存在审查起诉超期、送达超期等违反法律程序的问题。市人民检察院对石门县院发出《纠正违法通知书》。石门县院依法进行整改，对该案展开全面自查，就存在的问题作出书面说明，并做好善后和息诉工作。申诉人对此表示满意，该案调解息诉。从9月开始，开展“推进刑事被害人救助与刑事申诉案件公开审查（简称“两项工作”）实施活动，制定《常德市检察机关关于推进刑事被害人救助与刑事申诉案件公开审查工作的实施方案》，确定以“逐步公开、重点救助、扎实推进”“两项工作”为主题。市人民检察院和各区县市检察院开展调查统计，并制定“两项工作”的改进计划。在核对业务报表的同时，市人民检察院派人到各基层院进行督导。11月8日，市人民检察院督导桃源县院对办理的黄某安等不服桃源县院决定的申诉案件开展公开听证活动，邀请当地群众代表、人大代表、政协委员、专业律师及相关职能部门代表进行听证，听证过程全程录音录像。市人民检察院派人出席监督、指导。听证产生良好效果，申诉人表示满意。

2014年，全市检察机关申诉部门共受理刑事申诉案件19件，其中立案复查12件，审查结案3件。全市各检察机关依照法定程序全面审查不服检察机关处理决定的申诉案件，坚持“实事求是，有错必纠”和全面审查申诉案件的原则，该纠正的坚决纠正。市人民检察院立案复查的覃某伟（被害人之父）不服石门县院对犯罪嫌疑人覃某兵、覃某雷、向某明不起诉一案。承办人经过认真审查复核，认为被害人的死亡与被不起诉人的行为有着直接因果关系。虽然证据存疑，但考虑到案情重大，矛盾难以化解、息诉，认为该案石门县院对上述3人作出的存疑不诉确有错误。经市人民检察院检委会讨论，决定纠正石门县院的不起诉决定，并向该院发出《纠正案件错误通知书》，责令其对覃某兵、覃某雷提起公诉。后石门县法院分别判处2人有期徒刑5年、6年。申诉人覃某伟十分感动，认为检察机关依法纠错，公平正义，值得信赖。检察机关控申部门依法受理、规范办理不服法院生效刑事裁判申诉案件。构建以抗诉为中心，灵活运用再审检察建议、纠正违法通知、检察意见等监督手段，准确把握各种监督方式适用范围和适用标准，确实提高监督的效率和效果。市人民检察院控申科结合监督生效裁判的实际需要，认真审查，积极协调，成功办理了唐某虎不服法院生效判决申诉案。该案石门县院提出抗诉后，市人民检察院又进行认真复核，经检委会研究，同意“审判程序违法，可能影响公正判决”“原审判决适用法律不当”等抗诉理由，依法向市中级人民法院提出抗诉。市中级人民法院审查后指令石门县法院另行组成合议庭，对该案进行再审。再审判决对市人民检察院提出的原审对被告人判处罚金刑不当，适用法律错误的理由全部采纳。该案是《刑事诉讼法》修改实施后，市人民检察院首例通过控申部门按审判监督程序行使抗诉权并出庭再审的案件。按照《人民检察院刑事申诉案件公开审查程序规定》，选择符合条件的案件开展公开审查活动，灵活运用公开听证、公开论证、公开答复等，进一步提高执法公信力。市人民检察院在办理刘某福等6人不服鼎城区检察院不起诉决定的申诉案件时，就邀请人大代表、政协委员、人民监督员、社区群众代表等，在鼎城区院听证室组织开展当事人参加的“刑事申诉案件公开答复”活动，结合案情和当事人提出的具体问题进行评议，形成统一意见后向当事人当场宣布，检察机关还向申诉人指出其他救济渠道。市人民检察院办理的王某毅、李某德不服武陵区院对刘某慧涉嫌诈骗一案作出不起诉决定的申诉案件。因该案在公安、法院、检察院办理时间较长、案情复杂，牵涉多方当事人利益，且经过检委会3次讨论，决定采取公开听证的形式，邀请当事人双方、听证代表、案件原承办人参与案件讨论。这些做法，得到申诉人的信任，达到化解矛盾纠纷、促进息诉罢访的法律效果和社会效果。是年，市人民检察院刑事申诉工作名列全省第一，津市市院办理的李某四申诉案被省人民检察院申诉处评为精品案件并报送高检院参加评选。

2015年，全市检察机关控申检察部门从三个方面加强刑事申诉检察工作：一是加强自身执法监督，规范办理不服人民检察院处理决定的申诉案件。市人民检察院在办理丁某英不服武陵区院不起诉决定的申诉案时，发现武陵区院对假药的认定标准和被不起诉人的主观故意认定有偏差。市人民检察院通过市食品药品监督管理局确认，被不起诉人刘某来生产的“十全大补丸”为假药。且刘某来的供述可以证实其明知自己生产、销售的是假药，但仍进行生产、销售，证人证言均证实其为主观故意生产、销售“十全大补丸”；市食品药品检验监督机构按照《中华人民共和国药品管理法》的有关规定，亦认定刘某来生产、销售假药“十全大补丸”。市人民检察院认为被不起诉人刘某来的行为触犯《中华人民共和国刑法》第148条、《中华人民共和国刑法修正案（八）》第23条之规定，构成生产、销售假药罪，应当提起公诉，撤销武陵区院不起诉决定，由武陵区院向该区人民法院提起公诉。后武陵区法院判处刘某来有期徒刑两年，缓刑两年。又如桃源县院办理的张某霞不服对葛某国不批准逮捕申诉案中，控申部门查明：葛某国明知用力拉张的行为有可能对张某霞造成伤害，具有放任危害结果发生的心态，存在伤害的间接故意，且造成张轻伤二级的危害结果。事实清楚，因果关系明确，符合犯罪构成要件。因此，桃源县院作出的“不构罪不捕”的决定与本案事实、证据不符，原处理决定认定事实存在错误，应予以纠正。但因葛主观恶意较小，社会危害不大，应在补偿复核证据的基础上，作出构成犯罪没有批捕必要的决定。根据《人民检察院复查刑事申诉案件规定》第41条第二款之规定，维持不批准逮捕决定，并依法追究原案犯罪嫌疑人葛某国的刑事责任。二是全面开展申诉案件反向审视工作，实行一案一审视。全市控申部门对2014年度办理的不服人民检察院撤销案件、不批捕、不起诉案申诉案件及国家赔偿进行系统的反向审视，对侦查、审查批捕、审查起诉等办案环节存在的问题进行梳理分析，有针对性地提出规范执法、改进工作的意见建议，采取措施进行改进，加强制度和机制建设。对典型案例进行重点剖析，形成有情况、有分析、有对策的综合报告。三是加大不服法院生效刑事裁判申诉案件办理力度，严格防止冤假错案的发生。市、县两级控申部门全年共办理5件不服法院生效裁判申诉案件。是年，全市控申部门共受理控告申诉案件101件次，审查处理98件次。受理不服检察机关处理决定申诉案件16件，办理14件，立案复查7件（其中维持原决定5件、纠正原决定2件），办结2014年度不服检察机关处理决定申诉案件4件。办理不服法院生效刑事裁判申诉案件5件（其中，不予抗诉2件、书面通知3件）。

第二节　刑事赔偿

1994年5月，《中华人民共和国国家赔偿法》（以下简称《国家赔偿法》）颁布。为保障该法于1995年1月1日实施，全市检察机关依照高检院下达的《人民检察院刑事赔偿工作办法（试行）》的规定和省人民检察院《关于切实做好刑事赔偿工作的通知》精神，确定检察机关的刑事赔偿工作（以下简称“刑赔”工作）由控申检察部门负责管理。1995年，市人民检察院控申科成立刑事赔偿办公室，按照市级院2人、县级院1人配齐“刑赔”工作专干，并进行上岗前的强化训练。为增进公民对《国家赔偿法》的了解，进行广泛地普法宣传。

1996年，全市“刑赔”干警继续学习《国家赔偿法》，边学习、边摸索、边实践，取得“刑赔”工作的初步经验。武陵区院走出去向群众宣传《国家赔偿法》5场次。临澧县院受理2件赔偿案，其中1件因赔偿请求部分事实不清，申请理由不够充分，向市人民检察院汇报达成共识后，会同有关部门进行处理，当事人表示满意。汉寿县院赔偿专干对误解检察机关“刑赔”范围的信访，耐心细致做解释工作，使之既明确投诉方向，又学到了新的法律知识。

1997年，依照高检院提出的“刑赔”工作要“积极受理，认真办理”的要求和“实事求是，有错必纠”的原则，全市共受理“刑赔”请求6件，市人民检察院复议3件。按赔偿请求内容分，多项赔偿请求5件、错误逮捕1件。通过审查，立案办理5件，办结5件。市人民检察院复议的3件均作出不予赔偿的决定，赔偿申请人心服口服。

1998年，全市检察机关“刑赔”工作以“树形象、促公正、保稳定”为目标，共受理各类赔偿请求8件，立案审查8件，办结8件。其中不予赔偿6件、给予赔偿2件，支付赔偿金6万元。

1999 年，全市检察机关开展“执法效果”年活动，共受理“刑赔”请求 13 件，立案 9 件，结案 7 件，申请复议 2 件。决定赔偿 2 件，赔偿金额 1.05 万余元。不予赔偿 3 件。市人民检察院办理 3 件，结案 3 件，其中不予赔偿 1 件，复议 2 件。临澧县院办理该县粮食局退休工人何某的赔偿案。何曾在 1995 年因贪污被该县院追缴赃款、利息款、罚款合计 4.7 万元。1999 年 7 月，何向县检察院要求重新处理。县检察院受理此案后，通过审查案卷，走访有关当事人和原承办人，发现原办案中多收了 1 万余元的利息款。当临澧县院将 1 万多元钱交给何某时，何连声说：“检察院秉公执法，我一辈子都忘不了！”

2000 年，全市共受理“刑赔”请求 5 件，立案 5 件，结案 4 件，不予赔偿 1 件。其他处理 2 件，复议 2 件。市人民检察院办理赔偿复议 2 件，结案 1 件。是年，全市检察系统开展“公正执法年”活动，检察机关“一把手”亲自抓“刑赔”工作，努力做到执法效果与社会效果的统一。无论是赔偿还是不予赔偿决定都在“准”字上下功夫，严格把好过错关、免责关、决定关。汉寿县一村民以汉寿县检察院对其错误批捕为由，向该院申请刑事赔偿一案，是在市人民检察院检察长杜辉才批示后才圆满解决的。

2001 年，全市共受理刑事赔偿请求 9 件，立案 7 件，结案 7 件。其中给予赔偿 3 件、不予以赔偿 3 件、其他处理 1 件。受理复议申请 6 件，结案 5 件、积存 1 件。其中改变原决定给予赔偿 4 件，维持原决定不予赔偿 1 件。办理不服确认的申诉 2 件，改变原决定予以确认 1 件，维持原决定不予确认 1 件。鼎城区院重视“刑赔”落实工作，从有限的经费中拿出近 6 万元，落实 3 件“刑赔”工作。市人民检察院召开 3 次刑事申诉和刑事赔偿研讨座谈会。6 月，开展落实赔偿案件的调研活动。2000 年 6 月 13 日，汉寿县朱家铺乡回龙庵村石家坝组村民陈某章到市人民检察院上访，申诉不服汉寿县院不起诉决定。陈于 2000 年 5 月 23 日以汉寿县检察院对其错误批捕为由，向该县检察院申诉刑事赔偿。汉寿县院以侵权事项发生在国家赔偿法生效之前为由，决定不予赔偿。市人民检察院受理该案后，认为不能简单地不予赔偿了事，检察长杜辉才批示将案件交汉寿县院处理。2001 年年初，市人民检察院主管副检察长万革新带领控申科负责人到汉寿县院指导办案，并多次过问办案进度。汉寿县院重新调查处理该案。3 月 30 日，经汉寿县院检委会研究，决定对其被羁押的事实错误予以纠正，给予陈某章被羁押期间误工损失、精神抚慰、上访车船费等各类补偿金 1.1 万元，并由县政府及时核发了该笔补偿金。当事人对此非常满意，一起上访多年的老户终于息诉。

2002 年，全市受理“刑赔”请求 8 件，立案 7 件，结案 8 件（含 2001 年积存 1 件），其中给予赔偿 7 件，支付赔偿金 48972.3 元，作其他处理 1 件。市人民检察院控申科受理赔偿 5 件，立案 5 件，结案 5 件，给予赔偿 4 件，其他处理 1 件。5 件赔偿案件中，复议申请 3 件，结案 3 件，维持原决定 1 件，改变原决定给予赔偿 2 件。汉寿县院办理张某斌赔偿案，当作出决定向其宣布时，张认为赔偿太少，表现出不满情绪。承办人对他动之以情，晓之以理，耐心细致解释。张发自内心地说，我理解检察院的工作难处，不再申诉了。10月，石门县壶瓶山镇原村党支部书记王某操以2001年被错误逮捕为由要求刑事赔偿，并说如不公正处理将赴京上访。石门县院受理此案后，副检察长董德宏带领承办人员两次下乡复核案件。10月16日，集体研究决定赔偿王2001年被错误羁押10天的误工费、交通费共818元，当事人表示满意，一起告急上访在中共十六大召开前得到解决。

2003年，全市受理刑事赔偿请求4件，审查处理3件，决定赔偿2件，支付赔偿金1.6万元。进入赔偿程序予以立案1件，办结1件。3月，桃源县院受理康某初赔偿案，支付赔偿金6000元。

2004年，受理“刑赔”请求13件，审查处理13件，办结11件，决定赔偿5件，不予赔偿1件，中止赔偿5件。决定支付赔偿金124748.33元（兑现53029.99元）。是年共支付赔偿金169359.99元（含支付2003年作出赔偿决定的116327元）。桃源县院受理秦某美赔偿案后，及时调阅案卷，全面审查原卷和法律文书，并提交该院检委会讨论。根据《国家赔偿法》的有关规定，决定对秦作出赔偿。

2005年，共受理“刑赔”请求1件，立案1件，给予赔偿1件，赔偿金额6765.98元。办理确认案件2件，办结2件，不予确认2件。市人民检察院办理不服确认的申诉3件，其中维持原决定1件、部分改变1件、予以确认1件；办理赔偿复议案件2件、办结2件、维持原决定1件、部分改变1件。津市市检察院在办理张某生赔偿案时，严格按法律规定程序立案审查，敢于纠错，作出赔偿决定，并向财政申请核拨，努力执行到位。

2006年，受理“刑赔”请求9件。确认3件，立案6件，结案6件，其中不予赔偿2件、给予赔偿4件，支付赔偿金额67414.3元。通过对全市2002年以来已作赔偿决定但尚未执行的8件“刑赔”案件所涉及的区县市检察院，采取“定领导负责、定专人办理、定落实方案、定落实时间”的措施，10月底以前全部执行到位。汉寿县院树立“敢于认错、勇于纠错”的观念，坚决纠正错误的案件。该院检察长靳湘辉接待赔偿请求人彭某云后，立即批示该院控申部门及时处理。控申科迅速确定案件承办人，明确办理时限，并签订首办责任状。最终确认彭被错误拘留、逮捕的事实，依法作出给予赔偿的决定，为其支付赔偿金17298.80元。2月，临澧县院受理吴某斌赔偿案后，承办人仅用一个月就办结该案，为其支付赔偿金13780.40元。吴委托律师给临澧县院赠送题写“人民公仆、法律卫士”的锦旗一面。鼎城区院在经费十分困难的情况下，多方组织资金近50万元，使12件复查和赔偿案件的决定得到落实。桃源县院对秦某美、陈某春两件尚未执行完毕的赔偿案件进行登记造册，建立台账，制定配套措施，9月15日前全部执行到位。津市市检察院进一步提高办理“刑赔”案件的认识，加大案件的善后处理力度。在办理雷某赔偿案时，克服怕赔的思想，主动与当事人协商，虽然应赔数额较大，决定采取分月支付的办法，至10月底全部支付完毕。

2007年，受理“刑赔”请求13件，立案9件，结案9件，给予赔偿8件，支付赔偿金91081.26元，返还财产82319元。审查下级院报批拟不予确认案件1件，不同意不予确认。石门县院虽经费紧张，但对决定的赔偿金 31772 元，在很短时间内全部执行到位。

2008 年，受理赔偿案件 5 件，立案 3 件，决定给予赔偿 3 件，支付赔偿金 4.1 万元，返还财产 2.3 万元。全市控申部门坚持以人为本，在涉及返还财产的申诉案件决定和赔偿决定的执行中，把立足点放在维护申诉人合法权益上，及时、足额执行到位。市人民检察院办理的张某明不服石门县院复查决定的刑事申诉案，经过认真审查，该案的焦点是张因挪用公款于 1995 年 9 月 8 日—12 月 20 日被监视居住期间，石门县院将其羁押在该县公安局治安拘留所，使其人身权利受到侵害，该行为违法。市人民检察院决定：石门县院应当补偿申诉人张某明 7000 余元。尽管石门县院有异议，且经费困难，但从大局出发，在做好申诉人息诉罢访工作的同时，如数给申诉人支付了补偿款。

2009 年，受理“刑赔”请求 4 件，立案 4 件，办结 3 件，给予赔偿 3 件，赔偿金额 22.8 万元。某区检察院在不能证明孙某有挪用公款犯罪事实和挪用公款犯罪嫌疑的情况下，以孙某涉嫌挪用公款罪对其采取刑事拘留、逮捕措施羁押 38 天，侵犯了孙的人身自由。经市人民检察院检委会讨论决定，依法赔偿孙某被错误羁押 38 天的赔偿金 4225.62 元。

2010 年，全市受理的 19 件刑事申诉、赔偿案件，决定赔偿 2 件。其中贾某清申请国家赔偿一案，由于案情复杂，澧县院一直拖延未决。为了彻底办结并息诉该案，市人民检察院分管副检察长和控申科负责人专程赴澧县院督办，终于办结该案。

2011 年，受理“刑赔”申请 4 件，立案 4 件，决定赔偿 4 件，支付赔偿金 4.46 万元，返还财产 36.58 万元。受理刑事赔偿复议申请 6 件，均予以维持。全市检察机关赔偿部门认真抓好修改后的《国家赔偿法》的贯彻落实，全面审查原案办理过程，认真清查办案过程中存在的执法不文明、不规范、侵犯当事人合法权益等问题，认真负责地办好每一起案件。如彭某元申请赔偿案，彭对澧县院作出的赔偿决定不服，向市人民检察院提请复议。市人民检察院经审查认为原案作出的不起诉决定错误，要求澧县院重新审查并依法予以赔偿。澧县院决定给予彭某某赔偿因羁押造成的损失 12240.38 元，并给其另行补偿 37759.62 元，共计 5 万元。11 月 9 日，澧县检察院与彭某元签订补偿协议，彭某元出具息诉罢访承诺书。高检院检察长曹建明对该案做了重要批示：“泽君、学强、孝清、汉民、文秀同志：反复读湖南常德市院《对彭次元申请国家赔偿案的总结和反思》，十分感慨。本案并不复杂，当事人申诉历时三年之久毫无音讯，到只用半个月息诉罢访，最关键还是检察机关真正转变了执法理念，真正把人民群众放在心中最高位置了。如果我们只想保护自己的‘面子’，就不会真正愿意考虑老百姓的感受，也不会真正维护法律的尊严和人民的权益。读了‘总结与反思’，又发自内心高兴，为市人民检察院和澧县院叫好，勇于认识并纠正自己的错误，这才是真正的立检为公，执法为民，这种勇气难能可贵。希望能更多地看到这种理论联系实际、用于解剖自己的思考和行动。”又如市政法委交办的胡某国不服市人民检察院违法扣押信访案。市人民检察院通过复查，依法返还胡被扣押的现金 10 万元。同时针对市人民检察院侦查部门在办案过程中存在一定过错，当面给胡赔礼道歉，并补偿 3 万元利息。上访人主动签订了息诉协议书。

2012 年，全市检察机关在认真办理赔偿案的同时，开始探索精神损害赔偿，切实保护赔偿请求人的合法权益。市人民检察院国家赔偿办公室立案办理《国家赔偿法》修改后的首例精神损害赔偿复议案。赔偿请求人覃某因父亲在羁押期间死亡，向武陵区院申请国家赔偿并提出精神损害赔偿请求，该院依法作出赔偿决定。覃某以精神损害赔偿过低又向市人民检察院提出申诉。市人民检察院经复议认为原赔偿决定认定事实并无不当，但案件造成的死亡后果确实给赔偿请求人造成了一定的精神损害，应予赔偿。通过与覃协商，对其给予 5 万元的精神损害赔偿。覃接受复议决定，息诉罢访。

2013 年，受理刑事赔偿案件 6 件，立案 6 件，办结 2 件，支付赔偿金 13 万余元。

2014 年，受理国家赔偿申诉 6 件，立案 6 件，审结 6 件，执行赔偿金额 83 万元。全市控申部门在依法办理刑事赔偿案件中，十分注意公正办理，改进方式方法，充分保障赔偿请求人的合法权益。市人民检察院在办理省人民检察院督办的林某宝赔偿案中，多次对与案件有关的法律条文向省人民检察院请示，力求严格依法赔偿，保护赔偿请求人的合法权益。最后成功办理了此案，当事人表示满意。

2015 年，全市控申检察部门共办理国家赔偿申请 5 件，立案 5 件，赔偿金额 12.42 万元；办理赔偿复议申请 2 件，执行 2014 年度审结的国家赔偿申请 1 件，赔偿金额 8.24 万元。是年，基层院赔偿案件增多，市人民检察院以赔偿复议为主，通过备案审查和复议，一方面建立健全国家赔偿案件衔接机制，促进依法及时办理案件，畅通赔偿请求渠道。通过办理国家赔偿案件，查找司法办案中苗头性、倾向性问题，促进从整体上提高检察机关司法办案的水平和质量；另一方面全面推行国家赔偿案件分析报告和权利告知制度，将国家赔偿案件分析报告逐级报省人民检察院备案，延伸检察机关国家赔偿工作职能，切实发挥反向审视作用。市人民检察院在对桃源县院办理的涂某勇申请国家赔偿一案进行复议审查时，发现其赔偿方式有误，随即对其赔偿方式进行变更。武陵区院办理的徐某缤申请国家赔偿案，徐不满武陵区院对其作出的不起诉决定，向各级有关部门不断申诉，要求追究侦查机关办案人员的刑事责任，并要求进行国家赔偿，多次声称诉求得不到满足就要赴省进京上访。由于正值全市两会召开前夕，武陵区院及时向市人民检察院报告。市区两级控申部门多次约谈徐某缤，耐心宣讲法律知识，并表示一定依法进行赔偿。最终与徐达成赔偿协议，并在一个月内将赔偿金落实发放，化解了信访风险。

第三节　刑事被害人救助

2008 年，在市人民检察院检察长陈海波、石门县委书记熊大顺的共同关注下，为石门县马某珍一起长达 15 年的申诉案解决困难救助款 8 万元，并为其落实了“低保”待遇，促进了案结息诉。

2011年，市人民检察院“刑赔”工作人员与相关部门沟通、协调，对9名符合司法救助条件的刑事被害人开展救助工作，发放救助金15.2万元。

2012年，为推动刑事被害人救助工作深入开展，赔偿部门积极开拓救助方式与途径，探索开展救助工作的新方法、新机制。市人民检察院先后从省、市争取到救助资金13万元，全部发放给7件刑事案件的被害人。为了解决检察机关受理的案件应该救助却无钱救助的尴尬局面，市人民检察院主动与市中级法院协商，制定《关于联合开展刑事申诉案件中刑事被害人救助工作的实施意见》。

2013年，全市检察机关积极推行“刑事被害人救助”工作，认真解决认识不到位、实施不均衡、效果不理想、人民群众不满意等问题，将救助工作实施好、坚持住、规范化。通过搞好救助工作，进一步转变执法理念，提高队伍建设水平。澧县院在办理郭某信访案和熊某元申诉案时，考虑到被害人家境贫困，多次与县政法委、县民政局联系，由民政部门落实了两案的救助资金。石门县院在办理陈某某申诉案时，向有关部门提出被害人救助报告，由县政法委从信访救助资金中解决。市人民检察院向市政法委提交两个被害人救助个案请求报告，最终获得解决。在刑事被害人救助工作中，由于缺乏专项资金保证，许多案件迟迟不能止访息诉。如市人民检察院办理的石门县陈某某不服检察机关不起诉信访案，经过两级检察机关的努力，陈某某答应息诉，但提出家境贫困，申请救济，数目只要求1万元。这笔申请报到石门县政法委后，迟迟得不到落实，县检察院也没有司法救助的预算。这笔为数不大的款项都不能落实，直接影响到涉法涉诉信访改革的试点工作。市人民检察院加大工作力度，力争设立专项资金。在尚无专项资金的情况下，也要争取特案特办，落实个案救助。

2014年，全市检察控申部门受理司法救助3人，上报省院3人；落实2013年司法救助6人，共发救助资金23万元。控申部门在办理刑事申诉案件的各个环节，主动了解所办案件被害人的受害情况和经济状况，对符合救助条件的，主动告知被害人可申请救助。在省人民检察院支持下，市人民检察院落实了对津市市许某文、石门县覃某生各3万元的司法救助，并协助他们在当地政府落实其余救助款。石门县院帮助落实了陈某万为女儿陈某某申报的司法救助。经审查被害人陈某某为先天性智障，其母离家出走多年，依靠父亲陈某万打零工维持生计。2012年8月，被害人被同村村民强暴，公诉部门经审查，以事实不清、证据不足为由作出不起诉决定。该案被害人不服，向市人民检察院提出申诉，市人民检察院控申部门经全面审查本案，依法决定维持石门县院的不起诉决定。但鉴于被害人的生活因受到侵害而陷入困境，由此引发其父上访申诉，造成一系列社会负面影响。为体现党和政府的关怀，有利于化解社会矛盾，石门县院与该县县委、县政府有关部门联系，帮助陈某万申请到1万元司法救助款。

2015年，全市检察机关落实《关于建立完善国家司法救助制度的意见（试行）》和高检院制定的工作方案。市人民检察院与市政法委、市财政局、市中级人民法院、市公安局、市司法局共同制定《常德市国家司法救助制度实施办法》，明确认真开展司法救助工作，发挥司法救助解决当事人疾苦、化解社会矛盾等职能作用。是年，全市共提请司法救助 4 件，批准 4 件，拨付救助款 7 万元。全市控申部门不等不靠，积极争取党委重视、政府支持，对情况紧急的救助对象，增强自觉发现、主动救助意识，力求最大限度地帮助有实际困难的刑事被害人。控申部门在办理申诉案件的过程中，通过当事人双方协商以及适当给予被害人司法救助的方式，化解当事人之间的矛盾纠纷，收到止访息诉的社会效果。市人民检察院办理的刘某华不服武陵区院对钟某波、龚某文涉嫌故意伤害一案作出的不起诉决定申诉案中，申诉人刘某华情绪激动，多次上访。市人民检察院承办人在了解案情后，多次组织当事人双方协商，并对被不起诉人从实际出发给予适当司法救助，最终达成和解协议。被不起诉人向申诉人赔礼道歉并给予 5 万元赔偿金；市人民检察院又为申诉人申请 3 万元司法救助，申诉人刘某华主动撤回申诉，并签订息诉息访协议。

第六篇　民事行政检察与林业检察

1988 年，汉寿县院作为省人民检察院的 3 个试点院之一，进行民事行政检察的筹备和试点工作。1991 年 4 月 15 日，市人民检察院成立民事行政检察科。同年，9 个区县市检察院先后成立民事行政检察科（股），配备干部 23 人。民事行政检察工作由于起步迟，发展较晚，社会影响相对较小。同时，民事行政检察理论不完善，检察机关开展民事行政检察工作法理依据、工作权限及程序等问题在法律理论界没有取得普遍认同，司法解释不全。民事行政检察工作在开始阶段存在诸多困难和问题，如调卷、审级、审理期限等。还面临着资源不足、操作性不强，抗诉案件效果不令人满意，改判率不高等问题。全市检察机关民事行政检察部门狠抓宣传，不断扩大民事行政检察工作的社会影响，积极监督，坚持“敢抗、会抗、抗准”，坚持维护司法公正与维护审判权威并重，坚持服务大局维护社会稳定，办理一批有影响的民事行政抗诉案件，较快打开民事行政检察工作的新局面。2001 年年底，高检院召开第一次全国民事行政检察工作会议，印发《最高人民检察院关于加强民事行政检察工作若干问题的意见》。2010 年，高检院召开第二次全国民事行政检察工作会议，发布《关于加强和改进民事行政检察工作的决定》。全市检察机关贯彻会议精神，民事行政检察工作得到进一步规范和提升。

1988—2015 年，全市检察机关民事行政检察部门共受理各类民事行政检察案件 5040 件，立案审查 2120 件，市人民检察院向市中级人民法院提出抗诉 844 件，提请和建议提请省人民检察院抗诉 302 件，向人民法院发出再审检察建议 134 份，检察机关办理执行和解和息诉案件 459 件，人民法院共改判或部分改判（含调解）567 件。办理公益诉讼案件 313 件，办理“44·3”案件（修改前《民事诉讼法》第 44 条第 3 款规定的案件）12 件。2010—2015 年，办理行政执法检察监督督促履行职责案件 307 件，采纳 284 件，审判、执行活动监督案件 108 件，采纳 87 件。

第一章　民事行政裁判结果监督

第一节　民事裁判结果监督

1988 年 7 月初，汉寿县院作为省人民检察院的 3 个试点单位之一，成立“民事、行政检察筹备组”，并挂牌办公，开始承担民事行政检察业务，市人民检察院参与指导试点工作。汉寿县人大常委会召开会议，专门听取县检察院汇报，讨论检察机关对民事、行政审判进行法律监督的问题，作出支持县检察院开展民事行政检察试点工作的决议，并以文件下发至全县各乡镇（场）及县直各科局等单位。试点期间，县检察院共收到民事行政案件线索 31 件，受理 10 件，诉讼标的 70 多万元，其中提起诉讼 2 件，参与诉讼 7 件，处理非诉讼案件 1 件，办结 7 件，为国家、集体、公民挽回经济损失 55 万元。此时，汉寿县法院正在审理该县沧港菱湖渔场诉临澧县常青食品罐头厂购销合同纠纷一案。县检察院通过调卷审查，认为该案涉及集体利益和公民重大民事权益，在汉寿县内有较大影响，决定参与诉讼。县检察院派检察员出席法庭，参与案件审理。庭上，检察员协助审判长进行法庭调查，审查证据，查明案情，并在法庭辩论结束后，发表了对该案实体权益的处理意见，供法庭处理时参考。该案人民法院判决与检察员意见基本一致。人民法院和当事人都认为，人民检察院参与民事诉讼，有利于案件公正审理。

1991 年，全市检察机关认真执行《中华人民共和国民事诉讼法》第 14 条、第 185 条的规定，对人民法院民事审判活动实行法律监督。这一年，全市检察机关成立了民事行政诉讼法律监督机构，工作开始起步。

1992 年，全市检察机关受理民事诉讼申诉案件 310 件，立案审查 30 件，市人民检察院向市中级人民法院提出抗诉 5 件，人民法院改判 5 件；向人民法院发出检察建议 12 份，人民法院采纳改判 8 件。如市人民检察院向市中级人民法院提出抗诉的鼎城区镇德桥镇财神庙居民委员会居民伍某银与镇德桥信用合作社借款纠纷案。该案经鼎城区法院作出一审判决，当事人没有上诉。判决生效后，伍某银到鼎城区院申诉。鼎城区院调阅了该案的审判卷，于 1992 年 3 月 25 日提请市人民检察院抗诉，市人民检察院经审查，于 1992 年 4 月 2 日，以主要证据不足为由向市中级人民法院提出抗诉。市中级人民法院于同年 5 月 13 日裁定，指令鼎城区法院再审。鼎城区法院于 1992 年 6 月 25 日开庭审理，市人民检察院指令鼎城区院派员出庭。鼎城区法院审理后，于 1992 年 7 月 2 日对该案作出公正判决。

1993 年，全市检察机关民事行政检察部门的抗诉工作有新进展。全年共受理人民群众来信来访 439 件次；受理申诉案件 95 件，同比增长 2.5 倍。立案审查 33 件，市人民检察院向市中级人民法院提出抗诉6件，人民法院改判5件。向市中级人民法院建议纠正案件13件，人民法院采纳8件。通过办案，直接为国家、集体、个人挽回经济损失35万元。全市民事行政检察部门与28个单位建立联系点，帮助企业建章立制，堵塞漏洞，修订完善各类合同，讲授法律、法规，预防和减少纠纷，避免可能造成的经济损失27万元，受到企业的赞誉。5月，高检院民事行政检察厅厅长王开洞和省人民检察院民事行政检察处处长姜峰等一行4人对常德市民行监督工作进行考察，认为常德市检察机关民行监督工作办案数量之多在全国确属罕见，办案质量之高在全国名不虚传。全市检察机关坚持与人民法院多“人来人往”，少“文来文往 ”，通过自身的努力，取得人民法院的配合支持。如市人民检察院办理的常德市林产品公司与鼎城区逆江坪竹器木器厂货款申诉一案，一审、二审判决林产品公司承担货款12万元。市人民检察院经审查认为，该案应提请省人民检察院抗诉。市人民检察院在与人民法院商榷时，其看法与检察机关一致。对此市人民检察院采用检察建议的方式向市中级人民法院提出，案件得到了彻底改判，为林产品公司挽回损失13万多元，救活了一个企业，而且还协调了与人民法院的关系。1993年5月21日，湖南省第一例由检察机关提出的民事抗诉案件在常德市胜诉。即中国建设银行鼎城支行与鼎城区官桥坪乡财政所借款纠纷案，市人民检察院于5月12日向市中级人民法院提出抗诉。市中级人民法院指令鼎城区法院对该案进行审理，撤销鼎城区法院原民事裁定，案件得以彻底改判。

1994年，共接待来信来访491人次，受理民事申诉案件312件，立案审查77件。市人民检察院向市中级人民法院提出抗诉7件，提请省人民检察院抗诉2件，建议省人民检察院提请高检院抗诉1件，向人民法院提出检察建议21件。市中级人民法院裁定4件中止原判决执行，指令再审。全市检察机关在办案中发现法院在审判过程中有违法现象但不宜抗诉，或者生效裁判虽有明显错误，应当抗诉但一时难以奏效的案件，则根据情况采取灵活作法，以人民法院能够接受尽快纠正的方式进行，达到改判的法律效果。如市人民检察院办理的汉寿县公路段不服市中级人民法院民事判决一案，经审查发现，法院在认定事实、采信证据上明显有误。承办人几次向人民法院指出该案存在的问题，交换意见，两家统一了认识，法院表示愿意纠错，市人民检察院未采取抗诉的方式，而以检察建议结案。这样，既达到监督的目的，保护当事人的合法权益，又融洽与被监督者的关系。

1995年，共接待当事人来信来访518人次，受理民事申诉抗诉案件335件，立案审查85件，市人民检察院提请省人民检察院抗诉7件，向市中级人民法院提出抗诉22件，人民法院改判5件。针对民事检察工作开展过程中调卷难等问题，市人民检察院牵头召开检、法两家主管领导和对口庭室负责人参加的联席会议，就调卷问题、审级问题、抗诉案件的审理期限等问题共同磋商，交换意见，形成共识。出席再审法庭，对民事审判活动实施法律监督，这是民事检察工作的又一项职责。全年共出席再审法庭再审案件5件，均收到良好的社会效果。如鼎城区王某平与李某福债务纠纷一案，检察机关以人民法院判决认定事实不清为由提出抗诉。5月，鼎城区法院开庭再审，检察机关派员出庭，参与法庭调查，阐明抗诉理由，对法院的审判活动进行直接监督。区法院认为检察机关抗诉的理由成立，重新改判。申诉人激动地说：“还是检察机关的监督管用。”

1996年，共接待来信来访615人次，立案审查84件。市人民检察院向市中级人民法院提出抗诉38件，市中级人民法院开庭再审21件。提请省人民检察院抗诉5件，省人民检察院采纳向省高级人民法院提出抗诉2件，省高级法院裁定再审2件，市中级人民法院开庭再审1件。如市人民检察院配合省人民检察院办理的中国兵器工业总公司华南光电仪器厂申诉案。申诉人华南光电仪器厂在不明缘由的情况下，成为数起民事纠纷的被告或第三人，并被人民法院判决败诉，无辜承担近400万元的赔偿金。市人民检察院配合省人民检察院查清此案，发现该厂停薪留职职工方某与该厂销售公司原经理刘某权勾结，伪造公文非法成立华电公司，进行欺诈性经营。方某犯诈骗罪，被人民法院判刑8年。同时按法定程序纠正了民事判决错误，避免了该国有企业的损失。8月29日，市人民检察院召开全市检察机关民事行政检察经验交流会，传达全国、全省民事行政检察工作座谈会议精神，会上桃源、澧县、汉寿、武陵等区县检察院介绍民事行政检察工作的经验。

1997年，全市检察机关民事行政检察部门共受理各类申诉案件285件，立案审查97件。市人民检察院向市中级人民法院提出抗诉64件，市中级人民法院裁定再审24件，法院全部改判15件。提请省人民检察院抗诉9件，省人民检察院向省高级人民法院提出抗诉2件，经人民法院再审改判1件。如海南任辉公司因与常德市鼎城城市信用社、常德市计委劳动服务公司借款纠纷不服人民法院判决申请抗诉案。检察机关查明人民法院审理形式合法，而实体判决明显不公，有损外地当事人合法权益。市人民检察院以原判认定事实主要证据不足，适用法律错误，违反法定程序为由，依法向市中级人民法院提出抗诉。6月13日，市中级人民法院提审此案，在无可辩驳的事实面前，市中级人民法院依法改判。是年，抗诉案件的再审和改变率与往年相比有大幅度提高，主要是长期困扰民事行政检察工作的审级问题有所突破，由以往市中级人民法院一律指令下级人民法院再审改变为市中级人民法院提审和下级法院再审相结合。

1998年，全市检察机关民事行政检察部门开展“办案质量年”“执法效果年”等活动。全市共受理各类申诉案件325件，立案审查156件，市人民检察院向市中级法院提出抗诉100件，提请省人民检察院抗诉15件，人民法院裁定再审55件，改判40件。省人民检察院向省高级人民法院提出抗诉5件，改判2件。通过办案，为公民、法人挽回经济损失700多万元。汉寿县院民事行政检察股办理周某诉某某制酱厂租赁合同纠纷一案。几经调查，发现该案“原告”周某根本不知晓该案在打官司，该案租赁合同的当事人并不是周某而是其姐夫。汉寿县院对周某的笔迹进行司法鉴定，确认租赁合同上“周某”的名字不是周本人笔迹。因而确定该案诉讼主体（原告）错误，应依法抗诉。市人民检察院采纳汉寿县院提抗意见，依法向市中级人民法院提出抗诉。人民法院采纳该技术鉴定意见，依法予以改判。石门县院案件承办人常常为一个证据跑几十里山路去调查、复核。安乡县院在办理某申诉案件时，发现该案是一串案，人民法院有 12 份判决书。对于该串案该怎样办，安乡县院有些拿不准。市人民检察院民事行政检察科科长郭建国及时到安乡县院指导办案。认为应将串案一并依法立案审查，同时要求完善有关法律手续，法院有多少份判决书，检察机关相应的法律文书也应有多少份。安乡县院依法依程序办理此案，制作了 12 份提请抗诉书，市人民检察院采纳后向市中级人民法院提出抗诉，案件全部获得改判。

1999 年，全市检察机关民事行政检察部门共受理当事人申诉案件 350 件，立案审查 180 件，市人民检察院向市中级人民法院提出抗诉 121 件，提请省人民检察院抗诉 20 件，人民法院裁定再审 74 件，全部或部分改判（包括调解）40 件。比较典型的案件如常德市米业公司与常德市东皇物资经营公司借款纠纷案。因市米业公司经营被骗致使信用社贷款不能收回。1996 年 6 月，城东信用社起诉，人民法院判决市东皇公司偿还贷款，市东皇公司申请代位执行，市米业公司分 4 次向武陵区人民法院付款 28.6 万元。1997 年 9 月，市东皇公司起诉市米业公司，要求市米业公司赔偿其代向信用社贷款借支所导致的逾期还款利息损失 90800 元及诉讼费 8000 元。武陵区法院判决市东皇公司胜诉，致市米业公司多支付出 10 万余元。武陵区检察院接到市米业公司申诉后，迅速立案审查并提请市人民检察院抗诉。1999 年 10 月 10 日，武陵区法院通过再审，撤销了原一审判决，市米业公司损失得到挽回。又如张某荣与汉寿县美术印刷厂租赁经营合同纠纷案，一审汉寿县法院于 1999 年 8 月 25 日作出民事判决：张某荣支付汉寿县美术印刷厂租金等 172929.6 元，承担本案受理费 7647 元，其他诉讼费 1500 元，诉讼保全费 820 元，共计 182896.6 元。张某荣对判决不服，向汉寿县院申诉，市人民检察院向市中级人民法院提出抗诉。市中级人民法院裁定中止执行并提审。再审判决汉寿县美术印刷厂返还给张某荣人民币 83820.16 元。两次判决金额相差 26 万余元，保护张某荣的合法权益，使私营企业得到健康发展。

2000 年，全市检察机关民事行政检察部门共受理各类申诉案件 301 件，立案审查 118 件，市人民检察院提请省人民检察院抗诉 13 件，向市中级人民法院提出抗诉 69 件，对 3 起可抗可不抗的案件发了检察建议或纠正违法通知书。对 15 起申诉案件，作出不予抗诉和终止审查的决定。法院再审改判 67 件，同比上升 70%，创历史最高水平，位居全省前列。通过办案为国家挽回经济损失 400 多万元。如石门县院提请市人民检察院抗诉的中国人民银行石门支行与湖南省节节高罐头饮料实业公司、三江口水电管理局借款担保合同纠纷一案。市人民检察院民事行政检察科 5 月 15 日受理后，连夜加班办理，使这一涉及国有资产 140 余万元，且人民法院已通知执行的案件于 5 月 17 日向市中级人民法院提出了抗诉。

2001 年，全市检察机关民事行政检察部门共受理各类申诉案件 218 件，立案审查 109 件，市人民检察院提请省人民检察院抗诉 17 件，向市中级人民法院提出抗诉 70 件，市中级人民法院裁定再审 55 件，再审改判 45 件，向市中级人民法院发检察建议 6 件，人民法院采纳6件，改判6件。对不符合抗诉条件的45起申诉案件作出不予抗诉和终止审查的决定。通过办案，为国家、集体和个人挽回经济损失近1000万元。全市民事行政检察部门加大对侵犯国家利益、影响社会稳定、涉及大中型民营企业、涉农等重点案件的办理。市人民检察院主动与市中级人民法院协商沟通，共同下发《关于办理民事行政抗诉案件若干问题的意见》，使抗诉案件的受理、再审等问题得到较好解决。省人民检察院肯定这一做法并向全省推介。常德市检察机关民事行政检察工作连续10年被省人民检察院评为先进。8月20日，高检院在北京召开全国检察机关第一次民事行政检察工作会议，市人民检察院副检察长杨长巨作为全省检察机关民事行政检察工作先进单位的唯一代表出席会议。高检院领导在会上点名表彰7个“先进单位”，常德市人民检察院位列其中。

2002年，全市检察机关民事行政检察部门共受理各类申诉案件221件，立案审查79件，市人民检察院提请省人民检察院抗诉12件，向市中级人民法院提出抗诉46件，人民法院裁定再审、改判29件。向市、县两级人民法院发出检察建议24件，被人民法院采纳改判7件。通过办案为国家、集体、个人挽回经济损失220多万元。如市人民检察院办理的常德市宏祥事业有限公司与常德市公用事业建设总公司建筑承包合同结算纠纷案。该案经过一审、二审及再审，人民法院判决宏祥公司必须向市公用事业建设公司偿付50万元至80余万元数额不等的工程款。宏祥公司不服判决向市人民检察院申诉。市人民检察院查明公用事业建设总公司没有主体资格，该案系刘某纯伪造公用事业建设公司印章加盖在民事诉状及法人代表证书上，盗用公用事业建设公司提起的诉讼，且原来签订的合同也系用假公章所为，纯系刘某纯个人行为。市人民检察院提请省人民检察院向省高级人民法院提出抗诉后，省高级人民法院裁定指令市中级法院再审。2002年7月12日，市中级人民法院作出〔2002〕常民监字第40号裁定，撤销一审、二审及再审判决；驳回刘某纯以常德市公用事业建设总公司名义对常德市宏祥事业有限公司的起诉。该案被评为向市人大常委会报告的全市检察机关优秀案件。当年，全市检察机关加强与人民法院的联系，特别在促审促判上加大工作力度，改判案件36件。津市市法院在召开审委会研究处理一起春蚕合同违约纠纷案时，特地邀请津市市院检察长和分管副检察长参加听取意见，使该案得以改判。这是人民检察院领导列席人民法院审委会研究民行案件的首例。

2003年，在4月14日召开的全市检察机关民事行政检察工作会议，强调民事行政检察部门必须抓好“一个结合”，即坚持民事行政检察抗诉与检察建议相结合；坚持“四个观念”，即坚持立足监督观念、讲究效益观念、有限救济观念、提高效率观念。全年共受理各类申诉案件223件，立案审查77件，市人民检察院向市中级人民法院提出抗诉47件，提请省人民检察院抗诉9件，人民法院再审改判30件。通过检察建议启动再审程序7件，人民法院改判3件。如市人民检察院办理的中外合资常德德佳娱乐有限公司与中国建设银行常德市分行借款抵押合同抗诉案，其股东涉及香港一大公司，争议标的达400多万元。一审人民法院判决后，港方认为原判损害港方利益，不服一审判决到，向市人民检察院申诉。检察机关先后询问证人 30 多人，查询有关档案资料、会计凭证 100 余本，经过 40 多天的艰苦工作才将该案审结。市人民检察院向市中级人民法院提出抗诉后，市中级人民法院再审予以改判。该案被省人民检察院通报表彰。

2004 年，全市检察机关民事行政检察部门共受理申诉案件 107 件，立案 67 件，市人民检察院向市中级人民法院提出抗诉 35 件，人民法院再审改判案件 29 件。提请省人民检察院抗诉 13 件，向市、县两级人民法院发出检察建议 2 件，人民法院改判 2 件。如市人民检察院办理的常德市旧城改造拆迁事务所与常德市金盛房地产有限公司委托拆迁纠纷申诉案。该案经过一审、二审及再审，争议标的 140 余万元、涉及住房户 100 多户，市人民检察院在一个半月内完成该案办理。又如，汉寿县院提请抗诉的李某军等 24 人与汉寿县第五中学环境污染损害赔偿纠纷案。汉寿县五中排出的生活污物、污水污染了李某军等 24 人的稻田，造成稻田减产乃至绝收。后学校填平了本不该填平的水塘，断绝了稻田的灌溉水源，因而李某军等 24 人要求赔偿。县法院一审判决驳回李某军等人的诉讼请求。李某军等 24 人不服，申诉至县检察院。市人民检察院采纳县检察院的提请抗诉意见，向市中级人民法院提出抗诉。在省人民检察院反贪局副局长卢乐云（挂职石门县副县长）的支持下，石门县院经过与县法院的磋商，4 月 26 日，检法两家联合发布《关于民事行政审判工作若干问题的规定》的文件，建立了系列协调工作制度。

2005 年，全市检察机关民事行政检察部门“规范执法行为，促进公正执法”，加大规范化建设力度，共受理申诉案件 122 件，立案 85 件，市人民检察院向市中级人民法院提出抗诉 39 件，提请省人民检察院抗诉 15 件，法院采纳抗诉意见，再审改判 18 件。检察机关向人民法院提出检察建议 4 件，人民法院采纳检察建议改判 3 件。如市人民检察院办理的梅某培与范某辉、湖南江海工贸有限公司买卖合同纠纷及民事借贷纠纷一案，争议标的 160 万元。原审原告梅某培起诉后，人民法院采用邮寄方式送达出庭传票等相关法律文书，江海公司及范某辉因故未能收到。人民法院缺席审理作出判决，导致被告方已还款近百万元的证据未能提交法庭，致使原审判决出现严重的认定事实错误。市人民检察院针对原审判决错列诉讼主体、错误认定法律事实、错误认定法律关系、适用法律程序不当等问题提出抗诉。人民法院再审开庭后，全部采纳检察机关的抗诉理由，案件得以彻底改判。该案被市人民检察院评为优案通报表彰。又如市人民检察院办理的湖南朝辉建设有限公司与高某柏劳务分包合同纠纷案。原审人民法院在证据明显不足的情况下判决朝辉公司欠高某柏 502 万元劳务费。朝辉公司对原审判决强烈不满，向市人民检察院申诉。市人民检察院从汉寿、鼎城区院抽调力量，查清了原审认定事实与客观事实出入太大的充分证据，向市中级人民法院提出抗诉后案件得到改判，为朝辉建设有限公司挽回经济损失 380 余万元。该案被省人民检察院评为年度民事行政检察“十优案件”。

2006 年，全市检察机关民事行政检察部门采取抓文明接待、主动告知程序、期限，加大检务公开力度等 6 条便民利民措施，在全省部分地州市检察机关民行抗诉案件滑坡的情况下，常德市检察机关民行抗诉案件总量却继续增长。全市共受理申诉案件117件，立案审查75件，市人民检察院提请省人民检察院抗诉10件，向市中级人民法院提出抗诉55件，人民法院再审改判（含调解）34件。检察机关向人民法院提出个案再审检察建议8件，人民法院采纳检察建议改判6件。全市民事行政检察部门抓有典型意义的系列案件抗诉，得到相关单位的认同与支持。5月，中国人民保险公司常德财保公司、天安保险公司常德中心支公司等9家保险单位，书面向市人民检察院反映常德市人民法院系统在道路交通事故人身损害赔偿案件审理中，强制将商业性机动车第三者责任险认定为第三者责任强制险，涉及诉讼案件百余件，涉案金额500余万元。市人民检察院在办理该类抗诉案件时，认真开展调查研究，撰写《我市法院审理道路交通事故损害赔偿纠纷案件所涉机动车第三者责任险问题的现状、原因及对策分析》的调查报告，并拟出《建议修改〈常德市中级人民法院审理道路交通事故损害赔偿案件座谈会纪要〉》的函，发至市中级人民法院有关院领导及庭室。同时多次上门到市中级法院同有关院领导及负责人交换意见，在认识上基本达成一致。全年共办理该类案件16件，拓展了监督效果。市人民检察院民事行政检察科副科长杨仲参与省人民检察院编纂的《民事行政抗诉案例分析》一书，撰写的《合伙人个人债务与合伙债务不能混淆》等10多篇案例点评材料被省人民检察院采用，编入该书。

2007年，全市检察机关民事行政检察部门受理申诉案件86件，立案79件，市人民检察院向市中级人民法院提出抗诉25件，人民法院再审改判22件（含调解）。提请省人民检察院抗诉14件，不予抗诉4件。检察机关向法院提出个案再审检察建议8件，人民法院采纳改判3件。《中华人民共和国物权法》和《中华人民共和国民事诉讼法（修正案）》颁布后，组织全市民行系统开展学习并进行相关法律知识考试。

2008年，全市民事行政检察部门共受理申诉案件47件，立案审查46件，市人民检察院向市中级人民法院提出抗诉23件，人民法院再审改判（含调解）13件。提请省人民检察院抗诉12件，不予抗诉3件。检察机关向人民法院提出个案再审检察建议2件，人民法院采纳改判2件。如市人民检察院提请省人民检察院抗诉的湖南太平集团公司与湖南嘉璃新材料集团股份有限公司反担保合同纠纷案，涉及争议资产3000多万元。该案省人民检察院采纳抗诉意见向省高级法院提出抗诉后，省高级人民法院指令市中级人民法院再审，该院再审予以改判。石门县瓜子峪乡龚道元等34名农民在该乡信用社存款，取得正式存单。其存款被该社一名工作人员采取收款不入账的方式据为己有并卷款外逃。案发后，该工作人员受到刑事处罚，但该案民事部分问题未得到解决。龚道元等34名农民起诉后，经过二审判决，34名农民不服，向市人民检察院申诉。市人民检察院提请省人民检察院抗诉，进入再审后，人民法院的裁判意向不统一，市人民检察院及时向市委政法委、市人大常委会报告，促使该案最终得以调解结案。

2009年，全市检察机关民事行政检察部门受理申诉案件75件，立案审查58件，市人民检察院向中级人民法院提出抗诉26件，提请省人民检察院抗诉10件。人民法院再审改判17件（含调解），采纳检察建议改判4件。是年，市人民检察院制定《民事行政检察监督工作指引》，使民事行政检察办案工作更加规范有序；制定《办理刑事附带民事诉讼案件的工作指引》，为办理该类案件提供具体操作依据；制定《民事行政申诉、息诉工作指引》，并配备有详细清楚的工作流程图。

2010年，以“创优争先”和“恪守检察职业道德、促进公正廉洁执法”主题实践活动为动力，深入开展“社会矛盾化解、社会管理创新，公正廉洁执法”三项重点工作。全市民事行政检察部门共受理申诉案件100件，立案审查92件，市人民检察院提请省人民检察院抗诉16件，向市中级人民法院提出抗诉26件，人民法院再审改判19件，再审改变率86.3%。市人民检察院向市中级人民法院发出再审检察建议1份并被采纳。

2011年，高检院发布《关于加强和改进民事行政检察工作的决定》，全市检察机关民事行政检察部门构建以抗诉为中心的多元化监督格局。高检院和最高法联合颁布的《关于对民事审判活动与行政诉讼实行法律监督的若干意见（试行)》，弥补最高司法指导在民行监督方面的缺失，统一了检、法两家的认识。县级人民检察院以违法行为调查、执行监督、督促、支持起诉等工作为主，辅以个案再审检察建议、调解监督、促审促判等工作。市人民检察院以办理抗诉、提请抗诉案件为主，办理同级人民法院发生的审判及执行过程违法行为监督案件，指导基层院办案。全市民事行政检察工作加大对二审提请抗诉案件的投入和其他监督方式的跟进和创新，共受理申诉案件59件，立案47件，市人民检察院向市中级人民法院提出抗诉6件，提请省人民检察院抗诉12件，人民法院再审13件，其中改判4件，调解4件，作出撤诉裁定3件，再审改变率91.7%。向人民法院发出再审检察建议4份，人民法院裁定再审1件。武陵、石门、津市3个区县市院均向同级人民法院发出个案再审检察建议。特别市石门县院在县法院拒绝接受经检委会讨论决定提出的再审检察建议后，向县人民法院提出严正交涉，要求其落实“两高”的相关规定。经过多次多层次协调，长期以上级法院无明确规定为由拒绝接受再审检察建议的县法院转变了工作态度，终于接受了县检察院的检察建议。

2012年，全市民事行政检察部门共受理申诉案件74件，立案65件，市人民检察院向中级人民法院提出抗诉3件，提请省人民检察院抗诉13件，提出再审检察建议2份，不抗诉1件，不提请抗诉2件，人民法院再审（含检察建议再审）改判3件（含调解1件），维持原判1件。

2013年，全市检察机关民事行政检察部门共受理各类申诉案件29件，审查处理31件（含上年积存）其中提请省人民检察院抗诉7件，提出抗诉1件，不支持监督申请15件，终止审查6件，人民法院再审改变原判2件。全市检察机关突出维护农民工、下岗职工、残障人士、妇女、儿童等弱势群体合法权益。市人民检察院运用抗诉对基层院的一审生效错误裁判进行监督，对符合条件的同级法院裁判案件，基层院注意运用个案再审检察建议，发挥同级监督作用。依法办理农民工邹某权与石门县皂市镇政府文某兵、林某兵等人身损害赔偿纠纷案；市第三医院与陈某惠、黄某松借款纠纷案等案件。农民工邹某权通过案件抗诉，省高级人民法院改判，依法多获得赔偿金额7万元；市第三医院通过抗诉、再审判决免除其不应承担的35万元连带赔偿责任，黄某松出借的35万元清偿责任由陈某惠独立承担。5月下旬，高检院副检察长姜建初一行到常德市人民检察院检查指导工作时，对全市民事行政检察工作给予充分肯定。

2014年，全市检察机关民事行政检察部门共受理各类案件123件，审查处理102件，其中提请省人民检察院抗诉16件，提出抗诉3件，提出再审检察建议3件，人民法院再审改判1件，作出不支持监督申请30件，终结审查13件。如市人民检察院办理的石门县土地储备中心、石门县粮食局与石门县华厦房地产开发有限公司、第三人常德金诺拍卖有限公司、案外人林某宝拍卖纠纷不服人民法院判决案。该案疑难复杂，经层层把关后将案件提请省人民检察院抗诉，省人民检察院采纳提抗意见。市人民检察院主管副检察长郑朝兵及民事行政科领导对全市民行干警进行民事诉讼法修改内容、民事诉讼监督规则（试行）给民事行政检察工作带来的机遇与挑战的宣讲。

2015年，全市检察机关民事行政检察部门树立质量意识和证据意识，找准抗点，提高采抗率和再审改判率，推进民事行政检察工作科学发展。全年共受理各类申诉案件96件，审查处理96件，其中提请省人民检察院抗诉34件，提出再审检察建议1件，提出抗诉6件，不支持监督申请38件，终结审查8件，其中和解结案5件，人民法院再审改判9件，调解1件。武陵区院办理的戚某芬申请监督案，戚某芬前夫文某向第三人举债，到期后无力偿还引发纠纷，区法院判决戚某芬承担连带责任。武陵区院审查发现区法院认定事实错误，文某向第三人举债时间发生在与戚某芬离婚之后且文某举债主要用于离婚后的个人投资，武陵区院提请市人民检察院向市中级人民法院提出抗诉，市中级人民法院再审改判该案。又如，市人民检察院办理的湖南常德公路工程总公司（以下简称公路公司）与吴某华运输合同纠纷不服市中级人民法院〔2014〕常民再字第27号民事判决案。2013年5月6日，吴某华以公路公司不支付其砼运费为由，起诉至武陵区法院，该院判决公路公司给付吴某华运输费15.8万元等。公路公司不服提起上诉，市中级人民法院二审维持原判。公路公司向省高级人民法院申请再审，省高级人民法院指令市中级人民法院再审，市中级人民法院判决维持原判。公路公司不服再审判决，向市人民检察院申请监督。市人民检察院经审查发现，该案系澧县张津公路改善工程S1标段的实际施工人廖某建为向工程转包人公路公司超领工程进度款，以吴某华的名义虚开名为“证明”的付款委托书，虚构公路公司张津公路改善工程S1标段项目经理部（以下简称张津公路项目部）欠吴某华砼运输费15.8万元的事实，指使吴某华起诉公路公司的虚假诉讼案。市人民检察院经与市中级人民法院沟通，在其主动要求下，发出了再审检察建议书。市中级人民法院确认再审检察建议理由成立，原判决确有错误应予再审。市中级人民法院再审作出〔2015〕常民再字第 14 号民事判决，撤销原判。市人民检察院将该案中涉嫌刑事犯罪的 3 名涉案人线索移送市公安局武陵分局，该分局对 3 名涉案人立案侦查。对公路公司在工程转包、公章管理方面存在漏洞，检察机关向该公司发出检察建议，该公司及时回复市人民检察院。2015 年，全市民事行政检察部门遵照省人民检察院《关于对虚假诉讼案件进行监督的若干意见》的规定，加大对虚假诉讼惩治力度。民事行政检察部门主动与侦监、反贪、反渎部门协调配合，建立线索双向移动机制，横向一体化办案机制，形成办案合力。

第二节　行政审判结果监督

1988 年 7 月，汉寿县院开始行政裁判结果抗诉工作。

1991 年，全市检察机关民事行政检察部门行政诉讼监督工作逐步展开。但行政诉讼的抗诉案件比民事诉讼监督的案件要少很多，因为行政案件有行政复议等救济渠道，加之案件当事人还不习惯于“民告官”。全市检察机关民事行政检察部门通过努力工作，还是办理了一些有影响的行政抗诉案件。

1992 年，市人民检察院民行科办理了石门县皂市镇供销社停薪留职职工王某华与石门县人民政府土地管理行政诉讼案。1984 年，王某华申请在皂角镇规划区内建房，集镇建设领导小组为王发放了建房许可证，确定宅基地址和面积（属门面地带）。1987 年，皂角村村民梁某春申请建房，皂角镇原相关部门为其发放建房许可证，地址与王某华同处。王某华建房时，遭梁某春阻止，双方发生纠纷，大动干戈，梁某春将王某华致伤。县、镇两级人民政府在确认土地使用权过程中不尊重事实，将王某华合法手续确认非法，王某华诉讼至人民法院。一审、二审均维持县政府的处理，王不服申诉至市人民检察院。市人民检察院审查后认为，一审、二审判决适用《中华人民共和国行政诉讼法》第 54 条第一项和第 61 条第一项确有错误，维持石门县人民政府 1991 年 6 月 21 日作出的行管字〔1991〕2 号文件处理不当，依法提请省人民检察院向省高级人民法院提出抗诉。

1993—1997 年，全市检察机关民行检察部门没有行政抗诉案例记载。

1998 年，市人民检察院民行科办理贵某梅与汉寿县文化局行政处罚纠纷抗诉案。1996 年 12 月，贵某梅从单位下岗，在汉寿县城买了一家“满园野味餐馆”经营，餐馆内附设卡拉 OK 包房两间。1998 年 12 月 20 日，汉寿县文化局发布《关于换发 1997 年度文化经营许可证》的通知，截止日期为 1997 年 1 月 10 日，逾期视为无证经营，将依法予以处罚。但贵某梅未收到该通知。1997 年 4 月 2 日，贵某梅到汉寿县文化局换领《文化经营许可证》时，与汉寿县文化局市场管理员陈某就管理费问题发生争执而未办成。4 月 3 日，文化局即对贵某梅作出没收彩色电视机 2 台、功放机 2 台、影碟机 1 台并罚款 1 万元的处罚决定。贵某梅不服，向汉寿县人民法院起诉，县法院判决维持县文化局的处理决定。贵某梅向市人民检察院民行科申诉。市人民检察院受理后，科长郭建国、办案员周尚红经审查认为汉寿县法院适用法律错误，遂向市中级人民法院提出抗诉。市中级人民法院再审撤销一审判决，撤销汉寿县文化局的具体行政行为，向贵发还没收的财物。该案改判后，《检察日报》以《湖南秋菊讨回说法》为题予以报道，并被高检院表彰为民事行政抗诉精品案件。

2000 年，市人民检察院办理原常德市乳酸厂 106 名失业职工诉常德市鼎城区武陵镇政府行政侵权损害赔偿纠纷案。该案经市中级人民法院一审和省高级人民法院二审。常德市乳酸厂职工对一审、二审裁决不服。9 月 4 日，市人大常委会以〔2000〕第 2 号常德市人大常委会申诉控告案件交办函交市人民检察院。市人民检察院在取得翔实证据的情况下认为，原常德市乳酸厂产权应属于该企业 106 名职工共同所有，武陵镇政府变卖该厂产权的行为严重侵害企业所有权，而一审、二审裁决认定常德市乳酸厂系武陵镇人民政府的集体企业，显属错误。11 月 8 日，市人民检察院建议省人民检察院提请高检院抗诉，106 名下岗职工的合法权益得到维护。市人民检察院办理的周某鹏与鼎城区周家店镇政府行政侵权赔偿纠纷案。1986 年，周某鹏从周家店镇娥公桥村应入伍，1989 年，周某鹏被他人收为养子，其户口原籍未变更。1991 年，周某鹏复员回村，镇政府以他被人收养，原籍户口自动注销为由，拒绝为其办理农村人口入户登记手续。1992 年，周某鹏与徐某珍结婚，婚后生下二子。镇政府为徐某珍及二子办理了入户登记，但未将有关手续移交娥公桥村备案。该村以周某鹏一家没有户口一直拒绝为其分配责任田。1998 年，周某鹏以周家店镇政府不履行法定职责，导致其 1991 年以来，无户口无责任田，造成经济损失为由，向鼎城区法院提起行政诉讼。区法院驳回周的诉讼请求。周不服，向检察机关申请抗诉。市人民检察院提出抗诉后，区法院再审撤销了原判，判决周家店镇政府赔偿周某鹏 38954 元。2000 年 5 月 5 日，《常德日报》以《复员八年，无田可耕，一纸诉状，告倒政府》为题，对该案进行报道。

2001 年，桃源县院提请抗诉的佘某卓不服桃源县公安局治安处罚决定纠纷案。检察机关认为，桃源县法院裁定驳回佘某卓的起诉是错误的。市人民检察院向市中级人民法院提出抗诉，市中级人民法院指令再审，桃源县法院再审撤销原行政裁定。鼎城区院提请市人民检察院抗诉的安化乳酸厂不服鼎城区卫生局扣押竹筷纠纷案。市人民检察院认为，安化乳酸厂起诉的主体资格不符，原判决认定事实的主要证据不足，适用法律错误，依法向市中级人民法院提出抗诉。市中级人民法院裁定鼎城区法院再审。

2002—2010 年，全市检察机关民行检察部门没有行政抗诉案例记载。

2011 年，澧县院提请抗诉的王某楚诉澧县房产管理局为叶某强颁发房屋产权证具体行政行为纠纷案。市人民检察院抗诉认为澧县房管局未依照契税暂行条例及房管登记办法之规定为叶某强颁发房屋产权证。原判决认定基本事实缺乏证据证明，适用法律错误。经过沟通阐释，澧县法院再审认为检察机关的抗诉理由成立，该案得到全部改判。

2012—2015 年，全市检察机关民事行政检察部门办理的行政抗诉案件典型案，例如，

2014年，市人民检察院办理的桃源县熊某与桃源县国土资源局、桃源县房管局行政登记案。熊某与张某原系夫妻，2人于2011年离婚。在婚姻关系存续期间，为取得贷款，妻子张某将夫妻共同财产国有土地使用权证及附属的房屋抵押给工商银行某支行， 2007年9月17日在桃源县国土资源局、桃源县房管局办理了土地、房屋抵押登记。2013年8月21日，熊某将县国土资源局、县房管局分别起诉至人民法院，以自己不知情为由，请求撤销县国土资源局、县房管局对其国有土地使用权、房屋产权办理抵押登记的具体行政行为等。桃源县法院一审认为熊某于2010年6月12日知道县国土资源局、县房管局对其享有权利的土地、房屋办理了抵押登记的行为后，熊某没有在法律规定的最长起诉期限2年内提起行政诉讼，且当庭未说明有正当理由，遂分别裁定驳回熊某的起诉。该案二审、再审均分别以同样的理由裁定驳回熊某的上诉、再审申请。熊某向检察机关申请监督。市人民检察院通过审查，认为：（1）原审裁定认定熊某于2010年6月12日知道对其享有权利的土地和房屋办理抵押登记的行政行为，属认定基本事实缺乏证据证明。桃源县国土资源局、桃源县房管局认为熊某起诉超过法定期限，应由其承担举证责任，但其未提供证据证明上述事实。（2）该案张某是房屋抵押登记和土地抵押登记行政行为的利害关系人，属于人民法院应当依职权通知参加诉讼的第三人。原审人民法院应当依职权通知参加诉讼的第3人。原审人民法院未依职权追加张某作为第三人参加诉讼，审判程序违法。遂于2014年提请省人民检察院向省高法提出抗诉。省人民检察院采纳市人民检察院监督意见提出抗诉，省高级人民法院分别作出再审裁定，撤销原一审、二审裁定，指令桃源县法院再审。该县法院再审判决：确认桃源县国土资源局、桃源县房管局对本案国有土地、房屋作出的抵押登记行为无效等。该行政诉讼监督案被高检院评为精品案。

2015年，市人民检察院在办理石门县汪某某等人不服市中级人民法院〔2012〕常行终字第43号行政判决申请监督一案中，发现市工伤保险科和石门县工伤保险处在核定、支付工伤保险待遇的过程中送达告知义务职责不清，导致对汪某某的相关权利告知不明而成诉。市人民检察院在及时向市、县两级社会保障部门发出督促履职检察建议的同时，对该案提请省人民检察院抗诉，省人民检察院采纳提抗意见，向省高级人民法院提出抗诉。

第三节　执行和解

1997年，临澧县院民事行政检察部门通过耐心劝导和解释，使5起申诉案件通过和解得到有效执行。5月，村民吴某的妻子因交通事故死亡获赔5万余元，其岳母李某要求继承部分遗产。吴某不同意，遂酿成纠纷诉至人民法院。人民法院判决李某继承遗产1.5万余元。吴不服，申诉至县检察院。县检察院经审查认为，原审未查清吴某家人的债务以及丧葬开支情况，导致李某继承数额偏大，但坚持抗诉亦有弊端。办案人员多次上门走访，分别与双方交换意见，进行沟通，促成双方和解，使判决顺利执行。全市检察机关民事行政检察部门对受理后不符合抗诉条件的案件，主动与人民法院协商，交换情况，促成当事人和解，化解矛盾。是年共办理该类案件16件，促成当事人和解7件。

1998—2001年，全市检察机关民事行政检察部门共办理执行和解案件11件。

2002年，武陵、临澧等区县检察院通过组织当事人协商达成执行和解案件7件。

2003年，全市检察机关民事行政检察部门办理执行和解案件4件。

2004年，全市检察机关民事行政检察部门，组织当事人协商，达成执行和解案件4件。

2005年，全市检察机关民事行政检察部门办理执行和解案件4件。

2006年，全市检察机关民事行政检察部门组织双方当事人达成执行和解23件。

2007年，全市检察机关民事行政检察部门办理达成和解案件12件。

2008年，全市检察机关民事行政检察部门组织双方当事人达成执行和解案件14件。

2009年，全市检察机关民事行政检察部门组织双方当事人达成执行和解案件23件。

2010—2015年，全市检察机关依据检调对接，依托社会“大调解”机制，采取不同方式，向当事人释法说理，疏导其心结，理顺其情绪，利用其亲友、儿女、家族长辈、基层组织等社会力量协同作用，细致沟通，反复劝导，促成双方的妥协、退让，容纳及接受，较好地化解了社会矛盾。5年共和解结案和息诉80余件。如2010年，汉寿县院受理的肖某某与毛某某房屋买卖合同，不当得利合同纠纷案。在人民法院判决存在明显错误的情况下，汉寿县院考虑到双方当事人为亲戚关系，对双方当事人多次耐心说服，促成执行和解。2014年，全市检察机关办理执行和解案件9件，市人民检察院民事行政检察科促成双方当事人达成和解案件7件。如在办理鼎城芷安居仓储有限公司2件申请监督案时，承办人多次前往事发地点查看火灾现场，并向周围群众了解火灾发生的过程，在分析导致火灾发生的各种成因以及火灾给各方当事人造成后果的基础上，向各方当事人进行充分的释法说理，促成各方当事人达成谅解，并自愿签署和解协议。2015年，在市人民检察院民事行政检察科主持下，使5起民事申诉案件达成和解。

第四节　息诉工作

全市检察机关民事行政检察部门对当事人申诉的案件，经审查发现人民法院的判决裁定正确或基本正确，不符合抗诉条件，但不是一推了之，而是耐心细致地向当事人说明案件事实真相和法律法规的规定，使其服判息诉。

1993—1997年，全市检察机关民事行政检察部门办理息诉案件69件。如临澧县院针对农民法律知识的局限，对案件的认识大多以偏概全，对判决公正的案件也多次申诉的情况，办案人员耐心做好当事人的思想工作，使当事人息诉服判，消除了不稳定因素。1997年，先后有12名案件当事人，通过细致的法律宣传和解释工作，打消了“缠诉”念头，维护了司法权威和社会稳定。

1998—1999 年，全市检察机关民事行政检察部门共办理息诉案件 25 件。

2000 年，全市检察机关民事行政检察部门共办理息诉案件 18 件。如澧县院在办理周某某与陈某某申诉案件中，对周某某的申诉理由和相关证据进行认真审查，发现该案不符合抗诉条件，遂对申诉人下达了终止审查通知书。周某某却认为自己处于有状无处告的境地，遂聚众伺机对被申诉人陈某某实施报复。澧县院办案人员得知情况后，立即找到申诉人周某某，结合该案事实进行法律、法规知识教育，使其幡然醒悟，避免一场可能发生的流血事件。

2001 年，全市检察机关民事行政检察部门办理息诉案件 8 件。

2002 年，全市检察机关民事行政检察部门办理息诉案件 8 件。如市人民检察院受理的昌明锅厂钟某某申诉案。钟系下岗工人，因一起侵权债务纠纷陷入诉讼，其爱人数年抱病在家，小孩受到刺激得了精神病。钟本人对人民法院再审判决不服，情绪十分激动，并有过激言语。市人民检察院民事行政检察科通过数次与申诉人接触，耐心疏导，终于稳定了当事人的情绪。

2003 年，全市检察机关民事行政检察部门共办理息诉案件 6 件。市人民检察院受理的桃源县莫某某等 70 多名村民申诉案。莫某某等人认为该村委会选举有问题向县、市、省民政部门反映。县民政部门的处理未使村民满意，村民向县人民法院起诉县民政部门不作为败诉，引起村民的严重不满，声言要集体上访。市人民检察院受理该案后，安排专人接待 3 名申诉代表，在耐心听取其情况后，先从正面肯定他们关心选举，关心农村基层建设的良好觉悟和姿态，然后结合事实、证据，针对每个问题具体剖析，再综合全案事实证据，紧扣法律规定，指出其申诉的不当之处，阐明检察机关不能立案的理由，使 3 名代表心服口服。

2004 年，全市检察机关民事行政检察部门共办理息诉案件 7 件。汉寿县院办理的刘某勤、吴某军、黄某华道路交通事故人身损害赔偿纠纷案。县检察院审查认定该案县法院判决事实清楚，适用法律正确，程序合法，作出不提请抗诉的决定，并做好申诉人的息诉工作，同时将不提请抗诉决定书送达县法院。

2005—2007 年，全市检察机关民事行政检察部门共办理息诉案件 15 件。

2008—2012 年。全市检察机关民事行政检察部门共办理息诉案件 51 件。其中 2011 年全市检察机关民事行政检察部门共办理息诉案件 6 件。津市市院办理的李某、唐某等人与开发商之间的搬迁纠纷申诉案，经过两级人民法院审判，当事人仍然不服，多次申诉上访。津市市院经过审查认为法院对该案的判决并无不当，遂从申诉人角度入手，陈明利弊，并进行详细的书面说理释法，让申诉人体会到检察机关立检为公，以人为本的执法精神，真正意义上使申诉人服判息诉，停止上访，将矛盾化解在基层。2012 年，全市检察机关民事行政检察部门共办理息诉案件 8 件。市人民检察院办理的老上访户李某林劳动争议申诉案，先后 3 次与市政府主管部门交换意见，责成落实了案件背景材料 10 余份。与市中级人民法院两次交换意见，掌握到李某林于 1986 年因嫖娼被劳教 3 年，被河洑纸箱厂除名。解聘后自书了一份因患出血热被厂内作一次性病退处理的材料，骗得镇领导及厂长签字，骗得 2050 元补偿款，并以此为依据提起劳动争议诉讼。市人民检察院摆事实、讲道理、释法律，说服申诉人李某林息诉。同时，向申诉人指明可获得的其他救济途径，最大限度地为申诉人提供法律支持。检察机关诚挚务实的态度得到了申诉人的理解，申诉人接受了检察机关的审查决定。

2013 年，全市检察机关民事行政检察部门坚持“抗诉是成绩，息诉也是成绩”的政绩观，积极开展民事行政案件的息诉工作。对不能抗诉、不宜抗诉（提请抗诉）的案件，注意释法说理，疏导当事人情绪，化解双方矛盾，促进社会和谐稳定。市人民检察院民事行政检察科全年收到各类申诉案件线索 28 件，但通过审查，提请省人民检察院抗诉的仅 2 件，作出不支持监督申请决定的达 11 件，已结案件中，到市人民检察院反复缠访的 5 件、5 人，市人民检察院办案人员反复做当事人的息诉工作，收到好的效果。2014 年，全市检察机关民事行政检察部门共办理息诉案件 32 件。市人民检察院办理的刘某申请监督案，涉案标的额大、案件重大、复杂。市人民检察院邀请人民监督员组织双方当事人进行听证，双方当事人在听证会上面对面说明事实与理由并举证，达到息诉的目的。此外，对于尚存在其他救济途径的案件，主动向申请人指明救济方式，最大限度为申请人提供法律支持，以诚挚、务实、为民的工作态度取得申请人对检察工作的理解、接受检察机关的处理决定。2015 年，全市检察机关共办理息诉案件 38 件。对于已办结且作出不支持监督申请，因申请人不服往往会重复上访和申诉，从而引发新的矛盾和不稳定因素的案件，做到有访必应，尽最大努力做好当事人息诉服判工作。市人民检察院民行科接待该类案件当事人 80 余人次。

第二章　审判程序监督、执行监督及司法人员违法行为监督

第一节　“44·3”案件查办

《中华人民共和国民事诉讼法》第44条第3款规定：“审判人员有贪污贿赂、徇私舞弊、枉法裁判行为的，应当追究法律责任，构成犯罪的，依法追究刑事责任”（以下简称“44·3”案件）。

1994年，津市市院在津市市船厂诉刘某喜加工承揽合同纠纷案和湖北省秭归县香溪粮油食品公司诉刘某某船舶买卖合同纠纷案中，发现津市市法院该案审判人员涉嫌枉法裁判行为。津市市院于1994年11月3日立案审查。该案属查处“44·3”案件在常德市“零”突破。

1995年，安乡县院立案查处的安乡县法院告申庭副庭长龚某清，在一起民事审判活动中涉嫌贪污案。安乡县鱼品厂不服安乡县人民法院〔1993〕安经初字第22号民事判决，于1994年7月25日向安乡县法院提出再审申请，由龚某清负责接待。9月7日，龚独自1人到鱼品厂以一张白纸收据收取鱼品厂案件的诉讼费4000元，没有将这笔收入交单位入账。10月21日，安乡县法院决定驳回鱼品厂的再审申请，龚也未将这4000元送给鱼品厂。1995年4月25日，市人民检察院就该案向市中级人民法院提出抗诉。鱼品厂接到抗诉书后，到安乡县法院要求退回诉讼费，使龚某清的行为暴露，龚某清受到纪律处分。

1996年，全市检察机关民事行政检察部门查办“44·3”案件3件。鼎城区院办结一起法官贪污案。该区港二口企业联合商场与港二口供销社因经济纠纷诉诸鼎城区法院港二口法庭，由庭长瞿某桢办理，判决被告供销社应付原告港二口乡企业联合商场货款17067.7元。判决生效后瞿某桢在供销社执行货款17067.7元，未交原告。1993年12月4日，瞿某桢喊来原告杨某某，用执行笔录将判决金额改为12067.7元，从中贪污5000元。鼎城区十一届人大常委会第二十五次会议决定撤销瞿某桢审判员和港二口法庭庭长职务。汉寿县办结一起法官徇私舞弊、枉法裁判案。1995年6月1日，汉寿县军山铺乡中山村杨伍塘组村民贺某香向汉寿县法院蒋家咀法庭起诉其丈夫刘某辉离婚一案，由审判员郭某宝承办。因被告刘某辉未到庭，该案未予受理。12月8日，贺某香在掌握了刘某辉与益阳大众瓷厂女青年谭某某以夫妻名义共同生活的事实后，向益阳市赫山区检察院控告刘某辉重婚。12月12日，应刘某辉的要求，郭某宝在刘某辉缺席的情况下开庭审理，判决贺与刘离婚，并将离婚日期提前到1995年9月5日。益阳市赫山区人民检察院见刘某辉持

有判决离婚合法手续，便放弃了对刘某辉的追究。郭某宝在审理民事案件中利用职权徇私舞弊，汉寿县院对郭某宝作出免予起诉处理。

1997 年，全市检察机关民事行政检察部门共发现“44·3”案件线索 8 起，移送自侦部门立案侦查 6 起。如汉寿县院办理的汉寿县人民法院民事审判庭审判员韩某龙涉嫌徇私舞弊案，县检察院对韩某龙作出不起诉决定，县纪委给予其留党察看一年处分。市人民检察院和津市市院共同初查了一起“44·3”案件线索。澧县院初查了一起“44·3”案件线索。

1998 年，市人民检察院民事行政检察科和津市市院民行科共同初查了一起“44·3”案件线索。

2003 年，全市检察机关民事行政检察部门发现“44·3”案件线索 2 起，提出立案建议 1 起，由自侦部门立案。2006 年，全市检察机关民事行政检察部门发现审判人员职务犯罪线索 1 件。2007 年，全市检察机关民事行政检察部门发现审判人员职务犯罪线索 2 件。上述案件线索均移交自侦部门处理。

第二节　审判程序监督、执行监督

2010 年，市人民检察院贯彻落实高检院会议精神及新的司法解释，制定工作细则，并进行全员培训。是年，全市检察机关民行检察部门对法院审判活动及执行过程中的违法情形发出检察建议 13 份，人民法院全部予以纠正。如市人民检察院在参与办理市委政法委专案时，发现市中级人民法院在办理中国人民银行常德市中心支行、中国工商银行常德市武陵支行与常德市鑫城房地产开发有限公司借款纠纷执行案中，组织拍卖执行标的违反程序，拍卖成交价 2200 万元，明显低于市场交易价等问题后，向市中级人民法院发出执行监督检察建议。市中级人民法院采纳检察建议，撤销原裁定，重新组织拍卖，最终拍卖成交款达 4800 万元，为被执行人增加合法收入 2600 万元。

2011 年，全市检察机关民行检察部门对人民法院审判活动及执行活动中的违法情形发出检察建议书或纠正违法通知书 10 份，人民法院当年纠正 6 起。审理超期限、压制辩论、释明欠妥是审判中容易出现的程序性违法问题。武陵区院发现一件由区法院审理超期一年半未结的案件，及时发出检察建议，区人民法院收到检察建议书后一个月内就审理判决该案。

2012 年，全市检察机关民事行政检察部门对人民法院审判及执行活动中违法行为（含渎职违法行为调查）提出检察建议书及发出纠正违法通知书 27 份，人民法院当年采纳或纠正 23 份。市人民检察院办理彭某林控告某人民法院执行法官有渎职违法行为案件，市人民检察院和桃源县院紧密配合，在一天之内即查明了案情。武陵区院办理的中达国有资产经营管理有限公司（以下简称中达公司）申请执行监督案，执行监督建议书发出后，引起武陵区法院的高度重视。执行标的竞买人常德正茂投资有限公司法人代表专程到市人民检察院汇报情况。在检察建议书发出后的第 7 天，区人民法院收到竞买公司 1260 万元的拍卖款。这起执行监督案不仅纠正了竞买人严重缺失诚信的行为，而且促进了法院的执行工作，保护了众多债权人的合法权益。

2013 年，全市检察机关民行检察部门对人民法院审判活动的违法行为发出检察建议 8 份，法院采纳 4 份。对执行活动违法情形提出检察建议 15 份，人民法院采纳 13 份。桃源县院在出席朱某雄与董某文、桃源县兴源汽车运输有限公司道路交通事故人身损害赔偿纠纷一案的再审法庭中，发现桃源县法院在再审此案中有严重超审限的程序违法和文书送达不规范事实。桃源县院向县法院发出程序监督的检察建议。桃源县法院采纳建议，并对原审予以改判。民事执行活动因为缺乏法律明确规定，一直是民事检察监督的薄弱环节。2010 年，“两高”协商达成执行监督试点工作的意见，减少了民事执行监督的办案阻力。全市检察机关民行检察部门围绕“执行乱”的问题进行监督，同时对确有执行能力而久拖不执等执行不力的典型案件，采取调阅执行卷宗，询问核查当事人，准确查明执行行为的过程、原因、造成的现状及后果，判明定位法律责任后，向人民法院发出检察建议书或纠正违法通知书，提出监督纠正意见。

2014 年，全市检察机关民行检察部门开展审判程序中违法行为监督和执行活动监督，提出检察建议 19 份，人民法院当年采纳 12 份。武陵区院办理的辽宁鞍山腾鳌特区副食品公司法人代表刘某茂申请执行监督案。该公司与常德致信公司购销合同纠纷案，武陵区法院于 1994 年调解结案。刘某茂向人民法院申请强制执行后，人民法院以找不到被执行人，且以被吊销工商执照为由怠于执行。武陵区院向区法院发出检察建议后，区法院依法启动监督程序后，通过深入调查掌握了致信公司名为集体企业，实为个人合伙企业的事实，并查找到该公司法人代表与主要合伙人的下落，查明了其财产状况，有执行履行能力。在人民法院扎实的工作面前，双方当事人最终达成和解协议。当刘某茂收到迟到 20 年的货款时，感动得热泪盈眶，并向武陵区院赠送“人民公仆、公正廉洁”的锦旗以示感谢。全市检察机关民行检察部门灵活采取多种办案方式开展执行监督，安乡县院与该县法院执行局加强联络、加强信息交流，对执行难的案件共同商量解决。在执行县农业局下岗职工吴某返还财物案时，县法院邀请县检察院现场监督执行。

2015 年，全市检察机关在办理审判程序中违法行为监督和执行活动监督案件 31 件，提出检察建议 16 份，人民法院全部采纳。武陵区院办理的芮某控告武陵区法院原院领导丁某违法行为时，发现丁某依法应当予以回避，其行为违反了法律规定，依法向武陵区法院发出纠正违法检察建议。在办理执行监督案件时，因地制宜，根据各地执法环境，灵活采取多种办案方式开展执行监督。如桃源县院主动与县法院沟通，采取以县法院为主、县检察院协助执行和解的方式，办理了一起宁夏石嘴山市隆湖宏盛贸易中心申请执行监督案件。

2010—2015 年，全市检察机关共办理审判活动违法和执行活动违法监督案件 108 件，人民法院采纳 97 件。

第三节　司法人员违法行为监督

2010 年，检察机关开始实施对司法人员违法行为的监督职权。2011 年，津市市院对一起违反自愿公平原则调解案件实施法律监督，向法院提出再审检察建议书。就在该起调解监督中，津市市院发现审判人员渎职行为线索，开展了渎职行为调查工作。2013 年，市人民检察院民事行政检察科收到控申科移送的杨某林控告临澧县某法官在审理破产案件过程中存在渎职行为的案件线索。该线索涉案金额大且损害后果已不可挽回，内部纠葛复杂，不能轻易直接询问法官，调取相关资料。检察人员充分听取控告人意见，全面细致审查控告材料，最终审查认为。某法官涉嫌民事枉法裁判罪。依据两院三部之规定，将案件线索移送本院反渎部门处理。2014 年，武陵区院办理武陵区法院违法办理刘某诉前财产保全案时，通过向银行查询、询问证人、价格鉴定等方式，查明某法官不按民事裁定冻结申请人提供的银行存款担保，不依法解除查封措施，造成案件当事人遭受重大财产损失的事实。武陵区院在向市人民检察院、省人民检察院汇报后，向武陵区法院发出审判人员违法行为检察建议，要求人民法院对该法官违法行为进行处理。武陵区法院收到检察建议后，立即进行复查，并经院长办公会研究，将该法官违法违纪行为交该院纪检监察部门调查处理。

第三章　行政执法检察监督和公益诉讼

第一节　行政执法检察监督

2009年，市人民检察院根据上级会议精神及工作部署，借鉴先进单位工作经验，逐步确定行政执法检察监督为基层人民检察院民事行政检察重点工作，指导基层人民检察院开展督促起诉、督促履职等行政执法检察工作。

2010年，市人民检察院组织人员赴江苏、浙江两省考察督促起诉、支持起诉工作。澧县院学习考察获取经验，针对国有土地出让金迟缴现象，走访澧县财政局等 相关部门，调查国有土地出让金支付情况，向澧县财政局等行政主管部门发出督促起诉意见书5份。全市民事行政检察部门共办理督促起诉案件22件。2011年，全市检察机关民行检察部门共办理督促履行职责案件46件，被采纳46件。如汉寿县院对国有土地出让收入流失、欠款人去向、欠款金额、偿还能力等信息进行摸底排查，登记造册，在准确掌握上述情况后，向县国土资源部门发出类案检察建议，督促其依法履行职责，为国家追回土地出让金1200余万元。2012年，全市检察机关共办理督促履行职责案件37件，被采纳22件，追回、挽回经济损失700余万元。津市市启动廉租房富民小区安居工程项目，在该项目9号楼施工建设过程中，南侧部分桩基基础偏位较大，但未引起施工单位重视。津市市院了解该情况后，立即开展督促行政履职工作，在做好大量工作的基础上，于10月13日向津市市房地产管理局发出《检察建议书》，引起相关行政部门的重视，促使其履职到位，保证了该小区按期按质交付使用。该案被省人民检察院、市人民检察院评为优案通报表彰。

2013年，津市市院与津市市人民政府联合制定湖南省第一例《检察机关开展行政执法检察监督暂行规定》，省人民检察院向全省民行系统全文转发，高检院民行厅将其编入《民事行政检察工作情况行政检察专刊》第5期（总第438期），5月，高检院副检察长姜建初到常德市调研时给予充分肯定。9月中旬，津市市政府副市长康少中主持召开会议，向该市80余家行政执法单位进一步强调落实《检察机关开展行政执法检察监督暂行规定》。11月上旬，省人民检察院副检察长朱国祥及省人民检察院民行处领导等一行7人，再次深入津市市财政、国土、药监、质检、工商、教育等多个行政执法部门开展调研，推进行政执法检察监督工作。2010—2013年，津市市院运用检察建议督促履职18次，挽回税费损失2000多万元，节约项目资金5000多万元，在服务民生、服务重点工程和服务发展大局上取得较好的效果。全市检察机关对行政机关怠于或不当履行法定职责，破坏国家正常行政管理秩序，损害国家、社会公众利益、行政相对人利益的，通过督促履行职责等形式予以监督纠正。9月，市人民检察院与市国土资源局、市财政局联合出台《关于开展防止国有土地出让流失专项活动的方案》，针对国有土地出让价款收缴等重点，对国土资源局、财政局等行政机关监督不力、滥用职权、不履行法定职责、损害国家利益和社会公共利益的行为，通过督促其依法履行职责，促进行政机关规范、高效、廉洁履行法定职责，维护国家利益和公众利益。全市检察机关共办理督促履行职责案件67件，被采纳64件。如武陵区院办理的市国土资源局向华政实业公司催收国土出让金案件，做到摸清底数，边清边催，并发出督促起诉意见书，使960万元土地出让金及时交付财政账户。安乡县院办理的深柳镇书院洲社区居民与广告装潢公司经营业主庞某某环境污染纠纷案。县检察院向被督促履职单位安乡县环保局发出检察建议书，县环保局向业主发出《行政处罚决定书》，对经营户作出立即停产，并处3万元的行政处罚。该案被市人民检察院评为优案。澧县院在办理江苏舒源空调制造有限公司不服澧县质量技术监督局以其无生产许可证行政处罚一案中，发现湖南康澧置业有限公司开发的康澧百合园小区项目，在没有办理施工许可证的情况下，就开始施工，对施工人员的生命财产构成严重威胁。对此，澧县院向澧县住房和城乡建设局发出督促履职法律文书，督促该局依法履行监督管理职责。

2014年，全市检察机关民事行政检察部门共办理督促履职案件62件，全部被采纳，占全年办案数的45.69%。全市检察机关民事行政检察部门对2009—2014年国有土地出让及缴款情况进行全面调查，清理出未缴清出让金地块86宗，通过督促相关行政机关依法履行职责和起诉，追缴土地出让金金额6.037亿元。10月，津市市人大常委会通过《关于加强人民检察院行政执法检察监督工作的决议》，为津市市院开展行政执法检察监督工作提供支持。津市市院与津市市国土资源局、环保局、卫生局、质监局、食药局、文广新局、农业局等行政执法单位沟通协作，就未成年人上网、环境污染、农产品、食品药品安全、中小学校食堂安全、非法行医等问题，开展民生专项检察监督工作，向相关部门发出《检察建议书》9份，并于9月对整改情况展开回访式跟踪监督。津市市院的工作经验得到省人民检察院检察长游劝荣等领导的充分肯定。

2015年，全市检察机关民事行政检察部门共办理督促履职案件115件，被采纳114件。纠正违法行政行为，挽回经济损失6000余万元，促进行政机关正确履行职责。津市市院对投资1.8亿元的农村安全饮水工程实施监督，针对有施工技术人员不在现场、监理人员缺位等情况，向津市市水利局、津市市质量技术监督局发出检察建议，2个单位按检察建议积极整改，收到良好效果。是年，市人民检察院在办理石门县汪某某（甲）、汪某某（乙）、唐某某与石门县工伤保险处、第三人齐某某劳动社会保障行政补偿，不服市中级人民法院〔2012〕常行终字第43号行政判决申请监督案中，针对市、县两级劳动和社会保障部门存在履职不到位问题发出检察建议。建议两部门建立相关制度，厘清责任，取信于民。是年3月，市人民检察院对全市2013年以来行政执法检察监督工作进行调研，表明检察机关开展行政执法检察监督取得较好的政治效果、法律效果和社会效果。促使行机关及其工作人员树立良好的法治意识；规范行政机关及其工作人员的行政行为；堵塞行政执法漏洞，创新社会管理；督促行政机关及时清收相关税费，有效防止国有资产流失；督促行政机关加强社会管理，有效维护了市场秩序。6月，市人民检察院邀请市人大常委会内司委、市监察局、市政府法制办、市中级人民法院等单位召开联席会，就相关事项达成一致意见，形成《关于全市检察机关开展行政执法检察监督工作联席会议纪要》，建立起了相互间信息共享、案情通报、案件移送等工作机制。市人民检察院还制定《行政执法检察监督实施意见》。9月中旬，市人大常委会对全市检察机关行政执法检察监督工作进行为期3天的调研，并组织召开全市行政执法检察监督工作调研座谈会。市监察局、市政府法制办、市中级人民法院、市国土资源局、市环境保护局等16家单位应邀参加会议。市人民检察院检察长余湘文作工作汇报，与会行政机关均表示支持检察机关开展行政执法检察监督工作。市人大常委会副主任谭弘发参加会议并讲话。9月25日，在市人大六届十九次主任会议上，市人民检察院检察长余湘文向会议汇报了2013年以来全市检察机关开展行政执法检察监督工作情况。全市检察机关通过对2012—2014年开展行政执法检察监督工作情况分析，探索和完善行政执法检察监督方式，即建立跟踪监督和责任追究制度；对于行政机关不作为、滥作为或者怠于履职侵害国家、集体、他人合法权利，相关利害关系人处于弱势地位且有诉讼意愿的，检察机关应支持起诉；对于行政机关不作为、滥作为或者怠于履职侵害国家利益、社会公共利益、采取检察建议无法解决问题且无人提出诉讼的，检察机关可直接提起公益诉讼，以维护国家和社会公共利益。2010—2015年，全市检察机关民行检察部门针对行政机关不作为、滥作为、怠于履职等违法行为，发出督促履职检察建议319件，行政机关采纳296件，为国家挽回各项税费损失6.1亿余元。全市检察机关采取以会带训的形式对全市民行检察干警开展行政执法检察监督专项培训5次，组织民行业务骨干到省人民检察院学习培训3次，组织民事行政检察部门负责人到高检院学习培训2次，邀请国内知名学者、省人民检察院专家举办专题讲座2次。撰写经验信息材料，通过简讯、简报、微信等平台增强宣传效果。共撰写经验材料13篇，先后在《检察日报》《人民检察》《常德日报》等报刊发表8篇，在高检院、省人民检察院内部工作简报刊载5篇，在湖南检察、常德检察等官方微信发布信息50条。市人民检察院和津市市院联合撰写的《保护舌尖上的安全》一文被《检察日报》刊登，同时被《当代政法报》和多家门户网站转载。

第二节　公益诉讼

2009年，常德市人民检察机关民行检察部门对民事行政检察工作的新领域如公益诉讼、进行探索，拓展民事行政检察职能的空间。公益诉讼主要包括检察机关以原告身份提起民事、行政公诉；检察机关支持当事人提起民事、行政诉讼和提起刑事附带民事诉讼。

2001 年，高检院下发《关于开展公益诉讼试点工作的通知》，安乡县院办理全省首例公益诉讼案件。安乡县农业机械管理局经有关部门批准，投资 35 万元，修建一所农业机械化学校。后安乡县农机局将学校房屋交由经济性质为全民所有制的下属单位安乡县农机物资公司管理使用。1992 年，该栋房地产进行国有资产登记。1994 年 12 月，安乡县农机局出具划拨证明，让物资公司办理该栋房屋产权。安乡县房地产管理局审定该栋房屋产权为 80 万元，并凭有关建房手续、划拨证明办理该栋房屋产权登记，颁发房产证，但房产证上记载的房屋所有权性质是“集体”。 2001 年 4 月，因被抵押的该栋房产将被变卖酿成纠纷，才暴露房屋产权性质。国有资产颁证为集体资产，造成国有资产流失。安乡县院获此信息后，经过调查，获取了证据，以支持起诉的身份，于 2001 年 11 月 20 日向安乡县法院提起诉讼，请求人民法院依法撤销安乡县房地产管理局颁发的房屋产权登记证（该案原告为安乡县国有资产管理局，支持起诉机关为安乡县人民检察院，被告为安乡县房地产管理局）。安乡县法院经过公开开庭审理后，作出〔2001〕安行初字第 9 号行政判决：确认被告安乡县房地产管理局给安乡县农机物资公司颁发的房屋产权证违法。

2002 年，全市检察机关民事行政检察部门办理公益诉讼案件 2 件。

2003 年，市人民检察院民理行政检察科、鼎城区院民事行政检察股共同努力，通过与鼎城区法院和市中级人民法院协调，办理由民事行政检察部门参与的一起刑事附带民事诉讼案件。鼎城区韩公渡镇团洲湖村村民曹某云被同村村民杨某中等人故意伤害致死，其家中欠数万元医药费，生活十分困难，请求检察机关为其提请民事赔偿。检察机关先后 5 次同人民法院协商，详细探讨有关法律条款，最后人民法院受理了检察机关提起的民事诉讼，并同意检察机关民行检察部门以民事公诉人的身份与刑事公诉人一起出庭。最后，人民法院判令被告人杨某中赔偿被害人家属人民币 10719.2 元。

2004 年，全市检察机关民事行政检察部门办理公益诉讼案件 6 件。澧县院民事行政检察部门与公诉部门密切合作，办理胡某柳、戴某寻衅滋事附带民事诉讼案件 3 件。澧县法院于 8 月 18 日在判处戴某、胡某柳等人有期徒刑的同时，判决赔偿 37700 元的经济损失。汉寿县院在办理杨某云因失火给汉寿县防浪林试验基地造成直接经济损失 9 万余元刑事案件时，为使国家财产免受损失，在公诉部门起诉杨某云时，民行检察部门同时提起附带民事诉讼。同年，鼎城区院、安乡县院各办理 1 件公益诉讼案件。

2005 年，全市检察机关民事行政检察部门办理公益诉讼案件 10 件，法院判决胜诉 4 件，调解结案 1 件。安乡县院发现县渔业捕捞大队刘某秀等人弄虚作假，冒领移民补助款。在逐步查明多名对象不当得利的事实后，安乡县院 3 次提起民事诉讼，人民法院对刘某秀作出责令其退回领取的不当移民补助款 6000 元的民事判决。武陵区院发现常德市五交化公司在破产拍卖过程中，常德市政源拍卖有限公司存在拖欠拍卖款 119934 元不上交国库的事实。在多次协商无果的情况下，以原告身份向人民法院提起诉讼。同年，鼎城、澧县、津市等院针对一些刑事被告人滥伐林木、失火等犯罪行为，给国家、集体造成重大财产损失的事实，开展刑事附带民事诉讼工作，为国家、集体挽回经济损失 10 余万元。

2006—2008 年，全市检察机关民行检察部门办理公益诉讼案件 7 件。

2009 年，桃源县院民事行政检察部门办理刘某丽挪用资金造成集体财产损失刑事附带民事诉讼案件。刘某丽利用职务之便，多次挪用单位资金共 157.602306 万元用于赌博、购买地下“六合彩”等非法活动，给桃源县麻茧经营中心、桃源县供销社油脂厂、桃源县棉麻蚕茧公司造成直接经济损失 157.602306 万元。案发后，刘某丽分文未还，在查清事实的基础上，桃源县院对被告人刘某丽提起刑事附带民事诉讼，要求被告人赔偿损失。桃源县法院判决被告刘某丽赔偿上述三单位经济损失 157.602306 万元。

2010 年，全市检察机关民事行政部门办理刑事附带民事诉讼案件 1 件，支持起诉案件 6 件。

2011 年，全市检察机关民事行政检察部门办理支持起诉案件 3 件，全部被人民法院采纳。

2012 年，全市检察机关民事行政检察部门办理支持起诉案件 2 件。

2013 年，全市检察机关民事行政检察部门共办理支持起诉 100 件，法院采纳 99 件；安乡县农民刘某文等人反映，因购买个体经商户销售的草甘膦除草剂存在质量问题致使油菜产量严重受损。安乡县院收到线索后，意识到该案属民事行政检察办案范围，决定支持刘某文等 100 人就产品质量损害向人民法院提起诉讼，人民法院全部受理，其中 99 人通过庭外调解结案。

2014—2015 年，根据中共十八届四中全会精神，省人民检察院要求对新形势下提起公益诉讼工作有针对性地做好案件线索收集，尤其是生态环境和资源保护等与人民群众切身利益息息相关的重点领域，行政执法监督机关违法行政或不作为，造成国家和社会公共利益受到侵害的行政公益诉讼线索。2015 年 8 月，全市民事行政检察部门开展环洞庭湖养殖业无序扩张导致环境污染问题的专题调研。通过对相关数据全面普查、重点区域重点调研和典型企业详细调研相结合，摸清了全市养殖业污染水源的现状以及治理工作存在的问题，形成初步调研分析报告，为领导决策提供数据支持。石门、津市、澧县等基层人民检察院分别针对石门十九峰矽砂矿开采破坏生态、食品领域监督、病猪无害化处理等问题开展调研，明确监督重点，做到有的放矢。

第四章　林业检察

1995 年 3 月，石门县院在全市率先设立林业检察室。2006 年 4 月，常编办〔2006〕15 号文件批复，市人民检察院成立林业检察科（以下简称林检科），隶属于市人民检察院、市林业局双重领导，其人员由市人民检察院、市林业局两家选派。

市人民检察院林检科成立后，及时组织对全市林业现状开展调查，根据实有林地面积、森林蓄积量、野生动物种群及数量与珍稀动、植物分布等情况，确定林业检察发展规划。林检科针对刚起步的林检工作条件差、基础薄弱的现状及双重领导体制的特殊情况，密切工作联系，激活双重领导体制。通过定期召开联席会、座谈会，经常向林业部门领导汇报工作，及时与森林公安机关交换意见等，融洽检、林两家关系，取得林业部门的重视与支持，形成和谐顺畅的工作环境和氛围。努力改善工作条件，提高办案效率，力争有为有位。除保障正常办案经费支出外，2008 年，市林业局拨专款 20 万元，新购办案用车 1 台装备林检科，提高执法办案的机动性和快速反应能力。解决两个林业资源大县（区）的林业检察机构编制、设置问题。桃源县院林检科与鼎城区检察院林业检察科均于 2009 年 1 月成立。为使两院尽快启动并适应林检工作，3 月 3 日，市人民检察院组织桃源、鼎城林检干警到石门县院林检室参观学习；3 月 25 日，在市人民检察院集中培训全市林检干警。随着市县区两级林检机构逐步建立，在突出办案的同时，着力于“三化”（管理制度化、法律文书规范化、装备科学现代化）建设，制定上下联系制度、办案制度、审查备案制度、请示报告制度、案件复核制度、岗位责任制度、报表统计制度、信息和考核评比记分制度等，使用统一的报表，制作、建立有关表、卡、簿，做到管理规范有序，干警权责分明，工作有条不紊。同时，工作中坚持做到“三注重”，即注重信息沟通。通过定期召开联席会、座谈会等，经常向林业部门领导汇报请示工作，及时与森林公安交换意见等，搞好信息的交流反馈，避免隔阂梗阻；注重协调配合。林检工作不仅要服从和服务于林业部门的中心工作与任务，而且还要与森林公安搞好配合。除通过提前介入引导侦查，引导森林公安机关及时、客观、合法收集固定证据，提高提请批准逮捕和移送审查起诉案件质量外，还建立疑难案件不定期会商等制度，共同把好案件的定性与质量关，达到办案中的协调一致；注重诉讼监督。办案中加强对森林公安机关侦查活动的监督与涉林刑事案件审判活动的监督，防止有案不立、有罪不究或量刑畸轻畸重而造成对涉林犯罪打击不力的现象。

2010 年 3 月，市人民检察院与市林业局召开联席会议，确定 2 个单位的林业检察人员以市林业局为主要办公地点合署办公，改变了林检科人员在所属单位分开办公的状况。合署办公后，采取集中业务学习，讨论典型案例，交流办案经验等措施，增强自身业务能力，提升整体办案水平。同时，定期聘请林业专家讲课，学习林业知识，扩充知识领域，为充分发挥林业检察职能提供人才保障。2013 年 9 月、10 月，分两批组织全市林检干警参加全省林业检察业务培训。11 月，又选派 3 名林检骨干参加省人民检察院组织的检察机关统一业务应用软件等多个业务门类的培训。

为开展好林检改革工作，市人民检察院多头汇报联系，牵头召开有关职能单位参加的协调会议，积极做好林检人员信息采集与上报工作，保证队伍的稳定和顺利过渡。2013 年 9 月 23 日，省委组织部《关于全省林业检察体制改革人员身份转换的批复》中，确定常德市有 10 人转换身份（其中，市人民检察院 3 人、鼎城区院 1 人、桃源县院 2 人、石门县院 4 人），10 名转换身份人员中，直接转换身份 7 人、经考试录用 1 人、按工勤人员接收 2 人。2014 年 4 月前，转换身份纳入检察管理体系人员全部，上岗到位。

第一节　审查批准逮捕与审查起诉

2007 年，市人民检察院林检科与石门县院林检室，共受理森林公安机关提请批准逮捕案件 4 件、4 人，批准逮捕 2 件、2 人，不予批捕 2 件、2 人；受理移送审查起诉案件 17 件、21 人，其中不起诉 8 件、10 人，森林公安撤回 1 件、1 人，提起公诉 8 件、10 人。林检部门把惩治滥伐林木犯罪和非法占用林地犯罪作为重点，办案中做到“三坚持”：一是坚持快审快结。市人民检察院林检科于 11 月 3 日受理市森林公安局提请批准逮捕的陈某平非法占用林地案后，从阅卷、提审、现场复核固定证据等，仅用 3 天时间便作出批准逮捕决定。二是坚持提前介入引导侦查，切实把好案件质量关。石门县院林检室通过提前介入引导侦查，收集证据材料 12 份，改变定性 1 人，并针对案件办理过程存在的问题，提出口头建议 4 条、书面建议 2 条。三是坚持开展侦查监督和审判监督。石门县院林检室对森林公安违反办案程序等侦查中的违法行为，依法纠正 2 人、2 次。

2008 年，全市共受理森林公安机关提请批准逮捕案件 11 件、17 人，批准逮捕 11 件、13 人，不批准逮捕 4 人；受理移送审查起诉案件 52 件、76 人，不起诉 9 件、13 人，森林公安机关撤回 4 件、4 人，提起公诉 35 件、48 人，法院判决 23 件、31 人。全市共提前介入引导森林公安机关侦查案件 20 件。

2009 年，全市林检部门共受理森林公安机关提请批准逮捕案件 10 件、12 人，批准逮捕 9 件、10 人，不批准逮捕 1 件、2 人；受理移送审查起诉案件 35 件、49 人，不起诉 7 件、10 人，森林公安机关撤回 4 件、5 人，提起公诉 7 件、9 人。林检部门对受理的批捕、起诉案件，做到依法快捕快诉。2008 年 12 月 7 日、2009 年 3 月 9 日，市人民检察院林检科受理市森林公安局对黄某元盗伐林木案的提请批准逮捕和移送审查起诉后，先后两次与市森林公安局办案人员深入案发地重新勘查现场，调查取证，多次征求西洞庭管委会及林木权属单位湖南茂源林纸公司的意见。由于工作深入细致，保证了该案快审理、快批捕、快起诉、快判决，被告人黄某元被判有期徒刑。同年9月，桃源县热市镇村民徐某某等非法采伐国家重点保护植物特大案案发后，市人民检察院林检科及时介入侦查，引导侦查取证，在犯罪嫌疑人拒不交代的情况下，通过大量艰苦细致的工作，充实完善了批捕、起诉的证据，使该案及时批准逮捕和起诉。全市林检部门与森林公安机关既注重监督制约，又积极沟通协调，统一执法尺度，完善执法机制。石门县院林检室总结的《引导侦查应把握的“四个策略”》的经验，被省人民检察院林检处列为优秀“精品项目”。鼎城区院林检科在湘检内网上发表的《坚持四个注重，提升侦监水平》的经验被省人民检察院林检处推介。该科在办案中大胆开展诉讼监督，严把标准，不枉不纵，对证据确实充分，社会影响大。对在缓刑考验期内又犯新罪的盗伐林木犯罪嫌疑人胡某全，及时批准逮捕和起诉，胡某全被法院判有期徒刑3年；对王某华等二人滥伐林木一案，经认真审查和补充侦查，认定王某华等二人的行为不构成犯罪，对其作出绝对不诉处理。全市林检部门共介入森林公安机关侦查案件25件，引导侦查取证62份，发书面检察建议18份。

2010—2012年，全市林业检察部门坚持以执法办案为中心，在突出惩治涉林刑事犯罪中，开展专题调研，建立林业行政执法与刑事司法相衔接的机制。2010年6月上旬，对全市林业行政执法状况进行专题调研，了解并掌握全市林业行政执法情况。2011年，根据中共中央办公厅、国务院办公厅《关于加强行政执法与刑事司法衔接工作的意见》、高检院《人民检察院办理行政执法机关移送涉嫌犯罪案件的规定》，结合2010年专题调研情况，制定《常德市林业行政执法机关移送涉嫌犯罪案件工作规定》。2012年7月，由市人民检察院林检科牵头，组织市林业局林政资源法规科、森林公安局等部门，对全市林业行政执法情况开展执法检查，建立联席会议与案件咨询制度，完善林业行政执法移送涉嫌犯罪案件备案审查机制，畅通林业行政执法与刑事司法的信息共享渠道，使检察机关对林业行政执法活动的监督做到常态化、固定化。加强立案监督，严厉惩治涉林刑事犯罪。每年初，市人民检察院林检科将立案监督工作任务量化，纳入对基层检察院林检业务考核范围，作为评先授奖的重要内容。各县区检察院林检科（室）检察在办理批准逮捕和起诉案件中察微析疑，积极收集挖掘相关线索和信息，对群众的反映举报，不局限于书面举报材料，对网上的举报投诉也密切关注，适时跟进。2010—2012年，全市林检部门共立案监督15件、19人。其中：2010年4件、4人，2011年6件、8人，2012年5件、7人。2012年，桃源县院林检科在审查何某武涉嫌非法采伐国家重点保护植物案中发现，何非法采伐的樟树系朱某成出售，且朱明知樟树属于国家重点保护植物，据此锁定朱有非法出售国家重点保护植物犯罪之嫌，及时向县公安局发出《要求说明不立案理由通知书》，县公安局随即立案侦查。还注意从专项检查行政处罚个案中查找发现线索。同时，抓紧监督立案后各环节的跟踪监督，力争立案监督案件当年判决和有罪判决。2010年，石门县院林检室审查印某汉非法采伐国家重点保护植物案中发现，临澧县人何某化有非法收购国家重点保护植物的行为，遂于是年10月20日通知县森林公安局立案，并介入该案侦查，县法院当年以非法收购国家重点保护植物罪对被告人何某化作出有罪判决。该案宣判后，在石门县周边区域产生了积极的社会效果，提高了村民珍爱野生植物、保护生态环境的意识。充分运用刑事和解司法政策，努力化解社会矛盾。办案中，正确理解和执行宽严相济刑事政策，通过规范和解程序，完善和解机制，创新和解方式，开创刑事和解工作新格局。三年内，全市林检部门共办理刑事和解案件 19 件、19 人。这些案件办结后，当事人无一上诉、申诉，也无一反悔，调处成功率 100%。在执行刑事和解司法政策中，从三个方面把握标准，区分界限，做好工作：一是严格按照高检院《关于在检察工作中贯彻宽严相济刑事司法政策的若干意见》，将刑事和解范围限定在未成年人犯罪案件、轻微刑事案件和过失犯罪案件，且须具备被告人认罪和受害人谅解两个基本条件。二是办理该类案件时，对定案证据依照相关法律法规从严把握，同时考虑案件的危害程度，犯罪嫌疑人有否人身危险性等，并充分听取案件所涉及的被害人意见，还要兼顾各类矛盾的化解、社会关系的修复，尽量使案件的处理结果得到各方当事人的认可。三是对刑事和解案件，坚持回访考察，继续关注和了解被告人、受害方的思想动态及其生产、生活等生存状况，给予精神抚慰或商请所在基层组织予以扶持，化解消极因素，促进社会的稳定。如桃源县院林检科办理的文力钦失火案。2012 年 4 月 3 日，犯罪嫌疑人文力钦与家人到桃源县浯漆河乡九龙山村为其父母扫墓，点燃香烛后引发森林火灾。经鉴定，过火森林面积 7.57 公顷。火灾当日，文主动向公安机关投案自首，并在事后积极赔偿被损害方 2.2 万元的经济损失。桃源县院根据法律的相关规定，对文作出不起诉的决定。该案被省人民检察院评为 2012 年度全省优案。

2013 年，全市林业检察部门集中力量，重点惩治盗伐、滥伐林木，非法占用林地，非法收购、运输、加工木材，非法捕杀、运输、销售野生动物等涉林犯罪。石门县院林检室办理的董某聪、唐某成等人非法猎捕、杀害、收购珍贵、濒危野生动物窝、串案。2012 年 9 月 26 日，湖北省宜昌市森林公安局后河自然保护区分局，将涉嫌非法猎捕杀害珍贵濒危野生动物的犯罪嫌疑人王某坦（石门县人）抓获后移送石门县森林公安局，石门县院林检室接县森林公安局报告后认为案情重大，明确覃卫红等 3 名干警办理此案，提前介入侦查。通过配合县森林公安局突审犯罪嫌疑人，制定侦查方案，连续奔波石门县壶瓶山和湖北省鹤峰县、五峰土家族自治县等地，提取作案工具等证物、抓捕涉案嫌疑人等，终将这起发生在石门壶瓶山国家级自然保护区核心区内多次作案的非法猎捕、杀害、收购 5 头国家二级保护的野生黑熊的窝案、串案破获，共批准逮捕 14 人，向湖北省五峰土家族自治县森林公安局移送 3 名犯罪嫌疑人，法院判决 8 人。该案被省人民检察院评为 2013 年度全省检察机关 10 件优秀案件之一。是年 9 月下旬，市人民检察院林检科组织市林业局林政资源法规科、市森林公安局，对 2012 年 10 月至 2013 年 9 月全市 3000 余件林业行政处罚案件，特别是林业行政执法与司法相衔接工作机制的执法情况进行专项检查。发现并督促林业行政执法部门向公安机关移送涉嫌犯罪案件 2 件，对执法过程中不规范行为，口头或书面提出纠正意见 30 余条。对检查情况进行全面分析总结，形成 5000 余字的书面报告，向领导建言献策。

2014—2015 年，围绕省人民检察院林检处提出的“惩治林业犯罪有震慑力，拓展林检业务有新的成果，林检工作要在服务于绿色湖南和生态文明建设上有实实在在成效”的工作要求，突出惩治重点，服务生态文明建设。坚持严格依法办案，集中力量查处破坏生态资源、损害国家、集体和群众利益的案件。2014 年，石门县院林检室办理龚某轩在壶瓶山国家级自然保护核心区非法捕猎、杀害珍贵濒危野生动物林麝、黑熊案，龚被以非法猎捕杀害珍贵濒危野生动物罪判处有期徒刑 5 年 6 个月，罚金 3 万元；桃源县院林检科办理了王某明等 5 人利用捕鸟网具、放音设备播放鸟声做引诱的方法，非法狩猎野生鸟类 800 只案，王等 5 人均被判处刑罚。2015 年，市人民检察院林检科办理桃源县新华旅游开发公司盗伐林木案，该案系常德涉林刑事案件单位犯罪第一案，案中 3 名直接责任人均被判处有期徒刑（缓刑）和罚金，公司被处罚金 4 万元；鼎城区王某伟非法采集松脂盗窃案，王被判处有期徒刑 2 年、缓刑 3 年，并处罚金人民币 1 万元，该案为全省首例非法采集松脂以盗窃罪入刑的案件。针对建筑、采矿、取土等原因而非法占用林地的现象较突出问题，坚持构罪即办的原则，市人民检察院林检科批准逮捕和起诉了宋某阳非法占用农用地案，宋自 2006 年 5 月以来，在未办理林地审批手续情况下，不听劝阻，在河洑国家森林公园范围内违法搭建建筑物，堆放煤等污染物，非法占用并破坏生态公益林地 0.767 亩。宋被判处有期徒刑 9 个月，并处罚金 1 万元。针对司法实践中反映强烈的涉案野生动植物及其制品方面存在的问题，2014 年，市人民检察院林检科突出侦查监督重点，强化对查封、扣押、冻结等强制性侦查措施的监督与纠正，开展了查封、扣押、没收涉案物品的专项调研活动，活动中发出纠正违法通知书 3 件。加强立案监督与审判监督。2013 年，全市受理涉林刑事案件中犯罪嫌疑人共 138 人，其中作出不起诉处理 49 人，占 35.5%；起诉 47 人，其中判处缓刑免刑或独立适用附加刑 30 人，占 63.83%。针对涉林刑事案件轻刑化较突出的问题，市人民检察院林检科出台不诉案件事前审查机制，要求对涉林不诉案件在作出决定前必须报市人民检察院审查备案；同时，通过对 2012—2014 年全市涉林刑事案件起诉书、判决书逐案逐罪分析，与审判机关协商后，制定下发《常德市涉林刑事案件量刑建议指导意见（试行）》。2014—2015 两年间，共立案监督 4 件，办理抗诉案件 2 件，追诉漏犯 1 人。如澧县鲁某开滥伐林木案，澧县法院一审认定鲁滥伐林木 66.59 立方米，对其仅作单处罚金 3000 元刑事处罚。对这一适用刑罚明显畸轻案件，市人民检察院支持澧县院提出抗诉并派员出席二审法庭，经抗诉改判鲁有期徒刑二年缓刑二年、并处罚金 3000 元。在市人民检察院林检科的主导与衔接下，经省司法厅批准，2014 年 10 月 27 日，常德市惠林司法鉴定所成立。市人民检察院与市中级人民法院、市林业局、市司法局、市森林公安局联合制定出台《关于规范涉林刑事案件技术鉴定的意见（试行）》（以下简称《意见》）。2015 年 3 月，林检科联合市森林公安局、惠林司法鉴定所对《意见》

实施情况在全市调研，对试行中存在的问题逐一梳理分析，提出改进措施。5月中旬，联合外去宣传推介。5月下旬，以全省检察机关科技强检示范院建设推进会暨检察技术与信息化工作会议在常德召开为契机，制作发放300余份宣传手册，推广介绍惠林司法鉴定所及其鉴定范围与工作情况，该所当年受理涉林刑事鉴定案件56件，鉴定区域辐射到张家界、湘西自治州、邵阳等地。全市林检部门借助巡回审判，开展法治宣传，扩大办案效果。2014年8月，桃源县院林检科配合县法院以巡回审判方式在该县双溪口乡公开审理孙某林等6人非法狩猎案，群众自发参与听庭，加强对非法狩猎破坏环境资源及野生动植物类犯罪的了解，扩大了教育效果；鼎城区院联合法院在十美堂镇审理何某滥伐林木案，发挥庭审的法治宣传和警示教育作用。市人民检察院林检科率先在全省开通“常德检察”官方微信，及时发布工作动态、典型案例，宣传生态环境法律法规。

第二节　办理自侦案件

2006年4月，市人民检察院林检科成立后，便与桃源县院反渎职侵权局办理一起涉林职务犯罪案件，犯罪嫌疑人被判处3年有期徒刑。2007年，初查涉林职务犯罪线索6件，与桃源县院反渎职侵权局侦查一件有7名犯罪嫌疑人的非法发放林木采伐许可证、非法采伐国家重点保护植物案，7名涉案人员均获有罪判决。当年8月，开展清查长江防护林工程资金使用情况的专项行动，发现并及时纠正县属林管站截留专项资金17万余元的问题，预防了一起贪污案件的发生。石门县院林检室根据该县白云乡群众举报乡林业站站长利用职务之便，为自己和他人骗取国家退耕还林项目专项资金，经初查认定举报失实，妥善地做好举报人的思想工作，预防了一起群体性事件的发生。2008年6月，市人民检察院林检科组织桃源县院反渎职侵权局立案侦办了鼎城区国土局执法大队周某涉嫌徇私舞弊不移交刑事案件一案，办案中顺藤摸瓜，深挖出金冠驾校校长田某涉嫌非法占用农用地和主管财务副校长曾某涉嫌偷税犯罪的2起案件。桃源县院全年查办涉林职务犯罪共立案14件16人，为国家、集体挽回经济损失320多万元。为了从源头上遏制涉林犯罪的发生，针对在林木的砍伐审批、运输许可证发放及林业行政处罚等环节易滋生渎职腐败、职务犯罪，建议林业行政部门探索推行“三查”管理模式，即对林业行政许可证和行政处罚，要求做到一查法律依据、二查审批程序、三查处罚是否恰当，同时按照“谁审批、谁负责”的要求，建立责任追究制度，实行跟踪监督，定期检查，严防问题发生。是年9月9日，市林业局举办预防职务犯罪法制讲座，全市林业系统市、县局班子成员等共200余人参加，由市人民检察院林检、预防两科负责人上课主讲，收到很好效果。

2009年，初查涉林职务犯罪线索8件，立案侦查4件、10人。4月，市人民检察院林检科在摸准线索并掌握一定证据的基础上，组织鼎城区院林检科，立案侦查武陵区国土局涉嫌徇私舞弊非法批准征用、占用土地一案，并从该案中挖出河洑镇南湖村村民宋某涉嫌非法占用农地案。8 月，又与安乡县院反渎职侵权局立案查办该县林业局王某兰、刘某柏非法发放林木采伐许可证案。9 月，桃源县院林检科在初查掌握大量线索基础上，与本院反贪局一道破获以县林业局副局长李某满、财务股股长陈某顺为首的重大贪污窝案，犯罪涉案金额 40 多万元。该科针对县林业系统近几年涉林渎职犯罪频发的状况，开展“规范林政行为，预防渎职犯罪”为主题的职务犯罪预防项目，该项目被省人民检察院林检处评为优秀“精品项目”。

2010—2013 年，共初查涉林职务犯罪案件线索 7 件，其中自行立案侦查 1 件，移送反贪污贿赂部门 1 件，移送反渎职侵权部门 3 件。在深入调研和开展专题讨论基础上，明确提出以保障林业项目资金安全、规范林地管理、依法行使林业行政执法权作为涉林职务犯罪查办和预防重点，严肃查处林业、国土等主管部门工作人员滥用职权、玩忽职守，致使森林土地资源遭受严重破坏的渎职犯罪案件，并采取系列措施，强化工作力度。针对全市林检部门办理涉林职务犯罪案件相对滞后的现状，制定详细的工作目标和计划，将任务逐一分解到位，把涉林职务犯罪办理情况纳入对基层院林检业务考核范围，在全市林检部门形成查办涉林职务犯罪的激励机制和竞争态势。全市林检部门多渠道、多途径收集案件线索，拓宽涉林职务犯罪案件的案源。首先在审查批准逮捕、起诉案件中深挖线索，通过仔细阅卷，认真排查，注意发现其中的涉林职务犯罪线索。如鼎城区院林检科在审查熊某理等 4 名犯罪嫌疑人非法占用农用地一案中，通过案卷审查和调查询问，发现该区国土局副局长李某在为熊某理等人办理采矿许可证的过程中有滥用职权的行为，经初查后于 2012 年 8 月 7 日立案侦查。查明犯罪嫌疑人李某滥用职权导致熊某理等人非法占用农用地取土 3.67 公顷，开采粘土矿资源 66.6 万吨，造成农用土地严重毁损，致使当地村民多次到区政府、周家店镇人民政府上访，造成恶劣的社会影响。与市、县两级林业局、森林公安局等部门建立林业行政案件及时向检察机关报备和构罪及时移送制度，推进林业行政执法与刑事司法衔接，依法监督和移送案件线索，配合做好案件查办工作。全市林检部门对群众的书面或网上举报不推诿敷衍，认真开展调查，并要求林检干警经常深入基层和群众，宣传检察工作职能，在走访中捕捉有价值信息，提高收集和发现线索的能力。全市建立涉林职务犯罪预防联系点 2 个，石门县院林检室在偏远山区太平镇建立涉林职务犯罪预防联系点后，帮助林管站整章建制，定期到点上宣传涉林法律知识。形成查办涉林职务犯罪案件的惩治合力，充分利用检察、林业联席会议机制，加强沟通与协调；并针对全市林检部门人员少、办案力量相对薄弱的情况，凡遇疑难复杂案件，市人民检察院林检科对全市林检干警统一调配，集中使用，充分整合办案资源，提高整体办案能力，快速侦办案件。

2014—2015 年，全市林检部门紧密结合实际，加强对林业执法及林政系统法律监督，依法查办和预防涉林职务犯罪，保障林业产业和生态建设健康发展。2014 年，发现、收集涉林职务犯罪线索 4 件，初查 3 件，初查后将线索移送反渎职侵权部门查办 1 件；对林政系统制度和管理方面存在的问题，提出犯罪预防的检察建议2件。2015年，市人民检察院林检科初查涉林职务犯罪线索3件，其中初查的澧县国土局、林业局相关人员滥用职权、违法发放林木采伐许可证线索，查实后发出检察建议书，整改后达到了警示教育和预防犯罪的效果。鼎城区院林检科按照该院党组统一安排，协同自侦部门积极查办涉林职务犯罪，追捕外逃犯罪嫌疑人3人到案，立案3件。此外，还深入调查研究，提出预防犯罪对策。市人民检察院林检科配合预防科与市林业局联合开展油茶新造低改垦复项目专题调查，弄清并掌握项目实施及国家下拨资金使用情况，从源头上预防涉林职务犯罪案件发生。桃源县院的《桃源县人民检察院服务县域生态文明建设的九条意见》、石门县院的《关于生态立县战略视角下林权改革中纠纷与影响的调查报告》分别受到县主要领导的批示。

第三节　综合治理

市人民检察院林检科及石门、桃源、鼎城3个基层院的林检机构成立后，为确保林区社会和谐稳定与长治久安，深入开展调查研究，为有关部门和领导决策当好参谋，提供优质服务。鼎城区院林检科针对花岩溪省级自然保护区全面禁伐以来盗伐滥伐林木刑事案件频发的状况，实地了解情况，走访群众，请专家论证，与花岩溪管委会联手编制并实施"湖南省常德花岩溪省级自然保护区调整工程预防项目"，该项目于2009年被省人民检察院林检处评为优秀"精品项目"。桃源县院林检科与县森林公安联合调研后，起草《关于乌云界国家级自然保护区林业治安情况的汇报》材料，材料中反映的情况受到县政法委高度重视。市人民检察院林检科在调查研究中，根据常德市近年来森林资源领域刑事案件呈上升趋势，有的还涉及企业单位、法人犯罪等情况，以及针对全市乡镇林业站人员职务犯罪高发态势，结合当时林业改革的进行，分别与市林业局局长、市林业局的主管领导合作，撰写《全市林业产业发展调查与思考》《乡镇林业站改革的建议》2篇调研报告，有的放矢地提出了预防建议和对策。林检部门在重点区域建立综合治理联系点，努力预防和减少犯罪发生，确保林区的社会稳定与安全。2009年起，石门县、桃源县、鼎城区3个基层院林检科（室）先后分别在壶瓶山国家级自然保护区内的壶瓶山镇、乌云界国家级自然保护区和桃花源风景名胜区、花岩溪省级自然保护区设立综合治理和预防职务犯罪联系点。2009年2月下旬，市人民检察院林检科在办理西洞庭农场黄某元盗伐林木一案时，发现湖南茂源林纸公司在西洞庭管理区内种植的420公顷欧美杨已进入成材期，盗伐现象严重，便邀请市林业局、市森林公安局领导等，与管理区及林纸公司有关领导协商建立了预防涉林刑事犯罪联系点，对林区开展综合治理工作。全市各林检科（室）积极参加林业部门组织的对木材经营、流通领域的清理整顿，并在林业部门授权或委托下协助办理一批林政案件。还协助森林保护部门重点查处了非法捕杀、贩卖、经营国家保护的珍贵、濒危野生动物的犯罪行为。2009 年 5 月，在全省林业系统开展的“雷霆一号”惩治破坏森林和野生动物资源违法犯罪专项活动中，全市林检部门除及时受理、按期审结此类犯罪案件外，还积极参与林业主管部门组织的清理、整顿木材市场和野味餐馆等专项行动。2013 年 7 月、8 月，森林火灾重点防护期间，市人民检察院林检科全员投入，按照市林业局的统一安排，实行 24 小时协助对重点林区的防火管理巡查，最大限度防范森林火灾发生。全市林检部门广泛开展法制宣传，增强群众法治观念和爱林护林意识，及时提出检察建议，帮助发案单位整章建制，加强管理。除结合办案，以案释法，为联系点和有关单位上法制课外，还采取出动宣传车、印发宣传资料和典型案例、张贴宣传标语图片、办宣传专栏、墙报等形式，深入进行林业法制宣传。2009 年 8 月，市人民检察院林检科与市森林公安局，为扩大法制宣传教育面，在常德电视台的“新农村建设”节目中，播发国家重点保护植物等方面的法治教育内容。播出后，提高广大农村居民保护野生香樟等国家重点保护植物的意识，预防和减少了破坏和盗伐林木犯罪的发生。

2014 年，市人民检察院和市林业局联合下发《关于设立服务林区和林业企业联系点的通知》，将市内林业行业的领军企业湖南常德湘联实业有限责任公司、常德市河洑国有林场、常德市天明农林开发有限责任公司确定为市人民检察院服务联系点，并制定每季度为设点林区和企业上门提供 1 次法律咨询等 5 条具体的服务措施。通过提供法律咨询、法律援助，积极开展犯罪预防，配合森林公安机关突出打击危害企业发展的刑事犯罪等方式，为林区和林业企业健康发展提供支持。2014 年 11 月 6 日，市人民检察院检察长刘清生专程深入市人民检察院服务企业的 3 个联系点开展实地调研，对需要检察机关依法监督解决的问题，当即承诺并责成市人民检察院职能科室协调解决，受到企业好评。桃源县院在全县 3 个国有林场和 15 个涉林规模企业中选择牯牛山林场作为法律服务联系点。针对办案中发现的生态环境、资源保护等方面存在的突出问题，积极提出检察建议。桃源县院通过办理剪市镇人民政府非法占用农用地一案将个别政府部门以公共事业需要为由，非法占用毁损林地问题突出的情况，向县委、县政府提出林地保护的检察建议，建议加强生态文明意识的宣传，依法行政，减少单位犯罪，加大毁损林地案件查处力度等，得到县领导和职能部门的高度重视。石门县院林检室从 4 月开始，对该县十九峰矽砂开采对生态环境的影响启动公益调查，对发现的问题，及时向生态环境行政主管部门提出规范生产、经营的检察建议。市人民检察院林检科，配合湖南电视台廉政频道对被省人民检察院评为 2013 年度十优案件的董某聪等非法猎捕野生动物案，到石门县进行现场专题摄制工作，该频道以《绿色家园保卫战》为题播出。

2015 年，深入推进服务企业联系点工作，延伸检察机关服务林业经济发展触角。3 月 19 日，市人民检察院检察长余湘文组织召开服务林业企业发展座谈会，认真听取市人民检察院联系点企业负责人的意见与建议。针对企业负责人在座谈会上反映的企业在发展过程中遇到的困难与问题，以会议纪要形式，提出具体的化解措施，逐一落实到位。5 月 5

日，市人民检察院检察长余湘文到湖南常德湘联实业有限责任公司进行专题调研，实地了解企业的生产经营情况，并与公司董事长等座谈。为发挥检察机关在维护企业合法权益，优化企业发展环境中的职能作用，采取召开专题联席会方式，专门解决涉林企业发展中的突出问题。鼎城区周家店镇内“常德市万亩油茶示范基地”油茶苗盗挖严重。4 月 23 日，市人民检察院联系鼎城区政府、区检察院、周家店镇镇政府及相关村组等十余家单位和部门，在周家店召开“保障农林企业合法权益，优化农林企业发展环境”联席会，协调解决油茶苗被盗挖等油茶企业的困难，并依托鼎城区院开展的进村送法活动，在当地进行法治教育宣传。

市政协主席刘春林（左二）带领相关人员到市人民检察院考察

2006—2015 年常德市林业检察工作情况统计表

表 6-1

年度	审查批捕						审查直诉										自行侦查				立案监督		建预防犯罪或法制教育联系点
	受理案件		审结案件				受理案件		起诉		不起诉		公安撤回		退回补侦		线索补查		立案侦查				
			批捕		不捕																		
	件	人	件	人	件	人	件	人	件	人	件	人	件	人	件	人	件	人	件	人	件	人	个
2006	—	—	—	—	—	—	—	—	—	—	—	—	—	—	—	—	1	1	1	1	—	—	—
2007	4	4	2	2	2	2	17	21	3	3	8	10	1	1	—	—	6	—	1	1	—	—	1
2008	11	17	11	13	—	4	52	76	35	48	9	13	4	4	—	—	6	—	3	—	—	—	1
2009	10	12	9	10	1	2	35	49	7	9	7	10	4	5	—	—	10	—	4	10	2	—	4
2010	5	5	5	5	—	—	38	45	16	27	6	7	—	—	6	11	4	—	—	—	4	—	—
2011	15	17	12	14	3	3	49	70	20	25	11	14	—	—	—	—	1	—	—	—	6	8	—
2012	15	29	14	25	1	4	73	108	23	33	12	23	—	—	—	—		—	1	—	5	7	2
2013	3	3	2	2	1	4	86	131	27	42	23	37	—	—	—	—	2	—	1	—	2	4	—
2014	9	11	9	11	—	—	62	107	40	51	17	51	—	—	26	53	2	—	1	—	1	—	—
2015	3	5	1	1	2	4	66	91	39	50	17	25	—	—	16	25	3	—	—	—	3	—	4
合计	75	103	66	83	10	20	468	698	210	288	110	190	9	10	48	89	35	1	12	12	23	19	12

第七篇 检察技术

1986年6月，常德检察分院成立刑事技术科（1990年，改称检察技术科）。各县市检察院先后增设刑事技术机构，配备技术人员，进行业务培训，扩大技术业务范围。

1988年，全市检察院机关技术部门在人员紧张、经费困难、技术装备简陋的情况下，发挥主观能动性，积极开展文件检验鉴定、痕迹检验鉴定、司法会计鉴定和刑事照相等工作，共办理各类技术案件118件。1989年，启动法医检验鉴定。1990年1月，高检院将“刑事技术”改称“检察技术”，是年，全市受理各类检验鉴定案件386件。1991年，全市受理各类技术检验鉴定案件690件。省人民检察院在常德市召开有高检院技术局领导、各分市州检察院主管检察技术工作的副检察长和技术科科长参加的全省人民检察院技术工作会议。会上提出，省人民检察院对常德市人民检察院等已经建立技术机构、配备专职技术人员、检验鉴定工作开展起来了的单位，由省财政实行重点补贴，帮助购买技术装备器材。会议确定常德市等5个分市人民检察院技术科为全省检察院技术试点单位。市人民检察院也选定一个基层院作为检察技术的试点单位。1992年，全市共办理各类检验鉴定722件。高检院、省人民检察院《检察技术建设五年规划》下达后，市人民检察院按照“二年见成效”的总体设想，制订方案和具体措施，充分运用科学技术手段和方法，为促进改革开放和经济建设做出贡献。涌现出石门县、津市市、桃源县、汉寿县、武陵区等一批检察技术发展较全面的基层检察院。1993年，全市检察技术部门共受理办结各类检验鉴定727件。常德市的检察技术工作基本上实现“三年上水平”的建设目标。1994年，全市检察院技术部门取得全省检察院技术档案检查评比总分第一名的成绩。全市共受理、办结各类检验鉴定992件。1995年，市人民检察院检察技术工作的经验在全国检察技术工作会议上介绍和推广；市人民检察院技术科被高检院记集体一等功，连续10年被省人民检察院评为“先进单位”。全年办结各类检验鉴定1198件。1996年，受理、办结各类检验鉴定1525件。1997年，办结各类检验鉴定和文证审查1691件。1998年，全市检察院技术部门共受理、办结各类案件1360件。1999年，全市检察技术部门共办理各类检验鉴定和文证审查1077件。2000年，市人民检察院技术科集中学习高检院关于《在大中城市加快科技强检步伐的决定》和省人民检察院技术处印发的《全国检察机关强检工作会议传达提纲》以及高检院检察技术信息研究中心印发的《关于进一步加强检察技术工作的若干意见》等，增强对科技强检、科技兴检的必要性和重要性的认识，掌握检察技术工作的新动向。全市检察技术部门办结各类技术案件849件。是年，检察技术部门又担负起检察机关的信息化建设（又称信息网络建设）的工作任务。2001 年，全市检察院技术部门共办理各类技术案件 605 件。2002 年，在人员减少，任务加重的情况下，各项检察技术工作均取得较大成绩。3 月 25 日的《检察日报》头版、5 月 23 日的《当代法制报》第二版、7 月 11 日的《常德日报》第四版分别以《六双火眼金睛》《检察技术：化腐朽为神奇》《啃硬骨头的尖兵》为题，宣传常德市的检察技术工作。4 月 24 日，市人民检察院挂牌成立“常德市检察院技术指挥中心”，启动新的工作机制。市人民检察院被高检院评为“全国检察机关信息化工作先进单位”。全市办结各类技术案件 501 件。2003 年，办理 419 件。2004 年，办理 304 件。2005 年，全市检察系统的司法鉴定工作通过市人大常委会和市政府的检查验收。全市检察技术部门共办结各类技术案件 329 件。2006 年，全市共办结各类技术案件 505 件。2007 年，全市办结各类技术案件 381 件。2008 年，全市办结各类技术案件 518 件。一次性通过了高检院对市人民检察院机关法医病理、法医临床、文件检验、司法会计等方面的资格审定。全市检察院在全省检察技术年度工作会议和鄂皖湘赣五省检察院技术学术会上作经验介绍，7 月，高检院检察技术信息中心在《检察技术研究动态》上推介常德市检察技术部门的作法。2009 年，全市检察院技术系统共受理、办结各类技术案件 547 件。2010 年，全市检察技术机构共办结各类技术案件 608 件。唐某治刑讯逼供（致人重伤）案的法医学鉴定被省人民检察院评为 2010 年度全省检察机关优秀案件。2011 年，全市检察技术部门办结各类技术案件 570 件。2012 年，市人民检察院党组年初对全市检察院机关提出 “加强检察技术建设”的要求，市人民检察院检察技术科制定“办案数量有发展，办案质量无瑕疵；技术队伍有新人，技术人员无违纪；专业素质有提高，论文案例无空白”的任务和“确保检察技术工作在全省的领先地位，力争信息化工作挤进全省先进行列；确保全市检验鉴定案件的办案质量，力争办成全省检察院机关优秀案件一件以上” “两确保两力争”的工作目标，全年共办理各类技术案件 920 起。2013 年，全市检察技术系统共办理各类案件 1150 件次。杨某农贪污、挪用公款案的司法会计鉴定被省人民检察院评为 2013 年度全省检察机关十大优秀案件，并被高检院检察技术信息中心录入《检察技术典型案例集》。2014 年，办理各类检察技术案件 787 件。10 月，市人民检察院检察长刘清生在全省检察院工作改革推进会上就探索检察技术“一体化”经验作典型发言。是年，常德市人民检察院技术工作名列全省第一。2015 年，全市共办结各类技术案件 1094 起。市人民检察院检

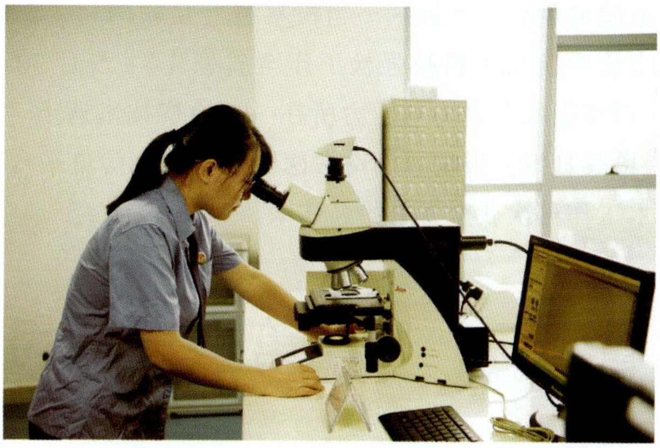

市人民检察院技术人员进行技术鉴定

察长余湘文，年初在全市检察长会议上提出要坚持科技强检，推进侦查信息化和装备现代化。检察技术立足服务执法办案、服务机关管理、服务于办案和其他检察业务工作的方方面面。6月，省人民检察院在市人民检察院召开全省检察院机关科技强检示范院建设推进会，市人民检察院检察长余湘文作题为《明确“三个立足”，着力“三项推进”，稳步打造科技强检示范院》的典型发言。7月，高检院对市人民检察院的科技强检工作进行现场考察验收。9月，高检院给市人民检察院授予全省市级检察机关唯一的“全国科技强检示范院”荣誉称号。5月26日，《常德日报》专版报道《常德市检察院机关打造科技强检示范院的创新与实践——当检察遇上互联网+》；5月27日，《常德日报》头版报道《常德市检察院机关科技强检工作全省领先》；5月30日，《法制日报》报道《探访湖南常德“科技强检”魅力与活力所在——检察技术遇上“互联网十”后产生了什么》；6月19日，《检察日报》报道《湖南常德：建立六个信息平台保障办案》。是年，常德市人民检察院技术工作再次获全省第一名殊荣。

第一章　司法鉴定

第一节　法医检验鉴定

1989年，启动法医检验鉴定工作。全年法医赴现场14次，参加公安和自办案件的尸表检验和尸体解剖12例、活体检验5例，出具鉴定书9份；进行文证审查5件。受理桃源县三汊港乡桂洲村六组3个文姓村民非法拘禁致人死亡一案，市、县两院法医通过对活体和尸体分别进行细致检验，认定致伤工具、确定伤亡原因、推断伤亡过程及有关人的责任，准确判明了案情，为正确作出处理提供了科学依据，避免了一次群众性械斗。

1990年，受理法医检验84件。1月，省第一劳改队（常德市涔澹农场）劳改人员胡某彬突然死亡，农场结论为“心肌炎、心肌梗死”，系正常死亡，并进行土葬。但是，部分干部和犯人举报胡是被体罚死亡。接到举报后，市人民检察院法医与痕检人员一道开棺验尸，并结合其他症状，结论为胡系外界暴力造成脑挫伤、颅内出血继发脑疝压迫生命中枢导致呼吸循环衰竭死亡。依据结论，经检察机关侦查，胡是被监管干部张某国所伤，法院以体罚虐待被监管人员罪判处张某国有期徒刑5年。武陵区院的法医对其他部门的19份法医文证进行审查，其中12份退回补充侦查，有4份改变原鉴定结论，其中包括省高级人民法院、市公安局的鉴定结论亦被否定和纠正。

1991年，开展法医检验112件。

1993年，法医检验163件。市人民检察院检察长李文耀带领法医赴石门县磨岗隘乡对一起公安助理员刑讯逼供案进行法医检验，并帮助平息事态，排除工作中的阻挠，使法医检验工作顺利完成。

1994 年，法医检验 261 件，进行法医门诊检验鉴定 234 件。7 月，市人民检察院技术科法医在审查周某某故意伤害案的法医鉴定结论时，认为市中级人民法院所作的重伤结论依据不足，通过认真分析病历资料和反复观察伤者病情，认定只能属轻微伤。办案部门根据市人民检察院技术科的审查结论撤销该案。

1995 年，法医检验 259 件。8 月，对全市所有保外就医罪犯进行一次体检复查。通过复查，保外就医条件消失的 17 人、不符合保外就医条件的 2 人。及时向有关部门提出书面整改意见，并建议收监 8 人。

1996 年，法医检验 698 件。上半年，市人民检察院技术科受理鼎城区邹某伤害案，在区公安、法院两家法医坚持把伤者伤情定为重伤的情况下，市人民检察院法医经过反复审查病历和重新鉴定，认定伤者为轻伤，经省人民检察院法医复核，同意市人民检察院法医鉴定结论，这宗拖延一年多的案件得到公正处理。7 月，市人民检察院技术科受白洋堤地区检察院委托，对津市监狱犯人泮某全的尸检报告进行审查。发现尸检报告有疑点，通过开棺检验，推翻〔1993〕津法尸学 08 号鉴定书认定的病理死亡结论，确认为因遭受外界暴力打击导致创伤性休克，最终因循环、呼吸衰竭而死亡。使一名违法的管教干部受到法律惩处。

1997 年，法医检验 878 件。市人民检察院技术科帮助石门县院查明一受害者的死因，对一起历时一年半的悬案进行鉴定。法医加班加点，比照 50 多张切片和 30 多张照片，查阅大量业务书籍，走访专家，到实地调查，运用临床医学知识对病历资料，病理检材等进行审查、复检，终于发现并认定肾脏组织的病变，确定死因，为案件的侦破起到关键性作用。全市检察技术部门与监所检察部门联合对 168 名保外就医罪犯进行体检复查，其中建议收监超期保外就医罪犯 19 名、违法保外就医罪犯 1 名，对 21 名监管失控的保外就医罪犯提出了检察建议。

1998 年，法医检验鉴定 305 件。市人民检察院法医对石门县一起由公安机关侦查终结，已移送至石门县院的故意伤害致重伤，建议法庭判处其 3~7 年实刑的案件进行审查和重新鉴定，否定了原鉴定结论。最后以故意伤害罪判处被告有期徒期 1 年。

1999 年，开展法医检验 623 件（其中，文证审查 321 件）。7 月 4 日晚，受害人张敏被犯罪嫌疑人罗某春等殴打，张报“110”后被送往桃源县漳江镇派出所。在派出所内张又被罗打死。死者家属邀集数千人在派出所、镇政府闹事，要求对其尸体进行解剖。桃源县政法委组织县公安局、县法院的法医进行尸检后作出因外伤致死的结论。死者家属认为结论不全面、不具体，且无法律监督机关参加，因而继续闹事。7 月 8 日下午 1 时，市人民检察院接到市政法委通知，技术科法医在分管副检察长带领下赶赴桃源县对张重新进行尸检。经过 5 个小时的尸检，下午 5 时，得出“死者张敏头部系外界暴力作用致颅底骨折、蛛网膜下腔出血、脑挫裂伤脑干出血导致生命中枢功能严重受损而死亡”的结论。死者家属心服口服。当晚将停放了5天的尸体运走火化，一起数千人抬尸闹事事件得到平息。

2000年，开展法医检验229件。1998年2月17日，武陵区东江乡新安村二组王志祥（男，27岁）被妻兄追杀，伤后倒在室外水沟里，头部被浸在水中，后送医院抢救无效死亡。当天，公安机关派法医对其进行尸检，结论是：王志祥因被他人用锐器砍伤头部及双上肢造成急性失血，溺入水中造成急性肺水肿、呼吸循环衰竭。3月，市人民检察院法医受起诉部门委托，对该案的技术性证据进行审查。经审查，并通过补充有关材料和组织有关部门的法医会检，最后否定公安机关的结论，认定王的死亡原因是失血性休克。市人民检察院法医在办理4件涉及执法人员违法的群众聚众闹事的案件中，干扰多、阻力大，有施压的、说情的，甚至还有威胁的。但他们顶住压力、排除干扰、快检快结、公正执法，做到准确无误。

2001年，法医检验322件，其中文证审查175件、现场勘验1件。10月19日凌晨2时，市人民检察院技术科技术人员赶赴汉寿县西湖镇，对张梅新因公安干警开枪误伤抢救无效死亡一案进行检验。市人民检察院法医等技术人员连夜赶到案发地，配合渎侦部门，给死者家属和围观群众做解释工作，使他们同意交出尸体进行检验。通过检验，确定死亡原因，固定重要证据，疏散围观群众，平息上千人的闹事事件，也为渎侦部门侦查该案奠定了基础。

2002年，法医检验（含文证审查）301件。7月12日19时，澧县政法委电话向市人民检察院求助。该县公安局“110”巡警大队在处理警务时导致一人受伤，数天后抢救无效死亡，其家属和当地不明真相的群众上千人围住县政府、县医院，堵塞县城主要街道，拦截、扣留警车和党政部门的车辆，事态严重，不可控制。市人民检察院技术人员迅速出发，市、县3名法医和2名视听技术人员在盛夏的午夜冒着酷暑炎热和恶心的尸臭，在死者亲属“临场见证”下，经过3个多小时尸表检验，胸腔、腹腔和头部的系统解剖，查清了死因，并推断出死者生前头部损伤并非暴力直接打击造成，而是撞击而致。技术人员对死者认真负责的态度和技术上的深度、广度和精度，感化和说服了死者亲属及围观群众，事态得到控制，用事实在群众中树立检察技术工作的良好形象。

2003年，开展法医检验鉴定104件。市人民检察院技术科法医办理的嫌疑犯胡某某被留置在戒毒所死亡的法医检验鉴定，为其亲属消除疑云，从而化解矛盾，排除纠纷，受到出事单位和人民群众的好评。

2004年，法医检验鉴定56件。4月30日，澧县城管执法人员滥用职权致一人死亡引发不明真相的群众近3万人将县城主要街道堵塞，阻止车辆通行，打砸和掀翻执行公务的警车和过往小车。5月1日天亮之前，省、市、县的4名法医及县检察院技术科的视听人员到达县城，在听取情况介绍后立即赶到澧县殡仪馆。通过对死者亲属耐心细致地说服解释，使其同意法医按程序进行尸体解剖。经两天一晚的工作，事态得到平息。后将尸检标本送常德、长沙、上海等地医学机构进行病理分析，查明死因系心脏病猝死，4名城管执法责任人被定罪判刑。

2005年，法医检验鉴定210件。德山监狱在押罪犯谭某突然死亡，其亲属等数十人在监区大吵大闹，严重影响监狱的正常工作。市人民检察院技术科受监狱委托，技术科科长和2名法医立即赶赴现场，在死者亲属见证下，对尸体进行系统解剖检验，并耐心解释其亲属提出的每一个问题。最后结论为：死亡原因为急性出血性坏死性胰腺炎，事件得到妥善解决。

2006年，办理法医检察鉴定327件。对社会影响大、案件难度大的法医检验鉴定案件，市人民检察院组织会检会研14次。4月11日深夜，市滨湖公园治安巡逻队员对几名可疑人员进行盘问时，其中一个可疑人员跳入湖中，经打捞无果，20日尸体浮出水面。死者亲友多人在市城区大放鞭炮，并将尸体抬入市政府大院，围观者达数千人，导致主要道路交通受阻和市政府大门被堵。市人民检察院技术部门接到市政法委的指示后，迅速组织市人民检察院及城区基层院的几名法医赶赴指定地点，在死者亲友见证下对尸体进行详细会检，并将尸体检验情况向死者亲友及市政法委进行通报和说明。尸检情况得到大家的认同，为平息事态、化解矛盾创造了条件。

2007年11月中旬，市公安局第二看守所一涉嫌贩卖毒品罪被刑事拘留的嫌疑人在羁押的第9天突然死亡。死者是常德市城区人，其亲属百余人向公安机关施压，并出现抢夺尸体的事件。市人民检察院法医等5名技术人员接到通知后立即赶到现场，经3天3晚辛苦工作，出具了死者系自缢而死的科学鉴定结论，协助政府和公安机关平息了该起事件。

2008年，法医检验鉴定314件。5月24日，涉嫌贩卖毒品被津市市公安局刑事拘留的犯罪嫌疑人谢某在看守所突然死亡。是日晚，司法机关委托当地社会鉴定机构九澧司法鉴定所对死者进行尸检并出具了不能确定死因司法鉴定报告书。死者亲友认为鉴定结论不确定，有异议。7月28日起，分别到津市市人民检察院、津市市信访局、常德市委上访，并且在湖南红网、新浪网论坛上反映情况。省人民检察院检察长和常德市委书记高度重视，市人民检察院检察长陈海波亲自督办。10月9日上午，市人民检察院技术科2名法医到津市市人民检察院，详细了解有关情况后对九澧司法鉴定所的鉴定书进行逐字逐句审查，并且仔细察看尸检录像。通过审查和了解尸体检验鉴定的全过程，为确定谢某的死亡原因奠定了科学基础。是日下午在陈海波主持的案情分析和协调会上，市人民检察院法医作出详细汇报。10月10日，九澧司法鉴定所出具司法鉴定补充说明，对死者亲友所提出的异议进行客观、科学的说明，明确了谢某的死亡原因，为该案的处理提供了科学依据。

2009年3月，高检院信息技术中心下发《人民检察院承办非正常死亡案件法医鉴定的若干意见》，市人民检察院技术科下发《关于认真贯彻执行<若干意见>的通知》，明确市人民检察院司法鉴定中心是全市检察院机关承办非正常死亡案件法医鉴定的唯一主体，基层院检察技术部门不得单独承办。在全年59件检验鉴定中，法医有8件（含撤销鉴定1

件）。法医对自侦案件中犯罪嫌疑人提出保外就医的进行审查把关。1月24日（农历腊月二十九）下午，犯罪嫌疑人唐某清在押的湖南省第一看守所电话通知市人民检察院：唐已多日未进食，要求保外就医。鼎城区院主检法医师与市人民检察院办案人员一道赶赴省城，经审查当事人的有关病理资料和目测后认定唐不符合保外就医条件。办案人员25日（腊月三十）才回到常德。市、县两级检察机关的法医在配合监检部门对监管场所在押人员死亡进行专项检察的同时，还办理文证审查案件67件；市人民检察院对46件保外就医和11件在押犯人死亡进行了审查。

2010年，开展法医检验鉴定303件。3月12日，武陵监狱发生在押犯人董某民非正常死亡案件，市人民检察院法医及摄像照相共5名技术人员及时赶赴现场，制定尸体解剖实施方案，组织其家属会谈并对会谈和尸解进行全程录音录像。还对100多名在押人员进行体验，对其中5名与董某民同监室的伤者作了法医鉴定，确定了证据。

2011年，法医检验鉴定17件。年初，市人民检察院法医与监所部门负责人到市第一人民医院、监狱医院，与院领导和医务科共同协商保外就医事项，要求院方对保外就医作出严格规定，进一步规范和严肃医学鉴定流程。石门县公安局交警大队委托市人民检察院司法鉴定中心对罗某林交通事故案中傅益军死因重新进行法医学鉴定，全市5名法医组成联合鉴定小组，克服送检资料不全、死者尸体火化等困难，从掌握的主要病历资料、检验报告等入手，查阅相关医学专著，制作讨论记录，出具“死亡与交通事故所致损伤无直接因果关系，因高血糖（糖尿病）致代谢性中毒、电解质紊乱导致多器官功能衰竭（特别是急性肾功能衰竭）而死亡”的法医学意见，完全否定石门县公安局出具的“因交通事故损伤后并发肺水肿、肺部感染等急性综合征死亡”的鉴定结论，被结案单位采信，被当事人双方和治疗单位认可。

2012年，全市办理法医检验鉴定8件，其中5件是罪犯、嫌疑人死亡在监管场所的。为查明死亡原因，还原事件真相，法医通过尸表、解剖、病理、毒化病理等多方面的检验和分析，出具鉴定文书，为案件的办理起到重要作用。柳叶湖旅游度假区公安分局七里桥派出所被留置的嫌疑人聂某从留置室逃出后跳入柳叶湖中死亡。市人民检察院组织多名法医经过尸体检验并提出组织器官进行硅藻、病理、物证检验，排除毒物及外伤致死，确定死者为溺水身亡。鉴定结论得到涉案单位、死者亲友和公安系统同行的认可。市人民检察院与白洋堤院的法医共同办理“急保”案件审查22件，在监管场所提出要求后，同步介入，避免了4名罪犯因病死亡在监管场所。

2013年，全市检察院技术部门办理法医检验鉴定20件，组织基层院技术骨干开展法医会检会研4次。2012年12月6日17时，市人民检察院接到电话称常德市公安局西洞庭分局控制的留置人员王在怡死亡。市人民检察院和武陵区院技术人员当晚赶到常德市殡仪馆检查死者尸表，次日召集人员进行尸体解剖，并赶赴案发现场拍照勘查。市人民检察院技术科就该案件向省人民检察院技术处专题汇报，省人民检察院方冰、曹伟文教授到常德与市、区检察院技术人员展开讨论。经过尸体检验并将死者器官送常德市力源医学检验中心、中山大学医学院法医鉴定中心、常德市公安局刑事科学技术研究所进行病理检验、理化检验。2013 年 4 月 23 日，得出死者系“体位性窒息导致呼吸循环功能衰竭死亡”的鉴定结论。侦查人员在讯问犯罪嫌疑人时多次与技术人员讨论，最后将该案结论为因刑讯逼供所致。9 月 3 日，刘某涛、易某某、田某忠、熊某光、张某等 5 名公安干警犯刑讯逼供、玩忽职守罪受到有罪判决。

2014 年，开展法医检验鉴定共 12 件。10 月 14 日上午 11 时许，黄某因涉嫌抢劫被汉寿县公安局刑侦队抓获，后在该队询问室突然死亡。其亲友上百人聚集县公安局、县政府讨说法。围堵交通要道，声称黄某被警察活活打死，将黄某尸体照片在网上发布，国内外网络媒体迅速传播“嫌疑人公安局睡觉死”的信息，不明真相的群众以为警察打死人，舆论骂声四起。次日上午，市、县两级检察院技术部门接到联合工作组的指令后，迅速成立法医、现场尸检小组，积极了解案情。经家属同意先进行了尸表检验，并将手腕环形挫伤、双踝关节间断挫伤分别为手铐、脚镣所致，讲解给见证人听，打消了家属对尸表伤痕的猜疑，安抚了家属情绪。后经家属同意于 10 月 16 日晚 20 时至 23 时在死者亲友的见证下，对黄某进行了三腔解剖。在胃内检出 2 个 5 厘米×4 厘米的白色小塑料袋，其中一个有少量残留物，后经送检为冰毒，黄某系吞食过量冰毒中毒身亡。检察院法医鉴定结论得到各方认可，死者家属的过激情绪终于平息下来。凤凰网等舆论媒体相继发布新闻以正视听，化解了一起群体性事件。

2015 年，开展法医检验鉴定 21 件，出具专业性意见书 519 份，为业务部门补正及案件定性提供方向及证据支持。桃源县院办理的周某初故意伤害案，因嫌疑人与被害人均有受伤，但二人对打斗经过的说法不一，现有证据亦不能充分证明。法医在审查本案的原鉴定意见时，对其他相关证据一并进行分析，发现两处疑点：一是谌某春自述被周某初打伤的经过与其实际伤情不符；二是周某初的鉴定意见书中载明，其右眼视力由入院时的 1.0 降至鉴定时的 0.1，但鉴定机构在评定其损伤程度时，对该情况完全未提及。桃源县院法医将以上疑点向承办人作汇报，并依法出具“谌某春自述受伤方式造成其现有损伤的可能性较小”和“周某初的鉴定意见暂不予认定”的审查意见，同时提出对谌某春的真实致伤经过及周某初右眼视力下降的真实性、与本案的关联性予以核实的建议，均被公诉部门采信。案件承办人经补证查明：谌某春左耳廓撕裂伤系二人扭打倒地所致；周某初向鉴定机构提供的病历资料复印件与原件不符，不存在伤后右眼视力明显下降的情况。据此，桃源县院对该案作出不诉处理。

第二节　文件检验鉴定

1988 年，全市刑事技术部门共办结文检案件 31 起，比 1987 年增长 88.2%。办结案件中，有经济案件20起、刑事案件11起，出具鉴定书47份，所有案件结论准确无误。在办理桃源县双溪口粮店凭证套对时，文检人员历时14天，先后深入桃源县双溪口粮店、九溪乡、热市和慈利县等地，查阅上千份资料，终于查清事实真相，使之顺利破案。6月，市人民检察院受理武陵区院刑二科送检的一宗盗窃案后，发现检材与样本之间存在较大的差异，原鉴定结论疑点明显。在省人民检察院技术处指导下，采取多项措施，作出正确的鉴定结论。公安机关撤销原文字鉴定书，武陵区法院通知释放被告人，纠正一起错案。

1989年，全市共办结文检案件47件，出具鉴定书80份，鉴定结论准确率100%。全市文检工作呈现“五多”特点：一是检验万元以上的重特大经济案件多，共14件，占所办文检案件的29.7%；二是检验2人以上共同作案的案件多，共13件，占所办案件的27.6%；三是检验连续作案时间长、笔数多的案件多，共15件，占所办文检案件的32%；四是择重提前介入大案、要案，文检人员主动出击的人次多，共79人次；五是文检人员加班加点时间多，每人每月平均24~32小时。如在受理湖南省湘北工贸总公司综合商场何某林特大贪污案的文检时，文检人员对何经手报销的近千份票据逐一进行分析鉴定，证实何先后38次模仿领导签字，伪造单据，虚报支出贪污公款61882.97元的犯罪事实（一审法院以贪污罪判处其有期徒刑14年，剥夺政治权利4年）。在受理常德市精神病院食堂采购员陈某某贪污案文检时，文检人员通过对60多本会计凭证、近万份购货单据进行分析鉴定，确定陈从1985年起，先后428次模仿验收人签字，贪污公款11000余元的犯罪事实（一审法院以贪污罪判处其有期徒刑7年）。

1990年，受理文件检验鉴定95件。5月，桃源县检察院在办理张某国贪污一案时，发现张利用职务之便，先后以现金支票在该县农业银行漆河镇信用社和漆河营业所取款17000元，但被告对此矢口否认。为了揭露、证实被告人的犯罪行为，文检人员依法对现金支票上的张某国印文进行检验鉴定，通过与张交出的印章比对，作出同一认定的结论，被告人在铁的证据面前供认全部犯罪事实。

1991年，进行文件检验139件。1993年，开展文件检验142件。1994年，开展文件检验162件。1995年，文件检验181件。8月，常德市星火冰淇淋厂监察保卫科要求市人民检察院技术科对该厂是年一本会计凭证中的2张发票上的厂长签名进行笔迹鉴定。文检人员经仔细观察对比，发现这2张发票的厂长签名系模仿厂长的笔迹，而且发现除此还有模仿笔迹的发票存在。文检人员建议将该厂长任职以来的所有会计凭证全部送检。于是，送检单位将1992—1995年的34本会计凭证全部送到。文检人员连续作战，认定34本凭证中有116张发票的厂长签名均系厂办公室副主任左某某所为，共虚报冒领现金22216.52元，市人民检察院反贪局对左立案侦查，刑检部门对左作出批捕决定。

1996年，文件检验172件，80%的文件检验为案件提供了定案依据，一批大要经济案件依靠文检技术直接侦破定案。6月，市人民检察院技术科受该院反贪局委托对市德海装饰公司出纳员李某经手的全额 2.3 万元的发票进行笔迹鉴定。文检人员除对送检材料进行重新检验外，还对李担任出纳后的近 100 本会计凭证一一进行查验。破获李某利用职务之便，采用临摹、套摹和练习模仿等手段，共 63 次模仿公司 3 位正副经理和数名经办人签名，虚报冒领现金 4.1 万余元的案件。

1997 年，文件检验 158 件。汉寿县院运用文检技术为查处曾某某徇私舞弊案起到关键性的作用。

1998 年，文件检验 175 件。4 月，鼎城区院文检员受理该院反贪局承办的中国建设银行鼎城支行储蓄员李某挪用公款 25.5 万元一案文字的检验鉴定结论，对侦查部门侦破案件起到重要作用。

1999 年，文件检验 141 件（其中文证审查 1 件）。临澧县院办理的该县粮食局官亭粮站会计郑某华、出纳邱某华贪污一案，开始由于证据不充分，案件久侦不破。后来在对郑住宅进行搜查时，文检人员主动参与，从郑家废纸篓中发现许多撕碎的纸片。文检人员将数千块纸片带回，按纸张种类、颜色、墨迹以及笔迹特征、文字内容进行归类，然后采取从边缘向中心逐片拼合法，经 13 天连续工作，终将其拼合完整。通过辩读文字内容，发现其中 4 份涉嫌犯罪的重要证据。文检人员又通过笔迹鉴定，认定其字迹为郑某华亲笔所写。办案人员依据这一鉴定结论，破获了郑、邱 2 人采取虚开收购码单的方法，贪污公款 8.6 万元的犯罪事实。

2000 年，文件检验 152 件。5 月，市中级人民法院对津市市个体司机刘某故意杀人案进行公开审理。庭审中，刘的母亲提出刘作案时未满 18 周岁，并有接生婆、邻居等人当庭作证。法庭对公诉人提出的刘某已满 18 周岁的证据产生怀疑，当即决定休庭延期审理。5 月 19 日，市人民检察院技术科受理，对盖有津市市计划生育办公室印章、签有叶祚英（刘的母亲）姓名的“自愿终身只生一个孩子申请表”进行鉴定是否为亲笔所写。文检人员广泛收集叶同期任民办教师时的笔迹样本和案前样本，准确地认定申请表上填写的字迹包括刘出生的年月“1981 年 4 月”均为叶亲笔写。根据文检结论，法院于 7 月 20 日再次开庭审理，认定刘某作案时已满 18 周岁，依法以刘某犯故意杀人罪判处其死刑，缓期 2 年执行，剥夺政治权利终身。

2001 年，文件检验 92 件。7 月，市人民检察院文检人员受理该院渎侦局送检的一份“常德市第一人民医院化验单”，要求对比化验单上添加、涂改的字迹进行笔迹鉴定。文检人员广泛收集嫌疑人笔迹样本，在认真分析检材、仔细比对样本的基础上，认定化验单上添加、涂改的字迹不是化验员所写，而是他人伪造而成。根据这一结论，确定了 1991 年发案后一直外逃的嫌疑人廖某智为主犯。

2002 年，文件检验 68 件。市人民检察院与澧县院 3 名文检员联合办理澧县闸口信用社会计杨某梅职务侵占案，对 104 份、36.8 万元存取款单据鉴定为同一人书写，杨被判处有其徒刑 4 年。

2003 年，文件检验鉴定 62 件。市人民检察院办理的李某明贪污公款 100 万元被判无期徒刑的文检鉴定等；为提供证据、证实犯罪起到决定性的作用。

2004 年，文件检验鉴定 60 件。澧县院公诉的县人民医院何某、罗某柏盗窃公款 120 万元案的文检鉴定；安乡县院查办的蔡某斌挪用公款案的文检鉴定；汉寿县院办理的破产企业冒名领取集资款纠纷案的文检鉴定，为案件提供科学的证据或为办案部门指明侦查方向。

2005 年，开展文件检验鉴定 37 件。年初，市人民检察院技术科受理中国建设银行安乡县支行营业部主任朱某特大挪用公款案中金融票据印章真伪的检验鉴定。在省人民检察院的支持和指导下，对 50 余份检材、样本特征进行照相固定，并运用电脑图像处理软件，扫描仪及彩色打印机等设备做检验实验，首次发现常德市金融系统工作人员利用高科技手段伪造票据及印章实施犯罪的作案方式。

2006 年，文件检验鉴定 78 件。2008 年，文件检验鉴定 24 件。5 月，桃源县院受理的郝坪乡林业站站长滥用职权、滥伐林木一案的文件检验中，嫌疑人王某夫拒不承认 2003 年 5—11 月期间履行过站长职责。通过比对检验郝坪乡林业站 2003 年度原始支出 6—10 月 113 份单据上的审批签字，确认为王某夫书写，为案件的侦破、移送起诉提供了可靠的证据。汉寿县院在办理县劳动保障局失业管理股股长廖某学、副股长杨某稳贪污、挪用公款一案中，技术人员所作的文件检验鉴定被法庭作为证据采信写入判决书。

2009 年，文检技术人员利用检验鉴定手段服务于职务犯罪预防工作，仅汉寿县院文检员就有 2 件次。8 月 6 日晚，汉寿县某局综合服务大楼工程的招标会，就是文检人员通过检验认定招投标会有人作弊，会议宣布招投标资格预审无效，待县纪律检查委员会查清事实后对有关责任人作出处理。

2010 年，开展文件检验鉴定 26 件。汉寿县院技术部门受理刘某贪污公款案中的文件检验鉴定委托后，鉴定人员将收集的涉案嫌疑人的笔迹样本制作成比对表，通过详细比对检验，证明在署名“市中级人民法院”的《湖南省常德市往来结算专用收据》上的字迹为其本人所写，以及署名“中国工商银行常德市鼎城支行”《委托付款函》上盖印的“中国工商银行常德市鼎城支行”印文，不是中国工商银行常德市鼎城支行提供的，而是犯罪嫌疑人伪造的事实。该案起诉后犯罪嫌疑人刘某被作出有罪判决，文件检验鉴定被法庭作为证据采信写入判决书。

2011 年，文件检验鉴定 24 件。在该县太子庙镇村民王某与汉寿县铁路建设指挥部办公室发生的房屋补偿纠纷中，汉寿县院文检技术人员受县政府法制办委托，办理了补偿协议书和领款凭条的笔迹鉴定，认定其签名为王某本人所写。鉴定结论作出后纠纷自然解除。

2012 年，办理文件检验鉴定 30 份，其中 26 件是在侦查、审查起诉、审判环节委托鉴定的。4 月，安乡县法院审判期间要求对卜某学诈骗银行贷款、刑事诉讼附带民事诉讼案中的 12 个党政机关、企事业单位的印章进行鉴定。安乡县院文检人员受理该案后，与办案人员一起到涉案单位收集样本，加班加点进行科学分析判断，甄别印章真伪，在较短的时间内作出准确可靠的鉴定结论，使案件得以顺利终结：被告人卜某学被判处有期徒刑 10 年，并处罚金 10 万元，赔偿农行安乡县支行经济损失 77.5669 万元。该案被省人民检察院评为全省技术系统 10 个优秀案件之一。

2013 年，办理文件检验鉴定 31 件，组织基层院技术骨干进行会检会研 2 次。4 月，安乡县院办理孙某国伪造国家机关证件一案中，该院文检员刘斌会同市人民检察院调派的汉寿县院文检员王兆国，通过收集整理检材样本，运用专业鉴定方法进行科学分析判断，鉴别证据真伪，加班加点投入检验鉴定工作，在规定的期限内作出准确可靠的鉴定意见，使案件顺利侦破，被告人孙某国以伪造国家机关证件罪被判处有期徒刑 1 年。6 月 8 日，汉寿县院受理汉寿县纪委委托的该县西港镇双岭村谭某明控告村党支书宋某辉涉嫌侵吞“五保”户和被社会救助的对象等多名村民救助款案。鉴定人员充分收集样本材料，主动与举报人和涉事农户代表联系、沟通，邀请举报人到检察院向其解释笔迹鉴定的依据和不能否定有关凭条上笔迹的鉴定意见，要求其做好相关农民的工作。通过两次与举报人的沟通，一件可能激发群众矛盾、引发农户集体上访告状的苗头得到化解。

2014 年，全市检察院技术部门的文件检验鉴定人员，充分利用市人民检察院新建立的鉴定中心的专业设备破解疑难案件，共办理文件检验鉴定 25 件。9 月初，某市公安机关在侦查一起涉案人员多、涉案毒品数量大的涉毒大案过程中，涉嫌贩卖毒品的犯罪嫌疑人趁休息之机，给未被抓获的涉案人员书写通风报信便条时被侦查人员发现，该犯罪嫌疑人立即撕下便条并放入口中吞下，并对书写的内容拒不供述。为查明犯罪嫌疑人书写的具体内容，侦查人员将书写页的下页提取并保留下来，怀着一线希望将该页书写（白纸）证据送到市人民检察院司法鉴定中心由文件检验专业技术人员赵振为主办理这起疑难案件。被检验对象为一张 A4 标准的横格白色专用笔录纸，肉眼观察纸上无任何书写笔迹。经仔细检验，发现隐约有书写后的压痕，技术人员运用司法鉴定中心实验室的新技术设备，采用特殊手段检测和二次成像技术等方法成功获取了检材上面的原书写内容压痕印迹。然后对获取的压痕印迹进行反复辨认，辨认出超过 90%的书写文字。该页书写文字压痕印迹成功显现和辩读为案件的侦查提供了重要线索和关键科学证据，成功抓获多名犯罪嫌疑人。这是常德市检察机关司法鉴定人员首次运用文件检验专业设备，采取综合检验方法显现书写文字压痕的成功范例，摆脱了以往依靠手持光源多角度侧光检验，辩读率低的窘境。此案及林某、李某挪用公款案被省人民检察院技术处评为当年“十大优案”。

2015 年，全市检察院技术部门共办理文件检验鉴定 24 件。市人民检察院技术科办理武陵区“贺某华申请民事监督文检案”，案件当事人贺某华，不服法院判决，多次邀集社会人员到武陵区院、市人民检察院、市委政法委、市人大常委会上访、申诉，并声称从未参与过相关诉讼，法院各类文书签名均不是自己所签，法院相关人员徇私枉法等，办案单位压力很大。办理这一案件的武陵区院民行科将相关检材送交市人民检察院鉴定中心鉴定，得出相关签名系贺某华本人所写的鉴定结论，彻底平息了贺某华的闹剧，为办案单位依法办案提供了可靠依据。

第三节　司法会计检验鉴定

1988 年，常德市仅汉寿县院受理司法会计鉴定案件 11 件，出具鉴定书 3 份，所有案件无差错，无退补。4 月中旬，汉寿县院受理澧县一起经济案件，要求鉴定该县煤建公司与汉寿县蒋家咀煤站往来款中的 3877.03 元是否存在贪污问题。鉴定人员通过查阅账簿，认为出纳袁某某在没有任何数字依据的情况下，在往来账上核减往来，不符合记账规则；加上澧县煤建公司会计人员疏忽大意，做有错账，袁某某具备贪污条件。据此，办案人员以贪污罪对袁立案侦查。

1989 年，全市受理和办结司法会计检验鉴定案件 11 件，出具鉴定书 11 份，其中起证据作用的有 10 份，起其他作用的有 1 份。所有案件无差错。

1990 年，共受理司法会计鉴定 26 件。安化县检察院在办理一宗贪污案时，由于证据不足，被告人被关押 14 个月，仍不承认有贪污行为，案件起诉到法院，法院也无法判决。后来通过汉寿县院司法会计鉴定，认定了被告人的犯罪事实。法院在接到司法会计鉴定书的第二天，依法对该案进行判决，使一起久拖未决的案件得到了结。汉寿县院的司法会计协助长沙、益阳、安化等地进行司法会计鉴定 4 次，促进地区间的交流与合作。

1991 年，司法会计检验 30 件。

1993 年，受理司法会计鉴定 31 件。

1994 年，开展司法会计鉴定 65 件。津市市院在办理该市某机关事务办一副主任兼主管会计李某慧贪污案时，司法会计通过查阅会计资料，从 1 万元的举报线索查证其贪污 13.4 万的犯罪事实，李被判处有期徒刑 16 年。

1995 年，司法会计检验 78 件。安乡县院在全市率先成立司法会计事务所，开展从检验鉴定到查账、清产核资等全方位的技术服务。9 月，安乡县院接到该县邮电局有偷税嫌疑的举报，专案组通过一段时间调查，难以查证，后经司法会计查证，县邮电局采取对内对外两套账的方法，隐瞒转移收入，偷逃营业税、所得税、城建税共 919026 元。

1996 年，司法会计检验 160 件。3 月，市人民检察院技术科受理市金海大厦特大偷税案后，在有关账目、单据烧毁的情况下，司法会计深入该单位各业务部门收集原始资料，审查各种票据 5000 多份。经过 16 天的连续工作，核查出该单位自 1994 年 8 月至 1996 年 5 月共隐瞒营业收入和其他收入 1033 万元，比侦查人员计算的 518 万元多出 515 万元；隐瞒各类成本费用 418 万元，转移货币资金 615 万元。同时，通过检验鉴定，认定该大厦总经理莫某英和副总经理李某新合伙贪污公款 6 万元。莫、李均受到法律制裁。

1997年，司法会计检验203件。鼎城区院司法会计与文检人员联合，用近20天时间对区邮电局财务股等部门1990—1997年4月的200多本账册和1万余张传票进行查阅，对有关问题追踪核实，进行司法会计检验鉴定10件、文件检验2件，确定涉案人员10余人，为国家挽回经济损失200余万元。

1998年，司法会计检验111件。市人民检察院和安乡县、汉寿县院接受市公安局委托，对轰动全国、涉及省内外、金额在4.44亿元的张某琦集资诈骗案进行检验。司法会计人员经一个多月会检，对66本卷宗和几十本会计凭证进行审查、检验，为该案最后定性提供了决定性的证据，张被判处无期徒刑。

1999年，进行司法会计检验119件（其中，文证审查36件）。市人民检察院司法会计受理的市建设银行德山支行信用卡部副经理朱某波挪用公款案，不但提供了朱多次挪用公款的准确时间且数额巨大的依据，而且认定该员占有该行信用卡上公款所生利息4万余元，涉嫌贪污罪。法院根据这一鉴定结论，对朱以犯贪污罪判处有期徒刑3年、犯挪用公款罪判处有期徒刑12年，合并执行14年。

2000年，进行司法会计检验102件。采取市县联手进行司法会计检验鉴定。如桃源县粮食系统的3起、7件、11人的贪污、挪用公款案，都是市、县检察院司法会计联手进行检验鉴定、取证固定的。其中在办理龙潭乡焉家溪粮店经理高某平挪用公款30万元的鉴定时，市、县2名司法会计经一个多月夜以继日工作，为办案部门提供4件、4人案件线索和侦查方向，复印收集书证3本（卷），把1993—1996年作案20多次、涉嫌金额60多万元的该乡粮店会计李某武挖了出来。李被判处无期徒刑。

2001年，司法会计检验59件（其中，文证审查3件）。3月，市人民检察院、汉寿县院的司法会计和文检人员联手，为反贪部门侦破汉寿县烟草公司太子庙批发部主任邱某勇、业务员黄某荣贪污大案提供了定案依据。

2002年，司法会计检验38件。群众多次举报安乡县陈家嘴供销社副主任兼财务主管江某光涉嫌贪污，经3次初查均无结果，但举报越来越多，举报者的层次越来越高，安乡县院决定由技术部门为主承办该案。该院司法会计查阅陈家咀供销社1992—2002年的全部会计账目，终于查出江某某违法所得33万元的违法行为，隐藏了11年的犯罪分子被判处有期徒刑5年。

2003年，司法会计检验鉴定43件。市人民检察院司法会计经7个多月的细致工作，查实涉嫌金额2017万元的安乡县财政局原预算股长、副股长、金库会计等4人的贪污公款窝案。澧县县院司法会计采取全查法、核对法查实了该县中武乡财政所2件3人（所长、预算会计、机关会计）贪污、挪用公款窝案、串案。

2004年，办理司法会计检验鉴定45件。8月，市人民检察院与市纪委、市公安局联合查办的某窝案中，市公安局委托市人民检察院技术科对该案虚列往来989万元进行司法会计鉴定。由于涉案时间长达12年，涉及全市9个单位，“技术指挥中心”调动司法会计人才库的 4 名人员组成联合鉴定小组，经 2 个月工作，出具鉴定书 1 份、附表 103 页，圆满完成了任务。

2005 年，进行司法会计检验鉴定 42 件。

2006 年，开展司法会计检验鉴定 33 件。桃源县院办理县电业局陬市供电所吴某文挪用公款案，司法会计人员用 20 多天时间查清了该所 2004 年、2005 年的电费应上缴数和实际上缴数，划清各座收员之间的责任，剔除银行未达账等因素，最后确定犯罪嫌疑人挪用公款 90 多万元，法院采信司法会计的鉴定结论，一审判处被告有期徒刑 12 年。

2007 年，市人民检察院技术科受石门县院委托办理谢某某涉嫌贪污的司法会计鉴定。该案 2005 年立案，检察机关已批准逮捕，一直未办结，当事人不断上访，县人大常委会也很关注。技术人员受理该案后，加班加点了解案情，深入发案单位调取、补充会计资料，经过认真核对，逐笔核实，最后认定的金额达不到立案标准。根据司法会计检验报告，该案最终作撤案处理，维护当事人的利益，防止一起错案的发生。在办理桃源县枫树乡财政所所长黄某贪污公款的案件中，市、县两级检察技术部门的司法会计在“零口供”的情况下，经过一个多月的艰苦工作，从资金流向逐一分析、核对、排查，查清了贪污公款的资金来源和作案环节、套现过程，市人民检察院技术科出具的司法会计鉴定书被法院采信，黄某被判处有期徒刑 7 年。

2008 年，司法会计检验鉴定 20 件。常德市影响较大的“8· 07”专案是市纪委、市人民检察院和部分基层院联合办理的一起重大贪污、受贿案件，全市共有 7 名司法会计等 10 名技术人员坚守办案第一线，检察技术为侦破此案起到了决定性的作用。

2009 年，开展司法会计检验鉴定 22 件。市人民检察院与省纪委、市纪委和鼎城区院等单位联合办理桃源纺织印染厂破产清算组私分国有资产、贿赂窝案中，9 名涉案人员中有 2 名正处级干部和 4 名副处级干部及 3 名一般人员，他们采取多种手段套取公款 192 万元进行私分，但资金来源交代不清。市人民检察院和鼎城、汉寿、临澧、澧县、安乡等检察院的司法会计等技术人员为案件跟踪服务 6 个多月，共出具笔迹鉴定、司法会计鉴定 10 份，为确定私分公款的来源多角度提供有力证据。

2010 年，司法会计检验鉴定 35 件。全市 3 名司法会计参与省纪委、省人民检察院、市人民检察院和部分基层检察院组成的省公安厅原副厅长杨某某系列案专案组。面对 15 年前的零散线索和 2 个涉案单位的会计账目均被销毁、开户银行的分户账也已更换、撕毁的状况，司法会计想办法手工恢复已被更换、撕毁的分户账，从中发现可疑资金及其转移过程，查出杨某某单独贪污公款 193 万元、伙同 2 名财务人员贪污公款 78.6 万元、挪用公款 650 万元的犯罪事实，并协助收集全套书证。最后会同省人民检察院技术处出具检验鉴定文书 6 份，从账户的所有者（未填写户名）、资金性质、资金来源、流转过程到资金去向为案件提供全方位鉴定，鉴定意见全部采信。2013 年 7 月，省高级法院对杨某某终审判决，决定执行有期徒刑 20 年，剥夺政治权利 5 年，并处没收个人财产 300 万元。该案被评为当年全省“十大优秀案件”，并被高检院检察技术信息中心录入《检察技术典型案例集》。

2011 年，司法会计检验鉴定 14 件。全市技术部门应市人民检察院反贪、反渎、控申等部门的要求，先后派出多名司法会计，参与查处怀化市委秘书长谌某章受贿案，省纪委交办的原常德市鼎城区委书记李某葆、原市公路局局长牟某德等系列贪污、受贿案件的侦查工作，充实办案力量，提供有力的技术支持。石门县院司法会计为主办理的宋某翔、唐某玲挪用公款案的检验鉴定，2 名犯罪嫌疑人均为财务专业人员，作案隐蔽，欺骗性强；无传统账目，只有原始单据的“包包账”；涉案数额不明，涉案单位、资金流向点多面广。司法会计对“包包账”认真清理，从中发现多笔资金被宋某某、唐某某转移、挪用，使涉案金额由初查时的 68 万元扩大到 300 万元；司法会计指导侦查人员到中天香港黄金交易中心有限公司和工商银行、建设银行、农业银行、农村信用社、证券公司等金融机构的 9 个网点收集、固定嫌疑人将公款用于黄金买卖、炒股、购买基金、保险等理财产品的会计资料，为案件提供证据；司法会计多次解答公诉人、主审法官对会计专业知识方面的咨询，市县两名鉴定人按时出庭作证。司法会计服务于诉讼全过程的工作，收到明显的法律效果和社会效果：该案判决的罪名、数额与鉴定结论完全一致，2 名被告人和涉案单位均完全认可。该案司法会计鉴定被省人民检察院评为 2011 年度优秀案件。

2012 年，司法会计办理的 12 件检验鉴定和 16 件技术协助案件中，有 17 件为案件提供证据，11 件为自侦案件查找案件线索指明了侦查方向。桃源县院司法会计对某卫生院院长黄某平等合伙贪污案进行检验鉴定时，与侦查人员一起调取该卫生院药库 2006—2011 年的盘底表、药品明细账，同时对药库进行实物盘底，确认药库每年的盈余情况，从而指明了被贪污的公款来源于药品、药材由整拆零和库存物资价格调整所产生的收益。4 月，司法会计对刘某聪贪污案的文证审查和检验鉴定的经验，被高检院检察技术信息中心在检察专网上推介。

2013 年，司法会计检验鉴定 20 件，组织基层院司法会计会检会研 2 次。石门县院办理的林某挪用公款案，市县两院文检、司法会计等多名技术人员为案件服务，完整提取该案中的财务资料、签字签章比对，形成完整的证据链条，从司法会计理论和实物的角度，从笔迹鉴定的同一认定对林某的犯罪行为进行分析认定，为该案的侦查终结及提起公诉提供重要证据资料。

2014 年，全市检察院技术部门办理司法会计检验鉴定 19 件。3 月，澧县院反贪局将陈某挪用公款案送到市人民检察院技术科，要求查清相关财务事实。市人民检察院当即开展工作。司法会计对该案鉴定历时 5 个多月，审查凭证 1000 余册，出具检验报告 2 份共 50 余页。发现陈某在 2008 年挪用公款 180 余万元。庭审中，陈某对司法会计鉴定所认定的贪污挪用事实全部认可。

2015 年，全市人民检察院技术部门办理司法会计检验鉴定 16 件。市人民检察院司法会计在办理安乡县财政局工资发放中心原主任徐某贪污、挪用公款案时，会计资料缺失、时间跨度久、作案手段隐蔽等。司法会计人员从银行、财政部门获取数万笔数据，重构工资发放中心账目，发现徐某贪污挪用公款900余万元的财务事实，使案件得以侦破。该案鉴定意见在检察院的起诉书及法院的判决书中多次被引用，定案的数额与鉴定意见完全相同。市人民检察院鉴定中心司法会计申晓芳、黄贤出庭作证，为法庭定罪量刑提供重要证据。如易某金挪用公款案，易某金自1975年开始负责办理辖区内的存、贷款业务。1995年2月—2000年8月，易利用职务上的便利，采取涂改存款凭证、吸收存款不入账或少入账、收回贷款本息不入账或少入账等手段，截留资金852631.45元归个人使用或借贷给他人使用（至法庭判决时尚有资金562963.95元未归还）。在法庭审理期间，被告人易某金以年代久远、怀疑他人作弊、自己记忆不清等理由，对挪用资金的具体数额多次提出异议，并对挪用资金中涉及单位的资金数额反复纠缠，案件因此久审不决。鉴于此，法庭决定通知该案的鉴定人出庭作证。在法庭上，申晓芳、黄贤就该案中的司法会计鉴定过程、出具鉴定意见的依据等作必要的介绍和说明。被告人易某金对司法会计鉴定意见不提异议，法庭对司法会计鉴定意见予以采纳，当庭以易某金犯挪用资金罪，判处其有期徒刑4年，并判决易某金退还挪用资金592963.95元。一起发案年代久远、被告人反复纠缠、久审不决的疑难案件终于得到判决。

第四节　视听与痕迹检验鉴定

一、视听检验鉴定

1988年，市人民检察院和各区县市检察院进行刑事照相68次。其中，鼎城区15次、武陵区11次、石门8次、桃源和澧县各7次、临澧5次。市人民检察院配合各业务科室的工作，开展刑事照相15次，其他照相7次。各区县市检察院进行现场勘查32次，其中鼎城区10次、澧县和武陵区各6次、临澧5次、汉寿3次。市人民检察院协助武陵区院现场勘察2次。此外，技术人员还结合检察业务工作，进行法制新闻图片的拍摄，所拍摄的图片被常德市电视台采用3次。

1989年，视听技术人员参加各种现场勘查14次、制作现场勘验笔录和绘制各类现场图12份，为证实犯罪，分清罪责提供可靠依据。如在勘验汉寿县周文庙特大翻船事故（死亡55人）、鼎城区湘北大厦交电商店火灾事故中，通过现场勘验，均为查清事故原因、确定案件性质、准确惩治犯罪起到了重要作用。全市共进行刑事照相83次、拍摄照片697张。为法治宣传和编修《常德地区检察志》照相19次，拍摄照片200余张。

1990年，开展物证照相80件，现场勘验55件。

1991年，开展物证照相237件，首次具有物证录像3件。

1993年，进行物证照相136件，物证录像8件。

1994年，物证照相211件、物证录像48件。市人民检察院在办理湘北供销大厦建筑工地塔吊坠落造成4人死亡的重大责任事故中，通过录像为办案部门提供了现场资料，使一起重大责任事故迅速侦查终结。桃源县院通过播放行贿者供述的录像，使某银行原行长交代了为海南某公司贷款300万元受贿3万元的犯罪事实。

1995年，物证照相237件，物证录像51件。5月26日，鼎城区武陵镇花船巷一民宅建筑工地发生一起当场死2人、伤1人的人为触电事故。鼎城区院视听技术人员会同法检、区安委等部门有关人员立即赶到现场进行勘验、录像。这一录像资料否定了区安委事故调查报告中的错误，证实了区检察院技术股勘查笔录的正确，很快将该案起诉到了法院。

1996年，物证照相367件、录像98件。在“严打”斗争中，全市视听门类共参与行动20多次，固定各类证据116件。4月，桃源县院技术人员利用录音、录像将县化工总厂厂长助理兰某携巨款向县检察院自首并揭发厂长徐某明等人受贿的犯罪事实的口供等实况进行记录、固定，对有关证人证言、行贿人口供进行录音。办案人员向徐某某出示有关声像资料，破获了徐某明等人受贿窝案。

1997年，物证照相350件，物证录像79件。

1998年，使用视听技术办案342件。石门县法院采信石门县院技术部门对董某华违反危险物品管理肇事案当庭播放的现场录像，对其判处有期徒刑6年。

1999年，使用视听技术办案186件。

2001年，办理视听技术案件127件（其中，提供协助87件）。

2002年，办理视听技术案件27件。鼎城区院技术股在配合反贪部门查处西洞庭糖厂原副厂长胡某山、财务科长徐某云单独或合伙贪污359.5万元的特大贪污案时，除运用现场勘验、司法会计、文件检验等技术手段外，视听技术为破获该案也发挥了很好的作用。

2003年，运用视听技术为58件案件提供证据，再现了搜查现场和审讯实况。市人民检察院视听技术人员配合省、市反贪部门查办常德市政协原主席彭某镛、市委原副秘书长吴某见、武陵区原区长黄某清、市农行原副行长廖某才、市国有土地储备中心主任龚某临等大案过程中，不分上下班、节假日，随叫随到，参与抓捕犯罪嫌疑人，搜查办公、居住场所，提取、固定物证，对证人、行贿人、犯罪嫌疑人的言词证据进行录音录像，形成完整的视听资料。

2004年，使用视听技术办案32件。

2005年，进行视听技术工作30件。鼎城区院在桥南市场管委会原主任曾某玩忽职守案中运用视听技术为定案起到较大的作用。在办理安乡县建行朱某特大挪用公款案时也采用了照相固定证据的方法。

2006年，提供视听技术协助67件。

2007年，贯彻执行高检院《人民检察院讯问职务犯罪嫌疑人实行全程同步录音录像的规定（试行）》和省人民检察院有关精神，市人民检察院下发《常德市人民检察院讯问职务犯罪嫌疑人实行全程同步录音录像的暂行办法》，全市检察院机关全面开展录音录像工作（以下简称“双录”）。市人民检察院技术科提供“双录”服务15次，共录制114小时，刻制光盘40余张。视听技术资料作为证据，取得良好的法律效果和社会效果。鼎城区院反贪局查办的西洞庭农行原行长助理邬某挪用公款一案，在法庭审理时被告人当庭翻供，对自己的犯罪事实全盘否认。公诉人利用多媒体视听系统，及时在法庭播放讯问犯罪嫌疑人和询问证人的“双录”资料，揭穿他的谎言。最后法院以邬某构成挪用公款罪，判处有期徒刑3年。

2008年，提供视听技术协助157件。市人民检察院技术科年初确定“全面、全程、全部”推广“双录”工作的目标，对内加强“双录”技术人员的知识技能培训，对外与办案部门协作沟通，配合办案部门全面推行询问职务犯罪嫌疑人全程同步进行“双录”工作。市人民检察院技术科出动214人次办理“双录”案件131件。录制光盘440张、328小时，为法院质证35件。信息技术人员对计算机取证进行大胆探索，通过计算机取证、固定证据、有力证实了犯罪。如澧县院在公安机关以李某等人涉嫌传播淫秽物品牟利罪移送审查起诉过程中，技术科的信息技术人员提供技术咨询，经过审查认为，该案事实不清，证据不足，其主要原因是：公安机关提供的相关电子证据不足以证明犯罪嫌疑人具有传播淫秽物品的行为，仅能证明其具有存储淫秽物品的行为，如果犯罪嫌疑人辩称淫秽物品没有传播，只是自己放在服务器上观看，那就没有足够证据证明其有罪。在信息技术人员的建议下退回公安机关补充侦查，技术员列出详细补充侦查提纲：要求其调取网吧服务器中淫秽电影所在文件夹的共享代码或图标，并抓拍照片予以固定；调取网吧客户端中用户观看淫秽物品操作记录；调取网吧客户端有关显示淫秽影视文件的抓屏照片。补充侦查完毕后审查起诉，在法庭上，2个犯罪嫌疑人果然辩称其并没有传播淫秽物品的行为。但是在电子证据下，二人最终因传播淫秽物品牟利罪均被判处有期徒刑3年，缓刑3年，并处罚金。

2009年，提供视听技术协助157件，物证照相15件，同步录音录像157人次。在大部分区县市检察院尚未建成办案工作区固定同步“双录”系统的情况下，利用便携式系统为反贪、反渎服务，共办理“双录”80件、142人次、333小时，刻制光盘146张。“双录”工作人员随叫随到，与办案人员一道加班68次。凡实行同步“双录”的案件，没有出现一例当事人翻供的。

2010年，提供视听技术协助241件（即同步录音录像241人次），刻录光盘287份。计算机取证被用来解决计算机犯罪，包括网络色情犯罪、盗用知识产权、电子和网络欺诈等。电子证据的可信性、准确性、完整性、合法性能够被法庭接受。刊登在常德市政府门户网站的、由武陵区院撰写的《网络传播淫秽物品的几点思考》，从理论根源探讨网络淫秽图片和资料的取证、质证和固定证据，从法律角度提出合理化建议，并为电子取证开拓新的研究方向、研究目标和研究项目。

2011 年，提供照片、光盘等视听资料 227 份。石门县院法医为石门县院侦查的一起强奸幼女案“零口供”案件提供笔录和照片，在庭审中作为核心证据出示并被法庭采信，罪犯因强奸罪被判处有期徒刑 5 年 6 个月。

2012 年，执行高检院、省人民检察院的规定、流程、规范和要求，实行审录分离。全市受理、办结同步录音录像 417 件次，录制时长 3936 小时（其中非上班时间录制 1132 小时）。随着新《刑事诉讼法》的实施，讯问职务犯罪嫌疑人基本实现“全程、全部、全面”录音录像。技术部门配合公诉、侦监、监所等部门“双录”12 件次。对公诉环节审查起诉的非职务犯罪讯问也实行“双录”。

2013 年，视听检验鉴定改称电子数据技术协助，视听技术人员改称电子数据技术人员。全年办理电子数据技术协助 124 件，对 570 人次进行录音录像。汉寿县院电子数据技术人员办理犯罪嫌疑人林某耀、王某萍夫妇以成立生物科技公司为掩护，以销售生物保健产品为幌子，依托自建的网站骗取高额会员费的案件。该案件共有受害会员 7.3 万人，涉案金额 1 亿多元。由于案情特别重大，汉寿县院技术人员对网络聊天记录、网站程序、后台数据库进行科学分析、计算和推导，按照《计算机犯罪现场勘验与电子证据检查规则》进行，确保电子证据的合法性；对电子证据除制作详细的取证录像，对数据计算 MD5 值，通过技术手段确保电子数据的唯一性；在犯罪嫌疑人在场的情况下，现场登录网站并打印出会员的详细信息、下线会员信息、返利记录等关键数据，由犯罪嫌疑人当场签字确认，将电子证据转化为书面证据；对整个后台数据库和程序进行专门鉴定后，再对个人涉案部分进行电子数据检验、分析，精确认定犯罪金额和非法获利情况；制作笔录时，加入电子数据的分析结果、现场检查记录等内容，使讯问、询问笔录与其他证据相互印证，确保关联性。汉寿县院电子数据技术人员做出的意见被公安机关采纳，推进该案侦查、批捕、起诉等司法程序的前后衔接。

2014 年，市人民检察院电子证据实验室建成后，检察技术人员利用实验室的先进设备，开展以案代训活动。是年，共组织基层院电子证据技术骨干办理电子证据技术协助案件 17 件次，组织讨论案件办理 7 件次，其中毒品案件移送的数据提取 4 件次、贪污贿赂案件取证 9 件次。通过实践操作与案件讨论相结合的方式，从电子数据类证据的提取、涉案案情分析及其相对应关系、相关嫌疑人关系分析等方面帮助办案人员对案件的侦查和办理有清晰的了解，为案件的推进工作打下坚实的基础。全年开展“双录”428 人次、1453.5 小时，物证照相、录像、其他视听资料共 282 套。

2015 年，全市检察技术部门拓宽电子数据技术协助的使用范围，共办理电子数据技术协助案件 63 件，办理同步录音录像案件 418 件。市人民检察院公诉科办理董某运输毒品一案，委托市人民检察院电子数据技术人员，对犯罪嫌疑人的手机进行电子数据提取。通过对该物证进行勘验检查，发现其中的关键性证据——微信语音短信，证实犯罪嫌疑人假供述的真相，驳回了两个犯罪嫌疑人互不相识的供述，证实犯罪嫌疑人之间的密切联系。该电子数据被法庭当庭采用。本案经二审结案，犯罪嫌疑人董某被判处有期徒刑15年。

二、痕迹检验鉴定

1988年，痕检人员8月学习结束后在公安部门实习办案，参与重大刑事案件的现场勘查8次，为熟练掌握痕检技术、准确进行痕迹鉴定打下了基础。

1989年，痕检人员赴现场11次，受理工具痕迹和指印鉴定各1件，出具鉴定书1份，进行文证审查2件。如临澧县院送市人民检察院技术科与张某芝贪污一案有关的“临澧县太平冷冻厂畜产收购凭单”一份，以及张的食指指纹捺印样本2张，要求鉴定“收购凭单”领款人盖章栏内的指印（指印覆盖在“张某某”三字上面）是否张某芝所留。痕检人员将“收购凭单”上的指印与张某某右手环指指印进行同倍放大观察，发现二者不仅花纹类型相同，伤疤的位置、形状、大小相同，而且个别特征的数量、形态、方向、位置以及各个特点之间的距离和相隔线数均相吻合，作出是张某芝右手环指所留的鉴定结论，为惩治经济犯罪提供科学依据。

1991年，开展痕迹检验3件，进行现场勘查66件。

1993年，开展痕迹检验1件，进行现场勘查52件。

1994年，痕迹检验1件，现场勘查37件。石门县检察院在侦察戴某奎诈骗、盗窃、行贿系列案中，利用痕迹检验技术，对认定副处级干部覃某某的玩忽职守罪起到决定性作用。

1995年，痕迹检验3件，现场勘查47件。市人民检察院技术科与桃源县院技术股联合鉴定的桃源县八字路派出所所长高某明非法拘禁、刑讯逼供一案中，从一份讯问笔录上的指纹鉴定认定被告人的徇私舞弊罪，高被数罪并罚判处有期徒刑8年。

1996年，现场勘查30件。

1997年，痕迹检验1件，现场勘查21件。石门县院技术人员为查明一起渗水事故的原因，冒着生命危险，2次下到3000多米深的渗水隧道对事故现场进行勘查，以确实、充分的证据确认是一起重大责任事故，对责任人绳之以法。

1998年，痕迹检验1件，现场勘查11件。3月，鼎城区院技术人员配合该院渎侦局对石门桥镇计生办负责人非法拘禁无辜村民的案件进行现场勘查，以确凿的证据将犯罪嫌疑人刘某某起诉到法院。

1999年，痕迹检验2件（其中文证审查1件）。2002年，现场勘验6件。2003年，现场勘验4件。2004年，现场勘验1件。2009年，现场勘验3件。2010年，现场勘验1件。

2014年，检察技术人员赴案发现场通过痕迹检验鉴定等技术手段帮助案件定性，起到至关重要的作用。2013 年 11 月 29 日，汉寿县文蔚乡某村党支部书记郭某，因与邻村村民涂某之妻通奸，在涂某家被涂某用刀具捅伤。次日下午，郭某之子郭某某伙同其同学共 4 人开车至涂某家中，郭某某手持钢管对涂某家进行打砸，将涂某家门窗、家具、电器悉数损坏。汉寿县公安局文蔚派出所接警后赶到案发现场进行处置，将郭某某传唤至派出所进行警示谈话后作不立案处理放其回家，后涂某不断申诉。2014 年 4 月 14 日下午，受分管检察长指派，汉寿县院检察技术人员赶赴文蔚乡案发地，对案发现场进行勘查。勘查由中心现场的客厅起至西向店面和东向的南北卧室止，共涉及室内房间四间，损坏空调、冰柜、麻将桌、电视机等家用器具及门窗 24 件（处），绘制现场方位和平面示意图，制作现场勘查笔录。4 月 18 日，汉寿县院侦查监督科以技术部门所作的现场勘查证据为依据，作出通知公安机关对犯罪嫌疑人郭某某立案侦查的决定。公安机关接到通知后，4 月 22 日，对犯罪嫌疑人郭某某以非法侵入住宅罪名立案侦查。使一起由公安机关初始认为未构成犯罪不予立案的错误决定得到纠正，还了受害人涂某以公道。

2015 年，通过对案发现场进行勘查，避免一起轻罪重判案件的发生。石门县院办理的龙某某涉嫌破坏生产经营案中，技术人员在接受公诉部门委托后，对龙某某涉嫌破坏生产经营犯罪现场勘查笔录、价格鉴定意见审查后，认为现场勘查笔录不详细，价格鉴定是以认定受损柑橘树为完全毁坏而出具的，其鉴定意见可能存在与实际情况不符的风险。技术人员先后 2 次与案件承办人、涉案物品价格鉴定承办单位负责人对案发现场进行实地踏勘，拍摄受损柑橘树与相邻正常柑橘树的比对照片，客观反映受损柑橘树与相邻正常柑橘树在生长态势、挂果率、果实分布、大小、品相、口感等方面均无明显差别。审查认为价格鉴定未能客观反映受损柑橘树的现状，损害物品（柑橘树）价格鉴定意见依据不足。技术部门出具要求对受损柑橘树的损失价值进行重新鉴定的审查意见。通过重新鉴定，技术性审查为化解一起轻罪重判案件的风险提供了依据。又如，石门县院先后受理公安机关侦查的余某某、张某某等 6 起涉嫌交通肇事案件后，经技术人员审查发现，随案移送的某社会司法鉴定机构出具的作为证据使用的车辆痕迹司法鉴定检验意见书、车辆行驶速度资料存在检验程序缺陷、文书制作不规范等问题，影响该类证据的审查认定。为此，石门县院向承办司法鉴定的鉴定机构发出检察建议书，指出其出具的司法鉴定文书、视听资料存在不规范问题，并阐明理由，建议及时整改，该机构对在司法鉴定中存在的问题进行了整改。这是石门县院首次通过发出检察建议书的方式，规范社会鉴定机构的司法鉴定行为。

第五节　文证审查

1990 年，法医文证审查 46 件，是 1989 年的 6.5 倍。通过法医文证审查，依法履行检察技术的监督职能，对公安等有关部门的 14 份鉴定结论建议退回补充侦查，纠正 14 起原始结论有误的案件。涔澹农场在押人员胡某彬死亡一案，通过法医文证审查发现原鉴定有误。后经开棺验尸，否定原“正常死亡”的鉴定结论。

1991 年，文证审查 105 件，其中法医文证审查 100 件，首次开展文检文证审查 5 件。

1992 年，在各门类的文证审查中，否定原鉴定机关的鉴定结论 15 件，为各业务部门的 520 起案件提供了可靠的科学证据，为 46 起案件提供侦查方向。

1994 年，办理文证审查 207 份。文证审查中，同意原鉴定结论 154 件，改变原鉴定结论 18 件，退回补充侦查 35 件。8 月，市人民检察院技术科对〔1993〕津法法鉴字 208 号鉴定书进行文证审查，改变了原鉴定的轻伤结论，认定伤者的伤情已构成重伤。为严惩刑事犯罪活动提供科学依据。

1995 年，文证审查 342 件。其中，同意原鉴定结论 295 件，改变原鉴定结论 17 件，退回补充侦查 30 件。市人民检察院司法会计通过文证审查，否定津市市注册会计师事务所一鉴定结论，使津市市检察院反贪局查办的某案中涉及的 2 万元公款得到保护。安乡县院司法会计通过文证审查，否定该县审计师事务所一会计鉴定结论，使犯罪嫌疑人被起诉。石门县院法医在对一故意伤害案进行文证审查时，否定了该县公安局和县人民医院分别出具的重伤鉴定结论，认定被害人的伤情不构成重伤，据此，有关部门撤销了该案。

1996 年，文证审查 432 件，法医文证审查 387 件。其中同意原鉴定结论 365 件，改变原鉴定结论 12 件，退回补充侦查 55 件。

1997 年，办理文证审查 464 件，其中同意原鉴定结论 408 件，改变原鉴定结论 17 件，退回补充侦查 39 件。

1998 年，文证审查 384 件，其中 383 件为法医文证审查。文证审查中，同意原鉴定结论 367 件，改变原鉴定结论 17 件。

1999 年，受理文证审查 359 件，其中否定原鉴定结论 12 件，退回补充侦查 38 件。石门县院法医通过对一起故意伤害案进行文证审查，认定伤者其损伤程序已达到重伤，使一起受害人上告无门、久诉不息的故意伤害案得到立案监督，被告被判处有期徒刑 2 年，缓刑 2 年。

2000 年，文证审查 237 件，其中否定原鉴定结论 18 件。

2001 年，全市共受理文证审查 178 件，其中同意原鉴定结论 125 件，否定原鉴定结论 10 件，退回补充侦查 43 件。市人民检察院法医和安乡县院法医，对周某武对何某元的一起故意伤害案进行文证审查，认定何已构成重伤，否定了有关部门的何为轻伤的鉴定结论，使一起久拖未果的案件依法判决。安乡县院司法会计以“文证审查意见书”的形式否定县公安局移送的陈某青挪用资金、金融凭证诈骗案中安乡县伟业联合会计事务所出具的“会计鉴定报告”的鉴定结论，使这起多次退补的案件顺利起诉，被告人被判处二罪合并执行有期徒刑 9 年，并处罚金 5 万元。

2002 年，受理文证审查 164 件，其中否定原鉴定结论 21 件，退回补充侦查 10 件。文证审查结论均被司法部门采纳，防止了一批重罪轻判、轻罪重判的案件发生。

2003年，开展文证审查142件，其中改变原鉴定结论13件。市人民检察院和石门县院办理的黄某轻伤改重伤的法医学文证审查、澧县县院办理的严某富重伤改轻伤和李某才等3人轻伤改轻微伤的法医学文证审查均严格履行法律监督的职责，确保了法律的公正。

2004年，法医、司法会计开展文证审查110件，其中改变原鉴定结论12件（由重伤改为轻伤8件，轻伤改为轻微伤1件、由轻伤改为重伤1件、认定原鉴定程序不合法1件、排除外界暴力损伤而认定为医源性损伤1件）。全部结论都被办案部门采纳。

2005年，文检、法医、司法会计共办理文证审查164件，其中退回补充资料和改变原鉴定结论25件。市人民检察院技术指挥中心抽调法医，在一周内完成了对全市监狱及看守所78名保外就医罪犯的文证审查工作。

2006年，全市共办理文证审查案件302件，其中否定原鉴定结论41件。黄德枝死因案进行文证审查时发现多处疑点，得出“市司法鉴定中心的鉴定结论依据不足，建议重新鉴定”的结论。该案送武汉同济法医学司法鉴定中心进行病理检验，也否定了市司法鉴定中心的鉴定结论。

2007年，开展文证审查241件，全部为法医文证审查。出具文证审查意见书241份，其中否定原鉴定结论4件。通过文证审查，对监管场所罪犯保外就医和社会鉴定机构进行监督，使一起违规保外就医和不科学的法医鉴定被及时纠正。汉寿县院在办理韩某某被伤害一案的文证审查中，法医通过详审细查，发现龙阳司法鉴定所对骨折性质认定不准确，将轻微伤鉴定为轻伤。案件退回公安机关补充鉴定后，使原鉴定结论的错误得以纠正。

2008年，办理文证审查案件305件，其中否定原鉴定结论23件，退回补充侦查35件。

2009年，开展文证审查311件。

2010年，开展文证审查286件。在市人民检察院技术科办理的59件文证审查中，不认可和否定原鉴定结论的有13件。

2011年，从事文证审查301件，其中改变和不同意原鉴定结论而被结案单位采信的案件有9件。

2012年，全市共办理文证审查案件369件，其中不同意原鉴定结论并被结案单位采信的15件，审查认定罪犯或嫌疑人的病情不符合保外就医条件的5件。澧县县院法医在对胡某某等人寻衅闹事案中的伤者损伤程度进行文证审查时，对原“已构成轻伤”的审查结论出具“可能构成重伤，建议重新鉴定”的审查意见，该案送市人民检察院重新鉴定为重伤。办案单位澧县公安局、澧县检察院侦查科采纳了重伤的鉴定结论。又如在法庭审理过程中，涉嫌采取隐瞒收入、虚报支出等手段贪污公款36165元的被告刘某聪及其辩护人对怀化市泰信司法鉴定所确认的贪污数额提出异议。辰溪县人民法院委托市人民检察院进行文证审查和重新鉴定。该案合议庭最后采信了市人民检察院的审查意见和鉴定结论，认定刘某聪采取重报的手段贪污公款5000元，判处其免于刑事处分。该案例材料在高检院内网“司法会计交流平台”经验交流专栏推介。

2013年，文证审查改称技术性证据审查。全市人民检察院技术部门共办理技术性证据审查360件，其中改变原鉴定意见16件，指出有瑕疵的鉴定12件。石门县院公诉部门办理的哥哥程某军涉嫌故意伤害弟弟程某武犯罪一案中，公安机关鉴定机构出具的弟弟程某武伤后当场昏迷属重伤的鉴定意见。石门县检察院法医经过对全案证据进行审查认为存在疑点认为侦查机关未查明伤者损伤当时的身体生理状态，损伤当时不能排除受害人已经醉酒的可能性，原重伤的意见依据不足，建议对受害人程某武的损伤程度进行重新鉴定。石门县院法医收集受害人的完整病历资料，对受害人进行询问，受害人证实自己当时已经醉酒，但在事件全过程中自己心里始终明白（即神志始终清楚）。石门县院公诉部门委托市人民检察院司法鉴定中心对受害人程某武重新鉴定。4月18日，市人民检察院司法鉴定中心依法出具弟弟程某武的损伤属轻伤的鉴定意见。据此，石门县院于6月9日作出对哥哥程某军不予起诉的决定。

2014年，开展技术性证据审查85件。澧县检察院办理的夏某某涉嫌故意伤害案中，被鉴定人凡某某头部受伤。3月17日，澧县公安局法医鉴定：头部创3处，累计长度6.5厘米，构成轻微伤。3月19日，九澧司法鉴定所认为伤口累计长8.5厘米，构成轻伤二级。两级鉴定伤口长度相差2厘米。澧县检察院法医通过审查认定，被鉴定人头部创口累计长度小于8厘米，九澧司法鉴定所鉴定意见轻伤二级依据不足，应属轻微伤。检察机关的技术性审查，维护了当事人的权益，维护了司法公正。

2015年，开展技术性证据审查76件。在桃源县院办理的杨某捷寻衅滋事案中，犯罪嫌疑人杨某捷于2009年9月15日22时许，用刀将被害人林某见砍伤，经鉴定林某见肢体皮肤多处瘢痕、左桡骨远端开放性粉碎性骨折，构成轻伤。桃源县院公诉科承办人审查本案证据后发现，现有证据仅能认定杨某捷实施了用刀砍伤林某见左腕部的行为，林某见左桡骨远端骨折的损伤是否单独构成轻伤，直接关系到杨某捷该次伤害行为是否涉嫌犯罪。桃源县院法医在进行文证审查时，不仅对新旧鉴定标准的选择适用问题进行说明，而且对被鉴定人林某见伤后存在的两类损伤分别进行分析，出具“该两类操作依据新旧鉴定标准均已达到轻伤标准，原鉴定意见可以认定”的审查意见，为该案证据分析提供专业性意见。承办人据此认定杨某捷涉嫌寻衅滋事罪，将该案诉至桃源县人民法院。

第二章　信息化建设

第一节　专线网

2001年，市人民检察院年底前筹措到部分资金，准备开始专线网建设。

2002年，市人民检察院在办公大楼二楼完成110平方米多功能会议室二级专线网、电视电话会议室与常德电信局、主控机房、局域网连接的线路预埋和室内外装修。二级专线网的设备按计划购置到位，年底进入安装、调试和管理人员培训。

2003年，市人民检察院设入近50万元建成市人民检察院到省人民检察院二级专线网，开通多功能电视会议室等视频传输信息系统。实现市人民检察院与全国检察机关视频会议、语音通讯和数据传输“三网合一”功能。通过高检院、省人民检察院反复调试和多次运用，系统运行正常；建成并投入使用由56部有线电话组成的语音信息系统，电话装机量超过省人民检察院要求的一倍。

2005年，市人民检察院成立三级专线网建设领导小组，各区县市检察院亦成立相应机构。检察长亲自抓、负总责；主管副检察长具体抓，直接负责；技术、行装部门组织实施，业务部门相互配合。按照省人民检察院《湖南省人民检察院三级专线网建设方案》，制定常德市检察院系统三级专线网建设分阶段工作目标，由各区县市检察院检察长和相关部门负责人向市人民检察院检察长签订“责任状”，形成“千斤重担大家挑，人人头上有指标”的工作局面。为保证建设资金及时到位，市人民检察院党组书记、检察长杜辉才多次汇报，并利用星期日将主管财政的副市长请到市人民检察院，7名党组成员集体将高检院、省人民检察院的文件精神及市人民检察院的规划详细汇报，副市长当即表态支持。10个基层院不等、不靠，采取要、压、挤、借等形式，保证全市138万元三级专线网建设资金按期如数汇到省人民检察院。各单位、各部门与电信等多个承建单位之间协调配合，保证三级专线网建设的质量和进度。市人民检察院技术科科长劳新国在两个多月建设期间的每个双休日都加班加点；石门县院网管员赵振抽调到市人民检察院帮助工作尽职尽责，任劳任怨。为保证三级专线网络的安全、平稳运行，市人民检察院技术科与院办公室联合制定《计算机局域网管理办法》《因特网计算机保密制度》《计算机病毒预防和控制管理办法》《中心机房管理制度》，并以常检〔2005〕27号文件下发到各区县市检察院和市检察院机关各部门。为保证专线网的顺利建设，市人民检察院组织3次培训。各区县市检察院亦分别开展培训活动，临澧县院、石门县院派网管员到湖南涉外经济学院脱产学习3个月。

2006年，全市11个检察机关全部建成三级专线网，并开通专线电话、视频会议和数据传输应用系统。

2010年，按照《全省检察院机关2010年检察技术工作要点》的要求，完成全市检察院系统专线网的线路扩容工作、电视电话会议系统整改和看守所检察专用审讯室的建设等工作。市人民检察院技术科10多次与公安机关，电信部门协调做好看守所两间专用审讯室用房和网络线路的租用工作，并赴7个区县院现场督导、协调，帮助调试、验收，有6个基层院完成看守所职务犯罪审讯室的“两录”建设。

2011年，做好二级、三级专线网视频会议系统的会议保障工作和日常维护工作。全市通过专线网召开到区县院的电视电话会议和联调共62次。经常为公诉、反贪、侦查监督等部门和全省系统会议及各种培训服务。进一步完善“12309”全国检察系统举报电话设施，保障举报电话畅通。

2013年，市人民检察院技术科联合院办公室开展检察专线网保密管理平台建设。对已经定位涉密网络的检察专线网开展保密安全建设，确保检察专线网内涉密信息、数据及涉密终端全安。进行违规外联与移动存储介质使用管理软件的安装、每台终端计算机违规监控与报警系统的安装、网络化保密检查、报警信息接收与展示及保密管理平台的软件升级发布。

2014年，市人民检察院在门户网站完成在湖南省通信管理局的安全准入备案工作，使检察门户网站在互联网站上的应用更加规范，安全性也进一步提高。在检察专网的管理方面，加强硬件监控设施建设，建造一个既稳固又安全的专网系统，包括加密机、硬件防火墙、服务器区的IPS、安全准入系统、漏洞扫描系统、防病毒网关、杀毒软件以及上网审计服务器，确保检察专网信息传输的安全性。市人民检察院技术科配合院办公室开展检察专线网保密管理平台后期完善和使用工作。按照国家保密局和高检院的要求，对已经完成的涉密网络的检察专线网进行保密安全建设工作，配合省人民检察院办公室指定的保密平台维保公司，在工作中查找平台的不足之处，确保检察专线网内涉密信息、数据及涉密终端安全，保证平台用户的日常使用。保密管理平台主要进行违规外联与移动存储介质使用管理软件的安装、每台终端计算机违规监控与报警系统的安装、网络化保密检查、报警信息接收与展示、保密管理平台的软件升级发布。配合院办公室保密承建商万里红科技公司技术人员开展日常维护工作，排除使用中的障碍。武陵区院、汉寿县院等区县院对内网网页进行升级改版工作。武陵区院经过整理，走访咨询国安、机要以及上级检察机关，本着保密安全第一，兼顾经济实惠的理念，设计并论证合理优化的外网开通方案，内外网站改版成功，成为集工作、宣传、学习、交流于一体的全方位信息平台。

第二节　局域网建设与应用

一、建设

2000年，高检院对检察技术工作的职能作出调整，要求在开展勘验质证、文证审查和检验鉴定（高检察院称之为系统检察技术工作）的同时，又担负起检察机关信息化建设（又称信息网络建设）的任务。1996年，在高检院、省人民检察院还没有提出信息化建设的任务时，石门县检察院克服财力困难，投资22万元购置22台电脑及软件等设备，建成全省第一家县级检察院局域网。鼎城区检察院于1998年启动局域网的建设。2000年，市人民检察院投入24万元建设计算机局域网络中心控制室及各分站点。桃源县院投入32万元开通计算机局域网。

2001年，市人民检察院投资30多万元建成拥有97个工作站、30台电脑的局域网。临澧县院当年建成局域网。

2002年，市人民检察院技术科先后下发《落实“213”工程的实施意见》（“2”’全国有200个地方检察院连接到一级专线网上；“1”’全国自行组建局域网或连接到一级专线网的检察机关达到1000个以上；“3”’通过全国计算机等级考试或达到各地人事部门“干部人事信息化”标准等级考试的干部达到3万名）及局域网设施、设备调查、计算机等级证书摸底和参加全国计算机等级证书统一考试、考前培训的通知、通报；向省人民检察院、市人民检察院党组、市财政局作出将市人民检察院等5个单位列为全省信息化建设重点的请示报告、全市局域网建设现状的汇报材料、调查报告和专项资金的报告等。市人民检察院成立以检察长杜辉才为组长的信息化建设领导小组，筹措资金90多万元，新建、装修高标准的多功能会议室。在信息化建设的立项、筹措资金、确定设计方案等环节中，市人民检察院行装科、宣教科、办公室等与技术科一道，打报告、发文件、出主意、拿方案、搞宣传等，确保信息化建设的顺利进行。行装科科长郭道华在住院期间，多次到施工现场检查、督导。石门县院投入3万元添置设备；汉寿县院筹措资金25万元建成局域网；鼎城区院分3年投资300万元用于信息化建设，省人民检察院将该院作为全省县级院信息化建设的示范单位。年底，省人民检察院年初要求建成局域网的7个市人民检察院仅常德市人民检察院等2个单位达到要求，受到省人民检察院表彰。

2003年，市人民检察院建成90个客户终端网点、24个端口交换机2台和2个8G硬盘、PIH700 CPU的服务器1台，拥有可入网的计算机、打印机45台的网络硬件系统。每一台计算机均可连接到省人民检察院、高检院和全省、全国已开通检察系统广域网的检察院的网站，“三网合一”的信息化系统基本建成。区县市检察院共投资280万元，9个区县级院中，除原已建成局域网的石门、临澧、桃源和武陵4个单位外，又有鼎城、澧县、汉寿和津市4个单位建成局域网。鼎城区院投资100多万元一次性购置68台计算机，每个干警1台电脑，新、老两栋办公大楼都铺设网络管线，引进“检察系统办公软件”，添置服务器、交换机、防火墙等硬件建成局域网系统。对原有的监控系统升级改造为数字信号的监控和审讯指挥系统，新建电子显示屏系统和语音传输系统，成为全省检察系统县级院信息化建设的示范单位和全市政法系统的样板。

2004年，市人民检察院技术科拟定《“中国·常德市人民检察院”子网站建设实施方案》。市人民检察院投资28万余元建成数字化监控系统，包括审讯室2间、谈话室1间、机房2间，安装5个针孔探头、3个明装探头、8台监视器及1台电视机，与局域网、反贪局会议室连接，实现审讯、监控远程化，指挥办案网络化。石门县院投资40多万元改造、升级局域网。澧县院添置7台液晶显示屏电脑，全院共有42台电脑。桃源县院改造、升级局域网。白洋堤院投入2.8万元进行局域网建设。

2005年，全市检察机关局域网扩容工作圆满完成。9月中旬，全省检察机关信息化建设现场会在市人民检察院召开。

2006年，市人民检察院投资33万元，配置38台台式电脑，3台笔记本电脑、2台24口交换机及2台网络选择器。为台式电脑配备符合高检院要求的双硬盘隔离卡，对中心机房进行改造。桃源县院投入29万元、武陵区院投入21万元、石门县院投入8万元、鼎城区院投入4万元、安乡县院投入3万元进行局域网建设。

2007年，市人民检察院投资30多万元添置计算机等硬件设备，完成办公办案、信息发布系统软件的升级改造，开通软件维护VIP服务，整理全院的网络线路。市人民检察院技术科协助预防科安装调试了预防犯罪数据库及相关数据的录入。

2008年，全市检察机关投入信息化建设资金180多万元，中央政法补助专款大部分用于信息化建设的软件、硬件购置。临澧、安乡县院和津市市检察院均在局域网设置各具特色的网页。实现各级专线网和局域网互联互通、数据网络流转畅通无阻。

2009年，全市检察机关完成与上级院的互联互通。购置全省统一的信息发布和办公办案软件。

2010年，贯彻落实高检院《2009—2013年人民检察院司法鉴定实验室建设规划》和《2009—2013年全国检察系统信息化发展规划纲要》精神，按照省人民检察院“推进建设、突出应用、加强管理”的要求，4月，召开全市检察院技术工作座谈会，市人民检察院对全市工作作出安排，分管副检察长郭建国在讲话中强调，全市检察院机关务必认真贯彻高检院及省人民检察院有关精神，把检察技术及信息化工作全面抓好抓落实。5月4日，鼎城区院开通“常德市鼎城区人民检察院互联网站”。

2011年，市人民检察院完成二级网的提速扩容工作，到省人民检察院的宽带由10M升级为100M；区县市检察院三级网线路由2M提升到10M；完成市人民检察院新技侦大楼的综合布线工作。10月18日，启用更加方便快捷的FTP服务器。在院大门、办公楼大厅和检察长接待室安装5路监控系统。鼎城区院在院内对外设置大屏幕电子显示器进行检务公开。

2012年，市人民检察院党组把信息化建设作为“一把手”工程，农历正月初八一上班，党组书记、检察长刘清生就带领技术科等部门负责人前往区县市检察院考察信息化等工作，督促全市检察院技术部门做好信息化的管理服务工作。市人民检察院技术部门牵头建设“全市检察院机关执法办案网上监督平台”，得到市人大常委会和省人民检察院领导肯定和推介。创建“全国科技强检示范院”的工作目标获得市政府支持，并同意分两年拨付1000万元建设资金。是年共投资150多万元完成大要案指挥中心、远程视频接访系统、行贿犯罪档案查询系统、审讯视频内网传输系统、信息化侦查指挥中心、执法办案网上监督平台及检察专网改版升级等建设。

2013年，在门户网站上完成在湖南省通信管理局的安全准入备案工作。在检察专网加强硬件设施建设，包括加密机、硬件防火墙、服务区内的IPS、安全准入系统、漏洞扫描系统、防病毒网关、杀毒软件以及上网审计服务器等。完成市检察院办公大楼内60台新办公电脑的采购，并负责为每台电脑安装系统、进行IP地址的分配，对固定IP地址的电脑进行MAC地址绑定。投入资金100万余元进行4次政府采购，购买局域网建设用品。建立线索管理、侦查信息查询和远程指挥三大功能平台。

2014年，市人民检察院技术部门接受新办公楼信息网络系统后，在试用阶段不断查找出整个系统的漏洞和弱点，逐步进行完善和优化。对各个系统的安全性、实用性、稳定性进行全面的检验和整改：对3个小型会议室进行网络整改，在以往只能使用外网的会议室里增加内网使用的功能，方便检务会议和其他业务会议的召开；配合市人民检察院办公室的调整，重新部署网络系统，整理内外网络的交换机，清楚控制的端口，进行端口的重新排序和调整，关闭不必要的网络端口。全市检察机关拓展信息快速查询通道15条，增加“检察机关执法办案网上监督平台”“终结性法律文书网上公开”“网上举报”等多个栏目，丰富了门户网站的内容，拓展了外网的应用功能。全市检察技术部门在信息平台上，做好维护和配合宣传使用，保证资料的及时更新，与电信部门及时沟通，保证执法办案网上监督平台的正常运行。

2015年，推动电子检务工作建设；完成全市检察机关高清视频会议、远程案件讨论、远程视频接访等系统的建设改造任务；完成全国检察机关侦查信息网（非涉密网）一级网的建设改造，推进全国检察机关侦查信息二级、三级网建设。职务犯罪侦查与预防信息平台实现了与常德市30余家单位信息对接；完成全市检察院机关分级保护建设工作，并通过省保密委员会的检测验收。市人民检察院党组统一部署，对网络安全进行了全面检查，从根本上做到网络安全不留空档、不留死角，消除安全隐患。杜绝检察网络信息泄密。制定一系列管理制度，并签订网络安全责任状，杜绝网络安全事故的发生。购买一套瑞星杀毒软件，并固定一台单独服务器，用于瑞星杀毒软件的安装、服务与升级，确保所有服务器与涉密计算机不受病毒干扰。参加省人民检察院组织的信息网络安全应急演练，在第一时间电话沟通了应急演练开始的情况，并以最快速度上报演练相关文件。

二、应用

2002年，在全国检察技术工作会议上，高检院提出落实“213”工程任务的要求。市人民检察院与教育部门联系，自购教材，对检察人员进行培训。经考试有293名检察人员取得国家一级、省一级以上计算机等级证书，超过省人民检察院年度规定目标的近3倍，率先完成高检院“213”工程中培训信息技术人才的要求。澧县院司法会计将学到的计算机知识用于办案，该院技术股实行无纸化办公。桃源县院技术股股长吉平，自学计算机网络技术，数据库管理系统、网页理论，在局域网上开发和制作了法律法规、司法解释、论文案例、时事政法、规训学习等网页。临澧县院技术股股长张颖，自学掌握了局域网设计、安装、维护和网页制作知识和技能。石门县院赵振、澧县县院沈善才等创办局域网内部网页。

2003年，全市检察院系统有8人专（兼）职从事计算机管理工作，是年新增人员6名。桃源县院、鼎城区院在局域网上建立网站，设立按实体法、程序法分门别类、适时补充完备的法律法规库，每个干警都可上局域网查询、下载；市人民检察院技术科编辑《网络周刊》数期，帮助干警解决计算机网络应用中的具体问题。各单位都制定或完善《信息化使用管理制度》。市人民检察院干警60%以上取得省人事厅中级以上等级证书。澧县、临澧、汉寿、鼎城等检察院80%以上的干警“会电脑操作、会文字录入、会信息共享”。鼎城区院在常德电脑学校对全院干警进行为期半个月的培训，对取得计算机二级证书者奖励1000元。

2004年，市人民检察院和鼎城、石门、汉寿、澧县等区县检察院建立健全信息管理制度10多项。澧县县院内部发送各类通知一律通过局域网，不再电话通知，可以通过访问局域网查到网上各种信息。桃源县院在每台电脑上安装新版法律法规库软件，技术部门定期从因特网上下载，全院干警可随时上局域网查询最新、最全的法律、法规和司法解释。鼎城区院在局域网推行“案件管理系统”，改变了以前人工填制案卡的工作模式，代之以各部门内勤月末定时上机输入后由服务器自动汇总生成各种统计报表。临澧县院利用因特网搜索非法经营墓穴的同类案件的处理结果和司法解释，为公诉部门提供准确的信息情报。6月，在湘潭市人民检察院召开的全省检察院技术工作会议上，市人民检察院以《深化认识，强化领导，硬化措施，实现我市人民检察院信息化建设》为题作典型发言。10月，市人民检察院被高检院评为“全国检察机关信息化工作先进单位”。

2005年，全市有计算机网管员10名（含兼职），679名干警有455人通过国家和省人事部门组织的计算机等级考试。鼎城区院、石门县院、汉寿县院等单位购买、安装办公办案新闻发布软件，实现网上执法流程管理、案件质量监控、网上文件传递和日常工作管理。

2006年，开展“信息化应用年”活动。4月18日，市人民检察院成立信息化建设和应用领导小组。8月，市人民检察院组织各区县市检察院分管副检察长和技术科科（股）长赴广州等地到信息化建设与应用发展快的检察机关参观学习。9个区县市检察院的视听技术人员参加省人民检察院举办的同步录音录像和视听技术培训班。市人民检察院在职干警125人中达到初级水平的70人、达到中级水平的55人。有7个区县检察院应用FTP在网上传送文件，实现了局域网文件共享；运用信息发布系统在内网发布新闻、通知、工作动态等；检察干警建立自己的邮箱，开始尝试用电子邮件收发文件、传递信息，提升全市检察院机关信息化应用水平。7月，市人民检察院技术科请软件公司技术人员给全院内勤讲解软件的操作应用，现场答疑解惑；8月，市人民检察院技术科和内勤派代表前往株洲市人民检察院学习网上办公办案的经验，并在全市率先实行网上办案，各类技术案件均在网上办理；鼎城、汉寿、澧县、桃源、石门等区县检察院陆续实行网上办案。侦监、民行、公诉等部门网上办案数均超过25%，市人民检察院侦监科、公诉科、民行科网上办案分别达到85%、55%、55%，技术科网上办案率100%。市人民检察院技术科的信息技术人员全年为各部门提供技术服务286人次。

2008年，对全市技术科科（股）长和信息技术人员进行办公办案软件后台操作培训。办公办案软件程序进行升级，增加办案流程和同一流程之间的多人流转、自动生成文书号等功能，修改部门文书，提高了办案软件的可操作性。市人民检察院新建立的“常检论坛”和“内网腾讯通”在全市技术案件汇检和案情请示交流等方面发挥很好的作用。按照高检院的要求，完成全市信息化情况网上登记，更新信息技术人员名册。为使网络安全保密，实行“谁使用、谁保管、谁负责”的原则，采取专线专机、专机专人的管理模式，并与干警评先评优、晋职晋级挂钩。市人民检察院技术科为各部门提供技术服务236人次。

2009年，市、县两级检察机关对技术案件网上流转进行探索并取得显著效果，受到上级业务部门的肯定。全市检察技术部门把全面推进案件网上管理提供技术服务放在首位。桃源、津市、澧县、安乡、汉寿、临澧等7个基层检察院的业务部门实行案件网上管理。鼎城区院购买紫光华宇办公办案软件维护服务设备。桃源县院制定《信息化应用工作考评办法》，将考评结果与评先评优挂钩。

2011年，市人民检察院各科室完成办公办案软件和信息发布系统的安装，通过信息发布系统发布通知、工作动态、内刊等；完成全国检察机关软件人才的统计工作及软件大统一的调研工作。市人民检察院技术科完成对院机关重大事件和有关活动视听资料的收集整理，会场、会务保障以及协助新办公大楼信息化建设、基层院网络维护检测等服务工作。

2012年，全市有15名（10名专职、5名兼职）信息技术人员，其中取得相应技术职称的有5名。市人民检察院对信息技术人员每年进行2~3次业务培训，每两年组织一次外出参观学习。全市检察技术部门坚持“便捷检察业务，服务检察大局”的原则，及时为广大干警解决网络信息和计算机等问题，为检察执法办案大局保驾护航。全年召开电视电话会议及联调 60 多次。全市上报信息化经验总结、调研文章等材料 15 篇，市人民检察院及澧县、桃源县院有 7 篇被省人民检察院《信息技术》采用。

2013 年，全市 15 名信息化人员中 13 人参加省人民检察院应用系统管理员培训，尔后，市人民检察院又集中 3 天时间进行培训，解决应用软件的前期配置及其他疑难问题。全市检察机关信息化人员对各自的门户网站进行内容扩展和添加，增加“检察机关执法办案网上监督平台”“网上举报”等栏目。建成具有远程视频接访功能、与上访人语音和图像双向通信的多功能接待室。是年，参加高检院、省人民检察院电视电话会议 234 次，全市共上报信息化材料 10 篇，其中被省人民检察院内网采用 6 篇、高检院采用 1 篇，《湖南省桃源县检察院“四个坚持”推进信息化建设与运用》一文，被省人民检察院和高检院同时采用。

2014 年，全市共有信息化人员 17 名（其中专职 12 名、兼职 5 名），具有相应技术职称的 5 人。市人民检察院组织信息技术人员参加信息化业务培训 2 次，技术人员之间联系紧密，发现疑点难点协商解决，运用集体的力量化解信息化的各类新问题。5 月，市人民检察院组织信息化人员进行网络安全和通信安全、网络防护原理、网络舆情概述等相关知识的培训授课。授课结束后，全市信息化人员集中到市人民检察院司法鉴定实验室学习讨论。信息化人员对统一业务应用系统的基本操作进行现场指导，与办案人员讨论统一业务应用系统使用过程中遇到的问题，讲解统一业务应用软件使用技巧，保证业务科室的办案人员能熟练掌握本科室业务的操作。市人民检察院制定《运维外包管理规定》，从出勤、仪表和维护管理活动等方面对外包驻场人员严格管理。为侦查部门提供通信、房产、人口身份、车辆、机构代码、工商登记等信息查询 1138 人次；利用侦查指挥车及手机定位系统，协助侦查部门抓获嫌疑人 42 名。是年，参加高检院、省人民检察院电视电话会议及联调以及全院会议保障联调共计 80 余场次，没有出现无故缺席的现象。

2015 年，全市共有检察信息化人员 13 名（其中兼职 3 人），具有相应技术职称的 5 人，其中陈轶旻、宋鹏入选“全省检察院机关信息技术人才库”。3 月，派员参加省人民检察院组织的为期 5 天的网络通信设备维护实践培训班和计算机资格考试培训班。11 月 15—20 日，全市 12 名信息技术人员参加省人民检察院组织的“全省视频会议管理员培训”。全市上报信息化材料 22 篇，被省人民检察院采用 12 篇。信息化人员配合相关部门完成实时信息的及时更新，严格按照网站管理规定认真做好网站各栏目的技术维护工作，确保各类信息、通知等文件能在网上及时发布。通过充分发挥网维设备、视频会议系统、语音通信系统功能，扩充整合网络资源。加强与电信部门的沟通，保证执法办案网上监督平台的正常运行。协同控申部门建立、维护全市检察院机关“网上举报”系统，保证网上举报工作顺利进行。在内网网站新增“重要活动安排”栏目。做好内网运行及网络服务器正常使用的维护工作。但是，全市检察院信息化系统普遍存在网络、通信设备老化的问题，维护工作日益繁重。全年参加高检院、省人民检察院电视电话会议、联调及全院会议保障联调共计 92 次，没有出现无故缺席的现象。

第三章 检察技术建设

第一节 技术队伍建设

1988年，市人民检察院刑事技术科下发《认真贯彻省人民检察院3号文件精神，进一步加强刑事技术建设的意见》，对全市刑事技术工作的成绩写成文字材料予以推荐。全市选送7名刑事技术干部分别到中国医药大学、广东政法管理干部学院、武汉同济医科大学、中国刑警学院等高等专业院校深造。

1989年，桃源、石门、汉寿、鼎城、澧县、武陵6个区县检察院建立技术股（室），调整、充实刑事技术骨干队伍，提高业务素质，全市有各类技术人员28人，其中文检12人、法医4人、司法会计3人、其他人员和管理人员9人。经过专业培训的有16人，其中文检11人、法医3人、司法会计和痕检技术人员各1人。取得鉴定权的有9人，其中文检5人、法医2人、司法会计和痕检各1人。

1990年年初，市人民检察院检察长李少甫在1989年全市检察院技术工作总结评比和检察长会议上强调加强技术建设，检察技术工作要上“新台阶”“迈大步”。9月，召开部分区县院主管技术工作的副检察长座谈会，并对技术部门的工作分片进行抽查。武陵、石门、津市、澧县、汉寿等区县市检察院的领导在经费紧、编制少的情况下积极为技术部门争取机构编制、申拨技术资金、选配技术人员、解决各种困难。汉寿县院检察长率领技术人员到桃源、武陵、鼎城等县区检察院参观学习，促进检察技术的规范化建设。石门县院领导坚持增编进人时优先选调专业技术人员。全市新增技术人员3人，有5名技术人员送往高等院校培训。市人民检察院授予伍显林、吉平、周绍银、张洪、谢惠军、唐磊、阳汉满、刘泽宪、唐贝生等9人刑事技术鉴定权。11月，市人民检察院技术科科长芦山出席全国检察技术工作会议。会上印发市人民检察院《关于如何重视检察技术工作》的经验材料。是年，全省检察院技术工作现场会在常德市召开。

1991年，全市凡要求设立检察技术机构的检察院均成立检察技术科、股（室）。临澧县院、汉寿县院各补配1名文检技术人员，并送往高等院校培训。市人民检察院和津市、鼎城、澧县、石门、安乡等检察院选配或物色司法会计、法医等门类的技术人员。全市技术人员有32人，有13人参加省内外高层次的专业培训，还自办短训班，绝大多数技术人员受到不同层次的专业训练。检察技术门类比较齐全的有市人民检察院和桃源、石门、津市、汉寿等县市检察院。由于常德市遭受水灾，财政偏紧，办案经费严重不足，有时连工资、旅差费都难以支付。但是，津市市检察院技术股股长李庭舫、文检员周尚武，桃源县院技术股文检员刘泽宪、法医吉平，市人民检察院技术科法医武显林、痕检员张洪，石门县院技术室主任吴桂宏、文检员陈集华，武陵区院技术科副科长周家儒、法医周绍银，汉寿县院法医曾宪高，澧县院技术股股长卢光辉，安乡县院文检员罗平安等，凭着对检察技术工作的无限热爱和执着追求，不管春夏秋冬、白天黑夜还是酷暑严寒，随喊随到随走。哪里有办案现场或检验鉴定任务，哪里就有检察技术人员的艰辛和努力。

1992年，按照高检院、省人民检察院《检察技术建设五年规划》的要求和市人民检察院“二年见成效”的总体设想，全市检察院机关选配人员时坚持“政治可靠、技术过硬、工作勤奋、学习刻苦、作风严谨”的标准；全市34名检察技术人员经过专业对口培训的有27人，被省人民检察院授予鉴定权的有21人（其中当年6人）。多数技术人员在掌握本职专业技术的同时还掌握了其他门类的专业技术，做到一专多能；全市检察技术部门共撰写经验材料、学术论文和案例50余篇，提供法制宣传照片800余幅。国家级媒体采用4篇（幅）、省级采用13篇（幅）、市级采用18篇（幅）。检察技术人员的工作做到“三勤”，即勤与各业务部门联系，协调一致，密切配合；勤深入调查，广泛搜集检材、样本和其他材料；勤检验鉴定，及时准确地提供侦查方向和定案证据。

1993年，为扭转技术人员中一度出现的“轻办案、重创收、等案上门”的倾向，组织大家学习高检院和省人民检察院有关技术工作的指示精神及市人民检察院领导关于“严格执法，狠抓办案”的讲话，明确技术工作服务于检察工作重点的指导思想，排除干扰，集中精力抓办案。召开区县市检察院技术科、股长会议，统一认识，明确为检察工作重点服务的具体任务。同时，向社会各界宣传检察技术工作的现状和服务职能，扩大案源。组织司法会计赴衡阳、益阳等地参观学习办案经验。而且为适应工作需要，全市检察机关不断充实技术干部力量。全市检察机关撰写的论文案例有23篇被省人民检察院采用，并编入《1993年湖南省检察院技术论文、案例集》。市人民检察院技术科拍摄的录像资料25次被市及市以上电视台采用，其中被省台采用1次、高检院采用1次。市人民检察院法医伍显林，津市市院技术股副股长、文检员周尚武在身患重病的情况下，带病坚持工作，成绩显著，分别被记三等功一次。石门县院文检员陈集华在年龄偏大、未批准录干的情况下，不灰心、不气馁，一心一意干工作，全年办文检案件22次，准确率100%，该院为其记三等功一次。1989—1993年，市人民检察院技术科连续5年被评为“全省检察系统先进单位”。

1994年，按照高检院《五年建设规划纲要》中规定的各级技术部门的人员编制基数和省人民检察院关于“技术人员应归口技术部门管理，并保证优先从事技术工作”的要求，把落实人员归队作为队伍建设的重点，列入岗位责任考核内容。市人民检察院主管副检察长和技术科科长多次下基层和有关单位领导研究解决技术人员归队问题。鼎城区院解决机构设立5年无股长的问题。临澧、安乡县院在各有3名技术人员的情况下，克服超编的困难，想尽办法调进了司法会计和法医。各地在办案中，加强调查研究，总结经验，撰写论文、案例27篇，经验信息材料70余篇。其中被省级报刊采用13篇，被国家级刊物采用 3 篇。石门县院技术室编印《检察技术论文集》第 2 辑，该院法医田小阳撰写的《法医文证审查 140 例分析》《一例医疗纠纷处理失误的经验教训》2 篇论文被高检院技术局、检察技术科研所编入《全国检察系统第二届法医学学术交流会论文集》。11 月，论文《法医文证审查 140 例分析》在全国检察系统第二届法医学学术交流大会上被评为优秀论文。桃源县院法医吉平撰写的《225 例自杀案分析》和《农村地区 54 例中毒尸检分析》被《中国法医杂志》采用。

1995 年，全市技术部门新增编制 3 名。各区县市检察院全部配齐法医、文检、司法会计三大门类的技术人员。选派 9 名技术人员参加文检、司法会计及视听技术培训。撰写论文、案例 45 篇，经验信息材料 105 篇。其中被省级报刊采用 28 篇，被国家级刊物采用 6 篇。市人民检察院技术科撰写的《"五靠"加速了我市检察技术工作的步伐》一文被高检院技术局采用，并作为全国第二次检察技术工作会议经验材料进行交流；《提高认识，加强领导，不断开创检察技术工作新局面》在全省第二次检察技术工作会议上印发，《论新形势下检察技术的职能作用》被三湘女检察官论文笔会评为优秀论文，石门县院技术室撰写的《笔迹痕迹特征鉴定书写时间的体会》被北京市物证技术学会第三届学术交流大会评为优秀论文，《运用技术手段攻坚、侦破特大系列罪案》被高检院《技术动态》采用。桃源县院技术股撰写的《文检技术手段开辟新途径》被高检院《技术动态》采用、《154 例中毒尸检分析》被成都电子科技大学选入《中国当代论文选》。11 月下旬，市人民检察院在安乡县院召开司法会计经验交流会，收集整理司法会计案例 20 个，编纂《司法会计鉴定在反腐败斗争中的作用案例专辑》一书。为开阔广大技术人员的视野，市人民检察院先后组织部分技术人员到河南、山东、上海、湖北及湖南省岳阳市等地参观学习。

1996 年，把"人员归队"和"技术人员无违纪违法"作为评先达标的重要标准。全市检察机关新增法医 1 名，培训视听技术人员和法医 11 名。在技术队伍中开展学先进、树典型活动，涌现出一批秉公执法、克己奉公的好典型。市人民检察院技术科法医伍显林出席全省第三次政治工作会议和第四次纪检工作会议，在大会上作典型发言，并被省人民检察院记二等功一次。全体技术人员撰写论文、案例 40 余篇，经验信息材料 103 篇，其中有 7 篇论文被省人民检察院研讨会采用，有 42 篇经验信息被省级刊物采用，有 7 篇被国家级刊物采用。澧县院法医撰写的《浅析人体重伤鉴定标准九十三条》被中国刑警学院采用。各区县市检察院法医撰写论文、案例 16 篇。编印《常德市检察院技术论文、案例》第三辑，编发了 11 期《检察技术工作动态》。

1997 年，配合"文明执法年"活动，全市检察技术部门制定和完善各门类文明执法、廉洁自律等 14 项规章制度，用制度规范技术人员的行为。5 月，市政法委、市人民检察院、市人大常委会法工委、团市委联合评选"十优"青年检察官，其中技术部门有 2 人获此殊荣，将其优秀事迹材料转发到全市检察院技术部门，掀起了学先进、赶先进的热潮。全市检察技术队伍呈现出"文明执法，干出一流业绩；依法治警，建设一流队伍；围绕中心，提供一流服务；负重奋进，建成一流科股”的热潮。在经费非常困难的情况下，大家采取挤、借、个人垫付的办法解决培训费。全市检察机关技术部门有60多人次参加法律知识学习班。市人民检察院有6人获得检察技术中级职称。全市检察技术部门共上报论文、照片和各类信息材料147篇（幅），其中上报省人民检察院110篇（幅）（被省级刊物采用14篇、国家级刊物采用18篇）。石门县院文检员陈集华与市人民检察院技术人员合作撰写的7篇论文被收入中国刑警学院《刑事科学论丛》，并获优秀论文奖。市人民检察院编辑《检察技术动态》11期，汇编《检察技术论文、案例集》第四辑，收入论文、案例34篇。

1998年，开展队伍集中教育整顿和执法思想大讨论，市人民检察院技术部门一项项找差距、摆问题，边查、边纠、边整改。在集中教育整顿期间全市检察技术部门分别多次召开座谈会，人人谈认识、提建议、定措施，重点问题协助有关部门督促查处，一般问题及时整改。全市检察技术人员共撰写各类理论研讨、信息交流文章142篇，其中被中国刑警学院采用28篇，中国法学会采用1篇，《检察日报》采用信息3篇、照片1幅，省人民检察院论文集采用36篇，省级其他刊物采用11篇、照片15幅，被市级各新闻媒体采用25篇。全市技术人员选送高检院培训2人、省人民检察院培训15人、本地培训10人。在常德市历史罕见的特大洪灾面前，检察技术部门除少部分技术人员留守值班外，大部分到抗洪一线参加战斗，有21人长时间坚守在抗洪第一线。全市30多名检察技术人员为灾区捐钱捐物2万余元。在抗洪救灾斗争中有4名检察技术人员受到省、市人民检察院的表彰。

1999年4月下旬，市人民检察院召开全市检察院技术工作会议，对工作思路、服务方向开展大讨论。技术人员转变观念，变过去的“坐堂办案”“等案上门”为主动出击，深入到办案一线与其他业务部门的人员一起摸爬滚打，主动发现、收集技术鉴定所需要的物证、书证等，为办案解决技术性的关键问题。全市检察院技术部门配合全省“执法效果年”活动，共办理大要案、有影响、起关键作用的案件60件，其中被省人民检察院认可通报的有38件。全市有三分之二的技术人员身兼两职至三职，做到一专多能。市人民检察院技术科全年组织重大疑难案件会检会研5次，全市技术人员参与百人以上闹事事件的调解处理11件。全市有11名技术人员参加培训。检察技术人员共撰写经验信息材料37篇、论文35篇。其中被市级采用13篇、省级采用23篇、国家级采用36篇（次）（包括重复采用）。

2000年，贯彻执行高检院《关于在大中城市加快科技强检步伐的决定》和高检院检察技术信息研究中心印发的《关于进一步加强检察技术工作的若干意见》的精神，各级院领导和全体检察技术人员提高对“科技强检、科技兴检”的认识。津市、武陵两院已调离岗位的技术人员又回到了检察技术部门。临澧县院在配齐各门类技术人员的基础上，又选调1名电脑技术员。澧县县院为司法会计配备了双线，并调回了1999年抽调到法检医院工作的法医。上半年，曾有“检察技术人员将划入事业编制”的传言，有的检察技术人员不安心工作，想转行。配合“三讲”教育，在全市检察院技术人员中开展“理想、信念、宗旨”教育，稳定了队伍，稳定了人心。下半年，在全市检察技术人员中开展“不讲优点、只讲不足”的作风整顿教育，涌现出一批吃苦耐劳、不计名利、作风过硬的检察技术人员。市人民检察院司法会计张渊文在特困企业办案期间，吃住在职工家中，经常工作到深夜，澧县金属公司向市人大常委会、市人民检察院写表扬信，桃源县院党组向市人民检察院写信为他请功。市人民检察院技术科组织疑难、大要案件的会检 10 次。全市检察技术人员撰写的信息、论文、案例和经验材料被国家级报刊采用 13 篇、省级媒体采用 23 篇、市级报刊采用 52 篇。协助保险部门办理打假防骗案件 65 件，为企业挽回直接经济损失 60 多万元。

2001 年，检察机关机构改革，技术机构保留与否使一部分基层院领导和技术人员产生了动摇情绪。市人民检察院召开全市检察技术工作会议，传达高检院和省人民检察院技术工作会议精神。市人民检察院主管副检察长率各区县市检察院主管技术的副检察长和技术科（股）长外出参观学习，稳定大家的情绪。市人民检察院技术科经常下基层了解情况，给技术人员打气加油，同时向省人民检察院汇报技术工作面临的新问题、新情况。市人民检察院 8 次对 6 起文检、法医、司法会计疑难案件进行研究讨论，4 次接待省内、外技术同行的交流学习。全市检察技术人员撰写各类信息材料 100 余篇，其中被国家级报刊采用论文 1 篇、案例 1 篇、信息 2 篇、照片 12 幅，被省级报刊采用论文 1 篇、信息 7 篇，被市级媒体采用论文 8 篇、信息 8 篇。上报的法律效果好、社会效果佳的鉴定材料被省人民检察院认可 9 件。市人民检察院编辑《技术动态》8 期。在全国检察人员基本素质考试中，技术人员取得了好的成绩。全市检察技术人员有 30 人次受到各种奖励和表彰，其中市人民检察院有 11 人次。

2002 年，市政法委在全市政法队伍中开展集中规训、带警创星活动。检察技术人员通过学习常德市政法干警“十条守则”“十条禁令”和“政法队伍管理制度”，层层签订带创责任状，明确了各自的职责和工作目标。市人民检察院技术科在减少 1 人，新增信息化建设、执规创星、扶贫后盾单位 3 项工作的情况下，人人加担子，个个增任务，各项工作不受阻。为解决技术人员严重不足的问题，采取调动全市技术力量，实行资源整合、市县联动的办法。各基层院的技术人员经常被抽调，不计报酬，参加全市大案和疑难案件的会检会研；市人民检察院技术科经常到基层协助、指导办案。全市检察院技术人员共撰写论文、案例、调研信息材料 91 篇，其中被国家级刊物和高检院采用 6 篇，被省级刊物和省人民检察院采用 11 篇。市人民检察院编辑三期《检察技术动态》。

2003 年，全市检察系统开展 “学习年”“教育年”活动。检察技术人员参加市县两级人大常委会随届任命法律职务前的“法律知识考试”“公务员过度培训和考试”、全省检察系统“执法干警岗位业务考试”“四五普法考试”“强化法律监督、维护公平正义”和“艰苦奋斗、廉洁从检”教育活动，参考率、参训率均为 100%。市人民检察院技术科通过开展“三查三看三反三纠正”（一查思想，看热情服务态度，反特权霸权作风，纠正对待鉴定对象冷漠、生硬、推诿的作风问题；查办案，看严格执法，反滥用检察特权，以案谋私，纠正受利益驱动违规收费、鉴定不公、不严的问题；查作风，看工作责任心，反形式主义、官僚主义、纠正工作漂浮、效率低下的问题）专题活动，把“权为民所用、情为民所系、利为民所谋”体现在鉴定结论的准确性和技术协助的优质度上，进一步树立严格、公正、文明、高效和一切按程序办事的执法理念。市人民检察院向全市检察院系统和市政法委推介石门、澧县、鼎城区等检察院技术部门开展“两项教育”活动的阶段性总结汇报材料。

2004 年，全市检察技术系统开展以撰写学术论文及典型案例为主要内容的“百日练兵活动”，16 人撰写论文、案例 17 篇。市人民检察院组织专业技术人员评出一等奖 5 篇、二等奖 4 篇、三等奖 8 篇，上报到省人民检察院技术处推荐给鄂豫皖湘赣五省检察院机关物证技术学术交流会，有 7 篇入选交流会编撰的论文集《检察与科技》。全市选派 7 名技术人员参加在湖北省宜昌市举行的现场交流会。对被评为优秀论文（案例）一等奖的作品，利用全市检察学会的《检察调研》编辑一期检察技术专刊，供全市技术人员交流。石门县院技术科科长田小阳有 2 篇论文（案例）在国家级刊物发表。

2005 年，针对少数单位技术机构名存实亡，技术人员既不在岗，也不从事技术工作等情况，市人民检察院技术科负责人深入相关单位进行调研，要求保机构，明确部门负责人，技术工作要有人抓、有人管、有人干。每个基层院都保留技术部门，明确技术部门负责人，配备 2 名以上技术人员，均开展检验鉴定工作。特别是石门、汉寿、澧县、临澧和桃源县等检察院拥有健全的技术机构和技术人员，保证各项检察技术工作的全面开展。从 2 月份开始，全体技术人员历时 5 个多月，开展以实践“三个代表”重要思想为主要内容的保持共产党员先进性教育活动；紧接着又开展 “规范执法行为，促进执法公正”的专项整改活动。检察技术人员对照执法要求查找检验鉴定技术服务中存在的差距和问题；对自查出来的问题进行剖析，制定整改措施。市人民检察院技术科围绕“公平正义”“廉洁从检”继续开展 “三查三看三反三纠正”的专题活动，进一步树立严格、公正、文明、高效和一切按程序办事的执法理念。

2006 年，全市检察机关归队技术人员 2 名，补充技术人员 6 名。全市选派司法会计、文检、法医、网管员等共 18 人次参加各种培训，组织 4 个单位共 6 人参加中南五省的技术交流会。全市检察技术人员撰写典型经验材料、论文、案例，参加全国、全省检察机关学术交流会议。汉寿县院王兆国的《浅谈运用文件检验突破检察机关自侦案件》的论文被“第五届全国文检学术理论与实践研讨会”出版的《刑警与科技》一书收录。全市有 10 篇论文被第三届鄂豫皖湘赣五省检察院机关物证技术学术交流会采用。选派 6 人参加在安徽省合肥市举行的现场交流会，其中 2 篇论文被大会评为优秀论文。

2007 年 4 月，在桃源县院召开全市检察技术工作会议，省人民检察院技术处领导、市人民检察院检察长及分管领导等出席会议并讲话。市人民检察院检察长杜辉才对基层院的检察长提出“必须重视检察技术工作”的要求，并对技术人员的配备、人才的培养提出具体意见。为适应鉴定体制改革的要求，市人民检察院下发《关于加强全市检察院技术工作的决定》。市人民检察院和桃源县院、白洋堤院新增1名计算机人员和2名法医。通过资源整合，集中优势，市人民检察院技术科的技术人员承担起全市检验鉴定工作任务，各项检察技术工作全面开展。全市检察技术部门鉴定人员的资格申报上报省人民检察院资格审查36人，省人民检察院技术处初审合格27人。全市检察技术人员撰写典型经验材料、论文、案例参加全国、全省检察院机关学术交流活动。石门县院田小阳的《浅谈法医鉴定中的逻辑思维与辩证思维—附法医重新鉴定1例报告》一文在《中国临床实用医学》杂志发表。全市检察技术部门有13篇论文被第四届鄂豫皖湘赣五省检察机关物证技术学术交流会采用。基层检察院主管副检察长和技术人员共23人参加在湖南省张家界市举行的“中南五省”检察机关物证技术交流会，有4篇论文被大会评为优秀论文。

2008年，全市检察机关有20人通过高检院鉴定资格的审查。4月，有6人获得授权。全市获得高检院授予鉴定权的在职技术人员达到26人，并有2人被整合到省人民检察院鉴定中心。市人民检察院技术部门成为全省市州院中获得高检院授权人数最多、技术门类最全的单位之一。4月，17人参加全市检察院系统同步录音录像业务培训。培训时，从北京请到设备生产厂家的工程师，现场讲述操作与维护的方法；学习《人民检察院讯问职务犯罪嫌疑人实行全程同步录音录像的规定》和《工程流程》。7月，全市“双录”人员参加省人民检察院组织的“双录”技术培训。全市检察院技术人员按照市委和上级检察机关的统一部署，参加“大学习，大讨论”，查找技术服务中存在的问题，剖析根源，制定整改措施。全市检察技术部门有9篇论文被第五届鄂豫皖湘赣五省检察院机关物证技术学术交流会采用，其中3篇被大会评为优秀论文。市人民检察院《稳定队伍，整合资源，服务重点，在办案中体现检察技术人员的价值》的经验材料在全国检察技术工作会议上印发，《开展网上办案，整合鉴定资源》的经验材料先后在省人民检察院和高检院的内网发布。

2009年，全市检察机关共有检察技术人员44人，其中专职30人、兼职14人；按专业分有法医11人、文检7人、司法会计11人、网管视听13人、专职负责人2人。全市检察技术人员撰写论文案例、宣传报道、经验材料15篇，其中10篇被《湖南检察简报》《湖南检察技术》、高检院《检察技术研究动态》、省人民检察院和高检院内网、中国检察网（外网）、省人民检察院（外网）、《刑事技术》等网络媒体、报刊、简报采用。全市共有20人次参加469天脱产培训。

2010年，全市检察技术人员撰写的论文被省以上网站或刊物采用9篇。其中石门县院技术科长田小阳的《喉损伤后原发性喉结核1例》作为医学方面的新视点发表在《中国医学新进展》杂志上；桃源县院技术科科长陈立平的《运用excel软件清查资金流向的几点体会》一文在中国新闻法制网等多个网站推广。

2011 年，各区县市检察院有 5 名技术人员回到检察技术岗位，通过公开招考填补、更新技术岗位 2 人，新增岗位 1 人。市人民检察院招录 3 名新人，补齐了办案门类。全市 10 个检察技术部门共有专业技术人员 43 人，其中专职 26 人、兼职 17 人（办理检察技术案件）；按专业分有法医 10 人、文检 7 人、司法会计 10 人、视听技术 14 人、管理人员 2 人。按照上级的要求和《人民检察院鉴定人登记管理办法》的规定，对高检院 2008 年授予鉴定权的 28 名鉴定人员进行审查，有 18 人通过省人民检察院、高检院的复审，10 人被取消鉴定资格；3 名法医和 1 名司法会计通过高检院鉴定权的认可。全市有 8 名法医参加省人民检察院组织的培训。在检察技术人员中产生 2 名新检察官。

2012 年，市人民检察院将新招录的文检员送中国刑警学院脱产学习 4 个月、送省人民检察院以案代训半个月，派遣 6 名专职、兼职文检员参加湘鄂赣检察机关文检疑难案件培训学习，5 名司法会计参加全省检察院机关司法会计工作研讨会。组织 6 次疑难案件会检。每个季度向省人民检察院上报 2 篇以上材料，有 11 篇论文、案例、调研材料被高检院、省人民检察院以及其他媒体采用。《常德司法会计成功否定社会鉴定结论一案法律效果和社会效果明显》一文在高检院内网司法会计交流平台“经验交流”专栏刊登。新修订的刑诉法将证据种类中的“鉴定结论”修改为“鉴定意见”后，全市检察院技术人员在学习和实践中较好的区分两者之间的差别，转变了思想理念。市人民检察院技术科副科长王宪辉撰写的调研文章《关于检察机关文证审查工作的实践与思考》，阐明了鉴定结论向鉴定意见转变的重要意义。

2013 年，全市 10 个检察技术部门共有专业技术人员 44 人，其中专职 26 人、兼职 18 人（办理检察技术案件）。按专业分，有法医 10 人、文检 7 人、司法会计 10 人、视听技术 15 人、管理人员 2 人。1 月，组织 17 名技术人员参加为期 3 天的反贪反渎系统新刑诉法业务培训。5 月，22 名鉴定人员参加全省鉴定人出庭技巧培训。9 月，市人民检察院技术科 3 名技术人员参加省司法鉴定实验室认证培训。11 月，全市 12 名信息化人员参加省人民检察院的统一业务软件系统管理员培训，市人民检察院举行办案人员权限配置培训。12 月，1 人参加高检院的司法会计提高班学习、10 名法医参加省人民检察院的“人体损伤程度新鉴定标准”培训。全市检察院技术部门上报技术论文、典型案例、信息材料 23 篇，其中被高检院、国家级媒体采用 4 篇，被省人民检察院、省级媒体采用 2 篇，省人民检察院内网转发 8 篇。《汉寿县院运用法医技术妥善处置涉案人员死亡事件》一文被高检院《检察技术信息工作情况》第 18 期采用；市人民检察院的《关于检察技术开展与改革三年规划》获省人民检察院检察长游劝荣批示并转发全省各市州院检察长参阅；石门县院副主任法医师田小阳撰写的论文《二次损伤法医鉴定分析 100 例》《62 例腹部损伤临床诊疗记录及法医学鉴定存在问题分析》被收入《全国第九次法医学术交流会论文集》，他被全国法医学会邀请参加在北京举行的“全国第九次法医学术交流会及中外法医科学学术交流会议”，并作《二次损伤医学鉴定的重点难点》的书面发言。

2014 年，全市派出 5 名技术人员分别参加高检院组织的不同门类的培训。5 月，市人民检察院组织全市检察院技术部门 19 名电子证据技术人员赴厦门，与美亚柏科培训学院联合进行“电子数据培训”。培训结束后，18 人又参加人力资源和社会保障部“电子商务数据调查分析师”认证考试，有 17 人获得资格证。全市有 22 名鉴定人员参加全省鉴定人出庭技巧培训，有 3 人出席法庭答辩。庭审中，鉴定人灵活运用专业知识回答各方面的提问，接受控辩双方的质证，展示检验鉴定人员在案审中不可替代的作用。

2015 年，全市 38 名技术人员中，具有中级、高级技术职称的共 18 人。每年检察机关招录人员时都统筹安排招录检察技术人员，改善技术人员的年龄结构和知识结构；每年组织技术人员学习专业技术知识，定期组织技术人员进行思想、文化、业务交流，培养他们的荣誉感、归属感和责任感；为检察技术人员的政治、业务进步提供平台，创造条件。是年，全市技术人员有 7 人通过司法考试、1 人通过卫生系统的考试并取得副主任医师职称。

第二节　制度建设

1989 年，鉴于常德市人民检察院机关刑事技术建设工作起步较晚，发展不够平衡，市人民检察院有关人员 11 次在 8 个区县市检察院座谈了解情况，相继下发《刑事技术工作暂行办法（征求意见稿）》《关于全市刑事技术工作情况的通报》；总结《桃源县院领导为加快刑事技术建设进程办实事》《市检察院技术科协助侦查员迅速侦结一起特大贪污案》的经验；转发《全国检察系统刑事技术工作规划纲要（草稿）》《全国检察系统视听技术工作暂行规则（草稿）》《汉寿县院 1989 年刑事技术工作规划》。8 月 11—12 日，首次召开全市刑事技术工作会议，并于是月 15 日下发《全市刑事技术工作会议（纪要）》，宣传刑事技术工作的任务、目的和工作范围。

1990 年，制定全市技术部门岗位目标管理及评分办法，在部门内部引进竞争机制，在技术人员之间开展争创优秀技术员的活动，调动技术人员的工作积极性。4 月上旬，组织部分文检、法医到桃源县院技术股，学习和交流技术建设、制度建设和办案方法等。4 月下旬，组织法医和痕检人员参观湘西自治州的检察技术工作。技术人员对大要案件坚持请示汇报制度，对一般案件坚持复核、复验、备案审查制度，既保证办案程序合法性，又保证案件结论准确性，上下之间形成分工负责、协调配合的有机整体。市人民检察院先后下发《关于检察技术工作几点要求的通知》《常德市检察院技术部门规范化建设的若干规定（试行）》《关于建立常德市检察系统法医、文件检验鉴定小组的通知》等。9 月，转发津市市检察院技术股加强规范化建设的材料。10 月初，在津市市检察院召开规范化建设现场观摩会。为提高鉴定质量，保证鉴定结论的准确性，技术人员严格依据各技术门类的工作细则和鉴定标准办案，不办“人情案”和“马虎案”；坚持“分级办案、层层负责、逐级审核”的制度；在认真审查案卷材料、全面熟悉案情的基础上，主动走出去座谈走访，全面收集检材、样本及其他资料，深究细查，去伪存真；各单位对所办的技术检验鉴定案件坚持自己分月抽查或半年检查，市人民检察院技术科下半年对全市进行2次检查和抽查，并上报、下发检查情况；各单位的年初工作计划均明确提出各门类的办案要求和质量指标，并作为评先的内容，促使技术人员多办案、办好案、办铁案。

1992年，整理和修订技术工作制度，统一制作规范化制度牌悬挂于办公室内，使之更加整齐、醒目、实用。根据高检院、省人民检察院关于统计报表、台账、案件归档、器材使用与管理等文件和通知精神，建立技术器材使用与保管、受理案件、复印、照相、备案审查、好人好事、科务会、党小组会等登记簿。为创造一流的工作水平，组织全体技术人员学习贯彻高检院、省人民检察院和市人民检察院领导关于加强检察技术工作的指示。利用有关会议和办培训班的机会，学习有关文件，讲典型案例，用事实说明检察技术工作在检察业务中的重要作用；学习、推广外地和本地尤其是区县市检察院开展检察技术工作的经验。

1993年，完善、修订文检、法医、司法会计、痕检及现场勘查、资料保管、器材保管、内勤等工作制度。3月，召开全市内勤会议，明确备案审查、大要案复核、否案上报以及报表、资料上报等制度。市人民检察院技术科7次对各单位工作情况进行抽查，并予以通报。8月，结合反腐败斗争，召开文检工作座谈会，强调文检工作如何为反腐败斗争服务。年底，开展考核评比，对各单位的办案数量、质量及内务工作进行全面检查。汉寿、澧县、石门等县检察院从内务建设到业务工作都有条不紊、有章可循。全市各正、副检察长亲自召开技术工作会议30余次，各级领导还带领技术人员赶赴现场。仅石门县院的正、副检察长就先后6人次赶赴5个现场，帮助技术人员作记录、抬尸体。桃源、汉寿、澧县、武陵等县区检察院的领导多次参与技术部门办案。石门县院技术股连续5年被评为全市检察技术工作“先进单位”。

1994年，市人民检察院检察长李文耀提出 “夺取全市检察工作开门红”的要求，技术科制定《1994年检察技术工作规划》和《岗位责任考核评比办法》，下发《狠抓办案、夺取检察技术工作开门红的通知》。石门、汉寿、澧县等县检察院贯彻通知精神，不等不靠，主动出击，1月共办案20余件。3月下旬，市人民检察院在石门县院召开技术工作现场经验交流会，长沙、湘潭等6个分、市人民检察院的主管领导和技术部门负责人出席会议。市人民检察院在《岗位责任考核评比办法》中规定，各单位必须每季度对所办案件进行一次自查，并将检查结果书面上报。5月，结合全省档案检查，狠抓《案卷归档制度》的落实。11月，对全市的现场勘查案件进行一次调卷检查，总结各单位办案经验，对存在的不足进行通报。12月中旬，组织各区县市检察院技术部门负责人对全市的技术工作开展分片交叉检查，检查结果作为年终评比的依据。评出石门、澧县、桃源、临澧、汉寿5个县检察院的技术部门为全市技术工作“先进单位”。

1995年，市人民检察院技术科深入区县市检察院检查、指导工作，区县市检察院之间也开展交叉检查。年底，市人民检察院根据年初制定的各项规章制度，对各区县市检察院的工作进行全面检查。评选出临澧、汉寿、澧县、桃源、石门等检察院技术部门为“先进单位”。5月，市人民检察院检察技术工作的经验在全国检察技术工作会议上推广，高检院为市人民检察院技术科记集体一等功，市人民检察院连续10年被评为全省检察技术工作“先进单位”。

1997年，修改完善全市检察院技术部门考核评比办法，各技术门类办案质量的标准更加具体，更加切合实际；坚持分级办案、层层负责、逐级审核和送检制度；执行案件及时备案审查、否案及时上报和案件抽查、检查制度。技术部门的科（股）长坚持季度案件自查和书面汇报情况制度；实施检验鉴定、文证审查、现场勘查、物证照相和物证录像等由承办人按照《检察技术档案立卷归档要求》及时整理归档制度；完善错案追究、一票否决、案件报告、重特大案件和疑难案件会检会研制度；实行区县市检察院检察技术部门定期相互检查、交流案件质量的制度。全市检察技术部门办理的各类检验鉴定和文证审查案件准确无误，从技术角度保证了有关部门的办案质量和效率，较好地发挥了检察技术工作在保证严格执法、强化法律监督职能中的作用，巩固和提高全市检察技术工作在全省的位置。

1998年，全市检察院技术人员认真学习省人民检察院有关“办案质量年”活动的14号、20号文件精神以及关于“备案审查”的有关要求和措施。建立办案监督卡制度，监督卡随鉴定书一同发出，实行一案一监督，全面接受委托单位和人民群众的监督，使每一案件的受理做到程序合法、结论准确。组织各门类进行典型案例、疑难案件会检会研。全年5次组织司法会计、法医、文检三大门类，对18件重大疑难案件进行会检会研，科学地解决了一些案件的定性问题。如在澧县的一次法医会检活动中，邻近公安机关闻讯后带了2起案件的伤者和卷宗材料，请求会检法医协助解决一些专业性问题。

2000年，全市检察技术部门办结的案件呈现“八多”特点，即窝案多、特大案件多、疑难案件多、取证固证的案件多、检验工作量大的案件多、在定案中起关键作用的案件多、涉及政法队伍和参与平息事态及维护社会稳定案件多、外地与单位救援上门的多。针对这些特点，采取的主要措施和实行工作制度是：市县联手、会检会研和运用计算机办案，提高工作效率和办案质量。

2003年，市人民检察院技术科制定《常德市检察院技术工作程序》人手一册，被市政法委编入《常德市政法机关办案操典》。6月，出台《关于进一步规范检察技术服务工作的意见》，对服务原则、服务内容、服务程序、服务期限、服务费用5个方面进行规范和要求，由市人民检察院下发到各区县市检察院和市人民检察院各部门。市人民检察院技术科转发高检院《人民检察院检验鉴定文书格式》《人民检察院检验鉴定工作程序管理暂行办法》和《关于进一步规范检验鉴定文书立卷归档管理的通知》，全市检察技术人员按程序办案和主动服务的意识得到增强。

2004年，市人民检察院技术科对全市检察技术系统的机构、人员、设备等进行全面调查，认为现有技术状况和管理模式不适应检察业务发展的需要，必须加大改革力度、创新工作机制、整合技术资源，提出成立“全市检察技术指挥中心”的建议。4月23日，“常德市检察院技术指挥中心”（以下简称“指挥中心”）挂牌成立。“指挥中心”通过统一指挥调度，使全市检察技术工作形成合力。“指挥中心”全年5次调遣全市文检、司法会计15人次为侦查案件提供技术服务。

2005年，全国人大常委会通过《关于司法鉴定管理问题的决定》（以下简称《决定》）后，市人民检察院成立“常德市人民检察院规范司法鉴定工作领导小组”，由检察长任组长，分管检察技术工作的副检察长和纪检组组长任副组长，技术科科长、监察室主任、办公室主任为成员。“领导小组”负责对全市检察院机关司法鉴定工作的检查和督导。组织全市检察技术人员认真学习《决定》和高检院《关于贯彻全国人民代表大会常务委员会〈关于司法鉴定管理问题的决定〉有关工作的通知》和“两院三部”《关于做好全国人民代表大会常务委员会〈关于司法鉴定管理问题的决定〉实施前有关工作的通知》。学习后，采取摘牌子、收章子、归位子的措施，保障《决定》在全市检察系统的全面贯彻执行。在《决定》颁布之前，市人民检察院成立“常德市人民检察院技术鉴定中心”，专门从事接受社会委托、从事司法鉴定、面向社会服务等活动。对照该次司法鉴定体制改革的精神，市人民检察院摘掉“市检察院检察技术鉴定中心”牌子，收缴其章子，人员全部归位，停止一切社会服务活动，全市检察系统的司法鉴定工作顺利通过市人大常委会和市政府的检查验收。

2007年，按照高检院《人民检察院鉴定规则（试行）》的规定，检察技术部门的检验鉴定应当由2名以上鉴定人员共同进行鉴定。虽然常德市基层检察院各门类鉴定人员还达不到该要求，但在市人民检察院技术科的统一协调和指挥下，采取市人民检察院派员参与或临近基层院调剂等方式，整合技术资源，保证每一个检验鉴定都有2名以上鉴定人员参加。市人民检察院技术科进一步完善《检验鉴定工作制定》《办案工作制度》等各项管理制度，严把执法质量关，全市检察技术部门在全省执法质量检查中都获得满分。

2008年，市人民检察院技术科利用信息技术网络，改良案件管理系统，开展网上办案，建立程序与实体相结合、虚拟与现实相结合的网上办案模式。由技术科人员从一人办理的文证审查案件入手，由承办人在市人民检察院的“办公办案系统”上进行案件受理报批、文书签发等环节的网上流转，扩大到文检、法医、司法会计三个门类的检验鉴定，发展到将基层院的检验鉴定纳入市人民检察院内网办理。市人民检察院5月底印发《关于检察技术类案件分层办理的决定》，调整技术案件的管辖，明确案件受理原则及主办人、协办人、复核人的职责，规定案卷材料的收集、立卷、归档、鉴定人印章的管理、使用等。如震惊全国的湘西凤凰沱江堤溪大桥垮塌案中，州人大常委会副主任游某高巨额财产来源不明的文检鉴定，就是由津市市院委托澧县院主办，临澧、汉寿县院协办，市人民检察院签发的。该种管理模式得到高检院和省人民检察院的充分肯定。是年，还建立和完善各检察院的“双录”管理制度和工作流程，明确责任到人。为统一标准，保证案件质量，向省人民检察院技术处统一订制“两录”技术协作卷封面和光盘资料档案盒，严格按规定进行案件归档，确保“双录”工作健康发展。

2010年，市人民检察院统一管理调配鉴定人员，实施网上流转办案，整合办案资源，提高工作效率。市人民检察院司法鉴定中心被高检院授权具有鉴定资质的24名鉴定人员办理的608件案件，案件委托书、受理登记表、文书签发稿等检验鉴定资料齐全，并有技术科负责人的受理意见和签发；每个案件都由2名以上取得高检院鉴定资格的鉴定人办理和签名，完全符合高检院颁布的《人民检察院鉴定规则（试行）》的要求，在全省执法状况考评中获得满分。市人民检察院技术部门办理的唐治案被省人民检察院评为优案。

2011年，严格执行高检院《人民检察院讯问职务犯罪嫌疑人全程同步录音录像技术工作流程》和省人民检察院《关于认真做好人民检察院询问职务犯罪嫌疑人实行全程同步录音录像技术协作卷及录制光盘资料的收集、整理、归档工作的通知》的要求，按照流程、规范、规则进行操作，对法律文书、光盘进行归档，制作技术协作卷，保证工作不出纰漏，提高查办职务犯罪案件的规范性和安全性，促进办案效果、法律效果和社会效果的和谐统一。

2013年，为实现“办案数量有发展，办案质量无瑕疵；技术队伍有新人，技术人员无违纪；专业素质有提高，论文案例无空白”工作目标，全市检察技术部门进一步细化工作任务、修改考评细则和执法办案责任制度，用制度规范管理，促进各项工作。7月，市人民检察院出台《常德市检察院机关关于检察技术改革与发展三年规划（2013—2015)》，对全市检察院技术人员采取统一招录、统一选调、统一聘用、统一使用、统一整合的方式进行管理，实现人才资源共享。采取三年三步走的步骤，力争达到国家认可或计量认证涵盖法医、文检、司法会计鉴定和电子证据分析4个门类的国家二类司法鉴定实验室。

2015年，根据创建科技强检示范院工作的部署，市人民检察院先后制定《常德市人民检察院创建科技强检示范院实施方案》《常德市人民检察院创建科技强检示范院工作责任分解》《常德市人民检察院检察技术资源整合实施办法》，制定并汇编《常德市人民检察院司法鉴定中心相关规则》等，拓宽、延伸技术部门与业务部门的工作配合机制。市检察院根据CNAS认证要求，司法鉴定中心需连续两年参加司法部司法鉴定管理局和中国合格评定国家认可委员会联合组织、司法部司法鉴定技术研究所主办的能力验证。鉴定中心向相关部门申请法医临床学损伤程度鉴定、法医病理学死亡原因鉴定、笔迹鉴定、印章印文鉴定、电子数据搜索与恢复五项能力验证项目，经过集合全市鉴定人员会检会研，圆满完成了该项工作：“法医临床损伤程度鉴定”“法医病理学死亡原因鉴定”“印章印文鉴定”“笔迹鉴定”的评定结果均为“满意”；“电子数据搜索与恢复”的评定结果为“通过”。全市技术人员对高检院组织的法医、司法会计、文检鉴定能力盲测试题进行会检会研，在规定的时间内邮寄出相关鉴定意见书。

第八篇　其他检察工作

第一章　司法警察

第一节　机构组建与编队管理

一、机构组建

1978年，检察机关恢复重建后，根据《人民检察院组织法》和《中华人民共和国警察法》的规定和检察工作的需要，全市检察机关陆续配备少量司法警察（1988年13名、1997年17名）。1998年以前，市人民检察院及各区县市检察院司法警察未单列机构管理，分散安排在有关科（室）开展相关工作。1998年年初，市人民检察院党组依据《人民检察院司法警察暂行条例》，按照《湖南省检察机关司法警察工作管理规则（试行）》的要求，在省人民检察院法警总队的帮助指导下，着手市人民检察院法警支队（以下简称市院法警支队）组建工作。本着“队伍配强、设施配套”的原则，市人民检察院为新组建的市院法警支队配备人员7名（其中干部6名、职工1名），任命从部队转业的正处级干部彭建国为法警支队支队长，从部队转业的正科级干部曾祥国为副支队长。为支队提供办公室，购置办公设施，明确调用车辆，并在办公经费上给予“倾斜”，为开展工作、履行职责提供必要的保障。2月下旬，组建工作基本完成。3月1日，市人民检察院法警支队开始开展业务工作。12月，市委编制委员会常编发〔1998〕23号文件批准市人民检察院增设法警支队，为院内设机构。1999年1月18日正式挂牌办公。在市人民检察院筹组法警支队的同时，各区县市检察院和白洋堤院也开展法警机构的筹建工作，到1999年年底，全市10个基层检察院有9个建立了法警机构。为了落实全市两级检察院司法警察机构编制，1998—2003年，全市检察机关共向当地有关领导和部门报送文件584份，专题报告39份，引起了地方党政领导和编制部门重视，得到了他们的理解与支持。到2005年7月，市人民检察院和各基层检察院的法警机构编制全部得到落实。市人民检察院设有法警支队，各基层院设有法警大队或警务科（对内统称法警大队）；市人民检察院法警支队配备支队长、政委和副支队长，各法警大队配齐大队长、政委或副大队长。

二、编队管理

2004 年上半年，市人民检察院分管领导许建国带领法警支队负责人对全市检察机关法警编队管理情况进行专题调研，并先后到株洲、湘潭市人民检察院学习取经，向市人民检察院党组提交了专题报告。2004 年 7 月 20 日，市人民检察院印发《关于进一步加强司法警察工作的意见》，要求落实好司法警察编队管理。是年，澧县、临澧县、石门县、桃源县检察院法警编队管理工作落实较好，所有办案第一线的司法警察全部集中办公、集中学习、集中训练、警务统一派遣。

2008 年 5 月 14 日，市人民检察院召开全市检察机关法警工作会议，对编队管理工作进行动员。会后，市人民检察院将已授予警衔的 14 名司法警察编为一个直属大队、两个派驻分队，实行统一管理、统一使用、统一派遣、统一培训、统一考评。是年，市人民检察院总结推广鼎城区、临澧县检察院落实编队管理的经验，并把鼎城区院法警大队作为全市检察机关落实司法警察编队管理的标杆单位，向省人民检察院和全市基层检察院推介。

2009 年，市人民检察院贯彻省人民检察院法警工作会议精神，落实省人民检察院湘检发政字〔2006〕36 号文件规定，加强对司法警察编队管理的领导。检察长陈海波批示："编队管理是实现法警工作规范化、专业化的基础和条件，请按照省人民检察院的要求，结合法警工作实践，抓好全市法警的编队管理，抓出效果，抓出特色。"市人民检察院下发《市院机关司法警察集中编队管理实施办法》，并认真总结鼎城区院抓司法警察编队管理的经验，在鼎城区院召开全市基层检察院司法警察编队管理工作现场会，推介他们的做法。4 月，市人民检察院召开全市检察机关法警工作会议，对编队管理工作再动员、再强调。市人民检察院主要领导自始至终参加会议并讲话，对全市检察机关司法警察工作提出新的要求。强调各基层检察院必须按照高检察和省人民检察院的规定，落实司法警察编队管理。会后，各基层院认真传达贯彻会议精神，安乡县、澧县、武陵区检察院还就如何贯彻省、市法警工作会议精神编发简报。6 月，高检院《检察队伍建设》第 14 期编发常德市检察机关《积极探索法警编队管理模式，努力推动法警工作跨越发展》的经验材料。

2011—2012 年，根据高检院政治部《关于组织推荐全国检察机关第二批司法警察编队管理示范单位的通知》和省人民检察院政治部、法警总队指示精神，全市法警部门认真开展争创第二批司法警察编队管理示范单位活动，市人民检察院下发《关于开展争创第二批司法警察编队管理示范单位活动的安排》，市人民检察院法警支队和各基层检察院法警大队建立健全开展争创第二批司法警察编队管理示范单位活动的组织机构，结合各自实际制定争创方案。2012 年，鼎城区院在开展争创第三批司法警察编队管理示范单位活动中，经省人民检察院法警总队考评组考评，以 87.9 分的成绩，被评为全省检察机关法警部门集中编队管理示范单位。

2013—2015 年，全市检察机关法警部门按照《人民检察院司法警察条例》要求，继续深化编队管理，建立健全以队为建制的组织体系，结合各自实际解决"假编队""空编队"问题。法警编队管理仍然是法警工作的薄弱环节。主要问题有：各基层检察院法警大队定了编，配置了大队长（有的还配置了政委或教导员），但兼职问题没有根本解决；司法警察配置达到高检院规定的比例，但仍有少数司法警察散置在其他业务部门，检警不分，履职错位；编队管理时有反复，不能一以贯之。

第二节　提高履职能力

一、优化队伍结构

全市检察机关根据法警队伍人员偏少，检察业务不精，法警知识缺乏的实际努力优化法警队伍结构，从人员编制和素质上进行调整和充实。1999 年，全市检察机关有法警 25 名（其中，5 名待授衔），仅占检察编制总数的 3.4 %；平均年龄 37.3 周岁；其中，大专文化程度的 24 人，占 96%。到 2005 年年底，全市检察机关法警增加到 68 名，占检察编制总数的 9.78%，符合高检院 8%~12%的规定。人员素质也有了提高，全部法警中有共产党员 64 名，占 94.1%。到 2015 年年底，全市共配备法警 85 名（其中市人民检察院 18 名，基层检察院 67 名），占检察编制总数的 11%；其中具有大学本科文化的 69 名、大专文化的 16 名、共产党员 81 名，分别占法警总数的 81%、19%、95%；男性法警 71 名、女性法警 14 名，分别占法警总数的 83.5%、16.5%。从警力和人员基本素质上保证法警工作的顺利开展。

二、规范化培训

2002 年 8 月 29 日，市人民检察院法警支队组织全市检察机关 11 个单位的 36 名司法警察在万金障武警射击场进行手枪射击比赛。安乡县院法警大队、澧县院法警大队、武陵区和鼎城区院法警大队分获团体第一名、第二名、第三名。是年，全市检察机关先后选送 8 名法警到高检院和省人民检察院参加培训。

2003 年 8—9 月，市人民检察院举办全市检察机关司法警察基本技能培训班。9 月 1 日上午，省人民检察院副检察长吴立明、法警总队总队长张子明在市人民检察院检察长杜辉才陪同下，观看培训班学员队列、擒敌拳、警械具使用等科目的汇报演练，对培训工作给予充分肯定。9 月 28—29 日，省人民检察院在常德市召开全省检察机关司法警察工作规范化建设现场会。高检院警务部负责人雷凤鸣、省人民检察院检察长何素斌、副检察长吴立明出席会议并讲话。杜辉才及鼎城区、澧县、临澧县 3 个基层检察院的领导在会上介绍经验。会议期间，高检院警务部、省人民检察院领导和全省各市、州检察院主管法警工作的领导、法警支队支队长观看市人民检察院法警警务技能汇报表演。

2005 年，全市检察机关法警部门开展全员岗位大练兵。8 月和 10 月，市人民检察院法警支队分两次组织全市 42 名法警骨干集训近 30 天。集训采取封闭式方式进行，聘请教员授课，支队长、大队长带头参训，为基层检察院培训一批骨干。同年，市人民检察院组队参加省人民检察院首届司法警察岗位练兵技能比赛，取得理论知识竞赛团体第一名、擒敌拳和队列比赛团体第二名、七七式手枪射击比赛个人第二名的优异成绩。

2010 年 4 月，市人民检察院举办有 30 人参加的全市检察机关司法警察骨干培训班，围绕检察机关法警职责，安排培训内容。培训方式做到“四个结合”，即理论辅导与实际操作相结合、基础训练与应用训练相结合、课堂教学与课后练习相结合、培训学习与问题研讨相结合。培训期间，组织参训人员进行警械具使用、77 式手枪实弹射击、擒拿技术训练。10 月中旬，全市派出 7 名拟晋（授）衔人员参加全省检察机关第九期司法警察培训，石门县院李红君以平均成绩 88.6 分被评为“优秀学员”。

2011 年 5 月中旬，根据高检院关于建设高素质检察队伍的指示精神和省人民检察院 2011—2013 年全警练兵总体实施方案要求，市人民检察院法警支队下发《全市检察机关 2011—2013 年全警练兵实施方案》。全市检察机关两级法警部门根据实施方案，制定具体的练兵计划。临澧、石门县检察院法警大队率先于 5 月下旬启动全警练兵活动。

2012 年 2 月 22 日—3 月 9 日，市人民检察院组织全市 81 名法警参加全警集训。集训分两阶段进行，首先由各大队组织自训，然后由市人民检察院统一组织集训竞赛。集训前，省人民检察院法警总队全体领导专门听取市院法警支队汇报，市人民检察院党组书记、检察长刘清生对培训工作提出“突出重点、提高素质、加强管理、务求实效、确保安全、万无一失”的总体要求。集训期间，省人民检察院法警总队总队长张士映 2 次电话过问集训情况，刘清生多次听取工作进展以及实弹射击等工作情况汇报。集训严格按照高检院“一熟”（熟悉法警职责）、“两懂”（懂检察业务、懂办案程序）、“三会”（会使用枪械具、会擒拿技术、会微机操作）的要求，紧密结合全市检察机关法警工作实际，做到“两个突出”（突出实战性和针对性；突出理论与实践相结合），取得了好的效果。全体参训人员的考核合格率为 100%；武陵区、鼎城区、汉寿县检察院法警大队分获团体总分前三名。

2014 年，全市法警部门按照高检院和省人民检察院的部署，广泛开展大练兵活动，练兵活动以基础理论、基本体能、基本技能为训练内容，以全体法警为训练对象，以基层院日常训练、市人民检察院培训、省人民检察院抽查督导为组织形式，以岗位练兵、竞赛比武、考核验收为方法开展。市人民检察院法警支队分别于 5 月初和 9 月初，利用 13 天时间，对全市 68 名司法警察进行强化培训和考核验收，练兵活动取得明显成效：省人民检察院抽考市人民检察院和武陵区检察院法警人员的业务理论知识，考试合格率达到 100%，现场考核评价，两院均以 80 分以上的总成绩顺利通过验收；业务技能竞赛比武取得好成绩，武陵区、安乡县、石门县检察院法警大队分获擒敌拳团体总分前三名；武陵区、白洋堤、石门县检察院法警大队分获警械具操作使用前三名。10 月，常德市检察机关派遣 9 名法警参加省人民检察院法警总队组织的晋（授）衔培训，经考核，获全省总分第一名好成绩。

2015年，全市检察机关法警练兵活动，以各院独立开展为主。武陵区院年初安排全院法警进行为期10天的培训，以追捕追逃、处置应急事件、刑侦技术为重点，设置模拟模式，完善培训课程，科学组织课题演练；安乡县院为提高警务技能，专门组织法警到公安机关、武警部队参加培训；鼎城区、石门县等检察院每周安排8小时，组织法警进行体能训练、枪械使用。是年，全市检察机关派遣6名法警参加省人民检察院组织的第十四期晋（授）衔培训。

第三节　警务保障

2003年，市人民检察院制定《全市检察机关司法警察装备设施建设标准》，要求三年内达标。是年，全市检察机关为加强和改善司法警察装备和设施建设，共投入资金80多万元，市院法警支队和鼎城区、临澧县、澧县、安乡县、石门县、桃源县检察院法警大队实现一年达标。全市司法警察部门配备专用警车7台、电话13部、电脑4台、文件资料柜16个、警棍10根、警绳42根、手铐40副；设置警务工作区（后更名为办案工作区）11个。根据办案和警务安全的需要，对询问室和审讯室进行专门改造，安装铁门铁窗和监视系统。警务工作区设有司法警察值班室，并配有警械具，为警务安全提供必要的保证。

2004年，市人民检察院投资30多万元对警务工作区进行改造，新添监控设备，设立监控室。石门县院投资20多万元，新建警务工作区，警务工作区有安全和监控设备齐全的询问室和审讯室。

2006年，全市法警共配置警械具48套（件），警械专用柜15个，固定电话14部，电脑12台，办案工作区12个，分别设有警务室、询问室、讯问室、医务室，其中有9个办案工作区安装有比较先进的电子监控设备。

2010年，全市检察机关贯彻执行高检院《关于人民检察院办案工作区设置和使用管理规定》，办案工作区的建设与“两房”建设同步规划、同步设计、同步施工，做到一次性投入、一次性建设、一次性达标。3月初，市人民检察院组织人员前往张家界、永州市人民检察院参观学习办案工作区建设经验。6月30日，市人民检察院在安乡县院召开全市检察机关办案工作区规范化管理现场会，推介安乡县院的经验，推动全市检察机关办案工作区规范化建设和管理使用达标工作，省人民检察院法警总队有关领导参加会议。

2012年6月下旬至7月中旬，省、市两级检察机关组成办案工作区准用专项检查组，依据《最高人民检察院办案工作区设置和使用管理规定》和《湖南省检察机关办案工作区准用验收标准（试行)》，对第一批申报准用的办案工作区进行检查验收，市人民检察院和津市市、武陵区、鼎城区、桃源县、临澧县、石门县、澧县、安乡县8个区县市检察院办案工作区验收合格、准予使用。其中，市人民检察院新址办案工作区建筑面积700平方米，设施建设投入经费100余万元。办案工作区设有讯问室、询问室、指挥监控室、休息室、谈话室、警务执勤室、待诊室；配备急救箱和常用药品；安装隐蔽探头，录音录像和监控等设施；建立医疗救护"绿色通道"。达到"功能完备、设施齐全、严格封闭、监控到位"的要求。投入使用后，至2015年年底，不仅保障市人民检察院安全办案，还先后为全市各基层检察院办案提供服务保障178场次。

2015年，根据高检院《关于印发〈人民检察院司法警察装备暂行规定〉的通知》要求和省人民检察院年度工作部署，全市检察机关按照"满足需要、突出适用、技术先进"的原则，加强司法警察装备更新升级。筹措专项经费，为每名法警配备了警务通；市人民检察院、武陵区、安乡县、澧县等基层检察院为一线出警人员配备单警执法记录仪。是年底，全市检察机关法警部门共装备警车4台、囚车2台、各类警棍105根、各类头盔78顶、警用刀具73把、警绳82根、防割手套73双、急救包72个、警用水壶77个、防刺服33件、防弹服7件、对讲机44部、子母铐23副、脚铐6副、警械架8副、盾牌46个、强光手电65只、应急灯33盏、警械专用铁皮柜31组，为增强执法有效性提供保障。

第四节　履行职责

1998年，市人民检察院法警支队组建伊始，便把参与、协助自侦部门办案，保障检察工作顺利进行作为法警工作的重点，摆到突出位置。全年配合自侦部门参与搜查、提讯、看管21人次，共计98天。此外，法警支队还担负机关大院的内部保卫工作。制定《加强院内安全管理的规定》，加强门卫值班，建立出入登记、夜间巡逻等制度。12月初，市人民检察院法警支队配合市公安局圆满完成高检院检察长韩杼滨到常德考察期间的安全警卫工作。

1999—2002年，全市检察机关法警部门逐步建立和完善警务责任机制、警务管理机制、警务安全保障机制、警务协调机制，司法警察业务不断拓展，在检察办案中的作用得到较好发挥。4年期间，全市检察机关司法警察出警1467人次。其中保护犯罪现场22人次；执行传唤和拘传502人次；参与搜查134人次；参与追逃57人次，抓获逃犯19人；参与执行拘留、逮捕等强制措施141人次；提解和押送犯罪嫌疑人191人次；执行死刑临场监督126人次；参与处置重大突发事件38人次；参与检察长交办的其他工作256人次。送达法律文书和机要文件21300多件。

2003年3月，市人民检察院办案部门先后在南京、九江抓获贪污100万元携款潜逃5年多的犯罪嫌疑人李某明和刘某娥，市人民检察院法警支队在该次追捕中奉命出警，协助追逃、押解等工作，保证了追逃任务顺利完成。

2004年，全市法警先后9次参与地方突发事件的处理，维护了地方稳定。4月30日，澧县城管部门在行政执法过程中与商贩发生冲突，造成人员伤亡的严重后果。事件发生后，澧县检察院法警大队奉命参与处置，仅用8分钟就赶到出事地点。配合有关单位采取果断措施疏散围观群众、维护现场秩序、调查有关情况、拘捕犯罪嫌疑人，很快控制局面，平息了该起突发事件，受到当地党委和政府的表扬，县电视台报道他们处警事迹。是年，全市检察机关开展警务协作33件、53人。其中省际协作2件、2人，市际协作9件、27人，县际协作22件、24人。

2005年8月10日，市人民检察院法警支队两名法警奉命协助反贪局押解犯罪嫌疑人罗某去桃源县看守所，途中由于警觉性高，防范有力，及时制止了罗某撞墙自杀行为。同时，通过做思想工作，使罗某说出了已于出发前吞食钥匙的事实，并协助主办检察官采取措施，避免了一起严重的安全责任事故。是年，全市法警部门主动加强与检察业务部门的联系，警务业务有了新的拓展。此前，法警业务一般局限于反贪、渎侦等自侦部门，警务来源有限，有些法警大队工作量明显不足。为了解决这个问题，4月，市人民检察院在临澧县院召开现场会，推介临澧县、澧县院法警大队的经验。此后，全市司法警察业务逐步由自侦部门拓展到刑事检察、监所检察、控告申诉检察等部门，全年非自侦部门的用警人次已达到出警总数的25%。

2006年，全市检察机关司法警察共参与处理社会突发事件109起。石门县院法警大队在参与处理国家重点工程皂市水库部分移民阻工事件和澧县院法警大队在参与当地边贸城少数人闹事事件中表现突出，当地电视台连续多次报道他们处警实况，肯定检察机关法警的积极作用。是年，全市先后出警看管、押解犯罪嫌疑人706人次；跨省、市追捕逃犯21人次；抓获犯罪嫌疑人8人；途中押解、看押时间最长的达8天之久，没有发生任何安全责任事故。

2007年，全市法警部门共出警1560人次，其中基层检察院法警大队出警1385人次，市院法警支队出警175人次，同比分别增长21%、8%。

2008年，根据市人民检察院检察长的命令，市人民检察院法警支队先后从全市检察机关组织29名法警参与王某亚案件办理，时间长达100天，确保了办案安全。

2009年，全市法警部门发挥司法警察的职能优势，主动开展追捕追逃工作，并形成业务亮点。全市司法警察共协助办案部门完成追逃任务10起，抓捕逃犯7人，为国家挽回经济损失上百万元。市人民检察院法警支队负责桃源县郑家驿乡综治维稳督导工作，协助该乡解决鞭炮厂安全隐患、非正常上访等问题，得到桃源县委、县政府的充分肯定。

2011年4月，为确保“9·17”地下“六合彩”案顺利审查起诉和开庭审判，该案18名在押犯罪嫌疑人需由市第一、第二看守所和鼎城区看守所转押至津市市、澧县看守所。市人民检察院法警支队受领任务后，立即联系相关业务部门，制定详尽转押方案，调集支队全体法警力量，并召开全体执行人员会议，要求做到10个明确，即明确组织领导、明确任务分工、明确行车路线、明确集结地域、明确集结时间、明确通信联络方式、明确转押车辆保障、明确警械具使用原则、明确突发事件应急方案、明确转押行动纪律，顺利完成了转押任务。11 月，市人民检察院机关搬迁，市院法警支队先后投入警力 52 人次，武装押运枪支、弹药、保密设备、文书诉讼档案和干警人事档案，确保转移安全。

2012 年，市人民检察院反贪局办理“709 专案”（省人民检察院立案侦办的省交通厅原副厅长邹某某涉嫌重大受贿系列案），市人民检察院法警支队支队长李振华带领支队法警服务办案一线 180 多天，夜以继日，没有正常休过节假日。协助执行监视居住对象 17 人共 885 天，始终绷紧办案安全主线，圆满完成任务。

2013 年，为规范执法行为，确保《刑事诉讼法》全面落实。市人民检察院法警支队配合本院案管中心修订《常德检察工作指引》法警部分，下发《关于协助做好自侦案件办案安全工作的意见》和《关于充分发挥司法警察职能服务检察执法办案工作的意见》，规范司法警察参与办案和协助执行监视居住的基本操作规程。5 月，临澧县院提起公诉的鼎城区原副区长王某华受贿一案将在临澧县法院公开宣判。为维护庭审秩序，保障公诉人员的人身安全，临澧县院法警大队及时与县法院、公安等部门联系，制定庭审应急预案，并安排 4 名检察院法警全程参与庭审，协助维护庭审秩序，确保审判活动的顺利进行。

2014 年，市人民检察院法警支队负责的指定居所监视居住点先后成功处置了犯罪嫌疑人李某撞墙、袭警、袭击汽车驾驶员事件及谭某、王某婷两人自残突发事件，确保了办案安全。

2015 年，在市人民检察院追逃专项工作领导小组指挥下，全市法警部门协助办案部门追捕在逃犯罪嫌疑人。武陵区院法警大队接到某追逃任务后，连夜分析案情，熟悉犯罪嫌疑人基本情况，拟定抓捕、押解预案。6 月 2 日 21 时抵达北京，6 月 3 日与怀柔警方共同布控将犯罪嫌疑人抓获。经过 14 小时的长途押解，于同日晚 22 时安全返回常德市，出色地完成了任务。6 月 9 日上午，按照上级检察机关的统一部署，鼎城区院法警大队参与“天网”专案组行动，一举抓获潜逃 10 年之久的犯罪嫌疑人姚某，取得常德检察机关追逃追赃“天网”行动首个战果。10 月 29 日上午 8 时许，市人民检察院信访接待室外陆续聚集来自全国 18 个省市的上访群众近 300 人。他们自称不服公安机关对莫某外汇一案的定性，要求返还被扣押款项。市人民检察院法警支队全体法警受命赶到现场进行处置，在市人民检察院领导的指挥下，配合控申、公诉等部门，全程维护现场秩序，对现场拉横幅等过激行为及时予以制止，并对现场进行监控录像。经过近 4 个小时的劝导化解工作，平息了事态，维护了信访秩序。

第二章　检务督察与案件管理

2003 年，市人民检察院启动检务督察工作。2008 年 9 月，市人民检察院成立检务督察室，检务督察工作从研究室析出。2011 年 11 月，市人民检察院筹建案件管理中心，案件管理中心与检务督察室合署办公。2012 年 1 月 1 日，市人民检察院案件管理中心正式开始运行。

第一节　执法检查

1988 年，全市检察机关贯彻省人民检察院关于开展执法大检查的精神，开展自恢复重建以来的首次执法大检查，列出检查项目 60 余项。全市检察机关共复查各类案件 5148 件，其中，公安机关提请审查批捕的案犯 2720 人，起诉案件 1796 件、经济犯罪案件 409 件、法纪案件 120 件、服刑人员又犯罪案件 103 件、控告申诉案件 4213 件。复查认定错捕案件 3 件，事实不清、证据不足的经济犯罪案件 20 件，超期羁押案件 37 起。另发现较多的法律文书不规范，1 人办案、1 人提讯等问题。通过检查共制定整改措施 80 余条，将未处理的赃款和补收税款 19676.77 元，按规定作出处理。

1989 年，全市检察机关贯彻市人大常委会第八次会议《关于开展执法检查的决定》，共复查 1988 年至 1989 年 9 月的经济犯罪案件 565 件、控告申诉案件 2808 件。市人民检察院各科室列出本部门检查项目 40 余项。检查认定在办案质量方面要求还不够严格，如在逮捕的 175 名经济犯罪嫌疑人中，有 25 人可不采取逮捕强制措施；因政策法律发生变化或事实不清、证据不足撤案的经济犯罪案件 22 件、27 人；有时执行办案程序不够严格等。执法检查和整改情况向市人大常委会作专题报告。

1990 年，根据上级检察机关和市人大常委会关于在全市检察机关开展执法执纪大检察的通知精神，市人民检察院从 10 月 12 日起对 1989 年 10 月—1990 年 9 月执行《宪法》《刑法》《刑事诉讼法》等法律法规和检察人员《八要八不准》等纪律情况进行检查。全市检察机关以院为单位成立领导小组，组织检查和评议。检查认定：全市检察机关执法、执纪工作主要问题是少数单位的个别案件质量不高，经过对 1556 件案件复查，处置不当的有 6 件，占复查总数的 0.39%，其中错捕 2 人、应捕未捕 2 人、起诉不当 2 人；个别自侦案件免予起诉把关不严，对 178 件免诉案件复查，应当起诉而作免诉处理的 9 件，占 5.1%；事实不清免诉的 6 件，占 3.4%，应撤案而作免诉的 5 件，占 2.8%；个别单位执行办案制度不严，全市检察机关发现 10 起案件侦捕未分办，20 起案件侦诉未分办；少数干警违法违纪，共发现检察干警收受贿赂和参与赌博的 5 人，给予其中 1 人党政纪律处分。

1991 年，全市检察机关根据市委政法委《关于整顿政法队伍》的精神，进行执法检查工作。

1992 年，根据省人民检察院开展执法执纪检查的指示精神，市人民检察院结合年终总结评比和年初作风纪律整顿，对全年执法执纪情况进行为期半个月的检查。

1993 年 11 月，全市检察机关采取统一领导、分级负责、自查为主的办法开展执法检查。

1995 年 6 月 20 日—1996 年 5 月 22 日，市人大常委会组织部分人大代表对市人民检察院的执法情况进行为期一年的评议。在这次评议中，对涉及市人民检察院干警的举报进行复查，其中属轻微违纪行为给予教育的 2 人，立案查处 1 件 1 人。对市人大常委会评议组提出的执法工作作风、廉政建设等六个方面的问题，市人民检察院党组分解为是否接受当事人钱物、是否越权办案、是否插手经济纠纷、是否徇私舞弊等 12 个问题逐一进行清理；对市人大代表提出的有关问题和交办的案件，组织专人逐一核实，并制定整改措施。1996 年 5 月 22 日，市人民检察院的迎评工作经市人大常委会评议验收小组验收合格。参评代表认为：市人民检察院在整个迎评工作中，发动有深度、措施有硬度、认识有高度、整顿有力度，取得了明显效果。

1998 年，常德市检察机关以"办案质量年"活动为载体，全面开展办案质量监督。根据高检院通知精神，从 9 月 1 日起，全市检察机关开展为期两个月的执法思想大讨论，坚决执行高检院九条"卡死"的硬性规定。在执法大检查中把清理、复查案件和纠正错案，作为一项重要措施和内容。对 1997—1998 年受理的线索和所办的案件进行清理和复查，对自侦部门的线索初查、立案、撤案等以及提请批捕、移送审查起诉等情况进行复查；对刑检部门办理的批捕、起诉、不诉、抗诉等情况进行复查；对民行、控申等部门受理线索、办理案件等情况进行清理。在案件清理、复查中，全市检察机关采取"五查五看"：即查案件台账，看立案是否存在两本账，是否有假立案现象；查法律文书存根，看法律文书、案件审查、讨论记录是否齐全，是否存在违法办案；查案卷材料，看定性定罪是否准确，证据是否扎实，程序是否合法，处理是否公正；查会计报表和实物，看赃款赃物收、管、交等环节是否规范，有无挪用、坐支、侵吞、截留和私自保管、使用等情况。在对自侦案件的复查中，重点复查了人大常委会和上级机关交办的，人民群众反映强烈的、撤案的、不起诉的、人民法院判决无罪的、超越管辖范围的、当事人多次申诉的等七类案件。复查案件时，各院坚持逐案检查，逐案登记、一案一卡；层层建立健全责任制，办案人员自查填写《个案登记表》，写明检查的情况，拿出明确的自查结论并签名；部门负责人审查汇总后签名上报分管副检察长复核签名；检查结束后，各基层院将检查情况上报市人民检察院。检察长签名负责。全市检察机关通过案件复查发现办案中不严格执法、滥用职权的问题。对有问题的案件做到找准问题，有错必纠，坚持发现问题不放过，问题不查清不放过，查清不处理不放过，处理不到位不放过。截至 10 月底，全市检察机关对

1997年以来的“七类”案件全部进行了复查。在办理的671件（人）不捕、不诉、撤案和当事人不服处理的申诉案件中，有35件存在利益驱动、违法办案、超期羁押、久拖不决、法律手续不齐全、办案作风粗暴等问题。经处理，撤销和纠正案件13件（人），其中撤销免诉5件，撤销县人民检察院复查决定1件，建议重报捕并批捕6人，重新立案侦查1件；清退不合理收费9.4万余元，由纪检监察部门立案查处5件、9人。全市检察机关坚持从治本上下功夫，在建立岗位责任制，修订完善原有的车辆、财经、赃款赃物、组织人事等管理制度的基础上，设立了办案监督卡、案件交办卡，成立财务监督审计小组，坚决执行收支两条线，执行全院赃款赃物统一管理、开支审批“一支笔”，杜绝“小钱柜”问题。使监督制约呈现多层面、立体化，更加严密、完善。

1999年8月10日，市人民检察院印发《关于开展执法检查的工作方案》。市人民检察院组织力量，对全市检察机关近两年所办案件，分期分批的进行全面执法检查，对市人大常委会和上级交办的、处理意见分歧大的、久拖不决的、当事人多次申诉的四类案件重点清理复查。对5起重点案件，市人民检察院检委会开会研究处理意见，对不服检察机关不诉、追赃决定的3起案件进行纠正。

2000年9月，市人大常委会到市人民检察院开展检察官履职评议工作

2000年，全省检察机关组织以《检察官法》执行情况为主要内容的执法大检查。9—10月，市人大常委会执法检查组进驻市人民检察院机关，对1998年以来《检察官法》执行情况进行检查、评议。全市检察机关清查1998年以来各类案件1555件，走访发案单位846家、案件当事人219人，广泛征求纪检、监察、信访、其他司法机关和社会各界意见。通过全面清查，发现有问题的案件33件，约占2.12%，对5起久拖未结的案件分别作出撤案和相对不诉处理。对6起法律依据不足，程序不合法的案件，退还已收缴的赃款赃物价值共41.48万元。对20件法律手续、文书不齐全的案件，补齐了文书、手续。对2起超越管辖权的刑事案件，依照《刑事诉讼法》的有关规定，建议公安机关撤回，移交有管辖权的政法机关。对18件人大代表提出的意见、建议及时给予了回复。市人民检察院对照人大代表的评议意见，整改执法活动存在的问题，认真办理市人大常委会主任会议交办的6起案件，并向第三届人大常委会第22次会议报告了办理结果。

2001年，全市检察机关根据市人大常委会主任会议的统一部署，于11月20日至12月15日，对全年所办案件进行全面评选，共评出48件优秀案件，10件质量较差案件。

通过案件评选活动，促进了文明办案，公正执法，增强了干警学业务、比作风的良好氛围。

2002 年，全市检察机关通过迎接市人大、省人民检察院组织的优化经济发展环境综合执法核查，促进了干警公正、文明执法水平的提高，树立了“执法服务”“执法平等”“执法民主”的新观念。这次综合执法检查的重点是执法不严、执法不公、执法不廉、监督不力的问题。在自查中，全市检察机关开门检查，走访有关办案单位 57 家、案件当事人 112 人，广泛征求人大、政协、纪检、监察、信访、司法机关和社会各界对检察工作的建议和意见，然后有针对性地进行自纠整改，使综合执法检查落到了实处。根据省人民检察院《关于在全省检察机关开展执法作风大检查的实施方案》精神，从 8 月起，全市检察机关开展执法作风大检查，并成立作风大检查领导小组，对 2001 年以来党委、人大常委会、政府、政协和上级检察机关交办的控告、举报和申诉案件进行全面清理。共清理交办案件 22 件，其中市人民检察院向区市人民检察院交办 15 件，市委、市人大常委会、省人民检察院向市人民检察院交办 7 件。这 7 件交办案件，当年办结回复 4 件。对未办结的交办案件，检察机关均安排专人专办、办结一件回复一件，力争使党委、人大常委会、政府、政协及上级机关满意。11 月 20 日—12 月 10 日，全市检察机关按照市人大常委会的安排，在全市开展案件质量评选活动，共评出优秀案件 11 件，质量较差案件 2 件。

第二节　检务督察

2003 年 7 月，参与市委政法委组织的半年执法检查考评。8 月，在全省检察机关案件质量考评工作会议上，确定汉寿县院为试点单位。8 月 14—19 日，省人民检察院副检察长白贵泉为组长的执法质量考评小组，对汉寿县院执法质量进行考评试点，市人民检察院也派出执法质量考评小组配合省人民检察院工作。10 月，组织对全市检察机关贯彻实施《刑事诉讼法》的情况进行检查与调研。11 月 20 日—12 月 3 日，市人民检察院对全市检察机关本年度所办案件进行全面质量考评，参评案件有刑事案件 1039 件、民事行政抗诉案件 47 件，共评出何某某等 4 人投放危险物资案等 25 件优秀案件（其中市人民检察院 9 件、基层院 16 件），评出质量较差的 2 件（其中市人民检察院 1 件、基层院 1 件）。市人民检察院将评选活动情况及结果向市人大常委会作汇报，获得市人大代表的一致好评。11—12 月，开展对基层人民检察院及市人民检察院自身的执法质量初评复查工作。

2004 年 4 月 29 日，市人民检察院根据《湖南省检察机关执法质量考评办法》和市委政法委《常德市政法系统执法监督办法（试行）》的规定，制定《常德市人民检察院执法监督管理实施细则（试行）》。全市检察机关检务督察部门增强质量意识，将执法质量考评工作融入日常监管中，对案件进行跟踪监督。各业务科室执法监督联络员按月向检务督察部门报告案件质量检查结果，每月召开一次由执法监管联络员参加的执法监管例会，对全院的执法质量状况进行情况汇总、质量评定和通报整改，并及时将有关情况报送政法委。

市人民检察院先后2次组织全市检察机关参加全市政法机关执法监管经验交流现场会，其中澧县、津市两个基层人民检察院在会上分别介绍抓执法质量监管的经验。市人民检察院分别于7月下旬至8月上旬和11月两次组织对全市基层人民检察院及市人民检察院机关自身的执法质量进行考评和自查自纠，评查案件1100余件。全市检察机关还根据市人大常委会的统一安排，从11月开始，组织开展案件质量评选活动。经过申报、审核和集体评议、审定等程序，共评出21件优秀案件、1件较差案件，并将评选结果向市人大常委会进行汇报。

2005年，市人民检察院对照省人民检察院修订后的《执法质量考评办法》及市委政法委修订后的《执法监督管理办法》，修订完善执法监管《实施细则》，对省人民检察院《考评办法》提出的9点修改意见全部被采纳。通过推行下一办案环节监督上一办案环节工作机制，以及建立“案件承办人—部门负责人—分管院领导—检察长或检察委员会”四级执法责任体系和严格的执法办案监督机制，健全了执法责任和责任追究制度。落实了流程监管、全程监督的工作要求，将执法质量考评工作常态化，加强了检察机关内部各个执法环节的相互制约，强化了对自身执法活动的监督。贯彻省人民检察院指示，全面实行“一案三卡”（办案告之卡、廉洁自律卡、回访监督卡）执法办案监督制度，将“一案三卡”的执行情况纳入年度执法质量考评和基层院建设综合考核的内容，与单位和个人评先评优挂钩。武陵、鼎城区检察院分别向全市政法机关介绍了推行“一案三卡”执法办案监督工作，抓执法质量监管的经验。市人民检察院于年中和年末两次组织对全市基层人民检察院及市人民检察院机关自身实行“一案三卡”和执法质量的考评核查和自查自纠。在年底全省检察机关执法质量考评中，全市检察机关11个单位全部达到优秀等次。从11月开始，经过申报、审核和院党组审定等程序，全市检察机关共评出22件优秀案件、1件较差案件。全市检察机关参加中央政法委部署的“规范执法行为，促进执法公正”专项整改活动，顺利通过了年度检查验收。在专项整改活动中，全市检察机关共清理检查2003年以来办结的各类案件5400余件，发现程序处理不规范、实体处理有瑕疵、案卷整理不规范等案件质量问题300余处，全部进行了整改。清理了2001年以来撤案、不起诉及判决无罪的案件125件、143人，涉及扣押、冻结款项549万元，上缴财政450万元，随案件移送24万元，退还发案单位和当事人75万元；清理扣押物品4件，全部上缴财政；清理审查各种规范性文件57件，其中保留32件、修改完善15件、废止10件、新建立8件。更新、规范滞后的法律文书，为全体干警征订了执法工具书和执法文书。通过这些活动，推动了全市检察机关的严格执法、规范办案工作，提高了干警的执法素质。

2006年，市人民检察院建立检务督察室。各基层人民检察院在原执法监督室的基础上，相继组建了检务督察室，在机构上形成了省、市、县三级人民检察院联动的完整体系。随着“规范执法行为、促进司法公正”专项整改活动和社会主义法治理念教育活动的不断深入，全面加大了督察力度，增加了对案件的评查密度。检务督察工作实现了三个转变，即从注重规范化建设问题向注重案件实体问题和重大程序问题转变；从注重查摆问题向注重纠正问题转变；从注重讲评问题到注重解决问题转变。坚持以服务促监督，达到了监督与被监督者之间的良性互动，做到了案案有底数、件件有回声、案案整改到位、件件处理得当。经省人民检察院年终执法质量考评，全市检察机关11个执法单位的执法质量均达到优秀等次。9个基层人民检察院参加全省123个基层人民检察院评比排名，有5个单位进入前50名行列，鼎城区院以99.28分的成绩获得全省第3名。按照市人大常委会的工作安排，开展案件评选活动，全市检察机关共评出28件优秀案件，1件较差案件。

2007年，全市检察机关检务督察部门针对社会影响大、群众反映最强烈的焦点、热点问题开展个案督察，全年共开展个案督察3次，涉及案件73件，解决突出问题94个，纠正违法21次。全市检察机关开展全面清查涉案款物的专项活动。督促、指导基层人民检察院建立了涉案款物管理制度，规范了工作流程，纠正了执法中存在的突出问题。桃源县院从源头杜绝乱收乱罚现象，确保了涉案款物的规范化管理，在全市率先实现了经费保障与罚没收入严格分开。根据各基层人民检察院和业务部门的执法情况，拟定督察的重点单位、重点案件、重点环节、重点问题等，确保检务督察深入、全面、有效。市人民检察院全年督察重点单位1个、重点案件3件，并对其他单位进行随机抽查。全市检务督察从四个方面改进监督方式，提升执法质量，变事后监督为事前、事中监督；变个案监督为全面监督；变重点问题监督为整体流程监督。及时发现问题，及时提出整改意见，及时督促整改回复，及时为基层检察院处理重大疑难案件提供合理化建议。11月，配合省人民检察院对石门县院2005年以来的执法情况进行全面督察。市人民检察院检务督察室共抽查各基层人民检察院办的案件760余件、到基层人民检察院检查督导3次、提出整改意见32条、收到案件整改回复12件、提出个案处理建议8条、提出业务咨询80余次、现场业务指导3次。

2008年，全市检察机关共有检务督察干部34人。市人民检察院及各区县市基层人民检察院都成立检务督察委员会，建立由业务科室中层骨干组成的兼职检务督察队伍，建立全新的检务督察体系。市人民检察院检务督察室出台《常德市院关于加强检察机关案件质量工作的实施意见（试行）》，制定集中管理扣押款物的工作制度，进一步规范全市检察机关执法工作。7月，市人民检察院从各基层人民检察院抽调业务骨干分两个组分别对各基层人民检察院的执法状况进行考评。11月，市人民检察院组成12名检务督导员对基层人民检察院的办案质量进行为期半个月的考评。市人民检察院还分别于6月5日、8月5日、9月19日在全市检察长会议上，对各单位自评自查中发现的各类办案质量问题进行了逐案点评，在全市检察干警中引起了震动。市人民检察院采用召开全市检察机关检务督察现场会等方法，推广先进经验，被推介的单位有鼎城、桃源、武陵、临澧、石门等区县市人民检察院，其中武陵、临澧2个人民检察院的先进经验被省人民检察院检务督察处在全省推介。市人民检察院检务督察室组织对全市检察机关近3年的涉案款物进行专项督察，将督察情况向市人民检察院党组作出汇报，并上报省人民检察院，为领导决策提供依据。市人民检察院检务督察室配合省人民检察院检务督察处对澧县院扣押、冻结、处理涉案款物情况，龚某受贿案，熊某、裴某强奸案进行了专项和个案督察，并依照省人民检察院《考评规则》进行考评。市人民检察院检务督察室对鼎城区院查处鼎城区技术监督局一案进行专项调查，并将调查结果报告检察长。协助省人民检察院办理一起省政协委员提出的基层人民检察院“不严格执法办案”的意见。通过阅卷审查，走访被害人和相关当事人，未发现检察人员在办案中有“不严格执法办案”的情况后，两次回访该政协委员，向其作出法律等方面的解释，取得了他的谅解与理解。

2009 年，全市检察机关的检务督察工作围绕执法检查年活动，坚持监督、制约、创新相统一的原则，确保公正执法。先后 7 次接受来自省人民检察院、市委政法委、市人大常委会的执法质量考评和检查。1—10 月，市人民检察院检务督察室组织市人民检察院业务科室采取承办人自评，兼职检务督察人员集中评查、部门负责人审核、检务督察室抽查等方式，评查案件 300 件，发现和整改问题多处，在省人民检察院组织的执法状况考评中获得 95 分以上，达到了优秀标准。在市委政法委组织的对市级政法机关执法质量检查中，市人民检察院的所有检察业务及扣押款物等情况获检查组的高度评价。9 月 1 日—12 月 31 日，由市人大常委会主任和副主任带队，组成 8 个检查组，成员近百人，对 2008 年以来《刑事诉讼法》等法律的实施情况进行全面检查，接受市人大常委会的多次评议。这是自 2003 年以来规模最大的一次检查，全市检察机关在一个月内，开展了一系列迎检工作，制定出缜密的迎检方案，并由市人民检察院领导向市人大常委会汇报，然后按要求认真实施。对市人大常委会交办的 7 件案件线索和 4 件案件进行认真办理，严格把关，并及时汇报。市人大常委会对市人民检察院的执法工作进行多次评议，均非常满意。市人民检察院坚持每季度收集各业务科室的数据和材料，向市人大常委会内司委报送备案工作，完成两年对人大监督情况的自我总结。市人民检察院检务督察室于 7 月、11 月先后两次对基层检察院进行执法质量考评，共评查案件 334 件。配合省人民检察院督察处 3 次到临澧、澧县等地对吴某、陈某等 3 起个案进行督察，并作出处理结论，得到上级肯定。4 月开始，配合纪检监察部门、公诉部门对全市扣押、冻结款物涉案情况、审判监督情况进行专项督察。当年，对扣押、冻结款物文书及扣押款物专用章进行统管。侦查部门办理扣押、冻结款物手续时，持立案决定书到检务督察室办理相关手续，从源头上杜绝了不立案扣押、冻结涉案款物情况的发生。市人民检察院检务督察室完成了《常德检察工作指引》的编写，该书内容涵盖检察机关 17 项主要业务，共 50 余万字。全市检察机关 740 多名干警人手一册，对促进规范执法起到积极作用。启动了调研和考察网上办案工作，制定了网上办公、办案具体方案，并进入试点阶段。

2010 年，制定和完善《常德市检察机关执法状况监督管理办法》《常德市检察机关检察业务考核评价办法》《常德市检察机关优秀案件评选办法》《常德市人民检察院网上办公办案办法》等制度。鼎城、桃源、津市市等人民检察院都修改完善检务督察制度。全市检察机关检务督察部门共评查各类案件2000余件，通过查阅台账、现场走访等形式检查其他执法行为50余次，发现问题2000余处，发出整改建议300份。其中市人民检察院检务督察室对市人民检察院12个业务部门评查案件90件、查阅台账15本，发现并督促整改问题200余处，形成对各部门的阶段评查报告10份，到侦监、公诉、反贪、反渎等业务部门召开执法质量讲评会6次。两次组织对全市各基层人民检察院执法状况进行考评，共考评个案300件。同时对监所、法警、技术、预防等其他执法行为、检务公开、涉检信访等执法状况进行全面评查。在省人民检察院对市人民检察院的执法状况考评时，案件质量平均得分均为优秀。市人民检察院对各基层人民检察院的执法考评，案件质量平均得分也都在优秀以上。根据中央政法委“百万案件评查方案”和省人民检察院、市委政法委千案评查方案的要求，市人民检察院检务督察室为主组织了对全市检察机关2008—2010年的六类重点案件进行逐案评查和复查，共评查和复查各类案件120件，形成书面评查报告。省人民检察院评查复查组对市人民检察院及抽检的武陵区院评查复查的120件案件被省人民检察院和市委政法委评为优秀案件。市人民检察院检务督察室先后办理市委政法委、市人大常委会、市人民检察院检察长交办的个案督察案件9件，配合省人民检察院督察个案6件。所有个案督察都按要求于办理后一个月内书面报告回复交办领导与单位。对需要督促整改的，向相关单位发出检务督察意见书，督促进行整改，共计形成回复12份，发出督察意见书3份，发出执法质量通报1份。市人民检察院检务督察室为主承办了首届全市人民检察机关优秀案件评选活动，在入围的32件案件中评出10件优秀案件，并从中推荐2件参加全省优秀案件评选活动。

2011年，市人民检察院修订《执法监督管理实施办法》，明确了执法状况监督体系、案件质量评查程序、执法质量责任主体，明确了监管职责，强化了质量意识。加强执法状况考评工作，把集中考评与日常考评相结合，加强日常考评力度，实行月结月评，季度讲评。规定承办人在案件办结7个工作日内整卷自查，每月集中评查一次，每季度全院集中讲评一次评查情况。针对职务犯罪不诉、撤案、不捕案件，结一件评一次，半年结合百万案件评查集中复查一次。把由检务督察室抽查的考评方式变为承办人自查、部门负责人核查、检务督察室复查三级评查方式，把评查工作和责任覆盖到每个办案环节和每个执法行为。尤其是对容易出现问题的职务犯罪侦查、公诉等重点案件，采取评查、整改、复查、整改、再复查的模式。是年，市人民检察院职务犯罪侦查和公诉案件在省人民检察院组织的半年和年终执法状况考评中实现零扣分。坚持考评奖惩，规定在执法状况考评中累计扣分1分（个案扣分折合为25分）以上的，取消五星级政法干警评选资格等。实施阳光考评，进一步确保检务督察公信力。市人民检察院检务督察室先后评查市人民检察院机关所办各类案件223件（次），提出整改建议411条，并将案件评查中发现的问题当面与承办人、部门负责人交换意见；先后评查各区县市人民检察院所办案件131件，提出整改建议

217 条，当场与被考评单位交换意见，接受被考评单位的申述，组织考评人员集体研究决定是否扣分。根据省人民检察院、市人大常委会、市委政法委等领导机关及有关领导的批示，对 8 件个案进行了督察，对执法不规范、执法不严格等问题，及时予以纠正。

第三节　案件管理

案管中心工作人员讨论案件情况

2012 年，全市检察机关检务督察工作进入对执法办案实施全方位、全流程、精细化、系统化、动态化、信息化管理的新阶段。1 月 1 日，市人民检察院案件管理中心开始运行。武陵区、澧县、安乡县等基层人民检察院案件管理中心也相继开始运行。4 月 11 日，市人民检察院第五届检察委员会第四十四次会议审议通过《常德市人民检察院案件管理工作规程》。市人民检察院和武陵区、澧县、桃源县、津市市、安乡县检察院等开始运用检察综合信息系统开展网上办案，实现了案件网上流转、文书网上审批、流程网上监控、质量网上考评、绩效网上考核、数据网上分析。执法办案网上监督平台也于是年 6 月开通启用，由检务公开系统和案件查询系统两大系统组成，把全市检察机关执法办案工作完全置于社会公众的监督之下。8 月，市人大常委会、市人民检察院召开“司法公正常德行”活动座谈会，对常德市检察机关执法办案网上监督平台给予了充分肯定。在同月召开的全省检察长座谈会上，市人民检察院检察长刘清生就市人民检察院案件管理工作作典型发言。年底，该平台点击访问量达 1 万余人次。全市检察机关按照风险评估在前，执法决策在后的思路和谁办案谁负责的原则，区分重大、较大和一般三类风险等级，明确风险评估的重点案件、评估事项、风险评估预警程序、风险化解措施等内容。市人民检察院机关的案件全部实行风险评估，填写风险评估报告，制定了风险防范工作预案。当年，没有发生因执法办案引发的到省进京涉检上访。全市检察机关检务督察部门共组织案件集中评查 120 次，评查各类案件 2336 件，集中讲评案件 40 次。对考评程序、考评讲评、考评奖惩进行严格管理，促进办案规范化。对越权办案、逼供诱供、违法扣押财产、错诉错捕等 17 种执法办案问题进行倒查追责。

2013 年，全市检察机关案件管理（检务督察）部门对接修改后的《刑事诉讼法》《民事诉讼法》和《刑事诉讼规则》，规范执法基础，提高执行“两法一规则”的精准度。市人民检察院案件管理中心组织各业务部门编写了《常德市检察机关执法办案指南丛书》，一套六册，系统梳理了检察机关执法办案工作流程。全市检察院机关共统一受理和备案案件5054件，接受案卷材料7561册。市人民检察院将职务犯罪撤案、人民监督员监督的案件以及诉讼监督、技术鉴定及文证审查等执法事项，纳入统一受理和备案登记范围。武陵区院案管中心，在案件受理过程中，严把“进口”关，将5件管辖不符的案件退回公安机关，37件材料不齐备的案件，要求公安机关及时补正。在法律文书监督管理方面，规定只有案管部门审核后的法律文书才能加盖院章，确保法律文书统一、规范、正确使用。临澧县院将撤回起诉决定书、延期审理建议书等重要的程序性法律文书进行统一管理，没有出现撤回起诉数据漏报、错报、瞒报情况，也没有出现不应当撤回起诉而撤回起诉的案件。全市检察机关相关部门认真履行接待辩护人、诉讼代理人职责，全年共接待辩护人、诉讼代理人147人次，其中安排阅卷116次。市人民检察院专门设立律师阅卷接待室，建立律师阅卷网络共享平台，添置3台电脑、1台打印机和高速复印机，为律师、诉讼代理人复制案卷材料提供服务。规范涉案款物监督管理，全市检察机关案管部门共接受涉案物入库422次，出库257次，涉案款入库4068万元，出库26.4万元，做到了进出有序、登记清楚、保管规范。全年两级人民检察院案管部门共编制统计资料汇编140份，向业务部门反馈执法不规范问题36次，纠正数据质量问题33次。根据省人民检察院部署，对无罪案件、撤回起诉案件进行专项核查，对错报、漏报、瞒报问题进行责任倒查和深入剖析，对相关责任单位和责任人进行通报批评。全面加强案件评查，着力解决执法质量突出问题。按照案件办理到哪一步，程序监控就跟进到哪一步的基本要求，办案部门在案件办结后及时完成相关工作和自查，随时接受评查，办结一件评查一件，全市两级人民检察院案管部门共评查案件3024件。全市检察机关成立了以检察长为组长的统一业务应用系统部署工作领导小组，及时完成了印章、个人签名信息和系统配置信息采集工作。选派124名干警参加统一业务应用软件骨干培训，完成了系统组织机构、权限、文书等初始化配置，分条、线组织对两级院700多名干警进行全员操作培训。市人民检察院案件管理中心牵头组织以“阳光司法”为主题的“司法公正常德行”活动。

2014年，市人民检察院案件管理中心对基层人民检察院进行5次巡回检查和指导。通过咨询电话进行“点对点”指导；对办案部门碰到的应急性问题优先解决，高峰期电话解答近20个/天；对疑难问题及时上报省人民检察院和高检院解决。针对系统初始配置和文书要号等与实际不完全适应的情况，市人民检察院案管中心重新配置了120多个用户的权限；完善标准库中130余种法律文书的要号规则和用印权限；制作81种文书，规范98类文书的审批权限；专门为内设机构整合试点单位津市市院量身定制办案流程，确保系统在全市统一运行。全市检察机关按照《全国检察系统统一业务应用系统使用管理办法（试行）》，加强对应用系统的管理和监督。印发23个系统应用指导文件或通知，对USBKEY使用、系统及账户保密、权限配置、文书要号等问题作出规定。统计并发布数据3次，比较好地解决了无电子签名、案件删除率过高、权限不规范等问题。规范案件受理、办理、流转、审批和用印等事项，坚持全案网上操作运行，全市无一起非特殊原因网外运行的案件，无一起违规删除案件事件。全年网上受案 5344 件，接收案卷 8122 册，要求补送更正 9 件，不予接收 4 件，送案审核 2545 件。市人民检察院案管中心提出的收案标准和收案细则被省人民检察院调研组采纳；对犯罪嫌疑人不到案情况进行分析研究，提出并推行“人到案收”原则。全市两级人民检察院对办案程序和期限实时巡查、跟踪监督、预警监控，及时发现和督促、纠正办案中存在的违规违法情形，武陵区院审查出公安机关 3 起超期羁押案件。全年对 125 件案件发出口头提示，对 27 件案件发出《流程监控通知书》，评查案件 3634 件。市人民检察院案管中心通报业务数据和应用系统使用中存在的问题 11 次，并对未成年人案件、自侦案件、可能存在执法风险的案件等进行重点监控，定期汇总流程监管情况。临澧县院案件管理“四三三模式”的经验先后被《检察日报》《湖南简报》“腾讯网”等新闻媒体报道。案管中心执行文书网上制作、网上审批、网上用印、网上打印制度，做到文书开具及时、准确、规范；对查封、扣押、冻结涉案财物管理明确管理职责，实行专人管理、专柜存放、一案一账、一物一卡；全年管理案款入库 1002.143 万元、出库 2.21 万元，涉案物品入库 611 件、出库 585 件，对赃、证、物实行数字化管理无一错误。推行终结性法律文书公开，并在武陵、鼎城、临澧、津市市基层人民检察院先行试点。公开终结性法律文书 172 份。高检院于 9 月 30 日正式推行案件公开系统，至年底，全市检察机关公开案件程序性信息共 1868 条，在全省 14 个地州市人民检察机关中排名第三，武陵区院公开法律文书 68 份，在全省各基层人民检察院中排名第一。市人民检察院案管中心指导各基层检察院发挥案管大厅的功能作用，全年共接待案件信息查询 27 次，律师阅卷 761 次。市人民检察院案管中心通过自行研发的软件实现了律师网上阅卷和网上打印。全市案管中心通过网上监控和网上走访，加大个案评查、专项督查力度。市人民检察院案管中心评查个案 721 件，开展未成年人案件督查 2 次，开展不诉案件、撤案案件督查各 1 次，纠正办案瑕疵和处理错误案件 71 件，纠正案件程序问题 18 个。在全省 14 个市州中率先完成了 AJ2013 统计系统与应用系统对接。每季度对各业务部门和各区县市人民检察院的主要检察业务数据进行通报，及时纠正数据错误。临澧县院发现并反馈统计不规范问题 6 个，纠正数据质量问题 18 类；安乡县院纠正数据质量问题 8 类，比上年同期上升 85.7%。

2015 年，市人民检察院成立司法公正常德行活动领导小组，党组书记、检察长余湘文任组长，领导小组下设办公室，挂靠案管中心。全年统一受理案件 5369 件，接受案卷材料 9199 册，审核并使用电子印章 3712 次。监督公安机关立案 56 件，同比上升 69.7%；监督公安机关撤案 15 件，同比上升 275%；对应逮捕而公安机关未提请逮捕的犯罪嫌疑人，纠正漏捕 83 人，同比上升 33.9%；对应当起诉而未移送起诉的，纠正遗漏同案犯 78 人，同比上升 4.1%；提出纠正侦查活动违法意见 242 件次，同比上升 5.4%。对确有错误的民事行政裁判提出抗诉 5 件，同比上升 150%；提请省人民检察院抗诉 33 件。督促行政机关依法履职 77 件，采纳 57 件，开展破坏环境资源犯罪专项立案监督活动和危害食品药品安全犯罪专项立案监督活动，监督环保、林业、农业、卫生、食品药品监督等行政机关向公安机关移送案件 29 件，向有关行政执法机关已移送 28 件，同比分别上升 145.5%、136.4%。立案侦查监管场所职务犯罪案件 4 件；纠正减刑、假释、暂予监外执行不当 311 件；纠正刑罚执行和监管活动违法 219 件，同比上升 92.1%；开展监外执行活动监督，纠正社区在交付执行、监管矫治、变更及终止执行等活动中履行职责不当 219 件次，同比上升 68%；开展社区服刑人员脱管、漏管专项检查活动，发现并纠正脱管、漏管 14 人。开展羁押必要性审查 154 人，均被采纳。鼎城区法院审理的原湖南省公安厅王某平、王某蓓贪污、受贿案，提起公诉后 3 年未作出判决，检察机关多次口头和书面纠正违法。该院于 2015 年 3 月一审判处王某平有期徒刑 12 年 6 个月，判处王某蓓有期徒刑 6 年。汉寿县院监督该县公安局对刘某林等 6 人涉嫌盗窃案作撤案处理，充分保障了当事人的合法权益。牵头组织规范司法行为专项整治工作，坚持“七见”（见事、见人、见原因、见整改措施、见整改结果、见责任追究、见经验教训总结）标准，剖析典型案件 35 件，查摆不规范问题 52 项，并逐案逐项明确责任和措施，认真整改。市人民检察院组织对 2010—2015 年职务犯罪撤案、不起诉的 191 件案件进行了全面自查，发现并整改问题 30 余个。主动商请市委政法委、市人大常委会内司委组织开展不捕、不诉案件专项评查，与公安、法院、司法行政部门联合评查 2014—2015 年不捕案件 370 件、不诉案件 277 件，对查摆出来的问题逐项厘清责任，提出改进措施。市人民检察院公诉部门组织开展清理消化积案专项行动，共清理 2013—2015 年积案 1113 件；对 2014 年职务犯罪不起诉、经济犯罪不起诉、撤回起诉及无罪判决 4 类案件逐案开展质量评查，查找并整改执法办案中存在的突出问题 43 个。林业检察部门针对全市涉林犯罪量刑偏轻、同罪不同判的情况出台涉林刑事案件量刑建议指导意见。市人民检察院指导武陵区院探索完善司法档案制度，强化干警司法办案责任。运用统一业务应用系统，纠正不规范法律文书 50 份，发现超期预警通知 27 件次。全年共接受涉案物品入库 411 件，出库 310 件，涉案款入库 1520.13 万元，出库 25.36 万元，先后清退省交通厅原副厅长邹某受贿系列案、鼎城区原区委书记李某葆受贿系列案中扣押的当事人财产 320 万元。全市检察机关公开程序性信息 3173 条，终结性法律文书 514 份，居全省第四。召开专题新闻发布会，向省、市新闻媒体分别通报全市检察机关开展规范司法行为专项整治工作情况。组织市人大常委会部署的“检察官履职评议”活动，对 10 名检察人员开展案件评查、调查走访、征求意见等工作。

第三章　检察宣传　检务公开

第一节　检察宣传

1988 年，全市检察机关共有 520 多篇稿件被各级报刊、电视（台）等新闻媒体采用。其中国家级 12 篇、省级 60 篇，电视新闻报道 2 部。为庆祝检察机关恢复重建 10 周年而摄制的电视新闻系列报道《重振雄风》得到社会各界好评。

1989 年，全市检察机关共有 830 篇（条）新闻稿件被电台、电视台、报纸、杂志采用，其中国家级 12 篇、省级 113 篇、市级 174 篇。全市检察机关共办法制宣传专栏 141 期，印发各种宣传资料、图片、典型案例 13050 份。结合办案，深入机关、厂（矿）、农场、企事业单位、学校、街道讲授法制课 126 场次，受教育者 85 万多人次。在集市、车站、繁华街道等群众聚集地点开展法律咨询 36 次，出动宣传车 133 台次。举行各种形式的新闻、案例发布会 23 次。召开兑现“两院”《通告》政策宽、严大会 36 次。开展法制宣传演讲 8 次。武陵区检察院组织拍摄的电视剧《独角兽》在省、市电视台播放。市人民检察院以“反贪污、反贿赂”“为政清廉”为主题，与市电视台联合摄制了《肃贪倡廉、邸柱中流》《廉洁自律、过好四关》《依法治税、确保税收》等 4 部专题片，在市电视台播出。9 月，市财政局局长看到省、市电视台播放市人民检察院领导带头过好“人情关”“请客关”“金钱关”“用人关”的报道后，随即带领工作组，先后到市人民检察院及桃源、鼎城等 5 个检察院开展调查，进行现场办公，帮助解决困难。是年，市财政拨款 20 多万元解决急需。9 月 8 日，鼎城区石门桥信用社主任黄某普等 3 人看到市电视台报道鼎城区检察院对刘某江、陈某玉等 3 名经济犯罪被告人公开宣布免予起诉的消息后，连夜携带赃款 1 万元到区检察院投案自首。

1990 年，被县级以上新闻单位采用各类稿件 1018 篇（条），其中省、市级媒体采用 191 篇（条）、国家级媒体采用 16 篇。办法制宣传栏 153 期，出庭公诉宣传法制 1596 次，召开公捕大会 27 次，印发各种宣传资料、图片、案例 15600 份，到有关单位讲授法制课 167 场次，受教育者 55 万多人次，开展法律咨询 47 次。组织全市 1500 多名干部职工赴省参观《全国检察机关反贪污贿赂展览》。通过宣传中央政法委“5·5”电话会议精神和省高级法院、省人民检察院、省公安厅、省司法厅、省劳教委联合发出的《关于在全省“三所”进行一次法律教育，发动人犯坦白检举的通知》精神，全市“三所”在押人员有 314 人检举揭发线索 824 条，查处违法犯罪金额 57.3 万元。全市检察机关把加强自身廉政建设，树立检察机关的群体形象作为检察宣传的重要内容，宣传报道了汉寿县院《打击内部

“蛀虫”，促进企业发展》、津市市院《做好新时期检察干警思想政治工作》、武陵区院《排除阻力，查办贪污贿赂大案》和武陵区院副检察长孔庆祥、正科级检察员林茂舫、桃源县院工作局副局长廖文汉、安乡县院共产党员罗海林等10多个先进典型单位和个人，在全省产生了好的反响。

1991年，被县级以上新闻单位采用稿件1105篇，其中市级354篇、省级203篇、国家级58篇。2篇通讯、消息分别被《当代文学》和中央人民广播电台评为优秀稿件。有26篇报告文学、纪实文学、人物通讯被省以上报刊采用。全市检察机关共办法制宣传栏178期，出庭公诉1369场次，召开公捕大会34次，举办电视、电台新闻发布会25次，印发各种宣传资料、图片、典型案例8950份，结合办案讲授法制课260场次，受教育者15万多人次。3月，市人民检察院以一封反映湖南雄磺矿杨忠政等人贪污1.4万元企图嫁祸党委委员、工会主席宋元文的举报信为题材，在《常德日报》以《圣剑风流歌》为题刊发整版报道，引起社会广泛关注。省人大常委会副主任刘月娥看到报道后，赞扬“人民检察官，工人阶级的主心骨”，将这一报道推荐给《湖南工人日报》，该报当即派出2名记者到市人民检察院和有关单位采访，又推出系列报道。

1994年，被省以上单位采用稿件193篇，其中国家有关单位、高检院、省委采用16篇，省人民检察院采用136篇。编发《常德检察》《重要情况》等42期，刊登各种文章226篇。

检察干警分发检察宣传资料

1995年，全市检察机关被采用各类稿件494篇（条），其中市级125篇（条）、省级304篇（条）、国家级65篇（条）。编发《常德检察》《重要情况》共101期，刊登文章259篇，被中央、省有关部门采用185篇。其中，《对常德城区青少年吸毒现象的调查》和《亟待加强“保外就医”人犯的监管》2篇文章被省院采用后，引起省委书记王茂林、省政法委书记吴向东的高度重视，对文章作出批示，并为市委开展打击毒品犯罪等决策提供了依据。发行《检察日报》1939份、《反腐败导报》11206份、《检察与社会》1200份，检察报刊的发行工作位居全省检察机关前列。全年还开展“三八妇女节女检察官宣传”“五四青年节检察官宣传”“反贪成果宣传”“打假宣传”等专题宣传活动。省人民检察院反贪成果展览中，市人民检察院为参展的7件大要案撰写的文字介绍获得省人民检察院好评。

1996年，主要围绕队伍建设、“严打”斗争、抗洪抢险等工作开展检察宣传，被市级以上新闻媒体采用各类稿件465篇，其中国家级70篇、省级277篇、市级118篇。发行《检察日报》1200份、《反贪导报》12300份、《检察与社会》1300份。宣传报道被省人民检察院及市委、市政府表彰的12个院、科（股）单位和26名个人的先进事迹。编发《常德检察》《重要情况》共83期，刊登文章381篇，其中被省以上机关、部门采用183篇。

1997年，全市检察机关撰写稿件448篇，被省级以上报刊等媒体采用稿件307篇，其中国家级76篇、省级231篇。编发《常德检察》《重要情况》81期，刊发文章、消息223篇（条），被省以上有关部门、单位采用208篇。

1998年，全市检察机关共有480篇稿件被新闻媒体采用，其中国家级79篇、省级348篇。

1999年，全市检察机关共有537篇稿件被新闻媒体采用，其中国家级83篇、省级328篇。

2002年，全市检察机关采写新闻稿件136篇（条），被新闻媒体采用129篇，其中国家级媒体采用13篇（条）、省级媒体采用67篇（条）、市级采用33篇（条），其他新闻媒体采用17篇（条）。制作宣传专栏37块，更换宣传内容82期。为加强检察机关英模人物先进事迹宣传，促进“为人民执法，让人民满意”活动的开展，市人民检察院先后组织“全市十佳检察官”巡回报告、全市“执规创星”巡回报告、全市检察机关“迎中共“六大强警展演”、全市“优化经济环境、预防职务犯罪”宣传周等活动，撰写《敬礼！中国检察官》报告文学，开辟检察机关“心连心”宣传窗。

2004年，全市检察宣传工作围绕“强化法律监督，维护公平正义” 主题，积极宣传英模人物先进事迹。采写新闻稿件168篇，被国家级单位采用9篇、省级采用39篇、市级采用29篇、其他媒体采用4篇。制作宣传专栏20块。由全市检察机关选派的雷晓敏等10名女检察干警表演的常德丝弦《姑娘爱得不一样》，参加首届全省“三湘检察之光”文艺调演，获得一等奖，市人民检察院获得活动组织奖，省人民检察院检察长何素斌为该节目颁发奖杯、奖牌和奖金。此外，该节目还特邀为“庆祝全国女检察官协会成立十周年暨全国女检察官协会四届二次理事会议”演出。在组织干警开展向方工、任长霞等优秀人物学习的活动中，突出宣传荣获高检院“优秀司法警察”称号的市人民检察院法警支队支队长曾祥国、荣获全省“巾帼建功标兵”“三八红旗手”称号的桃源县院干警张红卫等先进个人。

2005年上半年，采写新闻稿件268篇，国家级新闻媒体采用62篇、省级采用55篇、市级采用38篇、其他媒体（如互联网和《检察风云》等）采用20篇。向省人民检察院报送论文15篇，常德市检察机关3篇获奖，其中武陵区院、桃源县院各1个二等奖。参加全省检察系统书画诗词摄影作品比赛，澧县检察院干警张儒俊的作品获三等奖。临澧县检察院干警卞锴参加全省“女检察官风采”演讲比赛获二等奖。

2006 年，全市被采用的各类新闻稿件共 354 篇，其中国家级 104 篇、省级 99 篇、市级 63 篇、其他媒体 88 篇。共张贴宣传标语 36 条、制作宣传专栏 16 期、宣传专刊 6 期。通过新闻媒体推介先进典型 15 人。市政法委、省人民检察院转发和推介全市检察机关法治理念教育活动信息 12 份。全市检察机关向省人民检察院政治部报送论文 25 篇。

2008 年，开展纪念检察机关恢复重建 30 周年活动，采写新闻稿件 458 篇，被各级媒体采用 302 篇，其中国家级 52 篇、省级 63 篇、市级 166 篇、其他媒体 21 篇。《常德检察》编发的文章，被高检院、省政法委、省人民检察院所办刊物采用信息调研材料 9 篇。举行《三湘检察故事会》和《农村大舞台》送文艺下乡、树政工形象演讲赛等专项活动。特别是市人民检察院组织的大型广场文艺演出活动《武陵欢歌》，受到市委宣传部、市政法委领导的高度赞扬。检察干警自编自演的湘北大鼓《闪亮的检徽》，得到市人大常委会领导和观众的一致好评。市人民检察院干警陈敏在全市组织系统的演讲比赛中获一等奖、临澧县检察院干警卞锴在全省女检察官风采演讲赛中获一等奖、市人民检察院报送的故事《正义的拷问》在《三湘检察故事会》中获二等奖、市人民检察院获组织奖。在常德电视台举办了两期专题电视宣传，重点宣传鼎城区检察院的先进事迹。安乡县院干警傅义慧参加省人民检察院组织的实践科学发展观先进事迹报告团，在全省作巡回报告。

2009 年，围绕深入学习实践科学发展观活动和庆祝中华人民共和国 60 周年开展检察宣传工作。全市检察机关被各级新闻单位采用稿件 675 篇、专题消息 93 条。市人民检察院机关编发《常德检察》13 期（学习实践科学发展观专刊），刊发文章 25 篇，其中 21 篇被市委学习实践办等单位采用。推介各类先进典型 23 名，其中澧县院优秀复退军人田兴发的事迹受到省人民检察院领导和市政法委领导的充分肯定，省人民检察院政治部主任徐则劲在其先进事迹材料上作出批示，号召全省检察干警向他学习。7 月上旬，澧县县委作出向田兴发学习的决定。市人民检察院和白洋堤院共同举办了庆青年节文艺晚会。市人民检察院选派的节目参加全市的《新的跨越》大型文艺晚会获得一等奖。

2010 年，围绕“恪守检察职业道德、促进公正廉明执法”等主题开展检察宣传活动。全市被各级新闻媒体采用稿件 877 篇，其中国家级媒体采用 409 篇。全市检察机关普遍开展创特色检察文化品牌活动，加强检察文化建设，促进文化育检。全市检察机关党组挂帅、上下联动、全员共创文明单位。10 月，市人民检察院通过省级文明单位检查验收。年底，鼎城区、安乡县、澧县、津市市 4 个基层检察院被授予“市级文明单位”称号，桃源县、石门县、临澧县、武陵区 4 个基层检察院分别通过市级文明标兵单位和市级文明单位的复查验收，汉寿县院获得县级文明单位称号。市人民检察院的舆情研判与处置工作受到省人民检察院和市政法委的肯定。

2011 年，全市检察机关被市级以上媒体采用检察宣传稿件 630 篇。6 月 28 日，市人民检察院召开反渎职侵权工作新闻发布会，20 家省、市新闻媒体记者参加发布会。为庆祝建党 90 周年、《人民检察》期刊创立 80 周年，开展系列文化体育活动，展示检察干警热爱党、热爱人民、热爱祖国、热爱法律的精神风貌。

2012 年，全市检察机关被市级以上媒体采用检察宣传稿件 645 篇。6 月 28 日，市人民检察院召开网上监督平台新闻吹风会，省、市 20 多家新闻媒体记者参加。为迎接中共十八大召开，全市检察机关举办“检察官之歌”文艺演出、书法摄影诗词作品展等文体活动。在《常德日报》等媒体刊发《蒲苇韧如丝》《检徽下的木兰花》等多篇宣传检察干警先进事迹的新闻稿件，涌现出了钟颖、蒋天、左建军等一批优秀典型，其中钟颖获得“湖南省检察职业道德标兵”称号，被省人民检察院记一等功。截至 11 月底，发现涉常涉检网络舆论 11 起，其中负面 8 起，省人民检察院交办 2 起，均进行及时处置。

2013 年，围绕“政法干警核心价值观”“转变执法理念、服务经济发展”和“一包双联”等主题实践活动开展检察宣传。紧贴中心工作，对全市检察机关的重大部署、重要工作、重要活动以及检察队伍和检察业务工作的成效，及时进行宣传，在市级以上新闻媒体上稿 652 篇。市人民检察院与《常德日报》、常德电视台、法治在线等媒体建立协作机制，在《常德日报》开辟“立检为公、执政为民”专栏，定期发表全市检察机关的专栏文章。重点宣传了安乡县检察院在土地综合整治项目中预防职务犯罪的做法，《人民日报》、新华社内参、中央电视台、《检察日报》、《湖南日报》等进行推介，高检院检察长曹建明给予充分肯定，省委书记、省人大常委会主任徐守盛在《安乡县院对土地整治建设实施重点预防的实践与启示》一文上两次作出重要批示，省委常委、省政法委书记孙建国对《预防职务犯罪出生产力的十年见证——安乡县院对土地整治建设实施重点预防的实践与启示》一文作出批示。

市人民检察院开展法制宣传进社区活动

2014 年，检察宣传工作的主要做法是：（1）加强检察宣传工作制度建设。按照《湖南省人民检察院涉检舆情应急管理办法》的规定，成立常德市人民检察院机关舆情领导小组，明确相关部门职责，形成工作合力，进一步加强检察宣传工作制度建设，提高检察宣传文化的水平。每季度对各基层院主题宣传策划、新闻宣传、网络宣传、涉检网络舆情监测处置等工作进行通报，及时推广经验。建立常德检察宣传 QQ 群，由市人民检察院宣传科统一管理，各基层院明确一名检察宣传专干加入 QQ 群，使 QQ 群成为工作交流、信息共享、群策群力的平台。向省人民检察院宣传处争取跟班学习的机会，建立跟班代训制度。先后安排石门县院、武陵区院的宣传专干到省人民检察院跟班学习，直接参与宣传稿件审核、网络舆情处置等工作。（2）努力拓展检察宣传的载体和形式。运用市人民检察院内网和门户网站开展宣传。在市人民检察院内外网上建立“群众路线教育实践活动”专栏，及时发布检察机关开展教育活动的信息。同时将学习资料、上级文件及时上传内网，方便干警学习。此外，还在内网上开办“美文共享”和“学习分享”“常德日报同期声”等专栏，将全市检察干警撰写的工作、生活、学习感悟通过网络进行交流。尝试运用省人民检察院“两微一信一门户”平台开展宣传。上半年，市人民检察院政治部对微博、微信稿件的写法、风格、选材等进行研究后组织全市宣传专干积极投稿。全市检察机关被市级以上媒体采用新闻稿件660篇。运用传统媒体开展宣传。围绕检察队伍形象、主题活动、典型案例、先进人物等在《检察日报》《常德日报》和省级电视台开展宣传。《检察日报》对市人民检察院协办的“新《刑事诉讼法》贯彻实施中的问题与对策”研讨会进行了专题报道，《湖南日报》对安乡县院的预防工作进行了专题报道，湖南电视台廉政频道对石门县检察院的林检工作进行专题报道。运用网络媒体开展宣传。全年在凤凰网、新浪网、人民网、红网、华声在线、中国网、尚一网等网络媒体上稿多篇。（3）加强主题宣传策划和深度宣传报道。重点活动集中宣传。对群众路线教育实践活动、“争当最美女检察官”“检察官清明祭英烈”“举报宣传周”等活动通过多种形式开展集中宣传，加大宣传影响力。7月，组织电视台、电台、报社、网络等10多家媒体对全市检察机关组织的“公平正义在侦监”检察开放日活动进行集中报道，收到良好的社会效果。对重大事件深度报道。4月，安乡县院被最高检授予“集体一等功”，《检察日报》头版头条对此进行深度报道，常德电视台连续三天对安乡县院工作进行系列报道。开辟专版专栏进行系列宣传。市人民检察院在《常德日报》开辟“检察执法三贴近”专栏，推出“检察官札记”16期。此外，《常德日报》记者对市人民检察院检察长刘清生进行了专访。（4）抓民调、树先进，传播检察队伍形象正能量。市人民检察院出台《常德市检察机关2014年度“抓民调、创满意”工作方案》，通过抓民调，全面提升人民群众对检察工作的满意度。同时，加大对先进典型的树立和宣传工作。安乡县院预防办主任杨善平当选2013年度“湖南法治十大人物”、安乡县院党组副书记曹静被全国妇联评为“全国维护妇女儿童权益先进个人”、市人民检察院公诉一科副科长钟颖参加常德政法系统先进事迹报告团巡回演讲、汉寿县院技术科科长宋鹏在“常德故事百姓讲”汉寿政法系统专场暨先进典型事迹报告会上作典型发言。

2015年，加强检察宣传文化建设，促进文化育检，其主要工作是（1）抓好日常宣传。一是对常规工作及时宣传。对巡视工作、“三严三实”专题教育、规范司法行为、七个传统节日、“书香满院”读书征文比赛、检察官履职评议、检察开放日活动、“正义杯”羽毛球赛、新进人员岗前培训、宪法宣誓日活动、检察工作新闻发布会、招录及遴选检察工作人员等全院性工作、活动、会议等进行同期拍照、报道71次，在市人民检察院内网和门户网站分别发稿65篇和58篇，市人民检察院撰写的稿件被省院媒体采用196篇。二是对特色工作深度宣传。5月26日，全省科技强检示范院推进会在市人民检察院召开，市人民检察院撰写的《当检察技术遇到互联网+》《常德：建立六个信息平台保障办案》2篇文章分别被《法制日报》《检察日报》、最高人民检察院网站、法制网、省人民检察院门户网站和湖南检察微信、《常德日报》等多家媒体采用。同时，《常德日报》以头版头条和专版形式连续宣传市人民检察院科技强检工作，常德电视台新闻频道同期进行电视报道。三是对新媒体尝试运用宣传。4月，市人民检察院开通常德检察微博后，编发稿件16期；6月，市人民检察院开通常德检察微信后，编发42期。同时向人大代表、人民监督员、新闻媒体推广常德检察“两微”平台，通过微博微信开展宣传，提高检察机关检务公开力度。四是召开新闻发布会集中宣传。6月25日，常德市检察机关规范司法行为专项整治工作情况新闻发布会在市政府新闻发布厅召开，省市11家媒体的记者参加。12月11日，常德市检察机关2015年度查办职务犯罪工作情况新闻发布会在市政府新闻发布厅召开。《湖南日报》《三湘都市报》《常德日报》《常德晚报》、常德电视台新闻频道及红网、中国网等14家省、市媒体的记者参加新闻发布会。（2）指导基层检察院和白洋堤院搞好宣传工作。4月，邀请《检察日报》湖南记者站站长和《常德日报》、常德电视台记者给全市检察宣传专干培训。组织全市检察机关开展各类专题策划及报道15次。全市两级检察机关在省级纸质媒体、电视广播媒体、网络媒体、一网两微采用稿件1458篇。鼎城区、石门县、桃源县、汉寿县等检察院先后开通了官方微信。鼎城区院把宣传工作作为提升队伍综合素质、促进检察业务工作的有效抓手，用多措并举“抓”、开展活动“促”、立足特色“挖”、精心策划“推”四字工作法，摸索出一条用工作促进宣传、以宣传倒逼工作的新途径，形成了广播、电视、报刊、网络和社会全面覆盖的新闻宣传格局。该院在中央级媒体采用30篇、省级媒体共发布103期353条（篇），超额完成了年度检察宣传目标任务，在全省基层院中位居前列，获得省人民检察院领导的肯定。汉寿县院为强化检察宣传，制定检察信息宣传调研方案，将任务量化到科室，并纳入全院岗位绩效考核项目，形成了较为完备的检察宣传制度，向各类新闻媒体提供检察宣传稿件210篇，其中《检察日报》采用25篇。（3）在媒体开辟专栏。市人民检察院在《常德日报》开辟专栏“我的检察微故事”，刊发15期；在常德电视台设立专栏“2015，点赞检察官”，播出11期。

2014年9月12日，市人民检察院举行登山比赛

第二节 检务公开

1998年10月，最高人民检察院下发《关于在全国检察机关实行“检务公开”的决定》的通知，全市检察机关迅速传达学习，贯彻落实，“检务公开”工作逐步完善、深入、全面。市人民检察院及各基层检察院先后在办公楼大厅或群众方便看到的地方开辟“检务公开”橱窗、专栏，并设置大型电子显示屏，滚动播出与人民群众密切相关的各项检察业务知识，印发《检务公开指南》等资料给群众。《检务公开指南》上公开检察机关的概况、性质、职能、机构设置、班子成员、执法人员、执法依据、举报电话号码等内容。此外，还利用报刊、广播、电视及办专题、专栏和设置“心连心”墙报等形式，公开执法过程、执法结果等。除了对诉讼程序予以公开外，还通过法律文书公开的形式将在检察环节作出终局处理的案件的事实认定、证据采信等内容予以公布。全市检察机关不断扩展公开渠道，多角度、全方位落实“检务公开”。

市人民检察院及全市各基层院自2004年起实行人民监督员制度，严格执行人民监督员监督程序，如对拟作不起诉、撤案处理的案件等进行监督评议，对庭审进行旁听，参加申诉、赔偿案件和听证等。

坚持权利义务告知制度，采取口头告知记入笔录、办案告知卡书面告知等形式。在告知义务的同时，依法告知权利，在坚持常规权利义务告知的同时，严格特殊权利义务告知。如在扣押涉案款物时，告知被扣押人有投诉、控申的权利；在宣布逮捕时，告知犯罪嫌疑人有要求重新审查的权利等。

市人民检察院举办检察开放日活动

市人民检察院在常德检察网建立“执法办案网上监督平台”，除可查询到《检务公开指南》上的各种最新信息外，还可查询除涉及国家机密、未成年人及个人隐私案件以外的检察机关直接立案侦查案件、公安机关移送案件、民事行政诉讼案件、刑事申诉案件和国家赔偿案件的诉讼过程、处理结果等消息。该平台自2012年6月28日开始运行，仅5个月时间，点击量就有1.1万多人次。在信访接待室、办公楼大厅设置电子触摸屏，来访群众可通过执法办案网上监督平台查询相关信息。

通过召开新闻发布会，通过各种媒体公开宣传检察工作情况和社会关注的重大案件等。

2008年，印发《常德市人民检察院政务公开承诺》《常德市人民检察院政务公开办事指南》《常德市人民检察院检务信息公开目录》以及市人民检察院检务公开内容、受理案件的若干规定等。政务公开承诺还公布了负责人姓名和监督电话号码；办事指南公布了举报、控告、申诉及来访的联系电话和办理地点；检务信息公开目录的21项公开内容明确相关单位具体落实到政务网站发布，并在单位设立固定公布栏进行永久性公开；检务公开的内容包括市人民检察院的职权、内设机构及其职责范围；市人民检察院受理案件的若干规定包括直接立案侦查案件的范围、贪污贿赂及渎职犯罪案件立案标准、侦查及审查起诉阶段办案期限、检察人员办案纪律、在侦查（审查起诉）阶段犯罪嫌疑人的权利和义务、在侦查（审查起诉）阶段被害人的权利和义务、证人的权利和义务、举报须知、申诉须知。依照程序选拔全市检察机关人民监督员85人，他们对检察机关立案侦查的拟作撤案、不起诉和犯罪嫌疑人不服逮捕决定的职务犯罪案件监督评议47件、53人。

2000年，常德市武陵区检察院组织全省首次刑事案件公开听证会。此后，这一作法相继在全市检察机关推开。

市人民检察院举办检察开放日活动

2001年，在全市检察机关推行刑事申诉、刑事赔偿案件公开审查制度，分别召开听证会、质证会，收到了当事人满意，党委、人大、政府及有关部门满意，检察机关自身满意的效果。这一检务公开的新举措受到高检院、省人民检察院领导的肯定，并向全国推广。

市、县两级检察机关不定期地邀请同级人大、政协领导及相关人员和社会各界代表到检察机关视察、参观，通过举行“检察开放日”活动实行检务公开进现场。

2012年，市人民检察院开展2次“检察开放日”活动。

2013年，开展“司法公正常德行”活动，全面深化检务公开。围绕“推进司法公开、提升司法公信”的主题举行“介绍检察职能，展示公诉风采”为主题的“检察开放日”活动20次。邀请各界人士100余人观摩出庭公诉；推进执法办案网上监督平台建设，公开案件2811件，接受群众查询9058次，收到群众意见和建议16条。组织人民监督员评议案件62件、71人。

2014年，坚持以公开促公正，以透明促公信，积极部署人民检察院案件信息公开系统。开展“检察开放日”活动，开展“公平正义在侦监”活动等。拓展检务公开新方式，发布检察手机报2期，向人大代表、政协委员通报检察工作动态。

2015年，在案件信息公开系统依法公开6618件案件程序性信息和2064份法律文书，确保当事人、辩护人的知情权、监督权。提请人民监督员对26件拟作撤诉和不起诉处理的案件进行评议，采纳评议意见21件。全市5个检察院开通官方微信，及时发布检察工作动态。邀请200多名群众代表参加“查办和预防职务犯罪，推进反腐倡廉建设”主题检察开放日活动，增强检察工作透明度。市人民检察院召开新闻发布会2次，通报规范司法行为专题整治和查办职务犯罪等情况。

第三节　人民监督员工作

2004年6月16日和8月26日，高检院和湖南省委分别召开基层检察院建设工作会议，全面推行人民监督员制度。根据《最高人民检察院关于实行人民监督员制度的规定（试行）》和《湖南省检察机关人民监督员制度试点工作实施方案》的有关规定和部署，市人民检察院成立以检察长杜辉才为组长、副检察长郑朝兵和政治部主任李爱群为副组长的人民监督员制度试点工作领导小组。9月8日，市人民检察院向市委、市人大常委会呈送《关于常德检察机关试行人民监督员制度工作的报告》，并向全市检察系统发出《试行人民监督员制度实施方案》，明确人民监督员的名额为市人民检察院11人，区县市院7~11人。省人民检察院规定人民监督员的选聘范围是“原则上从各行各业、社会各阶层中选任，人大代表、政协委员应当不少于选任总额的50%。党委、政府负责人、人大常委会的组成人员、各政法机关在职人员、执业律师、人民陪审员不宜担任人民监督员”。聘请的人民监督员需经同级人大常委会确认。10月11日，市人民检察院聘请吴为、代锦云、熊一、陈士华、刘潇潇、戴宏兰、定明霞、黄河、戴正玉、王一新、郭志勇11人为首届人民监督员，任期为3年（2004年10月—2007年10月）。是年年底，全市检察机关共聘任并经同级人大常委会确认的人民监督员80名，其中男66名、女14名；人大代表30名、政协委员32名；中共党员70名、民主党派人员3名、无党派人士7名。

2005年3月29日，市人民检察院召开人民监督员任命暨培训会议，全院干警及市人民检察院聘请的11名人民监督员参加会议。市委常委、市政法委书记胡宗清，市人大常委会副主任何英满，市政协副主席万成贞等出席会议。会上，为人民监督员颁发聘书、证书，监督员代表发言，表示当好监督员的决心。市人民检察院党组书记、检察长杜辉才讲了话。胡宗清在讲话中，希望人民监督员严格履行职责，促进依法治检、执法为民的不断深入发展。会后，分别由市人民检察院的业务骨干向人民监督员作人民监督员制度、反贪工作实务、渎侦工作实务、审查逮捕工作实务以及公诉工作实务简介。

2012年3月，市人民检察院对全市人民监督员进行统一选任，共选出人民监督员69名，并给他们颁发证书。人民监督员每届任期改为5年，连续任职不得超过两届。

人民监督员主要被邀请对人民检察院办理直接受理立案侦查案件的拟撤销、拟不起诉和犯罪嫌疑人不服逮捕等“三类案件”进行监督评议。2012 年，人民监督员参加案件评议 54 次，评议结果 7 次不同意原结论意见；2013 年，参加案件评议 46 次，评议结果 7 次不同意对案件的原决定意见；2014 年，参加案件评议 43 次，其中 8 次不同意原结论意见；2015 年，参加案件评议 26 次，其中 5 次不同意原结论意见。

市人民检察院征求人大代表、政协委员意见座谈会

第四章　文秘工作

第一节　理论调研

1978年，检察机关恢复重建，全市检察机关理论调研工作，由各检察院办公室负责组织。随着检察事业的发展，理论调研工作的重要性日渐增强。1998年2月，根据检察机关机构改革“三定”方案要求，市人民检察院设立法律政策研究室（以下简称研究室）并开展工作。同年12月，经常德市编制委员会常编发〔1998〕23号文件批准，市人民检察院增设法律政策研究室，为该院内设机构，1999年1月18日正式办公。由办公室负责的理论调研工作划归研究室负责。

1992年，市人民检察院副检察长吴斌撰写的《检察机关如何为建立市场经济服务》被《人民检察》和《湖南司法》分别登载；副检察长刘湘滨撰写的《戴罪立功之我见》被省人民检察院内刊采用。1997年“文明执法年”活动中，市人民检察院检察长李文耀、副检察长彭世理、石门县院检察长万革新带头搞调研，分别撰写《用“三个有利于”原则作为查办经济案件的指导思想》《邓小平刑事法制思想浅析》《试论基层院检察人才培养的氛围营造》等调研论文。市人民检察院办公室根据上级指示精神及业务科室反映的问题，以“两法”实施为切入点，拟定了若干“两法”实施的理论调研课题，如“新刑诉法实施中送达问题的研究”“新刑诉法实施后不捕案件上升的研究”等，组织全市检察干警开展理论调研工作。1997年以前，常德市检察机关的理论调研工作主要侧重于检察工作实践。

1998年，市人民检察院研究室配备2名专干，各区县市检察院均配备1名调研骨干，市县两级检察院分别明确4—5名兼职调研人员。为推动研究工作开展，市人民检察院创办内刊《常德检察法律政策研究》（后改名为《检察调研》），检察长杜辉才为该刊撰写《重视和加强法律政策研究》的发刊词。是年，全市检察机关开展“四月专题调研月”和“执法思想大讨论”活动，两级院领导高度重视和积极带头，活动取得一大批调研成果。市人民检察院5名正副检察长均在省级以上报刊和研讨会上发表了论文，其中，检察长杜辉才撰写的《正确处理办案质量与数量的关系》、副检察长彭世理撰写的《论惩治犯罪与保障人权并重》两文被收入中国检察官协会等四家单位合编的执法思想讨论文集。市人民检察院副检察长陈彰福、干警朱立爱合作撰写的调研论文《刑事违法性浅谈》获省刑法学会理论研讨会一等奖。彭世理、陈辉合作撰写的论文在全市依法治市理论研讨会上评为一等奖。5月7—8日、10月22—23日，市人民检察院研究室分别与刑二科、控申科在澧县、津市召开全市审查起诉系统、全市控申举报系统理论研讨会，会后，分别将19篇和10篇具有较高质量的论文汇编成册。7月，由杜辉才作序，市人民检察院副检察长王尽忠题写书名，市人民检察院研究室主任陈辉编著的《新时期检察业务实践初探》一书出版。9月，市人民检察院与省检察学会合编的《检察学文选》1998年第3期出版，刊登常德市检察干警撰写的调研论文19篇。是年，全市检察机关共撰写各类调研论文180多篇。在省以上报刊（含内刊）、理论研讨会上采用论文97篇，其中，中央级33篇，省级64篇。

1999年，市人民检察院先后制定或修改《常德市法律政策研究工作目标管理考核标准》《检察调研骨干责任制管理办法》等制度，落实省人民检察院的《领导调研成果责任制》要求。3月初，市人民检察院检察长杜辉才在该院研究室、办公室联合召开的各基层检察院办公室主任、调研专干会议上强调："领导调研成果责任制的关键是检察长要亲自搞调研，写文章、出精品。"会后，各基层检察院分别结合本单位的实际情况，制定相关制度。两级检察机关领导带头撰写理论调研文章，其中，杜辉才撰写的《正确处理办案数量与办案质量的关系》被高检院采用；市人民检察院副检察长杨长巨、彭世理分别撰写的《略论强化民事行政检察监督》《略论检察监督的缺陷及其完善对策》《当前我市流通领域中国有商业企业职务犯罪的特点及其预防对策探讨》先后被省人民检察院采用。鼎城区、石门县、澧县、武陵区、临澧县等基层检察院主要领导都撰写了理论调研文章，有的文章为省级以上报刊所采用。全市700多名干警，有400 多名撰写调研文章。石门县院人人动手，人平撰写调研文章1.5篇。津市市院干警龚平撰写的《主诉检察官制度若干问题探讨》被省人民检察院采用，后收入《中国改革与发展文库》。当年全市完成高检院布置的检察机关体制改革等课题3个，完成省人民检察院布置的调研课题4个，撰写有分量的调研文章180余篇，其中，被高检院内刊及中央级刊物采用42篇，被省级以上刊物及学术研讨会议采用30篇。10月，市人民检察院在鼎城区院召开有市委、市人大常委会、市政府、市政协及市直政法各家等单位调研部门负责人参加的理论调研工作研讨会。11月5日，市人民检察院召开1999年全市检察理论调研成果交流会，与会的有市政法单位、市社科联的领导，各基层院分管调研工作的副检察长、调研专干及优秀论文作者。会议从交流的论文中评出一等奖1篇，二等奖3篇，三等奖7篇，优秀奖15篇。各基层检察院也积极开展学术研讨活动，仅召开区县市范围理论研讨会就达7次。

2000年，市人民检察院采取多项措施推动检察理论与应用研究工作深入开展，深化检察体制改革的探索与实践。4月11日，市人民检察院印发《常德市人民检察院特聘调研员管理办法》，从基层院聘请一批调研骨干作为市人民检察院机关的兼职调研员；进一步完善两级院调研工作联系点和联络员制度，明确责任和义务，形成了以调研部门为主体，专兼职人员相结合的调研网络。建立《调研工作报告制度》《重大课题、重要调研成果通报制度》等管理制度。为确保全市调研任务完成，实行目标管理。将调研指标层层分解，把软任务变成硬指标，落实到人头。市、县两级检察机关普遍采取倾斜政策，对调研人员给予精神和物质奖励。澧县、临澧县、武陵区、鼎城区、桃源县等检察院都建立奖励基金，制定奖励细则，激发广大干警开展调研工作的热情，形成人人关心调研工作，人人参与调研工作的良好氛围。是年，全市检察机关围绕检察改革主题进行专题调研取得好成果。如围绕检委会改革，市人民检察院研究室撰写《改进和完善检察工作机制的思考》，武陵区院撰写《检察委员会制度存在的问题及改进意见》、石门县院撰写《如何规范检委会的议事规则》等文章。围绕推行主诉、主办检察官办案制度，市人民检察院陈彰福撰写《试论主诉检察官的权力与职责》，津市市院通过调查、分析、研究制定《津市检察院主诉检察官制度（试行)》等。围绕队伍建设、机构改革，武陵区院撰写《基层检察院机构设置改革之我见》、白洋堤院撰写《检察人事管理体制中存在的问题及对策》、临澧县院撰写《检察机关领导体制实行垂直管理势在必行》等。全市检察机关还高质量地完成了高检院和省人民检察院下达的“检察机关组织法修改”“检察机关管理体制”等研究课题。石门县、澧县、临澧县检察院分别召开检察理论研讨会，共发布论文30余篇，活跃调研、学术研讨氛围。全市共完成各类研究文章326篇，其中理论研究文章186篇、专题调研文章132篇，重大课题研究文章8篇。被国家级报刊采用21篇，省级报刊采用47篇。杜辉才、陈彰福撰写的《检察机关预防职务犯罪初探》《关于贿赂犯罪构成要件的方法思考》分别被“全省预防职务犯罪理论研讨会”、《湖南检察研究》采用和发表。

2001年，全市检察机关共完成各类论文、调查报告、案例分析120余篇。其中领导干部带头撰写调研文章80余篇，有50篇分别被中央、省、市各类杂志采用。完成省人民检察院及市人大常委会、市政协、市政法委下达的调研专题6个。市人民检察院研究室先后与民行科、监检科联合开展专题调研活动，产生的论文有4篇获得省人民检察院优秀论文奖。

2002年3月，市人民检察院研究室在检察长的带领下，先后深入武陵区、鼎城区、石门县、烟厂、金融等13个区县或单位，开展检察机关如何运用检察职能为优化经济发展环境服务的专题调研，撰写出的《优化经济环境应注意处理好五种关系》一文，被省人民检察院作为优秀调研论文，推荐参加了10月23日由高检院举办的全国检察机关优化经济环境学术交流会。全市检察机关还紧紧围绕“严打”斗争法律适用等方面出现的新情况进行调研，共撰写论文19篇。对深化“严打”斗争、解决“严打”斗争中适用法律及案件定性处理起到积极作用。如市人民检察院研究室的《办理黑社会性质犯罪案件应注意的几个问题》《黑社会犯罪与黑恶势力两者的区别》，桃源县院的《检察机关应注重对拘留期限延长的法律监督》等文章为正确解决“严打”斗争中遇到的新问题、新情况提供了指导性对策。在围绕执法中的难点开展调研时，共完成学术论文、调查报告14篇，其中汉寿县院的《当前我县职务犯罪特点、原因及对策》、白洋堤院的《浅谈刑讯逼供犯罪心理特征及其预防》、津市市院的《公诉引导侦查探微》等文章，较好地解决了在检察司法实践和“严打”斗争中遇到的一些法律应用问题及法学热点、难点问题，有些观点受到法学专家的好评和肯定。

2003 年，全市检察机关共完成各类论文、调查报告、案例分析 152 篇。完成省人民检察院及市人大常委会下达的调研专题 6 个，其中省人民检察院结合高检院下达的专题调研课题，给常德市下达的《检察官分类管理》专题调研任务，市人民检察院李宽庆与白洋堤院陈柳湘共同承担。经过几个月的调研工作，完成 8000 余字的调研论文《浅谈检察人员的分类管理》，获全省“优秀调研成果”二等奖。5 月、6 月，市人民检察院研究室先后与本院监所科、职务犯罪预防科联合开展“常德市监所检察工作调研专题活动”“预防职务犯罪调研专题活动”。10 月，市人民检察院组织召开展示全市监所检察调研成果的“金秋笔会”，11 篇优秀论文在会上交流。11 月，全省预防职务犯罪研讨会在常德召开，常德市推荐的 3 篇论文有 2 篇在大会上交流。

2004 年，市人民检察院提出围绕检察工作实践和重点，发挥研究室“三个服务”(为党和国家大局服务、为中心工作服务、为领导决策服务) 职能，以调研为龙头，强化精品意识，在深度和广度上做文章，力争理论和应用研究工作出新意、出特色的检察调研工作思路。是年，研究室完成 6 项专题调研任务：与民行检察部门联合开展的《检察机关提起、参与民事行政诉讼的探索和实践》专题调研；与监所检察部门联合开展的刑罚执行监督专题调研；根据市政协的意见，与监所检察部门联合开展的关于纠、防超期羁押与办案期限的专题调研；配合市人大常委会完成全国人大常委会法工委刑法室到常德进行的关于刑事诉讼法修改的专题调研；关于基层检察院检察委员会工作状况的专题调研；组织全市检察干警参加市法学会组织的“执法能力提高和司法公信力提高”的理论研讨活动。市人民检察院研究室与民行检察科、监所检察科对专题调研活动形成的调研论文，有 2 篇被高检院选为优秀论文并参加全国民行检察理论研讨会；5 篇参加全省监所检察研讨会，其中 2 篇被省人民检察院评为优秀论文。

2005 年，全市检察机关共完成各类论文、调查报告、案例分析 130 余篇。市人民检察院研究室编发《检察调研》6 期，刊登调研文章 30 余篇。市人民检察院研究室在人手少，工作任务重的情况下，配合市人大常委会完成全国人大常委会在湘进行的关于执行《律师法》的执法检查活动，为市人大提供常德市检察机关执行《律师法》的专题调研报告；完成全市检察机关检察委员会人员组成及工作状况的专题调研；完成省人民检察院下达的《检察办案环节律师权利保障》重点调研课题的部分内容。

2006 年 4 月，市人民检察院党组专题研究检察理论研究工作，针对检察理论研究工作的薄弱环节，提出加大检察理论研究工作力度的意见，并出台相应的奖励措施。全年检察理论研究工作在克服薄弱环节方面有了一些起色，主要表现在各基层检察院“一把手”带头搞调研的势头有所增强、稿源枯竭的状况有所改善、检察理论研究文章质量有所提高等。11 月，全市检察机关选派 6 名干警参加第三届鄂豫皖湘赣五省物证技术学术交流会，有 10 篇论文被大会采用，其中 2 篇被评为优秀论文。

2007 年，市人民检察院运用多种形式、多种方法调动全市检察机关的调研积极性。同时，加强对基层院调研工作的指导，帮助他们有针对性地开展调研，从整体上提升调研能力。全年共收到基层院调研文章 40 篇，编发《检察调研》4 期，刊登调研文章 19 篇。

2008 年，市人民检察院检察长陈海波的《检察机关执法中的利益驱动现象探究》在国家级刊物《中国检察官》2008 年第 11 期上发表，干警陈小利的《新闻记者拒证权的理论基础》在全国优秀社科学报《铁道警官高等专科学校学报》2008 年第 3 期上发表。市人民检察院向高检院申报检察理论研究课题“职务犯罪侦查管辖问题比较研究”，向省人民检察院申报应用型理论研究课题“认罪案件办理机制研究”。高检院和省人民检察院为此下拨科研经费 1.4 万元。年底，高检院课题中期研究报告完成；省人民检察院课题在组长周奔红带领下结题并在《法治潇湘》上发表。 2 月，为配合上级院和全国人大常委会在湘进行的刑事诉讼改革调研，市人民检察院就如何在检察工作中贯彻宽严相济的刑事政策、诉讼监督的难点等问题组织全市检察系统开展调研。7 月，市人民检察院政治部主任张治民撰写的调研论文《当前基层检察院队伍建设存在的主要矛盾及解决问题的建议》被市委政法委评为优秀论文。8 月，配合省人民检察院完成《国家赔偿法》修改有关问题的调研；完成市人大常委会交办的《监督法》执法调研，并向市人大常委会作专题汇报。10 月，为配合省人民检察院关于举办 2008 年全省检察理论研究年会的安排，全市共向省人民检察院上报论文 19 篇。市人民检察院研究室对全市检察机关的执法状况和扣押、冻结款物情况进行调查与分析；桃源县院对检务保障问题进行专题调研，剖析检务保障政策对检察机关执法产生的影响；通过解剖安乡和津市两院队伍建设状况，对检察机关人员配置、人才流失、工作断层等问题进行调查与分析，并分别写出专门调研报告，提出意见和建议，为领导和上级机关决策提供依据。

2009 年，市人民检察院推行三级理论调研（市、省及全国检察调研）课题制，成功搭建三级检察理论调研工作平台，被省人民检察院研究室称之为“常德市研究室工作亮点”。市人民检察院拿出 3 万元作为课题经费，确定 14 个课题，首次将课题与经费挂钩，组织全市检察机关和个人申报。经审核，确定由市人民检察院研究室、侦监科、公诉一科、公诉二科及 10 个基层检察院各承办 1 个课题。市人民检察院成功申报承办高检院课题 1 个、省人民检察院课题 2 个。由检察长陈海波主持的高检院理论调研课题全面完成，中期成果《域外职务犯罪侦查管辖冲突处理模式探微》在《人民检察》（湖南版）第 3 期发表，结题论文在全国法律类核心期刊《中国刑事法杂志》2009 年第 12 期上发表。副检察长周奔红的《基层检察工作的价值定位》在《人民检察》（湖南版）第 4 期上发表。市人民检察院研究室向省人民检察院申报的《审讯录像公开制度研究》课题论文完成并交付发表。全市检察机关公开发表的理论调研文章共 22 篇，其中在中央级刊物发表 3 篇，省级刊物发表 18 篇，市级刊物发表 1 篇。4 月 21—22 日，市人民检察院首次筹备举办了以“正确履行检察职能，保障服务科学发展”为主题的 2008 年度常德市检察理论研究年会。

2010年，全市共在期刊上公开发表论文8篇，撰写调研报告20篇，桃源县院检察长柳立武撰写的《对破解当前基层检察院反贪工作难题的思考》一文，省人民检察院检察长龚佳禾批示，给予充分肯定。全市还撰写其他检察论文60余篇。常德市检察系统向省人民检察院申报课题2项，自行确定课题15项。市人民检察院还加大了推介检察理论研究成果力度。3月，市人民检察院派员赴高检院理论研究所和中国刑事法杂志社推介理论研究成果，《中国刑事法杂志》第6期刊登陈海波撰写的《职务犯罪侦查管辖问题比较研究》一文。5月、6月，主管检察长带领研究室人员两次到省人民检察院研究室汇报工作并推介理论研究成果，得到省人民检察院研究室的肯定与支持，省人民检察院研究室承办的《人民检察（湖南版）》刊登常德市调研文章2篇，并同意出版《人民检察》（湖南版）增刊，专门刊登常德市的优秀调研文章。桃源县院依托网络平台，加强检察理论研究成果的推介工作，全年在正义网和法制新闻网上发表各类论文28篇。

2011年，市人民检察院成功申报省人民检察院课题1项，即“检察长列席审判委员会制度的落实与完善”；基层人民检察院和市人民检察院内设机构向市人民检察院申报课题23项；市人民检察院内设机构自拟课题8项。是年年底，所有课题都撰写课题论文，部分论文公开发表。市人民检察院研究室根据本地检察工作实际，有针对性地开展9项专题调研，撰写9个专题调研报告。4月，为配合高检院研究室副主任王东一行到常德就检调对接和法律文书说理问题的调研，市人民检察院检察研究室到4个基层检察院调研，撰写《关于常德市检察机关检调对接和法律文书说理工作相关情况的报告》；5月，为执行省人民检察院关于开展检委会工作专项检查的工作要求，市院研究室调研10个基层院，撰写《常德市检察机关检委会情况报告》；9月，为落实省人民检察院检察长龚佳禾关于辖区内津市市院作为全省检察机关机构改革试点单位的指示，市人民检察院研究室先后3次到津市市院调研，协同该院撰写《津市市人民检察院关于内部整合工作的情况汇报》和《基层院内部整合试点工作方案》等。

2012年，市人民检察院向上级检察机关申报2个课题项目，即市人民检察院检察长刘清生申报的《未成年人检察工作》，系省人民检察院重点课题项目；市人民检察院与北师大刑事诉讼法研究中心合作，共同申报的最高人民检察院和中国法学会课题项目“羁押必要性审查制度实证研究”。结合刑事诉讼法的修改对检察工作的影响确立10个课题，制定课题实施方案，并将任务分解到基层检察院和市人民检察院有关内设机构。市人民检察院监检科徐文辉撰写的《关于加强社区矫正中社会调查评估工作的思考》被高检院理论研究所编纂的《监所检察改革专题研讨会论文集》收录。市人民检察院根据省人民检察院部署，组织全市检察机关对检察机关如何参与社会管理创新这一重点工作开展调研，共撰写调研文章11篇，其中3篇被收入省人民检察院检察理论研究会论文集。研究室主任杨仲的论文《检察机关参与社会管理创新的法理解读》获得二等奖。根据省委政法委、省人民检察院安排，对检察机关如何“加强基层基础、推进四化两型”（新型工业化、新型城镇化、农业现代化、信息化、资源节约型、环境友好型）工作进行调研，市人民检察院钟涛撰写的调研报告《基层检察院年青检察干警高流动性分析》受到省政法委来常考察工作组和相关领导的肯定。

2013 年，市人民检察院申报省院课题 2 个，参与高检院课题研究 1 个，确立市人民检察院课题 11 个。并于 5 月召开党组会，研究理论调研工作。全年全市检察机关共撰写各类理论调研文章 85 篇，其中在省级以上期刊上发表 18 篇，在本市各类报刊上发表 17 篇。检察长刘清生 3 次参加全国性的专家学者理论研讨会，形成的 3 篇理论调研文章均在全国知名期刊上发表。是年的理论调研工作重点突出，主要围绕“诉讼监督年”活动和修改后的“两法”实施展开，全市检察机关为此撰写理论调研文章 40 多篇；二是贴近检察工作实际。市人民检察院十分注重贴近检察工作实际，尽量做到解决检察工作中的实际问题。全年编辑的 6 期《检察调研》，均是对全市检察工作中遇到的新情况、新问题的分析和探索，新经验、新做法的总结和推介。

2014 年，指导理论调研工作。全市检察机关完成各类理论调研文章 91 篇，在国家级和省市级以上刊物发表 16 篇，在本市各类报纸杂志上发表 15 篇，承担省人民检察院研究课题 1 项。市人民检察院《2013 年全市检察业务工作及新刑诉法新增检察职能运行情况分析报告》被省人民检察院《湘检调研专报》全文转发。市人民检察院杨仲撰写的《论民事行政检察的调查核实权》获全省检察理论研究年会优秀调研成果二等奖。3 月，市人民检察院承办由司法文明协同创新中心和中国政法大学诉讼法学研究院主办的“新《刑事诉讼法》贯彻实施中的问题与对策”研讨会，中央政法委政法研究所所长黄太云、最高人民检察院法律政策研究室主任陈国庆、中国政法大学诉讼法学研究院院长卞建林、中国政法大学诉讼法学研究院名誉院长樊崇义等 20 余名专家学者，北京市人民检察院第二分院等 8 个司法文明协同创新中心实践基地单位 50 余名检察干警，市人民检察院和武陵区、鼎城区检察院 70 名院领导、干警参加研讨会。省人民检察院专职检委会委员丁维群，市委常委、政法委书记何英平到会致辞。5 月，市人民检察院派员到海口参加司法文明协同创新中心研讨会及实践基地授牌仪式。6 月、9 月，市人民检察院先后组织 40 名检察干警赴浙江省绍兴市、山西省太原市，参加司法文明协同创新中心组织的“司法理念与办案技能提升”高级检察官培训班。市人民检察院还派员赴牡丹

市人民检察院检察长余湘文（前排左二）陪同省人民检察院副检察长白贵泉（右二）到石门县院调研

江市参加“新《刑事诉讼法》实施以来的问题与对策情况总结会”，并作主题发言。

2015年，市人民检察院副检察长杨建波撰写的调研文章以及党组成员、专职检委委员陈辉撰写的《对检察机关案管工作的几点粗浅思考》均被《人民检察·湖南版》采用。

第二节 信息综合

1990年6月，贯彻高检院《关于加强检察院办公室工作的决定》，全市检察机关信息综合工作重要性的认识有很大提高。为了给市人民检察院办公室调进一名信息专干，市人民检察院检察长李少甫多次到有关部门做工作，直到办好调动手续。他要求基层检察院必须配备一名信息专干，并检查落实，出面帮助临澧县检察院调进1名适合从事信息工作的干部。是年，市人民检察院办公室配备2名专干，各区县市院办公室也配备了1~2名专干或兼干。常德市两级检察院建立了纵向及横向信息联系制度，形成上下左右齐心抓信息综合工作的局面。市人民检察院创立《检察工作简报》（1991年，改为《常德检察》）《检察简讯》《检察动态》《摘报》等信息工作平台。10月，省人民检察院《检察工作简报》刊发市人民检察院办公室撰写的《我们加强信息工作的几点做法》，向全省检察机关推介。

1991年，市人民检察院抓住省人民检察院在常德市召开信息综合工作片会的机会，以会代训，组织两级检察院信息专（兼）干参加培训，提高业务水平。根据省人民检察院信息工作达标要求，实行目标责任制，将任务分配到区县市检察院、落实到人，并加强检查督促。市人民检察院办公室坚持常年有一名信息干部在基层巡回指导，帮助挖掘信息素材，研究写作思路、提纲。是年，编发的综合信息材料被省以上检察机关和省委办公厅系统内刊采用133篇（条）。高检院采用16篇（条），省委办公厅系统采用8篇（条），省人民检察院采用109篇（条）。市人民检察院组织全市检察机关对以盗窃罪错而送劳教的情况进行专题检察，省人民检察院《重要情况反映》刊出市人民检察院专题检察报告，引起省劳动教养委员会重视，促进了全省解决“以教代刑”问题。同年8月，高检院召开省市检察机关办公室主任参加的全国综合信息工作会议，市人民检察院办公室作为特约单位，在会上作题为《提高基层信息服务层次的实践与思想》的发言。

1993年4月13日，省人民检察院《检察工作简报》第10期以《走出认识误区深化“两反”斗争》《恪尽检察职责保持严打力度》为题，编发澧县院在全市召开的办案现场经验交流会上介绍狠抓办案工作的经验材料，编者按指出：“他们的经验，较好地解决了在新形势下如何严格执法的问题，具有很强的针对性。”同年5月26日，省人民检察院《检察工作简报》增刊第16期摘发市人民检察院副检察长陈彰福在省人民检察院召开的地、州、市分管刑检工作副检察长座谈会上的发言材料《我抓刑检工作的几点体会》。

1994年，全市检察机关共收集信息1800余篇（条），其中被高检院、省委、省人民检察院等转发、采用210余篇（条），居全省市、州检察院的前列。有一批高质量的材料、情况进入高检院、省委、省人民检察院领导决策层。市人民检察院撰写的《湖南澧县公安局五名干警贪污公款60多万元被立案侦查》《湖南临澧县检察院反映当前基层企业公款流失现象严重》《湖南津市市检察院反映“泡泡”公司专事诈骗受骗者损失惨重投诉无门》《警惕中方资金嬗变为外资回投——从胡绪昌案件看挪用公款犯罪新动向》等分别被高检院《反腐败大要案简报》《检察院情况反映》、中共湖南省委办公厅《内参》采用。市人民检察院撰写的《警惕中方资金嬗变为外资回投——从胡绪昌案件看挪用公款犯罪新动向》《谨防泡沫公司行骗》等综合信息，在高检院《检察情况反映》刊发后，有关部门据此制定了相关规定，并采取相应措施防范此类犯罪的发生。8月，省人民检察院与常德、益阳、长沙等市人民检察院组织联合调查活动，形成了《澧县检察院强化刑检职能开展严打斗争的情况调查》等3篇调查报告，省人民检察院副检察长李志辉批示：“省、市院办公室通过调查研究，总结了他们的经验，很好，可印发全省各级院学习参考。”这3篇调查报告以省人民检察院通报形式发至全省检察机关。

1995年，市人民检察院编发《常德检察》62期，增刊9期，《检察重要情况》30期，编发信息材料259篇（条）。被省人民检察院采用165篇（条），比计划的60篇（条）超过175%；被高检院采用11篇（条），省政法委采用8篇（条），合计19篇（条）。市人民检察院编写的《对常德城区青少年吸毒现象的调查》和《亟待加强“保外就医”人犯的监管》被省人民检察院采用后，引起省委书记王茂林、省政法委书记吴向东的高度重视，并作出重要批示，为常德市委作出开展打击毒品犯罪、加强保外就医人犯管理两项决策提供依据。10月，高检院在常德市石门夹山寺召开全国各省、市、自治区检察院办公室主任参加的全国检察信息调研研讨会，高检院办公厅主任孙谦、省人民检察院检察长张树海及市人民检察院检察长李文耀参加了会议。市人民检察院和临澧县院在会上作典型发言，高检院领导在会上对常德市检察机关的调研信息工作给予肯定。11月，在中南八省检察机关调研信息交流会上，市人民检察院办公室作典型发言。

1996年，全市检察机关信息调研材料被省级以上单位采用188篇（条），其中被高检院内刊采用9篇（条），被省委采用1篇（条），被省人民检察院内刊采用178篇（条）。市人民检察院编写的《津市保河堤派出所被一伙歹徒打砸抢》和《加大对农村经济犯罪的查处力度》两篇材料被省人民检察院和高检院采用后，引起省委书记王茂林、副书记郑培民、省人民检察院检察长张树海的重视，分别作出批示，为检察机关查处农村经济犯罪和深入开展“严打”斗争提供了决策依据。10月，省人民检察院组织全省检察机关综合调研评比，市人民检察院和津市市检察院各有1篇调研材料被评为优秀调研材料。信息调研工作在全省检察机关中保持领先位置。

1997年，市人民检察院共编发《常德检察》《检察重要情况》等内刊81期，共223篇（条），被省级以上单位用稿208篇（条），其中中央、高检院、省委采用12篇（条），省人民检察院内刊采用196篇（条）。信息综合工作在全省检察机关中继续保持领先地位。

如市人民检察院办公室撰写的《新刑诉法实施后若干问题的反映》一文，集中分析新刑诉法实施后业务部门实践中暴露出的问题，并针对性地提出了解决办法，被省人民检察院、市委政法委的业务机构和研究部门采用。澧县检察院的《湖南省澧县院加大对看守所监督力度》被高检院简报转发。市人民检察院综合桃源县、临澧县等县检察院反映问题撰写的《农村储金会资金流失问题的调查报告》，及时、准确地抓住基层存在的不稳定问题，受到省委、省人民检察院和常德市有关领导的重视。

1998年，全市检察机关共采写、编发各类信息材料500余篇（条），被省级以上单位内刊采用187篇（条），其中高检院内刊采用9篇（条），省院内刊采用178篇（条）。市人民检察院结合“两法”实施后的司法实践，总结《常德市检察机关把“五关”，努力提高不诉案件质量》一文，被高检院简报全文转发，对新的条件下如何规范不诉案件办案程序，提高不诉案件质量，起到积极作用；津市市院《结合队伍集中教育整顿及时开展“三学一比”活动的做法》被高检院简报转发；汉寿县院《小企业关停并转过程中资产流失严重》的调查材料被输入新华社内参信息网络，为高层领导决策、解决企业改革中的问题提供了准确而有价值的信息。市人民检察院检察长杜辉才、副检察长彭世理帮助解决信息材料处理把关不严的问题，亲自修改、签发重要信息材料，从内容和程序等方面进行规范。

1999年，全市检察机关围绕主诉检察官办案责任制改革试点，上报改革信息60多篇（条），总结出一系列做法及经验。其中，石门县院《“主诉检察官人大制约制”实践》上报后，高检院予以转发。白洋堤检察院撰写的《肺结核病在监内肆虐横行》被高检简报全文转发，并被高检院领导批转到司法部，司法部领导责成湖南省有关部门迅速核实。鼎城区院争创“人民满意机关”的经验材料被中央政法委转发。

2000年，省人民检察院《关于重新确定省院检察信息联系点的通知》，将常德市鼎城区、安乡县、桃源县检察院确定为省人民检察院信息联系点。全市检察机关加强对信息调研工作的考评、管理。市人民检察院制定了信息调研计划、考核台账表，出台了重大情况层报备查等制度。为加强信息工作网络化建设，全市各区县市检察院办公室均添置了信息网络的硬件设备，开通了信息传输系统。是年，全市共采写、编发各类信息材料600余篇（条），被省级以上内刊采用76篇（条），其中中央级17篇（条）。市人民检察院办公室撰写的《职务犯罪缓刑判决过多的原因》《职务犯罪无罪判决原因探析》等调研材料，受到上级检察机关和领导的重视。

2003年，全市检察系统有55篇（条）信息材料被省委、省委政法委和上级检察机关采用，比2002年的36篇（条）多出19篇（条），上升52.8%。其中高检院采用2篇（条），高检院部门采用5篇（条），省委办采用1篇（条），省委政法委采用1篇（条），省人民检察院采用46篇（条）。鼎城区院撰写的《创立三二三监督格，局强化安全办案监督效果》被省人民检察院纪检组以文件转发。该院司法警察建设经验材料《突出重点抓关键，努力开创新局面》被高检院法警局以文件转发。桃源县院撰写的经验材料《我们是怎样开展引导侦查取证工作的》被高检院采用，在全国检察机关侦查监督系统推广；澧县院的预防职务犯罪经验材料被省委办公厅采用。

2004年，全市检察机关综合信息材料有52篇（条）被高检院、省委和省人民检察院采用。其中高检院采用4篇（条）、新华社内参采用1篇（条），省委内参采用1篇（条），省人民检察院采用46篇（条），市委政法委采用5篇（条）。其中，桃源县院检察长柳立武、办公室副主任钟建平撰写的《缓刑不能成为腐败分子的“遮阳伞"》被新华社内参和省委内参采用；汉寿县院上报的《汉寿县院突出“四个务必”深化民行检察工作》、澧县院上报的《澧县检察院采取四项措施预防和减少涉法上访效果好》、市人民检察院办公室上报的《常德市院采取六到位措施加强反贪办案工作》均被高检院采用；市人民检察院渎侦工作经验材料《善用侦查谋略突出办案重点，不断推进全市渎侦工作纵深发展》，受到省人民检察院领导的充分肯定，并在全省渎侦工作经验交流会上印发。

2005年，全市检察机关紧扣“强化法律监督，维护公平正义”的检察工作主题和检察业务实践中面临的重点、热点、难点问题，开展检察信息综合工作，全年有67篇（条）信息材料被高检院、省委、省委政法委和省人民检察院采用。其中高检院2篇（条）、高检院部门2篇（条）、省委办公厅2篇（条）、省委政法委2篇（条）、省人民检察院55篇（条）、市委政法委4篇（条），信息综合工作在全省综合排名第一。4月15日，市人民检察院下发《关于进一步加强全市检察机关信息综合工作的意见》，进一步明确检察信息综合工作的意义和责任，要求加强检察信息源网络建设，搞好检察信息综合的量化考核，实行重要信息必报制度，实行检察信息综合材料采用奖励制度，加大对信息综合队伍的管理和培训力度等。是年，在机构改革、缩编减员的情况下，全市信息综合工作争先创优氛围更加浓厚，推出了一批具有一定指导意义的优质信息材料。如桃源县院办公室副主任钟建平撰写的调研文章《当前职务犯罪案件二审和再审改判无罪增多应予重视》在《湖南日报》内参刊发后，省委书记杨正午，省委常委、省委政法委书记李江分别作出重要批示，并责成省高级法院调查落实，依法处理。省高级法院召开有关部门负责人会议，并组成调查组对文章中所列举的10件案件调卷审查，其中一件由省人民检察院抗诉的二审改判无罪的职务犯罪案件，被省高级法院直接改判，维持一审有罪判决。市人民检察院办公室上报的调研材料《关于加强职务犯罪案件审判监督工作的思考》《当前反贪侦查工作面临的形势及应对策略》被高检院采用后，高检院检察长贾春旺先后作出批示，其中有关建立健全检察长列席法院审判委员会讨论案件工作制度的建议，与2005年全国法院系列司法体制改革的5点措施中，关于加强检察监督的措施完全一致。市人民检察院撰写的《强化刑罚执行监督力度，维护执法公正》一文，在省委召开的全省“规范执法行为，促进公正执法”专项整改活动经验交流会上作为经验发言材料，并被省委政法委转发全省各级政法机关。市人民检察院撰写的调研材料《当前“六合彩”赌博活动的特点》被省委《每日要情》采用。市人民检察院撰写的《经济欠发达地区基层检察院优秀人才外流问题严重应予重视》被高检院、省人民检察院采用后，引起了各级检察机关领导的重视。

2006年，市院共编发《常德检察》42期、《检察重要情况》3期。白洋堤检察院撰写的《罪犯保外就医超期限后刑期处理问题亟待重视》一文既指出存在的问题，又提出了解决问题的办法，被省人民检察院《领导参阅件》采用。

2007年，市人民检察院针对常德市检察机关信息综合工作实际，归纳总结存在的信息综合总体质量水平不高，特别是缺少立意新、观念新、内容丰富、针对性强的信息综合材料；信息必报制度坚持不够好，一些重要情况、重要案件市人民检察院不能及时掌握；横向联系不够，办公室与业务部门联系不紧密，信息来源渠道单一，有些单位办公室基本上是单打鼓、独划船，信息工作缺乏生机与活力；工作发展不平衡，一些过去信息综合工作基础较扎实的基层检察院滑坡幅度较大；市人民检察院办公室自身工作有所松懈等5个问题，要求引起重视，认真解决。

2008年5月，市人民检察院办公室在澧县召开全市信息综合工作会议，对全市信息综合工作专干进行培训，学习中共中央、高检院、市委的有关文件、领导讲话及检察业务资料，对信息综合工作的难点、热点、焦点问题进行了深入探讨。是年，市人民检察院加大信息调研及采编力度，共编发《常德检察》39期、《检察重要情况》12期。在编发的各类信息中，高检院简报采用4篇（条）、省委政法委采用2篇（条）、省人民检察院采用48篇（条），信息综合工作位居全省第三。

2010年，市人民检察院共编发《常德检察》31期、《检察重要情况》18期、《常德检察信息专报》13期。鼎城区院在深入推进三项重点工作（社会矛盾化解、社会管理创新、公正廉洁执法）中，紧密围绕社会矛盾化解这一主线推进执法公开工作，通过执法公开与公正实现源头化解矛盾，取得了较好的执法效果。省人民检察院研究室易志斌、鼎城区院检察长汪泽云撰写的《以社会矛盾化解为主线推进执法公开工作——对常德市鼎城区检察院执法公开工作的调研报告》被省人民检察院《领导参阅件》采用后，省人民检察院检察长龚佳禾批示："常德鼎城区的执法探索，思路清晰，形式多样，富有创新性，有力地推进了三项重点工作的落实，值得各地借鉴。"汉寿县院撰写的《汉寿县检察院反映当前刑释解教人员重新犯罪呈现五个新特点》被省委、省委政法委采用后，省委常委、省委政法委书记李江作了批示。桃源县院撰写的《对破解当前基层院反贪工作难题的思考》被省人民检察院《领导参阅件》采用，检察长龚佳禾亦作出批示。

2011年，市人民检察院办公室共编发《常德检察简报》等信息刊物25期，有58篇（条）信息或经验材料被高检院、省委政法委、省人民检察院内刊采用，其中有些被有关领导关注，并作出批示。市人民检察院办公室还编发《人大代表、政协委员联络专报》4期，及时通报检察工作重大部署和重要情况。

2012年，市人民检察院办公室共编发《常德检察简报》《检察重要情况》《领导参阅件》等内刊50期。编发的各类信息被上级采用65篇（条）。在加强采编工作时，注重抓住热点问题开展调研，如针对常德市医疗领域职务犯罪案件大幅上升的现象，撰写了《常德市院反映当前基层医疗领域职务犯罪呈现七大特点》调研报告；为总结推广常德市查办和预防医疗领域职务犯罪工作的经验，撰写了《常德市检察机关从四方面入手集中查办医疗领域商业贿赂犯罪案件》《常德市院推动医疗系统职务犯罪预防工作实现四个转变》等文章，得到省人民检察院有关领导的肯定。在编发公诉部门撰写的《对我市未成年人刑事检察工作情况的调研分析》一文时，采编人员发现该文突出的是常德市未成年人刑事检察工作经验总结，便以“坚持政策倾斜导向、坚持人文关怀导向、坚持教育感化导向、坚持依法维权导向做好未成年人检察工作”为切入点，进行两次修改，最终形成《常德市检察院坚持四个导向提高未成年人犯罪案件办理水平》，被省人民检察院采用。澧县院撰写的《完善制度建设强化具体落实》一文被高检院监检厅内网刊登。

2013 年，省人民检察院办公室对全省信息综合工作进行改革，实行“一少二精三活”的采编原则，精简简报为一月一期。为适应新情况、新要求，市人民检察院对全市检察机关信息综合工作进行全面部署，加强业务指导，完善信息工作机制，切实抓好信息上报工作，共编发《常德检察工作简报》等内刊 43 期，各类信息被省级以上单位采用 40 篇(条)。市人民检察院撰写的《市院搭建平台，丰富载体，着力推进学习型机关建设和学习型干警培养》《常德市检察机关多措并举，维护企业权益促进企业发展》《常德市检察机关探索开展民事督促起诉工作，着力维护公共利益和公民权益》分别被省人民检察院评为一、三、四季度优秀信息条目。市人民检察院撰写的《依托信息化平台全面加强案件管理》被省委政法委《湖南政法综治动态》采用，得到省委政法委书记孙建国批示肯定，并被评为 2013 年度全省检察机关优秀文稿。4 月，市人民检察院协助省人民检察院撰写的《预防职务犯罪出生产力的十年见证——安乡县院对土地整治建设实施重点预防的实践与启示》，得到省委书记徐守盛、省委政法委书记孙建国批示肯定。市人民检察院撰写的全市检察机关服务企业发展的经验材料，市委书记王群和市政府市长周德睿分别作了批示，对市人民检察院的工作给予肯定。

2014 年， 市人民检察院共编发《常德检察工作简报》等内刊 23 期，刊发全市检察机关信息材料 105 篇，被省级以上单位采用 49 篇（条）。市人民检察院与省人民检察院办公室、民行处共同撰写的《为“依法行政”扎紧权力运行的“篱笆”——津市市检察院探索开展行政执法检察监督的实践和启示》得到省人民检察院检察长游劝荣、副检察长朱国祥批示肯定，被省人民检察院评为第二季度优秀和年度信息条目。市人民检察院撰写的《常德市院以工作机制创新为载体，着力加强检察业务工作》一文，被省人民检察院评为第二季度优秀信息条目。市人民检察院撰写的《常德市检察机关 6 名青年干警近期陆续辞职造成检察人才流失应引起关注》，被检察长游劝荣批示转发全省，被省人民检察院评为第三季度优秀信息条目。

2015 年，市人民检察院编发《常德检察工作简报》等内刊 23 期，刊发信息综合材料

55篇，被省级以上单位采用26篇（条）。市人民检察院撰写的《常德市检察机关加强学习培训提升素质能力》被省委政法委《湖南省政法综合动态》采用。市人民检察院撰写的《常德市检察机关多措并举扎实开展规范司法行为专项整治活动》《常德市院坚持“三立足二推进”，积极争创科技强检示范院》《常德市院对基层院业务人才实行以案带训》等3篇经验信息材料被《湖南检察简报》采用。市人民检察院撰写的《余湘文检察长走进园区调研》《常德市检察院对基层院开展巡视工作》等5篇信息材料被省人民检察院内网采用。武陵区院撰写的《从听取律师意见入手，推进规范司法行为专项整治工作》、澧县院撰写的《突出重点，查办发生在群众身边的贪贿小案效果好》、汉寿县院撰写的《以问题导向和倒逼机制促进检察工作全面健康发展》、白洋堤院撰写的《当前监内违禁物品多发应引起重视》、津市市院撰写的《以完善制度为抓手，强化检察监督规范司法行为》、临澧县院撰写的《采取措施狠抓“两个责任”落实》等17篇（条）经验信息材料被《湖南检察简报》、省人民检察院内网等采用。市人民检察院撰写的《明确“三个立足”，着力“三项推进”，稳步打造科技强检示范院》，省人民检察院副检察长朱国祥作出批示。白洋堤院撰写的《常德市白洋堤地区检察院反映当前监内违禁物品多发应引起重视》被省人民检察院评为第二季度优秀信息条目。

第三节　统　计

1986年，高检院对检察统计实行集中统一管理制度，并制定《检察工作主要情况月报表》10种、15张。全市检察统计工作由办公室为主负责。2012年，市人民检察院案管中心成立后，全市检察统计工作改由案管中心为主负责。

1988—1996年，全市检察机关统计工作关系逐步理顺，各种检察统计报表由业务（主管）部门填报，统计部门（办公室）复核、汇总上报；统计队伍建设得到加强，两级检察院均建立了以专兼职统计员为主负责，各业务（主管）部门内勤紧密配合的统计队伍；检察统计科技含量有所提升，手工填报逐步过渡为微机录报。1989年，全市检察机关统计员和有关人员共进行各种类型的统计业务培训13次，其中集中办班培训2次，分散培训和业务指导11次。按上级要求完成各类统计报表16种、18份，及时、准确汇总上报各类报表2000余份。为各级检察机关领导和有关部门提供统计数据服务400余次。开展统计数据专题调查13次，撰写调查报告8篇。撰写统计数据分析材料50余篇，其中，综合分析44篇，被上级有关部门采用6篇。市人民检察院对各区县市检察院开展统计数字质量检查11次。通过会议和文字通报统计工作情况6次。全市检察机关都建立了统计台账，减少了统计填报差错，提高了数字准确率。全市报表差错155处，同比下降33.5%。3月，市人民检察院刑检部门根据上年统计数字，对14件免诉不当的案件进行调查，解剖案情，分析原因，找出存在的问题，撰写调查报告，给领导提供情况，使案件得到及时纠正，办案人员从中吸取了经验教训。6月，汉寿县院根据综合治理报表，发现西竺山乡40余名刑满释放人员和监外执行罪犯无一人重新犯罪，遂对此进行调查，分析原因，总结经验，指导工作，市人民检察院向全市检察机关推广了他们的经验。1992年，市人民检察院除对基层检察院统计人员进行培训外，还下到基层检察院对各部门内勤人员分别进行了培训。1993年，全市检察机关参加全省检察机关优秀统计分析报告评选，市人民检察院撰写的《当前挪用公款犯罪的特点、原因及其遏制对策》《“人质大战”在市场经济雏形中肆虐横行》分获二等奖、三等奖。是年，全市检察机关根据《湖南省检察机关统计工作规范化标准》，积极开展统计工作“达标创优”活动。1994年，全市除市人民检察院外，有4个基层检察院添置了微机，运用微机填报和制作各种报表。年底，全省检察机关和政府统计部门联合对统计达标情况进行检查验收，常德市基层检察院全部达标。1995年，全市运用微机处理统计报表的基层检察院增加到8个。4月，市人民检察院举办为期10天的统计员培训班，聘请省人民检察院统计科领导和专业人员给培训班学员授课。全年共为省人民检察院统计科、市人民检察院领导、上级党政部门、各科（股）室提供数据300余次，开展统计专题调查14次，撰写统计分析材料76篇，其中专题分析17篇，专题调查报告3篇，被省、市、县党政机关采用15篇。1996年，全市各基层检察院均添置了486以上机型的微机，实现了统计报表微机处理。为适应微机在检察机关统计部门的推广使用，市人民检察院于11月初对统计人员进行电脑技能培训。

1997年，实施修改后的《刑法》与《刑事诉讼法》，高检院对统计报表进行全面修改，全市检察机关统计员参加省人民检察院举办的新统计软件操作和新报表填报培训。1998年，全市检察机关启用新统计报表及《检察机关报表处理系统》软件，并于7月起启用新的案件登记卡和统计台账。2000年，为根本解决检察统计软件“千年虫”问题，高检院对《检察机关报表处理系统》和《检察机关案件管理系统》两套统计软件合并、改版、升级，更名为《检察机关案件管理系统2000》。4月，全市检察机关开始使用新的统计软件处理案卡和报表。为准确运用该软件，市人民检察院先后2次派统计专干到省人民检察院、高检院学习。同时，市人民检察院强化对所属各基层检察院统计员的培训和指导，每月对统计员进行讲解、培训，答疑解惑。为使统计报表无迟报、错报、漏报，保证统计结果客观、真实，市人民检察院统计专干坚持每月对本院各科室的统计报表进行核实，逐科收集、登记，逐案核实、建卡，为领导和各部门提供了准确的数据。全市检察统计工作在全省处于领先水平。

2003年1月，经高检院组织修改后的《人民检察院统计报表》《人民检察院案件登记卡》正式实施。同时，高检院还与有关科研单位合作，开发研制了AJ2003《检察机关案件管理系统》（后又陆续开发了《检察机关专项统计调查系统》《人民监督员案件监督管理系统》两个辅助系统），推动检察统计工作向信息化迈进，实现统计报表录报方式质的飞跃，由单纯报送数字向报送个案信息转化，保证报表数据信息源头的准确性，对于从根本上挤掉统计数字“水分”问题提供了科学的解决手段。按高检院、省人民检察院的要求，市人民检察院加强统计人员使用新软件的培训工作。以二级统计专线网建设和新统计软件的运行为契机，全市检察机关加强统计硬件建设。各基层检察院到市人民检察院、市人民检察院到省人民检察院的统计信息全部实现网收网发。2008 年 12 月 8 日，高检院办公厅统计处《检察统计工作交流》登载《湖南省常德市武陵区检察院夯实统计工作基础促进检察业务发展》一文，推介武陵区院“领导重视，把统计工作摆上位置；完善制度，确保统计工作规范化；采取措施，全面提高统计工作质量；创新方式，切实提高统计服务水平”的统计工作经验。2010 年 3 月 15 日，市人民检察院发出《关于开展统计专题调研的通知》。12 月 30 日，市人民检察院党组书记、检察长陈海波就省人民检察院《关于转发最高人民检察院办公厅〈关于对今年以来检察统计数据进行核查修正的通知〉的通知》提出贯彻意见，强调今后凡发生报表填报责任事件，要严肃追究责任。市人民检察院即日发出《关于认真落实市院党组和陈海波检察长对检察统计工作重要指示精神的紧急通知》，要求迅速传达，统一认识；精心组织，认真核查；严肃纪律，加强督导。2011 年，全市检察机关在统计工作数据准确性上狠下功夫。市人民检察院办公室全面加强日常统计审核检查，会同有关业务部门开展全市性专项统计核查 4 次，发出全市检察统计数据质量情况通报 2 期，全年统计数据差错明显减少。提供统计查询服务 120 余次，统计服务功能得到加强。2012 年，检察统计工作由办公室划归案管中心。案管中心坚持每月编发一期统计资料汇编、每季度编发一期《统计分析报告》，为领导和业务决策服务。 2013 年，高检院将《检察机关案件管理系统》《检察机关专项统计调查系统》《人民监督员案件监督管理系统》合并为《AJ2013 检察机关案件管理系统》。8—9 月，省人民检察院对全省检察机关办理公诉案件中撤回起诉情况进行统计核查，发现常德市检察机关有 6 个基层检察院共 13 件案件（共 16 人）从法院撤回起诉后未填录检统报表，造成统计数据严重失真。9 月 23—24 日召开的全省检察业务工作分析会上，省人民检察院对漏报瞒报统计数据问题给予了严肃批评。9 月 25 日，市人民检察院党组召开专门会议对该问题进行研究剖析。9 月 26 日，市人民检察院发出《常德市人民检察院关于部分基层检察院漏报瞒报重要业务数据的通报》，对相关责任单位和责任人员通报批评，并提出整改要求。10 月 9 日，省人民检察院发出《关于转发〈常德市人民检察院关于部分基层检察院漏报瞒报重要业务数据的通报〉的通知》。《通知》指出，全省检察业务工作分析会结束后，常德市人民检察院认真贯彻落实会议精神，采取措施对本地区检察业务数据进行全面核查，并对部分基层院漏报瞒报重要业务数据的情况进行通报，对相关单位和人员作出严肃处理。省人民检察院党组书记、检察长游劝荣给予高度肯定。

2014 年，市人民检察院在全省 14 个市、州院中率先完成了《AJ2013 检察机关案件管理系统》与《检察机关统一业务应用系统》的衔接并轨。利用案件管理的业务数据资源，加强数据分析和问题调研。7 月，市人民检察院根据统计数据发现，上半年全市检察机关不起诉率大幅上升：全市共审结案件 1087 件、1503 人，其中，不起诉 211 件、320 人，不诉率为 21.29%，同比上升 12.67 个百分点。决定由案管、公诉部门牵头，组织在全市范围内开展不起诉案件专项评查活动，并安排专人到武陵区、石门县、桃源县等检察院进行现场督导，就不起诉案件中存在的尺度把握不准、程序不到位等问题进行点评和指导，调整纠错和办案思路，逐步实现了不起诉比例的理性回调。

2015 年，针对两套系统并轨运行中的突出问题，市人民检察院从制度规范、类案培训、个案指导等方面加大工作力度，制定《常德市人民检察院检察业务统计管理规定（试行)》，全面规范检察业务数据卡的填录、采集、审核、分析、查询各环节的责任主体、监管主体和工作流程，促进检察统计工作的规范化建设；强化类案培训，先后与公诉、侦监、反贪等部门内勤就数据填录的方法进行以点带面的传授，使首次填录差错率进一步下降；就个案填录问题进行面对面指导，通过每日开展数据核查，就从中发现的个案填录问题当面与案件承办人和部门内勤沟通，督促及时纠正错漏。11 月 11—14 日，市人民检察院组织全市检察机关专（兼）职统计员参加在国家检察官学院湖南省分院举办的全省检察机关统计业务培训班，培训内容涉及 AJ2013 统计系统与统一业务应用系统有效衔接的相关问题、统计报表与案卡存在的问题以及业务部门案件填录标准与说明，进一步提升统计人员的操作技能。

第四节　档　案

全市检察机关加强对检察档案工作的领导，市县两级检察院均先后建立了档案工作领导小组和档案鉴定小组，并根据领导班子换届或分工变化及时调整其组成人员。建立《检察人员保密守则》《常德市人民检察院档案工作领导小组职责》《常德市人民检察院机关档案室职责》《档案人员岗位职责》《档案管理制度》《检察档案管理工作流程》《常德市人民检察院机关文书材料归档范围和文书档案保管期限规定》《档案库房安全管理制度》《档案的利用制度》等一系列管理制度。通过多年努力，全市检察机关形成了以档案管理部门为主、各部门协调配合、全体干警参与、齐抓共管的大档案格局。1988—2015 年，市人民检察院每年被市档案局评为档案工作优秀单位。1994 年市人民检察院和安乡县人民检察院为全省检察机关档案工作先进单位；市人民检察院谈腊秀、石门县检察院李兰君为全省检察机关档案工作先进个人。是年 12 月 6 日，谈腊秀在全省检察机关第二次档案工作会议暨现场经验交流会上以《默默耕耘争奉献，努力开创档案工作新局面》为题作典型发言。1997 年、1999 年，市人民检察院档案管理员余海瑛被评为“全省检察机关档案工作先进个人”。2007 年 12 月，市委办、市政府办、市人事局、市档案局授予市人民检察院“2004—2007 年度全市档案工作先进集体”称号。2012 年 3 月，市人民检察院被市委办评为“2011 年全市档案工作满意单位”。

一、设施建设

1987 年 1 月，常德检察分院在竣工的新办公楼设立档案室，条件有所改善。档案室库房面积为 50 平方米，装有铁门、铁窗栏，配备铁制文件柜 1 个，木制档案柜 10 个，电扇 2 台，换气扇 1 台，灭火器 2 个，以及温湿度计、切纸刀、针线、缝纫机等简单的档案保管、装订设施。

1991 年，常德市检察机关在经费严重不足的情况下，挤出 5 万多元，为档案室购置微机、吸尘器、地毯、档案柜等设备、设施。津市市、石门县、桃源县、鼎城区、安乡县、白洋堤等基层检察院都拨了档案专项经费，少的 2000 多元，多的 6000 多元，为加快档案室升级，促进档案室的整体建设，提供了财力保障。

1996 年，市人民检察院侦技大楼竣工，院档案室喜迁“新居”，面积扩大到 120 平方米。另外，有 5 个区县市检察院也新修和扩建了档案库房。全市检察机关在档案室硬件建设上加大投入，添置了 486 以上机型微机，逐步开展档案微机管理。所有档案室均按要求添置了空调机、去湿机。市人民检察院和部分基层检察院还定购了档案密集架。全市两级检察院用于档案管理的设施和装备开支达 200 万元（包括部分统计、机要设施费用）。

2004 年，随着全市检察机关全面落实《最高人民检察院关于加快检察机关办案用房和专业技术用房建设的意见》和《两房建设标准》，市人民检察院和部分区县市检察院档案室基础设施建设出现了新的局面。

2015 年，市人民检察院档案管理实现了库房、办公室、阅览室三分开，其中库房 262 平方米，办公室 18 平方米，阅览室 20 平方米。档案室安装有消防设施和温湿度自控系统，配备密集架 22 组，配有高速扫描仪 1 台、计算机 2 台、去湿机 6 台、防磁柜 3 台、消毒柜 1 台、档案管理软件 1 套等设施和设备。白洋堤院和区县市检察院库房面积共计 922 平方米，除普遍安装有防盗设施、消防设施和温湿度控制设备外，还配备密集架 160 组，计算机 12 台、扫描仪 13 台、音像柜 9 个、档案管理软件 5 套及其他设施。基本上达到防水、防火、防盗、防虫、防高温、防潮、防强光、防尘、防鼠“九防”要求，为实现档案工作规范化、专业化管理创造了良好的物质基础。

二、规范化管理

常德市检察机关档案工作规范化管理始于 1987 年。是年 4 月，经常德地区档案局批准，常德分院设立了统一管理档案和档案工作的综合档案室。9 月，国家颁布《中华人民共和国档案法》（以下简称《档案法》）。常德地区检察机关根据省委办公厅〔1986〕44 号文件和常德地区档案局关于开展机关档案室“上等级”（省颁机关一级、二级、三级档案室，分别简称一级、二级、三级档案室，其中一级为最高等级）工作的要求，把检察机关档案室“上等级”作为加强检察档案工作规范化建设的一项重要工作来抓。常德分院按照“上等级”标准及考评细则要求，从管理工作、基础设施、业务建设3个方面、21项具体工作入手，进行档案室的建设、整顿。12月23日，常德分院向常德地区档案局提出申报二级档案室的报告。

1988年，市人民检察院制定全市检察机关档案室“上级达标”三年计划，到年底，全市11个档案室中上等级的占81%，其中进入二级的4个，占36%；进入三级的5个，占45%。

1990年1月，石门县院档案室经档案部门验收，批准升级为一级档案室。到年底，市人民检察院和9个区县市检察院全部上等级。

1991年，市人民检察院在“三年计划”工作基础上提出“减少三级，增加二级，争创一级”的奋斗目标。两级检察机关围绕这个目标狠抓档案管理基础工作，促进档案工作规范化管理。10月，经市档案局评定小组验收，市人民检察院档案规范化管理工作获得总分94分的好成绩，通过了二级档案室复查验收。年底，全市11个综合档案室中有一级档案室1个、二级档案室8个、三级档案室2个。

1993年10月20日，经市档案局验收、审批，市人民检察院档案室达到一级档案室标准。

1994年，全市检察机关11个综合档案室中达到一级的有8个，达到二级的有3个。

1996年，全市检察机关按照全省检察机关第二次档案工作会议提出的任务、目标和要求，进一步推进档案工作规范化建设。市人民检察院及9个区县市检察院档案室全部达到一级标准，获得全省“最佳档案系统”称号。

2002年10月，白洋堤院通过省一级档案室达标验收，全市检察机关实现一级档案室“满堂红”。

2003年，全市检察档案工作以“巩固、提高”为重点，巩固一级达标率的成果。市人民检察院和9个区县市检察院全部通过市档案局一级档案室复查验收。

2005年6月，湖南省质量技术监督局发布档案工作规范化管理湖南省地方标准，对范围、分类和等级、等级认定原则、申报程序、评估组织、等级证书的种类和作用、等级管理、监督管理等8个方面作出规范。其中，分类和等级管理中将规范化等级划分为省特级、省一级、省二级3个级别。并提出“机关档案工作规范化管理评估内容及评分标准”。全市检察机关按照上述标准落实档案工作规范化管理，通过档案主管部门多次规范化管理省一级复查验收，并创造条件，努力创建档案工作规范化管理省特级。

2012年，市人民检察院重点对汉寿县、鼎城区检察院档案规范化管理工作进行实地督导；对临澧、武陵、津市、安乡、澧县等区县市检察院档案工作规范化管理晋升特级进行业务指导。9月，临澧县院档案工作规范化管理通过省、市评估组检查验收，晋升为省特级（发证时间为2013年1月15日），成为全市政法系统首家档案工作规范化管理省特级单位。

2013 年 7 月 1 日，根据省人民检察院部署，市人民检察院下发《关于迎接档案规范化管理省一级复查及抽查的通知》。11 月 29 日，省人民检察院发出《全省检察机关档案规范化管理省一级复查情况通报》，常德市参加复查的鼎城区、汉寿县、白洋堤检察院全部通过，鼎城区院还被通报为工作成绩显著单位。是年，津市市、武陵区、澧县检察院档案工作规范化管理晋升为省特级。

2015 年年底，全市 11 个市县检察院中，档案工作规范化管理省特级单位为 4 个，占 36%；省一级单位为 7 个，占 64%。

三、归档、利用

市人民检察院档案员整理档案

1988 年，市人民检察院共收集、整理、归档文书档案 106 卷，其中永久 36 卷、长期 44 卷、短期 26 卷；诉讼档案 99 卷，其中永久 48 卷、长期 51 卷。年底，库存档案为：文书档案 630 卷、诉讼档案 328 卷。

1990 年 6 月，市人民检察院历时近 3 年编纂的《常德地区志·检察志》完成，市人民检察院档案室为该志书的编纂提供档案资料（含部分外单位提供的资料）600 余万字。

1991 年，市人民检察院对基层检察院有重点地开展档案工作检查验收。各区县市检察院对 1989 年以后的文书和诉讼档案进行自查，共检查各种档案 5223 册，其中，诉讼档案 4147 册。经市人民检察院组织验收，基本符合高检院《人民检察院诉讼档案管理办法》《人民检察院诉讼文书立卷归档办法》《关于人民检察院诉讼档案保管期限的规定》的要求。是年，市人民检察院通过两个月的努力，完成中华人民共和国后文书档案“著录卡”、会议简介、文件专题、组织沿革、大事记、编排流水号等 8 大项关键性的工作。

1992 年，省人民检察院举办全省诉讼档案赛卷活动，市人民检察院获总分第二名，其中市人民检察院有一本卷获得赛卷活动唯一的满分。11 月，省人民检察院对全省检察机关 1991 年度诉讼档案立卷归档和档案室的“达标升级”情况进行重点检查，常德市检察机关档案工作位居全省第 4 名。

1994 年 6 月，省人民检察院技术处和省人民检察院办公室联合对全省 14 个分、州、市人民检察院及部分区县市检察院 1993 年度形成的检察技术档案进行检查评比，常德市检察机关被评为“技术档案管理优胜单位”。

1995 年、1996 年、1998 年，市人民检察院均举办全市检察机关档案员培训班，聘请高检院、省人民检察院档案部门领导和专业人员授课。还组织档案赛卷、参观学习、现场观摩等活动，提高档案管理人员的业务水平。3 年期间，全市检察机关共接待借阅档案人员 1060 余人次，为方便借阅人员，两级检察机关档案室还增设了档案检索工具。1995 年，省人民检察院对常德市检察机关诉讼档案进行抽查，所查档案均认定为“最佳诉讼档案”。同年 4 月，白洋堤院拍摄的专题纪录片《圣剑在涔澹闪光》在津市电视台和涔澹农场播放后引起较大反响，该院档案室为该片拍摄提供了部分档案资料。 1998 年，全市检察机关推广石门县院档案微机管理经验，档案管理水平得到较大提升。

2002 年，根据上级档案部门新的《归档文件整理规则》规定，文书档案实行以“件”为单位进行整理。市人民检察院共收集 2001 年度文书归档 318 件。其中，永久 141 件，长期 177 件。

2004 年，全市检察机关加大档案计算机管理力度，部分检察院完成了 1997—2004 年文书档案和诉讼档案计算机检索工作，档案的现代化管理水平得到较大提升。同年，石门县院拍摄恢复重建 20 周年电视专题片《豆绿色的风采》专题片，该院档案室提供了大量有关的档案资料。2007 年 11 月，市人民检察院编撰的《常德市人民检察院大事记(1978—2006)》完成。

2008 年，市人民检察院编制的《文件材料归档范围和文书档案保管期限规定》，同意从 2009 年 1 月起实施。

2009 年 4 月 21 日，市人民检察院下发《关于印发〈常德市人民检察院机关文件材料归档范围和文书档案保管期限规定〉的通知》，要求市人民检察院各内设机构严格按照范围、期限规定开展文件材料的收集整理工作，准确划分档案保管期限，确保档案资料齐全完整；各基层检察院参照规定制定各院机关文件材料归档范围和文书档案保管期限规定。市人民检察院按照上述规定共收集文件材料归档 462 件，其中永久 311 件、定期 30 年 151 件。同年，全市检察机关开展 2004—2007 年诉讼档案归档及安全情况专项检查，共清查出应归档而未归档的诉讼案卷 343 卷。通过督促整改，到年底，市人民检察院的 43 卷全部整理归档；基层检察院的 300 卷整理归档 214 卷。是年，市委政法委组织修编《常德政法六十年》一书，市人民检察院负责修编第一篇第四章检察系统和其他篇章有关部分，市人民检察院和基层检察院档案室提供主要的档案资料。

2011 年，市人民检察院对全市检察机关因检察改革和业务工作发展带来的新增案卷归档问题进一步作出规范、要求。全市检察机关加快档案目录数据库建设进度，共录入档案目录 1370 条，完成 2005—2009 年的文书档案全文扫描。市人民检察院为办案、法治宣传、史志编纂等工作提供档案 278 卷。石门县检察院受理的陈某初 1995 年涉嫌偷税罪申诉案、程某琼提出的其父亲 20 世纪 80 年代因敲诈勒索作出免诉处理申诉案，通过查阅详细的档案资料后作出处理决定，产生好的办案效果。

2013年，市人民检察院对2005—2012年诉讼档案进行全面清理整改，对破损的档案做了相应的修复，编撰《法治常德建设典型荟萃》《常德市人民检察院统计数据汇编》《常德检察、常德重要情况汇编》《常德市人民检察院干警花名册汇编》《大事记汇编》等资料。上半年，市人民检察院顺利通过市档案局2013年文书档案检查。下半年，市人民检察院开始修编《常德市检察志（1988—2015)》，市人民检察院档案室为此提供资料。澧县、津市市、武陵区检察院对库存文件档案中的永久、长期卷全部进行信息化扫描加工，实行现代化管理。

2014年，市人民检察院利用档案资料编撰《常德市人民检察院行政装备科2007—2013年工作总结汇编》《常德市人民检察院统计数据汇编》《常德检察、常德重要情况汇编》《常德市人民检察院干警花名册汇编》等。

2015年，市人民检察院利用档案编撰《常德市人民检察院2014年鉴》《常德市人民检察院统计数据汇编》《〈常德检察〉〈常德重要情况〉汇编》《常德市人民检察院干警花名册汇编》《大事记汇编》等资料。至2015年年底，全市检察机关库存2000年前（含2000年）文书档案6971卷，其中市人民检察院1601卷；2001—2014年文书档案42491件，其中市人民检察院4199件。库存诉讼档案86181卷，其中市人民检察院3769卷；会计、基建、技术档案17334卷，其中市人民检察院3034卷；录音、录像333盘，其中市人民检察院33盘；照片4496张，其中市人民检察院373张；光盘303张，其中市人民检察院14张。

第五节　保　密

一、保密组织

全市检察机关将保密工作列入院党组重要议事日程。两级检察院均建立由院领导和各内设机构主要负责人组成的保密委员会，分管办公室工作的副检察长任主任（2003—2009年，市人民检察院由党组书记、检察长任保密委员会主任），保密日常工作由各院办公室负责。市人民检察院根据院领导班子和内设机构负责人变化情况，于1990年6月3日、1998年2月24日、2001年4月11日、2003年6月30日、2005年3月23日、2010年月　日、2013年4月7日、2014年5月15日、2015年6月18日先后9次发文，对市人民检察院保密委员会组成人员进行调整，确保保密工作任何时候无缝衔接，常抓不懈。全市检察机关还根据检察机关的特殊情况或涉密事项的需要，建立密码工作领导小组、定密工作领导小组、“一中心五网络”工作领导小组、信息化建设和应用领导小组、计算机及网络保密管理领导小组、对外提供（发布）信息保密审查领导小组等专项工作保密组织。形成了“一把手”负总责，主管副检察长为主抓，保密专（兼）职干部具体抓，一级抓一级、层层抓落实的保密工作责任体系。1992年，市人民检察院被评为“全省检察机关保密工作先进集体”；罗朝珍被评为“全省检察系统保密工作先进个人”。1995年，市人民检察院总结的保密工作“五到位”经验材料被高检院刊物《保密工作》采用，在常德市保密工作会议上作典型发言。1997年1月10日，市人民检察院被高检院评为全国检察机关保密、密码工作先进集体。

二、保密制度

常德市检察机关对保密工作从工作规范、人员管理、重点部门、重点部位、使用载体、涉密信息系统管理等方面作了严格规定，制定相应管理制度，形成比较系统的保密制度体系，并在检察工作实践中不断完善和发展。如涉及工作规范的有《检察人员保密工作守则》《保密责任制度》《保密检查制度》《定密及密级调整制度》《定密工作程序》《信息公开保密审查制度》《文件管理制度》《文件传阅制度》及《文件清退制度》等；涉及人员管理的有《涉密人员管理规定》《涉密信息系统管理人员、工作人员及相关人员管理规定》及《泄露国家秘密事件报告和查处制度》等；涉及重点部门、重点部位管理的有《保密要害部门、部位管理制度》《涉密场所保密管理规定》《涉密会议、涉外活动保密管理规定》及《计算机机房安全保密规定》等；涉及使用载体的有《国家秘密载体保密管理制度》及《用户证书载体管理工作规定》等；涉及信息系统管理的有《信息保密管理规定》《涉密计算机信息系统安全保密规定》《非涉密计算机保密管理规定》及《涉密笔记本电脑使用管理规定》等。

三、保密宣传教育

1988年9月5日，《中华人民共和国保守国家秘密法》（以下简称《保密法》）颁布，全市检察机关认真组织干警学习和培训，为《保密法》1989年5月1日正式实施筑牢思想和业务基础。

1992年，全省检察机关开展保密宣传月活动。市人民检察院成立保密宣传月活动领导小组，对全市活动进行部署和安排。市人民检察院翻印高检院《人民检察院办案工作中的保密规定》发给全市检察干警学习，并举办了保密知识竞赛活动。

1995年，全市两级检察机关举办学习、贯彻《保密法》培训班和以会代训共23期(次)，接受培训的干警1700余人次。市人民检察院还将各项保密规章制度打印成册，发给全院各科室。

1998年4月21日，市人民检察院保密委员会召开会议，专题学习《中共中央关于加强新形势下保密工作的决定》《中共中央保密委员会关于党政领导干部保密工作责任制的规定》《中共常德市委、常德市人民政府关于全面贯彻落实〈中共中央关于加强新形势下保密工作的决定〉的实施意见》《中共常德市委、常德人民市政府关于对全市贯彻落实

〈中共中央关于加强新形势下保密工作的决定〉情况开展督查活动的通知》；总结市人民检察院保密工作，提出迎接保密工作检查应注意的事项。会议提出：要进一步深化对保密工作的认识；进一步强化保密教育，加强对保密工作的检查；进一步强化保密纪律，加强对失泄密事故的查处；进一步落实保密工作目标管理责任制。

2008 年，市人民检察院通过以会代训形式，召开全市机要保密工作会议，会议邀请市保密局领导就检察机关保密工作规范化的要求进行宣讲。

2009 年 4 月 30 日，市人民检察院收到市委、市政府办关于学习贯彻《国家秘密载体销毁管理规定》的通知。5 月 6 日，市人民检察院召开由保密委员会委员、办公室工作人员、各内设机构涉密人员参加的保密工作专题会议，学习上述《规定》以及中央保密委、国家保密局和市委、市政府关于学习、贯彻《规定》的有关精神和要求，统一思想认识，提出全市检察机关贯彻实施《规定》的具体意见。

2010 年 4 月 29 日，修订后的《保密法》公布。为迎接 10 月 1 日起施行，市人民检察院成立《保密法》学习宣传领导小组，按照上级要求组织开展学习宣传活动。

2012 年，市人民检察院举办“法治常德·检察讲坛”8 期，开坛第一期即邀请市委保密局张国良作题为《认清保密形势，加强保密管理，依法维护国家秘密安全》的讲座，帮助检察干警提高保密意识和防泄密能力。

2013 年，根据高检院《关于开展全国检察机关保密普查工作的通知》，市人民检察院于 9 月上旬举办全市检察机关保密普查员培训班，对保密普查员进行培训，并对普查工作做出安排。

2014 年 9 月，市人民检察院派员参加省保密局组织的定密责任人培训班，接受定密管理基本知识和工作要求培训。11 月，市人民检察院派员参加市保密委举办的全市保密业务知识培训班，接受定密管理、计算机及网络保密管理、保密检查与查处等知识培训。

2015 年，市人民检察院保密委员会针对部分干警中思想上存在的保密工作“说起来重要、做起来次要、忙起来不要”等安全隐患，强化保密意识教育，把保密教育纳入保密委员会会议、院务会、党课、干警大会、个人自学等活动中，加强《保密法》《党政机关和涉密单位网络保密管理规定》《党政领导干部保密工作责任制规定》《中共常德市委保密委员会 2015 年工作要点》等内容的学习教育，全年共开展全院性保密教育 3 次。为进一步提高保密人员的专业技能和管理水平，市人民检察院组织全市检察机关普通密码使用人员和涉密网络人员共 22 人，参加省人民检察院举办的培训班，并通过考试获得资格证书，做到持证上岗。市人民检察院还对本院各业务科室的兼职保密员进行了 1 次专业业务培训。

四、保密设施

20 世纪 90 年代初以前，全市检察机关保密工作的精力主要放在纸质秘密文件、人事档案、诉讼档案等安全管理上。期间，很长一段时间保密设施相当简陋，如档案室、保密室等重点部位防护设施基本是木门、木窗、木柜，保密安全隐患大。20 世纪 80 年代后期，市委保密委和上级检察机关对保密重点部位提出配置“三铁一器”（铁门、铁窗、铁柜、报警器）的要求，两级检察机关保密设施建设状况有了一定改善。1996 年 12 月，市人民检察院青年路 199 号院内新建的侦技大楼投入使用。在经费紧张的情况下，市人民检察院对保密重点部位和重点部门采取有效防范措施：给机要保密室安排 16 平方米的专用办公室，配备了专用保险柜；检察长办公室安装了加密专用电话；档案室、武器弹药库安装“三铁一器”。1999 年，市人民检察院投资 2 万余元为文印打字室、统计室、机要保密室安装“三铁一器”，所有报警装置均与公安“110”联网，增强保密安全性。全市检察机关所有重点部位均达到配置“三铁一器”要求。

从 20 世纪 90 年代末开始，涉密计算机信息系统逐渐在检察机关建立和应用。检察机关秘密载体也由过去的纸介质发展到光介质、电磁介质等，对检察机关保密设施建设提出了更高要求。1997 年，市人民检察院与省人民检察院开通密码传真二级网。2001 年，市人民检察院要求基层检察院开通密码传真三级网。到年底，常德市 9 个区县市检察院完成与市人民检察院密码传真三级网建设。2003 年，白洋堤院开通密码传真三级网。至此，全市基层检察院三级密码传真网全部开通。2011 年年底，市人民检察院搬迁到柳叶大道新址办公，对检察专线网进行升级改造。其中很重要的项目就是对已经定位涉密网络的检察专线网开展保密安全建设，确保检察专线网内涉密信息、数据及涉密终端安全。到 2015 年年底，市人民检察院共接入光纤 16 条。通过加强硬件监控设施建设，包括加密机、硬件防火墙、服务器区的 IPS、安全准入系统、漏洞扫描系统、防病毒网关、杀毒软件以及上网审计服务器等，建造了一个既稳固又安全的专网系统，确保检察专网信息传输的安全性。按照国家保密局和高检院的要求，市人民检察院还不断完善涉密网络检察专线网的保密安全建设，配合省人民检察院办公室指定的保密平台维保公司，在工作中查找保密管理平台的不足，进行违规外联与移动存储介质使用管理软件的安装、每台终端计算机违规监控与报警系统的安装、网络化保密检查、报警信息接收与展示、保密管理平台的软件升级发布等。市人民检察院还在院区，特别是办公大楼完成电子监控系统的建设安装，确保对重点部门、重点部位实施 24 小时全方位监控。

五、保密检查监督

1990 年 8 月 1 日，市人民检察院印发《关于常德市检察机关国家秘密及其密级规定的通知》，规定了常德市检察机关涉国家秘密的有关事项。

1993 年，按照省人民检察院关于开展全省检察机关保密工作大检查的安排，市人民检察院组织全市基层检察院在自查基础上分组进行保密工作交叉检查。

1998—1999 年，市人民检察院机要保密工作在收寄保管文件环节上做到了万无一失，两年共投递机要2800余件，收到文件和机要件4260余件，无任何差错。

2000年，市人民检察院对保密工作实行目标管理。从组织领导、宣传教育、制度建设、日常管理、泄密处理等方面将保密工作细化为20项具体目标，明确每项目标分及考核标准，增强保密管理的科学性、针对性和可操作性。

2001年，市人民检察院根据中共中央办公厅机要局《关于在全国党政系统组织开展密码保密大检查的通知》精神，以及高检院、省人民检察院密码工作领导小组的统一部署，5月18—25日对全市检察机关密码保密工作进行检查。

2002年3月，省人民检察院急电市人民检察院开展2002年度密码传真机密钥更换工作（以下简称“换密工作”）。为确保换密工作万无一失，市人民检察院专门召开会议进行部署，各基层检察院派专人专车将密码传真机护送至市人民检察院，并集中存放于机要保密室保密柜中，由专人24小时值班保管，统一由省人民检察院换密工作人员更换密钥。

2003年，市人民检察院配合省人民检察院完成三级密码传真网第二次换密工作，全市11台密码机全部更换密钥。

2004年10月，市人民检察院配合省人民检察院对全市11部密码传真机更换了密钥。市人民检察院和石门、汉寿、临澧县检察院实现了网上更换密钥功能。

2005年5月，安乡县院在统一更换密钥过程中，发现密码传真机管理卡遗失，引起了省人民检察院高度重视。市人民检察院责成院办公室配合省人民检察院办公室和市人民检察院纪检监察室进行认真调查，落实了事故责任单位和责任人，并建议有关部门严肃处理。

2006年2月24日—3月11日，全市检察机关开展涉密计算机上网情况专项检查。3月17日，市人民检察院印发《对全市检察机关涉密计算机网络安全专项检查情况的通报》。通报在肯定成绩的同时，着重指出了检查中发现的主要问题：个别基层检察院内设机构计算机均通过局域网接入了因特网，而其中存储并共享了大量统计数据、案件信息、内部公文等机密信息，且局域网管理混乱，无任何系统安全防护措施，存在重大安全隐患；有的基层检察院涉密计算机曾接入因特网；少数干警计算机信息安全保密意识较弱等。通报还针对存在的问题提出了整改要求。

2007年，市人民检察院共组织涉密专项检查4次，全年无失泄密事件发生。

2008年6月，市人民检察院对全市计算机信息系统安全保密情况进行专题检查，对存在的问题和缺陷进行了通报。7月15日，市人民检察院对基层检察院的检察法律文书、文件的密级、保密组织领导的落实等情况进行了抽查。是年，市人民检察院通过机要通道共收发文件120多件，收发明、密码传真200余件，收发机要信件300余件，没有出现差错。

2009年4月30日，市人民检察院收到市委办、市政府办关于学习贯彻《国家秘密载体销毁管理规定》的通知，5月6日，市人民检察院召开由保密委员会委员、市人民检察院办公室全体人员、各内设机构涉密人员参加的保密工作专题会议。学习中央保密委、国家保密局和市委、市政府有关文件和通知精神，统一思想认识。会议提出了以部门为单位，严格按照《规定》要求做好自清自查工作；建立国家秘密载体销毁工作台账；完善各项保密工作制度等三项贯彻措施。是年，全市基层检察院之间开通了机要传输通道，实现了省、市、县三级机要传送互联互通。

2010 年，市人民检察院重点抓本级院规范使用二级机要通道系统，指导基层检察院规范使用三级机要通道系统。全年通过二级机要通道共收公文 677 件、传真收文 105 件，给基层检察院发文 34 件，传真发文 105 件。

2011 年，市人民检察院对本院机关计算机信息系统安全保密情况进行了检查，对区县市检察院计算机信息系统安全保密情况进行了抽查。

2013 年 5 月，鉴于市人民检察院涉密计算机和涉密移动存储介质（专用 U 盘）使用日益频繁，存在严重安全隐患，根据市国家保密局通知要求，市人民检察院对本院机关保密工作基础数据进行了一次审查备案，主要涉及保密要害部门部位审查备案、涉密人员审查备案、涉密计算机及涉密移动存储介质审查备案 3 个方面。是年，根据高检院《关于开展全国检察机关保密普查工作的通知》要求和高检院、省人民检察院的统一部署，常德市检察机关启动保密普查工作。8 月 28 日，市人民检察院印发《关于印发〈常德市检察机关保密普查工作实施方案〉的通知》，从工作目标、普查内容、普查范围、组织领导、工作方法、实施步骤、工作要求七个方面进行部署。同日，市人民检察院就本院机关保密普查员相关事项发出通知，对各内设机构保密普查员的确定、《保密普查责任状》的签订、普查使用计算机的确定和使用等作出严格的规定。此次普查数据期间为 2012 年 1 月 1 日 0 时起，至 12 月 31 日 24 时止。普查工作历时近 40 天。

2014 年，市人民检察院根据市委保密委部署，组织全市检察机关开展“保密工作检查整改年”活动。5 月，根据高检院、省人民检察院统一部署，市人民检察院组织全市两级检察院开展 2013 年度保密普查工作，并及时向省人民检察院办公室上报了普查报表和数据。是年，市人民检察院完成印章管理系统权限变更 13 次。完成 USBKEY 制作、撤销、解锁、维修等维护工作 76 次。全年保密工作未出现疏漏，在市委保密委组织的保密检查中获得好评。

2015 年，全市检察机关继续开展“保密工作检查整改年”活动；按照省人民检察院部署组织开展 2014 年度保密普查工作；按照市委保密委要求组织开展落实领导干部保密工作责任制“六个一”活动（组织一次保密责任制规定的集中学习；听取一次保密工作专题汇报；建立和完善一套保密工作流程；讲授一堂保密党课；进行一次保密谈话；开展一次保密检查）；迎接省委保密委、市委保密委组织的涉密信息系统分级保护建设测评验收活动等。6—12 月，全市检察机关开展“六个一”活动，市人民检察院成立由院党组书记、检察长余湘文任组长的活动领导小组。7 月、12 月，市人民检察院、各区县市检察院涉密信息系统分级保护建设工作先后完成并通过省委保密委的检测验收。是年，为防止检察网络泄密事件发生，市人民检察院党组统一部署，对网络安全进行全面检查，消除安全隐患。在参加省人民检察院组织的信息网络安全应急演练时，市人民检察院在第一时间电话沟通应急演练开始的情况，并快速上报演练相关文件。

第五章　后勤保障

第一节　基础设施建设

1978 年 10 月，省人民检察院常德分院恢复重建，与地区中级人民法院、公安处同在常德市建设西路公安处院内办公。1983 年 12 月，常德分院迁往常德市青年北路 131 号（后更名为青年东路 199 号）办公。新址占地 13.7 亩，建有办公楼 1 栋，计 1255 平方米；干警宿舍楼 2 栋，共计 2800 平方米；食堂、厨房、锅炉旁、浴室、招待所共计 562 平方米。1984 年，常德分院又建成干警宿舍楼 1 栋，计 1100 平方米。

1989 年，鼎城区院投资 168 万元修建的 1477.36 平方米办公楼竣工，全院干警喜迁新楼办公。

1990 年，市人民检察院争取省、市财政支持，投资 55 万余元修建 1 栋 20 套 1680 平方米的处级干部宿舍楼，部分缓解了干部住房紧缺问题。

1993 年 7 月，白洋堤院投资 17 万元修建的 520 平方米办公楼竣工，初步解决建院后全院干警蜗居简易车库（危房）办公之虑。同年 12 月，安乡县院办公大楼落成并投入使用。12 月 26 日至 28 日，全市检察长会议在安乡县院召开，会议的一项重要议题是总结推广该院抓院落建设的经验。会上，市人民检察院检察长李文耀提出，各区县市检察院要在抓好队伍建设、业务建设的同时抓好院落建设。省人民检察院副检察长李志辉参加会议并讲话，对常德市检察机关抓院落建设的思路和做法给予肯定。此后，常德市检察机关基础设施建设走上了快速发展之路。

1994 年，桃源县院 3554 平方米办公大楼落成。

1996 年 12 月，市人民检察院多方筹集资金，历时两年修建的侦技大楼投入使用。大楼总投资 800 万元，建筑面积 5000 平方米 ，缓解了办公、办案用房之需。同年，澧县院投资 55 万元，新建 864 平方米侦技用房一幢。武陵区院投资 80 多万元对办公大楼进行全面维修改造，新增技术用房面积 160 平方米。是年，全市检察机关共投入建设资金 1286.8 万元。办公、技术用房面积共 22783 平方米，人均 31.18 平方米；干警住房面积共 36799 平方米，人均 72.9 平方米。所有在职已婚干警和离退休干部基本解决住房问题。

1997 年，全市检察机关继续投入大量资金用于配套设施建设，如安乡县院投资 90 多万元改造旧办公楼，新建机关食堂、招待所，大搞绿化、美化，建设花园式院落，被县政府推荐为省文明建设先进单位。桃源县院投资 30 多万元装修大门、会议室，修建灯光球场。市人民检察院投资 86 万元修建车库、球场，整修旧办公楼，美化环境，仅种植花草树木就投资 5.8 万元。是年，全市检察机关基础设施建设共投资 633.5 万元。

1998 年，全市检察机关基础设施建设共投入资金 856 万元，新建房屋建筑面积 7086 平方米。汉寿县院历时两年，投资 330 万元修建的 3500 平方米办公（办案）大楼落成启用，全院整体搬迁，新址占地 28 亩。安乡县院投资 250 万元修建 3026 平方米侦技大楼一幢。鼎城区院建筑面积 750 平方米的侦技用房动工兴建。临澧县、津市市检察院共投资 70 多万元对办公楼进行全面装修改造，改善了办公、办案条件。是年，全市检察机关共投资 628 万元修建宿舍 96 套，计 11226 平方米，缓解了新婚和新招干警住房紧张的矛盾。其中，市人民检察院新建宿舍 5060 平方米，42 户干警喜迁新居，基本做到人人有住房。到 1998 年年底，全市检察机关共有办公、侦技用房 33985 平方米，人均 35.3 平方米；干警住房 59231 平方米，人均 77.9 平方米。

1999 年，全市基层检察院共投资 800 万元，新增新建办公楼 2650 平方米、宿舍 13160 平方米，改造装修办公楼 3558 平方米。

2000 年，全市检察机关共投资 175 万元，新增办公、办案用房 3100 平方米；投资 478 万元完善配套设施。鼎城区院按照“上硬件（基础设施和装备建设)、抓软件（队伍建设)、促案件（业务建设)”的工作思路，以卓越的工作业绩为基础设施和装备建设铺路，以一流的设施和装备促进检察业务工作的进一步发展，形成相辅相成的良性循环。1998—2000 年，该院查办贪污贿赂案件连续 3 年排名全市第一，为国家挽回经济损失数百万元，为全区廉政建设和经济发展起到了推动作用。同时，该院在基础设施建设方面的困难和问题也得到区委和区政府的理解与支持，在财政十分紧张的情况下，区财政拨专款 300 余万元支持检察院侦技大楼建设。2000 年 9 月，鼎城区院投资 471 万元，建筑面积为 2490 平方米的侦技楼落成。至此，该院办公用房面积达到 5000 平方米，人均 40 平方米。

2001 年，汉寿县院继 1998 年整体搬迁后开始修建侦技楼，2002 年，建筑面积近 2300 平方米的侦技楼竣工。

2002 年 4 月 26 日，省人民检察院在常德市召开全省检察机关基层基础设施建设工作现场会。学习推广常德市两级检察院基础设施建设经验，推动和加快全省检察机关基础设施建设的步伐。市人民检察院在会上介绍经验。

2003 年 1 月 18 日，市人民检察院新大门（包括市人民检察院举报接待中心、警卫室、文印室等）落成，检察长杜辉才为新院牌揭牌。大门建筑面积 754.7 平方米，决算资金 117 万余元，为市人民检察院青年路旧址基础设施建设收官之作。同年 2 月，根据高检院《人民检察院基础设施建设和科技装备 2001—2005 年发展规划》和建设部、国家改革发展计划委员会批准的《人民检察院办案用房和专业技术用房建设标准》（简称《两房建设标准》）要求，市人民检察院开始筹划院机关“两房”建设。5 月 29 日，常德市发展计划委员会下达《关于常德市人民检察院侦技楼工程可行性研究报告的批复》，同意项目选址于市人民检察院以北、三闾路以西地块。项目占地 8000 平方米，建多功能侦技楼一栋，总建筑面积 11500 平方米，其中办案和专业技术用房 8000 平方米，车库、食堂、门卫等辅助用房3500平方米，总投资3000万元，资金来源为单位自筹。5月30日，市人民检察院投资267万元购置紧邻的市轻化建材仓库，占地约11亩，以作就地扩建，修建侦技大楼之用。6月5日，市人民检察院成立以副检察长杨建波为组长，纪检组组长许建国为副组长，行政装备科科长郭道华为成员的市人民检察院机关基建领导小组，具体运作侦技大楼建设事项。实施过程中，发现就地改扩建拆迁任务重、投资金额大，院财力难以承受，而且项目建设定位及规划安排布局效果不佳，遂请示市委、市政府，将市人民检察院整体搬迁。11月14日，市发展计划委员会下达《关于调整常德市人民检察院侦技楼工程可行性研究报告的批复》，同意项目选址调整在常德大道以南，皂果路以东，朝阳路以西地块，占地34800平方米，建筑面积28000平方米。资金来源调整为申请国债资金900万元，地方配套及自筹2400万元。此后，市人民检察院侦技大楼建设即开始规划、设计、征地、拆迁、“三通一平”、招投标、筹措资金等一系列前期准备工作。是年，汉寿县院因在整体搬迁过程中艰苦创业，坚持而为，先后建成3500平方米办公（办案）用房和2300平方米专业技术用房，人均办案用房近60平方米，院落面积由整体搬迁前的4亩扩大到28亩。配置声像同步监控系统、多媒体交换系统等办案专用设备。高检院表彰其为“全国检察机关办案用房和专业技术用房建设先进单位”。

2004年，高检院、省人民检察院相继召开两房建设工作会议。市人民检察院根据上级检察机关的总体部署，制定全市检察机关2004—2008年两房建设计划。省人民检察院将常德市这一计划纳入了全省检察机关发展规划。1月14日，市规划局按照常德市发展计划委员会常计投〔2003〕496号文件批复，审批了市人民检察院新址详细规划总平面布置图。3月10日下发建设用地规划许可证，由市国土资源局将有关资料报省国土资源厅审批建设用地。5月20日，省政府批准该项目建设用地55.75亩。6月16日，常德市政府发布了征用土地公告。12月9日，市委常委会议纪要明确：“同意市人民检察院搞好新院落建设，从明年起，拨款1000万元。”在随即开始的征地补偿工作中，涉及协调单位20多个，涉及资金数百万元，涉及补偿人员969人，基建办工作人员不畏严寒，深入到户，加班加点做群众的思想工作，宣传有关补偿政策和检察机关“两房”建设的重要性和必要性，得到了群众理解和支持。

2005年5月，市人民检察院新院址开始“三通一平”。但是，因建设资金严重缺乏；征地补偿矛盾突出；水、电设施不到位；修建常德大道时交通受阻，导致回填土石方工程进展缓慢等问题，项目工程进度受到一定影响。在市人民检察院运作整体搬迁项目的同时，根据检察机关工作需要，解决市人民检察院搬迁后干警就近集中居住问题，经市委、市政府同意，从新院址所征土地中划出13.5亩土地，由国土部门实行土地公示挂牌竞标，按照市场化运作开发商品房，市人民检察院干警自愿购买。

2007年9月，由常德宏润房地产开发有限公司开发建设的市人民检察院住宅小区“锦晖佳苑”动工兴建，该小区共有商品住宅楼3栋，204户，建筑面积37327平方米，为市人民检察院检察干警所预购。同年，由于国家基础设施建设审批权限调整，市人民检察院搬迁项目由常德市发改委重新报省发改委审批。

2008 年 1 月 21 日，在欢快的锣鼓声中，市人民检察院举行了新侦技大楼奠基仪式。1 月 30 日，省发改委湘发改投资〔2008〕78 号《关于常德市人民检察院搬迁项目可行性研究报告的批复》同意市人民检察院搬迁项目。至此，市人民检察院整体搬迁项目尘埃落定。4 月 18 日，市人民检察院成立以杨建波为组长，许建国、欧阳志恒为副组长的常德市检察机关两房建设领导小组，负责指导、协调、督促全市检察机关两房建设；成立市检察院机关基建办，负责本院机关两房建设。

2004—2008 年，各区县市检察院和白洋堤院两房建设项目也陆续展开。按照规划，需要整体搬迁的单位有武陵区、临澧县、安乡县、澧县、津市市及白洋堤 6 个检察院（白洋堤院为扩大管辖范围后新增），就地改造的单位有汉寿、桃源、鼎城、石门等 4 个检察院。2005 年 2 月，石门县院原址扩建，投资 184.7 万元，建筑面积 1338 平方米侦技楼竣工。2006 年 11 月，临澧县院两房建设工程全面竣工，实施整体搬迁。新院占地 30 亩，两房建设面积 6300 平方米，总投资 1200 万元。

2009 年，因 2008 年省发改委批复市人民检察院两房建设面积为 14760 平方米，不适应检察工作发展需要。在省人民检察院支持下，市人民检察院主管副检察长带领行装科人员，多次向省、市发改委领导汇报。通过做工作，建设面积增加到 22000 平方米，并且纳入 2009—2013 年五年计划的立项项目，5 月，市人民检察院新址住宅小区（即锦晖佳苑）3 栋宿舍楼竣工交付使用。6 月 28 日，市人民检察院侦技大楼在历经 6 年坎坷之后正式动工兴建。

2011 年 11 月，位于武陵区柳叶大道的市人民检察院侦技大楼完工交付使用：大楼坐南朝北，长 83.1 米，宽 17.1 米，高 60.5 米，共 13 层，设计抗 7 级地震，为框剪结构，建筑面积 23075.61 平方米，其中地上面积 19205.8 平方米，地下面积 3869.81 平方米。预算总投资 1.2 亿元，实际总投资 1.1932 亿元。在功能设计上，大楼建设坚持从检察机关办公、办案的实际需要出发，重点在节能、环保、安全、保密和信息化等方面加大投入，建成了高标准的会议视频系统、远程监控指挥系统、多媒体数字演示侦查指挥系统、案件管理系统和办案工作区。接入光纤 16 条。大楼建设还着眼发展，充分预留出办公自动化、技术网络化和诉讼设备智能化等发展空间，为检察事业的发展打下了基础。12 月 29 日，市人民检察院全体工作人员、离退休干部和白洋堤检察院、各区县市检察院代表 200 余人在侦技大楼前广场举行了简朴而隆重的大楼落成典礼。

2012 年 11 月，省人民检察院党组成员、副检察长白贵泉，计财装备处处长贺艳芳、财务科科长曾鹏等到市人民检察院检查指导工作，对常德市检察机关两房建设和信息化建设、经费保障、后勤管理等工作给予充分肯定。认为市人民检察院在两房建设和管理、信息化建设等方面走在了全省前列。

2009—2013年，各区县市检察院和白洋堤院两房建设也加快了进度：2010年5月，安乡县院投资1600万元，建筑面积5000平方米侦技大楼竣工，全院整体搬迁，新址占地面积15亩。10月，津市市院投资1206万元，建筑面积4326.42平方米侦技大楼落成，全院整体搬迁，新址占地面积9.13亩。同年，汉寿县院侦技楼改扩建项目竣工，建筑面积1000平方米，投资300万元。2011年11月25日，武陵区院举行侦技大楼落成庆典，标志该院成功实施整体搬迁。新址占地19.1亩，侦技大楼投资4190万元，建筑面积11274.6平方米。2011年12月，澧县院投资3543.28万元，建筑面积7087.05平方米侦技大楼竣工，2012年1月实施整体搬迁，新址占地22亩。至此，全市检察机关有临澧、安乡、津市、武陵、澧县等区县市检察院和市人民检察院完成了两房建设及整体搬迁任务。此期间，白洋堤院由津市监狱整体搬迁至常德市城区项目前期准备工作全部完成，新址紧邻市人民检察院，占地5.7亩。鼎城、石门、桃源3个区县检察院因规划、发展和工作需要，经区县委、区县人民政府同意，决定整体搬迁。2009年，石门县委常委会议纪要〔2009〕第29号及县政府常务会议研究明确：同意石门县人民检察院整体搬迁。石门县人民政府2011年第3次常务会议研究明确：石门县院新址规划在东城区永兴大道北侧，县地税局以东，新厂路以西地块，建设用地由县政府无偿划拨，拟用地总面积25亩。2012年12月，市人民检察院检察长刘清生、副检察长欧阳志恒到鼎城区院督导两房建设工作，与鼎城区委书记刘定清、区长董岚、政法委书记彭勇就鼎城区院两房建设、经费保障等问题进行商讨，并达成共识，财政部门拨付180万元启动资金。到2013年年底，鼎城区院和桃源县院整体搬迁工程前期准备工作就绪。

2014年5月28日，市人民检察院动工修建机关食堂。2015年4月，项目竣工交付使用。食堂建筑面积1122平方米，共2层，可同时容纳300人就餐，共投资650万元（含室外管网及附属工程、设备投资等），解决了全院干警、家属及全市检察机关会议就餐之需。

是年6月，白洋堤院侦技大楼正式动工修建，2015年12月基本竣工，大楼建筑面积3928平方米，投资1380万元。

2015年10月，鼎城区院侦技大楼动工修建，建筑面积4441平方米，预算投资金额为1155万元。是年，桃源县检察院整体搬迁工程前期准备工作全部完成，新址占地面积25亩，侦技大楼设计建筑面积5516平方米，预算投资1079万元。

第二节　检察经费

20世纪80年代，全市检察机关经费保障水平很低。1988年、1989年，常德市财政拨给市人民检察院经费分别为44.88万元和62.85万元，不能保障机关工作正常运转。检察机关自身对经费保障的认识也存在误区，认为检察业务工作是重头，基础设施和技术装备建设可以缓一步；检察机关吃“皇粮”，给多少，吃多少等。导致检察基础设施建设和技术装备建设滞后，工作条件艰苦。

1990—1997年，常德市检察机关检察经费保障更是处于困窘状态。一方面，由于检察业务工作量不断增加，检察业务费用支出也大大增加；另一方面，由于地方财政财力有限，检察经费虽年年有所增加，但远远跟不上支出增加的幅度。1990年，市财政下达给市人民检察院经费包干指标27.81万元，后多次追加拨款共59.58万元。到年底，实际拨款85.4万元，为年初预算的3.07倍。1991年，财政预算为33.6万元，先后追加72.14万元，到年底，实际拨款105.74万元，为年初预算的3.15倍。虽然财政追加比例较大，依然弥补不了检察经费的缺口。这种年初低预算，每月平均拨，事后再追加的经费保障体制，给检察工作的正常开展带来了很大的影响，“吃饭靠财政，发展靠自己”逐渐成为检察机关经费保障的共识。所谓“发展靠自己”，一是强化经济案件办理，尽力争取赃款和罚没款项返还。1996年，全市检察机关赃款及罚没收入上缴财政1126.44万元，财政返回1061.45万元，返还率为94.23%。1997年，赃款及罚没收入上缴财政872万元，返回735.40万元，返回率为84.33%。二是开办第三产业创收。20世纪90年代中期，市人民检察院和区县市检察院想方设法自筹资金，或开办宾馆、招待所，或出租门面，或投资入股建基地，扩大收入来源。1993年，市人民检察院修建临街门面14间，出租后当年即收得租金数万元。1995年，桃源县检察院开办银都宾馆，临澧县检察院开办方圆宾馆，全市检察机关预算外收入达200多万元。1996年，银都宾馆盈利30万元，方圆宾馆盈利20万元。1997年，桃源县检察院响应县委和政府号召，投资9.5万元与其他部门和乡镇联办了1个150亩楠竹基地和1个水晶梨生产基地，既帮助发展了当地经济，又解决了自身部分困难。三是争取社会各方支持。此外，还积极开展“节流”工作。20世纪80年代末，90年代初，检察机关普遍推行经费包干办法。1992年1月24日，市人民检察院在总结前些年经费包干实际情况的基础上，下发《常德市人民检察院1992年经费包干管理办法（试行）》，较好地保证了财政资金的合理、有效使用。为“节流”，市人民检察院和基层检察院都制定《财务管理制度》《车辆管理制度》《医疗费用管理制度》《来客接待制度》《电话管理制度》《用电管理制度》等财经管理制度。如《来客接待制度》规定，来客接待基本上在院机关食堂就餐，革除了奢侈浪费之弊。“吃饭靠财政，发展靠自己”理念的形成及其实践虽然在一定程度上缓解了检察经费保障不足的困窘，且收得的资金绝大部分用于弥补办案经费不足，少部分用于改善干警福利、改善办公条件。但随之出现的利益驱动，越权办案；收入不入账或少入账，私设“小钱柜”；截留坐支或挪用罚没收入及赃款；“三乱”（乱摊派、乱收费、乱拉赞助）现象屡禁不止；票据管理混乱等问题，严重影响了检察机关形象及检察工作正常开展，对检察机关队伍建设带来了很大的危害。1995年、1996年，市人大常委会连续两年对“两院”（市人民检察院、市中级人民法院）开展评议，队伍建设和执行国家财经纪律等问题是评议的重要内容。常德市纪委也对有关违纪案件进行查处，全市检察机关引起震动。市人民检察院对全市检察机关执行财经纪律存在的问题进行整顿，检察长李文耀在各种会议上反复强调加强财务管理，遵守财经纪律，坚决杜绝“小金库”等问题。全市检察机关加强经费收支管理，做到“三有三无”（各项开支有标准、规定，大型开支事先有预算、计划，各项收入有合法手续；各单位无小钱柜、无挥霍浪费现象、无白条列收列支），较好地遏制了检察经费管理中存在的乱象。“吃饭靠财政，发展靠自己”的理念也逐渐从检察机关淡出。

1998 年，常德市检察机关贯彻中共中央关于政法机关不再从事经商活动的决定及高检院、常德市等相关文件精神，争取检察经费保障的问题引起高度重视。两级院检察长多次带领有关人员向党委、政府汇报，反映经费严重不足问题。同时，加强与财政、计划等部门的联系，争取理解和支持。市委书记吴定宪、常务副市长陈君文及各区县市委书记、区县市长都亲临检察机关了解实情，在经费安排上向检察机关倾斜，解决检察机关的实际困难，缓解了基础设施建设、设备购置和办案专项支出经费紧张的局面。到 11 月底，全市检察机关共收缴罚没款、赃款 1460 万元，全部及时、足额上缴财政。财政拨付专项资金 1087.4 万元，比上年同期增长 47.8%，返回率 74.5%。其中津市市、澧县、鼎城区、安乡县、桃源县等检察院返回率为 100%。另外，两级检察机关还通过专用设施建设和办理有影响的大要案争取专项建设资金和专案资金 171.8 万元。如市人民检察院办理张某琦案，一次性从财政争取专案经费 6 万元；为满足办公、生活用电需要进行电力增容，从财政争取专项建设资金 20 万元。又如为抵御特大洪灾，两级检察机关从高检院和省、市、县共争取救灾款（含物资折款）30 多万元。安乡县院在高检院检察长韩杼滨视察时，如实汇报受灾情况，从高检院争取救灾款 10 万元，后又从县财政争取救灾款 7 万元。

2000 年，全市检察机关财政预算 926.4 万元，比 1999 年增加 88.6 万元，增长 10%，到年底，争取专项经费和年终财政追加经费 452.4 万元。全年财政拨款达 1378.8 万元。另外，全市检察机关还从财政争取办案返还经费 1169 万元，全年经费总收入达 2555 万元，基层检察院人均 3.2 万元，市人民检察院人均 4.3 万元。全市检察机关建立健全财务管理机制，变事后监督为事前、事中、事后综合监督。市县两级检察机关顺利通过财政、审计、纪检、物价、税务等部门组织的多项检查，并获一致好评。是年，全市有 3 个单位（市人民检察院、武陵区院、临澧县院）实现财政委派会计制度，率先树立规范理财榜样。临澧县院实行委派会计制度后，

市人民检察院行装科开展枪支弹药检查活动

财会管理日趋规范，被市财政局评为“会计达标规范化单位”。

2001年3月28日，市委书记吴定宪在市政法委书记戴军勇、市财政局局长万善志陪同下，到市人民检察院听取汇报，研究解决办案经费问题。

2004年，常德市政府出台《关于加强市行政事业单位财务管理的意见》和《罚没收入管理暂行办法》，其中重点提出了对罚没收入全面实行收缴分离，取消收支挂钩。这对经费保障靠办案上缴罚没款返还的检察机关带来重大影响。为从经费保障机制上保证检察机关公正执法，市人民检察院对市本级及白洋堤院、各区县市检察院2001—2003年的检察经费保障情况进行全面、详细的调查，写出专题调查报告，上报或抄送省人民检察院，市委、市人大常委会、市政府及财政等有关部门，为合理下达检察机关预算提供准确、翔实的数据。到10月底，全市检察机关财政拨款2964.07万元，其中市人民检察院636.55万元，同比增长3%。

2006—2009年，常德市检察机关贯彻《中共中央关于进一步加强人民法院、人民检察院工作的决定》及省财政厅、省人民检察院《关于制定县级人民检察院公用经费保障标准的通知》精神，努力落实公用经费保障标准，迎来经费保障的春天。2007年1月，市人民检察院检察长杜辉才、常务副检察长杨建波带领行装部门人员，向市政府常务副市长陈文浩、市政法委书记胡宗清、市财政局局长及市财政局预算、行政政法部门负责人汇报、通报全省第十二次检察工作会议精神和省财政厅、省人民检察院《关于制定县级人民检察院公用经费保障标准的通知》精神，请市政府及财政部门向区县市政府及财政部门提出要求，把县级检察院公用经费保障标准列入2007年度财政预算，实行收支脱钩，全额保障，办理大要案件另予追加预算，确保检察机关正常工作。市委、市政府及财政部门当即表示支持，有关领导在随后召开的全市财政工作会议上对落实县级人民检察院公用经费保障标准作了强调。市人民检察院领导还利用全市人大会、全市经济工作会的机会，向部分区县市党委、人大常委会、政府主要领导，宣传文件精神，商请给予支持。与此同时，各基层检察院检察长也迅速行动，积极向当地党委、人大常委会、政府及财政部门汇报。通过努力，石门县、鼎城区、武陵区、桃源县、澧县等检察院人均公用经费基本达到保障标准，如石门县检察院预算人均2万元，鼎城区检察院预算人均2.91万元，武陵区检察院预算人均3万元。市人民检察院本级经费保障也有较大改善，到年底，除财政预算经费外，争取到位资金779.44万元，同比增加10.5%。2008年，市财政按人均预算2.8万元拨付市人民检察院公用经费411.54万余元，较2007年202.72万元增加208.82万元。11月，省政府党组成员、省长助理、省财政厅厅长李友志和省人民检察院检察长龚佳禾一行到常德，对常德市检察机关公用经费保障情况进行调研和督导。12月，市委常委专门召开检察机关经费保障工作会议，要求全市财政系统认真落实检察机关公用经费保障标准，做到收支两条线，收支脱钩，全力保障。2009年3月，市人民检察院与市财政局印发《常德市财政局、常德市人民检察院关于进一步加强检察经费保障工作的通知》，要求市人民检察院、武陵区院和白洋堤院公用经费最低保障标准为年人均 3 万元，其他区县市检察院公用经费最低保障标准为年人均 2.5 万元。两房建设、重大装备建设和办理大要案件的费用单列，为从根本上解决常德市检察机关经费保障问题创造了条件。

2010 年，全市检察机关经费预算基数在上年度的基础上增加 11%。10 个基层检察院全部落实了公用经费保障标准。市人民检察院财政拨款 1517.67 万元，其中公用经费拨款 297.90 万元，专项经费拨款 320.57 万元。全市检察机关还争取中央、省级政法转移支付资金 1649 万元，平均每个基层院补助资金在 100 万元以上。是年，全市检察机关加强制度建设，规范财务和资产管理，努力提高资金使用效益，仅市人民检察院全年交通费、会议费、接待费就比上年分别下降 12%、45%、11.3%。

2011 年，市人民检察院、白洋堤院及 9 个区县市检察院人均公用经费预算均达到文件规定的标准，其中，桃源县、临澧县检察院达到人均 5 万元以上；市人民检察院及白洋堤、武陵区、澧县检察院达到人均 3 万元以上；鼎城区、汉寿县、津市市、安乡县检察院达到人均 2.5 万元以上；石门县检察院达到人均 2 万元以上。从实际执行情况看，市人民检察院公用经费人均 12.62 万元，基层检察院公用经费人均 9.81 万元。同年，市人民检察院坚持把落实中央转移支付作为经费保障工作的重点之一，在争取中央转移支付资金份额上加大工作力度，全年共落实中央政法转移支付资金 2369 万元，同比增加 320 万元。年底，通过市人民检察院协调，市财政部门下拨办案经费 600 万元，用于补充相关检察院的办案经费和业务装备经费。是年，全市检察机关共落实检察经费 1.2 亿元，同比增长 10%。

2012—2015 年，全市检察机关落实公用经费保障标准又有了新的突破，以市人民检察院为例，连续 4 年公用经费保障标准提高到人均 5.31 万元（2014 年、2015 年，实际执行均保持在人均 16 万元左右），市财政每月拨款 61.95 万元（包括装备建设费），较好地保障了市人民检察院机关日常运转。全市检察机关办理大要案的经费和大型装备经费申请逐步规范、顺畅，较好地保障了检察机关依法履职的基本需要。另外，中央转移支付资金落实情况较好。2014 年、2015 年，市人民检察院连续两年均保持在 379 万元水平。在落实经费保障标准的同时，常德市检察机关强化了检察经费支出管理。2013 年，市人民检察院对本院经费预算和使用，机关接待，食堂管理，车辆、驾驶员管理，大要案件经费支出，日常办公用品、装备器材管理等事项，制定和完善了 12 项行政管理制度，并编印成册，发至全院各内设机构遵照执行。全市检察机关遵循先预算、后支出的原则，严格执行预算管理，杜绝超预算或者无预算安排支出、虚列支出、转移或者套取预算资金情况。

第三节　检察装备

1978 年，检察机关恢复重建，常德地区检察机关仅常德分院配备有 1 辆旧“北京

212”吉普车，主要交通工具为少量的自行车，其余装备均为空白。1984年，国务院统一着装办公室规定，公检法等司法机关可以统一着装，便于识别和开展工作。7月，常德地区检察人员（检察员、助理检察员、书记员）第一次统一着检察制式服装，制式服装夏装为米黄色、春秋冬装为豆绿色，佩以肩章和戴有国徽的大盖帽。其中，春秋装男为中长纤维华达呢军干服式制服，女为西装式制服；男夏装为的确良府绸小翻领猎服式制服，女为西装式夏服；冬装为的确良咔叽军干服，大衣为双排扣毛绒翻领军干大衣式样（1988年换装，将原有机玻璃纽扣改为金黄色的铜纽扣，夏装也由米黄色改为豆绿色，肩章由原来的红底镶金黄边呢质长方形硬肩章改为红底镶黄呢质长方形硬质，1991年换装时增加了检察领花，冬装为马裤呢军干服式样）。经费系各级院同级财政拨款解决。

1988年年底，全市检察机关共配备各类车辆48台，其中小轿车9台，吉普车11台，警（囚）车5台，摩托车21台，其他车辆2台。还按规定配备有一定数量的枪支弹药。

1989—1993年，全市落实检察机关“一五”规划，装备建设得到较大发展。1993年年底，全市检察机关共配备各类车辆73台，其中小轿车6台、吉普车16台、旅行车3台、囚车13台、警车8台、摩托车26台、其他车辆1台。配备其他装备115台（套），其中电子计算机1台、复印机2台、电子打字机6台、普通打字机11台、传真机1台、现场勘察箱10个、法医检验箱8个、摄像设备2套、录像机30台、照相机24台、对讲机20台。市人民检察院技术部门配备的设备能进行除理化检验以外的检察技术检验鉴定工作。9个区县市检察院都能进行照相、录音、现场勘验、法医和文检等检察技术的检验鉴定工作。两级检察机关的枪弹配置基本达到高检院规定的应配数，实行专人、专库、集中保管和配发、使用，并建立了经常性检查制度。1991年下半年至1992年上半年，全市检察机关配合公安机关对所有枪支建立了枪弹痕迹档案，并实行微机管理。

1994—1998年，全市检察机关落实检察机关“二五规划”，装备建设又有大的发展。1998年年底，全市检察机关共配备各类车辆116台，其中小轿车25台、吉普车19台、旅行车2台、囚车10台、警车38台、勘察车1台、赃物车1台、摩托车20台，车辆总数为1992年的1.7倍。配有其他装备223台（套），为1992年的1.94倍，其中电子计算机45台、复印件16台、电子打字机12台、普通打字机1台、传真机21台、现场勘察箱13个、法医检验箱14个、摄像设备14套、录音机32台、照相机30台、对讲机25台。1996年，石门县检察院筹集资金20万元，添置微机20余台，在全省基层检察院中率先建成计算机局域网。1997年年底，全市检察机关干警配备移动电话270部、BP机776部。1997—1998年，为配合修订后的“两法”实施，市人民检察院和9个区县市检察院投资140多万元安装了10套监控设施。鼎城区院继石门县院之后建成计算机局域网。1998年，在抗击特大洪涝灾害过程中，全市检察机关装备部门为抗洪抢险一线调度车辆5000多台次，为胜利完成抗洪抢险任务作出应有的贡献。“二五”规划期间，全市检察机关所有枪械库房均“三铁一器（铁门、铁窗、铁柜、报警器）齐全 ，部分检察院还实行报警器与公安110监控中心联网，给枪械保管加上了“双保险”。1998年，根据高检院和公安部文件明确的枪支配发范围，全市检察机关完成了枪支清理、配发工作，多余枪支全部封存待缴。服装管理按省人民检察院规定做到了统一标准，统一计划、统一生产，统一发放。

1999年，全市检察机关新增办案车辆13台，购置技术装备投资120万元。有6个区县市检察院实现了计算机局域联网。市人民检察院开通了保密传输系统，购置了激光照排打字设备，办公自动化、现代化建设迈出了新的一步。是年，全市检察机关报废枪支××支，全部交公安机关销毁；上缴省人民检察院保存××支；上交省公安厅×××支；留存枪支×××支。

2000年，全市检察机关高检院全国检察机关科技强检工作会议精神，把装备现代化建设纳入检察机关总体建设规划。全市检察机关投资近100万元购置技术装备。市人民检察院投资30多万元，完成了微机局域网中心机房设备安装和105个工作站布线工程。桃源县院投资40多万元，建成了高标准的微机局域网。石门县院投资15万元对微机局域网进行技术改造，并为出庭支持公诉时将多媒体设备和技术引入庭审进行探索。

2001年，全市检察机关认真落实高检院《关于进一步加强枪支管理的紧急通知》精神，对全市枪支管理情况进行认真检查，各单位枪支账物相符，均存放在武器库中，由专人保管。2002年6月，人民检察院的检察制服进行改革。新的检察制服为小翻领三粒扣西服式样，颜色选用国际司法界常用的深色调藏蓝色，夏装上衣为灰色系列，为女检察官配发裙服，以佩带“中国检察”胸徽作为检察人员的主要标志。取消了大盖帽、领花和肩章，使检察制服更具亲和力，折射了改革开放以来中国检察制度的发展和执法理念的变化。新式检察服的制作采取量体裁衣，因人制作的方法，革除老式服装按型号统一制作，干警穿着难以合身的弊端，穿着更加舒适合体。

2002—2003年，全市检察机关更新车辆7台，新增车辆3台；局域网系统基本建成。石门县院为每名干警配置电脑，率先在全市实行无纸化办公。市人民检察院各部门都配置电脑和打印机；计算机中心机房基本建成，为实现全市检察机关联网创造了条件。

2004年，市人民检察院建成审讯室2间、谈话室1间、机房2间；配置由5个针孔探头、3个照明探头、8台监视器、1台电视机组成的数字化监控系统，真正实现了审讯、监控远程化，指挥办案网络化。

2005年，在省人民检察院的支持下，市人民检察院完成全市三级网的调试与安装，并于8月正式开通试用，成为全省检察系统第一家开通三级网的市级单位。局域网扩容工作也圆满完成。9月中旬，全省检察系统信息化建设现场会在常德市召开，市人民检察院介绍信息化建设的经验，省人民检察院领导给予高度评价。1月13日，市人民检察院行政装备科被高检院表彰为“2004年度全国检察系统服装管理工作先进单位”。

2006年，市人民检察院投资40多万元购置一批电脑和其他信息化设备，完成电脑的更新换代。投资35万元，完成了对中心机房的升级改造。全市11个检察院均建成了三级专线网，有8个检察院局域网与专线实现了连接，形成了以市人民检察院为中心，上通省人民检察院、高检院，下至各基层检察院，横联全国其他检察院的安全保密、音频清晰、图像清楚、通讯免费的专线电话、视频会议、数据传输“三网合一”的检察综合网络。是年，市人民检察院投资70多万元，更换车辆3台。石门县院投资40多万元，购置车辆2台，桃源县院购置办案用车3台，汉寿县院购置办案用车2台。

2007年，市人民检察院投资89万元购置一批电脑和信息化设备，并配合市财政部门，完成了基层检察院中央政法补助专款中“两录’设备的购置任务。

2008—2010年，全市检察机关认真贯彻落实《人民检察院2008—2010年科技装备发展规划纲要》，不断加大资金投入力度，装备建设取得较大的发展，为全市检察机关的科技强检工作打下坚实的基础。

2008年，市人民检察院积极筹措资金更新车辆4台，缓解了办案用车紧张的状况。到年底，全市检察机关共配备便携式“两录”设备15台，为办案部门全面推行讯问职务犯罪嫌疑人全程同步录音录像工作提供必要条件。

2009年，市人民检察院根据省委政法委《湖南省警车集中整治方案》和市委政法委《全市警车集中整治方案》的部署，成立全市检察机关警车整治领导小组，开展警车等公务用车集中整治行动。各基层检察院也成立相应的领导小组和办事机构。整治工作从2009年12月3日开始，至2010年1月30日结束。

2010年，全市检察机关共投入资金366万余元，用于科技装备建设。其中投入到信息化、“两录”设备的资金80.5万元，购置侦查指挥通讯车39.98万元，购置电脑、打印机、复印机等办公设备246万元。

2011年，全市检察机关投入近2000万元用于装备更新、配备和信息化建设。其中更新办案车辆12台，配备或更新侦查设备27件（套）。全市检察机关的局域网全部建成，网络畅通。三级专线网扩容升级改造也全部完成，共租用电信线路11条，流量由过去每条线路2兆扩容为10兆。市人民检察院到各区县市检察院、市人民检察院到中心看守所的数字传输顺畅。市、县两级院的看守所检察室和审讯室基本建成，其中省人民检察院投资建设的同步录音录像设备均安装调试完成并投入使用。市人民检察院及武陵区、汉寿县、桃源县、临澧县、澧县、安乡县、津市市等区县市检察院的现代化办案工作区全部建成并投入使用，做到全监控、全程同步录音录像。市人民检察院新建了全监控、视频接访等多功能的举报接待大厅，设有心理疏导室、律师接待室等。市人民检察院和武陵区、澧县、安乡县、津市市、临澧县等区县市检察院还建立了高质量的会议中心、网络中心、中心机房和电子阅览室。市人民检察院、桃源县院还编写了办案流程软件。全市检察机关均安装有检务公开电子化设备。

2012年，市人民检察院建成全省领先的侦查指挥中心，其装备按照“先进、实用、适当超前”的原则配备，主要有被动式C网、G网移动通信定位系统设备，先进的微型视听设备、开锁设备、电脑（手机）内容恢复分析设备、远程跟踪侦查指挥实时传输设备、侦查指挥车等，并租用专线5条，总投资620万元，为全市检察机关侦破职务犯罪案件提供强有力技术装备支撑。8月，全省检察长会议在市人民检察院召开，侦查指挥中心建设受到国家发改委、高检院、省委领导和省人民检察院的好评，并在全省予以推广。为了加强对该中心技术装备的管理，市人民检察院成立专门机构，制定《侦查装备使用管理暂行规定》《移动通信定位设备使用管理规定》《侦查公共信息和基础信息查询工作规定》，在使用上实行“一支笔”审批。

2013年，市人民检察院行装科《信息技术装备建设》项目被评为2012年度全省检务保障“优秀创新项目”受到表彰。市人民检察院通报表彰澧县院《一体化行政装备管理模式》、汉寿县院《警用车辆“双管”工作机制》、石门县院《群众来访场所实时监控系统》、鼎城区院《“链条式”公车管理模式》等4个“优秀创新项目”。是年，市人民检察院投资近45万元添置高检院统一业务应用软件上线的配套设备；投资3万多元改造办案点的监控系统；新增侦查车辆1台，更新车辆2台。全市检察机关按照省人民检察院要求组织712名检察人员和67名司法警察服装量体，完成了214万元的服装采购计划。为加强和规范侦查装备的使用、管理，更好地服务于侦查办案,根据高检院和省人民检察院关于侦查装备使用和管理的相关规定，市人民检察院下发《关于印发〈常德市人民检察院侦查装备使用管理规定（试行)〉的通知》。根据高检院和省人民检察院有关开展枪支安全大检查的指示，市人民检察院成立了枪支弹药安全检查小组，对全市检察机关的枪支弹药进行全面检查。全市检察机关枪支除市人民检察院自行保管外，其他10个基层检察院均委托当地公安局或武装部进行保管，有移交清单和托管协议，枪支弹药账物相符，保养擦拭良好，均处常备状态。检查后，市人民检察院和各基层检察院会同区县市公安局或武装部进一步落实了人防、物防、机防措施；建立和完善了《枪支弹药收支账务登记制度》《枪支弹药管理办法》《枪支弹药平时检查自查报告制度》《枪支弹药管理守则》等制度。

2014年，市人民检察院按照省人民检察院要求完成对全市检察机关712名检察人员和67名司法警察服装发放工作；投资380万元，辐射湘西北地区的电子证据实验室和司法鉴定中心建成并投入使用，主要配置有电子证据取证系统、法医实验系统以及从德国进口的笔迹鉴定仪等。

2015年，全市检察机关共更新车辆7台。其中，市人民检察院2台，基层检察院5台。市人民检察院案管中心添置彩色打印机3台，价值47万元装订扫描一体机1台；举报接待中心和案管中心投资建立全监控、全录音系统；为办公、办案投资57万元购置了电脑、打印机、照相机等设备。

第四节 生活保障

20世纪90年代，全市检察机关花很大精力抓机关生活保障工作。1991年，市人民检察院针对1983年搬迁后机关自来水压力太小，夏季二楼以上基本无水，给全院干警生活、工作带来极大不便的问题彻底进行整治。改造院内水管，变小管道为大管道，管径由50毫米扩大到80毫米；进水口实行水表增容，工程造价15.3万元，解决了多年来未解决的大问题。同时，聘请一名水电维修工，既解决机关水电维修问题，也方便干警家庭水电维修，全年排除各类水电故障786次。同年，机关食堂开展满意在伙房活动，抓正点开餐和优质服务，并针对食堂多年一直沿用木笼蒸饭，既不卫生，且浪费现象严重问题，自己设计，定做了蒸气柜，不仅克服了木笼蒸饭弊端，还解决了干警蒸饭蒸菜问题，很受干警欢迎。1995年，津市市院投资6万元将热电厂暖气引进办公楼，免费为干警家属提供热水、热气；投资11万元将院门前一条烂泥路改造成6米宽、25厘米厚的水泥路，既改变了机关的卫生状况，又方便了干警家属出行，亦受当地居民赞扬。是年，全市有7个区县市检察院被评为当地“文明卫生单位”。安乡县、临澧县院被评为“常德市文明卫生单位”“绿化工作先进单位”。全市大部分检察院建成为春有花、夏有荫、秋有果、冬有青的花园式院落。1996年，全市检察机关投入庭院建设资金55.43万元。9个区县市检察院中有6个受到市、县两级表彰。其中石门县、津市市、安乡县、汉寿县检察院被评为常德市双文明单位或卫生先进单位。武陵区院投资7万余元改造水电设施，解决干警长期用水难的问题；石门县、澧县院投资4万余元修建封闭式自行车棚，为干警提供安全存车场所。是年，全市检察机关干警福利待遇较往年有所增加，检察官津贴在装备行政部门努力下，或争取财政拨款，或自筹资金，全部兑现，部分区县市检察院列入了财政预算。干警医疗保健和离退休老干部福利条件有所改善。市人民检察院全年争取医疗经费5.6万元，较预算增加4.6万元，干警医疗费用基本解决。市人民检察院还将老干部福利问题列入年终考评内容。各院均为老干部开展活动拨专款、派专车，鼎城区院被区政府评为老干部管理工作先进单位。为抓好机关院内安全保卫工作。全市检察机关除建立健全《门卫制度》《来客来访登记制度》外，还加强与当地街道办事处、居委会联系，积极参加综治活动，安乡县、汉寿县院被评为“常德

市人民检察院行装科党支部开展党日活动

市综治先进单位”。1997 年，安乡县院投资修建机关食堂、招待所，并对院区进行花园式改造，被县政府推荐为“省文明建设先进单位”；桃源县院投资修建灯光球场；市人民检察院投资修建球场、种植花草树木，仅绿化就投资 5.8 万元。1998 年，全市检察机关在加强机关庭院建设，为干警分忧解难办实事方面做了大量工作：配合常德市“迎国检”，创建文明卫生城市，投资 10.5 万元进行院区绿化和卫生设施建设，有 4 个基层检察院被评为市、县两级文明卫生单位或园林式单位；投资 119.6 万元维修干警宿舍和水电设施；投资 7 万余元为检察干警进行健康检查；为 127 户干警办理房改手续。汉寿县院因老院子宿舍距新办公大楼较远，投资 14.8 万元购置交通车 1 台，解决干警上下班接送问题。市人民检察院装行科义务为干警灌液化气 400 多瓶，把温暖送到每户干警家里。1999 年，市人民检察院为干警办 10 件实事，如积极筹措资金，保证干警检察官津贴、误餐费、电话费、适当补贴发放；为办案人员服务，优先报销差旅费和车辆油修费；克服资金困难，为干警及时报销医疗费；整修干警宿舍，解决干警房顶漏雨之忧；清理 330 米下水道和 20 个化粪池，保证大雨过后院内无积水；为 114 户干警办理购房产权证，退集资建房和原购房款 36 万元；扩建和维修食堂，筹办 41 个床位的招待所，为全院干警、家属和上、下级来客创造住宿和就餐条件等。

21 世纪初，检察机关后勤工作还是沿袭过去的做法，包揽的事务比较多。如 2000 年，市人民检察院挤出 30 多万元资金，维修 3000 平方米干警宿舍和 60 余间杂物间，改造院内低压电源线路 1500 米，构建绿化体系 3800 平方米；建立服务站，为办案、出差干警送液化气、免费维修水电设施等。2008 年 8 月，市人民检察院将机关保安、卫生后勤等事务委托物业公司管理，明确一名工作经验丰富、责任心强的工作人员经常检查落实，机关面貌焕然一新。2010 年，随着市人民检察院和大部分区县市检察院两房建设任务基本完成，机关后勤工作市场化改革步伐随之加快。2011 年 11 月底，市人民检察院整体搬迁至柳叶大道 2989 号新址办公。为规范管理，厉行节约，市人民检察院提出“新定位，新机制，新面貌”的行政管理思路，将机关安全保卫、卫生保洁、园林绿化、设备维修、干警食堂等后勤工作引入市场竞争机制，按照市政府的要求进行公开招标采购服务。实行物业管理为主，行政装备部门监管和协管，对物业公司履责情况一周一检查，一月一讲评，一季度一结账，对工作中出现的漏洞和薄弱环节，按制度规定进行处理。2014 年 3 月，市检察院宿舍区（锦晖佳苑）的物业管理工作全部移交物业公司，实行业主委员会协调和业主监督管理机制。2015 年 4 月，市检察院新建成的机关食堂，采取“依托酒店管理，行政装备科监督”的模式进行运作。开业营运后，既严格控制了公务接待经费的使用，杜绝了奢侈浪费之风，又让干警真正得到实惠，受到干警一致好评。12 月 31 日，锦晖佳苑小区热水、直饮水、自来水开始实行用户刷卡缴费使用。在抓好机关后勤工作市场化改革的同时，市检察院加大对文娱、体育、交通、安保设施的投入。到 2015 年年底，市人民检察院机关室外建有高标准灯光球场，绿树丛中安装有健身器材；室内设立干部文体活动中心，健身房、棋牌室、乒乓球室、书报阅览室及电子阅览室等，极大地丰富了干警及离退休人员业余和晚年生活。应检察用车和干警私家车增长需要，市人民检察院修建有棚车位 42 个、划定露天车位 143 个；安装车辆进出院自动管理设施 2 套，保证了车辆安全、有序管理。为保证院区安全，市检察院投资 9 万元修建锦晖佳苑门卫值班室；投资 29 万余元更新监控系统。

人　物

一、人物传略

人物传略收录2位已故检察工作者。

王东海

王东海（1929.9—2015.9）　汉族，1929年9月出生，河北省枣强县人，1944年10月在山东省思县参加革命，1946年5月加入中国共产党。曾任常德检察分院（市人民检察院）党组书记、检察长。

1944年10月任山东省思县人民政府通讯员，1947年11月任思县银行出纳员，1949年1月随军南下。1949年10月到达湖南省，先后任南县银行副行长、桃源县银行行长、桃源县人委财办主任；1956年任桃源县检察院检察长，1957年9月至1958年11月在中央政法干校学习；1961年1月起先后任桃源县公安局局长、随中央工作团赴贵州集训一年，先后任贵州省独山县公安局局长、独山县委常委等；1976年11月任常德地区公安处党组成员、副处长，1978年8月任湖南省人民检察院常德分院党组书记、检察长，1988年9月任市检察院顾问，1991年4月离休。

王东海工作期间多次受到奖励与表彰。在检察机关恢复重建期间，克服重重困难，夜以继日做了大量的工作，使全区两级检察机关能够按照上级要求恢复建立，并很快进入正常运转，受到上级的表彰。王东海任职期间，常德检察分院在全国检察机关率先提出“两手抓”（一手抓刑检、一手抓经检）的措施，受到高检院的肯定并在全国检察机关推广。

孔庆祥

孔庆祥（1943.12—2001.6）　土家族，湖南省永顺县人，1943年12月出生，大专文化，中共党员，1958年9月参加工作。曾任常德市武陵区人民检察院副检察长。1990年被省人民检察院记一等功，并被授予“先进个人”称号。同年，被最高人民检察院评为“先进工作者”、记二等功。2001年6月因病去世。

二、人物简介

（一）受高检院表彰者

收录市人民检察院和各区县市检察院受到高检院及其部门等全国性表彰的优秀检察工作者。市人民检察院受表彰者以出生年月为序排列，各区县市受表彰者按市委、市政府行文各区县市的顺序排列。

市人民检察院受高检院表彰者

曾祥国

曾祥国 汉族，湖南省桃源县人，1954年9月23日出生，中共党员，1972年12月应征入伍到新疆某部队服役。1975年1月提干。1991年7月转业到市人民检察院工作。在市人民检察院先后任行装科副科长、反贪局副局长、控申科副科长，法警支队副支队长、支队长。1993—1999年任反贪局副局长期间，先后6次立三等功，一次被评为先进个人。1999年在全省检察机关“办案质量年”活动中评为省优秀检察干部。2002年12月被省政府评为省“双联”工作先进个人（全省首例），2003年评为省院全省优秀检察干警。任法警支队长期间，先后3次立三等功、2次嘉奖。2004年1月、2007年，被评为“全国检察机关优秀司法警察”。2007年7月，法警支队被高检院评为全国检察机关司法警察优秀警队。2003—2007年，先后5次评为“全省优秀警队”、一次记集体二等功。

熊湘涛

熊湘涛 汉族，湖南省桃源县人，1961年11月出生，大学本科文化，中共党员，1979年11月参加工作，现任常德市人民检察院副处级检察员兼行政装备科科长。

1994年7月，熊湘涛从部队转业到市人民检察院，先后在纪检组监察室、人事科、政治部工作，2008年3月底调入行政装备科工作。到行政装备科以后，他全心全意为全院干警服务、为办案一线服务、为本院离退休老同志服务。2012年12月，熊湘涛被最高人民检察院评为“全国检察机关检务保障先进个人”。2015 年 12 月，市人民检察院行政装备科被高检院评为“全国检察机关检务保障先进单位”。2009—2016 年，市人民检察院行政装备科连续 8 年被省人民检察院评为“全省检察机关检务保障先进单位”。从 2001 年起，市人民检察院连年在全省检察机关检务保障大会上作典型发言，介绍检务保障工作的先进经验。

熊湘涛严于律己，廉洁奉公，团结全科工作人员一道工作，圆满完成“两房”建设及后勤保障等各项工作任务，使机关管理有序、干净整洁、保障到位，受到高检院、省人民检察院及各兄弟单位的好评。为市人民检察院评为“全省文明机关”做出了贡献。

张浪鸥

张浪鸥 女，1963 年 12 月出生，汉族，湖南省桃源县人，大学本科文化，中共党员，1984 年 12 月参加工作，现任市人民检察院正科级检察员。

1984 年 12 月通过公招进入桃源县人民检察院工作，2010 年 2 月调入市人民检察院。先后从事侦监、反渎业务和行政装备、办公室、案管等后勤服务和综合等工作。她在工作中认真负责、任劳任怨、勤勤恳恳圆满完成各项工作任务，多次受到记功和嘉奖。2003 年 2 月，获省工会授予的“芙蓉杯百岗明星”称号。2004 年 3 月 8 日，获中华全国总工会授予的“全国文明家庭”称号，曾被市政法委、市人民检察院、桃源县委及政法委等单位记三等功、获得“优秀共产党员”及“先进个人”等表彰与嘉奖。

李宽庆

李宽庆 女，汉族，湖南省澧县人。1964 年 5 月生，中共党员，大学本科文化。1988 年 8 月从湘潭大学毕业分配到市人民检察院工作。1994 年任检察官培训中心副主任，2002 年任反贪局副局长，2003 年任法律政策研究室副主任，2004 年任法律政策研究室主任，2010 年任政治部干部教育科科长，2012 年起任副处级检察员、政治部干教科科长。

李宽庆多次被评为“先进个人”“优秀侦查员”“优秀共产党员”，多次立功受奖。1996 年 7 月，被高检院政治部和干部教育训练局评为全国检察系统教育培训工作优秀教师；2006 年 1 月，被省人民检察院评为 2005 年度全省检察机关优秀检察干部。1988 年 8 月—1996 年 2 月，在院电大工作站（湖南电大检察分校常德电大工作站）、检察官培训中心工作，为常德检察队伍提质提能做出了贡献。

杨 仲

杨 仲 土家族，湖南省石门县人，1971年8月出生，1996年7月毕业于中南财经政法大学经济法系，中共党员，1996年8月参加工作，现任常德市人民检察院民事行政检察科科长。

1996年8月进入市人民检察院工作，先后任民事行政检察科副科长、法律政策研究室主任、民事行政检察科科长等。他从检21年，始终勤勤恳恳工作，清清白白做人，共办理各类案件300余件，其中数件被省人民检察院评为“优秀案件”；他承办的常德市鑫城房地产开发有限公司申请执行监督案被高检院评为“精品案件”，受到高检院通报表彰。撰写调研文章20余篇，其中《论构建我国非刑事公诉制度》一文获高检院2005年度诉讼法年会优秀论文奖，另有两篇文章分获2012年、2013年湖南省检察理论研究年会二等奖、三等奖。

钟 颖

钟 颖 女，汉族，1979年10月生，湖南省桃源县人，硕士研究生，中共党员，2000年8月进入桃源县检察院工作。现任市人民检察院公诉一科副科长。

2000年8月起，在桃源县院先后任书记员、助理检察员、检察员、侦查监督科副科长、公诉科副科长；2006年7月，调市人民检察院公诉科，后相继任公诉一科助检员、检察员、副科长。

钟颖能在思想上、政治上、行动上与中共中央保持高度一致，服从组织安排与指挥；能克服重重困难，坚决完成各项本职工作，共办理600余件批捕案件，200件重特大起诉案件，均获得较好的法律效果和社会效果；在执法过程中，能自觉接受各方面的监督，保持廉洁自律的职业操守。2001年，获高检院“金鼎奖”；2004年，获全省“侦查监督办案能手”称号，2011年，获湖南省“十佳公诉人”称号；2012年，被评为湖南省“检察职业道德标兵”并被省人民检察院记一等功。

陈小利

陈小利 1980年8月出生，湖南省桂阳县人，中共党员，西南政法大学诉讼法学硕士。2007年8月，经公招进入津市市人民检察院，先后在公诉科、办公室工作。2008年9月，借调至中宣部理论局参与编撰《理论热点面对面（2009）》。2010年10月调入市人民检察院，先后在法律政策研究室、办公室、反贪局工作，历任办公室副主任、反贪局综合指导室主任，其中2010年借调至中宣部理论局参与编撰《七个怎么看——理论热点面对面2010》。

陈小利采写并在各级发表多篇调研文章和理论文章，2008年成功申报最高人民检察院调研课题《职务犯罪侦查管辖问题比较研究》一项，成功申报湖南省人民检察院调研课题两项。

陈小利参加检察工作后，先后受到市委、市政府及市人民检察院多次表彰奖励。2010年，被高检院评为“全国检察理论研究人才”。

蒋　迅

蒋　迅　女，土家族，湖南省临澧县人，1984年2月出生，大学本科文化，无党派，2006年8月参加工作，现任常德市人民检察院公诉一科副科长。

2006年8月，通过湖南省公务员招考进入常德市人民检察院，先后在政治部组织人事科、公诉二科、公诉一科工作。自2008年4月调入公诉部门后，共办理各类刑事案件百余件，成功公诉一批有较大社会影响的复杂疑难案件。两次荣立三等功。2011年，荣获“湖南省优秀公诉人”称号。2013年，荣获高检院授予的“全国优秀公诉人”称号。

区县市院受高检院表彰者

唐仁杰

唐仁杰　湖南省常德市人，1932年3月出生，初中文化，中共党员。1979年11月—1990年1月，任常德市（现武陵区）人民检察院检察长。

唐仁杰工作期间，多次受到表彰与奖励。1991年12月，由于他对检察事业做出了贡献，获高检院颁发的“荣誉证书”。

林茂舫

林茂舫 汉族，湖南省澧县人，1932年6月出生，大专文化，中共党员，1951年3月参加工作，因工作期间表现突出，曾获1984年高检院通令嘉奖，并出席高检院召开的先进单位和先进个人代表大会；1985年，被省人民检察院记一等功；1986年，被省人民检察院记一等功；1990年，被评为“全省检察机关先进个人”。

毛家国

毛家国 汉族，湖南省常德市鼎城区人，1958年10月出生，法律本科毕业，中共党员，1978年3月参加工作。2004年，被评为全国检察机关信息化建设工作先进个人。

1978年3月参加工作，先后在常德县牛鼻滩联校、鼎城区法院、鼎城区委政法委工作；2001年10月—2012年5月，任鼎城区检察院党组成员、纪检组组长、检委会委员；1998年10月—2003年10月，当选鼎城区第十三届人大代表；2003年，被任命为四级检察官；2003年8月—2008年10月，兼任鼎城区纪委委员；2012年10月，任鼎城区检察院正科级检察员。

为科技强检，毛家国大力宣传开展信息化建设的必要性和紧迫性，宣传外地开展信息化建设取得经验和成果，制定信息化建设的工作方案。为确保信息化建设具有实用性和超前性，毛家国组织有关人员到外地参观考察，研究建设方案。在施工过程中经常加班加点，坚守在施工现场，确保工程质量。同时还多主争取建设资金，全面保证信息化建设工作的顺利进行。毛家国加强对信息化的管理工作，组织培训，亲自编写培训教材，提高干警的操作技能，使该院信息化功能得到很好地发挥，促进了各项工作的进展。

郭淑美

郭淑美 女，1967年出生，大学本科文化，中共党员，现任湖南省汉寿县人民检察院党组成员、检委委员、纪检组组长。1984年，经招干考试被录取到汉寿县检察院工作，先后任本院办公室副主任、主任、监所科科长、纪检组组长。2001年3月，任国营西湖农场检察院检察长。任汉寿县检察院党组成员期间，分管职务犯罪预防工作、纪检监察工作和预防工作连续8年获得市人民检察院先进个人。2007—2015年，纪检监察工作多次获得市人民检察院和县纪委授予的“先进工作单位”或“先进个人”荣誉称号。2015年4月，撰写的纪实散文《那些和老科长一起工作的日子》获中国检察官文学艺术联合会和中国散文学会联合颁发的优秀奖。

黄秀昌

黄秀昌 1933年11月出生；1951年9月参加工作；1978年底，调入临澧县人民检察院工作；1993年10月退休。

1991年7月，被高检院记三等功；1991年12月，被高检院授予“为检察事业做出贡献先进个人”称号。

聂景枝

聂景枝 女，1950年1月出生，1969年3月参加工作，1979年7月调入临澧县人民检察院工作，2005年1月退休，正科级干部。

1998年3月被中共湖南省委宣传部、湖南省人民检察院、湖南省妇女联合委员会评为“湖南省十佳女检察官”；2008年11月，被高检院授予检察机关恢复重建30周年“先进个人”称号。

邬诗明

邬诗明 汉族，湖南省石门县人，1942年4月出生，大专文化，中共党员，1961年3月参加工作，2002年5月退休。1987年1月，调入石门县院工作站，曾任石门县检察院纪检股副股长、反贪局副局长、装备股股长、监所股股长、副科级侦查员、四级高级检察官。

邬诗明在检察机关主要办理的是经济案件和偷漏税案件。工作期间积极与税务机关配合，对于维护石门县的税收秩序，惩治偷漏税方面做了大量工作，为国家挽回经济损失500多万元，多次被上级检察机关评为“优秀侦查员”，多次被嘉奖、记功。1995年1月，办理系列重大经济案件，业绩突出，被高检院、最高法、公安部、国家税务总局授予荣誉证书予以嘉奖，并被高检院授予三级奖章一枚。

王友生

王友生　汉族，湖南省安乡县人，1966 年 12 月出生，法律本科学历，中共党员，1984 年 12 月经公开招考进入石门县检察院工作，现任石门县院检察委员会专职委员。

1984 年 12 月起，王友生先后任石门县院经检股副股长、刑一股股长、税检局局长、渎侦局局长、控告申诉室主任、侦查监督室主任、监察室主任等职；2004 年 3 月，任正科级检察员；2008 年 1 月起，兼任院检察委员会委员。

王友生在工作中始终坚持严格执法，依法办案，并且勤奋好学，敢于担当，多次受到县委、县政府及上级检察机关的表彰与奖励。1993 年因办理偷逃税案件事迹突出，被高检院授予三级奖章一枚；1997 年，办理特大虚开增值税发票案，被省人民检察院、省国税局、省地税局评为“先进个人”；2004 年，被省人民检察院评为“十佳渎侦局长”；2007 年，他任控申室主任期间，该室被高检院授予“文明接待室”称号。

侯　超

侯　超　1986 年 2 月出生于湖南省石门县，中共党员，年进入石门县院工作，现任该院公诉室副主任、未成年人刑事检察室副主任。从事检察工作以来，他勤学苦练，从一名公诉新兵，逐渐成长为一名公诉骨干、业务能手。他长期致力于预防未成年人违法犯罪工作，为主或牵头办理了很多未成年人犯罪案件，并注重与社会、学校、家庭的配合，追求办案的社会效果与法律效果的统一，维护青少年的合法权益，展现着青年检察官的良好形象。

侯超身在办案一线，始终忠于事实和法律，严格执法，不为金钱所动、不为人情所惑、不为权势所屈，做到了无愧于所经办的每一起案件、无愧于代表国家提起公诉的每一起案件的当事人。他严格执法，爱岗敬业，甘于奉献，先后多次立功受奖，连续三年被县政府嘉奖；曾被最高人民检察院评为“未成年人检察工作先进个人”。

李经纬

李经纬　汉族，湖南桃江人，1948 年 10 月出生，大专文化，中共党员，1968 年 4 月应征入伍，1978 年 10 月转业到澧县人民检察院工作，2008 年 11 月退休。

1984 年 3 月，任澧县人民检察院副检察长（党组副书记）。1985 年 9 月—1987 年 7 月，脱产在武汉大学法律系大专班学习，1987 年 8 月—2002 年 10 月，任澧县人民检察院

副检察长（党组副书记）。2002 年 11 月—2008 年 10 月，任正科级检察员。他在职期间，先后分管反贪、刑检、装备、办公等部门工作，主管的部门在市人民检察院的业务部门评比中名列前茅。他自己因为认真负责，成绩突出，多次立功受奖：1995 年，被常德市人民政府记大功一次；1996 年，被省人民检察院评为“严打”先进个人；1997 年，被市政府记二等功一次；1998 年，被省人民检察院评为“抗洪抢险先进个人”；2000 年，被省人民检察院评为“优秀检察官”；同年，被高检院授予全国检察机关“人民满意的检察干警”称号。

沈善才

沈善才　汉族，常德市鼎城区人，1966 年 1 月出生，大学本科文化，中共党员，1986 年 8 月参加工作，现任澧县人民检察院监所检察科科长。

1986 年 8 月，自益阳地区卫校骨外科大专毕业参加工作。1992 年 9 月，调入澧县人民检察院，先后担任技术科副科长、公诉科副科长、检务督察室副主任。2011 年 3 月，起任监所检察科科长。

1998 年 9 月，获得湖南省人事厅颁发的主检法医师资格证书。作为澧县检察院唯一的法医，在从事其他工作的同时，累计办理法医学鉴定 500 余件、尸体检验鉴定 120 余件、法医文证审查 1000 余件，无一例错案，为刑事案件的诉讼提供客观、科学的鉴定意见。撰写的《外伤性椎间盘突出症的法医学鉴定》《326 例法医学鉴定分析》《实施强制医疗程序中存在的缺陷及对策》等多篇论文，先后在《检察日报》《中国刑事警察学院学报》等刊物上公开发表。2013 年 1 月，他总结的法医鉴定类工作经验入选高检院监所检察厅一级人才库。

（二）市人民检察院领导简介

1. 历任党组书记、检察长

李少甫

李少甫　汉族，湖南省桃源县人，1943 年 9 月出生，大专文化，中共党员，1961 年 7 月参加工作。曾任市人民检察院党组书记、检察长。

1961 年 7 月入伍，在某军区通讯团工作；1963 年 5 月，加入中国共产党；1965 年 8 月，被部队选调至北京解放军测绘学院学习；1967 年 8 月，从学院毕业后分配到桂林某

军事学校任教员；1968年8月起，先后任解放军某部副连长，团作训参谋、团副参谋长、副团长、团长；1970年3月—1973年4月，被国防部任命为军事专家被派往坦桑尼亚军事学院任教官并荣立三等功，后任师参谋长。1985年10月，被选调到解放军某军事学校学习。1987年5月，任某师师长、师党委副书记，并响应中央的裁军号召，自愿转业回地方工作。1987年7月，被分配到湖南省检察院常德分院任党委书记；1988年，任常德检察分院党组书记、检察长。任职期间，市人民检察院各项工作都取得较为突出的成绩，并被高检院评为“全国检察机关先进单位”，李少甫本人也受到了表彰。1992年5月，任中共常德市委常委纪委书记；1995年6月，调中共常德市委工作。李少甫在地方工作期间，先后被评为“省优秀共产党员”“省级劳动模范”，被选为中共十四大代表出席中共十四次全国代表大会。2003年12月退休。

李文耀

李文耀 汉族，湖南省澧县人，1940年11月出生，大专文化，中共党员，1961年12月参加工作。曾任市人民检察院党组书记、检察长。

李文耀参加工作后，先后在澧县盐井公社、彭家厂完小、双龙公社工作；1970年8月起，先后在澧县革命委员会、白衣区区公所工作；1972年12月，任澧县灵泉公社党委书记；1977年，任澧县县委常委兼县氮肥厂政委；1981年12月，任澧县洪湖区区委书记；1982年，任澧县县委常委、宣传部部长；1983年，任澧县县委副书记；1986年12月，任临澧县委副书记、县长；1989年12月，任石门县委书记；1992年8月任市人民检察院党组书记、检察长。其中，1984—1986年在华中农业大学学习。

李文耀在刚到市人民检察院任职时，机关面临工资发不出，影响干警工作积极性的困境。他及时提出“三大建设（队伍建设、业务建设、院落建设）一起抓”的工作思路。经过一段时间努力，全院10个科室有9个被评为“全省检察机关先进”。纠正随意立案，做到慎重立案，主攻大要案，讲究法律效果和社会效果。争取到财政投资800万元重新修建的检察大楼于1996年竣工投入使用。

杜辉才

杜辉才 汉族，湖南省石门县人，1949年1月7日出生，大专文化，中共党员，1970年3月参加工作。曾任市人民检察院党组书记、检察长。

杜辉才参加工作后，1970 年 3 月起，在石门县人民银行工作；1972 年 10 月，在石门县委办公室工作；1973 年 11 月，调共青团常德地委办公室工作；1978 年 6 月，调常德地委组织部干部科工作；1982 年 3 月起，在共青团常德地委先后任副书记、书记；1985 年 9 月—1987 年 6 月，在常德师专干修班学习；1987 年 7 月，任常德地委政法委副书记；1988 年 7 月，任常德市人大常委会法工委主任；1996 年 5 月，任市人民检察院党组副书记、副检察长；1998 年 1 月—2007 年 12 月，任常德市人民检察院党组书记、检察长；2009 年 6 月退休。

在杜辉才任市人民检察院党组书记、检察长期间，检察院各项工作全面发展，业务工作、队伍建设均取得较好成绩，主要业务工作进入全省先进行列，队伍建设没有出现大的问题，班子成员团结、人心齐。

1998 年，防汛工作受到市委、省人民检察院的表彰。2004 年，根据高检院和国家建委的文件要求在全市检察机关全面开展两房建设，市人民检察院先后完成征地搬迁工作，并顺利完成了宿舍楼的修建工作。澧县、安乡、津市、临澧、武陵区等院顺利完成搬迁任务，其他未搬迁的基层院也在原址开展了两房建设。

陈海波

陈海波 汉族，1980 年参加检察工作，先后任新田县检察院书记员、助检员、检察员，刑检、经检、法检、控申等部门负责人。1989 年，调省人民检察院，先后任办公室副主任、渎职犯罪侦查局副局长、职务犯罪预防处处长。2007 年，任市人民检察院党组书记、检察长。2012 年，调省人民检察院工作。著有预防职务犯罪专论，发表法律、历史、文学等方面论文、文章百余篇。

刘清生

刘清生 汉族，1966 年 8 月出生于湖南耒阳，1985 年 7 月毕业于郴州师范学校。现任省人民检察院党组成员、反渎职侵权局局长、检察委员会委员、检察员。1985 年 7 月起，先后在资兴市鲤鱼江镇中学、资兴市一中任教。1993 年 9 月起，先后在资兴市司法局、郴州市司法局、郴州市第一律师事务所工作。2001 年 5 月起，先后任郴州市人民检察院党组成员、副检察长。2008 年 3 月，任省人民检察院检察委员会专职委员。2008 年 11 月，起先后任益阳市人民检察院党组书记、代检察长、检察长。2011 年 12 月—

2015 年 1 月，任市人民检察院党组书记、代检察长、检察长。2014 年 10 月，任现职。

刘清生在市人民检察院工作期间，团结带领干警全面履行法律监督职能，努力推进检察业务、队伍和信息化建设。司法文明协同创新实验基地、案件管理信息化、职务犯罪侦查信息化、检察技术实验室、基层院内设机构整合等多项工作走在全省最前列，得到省人民检察院、最高人民检察院的肯定与推介，常德市的检察工作跃居全省先进行列。在常德市直机关年度绩效考核中，市人民检察院连续 3 年被评为“红旗单位”，还被授予“全省文明标兵单位”称号，被评为“全省先进市州检察院”。

余湘文

余湘文 汉族，湖南省华容县人，1968 年 12 月出生，中共党员，中央党校在职研究生毕业，1990 年 7 月参加工作，现任市人民检察院党组书记、检察长。

余湘文 1990 年 7 月进入省人民检察院任干部、书记员，1992 年 11 月任省人民检察院副科级助理检察员，1997 年 12 月任正科级助理检察员（1998 年 9 月至 2000 年 12 月，中央党校函授学院法律专业函授本科学习）；2002 年 4 月，任省人民检察院副处级干部、检察员，挂职任西藏山南地区检察院副检察长；2004 年 6 月，任省人民检察院正处级干部、检察员，挂职任西藏自治区人民检察院反贪局副局长；2005 年 9 月，任省人民检察院反贪局副局长、检察员（2005年 9 月至 2008 年 7 月，中央党校函授学院法律专业研究生学习）；2015 年 1 月任现职。

余湘文到市人民检察院任职后，带领团结全院和全市检察干警，奋力拼搏，致力司法改革，全市检察工作取得优异成绩。2015 年，市人民检察院被评为“湖南省文明标兵单位”“全国检察机关科技强检示范院”“全国检察机关保障工作先进集体”；2016 年，市人民检察院通过全省文明标兵单位复检，扶贫点桃源县竹山村被评为“全省精准扶贫先进单位”。2015—2016 年，市人民检察院的综治、信访、政法、学习、安全、禁毒、档案等工作分别获“全市先进单位”“优秀单位”“红旗单位”等称号，受到市委、市政府表彰与奖励。

2. 2015 年年底在任副职

杨建波

杨建波 汉族，1960 年 5 月出生，湖南省湘阴县人，中共党员，大学文化。现任市人民检察院党组副书记、副检察长。

1977年7月到湘阴县西林公社当下乡知青；1980年8月到常德市（现武陵区）公安局城南派出所工作，1985年2月任副所长，1986年3月任所长。1988年8月，调常德市人大常委会工作，并任正科级秘书，1994年2月任法制工委副主任；2002年1月任常德市人大常委会委员、人大内司法委员会副主任；2003年1月，调市人民检察院工作。2003年1月任市人民检察院党组成员，3月任副检察长；2005年12月任现职。

胡新建

胡新建 汉族，1957年5月出生，湖南省桃源县人，专科文化，中共党员，1974年3月参加工作。

1974年3月到桃源县八公桥公社当知青；1976年12月任桃源县粮食局干事；1979年5月调桃源县检察院，1983年3月任副科级检察员；1984年3月至1986年1月在中共常德地委党校学习；1986年1月起先后任桃源县检察院副检察长、正科级检察员、检察长；1996年4月起先后任桃花源风景管理处主任、桃源县政府党组成员、县政府副县长、桃花源管理处主任等，2002年起先后任桃源县委常委、政法委书记、桃源县委副书记；2005年8月任市人民检察院副检察长、党组成员（2008年3月任党组副书记）、正处级检察员。

周奔红

周奔红 汉族，湖南省常德市人，1959年3月出生，电大专科学历，中共党员，1976年7月参加工作。现任市人民检察院党组成员、副检察长，正处级检察员。

1976年7月作为知识青年下放到常德县花岩溪林场，1979年11月起进入常德纺织机械厂技校学习，1981年12月起为常德纺织机械厂工人；1982年调常德县工商局任干部；1985年1月调常德检察分院，从1985年起先后任书记员、助理检察员、刑检二科副科长、检察员、正科级检察员、刑检二科科长，2000年10月任市人民检察院党组成员、副处级检察员，2003年3月任现职。

郑朝兵

郑朝兵 汉族，1966年12月出生，常德市武陵区人，农工党党员，大学文化。现任

市人民检察院副检察长。

1986年1月入常德市玻璃总厂工作（1988年7月，湖南省高等教育自学考试法律大专毕业）。1989年7月通过全国律师资格统考；1990年1月—2002年3月，农工党常德市委机关工作（其中2001年12月中央党校函授学院法律专业本科毕业）；2003年3月任现职。

卜学宏

卜学宏 汉族，1964年10月出生，湖南省安乡县人，中共党员，大学本科文化，现任市人民检察院党组成员、副检察长。

1984年7月入省人民检察院常德分院工作，先后在刑二科、法检科工作；1985年10月，在安乡县安昌乡政府挂职锻炼；1987年10月在常德市检察分院，先后在刑一科、民事行政检察筹备试点组、反贪局等部门工作，1993年3月任市人民检察院反贪局副局长、1994年2月任监检科副科长、1994年12月任反贪局副局长、1996年2月任控申科副科长、1998年4月任控申科科长、2003年4月任反贪局副局长、2003年6月任反贪局局长，2005年8月任市人民检察院党组成员；2008年3月任现职。

欧阳志恒

欧阳志恒 汉族，1960年3月出生，常德市鼎城区人，中共党员，本科文化，1981年7月参加工作，现任市人民检察院党组成员、副检察长。

1978年7月考入常德师专物理系学习；1981年7月起在湖南省常德县第六中任教师；1985年8月起在常德县一中任政教处副主任；1991年9月进入市人民检察院工作，1993年7月任市人民检察院副科级干部，1995年6月任副科级检察员，1998年2月任市人民检察院反贪局副局长；1998年8月—2000年12月，参加中央党校函授分院湖南分院本科法律专业学习。2001年10月起，先后任临澧县检察院党组书记、副检察长、代检察长，2002年3月当选为临澧县检察院检察长。2007年2月任市人民检察院党组成员、渎侦局局长（高配为副处级）；2008年3月任现职，2009年7月兼正处级检察员。

王忠银

王忠银　汉族，1962 年 9 月出生，湖南省澧县人，中共党员，本科文化，1982 年 7 月参加工作，现任市人民检察院党组成员、副检察长。

1982 年 7 月任澧县大围乡干部；1984 年 11 月任澧县红湖区公所专干；1985 年 2 月任澧县政协办公室干部；1985 年 12 月任澧县九垸乡乡长、党委副书记；1991 年 1 月任澧县永丰乡党委书记；1995 年 6 月任石门县磨市镇党委书记；1994 年 8 月至 1996年 12 月参加中央党校函授本科经济管理学习毕业；1997 年 9 月任石门县夹山寺管理处主任；2002 年 6 月任石门县委常委、统战部部长、经开区党委书记；2006 年 6 月任石门县委常委、政法委书记。2006 年 8 月—2008 年 12 月，参加中央党校函授本科法律专业学习毕业；2011 年 6 月任现职。

张治民

张治民　汉族，湖南省桃源县人，1957 年 12 月出生，中共党员，大学文化。

张治民 1974 年 8 月作为知识青年下放到桃源县桃花源公社，1976 年 11 月起先后在桃花源粮站、桃源县公安局工作，1984 年 9 月起为湖南电大学员；1986 年 7 月入桃源县委组织部工作，1987 年 3 月起历任副科级组织员、秘书、副部长；1992 年 3 月起先后任桃源县剪市区委副书记、区长及区委书记；1995 年 12 月任桃源县委办公室副主任；1996 年 5 月任汉寿县人民法院党组书记、副院长，1997 年 11 月任院长（其中 1995 年 9 月至 1997 年 12 月中央党校函授本科法律专业学习毕业），2002 年 6 月任市中级人民法院副处级审判员；2003 年任市政法委副处级纪检员；2005 年 8 月任市人民检察院党组成员、政治部主任，并于 2009 年 7 月兼任正处级检察员。

何本凡

何本凡　汉族，1964 年 9 月出生，湖南省石门县人，中共党员，大学本科文化，1986 年 7 月参加工作，现任市人民检察院党组成员、工会主席、检委委员、检察员。

1986 年 7 月任市中级人民法院业大教师（1987 年 8 月任助理审判员）；1988 年 7 月先后任市中级人民法院刑庭助审员（1991 年 12 月副科级）、审判员、研究室副主任、政治部副主任兼组织干部科科长；2002 年 6 月任汉寿县人民法院党组书记、院长；2008 年 4 月任现职。

郭建国

郭建国 汉族，常德市鼎城区人，1966 年 5 月出生，中共党员，函授本科学历，1984 年 12 月参加工作。现任市人民检察院党组成员、专职检委委员。

1984 年 12 月入临澧县法院工作；1991 年 12 月调市人民检察院，1994 年 1 月起先后任副科级干部、民事行政检察科副科长、正科级检察员、民事行政检察科科长；2002 年 6 月起先后任安乡县检察院副检察长、代检察长、检察长；2007 年 9 月任市人民检察院检察委员会专职委员；2008 年 3 月任现职。

陈　辉

陈　辉 汉族，1962 年 7 月出生，湖南省汉寿县人，中共党员，大学本科文化，1982 年 1 月参加工作，现任市人民检察院党组成员、专职检委委员。

1982 年 1 月起先后任汉寿县鸭子港乡农技员、团委书记；1984 年 8 月任汉寿县团委副书记；1987 年 5 月调市第一人民医院先后任团委书记、党委办公室主任、院党委委员、宣传科科长等；1995 年 2 月调市人民检察院先后任办公室副主任、检委委员、研究室主任、公诉科副科长；2001 年 3 月任市政法委研究室主任；2003 年 6 月任市司法局党组成员、纪检组组长；2008 年 5 月任现职。

曹琮伟

曹琮伟 汉族，1963 年 2 月出生，常德市武陵区人，大学本科文化，中共党员，1988 年 7 月参加工作。现任市人民检察院党组成员、市纪委派驻市人民检察院纪检组组长。

1988 年 7 月进入常德市司法局工作，1993 年 3 月任常德市经济律师事务所律师，1996 年 3 月回常德市司法局工作，1999 年 5 月起先后任市司法局办公室副主任、政治部副主任及人事警务科科长，2007 年 3 月任市司法局副调研员；2010 年 2 月任常德市纪律检查委员会第三纪工委副书记、市监察局第三分局副局长；2015 年 9 月任现职。

3.曾任市人民检察院副职领导人员

吴 斌

吴 斌 汉族，湖南省常德人，1933年元月13日出生，大专文化，中共党员，1949年9月3日参加人民解放军，在部队历任战士、文书、干事、参谋、副科长、科长、县人民武装部副部长；1981年从部队转业至常德地区检察分院副检察长，1988年撤区建市后任常德市人民检察院副检察长、党组副书记至1993年3月免职离休。

王尽忠

王尽忠 汉族，1944年9月出生，湖南省安化县人，中共党员，法律大专文化。1961年6月参加中国人民解放军陆军第42军124师370团二营6连，在该部4连任战士、班长、代理排长。1966年4月调湖南省常德军分区政治部先后任保卫、组织干事、军分区党委秘书；1979年10月调湖南省常德市（现武陵区）人民武装部历任政工科长、副政治委员、政治委员等职。1986年1月转业，分配在湖南省人民检察院常德分院任纪检组长；1993年2月任常德市人民检察院副检察长、检察委员会委员、三高检察官，先后分管政治工作科、装备行政、控告申诉、检察技术工作并临时代管反贪污贿赂工作局工作。在检察机关工作期间，曾多次被评为“先进个人”，所主管的部门多次被评为全省、全国检察“先进单位”，检察技术科还被最高人民检察院记集体一等功。有多篇调研文章被全国、省、市刊物采用，如《检察机关内的监察部门行使监督职能的调查与思考》一文于1996年3月被《检察理论研究》杂志刊用，《创建文明接待室之我见》一文于1998年3月被收入湖南省检察学会编辑的《检察学会文选》一书。

杨长巨

杨长巨 汉族，1948年2月出生，湖南省汉寿县人，大专文化。1968年3月参加中国人民解放军，1969年5月加入中国共产党，历任班长、排长、指导员、师政治部组织科干事、团政治处主任等职。被师部记三等功一次。1987年转业地方，分配在湖南省常德检察分院工作，先后任检察员、检察委员会委员、三级高级检察官和办公室副主任、反贪局副局长。1993年2月任市人民检察院副检察长，2000年任正处级检察员。先后分管反贪、法纪检察（渎职侵权侦查）、民事行政检察、政治处（包括机关党总支、院工会）、办公室、装备行政、监所检察并临时代管刑事检察工作。

1989年度被评为全市先进个人，1993年被评为全市防汛抢险先进个人，2001年作为全省检察机关民事行政检察工作先进单位的唯一代表，出席高检院在北京召开的全国检察机关第一次民事行政检察工作会议。有多篇调研文章等被省、市刊物采用，如《民事行政检察监督的现状与完善之思考》被《湖南省检察研究》1999年第1期刊登。

陈章福

陈章福 又名陈彰福，汉族，1948年11月出生，湖南省津市市人，大专文化，中共党员。1968年11月，作为知识青年从津市市下放到临澧县太浮公社南阳大队萍家垱生产队。1972年1月，选调到常德地区石门磷肥厂，先后任工人、厂保卫科干事。1979年10月，调入常德地区检察分院，先后任助理检察员、检察官、副科长、科长、办公室主任、检察委员会委员、副检察长、党组成员。1994年调市委政法委任副书记、正处级检察员。其间分管全市政法业务工作。1997年5月调市人民检察院工作，至2008年12月。其间，先后任党组副书记、副检察长等职，分管过政治部、装备行政科、公诉科、侦监科、反贪局、技术科、刑事执行监督科等业务工作。在分管刑事检察工作期间，市人民检察院被高检院评为全国刑事检察工作先进单位。因率公诉团出庭支持对张君、陈世清等杀人、抢劫犯罪集团案公诉，效果较好、影响较大，受到上级的表彰。陈章福本人先后被高检院、省政府各记一等功一次，公诉团成员分别受到不同层次的奖励。

刘湘滨

刘湘滨 汉族，1950年1月生，河北隆尧人，中共党员，中国政法大学进修学院法律专业大学专科学历。

1965年8月—1978年9月，先后任广西、广东省军区学员、参谋、副连长；1978年9月—1996年2月先后任湖南省人民检察院常德分院干部、副科长、科长、副处级检察员、副检察长、党组副书记（1993年7月)。1984年9月—1986年7月，在中国政法大学进修学院法律专业大专学习)；1996年2月调湖南省人民检察院工作。

许建国

许建国 河北省清河县人，1954年1月出生，中共党员，大专文化。1972年12月，于桃源县应征入伍，在铁道兵第十师五十团和铁道兵学院服役。1982年，转业至湖南省人民检察院常德分院工作。

1982年下半年起，许建国先后在常德检察分院刑事检察二科、一科、经济检察科、

法纪检察科工作。1988 年 9 月，担任法纪检察科副科长（主持工作）。1991 年 12 月，任公诉科科长。1998 年初，任反贪局局长。1999 年 10 月，任市人民检察院纪检组长。2010 年 6 月，任检委委员。许建国在检察机关工作期间曾多次获全省优秀科长奖、在建整扶贫工作中曾多次立三等功，所主管的部门多次被评为全省“优秀单位”和“先进单位”，法警支队被评为“全国优秀法警单位”。

李爱群

李爱群 汉族，1954 年 10 月出生，大学本科学历，中共党员，1981 年参加工作。参加工作以后，曾担任老师 8 年，从事城调工作 3 年，1991 年被国家城调总队评为“先进个人”，在常德市委组织部工作 10 年，2001 年任市人民检察院党组成员，政治部主任，2005 年调市中级人民法院工作。李爱群在工作期间多次受到表彰与奖励。

高云祥

高云祥 汉族，1960 年 3 月出生，湖南省临澧县人，中共党员，1980 年 8 月参加工作。

1980 年 8 月，在常德师范学校毕业后分配到临澧县城关中学任教师；1984 年 8 月，调临澧县检察院并任院办公室主任；1988 年 1 月，在临澧县委组织部任秘书；1990 年 10 月起，在市人民检察院先后任民行科副科长、办公室主任、法警支队政委；2000 年 2 月，任汉寿县检察院检察长；2005 年 8 月起，任市人民检察院党组成员、工会主席；2008 年 4 月，调市中级人民法院工作。

万革新

万革新 汉族，湖南省长沙市人，1960 年 6 月出生，中共党员。1980 年 8 月参加工作，1980 年 8 月，在湖南省人民检察院常德分院工作，先后任书记员、助理检察员、副科级检察员；1988 年 8 月起，在市人民检察院先后任刑事检察一科副科长、正科级检察员；1994 年 4 月—1996 年 2 月，在汉寿县龙潭桥乡挂职锻炼，任乡党委副书记；1996 年 3 月起，先后任市人民检察院法纪检察科科长、检察委员会委员；1996 年 6 月，在石门县检察院任党组书记、副检察长并代理检察长；1997 年 3 月，任石门县检察院检察长；1997 年 6 月，任中共石门县委第 8 届委员会委员；1997 年 11 月任石门县第十三届人民代表大会代表；2000 年 9 月，任市人民检察院党组成员；

2000 年 12 月，任市人民检察院副检察长；2005 年 8 月，调市委政法委工作。

彭世理

彭世理 湖南省澧县人，汉族，1962 年 12 月出生，中共党员，大学本科文化。1979 年参加工作，1981 年 7 月起，先后任省人民检察院常德分院干部、书记员；1984 年 11 月，任省人民检察院常德分院助理检察员；1988 年 10 月起，先后任市人民检察院副科级干部、刑二科副科长；1992 年 2 月，任市人民检察院刑二科副科长、正科级检察员；1993 年 2 月，任市人民检察院控告申诉科科长；1993 年 4 月，任市人民检察院控告申诉科科长、检察委员会委员；1994 年 12 月，任市人民检察院副检察长。2000 年 10 月，调常德市中级人民法院工作。

熊文辉

熊文辉 1968 年 5 月出生，汉族，大学本科文化，中共党员，1989 年 7 月—1990 年 11 月，常德百货采供站员工；1990 年 11 月—1993 年 12 月，常德市政府法制办公室复议应诉科科员；1993 年 12 月—1996 年 7 月，常德市政府办公室秘书科干部、副科级秘书、正科级秘书；1996 年 7 月—1998 年 5 月，中共常德市委办公室督查室正科级干部、副处级督办员；1998 年 5 月—2001 年 1 月，中共桃源县委常委、组织部部长；2001 年 1 月—2005 年 1 月，共青团常德市委书记、党组书记；2005 年 1 月—2008 年 5 月，市人民检察院副检察长（2005 年 2 月 26 日）、党组成员。

三、受省市表彰者名录

本章收录市人民检察院、各区县市院受省检察院及其直属机关表彰和受市委、市人大常委会、市政府表彰的检察干警。

(一)市人民检察院受表彰者

1. 受省表彰者

常德市人民检察院个人获全省性奖励统计

表 9-1

姓名	获奖时间	颁奖机关	荣誉称号
雷光松	1994 年 11 月	省检察院	二等功
	1999 年 2 月	省检察院相关部门	1999 年度“先进个人”
	1995 年 3 月	省检察院	1994 年度先进个人、二等功
张道华	1995 年 3 月	省检察院	1994 年度“先进个人”
许大维	1995 年 3 月	省检察院	1994 年度“先进个人”
雷光醒	1995 年 3 月	省检察院	1994 年度“先进个人”
	1998 年 2 月	团省委等 13 家省直单位	首届“湖南省优秀青年卫士”
	1997 年 1 月	省检察院	一等功
	1998 年 2 月	省检察院	“文明执法创一流，我为检察添光彩”征文比赛二等奖
余忠国	1995 年 3 月	省检察院	1994 年度“先进个人”
	1999 年 2 月	省检察院	1998 年度全省“百优检察官”
陈乐生	1995 年 3 月	省检察院	1994 年度“先进个人”
钟吾山	1995 年 3 月	省检察院	1994 年度“先进个人”
	1996 年 1 月	省检察院	二等功
毛晓军	1995 年 3 月	省检察院	1994 年度“先进个人”
何　强	1995 年 3 月	省检察院	1994 年度“先进个人”

续表 9—1

姓名	获奖时间	颁奖机关	荣誉称号
尹述革	1995 年 3 月	省检察院	1994 年度“先进个人”
	1993 年 12 月	省检察院	一等功
郭建国	1995 年 3 月	省检察院	1994 年度“先进个人”
	1999 年 2 月	省检察院	1998 年度全省“百优检察官”
李春华	1995 年 3 月	省检察院	1994 年度“先进个人”
沈林华	1995 年 3 月	省检察院	1994 年度“先进个人”
伍　宏	1995 年 3 月	省检察院	1994 年度“先进个人”
	1998 年 2 月	省检察院	“文明执法年”活动“先进个人”
	1998 年 2 月	省检察院	“文明执法创一流，我为检察添光彩”征文比赛一等奖
尹新成	1989 年 12 月	省检察院控申处	“优秀接待员”
杨德明	1989 年 12 月	省检察院控申处	“优秀接待员”
魏振华	1989 年 12 月	省检察院控申处	“优秀接待员”
伍显林	1989 年 12 月	省检察院控申处	“优秀接待员”
	1997 年 1 月	省检察院	二等功
	1999 年 2 月	省检察院	1998 年度全省“百优检察官”
芦　山	1989 年 12 月	省检察院控申处	“优秀接待员”
佘俊元	1989 年 12 月	省检察院控申处	“优秀接待员”
高云祥	1989 年 12 月	省检察院控申处	“优秀接待员”
	1998 年 3 月	省检察院相关部门	1997 年度“先进个人”
聂仁富	1989 年 12 月	省检察院控申处	“优秀接待员”
黄云庭	1989 年 12 月	省检察院控申处	“优秀接待员”
	1999 年 2 月	省检察院	1998 年度全省“百优检察官”
覃事育	1989 年 12 月	省检察院控申处	“优秀接待员”
李友全	1989 年 12 月	省检察院控申处	“优秀接待员”
熊建军	1997 年 2 月	省政法委、省综治办	“严打”斗争“先进个人”
	1998 年 3 月	省检察院相关部门	1997 年度“先进个人”
	1999 年 2 月	省检察院相关部门	1998 年度“先进个人”

续表 9—1

姓名	获奖时间	颁奖机关	荣誉称号
周奔红	1997 年 12 月	省检察院	“严打”斗争“先进个人”
周奔红	1998 年 9 月	省检察院	抗洪救灾“先进个人”
周奔红	2004 年 3 月	省检察院	二等功
周奔红	2004 年 5 月	省检察院	2003 年度办理大要案二等功
江　纯	1997 年 2 月	省检察院	1996 年度“先进个人”
毛国保	1997 年 2 月	省检察院	1996 年度“先进个人”
朱立爱	1997 年 2 月	省检察院	1996 年度“先进个人”
朱立爱	2001 年 5 月	省检察院法律政策研究室	“优秀调研成果二等奖”
李仁莲	1991 年 4 月	省检察院	全省检察技术“先进个人”
李仁莲	1997 年 2 月	省检察院	1996 年度“先进个人”
李仁莲	1997 年 2 月	省检察院	1996 年度“先进个人”
李仁莲	1998 年 3 月	省检察院相关部门	1997 年度先进个人
李仁莲	2003 年 12 月	省检察院、省妇联	湖南省优秀女检察官
郭道华	1997 年 2 月	省检察院	1996 年度“先进个人”
文承嘉	1997 年 2 月	省检察院	1996 年度“先进个人”
宫立平	1999 年 2 月	省检察院	1998 年度全省“百优检察官”
罗朝珍	1997 年 2 月	省检察院	1996 年度“先进个人”
罗朝珍	1997 年 2 月	省检察院	1996 年度“先进个人”
卜兴炎	1998 年 3 月	省检察院相关部门	1997 年度先进个人
卜兴炎	1997 年 2 月	省检察院	1996 年度“先进个人”
李宽庆	2000 年 2 月	省检察院相关部门	1999 年度“先进个人”
李宽庆	1997 年 2 月	省检察院	1996 年度“先进个人”
裴文泽	2006 年 1 月	省检察院	2005 年度“优秀检察干部”
裴文泽	1997 年 2 月	省检察院	1996 年度“先进个人”
荣　明	1998 年 3 月	省检察院相关部门	1997 年度“先进个人”
荣　明	1997 年 2 月	省检察院	1996 年度“先进个人”

续表 9—1

姓名	获奖时间	颁奖机关	荣誉称号
荣　明	2005 年 12 月	团省委、省公安、法院、检察院等 14 家	“第四届湖南省优秀青年卫士”
	2009 年 1 月	省检察院	“优秀检察干部”
张春枝	1998 年 3 月	省检察院相关部门	1997 年度“先进个人”
	2004 年 3 月	省检察院	二等功
	2004 年 5 月	省检察院	2003 年度办理大要案二等功
周　琼	1998 年 3 月	省检察院相关部门	1997 年度“先进个人”
卜学宏	1998 年 3 月	省检察院相关部门	1997 年度“先进个人”
	2007 年 8 月	省检察院	办理大要案二等功
黄宏贵	1998 年 3 月	省检察院相关部门	1997 年度“先进个人”
周尚宏	1998 年 3 月	省检察院相关部门	1997 年度“先进个人”
	2003 年 9 月	省检察院	全省“十佳公诉人”
	2004 年 5 月	省检察院	2003 年度办理大要案三等功
	2004 年 2 月	省检察院	“优秀公诉员”
谈腊秀	1998 年 3 月	省检察院相关部门	1997 年度“先进个人”
余海瑛	1998 年 3 月	省检察院相关部门	1997 年度“先进个人”
	2000 年 2 月	省检察院相关部门	1999 年度“先进个人”
潘爱民	1993 年 3 月	省检察院	一等功
李金泉	1993 年 12 月	省检察院	二等功
许建国	1993 年 10 月	省检察院	优秀论辩手
廖忠义	1996 年 1 月	省检察院	二等功
杜辉才	1998 年 9 月	省检察院	“抗洪救灾先进个人”
陈彰福	2001 年 6 月	省检察院	一等功
	2004 年 3 月	省检察院	二等功
	2004 年 5 月	省检察院	2003 年度办理大要案二等功
	2001 年 5 月	省检察院法律政策研究室	“优秀调研成果二等奖”
陈彰福 朱立爱	2001 年 2 月	省检察院法律政策研究室	“优秀调研成果优秀奖”

续表 9—1

姓名	获奖时间	颁奖机关	荣誉称号
龚德村	2002 年 5 月	省检察院	二等功
傅绍宏	2002 年 5 月	省检察院	二等功
曾祥国	1999 年 2 月	省检察院	1998 年度全省“百优检察官”
曾祥国	2003 年 2 月	省检察院	“优秀检察干部”
李振华	2004 年 3 月	省检察院	“优秀检察干部”
宋仁辉	2004 年 3 月	省检察院	二等功
谢正平	2004 年 5 月	省检察院	2003 年度办理大要案二等功
鲁　斌	2004 年 5 月	省检察院	2003 年度办理大要案二等功
	2009 年 1 月	省检察院	2008 年排查化解涉检重信重访工作“先进个人”
汪建保	2004 年 5 月	省检察院	2003 年度办理大要案二等功
	2000 年 2 月	省检察院相关部门	1999 年度“先进个人”
杨　仲	2004 年 2 月	省检察院	“优秀办案能手”
李明初	2004 年 5 月	省检察院	2003 年度办理大要案二等功
	2005 年	省检察院	一等功
陈凤武	2004 年 5 月	省检察院	2003 年度办理大要案二等功
沈成章	2004 年 5 月	省检察院	2003 年度办理大要案二等功
何卫平	2004 年 5 月	省检察院	2003 年度办理大要案二等功
叶政霖	2004 年 5 月	省检察院	2003 年度办理大要案二等功
卢祖军	2004 年 5 月	省检察院	2003 年度办理大要案二等功
黄　琳	2004 年 5 月	省检察院	2003 年度办理大要案二等功
李光明	2004 年 5 月	省检察院	2003 年度办理大要案二等功
王志刚	2004 年 5 月	省检察院	2003 年度办理大要案二等功
吴　原	2004 年 5 月	省检察院	2003 年度办理大要案二等功
夏　阳	2004 年 3 月	省检察院	二等功
雷晓敏	2007 年 10 月	省检察院	全省侦监系统“十佳”办案能手
	2011 年 5 月	省检察院	办理湘西非法集资案 二等功
王海龙	2007 年 10 月	省检察院	全省侦监系统“十佳”办案能手

续表 9—1

姓名	获奖时间	颁奖机关	荣誉称号
刘　芸	2012 年 10 月	省检察院	全省侦监优秀检察官
	2012 年 10 月	省检察院	《审查逮捕案件意见书》优秀奖
	2014 年 9 月	省检察院政治部	“十佳检察官”
刘德华	2005 年	省检察院	一等功
	2004 年 2 月	省检察院	“优秀办案能手”
钟　颖	2010 年	省检察院	“湖南省检察职业道德标兵”
	2012 年 8 月	省检察院	“湖南检察职业道德标兵”
朱峥嵘	2014 年 8 月	省检察院	“全省检察机关民事行政检察‘十佳’办案能手”
李拥军	2004 年 2 月	省检察院	“优秀侦查员”
许文毅	2004 年 2 月	省检察院	“优秀侦查员”
陈剑峰	2004 年 2 月	省检察院	“优秀办案能手”
	2008 年 12 月	省检察院	2003—2007 年综合工作二等功
周献刚	2004 年 2 月	省检察院	“优秀办案能手”
张渊文	2000 年 12 月	省检察院	“五好检察干警”
	2002 年 5 月	省检察院	二等功
	2003 年 2 月	省检察院	二等功
	2004 年 2 月	省检察院	2003 年度“优秀办案能手”
欧阳志恒	2006 年 12 月	省检察院	“全省‘百优’检察干部”
	2000 年 2 月	省政法委	1999 年度“先进个人”
	2000 年 2 月	省检察院相关部门	1999 年度 “先进个人”
成来彪	2006 年 12 月	省检察院	“全省‘百优’检察干部”
龙力军	2006 年 12 月	省检察院	“全省‘百优’检察干部”
邓雪松	2006 年 12 月	省检察院	“全省‘百优’检察干部”
钟建军	2006 年 12 月	省检察院	“全省‘百优’检察干部”
刘美云	2006 年 12 月	省检察院	“全省‘百优’检察干部”
郭春芳	2006 年 12 月	省检察院	“全省‘百优’检察干部”
彭焕柏	2006 年 9 月	省检察院	2005 年度查办大要案二等功

续表 9—1

姓名	获奖时间	颁奖机关	荣誉称号
张红卫	2008 年 12 月	省检察院	2003—2007 年综工作二等功
王　慧	2008 年 12 月	省检察院	2003—2007 年综合工作二等功
蒋　天	1999 年 11 月	省检察院	湖南公诉人法庭论辩赛决赛“优秀选手”
	1999 年 11 月	省检察院	湖南省公诉人法庭论辩赛团体二等奖队员
	2000 年 1 月	省检察院	1999 年度全省审查起诉工作先进个人
	2002 年 9 月	省检察院政治部、审查起诉处	湖南省第二届“十佳公诉人”
张　璇	2004 年 9 月	省检察院	“优秀公诉人”
	2009 年 2 月	省检察院	三等功
蔡毓林	2015 年 11 月	省检察院	“侦查监督业务能手”
储　杨	2011 年 8 月	省检察院	“湖南省第四届优秀公诉人”
李　宏	1999 年 2 月	省检察院	1998 年度“百优检察官”
陈　辉	1999 年 2 月	省检察院相关部门	1998 年度“先进个人”
赵春先	1999 年 2 月	省检察院相关部门	1998 年度“先进个人”
刘保安	1999 年 2 月	省检察院相关部门	1998 年度“先进个人”
陈　龙	2000 年 2 月	省检察院相关部门	1999 年度“先进个人”
彭云森	2000 年 2 月	省检察院相关部门	1999 年度“先进个人”
王宪辉	2000 年 2 月	省检察院相关部门	1999 年度“先进个人”
陈忠林	2000 年 2 月	省检察院相关部门	1999 年度“先进个人”
徐文辉	2015 年 7 月	省检察院	“全省刑事执行检察业务标兵”
	2012 年	省检察院政治部、监所检察处	“全省监所检察业务能手”
黄誉洁	2015 年	省检察院	“全省检察信息工作先进个人”
邱馨仪	2015 年	省检察院	未成年人检察业务竞赛论文成绩第二名，通报表彰
杨新辉	2014 年	省检察院	“全省检察机关反贪侦查办案能手”
	2015 年 9 月	省检察院	二等功（邹某案）

续表 9—1

姓名	获奖时间	颁奖机关	荣誉称号
徐　勇	2015 年 9 月	省检察院	三等功（邹某案）
肖宏波	2015 年 8 月	省禁毒委员会	“全省禁毒工作先进个人”
徐　谦	2003 年 11 月	团省委、省检察院	“湖南省杰出(优秀)青年卫士”
杨其芳	2000 年 2 月	省检察院相关部门	1999 年度先进个人
宋英杰	2005 年 12 月	省检察院	“集中处理涉法上诉工作先进个人”
成来彪	2009 年 1 月	省检察院	“优秀检察干部”
朱艳哲	2009 年 1 月	省检察院	“优秀检察干部”
周　平	2014 年 10 月	省扶贫开发领导小组	“湖南省社会扶贫先进个人”
	2016 年	省政府扶贫开发领导小组	“湖南省百名扶贫最美人物”
朱立爱 沈林华		省综治委及其研究会	湖南省第一届综治理论研讨论文三等奖
胡洋舟	2012 年 3 月	省检察院政治部	“检察技术信息工作先进个人”
周亚萍	2003 年 2 月	省检察院	2002 年度“优秀检察干警”
汪爱武	2003 年 2 月	省检察院	2002 年度“优秀检察干警”
何柏林	2003 年 2 月	省检察院	2002 年度“优秀检察干警”
华　丽	2003 年 2 月	省检察院	2002 年度“优秀检察干警”
汤明华	2002 年 3 月	省检察院	反贪部门优秀侦查员

2. 受市级领导机关表彰者

常德市人民检察院个人获市级表彰统计表

表 9-2

姓　名	获奖时间	颁奖机关	荣誉称号
陈彰福	1998 年 2 月	市委、市政府	“五好文明家庭标兵”
	1995 年 2 月	市政府	1994 年度嘉奖
	1994 年 2 月	市政府	“先进工作者”
雷光醒	1998 年 2 月	市人大、市政法委、团市委、市人民检察院	“十优青年检察官”
张道华	1999 年 2 月	市政府	三等功

续表 9—2

姓名	获奖时间	颁奖机关	荣誉称号
张道华	1998 年 2 月	市委、市政府	“严打”斗争先进个人
熊湘涛	1999 年 2 月	市政府	三等功
钟吾山	1999 年 2 月	市政府	三等功
舒玉柏	1999 年 2 月	市委、市政府	优秀共产党员
谢正平	1999 年 2 月	市委、市政府	优秀共产党员
杨长巨	1998 年 2 月	市委、市政府	嘉奖
	1997 年 2 月	市政府	“抗洪救灾先进个人”
张　洪	1998 年 2 月	市委、市政府	嘉奖
	1997 年 2 月	市政府	“抗洪救灾先进个人”
周奔红	1998 年 2 月	市委、市政府	“严打”斗争先进个人
	1994 年 2 月	市政府	奖励升级
		市政府	三等功
余忠国	1998 年 2 月	市委、市政府	“严打”斗争先进个人
余忠国	1997 年 2 月	市政府	记功
向际万	1998 年 2 月	市委、市政府	“严打”斗争先进个人
	1997 年 2 月	市政府	“抗洪救灾先进个人”
李金泉	1998 年 2 月	市委、市政府	记功
	1997 年 2 月	市政府	记功
		市政府	三等功
郭道华	1998 年 2 月	市委、市政府	记功
高云祥	1997 年 2 月	市政府	“抗洪救灾先进个人”
郭建国	1997 年 2 月	市政府	“抗洪救灾先进个人”
	1997 年 2 月	市政府	嘉奖
劳新国	1997 年 2 月	市政府	“抗洪救灾先进个人”
李友明	1997 年 2 月	市政府	“抗洪救灾先进个人”
伍　宏	1997 年 2 月	市政府	“抗洪救灾先进个人”
卜学宏	1997 年 2 月	市政府	记功

续表 9—2

姓名	获奖时间	颁奖机关	荣誉称号
王建国	1997 年 2 月	市政府	嘉奖
周国权	1997 年 2 月	市政府	嘉奖
	1994 年 2 月	市政府	记功
尹述革	1997 年 2 月	市政府	嘉奖
	1994 年 2 月	市政府	“先进工作者”
	1998 年 2 月	市委、市政府	嘉奖
黄云庭	1997 年 2 月	市政府	嘉奖
	1995 年 2 月	市政府	1994 年度二等功
欧阳志恒	1997 年 2 月	市政府	嘉奖
陈　辉	1997 年 2 月	市政府	嘉奖
陈兵役	1997 年 2 月	市政府	嘉奖
伍显林	1997 年 2 月	市政府	嘉奖
	1998 年 2 月	市委、市政府	嘉奖
许大维	1997 年 2 月	市政府	嘉奖
	1994 年 2 月	市政府	“先进工作者”
张春枝	1997 年 2 月	市政府	嘉奖
傅绍宏	1997 年 2 月	市政府	嘉奖
聂仁富	1997 年 2 月	市政府	嘉奖
童丛福	1997 年 2 月	市政府	“综治工作先进个人”
邱业建	1997 年 2 月	市政府	“综治工作先进个人”
何明惠	1997 年 2 月	市政府	“综治工作先进个人”
刘湘滨	1994 年 2 月	市政府	奖励升级
彭世礼	1994 年 2 月	市政府	记功
冯献民	1994 年 2 月	市政府	奖励升级
	2003 年 5 月	市政府	市级劳动模范
毛国保	1995 年 2 月	市政府	1994 年度三等功
毛国保	1998 年 2 月	市委、市政府	嘉奖

续表 9—2

姓 名	获奖时间	颁奖机关	荣誉称号
芦 山	1995 年 2 月	市政府	1994 年度嘉奖
覃事育	1994 年 2 月	市政府	“先进工作者”
宋英杰	1994 年 2 月	市政府	“先进工作者”
张渊文	1994 年 2 月	市政府	“先进工作者”
廖建国	1994 年 2 月	市政府	“先进工作者”
徐 华	1994 年 2 月	市政府	“先进工作者”
胡光炎	1994 年 2 月	市政府	“先进工作者”
毛小军	1994 年 2 月	市政府	“先进工作者”
雷光松	1994 年 2 月	市政府	“先进工作者”
	1998 年 2 月	市委、市政府	嘉奖
李永全	1994 年 2 月	市政府	“先进工作者”
廖忠义	1994 年 2 月	市政府	“先进工作者”
严新成	1994 年 2 月	市政府	“先进工作者”
龚秀敏	1994 年 2 月	市政府	“先进工作者”
	1998 年 2 月	市委、市政府	嘉奖
陈丰林	1994 年 2 月	市政府	“先进工作者”
李宽庆	1999 年 2 月	市政府	三等功
	2006 年 3 月	市政府	三等功
	2010 年 3 月	市政府	三等功
	2011 年 3 月	市政府	三等功
李宽庆	2012 年 2 月	市政府	三等功
周 平	2013 年 3 月	市政府	三等功
	2016 年 3 月	市政府	2015 年年度考核“二等功”
冯献民	2003 年 5 月	市政府	市级劳动模范
赵春先	1998 年 2 月	市委、市政府	嘉奖
熊建军	1998 年 2 月	市委、市政府	嘉奖
刘克贤	1998 年 2 月	市委、市政府	嘉奖

续表 9—2

姓　名	获奖时间	颁奖机关	荣誉称号
袁春霞	1998 年 2 月	市委、市政府	嘉奖
李仁莲	2008 年 3 月	市政府	三等功
	2014 年 3 月	市政府	三等功
	2015 年 3 月	市政府	嘉奖
吴　琳	2013 年 12 月	市政府	三等功
	2014 年 12 月	市政府	三等功
	2015 年 12 月	市政府	嘉奖

（二）区县市院受表彰者

1. 受全省性表彰者

区县市检察院个人获全省性表彰者统计

表 9-3

单位	姓名	获奖时间	颁奖机关	荣誉称号
武陵区院	林茂舫	1985 年	省检察院	一等功
		1986 年	省检察院	一等功
	谭赐友	1986 年	省检察院	一等功
	杨开梅	1986 年	省检察院	一等功
	江文喜	1989 年	省检察院	“优秀侦查员”
	孔庆祥	1990 年	省检察院	一等功
	肖昌华	1993 年	省检察院	“办理大要案先进个人”
	张啸洋	1998 年	省检察院	“优秀公诉人”
		2000 年	省检察院	公诉人辩论赛、“优秀辩手”
		2001 年	省检察院	办理“9·1”大案二等功
	邹桂芬	1998 年	省检察院	民行系统“先进个人”
	段新辉	1998 年	省检察院	“优秀侦查员”

续表 9—3

单位	姓　名	性别	获奖时间	颁奖机关	荣誉称号
武陵区院	商　军		1999 年	省检察院	“禁毒先进个人”
	王永发		1999 年	省检察院	“办案先进个人”
			2002 年	省检察院	二等功
	汪爱武		2003 年	省检察院	“优秀检察干警”
	王国富		2003 年	省检察院	通报表彰
			2004 年	省检察院、法警总队	通令嘉奖
	龙力军		2006 年	省检察院	“优秀检察干部”
	李传杰		2007 年	省院政治部、控申处	集中处理涉检信访问题专项活动先进个人
	陈　敏		2007 年	省检察院	“优秀检察干部”、记三等功
	郭　奕		2008 年	省院政治部、控申处	“优秀检察干部”
			2009 年 1 月	省检察院	“优秀检察干部”
	喻光勋		2012 年	省社区矫正工作领导小组	“社区矫正工作先进个人”
鼎城区院	李典孟		1993 年	省检察院	“先进个人”
	王月华		1993 年	省检察院	“先进个人”
	朱高其		1993 年	省检察院	“全省检察系统反腐败查大要案件先进个人”
	黄　琳		2004 年 5 月	省检察院	二等功
	李光明		2004 年 5 月	省检察院	二等功
			2004 年 11 月	省检察院	“全省检察机关侦查监督办案能手”
	汪泽云		2009 年 1 月	省检察院	“全省十佳检察官”
			2009 年	省检察院	“优秀检察长”、二等功
	周家新		2008 年	省检察院	“优秀接待室员”
	卞守林		2010 年	省检察院	“全省检察机关书画诗词摄影展”，书法类二等奖、三等奖
	卞守林		2015 年 3 月	省检察院	“书法美术优胜奖”

续表 9—3

单位	姓名	性别	获奖时间	颁奖机关	荣誉称号
鼎城区院	雷蕾	女	2015 年 11 月	省检察院	第五届“湖南省十佳公诉人”
鼎城区院	蔡毓麟		2015 年 11 月	省检察院	第七届“全省检察机关侦查监督业务能手”
鼎城区院	赵斌		2015 年 11 月	省检察院	“全省检察系统团体辩论赛第二名”
鼎城区院	周泽鹏		2013 年 5 月	省检察院	林检优秀论文
鼎城区院	周泽鹏		2015 年 10 月	省检察院法警总队	司法警察培训班“优秀学员”
鼎城区院	丁建英		2013 年	省检察院	论文三等奖
鼎城区院	王时珍		2012 年	省检察院	“十佳检察建议书”
鼎城区院	胡双初		2003 年 2 月	省检察院	2002 年度“全省检察机关优秀侦查员”
鼎城区院	彭友谊		2002 年 12 月	省检察院	全省检察机关“集中处理涉法上访工作先进个人”
鼎城区院	吴代锋		2006 年 12 月	省检察院	首届湖南“十佳检察官”提名奖、二等功
汉寿县院	丁嫦娥		2008 年 1 月	省检察院	“优秀检察干部”、三等功
汉寿县院	丁嫦娥		2013 年 5 月	省检察院政治部、职务犯罪预防处	“全省检察机关预防素能比武优胜标兵”
汉寿县院	丁嫦娥		2009 年 3 月	省检察院职务犯罪预防处	“职务犯罪预防工作先进个人”
汉寿县院	彭志斌		1998 年 9 月	省检察院	“抗洪抢险先进个人”
汉寿县院	彭志斌		2002 年 11 月	省检察院法警总队	“司法警察培训班优秀学员”
汉寿县院	胡红		2014 年 8 月	省检察院	“民事行政检察优秀办案能手”
汉寿县院	刘飞		2014 年 6 月	省检察院公诉一处	未成年人刑事检察研究论文三等奖
汉寿县院	华丽		2003 年 2 月	省检察院	2002 年度全省优秀检察干警
汉寿县院	华丽		2004 年 3 月	省检察院	2003 年度全省优秀检察干警
汉寿县院	宋鹏		2016 年 2 月	省检察院	“十二五”时期信息化工作“先进个人”

续表 9—3

单位	姓名	获奖时间	颁奖机关	荣誉称号
桃源县院	陈再伯	2002 年	省检察院	“优秀检察官”
	张浪鸥	2002 年	省妇联	全省“芙蓉杯”百万女职工素质达标竞赛明星
	张红卫	2004 年	省妇联	“三八红旗手”、“巾帼建功标兵”
	陈凤武	2004 年	省检察院	二等功
	吴　原	2004 年	省检察院	二等功
	钟建平	2004 年	省检察院政治部	“新闻宣传先进个人”
		2006 年	省检察院	“优秀检察干部”
	钟　颖	2004 年	省检察院政治部	“新闻宣传先进个人”
		2004 年	省检察院	“优秀办案能手”
	柳立武	2005 年	省检察院	“全省优秀检察长”
	郭　红	2005 年	省检察院	全省检察机关首届司法警察局专业技能竞赛第二名
		2005 年	省检察院	“优秀司法警察”
	周立军	2005 年	省检察院	“全省检察机关防超期羁押先进个人”
	张红卫	2008 年	省检察院	二等功
	谭中胜	2008 年	省检察院	“优秀检察干部”
	朱绍华	2008 年	省检察院	“优秀检察干部”
	陈凤武	2009 年	省院政治部、反渎局	“全省检察机关反渎职侵权初查业务标兵”
	高　洪	2009 年	省检察院政治部	“全省侦查监督优秀检察官”
		2010 年		第五届“全省侦查监督十佳检察官”
	莫亚球	2010 年		《加强检察机关形象建设问题研究》获优秀调研文章
		2014 年		司法警察培训“优秀学员”
	张　金	2014 年		《公诉》获全省检察机关优秀诗词原创作品
	朱　强	2014 年	省检察院	二等功

续表 9—3

单位	姓名	获奖时间	颁奖机关	荣誉称号
桃源县院	麻玉然	2015 年		《雄狮》获全省检察机关原创文艺作品美术优胜奖
临澧县院	肖本忠	1990 年	省检察院	“先进工作者”
		1993 年	省检察院	“先进工作者”
		1995 年	省院政治部、刑检二处	“全省刑检起诉先进个人”
	朱传立	1981 年	省检察院	全省监所工作先进个人
	周　济	2011 年	省卫生厅、省红十字会	2010—2011 年度无偿献血铜奖
	聂景枝	1998 年 3 月	省委宣传部、省检察院、省妇联	“全省十佳女检察官”
	靳湘辉	2000 年	省检察院	“优秀检察官”
	沙永银	2002 年	省检察院	三等功
	何柏林	2004 年	省检察院	2002 年度“四先四优”活动先进个人、“优秀检察干警”
	许文毅	2004 年	省检察院	2003 年度“四先四优”活动先进个人、“优秀侦查员”
	林德松	2005 年	省检察院	2004 年度“优秀司法警察”
		2005 年	省检察院	2004 年度“预防业务能手”
	卞　凯	2006 年	省院法警总队	嘉奖
		2006 年	省检察院	2005 年“女检察官风采”演讲比赛二等奖
		2006 年	省检察院	全省检察机关法警技能竞赛队列、拳术二等奖
		2009 年	省女检察官协会	2008 年“我与检察事业”演讲赛一等奖
		2009 年	省检察院	“三湘检察官故事会”二等奖
	吴丕华	2006 年	省检察院	法警技术竞赛：知识一等奖，队列、拳术二等奖，“个人风采奖”
	刘　毅	2006 年	省检察院	“优秀检察干部”

续表 9—3

<table>
<tr><th>单位</th><th>姓　名</th><th>获奖时间</th><th>颁奖机关</th><th>荣誉称号</th></tr>
<tr><td rowspan="6">临澧县院</td><td rowspan="2">肖宏波</td><td>2008 年</td><td>省检察院、省司法厅</td><td>公诉人与律师辩论赛“最佳知识奖”</td></tr>
<tr><td>2009 年 1 月</td><td>省检察院</td><td>“优秀检察干部”</td></tr>
<tr><td>刘　科</td><td>2011 年</td><td>省检察院</td><td>第四届全省“十佳公诉人”</td></tr>
<tr><td>刘映芬</td><td>2014 年</td><td>省检察院</td><td>全省检察机关司法警察培训优秀学员</td></tr>
<tr><td>肖建成</td><td>2015 年</td><td>省卫生厅、省红十字会</td><td>无偿献血铜奖</td></tr>
<tr><td colspan="4"></td></tr>
<tr><td rowspan="16">石门县院</td><td>陈　亮</td><td>2012 年</td><td>省政府</td><td>三等功</td></tr>
<tr><td rowspan="2">卢祖君</td><td>2012 年</td><td>共青团湖南省委</td><td>2011 年度“湖南省优秀共青团干部”</td></tr>
<tr><td>2004 年</td><td>省检察院</td><td>“优秀办案能手”</td></tr>
<tr><td>樊　荣</td><td>2016 年 5 月</td><td>团省委、省高法、省检察院等</td><td>“最美青年卫士”</td></tr>
<tr><td>黄　贤</td><td>2016 年 1 月</td><td>省检察院</td><td>“检务保障工作先进个人”</td></tr>
<tr><td rowspan="2">王友生</td><td>1997 年 1 月</td><td>省检察院，省国、地税局</td><td>“查办涉税案件先进个人”</td></tr>
<tr><td>2004 年</td><td>省检察院</td><td>“十佳渎侦局长”</td></tr>
<tr><td rowspan="4">夏　阳</td><td>2002 年 12 月</td><td>省检察院</td><td>二等功</td></tr>
<tr><td>2003 年 7 月</td><td>省政法委、省综治委</td><td>“严打整治斗争中先进工作者”</td></tr>
<tr><td>2004 年 5 月</td><td>省检察院</td><td>一等功</td></tr>
<tr><td>2006 年 12 月</td><td>省检察院</td><td>首届湖南“十佳”检察官提名奖</td></tr>
<tr><td>侯荐钧</td><td>2011 年 12 月</td><td>省检察院</td><td>二等功</td></tr>
<tr><td>董德宏</td><td>1990 年 12 月</td><td>省检察院</td><td>二等功</td></tr>
<tr><td>刘美云</td><td>2005 年 12 月</td><td>省检察院</td><td>集中处理涉法上诉工作先进个人</td></tr>
<tr><td>周杏初</td><td>1998 年 8 月</td><td>省检察院</td><td>“抗洪救灾先进个人”</td></tr>
<tr><td colspan="4"></td></tr>
<tr><td rowspan="2">澧县院</td><td rowspan="2">郭春芳</td><td>2004 年 3 月</td><td>省检察院</td><td>“优秀检察干部”</td></tr>
<tr><td>2005 年</td><td>省检察院</td><td>“优秀检察干部”</td></tr>
</table>

续表 9—3

单位	姓　名	获奖时间	颁奖机关	荣誉称号
澧县院	郭春芳	2005 年 9 月	省检察院	政工调研论文三等奖
		2006 年 1 月	省检察院	“优秀检察干部”
		2008 年 8 月	省检察院	“优秀检察干部”、三等功
		2009 年 1 月	省检察院	“优秀通讯员”
	陈剑锋	2004 年	省检察院	“优秀办案能手”
	田兴发	2009 年 1 月	省检察院	“优秀检察干部”
		2009 年 12 月	省政法委	“优秀政法干警”
	卢宗林	2011 年 3 月	省检察院	“纪检监察先进个人”
	陈红梅	2013 年 12 月	省检察院	女检察官优秀论文
	周　苹	2014 年 3 月	省女检察官协会	演讲比赛二等奖
安乡县院	曹　静	2003 年 4 月	高检院侦查监督厅	全国检察机关优秀《审查逮捕意见书》二等奖
		2013 年 3 月	全国妇联等 2 家	“全国维护妇女儿童权益先进个人”
	沈成章	2004 年 5 月	省检察院	二等功
		2009 年 3 月	省检察院侦查监督处	“优秀批准逮捕案件说明书”
		2012 年 3 月	市政法委、市人大法工委、团市委、市人民检察院	全省检察机关侦查监督部门优秀文书
	杨善平	2014 年 12 月	省委法治办、省司法厅	“湖南省最具影响办法治人物”
	严　幸	2015 年	省检察院	全国未检业务全省选拔赛论文第三、综合业务第四名通报
津市市院	向阳葵	2009 年 11 月	省巾帼建功活动领导小组	“巾帼建功标兵”

2. 受市级领导机关表彰者

武陵区检察院个人获市级表彰统计表

表 9-4

姓名	获奖时间	颁奖机关	荣誉称号
梁胜阳	1990 年	市委、市政府	“政法工作先进个人”
王永发	1990 年	市委、市政府	“政法工作先进个人”
易先保	1990 年	市委、市政府	“政法工作先进个人”
毛泉初	1995 年	市政府	三等功
孔庆祥	1990 年	市政府	“先进个人”
林茂舫	1990 年	市政府	“先进个人”
张啸洋	2001 年	市委、市政府	三等功
赵庸福	2001 年	市委、市政府	三等功
	2001 年	市人大常委会	“优秀检察官”
陈　敏	2014 年	市政府	二等功

鼎城区检察院个人获市级表彰统计表

表 9-5

姓名	获奖时间	颁奖机关	荣誉称号
魏正祥	2004 年 2 月	市委、市政府	二等功
梅其伟	2015 年 3 月	市政府	二等功
范东方	2012 年 2 月	市政府	二等功
李林平	1997 年 6 月	市人大、市人民检察院、团市委	“十优”青年检察官
邹永忠	2009 年 4 月	市委、市政府	“学习型家庭”
吴代锋	2006 年 10 月	市人大常委会	“模范检察官”

桃源县检察院个人获市级表彰统计表

表 9-6

姓名	获奖时间	颁奖机关	荣誉称号
陈再伯	2002 年	市政府	二等功
戴泽民	2002 年	市政府	三等功

续表 9-6

姓名	获奖时间	颁奖机关	荣誉称号
佘建军	2006 年	市政府、市人大常委会	记二等功、授予“模范检察官”称号
	2009 年		常德市“十佳”青年干警

临澧县检察院个人获市级表彰统计表

表 9-7

姓　名	获奖时间	颁奖机关	荣誉称号
朱传立	2001 年 6 月	市人大常委会	“优秀检察官”
	2001 年 12 月	市政府	二等功
靳湘辉	2001 年 12 月	市政府	三等功
张　斌	2007 年 3 月	市政府	二等功

石门县检察院个人获市级表彰统计表

表 9-8

姓　名	获奖时间	颁奖机关	荣誉称号
刘美云	2006 年 11 月	市政府	二等功、常德“十杰”检察官
	2006 年 10 月	市人大常委会	“模范检察官”
董德宏	1994 年 1 月	市委、市政府	“十佳检察官”
罗　军	2001 年 6 月	市人大常委会	“十优检察官”
夏　阳	2006 年 10 月	市人大常委会	“模范检察官”

澧县检察院个人获市级表彰统计表

表 9-9

姓　名	获奖时间	颁奖机关	荣誉称号
周杏初	1998 年 10 月	市政府	三等功
郭春芳	2006 年	市政府	二等功
	2009 年 4 月	市委	“全市学习型家庭”
	2015 年 11 月	市人大常委会	调研文章三等奖
田兴发	2010 年 1 月	市政府	二等功
周　苹	2013 年 9 月	市委	法治中国梦演讲比赛三等奖

附 录

本附录选辑每任市人民检察院检察长在常德市人民代表大会上的一次工作报告。但检察长王东海任职时，常德市尚未召开人民代表大会，故仅收有6位检察长每位一次工作报告。

常德市人民检察院工作报告

——1989年5月在常德市第一届
全市人民代表大会第二次会议上
常德市人民检察院检察长 李少甫

第一届全市人民代表大会第一次会议以来，检察机关在党委和上级检察机关的领导下，在市人民代表大会及其常委会的监督和指导下，以及在人民政府的关心和支持下，以党的十三届三中全会精神为指针，从建设社会主义民主政治和社会主义法制的高度，认真履行宪法和法律赋予检察机关的职责，努力发挥国家法律监督机关“打击敌人，保护人民，惩治犯罪，保卫四化”的职能，作出了积极的努力，取得了一定的成绩。现在，我就一年来检察工作的主要情况向大会报告，请予审议。

一、围绕党的中心，深入开展反贪污、反受贿为重点的“经打“斗争

一年来，检察机关遵照第七届全国人民代表大会第一次会议的有关决议，紧紧围绕治理整顿、深化改革和廉政建设，及时调整了工作部署，坚持把反贪污、反受贿斗争列为打击经济犯罪的第一位工作，作为检察机关的工作重点，进一步加强了经济检察工作。一年来，检察机关共受理各类经济案件线索606件，其中，贪污324件，受贿63件，偷税抗税等其他案件219件。立案侦查各类经济案件321件，其中贪污、受贿195件，占全年立案总数60.7%；立案查处偷税抗税、挪用公款、假冒商标、诈骗、投机倒把等其他经济案件共126件，占立案数的39.36%。全年查处万元以上大案共56件，其中，贪污、受贿25件，占查办大案数的44.6%；决定逮捕人犯共65人，向人民法院提起公诉的115件。全市检察机关在开展反贪污、反受贿斗争中，特别是在去年十朋以来，我们根据党的十三届三中全会“治理环境、整顿有序、全面深化改革“的方针，进一步加强了以反贪污、反受贿为重点的“经打”斗争，全市检察机关受理和立案侦查的贪污、受贿案件大有增加，效果明显。据统计，今年前四个月共受理经济案件线索357件，立案侦查138件，其中大要案件27件，与去年同期比较，受理案件线索增长1.54倍，立案上升68.3%，大案增长2倍。立案中，贪污、受贿案件80件，占立案的58%。全年通过查办经济案件，为国家、集体挽回直接经济损失227.2106万多元。

检察机关在反贪污、反受贿为重点的“经打“斗争中，主要抓了以下几项工作：

（一）建立“经济罪案举报中心“，发动群众检举控告贪污、受贿犯罪。去年五月，深圳市人民检察院建立举报中心的经验见报后，我市津市市院第一个在全省检察系统建立了举报中心。市院及时总结推广了他们的经验。此后，根据中央五号文件以及最高人民检察院的有关指示精神，全市检察机关相继建立了”经济罪案举报中心“12个，公开设置了举报电话，配备了专干。并采取召开各种会议、发表电视讲话、印发举报《通告》《宣传提纲》等多种形式，广泛宣传举报工作、发动人民群众同贪污、受贿犯罪行为做斗争。与此同时，检察机关采取领导值班，定点挂牌、巡回接待等方法，热情接待举报群众。去年下半年以来，先后接待举报群众达667人次，共受理举报案件线索814件，其中，属于检察机关管辖范围的各类经济罪案线索632件。这些举报线索中，贪污、受贿393件，占管辖的各类案件线索的62.2%。被举报对象841人，其中科级以上党政干部97人（县级干部14人）。此外，转有关部门查办182件。人民举报制度，深受广大群众欢迎，极大地调动了他们同经济犯罪行为做斗争的积极性。去年，鼎城区黄土店乡干部群众在反贪污、反受贿中，便揭露了中国农业银行鼎城区支行黄土店营业所信贷员王某杰自87年以来，利用职务之便，先后挪用公款58万多元和受贿1.9万多元的特大案件（已捕）。

在举报工作中，检察机关始终把查处案件作为举报工作中防环节来抓。去年下半年，全市检察机关受理管辖的各类经济案件线索450件，共查证409件，占90.8%，其中及时立案41件，追缴赃款和赃物款共97.7万多元。其中，各地采取了一定的“举报反馈”形式，依法向广大群众公开举报工作制度、工作进度和处理结果，使举报工作取信于民，常兴不衰。如：津市市院今年一季度就受理群众举报经济等罪案线索40件。汉寿、安乡、澧县县院还在全县边远重点乡镇和街头设置流动举报接待站，定点设立举报箱，收到了很好的效果。今年一季度，三县获取举报各类经济案件线索110多件，及时立案30多件，其中揭露万元以上贪污、受贿大案7件。改变了过去案源渠道闭塞，线索不足的被动局面。

随着举报工作的深入开展，不仅鼓舞了广大群众同经济犯罪分子做斗争的信心的勇气，而且震慑了犯罪。一年来，全市有23名经济犯罪公子和21名经济违法行为的人前往检察机关和有关部门坦白交代问题，退回赃款和赃物折款共10.4万多元。

（二）领导参考查办大案，掌握斗争的主动权。一年来，检察机关有22名正副检察长组织、参考和指导查办大要案，全年直接受理大案线索56件，立案查办大要案件40件。他们以身作则，深入发案现场，和办案人员一道，研究案情，制定侦查方案，突审重大案犯。春节前夕，鼎城区韩公渡大路陂储蓄所出纳员丁某旺利用职务之便，先后贪污公款3.7万元。元月13日，丁犯携款2.7万元连夜潜逃。市、区检察机关主管领导带头上案，与办案人员一道，及时确定侦查范围，制订侦查方案，并在公安机关的大力支持下，迅速对丁犯发出通缉令。同时派出精干力量，实施跟踪追捕，遂于广西贵县将丁犯抓获归案，并及时依法实施搜查，缴获和追回赃款3.2万元。

（三）强化经检干部侦查意识，增强侦破预审能力。鉴于当前经济犯罪团伙多，犯罪分子作案手段狡诈，检察机关在反贪污、反受贿斗争中围绕侦查工作的基本理论、基本知识和基本方法，普遍采取领导讲课、专题辅导、总结交流、现场练兵等多种形式举办侦查培训班13次，讲授侦查知识辅导课38次，培训经检干部114人次，进一步强化了全体侦查干部的侦查意识，提高了他们发现、控制犯罪和侦破预审工作能力。桃源县院今年1至4月运用各种侦查手段，及时发现和揭露各类经济犯罪案件线索73件，及时立案21件，其中大要案5件。今年4月18日，武陵区院受理湘北贸易公司基建办公室干部何某林贪污一案后，及时立案侦查，在市院领导和经检部门的指导下，全体办案人员发扬连续作战的作风，仅12天时间就侦查终结、移送起诉了此案，并追回了赃款6.06万元（何已捕）。

（四）坚持联席会议制度，加强部门配合。在反贪污、反受贿斗争中，检察机关根据最高人民检察院、中央纪律检查委员会和国家监察部门联合下发的有关通知精神，在党委的统一领导下，与各级党的纪委、政府监察、审计、工商、税务等有关部门，密切配合，始终坚持了联席会议制度和案件移送制度。并定期召开会议，交流情况，及时移送非管辖案件，实行“归口”查办。如去年四季度，工商、税务、审计等部门在开展税收、财务、物价大检查中，先后向检察机关移送起诉经济犯罪案线索41件，及时立案侦查6件。促进了反贪污、反受贿斗争的深入发展。

（五）严格执行政策、法律，准确打击经济犯罪。检察机关在反贪污、反受贿为重点的“经打”斗争中，坚持贯彻“一要坚持，二要慎重，务必搞准”的原则。在实际工作中，既注意改革开放的历史背景，又注意具体案件具体分析，在办案中严格区分罪与非罪、此罪与彼罪的界限；慎重处理法律界限不明，政策界限不清和内部意见分歧的案件。坚决执行内部侦、诉分开的办案制度，主动克服和防止“以捕代侦”的做法，严格把住审查批捕和审查起诉关，较好地把握了案件的质量。

检察机关在查处贪污、受贿犯罪案件中，注意了斗争策略，运用典型案例，适时召开群众大会，震慑犯罪。一年来，全市检察机关先后选择典型案犯80多例，召开群众大会41次，进一步扩大了办案的社会效果显著。今年2月中旬，汉寿县院在全面贯彻全国全省检察工作的会议精神中，为了把全县反贪污、反受贿斗争引向深入，及时向县委、县人大汇报了全县“经打”工作的形势及其工作部署，并请示县委同意，由县委、人大和政府共同主持召开了全县反贪污、反受贿斗争动员大会，公布了一批典型案犯及其处理结果。同时，宣讲党的“坦白从宽，抗拒从严”等一贯政策。敦促犯罪分子投案自首，争取从宽处理。会后，该县三河乡粮店保管员周某某、何某某和洲口供销社营业员徐某某相继携款投案，主动交代贪污、挪用公款3.5万元的犯罪事实。在不到一个月的时间里，汉寿县院受理了群众举报案线索26件，其中贪污、受贿21件，占80.8%，举报线索金额达20多万元。现已立案11件，逮捕人犯5人，及时为国家挽回经济损失15万多元。

（六）巩固和慎重发展检察组室，充分发挥其在“两打”斗争中的助手作用。根据全国检察长工作会议的有关精神，检察机关本着积极慎重的态度，在重点系统和部门巩固和发展了一批检察组室。目前，全市共建检察组室54个，配备干部共190余人，聘任检察联络员600余人。一年来，检察组室在“经打”斗争中先后向检察机关提供各类经济犯罪线索195件，立案98件，同时，协助检察机关查办上述案件。

二、坚持“严打”方针，严厉打击严重刑事犯罪活动

打击刑事犯罪活动，始终是检察机关的又一个工作重点。一年来，检察机关与公安、法院、司法行政等部门，密切配合，继续坚持依法从重从快的方针，严厉打击严重刑事犯罪活动，为稳定的治安大局尽职尽责做了大量工作，取得了一定成效。一年来，检察机关受理公安机关提请逮捕和决定批准逮捕的自侦案件的人犯2992人，其中审查批捕2483人，比上年上升58.8%；受理上述部门移送起诉的人犯3207人（含上年积存），其中审查起诉2231人，比上年上升32.3%。检察机关在打击严重刑事犯罪活动中，依法批准逮捕杀人、抢劫、强奸、流氓、爆炸、盗窃（流窜）、伤害、拐卖人口等严重刑事犯罪分子888人，占逮捕刑事案犯的36.7%，比去年同期上升88.5%。上述表明，刑事犯罪特别是严重刑事犯罪案件上升幅度较大。一年来，检察机关在打击严重刑事犯罪活动中主要做了以下五项工作：

（一）突出打击重点，优先审查批捕和起诉重大案犯。一年来，检察机关根据中央政法领导小组去年召开的“‘六·六’治安工作电话会议”“中政组3号《纪要》”和省、市政法委书记会议精神，坚持把打击杀人、抢劫、强奸、流氓、重大盗窃、重大流窜、行凶报复、聚众赌博、强迫引诱容留妇女卖淫等严重危害社会治安的犯罪分子，特别是流窜犯罪分子和团伙首要分子作为打击的重点。同时注意追查和打击制造谣言、诬陷和诽谤党和国家领导人、制造动乱，煽动打砸抢等犯罪活动。对上述犯罪分子，做到依法优先审查批捕和优先审查起诉。一年来，依法优先批捕和起诉了严重刑事犯罪分子695人，其中批捕团伙首要犯罪分子108人。

检察机关在打击严重刑事犯罪斗争中，十分注意为农业升温创造法治环境。如：今年春耕大忙伊始，全市检察机关针对农村春耕生产中被盗耕牛、电力设备因和土地、山林、水利纠纷斗殴伤害案件增多的情况，优先查办了一批盗窃春耕农业生产资料的案件。石门、汉寿、安乡三县就批捕上述案犯31人。同时，采取办的一案治一片的方法，广泛开展法制宣传，有效地减少了此类案件的发生。

（二）坚持“提前介入”重大案件，及时准确打击犯罪分子。检察机关在打击严重刑事犯罪活动中，刑事检察部门对公安和检察机关自侦部门侦查的重特大案件，坚持提前介入侦查、预审工作，寓监督于介入之中，及时协助侦查部门抓准证据。从重从快打击犯罪。一年来，检察机关刑检部门共提前介入重特大案件430件，大大加快了重特大案件的办案节奏。如今年1至4月，检察机关刑检系统就提前介入重特大案件230件，其中市院直接介入一审（无期以上）案件7件（12人），案平22天，比过去同类案件案平32.8天提前10.8天。与此同时，对其他一般案件采取定岗位、定任务、定质量、定时间的“四定”办案责任制，实行目标管理，有效地保证了案件质量，提高了办案效率。如：今年一季度，检察机关刑一系统受理批捕各类刑事案犯470人，人平办案8.7件，比过去人平办理同类案件7.2件多办1.5件，刑二系统今年一季度起诉各类案件389件602人，比上年同期起诉案件件数上升91.6%，起诉人数增长1.24倍。人平办案由去年同期的1.92件2.54人，提高到了3.67件5.68人。

（三）按照党委统一部署，积极投入专项斗争。一年来，检察机关按照党委的统一部署，与公安、法院和司法行政等部门密切配合，针对一个时期突出的社会治安问题，结合元旦、春节、“五一”“十一”等节日保卫工作，在全市范围内先后四次开展了较大规模的“打现行，压大案”“打抢劫、反盗窃、治流氓”和“查淫秽”“禁赌博”为主要内容的专项斗争，及时揭露了一批重大恶性案件，端掉了一批犯罪窝点，摧毁了一批犯罪团伙，扫荡了一些污染空气、毒化社会的丑恶现象。去年十·一前夕，在“打抢劫、反盗窃、治流氓”的斗争中，依法批准逮捕了上述犯罪团伙首要分子101人。特别是今年春节前后，在深入开展“打抢劫、反盗窃、治流氓”等几次集中打击犯罪的专项斗争中，就批捕了抢劫、盗窃（流窜）、流氓案犯353人，占今年一季度批捕人犯总数的81%，其间，及时向人民法院起诉602人（含上年积存数），依法处决罪大恶极的罪犯12人，打击了抢劫、重大盗窃（流窜犯）和流氓犯罪活动的嚣张气焰。

目前，检察机关刑检系统正在遵照全国全省的统一部署，全力以赴投入了打击流窜犯罪的专项斗争。

（四）坚持依法办案，保证办案质量。检察机关始终把办案质量看作是工作的生命。在“刑打”斗争中，坚持以事实为根据，以法律准绳；坚持“两个基本”，弄清犯罪的基本事实和基本犯罪事实的基本证据；坚持严格的办案制度，较好地把住了案件质量关。据统计，全年批捕案件的准确率达99.88%，起诉案件的准确率达100%。为了保证案件的质量经得起历史的检验，检察机关在紧张的“两打”斗争中，组织部分力量，日夜赶班，对去年免诉的188件319人进行了全面复查，及时发现和纠正了免诉不当的4件，占复查免诉案件的2.1%。

（五）认真履行侦查监督、审判监督职能，严肃执法。一年来，检察机关对公安机关和自侦部门提请批捕的案件，通过依法审查，因不够法定批捕条件而作出不捕决定的220人；对公安机关和自侦部门移送起诉的案件，通过依法审查，因不构成犯罪而作出不起诉决定的15人；同时依法纠正侦查活动中的违法行为10次。检察机关认为人民法院确有错误的判决、裁定而提出来抗诉的9件。其中改判的5件 ；同时依法纠正审判活动中违法行为2次。从而，共同维护了法律的严肃性。

此外，在“两打”斗争中，积极鼓励支持广大群众同犯罪分子的不法侵害行为，实施正当防卫，张扬了法制，扶持了正气。

三、坚持“两打”斗争的同时积极开展其他检察业务工作

（一）法纪检察工作。一年来，检察机关坚持“坚决、严肃、慎重”的法纪检察工作方针，认真查处了一批法纪案件。一是坚持“全面承担，有案必办”的原则，及时受理案件。一年来，检察机关采取专门机关与群众路线相结合的方法，主动与有关部门建立健全联系制度，及时受理各类法纪案件，取得了法纪检察工作的主动权。全年共受理各类法纪案件线索300件，其中及时立案75件。特别是今年以来，法纪检察工作取得了新的进展。一季度共受理各类法纪案件线索73件，及时立案22件，受理线索和立案比去年同期分别上升21.7%和21%。其中立查大要案比去年同期增长4倍。二是认真查处“侵权”案件，维护公民的合法权益。去年4至12月全市检察机关立案查处非法拘禁、非法搜查、刑讯逼供等“侵权”案件31件，占全部立案数的41.3%。三是及时查处危害经济建设的玩忽职守等重大案件。去年四月以后的八个月就查办玩忽职守及重大责任事故案件34件，占八个月立案总数的45.3%。四是加快办案节奏，提高结案率。据统计，去年四月以后的八个月时间，全市共办结各类法纪案件73件，占全部立案的97.3%。

（二）控告申诉检察工作。一年来，检察机关以对人民高度负责的精神，及时受理群众的来信来访2993件，及时转办和查处2982件，占来信来访总数的99.6%。其中，自办“六类”重点案件82件，目前已办结75件，占自办“六类”案件的91.5%。纠正有关问题的案件17件，有的还是历史冤案。如临澧县城关镇九姨村村民吉某1956年任教期间，在肃反中被他人检举犯有杀人、抢劫和破坏森林等罪行判刑15年。吉对此不服，同年几度申诉，57年仍以其破坏森林罪改判5年徒刑。吉仍不服，年年申诉，上至中央，下至本县，投诉数百次，长达33年，一直未果。1987年4月，吉某向该县检察院投诉。县院当即受理此案，终于查清了“吉案”的全部事实真相，所举吉某“破坏森林罪”实属冤案。据此，县检察院遂向法院提出改判建议，经法院审判委员会审议，于1988年7月27日宣告吉某无罪。此后，吉某同其亲友数十余人，一路鸣放鞭炮，给临澧县检察院赠送一块写着“为民作主伸沉冤”的大匾，一时震动全城，受到了社会各界的好评。

（三）监所检察工作。一年来，检察机关在监管改造监督活动中，坚持把监管、看守部门执行政策法律的检察摆在首位。为了搞好执法检察，全市检察机关先后在劳改、劳教和看守部门建立健全了14个驻所检察机构，采取驻所检察的形式，使执法检察工作做到了经常化、制度化。全年通过驻所检察纠正监管、看守部门各种违法问题70起；查处管教干警违法案件1件；查办“两劳”人员又犯罪案件99件。如白洋堤检察院在狠抓监管执法检察的同时，全年查办劳改人员又犯罪案件57件。同时，检察机关结合执法检查，认真贯彻最高人民检察院监所管理工作《细则》条例，进一步完善了监所检察制度。如临澧县院在实施《细则》中，将《细则》内容分解到日、周、月，把监所执法检察的任务、目标落实到每天、每周、每月，使驻所执法检察工作做到了照章办事，有章可循。省、市检察机关及时总结推广了他们的经验。进一步促进了全市监所检察工作的制度化、规范化。

（四）刑事技术工作。一年来，刑事技术部门，克服人员少、设备简陋等困难，办理各类刑事案件47件，比上年13件增长2.61倍。出具鉴定书75份，技术鉴定的准确率为100%。同时，出勘现场32次，刑事技术照相68次。保证了办案，得到了省院的肯定。

（五）综合治理工作。一是结合办案积极开展“检察建议”活动。一年来，结合办案，针对发案单位管理工作中的漏洞隐患。提出“检察建议”。去年四月以来，检察机关在重点发案单位就提出整改检察建议226次，先后帮助200多个企业单位整改漏洞隐患，帮助他们挽回案内和案外经济损失613万多元，使酚中15个企业单位摆脱困境，扭亏为盈。石门县院在查处该县官渡桥镇青玄湾煤矿偷税31.59万多元重大案件时，依靠基层党委，发动群众，开展综合治理，不仅及时打击了欧阳握球为首的5名案犯，追缴税款20多万元，而且帮助煤矿进一步完善了经营管理制度，使煤矿日产原煤产量由过去每天1.20吨提高到50多吨。这一做法，普遍受到了有关企业单位的好评。他们热情地赞扬：“检察机关是保护企业的坚强后盾。”一年来，有关企业前段时间给全市检察系统送旗送匾17面(块)。二是开展法制宣传和法律咨询服务活动。一年来，检察机关结合办案，利用出庭公诉，发表公诉词和开展法律咨询等多种形式。进行法制宣传。据不完全统计，全年出庭1001次，发表公诉词978篇，受教育者达40多万人，三是积极开展对监外“五种人”的教育改造工作。一年来，我们采取依靠基层、部门配合，定期考查的方法，加强“五种人”的监督和教育改造。使其中绝大多数人改恶从善，走上了自新之路。据汉寿县院去年底对该县“严打”以来的246名“五种人”的考查，无一重新犯罪。

四、积极探索改革内部工作制度，增强检察工作活力

全市检察机关根据最高人民检察院关于检察体制改革的总体设想，在现行法律和职权规定的范围内，积极稳妥地对检察机关有点磋工作制度初步乾地一些改革探索。

首先，改革内部的工作制度。一是初步建立了检察委员会工作制度。制定了《检察委员会议事规则》，进一步明确了全市检察机关检察委员会的职责范围、工作程序和工作纪律，较好地发乏力了检察委员会决策。指导检察工作的职能作用。二是健全检察机关办案责任制度。制定了全市检察机关统一执行的《案件请示汇报制度》，进一步明确了检察系统不同岗位层次的权利和责任，初步程顺了内部工作关系。体现了“精简、效能、统一”的原则。

其次，改革侦、诉工作程序制度，强化内部制约机制。为了加强自身制约，保证严肃执法，去年开始，检察机关政工制定和执行检察机关自侦、批捕、起诉侵权制度，实行内部的分工负责负责，互相配合，互相制约的监督机制，改变了过去侦查、批捕和起诉一竿子插到底的做法。

最后、开展检察派出机构试点和“民事、行政”审判监督试点工作。一年来，检察机关本着积极稳妥的原则，从工作需要出发，先后在税务、商业、供销、银行等重点系统依法组建了一批检察组（室），明确了检察组（室）的任务、职责和工作制度。较好地发挥了其在“两打”斗争中的助手作用。同时，在法院系统的支持配合下，市院与汉寿县院开展了民事审判监督和行政审判监督的试点工作，为拓开执法监督范围内取得了一些初步经验。

五、从严治检，加强队伍建设

（一）加强廉政建设为主要内容的思想政治工作。一年来，特别是中央五号访件下达后，检察机关坚持以形势教育为起点，采取多种形式，大力加强思想政治工作。我们紧紧围绕廉政建设，抓住改革中的“热点”，联系实际，采取领导对话、专题讲演、今昔对比等多种形式。广泛开展了形势教育、廉政教育和艰苦奋斗的传统教育，使全体检察干警进一步统一了对形势的认识，看到了改革十年给国家带来的巨大变化和取得的伟大成就，进而坚守了改革的信念。增强了履行法律监督职能，促进治理整顿、深化改革和廉政建设的光荣感和责任感。一年来。，全体检察干警自觉地经受了改革的考验，始终保持了为警清廉。据不完全统计，全市检察系统有 1031 人次，自觉做到请吃不到，送礼不要，拒受贿赂，金额达 1.3 万多克。石门县院在查办该县欧阳握球偷税一案时，被告上门找县院办案人员求情，并塞给 500 元现金。该院办案人员对被告的这种行为进行了严肃的批评教育，抵制了其行贿行为。表现了检察干警一身正气，两袖清风，秉公执法，刚正不阿的职业道德和品格。

各地在深入开展形势教育、廉政教育和艰苦奋斗教育的同时，深入开展了“争先创优”活动，涌现了一批为改革服务，成绩突出的先进集体和个人。一年来，检察机关通过民主评议，领导批准，评出了先进集体 39 个，先进个人 175 人，其中立功（含大功）28 人。汉寿县院自恢复建院以来，先后七次出席省、市召开的先进表彰大会，其间，分别于 1985 年、1988 年两次出席全国检察系统先进集体表彰大会。最高人民检察院先后该院荣记集体二等功和“通令嘉奖”。此外，检察机关进一步健全了廉政建设的各项规章制度并采取多种形式，自觉接受党委、人大权力机关和人民群众的监督，增强了检察机关的透明度。

（二）加强党纪、政纪工作。一年来，检察机关认真贯彻执行了市人大常委会《关于加强政法干警教育管理，坚持严肃执法的决议》，积极开展执法检查和“三纪”整顿，及时揭露问题，纠正违法。全年发现违纪行为 4 起，对有关人员分别作了严肃处理。

（三）努力提高干警的业务素质。一年来，检察机关采取开办业余电大、推荐自考院校和岗位培训、以老带新、现场练兵等形式，狠抓了干警业务素质的培训工作。去年全市检察系统有111人获取了法律大专文凭。目前还有121人参加业务电大学习和专业《合格证》的培训。通过电大学习和岗位培训，提高了干部的专业知识水平。据不完全统计，全市检察系统有16人在市以上有关学术讨论会和省以上主要法学杂志上发表论文20篇。去年底，全市检察系统评选出优秀公诉人、优秀侦查员、优秀调研、宣传员共34人，其中90%以上的人都参加过大专院校学习和岗位培训。如津市市院副检察长黄道宣同志通过电大学习，业务提高较快，去年在优秀公诉人评选活动中，被最高人民检察院授予全国检察系统优秀公诉人的光荣称号。

全市检察系统在培训干部中，特别是在开办业余电大教学工作中，受到了上级的好评。市院电大班自1986年以来，每年都被常德电大分校评为先进单位，1988年参加了省电大成人高考经验交流表彰大会。省人民检察院给本院电大专干陈志荣同志记了二等功，授予了高检院统一制作的二等功臣荣誉奖章。

六、自觉坚持党的领导和接受人大常委会的监督，依法独立行使检察权

（一）认真贯彻执行党的国家的政策、法律，做到有令即行。去年中央五号文件下达以后，特别是党十三届三中全会以来，检察机关遵照党中央“治理经济环境、整顿经济秩序、全面深化改革”的指导方针，及时作出以反贪污、反受贿和严厉打击严重刑事犯罪活动的工作部署，为治理整顿、深化改革和加强廉政建设，积极履行检察职能，创造法治环境。今年，全国政法工作会议以后，市委及时作出在全市范围内开展“两整两打”的工作部署。检察机关在党委的领导下，及时投入“两整两打”工作。与公安、法院等有关部门一道开展“打抢劫、反盗窃、治流氓”的专项斗争，及时完成了600多人犯的批捕和起诉任务，保证了全市“两整两打”的顺利进行，维护了治安大局的稳定。

（二）建立请示报告工作制度。主动向党委和人大常委会报告工作。我们始终坚持对检察活动的重大工作部署和重大问题在向党委汇报的同时，主动向人大常委会请示报告工作。一年来，全市检察机关先后向人民代表大会及其常委会请示、汇报工作35次。从而，取得了人大代表及其常委会对检察工作的重视与支持。据各地反映，一年来，各地人大常委会先后派员视察检察工作21次，听取检察工作汇报的达177人次，多方帮助检察机关创造执法环境。去年在恢复重建检察机关十周年的时候，市人大常委会主任罗寅阶同志亲自向全市人民发表电视讲话，充分肯定了全市检察机关恢复重建十年发来，在保卫改革和社会主义经济建设中取得的成绩，同时，对检察机关提出新的任务和希望。使全体检察干警深受教育和鼓舞。

（三）自觉听取人民代表大会及其常委会的意见，维护人大权力机关的权威。凡人民代表大会及其常委会布置的工作，对检察机关提出的质询意见或交办、转办的有关事宜，检察机关都能自觉照办。去年八月，市人大常委会作出在全市范围内开展执法大检查的统一部署后，全市检察机关立即组织专门班子，抽调力量，按照市人大常委会执法检查“五个阶段”的工作部署，进行了为期三个月的执法检察工作。同时，按照市人大常委会第三次会议的意见，遂一制订整改方案，全面纠正执法工作中的问题。目前，检察机关正在组织部署对全市贯彻执行全国人大常委会《关于严惩严重经济犯罪活动的决定》的执行情况的检查。

（四）认真当好党委参谋，在人大常委会的监督指导下，依法独立行使检察权。检察机关在坚持党的领导和接受人大常委监督的同时，积极当好党委参谋，忠于职守，勤奋工作，按照宪法和法律赋予检察机关的职权，充分发挥法律监督职能，依法独立行使检察权。从而，检察机关在实际工作中做到了既自觉坚持党的领导，又自觉接受了人大代表及其常委会的监督；既取得了党委的重视与支持，又当好参谋，不失本职。

各位代表：一年来，检察机关虽然做了大量工作，取得了一定成绩，但是，我们的工作也还存在一些问题，主要表现是：

第一，履行法律监督职能不够。如“侦查”“审判”和“监改”监督工作中发生的一些违法行为，有时未能及时有力的纠正。

第二，反贪污、反受贿斗争的深度不够。如经济犯罪活动尚未得到有效的遏制。今年一季度受理的各类经济案件线索发生在1988年以来的占81%。

第三，控制外逃经济案犯不够得力。目前尚有15名经济案犯外逃。未能协同有关单位将其追捕归案。

第四，打击刑事犯罪斗争中的“消化”工作有时不够及时，由于刑事案件大幅度上升。批捕、起诉特别是起诉工作非常紧张，虽未超过法定期限，但与集中打击犯罪的要求显得不够及时主动。

第五，个别案件适用法律欠准，质量不高。如免诉案件中就出现了免诉不当的情况。究其问题的原因：

一是领导调查研究不够。主要表现在对改革中出现的许多涉及政策、法律的新情况和新问题，调查研究不够或者调查研究生不够深透。因而需在应用政策和适用法律上指导不够有力，造成个别案件适用法律欠准。

二是法律监督的程序和履行法律监督的手段尚不完善。因而影响了执法监督的开展。

三是反贪污、反受贿斗争的宣传发动尚不平衡，缺乏一定的群众基础。如个别县的人民举报工作还未形成声势。这是有的经济犯罪分子特别是有一定作案经验的犯罪分子未被揭露出来的重要原因。

四是警力不足，少数干警素质不高因而与工作任务不相适应。都是造成某些工作有时不够及时的原因。

五是执法条件与检察工作任务不相适应。几年来，各地党委、人大、政府在财政十分困难的情况下，拨出了相当数量的经费，为改善检察机关的执法条件尽了很大努力。但是，由于治安形势十分严峻，经济犯罪活动猖獗，各类案件大幅度上升，工作任务十分繁重。而检察机关的交通、技术设备简陋，业务经费紧缺。与工作任务很不适用，影响了某些工作的开展。如因人力、物力、财力紧张，对一些跨省的案件就难以查办等等。

各位代表：根据中央一号文件精神和我市严峻的治安形势与经济犯罪活动尚未得到有效遏制的情况，在今后的一年里，全市检察工作的指导思想是：在党委的统一领导与人民代表大会及其常委会的监督下，继续坚持两个基本点，一个中心，以党的十三届三中全会精神为指针，紧紧围绕治理整顿和全面深化改革这个中心，进一步贯彻落实中央一号文件和全国全省检察工作会议精神，着眼法律监督这个主线，继续坚持依法从重从快的方针和严惩处的方针，与公安、法院紧密配合，严厉打击严重刑事犯罪活动和严惩严重经济犯罪活动，推动其他检察业务的全面开展。检察工作的主要任务和目标是：为实现反贪污、反受贿斗争作出明显成效和稳定治安大局，力争治安状况好于去年两个目标，创造安定的社会环境和法治环境做出新贡献。

各位代表：改革为检察机关创造了良好的执法环境，改革也给检察机关提出了更高的要求。因此，我们检察机关和全体检察干警，决定以全市政法工作会议和本届二次人民代表大会为动力，振奋精神，同心同德，艰苦奋斗，与兄弟单位一道，为治理整顿、深化改革和振兴常德做出贡献。争取以优异成绩，迎接建国四十周年。

常德市人民检察院工作报告

——1996 年 3 月 25 日在常德市第二届

人民代表大会第四次会议上

常德市人民检察院检察长　李文耀

市二届人大三次会议以来，常德市人民检察院在市委和省人民检察院的领导下，在市人大的监督和政府及有关部门的支持下，紧紧围绕党和国家的工作大局，坚决贯彻执行中央关于维护稳定、促进发展和深入开展反腐败斗争的指示精神，坚持“严格执法，狠抓办案”的工作方针，集中力量，查办贪污贿赂、徇私舞弊等大案要案，严厉打击严重刑事犯罪，强化执法监督，履行检察职能，为维护我市的政治稳定和社会秩序，促进改革开放和经济建设发挥了积极的作用。现在，我向大会报告全市检察工作情况，请予审议。

一、进一步加大查办大案要案力度，推动反腐败斗争深入开展

去年初，在全市检察长会上，市院强调各级检察机关要进一步把思想统一到小平同志提出的“两手抓，两手都要硬”的方针上来，统一到党中央关于深入、持久、更有成效地开展反腐败斗争的要求上来，切实贯彻依法从重从严的精神，狠抓办案，集中力量查办大案要案，力争有新的进展和突破。四月，市院在武陵区召开了全市检察长座谈会，进一步研究生加强打击贪污贿赂等经济犯罪力度，加快办案进度的措施。提出了继续坚持放开初查，慎重立案，主攻“大要”，讲究效果的工作思路，把打击经济犯罪力度体现在成案率、结案率和依法判决率以及追缴非法所得、赃款赃物上。8月，市院又召开了全市检察长和反贪局长碰头会，研究督促查办大要案，要当真检察长，作表率。全市检察机关按照高检、省院的要求，迅速动作，扎扎实实抓办案，集中精力查办大案要案。全市检察机关的领导同志深入第一线组织指挥，带头查办有影响的重大案件。针对经济犯罪分子作案手段越来越狡猾，作案范围越来越大，办案难度越来越大的实际情况，全市检察机关打破在初查问题上存在的禁锢，和市纪委紧密配合，充分运用“两规”，依法运用各种侦查措施，收集证据，制服犯罪。去年共立案侦查贪污贿赂等各类经济犯罪案件264件，其中贪污贿赂案156件，偷税、骗税案52件，挪用公款案35件，假冒商标案5件，到年底共侦查终结234件，其中向人民法院提起公诉96件106人，法院已判决82件88人，比去年判决57件64人分别上升19.3%的31.3%。通过办案为国家和集体挽回直接经济损失1319万元。贪污贿赂案件免诉31件，免诉率由上年的18.6%下降到16.2%。总的来看，去年查办贪污贿赂等大案要案数量较多，质量较高，效果较好，特别在查办领导干部犯罪要案和重点部门、重点领域的重特大案件方面取得了新的突破。

一是突出查办了一批社会各界普遍关注的大案要案。全年共立案侦查万元以上大案197件，比1994年上升5%。其中贪污贿赂10万元以上的特大案31件，挪用公款100万元以上2件，查办县处级以上干部犯罪要案4件，大要案共占立案总数的74.6%，是历年来比例最高的。去年元月，市院对赤峰煤矿矿长向某明严重经济问题线索，与澧县县院一道组成了十多人的专案组，在市、县有关部门的配合下，深入赤峰煤矿，发动群众，摸底排查，历时3个月，挖出了向某明（正处级）和副矿长王某兵（正处级）、陈某森（副处级）以及中层骨干胡某国、陈某驰等13人贪污受贿、挪用公款的窝案，全案涉及金额15万多元。此案起诉后，向某明被判处有期徒刑5年零6个月，王某兵被判处有期徒刑3年缓刑3年，其他案犯分别受到法律、党纪政纪的不同惩处。湖南省机械工业学校一名副校长（副处级）贪污10000元，被津市市检察院立案查处。这些要案的查处在当地引起了强烈的反响。不少群众来电写信向检察机关表示感谢，纷纷向检察机关检举犯罪线索。

二是在党政机关、司法机关、行政执法机关和经济管理部门查办了一批有影响有震动的案件。全年共立案查处“三机关一部门”的经济犯罪案件60件60人。其中党政机关工作人员19人，司法人员3人，行政执法人员7人，经济管理部门工作人员31人，共占立案总数的22.7%。澧县原官垸乡党委书记郑金轩受贿20000元被澧县检察院立案查办，起诉法院后，郑被判处有期徒刑6年；桃源县院根据群众举报，连续查处了13起“三机关一部门”的案件。该县邮电局长姚某华受贿11万元，县民政局长郭某溪在基建过程中受贿2.5万元，县计生局长姚某受贿20300元等均被检察机关立案查办。鼎城区南坪乡国土站站长曾某坤贪污20200元，挪用20万元被鼎城区检察院立案查办。

三是查办了一批直接破坏国家重大改革措施实施的犯罪案件。去年突出查办了税制改革中出现的伪造、倒卖、虚开、代开增值税发票进行偷税、骗税的犯罪案件；制贩假种子、假农药坑农害农的犯罪案件；棉花经销过程中贪污受贿、投机倒把的案件。全市共查办上述案件 57 件，其中涉及增值税发票金额达 851 万元，偷税 135 万元，被临澧县院立案查处。鼎城区灌溪镇精梯厂厂长段某清利用增值税发票偷税 100 多万元，被鼎城区院立案查处。随着国家宏观调控力度加大，金融系统在经济生活中的作用更加明显，已成为经济犯罪的多发区。全市检察机关进一步加强了在金融系统的反贪肃贿工作，共查办金融系统工作人员贪污、贿赂、挪用公款重大犯罪案件 28 件。市农业银行国际业务部出纳员刘某强、市建设银行信用卡部业务员孙某科与社会女青年孙某等人勾结携银行库款 80 多万元潜逃。案发后，市人民检察院立即组织人员将其缉拿归案，追回了全部经济损失。全市检察机关还认真查办了一批国有企业转换经营机制和在撤区建乡过程中侵吞国家、集体资产的犯罪案件。

四是快速反应，抓获了一批负案逃犯。1994 年以来，全市携款潜逃的经济犯罪分子有 40 多名，而且全部为重大案犯。去年，全市检察机关把侦破这类犯罪案件作为工作重点，调整充实反贪侦查力量，努力改善过去较为落后的通讯和交通设施，增强反贪部门的快速反应能力。去年全市检察机关共追捕携款潜逃的重大案犯 12 名，为国家和集体挽回经济损失 180 多万元。石门县农业银行储蓄所记账员陈某东，监守自盗携巨款 10 万元潜逃，石门县院快速出击，仅 15 天将其抓获归案，挽回了全部经济损失。常德市百货公司驻长沙办事处出纳员肖某虹侵吞公款 12 万元潜逃，市院与武陵区院联手，组织大追捕，迫使肖犯罪带赃款 12 万元来检察机关投案自首。

二、从重从快打击严重刑事犯罪，防止和纠正打击不力

坚持依法从重从快打击严重刑事犯罪活动，积极主动参与“严打”斗争，是我们常抓不懈的一个重点。去年，全市检察机关进一步加大了“严打”斗争力度。一是充分运用批捕、起诉职能，突出打击各类严重犯罪活动。去年，全市检察机关共受理公安机关提请逮捕的刑事案犯 2683 人，经审查批准逮捕 2126 人；受理公安机关移送审查起诉的刑事案犯 3035 人，经审查提起公诉的 2150 人。对杀人、爆炸、强奸、抢劫作案等恶性暴力犯罪，村霸、路霸、水霸等流氓恶势力，重大盗窃、流氓犯罪以及各类团伙犯罪等社会危害大的犯罪案件，坚持提前介入，快审快结，共批捕重特大案犯 740 人，起诉重特大案犯 395 人。二是积极参考了党委统一组织的“春季攻势”“秋风行动”和第二次整治农村社会治安专项行动等“严打”专项斗争，组织力量加快办案节奏，防止了案件在检察环节上“梗塞”。三是配合有关部门有针对性地开展了区域性的专项打击行动。武陵、安乡、临澧、石门等区、县（市）院与公安、法院一道，在城区开展了“打黄扫非”、打击毒品犯罪活动；在农村部分地区集中打击了盗杀耕牛、销售假种子、假化肥、假农药坑农害农犯罪活动；在边远山区开展打击利用封建迷信扰乱农村社会秩序的犯罪活动，都取得了战果。

在“严打”斗争中，全市检察机关普遍加强了对侦查活动和审判活动的监督。

1.强化侦查监督，督促有关执法部门纠正有罪不究、以罚代刑。全市检察机关对公安部门某些该立案不立案，该移送起诉检察机关批捕、起诉而不移送的案件提出纠正意见100多次，纠正以罚代刑25起。市县两级检察机关依照有关法律法规定直接立案侦查13件14人，已起诉8件9人，有7件8人已被法院判处有期徒刑。去年5月，武陵区院在办理杨某勤、郭某友、黄某德敲诈勒索案时，发现市五交化公司保卫科副科长王云华参与了敲诈他人现金2.8万元的犯罪活动，公安机关未立案处理，遂自行立案侦查。

2.严格审查把关，防止错捕错诉和漏捕漏诉。全市检察机关通过严格审查公安机关提请逮捕和移送起诉的案件，对197名人犯依法作出了不批准逮捕的决定，对5名人犯依法作出了不起诉的决定，对18名人犯和29名人犯分别予以了追捕追诉，防止错捕54人，追诉漏罪52条。去年3月，鼎城区院在审查聂某锋、金某、聂某福强奸案时，发现同案人聂某权、聂某利均构成犯罪，而公安机关“另案处理”，于是向公安机关提出建议，公安机关以2犯在逃为由，不予追究。同年9月，鼎城区院依法决定逮捕聂某利、聂某权，以强奸罪向法院提起公诉，两犯均被判刑三年。

3.加强审判监督，对法院重罪轻判、有罪判无罪和轻罪重判的刑事判决裁定依法抗诉。去年全市检察机关共向人民法院提出抗诉案件7信誓旦旦，上级法院改判2件。武陵区院在去年四月收到区法院对被告人韩某英故意伤害案的判决后，认为被告人韩中英故意伤害（重伤）多人，法院判处有期徒刑三年，缓刑三年不当，即按上诉程序提起抗诉。市中级人民法院依法撤销了原判量刑部分，改为三年实刑。全市检察机关还对审判活动中的其他违法情况以及抗诉后及拖不审等问题提出纠正意见53次。

三、突出查办徇私舞弊案件，推动各项执法监督不断深入

全市检察机关把查办司法人员徇私舞弊案件作为强化执法监督、维护司法公正、保障人民群众合法权益的有力措施，在打击严重刑事犯罪和严重经济犯罪，开展法纪检察、监所检察、民事行政检察、控告申诉检察等工作中，积极查办徇私舞弊案件。去年，全市检察机关共立案查办司法人员徇私舞弊犯罪案件8件10人，分别比上年上升了35.3%和43%。这些案件涉及侦查、检察、审判、执行等各项执法活动和各个诉讼环节。桃源 县八字路派出所所长高新民，非法拘禁、刑讯逼供、徇私舞弊和贪污、挪用公款，被桃源县检察院立案查办，起诉到法院后，高新民被判处8年有期徒刑。

在严厉查办徇私舞弊案件的同时，全市检察机关加强了其他执法监督工作。

1.严厉查处了国家工作人员侵犯公民民主权利、人身权利的犯罪案件。全市共立案侦查刑讯逼供、非法拘禁、玩忽职守、重大责任事故等“侵权”、渎职案件76件，其中重特大案件48件。

2.认真执行《监狱法》的规定，切实加强了对监狱、看守所、劳教所等执法活动的检察。全市检察机关通过开展驻场驻所检察和对监外罪犯的监督考察工作，对监管活动中违法行为提出纠正意见290条，起诉又犯罪的被监管人员54件58人，立案查处执法犯法的管教干警25人。

3.积极开展了对人民法院民事、经济、行政审判活动的监督。全市检察机关共受理不服法院已生效的民事、经济、行政判决、裁定的申诉335件，立案审查85件，比去年增长10.4%。对其中判决、裁定明显不公的案件提出抗诉22件。同时，结合办理民事、经济、行政申诉案件，查办审判人员索贿受贿、贪赃枉法案件1件1人。

4.加强了控申举报工作，全市检察机关广泛开展了创建“文明接待室”的活动，建立健全了检察长接待日制度。去年共受理群众举报1135件，接待群众来信来访1069件次，其中接待处理告急信访和群众集体上访175次。临澧、桃源县院两个接待室被高检院授予“文明接待室”称号，有安乡、津市等四个县院被评为省检察系统“文明接待室”。全市检察机关对当事人不服司法机关处理决定的申诉立案复查25件，已纠正9件。

5.认真开展了对案件证据材料的技术鉴定工作。全市检察机关积极创造条件开展文字检验、法医鉴定和司法会计鉴定等工作，发挥科学技术在办案中的作用，提高了办案质量。全市共对1198件案件证据进行了技术鉴定，为829件案件提供了证据，为27件案件提供了侦查方向，改变原错误鉴定结论17件。

四、自觉接受人大监督，坚持“从严治检”的方针，检察官队伍建设得到加强

全市检察机关坚持“从严治检”的方针，以学习贯彻《检察官法》为动力，以市人大代表评议“两院”为契机，认真开展了具有检察特色的思想政治工作，全面加强了检察官队伍的建设。

一是自觉接受人大监督，开展自身反腐败。根据市委的统一部署，全市检察机关认真开展了思想作风整顿和纠正行业不正之风的工作。特别是注重自觉接受人大的监督，虚心听取人大代表对检察工作的批评、意见和建议，不断改进工作。从去年六月起，市人大常委会组织人大代表依法对检察院工作进行认真的评议，这是人大系统新形势下探索出来的一种新的监督形式。它综合了视察、调查、听取工作汇报等多种监督方法，具有民主化、公开化程度高的特点，是一种行之有效的监督形式。这种直接监督，是对检察机关的关心和爱护，它将极大地促进检察机关开展自身反腐败，促进检察机关严格执法，加强检察字队伍建设。市人大代表对检察机关工作进行评议，组织精心，部署周密，工作细致深入。在评议中人大代表通过深入调查，广泛地收集群众意见，诚恳地指出了当前检察官队伍中表现比较集中的问题，如搞利益驱动，越权办案，乱收费、乱罚款，插手经济纠纷；在办案中接受当事人的吃请，索、拿、卡、要；少数案件存在打击不力，执法不严的现象；少数单位违反财经纪律，赃款赃物、财务管理混乱；干警贪赃枉法、徇私舞弊等六个方面问题以及这些问题涉及34个案件。对于人大代表在评议中提出的问题，市院党组非常重视，采取了积极的整改措施：（1）成立迎评整改领导小组，由检察长任组长，院党组成员组成，对问题整改实行领导挂帅包干负责，限期完成。（2）2月1日至8日，市院集中八天时间，组织专人对34件案件逐一进行复查。并下到区、县（市），将案件复查和纠正处理的情况向给我们提意见的人大代表面对面的回复。3 月 16 日，我们又邀请评议领导小组的成员和部分人大代表来院，向他们专题汇报了整改情况，并认真听取他们对我们整改的意见和建议。对整改中存在个别整改不力的问题，市院继续进行了查漏补缺。与此同时，我们还将整改情况用文字材料面对面地向人大常委会进行专题汇报。（3）严格财务管理，坚决实行收支两条线，所有赃物赃款、追缴的非法所得和赞助款一律使用财政票据、由行政科统一管理上缴财政，经济案件线索归口控申科，除“两反”局、监所科和控申科在职责范围内可以办理经济案件外，其余科室一律不准办理经济案件，更不准搞创收。（4）对已查实的干警违法违纪问题从严处理。对任熙伟的问题在原处理的基础上，已报人大常委会撤销其检察员；对汪建保在处理有关问题中不妥的方式方法，进行了严肃的批评教育。（5）针对工作中出现的问题和存在的漏洞整章建制。先后制定了内部制约监督机制，制定了定期接受人大代表和社会各界监督的制度，用制度来管人管事，用监督来规范我们的执法行为。这次评议我们感到不仅促进了检察机关严格执法，强化了内部管理，加强了队伍建设，而且也极大地促进了检察机关各项工作的全面开展。

二是加强政治理论学习，树立检察官的良好形象。先后组织全体检察干警认真学习《邓小平文选》和党的十四届四中、五中全会精神，自觉运用建设有中国特色社会主义理论和党的方针政策指导检察工作，积极探索社会主义市场经济体制下开展检察工作的新路子。全市检察机关开展了“爱祖国、爱人民、爱检察、爱岗位、爱集体”为主题的“五爱”教育，增强了广大干警全心全意为人民服务的观念和献身检察事业的敬业精神。深入开展了学习孔繁森，争当优秀检察官的活动。结合学英雄，各地进一步建立健全了勤政和竞争激励机制，涌现了一批先进集体和先进个人。去年，全市检察系统共有 83 个单位和 81 名干警分别被记功或授予先进集体、先进个人的称号。安乡县院被授予全国检察系统先进集体，汉寿县院被省院评为抗洪先进单位。有 41 人因办案工作突出被省、市检察机关批准记三等功。市院有 10 科室受到高检院、省院通报嘉奖和表彰。

三是狠抓了基层县院领导班子建设，培养跨世纪的领导干部。（1）按照民主集中制的原则，加强了市县两级班子建设。市县两级检察院党组把坚持民主集中制作为增强领导班子整体功能和提高领导水平的大事来抓，进一步建立健全了党组议事制度，检察委员会工作制度等，增进了班子的团结协调。（2）市院有计划、有组织地对基层院班子进行了届中考察，协助地方党委调整充实了部分检察院领导班子。（3）按照省委、市委的要求，积极有序地开展了县级检察长异地交流的准备工作。（4）全市检察机关抓紧了青年干部的选拔、培养和教育。全市有 15 名 35 岁左右的中青年干部被选拔到领导班子中来，有 18 名青年干部充实到中层骨干队伍，有 21 名青年干部被选拔到省、市党校学习。

此外，法律政策研究，检察信息、宣传、计划财务装备等工作，都取得了可喜的成绩。去年 10 月全国各省、方巾是、直辖市检察院办公室主任汇集常德夹山寺，参加了高检院召开的调研信息交流会，常德市院、临澧县院在会上介绍了调研成果，得到了与会者的一致好评。

总的来看，去年的工作有创新、有发展，有突破，特别是反腐败查办大案要案，坚持“严打”斗争、维护社会稳定，加强执法监督、促进严格执法三项重点工作，在深度和广度上都有很大发展。检察官队伍政治素质、业务素质不断提高，战斗力不断增强。但是，工作中也存在不可忽视的问题。一是少数地方查办大要案少，主要是领导存在畏难情绪，不敢查、不敢办。二是执法监督缺乏力度，有一些执法不严、执法犯法的问题没有得到及时纠正，特别是刑事案件立案中存在的有罪不究，以罚代刑问题以及民事、经济、行政案件审判活动中的监督工作，存在监督不到位的情况。三是检察干警特别是反贪干警的力量和素质与任务不相适应。四是个别地方搞利益驱动，越权办案，乱罚款。有的地方队伍管理松弛，干警违法违纪现象时有发生。五是执法水平有待于进一步提高。六是一些地方执法环境亟待改善，说情干扰严重，使案子查不下去。此外，检察机关的办案条件、交通、通讯、装备设施在各级党委、人大、政府的支持下有了改善，但仍有不少地方条件很差，经费严重不足，不适应斗争的需要。这些问题都需要在今后的工作中努力加以解决。

1996年是实施“九五”计划和2010年远景目标的第一年。全市检察机关要继续紧紧围绕建立社会主义经济体制这个宏伟目标，思考问题，开展工作，在研究和解决市场经济条件下的新情况、新问题的过程中，把工作推向前进。根据全国、全省政法会议和全国全省检察长会议精神，结合我市实际，对今年我市检察工作进行了部署。总的要求是：以邓小平同志建设有中国特色社会主义理论和党的基本路线为指针，认真贯彻十四届五中全会和全国检察长会议精神，牢固树立为社会主义市场经济体制服务，为经济建设服务的指导思想，“严格执法，狠抓办案”，继续突出反腐败查办大案要案，依法从重从快打击严重刑事犯罪活动，加强执法监督三项重点工作，全面开展各项检察业务，进一步加强队伍建设，充分发挥法律监督职能作用。促进改革开放，保障经济建设，维护社会稳定。主要工作任务是：（1）再接再厉，把反腐败查办大案要案工作引向深入。始终抓住“三机关一部门”犯罪案件不放松，重点是查办领导干部犯罪要案，重特大案件以及串案窝案，查办发生在国有企业事业单位及县、区直机关和乡镇站所中有影响的犯罪案件。进一步加大打击危害改革措施的犯罪工作力度，强化经济犯罪预防工作。（2）坚持不懈地开展“严打”斗争，主动参考党委统一组织的专项斗争和专项治理，维护社会稳定，把“严打”锋芒对准暴力犯罪，恶性犯罪，村霸、路霸、水霸等流氓恶势力，流窜犯罪和带黑社会性质的犯罪团伙，对重特大犯罪案件坚持提前介入，快捕快诉，加强审查把关，防错防漏。严查与犯罪分子同流合污的司法人员犯罪案件，防止和纠正打击不力、放纵犯罪的现象。（3）加大执法监督力度，提高工作水平。着力解决有法不依、执法不严、违法不究以及因地方保护主义、部门保护主义作祟而出现的执法犯法等突出问题。把查办司法人员贪赃枉法、徇私舞弊等职务犯罪案件，作为执法监督的重要任务，发现一件严办一件。通过抓执法监督，促进严格执法和司法队伍的廉政建设。（4）坚持从严治检、加强自身建设，严格按

《检察官法》来管理、规范、监督干警的行为，抓准队伍中的突出问题认真整顿治理，力争整治出成效。自觉接受人大监督，教育干警依法办事，文明办案，对人大评议中提出的有关问题，继续进行整改，对秉公执法的干警大力支持和保护，对违法乱纪行为坚决严肃查处。加强业务培训，全面提高队伍素质，确保检察工作健康发展。

常德市人民检察院工作报告

——2005 年 1 月 13 日在常德市第四届

人民代表大会第三次会议上

常德市人民检察院检察长　杜辉才

现在，我代表市人民检察院向大会报告工作，请予审查，并请市政协各位委员提出意见。

2004 年，全市检察机关在市委和上级检察机关的领导下，在市人大及其常委会的监督下，在市政府、市政协和社会各界的大力支持下，以邓小平理论和“三个代表”重要思想为指导，认真贯彻党的十六大和十六出届三中、四中全会精神，遵照市四届人大第二次会议通过的关于常德市人民检察院工作报告的决定，依法履行检察职能，为我市的社会稳定的和经济发展做出了积极贡献。

一、坚持标本兼治，进一步加大打击和预防职务犯罪力度

一年来，全市检察机关坚持打防并举，标本兼治，使职务犯罪的查处和预防工作都发取得了较大进展。

（一）依法查办贪污贿赂等职务犯罪收到较好效果

全市检察机关共立案侦查贪污贿赂等职务犯罪案件 88 件 125 人，其中贪污案 47 件 78 人，贿赂案 21 件 23 人，挪用公款案 18 件 21 人，其他案件 2 件 3 人；已侦查终结 71 件 104 人，已起诉 50 件 78 人，法院作出有罪判决 43 件 66 人。通过办案，为国家挽回直接经济损失 1700 万元。

一是突出查办了一批有震动有影响的大要案件。共立案侦查贪污贿赂等职务犯罪大要案 57 件 72 人（要案 4 人），分别占立案总数的 64.8%和 57.6%。市人民检察院立案侦查的中国建设银行常德市分行原助理经济师罗某涉嫌贪污 241 万元案、市劳动和社会保障局原副局长兼社保处主任朱某晖（副处级）涉嫌受贿 49.5 万元案，已分别于去年 7 月 8 日和 11 月 23 日移送起诉；市人民检察院立案侦查的市地税局原总会计师（副处级）冯某民涉嫌贪污 109 万元、挪用公款 20 万元案已于去年 11 月 9 日起诉。鼎城区检察院立案侦查的西洞庭供销社财务股原股长杨某华等 4 人涉嫌单独或共同贪污 116 万元案起诉后，4 人一审均被判处有期徒刑，其中杨某华被判处有期徒刑12年。2003年市人民检察院立案侦查的武陵区政府原区长黄某清受贿案（正处级）、市委原副秘书长吴让见（正处级）受贿案起诉后，两人已分别于去年8月12日和13日一审被判处有期徒刑11年、6年、

二是重点深挖了一批窝案、串案。共查处窝案、串案50件87人，分别占立案总数的56.8%和69.6%。澧县检察院立案侦查的该县粮食局湘北油脂化工厂原厂长侯某霞等8人涉嫌贪污210余万元、挪用公款118万元案已于去年10月23日移送起诉；桃源县检察院立案侦查的该县棉麻蚕茧总公司原经理艾某斌、原副经理黎新科等7人涉嫌贪污、职务侵占及挪用资金窝案，涉案金额150多万元，该案起诉后，7人一审均被作出有罪判决，其中，艾被判处有期徒刑3年6个月，黎被判处有期徒刑4年。鼎城区检察院立案侦查的该区枉水灌区管理处原主任陈某文等3人涉嫌贪污、受贿窝案起诉后，3人一审均被判处有期徒刑，其中陈被判处有期徒刑8年。

三是在乡镇站所和农村基层干部中查处了一批犯罪案件。共立案侦查此类案件16件26人，分别为占立案总数的18.2%和20.8%。石门县检察院去年4月3日立案侦查的该县夹山镇东红村原党支部书记唐某明等3人涉嫌贪污扶贫建校款案，鼎城区检察院去年7月21日立案侦查的该区牛鼻滩粮食购销站原出纳彭某进涉嫌贪污69.5万元等案件，正在进一步侦查之中。

（二）依法查办渎职侵权等职务犯罪案件取得较大突破

全市检察机关共立案侦查渎职侵权等职务犯罪案件34件43人，比上年立案侦查的同类案件分别上升89%和87%，其中滥用职权案9件13人，玩忽职守案11件11人，徇私舞弊案7件8人，侵犯公同权利案2件6人，其他案件5件5人；已侦查终结21件27人，已起诉10件14人，法院已作出有罪判决17人。

一是重点查办了司法人员渎职侵权犯罪案件。共查办市该类案件5件，占立案数的14.7%。去年2月，临澧县公安局在抓捕批捕在逃的盗窃案主犯潘红过程中，发现该局干警肖洪涛向潘某通风报信，即向县检察院举报。县检察院经初查后及时立案侦查，查清了肖洪涛向潘某通报报信及帮助潘红销账的犯罪事实，遂以肖洪涛涉嫌帮助犯罪分子逃避处罚罪和销赃罪向法院提起公诉，法院均作出了有罪判决。

二是及时查处突发性渎职侵权犯罪案件，努力维护社会稳定。去年4月30日下午，澧县城市建设管理监察大队执法人员在执法中滥用职权致一人死亡，引起上万名群众围观，社会影响极坏。澧县检察院5月1日即对罗某军等4人涉嫌滥用职权罪立案侦查，仅用20天时间就将此案侦查终结。该案起诉后，法院对上述4人均作出了有罪判决。澧县县委、县人民政府及有关部门对此给予较高评价。

三是严查造成人民生命财产损失的渎职犯罪案件。共立案侦查玩忽职守案件11件。去年3月，市政建设总公司原助理工程师、城建110工作人员廖某在接到城区某处下水道井盖丢失的报修电话后，不及时维修，导致一名小学生不慎掉入无盖下水井致死。武陵区

检察院对廖某以涉嫌玩忽职守罪立案侦查，廖某最终被判处有期徒刑。通过此案的办理，常德市市政建设总公司对全市城区范围内的下水道井盖进行了一次全面的清理和维护，以消除安全隐患，确保人民群众生命财产安全。

（三）预防职务犯罪工作规范性进一步增强

一年来，全市检察机关按照市委预防职务犯罪工作领导小组的部署，对45件职务犯罪案件进行了个案预防；对常德市农行不良资产的经营管理、石门皂市水库移民资金的管理使用、常张高速公路常德段工程监督管理等12个重点项目进行了专项预防；对金融、税务、教育、国土、移动、电信等部门开展了系统预防。共发出预防建议57条，纠正违法26起。

二、坚持快捕快诉，全力维护社会稳定

全市检察机关全面落实中央、省委、市委关于维护稳定的各项部署和要求，坚持“严打”长效机制，认真履行审查批捕、审查起诉职能，做好检察环节的维护稳定工作。一年来，共受理公安、安全、监狱机关移送的各类报捕案件1431件2250人，已全部审结，其中批准逮捕1394件2176人，不批准逮捕37件74人，不捕率为3.3%；共受理公安、安全、监狱机关移送审查起诉的案件1668件2467人，审结1699件2658人（含积案），其中提起公诉1494件2218人，不起诉34人，不诉率为1.5%；法院已作出有罪判决1326件1957人。

（一）坚持快捕快诉，确保刑事案件消化渠道的畅通。全市检察机关对重特大案件坚持提前介入，引导侦查取证，确保快捕快诉，提高诉讼效率。一年来，批捕普通案件均在3天内审结，重特大案件均在5天内审结；审查起诉普通案件平均结案时间为10天，重特大案件平均结案时间为30天。批捕、起诉案件审结率分别为100%和96.5%，做到了审查批捕案件当年无积案，审查起诉案件全在法定期限内办结。

（二）突出打击重点，严惩严重刑事犯罪。全市检察机关始终把打击的重点对准严重暴力犯罪、毒品犯罪和盗窃抢夺等严重危害社会治安秩序的刑事犯罪。一年来，对各类严重刑事犯罪嫌疑人共批捕734人，起诉714人，法院已判决590人，其中被判10年以上有期徒刑89人，被判无期徒刑11人，被判死刑（含死缓）45人。

（三）积极参与社会治安专项治理及集中整治行动。一年来，全市检察机关按照省人民检察院、市委政法委的部署，积极参加打击涉毒涉爆犯罪、“两抢”（抢劫、抢夺）犯罪嫌疑人和“地下六合彩”赌博活动等综治专项行动。仅在禁毒专项行动中，就批捕涉嫌毒品犯罪人员130人，起诉涉毒犯罪案件96件139人（含积案）。分别以姚作要、李家有为首的2起走私毒品案，由于涉案被告人多，作案次数多，证据基础较差，市人民检察院主动与公安机关联合补查了大量证据，使两案均在较短时间内顺利审结，其中有3名被告人被判处死刑，剥夺政治权利终身。

三、全面强化诉讼监督，努力维护司法公正，实现公平正义

（一）立案监督注重质量和效果。一年来，对公安机关有案不立的案件要求公安说明不立案理由25件，公安机关直接立案15件，检察机关认为不立案理由不能成立而通知公安机关立案10件，对此类案件已批准逮捕16件17人，已提起公诉18件19人（含积案），已判决17件18人，其中判10年以上有期徒刑1人。为配合《行政许可法》的实施，去年7月1日，市人民检察院与市直13家行政执法单位召开了行政执法与刑事执法相衔接工作会议，进一步完善了案件移送机制。

（二）依法开展了侦查监督和刑事审判监督。一年来，全市检察机关共追捕犯罪嫌疑人71人，已提起公诉53人，法院已判决40人，其中判处10年以上有期徒刑3人，死刑1人。共追诉被告人32人，追诉漏罪92条，法院全部作出了有罪判决，其中判10年以上有期徒刑的6人。对认为确有错误的刑事判决和裁定已提起抗诉6件，提请省人民检察院向省市级法院抗诉2件，法院已开庭审理2件，改判1件。

（三）依法加强了对刑罚执行活动的监督。一年来，全市检察机关共受理监管部门移送审查批捕的又犯罪案件4件4人，已全部批准逮捕；共受理监管部门移送审查起诉的案件13件16人，已起诉12件15人。全年通过执法检察共发现首次超期羁押18人，提出纠正意见后全部被有关部门采纳。在全国、全省检察机关和公安机关联合开展的"加强执法监管、加强法律监督，保障刑事诉讼顺利进行、保障在押人员合法权益示范单位"创建活动中，桃源县检察院驻看守所检察室被省人民检察院作为全省检察系统唯一的创建先进单位推荐到最高检察院表彰，临澧县检察院驻看守所检察室被最高检察院评定为一级检察室。

（四）依法开展了民事行政诉讼监督。一年来，全市检察机关共立案复查各类不服法院生效民事。行政判决和裁定的申诉案件67件，市人民检察院已向市中级人民法院提出抗诉35件，提请省人民检察院抗诉13件，组织当事人协商达成执行和解案件4件，作出终止审查决定7件，其余案件待审结。已提出抗诉和提请抗诉的案件中，法院采纳抗诉意见已再审改判29件。

四、认真开展专项活动，狠促公正执法水平提高

去年，最高检察院、省人民检察院、市人大常委会、市委政法委相继组织开展了一系列专项活动，全市检察机关以此为契机，大力增强干警的公正执法意识，提高公正执法水平。

（一）开展了集中处理涉法上访工作。去年2月，全国、全省集中处理涉法上访问题电视电话会议后，全市检察机关按照省人民检察院、市委的部署，迅速成立领导机构和工作班子，全面开展清理、息诉工作。共摸排出涉法上访对象30名，通过工作已息诉27名，息诉率为90%，其中市人民检察院在册的3件涉法上访案件已全部结案并息诉。

（二）开展了清理违法减刑、假释、保外就医专项检查。按最高检察院要求，从去年5月份开始，全市检察机关对2002年以来减刑、假释和保外就医案件以及2002年以前批准保外就医至2004年5月底 刑期未满的案件全部进行专项检查清理。共检查减刑、假释及保外就医罪犯5172人，发现问题191人，已纠正145人，其余问题正在纠正之中。

（三）开展了不起诉案件专项复查活动。去年4月，最高检察院决定的在全国检察机关开展2003年度不起诉案件专项复查工作。全市检察机关根据最高检察院、省人民检察院有关精神，对2003年度34件45人不起诉案件进行了欲速则不达清理复查，没有发现错误不诉案件。

（四）开展了对“三类”自行侦查案件扣押、冻结款物情况的专项检查。去年全年，全市检察机关对2001年以来撤案、不起诉及无罪判决“三类”自侦案件进行了专项清理检查，共清查出“三类”案件125件143人，涉及扣押、冻结款549万元，其中已上缴财政450万元，随案移送24万元，退还75万元；共扣押物品4件，已全部上缴。

五、严格管理，提高检察队伍的整体素质

一年来，全市检察机关进一步深化“强化法律监督，维护公平正义”的主题教育活动，切实加强领导班子建设和队伍建设，全面推动基层检察院建设，成效较为明显。

（一）加强领导班子建设，推动队伍建设和基层检察院建设全面发展。去年初，市人民检察院党组配合党委对4个基层检察长进行了调整，使领导班子成员的年龄、文化、专业知识结构进一步趋向合理。同时，通过大力开展争创“好班子、好班子、好搭档”等活动，使市县两级检察院领导班子的执政能力、创新能力和管理水平得到了整体提高。领导班子中讲党性、讲大局、讲团结风气愈浓，凝聚力、战斗力、号召力进一步增强。去年底，全市共有4个基层检察院被评为全省先进基层检察院，有2个基层检察院被评为全国先进基层检察院。

（二）坚持依法管理检察官队伍，提升队伍整体素质。全市检察机关结合队伍建设现状大力开展了“加强法律监督同，维护公平正义”、“两为三观（立党为公、执政为民、正确的权力观、群众观、政绩观）、职业道德教育和警示教育、党风廉政教育等一系列教育活动，提高检察队伍的政治素质。通过大力开展岗位练兵、组织培训、以老带新、攻读高学历等活动，使队伍的业务素质明显提高。一年来，共有20个单位和个人受省部级以上领导机关表彰奖励，有56个单位和个人受市级表彰，有31人次被给予记三等功以上奖励，54人受到嘉奖。特别是在全省检察机关开展的评选10名侦查监督“优秀办案能手”活动中，我市有2名检察干警获此殊荣；在全省开展的选拔15名“优秀公诉人”活动中，我市有4名检察干警榜上有名；在全省首届“三湘检察之光”文艺调演中，我市检察机关选送的节目获唯一的一等奖。

（三）加强基础设施建设，进一步改善办公办案条件。一年来，全市检察机关按照国家发改委、建设部、最高检察院及省政府、省人民检察院的要求，重点加大了“两房”（办案用房、专业技术用房）建设力度。目前，已有市人民检察院、临澧、安乡县院完成了院落整体搬迁的选址、征地工作；已有澧县、武陵、石门等院决定整体搬迁且得到当地党委、人大、政府的同意和支持。同时，全市检察机关还加大了对信息化建设的投资，为实现全国检察机关视频会议、语音通讯和数据传输“三网合一”的三级网开通做好准备。去年10月，市人民检察院被最高检察院评为全国检察机关信息化建设先进单位。

（四）自觉接受人民代表大会及其常委会的监督，加强同人大代表的联系。全市两级检察机关对工作中的重大问题及时向同级人大常委会报告，邀请人大代表视察、评议检察工作，虚心听取人大代表的批评、意见和建议，认真办理人大交办的事项。去年6月，市人民检察院就全市检察机关查处职务犯罪工作情况向市人大内司委作了专门报告。去年8月，省人大内司委来常德调研，听取了市人民检察院查处职务犯罪情况汇报，评价较高。去年12月，市人民检察院又根据市人大常委会的安排，对全年所办各类案件开展了案件质量评选活动，共评选出质量优秀案件21件，质量较差案件1件。在质量评选中，对发现的问题边评边改，以评促改，有效地促进了干警公正执法水平的提高。

回顾一年来的茶，虽然取得了一些成绩，但距宪法和法律赋予的监督职权、人民群众的期望和人大代表的要求还有一定的差距。其主要表现为：一是班子建设整体水平还不高，检察队伍综合素质还不强，人才队伍进出渠道还不畅，检察队伍特别是业务骨干青黄不接的现象较严重。队伍的教育管理也不太严格，去年全市有3名检察干警受到党纪、政纪处分，其中1名干警被追究刑事责任。二是查处的有影响力、有震动的职务犯罪案件还不多，诉讼监督特别是审判监督效果不明显。三是个别干警工作中安全责任意识不牢，发生了一起谈话调查对象投江自杀身亡的事件。四是办公办案经费严重不足，“两房”建设资金缺口相当大，检察装备与信息化建设落后，不适应现代检察工作要求，等等。但这些都是前进和发展中的问题和困难。我们坚信，有市县两级党委的重视、人大的监督和政府的支持，全市检察机关一定能克服困难，各项工作再上新台阶。

1.审查批捕、审查起诉工作的维稳职能要在“严打”长效机制中得到进一步的展示和发挥。全市检察机关必须地充分认识新形势下维护社会稳定的极端重要性，坚持“严打”长效机制。以高度的政治责任感和使命感维护社会稳定。各检察院要充分发挥审查批捕、审查起诉职能，从重从快依法批捕、起诉各类刑事犯罪，确保批捕、起诉案件的准确率；要继续将严重刑事犯罪及多发性刑事犯罪作为打击重点；要按照各级党委的部署，积极参加社会治安综合治理专项斗争和整治行动，为打造“平安常德”多做贡献。

2.诉讼监督水平要在提高质量和注重实效中得到进一步提高。全市检察机关要进一步加强诉讼监督的针对性和有效性。对该立案而不立案的，要坚决监督纠正。对应当批捕、起诉而未移送的，要坚决追捕追诉。对重罪轻判、轻罪重判、有罪判无罪的要坚决抗诉。刑罚执行监督要强化在对押人员的人权保护，巩固清理纠正超期羁押的成果；要继续注重对违法减刑、假释、暂予监外执行的监督，严防犯罪分子“前门进，后门出”，继续危害社会。民事行政诉讼监督的重点是侵害国家利益、社会公共利益的案件和审判人员枉法裁判及裁判显失公平的案件。对所有诉讼监督的案件要从重数量向重质量转变，从重立案向重判决、重效果转变。

3.队伍整体素质要在教育整顿和改革中进一步得到提升。全市检察机关要继续开展队伍教育整顿和作风整顿，重点解决利益驱动、违法违规办案和特权思想等问题，促进严格、公正、文明执法。认真开展保持共产党员先进性教育，努力提高检察官队伍职业道德水平。要全面加强领导班子建设，确保领导班子团结、务实、高效、廉洁，增强领导班子的凝聚力，提高领导班子的执政能力和执法水平。要继续加强教育培训工作，培养业务骨干，培养专业人才，培养一专多能。要坚持从严治检，进一步健全内部监督制约机制，落实人民监督员制度，引导干警争优创优，爱岗敬业。要进一步增强接受人大监督意识，主动加强同人大代表的联系，将检察工作全面置于人大的监督之下。同时，对检察队伍中违法违纪现象要及时发现及时处理。

4.基层检察院建设要在攻坚克难中得到进一步加强。全市检察机关要严格按照最高检察院、省委、省政府及市委攻坚克难和巩固提高的要求，继续全面加强基层检察院建设。对基层检察院领导班子要进一步调整和充实，激励、号召各基层检察院向全省、全国先进基层检察院目标迈进。要在党委、人大、政府等领导机关的支持下，大力加强“两房”建设及信息化建设，力争用5年的时间，全面完成“两房”建设任务，达到国家发改委、建设部、最高检察院规定的标准，保证用1至2年时间全面完成信息化建设。要进一步完善、强化检务保障机制，确保办公办案经费，改善办公办案条件。

各位代表！

在新的一年里，全市检察机关一定进一步强化创新意识到、发展意识和维稳意识，始终保持强烈的进取心、充沛的创造力和无私无畏的执法精神，始终保持蓬勃朝气、昂扬锐气和浩然正气，坚决与党中央保持高度一致，永远保持“执法为民”的本色，扎实工作，开拓进取，以更好的检察工作业绩，为加快实现我市工业强市、民营富民的目标，为加快实现“千亿工程”和全面小康步伐做出更大的贡献！

常德市人民检察院工作报告

——2009年2月14日在常德市第五届

人民代表大会第二次会议上

常德市人民检察院检察长　陈海波

现在，我代表常德市人民检察院向大会报告工作，请予审查，并请市政协委员和列席会议的同志提出意见。

2008年，全市检察机关在市委和上级检察机关的领导下，在人大的监督和政府、政协的关心支持下，认真贯彻党的十七大精神和胡锦涛总书记对检察工作的重要指示，坚持服务全市经济社会发展大局，顺应人民群众的意愿和要求，以维护公平正义、促进社会稳定为价值追求，以纠正利益驱动、严格规范执法为重要抓手，以加大监督力度、确保办案质量为着力基点，忠实履行宪法和法律赋予的职责，为维护社会和谐稳定，保障和促进“富民强市”战略实施做出了积极努力。

一、认真履行批捕、起诉职责，维护社会和谐稳定

全市检察机关把维护社会稳定、促进社会和谐为首要政治任务，以奥运安保为重点，围绕“和谐常德”建设，认真履行批捕、起诉职责。共批准逮捕各类刑事犯罪嫌疑人2547人，提起公诉3134人（含积案）。

——依法严惩严重刑事犯罪，努力维护社会稳定。以危害国家安全犯罪、严重暴力犯罪、黑恶势力犯罪、多发性侵财犯罪以及严重破坏市场经济秩序犯罪等作为打击重点，始终保持对严重刑事犯罪的高压态势。共批捕上述各类犯罪嫌疑人1605人，提起公诉1915人（含积案），所有案件均在法定期限内办结。为确保打击实效，积极与公安、法院协商配合，深入开展“打黑除恶”专项斗争和打击“两抢一盗”、整治市场经济秩序等专项行动。如桃源县以龚茂亚为首的黑社会性质组织寻衅滋事、敲诈勒索、强迫交易、故意伤害、非法买卖枪支、弹药案，唐世平等人特大走私、贩毒案；石门县唐业炎等人持枪抢劫金融机构，致人死亡案；澧县代文清等人以虚假合同诈骗某公司2895万元案等一批严惩危害当地治安，破坏市场经济秩序，群众反映强烈的案件，检察机关在案发后坚持提前介入侦查，协同、引导公安机关收集、补充、完善各类证据，及时批捕、起诉，并努力提高出庭公诉水平，确保了法院依法判决。龚茂亚案13名被告人已分别被判处二年至十六年不等有期徒刑；唐业炎案2名被告人已被判处死刑，另1名被告人被判处无期徒刑；代文清案7名被告人已分别被判处二年至十五年不等有期徒刑；被告人唐世平自归案后对所犯罪行一直不予供述，检察机关充分运用证据，依法指控，法院一审判处其死刑。

——坚持依法宽严相济，努力促进社会和谐。积极贯彻宽严相济的刑事司法政策，在依法严厉打击严重刑事犯罪的同时，对轻微刑事案件以及未成年人、老年人犯罪，初犯、偶犯、过失犯等，依法可捕可不捕的不捕，可诉可不诉的不诉，符合刑事和解条件的进行和解，努力化消极因素为积极因素。对经审查构成犯罪但依法无逮捕必要的犯罪嫌疑人共不批准逮捕258人，适用刑事和解136人（其中不起诉87人，建议人轻量刑49人）。如安乡县同为纯净水经营户的曾某与张某因竞争矛盾发生争吵拉扯，曾致张某轻伤。鉴于曾悔罪态度好，主动支付医疗费用，取得了受害方谅解，县检察院依法适用刑事和解，对曾决定不起诉。

——依法妥善处理群众合理诉求，努力化解矛盾纠纷。组织开展了排查化解涉检重信重访专项工作，把涉检信访问题与干警的岗位责任、目标考核、执法质量、任用提拔等直接挂钩，强化责任意识，加大追责力度。在认真抓好检察长接访、联合接访、主动下访、重点查访的同时，对排查出的31件重点涉检信访案件，实行市、县两级院检察长、副检察长包案责任制，逐案定人、定责任、定期限，力求化解处理到位，较好地处理了一批长期上访的积案和疑难案件。到去年底，已依法妥善处理29件。立案复查刑事申诉案件13件，立案办理刑事赔偿案件3件，决定给予赔偿3件。如石门县马葵珍因其丈夫于1993年在某乡政府内非正常死亡，要求追究相关人员的刑事责任，对县检察院不立案决定不服，多年申诉上访。去年，市人民检察院受理该案后，包案院领导多次会同办案人员研究案情，甄别证据，依法作出了复查决定。同时，积极与石门县委、县政府共同做好说理、劝解工作，并为其落实了困难补助，使这起长达十五年的上访案得以息诉。

二、依法查办和预防职务犯罪，促进反腐倡廉建设

加大查办和预防职务犯罪力度，努力提高办案质量，提升预防效果，依法发挥了在惩治和预防腐败中的职能作用。共立案侦查贪污贿赂等职务犯罪案件109件125人，侦查终结98人，移送审查起诉83人，起诉85人（含积案），法院判决86人（含积案）。立案侦查渎职侵权等职务犯罪案件57件74人，侦查终结59人，移送审查起诉58人，起诉36人，法院判决33人。所有判决均为有罪判决。

——突出查办职务犯罪大案要案，促进党风廉政建设。进一步强化检察一体化侦查机制，加强对职务犯罪大案要案侦查工作的统一指挥和协调。共立案侦查贪污贿赂等职务犯罪大案53件；立案侦查渎职侵权等职务犯罪重特大案件35件。其中，县处级以上领导干部职务犯罪要案7人（内有厅级干部2人）。市人民检察院查办的比较典型的案件有：省人民检察院交办的常德市政府原副巡视员、穿紫河综合治理建设指挥部原指挥长唐必清（副厅级）涉嫌受贿案，2002年至2006年，唐必清在任上述职务期间，利用职务便利，在工程招标、资金拨付、工作协调等方面，为个人和单位谋取利益，收受贿赂，数额特别巨大，该案已移送审查起诉。省人民检察院交办的湘西自治州人大常委会原副主任游清高（副厅级）涉嫌职务犯罪案，游清高在凤凰沱江特大垮桥责任事故中涉嫌玩忽职守罪，并涉嫌贪污、受贿、巨额财产来源不明罪，该案已起诉。常德市政府城市工作办公室原调研员、市城市建设投资开发有限责任公司原总经理刘奇志（正处级）涉嫌受贿案，该案已移送审查起诉。常德市经济建设投资公司原经理、穿紫河综合治理建设指挥部原副指挥长曾建坤（副处级）涉嫌受贿、挪用公款案等。

——组织开展专项工作，服务“两型社会”建设。根据上级检察机关的统一部署和人民群众普遍关心、反映强烈的问题，深入重点领域、行业，组织开展了查办危害能源资源和生态环境、商业贿赂、重大安全责任事故以及涉农涉林等职务犯罪专项工作，共立案侦查上述职务犯罪嫌疑人134人。如在治理商业贿赂专项工作中，市、县两级检察机关精心组织，加强初查、侦查工作，共立案侦查在商业活动中进行权钱交易、涉嫌贿赂犯罪嫌疑人57人。其中，市人民检察院在查办曾建坤受贿案中，通过深挖犯罪，立案侦查在穿紫河综合治理建设工程中涉嫌贿赂犯罪嫌疑人8人。

——加强预防职务犯罪工作，注重治本和制度建设。努力适应反腐倡廉建设的新要求。立足检察职能，健全预防专业机构和工作机制，坚持预防项目主办责任制，认真开展预防调查，研究预防对策，结合查办职务犯罪案件，在发案单位完成个案预防55件，在案件多发、易发领域、行业和重点工程建设、群众关注的经济活动中开展重点预防项目16个，发出检察建议75份。如市人民检察院、鼎城区检察院与鼎城区卫生局联合开展的农村新型合作医疗资金管理重点预防项目，检察机关通过预防调查，提出了管理系统全面升级和实行农民看病、用药、报销“一卡通”的预防对策，被相关部门采纳，得到了区委、区人大、区政府的充分肯定。安乡县检察院与安乡县国土局联合开展的安德乡土地整理工程重点预防项目，检察机关针对容易产生职务犯罪的环节，向国土部门提出了5项22条预防措施，并积极协助落实到位。该工程被国土资源部评为优秀工程。以上两个项目均被评为2008年度全省预防职务犯罪优秀项目。同时，积极开展了行贿犯罪档案查询，预防法制宣传、咨询和警示教育等预防工作。

三、加大诉讼监督力度，维护司法公正

针对人民群众反映强烈的司法不公问题，增强监督意识，提高监督能力，强化了对诉讼活动的法律监督。

——加强侦查监督。依法监督侦查机关刑事立案26人（其中，监督检察机关侦查部门刑事立案2人），已起诉10人，法院已作出有罪判决8人；依法监督侦查机关撤销刑事立案2件；对不构成犯罪或证据不足决定不批准逮捕和不予逮捕437人；对不构成犯罪或证据不足决定不起诉36人，对犯罪情节轻微不需要判处刑罚或免除刑罚的决定不起诉236人（含刑事和解不起诉87人）；对侦查机关应当提请逮捕而未提请的，追加逮捕85人，已执行76人，法院已作有罪判决26人；对侦查机关应当移送审查起诉而未移送的，追加起诉94人，已起诉90人，法院已作有罪判决82人。如澧县检察院在审查胡某、邹某涉嫌抢劫、强奸提请批准逮捕案中，发现黄某露涉嫌犯罪，遂对其予以追捕。该案在移送审查起诉中，又追诉了黄的强迫卖淫罪。法院以抢劫罪、强奸罪、强迫卖淫罪数罪并罚判处黄有期徒刑15年。

——加强审判监督。对审查后认为确有错误的刑事判决提出抗诉2件8人。适应修改后的民事诉讼的实施，加强民事审判和行政诉讼昨，努力提高抗诉水平和个案再审检察建议的质量。共受理不服法院已生效的民事行政判决裁定申诉62件，立案审查50件，市人民检察院向市中级人民法院提出抗诉23件，提出再审检察建议2件；提请省人民检察院抗诉12件；组织双方当事人达成和解14件，法院再审改判（含调解）18件。如石门县龚某元等34名农民在信用社的存款被信用社工作人员侵占，石门县法院依法追究了该工作人员职务侵占的刑事责任，并在龚等人另外提起的民事诉讼中，判决由信用社承担民事赔偿责任。二审改判由该工作人员承担民事赔偿责任后，34名农民不服，向检察机关申诉。检察机关通过调查取证，依法提出抗诉，并积极与法院沟通协调，该案以信用社向申诉人予以补偿调解结案，维护了农民群众的合法权益。该案去年被评为全省民事行政检察“十大精品案件”之一。

——加强对刑罚执行和监管活动的监督。积极开展清理久押不决和超期羁押案件专项活动，依法监督纠正超期羁押7人（次）；对严重违反法定程序、侵犯诉讼参与人和被监管人权利等违法问题提出纠正意见60件（次）；加强减刑、假释、暂予监外执行监督，纠正不当呈报减刑、假释44人；纠正监外执行罪犯脱管、漏管146人（次），其中建议收监14人，已收监执行5人；加大对服刑人员又犯罪打击力度，办理又犯罪案件45件64人，起诉55人，法院已作有罪判决45人。在冰灾和汶川特大地震灾害发生后，加强了对监管场所安全防范措施的督促检查，协助做好川籍在押人员的安抚工作，确保了监管场所的稳定。

四、着力推进执法规范化建设，提高办案质量和执法水平

努力加强执法规范化建设，不断健全和完善监督制约机制，促进了严格公正文明执法水平的提高。在全省检察机关2008年度执法状况考评中，常德市人民检察院名列第二。

——加强制度建设，强化内部监督。针对执法办案中容易发生不规范执法问题的重点环节，市人民检察院先后制定下发了《关于加强对自侦案件侦查活动监督的若干规定（试行）》、《扣押类法律文书管理规定》、《涉案扣押款物管理规定》等执法规范，重点加强了对自侦案件的立案、强制措施的采取与变更、涉案款物的扣押与追缴等环节的监督控制。修改完善了《常德市人民检察院检察委员会议事规则》，强化了检察长、副检察长和检察委员会委员对规范执法的监督责任。修订了《常德市检察机关执法状况考评实施细则》，把原来单一的案件质量考核变为执法机制建设、实体程序检查、执法效果评估、执法过错追责、涉检信访查源等执法综合考评机制。

——推进检察改革，完善执法机制。按照上级检察机关的各项改革要求，落实完善执法规范化建设的各项工作机制。一是深化完善人民监督员制度，依照程序选任全市检察机关第二届人民监督员85人。人民监督员对检察机关立案侦查的拟作撤案、不起诉和犯罪嫌疑人不服逮捕决定的职务犯罪案件进行监督评议47件53人。二是落实查办职务犯罪立案备案审查和撤案报批制度，受理各县（市、区）检察院报备案件157件，受理报批案件12件，对报备报批过程中发现的问题及时予以了纠正。三是积极推行讯问职务犯罪嫌疑人全程同步录音录像制度，强化了对侦查取证活动的监督。四是加大规范执法保障的工作力度，配合相关部门对检察经费保障问题进行了专项调研，并积极主动请求汇报。在市委、市人大、市政府、市政协的重视和支持下，相关部门已就检察经费的规范保障问题形成了初步意见。

——开展执法讲评，强化检务督察。在进行集中调研的基础上，先后3次在全市范围内组织执法质量专题讲评，针对暴露出来的执法不规范问题，逐案剖析，分析原因，阐明危害，研究措施，限期整改，并在市人民检察院办公大楼前厅设置了“任何不严格执法的行为，都将成为人民向我们索要公平正义的期票”的警示牌。为了确保规范执法的各项措施落实到位，市人民检察院成立了检务督察委员会，市、县两级检察院均设立了检务督察室，负责执法文书管理、执法状况监督、违法办案督查、执法质量考评等具体工作，强化检务督察对规范执法的引导和促进作用。根据当事人的申诉和群众举报，开展个案督查3件，对其中2件中的不规范执法行为予以了纠正。

五、大力加强检察队伍建设，提升执法公信力

围绕提升执法公信力，加强检察队伍建设，队伍的整体素质进一步提高。在省委政法委2008年度全省政法队伍形象测评中，市人民检察院测评总分排各市州检察院第二位。

——*以领导班子建设为重点，加强思想政治建设。*认真开展社会主义法治理念“大学习、大讨论”专题教育活动和“坚持科学发展，加快富民强省”解放思想大讨论活动。以科学发展观为指导，把学习教育活动作为加强和改进检察工作的重要载体，制定教育活动实施方案，抓好中心组和干警理论学习。举办了全市检察长“大学习、大讨论”专题研讨班，清理思想，查找问题，运用反面教材，开展警示教育，要求全体检察干警尤其是领导干部从维护人民利益的根本要求出发，以勇于超越自我的精神实现“三个解放”，即从陈旧的执法观念束缚中解放出来；从影响执法公信力的执法陋习中解放出来；从违反检察工作规律的非理性功利追求中解放出来。通过教育活动，政治方向更加明确，执法理念得到更新。同时，加强了领导班子的培训、管理和监督，坚持党风廉政建设责任制和民主集中制，增强了班子的凝聚力和战斗力。

——*以解决利益驱动问题为重点，加强纪律作风建设。*针对利益驱动这一影响检察机关执法公信力的突出问题，全市检察机关对2005年以来扣押、冻结、处理涉案款物情况进行了专项检查清理，并专门召开全市检察长会议，通报情况，部署整改。制定下发了严格禁止利益驱动的八条规定和《关于加强全市检察机关纪律作风建设的实施意见》，将防止和纠正利驱动作为市、县两级检察院党组必须时时强调、常抓不懈的重要工作。对发现的利益驱动等违法违纪问题，坚持即查严查，检察长亲自查。根据群众举报，对3起利益驱动问题进行了核查，使利益驱动问题得到了遏制。此外，1名检察干警违反办案纪律的问题正在调查中。

——*以业务培训和岗位练兵为重点，加强队伍专业化建设。*大力开展业务培训，举办和组织干警参加高级检察官任职资格、检察业务、新录用人员等各类培训12期，累计培训224人（次）。加强对未取得检察官资格人员的司法考核培训工作，鼓励和支持干警参加在职学历教育，有22人通过国家统一司法考试，通过率达到53.7%，比全省平均通过率高出13.4个百分点，有25名干警在职攻读法律硕士学位。组织开展以“三听（听庭、听讯、听询）六评（评笔录、评方案、评文书、评技能、评优案、评标兵）”为主要内容的岗位练兵活动，积极参与市人大组织开展的人大代表“百案听审”省活动。在省人民检察院、省司法厅、省律师协会组织的全省公诉人与律师论辩对抗赛中，市人民检察院代表队选手获最佳专业知识奖。在市委政法委评定的10名第六届常德市全能政法干警中，有5名检察干警获此称号。公开招录各类专业人才18名。积极开展“联带包创”等争先创优活动，学理论、钻业务、创先进的风气逐步形成。

——*以强化检察职业素养为重点，加强检察文化建设*。围绕“强化法律监督，维护公平正义”的检察工作主题，通过举办主题演讲会、开展读书活动、聘请专家授课、编印文化手册、征集廉政警句警联、司法礼仪和检察服饰教育、行为规范教育、弘扬先进典型、开展文体活动等各种形式，积极开展检察文化建设，强化检察职业道德修养，努力促使广大检察人员树立正确的价值观、权力观、荣辱观，真正把社会主义法治理念与检察职业准则内化于心，自觉践行，确保严格公正文明执法。

六、坚持党的领导，自觉接受人大监督，确保检察权正确行使

坚定地把检察工作置于党的领导之下，坚持重大事项党内请示报告制度，确保党的方针、政策和重大工作部署在检察机关贯彻落实。进一步强化人大监督意识，依法向同级人大及其常委会报告工作，主动汇报检察工作的重要部署、重要事项和重要案件。市人民检察院分别就完善监督机制、促进公正执法等情况向省人大内司委、市人大常委会作了专题报告。健全完善主动接受人大监督和加强与人大代表联系的工作机制，把接受人大监督和加强与人大代表的联系作为经常性、制度性的工作来抓，多渠道听取人大常委会和人大代表对检察工作的意见、批评和建议。去年，共收到市人大常委会交办事项5件，均在规定期限内办结或回复。根据人大代表的意见办理申诉案件2年，已办结1件，另外一件正在办理之中。强化民主监督意识，注重发挥了市、县两级检察机关领导班子中非中共党员领导人员的聪明才智。

各位代表，过去的一年，我市检察工作虽然取得了一些进步，但也存在一些不容忽视的问题，用科学发展观要求和人民群众的期盼来衡量，主要表现为：法律监督职能的发挥与构建和谐社会的要求还不完全适应，大局意识和监督能力的发挥与构建和谐社会的要求还不完全适应，大局意识和监督能力需要进一步提高；查办和预防职务犯罪与反腐倡廉建设的新要求还不完全适应，执法办案的法律、政治、社会效果需要进一步统一；诉讼监督与维护司法公正的要求还不完全适应，刑事抗诉、民事行政检察等监督需要进一步加强；执法作风与规范执法的要求还不完全适应，队伍中的一些突出问题和内外监督机制需要进一步解决完善。我们将努力改进，坚决克服。

各位代表，2009年是我市经济社会发展面临严峻挑战和重大机遇的一年。全市检察机关将认真贯彻市委和省人民检察院的部署，更加主动自觉地接受人大及其常委会的监督，坚持深入学习实践科学发展观，坚持“强化法律监督，维护公平正义”的检察工作主题，坚持以业务建设为中心，队伍建设为根本，执法保障为基础，统筹兼顾，整体推进检察工作，突出保发展、保民生、保稳定，为促进全市经济社会又好又快发展提供强有力的司法保障。

一、紧紧围绕全市经济社会又好又快发展的首要任务，全面加强和改进法律监督工作。努力适应形势的变化和人民群众的要求，全面贯彻宽严相济的刑事政策，准确履行批捕、起诉职责，依法严惩黑恶势力犯罪、严重暴力犯罪、多发性侵财犯罪、涉众型经济犯罪和毒品犯罪等严重刑事犯罪活动，依法妥善处理流动人口犯罪以及由经济纠纷引发的“民转刑”案件，依法准确适用刑事和解，全力维护社会和谐稳定。坚持“坚决、慎重、务必搞准”的方针，加大查办和预防职务犯罪力度。以查办大要案和社会反响强烈的案件为重点，更加注重维护良好的市场经济秩序，保障政府投资安全，保护能源资源、生态环境和知识产权，保护和促进农村改革发展，尊重和保护社会经济主体的创新精神和创新能力。更加注重改进办案的方式方法，慎重使用强制措施，最大限度地维护企业的合法权益，及时有效地依法提供法律支持和司法服务，促进企业生存发展。更加注重预防职务犯罪工作，大力推进预防专业化建设，努力形成社会预防与专门预防的良性互动。加强控告申诉检察工作，依法及时妥善处理涉检信访。加强刑事诉讼、民事审判和行政诉讼以及刑罚执行监督，加大查办执法不严、司法不公背后职务犯罪的力度，着力维护司法公正。

二、紧紧围绕落实检察改革措施，进一步推进执法规范化建设。认真贯彻落实中央《关于深化司法体制和工作机制改革若干问题的意见》，从解决人民群众不满意的问题入手，继续推进执法规范化建设，全面整合、细化检察业务工作流程和执法规范，防止权力失控、行为失范。进一步完善和落实内部监督制约机制、执法过错责任追究、全程同步录音录像、检察人员交流轮岗等制度，深化检务公开和人民监督员制度改革。改进执法办案考评办法和指标体系，构建科学的考评机制，进一步形成正确的执法导向。强化对下级检察院执法活动的监督措施。加强执法保障建设，促进严格公正文明执法。

三、紧紧围绕检察队伍思想作风建设和专业化建设，努力提升检察公信力。以学习实践科学发展观活动为主线，加强思想政治建设。以领导干部和关键执法岗位为重点，加强纪律作风和反腐倡廉建设，健全检察机关惩治和预防腐败体系，坚决查处违法违纪行为。以提高法律监督能力为止标，大力推进检察教育培训工作，突出抓好以领导干部为重点的领导素能培训，以执法办案一线人员为重点的专项培训，继续开展岗位练兵活动。以检察文化建设为载体，强化职业道德教育，提高检察职业素养。以协助解决基层面临的突出问题和困难为抓手，加强基层检察院建设，努力建设一支政治立场坚定、价值取向正确、纪律作风严明、执法技能精通、职业素养良好、工作业绩一流的检察队伍。

四、紧紧围绕检察工作的政治方向，坚持党的领导和主动自觉接受人大监督。坚定不移的坚持检察工作政治性、人民性、法律监督属性的有机统一，不断增强坚持党的领导、自觉接受人大监督的意识，紧紧依靠党的领导和人大的监督支持解决检察工作发展的重大问题。认真落实监督法的有关规定，进一步完善接受人大及其常委会监督的机制，加强与人大代表的联系联络工作，提高人大交办事项的办理水平。自觉接受政协的民主监督和社会各界的监督，虚心听取各方面的批评、建议和意见，确保检察权在有效的监督中正确行使，促进全市检察工作健康发展。

各位代表，我们正处于一个新的历史起点上。在新的一年里，全市检察机关将认真落实本次会议精神，求真务实，锐意进取，以忠诚履职的业绩迎接新中国成立六十周年！

常德市人民检察院工作报告

——2014 年 1月在常德市第六届

人民代表大会第三次会议上

常德市人民检察院检察长　刘清生

现在，我代表市人民检察院向人大报告工作，请予审议，并请市政协各位委员和其他列席会议的同志提出意见。

2013 年工作情况

市六届人大一次会议以来，全市检察机关围绕全市工作大局，全面履行法律监督职能，为谱写中国梦的常德篇章发挥了积极作用。

一、加强服务经济发展工作，努力营造良好法治环境

积极改进执法办案方式。结合省委、市委部署的“发展环境优化年”活动，出台《常德市检察机关关于充分发挥检察职能　服务“1115”工程　“三改四化”工作的意见》，进一步规范执法行为，严格执行各项办案纪律和工作制度。在查办涉企案件时，坚决防止因执法不当影响企业形象、影响企业正常运行，慎重适用查封、扣押、冻结等侦查措施，慎重适用拘留、逮捕羁押措施。

打击妨害经济发展犯罪。依法打击诈骗、非法经营、金融诈骗、合同诈骗、侵犯知识产权等刑事犯罪，共批准逮捕上述犯罪嫌疑人 94 人，审查起诉 143 人，如汉寿县检察院办理的林某耀、王某萍夫妇等 16 人特大网络传销案。坚决查处利用职权破坏市场公平、侵害市场主体合法利益等职务犯罪，共立案查处工程建设、专项资金管理、项目审批、税费征管等领域职务犯罪 51 人，如石门县检察院查办的该人社局林某涉嫌挪用农民工工资保证金 747 万元案。

健全服务经济发展长效机制。开展服务经济发展专项调研，建立两级院班子成员联系服务企业制度，增强服务的针对性。建立检察长约谈制度，在办理涉企职务犯罪案件时，由检察长约谈企业负责人，听取意见、建议，化解企业忧虑，维护企业正常运行。健全回访制度，涉企职务犯罪案件办理完毕，及时安排专人回访，通过以案说法，帮助查找漏洞，加强管理，促进发展。汉寿县检察院设立“检察服务站”，每周星期一、星期三送法入企，受到好评。

二、加强审查批捕和审查起诉等工作，努力推进平安常德建设

准确运用宽严相济刑事政策，依法打击刑事犯罪，共批准或决定逮捕1562件2025人，逮捕率为70.63%。受理移送审查起诉3212件4756人，同比分别上升12.9%、15.1%，提起公诉2440件3494人，同比分别上升12.2%、15%。

依法惩治严重刑事犯罪。依法严惩故意杀人、故意伤害、强奸、抢劫等严重暴力犯罪以及涉黑、涉毒、涉枪、涉爆犯罪和多发性侵财犯罪。坚持重特大案件适时介入侦查，依法快捕快诉。共批准逮捕上述犯罪嫌疑人1381人，提起公诉2098人。比较典型的案件有：桃源县检察院办理的李某忠等16人涉嫌组织、领导、参加黑社会性质组织案，常德市人民检察院办理的张某才等10人特大贩卖毒品案等。

妥善处理轻微刑事案件。对初犯、偶犯、过失犯罪、老年人犯罪，以及亲属间或因邻里纠纷引发的轻微犯罪，依法落实从宽处理措施。运用刑事和解办结轻微刑事案件325件445人，着力化解社会矛盾。对确实悔罪、犯罪情节轻微、依法不需要判处刑罚或免除刑罚的，不起诉425人，努力减少社会不和谐因素。

高度重视未成年人刑事司法保障。努力探索符合青少年身心特点的执法办案方式，确定专人办理未成年人刑事犯罪案件，共办理未成年人刑事犯罪案件92件182人。落实教育、感化、挽救工作要求，适用附条件不起诉办理未成年人犯罪案件6件11人，附条件不起诉考验期期满后，已不起诉2人，依法封存未成年人刑事犯罪记录。如鼎城区检察院涉嫌寻衅滋事的在校学生侯某作附条件不起诉，对冯某等3人作相对不起诉，帮助他们回归校园继续学业，取得了良好的社会效果。

落实综合治理措施。积极参与社会治安防控体系建设，整治重点地区、重点领域突出治安问题。开展法制宣传教育活动，选派干警到乡镇、社区、学校、企业等担任法制宣传员，增强群众法制意识和防范意识。推进涉检信访工作改革，落实首办责任制、检察长接待日制度、错案责任终身追究制等工作机制。共办结涉检信访案件19件，刑事申诉案件7件，刑事赔偿案件6件，对5名刑事被害人进行了救助，实现当事人息诉罢访。

三、加强查办和预防职务犯罪工作，努力促进权力规范运行

加大办案力度。运用一体化办案机制，集中办案力量，共查办职务犯罪案件130件149人，其中贪污贿赂犯罪案件88件100人，渎职侵权犯罪案件42件49人，大案89件，要案7人。采取“系统抓、抓系统”的方式查办窝案串案，如安乡县政协副主席兼住建局副局长郭某元等5人涉嫌受贿窝案，西洞庭管理区副调研员兼财政局局长谢某文等7人涉嫌受贿串案。按照全省反腐败统一部署，在省人民检察院指挥下，办理了省交通厅原副厅长邹某平等18人涉嫌受贿系列案，怀化市政协原副主席杨某英等11人涉嫌渎职、受贿、巨额财产来源不明系列案，湖南高速广信投资有限公司董事长兼总经理谢某敏等6人涉嫌受贿系列案。

明确办案重点。开展查办发生在群众身边、损害群众利益的职务犯罪专项活动，共查

办食品安全、医疗卫生、征地拆迁等民生领域职务犯罪 37 人，如桃源县工商行政管理局舒某宇、质量技术监督局龙某等 3 人涉嫌玩忽职守致使 1100 余吨地沟油非法流向社会案。查办工程建设等领域背后的权钱交易犯罪 32 人，如津市市教育局局长沈某波、副局长万某兴等 3 人贪污受贿案，沈、万均被判处有期徒刑 10 件。查办司法人员职务犯罪 9 人，如常德市公安局西洞庭分局易某等 7 人刑讯逼供、玩忽职守窝案。

注重职务犯罪预防。结合办案，开展预防调查 39 件，开展案例分析 30 件，开展廉政宣传教育活动 80 场，提出检察建议 33 件，相关单位采纳 19 件。围绕民生、工程建设等重点领域开展专项预防，撰写的常德市生猪养殖补贴发放、桃源县城东区星级酒店前期建设、鼎城区灌溪高新技术产业园建设等预防调查报告，得到了党委政府高度重视。探索开展系统预防，安乡县检察院针对土地整治建设开展重点预防的经验，被最高检察院、湖南省委和省人民检察院主要领导肯定，并被《人民日报内参》、省委办公厅《内参》推介。

四、加强诉讼监督工作，努力维护司法公正

在刑事诉讼监督方面。对应当立案而未立案的，监督公安机关立案 29 件 45 人，对不应当立案而立案的，监督公安机关撤销案件 61 件 87 人。对应当逮捕而未提请逮捕的，追加逮捕 118 人，如汉寿县检察院追捕的王某贩卖毒品案，王被法院判处有期徒刑 15 件。对应当起诉而未移送审查起诉的，追加起诉 101 人。对法院刑事裁判提出抗诉 5 件，法院已改判 2 件。开展羁押必要性审查工作，对符合条件的犯罪嫌疑人、被告人向相关单位发出变更强制措施或释许建议收 109 份。发现并纠正暂予监外执行和减刑假释呈报不当 98 件，相关单位采纳并纠正 90 件。开展社区矫正检察监督，向有关单位提出书面纠正意见 89 份，相关单位均进行了整改。

在民事行政检察方面。受理各类民事行政检察案件 207 件，共处理 217 件。其中，提请省人民检察院抗诉 9 件，提出抗诉 1 件，法院再审 2 件，已改判 1 件。不支持监督申请 15 件，终止审查 6 件，息诉 3 件。对民事行政审判活动违法情形提出检察建议 8 份，法院采纳 4 份。对执行违法情形提出检察建议 15 份，法院采纳 13 份。支持起诉 100 件，法院采纳 99 件。督促履行职责 67 件，相关单位采纳 64 件，追征税费 7600 余万元，如澧县检察院办理的督促该县住建局为湖南康澧置业有限公司办理施工许可证案，追征税费 1300 余万元。

在提高监督效果方面。按照常德市人民检察院“诉讼监督促进年”活动部署，先后组织开展“危害民生领域刑事犯罪专项立案监督”活动和“危害民生民利案件集中公诉”活动，共监督行政机关移送民生领域刑事案件 53 件 55 人，审查起诉危害民生民利案件 64 件 134 人。开展司法工作人员诉令活动违法行为调查，对侦查、审判和监管执法中的违法行为发出纠正违法通知书 321 份，相关单位及时进行了整改。加强沟通协调，形成工作合力，石门县检察院与该县公安局就如何防止侦查程序违法等问题召开联席会议，收到良好效果；常德市人民检察院与常德市公安局形成共识的《加强毒品犯罪案件工作座谈会纪要》，得到省人民检察院肯定；津市市检察院与该市政府制定的《检察机关开展行政执法检察监督暂行规定》，被最高检察院、省人民检察院推广。

五、加强接受监督和执法管理工作，努力增强检察执法公信力

坚持党的领导，自觉接受人大监督和政协民主监督。认真落实市委工作部署，坚持向党委请示报告检察工作中的重大问题、重要事项，确保党的路线方针政策在检察工作中得到正确执行。自觉接受人大常委会的执法检查和专项工作审议，全市共向两级人大常委会报告专项工作37次。2013年9月，常德市人民检察院向市人大常委会主任会议专题汇报了全市3年来民事行政检察工作，根据审议意见拟定了《常德市检察机关关于开展行政执法检察监督试点工作的指导意见》。加强联系人大代表工作，拓展接受人大代表视察检察工作25次，依法办结代表建议和人大交办、转办案件11件。自觉接受政协民主监督，主动邀请政协委员视察、指导检察工作，不断拓宽接受监督的渠道。

开展“司法公正常德行”活动，全面深化检务公开。积极参加市人大常委会组织的“司法公正常德行”活动，围绕“推进司法公开　提升司法公信”的活动主题，制定活动实施方案，组织开展抽查暗访，确保活动取得实效。市县两级检察院共开展“检察开放日”活动20次，在以“介绍检察职能　展现公诉风采”为主题的“检察开放日”活动中，邀请各界人士百余人观摩出庭诉，对公诉人现场评庭打分，开展座谈交流，产生了良好的反响。推进执法办案网上监督平台建设，公开案件2811件，接受群众查询9058次，收到群众意见和建议16条。全面实施人民监督员制度和特约检察员制度，组织人民监督员监督评议案件62件71人，切实保障人民群众对检察工作的知情权和参与权。

规范执法管理，运用科技手段加强办案监督。组织编印涵盖各项检察业务的《常德市检察机关执法办案工作指南丛书》一套六册，规范检察执法行为，得到了省人民检察院主要领导肯定，批示在全省推广。建立错案责任终身追究制，落实执法过错追责机制。推进网上办案和网上监督管理，全市检察机关依托信息化平台加强案件管理的经验，被省委政法委在全省推广。运用科技手段收集和固定证据，全面落实审讯职务犯罪嫌疑人同步录音录像制度。

六、加强队伍建设工作，努力提升执法素能

一年来，全市检察机关共有17个集体和33名个人受到省级以上表彰。如安乡县检察院被省人民检察院向最高检察院、人力资源和社会保障部推荐记集体一等功，常德市人民检察院公诉一科被评为全省维护妇女儿童权益先进集体，常德市人民检察院1名干警被评为“全国检察机关优秀公诉人”，1名干警获全国检察官文联征文一等奖，澧县检察院1名干警入选最高检察院监所检察厅一级人才库，汉寿县检察院1名干警荣获“全省检察机关预防素能比武优秀标兵”称号。

推进思想政治和纪律作风建设。组织干警集中学习党的十八大和十八届三中全会精神、习近平总书记系列重要讲话和廉洁从政若干准则。开展干部队伍集中教育整顿专项活动，市县两级检察院调研分析了干部队伍现状，全面查找自身问题，采取针对性措施，切实改进执法作风和工作纪律；常德市人民检察院部署开展为期一年半的“新形象·新业绩”专项活动，突出抓好纪律作风建设、职务犯罪案件执法质量等11项专题工作，巩固活动成果；石门县检察院开展“干警进村入户”活动，了解群众诉求，帮助解决群众缺电缺水、交通不便等问题，得到省人民检察院和市委政法委肯定。开展转变执法理论教育专项活动，通过典型案件剖析会等方式，引导干警增强人权保障、理性执法、程序公正等意识，努力让人民群众在每一起司法案件中感受到公平正义。举办2008年以来全市无罪案件专题剖析会，查找执法薄弱环节，提出和落实改进措施，防范冤假错案。

推进专业化建设。开展岗位培训，组织学习修改后的《民事诉讼法》、《刑事诉讼法》及《刑事诉讼规则》，举办业务技能比武、岗位练兵活动和全员业务知识考试。重视培养高层次专业人才，出台《常德市检察机关拔尖人才选拔与培养工作方案》，全市确定51名检察业务类和检察综合类拔尖人才培养对象，采取多种方式重点培养。推动检校合作，与中国政法大学、吉林大学、武汉大学合作，继续加强司法文明协同创新中心实践基地建设，常德市人民检察院与西南政法大学共建教学科研试验基地，武陵区检察院与中南大学启动“检察力提升暨卓越法律人才培养”项目，汉寿县检察院狠抓队伍专业化建设的经验被最高检察院、省人民检察院推介。

推进检察文化建设。注重文化育检工作，制定了《常德市检察机关文化建设实施方案》。广泛开展文体活动，组织开展了第三届“正义杯”篮球赛和“新形象·新业绩”演讲赛活动，丰富检察官文化生活。探索适合实际的检察文化模式，形成了各具特色的文化成果，如临澧县检察院开展“全员学习建设年”活动，得到市县两级党委领导充分肯定；武陵区检察院打造富有检察特色的制度文化、环境文化、行为文化和精神文化，被评为全省“检察文化建设示范院”；桃源县检察院通过举办道德讲堂等形式推进检察文化建设，荣获“省级文明单位”称号。

各位代表，成绩的取得是党委领导、人大及其常委会监督、政府支持、政协民主监督和人大代表、政协委员关心帮助的结果，在此，我谨代表全市检察机关和全体检察干警，向长期以来支持检察工作的人大代表、政协委员和社会各界人士，表示衷心的感谢！

同时，我们也清醒地认识到，检察工作还存在许多薄弱环节，离党委的新要求、群众的新期待还有差距，主要体现在：一是一些执法环节的法律监督职能发挥得还不够充分和有效；二是执法不规范的现象还不同程度地存在；三是检务保障水平与检察工作面临的形势任务还有差距，科技装备建设和信息化应用水平还需要进一步提高；四是部分干警仍然习惯于就案办案，主动服务大局的观念还不够强。对此，我们将在今后的工作中采取措施，认真解决。

2014年工作安排

2014年，全市检察工作的总体思路是：深入学习贯彻党的十八大和十八届三中全会精神，围绕全市经济社会发展大局，坚持以执法办案为中心，以提高执法质量和执法公信力为着力点，进一步加强执法素能建设、执法规范化建设、检察技术建设，深化检务公开，建设服务检察，为“新常德·新创业”提供坚强的司法保障。围绕这一思路，2014年将重点做好以下工作：

一、坚持打击与保护并行，全力维护社会大局稳定，服务常德和谐建设。切实履行批捕、起诉等职能，从严打击黑恶势力犯罪、严重暴力犯罪、食品安全犯罪、毒品犯罪和“两抢一盗”等易发多发犯罪，保护群众生命财产安全。从严打击传销、金融诈骗、合同诈骗、制假售假等严重妨碍市场经济发展的犯罪，保护公平有序的市场环境。从严打击造成水体污染、大气污染、森林植被破坏等严重危害生态环境和能源资源的犯罪，保护生态文明建设成果。着眼于社会国和民族未来，全面推进办理未成年人刑事案件工作机制建设，与妇联、共青团等部门密切配合，做好教育、感化和挽救工作，帮助未成年犯罪人顺利回归社会，保护未成年人合法权益。运用刑事和解办理轻微刑事案件，努力增加和谐因素，保护社会和谐发展。进一步推进涉检信访工作改革，切实提高处理涉检信访案件法制水平，保护群众合法权益。

二、坚持惩治与预防并重，切实履行反腐败职能，服务常德廉政建设。着力查办工程建设、政府采购等领域背后的钱权交易犯罪。着力查罗国家工作人员在重大经济决策、重大项目管理等过程中因玩忽职守、滥用职权而严重损害市场公平的犯罪。着力查罗国家工作人员在涉及国计民生的资金使用、项目建设等过程中贪污受贿、徇私舞弊、滥用职权而严重侵害群众合法权益的犯罪。着力查办司法不公背后的贪污贿赂、渎职侵权犯罪。始终保持惩治腐败高压态势。推进侦防一体化机制建设，结合办案，全面加强预防调查、预防建议、行贿犯罪档案查询和警示教育工作，探索在政府重大项目和重要投资领域建立全程跟踪预防工作机制，为党委政府决策提供参考。

三、坚持监督与支持并举，深化诉讼监督工作，报务常德法治建设。贯彻实施修改后《刑事诉讼法》和《民事诉讼法》，落实市人大常委会《关于加强人民检察院在诉讼活动中法律监督工作的决议》。开展“坚决纠正涉法涉诉中损害群众利益行为”专项整治工作。进一步加大监督力度，改进监督方法，加强对公安机关有案不立、违法立案和违法扣押冻结涉案款物的监督；加强对法院审判程序违法、量刑畸轻畸重、民事执行行为违法的监督；加强暂予监外执行和减刑假释同步监督。稳步推进羁押必要性审查、司法人员诉讼活动违法行为调查工作。积极探索行政执法检察监督，切实维护社会公平正义。同时，支持公安机关依法侦办案件，通过提前介入引导侦查、依法快捕快诉等方式巩固侦查成果；支持法院依法办案，通过释法说理，教育当事人服从法院正确裁判；支持监狱、看守所依法履行职责，打击破坏监管秩序犯罪。

四、坚持抓好队伍建设，规范业务管理，不断提高检察服务水平。把深入学习贯彻党的十八大和十八届三中全会精神作为全市检察机关首要政治任务，牢固树立为改革服务、为发展服务的大局意识，努力为改革提供司法保障。开展党的群众路线教育实践活动，教育干警自觉群众观点和群众路线，严格执行中央、省委、市委有关规定，切实改进工作作风。严管干部队伍，引导干警树立正确的执法理念，塑造清廉的执法形象，践行严明的纪律作风。严管案件质量，进一步规范案件集中管理，落实网上办案和网上流程监管。加强个案质量监督。落实错案责任终身追究制。举办全员检察执法素能培训，深入实施最高检察院《2014—2018年基层人民检察院建设规划》，提高检察干警职业化、专业化水平。全面落实审讯职务犯罪嫌疑人同步录音录像和涉案款物管理工作缺席。开展检察文化建设，丰富检察文化的载体和内涵，激发正能量，为检察工作发展提供强大的精神动力。改进检察技术工作，落实全市检察技术改革和发展三年规划，提高检察技术服务检察业务的效果。

五、坚持党的领导，主动接受监督，不断改进检察服务方式。坚持党的领导，坚决执行党的路线方针政策，围绕党委决策部署开展检察工作。主动向人大及其常委会报告工作和执法情况，落实联系人大代表制度，提高办理人大代表议案和政协委员提案水平。积极参加市人大常委会组织的“司法公正常德行”活动，围绕“加强执法监督 提高执法水平”的活动主题，创新机制，推进工作。配合市人大常委会做好刑事诉讼领域执法检查。实施“阳光检务”工程，进一步健全执法办案网上监督平台，全面推行案件终结性处理结果公开，涉案款物处置公开，法律文书说理公开，办理疑难、复杂申诉案件听证公开。进一步改进人民监督员、特约检察员工作，扩展人民监督员、特约检察员监督检察工作的广度和深度。

各位代表，在新的一年里，全市检察机关一定认真落实本次会议决议，牢记职责，扎实工作，改革创新，为建设智慧常德、现代常德、绿色常德、幸福常德作出新的贡献！

常德市人民检察院工作报告

——2016年1月13日在常德市第六届

人民代表大会第五次会议上

常德市人民检察院检察长　余湘文

现在，我代表市人民检察院向大会报告工作，请予审查，并请各位政协委员和其他列席人员提出意见。

2015年工作情况

过去的一年，全市检察机关始终坚持党对检察工作的绝对领导，自觉接受市人大及其常委会的监督、政协民主监督及社会各界监督，深入学习贯彻党的十八大，十八届三中、四中、五中全会精神和习近平总书记系列重要讲话精神，认真落实市委、省人民检察院工作部署，紧紧围绕“常规工作争先创优，创新工作成为亮点”的工作目标，依法履行法律监督职责，为“新常德新创业”提供了有力司法保障。

一、围绕服务大局，充分发挥检察职能作用

综合运用法律赋予检察机关的打击、预防、监督、保护等职能，优化环境，促进发展。

维护市场经济秩序。依法打击制假售假、金融诈骗、合同诈骗、非法经营、传销等扰乱市场秩序、破坏金融秩序犯罪，批准逮捕146人、起诉154人，同比分别上升64%、11.6%，市人民检察院、石门县检察院办理了 “华夏国际”“创富通宝”等6件涉案金额上亿元的网络传销案，批准逮捕犯罪嫌疑人67人。开展优化经济发展环境专项侦查监督活动，监督公安机关立案侦查违法阻工、扰乱金融秩序等犯罪案件9件。为政府采购、工程招投标等提供行贿档案查询2364次，促进市场主体公平有序竞争。

保护企业合法权益。坚决打击国家工作人员利用职权索拿卡要等行为，汉寿县检察院立案查办了该县财源办2名工作人员向企业索贿案。深入经济开发区、工业园区，与20多家企业代表座谈，促进执法理念和办案方式转变，防止因执法司法不当影响企业正常生产经营。开展服务企业服务基层专项活动，推进涉林企业服务点建设，协调、督促有关部门解决新希望饲料公司防洪排涝、鼎城区周家店镇万亩油茶示范基地树苗被盗挖等问题23项。

保障重点项目建设。市人民检察院依法办理了常德卷烟厂技改项目建设中的串通投标系列案，立案查办受贿、行贿犯罪11人，批准逮捕串通投标、非国家工作人员受贿等犯罪13人。桃源县检察院积极参与处置“黔张常”铁路建设工地群体性阻工事件，批准逮捕2名策划、组织聚众闹事的犯罪嫌疑人，并配合公安机关走村入户、释法说理，确保了工程及时复工。澧县检察院依法批准逮捕在湘西北物流园建设项目中强揽工程、寻衅滋事的犯罪嫌疑人2人，为推进项目建设营造了良好环境。

服务生态文明建设。加强对生态环境和资源的司法保护，起诉滥采滥伐、非法狩猎、非法占用农用地等犯罪80人，同比上升33%。市人民检察院、石门县检察院分别针对环洞庭湖养殖业污染水源、林权改革可能对生态造成的影响等问题进行调研，形成专题报告，为上级部门决策提供参考。桃源县检察院出台《服务县域生态文明建设九条意见》，建立常态化生态司法保护工作机制。

二、围绕促进反腐倡廉，深入惩防职务犯罪

坚持市院带头办案，积极查办和预防贪污贿赂、渎职侵权犯罪，始终保持惩治腐败的高压态势。

加大办案力度。立案查办各类职务犯罪175人，同比上升25%，其中：贪污贿赂犯罪127人，同比上升36.6%；渎职侵权犯罪48人，同比上升11.6%。加大打击行贿犯罪力度，立案查办行贿、对单位行贿、单位行贿等犯罪36人、逮捕3人、起诉18人，同比分别上升44%、50%、500%。开展“天网”追逃行动，在市人民检察院的技术支持下，鼎城区检察院抓获鼎城烟草公司蒿子港批发部原出纳郭某、鼎城电信局原员工姚某等4名潜逃了十多年的职务犯罪嫌疑人。

突出办案重点。坚持“守土有责”，今年查办的职务犯罪案件均为本地区案件。坚持既打“老虎”又打“苍蝇”，立案查办处级以上领导干部10人、农村基层组织人员27人，同比分别上升100%、8%。坚持侦查一体化，集中力量查办了桃花源管理处原工委书记余某俊涉嫌受贿案，桃源县委原副书记唐某勇涉嫌受贿案，安乡县县委原常委、副县长、市运管处原主任曾某波涉嫌滥用职权、受贿案，常德经开区原副调研员李某华涉嫌受贿案等。坚持依法查办重大事故背后的失职渎职犯罪，市人民检察院和安乡县检察院介入众鑫纸业“8.28”中毒事故调查，立案侦查2名涉嫌玩忽职守的国家机关工作人员。

深化犯罪预防。开展预防调查22次，市人民检察院、临澧县检察院分别针对油茶项目补贴政策落实、农村基层干部职务犯罪等情况开展专题调查，推进专项预防、系统预防工作深入开展。提出检察建议21件，推动相关部门建立取保候审保证金管理等预防职务犯罪工作制度4项。深入党校、机关、企业等开展职务犯罪警示教育、宣传85场次，汉寿县检察院举办“拒绝渎职犯罪，防范从政风险”专题讲座，听取讲座的政府班子成员、县直单位负责人、纪检组长、乡镇长等108人。

三、围绕创建平安常德，全力维护社会和谐稳定

加强与公安、法院等机关的密切配合，依法打击犯罪、化解矛盾、参与综合治理，维护安定有序、安居乐业的社会环境。

依法打击严重刑事犯罪。批准逮捕各类犯罪嫌疑人2066人、起诉3474人。严厉打击故意杀人、故意致人重伤、绑架、强奸等严重暴力犯罪，批准逮捕101人、起诉125人。依法打击 “两抢一盗”、诈骗等多发性侵财犯罪，批准逮捕653人、起诉799人。坚决打击涉枪、涉毒、涉赌等妨害社会管理秩序犯罪，批准逮捕520人，起诉871人。市人民检察院办理了赵伟等6人特大贩卖毒品案，澧县检察院办理了冯某辉等35人特大网络赌博案。

宽缓处理轻微刑事案件。对401名无社会危险性的犯罪嫌疑人作出不逮捕决定。对354名确实悔罪、情节轻微、不需要判处刑罚的犯罪嫌疑人作出不起诉决定。对24名未成年犯罪嫌疑人作出附条件不起诉决定。对212名逮捕后不需要继续羁押的犯罪嫌疑人，建议侦查机关变更强制措施。对犯罪嫌疑人真诚悔罪、取得被害人谅解、达成和解协议的，依法不批准逮捕66人、决定不起诉188人。

努力化解涉检矛盾纠纷。把风险预警评估、释法说理、检调对接等机制贯穿司法办案全过程，从源头上预防和减少矛盾纠纷。建设信访网上受理和远程视频接访平台，开展举报宣传周活动，参与涉法涉诉接访中心联合接访，坚持检察长接待日、领导带案下访、包案化解等制度，方便群众表达诉求。严格执行《人民检察院受理控告申诉依法导入法律程序实施办法》，对符合条件的20件刑事申诉和国家赔偿申请立案复查。探索引入第三方力量介入涉检信访处理工作机制，邀请15名人民监督员、法律专家学者参与申诉案件公开听证，增强息诉罢访成效。

积极参与社会综合治理。成立专门领导小组，统筹指导、协调未成年人刑事检察工作。建立家庭暴力案件台账，对该类案件办理情况进行跟踪指导。落实“谁执法谁普法”责任制，深入机关、企业、乡镇、学校等开展法治宣讲、法律咨询等活动101场次。对实施暴力行为、依法不负刑事责任的精神病人，提出强制医疗申请4人。开展司法救助工作，救助刑事被害人4人，并全部按规定落实了救助资金。

四、围绕建设法治常德，切实加大法律监督力度

牢牢把握检察机关的宪法定位，依法履行法律监督职责，着力解决执法不严、司法不公突出问题。

坚守防止冤假错案底线。坚持罪刑法定和疑罪从无的原则，对不构成犯罪和证据不足的，不批准逮捕584人，决定不起诉655人。加强证据合法性审查，对于收集证据不符合法定程序可能影响司法公正的，要求侦查机关补正或者作出书面解释8件，纠正以非法方式收集证据情形2件，因排除非法证据不起诉2人。严格按照规定实施和审查讯问犯罪嫌疑人同步录音录像，防止刑讯逼供、指供诱供等行为。

加强对刑事立案和侦查活动的监督。对应当立案而不立案的，监督立案73件，对不应当立案而立案的，监督撤案61件，同比分别上升92.1%、281.3%。对应当逮捕而未提请逮捕的，追加逮捕104人，同比上升60%，临澧县检察院在办理黄某生等人盗窃战国楚墓群一案中追捕4人，其中1人被法院判处有期徒刑十年。对应当移送审查起诉而未移送的，追加起诉92人，市人民检察院以运输毒品罪追诉的被告人董某，被法院判处有期徒刑十五年。纠正侦查活动违法259件次。

加强对刑事审判活动的监督。提出刑事抗诉13件，法院已改判或发回重审8件，汉寿县检察院抗诉的周某满贩卖毒品案，法院二审对周某满由有期徒刑一年二个月改判为有期徒刑十年。纠正审理超期、裁判文书送达超期、未按规定解除戒具等刑事审判活动违法14件次。

加强对刑事执行活动的监督。纠正减刑、假释、暂予监外执行不当469件。查办监狱、看守所等监管场所职务犯罪2人。纠正刑罚执行和监管活动违法129件，同比上升33%。纠正社区矫正和剥夺政治权利刑在交付执行、监管矫治、变更及终止执行等活动中的不当情形235件次，同比上升62.1%。

加强对民事行政司法活动的监督。对生效民事行政裁判提出抗诉6件、提请上级检察院抗诉36件，同比分别上升100%、38.4%，法院已改判或者调解结案9件。提出再审检察建议1件，市人民检察院在办理市公路工程总公司与吴某华运输合同纠纷不服法院判决一案时，发现该案涉嫌虚假诉讼，向法院提出再审检察建议，得到采纳。对民事执行活动不当提出检察建议19件，同比上升58.3%。

加强对行政执法活动的监督。开展破坏环境资源犯罪和危害食品药品安全犯罪专项立案监督活动，监督相关行政机关向公安机关移送案件线索44件，同比上升120%，推动了行政执法与刑事司法有效衔接。督促行政机关依法履职106件，同比上升70.9%，武陵区检察院、津市市人民检察院分别针对城区部分餐饮店无证经营凉菜的问题、农村安全饮水工程引水主管内涂层化学成分超标的问题,发出检察建议，督促有关部门检查处理，保护了老百姓“舌尖上的安全”。

五、围绕落实人大决议决定，自觉接受各界监督

贯彻落实人大及其常委会的各项决议决定和工作部署，用实际行动践行自觉接受监督的承诺。

主动接受人大监督。向市县两级人大常委会报告工作34次。开展 “司法公正常德行”活动，制定专项分析、情况通报等13项工作措施，推动诉讼监督和自身监督工作提质增效。根据市人大常委会部署，组织对全市42名检察官开展履职评议活动，促进全市检察人员依法履职、规范司法。办理代表建议3件，均按时予以回复。邀请市人大常委会组成人员听取全市检察工作和全国、全省检察改革等情况汇报，征求对检察工作的意见和建议。加强代表联络工作，市县两级检察机关共寄送联络专刊1万余份，发送检察手机报4期；以“规范司法行为、提高司法公信”为主题，邀请76名代表视察检察工作。

主动接受政协民主监督和社会监督。向市县两级政协常委会报告检察工作、检察改革等情况9次。及时在案件信息公开系统依法公开6618件案件程序性信息和2064份法律文书，确保当事人、辩护人的知情权、监督权。提请人民监督员对26件拟作撤销和不起诉处理的职务犯罪案件进行评议，采纳评议意见21件。邀请200多名群众代表参加“查办和预防职务犯罪，推进反腐倡廉建设”主题检察开放日活动，增强检察工作透明度。全市5个检察院开通官方微信，及时发布检察工作动态。市人民检察院召开新闻发布会2次，通报规范司法行为专项整治和查办职务犯罪等情况。

六、围绕提升司法公信力，努力加强自身建设

持续改进作风、规范司法，不断加强司法能力和基层基础建设，促进检察公信力提高。

推进纪律作风建设。开展“三严三实”主题教育活动，聚焦对党忠诚、个人干净、敢于担当，深入查摆“不严不实”问题21项，提出27条整改措施认真整改。落实领导干部直接联系服务群众制度，市人民检察院组织领导班子成员深入扶贫点村开展“一进二访”活动，结对帮扶10户贫困群众。开展巡视工作，加强对基层检察院领导班子及其成员的监督。加大自身反腐力度，认真组织学习《中国共产党廉洁自律准则》和《中国共产党纪律处分条例》；坚持开展明察暗访，对执行纪律禁令不到位的情况发布通报批评4次；对1名涉嫌受贿犯罪的检察干警进行立案查处并已决定逮捕。开展宪法宣誓活动，促进检察人员遵守宪法、维护宪法。开展文明创建工作，举办我们的节日、读书征文、道德讲堂等活动，建设院史陈列馆，增强队伍凝聚力。

推进司法规范化建设。开展规范司法行为专项整治工作，剖析典型案件35件，查摆不规范问题52项，逐件明确责任和措施，认真整改。针对查封、扣押、处理涉案财物等重点环节，开展专项检查2次。商请市委政法委、市人大内司委组织开展专项评查，评查不捕、不诉案件647件，逐件厘清责任，明确整改措施。开展反向审视工作，在办理刑事申诉和国家赔偿案件的过程中，对办案各环节存在的问题进行剖析，提出规范司法的意见和建议。运用统一业务应用系统对办案过程进行实时、动态、全程监控，发出超期预警通知45件次，纠正不规范法律文书54份和违规处置涉案财物行为4次。

推进制度机制建设。建立职务犯罪案件侦捕诉衔接工作机制，加强引导取证和监督制约，侦查终结职务犯罪167人、起诉137人，法院作出有罪判决93人，同比分别上升40.3%、61.2%、43.1%。市人民检察院出台行政执法检察监督实施意见，推进行政执法检察监督工作规范开展；出台涉林刑事案件量刑建议指导意见，促进涉林刑事犯罪量刑均衡化。安乡县检察院探索“互联网+预防工作”新机制，对重大预防项目实行动态监控，其工作经验在《检察日报》、中国职务犯罪预防网、湖南检察网等媒体上刊载。石门县检察院建立对基层派出所监督工作机制，被省人民检察院向全省推介。武陵区检察院建立司法档案制度，强化司法办案责任。

推进司法素能建设。举办刑事检察、职务犯罪侦查等办案技能培训和新进人员培训16期，参训人员948人次。开展“以案带训”活动，分批选调37名基层年轻干警到市人民检察院对口业务部门跟班学习，为基层检察工作发展培养、储备人才。开展优秀案件、优秀法律文书评选活动，激励检察人员争先创优。常德公诉代表队获得全省公诉团体论辩赛第二名，3名干警分别被评为全省刑事执行检察业务标兵、十佳公诉人、优秀公诉人。

推进基层基础建设。开展联系指导基层工作，市人民检察院组织班子成员到基层调研，走访当地党委、人大、政府、政协领导，为基层检察院建设排忧解难。成立检察改革试点工作领导小组，统筹、指导津市市检察院内设机构整合改革。推进侦查信息查询通道和侦查情报库建设，为侦查部门提供各类信息查询1260批次、各类技术支持113件次。完成高清视频会议系统、涉密信息系统分级保护建设等工作，提升检察信息化水平，确保检察信息安全。市人民检察院成为全省唯一被最高人民检察院评为全国科技强检示范院的市州级检察院。

各位代表，上述成绩的取得，是市委坚强领导、市人大及其常委会有力监督、市政府大力支持、市政协民主监督以及社会各界、人民群众关心支持的结果。在此，我代表全市检察机关和检察人员表示衷心感谢！

同时，我们也清楚地看到，全市检察工作还存在一些问题和不足，与人民群众的期待比较还有一些差距。一是惩防职务犯罪方面。个别基层检察院办案工作长期被动；打击行贿犯罪力度有待加大；预防职务犯罪手段、方式有待丰富。二是法律监督方面。部分检察建议和纠正违法意见的采纳率不高；对民事行政审判活动中违法行为的监督有待加强。三是规范司法方面。在处理涉案款物、保障犯罪嫌疑人和律师权利等方面还存在一些不规范问题。四是司法办案质量方面。个别基层检察院经济犯罪不捕率、职务犯罪不诉率偏高；逮捕后判处拘役、管制、单处附加刑、免刑等轻刑较多。五是队伍素质方面。部分检察人员运用科技手段收集证据、突破案件的水平有待提高；高层次、专业型人才缺乏；基层检察院人才流失的问题仍然存在；极个别检察人员违纪违法问题仍有发生。对这些问题，我们将高度重视，采取有效措施加以解决。

2016 年工作思路

新的一年，全市检察机关将深入贯彻党的十八大、十八届三中、四中、五中全会精神和习近平总书记系列重要讲话精神，坚持党的领导，坚持法治引领，以改革创新为动力，以司法办案为中心，以服务发展和维护稳定为主要任务，围绕继续打好“三大战役”、强力推进“五个常德”建设，强化法律监督，强化自身监督，强化队伍建设，为推动新常德新创业提供有力司法保障。

一、坚持党的领导，自觉接受人大监督和政协民主监督，确保检察权正确、依法履行

按照市委“一个中心、三个迈进、五个常德”的战略部署，谋划、推动全市检察工作。坚决落实向市委、人大、政协报告工作的制度。坚决执行人大决定决议，认真办理、及时回复人大代表建议和政协委员提案。深入开展检察官履职评议工作，总结经验，完善机制，巩固成果。加强代表、委员联络工作，为代表、委员了解、监督检察工作提供多样化途径和全方位视角。

二、坚持服务大局，充分发挥检察职能作用，保障经济社会持续健康发展

贯彻落实省人民检察院《关于在经济发展新常态下充分发挥检察职能作用服务全省经济社会发展的意见》，积极发挥打击、预防、监督、保护等职能，优化经济发展环境。加大对非法集资、非法经营等犯罪的打击力度，维护市场经济秩序。加大对破坏重点项目建设和企业生产经营秩序犯罪的打击力度，保护企业合法权益。加强对知识产权、自然资源和生态环境的司法保护，服务创新驱动战略和生态文明建设。依法打击食品药品生产、流通、监管等领域犯罪，保障人民群众安居乐业。

三、坚持惩防并举，深入查办和预防职务犯罪，促进反腐倡廉建设

集中力量查办权力集中和资金密集领域的大案要案、窝案串案。坚决查办发生在领导机关和重要岗位领导干部中的贪污贿赂、渎职侵权犯罪。突出查办发生在土地征收、社会保障、医疗卫生、支农惠农、国有企业改革等领域职务犯罪。深入推进打击行贿犯罪专项工作。积极查办重大安全事故背后的失职、渎职犯罪。坚持在党委统一领导下推进反腐败工作，加强与纪检监察和其他执法、司法机关的协调配合，形成反腐败合力。结合办案开展警示宣传教育、预防调查等工作，落实年度预防报告制度，推广职务犯罪预防智能信息系统，推进警示教育基地建设，增强预防实效。

四、坚持宽严相济，认真履行批捕起诉职能，推进平安常德建设

严厉打击黑恶势力犯罪、严重暴力犯罪、毒品犯罪、涉枪涉爆犯罪等，保持对严重刑事犯罪的高压态势。突击打击网络传销、网络诈骗、网络赌博、网络非法集资等涉众型互联网经济犯罪，保障人民群众财产安全。抓好风险评估预警、法律文书说理、刑事和解、刑事被害人救助、检调对接、诉访分离等制度的完善和落实，积极预防和减少涉检矛盾纠纷。完善未成年人犯罪案件办案工作机制，落实社会调查、帮教管理、犯罪记录封存等制度，最大限度地教育和挽救涉罪未成年人。积极参与重点地区、重点人群治安突出问题整治工作，深入社区、乡村、校园、企业开展法制宣传，推进社会综合治理。

五、坚持依法监督，加大法律监督工作力度，促进公正司法和依法行政

强化立案监督，推进行政执法与刑事司法有效衔接，重点纠正有案不立、违法立案等问题。强化侦查监督，坚持提前介入重大、疑难、复杂案件，重点监督纠正非法取证、违法查封扣押冻结款物等行为。强化审判监督，重点监督纠正量刑畸轻畸重、裁判不公等问题。强化执行监督，重点监督纠正“有权人”、“有钱人”犯罪后“以权赎身”、“提钱出狱”等问题以及民事执行活动中的违法行为。强化行政执法检察监督，采取督促起诉、督促履职等方式，推动有关部门建立合作机制治理养殖业污染水体问题。

六、坚持改革创新，落实检察改革各项部署，提高检察工作科学发展水平

坚持在市委、省人民检察院的领导下，严格按照部署推进检察人员分类管理、检察员额制、司法责任制、检察官执业保障、省以下检察院人财物统一管理等改革。启动内设机构整合、人民监督员制度、轻微刑事案件快速办理机制等改革。落实深化检务公开、防范内部外部干预、保障律师执业权利等改革措施。完善、推广职务犯罪侦捕诉衔接、行政执法检察监督、检察技术一体化、派出检察室和检察联络室等工作机制。开展队伍心理预期调研和心理调适工作，确保改革期间工作力度不减、队伍人心不散。加强与有关部门的沟通协调，凝聚改革共识，形成推进改革的整体合力。

七、坚持从严治检，推进检察队伍和司法规范化建设，提高司法公信力

加强领导班子建设。严格执行民主集中制和党组会、检委会议事规则，提高领导班子决策水平；严格落实领导干部个人重大事项报告制度，自觉接受组织和群众监督。加强队伍素能建设。以岗位素能标准为基础，加大检察业务培训工作力度。加强纪律作风建设。继续推进“不严不实”问题整改工作，巩固“三严三实”主题教育活动成果；坚持开展明察暗访、专项检查，在纠正“四风”问题上持续发力。加强司法规范化建设。强化对自身司法办案的全程监督，强化问题整改和责任倒查，确保办理的每一件案件都经得起法律的检验。加强基层基础建设。落实领导干部联系基层、业务部门对口指导、结对共建等制度，抓基层打基础，引导基层检察院全面发展。

各位代表，在新的一年里，全市检察机关将在市委和省人民检察院坚强领导下，自觉接受人大、政协和社会各界监督，认真执行本次大会决议，切实做好各项检察工作，为“新常德新创业”做出新的贡献！

后 记

2013年6月22日，市人民检察院制定《〈常德市检察志（1988—2013）〉编修工作方案》，启动市检察志编纂工作。2014年5月22日，《常德市检察志（1988—2013）篇目》经市人民政府地方志办公室（以下简称市方志办）审查通过。后经院领导同意，志书下限时间由原定的2013年延至2015年。

2013年7月，市人民检察院聘请本院退休人员王尽忠、杨长巨、张瑞祥、周国权4人担任志书编纂工作。王尽忠虽因眼疾于当年11月退出，但为启动该项工作付出了艰辛的努力，并收集了部分资料。2014年9月，经市方志办推荐，聘请余昭绪参加该志书编纂工作并担任总纂。《常德市检察志（1988—2015）》全文由4人分工完成：杨长巨负责第三篇及第六篇第一章、第八篇第二章；张瑞祥负责第四篇及第八篇第一章、第四章、第五章；周国权负责第二篇、第六篇第二章及概述的撰写；余昭绪负责第一篇、第五篇、第七篇及第八篇第三章、大事记、人物、彩版照片和随文照片、附录的编纂（排）、整理，并负责志书全文统稿。在经过收集资料、编纂资料长篇、撰写初稿几个阶段之后，该书初稿于2016年6月基本形成。

2016年6月—2017年3月，该志书初稿经市人民检察院内设（二级）机构负责人、离退休相关人员和检察业务骨干、市人民检察院在职领导的内审，特别是2017年1月16—20日在河洑山上戎苑大酒店的封闭式审改稿件，使志书内容得到补充完善。2017年8月形成送审稿，报市方志办审核。后经专家评审、方志出版社校阅，以及市保密局审查，最后经市方志办终审同意进入出版流程。

市人民检察院领导、全体干警、离退休人员及各区县市检察院相关人员对市检察志的编纂工作积极配合、大力支持。前任党组书记、检察长刘清生协调安排，保证修志工作的顺利进行。现任党组书记、检察长余湘文，2015年年初到市人民检察院上任后，1月29日就到院修志办公室看望修志人员，问寒问暖；9月2日下午，余湘文与党组成员、副检察长欧阳志恒及分管修志工作的党组成员、副检察长王忠银一道，在院党组会议室召开市检察志编纂工作专题调研会，对修志工作的补充资料收集、初稿审查、质量保证、后勤保障等作明确指示；2016年6月6日，余湘文在院办公室《关于提请对〈常德市检察志(1988—2015)〉初稿进行内部审核的报告》上批示："同意此方案，请大家本着对历史负责的态度认真进行审核。"先后分管修志工作的王忠银和党组成员、专职检委委员陈辉，对修志工作抓得很紧，多次召开调度会、协调会，抓进度、抓质量。院办公室是修志牵头单位，主任蒋天几次到院修志办召开会议，了解工作进度，提出工作要求，及时向院领导请示汇报。副处级检察员、行装科科长熊湘涛保证修志工作所需办公用品及修志人员的工资补助，为修志工作提供方便。院办公室陈小利、金明政、王国庆、徐树、徐文辉以及胡蓉、陈莹、李婕等先后担任修志联络员，为志书的形成做了大量的协调联络工作，徐文辉还为收集、编排照片和修改志校做了很多工作；市人民检察院档案员余海瑛提供资料不厌其烦。

市方志办主任刘李波，副主任周华辉、周波及方志科负责人翦甜、孟韵等，对市检察志的编修工作十分关心，经常过问、指导并亲临督导，对志稿进行审核和组织专家评审。

在志书正式出版之际，特向所有关心、支持、帮助《常德市检察志（1988—2015)》编修工作的领导、同志和朋友表示诚挚的谢意！至于各种原因造成志书中的疏漏与差错，敬请社会各方人士谅察并指正。

编者

2017年12月